Münz/Nefzger

HTML 4.0 Handbuch

Professional Series

Stefan Münz/Wolfgang Nefzger

HTML 4.0 Handbuch

HTML - JavaScript - DHTML - Perl

Mit 245 Abbildungen und 34 Tabellen
2., neubearbeitete und erweiterte Auflage

Franzis'

Die Deutsche Bibliothek – CIP-Einheitsaufnahme

HTML-4.0-Handbuch (Medienkombination) : HTML 4.0 -
JavaScript - DHTML - Perl / Stefan Münz / Wolfgang Nefzger. -
Poing : Franzis
(Professional series)
Früher u.d.T.: HTML-Handbuch
ISBN 3-7723-7514-6
Mit 34 Tabellen. - 2., neubearb. und erw. Aufl. - 1999

Satz: DTP-Satz A. Kugge, München
Druck: Wiener Verlag, A-2325 Himberg
Printed in Austria - Imprimé en Autriche

ISBN 3-7723-7514-6

Dank und Feedback

Als ich Anfang 1995 begann, mich mit HTML zu beschäftigen, war ich hierzulande noch ziemlich allein auf weiter Flur. Die ersten zwei Versionen des vorliegenden Dokuments beruhten denn auch auf dem Durchforsten von verstreutem, englischsprachigem Material von sehr unterschiedlicher Qualität. Das hat sich längst geändert. Viele neue Beschreibungen, die in letzter Zeit in dieses Dokument eingeflossen sind, gehen auf Anregungen oder unmittelbare Informationen zurück, die ich von verschiedensten Seiten bekam. Auch habe ich so viel Lob und Zustimmung für dieses Dokument erhalten, daß dies ein steter Ansporn war, an dem Dokument weiterzuarbeiten. Dafür möchte ich mich hier bedanken.

Persönlicher Dank

- Wilfried Arimont (*ourworld.compuserve.com/homepages/Wilfried_Arimont*) für seine unzähligen Tips, die wunderbaren, humorvollen Schlagabtäusche und sein unermüdliches Engagement für ein besseres Internet.
- Birgit Bachmann (*ourworld.compuserve.com/homepages/Birgit_Bachmann*) für ihre hervorragenden Arbeiten zum Thema Grafik und HTML und für den interessanten E-Mail-Austausch.
- Roland Bauer (*www.fff.at/fff/roland*) für seine wertvollen Hinweise auf Grafik-Adressen im WWW.
- Ehrenfried Ehrenstein (*ourworld.compuserve.com/homepages/e_ehr*) für seine engagierten Diskussionen rund um WWW-Publishing und HTML und verschiedene Hinweise auf verbesserungswürdige Stellen in diesem Dokument.
- Elisabeth Eichhorn (*ourworld.compuserve.com/homepages/EEichhorn*) für die wunderbare Mailfreundschaft.
- Erwin Forner (*www.cham-online.de*) für seine regelmäßigen, engagierten Diskussionsbeiträge.
- Johannes Gamperl (*jg.seite.net*) für sein Interesse an allen Fragen des WWW-Publishings, das mir einen großen Ansporn gibt.
- Olaf Grönemann (*ourworld.compuserve.com/homepages/Olaf_Groenemann*) für seine Beiträge zu wissenschaftlichem Publizieren im Web und seine Diskussionsbeiträge.
- Jörn Grube (*ourworld.compuserve.com/homepages/joern_grube*) für seine regelmäßigen, engagierten Diskussionsbeiträge.
- Global Login GmbH (*www.login.de*) dafür, daß sie dieses Dokument bereits zu seinen Frühzeiten auf ihrem WWW-Server zur Verfügung stellten.

Anne Heck (*www.netzwelt.com*) für viele interessante Diskussionen und vor allem dafür, daß sie ihre Domain schon früh als »Heimat« für dieses Dokument zur Verfügung gestellt hat.

Andi Hiltenkamp (*101536.53@compuserve.com*) dafür, daß er die OS/2-Fraktion hier nicht ganz untergehen ließ und mit viel Engagement und Arbeit die Features des IBM Web Explorers zusammentrug.

Stefan Karzauninkat (*www.karzauninkat.com*) für sein Engagement beim oPEN-Magazin und die vielen fruchtbaren, unterhaltsamen Diskussionen.

Claudia Klinger (*www.snafu.de/~klinger/missing.htm,* Missing Link Magazin) für ihr unglaubliches Engagement, das kongeniale Interview und das herausragende elektronische Magazin Missing Link.

Stefan Müller (*www.rrz.uni-hamburg.de/philsem/stefan_mueller*) für die Gastfreundschaft in Hamburg und seine Denkanstöße rund ums Web Publishing, die nicht nur das Unmittelbare im Auge haben.

Cornelie Mueller-Goedecke (*www.avantart.com*, AvantArt) für ihr Engagement in allem, was mit Hypertext und elektronischem Publizieren zu tun hat, – und das neben all ihren anderen Aktivitäten.

Paul H. Nellessen (*nelli@schwaben.de*) für sein selbstloses Korrekturlesen wider alle Dreckfuhler in diesem Dokument.

Franz Neumeier (*users.aol.com/NJBMUC1/index.htm*), Homepage der Nachwuchsjournalisten in Bayern e.V.) dafür, daß er schon zu Frühzeiten dieses Dokuments Speicherplatz auf einem FTP-Bereich eingeräumt hat.

Hubert Partl (*www.boku.ac.at/htmleinf*, Einstiegsseite seiner HTML-Dokumentation) für seine konstruktive Kritik aus der Sicht eines echten Kenners der Materie.

Heimo Ponnath (*ourworld.compuserve.com/homepages/HeimoP*) für seine ausgezeichnete Leitung des HTML-Nachrichtenbereichs in Compuserves PC-Online-Forum, in dem ich viele Anregungen erfahren habe.

Ralph Schaefer (*www.rara.com/egg,* offiziell zensierte Eierseite) für seine wunderbar frechen und treffenden Bemerkungen und seine Fähigkeit, der Verbissenheit anderer mit Humor zu begegnen.

Volker Stossno (*ourworld.compuserve.com/homepages/VolkerSto*) für seine gründlichen Recherchen zu WWW-Software für OS/2, die in diesem Dokument zuvor nicht berücksichtigt war.

Pedro Waloschek (*Pedro_Waloschek@compuserve.com*) für seine spannenden Ideen rund um den »selbst wachsenden Wissensberg« und fruchtbare Diskussionen.

Randolf Westphal (*www.snafu.de/~babaji*) für die Gastfreundschaft in Berlin und seinen Beitrag zu den Netscape-Farbnamen und den internen Grafikressourcen der Browser, zwei wichtige Beschreibungen, die ohne Randolfs großartige Vorarbeit nicht vorhanden wären.

Bitte haben Sie Verständnis dafür, daß in dieser Liste nicht jeder berücksichtigt werden kann, der mir mal irgendwann einen Tip gegeben oder auf einen Fehler im Dokument hingewiesen hat.

Stefan Münz, München, 1998

Verwendete Symbole

Verweis ins Internet: das Verweisziel ist eine deutschsprachige Web-Seite

Verweis ins Internet: das Verweisziel ist eine englischsprachige Web-Seite

HTML-Standard 2.0

HTML-Standard 3.2

HTML-Standard 4.0

CSS-Standard 1.0 (Style-Sheets)

CSS-Standard 2.0 (Style-Sheets)

JavaScript-Standard 1.0 (mit Netscape 2.0 eingeführt)

JavaScript-Standard 1.1 (mit Netscape 3.0 eingeführt)

JavaScript-Standard 1.2 (mit Netscape 4.0 eingeführt)

Microsoft-JavaScript (in den meisten Fällen ab MS Internet Explorer 4.0)

Netscape ab Version 1.1

Netscape ab Version 2.0

Netscape ab Version 3.0

Netscape ab Version 4.0

Microsoft Internet Explorer ab Version 2.0

Microsoft Internet Explorer ab Version 3.0

Microsoft Internet Explorer ab Version 4.0

Inhaltsverzeichnis

1 Internet, WWW und HTML

1.1 Entstehung des Internet

1.1.1 Das ARPA-Net

Die Ursprünge des heutigen Internet reichen in die 60er Jahre zurück. Es war die Zeit des Kalten Krieges zwischen den beiden Weltmächten USA und UdSSR. Neue Impulse in der Elektronischen Datenverarbeitung (EDV) kamen in jener Zeit hauptsächlich durch militärische Initiativen zustande.

Im Departement of Defense, dem amerikanischen Verteidigungsministerium, wurde überlegt, wie man wichtige militärische Daten besser schützen könnte. Selbst bei einem atomaren Angriff des Gegners sollten die Daten nicht zerstört werden können. Als Lösung kam nur ein elektronisches Datennetz in Frage. Die gleichen Daten sollten dabei auf mehreren, weit entfernten Rechnern abgelegt werden. Bei neuen oder geänderten Daten sollten sich alle angeschlossenen Rechner binnen kürzester Zeit den aktuellen Datenstand zusenden. Jeder Rechner sollte dabei über mehrere Wege mit jedem anderen Rechner kommunizieren können. So würde das Netz auch dann funktionieren, wenn ein einzelner Rechner oder eine bestimmte Leitung durch einen Angriff zerstört würde.

Die Advanced Research Projects Agency (ARPA), Teil der US-Militärs, realisierte das geplante Projekt. In den ersten Jahren wurde das Netz deshalb *ARPA-Net* genannt. Ende 1969 waren die ersten vier Rechner an das ARPA-Net angeschlossen. Drei Jahre später waren es bereits 40 Rechner.

Die Geschichte des Internet beginnt also in der Zeit der ersten Mondlandung und in jener Zeit, als die Hippies das Zeitalter des Wassermanns heraufziehen sahen.

Informationen zum ARPA-Net im WWW:

- Defense Advanced Research Projects Agency (DARPA) (*www.arpa.mil*)
- History of ARPANET (*www.dei.isep.ipp.pt/docs/arpa.htm*)

1.1.2 Wissenschaftliche Einrichtungen

Das Prinzip der vernetzten Rechner war aber nicht nur für militärische Zwecke interessant. Man erkannte schnell, daß auch der akademische Betrieb vom ARPA-Net profitieren würde. Für Wissenschaftler war allerdings weniger das Synchronisieren von gleichen Daten auf mehreren Rechnern interessant, sondern eher die Möglichkeit, Daten von einem anderen Rechner abzurufen. Wegen der offenen Architektur des ARPA-Net stand einer solchen Verwendung nichts im Wege. Wissenschaftler konnten von den frühen 70er Jahren an Forschungsergebnisse anderer Institute über das ARPA-Net abrufen oder anderen angeschlossenen Instituten eigene Daten zur Verfügung stellen.

Die Anzahl der angeschlossenen Rechner stieg an. Es handelte sich um sehr unterschiedliche Rechnertypen mit nicht kompatiblen Betriebssystemen und unterschiedlichem Netzzugang. Großrechner verschiedener Fabrikate, Unix-Rechner und später auch Personal Computer drängten ins Netz. Einige hatten eine Standleitung, also eine ständige Internetverbindung, andere wählten sich über Telefon und Modem ein. Um die unterschiedlichen Voraussetzungen unter einen Hut zu bringen, entstand die Notwendigkeit, ein neues Datenübertragungsprotokoll für das Netz zu entwickeln. Das Protokoll sollte nicht an bestimmte Computersysteme, Übertragungswege oder Übertragungsgeschwindigkeiten gebunden sein. Aus den Bemühungen um ein solches Protokoll ging schließlich das TCP/IP-Protokoll hervor. Datenübertragungen im ARPA-Net liefen nach Einführung von TCP/IP nach einem einheitlichen und standardisierten Schema ab.

Zu den wissenschaftlichen Einrichtungen gehörten natürlich auch Studenten. Sie entdeckten das Netz auf ihre Weise. Eine Art »black board« war ihr Wunsch, ein Nachrichtenbrett wie in Universitäten üblich, für Mitfahrgelegenheiten, Jobs, Wohnmöglichkeiten, Reisepartner oder die Möglichkeit, einfach nur zu diskutieren und zu labern. So entstand das Usenet, die Hauptader der heutigen Newsgroups. Viele eingefleischte »Internetter« halten die Newsgroups auch heute noch für den spannendsten und lebendigsten Teil des Internet.

1.1.3 Das Netz der Netze

Der Anschluß der akademischen Welt ans Netz erforderte eine Trennung zwischen militärischem und zivilem Teil, da die Militärs ihre eigenen Interessen wahren wollten. So kam es, daß Anfang der 80er Jahre ein neues militärisches Datennetz, das MILNET, vom ARPA-Net abgekoppelt wurde. Das ARPA-Net selbst wurde dem wissenschaftlichen Betrieb überlassen.

Im zivilen Teil des Netzes nahm die Anzahl der angeschlossenen Rechner im Laufe der 80er Jahre sprunghaft zu. Eine wichtige Rolle spielte dabei die amerikanische *National Science Foundation* (NSF). Diese Organisation schaffte ein Leitungs-Verbundsystem, das alle bedeutenden wissenschaftlichen Rechenzentren des Landes miteinander verband. Einzelne Universitätsrechner oder kleinere Rechnernetze konnten sich mit einem Rechenzentrum verbinden und darüber in andere Netze gelangen. So entstand buchstäblich ein Netz der Netze. Alsbald bürgerte sich denn auch der Name Internet dafür ein. Die Bezeichnung ARPA-Net wurde Ende der 80er Jahre verworfen. Das Leitungs-Verbundsystem, über das die kleineren Einzelnetze zu einem Gesamtnetz wurden, erhielt die treffende Bezeichnung *Backbone* (Rückgrat).

In Europa gab es zeitgleich ähnliche Entwicklungen. Auf dem alten Kontinent setzte man jedoch zunächst auf *ISO-Normen*. Von dem amerikanischen TCP/IP-Modell, das nicht ISO-normiert war, wollte man deshalb nichts wissen. 1986 wurde die Organisation

RARE (Réseaux Associés pour la Recherche Européenne) gegründet. Diese Organisation sollte alle Initiativen zur systemübergreifenden Rechnervernetzung europaweit koordinieren. RARE rief dazu ein Projekt namens *COSINE* (Cooperation for an Open Systems Interconnection Networking in Europe) ins Leben.

Der Siegeszug des TCP/IP-Protokolls war jedoch nicht mehr aufzuhalten. Unter dem Druck des Erfolgs in Amerika entstand schließlich ein europäisches Datennetz, das multiprotokollfähig war und unter anderem TCP/IP unterstützte. Dieses Netz lief zunächst unter der Bezeichnung *EuropaNET*. Verschiedene nationale wissenschaftliche Netzwerke, etwa das Deutsche Forschungsnetz (DFN), wurden daran angeschlossen.

Mittlerweile sorgt eine transatlantische Leitung für die Anbindung Europas an den Backbone in den USA. Die Koordination des Internet-Verkehrs innerhalb Europas obliegt der Organisation *RIPE* (Réseaux IP Européens). Auch in Europa gibt es seit 1992 ein Leitungs-Verbundsystem: Dieses System nennt sich *Ebone* (Europäischer Internet-Backbone). Auf anderen Kontinenten gab und gibt es vergleichbare Entwicklungen.

Was wir also heute unter Internet verstehen, ist nicht ein einziges, homogenes Netz, sondern ein Verbund aus vielen kleinen, territorial oder organisatorisch begrenzten Netzen. Diese Netze besitzen eine Anbindung an die Backbones und damit an das Gesamtnetz. Auch kommerzielle Internet-Provider hängen an entsprechenden Netzen.

Einige Adressen im WWW zu diesen Themen:

- National Science Foundation (NSF) (*www.nsf.gov*),
- Deutsches Forschungsnetz (DFN) (*www.dfn.de*),
- Ebone-Net (*www.ebone.net*),
- Réseaux IP Européens (RIPE) (*www.ripe.net*).

1.2 Wichtige Standards im Internet

1.2.1 Das TCP/IP-Protokoll

TCP/IP ist der kleinste gemeinsame Nenner des gesamten Datenverkehrs im Internet. Erst durch dieses Protokoll wurde historisch gesehen aus einem begrenzten Netz ein Netz der Netze. Egal, ob Sie WWW-Seiten aufrufen, E-Mails versenden, mit FTP Dateien downloaden oder mit Telnet auf einem entfernten Rechner arbeiten: Stets werden die Daten auf gleiche Weise adressiert und transportiert. TCP bedeutet Transmission Control Protocol (Protokoll für Übertragungskontrolle), IP bedeutet Internet Protocol.

Wenn Sie eine E-Mail verschicken oder eine HTML-Datei im WWW aufrufen, werden die Daten bei der Übertragung im Netz in kleine Pakete zerstückelt. Jedes Paket enthält eine Angabe dazu, an welche Adresse es geschickt werden soll und das wievielte Paket innerhalb der Sendung es ist. Die Adressierung besorgt das IP. Dazu gibt es ein Adressierungsschema, die sogenannten IP-Adressen.

Daß die Datenpakete auch wirklich beim Empfänger ankommen, und zwar in der richtigen Reihenfolge, dafür sorgt das TCP. TCP verwendet Sequenznummern für die einzelnen Pakete einer Sendung. Erst wenn alle Pakete einer Sendung vollständig beim Empfänger angekommen sind, gilt die Übertragung der Daten als abgeschlossen.

Jeder Rechner, der am Internet teilnimmt, ist mit einer IP-Adresse im Netz angemeldet. Rechner, die ans Internet angeschlossen sind, werden als Hosts oder Hostrechner bezeichnet. Wenn Sie also mit Ihrem PC im WWW surfen oder neue E-Mails abholen, sind Sie mit einer IP-Adresse im Internet angemeldet. Ihr Zugangs-Provider, über dessen Hostrechner Sie sich einwählen, kann feste IP-Adressen für Sie einrichten. Große Zugangs-Provider, etwa Online-Dienste wie CompuServe oder AOL, vergeben auch personenunabhängig dynamische IP-Adressen bei jeder Internet-Einwahl. Damit ein Rechner am Internet teilnehmen kann, muß er über eine Software verfügen, die das TCP/IP-Protokoll unterstützt. Unter MS-Windows ist das beispielsweise die Datei *winsock.dll* im Windows-Verzeichnis.

1.2.2 IP-Adressierung

Eine typische IP-Adresse sieht in Dezimalschreibweise so aus: 149.174.211.5 – vier Zahlen also, getrennt durch Punkte. Die Punkte haben die Aufgabe, über- und untergeordnete Netze anzusprechen. So wie zu einer Telefonnummer im weltweiten Telefonnetz eine Landeskennzahl, eine Ortsnetzkennzahl, eine Teilnehmerrufnummer und manchmal auch noch eine Durchwahlnummer gehört, gibt es auch im Internet eine Vorwahl (die Netzwerknummer) und eine Durchwahl (die Hostnummer).

Der erste Teil einer IP-Adresse ist die Netzwerknummer, der zweite Teil die Hostnummer. Wo die Grenze zwischen Netzwerknummer und Hostnummer liegt, bestimmt ein Klassifizierungsschema für Netztypen. Die folgende Tabelle verdeutlicht dieses Schema. In den Spalten für die IP-Adressierung und einem typischen Beispiel ist die Netzwerknummer (der Vorwahlteil) fett dargestellt. Der Rest der IP-Adresse ist die Hostnummer eines Rechners innerhalb dieses Netzes.

Netztyp	*IP-Adressierung*	*Typische IP-Adresse*
Klasse-A-Netz	**xxx**.xxx.xxx.xxx	**103**.234.123.87
Klasse-B-Netz	**xxx.xxx**.xxx.xxx	**151.170**.102.15
Klasse-C-Netz	**xxx.xxx.xxx**.xxx	**196.23.155**.113

Tab. 1.1: Typische Beispiele für IP-Adressen

Die oberste Hierarchiestufe bilden die sogenannten *Klasse-A-Netze*. Nur die erste Zahl einer IP-Adresse ist darin die Netzwerknummer, alle anderen Zahlen sind Hostnummern innerhalb des Netzwerks. Bei Netzwerknummern solcher Netze sind Zahlen zwischen 1 und 126 möglich, d. h. es kann weltweit nur 126 Klasse-A-Netze geben. Eine IP-Adresse, die zu einem Klasse-A-Netz gehört, ist also daran erkennbar, daß die erste

Zahl zwischen 1 und 126 liegt. Das amerikanische Militärnetz ist beispielsweise ein solches Klasse-A-Netz. Innerhalb eines Klasse-A-Netzes kann der entsprechende Netzbetreiber die zweite, dritte und vierte Zahl der einzelnen IP-Adressen seiner Netzteilnehmer frei vergeben. Da alle drei Zahlen Werte von 0 bis 255 haben können, kann ein Klasse-A-Netzbetreiber also bis zu 16,7 Millionen IP-Adressen an Host-Rechner innerhalb seines Netzes vergeben.

Die zweithöchste Hierarchiestufe sind die *Klasse-B-Netze.* Die Netzwerknummer solcher Netze erstreckt sich über die beiden ersten Zahlen der IP-Adresse. Bei der ersten Zahl können Klasse-B-Netze Werte zwischen 128 und 192 haben. Eine IP-Adresse, die zu einem Klasse-B-Netz gehört, ist also daran erkennbar, daß die erste Zahl zwischen 128 und 192 liegt. Bei der zweiten Zahl sind Werte zwischen 0 und 255 erlaubt. Dadurch sind etwa 16 384 solcher Netze möglich. Da die Zahlen drei und vier in solchen Netzen ebenfalls Werte zwischen 0 und 255 haben dürfen, können an jedem Klasse-B-Netz bis zu ca. 65 535 Host-Rechner angeschlossen werden. Klasse-B-Netze werden vor allem an große Firmen, Universitäten und Online-Dienste vergeben.

Die unterste Hierarchie stellen die *Klasse-C-Netze* dar. Die erste Zahl einer IP-Adresse eines Klasse-C-Netzes liegt zwischen 192 und 223. Die Zahlen zwei und drei gehören ebenfalls noch zur Netzwerknummer. Über zwei Millionen solcher Netze sind dadurch adressierbar. Vor allem an kleine und mittlere Unternehmen mit direkter Internet-Verbindung, auch an kleinere Internet-Provider, werden solche Adressen vergeben. Da nur noch eine Zahl mit Werten zwischen 0 und 255 übrig bleibt, können in einem C-Netz maximal 255 Host-Rechner angeschlossen werden.

Ob dieses Adressierungsschema den Anforderungen der Zukunft noch gerecht wird, bezweifeln manche. Es gibt bereits Ideen zu einer Neustrukturierung der Adressierung von Netzen und Host-Rechnern.

1.2.3 Client-Server-Technologie

Für die einzelnen Internet-Dienste wie World Wide Web, Gopher, E-Mail, FTP usw. muß auf einem Hostrechner, der anderen Rechnern diese Dienste anbieten will, eine entsprechende *Server*-Software laufen. Ein Host-Rechner kann einen Internet-Dienst nur anbieten, wenn eine entsprechende Server-Software auf dem Rechner aktiv ist und wenn der Rechner »online« ist.

Server sind Programme, die permanent darauf warten, daß eine Anfrage eintrifft, die ihren Dienst betreffen. So wartet etwa ein WWW-Server darauf, daß Anfragen eintreffen, die WWW-Seiten auf dem Server-Rechner abrufen wollen.

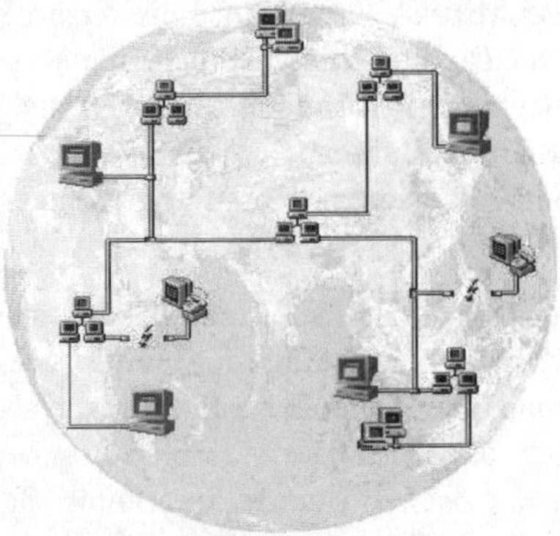

Bild 1.1: Das Internet besteht aus Millionen von angeschlossenen Computern – aber nur wenige davon sind Server

Clients sind dagegen Software-Programme, die typischerweise Daten von Servern anfordern. Ihr WWW-Browser ist beispielsweise ein Client. Wenn Sie etwa auf einen Verweis klicken, der zu einer HTTP-Adresse führt, startet der Browser, also der WWW-Client, eine Anfrage an den entsprechenden Server auf dem entfernten Host-Rechner. Der Server wertet die Anfrage aus und sendet die gewünschten Daten. Um die Kommunikation zwischen Clients und Servern zu regeln, gibt es entsprechende Protokolle. Client-Server-Kommunikation im WWW etwa regelt das HTTP-Protokoll. Ein solches Protokoll läuft oberhalb des TCP/IP-Protokolls ab.

Daß ein Client Daten anfordert und ein Server die Daten sendet, ist der Normalfall. Es gibt jedoch auch Ausnahmen. So kann ein Client nicht nur Daten anfordern, sondern auch Daten an einen Server schicken: zum Beispiel, wenn Sie per FTP eine Datei auf den Server-Rechner hochladen, wenn Sie eine E-Mail versenden oder im WWW ein Formular ausfüllen und abschicken. Bei diesen Fällen redet man auch von *Client-Push* (»Client drängt dem Server Daten auf«).

Ein anderer Ausnahmefall ist es, wenn der Server zuerst aktiv wird und dem Client etwas ohne dessen Anforderung zuschickt. Das nennt man *Server-Push* (»Server drängt dem Client Daten auf«). Neue Technologien wollen diesen Ausnahmefall zu einer Regel erheben: die sogenannten *Push-Technologien.* Diese Technologien sollen ermöglichen, daß ein Client regelmäßig Daten empfangen kann, ohne diese eigens anzufordern. Dadurch sind Broadcasting-Dienste wie aktuelle Nachrichten usw. realisierbar. Netscape und Microsofts Internet Explorer (beide ab Version 4.0) haben entsprechende Schnittstellen, um solche Dienste in Anspruch zu nehmen.

1.2.4 DNS – Domain Name Service

Computer können mit Zahlen besser umgehen, Menschen in der Regel besser mit Namen. Deshalb hat man ein System ersonnen, das die numerischen IP-Adressen für die Endanwender in anschauliche Namensadressen übersetzt.

Das System ist ähnlich wie bei den IP-Adressen hierarchisch aufgebaut. Eine Namensadresse in diesem System gehört zu einer *Top-Level-Domain* und innerhalb dieser zu einer *Sub-Level-Domain.* Jede Sub-Level-Domain kann nochmals untergeordnete Domains enthalten, muß es aber nicht. Die einzelnen Teile solcher Namensadressen sind wie bei IP-Adressen durch Punkte voneinander getrennt. Eine solche Namensadresse ist beispielsweise *teamone.de.*

Top-Level-Domains stehen in einem Domain-Namen an letzter Stelle. Es handelt sich um einigermaßen sprechende Abkürzungen. Die Abkürzungen, die solche Top-Level-Domains bezeichnen, sind entweder Landeskennungen oder Typenkennungen. Beispiele zeigt die nachfolgende Tabelle.

Top-Level-Domain	*Bedeutung*
de	Deutschland
at	Österreich
ch	Schweiz
it	Italien
my	Malaysia
com	kommerziell orientierter Namensinhaber
org	Organisation
net	allgemeines Netz
edu	amerikanische Hochschule
gov	amerikanische Behörde
mil	amerikanische Militäreinrichtung

Tab. 1.2: Die Bedeutung einiger ausgewählter Top-Level-Domains

Jede dieser Top-Level-Domains stellt einen Verwaltungsbereich dar, für den es auch eine »Verwaltungsbehörde« gibt, die für die Namensvergabe von Sub-Level-Domains innerhalb ihres Verwaltungsbereichs zuständig ist. Wenn Sie beispielsweise einen Domain-Namen wie *MeineFirma.de* beantragen wollen, muß der Antrag an das DE-NIC (Deutsches Network Information Center) gestellt werden. Kommerzielle Provider erledigen das für Sie, wenn Sie dort einen entsprechenden Service in Anspruch nehmen.

Ihren Wunschnamen erhalten Sie aber nur, wenn die Namensadresse noch nicht anderweitig vergeben wurde. Etliche Schlauberger sind daher auf die Idee gekommen, Namen großer Firmen, die noch keine eigene Domain beantragt haben, für sich zu reservieren, um sie dann, wenn auch die große Firma die Zeichen der Zeit erkennt, teuer an diese weiterzuverkaufen. Mittlerweile sind solchen Machenschaften Riegel vorgeschoben. Dennoch kommt es immer wieder zu Rechtsstreitereien um attraktive Domain-Namen. Wenn etwa zwei zufällig gleichnamige Firmen, die sonst nichts miteinander zu tun haben, den gleichen Domain-Namen reservieren lassen wollen, kann nur eine der Firmen den Zuschlag erhalten. Um Streitigkeiten dieser Art zu reduzieren, gibt es mittlerweile auch neue Top-Level-Endungen.

Inhaber von zweiteiligen Domain-Namen können nochmals Sub-Level-Domains vergeben. So gibt es beispielsweise eine Domain namens *seite.net*. Die Betreiber dieser Domain haben nochmals Sub-Domains vergeben, wodurch Domain-Adressen wie *java.seite.net* oder *javascript.seite.net* entstanden.

1.2.5 Routing und Gateways

Im Internet als dem Netz der Netze ist es zunächst nur innerhalb des eigenen Sub-Netzes möglich, Daten direkt von einer IP-Adresse zu einer anderen zu schicken. In allen anderen Fällen, wenn die Daten an eine andere Netzwerknummer geschickt werden sollen, treten Rechner auf den Plan, die den Verkehr zwischen den Netzen regeln. Solche Rechner werden als *Gateways* bezeichnet. Diese Rechner leiten Daten von Host-Rechnern aus dem eigenen Sub-Netz an Gateways in anderen Sub-Netzen weiter und ankommende Daten von Gateways anderer Sub-Netze an die darin adressierten Host-Rechner im eigenen Sub-Netz. Ohne Gateways gäbe es gar kein Internet.

Das Weiterleiten der Daten zwischen Sub-Netzen wird als *Routing* bezeichnet. Die Beschreibung der möglichen Routen vom eigenen Netzwerk zu anderen Netzwerken sind in *Routing-Tabellen* auf den Gateway-Rechnern festgehalten.

Zu den Aufgaben eines Gateways gehört auch, eine Alternativ-Route zu finden, wenn die übliche Route nicht funktioniert, etwa, weil bei der entsprechenden Leitung eine Störung oder ein Datenstau aufgetreten ist. Gateways senden sich ständig Testpakete zu, um das Funktionieren der Verbindung zu testen und für Datentransfers »verkehrsarme« Wege zu finden.

Wenn also im Internet ein Datentransfer stattfindet, ist keinesfalls von vorneherein klar, welchen Weg die Daten nehmen. Sogar einzelne Pakete einer einzigen Sendung können völlig unterschiedliche Wege nehmen. Wenn Sie beispielsweise von Deutschland aus eine WWW-Seite aufrufen, die auf einem Rechner in den USA liegt, kann es sein, daß die Hälfte der Seite über den Atlantik kommt und die andere über den Pazifik, bevor Ihr WWW-Browser sie anzeigen kann. Weder Sie noch Ihr Browser bekommen davon etwas mit.

1.2.6 Selbstorganisation im Internet

In Anbetracht der Teilnehmerzahl im Internet ist der Verwaltungsaufwand im Netz vergleichsweise klein. Die meisten Endanwender wissen nicht einmal, daß es solche Verwaltungsstellen überhaupt gibt.

Eine gesetzgeberische Institution, wie es sie etwa innerhalb des Verfassungsbereichs eines Staates gibt, existiert im Internet als weltweitem Verbund nicht. Viele Bereiche im Internet beruhen faktisch auf Selbstorganisation. Bei Diensten wie E-Mail gilt beispielsweise das stille Abkommen, daß jeder beteiligte Gateway alle Mails weiterleitet, auch wenn weder Sender noch Empfänger dem eigenen Sub-Netz angehören. Die

Kosten trägt zwar der Netzbetreiber, aber da alle ein Interesse am weltweiten Funktionieren des Netzes haben, ist jeder bereit, die anfallenden Mehrkosten zu tragen.

Die Funktionsfähigkeit des Internet basiert also auf der Bereitschaft der Beteiligten, keine Pfennigfuchserei zu betreiben! Großzügigkeit hat das Internet geschaffen, und Kleingeisterei ist der größte Feind der Internet-Idee.

Das Usenet, also der größte Teil der Newsgroups, organisiert sich sogar vollständig selbst, weshalb leidenschaftliche Anhänger dieses System gerne als real existierendes Beispiel für Herrschaftsfreiheit anführen. Die »Verwaltung« findet im Usenet in speziellen Newsgroups statt (solchen, die mit *news.* beginnen). Dort können beispielsweise Vorschläge für neue Gruppen eingebracht werden, und in Abstimmungen wird darüber entschieden, ob eine Gruppe eingerichtet oder abgeschafft wird.

Offizielle Anlaufstellen gibt es für die Vergabe von Netzwerkadressen und für Namensadressen (DNS). Für die Vergabe von IP-Adressen innerhalb eines Netzwerks ist der jeweilige Netzbetreiber verantwortlich. Dazu kommen Organisationen, die sich um Standards innerhalb des Internets kümmern.

Die Kosten für die Datenübertragungen im Internet tragen die Betreiber der Sub-Netze. Diese Kosten pflanzen sich nach unten fort zu Providern innerhalb der Sub-Netze bis hin zu Endanwendern, die über Provider Zugang zum Internet haben oder Internet-Services wie eigene WWW-Seiten nutzen.

Die folgende Liste enthält einige Verweise zu den wichtigsten internationalen und nationalen Organisationen im Internet:

Deutsches Network Information Center (DE-NIC) (*www.denic.de*): Vergabestelle für Domain-Namen unterhalb der Top-Level-Domain *de.*

International Network Information Center (InterNIC) (*www.internic.net*): Kollaboratives Projekt zwischen AT&T, General Atomics und Network Solutions, Inc. AT&T. Internationale Vergabestelle für Domain-Namen.

Generic Top Level Domain Memorandum of Understanding (gTLD-MoU) (*www.gtld-mou.org*): Organisation für die Schaffung von neuen Top-Level-Domains.

Internet Architecture Board (IAB) (*www.isi.edu/iab*): Organisation zur Dokumentation der Netzstruktur und der grundsätzlichen Abläufe im Internet.

Internet Assigned Numbers Authority (IANA) (*www.isi.edu/iana*): Zentrale Koordinationsstelle für Internet-Protokolle.

Internet Engineering Task Force (IETF) (*www.ietf.org*): Internationale Gemeinschaft von kommerziellen und nicht-kommerziellen Aktiven im Internet mit dem Ziel, technische Standards im Internet vorzuschlagen.

Internet Society (ISOC) (*www.isoc.org*): Internationale Organisation für die Kooperation und Koordination von Technologien und Anwendungen im Internet.

W3-Konsortium (*www.w3.org*): Organisation, die speziell die Weiterentwicklung technischer Standards des World Wide Web koordiniert, etwa HTML oder das HTTP-Protokoll.

Vor allem jene Organisationen, die sich um die technische Weiterentwicklung im Internet kümmern, werden zunehmend von großen Software-Firmen wie Microsoft, Netscape oder Sun bestürmt. Diese Firmen haben natürlich ein Interesse daran, ihren Software-Produkten und hauseigenen Standards bei Server-Technologien, Programmiersprachen usw. zum Status weltweiter Internet-Standards zu verhelfen. Ob und in welchem Ausmaß es gelingt, im Internet angesichts des entstehenden Milliardenmarkts neue, firmenunabhängige Standards durchzusetzen, die so erfolgreich werden wie HTML oder HTTP, muß die Zukunft zeigen.

1.3 Dienste im Internet

1.3.1 E-Mail

E-Mail (elektronische Post) ist wohl der am meisten genutzte Internet-Dienst. E-Mail erlaubt die persönliche Übermittlung von Nachrichten und Dateien von einem Sender an einen Empfänger. Wer an diesem Dienst teilnehmen will, braucht folglich eine eigene E-Mail-Adresse. Solche Adressen sind an dem berühmten @ (sprich: englisch »at«, also »bei«) in der Mitte erkennbar.

Vor allem im Business-Bereich verdrängt E-Mail nach und nach die herkömmliche Briefpost (von E-Mail-Anhängern liebevoll oder verächtlich »Schneckenpost« oder »snail mail« genannt). Auch das Fax ist eine durch E-Mail gefährdete Gattung. Die Vorteile liegen auf der Hand:

- E-Mails brauchen meist nur wenige Minuten vom Sender zum Empfänger, egal, ob einige wenige oder mehrere tausend Kilometer zwischen ihnen liegen.
- E-Mails sind preiswert: Im Vergleich zu Briefen fallen für einfache E-Mails nur Pfennigbeträge an.
- Gegenüber einem Telefonat bieten sie den Vorteil, daß Vereinbarungen oder dergleichen darin schriftlich festgehalten werden.
- Moderne E-Mail-Programme können E-Mails in einer durchsuchbaren Datenbank speichern, so daß Sie vor längerer Zeit gesendete oder empfangene Mails leicht wiederfinden.
- Der MIME-Standard, der sich bei E-Mails allmählich durchsetzt, erlaubt das bequeme Anhängen beliebiger Dateien an eine Mail.
- E-Mail zwingt Sender und Empfänger nicht, gleichzeitig online zu sein. Sie holen sich Ihre E-Mails ab, wenn Sie gerade Zeit haben.
- Neben der Möglichkeit, mit bestimmten anderen Internet-Teilnehmern Nachrichten und Daten auszutauschen, können Sie mit einer eigenen E-Mail-Adresse auch an Mailing-Listen teilnehmen, die Sie interessieren.

Das heutige E-Mail-System hat aber auch noch mit einigen Problemen zu kämpfen. Eine normale E-Mail ist auf dem Weg vom Sender zum Empfänger etwa so geheim wie eine Ansichtskarte. Für vertrauliche Mitteilungen oder sensible Daten ist sie ungeeignet. Mittlerweile gibt es Verschlüsselungsverfahren wie PGP (Pretty Good Privacy), die das individuelle Kodieren und Dekodieren von E-Mails und angehängten Dateien erlauben. Voraussetzung dafür ist jedoch, daß sowohl Sender als auch Empfänger über eine entsprechende Zusatzsoftware verfügen und zuvor ihre öffentlichen Kodierschlüssel austauschen.

1.3.2 Telnet

Telnet ist dazu gedacht, einen fernen Rechner im Internet so zu bedienen, als säße man direkt davor. Telnet ist damit eine einfache Lösung für Teleworker. Diese Lösung ist schon wesentlich älter als der Begriff des Teleworkings.

Telnet ist vor allem für Unix-Systeme gedacht. Es erlaubt das betriebssystemeigene *login* (Anmelden) eines Benutzers an einem ans Internet angeschlossenen Host-Rechner in Form eines *rlogin* (remote login). Das Anmelden ist nur möglich, wenn Sie User-ID und Paßwort kennen, d. h. auf dem angewählten Host-Rechner als Benutzer eingetragen sind. Nach dem Einwählen erhalten Sie eine Unix-Shell (Eingabeaufforderung) und können auf dem entfernten Rechner Betriebssystembefehle eingeben, Programme starten usw.

PC-Anwender, die nicht direkt mit der Verwaltung von Server-Rechnern im Internet zu tun haben, werden mit Telnet kaum in Berührung kommen. Es gibt jedoch auch für PC-Benutzer von Systemen wie MS-Windows oder Macintosh-Telnet-Clients. Diese Programme erlauben es, vom eigenen PC aus auf einem entfernten Host-Rechner zu arbeiten. Ohne Kenntnis der Befehle des Host-Rechner-Betriebssystems ist ein solches Programm allerdings zwecklos.

1.3.3 File Transfer Protocol (FTP)

Das *File Transfer Protocol* FTP ist ein Internet-Dienst, der speziell dazu dient, sich auf einem bestimmten Server-Rechner im Internet einzuwählen und von dort Dateien auf den eigenen Rechner zu übertragen (Download) oder eigene Dateien an den Server-Rechner zu übertragen (Upload). Ferner bietet das FTP-Protokoll Befehle an, um auf dem entfernten Rechner Operationen durchzuführen wie Verzeichnisinhalte anzeigen, Verzeichnisse wechseln, Verzeichnisse anlegen oder Dateien löschen.

- Beim Einwählen an einem FTP-Server gilt es, zwei Arten zu unterscheiden: normales FTP und anonymes FTP.
- Beim normalen FTP haben Sie nur Zugriff auf den Server, wenn Sie beim Einwählen eine individuelle User-ID und ein Paßwort angeben. Mit diesen Zugangsdaten

muß der FTP-Server-Verwalter Sie am Server als berechtigten Anwender eingetragen haben.

- Beim anonymen FTP handelt es sich um öffentlich zugängliche Bereiche auf Server-Rechnern. Dazu brauchen Sie keine Zugangsberechtigung. Sie wählen sich einfach mit der User-ID *anonymous* ein, und als Paßwort geben Sie Ihre E-Mail-Adresse an. Es gibt etliche öffentliche FTP-Server im Internet, die umfangreiche Dateibestände zum Download anbieten. Hier erhalten Sie Software, Hilfetexte, Grafiksammlungen usw.

Für öffentliche, anonyme FTP-Server gibt es Regeln. Da Sie beim Besuch solcher Server nur Gast sind, sollten Sie sich auch entsprechend verhalten. Bleiben Sie nicht länger als nötig. Laden Sie sich nicht unnötig viele Dateien herunter. Lesen Sie zuerst die Readme-Dateien, die es in fast jedem Verzeichnis gibt und die den Inhalt des Verzeichnisses erläutern.

Wenn Sie lediglich hin und wieder öffentlich zugängliche FTP-Server besuchen, um von dort Dateien downzuloaden, können Sie das auch mit modernen WWW-Browsern wie Netscape oder dem MS Internet Explorer tun. Solche Browser zeigen die Dateilisten auf FTP-Servern als anklickbare Verweise an. Je nach Dateityp können Sie Dateien dann downloaden oder direkt im Browser-Fenster anzeigen.

Für anspruchsvollere Arbeiten brauchen Sie ein FTP-Programm, vor allem, wenn Sie die Dateien Ihres eigenen WWW-Projekts verwalten wollen. Solche Programme gibt es für alle Betriebssysteme. Einige Betriebssysteme, etwa alle Unix-Derivate oder OS/2, haben bereits einen eingebauten FTP-Client.

1.3.4 Gopher

Gopher gilt heute als der Vorläufer des World Wide Web. Der Name kommt von »go for« und drückt damit aus, was der wichtigste Zweck dieses Dienstes ist: große Informationsbestände leichter durchsuchbar zu machen.

Gopher ist eine menübasierte Bedienoberfläche zum Auffinden von Information, aber auch zum Nutzen anderer Internet-Dienste wie FTP oder Telnet. Einem Eintrag in einem Gopher-Menü ist nicht anzusehen, wo sich die damit verbundenen Dateien oder Programme befinden. Anwender mit text- und tastaturorientierten Rechnern können aus den Menüs, die das Gopher-System am Bildschirm anzeigt, Einträge mit Buchstaben- oder Zifferntasten auswählen. Bei grafischen Benutzeroberflächen sind die Menüs mit der Maus anklickbar. In dieser Hinsicht gleicht Gopher dem World Wide Web, denn auch bei diesem Dienst müssen Sie kein Insiderwissen haben, um im Informationsbestand zu navigieren.

Der Nachteil von Gopher gegenüber dem WWW ist, daß es keine Standards wie HTML gibt. Es gibt lediglich die Gopher-Menüs und die damit verknüpften Dateiaufrufe oder Befehle. Ein guter Gopher-Client kann zwar diverse Dateiformate anzeigen, doch es gibt kein Mittel, um Bildschirmseiten zu gestalten und dadurch eigenständige Präsentationen von Information zu schaffen.

Moderne WWW-Browser wie Netscape sind auch gopher-fähig. Das bedeutet, daß Sie mit einem solchen Browser problemlos Gopher-Adressen aufrufen können. Die Gopher-Menüs erscheinen im Browser wie Listen mit Verweisen in HTML.

1.3.5 Chat (IRC)

Wer sich einsam fühlt oder einfach in sein will, geht im Internet *chatten* (ratschen, quatschen). Am Bildschirm erscheint dann ein zweigeteiltes Fenster. In den einen Teil werden wie von Geisterhand allerlei ganze und halbe Sätze, Kommentare und etwas Emoticons hineingeschrieben. Das sind Beiträge von Teilnehmern, die gerade an der gleichen Stelle online sind. Im anderen Fenster können Sie selbst etwas eintippen. Auf diese Weise können Sie an der Unterhaltung teilnehmen. Mittlerweile gibt es auch grafische Oberflächen, bei denen sich jeder Chat-Teilnehmer eine Figur aussucht, die dann als Teilnehmer in einer Szenerie erscheint.

Kaum jemand erscheint dort mit seinem wahren Namen, und nicht wenige geben sich als etwas ganz anderes aus, als sie wirklich sind. Männer spielen Frau, um herauszufinden, wie es ist, als Frau von einem Mann angemacht zu werden. Erwachsene spielen Jugendliche, um sich mal wieder richtig pubertär benehmen zu dürfen. Hin und wieder kommen interessante Gespräche zustande, aber oft haben die Chat-Beiträge auch das Niveau von Kindergestammel.

IRC (Inter Relay Chat) ist einer der Internet-Dienste, die teuer werden können. Denn während der ganzen Teilnahmedauer muß man online sein, und viele merken beim Quatschen nicht, wie die Zeit vergeht (das ist nicht anders als im »real life«). Es gibt nur wenige, die eine ganze Nacht lang im WWW surfen, aber viele, die eine ganze Nacht lang chatten. Viele der hochgradig Internet-Süchtigen treiben sich vor allem in den Chat-Bereichen herum.

1.3.6 Newsgroups (News)

Eine Newsgroup ist einem schwarzes Brett vergleichbar, wo Sie Nachrichten anheften (posten), die alle Besucher lesen können. Jede Newsgroup behandelt einen Themenbereich. Mittlerweile sind mehr als 20.000 Newsgroups im Internet verfügbar. Es gibt praktisch kein Thema, zu dem es nicht eine Newsgroup gibt. Egal, ob Sie sich für die Konfiguration Ihres PCs interessieren, für Origami oder für vermißte Kinder – für alles findet sich eine oder mehrere Newsgroups. Täglich werden zigtausend Nachrichten in Newsgroups gepostet. Es werden Fragen gestellt und Antworten gegeben, es wird debattiert und geflachst. Die Newsgroups gelten allgemein als der verrückteste Teil des Internet. Manchen Leuten sind sie aber auch ein Dorn im Auge, denn es gibt auch etliche Newsgroups mit pornographischen und extremistischen Inhalten.

Das System der Newsgroups ist auf verschiedene Netze verteilt. Das größte und bekannnteste ist das *Usenet*. Hier finden Sie Newsgroups mit Adressen wie *alt.music.pinkfloyd* oder *de.soc.weltanschauung*. Wichtige Abkürzungen in solchen Newsgroup-Adressen listet die folgende Tabelle auf.

Adresse	*Bedeutung*
alt	alternativ, bunt, verrückt, abgefahren
biz	Kommerzielles, jedoch keine Werbung
comp	Computer
de	deutschsprachig
misc	Sonstiges
news	Newsgroups zum Thema Newsgroup
rec	Freizeit, Hobby und Kunst
sci	Wissenschaften
soc	Soziales, Kultur, Politik
talk	Klatsch und Tratsch

Tab. 1.3: Die Bedeutung einiger Abkürzungen in Newsgroup-Namen

Um Newsgroups lesen und daran teilnehmen zu können, brauchen Sie ein *Newsreader*-Programm. Moderne WWW-Browser wie Netscape (ab V3.0) oder der Internet Explorer (ab V4.0) haben einen eingebauten News-Client, so daß Sie kein separates Programm mehr benötigen. Um Newsgroups empfangen zu können, müssen Sie in den Einstellungen des verwendeten Programms einen *News-Server* angeben.

Es empfiehlt sich, zunächst einmal alle verfügbaren Newsgroups einzulesen. Das kann eine Weile dauern, aber anschließend haben Sie eine sortierte Liste aller Gruppen und können sich einen Überblick verschaffen. Newsgroups, die Sie interessieren, können Sie *abonnieren*.

Nachrichten in Newsgroups sind hierarchisch organisiert. Irgendjemand postet eine Nachricht mit einem neuen *Subject* (Thema). Ein anderer antwortet auf die Nachricht und bezieht sich dadurch auf das gleiche Thema. Ein Dritter antwortet ebenfalls, und ein Vierter antwortet dem Dritten. Auf diese Weise entsteht eine Baumstruktur von Nachrichten zu einem einmal begonnenen Thema. Diese Baumstruktur wird auch als *Thread* bezeichnet. Sie können selbst einen neuen Thread beginnen oder auf eine Nachricht antworten und dadurch den betreffenden Thread einschlagen.

1.3.7 World Wide Web (WWW)

Das World Wide Web (WWW) ist der jüngste Dienst innerhalb des Internet. Das Web zeichnet sich dadurch aus, daß es auch ungeübteren Anwendern erlaubt, sich im Informationsangebot zu bewegen. Wer etwa mit einem FTP-Programm einen FTP-Server aufruft, muß sich in komplexen, unbekannten Verzeichnisstrukturen zurechtfinden und sich an Dateinamen orientieren. Interessante Dateien kann er auf seinen Rechner downloaden, um sie später zu öffnen.

Im WWW dagegen erscheinen Informationen gleich beim Aufruf am Bildschirm. Wenn Sie mit einem WWW-Browser im Web unterwegs sind, brauchen Sie sich nicht um Dateinamen oder um komplizierte Eingabebefehle zu kümmern. Das bequeme Navigieren mit Hilfe einfacher Mausklicks kann ein Hochgefühl erzeugen, weshalb sich auch die Redewendung vom »Surfen im Netz« eingebürgert hat.

1.3.8 Entstehung des World Wide Web

Die Geschichte des World Wide Web ist – trotz seines unfaßbaren Erfolges – noch ziemlich jung. Sie begann um 1990 in Genf. Tim Berners-Lee (*www.w3.org/pub/WWW/People/Berners-Lee*), britischer Informatiker am Genfer Hochenergieforschungszentrum CERN, startete zusammen mit einigen Kollegen eine Initiative, um das Internet für einen neuartigen Informationsaustausch zwischen Wissenschaftlern zu nutzen. Es ging darum, wissenschaftliche Dokumente online sichtbar zu machen, wobei einfache Textformatierung und das Einbinden von Grafik möglich sein sollte. Ganz entscheidend war aber auch die Idee, Hypertext-Funktionalität einzubauen, so daß Dokumente Verweise auf beliebige andere Dokumente enthalten können, auch wenn diese auf ganz anderen Internet-Servern liegen.

Bild 1.2: Tim Berners-Lee war um 1990 maßgeblich an der Geburt des World Wide Web und von HTML beteiligt

Die beiden Säulen des Projekts sollten das neue Dateiformat *HTML* (Hypertext Markup Language) und das neue Internet-Protokoll *HTTP* (Hypertext Transfer Protocol) bilden. Neue Endanwender-Software sollte die Dateien online anzeigen und Verweise ausführen können. Wegen des Hypertext-Charakters wurde das ganze Projekt World Wide Web (weltweites Netz) getauft.

Gleichzeitig wurde begonnen, WWW-Server einzurichten, die das neue HTTP-Protokoll unterstützten. Erste Client-Programme für Endanwender wurden entwickelt. Software-Entwickler wurden von der Idee des WWW angesteckt und entwickelten fieberhaft die ersten WWW-Browser.

Besonders aktiv war ein junger Mann namens Marc Andreessen (*home.netscape.com/people/marca*). Er entwickelte den ersten WWW-Browser für grafische Benutzeroberflächen, den Browser *Mosaic*. Die Programmierer von Mosaic erfanden auch neue Features, die sie in ihren WWW-Browser implementierten, ohne daß diese Features standardisiert waren. Andererseits wurde hauptsächlich dadurch jene Lawine ins Rollen gebracht, die wir heute erleben. Marc Andreessen, der den Boom frühzeitig witterte, stieg schließlich aus dem Mosaic-Projekt aus und wurde Mitbegründer einer neuen Firma für WWW-Software: *Netscape*.

Bild 1.3: Marc Andreessen entwickelte den ersten grafischen Browser Mosaic und machte sich später mit Netscape selbständig

In der zweiten Jahreshälfte 1993 brachten einflußreiche Blätter wie die New York Times erste Artikel über das neue Fieber in der Internet-Gemeinde. Die Anzahl der Schaulustigen wuchs ebenso wie die Anzahl von Server-Betreibern im Internet, die sich die frei verfügbare HTTP-Software installierten und damit WWW-fähig wurden. Hunderte, bald tausende von Menschen mit Internet-Zugang und Zugang zu Servern begannen, HTML fürs WWW zu schreiben, Wissenschaftliches, aber auch Persönliches, Abstruses, Verrücktes.

Bill Gates, Chef von Microsoft, dem mächtigsten Software-Konzern der Welt, rümpfte zu diesem Zeitpunkt höchstens die Nase über die Entwicklungen im Internet, wenn er sie überhaupt zur Kenntnis nahm. Auch traditionelle Online-Dienstanbieter wie CompuServe oder die Telekom schotteten sich zunächst gegen das »Chaos Internet« ab. Die Lawine war jedoch nicht mehr aufzuhalten. Sie wurde so mächtig, daß die anfänglichen Gegner später, als der Boom bereits in vollem Gange war und Anwender entsprechende Software und Internet-Zugänge verlangten, Hals über Kopf den Kurs wechselten und fieberhaft in das neue Medium investierten. Heute sind Online-Dienste in erster Linie Internet-Provider, und Microsoft beschäftigt Heerscharen von Entwicklern, die nichts anderes im Sinn haben, als das Versäumte nachzuholen, um auch im Internet-Bereich zum Software-Anbieter mit dem größten Umsatz zu werden.

Die Anzahl von Technologien und Software-Lösungen im WWW-Bereich ist heute kaum noch überschaubar. Doch je bunter und unübersichtlicher der Markt, desto wichtiger werden allgemein anerkannte und weitgehend eingehaltene Standards wie HTML und andere Sprachen, die vom W3-Konsortium normiert werden. Denn letztendlich sind die Daten das Entscheidende, nicht die Software. Immer mehr Endanwender und Entscheidungsträger beginnen das zu begreifen. Und dementsprechend wächst der Druck auf Software-Hersteller, sich an den Standards zu orientieren. Das gilt für einfache Dokumentformate wie HTML genauso wie etwa für Ansätze zum elektronischem Business.

1.4 Eigenschaften von HTML

1.4.1 Elemente auszeichnen

HTML bedeutet HyperText Markup Language. Es handelt sich dabei um eine Sprache, die mit Hilfe von SGML (Standard Generalized Markup Language) definiert wird. SGML ist als ISO-Norm 8879 festgeschrieben.

HTML ist eine sogenannte Auszeichnungssprache (Markup Language). Sie hat die Aufgabe, die logischen Bestandteile eines Dokuments zu beschreiben. Als Auszeichnungssprache enthält HTML daher Befehle zum Markieren typischer Elemente eines Dokuments wie Überschriften, Textabsätze, Listen, Tabellen oder Grafikreferenzen.

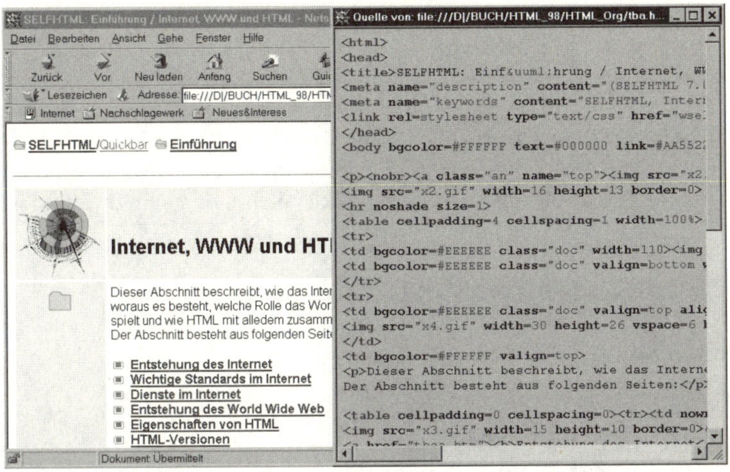

Bild 1.4: Links die Ausgabe des Browsers, rechts der HTML-Code, der dahintersteckt

Das Beschreibungsschema von HTML geht von einer hierarchischen Gliederung aus. HTML beschreibt Dokumente. Dokumente haben globale Eigenschaften wie zum Beispiel einen Titel oder eine Hintergrundfarbe. Der eigentliche Inhalt besteht aus Elementen, etwa einer Überschrift 1. Ordnung. Einige dieser Elemente haben wiederum Unterelemente. So enthält ein Textabsatz zum Beispiel eine als fett markierte Textstelle, eine Aufzählungsliste besteht aus einzelnen Listenpunkten, und eine Tabelle gliedert sich in einzelne Tabellenzellen.

Die meisten dieser Elemente haben einen fest definierbaren Gültigkeitsbereich. So geht eine Überschrift vom ersten bis zum letzten Zeichen, eine Aufzählungsliste vom ersten bis zum letzten Listenpunkt oder eine Tabelle von der ersten bis zur letzten Zelle. Auszeichnungen markieren Anfang und Ende von Elementen. Um etwa eine Überschrift auszuzeichnen, lautet das Schema:

```
[Überschrift] Text der Überschrift [Ende Überschrift]
```

Bei einem Element, das wiederum Unterelemente besitzt, etwa einer Aufzählungsliste, läßt sich das gleiche Schema anwenden:

```
[Liste]
   [Listenpunkt] Text des Listenpunkts [Ende Listenpunkt]
   [Listenpunkt] Text des Listenpunkts [Ende Listenpunkt]
[Ende Liste]
```

WWW-Browser, die HTML-Dateien am Bildschirm anzeigen, lösen die Auszeichnungsbefehle auf und stellen die Elemente dann in optisch gut erkennbarer Form am

Bildschirm dar. Dabei ist die Bildschirmdarstellung aber nicht die einzige denkbare Ausgabeform. HTML kann beispielsweise genauso gut mit Hilfe synthetisch erzeugter Stimmen auf Audio-Systemen ausgegeben werden.

1.4.2 Vernetzung herstellen

Eine der wichtigsten Eigenschaften von HTML ist die Möglichkeit, Verweise zu definieren. Verweise (Hyperlinks) können zu anderen Stellen im eigenen Projekt führen, aber auch zu beliebigen anderen Adressen im World Wide Web und sogar zu Internet-Adressen, die nicht Teil des WWW sind.

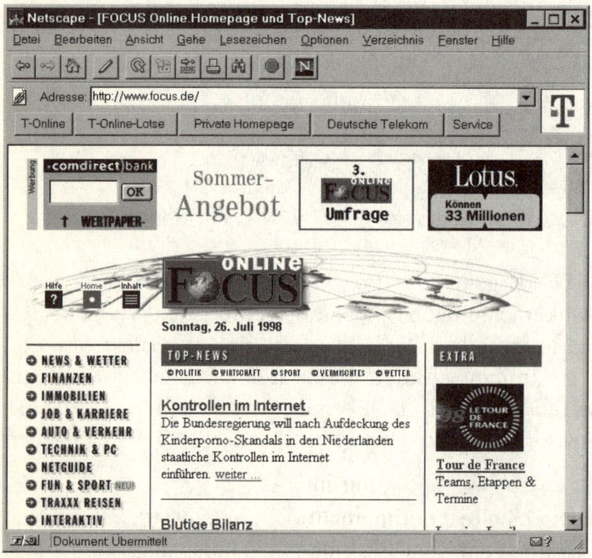

Bild 1.5: Werbe-Banner sind eine wichtige Einnahmequelle für die Betreiber vieler Web-Angebote

Durch diese einfache Grundeigenschaft eröffnet HTML völlig neue Welten. Das Bewegen zwischen räumlich weit entfernten Rechnern wird bei modernen grafischen WWW-Browsern auf einen Mausklick reduziert. In Ihren eigenen HTML-Dateien können Sie Verweise notieren und dadurch inhaltliche Verknüpfungen zwischen Ihren eigenen Inhalten und denen anderer Anbieter herstellen. Auf dieser Grundidee beruht letztlich das gesamte World Wide Web, und dieser Grundidee verdankt es seinen Namen.

Im Zeitalter der Kommerzialisierung des Internet sind natürlich auch die Verweise zu einem kommerziellen Gegenstand geworden. Anklickbare Werbegrafiken (Banner) auf häufig besuchten Seiten führen zu Anbietern, die für die Plazierung der Banner bezahlen. Auch das sind Verweise. Glücklicherweise gibt es daneben aber weiterhin genügend »herkömmliche« Verweise im WWW, die einfach nur die Grundidee des Web verfolgen und zur weltweiten Vernetzung von Information beitragen wollen.

1.4.3 Software-Unabhängiger Klartext

HTML ist ein sogenanntes Klartextformat. HTML-Dateien können Sie mit jedem beliebigen Texteditor bearbeiten, der Daten als reine Textdateien speichern kann. Es gibt also keine bestimmte Software, die man zum Erstellen von HTML-Dateien benötigt. Zwar gibt es längst mächtige Programme, die auf das Editieren von HTML spezialisiert sind, doch das ändert nichts an der entscheidenden Eigenschaft: HTML ist nicht an irgendein bestimmtes, kommerzielles Software-Produkt gebunden. Diese wichtige, vielleicht sogar wichtigste Eigenschaft von HTML sollten Sie immer im Auge behalten, wenn man Ihnen erzählen will, daß Web-Publishing nur mit bestimmten Software-Produkten möglich sei.

Die Klartext-Befehle von HTML sind für Maschinen und Menschen gedacht. Wer keine sinnlosen Vorurteile gegenüber sichtbaren Befehlen am Bildschirm hat, wird in HTML eine überraschend einfache Befehlssprache finden. Die Basissprache ist Englisch, doch da die Anzahl der Befehle begrenzt ist, ist es auch ohne tiefere Kenntnisse der englischen Sprache möglich, sich in HTML hineinzudenken.

Da HTML ein Klartextformat ist, läßt es sich auch hervorragend mit Hilfe von Programmen generieren. Von dieser Möglichkeit machen beispielsweise CGI-Programme Gebrauch. Wenn Sie im WWW zum Beispiel einen Suchdienst benutzen und nach einer Suchanfrage die Ergebnisse präsentiert bekommen, ist das, was Sie am Bildschirm sehen, HTML-Code, der von einem Programm generiert wurde.

1.4.4 Universelle Einsetzbarkeit

HTML ist als Auszeichnungssprache zum Erstellen von WWW-Seiten gedacht – eigentlich. HTML-Dateien funktionieren aber nicht nur im WWW. Es ist kein Problem, eine HTML-Datei lokal auf jedem Rechner mit einem WWW-Browser zu öffnen. HTML-Dateien sind deshalb auch ideal geeignet für lokale Dokumentationen, für CD-ROM-Oberflächen, für Readme-Dateien usw. Mit HTML und seinen unmittelbaren Ergänzungssprachen CSS und JavaScript, die ebenfalls lokal funktionieren, können Sie auch anspruchsvolle Projekte realisieren, die nicht für den Einsatz im WWW gedacht sind. Egal, ob Sie Ihr Tagebuch fürs nächste Jahrtausend fit machen möchten, ob Sie der nächsten Version Ihrer Software eine HTML-basierte Online-Hilfe beigeben, oder ob Sie eine informative CD produzieren wollen – HTML ist längst das verbreitetste Dateiformat der Welt. Ihre HTML-Dateien laufen auf jedem Rechner, auf dem ein WWW-Browser installiert ist. Und ein Rechner, auf dem kein WWW-Browser verfügbar ist, darf mittlerweile bei aller Rücksicht als ein »veralteter Rechner« bezeichnet werden.

1.4.5 HTML-Versionen

HTML 1.0

Die erste Sprachversion von HTML gilt heute nicht mehr als erwähnenswert. Die Spezifikation zu dieser HTML-Version ist auf den Seiten des W3-Konsortiums, das für die Standardisierung von HTML verantwortlich ist, auch gar nicht mehr verfügbar. HTML 1.0 enthielt HTML-Befehle für Standard-Elemente wie Überschriften, Textabsätze, für Grafikreferenzen und natürlich für Verweise.

Vermutlich hätte es zehn Jahre bis zur nächsten HTML-Version gedauert. Doch während HTML gerade mal als Version 1.0 offiziell war, begann der Erfolg des WWW und von WWW-Browsern wie Mosaic und Netscape. Netscape 1.1 beherrschte bereits Tabellen in HTML, da war der Sprachstandard 2.0 noch nicht mal verabschiedet. Und selbst der sollte noch weit davon entfernt sein, Tabellen zum offiziellen Bestandteil von HTML zu erklären.

HTML 2.0

HTML 2.0 wurde im November 1995 offizieller Sprachstandard. Die Spezifikation für HTML ist beim W3-Konsortium noch verfügbar: HTML-2.0-Spezifikation (*www.w3.org/MarkUp/html-spec/html-pubtext.htm*).

Die Version 2.0 von HTML gilt heute als der allerkleinste gemeinsame Nenner. Ein WWW-Browser, der HTML 2.0 in seinen wesentlichen Befehlen nicht interpretiert, darf getrost als WWW-untauglich betrachtet werden. Allerdings enthält HTML 2.0 durchaus Befehle, die bis auf den heutigen Tag nicht von den großen Browsern interpretiert werden, etwa das `<link>`-Tag.

HTML 2.0 wurde allgemein als Enttäuschung empfunden, da gerade Netscape in seiner Entwicklung schon viel weiter war: So war HTML 2.0 Standard, als der Navigator mit der bahnbrechenden Version 2.0 auf den Markt kam. Darin waren bereits solche Dinge wie Frames (Mehrfenstertechnik) und JavaScript implementiert, die meilenweit über den offiziellen HTML-Standard hinausgingen.

Die meisten Ersteller von WWW-Seiten berauschten sich an den neuen Möglichkeiten von Netscape und hatten wenig Verständnis für die Restriktionen von HTML 2.0.

HTML 3.2

HTML 3.2 wurde nach langen Diskussionen am 14.1.1997 offizieller Sprachstandard. Die Spezifikation zu HTML 3.2 ist auf den Seiten des W3-Konsortiums verfügbar: HTML-3.2-Spezifikation (*www.w3.org/TR/REC-html32.htm*).

Daß diese Version eine schwere Geburt war, läßt sich schon bei der merkwürdigen Versionsnummer erahnen. Das W3-Konsortium, von den Erfolgen eines Netscape-Browsers unbeeindruckt, entwickelte zunächst eine geplante Version 3.0. Die Vorschläge zu

HTML 3.0 enthielten zwar etliche interessante Bestandteile, die aber bis heute von den Browser-Herstellern ignoriert werden (zum Beispiel HTML-Befehle zur Darstellung mathematischer Formeln). Doch insgesamt liefen die Vorschläge des W3-Konsortiums völlig den neuen Realitäten im Web zuwider. In dieser Zeit begann die verstärkte Zusammenarbeit zwischen dem W3-Konsortium, das aus der Welt der akademischen Wissenschaften kommt, mit kommerziell orientierten Software-Herstellern.

HTML 3.2 ist das Ergebnis einer völligen Umarbeitung der Vorschläge zu dem niemals offiziell gewordenen HTML 3.0. Endlich wurden zumindest Tabellen offizieller Bestandteil von HTML und auch diverse Befehle zur physischen Textauszeichnung. Auf die Absegnung der berüchtigten Frames aber warteten die Browser-Hersteller, zu denen mittlerweile auch Microsoft gehörte, vergeblich.

HTML 4.0

HTML 4.0 wurde am 18.2.1998 als Sprachstandard verabschiedet. Die offizielle Spezifikation gibt es auf den Seiten des W3-Konsortiums: HTML-4.0-Spezifikation (*www.w3.org/TR/REC-html40*).

Mit HTML 4.0 hat das W3-Konsortium gezeigt, daß es bereit ist, sich mit den kommerziellen Entwicklungen im WWW auseinanderzusetzen und seine Rolle als kooperatives Standardisierungs-Gremium im Milliardenmarkt WWW zu nutzen. Für die eingefleischten Wissenschaftler war das sicher kein einfacher Schritt, aber ein ungemein wichtiger. Denn nur ein W3-Konsortium, das von Software-Herstellern ernstgenommen wird, hat eine Existenzberechtigung. Heute erkennen immer mehr Aktive im WWW die Bedeutung dieses unabhängigen Gremiums angesichts vielfältiger Versuche einzelner Hersteller, eigene Entwicklungen durch die Verbreitung eigener Browser als Pseudo-Standard durchzuboxen.

HTML 4.0 segnet neben Frames auch die Einbindung von Cascading Style-Sheets (CSS) und von Scriptsprachen in HTML ab. Damit sind eigentlich fast alle heute weit verbreiteten Ergänzungs-Technologien für HTML offizieller Standard oder zumindest im Standard vorgesehen.

1.5 Persönliche Bemerkungen

1.5.1 HTML ist Hypertext

Das HT in HTML steht für Hypertext. Wenn Sie HTML-Dateien selbst erstellen wollen, sollten Sie sich Gedanken darüber machen, warum die Sprache, mit der Sie da arbeiten, eigentlich so heißt, wie sie heißt.

Wirklichkeit, Medien, Bewegung, Komplexität

Das Medium »Buch« mit der linearen Anordnung eines in diesem Falle zirka 1,9 Kilometer langen Buchstaben-Bandwurms ist, wie letztlich die Sprache überhaupt, nur bedingt geeignet für das Thema, das ich mir hier vorgenommen habe. Der Versuch, ein Gesamtbild der vernetzten Wirklichkeit zu geben, die eigentlich nur simultan erfaßt werden kann, muß daher zwangsläufig unvollkommen bleiben.
(Aus: Frederic Vester, Das Neuland des Denkens)

Das simultane Erfassen der gesamten *Wirklichkeit* ist dem Menschen im normalen Zustand nicht möglich. Solange er begreifen will, wie die Wirklichkeit funktioniert, muß er die Wirklichkeit erforschen, sei es wissenschaftlich methodisch oder einfach nur alltäglich durch Erfahrung.

Die daraus gewonnenen Ergebnisse sind natürlich äußerst umfangreich. Deshalb machen die Menschen auch viel von der Möglichkeit Gebrauch, einmal gewonnene Ergebnisse mit Hilfe von *Medien* an andere Menschen weiterzugeben. Vieles, was in unseren Köpfen ist, haben wir nicht selbst entdeckt oder erfahren, sondern es ist uns durch Medien vermittelt worden.

Damit der Mensch Informationen, die ihm durch Medien vermittelt werden, verarbeiten kann, muß er sich in den vermittelten Inhalten *bewegen* können. Denn genausowenig, wie sich die Wirklichkeit simultan erfassen läßt, läßt sich die durch Medien vermittelte Information auf einen Schlag erfassen. Ein brauchbares Medium muß Information deshalb so vermitteln, daß man sich darin bewegen kann, sich die persönlich erforderliche Zeit nehmen kann, um die Information zu verarbeiten (weshalb, nebenbei bemerkt, etwa das Fernsehen ein problematisches Medium ist, weil es dem Menschen eine bestimmte Verarbeitungszeit aufzwingt, die er meistens nicht erreicht). Die einfachste Form des Bewegens ist die Bewegung in eine vorgegebene Richtung: immer geradeaus. Diesem Prinzip folgt das Medium Buch. Ein Buch besteht zwar aus einzelnen Seiten, aber in Wirklichkeit ist es nur eine neuere Form der alten Papyrus-Rollen. Die Buchseiten sind dazu gedacht, der Reihe nach gelesen zu werden.

Hypertext, ein neues Medium, das erst durch Computer sinnvoll nutzbar wird, ist dagegen Bewegen in mehrere Richtungen. Oberflächlich gesehen ist es kindischer: mehr Herumhüpfen und Ausprobieren. Bei näherer Betrachtung aber näher an dem Versuch, der *Komplexität* der Wirklichkeit gerecht zu werden. Hypertext tut nicht mehr so, als ob die Wirklichkeit einen Anfang und ein Ende oder ein Oben und Unten habe. Die Wirklichkeit, so wissen wir heute, hat zwar jede Menge Strukturen und Ordnungsgefüge, aber sie läßt sich nicht von vorne bis hinten beschreiben. Deshalb ist es nur konsequent, wenn auch die Medien sich verändern. Hypertext ist letztlich die adäquate Ausdrucksform eines Bewußtseins, daß sich von der jahrhundertelangen Zwangsvorstellung befreit hat, die Welt in ein System zu pressen.

Navigation und Vernetzung

Als Hypertext-Anwender sollen Sie nicht mehr sklavisch einem bestimmten Lesepfad folgen, sondern Sie können spontan auswählen, was Sie lesen möchten. Außerdem sollen Sie sich jederzeit neu orientieren können und von einzelnen Informationseinheiten zu verwandten oder das Thema vertiefenden Informationseinheiten springen können. Ein guter Hypertext hat die Aufgabe, Ihnen als Anwender all das zu bieten: eine nachvollziehbare Navigationsstruktur, eine Aufteilung der Information in überschaubare, in sich abgeschlossene Informationseinheiten und eine intelligente Vernetzung der Informationseinheiten durch Verweise (Hyperlinks). Dabei müssen sowohl die Hypertext-Autoren als auch die Browser-Hersteller mitwirken. Ein Hypertext-Autor muß projektspezifisch eine angemessene Navigationsstruktur zur Verfügung stellen, und die benutzte Hypertext-Software, der Browser, muß Funktionen enthalten, die das Navigieren erleichtern, etwa Bookmark-Funktionen, History-Funktionen usw.

Hypertext ist nichts Neues

Natürlich gibt es Textsorten, bei denen ein Aufsplitten des Gesamttextes in kleine Einheiten mit anschließender Vernetzung keinen Sinn macht. Einen Abenteuerroman etwa möchte man lieber von vorn bis hinten lesen, und eigentlich auch gar nicht an einem heute üblichen Bildschirm. Aber bei jeder Art von Sachtext ist Hypertext eine sinnvolle Alternative zum herkömmlichen Buch. Denn Sachbücher enthalten eigentlich alles, was Hypertext kann: Kapitel, Abschnitte, Inhaltsverzeichnis, Stichwortverzeichnis, Querverweise.

Das Problem ist nur, daß niemand Lust hat, in einem Buch dauernd von einer Stelle zu einer ganz anderen zu springen, weil das Suchen und Blättern dann so viel Energie in Anspruch nimmt, daß die Konzentration leidet. Der übliche Weg, ein solches Buch zu lesen, bleibt daher das Lesen Seite für Seite. Anders bei den anklickbaren Verweisen eines Hypertextes: Hier können Sie, je nachdem, wie gut die Navigationsstrukturen sind, ebenfalls seitenweise durch die angebotenen Informationseinheiten blättern. Gleichzeitig ist es jedoch viel einfacher, sich neu zu orientieren oder Querverweisen zu folgen. Denn an die Stelle des Blätterns tritt reine Rechenzeit.

Hypertext und weltweite Vernetzung

Noch deutlicher werden die Unterschiede, wenn man ein Buch mit weltweitem Online-Hypertext wie dem World Wide Web vergleicht. Viele Bücher enthalten Verzeichnisse mit weiterführender Literatur. Wenn Sie sich für eines der anderen Bücher interessieren, müssen Sie das Buch kaufen gehen oder in eine Bibliothek rennen und möglicherweise wochenlang auf die Fernleihe warten.

Beim Klick auf einen Verweis kommen Sie sofort an die gewünschte Information, auch wenn diese auf einem Internet-Host-Rechner liegt, der viele tausend Kilometer weit von Ihnen entfernt ist. Sie bekommen die Information in dem Moment, in dem Sie sich dafür interessieren. Das ist ein intellektueller Mehrwert, dessen Tragweite noch gar nicht recht erkannt worden ist.

Hypertext ist mehr als Text

Moderne Computer-Anwender wollen allerdings noch mehr als nur auf Hyperlinks klicken. Sie wollen auch keine ellenlangen Texte lesen. Informationsdarstellung am Bildschirm muß auch noch andere Darstellungsformen bieten, als es in Büchern üblich ist. Anwender, die mit einem Computer in einem Informationsangebot navigieren, wollen sich etwa Information individuell auf einer Seite zusammenstellen, um beispielsweise Angebote miteinander zu vergleichen.

Wenn etwas erklärt wird, wollen sie auf Wunsch eine grafische oder akustische Animation aufrufen, die Zusammenhänge oder Vorgehensweisen demonstriert. Oder sie wollen einfach eine Runde spielen, sei es zur Entspannung oder um spielend etwas zu lernen. Es spricht nichts dagegen, auch solche Dinge unter dem Begriff Hypertext zusammenzufassen. Insofern sind auch neuere Techniken wie Dynamisches HTML in Verbindung mit Scriptsprachen waschechte Hypertext-Features.

Medienumbrüche tun weh

Medien haben viel mit Gewohnheit zu tun. An Bücher sind wir alle gewöhnt, von frühesten Kindertagen an sind wir mit Bilderbüchern konfrontiert worden, in der Schule hatten wir Schulbücher. Deshalb reagiert die Mehrheit der Menschen mit heftigem Widerstand, wenn man ihnen erzählen will, daß elektronischer und weltweit vernetzter Hypertext in vielen Bereichen das Zeug hat, Bücher zu ersetzen.

Es hat wohl auch wenig Sinn zu predigen – aus dem Predigerzeitalter sind wir nämlich auch raus. Wer sich für das neue Medium, für Hypertext, begeistern kann und wer Lust hat, in diesem Medium Information weiterzugeben, sollte aber dies berücksichtigen: Nur wenn die eigenen Hypertext-Projekte so gut, so praktisch sind, daß man schon verbohrt sein muß, um sich ihnen zu verweigern, dann kann sich Hypertext leichter durchsetzen. HTML und seine Ergänzungssprachen sind das interessanteste Werkzeug, das wir derzeit für diese Zwecke haben.

1.5.2 Das Logische, das Physische und das Dynamische

Am Anfang war HTML – deshalb ist es zur Gewohnheit geworden, Web-Publishing im wesentlichen mit der Beherrschung der HTML-Sprache gleichzusetzen. Doch mittlerweile sind einfach viel zu viele Wünsche geäußert worden, die HTML nicht befriedigen kann. Es stellte sich heraus, daß HTML eine wichtige Basis ist, aber keine Allround-Lösung.

So ist beispielsweise eine Überschrift 1. Ordnung in HTML schnell notiert, aber wie sagt man dem Browser, daß er die Überschrift in einer anderen als der voreingestellten

Schrift darstellen und bitteschön etwas mehr Abstand zum Text davor lassen soll? Und warum kann man in HTML zwar eine Grafik einbinden, aber nicht bewirken, daß diese sich optisch verändert, wenn der Anwender mit der Maus darüber fährt?

Nur logisch, nur statisch

Das sind Kleinigkeiten, wenn Sie so wollen. Aber versuchen Sie, es mal so zu sehen: HTML hat zwei charakteristische Eigenschaften, die zugleich Defizite darstellen. HTML ist erstens eine logische Sprache und keine Formatiersprache und zweitens eine statische Auszeichnungssprache und keine Programmiersprache, in der man Abläufe oder Interaktionen mit dem Anwender programmieren kann. Mit HTML kann man Dokumentstrukturen, also Elemente wie Überschriften, Absätze, Listen, Tabellen, Grafikreferenzen oder Formulare definieren. Aber man kann weder genau angeben, wie diese Elemente aussehen und wie genau sie positioniert werden sollen, noch kann man angeben, wie sich diese Elemente etwa durch Anwenderereignisse wie Mausaktionen verändern können.

Genau das sind aber Probleme, mit denen viele aktive Anwender, die selbst Web-Seiten erstellen wollen, zu kämpfen haben. Web-Seiten, die in kreativen Köpfen vor dem inneren Auge entstehen, bestehen nicht nur aus Strukturen, sondern auch aus Farben und Formen, aus Elementen, die sich bewegen, und aus Dingen, die durch Interaktion mit dem Anwender passieren. Solche Wünsche müssen auf die Dauer befriedigt werden, wenn HTML nicht wieder ins Abseits der EDV-Geschichte geraten will.

Weiter auf der Klartext-Schiene

Bevor Technologien wie ActiveX oder auch Java-basierte Lösungen, die nur noch Programmierern zugänglich sind, zum Standard für Web-Seiten werden, ist es besser, Sprachen ähnlich wie HTML zu entwickeln, die kein Geheimnis aus ihrem Quelltext machen und gerade durch die »Abguckmöglichkeit« zur weltweiten Know-how-Verbreitung beitragen. Denn nur durch die Verbreitung des Know-hows sind unabhängige Sprachen wie HTML die heute einzige ernstzunehmende Alternative zu firmenspezifischen Lösungen von Großkonzernen wie Microsoft. Und tatsächlich wird Microsoft beim nächsten Office-Paket (sinnigerweise Office 2000) als Standardformat XML (Extendable Markup Language), eine Obermenge von HTML, einsetzen.

Die physische Ergänzung

Diese Ergänzung zu HTML ist mittlerweile etabliert und standardisiert: Mit Hilfe der CSS-Style-Sheets können Sie HTML-Elementen sagen, wie diese genau auszusehen haben. Der Ergänzungseffekt, den die CSS-Sprache leistet, darf nicht unterschätzt werden: Erst dadurch wird HTML erwachsen und befreit sich aus dem permanenten Gestaltungsnotstand, den es unter Web-Designern lange Zeit verursachte. Erst durch die

CSS-Style-Sheets kann HTML ernsthaft mit herkömmlichen Textverarbeitungs- und DTP-Formaten konkurrieren.

Die dynamische Ergänzung

Die Ehre der Erfindung einer Programmiersprache, die sich direkt in HTML einbinden läßt und es erlaubt, Web-Seiten zu kontrollieren und während der Anzeige zu verändern, gebührt Netscape. Mit der Version 2.0 des Netscape-Browsers kam JavaScript auf den Markt. Leider hat es Netscape jedoch versäumt, die Sprache frühzeitig auf alle Elemente einer HTML-Datei anwendbar zu machen. Genau das aber ist der einzige Sinn und Zweck einer solchen Sprache. Mittlerweile ist dies erkannt worden. Noch gibt es viele Probleme mit dem Erstellen echter dynamischer Web-Seiten, doch es zeichnet sich ab, daß es auch dafür bald einen Standard geben wird.

Parallelen

Wenn Sie Hegel kennen oder den Trinitätsgedanken der christlichen Lehre verinnerlicht haben, werden Sie feststellen, daß es Parallelen zum Dreigestirn aus HTML, CSS und Scriptsprachen gibt. Falls Sie sich nicht trauen, diese Parallelen anzuerkennen, dann trauen Sie sich doch einfach mal!

Das ist keine Abwertung abendländischer Werte, sondern eine moderne Form, sich mit Archetypen des Denkens auseinanderzusetzen. Denn was zur Zeit in der ganzen Hektik rund um künftige Standards des Web-Publishings passiert, läßt sich durchaus mit alten Gedanken in Verbindung bringen. Was sich der Mensch als das Vollkommene vorstellt und wünscht, folgt nun mal immer den gleichen Grundmustern.

1.5.3 Web-Know-how und Karriere

Viele Firmen, die professionell im World Wide Web auftreten müssen, wenden sich erst mal an Werbeagenturen, weil sie das schon immer so gemacht haben, wenn es um Firmenpräsentation ging. Nichts gegen Werbeagenturen – aber sie verstehen meistens das neue Medium WWW nicht. Perfekte Grafik und auch das nötige Know-how in HTML und Ergänzungssprachen ist zwar meistens vorhanden. Was fehlt, ist eine Beratung darüber, welche Inhalte für das WWW geeignet sind und wie man die Seiten sinnvollerweise strukturieren könnte. Kein Wunder, denn das sind Aufgaben, die nicht in das Metier der Werbegrafiker gehören.

Web-Design – der Oberbegriff für das Publizieren im WWW, umfaßt Layout-Design einerseits, aber auch Content-Design, Navigations-Design, Hypertext-Design und Applikations-Design. Für eine private Homepage reicht das aus, was der Ersteller kann und für gut und richtig befindet. Aber wenn man sich das Chaos auf den Web-Seiten mancher Firmen ansieht, kann man nur den Kopf schütteln. Da arbeiten häufig einzelne Abteilungen gegeneinander, setzen unterschiedliche Mitarbeiter oder Agenturen für die

Seitenerstellung ein und haben nur das Ziel, sich selber zu profilieren. Der Dumme ist der Anwender, der diese Hintergründe nicht kennt und sich einfach auf einem solchen Server zurechtfinden und gezielt nach Informationen suchen will.

Das Problem liegt auch darin, daß viele Dienstleistungsanbieter nicht bereit sind zuzugeben, daß sie nur einen Teil des Spektrums abdecken können. Hier müssen alle Beteiligten ehrlicher sein. Und Firmen, die große, umfangreiche Web-Projekte anbieten wollen, tun gut daran, sogenannte »Development Partnerships« ins Leben zu rufen, also Know-how-Träger aus den verschiedenen Bereichen, die es unter einen Hut zu bringen gilt, koordiniert einzusetzen: Redakteure, Grafiker, Programmierer.

Leben und leben lassen

Als Einzelkämpfer hat man es mittlerweile schwer, sich als Rundum-Anbieter im Bereich Web-Publishing erfolgreich zu verkaufen. Denn eine Einzelperson kann kaum noch genug Know-how und Zeit aufbringen, um lukrative Web-Projekte im Alleingang auf die Beine zu stellen. Es ist zwar kein Problem, als »Freelancer« im Bereich des Web-Publishing zu arbeiten. Doch als Einzelperson sollte man weniger versuchen, direkt an Aufträge von großen Auftraggebern heranzukommen, sondern eher, als Sub-Unternehmer für Agenturen zu arbeiten, die solche Aufträge in der Regel erhalten.

Wer selbst eine Agentur für Web-Design gründen will, braucht überdurchschnittliche Mitarbeiter. Die bekommt er einerseits nur, wenn er gute Aufträge an Land zieht, so daß er die Mitarbeiter angemessen bezahlen kann. Andererseits muß er bedenken, daß in diesem jungen Marktsegment Individualisten dominieren. Mit althergebrachten unternehmerischen Für-Dumm-Verkaufsstrategien ist hier nichts mehr zu holen. Wer in diesem Bereich als Arbeitnehmer anheuert, ist selten ein Gewerkschaftsmitglied, aber dafür jemand mit eigenen Ideen und eigenem Kopf. Und das ist für althergebrachtes Unternehmerdenken viel gefährlicher als die üblichen Forderungen der Gewerkschaften.

Kurzum: Das neue Medium fördert auch neue Formen von Arbeitsverhältnissen. Springen Sie einfach mal über Ihren Schatten – sei es aus Arbeitgeber- oder aus Arbeitnehmersicht. Verkriechen Sie sich nicht mehr hinter vorgegebenen Positionen. Arbeiten Sie als Arbeitnehmer auch mal umsonst, und schenken Sie als Unternehmer denen, die so etwas tun, auch mal ungewöhnliche Freiheiten. Leben und leben lassen. Neues Medium, neue Hoffnungen. Sie können das alles für Spinnerei halten, aber unterschätzen Sie nicht, wie viel Erstaunliches sich in diesem Marktsegment tut, das in keine der Kategorien paßt, von denen die Tretmühlen der Massenmedien immer wieder berichten.

Erfolg und Mißerfolg

Nicht wenige junge Menschen saugen Dokumentationen wie diese hier in sich hinein, lesen natürlich nur das, was sie gerade brauchen, basteln ein paar Wochen lang wild an ihrer Homepage herum und versuchen anschließend sofort, als Web-Designer oder, viel schlimmer noch, als Provider ihre Dienste anzupreisen. Dann schreiben sie verzweifelte bis wichtigtuerische E-Mails an den Autor dieser Dokumentation mit Fragen von der

Sorte, wie man in HTML einen Paßwortschutz programmiert oder in Java eine Firewall einrichtet. Nein, so funktioniert das nicht, so ist Mißerfolg programmiert.

Bevor Sie nicht alle grundsätzlichen Zusammenhänge verstanden haben, nicht zwischen Client und Server, zwischen den Aufgaben von HTML, JavaScript, Java, Server-Typen und Server-Schnittstellen wie CGI unterscheiden können, hat es keinen Sinn, eigene Dienste anzupreisen. Erfolg stellt sich dann ein, wenn Sie bestimmte Bereiche wirklich beherrschen und dadurch in Vorbesprechungen zu Aufträgen auch kompetente Aussagen machen können. Dazu gehören auch mal Aussagen wie *»geht so nicht«* oder *»geht, kann ich Ihnen aber nicht anbieten«.*

Um solche Aussagen machen zu können, müssen Sie natürlich erst wissen, was Sie tatsächlich anbieten können und was nicht, und mit welchen Mitteln Kundenwünsche überhaupt realisierbar sind. Solches Know-how erreichen Sie nicht in zwei Wochen. Lassen Sie sich da nicht von schnellen Lernerfolgen in HTML täuschen.

Infos im WWW

- Deutscher Multimedia Verband (DMMV) (*www.dmmv.de*): Multimedia-Lobby.
- Ausbildungsübersicht (*www.dmmv.de/pgs/awbildadr.html*): Adressen von Weiterbildungsinstituten im Bereich EDV/Neue Medien.
- Multimedia.de (*www.multimedia.de*): Sammelstelle für neue Medien.
- Internet-Stellenmärkte (*www.dino-online.de/stellen.htm*): Verweis-Seite von DINO-Online.
- Multimedia- und EDV-Stellenmärkte (*www.jobs.zeit.de/edv.htm*): Verweis-Seite der ZEIT.
- 1ATeam (*www.1ateam.com*): Pool freier und selbständiger Web-Autoren, Beitritt möglich.
- HTML Writer's Guild (*www.hwg.org*): Internationale Lobby der Web-Autoren.

1.5.4 Offene Standard-Formate gegen Firmenformate

Ganz früher, in der Zeit, bevor die PCs aufkamen, gab es in der EDV eigentlich nur Individual-Software, also Software, die für einen bestimmten Nutzer und einen bestimmten Zweck geschrieben worden war. Für die Daten, die man mit einer solchen Software verwalten konnte, dachte sich ein Programmierer eigene Dateiformate aus. Das funktionierte prima – bis der Programmierer plötzlich nach Australien auswanderte. Dann war die Katastrophe da. Niemand war in der Lage, die Software und das zugehörige Datenformat weiter zu pflegen. Neu angeheuerte Programmierer mußten oft mit unendlicher Mühe versuchen, hinter die Quellcodes ihrer Vorgänger zu steigen.

Mit den PCs kam eine neue Art Software auf – die Standard-Software. Das war wie der Übergang von maßgeschneiderter Kleidung zu Kleidung von der Stange. Zwar hatte jedes dieser Softwareprodukte ein eigenes Dateiformat, doch wurde es als großer Fortschritt empfunden, Daten mit anderen Leuten austauschen zu können, die die gleiche Software besaßen. Mit Textverarbeitungsprogrammen wie MS-Word fing es an, in der Macintosh-Welt setzten sich vor allem DTP- und Grafikprogramme durch. Andere Typen von Standard-Software für Datenbanken und Tabellenkalkulation kamen im Laufe der Zeit hinzu.

Die Entwicklung geht jedoch weiter. Im Internet, wo viele unterschiedliche Rechner verkehren, lernten die beteiligten Anwender schon früh, sich auf gemeinsame, software-unabhängige Standards zu einigen. Eine »Erfindung« wie HTML paßte deshalb ganz folgerichtig in die Bedingungen der vernetzten Rechnerwelt. Mit dem Vordringen des Internets in den Bereich der Heim- und Arbeitsplatz-Computer gelangen solche software-unabhängigen Dateiformate heute immer mehr ins Bewußtsein der Anwender.

Derzeit sträuben sich noch viele Anwender, auf solche neuen, unabhängigen Dateiformate zu setzen. Schließlich hat man sich an die alljährlich neuen Word- und Excel-Versionen gewöhnt. Es gab keine Diskussionen, welche Software man für die entsprechenden Dateitypen verwenden sollte, und die Software beherrschte ihr eigenes Dateiformat perfekt. Man brauchte nur den Umgang mit der Software erlernen, und schon konnte man arbeiten.

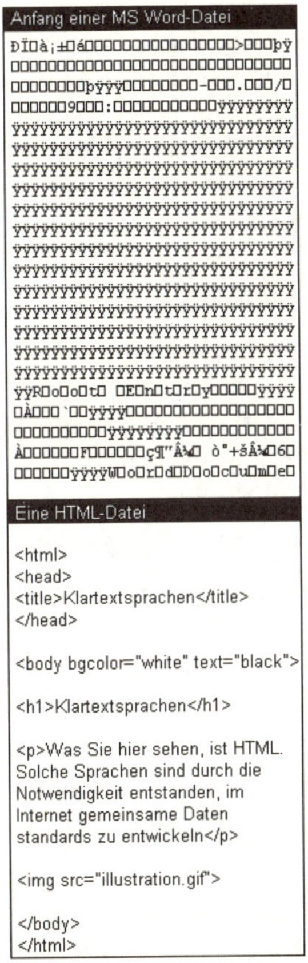

Bild 1.6: Herstellerformat gegen offenen Standard: oben der Anfang eines Winword-Dokuments, unten derselbe Text in HTML

Aber ganz so einfach ist es eben doch nicht. Man mußte sich oft in neue Software-Versionen einarbeiten, und häufig genug mußten Daten von einer Software in eine andere übertragen werden. Im Großen gesehen wurden viele, viele Mannjahre investiert, um von Zeit zu Zeit große Datenbestände für ein neueres, besseres Software-Produkt zu konvertieren – mit all der meistens erforderlichen Nachbearbeitung von Hand. Software-Firmen, die einst führende Produkte herstellten, verschwanden in der Versenkung, es gab keine Produkt-Updates und keinen ordentlichen Support mehr. Fast jeder, der große Datenbestände pflegt, mußte schon ein oder mehrere Male die leidvolle Erfahrung machen, was es bedeutet, auf eine falsche Software gesetzt zu haben.

Denn glauben Sie ja nicht, die Tagebücher, die Sie heute mit MS-Word, QuarkXpress oder Lotus WordPro erstellen, könnten Sie in 15 Jahren noch elektronisch lesen! Bis dahin wird es ganz andere Betriebssysteme geben, und die Wahrscheinlichkeit, daß es keine Rückwärtskompatibilität mehr gibt, ist beträchtlich. Selbst wenn Sie sagen: *»Ich brauche ja kein neues Betriebssystem«* – vergessen Sie das. In ein paar Jahren ist Ihr PC kaputt, dann brauchen Sie einen neuen, und die alten Modelle, auf denen Ihre Software jetzt läuft, wird es dann nicht mehr geben.

An dieser Stelle setzen die neuen, aus dem Internet kommenden, standardisierten Sprachen an, beispielsweise HTML und CSS oder XML und XSL. Sie sind allesamt nicht nur plattform-unabhängig, sondern auch software-unabhängig. Denn bei allen handelt es sich um Klartextsprachen. Dateien in diesen Sprachen enthalten keine undokumentierten Steuerzeichen, es gibt keine Dateibereiche, die binär interpretiert werden müssen, keine block-orientierten Formate usw. Klartextsprachen sind so ersonnen, daß sowohl Computer als auch Menschen mit ihren Befehlen klarkommen können. Zum Editieren solcher Sprachen kann jeder noch so einfache, reine Texteditor herhalten.

Natürlich kann es in der fortgeschrittenen EDV-Welt keine Lösung sein, seine Daten jetzt plötzlich wieder mit einem Programm wie dem Windows-Notepad-Editor zu bearbeiten. Das ist modernen Anwendern nicht zuzumuten. Die Software-Schmieden basteln deshalb ja auch eifrig an Programmen, die das Editieren der neuen, unabhängigen Dateiformate dem modernen Arbeitsstil anpassen sollen.

Bei den standardisierten Klartextsprachen bestimmen die Software-Hersteller aber nur noch das Outfit und die Handhabung der Software, nicht mehr das Format dessen, worauf es letztlich ankommt: nämlich auf Ihre Daten!

Die neuen Sprachen entwickeln sich natürlich auch weiter, und die Wahrscheinlichkeit, daß man in zwanzig Jahren noch mit HTML arbeitet, ist ebenfalls eher gering. Doch wer heute sauberen Code in HTML erzeugt, wird es in Zukunft leichter haben, auf erweiterte Sprachen oder neuere Sprachversionen umzusteigen. Denn da es sich um durchdachte, offen dokumentierte Sprachen handelt, ist ein computergestütztes Umsetzen in andere, ähnliche Sprachen oder neuere Standards relativ einfach.

Wir können heute noch nicht wissen, wie die EDV-Welt in einem halben Jahrhundert aussehen wird. Aber wir können zumindest schon einsehen, daß die Klartextsprachen, von denen hier die Rede ist, die vertrauenswürdigsten Dateiformate sind, über die wir heute verfügen.

2 Erweiterungen und Ergänzungen zu HTML

2.1 Cascading Style-Sheets (CSS)

HTML ist eine logische Sprache. Mit HTML definieren Sie den grundsätzlichen Aufbau Ihrer WWW-Seiten, die Elemente, die Strukturen, die Verweise, die referenzierten Elemente wie Grafiken, Multimedia usw. Aber HTML ist eigentlich nicht dazu gedacht, exakt anzugeben, wie ein Element genau aussehen soll. So können Sie in HTML eine Überschrift definieren und dabei angeben, daß es sich um eine Überschrift 1. Ordnung handeln soll. Sie können innerhalb von HTML aber nicht bestimmen, wie groß, in welcher Schriftart usw. die Überschrift dargestellt werden soll. Das übernimmt der WWW-Browser bei der Anzeige. Er benutzt dabei eine Mischung aus Grundeinstellungen, die der Anwender vornehmen kann, und fest programmierten Darstellungen einzelner HTML-Elemente.

In den Zeiten des ersten großen Erfolgs von HTML wurde die Sprache dann für allerlei physische Formatierungen mißbraucht. So tauchte plötzlich ein HTML-Befehl zur Darstellung von blinkendem Text auf, und später wurde ein Befehl beliebt, mit dessen Hilfe sich die Schriftart, die Schriftgröße (in sieben relativen Stufen) und die Schriftfarbe bestimmen lassen. Doch all diese Implementierungen in HTML sind letztlich Stückwerk und inkonsequent.

An diesem Punkt setzen die *Cascading Style-Sheets* (CSS) ein. Es handelt sich dabei um eine unmittelbare Ergänzungssprache, die extra für HTML entwickelt wurde. Sie klinkt sich nahtlos in HTML ein und erlaubt das beliebige Formatieren einzelner HTML-Elemente. Mit Hilfe von CSS-Style-Sheets können Sie beispielsweise festlegen, daß alle Überschriften 1. Ordnung 24 Punkt groß sind, in roter Helvetica-Schrift, mit einem Nachabstand von 16 Punkt und mit einer grünen doppelten Rahmenlinie oberhalb dargestellt werden. Sie können aber genauso gut auch für einen beliebigen Text festlegen, daß nur dieser Text 3 Zentimeter groß sein soll und eine gelbe Hintergrundfarbe erhält. Daneben enthält die CSS-Sprache auch Befehle zum punktgenauen Plazieren von Elementen am Bildschirm und für andere Ausgabemedien wie Druck oder Audio-Systeme. Durch die CSS-Style-Sheets erfährt HTML deshalb einen gewaltigen Vorwärtsschub.

Die CSS-Sprache ist genauso wie HTML eine offiziell normierte Sprache. Sie wird wie HTML vom W3-Konsortium gepflegt und weiterentwickelt. Mittlerweile interpretieren die neueren Browser-Versionen von Netscape und Microsoft die Style-Sheets.

Wegen der künftigen Bedeutung der CSS-Style-Sheets wird diese Sprache in diesem Buch ausführlich dokumentiert. Lesen Sie dazu das Kapitel 11 zu CSS-Style-Sheets. Mit Style-Sheets sollten Sie sich neben HTML auf jeden Fall beschäftigen.

2.2 JavaScript – eine Programmiersprache für WWW-Seiten

In HTML können Sie unter anderem auch Formulare definieren. Solche Formulare enthalten Eingabefelder, Auswahllisten, Buttons usw. Der Anwender kann ein Formular ausfüllen und über das WWW versenden. Das ist für viele Zwecke eine segensreiche Erfindung. Doch erlaubt Ihnen HTML als Formularanbieter beispielsweise nicht, die Eingaben des Anwenders vor dem Absenden des Formulars auf Vollständigkeit und Plausibilität zu prüfen.

Oder ein anderer Fall: Sie können in HTML zwar eine VRML-Datei (Virtual Reality Modelling Language, eine Beschreibungssprache für 3-D-Objekte) einbinden, aber wenn diese HTML-Datei im WWW steht, können Sie nicht wissen, ob der Anwender einen Browser besitzt, der VRML anzeigen kann. Da wäre es praktisch, den Befehl zum Einbinden der VRML-Datei davon abhängig zu machen, ob der Browser des Anwenders VRML anzeigen kann oder nicht.

Für diese und unzählige andere nützliche, allerdings auch weniger nützliche Zwecke erfand Netscape eine Programmiersprache namens JavaScript. JavaScript-Befehle können Sie direkt innerhalb von HTML-Dateien notieren oder als separate Datei einbinden.

JavaScript gewinnt auf modernen WWW-Seiten immer mehr an Bedeutung. Neuere Entwicklungen in JavaScript sind vor allem verantwortlich für das, was unter dem Schlagwort Dynamic HTML bekannt geworden ist. Die Entwicklung hat begonnen und ist nicht mehr aufzuhalten: JavaScript erlaubt den nachträglichen Zugriff auf alle Elemente einer HTML-Datei während der Anzeige. So werden faszinierende neue Effekte machbar, die mit normalem HTML nicht möglich sind. Ein Text kann etwa per Mausklick durch einen anderen ersetzt werden, Elemente können auf ein Anwenderereignis hin oder auch zeitgesteuert automatisch verschwinden, eingeblendet und am Bildschirm verschoben werden.

Wenn Sie anspruchsvolle WWW-Seiten erstellen wollen, kommen Sie zumindest um einfache JavaScripts kaum mehr herum. Aus diesem Grund enthält dieses Buch eine ausführliche Dokumentation zu JavaScript (Kapitel 12). Mit den Grundlagen zu JavaScript sollten Sie sich neben HTML auf jeden Fall beschäftigen.

2.3 CGI: Common Gateway Interface

Das Common Gateway Interface CGI (Allgemeine Vermittlungsrechner-Schnittstelle) ist eine Möglichkeit, Programme im WWW bereitzustellen, die von HTML-Dateien aus aufgerufen werden können und die selbst HTML-Code erzeugen und an einen WWW-Browser senden. Wenn Sie im WWW eine Suchdatenbank benutzen, Pizza oder Büstenhalter bestellen, sich in ein Gästebuch eintragen oder einen Zähler mit Zugriffszahlen sehen, dann steckt CGI oder eine CGI vergleichbare Schnittstelle dahinter.

CGI – das sind Programme, die auf einem Server-Rechner im Internet liegen und bei Aufruf bestimmte Daten verarbeiten. Die Datenverarbeitung geschieht auf dem Server-Rechner. CGI-Programme können auf dem Server-Rechner Daten speichern, zum Beispiel darüber, wie oft auf eine WWW-Seite zugegriffen wurde, oder dazu, was ein Anwender in ein Gästebuch geschrieben hat. Bei entsprechendem Aufruf kann ein CGI-Programm gespeicherte Daten auslesen und daraus HTML-Code generieren. Dieser dynamisch erzeugte HTML-Code wird an den aufrufenden WWW-Browser eines Anwenders übertragen und kann dort individuelle Daten in HTML-Form anzeigen, zum Beispiel den aktuellen Zugriffszählerstand einer WWW-Seite oder die bisherigen Einträge in einem Gästebuch.

Die sogenannte CGI-Schnittstelle muß von der WWW-Server-Software unterstützt werden. Aus Sicht des Mieters von Speicherplatz auf einem WWW-Server steht die CGI-Schnittstelle in Form eines bestimmten Verzeichnisses zur Verfügung. Meistens hat dieses Verzeichnis den Namen *cgi-bin*. In diesem Verzeichnis können Programme abgelegt werden, die CGI-Aufgaben übernehmen. Falls Sie unsicher sind, fragen Sie Ihren Provider, ob er Ihnen eine CGI-Schnittstelle zur Verfügung stellt. Bei preiswerten oder gar kostenlosen Homepage-Vermittlern wie CompuServe, AOL usw. steht Ihnen normalerweise keine CGI-Schnittstelle zur Verfügung.

Es gibt keine Vorschriften dafür, in welcher Programmiersprache ein CGI-Programm geschrieben ist. Damit das Programm auf dem Server-Rechner ausführbar ist, muß es entweder für die Betriebssystem-Umgebung des Servers als ausführbares Programm kompiliert worden sein, oder es muß auf dem Server ein Laufzeit-Interpreter vorhanden sein, der das Programm ausführt. Wenn der Server zum Beispiel ein Unix-Rechner ist, führt er C-Programme aus, die mit einem Unix-C-Compiler zu einer ausführbaren Datei kompiliert wurden. Wenn der Server ein Windows-NT-Rechner ist, können CGI-Scripts auch Exe-Dateien sein, die mit 32-Bit-Compilern für C, Pascal, Visual Basic usw. erzeugt wurden. Die meisten heutigen CGI-Programme sind in der Unix-Shell-Sprache oder in Perl geschrieben. Die Unix-Shell-Sprache wird von allen Unix-Rechnern interpretiert. Für Perl muß ein entsprechender Interpreter installiert sein. Fragen Sie hierzu Ihren Provider.

In dem Beispiel in Bild 2.1 kann der Anwender in einer angezeigten HTML-Datei in einem Formular Daten eingeben, zum Beispiel eine Suche in einer Datenbank formulieren. Nach dem Abschicken des Formulars an den Server-Rechner wird ein CGI-Programm aufgerufen. Das CGI-Programm setzt die vom Anwender eingegebenen Daten in eine Datenbankabfrage um. Wie das genau funktioniert, hängt von der Datenbank ab. Es gibt eine international standardisierte Datenbankabfragesprache, SQL, die hierbei sehr häufig zum Einsatz kommt. Die Datenbankanwendung liefert die Suchergebnisse an das aufrufende CGI-Programm zurück (oder schreibt sie in eine Datei, die das CGI-Programm dann auslesen kann). Das CGI-Programm erzeugt nun HTML-Code, wobei es die Suchergebnisse als Daten in den HTML-Code einbaut. Den HTML-Code sendet das CGI-Programm an den WWW-Browser, der die Suchabfrage gestartet hat. Am Bildschirm des Anwenders verschwindet die WWW-Seite mit dem Suchformular. Stattdessen erscheint eine neue Seite mit den Suchergebnissen, dynamisch generiert von dem CGI-Programm. Mehr über CGI-Programmierung erfahren Sie in Kapitel 15.

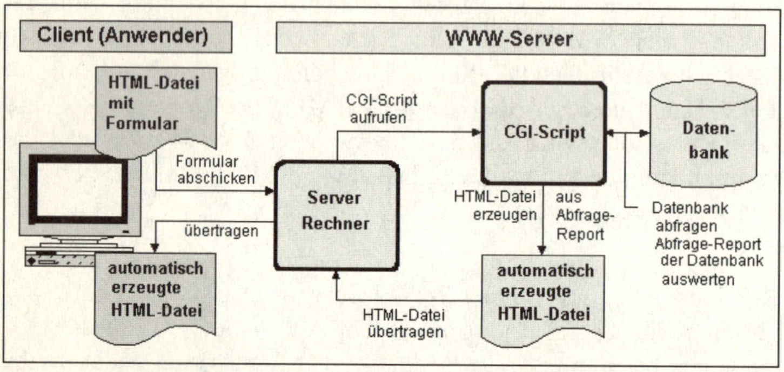

Bild 2.1: Dieses Beispiel zeigt eine typische CGI-Situation, wie sie zum Beispiel für Suchdienste im WWW erforderlich ist

2.3.1 Öffentliche CGI-Dienste

Um Anbietern von WWW-Seiten, die sich mit CGI nicht auskennen oder kein CGI zur Verfügung haben, CGI-Möglichkeiten zur Verfügung zu stellen, gibt es mittlerweile viele öffentliche CGI-Dienste im WWW. Bei diesen Diensten müssen Sie sich registrieren lassen. Dafür erhalten Sie dann einen HTML-Code, den Sie in Ihre eigenen HTML-Dateien einbauen können und der ein entsprechendes CGI-Programm auf dem Server-Rechner des öffentlichen CGI-Anbieters aufruft.

Einige dieser Dienste sind kostenlos, andere können Sie nur gegen Gebühr in Anspruch nehmen. Die Gebühren sind jedoch meist sehr gering (z. B. DM 20,–/Jahr für Zugriffszähler und Statistik für die eigene Homepage). Hier eine kleine Auswahl an typischen Diensten:

ICount (*icount.com*): Zugriffszähler für eigene WWW-Seiten.

Digits (*www.digits.com*): Zugriffszähler und Statistik für eigene WWW-Seiten.

WebHits (*www.b-online.de/webhits*): Zugriffszähler und Statistik für eigene WWW-Seiten.

Hot-Count (*www.hot-count.com*): Zugriffszähler und Statistik für eigene WWW-Seiten.

Mops (*counter.mops.de*): Zugriffszähler für eigene WWW-Seiten.

kbCount (*www.breu.de/counter.htm*): Zugriffszähler und Statistik für eigene WWW-Seiten.

FixWeb (*www.fxweb.com*): Zugriffszähler und Statistik für eigene WWW-Seiten.

FWM Counter (*fwm-counter.com*): Zugriffszähler und Statistik für eigene WWW-Seiten.

LPage (*www.lpage.com*): Gästebücher für eigene WWW-Seiten.

GuestPAD (*www.GuestPAD.com*): Gästebücher für eigene WWW-Seiten.

Spin (*www.spin.de/gb.htm*): Gästebücher für eigene WWW-Seiten.

CWAK Mailservice (*mailservice.cwak.com*): Formulare per CGI verarbeiten und zuschicken lassen.

NetMind (*www.netmind.com*): Anwender automatisch per E-Mail über Änderungen auf einer WWW-Seite informieren.

Jederzeit aktuelle Informationen zu kostenlosen Service-Diensten im Internet bieten die Webindex-Tips (*www.infostar.de/webindex/tip.htm*) von Wilfried Arimont und Ehrenfried Ehrenstein. Diese Seite sollten Sie unbedingt besuchen, wenn Sie Ihre Homepage bei einem Discount-Provider haben und nach preiswerten Erweiterungsmöglichkeiten suchen. Ähnliche Informationen bietet das Projekt All4Free (*www.buschi.com*) von Markus Buschmann.

2.3.2 Hilfen und CGI-Scripts im WWW

Es gibt eine Fülle von Informationen rund um das Thema CGI im WWW. Die folgenden Verweise stellen eine kleine Auswahl ausführlicher Dokumentationen dar.

CGI-Tutorial von LPage (*lpage.com/cgiexample.htm*)

CGI leicht gemacht – von Friedemann Wachsmuth (*www.jmarshall.com/easy/cgi /german*)

The Common Gateway Interface – NCSA-Spezifikation und Dokumentation (*hoohoo.ncsa.uiuc.edu/cgi/overview.htm*)

Newsgroup zu CGI (*news:comp.infosystems.www.authoring.cgi*)

Wenn Sie eine eigene CGI-Schnittstelle haben, aber kein Interesse, keine Zeit oder nicht die nötige Geduld aufbringen, um sich selbst in die CGI-Programmierung einzuarbeiten, können Sie fertige CGI-Scripts aus dem WWW downloaden. In der Regel müssen die Scripts noch an die Umgebung Ihres Servers angepaßt werden. Die Scripts sind jedoch in den meisten Fällen dokumentiert. Dabei wird genau beschrieben, was Sie tun müssen, um das Script auf Ihrem Server zum Laufen zu bringen.

Realm of CGI (*www.xwolf.com*): Gästebuch, Nachrichtenforum, Chat, Zugriffszähler, Chat-Programm – Freeware-Scripts von Wolfgang Wiese.

CGI Maschine (*home.t-online.de/home/trojan/indexd.htm*): Zugriffszähler, Datenbankdurchsuchung, E-Mail-Responder usw. – Shareware-Scripts.

▬ HotCGI (*www.hotcgi.com*): Paßwortschutz, E-Mail-Responder, Gästebuch usw. – Free-/Shareware-Scripts.

Matt's Perl CGI Scripts (*www.worldwidemart.com/scripts*): Zugriffszähler, Gästebuch, Nachrichtenforum, Kreditkartenkauf, Suchmaschine usw. – Freeware-Scripts in Perl von Matt Wright.

Script Archive (*www.selah.net/cgi.htm*): E-Mail-Verarbeitung, Gästebuch, Zugriffszähler, Digitaluhr, Paßwortschutz, Chat-Programm – Freeware-Scripts in Perl von Robert Niles.

Selena Sol's CGI Script Archive (*www.extropia.com/Scripts*): Gästebuch, Einkaufskorb, Suchmaschine, Nachrichtenforum, Paßwortschutz usw. – Public-Domain-Scripts.

2.4 Java

Java ist eine von Sun Microsystems entwickelte, vollkommen plattformunabhängige Programmiersprache mit spezieller Ausrichtung auf den Einsatz im World Wide Web. Die Sprache lehnt sich in Aufbau und Syntax an C/C++ an. Java ist dazu geeignet, Animationen, Simulationen, Echtzeitanwendungen sowie interaktive Anwendungen wie Guided Tours, Spiele oder Kalkulationsanwendungen zu realisieren. All diese Dinge laufen im Anzeigefenster eines Java-fähigen WWW-Browsers ab. Java zeichnet sich u. a. durch folgende Eigenschaften aus:

- Objekt-Orientierung: Java ist durchgängig Objekt-Orientiert und stellt dem Programmierer eine Fülle elementarer und komplexer Objekte bereit.
- Sichere Speicherverwaltung: Unter Java ist die Arbeitsspeicherverwaltung aus Programmierersicht wesentlich unkritischer als beispielsweise unter C. Es gibt keine durch Zeiger adressierten Speicherbereiche von unbestimmter Größe, sondern nur Speichervektoren von fest definierter Länge. Die fehlerarme Speicherverwaltung ist besonders wichtig, da Java-Programme ohne Portierungsaufwand in verschiedenen CPU-Umgebungen ablaufen sollen.
- Plattformunabhängige Programmdateien: Java-Programme werden wie herkömmliche Programme zu Objektcode kompiliert, jedoch nicht in eine bestimmte Prozessor- oder Betriebssystem-Umgebung eingebunden, also nicht gelinkt. Java-Programme laufen daher auf allen Plattformen, wenn ein Java-Objektcode-Interpreter installiert ist (bei WWW-Browsern ist dies die sogenannte Java-Konsole).

Java-Programme, die für den Einsatz im Internet gedacht sind, heißen *Applets*. Sie können Java-Applets in HTML-Dateien referenzieren (siehe Kapitel 8.6). Die Bildschirmausgaben bzw. die Interaktionen zwischen Anwender und Programm finden dann im Anzeigefensters des WWW-Browsers statt.

Um selbst ausführbare Java-Applets erstellen zu können, brauchen Sie das Java Developer's Kit. Sie können das Java Developer's Kit downloaden (*java.sun.com/products*). Es sind Versionen für Unix und Windows 95 bzw. Windows NT verfügbar. Das Kit enthält alle Klassenbibliotheken der Programmiersprache Java, einen Applet-Viewer und einen Compiler, der von der Unix-Shell bzw. DOS-Shell aus gestartet wird.

Bei einem Java-Applet, das in einer HTML-Datei im WWW referenziert ist, wird der ausführbare Programmcode in den Arbeitsspeicher des aufrufenden Rechners geladen und dort vom Java-Interpreter des WWW-Browsers ausgeführt.

Neben einem Compiler, der speziell Java-Applets zum Einsatz im WWW erzeugt, gibt es im Java Developer's Kit aber noch einen Compiler, der internet-unabhängige Programme für beliebige PCs oder andere Software-Träger erzeugt. Dieser Compiler bietet alle Möglichkeiten, um richtige Software zu erstellen.

Auf die einzelnen Sprachelemente von Java kann hier nicht näher eingegangen werden. Das folgende Quellcode-Beispiel zeigt ein sogenanntes Hello-World-Programm in Java. Ein solches Programm tut nichts anderes, als die beiden Wörter *»Hello world«* am Bildschirm auszugeben. Dadurch lassen sich Programmiersprachen für Anfänger in ihrem Aufbau gut unterscheiden. Beispiel:

```
import browser.Applet;
import awt.Graphics;
class HelloWorld extends Applet
  {
      public void init()
      {
             resize(150, 25);
      }
      public void paint(Graphics g)
      {
             g.drawString("Hello world!", 50, 25);
      }
  }
```

Erkennbar ist an dem »Hello-World-Programm« in Java die Objektorientierung. Für das eigene Programm muß, wie in der objektorientierten Programmierung üblich, eine eigene Klasse definiert werden, hier durch die Angabe `class HelloWorld`. Innerhalb der eigenen Klasse können öffentliche Methoden aufgerufen werden. Im Beispiel sind das die Methoden `init()`, die jedes Java-Programm zur Initialisierung aufrufen muß, und die Methode `paint()`. Die Methode `init()` steht in der importierten Klasse `browser.Applet`, die Methode `paint()` in der importierten Klasse `awt.Graphics`. Um sich über Java zu erkundigen, sollten Sie folgende Web-Projekte besuchen:

- Kaffee und Kuchen (*java.seite.net*): das führende deutsche Java-Forum.
- Java-Einführung (*www.boku.ac.at/javaeinf*): Dokumentation von Hubert Partl.
- Magdeburger Java-Seite (*java.cs.uni-magdeburg.de*): Infos, Links, Tools usw.
- UNI online goes Java (*www.uni-online.de/wisdom/bottger/java/java.htm*): Entwickler-Forum, Hilfen, Beispiele.
- Java-Forum (*www.javasoft.com*): mit Software-Downloads.

- The Java Developer-Forum (*www.digitalfocus.com/faq*): alles rund um Java.
- Java-Tutorial (*java.sun.com/tutorial*): von Sun Microsystems.
- Gamelan (*www.gamelan.com*): internationale Einstiegsseite für alles rund um Java.

2.5 ActiveX

ActiveX ist eine von Microsoft eingeführte Technologie für ausführbaren Programmcode auf WWW-Seiten und dem Anspruch nach eine Alternative oder Konkurrenz zu Java. ActiveX ist dabei ein Überbegriff für verschiedene Software-Komponenten. Alle diese Komponenten basieren auf dem sogenannten *Component Object Model* (COM). ActiveX ist jedoch kein Internet-Standard im herkömmlichen Sinn, sondern der Versuch, spezifische Eigenschaften des MS-Windows-Betriebssystems für WWW-Seiten nutzbar zu machen. So ist es mit Hilfe von ActiveX beispielsweise möglich, Eingaben aus HTML-Formularen einer WWW-Seite über die OLE-Schnittstelle von Windows direkt in eine Excel-Tabelle oder eine Access-Datenbank einzulesen (oder umgekehrt). Microsoft bemüht sich zwar um Lösungen, die sich auch auf Macintosh- und Unix-Rechner übertragen lassen. Doch letztendlich ist ActiveX für MS-Windows optimiert, und das mit Absicht.

Ein wesentlicher Bestandteil von ActiveX sind die sogenannten *ActiveX-Controls*. Solche Controls sind Programme oder Programm-Module, die sich in HTML-Dateien einbinden lassen, ähnlich wie Java-Applets. Der Programmcode wird im Arbeitsspeicher des Client-Rechners (also des Anwenders, der eine WWW-Seite aufruft) ausgeführt. Normalerweise wird dabei auch eine ActiveX-Layout-Datei auf dem Rechner des Anwenders (im Windows-Verzeichnis) installiert. Mit ActiveX-Controls lassen sich Animationen, Spiele, Dialoge usw. auf WWW-Seiten realisieren.

Es gibt keine festen Vorschriften dafür, in welcher Programmiersprache ActiveX-Code geschrieben ist. Der Compiler muß jedoch das Component Object Model unterstützen. Immer häufiger kommt die Haussprache von Microsoft, Visual Basic, dafür zur Anwendung. Auf den WWW-Seiten von Microsoft können Sie sich ein ActiveX Layout Control Pad downloaden (*www.microsoft.com/germany/download*), ebenso das Software Development Kit (SDK) für ActiveX. Das ActiveX Layout Control Pad erlaubt das Erstellen einfacher ActiveX-Controls ohne Programmierkenntnisse. Für interessantere Anwendungen, die Algorithmen zur Verarbeitung brauchen, benötigen Sie jedoch entsprechende Programmierkenntnisse.

ActiveX wird derzeit nur vom MS-Internet-Explorer direkt ausgeführt. Für Netscape gibt es ein ActiveX-Plugin zum Downloaden. Bei Netscape-Anwendern, die das Plugin installiert haben, sind ActiveX-Controls dann auch ausführbar.

Diskutiert wird derzeit noch das Sicherheitskonzept von ActiveX. Wenn Sie als Anwender erlauben, daß ein ActiveX-Control auf Ihren Rechner geladen wird, kann dieses Programm auf dem Rechner mehr oder weniger tun und lassen, was es will. Es gibt also keine Befehlsbeschränkungen bei Java, sondern nur eine »Vertrauensbarriere« – nämlich die Abfrage des WWW-Browsers, ob der Anwender mit der Ausführung des Programms auf seinem Rechner einverstanden ist oder nicht. Dadurch ist mit ActiveX aus Programmierersicht zwar viel mehr realisierbar als mit Java-Applets, doch sind AcitveX-Module aus Anwendersicht tendenziell unsicherer als Java-Applets.

Demos und Information zu ActiveX im WWW finden Sie an folgenden Stellen:

- Einführung in ActiveX mit Demos (*www.microsoft.com/germany/partner/activexdemos/einfuehrung.htm*): von Microsoft selbst.
- Information zum ActiveX Development Kit (*www.microsoft.com/germany/internet/activex/default.htm*): von Microsoft selbst.
- ActiveX Technology Group (*activex.irdu.nus.sg*): ActiveX-Entwicklervereinigung in Singapur.
- ActiveX.Com (*www.activex.com*): ActiveX-Infos und Controls zum Downloaden.

2.6 VRML – Virtual Reality Modeling Language

VRML bedeutet *Virtual Reality Modeling Language.* Die Sprache versteht sich als eine Ergänzung zu HTML mit dem Ziel, das Surfen im WWW zu einem dreidimensionalen virtuellen Erlebnis zu machen. VRML ist wie HTML eine für das WWW standardisierte Beschreibungssprache. Die Idee zu dieser Sprache entstand auf der ersten World-Wide-Web-Konferenz 1994 in Genf. Zunächst war angedacht, die Beschreibungen der virtuellen 3-D-Objekte in HTML zu integrieren, doch bald schon wurde klar, daß man andere Beschreibungs-Schemata benötigen würde. So entstand die HTML-unabhängige Sprache VRML. Im Unterschied zu HTML beschreibt VRML nicht primär Text und Grafikreferenzen, sondern den vektoriellen Aufbau dreidimensionaler, polygoner Grafikobjekte und deren Abhängigkeiten.

VRML liegt derzeit in der Spezifikation 2.0 vor. Diese Version erlaubt es, dreidimensionale Objekte zu entwerfen, die Verweise auf andere solche Objekte enthalten können. Damit ist das Navigieren realisierbar. Die Version 2.0 ist leider nicht vollständig rückwärtskompatibel zu der Vorgängerversion 1.0, was derzeit bei Software zum Anzeigen von VRML-Dateien für Probleme sorgt.

Für die Anzeige von VRML-Dokumenten gibt es spezielle Browser oder Add-Ons für vorhandene WWW-Browser. Bei der Präsentation eines VRML-Dokuments navigieren Sie nicht mehr, indem Sie auf einen Text- oder Grafikverweis klicken. Stattdessen sehen Sie eine dreidimensionale Szenerie. Mit Eingabegeräten wie einer Maus können Sie sich darin frei bewegen, verschiedene Ansichten wählen usw. Das folgende Beispiel zeigt eine einfache VRML-Datei.

```
#VRML V1.0 ascii
 Separator {
  DirectionalLight {
```

```
        direction 0 0 -1  # Licht aus Richtung des
            # Betrachters auf die Szenerie fallen lassen
    }
    PerspectiveCamera {    # Perspektive einstellen
        position     -8.6 2.1 5.6
        orientation -0.1352 -0.9831 -0.1233  1.1417
        focalDistance       10.84
    }
    Separator {    # Rote Kugel definieren
        Material {
            diffuseColor 1 0 0    # Red
        }
        Translation { translation 3 0 1 }
        Sphere { radius 2.3 }
    }
    Separator {   # Blauen Würfel definieren
        Material {
            diffuseColor 0 0 1  # Blue
        }
        Transform {
            translation -2.4 .2 1
            rotation 0 1 1   .9
        }
        Cube {}
    }
}
```

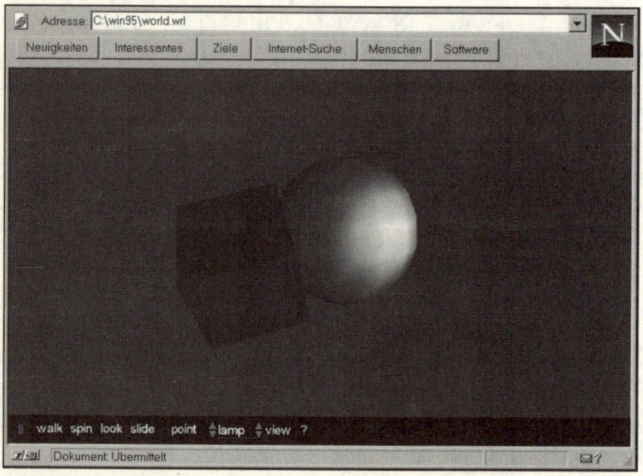

Bild 2.2: Die VRML-Welt aus dem Beispiel: ein blauer Würfel und eine rote Kugel

Auf die einzelnen Sprachelemente von VRML kann hier nicht näher eingegangen werden. Wie Sie erkennen können, wird in dem Beispiel eine Szenerie definiert, die vier Objekte definiert: den Lichteinfall, die Betrachterperspektive sowie zwei handfeste

Objekte, nämlich eine rote Kugel und einen blauen Würfel. Bei der Betrachterperspektive wird der Einfluß des Lichteinfalls wirksam. Wenn Sie einen VRML-fähigen WWW-Browser haben (z. B. wird Netscape seit V3.0 von vorneherein mit VRML-Plugin ausgeliefert), können Sie das obige Beispiel in eine leere Textdatei kopieren, diese als *datei.wrl* speichern und die Datei anschließend mit dem WWW-Browser öffnen. Infos und Beispiele im WWW:

- Vivatechs VRML-Fokus (*www.vrml-fokus.de*): deutschsprachige VRML-Dokumentation.
- Christophs selbstgemachtes VRML-Handbuch (*zeus.gmd.de/~wicki/vrml_man*): deutschsprachige VRML-Dokumentation.
- VRML – von Florian Klein (*www.florian.rdklein.de/vrml*): VRML-Seite mit vielen Beispielen.
- VRML Architecture Group (*vag.vrml.org*): alles über VRML von einem Experten-Team.
- Richard Tilmanns VRML-Einführung (*cedar.cic.net/~rtilmann/mm/vrml.htm*): Dokumentation zu VRML.
- VRML Site (*www.vrmlsite.com*): Informationsforum zu VRML.
- VRML Worlds (*webspace.sgi.com/Repository/index.htm*): Verweise zu VRML-Demos und viele Infos.

2.7 XML – Extensible Markup Language

Stellen Sie sich vor, irgendjemand hätte irgendwann für ein weit verbreitetes Textverarbeitungsprogramm wie MS Word eine bestimmte Dokumentvorlage erstellt. Stellen Sie sich weiter vor, diese Dokumentvorlage würde sich irgendwie immer mehr verbreiten, jeder Word-Anwender hätte sie, und jeder Word-Anwender würde seine Dokumente fortan nur noch mit dieser einen Dokumentvorlage erstellen.

Genau das ist im Grunde bei HTML der Fall. HTML ist eine Sprache, die mit Hilfe von SGML definiert wird und eine Reihe von festen Befehlen enthält. Es ist zwar eine Sprache, die eigentlich alle wichtigen Befehle beinhaltet, die ein Web-Autor heute so braucht, doch es gibt keine Möglichkeit, einfach eigene Befehle zu erfinden. Das ist der Unterschied zwischen HTML und XML. XML wird auch mit Hilfe von SGML, der Mutter aller Auszeichnungssprachen, definiert. Doch ist es im Gegensatz zu HTML keine SGML-Anwendung, sondern ein SGML-Profil. Das ist eine Stufe abstrakter, man spricht dabei auch von »generalized markup«, also von verallgemeinerter Auszeichnung.

Mit Hilfe von XML können Sie eigene, neue Sprachen definieren. Davon wird auch schon Gebrauch gemacht. Das *Channel Definition Format* (CDF), mit dessen Hilfe der MS Internet Explorer ab Version 4.x seine Channels, also abonnierbare Broadcasting-Dienste im WWW, verwaltet, ist beispielsweise eine Sprache, die mit Hilfe von XML definiert wurde.

Es ist jedoch bei XML nicht so, daß Sie einfach loslegen und in einer neuen Datei die Namen Ihrer Ex-Freund(innen) als Befehle verwenden könnten. XML selbst ist nur dazu da, um eigene Auszeichnungssprachen zu definieren. Eine solche eigene Auszeichnungssprache muß bestimmte Grundkonventionen einhalten. Die Befehle der Sprache müssen nach einem vorgeschriebenen Schema in XML definiert werden. Dabei können Sie durchaus eigene Namen vergeben. So können Sie zum Beispiel Befehle schaffen, um Bereiche eines Dokuments als Lexikonartikel auszuzeichnen oder als geographische Ortsbezeichnung oder als Prozedurbeschreibung in einer Bedienungsanleitung. Sie müssen bei der Definition der Befehle jedoch exakt festlegen, welche Eigenschaften ein solcher Befehl hat, zum Beispiel innerhalb welcher anderen Befehle der Sprache er vorkommen kann und innnerhalb welcher nicht.

Wenn Sie dann ein XML-Dokument mit der Definition einer eigenen Sprache erstellt haben, können Sie Dateien in der eigenen Sprache erstellen, die im Dateikopf mit Hilfe eines Bezugsbefehls angeben, zu welchem XML-Dokumenttyp sie gehören. Interpretierende Software kann Dateien in der entsprechenden Sprache nur interpretieren, wenn sie zugleich auf den referenzierten XML-Dokumenttyp zugreifen kann. Denn nur dort erfährt die Software, welche Regeln beim Interpretieren der abgeleiteten Sprache gelten. Das kann natürlich auch ein zentraler Zugriff im Internet oder in einem Intranet sein.

XML selbst ist wie HTML eine logische Sprache. Mit XML können Sie Befehle und deren grundsätzliche Eigenschaften definieren, aber Sie können nicht angeben, wie genau eine interpretierende Software einen Befehl bei der Darstellung formatieren soll. Dazu gibt es, genau wie bei HTML, eine ergänzende Style-Sheet-Sprache. Diese Sprache heißt XSL (XML Style Language). XSL ist nicht so einfach wie die CSS-Style-Sheets, aber dafür noch leistungsfähiger.

Für normales Homepage-Design ist XML relativ uninteressant. HTML und CSS sind dafür längst zu leistungsfähig und angesichts ihrer Verbreitung kaum noch zu verdrängen. Aber im professionellen Bereich gibt es genügend Fälle, in denen XML eine bessere Wahl darstellt als HTML. Dazu gehören beispielsweise große Dokumentationsprojekte, große Werkeditionen oder Lexikonprojekte. Auch im Bereich der Datenbanken könnte XML eine interessante moderne Alternative zu herkömmlichen Formaten wie etwa dem dBase-Format werden.

Das W3-Konsortium, das sowohl für die Standardisierung von HTML als auch für die Standardisierung von XML verantwortlich ist, betont ausdrücklich, daß XML nicht als HTML-Nachfolger gedacht ist, sondern daß beide Sprachen parallel weiterentwickelt werden, um für die vielfältigen Bedürfnisse der EDV moderne, software-unabhängige Datenformate anzubieten.

HTML, so zeichnet sich dabei ab, wird die Brot-und-Butter-Sprache für alle einfachen, unabhängigen Dokumente und Hypertext-Projekte sein. XML wird die Sprache für den speziellen Bedarf und für zusammenhängende Projekte werden. So kann XML beispielsweise besser als HTML dazu beitragen, in großen Firmen oder Organisationen das hauseigene Corporate Design konsequenter einzuhalten, weil sich mit Hilfe von XML eben eine eigene Corporate Language definieren läßt. Infos im WWW:

XML 1.0 (*www.w3.org/TR/REC-xm*): Offizielle Spezifikation des W3-Konsortiums.

Extensible Markup Language (*www.sil.org/sgml/xml.htm*): Übersichts- und Einstiegsseite zum Thema mit vielen Verweisen.

XML Reference Guide (*webreview.com/xml*): XML-Dokumentation auf den Seiten von WebReview.

Microsoft & XML (*www.microsoft.com/xml/default.htm*): Einstiegsseite für die Pläne, wie Microsoft XML integrieren will.

XML-Dokumentation (*members.aol.com/xmldoku*): Verständliche Einführung ins Thema.

2.8 Plugins – Browser-Erweiterungen

Netscape bietet seit Version 2.0 seines WWW-Browsers eine Plugin-Schnittstelle an. Das bedeutet, daß Netscape an interessierte Software-Hersteller definierte Programmierschnittstellen ausgibt. Dadurch können die Fremdhersteller Betrachtungsprogramme für ihre hauseigenen Dateiformate schreiben, die sich nahtlos in den Netscape-Browser einklinken. Der Anwender kann die Dateien in den Fremdformaten dann im Anzeigefenster des WWW-Browsers betrachten. Voraussetzung ist, daß er das entsprechende Plugin besitzt. Wie die Daten letztendlich angezeigt werden, hängt natürlich immer auch vom Datentyp ab. Eine Musikdatei beispielsweise wird nicht angezeigt, sondern nur abgespielt. Plugins für Audio-Formate bieten dazu aber in der Regel einen Player an, der im Anzeigefenster des Browsers wie eine Grafik oder ein Java-Applet erscheint. Wenn Sie als Software-Hersteller am Entwickeln von Netscape-Plugins für Ihre hauseigenen Dateiformate interessiert sind, können Sie das Plugin-SDK von Netscape (*home.netscape.com/comprod/development_partners/plugin_api/index.htm*) downloaden.

Mittlerweile gibt es bereits weit über hundert Plugins, z. B. für Videos, Trickanimationen, Fraktalbilder, Tabellenkalkulation, Business-Präsentationen usw. Es gibt fast nichts mehr, was nicht innerhalb des Netscape-Browsers angezeigt werden kann. Das Plugin-Konzept ist deshalb eine geniale Ergänzung zum WWW-eigenen HTML-Format. Das Problem ist nur, daß nicht alle Anwender bereit sind, sich zig Megabyte Plugin-Software downzuloaden und zu installieren. Sinnvoll ist der Einsatz von Plugins zum Beispiel in Intranets. Wenn alle Anwender mit geeigneten Plugins ausgestattet werden, erübrigen sich viele Konvertierarbeiten von Fremdformaten in HTML.

Seit der Version 3.0 wird der Netscape-Browser von vorneherein mit einem Grundstock an wichtigen Plugins ausgeliefert. Dazu gehören die Plugins *LiveAudio* (Dateitypen **.wav, *.aiff, *.au, *.mid*), *LiveVideo* (Dateityp **.avi*), *Live3-D* (VRML-Viewer) und *QuickTime* (QuickTime-Videos). Viele Plugins sind kostenlos, einige sind Shareware. Plugins sind in der Regel im Internet downloadbar. Eine hervorragende und aktuelle Übersicht über verfügbare Produkte finden Sie in deutscher Sprache bei Plugins.de (*www.plugins.de*).

3 HTML – Die Grundlagen

3.1 Allgemeine Regeln für HTML

Dieser Abschnitt beschreibt, wie eine HTML-Datei aufgebaut ist, wie HTML grundsätzlich funktioniert und welche wichtigen Regeln Sie bei der Texteingabe kennen müssen.

3.1.1 Tags (Steuerbefehle in HTML)

Tags in HTML

HTML-Dateien bestehen aus ASCII-Text. Deshalb können Sie HTML-Dateien mit jedem einfachen Text-Editor bearbeiten. Besser sind allerdings ausgereifte HTML-Editoren. Neben dem eigentlichen Text enthalten HTML-Dateien HTML-spezifische Befehle. Alle HTML-Befehle stehen in sogenannten *Tags*. Die Tags werden durch spitze Klammern markiert. Fast alle Befehle von HTML bestehen aus einem einleitenden und einem abschließenden Tag. Der Text dazwischen ist der Gültigkeitsbereich für die betreffenden Tags. Ein Beispiel:

```
<h4>HTML - die Sprache des WWW</h4>
```

Das Beispiel zeigt eine Überschrift 4. Ordnung. Das einleitende Tag <h4> signalisiert, daß eine Überschrift 4. Ordnung folgt (h = heading = Überschrift). Das abschließende Tag </h4> signalisiert das Ende des Überschriftentextes. Ein abschließendes Tag ist immer an dem Schrägstrich (/) zu erkennen.

Beachten Sie: Es spielt keine Rolle, ob die Tags in Form von Klein- oder Großbuchstaben notiert werden. So bedeuten z. B. <h1> und <H1> das Gleiche. Das W3-Konsortium weist darauf hin, daß kleingeschriebene Elementnamen möglicherweise von Vorteil sind, wenn HTML-Dateien in irgendeiner Weise komprimiert werden, also z. B., wenn Sie ein Dokument in eine ZIP-Datei packen. Der Grund ist, daß häufiger vorkommende Zeichen bei den meisten Komprimierungsverfahren zu besseren Komprimierungsdichten führen als seltener vorkommende Zeichen – und Kleinbuchstaben kommen in der Regel häufiger vor als Großbuchstaben. Andererseits sind großgeschriebene Elementnamen optisch besser erkennbar. Es gibt einige wenige Standalone-Tags, d. h. Tags, die keine Einleitung für den folgenden Text darstellen und deshalb kein abschließendes Tag haben. Beispiel:

```
Eine Zeile, ein manueller Zeilenumbruch <br>
und die nächste Zeile
```

Erläuterung: Am Ende der ersten Zeile signalisiert das Tag `<br>`, daß ein manueller Zeilenumbruch eingefügt werden soll (br = break = Umbruch).

Verschachtelung von Tags

Tags können ineinander verschachtelt werden. Ein Beispiel:

```
<h4><i>HTML</i> - die Sprache des WWW</h4>
```

Die Anweisung `<i>` steht für *italic* (= kursiver Text). Der Text zwischen `<i>` und `</i>` wird als kursiv interpretiert, abhängig von der eingestellten Schriftart und Schriftgröße für die Überschrift 4. Ordnung.

Attribute in Tags

Einleitende Tags und Standalone-Tags können zusätzliche Angaben enthalten. Ein Beispiel:

```
<h4 align=center>HTML - die Sprache des WWW</h4>
```

In Ihrem WWW-Browser erscheint dieser Beispieltext wie in Bild 3.1. Durch `align=center` wird bewirkt, daß der Text zentriert ausgerichtet wird (align = Ausrichtung, center = zentriert).

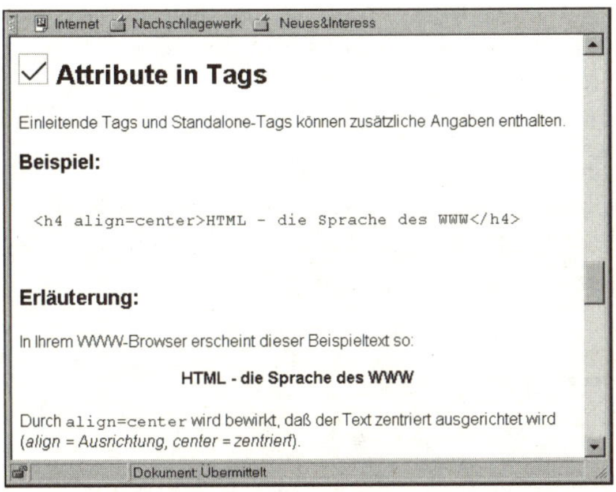

Bild 3.1: Tags lassen sich verschachteln und mit Attributen versehen: hier eine zentrierte Überschrift 4. Ordnung

Beachten Sie: Es gibt folgende Arten von Attributen in HTML-Tags:

- Alleinstehende Attribute, zum Beispiel im Befehl `<hr noshade>` (Trennlinie ohne Schatten).

- Attribute mit Wertzuweisung, wobei es bestimmte erlaubte Werte gibt, z. B. im Befehl <h1 align=center> (Überschrift 1. Ordnung zentriert ausgerichtet – hier sind nur die Werte left, center, right und justify erlaubt).
- Attribute mit numerischer Wertzuweisung, z. B. im Befehl <hr width=300> (Trennlinie 300 Pixel breit).
- Attribute mit prozentualer Wertzuweisung, z. B. im Befehl <hr width=50%> (Trennlinie bei 50% der Breite des Anzeigefensters).
- Attribute mit variablen Namen, z. B. im Befehl <img src="freundin.gif"> (eine Grafikreferenz).

Wenn Sie streng SGML-konform arbeiten wollen, setzen Sie alle Werte, die Sie Attributen zuordnen, in Anführungszeichen. HTML ist jedoch nicht ganz so streng damit. Bei Attributen mit variablen Namen sollten Sie den zugewiesenen Wert in Anführungszeichen notieren. In allen anderen Fällen sind normalerweise keine Anführungszeichen nötig.

Lassen Sie bei Wertzuweisungen möglichst keine Leerzeichen zwischen Attribut, Gleichheitszeichen und Zuweisungswert. So vermeiden Sie Fehler bei weniger toleranten WWW-Browsern.

Universalattribute

Neben Attributen, die nur in bestimmten HTML-Tags vorkommen können, gibt es auch Attribute, die in vielen bzw. fast allen HTML-Tags erlaubt sind. Ein Beispiel:

```
<p id="Einleitung">Text</p>
```

Erläuterung: Das Beispiel definiert einen Textabsatz mit den HTML-Tags <p>...</p>. Im einleitenden <p>-Tag wird ein Universalattribut notiert, nämlich das Attribut id=. Damit können Sie Namen für einzelne HTML-Elemente vergeben. Einzelheiten über solche Attribute erfahren Sie im Abschnitt 10.3 über Universalattribute.

3.1.2 Grundgerüst einer HTML-Datei

Schema des Grundgerüsts

Eine gewöhnliche HTML-Datei besteht grundsätzlich aus folgenden zwei Teilen:

- Header (Kopf): enthält Angaben zu Titel u. ä.
- Body (Körper): enthält den eigentlichen Text mit Überschriften, Verweisen, Grafikreferenzen usw.

Ein Beispiel:

```
<html>
<head>
<title>Text des Titels</title>
</head>
<body>
Text, Verweise, Grafikreferenzen usw.
</body>
</html>
```

Der gesamte Inhalt einer HTML-Datei wird in die Tags `<html>` bzw. `</html>` eingeschlossen. Hinter dem einleitenden HTML-Tag folgt das einleitende Tag für den Kopf `<head>`. Zwischen diesem Tag und seinem Gegenstück `</head>` werden allgemeine Angaben zur HTML-Datei notiert. Die wichtigste dieser Angaben ist der Titel der HTML-Datei, markiert durch die Tags `<title>` bzw. `</title>`. Unterhalb davon folgt der Textkörper, markiert durch die Tags `<body>` bzw. `</body>`. Im Textkörper wird dann der eigentliche Inhalt der Datei notiert, also das, was im Anzeigefenster des WWW-Browsers angezeigt werden soll.

Beachten Sie: Ganz wichtig ist die Angabe eines Titels. Jede HTML-Datei sollte einen aussagekräftigen Titel erhalten, der aber auch nicht zu lang sein darf (Romane gehören in den Dateikörper). Denn der Titel erscheint beim Browser in der Fensterleiste, oft auch noch in einer separaten Statuszeile, und es ist derjenige Eintrag, den der Browser bei Lesezeichen und beim Anzeigen der bereits besuchten Dateien (Historie) verwendet. Auch viele Suchmaschinen im WWW bauen ihre Datenbanken auf den Titeln von Dateien auf.

Im einleitenden `<body>`-Tag können zusätzliche Attribute stehen, etwa für Farben und Hintergrundbilder. Wenn Sie Frames (mehrere Bildschirmfenster) einsetzen wollen, gelten andere Vorschriften für das Grundgerüst von Dateien, in denen ein Frame-Set definiert wird. Lesen Sie hierzu Kapitel 7, Grundgerüst einer HTML-Datei mit Frame-Sets.

✓ SGML-gerechten Dokumenttyp angeben

Die Anzahl möglicher Sprachversionen und Besonderheiten, die ein WWW-Browser oder ein Suchprogramm im Internet beim Lesen einer HTML-Datei beherrschen muß, wird immer größer. Deshalb ist es durchaus sinnvoll, die SGML-gerechte Angabe zu der HTML-Version, die Sie in Ihren Dateien verwenden, in den Dateien zu notieren. Die Versionsangabe ist ein Hinweis auf eine HTML-Spezifikation, also eine bestimmte HTML-Sprachversion.

HTML-Spezifikationen heißen *Document Type Definitions* (DTDs). Dahinter verbirgt sich ein Ansatz von SGML. Die entsprechende Angabe hat in derzeitigen WWW-Browsern noch keine Konsequenzen für die Darstellung der HTML-Datei. Das könnte sich jedoch bald ändern.

Ein Beispiel:

```
<!DOCTYPE HTML PUBLIC "-//W3C//DTD HTML 4.0//EN"
 "http://www.w3.org/TR/REC-html40/strict.dtd">
<html>
<head>
<title>Text des Titels</title>
</head>
<body>
Text, Verweise, Grafikreferenzen usw.
</body>
</html>
```

Notieren Sie die Anweisung zur Angabe der verwendeten HTML-Version immer ganz am Anfang der HTML-Datei vor dem einleitenden `<html>`-Tag. Hinter der startenden spitzen Klammer folgt ein Ausrufezeichen. Dahinter folgt die Angabe `DOCTYPE HTML PUBLIC`. Das bedeutet, daß Sie sich auf die öffentlich verfügbare HTML-DTD beziehen. Die folgende Angabe, die in Anführungszeichen steht, ist wie folgt zu verstehen: `W3C` ist der Herausgeber der DTD, also das W3-Konsortium. Eine Angabe wie `DTD HTML 4.0` bedeutet, daß Sie in der Datei den SGML-Dokumenttyp HTML verwenden, und zwar in der Sprachversion 4.0. Das `EN` ist ein Landeskürzel und steht für die Sprache, in diesem Fall Englisch. Die Angabe bezieht sich darauf, in welcher Sprache die Tag-Befehle definiert wurden, nicht auf den Inhalt Ihrer Datei. Benutzen Sie also immer `EN`, da HTML-Tags auf der englischen Sprache basieren. Die Schrägstriche notieren Sie so wie im obigen Beispiel. Wenn Sie HTML 4.0 angeben, können Sie auch die Internet-Adresse der offiziellen DTD von HTML mit angeben. Notieren Sie die Adresse so wie im obigen Beispiel in Anführungszeichen innerhalb des `DOCTYPE`-Befehls. Derzeit sind insgesamt folgende Angaben sinnvoll:

- `<!DOCTYPE HTML PUBLIC "-//W3C//DTD HTML 2.0//EN">`: Damit spezifizieren Sie den HTML-Sprachstandard 2.0 als den Standard, an den Sie sich in der HTML-Datei halten.
- `<!DOCTYPE HTML PUBLIC "-//W3C//DTD HTML 3.2//EN">`: Damit spezifizieren Sie den HTML-Sprachstandard 3.2 als den Standard Ihrer HTML-Datei.
- `<!DOCTYPE HTML PUBLIC "-//W3C//DTD HTML 4.0//EN">`: Damit spezifizieren Sie den HTML-Sprachstandard 4.0 als den Standard Ihrer HTML-Datei.
- `<!DOCTYPE HTML PUBLIC "-//W3C//DTD HTML 4.0 Transitional//EN">`: Damit spezifizieren Sie den HTML-Sprachstandard 4.0 und geben an, daß Sie außerdem Style-Sheets und/oder Scriptsprachen in der Datei einsetzen.
- `<!DOCTYPE HTML PUBLIC "-//W3C//DTD HTML 4.0 Frameset//EN">`: Damit spezifizieren Sie den HTML-Sprachstandard 4.0 und geben an, daß Sie in der HTML-Datei ein Frame-Set definieren.

Wenn Sie bei HTML 4.0 die offizielle Internet-Adresse der DTD angeben wie im obigen Beispiel, dann benutzen Sie eine der folgenden Adressen:

www.w3.org/TR/REC-html40/loose.dtd: Benutzen Sie diese Adresse für HTML-Dateien, die sich zwar an den HTML-4.0-Standard halten, aber auch Elemente enthalten, die demnächst aus dem Standard entfernt werden (z. B. `<font>` oder `<center>`).

www.w3.org/TR/REC-html40/strict.dtd: Benutzen Sie diese Adresse für HTML-Dateien, die sich strikt an den HTML-Standard halten und bereits keine Elemente mehr enthalten, die beim W3-Konsortium auf der Abschußliste stehen, also demnächst aus dem Standard entfernt werden (z. B. `<font>` oder `<center>`).

www.w3.org/TR/REC-html40/frameset.dtd: Benutzen Sie diese Adresse für HTML-Dateien, in denen Sie Frame-Sets definieren.

3.1.3 Regeln beim Editieren von HTML

Wenn Sie einen Text-Editor oder einen ASCII-basierten HTML-Editor zur Erstellung Ihrer HTML-Dateien verwenden, sollten Sie folgende Regeln kennen und beachten:

- Notieren Sie in einer neuen Datei immer zuerst das Grundgerüst einer HTML-Datei.
- Beachten Sie bei der Texteingabe die Maskierungsvorschriften für Umlaute, Sonderzeichen und HTML-eigene Zeichen.
- Setzen Sie Zeilenumbrüche und Leerzeilen so, daß Sie im Quelltext eine optimale Übersicht behalten. Beachten Sie aber auch, daß WWW-Browser die Zeilenumbrüche und Absatzschaltungen im Editor ignorieren und den Text automatisch umbrechen – so wie Textverarbeitungsprogramme. Für Zeilenumbrüche und Absatzschaltungen, die im WWW-Browser wirksam sein sollen, müssen Sie die entsprechenden HTML-Befehle eingeben, zum Beispiel Befehle für Textabsätze (Absatzschaltungen) oder erzwungene Zeilenumbrüche. Wenn Sie aus besonderen Gründen Text im WWW-Browser so anzeigen wollen, wie Sie ihn eingeben (mit allen Einrückungen, Umbrüchen usw.), können Sie den HTML-Befehl für präformatierten Text verwenden.
- Beachten Sie, daß der WWW-Browser auch keine Tabulatoren interpretiert. Tabulatoren sind in HTML derzeit nicht vorgesehen. Für definierte Einrückungen können Sie mit Style-Sheets arbeiten.
- Mehrere Leerzeichen hintereinander werden vom WWW-Browser ignoriert und zu einem einzigen zusammengefaßt. Um mehrere Leerzeichen zu erzwingen, verwenden Sie anstelle der normalen Leerzeicheneingabe die Zeichenfolge ` ` (geschütztes Leerzeichen), und zwar so oft hintereinander wie gewünscht.

3.1.4 Umlaute, Sonderzeichen und HTML-eigene Zeichen

✓ *Deutsche Umlaute und scharfes S*

Wenn Sie in Ihrer HTML-Datei sonst keine Angaben zum verwendeten Zeichensatz machen, sollten Sie in Hinblick auf das Internet und die internationale Verwendung deutsche Umlaute durch spezielle, dafür vorgesehene HTML-Zeichenfolgen ersetzen. Das gilt für den gesamten Inhalt einer HTML-Datei.

- Ersetzen Sie das Zeichen `ä` durch die Zeichenfolge `ä`
- Ersetzen Sie das Zeichen `Ä` durch die Zeichenfolge `Ä`
- Ersetzen Sie das Zeichen `ö` durch die Zeichenfolge `ö`
- Ersetzen Sie das Zeichen `Ö` durch die Zeichenfolge `Ö`
- Ersetzen Sie das Zeichen `ü` durch die Zeichenfolge `ü`
- Ersetzen Sie das Zeichen `Ü` durch die Zeichenfolge `Ü`
- Ersetzen Sie das Zeichen `ß` durch die Zeichenfolge `ß`

Ein Beispiel:

```
In M&uuml;nchen steht ein Hofbr&auml;uhaus.
Dort gibt es Bier aus Ma&szlig;kr&uuml;gen.
```

Ersetzen Sie die deutschen Sonderzeichen wie im obigen Beispiel durch die entsprechenden Zeichenfolgen – keine Sorge, die WWW-Browser verstehen das und zeigen die Zeichen korrekt an. Beachten Sie: Es gibt eine Menge weiterer Sonderzeichen, die durch solche Umschreibungen dargestellt werden sollten. Blättern Sie zur Information auf jeden Fall einmal zu Kapitel 16.5. Dort finden Sie Listen mit erlaubten Umschreibungen. Der genannte Abschnitt befindet sich innerhalb dieser Dokumentation im Kapitel über Internationalisierung. Dieses Thema wird angesichts der weltweiten Verbreitung von Daten im Internet immer wichtiger. Um tiefer in die Materie einzutauchen, ist die Lektüre des gesamten Internationalisierungskapitels unbedingt zu empfehlen. Ab HTML 4.0 sind Sie nicht mehr gezwungen, Sonderzeichen auf die oben beschriebene Weise zu umschreiben. Stattdessen können Sie Zeichensätze als Meta-Angabe notieren (Kapitel 16.4). Wenn Sie dann in der Software, mit der Sie die HTML-Dateien erstellen, eben diesen Zeichensatz verwenden, hat ein WWW-Browser alle Informationen, die zur korrekten Anzeige der Datei erforderlich sind.

☑ HTML-eigene Zeichen maskieren

Wenn in Ihrem Text Zeichen vorkommen, die in HTML eine bestimmte Bedeutung haben, müssen Sie diese Zeichen maskieren. Die folgenden Zeichen müssen Sie wie folgt maskieren:

- Ersetzen Sie das Zeichen `<` durch die Zeichenfolge `<`
- Ersetzen Sie das Zeichen `>` durch die Zeichenfolge `>`
- Ersetzen Sie das Zeichen `&` durch die Zeichenfolge `&`
- Ersetzen Sie das Zeichen `"` durch die Zeichenfolge `"`

Ein Beispiel:

```
Das ist ein &lt;HTML-Tag&gt;
GmbH &amp; Co. KG
&quot;Text steht in Anf&uuml;hrungszeichen&quot;
```

3.1.5 Farben definieren in HTML

Farben in HTML

Farben können Sie in HTML in vielen Zusammenhängen definieren, zum Beispiel:

- bei dateiweiten Hinter- und Vordergrundfarben,
- bei Schriftfarben für Textabschnitte,
- bei Style-Sheet-Angaben,
- bei Farben in Tabellen,
- bei farbigen Trennlinien,
- bei farbigen Rahmen für Frames
- und bei Hintergrundfarben für Layer.

Obwohl die HTML-Tags der entsprechenden Farbdefinitionen sehr unterschiedlich sind, gilt bei allen Farbdefinitionen ein einheitliches Schema. Grundsätzlich gibt es zwei Möglichkeiten, Farben in HTML zu definieren:

- durch Angabe der RGB-Werte der gewünschten Farbe in Hexadezimalform (RGB = Rot-/Grün-/Blau-Wert der Farbe);
- durch Angabe eines Farbnamens.

Wenn Sie hexadezimale Werte angeben, arbeiten Sie Browser-unabhängig, und Sie haben die volle Wahlfreiheit zwischen 16,7 Millionen Farben. Wenn Sie Farbnamen angeben, umgehen Sie die etwas schwierige Definition einer Farbe im Hexadezimal-Modus. Derzeit sind jedoch nur 16 Farbnamen offiziell standardisiert. Weitere Farbnamen gibt es, sie sind jedoch Browser-abhängig.

Hexadezimale Angabe von Farben

Wenn Sie Farben direkt im Hexadezimal-Modus definieren, müssen Sie die gewünschte Farbe aus Angaben zu den drei Grundfarben Rot, Grün und Blau (RGB-Werte) zusammenstellen. Einige Beispiele:

```
<body bgcolor=#808080> <!-- dunkelgrauer Dateihintergrund -->
<font color=#990000>roter Text</font>
<table bgcolor=#00C0C0> <!-- blaugrüner Tabellenhintergrund -->
<hr color=#CC00CC> <!-- violette Trennlinie -->
```

Jede hexadezimale Farbdefinition ist sechsstellig und hat das Schema: #XXXXXX. Zunächst notieren Sie also ein Gatter #. Dahinter folgen sechs Stellen für die Farbdefinition. Die ersten beiden Stellen stellen den Rot-Wert der Farbe dar, die zweiten beiden Stellen den Grün-Wert, und die letzten beiden Stellen den Blau-Wert.

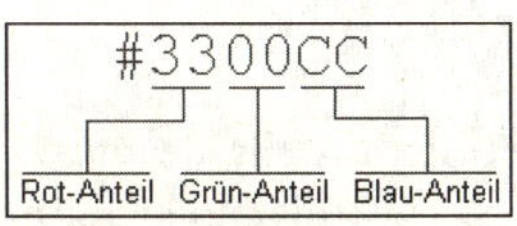

Bild 3.2: So setzt sich ein hexadezimaler Farbwert in HTML zusammen

Dezimal	Hexadezimal	Dezimal	Hexadezimal
0	0	8	8
1	1	9	9
2	2	10	A
3	3	11	B
4	4	12	C
5	5	13	D
6	6	14	E
7	7	15	F

Tab. 3.1: Die ersten 16 Ziffern des hexadezimalen Zahlensystems

Eine hexadezimale Ziffer kann also 16 Zustände haben. Für jeden Farbwert (Rot, Grün, Blau) stehen zwei Ziffern zur Verfügung. Das macht 16 x 16 (= 256) mögliche Zustände pro Farbwert. Beachten Sie: Es gibt 16 Grundfarben, die von jedem VGA-kompatiblen Bildschirm angezeigt werden können. Es gibt ferner 216 Standardfarben, die Netscape intern und plattformübergreifend zur Verfügung stellt. Diese Farbpalette hat sich im WWW zu einer Art Quasi-Standard entwickelt. Mehr über diese Paletten und ihre Bedeutung erfahren Sie im Kapitel 5.8.2 *Farbtiefen und Farbpaletten*.

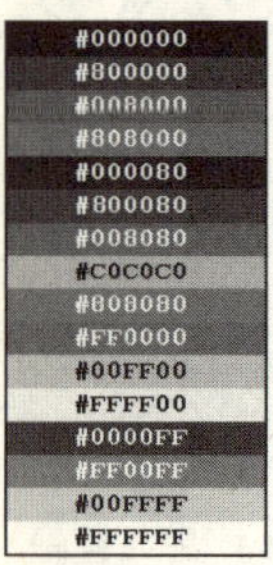

Bild 3.3: Diese 16 Grundfarben kann jeder PC mit VGA-kompatibler Grafikkarte darstellen

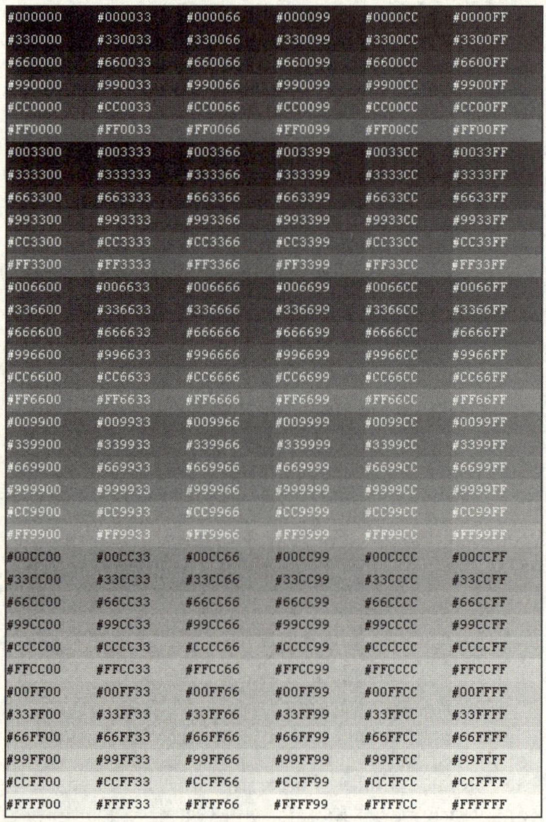

Bild 3.4: Netscape hat eine plattformübergreifende Palette von 216 Farben definiert

Farbnamen für die 16 Grundfarben

Um eine Farbe mit Hilfe eines Farbnamens zu definieren, geben Sie anstelle des hexadezimalen RGB-Werts einfach den gewünschten Farbnamen an. Die folgenden Farbnamen sind Bestandteil von HTML 3.2 und werden von vielen WWW-Browsern verstanden. Hier einige Beispiele:

```
<body bgcolor=black> <!-- schwarzer Dateihintergrund -->
<font color=yellow>gelber Text</font>
<table bgcolor=aqua> <!-- hellblauer Tabellenhintergrund -->
<hr color=red>  <!-- rote Trennlinie -->
```

Erläuterung: Geben Sie den gewünschten Farbnamen an einer Stelle an, an der eine Farbangabe erlaubt ist.

Farbname	Hexadezimal	Beispiel-Tabellenzelle mit dieser Farbe
black	#000000	
maroon	#800000	
green	#008000	
olive	#808000	
navy	#000080	
purple	#800080	
teal	#008080	
gray	#808080	
silver	#C0C0C0	
red	#FF0000	
lime	#00FF00	
yellow	#FFFF00	
blue	#0000FF	
fuchsia	#FF00FF	
aqua	#00FFFF	
white	#FFFFFF	

Bild 3.5: Die Standardfarbnamen von HTML, die zugehörigen Hexadezimalwerte und Farbbeispiele

Browser-spezifische Farbnamen

Um eine Farbe mit Hilfe eines Farbnamens zu definieren, geben Sie anstelle des hexadezimalen RGB-Werts einfach den gewünschten Farbnamen an. Die folgenden Farbnamen werden von Netscape und dem Internet Explorer interpretiert. Einige Beispiele:

```
<body bgcolor=brown> <!-- brauner Dateihintergrund -->
<font color=blueviolet>blau-violetter Text</font>
<table bgcolor=darkblue> <!-- dunkelblauer Hintergr -->
<hr color=pink>  <!-- pinkfarbene Trennlinie -->
```

Farbname	Hexadezimalwert
aliceblue	#F0F8FF
antiquewhite	#FAEBD7
aquamarine	#7FFFD4

Farbname	Hexadezimalwert
azure	#F0FFFF
beige	#F5F5DC
blueviolet	#8A2BE2
brown	#A52A2A
burlywood	#DEB887
cadetblue	#5F9EA0
chartreuse	#7FFF00
chocolate	#D2691E
coral	#FF7F50
cornflowerblue	#6495ED
cornsilk	#FFF8DC
crimson	#DC143C
darkblue	#00008B
darkcyan	#008B8B
darkgoldenrod	#B8860B
darkgray	#A9A9A9
darkgreen	#006400
darkkhaki	#BDB76B
darkmagenta	#8B008B
darkolivegreen	#556B2F
darkorange	#FF8C00
darkorchid	#9932CC
darkred	#8B0000
darksalmon	#E9967A
darkseagreen	#8FBC8F
darkslateblue	#483-D8B
darkslategray	#2F4F4F
darkturquoise	#00CED1
darkviolet	#9400D3
deeppink	#FF1493
deepskyblue	#00BFFF
dimgray	#696969
dodgerblue	#1E90FF
firebrick	#B22222
floralwhite	#FFFAF0
forestgreen	#228B22
gainsboro	#DCDCDC
ghostwhite	#F8F8FF
gold	#FFD700
goldenrod	#DAA520
greenyellow	#ADFF2F
honeydew	#F0FFF0

Farbname	Hexadezimalwert
hotpink	#FF69B4
indianred	#CD5C5C
indigo	#4B0082
ivory	#FFFFF0
khaki	#F0E68C
lavender	#E6E6FA
lavenderblush	#FFF0F5
lawngreen	#7CFC00
lemonchiffon	#FFFACD
lightblue	#ADD8E6
lightcoral	#F08080
lightcyan	#E0FFFF
lightgoldenrodyellow	#FAFAD2
lightgreen	#90EE90
lightgrey	#D3-D3-D3
lightpink	#FFB6C1
lightsalmon	#FFA07A
lightseagreen	#20B2AA
lightskyblue	#87CEFA
lightslategray	#778899
lightsteelblue	#B0C4DE
lightyellow	#FFFFE0
limegreen	#32CD32
linen	#FAF0E6
mediumaquamarine	#66CDAA
mediumblue	#0000CD
mediumorchid	#BA55D3
mediumpurple	#9370D3
mediumseagreen	#3CB371
mediumslateblue	#7B68EE
mediumspringgreen	#00FA9A
mediumturquoise	#48D1CC
mediumvioletred	#C71585
midnightblue	#191970
mintcream	#F5FFFA
mistyrose	#FFE4E1
moccasin	#FFE4B5
navajowhite	#FFDEAD
oldlace	#FDF5E6
olivedrab	#6B8E23
orange	#FFA500
orangered	#FF4500
orchid	#DA70D6
palegoldenrod	#EEE8AA
palegreen	#98FB98

Farbname	Hexadezimalwert
paleturquoise	#AFEEEE
palevioletred	#DB7093
papayawhip	#FFEFD5
peachpuff	#FFDAB9
peru	#CD853F
pink	#FFC0CB
plum	#DDA0DD
powderblue	#B0E0E6
rosybrown	#BC8F8F
royalblue	#4169E1
saddlebrown	#8B4513
salmon	#FA8072
sandybrown	#F4A460
seagreen	#2E8B57
seashell	#FFF5EE
sienna	#A0522D
skyblue	#87CEEB
slateblue	#6A5ACD
slategray	#708090
snow	#FFFAFA
springgreen	#00FF7F
steelblue	#4682B4
tan	#D2B48C
thistle	#D8BFD8
tomato	#FF6347
turquoise	#40E0D0
violet	#EE82EE
wheat	#F5DEB3
whitesmoke	#F5F5F5
yellowgreen	#9ACD32

Tab. 3.2: Diese Farbnamen kennen die neueren Netscape- und Microsoft-Browser

3.1.6 Kommentare und Credits

Kommentare

HTML beinhaltet die Möglichkeit, an beliebigen Stellen innerhalb einer HTML-Datei Kommentare einzufügen. Kommentare werden von WWW-Browsern ignoriert, d. h. bei der Präsentation nicht angezeigt. Kommentare sind z. B. sinnvoll, um interne Angaben zu Autor und Erstelldatum in einer Datei zu plazieren, um interne Anmerkungen zu bestimmten Textstellen zu machen oder um verwendete HTML-Befehle intern zukommentieren. Beispiel 1:

```
<!-- Dieser Text ist ein Kommentar -->
```

Beispiel 2:

```
<!-- Erste Zeile eines mehrzeiligen Kommentars
Letzte Zeile des Kommentars //-->
```

Kommentare werden durch die Zeichenfolge `<!--` eingeleitet. Dahinter folgt beliebig langer Kommentartext. Innerhalb des Kommentartextes können Sie auch HTML-Befehle erwähnen, ohne diese maskieren zu müssen. Ein einzeiliger Kommentarbereich wird durch die Zeichenfolge `-->` beendet, ein mehrzeiliger Kommentarbereich durch `//-->`.

Beachten Sie: Bei einigen neueren HTML-Befehlen, vor allem beim Einbinden von JavaScript, wird empfohlen, den Inhalt in Kommentare zu setzen, da einige ältere Browser darüber nicht hinweglesen, sondern den darin enthaltenen Text/Programmcode am Bildschirm ausgeben, statt ihn zu überlesen.

Tip: Während Sie an Ihren Dateien basteln, werden Sie häufig verschiedene HTML-Befehle, Farbangaben usw. testen und ausprobieren. Dabei ist es hilfreich, bisherige Lösungen vor dem Ausprobieren einer neuen Lösung nicht einfach zu überschreiben, sondern in einen Kommentar-Befehl zu setzen. So müssen Sie sich nicht ärgern, wenn Sie etwas überschreiben, das eigentlich doch besser war als das, womit Sie es überschrieben haben.

Credits

Folgende Hinweise sollten Sie beachten, wenn Sie beabsichtigen, HTML-Dateien fürs WWW zu erstellen:

- Weisen Sie sich als Verfasser aus: Weisen Sie darauf hin, wer die WWW-Seiten erstellt hat. Anwender haben ein Recht zu erfahren, wer für eine WWW-Seite verantwortlich ist.
- Weisen Sie das Erstelldatum aus: Schreiben Sie das Erstelldatum an eine geeignete Stelle im Text. Besonders bei schnell veraltenden Informationen ist dies wichtig. Eine Preisliste für PC-Hardware etwa, die seit zwei Jahren nicht mehr aktualisiert wurde, wird ihren Nutzen für heutige Anwender dann bereits im Erstelldatum verraten.
- Weisen Sie Autorenrechte aus: Weisen Sie auf Ihre Urheberrechte hin bzw. nennen Sie ausdrücklich die Bedingungen, was mit Ihrem Text geschehen darf und was nicht. Das Kopieren des Textes können Sie kaum verbieten, wohl aber die Weitergabe des Textes nach darin vorgenommenen Änderungen. Auch für Grafiken, z. B. Logos, sollten Sie entsprechende Angaben machen.

- Bieten Sie die Möglichkeit zum Feedback an: Dazu können Sie zum Beispiel einen E-Mail-Verweis oder ein Formular verwenden.

3.1.7 Konventionen für Dateinamen

Dateinamen im Hinblick auf Server-Rechner

Die meisten Server-Rechner im heutigen WWW sind Unix-Rechner. Unix unterscheidet strikt zwischen Groß- und Kleinschreibung bei Dateinamen. Wer sein WWW-Projekt beispielsweise in einer DOS-/Windows-Umgebung erstellt, wo dies keine Rolle spielt, kann bittere Erfahrungen machen, wenn plötzlich die lokal funktionierenden Verweise und Grafikreferenzen nach dem Hochladen auf den Server-Rechner nicht mehr funktionieren. Der Grund ist in solchen Fällen, daß beispielsweise in den HTML-Dateien kleingeschriebene Verweisziele oder Grafikdateinamen notiert wurden, während das DOS-/Windows-System großgeschriebene Dateinamen an den Server übertragen hat.

Wenn Sie mit Windows 3.x oder DOS 6.x und niedriger arbeiten, bleibt Ihnen in einem solchen Fall kaum eine andere Möglichkeit, als die Dateien auf dem Server-Rechner mit Hilfe von FTP-Befehlen so umzubenennen, wie sie in den Verweisen und Grafikreferenzen notiert sind. Wenn Sie mit einem System arbeiten, das Groß-/Kleinschreibung bei Dateinamen zwar für die Optik, aber nicht intern unterscheidet (z. B. Windows 95), ist es am sichersten, Sie erzeugen Dateinamen, die nur aus Kleinbuchstaben bestehen, und notieren in Verweisen und Grafikreferenzen ebenfalls alle Dateinamen in Kleinbuchstaben.

Dateinamen im Hinblick auf Kompatibilität

Wenn Sie Ihr WWW-Projekt ausschließlich für den Einsatz im WWW erstellen, müssen Sie nur darauf achten, daß die Dateien vom Server-Rechner akzeptiert werden. Bei modernen Unix-Systemen, wie sie die meisten WWW-Server einsetzen, sind Dateinamen von bis zu 256 Zeichen Länge erlaubt. Vermeiden Sie aber in jedem Fall deutsche Umlaute und scharfes S in den Dateinamen. Als Sonderzeichen ist in jedem Fall der Unterstrich _ erlaubt. Andere Satzzeichen sollten Sie vermeiden. Fragezeichen (?), Sternzeichen (*), Gleichheitszeichen (=) dürfen Sie auf keinen Fall in Dateinamen verwenden. Auch auf Leerzeichen sollten Sie unbedingt verzichten.

Wenn Sie Ihr Projekt auch anderweitig vertreiben möchten, zum Beispiel als Download zum Offline-Lesen (wie das vorliegende Dokument) oder auf CD-ROM, sollten Sie die engen Grenzen von MS-DOS-kompatiblen Dateinamen beachten, damit Ihre Anwender keine Probleme mit der Anzeige des Projekts bekommen. Dabei sind maximal ein Punkt zur Trennung von Dokumentname und Dateiendung, acht Zeichen vor dem Punkt und drei Zeichen dahinter (für die Dateiendung) erlaubt. Bei ausführbaren Java-Applets, die zwingend die Dateiendung *.class* erfordern, müssen Sie diese Regeln allerdings brechen.

Dateiendungen

Hierbei gilt generell: Halten Sie unbedingt die üblichen Dateiendungen ein. Moderne WWW-Browser erkennen einige Dateitypen zwar auch an ihrem Inhalt, aber im Hinblick auf Fehlerfreiheit sollten Sie immer die üblichen Dateiendungen verwenden.

- HTML-Dateien erhalten entweder die Endung *.html* oder *.htm* (DOS-kompatibel).
- GIF-Grafiken erhalten die Endung *.gif*
- JPEG-Dateien erhalten die Endung *.jpg*
- Java-Applets erhalten die Endung *.class*
- separate JavaScript-Dateien erhalten die Endung *.js*
- separate CSS-Style-Sheet-Dateien erhalten die Endung *.css*

Auch andere Dateitypen sollten ihre Standardendung erhalten.

Default-Datei bei WWW-Servern

Die meisten heutigen WWW-Server sehen einen bestimmten HTML-Dateinamen als Datei für die Einstiegsseite vor. Meistens ist das der Name *index.html* oder *index.htm*, manchmal auch *welcome.html* bzw. *welcome.htm* oder *default.html* bzw. *default.htm*. Bei einigen Anbietern können Sie auch selbst einen beliebigen Dateinamen als Default-Dateinamen bestimmen (z. B. bei CompuServe-Homepages).

Der Default-Dateiname hat den Vorteil, daß die WWW-Adresse keinen HTML-Dateinamen mehr braucht und kürzer wird. Viele Adressen lauten ja einfach *http://www.xy.com/* oder *http://www.xy.net/verzeichnis/* – ohne weitere Angabe einer bestimmten HTML-Datei. Daß beim Aufruf einer solchen Adresse dennoch eine bestimmte HTML-Datei geladen wird, liegt eben daran, daß es eine Datei mit einem Namen gibt, die der WWW-Server als Default-Dateinamen gespeichert hat.

Erkundigen Sie sich bei Ihrem Provider, ob er einen Default-Dateinamen für Verzeichnisse anbietet, und wenn ja, welchen. Erstellen Sie Ihr Projekt dann so, daß die Einstiegsseite diesen Dateinamen hat und untergeordnete Seiten auf diese Datei zurückverweisen.

3.1.8 Informationsverteilung und Dateiorganisation

Dieses Thema liegt dem Autor dieses Buches besonders am Herzen. Deshalb hat er dazu auch ein eigenes Dokument geschrieben: Hypertext (■ *www.teamone.de/hypertext*). HTML steht für *Hypertext Markup Language*. Die Sprache ist ausgelegt für Hypertext-gerechte Informationsverteilung. Der Anwender soll zwischen Informationen »navigieren«, die ihn interessieren.

Dazu ist es nötig, daß die angebotene Information auf kleine, in sich abgeschlossene Informationseinheiten verteilt wird, die untereinander auf eine nachvollziehbare und einsichtige Weise vernetzt sind.

Wenn Sie beispielsweise Ihren Fußballverein im WWW präsentieren wollen, gehört dazu die übliche Einstiegsseite mit Verweisen zu den Unterseiten. Die Unterseiten sollten jeweils an der gleichen Stelle einen Rückverweis auf die Einstiegsseite enthalten. Je eine Unterseite könnten Sie in diesem Beispiel etwa für die Geschichte, für die Vereinsberichte, für die aktuellen Tabellenstände und für die derzeitigen Spieler vorsehen. Die Seite für Spieler könnte nochmals Verweise zu Seiten enthalten, auf denen jeweils ein einzelner Spieler vorgestellt wird. Bei solchen Unter-Unter-Seiten ist ein Rückverweis zur nächsthöheren Ebene wie auch zur Einstiegsseite angebracht. Wichtig sind auch die Querverweise. Wenn ein Spieler bereits lange dabei ist, findet sich bestimmt auch ein Querverweis zu einem wichtigen Ereignis der Vereinsgeschichte. Bei den Erläuterungen zum aktuellen Tabellenstand sind wiederum Querverweise zu den besten Torschützen usw. denkbar.

So entsteht ein sinnvolles Netz aus Einzelinformationen. Zusätzliche Link-Verbindung sollten die Navigationsmöglichkeiten ergänzen. So ist es in vielen Fällen sinnvoll, sogenannte Guided Tours anzubieten, also eine Abfolge von Seiten, die der Anwender bequem durchblättern kann.

Egal, welche Art von Projekt Sie in Angriff nehmen: Immer sollten Sie den hier skizzierten Ansatz für die Strukturierung und Vernetzung der Information im Auge behalten.

Was hier als »Seite« oder »Unterseite« bezeichnet wird, sollte in einem WWW-Projekt eine einzelne HTML-Datei sein. Schrecken Sie nicht vor der Anzahl der entstehenden Dateien zurück. Die saubere Strukturierung der Information sollte oberstes Gebot sein.

Die Technik der Vernetzung zwischen Projektdateien wird im Abschnitt über Verweise beschrieben. Weitere Tips für die Konzeption Ihres WWW-Projekts erhalten Sie bei der Checkliste für die Projektplanung (Kapitel 17).

Dateiorganisation

Bei jedem etwas größeren Projekt werden Sie schnell feststellen, daß sich viele HTML-, Grafik- und andere Dateien ansammeln. Um den Überblick zu behalten, sollten Sie sich entweder ein sinnvolles Dateinamenschema überlegen, oder Sie legen Unterverzeichnisse an, etwa für Dateien zu einem Themengebiet oder für Grafiken usw. Wenn Sie Ihr Projekt im WWW veröffentlichen wollen, müssen Sie beim Einsatz von Unterverzeichnissen vorher klären, ob Sie auf dem WWW-Server, wo das Projekt einmal abgelegt werden soll, die Berechtigung bzw. Möglichkeit haben, Unterverzeichnisse anzulegen. Bei den meistens Online-Diensten wie T-Online oder CompuServe ist das nicht erlaubt. Eine Ausnahme ist hier AOL. Denn Sie werden in diesem Fall auf dem Server-Rechner die gleiche Verzeichnisstruktur erstellen müssen, die Sie lokal beim Erstellen gewählt haben, damit alle Verweise und Referenzen funktionieren.

3.1.9 Guter HTML-Stil

Definitive Richtlinien für richtiges HTML gibt es nicht. Denn HTML ist in ständiger Weiterentwicklung begriffen. Es hat daher keinen Sinn, an dieser Stelle den Gebrauch irgendwelcher HTML-Tags zu verdammen oder vorzuschreiben. Insgesamt ist es auf jeden Fall empfehlenswert, sich so weit wie möglich an den HTML-Sprachstandards des W3-Konsortiums zu orientieren.

Eigentlich ist es viel besser zu beschreiben, wie man es auf keinen Fall machen sollte. Dazu gibt es eine wunderbare Anleitung im WWW: Die Goldenen Regeln für schlechtes HTML (▬ *www.karzauninkat.com/Goldhtml*) von Stefan Karzauninkat.

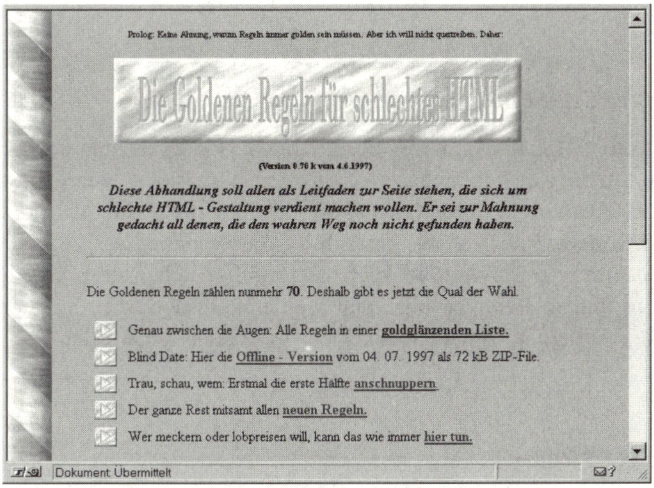

Bild 3.6: Alles, was Sie nicht machen sollten, hat Stefan Karzauninkat gesammelt

Nicht für einen bestimmten Browser schreiben

Wenn Sie Dateien im WWW plazieren wollen, sollten Sie zum Testen Ihrer Dateien mehr als einen WWW-Browser verwenden. Verwenden Sie die weit verbreiteten Produkte wie Netscape und den Internet Explorer, wenn es irgendwie geht auch in mehreren Versionen (beim Internet Explorer leider nicht möglich), aber auch mal ein mäßigeres Produkt wie etwa Mosaic. Wenn Sie die Möglichkeit haben, auf mehreren Plattformen (MS-Windows, Macintosh, Sun usw.) zu testen, machen Sie unbedingt Gebrauch davon.

Nun kann Ihnen niemand verbieten, HTML-Dateien zu schreiben, die nur von Netscape oder nur vom Internet Explorer korrekt interpretiert werden (wie das viele Leute tun, vor allem im kommerziellen Bereich, wo es um Outfit geht). In diesem Fall ist es jedoch angebracht, einen Hinweis einzubauen, daß die betreffenden Seiten für den Leistungsumfang eines bestimmten WWW-Browsers erstellt wurden. Erwägen Sie aber im Normalfall einen Mittelweg.

Tags nicht zweckentfremden

Besonders die logischen Tags von HTML sollten Sie nicht benutzen, um bestimmte Formatier-Effekte zu erzielen. So verwenden einige Leute z. B. das `<blockquote>`-Tag, um Absätze einzurücken, nur weil die Mehrzahl der Browser den Text, der in `<blockquote>` ... `</blockquote>` eingeschlossen ist, als eigenen, eingerückten Absatz darstellen. Das `<blockquote>`-Tag ist jedoch für Zitate gedacht und sollte auch nur dafür verwendet werden.

Noch häufiger wird mit Überschriften Schindluder getrieben. Überschriften sind nicht dazu da, um Text groß und fett zu machen, sondern dazu, logische Hierarchieverhältnisse zwischen Textabschnitten zu markieren. Wenn Sie Text formatieren wollen, dann benutzen Sie CSS-Style-Sheets.

Regeln für Sonderzeichen beachten

Viele Browser stellen deutsche Umlaute, scharfes S und andere Sonderzeichen korrekt am Bildschirm dar, auch wenn die Zeichen nicht vorschriftsgemäß maskiert wurden und eine Angabe zum benutzten Zeichensatz fehlt. Das hängt jedoch damit zusammen, daß der Browser, wenn er auf Sonderzeichen stößt, einfach auf den Zeichensatz zugreift, den Ihr Rechner verwendet (unter MS-Windows z. B. den ANSI-Zeichensatz). Sobald eine solche Datei jedoch auf einem Rechner angezeigt werden soll, der einen anderen Zeichensatz verwendet, oder mit einem Browser, der nicht so tolerant ist, werden Wörter unschön verstümmelt.

Start- und End-Tags verwenden

Moderne Browser verfügen über relativ ausgereifte Algorithmen, um HTML-Dateien entsprechend der notierten Tags anzuzeigen. Bei Netscape und einigen anderen Browsern genügt es in vielen Fällen, nur ein Start-Tag zu notieren, z. B. `<dl>`, ohne das zugehörige `</dl>` anzugeben. Nicht alle Browser sind jedoch so tolerant. Fehlende End-Tags (meist aus Schreibfaulheit weggelassen) werden dort mit Anzeigefehlern bestraft.

Da HTML immer umfangreicher und komplexer werden wird, wird es zukünftig sogar wahrscheinlich sein, daß die unbedingte Einhaltung von Anfangs- und End-Tag auch für Elemente wie `<p>` gefordert wird. Auch im Hinblick auf die Einhaltung der Grundregeln der ISO-normierten Sprache SGML ist das durchgängige Verwenden von Start- und End-Tags wichtig.

Ehrliche und aussagekräftige Verweistexte verwenden

Generell gilt: Das Ziel eines Verweises sollte das halten, was der Verweis verspricht. Das bedeutet beim Setzen des Verweises: Der Verweistext sollte weder zu viel noch zu wenig versprechen. Wenn Sie beispielsweise Information über ein Software-Produkt anbieten, ohne es zum Download anzubieten, ist es unfair, dem Anwender mit einem

Verweis auf die Information zu suggerieren, er könne das Produkt auch gleich downloaden.

Verweise können in HTML an jeder beliebigen Stelle im Text stehen. Wenn Sie jedoch einmal Text lesen, in dem jedes zweite Wort ein Verweis ist, werden Sie schnell merken, daß dies den Lesefluß ungemein stört. Der Grund dafür ist, daß Verweise immer gleich die Aufmerksamkeit auf sich ziehen und den Leser von seiner eigentlichen Aufgabe, dem geistigen Erfassen des im Text Gemeinten, ablenken. Um so wichtiger ist es, daß Verweise innerhalb des Fließtextes dem Anwender keine Rätsel aufgeben, sondern sofort erfaßbar sind.

Verwenden Sie einen Verweis innerhalb des Fließtextes also nur dann, wenn der Verweistext sinnvoll ist. Und formulieren Sie Sätze, in denen verweis-sensitiver Text vorkommt, so, daß der Verweistext aussagekräftig ist. Schreiben Sie z. B. nicht: *»Für weitere Information klicken Sie hier«*, sondern: *»Weitere Information ist ebenfalls verfügbar«*.

Grafiken sinnvoll einsetzen

Wenn Sie nicht gerade eine virtuelle Kunstausstellung in HTML programmieren, sollten Sie sich mit großen Grafikdateien zurückhalten. Bedenken Sie bei Dateien, die Sie fürs WWW erstellen, daß viele Anwender einen volumenabhängigen Internet-Zugang haben, d. h. sie zahlen dafür, wieviel Daten sie in den Arbeitsspeicher ihres Rechners laden. Zwar erlauben die meisten Browser, das Laden von Grafiken auszuschalten, doch falls der Anwender keinen Gebrauch von dieser Funktion macht, heißt das noch lange nicht, daß er bereit ist, ohne Ankündigung eine 1-MByte-Grafik zu laden.

Versuchen Sie es daher lieber mit kleinen, wohlplazierten Grafiken. Oft genügen 16 Farben statt 256 oder gar 16,7 Mio. Das macht die Grafiken deutlich kleiner. Andererseits sollten Sie keinesfalls auf den Einsatz von Grafiken verzichten. Reiner Text ist am Bildschirm nämlich wesentlich ermüdender zu lesen als in Printmedien. Deshalb sollten Sie längere Texte möglichst reichhaltig strukturieren und auflockern. Dazu gehört auch die Verwendung von Grafiken.

Ideal sind kleine Grafiken in Icon-Größe. Die sind schnell geladen, und Sie können bedenkenlos mehrere davon pro HTML-Datei referenzieren. Kleine Grafiken können auch bestimmte Corporate-Identity-Funktionen oder Orientierungsfunktionen übernehmen. Der Vorteil solcher mehrfach verwendeter Grafiken ist, daß die meisten Browser sie nur einmal laden und dann im Speicher halten.

Grafiken mit Größenangaben und Alternativtext versehen

WWW-Seiten werden von modernen Browsern deutlich schneller und sauberer aufgebaut, wenn Sie bei jeder referenzierten Grafik die genauen Angaben zu Breite und Höhe der Grafik notieren. Außerdem lassen die Browser entsprechend große Platzhalter frei, wenn die Grafik gar nicht oder nicht vollständig übertragen wird, und die übrige Seite wird dadurch nicht »zerhauen«.

Bei Grafiken sollten Sie sich auch angewöhnen, Alternativtexte zu notieren. Der Anteil der Netzteilnehmer, der mit nicht-grafikfähigen Browsern unterwegs ist, wird zwar immer geringer. Doch viele Anwender schalten angesichts der oft schlechten Übertragungsraten im WWW die Anzeige von Grafiken in ihrem WWW-Browser aus. Besonders bei WWW-Seiten, die hautpsächlich aus Grafiken bestehen, gehören Alternativtexte deshalb zum guten Ton.

Nicht für eine bestimmte Bildschirmauflösung schreiben

Sie wissen erstens nicht, welche Bildschirmauflösung die Besucher Ihrer Seiten haben, und zweitens wissen Sie nicht, ob die Anwender ihren Browser im Vollbildmodus laufen lassen. Deshalb hat es normalerweise wenig Sinn, über die »wahrscheinlichste« Bildschirmauflösung beim Anwender zu mutmaßen. Verwenden Sie bei Tabellen oder Frames tendenziell eher prozentuale Breiten- und Höhenangaben. Absolute Pixelangaben haben nur dort einen Sinn, wo beispielsweise die erste Spalte einer blinden Tabelle über einem farblich zweigeteilten Hintergrundbild liegen soll. Ansonsten sollten Sie sich nicht zu sehr auf solche Vorstellungen wie die versteifen, daß eine Grafik oder ein Absatz bei jedem Anwender genau 10,8 cm vom linken Rand entfernt beginnt. Wenn das bei Ihnen gut aussieht, bedeutet das noch lange nicht, daß es bei jemand anderem gut aussieht – in einigen Fällen könnte es ausgesprochen schlecht aussehen.

3.2 Allgemeine Angaben zur Datei

Dieser Abschnitt beschreibt Angaben, die im Kopfteil einer HTML-Datei notiert werden und Anweisungen für den WWW-Browser oder für den Server-Rechner darstellen.

3.2.1 Titel einer HTML-Datei

☑ *Titel angeben*

Jede HTML-Datei sollte einen Titel erhalten. Das ist aus folgenden Gründen besonders wichtig:

- Der Titel der Datei taucht bei der Anzeige im WWW-Browser in der Titelzeile des Anzeigefensters auf.
- Der Titel der Datei wird vom WWW-Browser beim Setzen von Lesezeichen auf die Datei verwendet.
- Der Titel der Datei wird im WWW-Browser in der Liste der bereits besuchten Seiten angezeigt.

- Der Titel der Datei dient im WWW vielen automatischen Suchprogrammen als wichtiger Input. Dadurch wird die Datei und ihr Inhalt in Suchdiensten besser auffindbar.

Ein Beispiel:

```
<head>
<title>SELFHTML: Titel einer HTML-Datei</title>
... andere Angaben im Dateikopf ...
</head>
```

Innerhalb des Grundgerüsts einer HTML-Datei wird der Titel im Dateikopf notiert. `<title>` leitet die Angabe des Titels ein. Dahinter folgt der Text des Titels. Mit `</title>` wird die Titelangabe abgeschlossen (title = Titel). Beachten Sie: Der Titeltext sollte nicht zu lang sein.

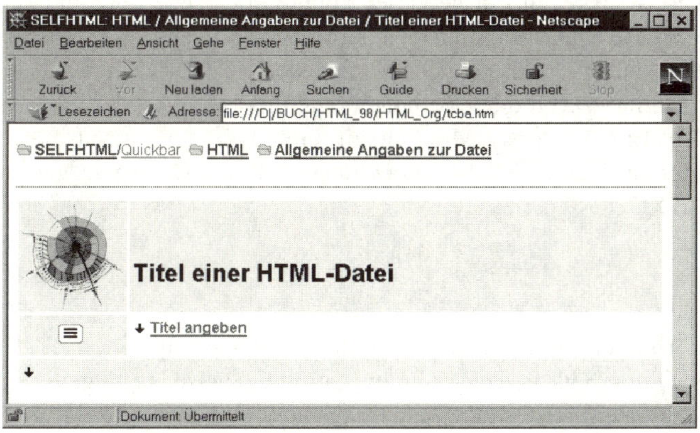

Bild 3.7: Der Titel einer HTML-Datei wird unter anderem in der Titelzeile des Browser-Fensters angezeigt

3.2.2 Adreßbasis und Zielfensterbasis

Adreßbasis

Sie können innerhalb einer HTML-Datei, die Sie auf einem WWW-Server ablegen, nochmals deren Internet-weit eindeutige, genaue URL-Adresse notieren. Ein WWW-Browser, der diese Information ausliest, kann in Fehlersituationen besser auf verknüpfte oder referenzierte Dateien zugreifen. Bei Projektverweisen zu anderen HTML-Dateien und bei Grafiken oder Multimedia gilt die hier definierbare Basis als Bezug. Ein Beispiel:

```
<head>
<base href="http://www.netzwelt.com/selfhtml/tcbb.htm">
... andere Angaben im Dateikopf ...
</head>
```

Die Angabe der Dateibasis erfolgt im Dateikopf mit `<base href= ... >` und der genauen URL-Adresse der Datei (base = Basis, href = hyper reference = Hyper(text)-Referenz). Die Adresse muß in Anführungszeichen stehen. Wenn nun in der Datei beispielsweise folgende Grafikreferenz steht: `<img src="xweb.gif">`, so ermittelt der WWW-Browser diese Grafik mit der absoluten URL-Adresse:

```
<img src="http://www.netzwelt.com/selfhtml/xweb.gif">
```

Beachten Sie: Wenn es wichtig für Sie ist, daß Ihre Projekte leicht auf andere Server-Rechner, in andere Verzeichnisstrukturen usw. übertragbar bleiben, sollten Sie auf die Definition einer Adreßbasis verzichten. Denn mit der Angabe einer absoluten Adreßbasis wird der WWW-Browser stets versuchen, Verweisziele und referenzierte Dateien von der angegebenen Adresse zu laden. Dies macht das Austesten der Dateien auf einem lokalen PC unmöglich!

Die Angabe der Adreßbasis ist dagegen ein gewisser Schutz vor HTML-unkundigen Anwendern, die sich eine HTML-Datei lokal abspeichern oder das Cache-Verzeichnis ihres WWW-Browsers durchsuchen. Beim lokalen Aufruf der HTML-Datei wird der WWW-Browser stets eine Online-Verbindung verlangen und die Datei von der angegebenen Adresse laden wollen. Eine weiterere Möglichkeit, um das Laden einer HTML-Datei von einer bestimmten Adresse im WWW zu erzwingen, ist, die Datei vom Original-Server zu laden (Kapitel 5).

Zielfensterbasis

Diese Angabe ist nur in Verbindung mit Frames sinnvoll. Sie können für eine HTML-Datei, die innerhalb eines Frame-Sets in einem Frame angezeigt wird, festlegen, daß alle Verweise dieser Datei in einem bestimmten anderen Frame-Fenster angezeigt werden, solange bei einem Verweis kein anderes Frame-Fenster angegeben wird. Da häufig alle Verweisziele einer Datei, die in einem Frame-Fenster angezeigt wird, in einem bestimmten anderen Frame-Fenster angezeigt werden sollen, spart diese einmalige Angabe im Dateikopf viel Tipparbeit und hilft, den Dateiumfang zu verkleinern. Siehe auch Kapitel 7.3 über Verweise auf andere Frames. Ein Beispiel:

```
<head>
<base target="RechtesFenster">
... andere Angaben im Dateikopf ...
</head>
```

Mit `<base target= ... >` legen Sie das Default-Fenster fest, in dem Verweisziele angezeigt werden sollen. Der Name des Fensters muß in Anführungszeichen stehen. Voraussetzung ist, daß Sie ein Frame-Set mit Frame-Fenstern definiert haben. Bei dem gewünschten Frame-Fenster müssen Sie mit der Zusatzangabe `name=` den Fensternamen vergeben haben, den Sie hier bei `<base target= ... >` angeben.

Beachten Sie: Diese Anweisung darf nicht in der Datei stehen, die das Frame-Set enthält. Sie darf nur in Dateien stehen, die innerhalb des Frame-Sets angezeigt werden.

3.2.3 Meta-Angaben für Suchdienste und Browser

In Meta-Angaben können Sie verschiedene nützliche Anweisungen für WWW-Server, WWW-Browser und automatische Suchprogramme im Internet (Robots) notieren. Meta-Angaben können Angaben zum Autor und zum Inhalt der Datei enthalten. Sie können aber auch HTTP-Befehle absetzen, zum Beispiel zum automatischen Weiterleiten des WWW-Browsers zu einer anderen Adresse.

Meta-Angaben sind nicht für persönliche Anmerkungen oder Kommentare zum Quelltext der HTML-Datei gedacht. Für solche Angaben können Sie einen Kommentar definieren.

Leider ist die Situation in bezug auf den Gebrauch von Meta-Angaben derzeit ziemlich unübersichtlich, da zwar allerortens fleißig an Lösungsansätzen gebastelt wird, ein wirklich verbindlicher Standard aber noch aussteht. Ein solcher Standard, der dann auch tatsächlich von WWW-Autoren eingehalten wird, ist vor allem deshalb dringend erforderlich, um die Qualität von Suchdiensten im Internet zu verbessern.

HTML-Standard und Meta-Angaben

Der aktuelle HTML-Standard 4.0 schreibt keine konkreten Meta-Angaben mehr vor, sondern definiert lediglich den grundsätzlichen Aufbau einer Meta-Angabe. Zur Standardisierung von Meta-Angaben arbeitet das W3-Konsortium stattdessen an einer Sprache namens *Resource Description Framework* (RDF). Auf den WWW-Seiten des W3-Konsortiums finden Sie Informationen zum Resource Description Framework (*www.w3.org/RDF*).

Mit Meta-Angaben wird leider viel Mißbrauch getrieben. Da viele Meta-Befehle keine unmittelbar nachvollziehbare Wirkung am Bildschirm haben und andererseits mit Suchdiensten zu tun haben, regen sie offenbar die Phantasie mancher Geister magisch an, die meinen, mit einem Mammutaufgebot irgendwo aufgeschnappter Meta-Angaben würden sie über Nacht zum Superstar, da ihre Homepage dann immer ganz oben bei den Suchtreffern eines Suchdienstes erscheint. Dazu nur so viel: Homepages werden nicht durch Meta-Angaben erfolgreich, sondern durch Inhalt. Zu einer sauber gemachten Homepage gehört aber auch der sinnvolle Einsatz von Meta-Angaben.

Für Suchprogramme: Beschreibung, Autor, Stichworte, Datum

Die hier beschriebenen Meta-Angaben sind am verbreitetsten, werden von Suchmaschinen in der Regel erkannt und in der HTML-Spezifikation erwähnt. Sie können für Suchprogramme Ihre Autorenschaft, eine Kurzbeschreibung des Inhalts, charakteristische Stichwörter und das Publikationsdatum einer HTML-Datei als Meta-Angabe im Kopf der HTML-Datei notieren. Einige Beispiele:

```
<head>
<meta name="description" content="Dieser Beschreibungstext
```

```
  soll einem Anwender im Suchdienst bei Auffinden dieser
  Datei erscheinen">
<meta name="author" content="Ihr Name">
<meta name="keywords" content="HTML, Meta-Informationen,
  Suchprogramme, HTTP-Protokoll">
<meta name="date" content="1998-04-30T08:49:37+00:00">
... andere Angaben im Dateikopf ...
</head>
```

- Mit `<meta name="description" content="Beschreibungstext">` bestimmen Sie einen Beschreibungstext (meta = »über«, name = Name, description = Beschreibung, content = Inhalt).
- Mit `<meta name="author" content="Autorenname">` teilen Sie den Namen des Autors (d. h.: des inhaltlich Verantwortlichen) für die HTML-Datei mit (author = Autor).
- Mit `<meta name="keywords" content="[Wortliste]">` bestimmen Sie Stichwörter für ein Suchprogramm. Ein Anwender, der in der Suchdatenbank des Suchprogramms nach einem dieser Stichwörter sucht, soll die aktuelle HTML-Datei als Suchtreffer angezeigt bekommen, da das Stichwort in dieser Datei ein zentrales Thema ist (keywords = Schlüsselwörter).
- Mit `<meta name="date" content="[Datum/Uhrzeit]">` geben Sie an, wann die Datei publiziert wurde. Im obigen Beispiel ist 1998 die Jahreszahl, 04 der Monat (Mai), 30 der Tag, 08 die Stunden, 49 die Minuten und 37 die Sekunden. Die Angabe 00:00 hinter dem Pluszeichen ist die Abweichung der Zeit von der Greenwich-Zeit in Stunden und Minuten, im Beispiel gibt es keine Abweichung. Wenn Sie nur das Datum, aber keine Uhrzeit angeben wollen, notieren Sie nur den Teil der Datumsangabe bis vor dem großen T (für time).

Alle Angaben hinter den Gleichheitszeichen müssen in Anführungszeichen stehen. Trennen Sie bei den Schlüsselwörtern die einzelnen Wörter durch Kommata. Sie können alle drei Angaben notieren, aber auch nur eine oder zwei. Deutsche Umlaute und Sonderzeichen sollten Sie wie üblich maskieren.

Für Suchprogramme: Meta-Angaben nach Dublin Core

Eine internationale Gruppe von Experten, unter dem Namen *Dublin Core* vereint, hat ein System für Meta-Angaben veröffentlicht. Das System ist einfach zu handhaben und berücksichtigt alle wichtigen Angaben, die zu einem Dokument gemacht werden können. Die Meta-Angaben von Dublin Core werden auch vom W3-Konsortium begrüßt. Einer Verwendung steht also nichts im Wege.

Die meisten heutigen Suchmaschinen bieten allerdings noch gar keine Suche nach hier beschriebenen Kategorien wie Autor, Herausgeber oder Textsorte an. Das System ist eher an der Zukunft orientiert. Im WWW finden Sie Informationen zu Dublin Core Metadata (*purl.org/metadata/dublin_cor*).

Ein Beispiel:

```
<head>
<meta name="DC.Title" content="SELFHTML/Meta-Angaben">
<meta name="DC.Creator" content="Stefan M&uuml;nz">
<meta name="DC.Subject" content="Meta-Angaben">
<meta name="DC.Description"
      content="Heute bekannte Meta-Angaben in HTML">
<meta name="DC.Publisher" content="TeamOne">
<meta name="DC.Contributor" content="Wolfgang Nefzger">
<meta name="DC.Date" content="1998-04-30">
<!-- <meta name="DC.Type" content=""> -->
<!-- <meta name="DC.Format" content=""> -->
<meta name="DC.Identifier" content="http://www.teamone.de/selfhtml/">
<meta name="DC.Source" content="HTML-Referenz">
<meta name="DC.Language" content="de">
<!-- <meta name="DC.Relation" content=""> -->
<meta name="DC.Coverage" content="Munich">
<meta name="DC.Rights" content="Alle Rechte liegen beim Autor">
... andere Angaben im Dateikopf ...
</head>
```

Bei Meta-Angaben, die einem bestimmten öffentlichen System angehören, wie etwa hier dem System von Dublin Core, wird dem Namen einer Meta-Angabe eine Kurzbezeichnung für den Herausgeber der Meta-Angaben vorangestellt. Bei Dublin Core sind das die Initialen DC. Dahinter folgt, durch einen Punkt getrennt, der Name der Meta-Angabe. Der Zuweisungswert erfolgt in dem Attribut `content=`.

- Mit `<meta name="DC.Title" content="Titel">` können Sie einen Titel für die Datei angeben, ähnlich wie im `<title>`-Tag (title = Titel).
- Mit `<meta name="DC.Creator" content="Name">` weisen Sie den geistigen Urheber des Inhalts der Datei aus (creator = Ersteller).
- Mit `<meta name="DC.Subject" content="Text">` geben Sie das Thema an, das in der Datei behandelt wird (subject = Thema).
- Mit `<meta name="DC.Description" content="Text">` können Sie eine Kurzbeschreibung des Dateiinhalts notieren (description = Beschreibung).
- Mit `<meta name="DC.Publisher" content="Name">` können Sie angeben, wer für die Publikation der Datei verantwortlich ist. Das kann der Autor selbst sein, aber auch etwa ein Verlag oder der Nachfahre eines verstorbenen Autors (publisher = Veröffentlicher).
- Mit `<meta name="DC.Contributor" content="Name">` geben Sie Co-Autoren oder Personen an, die neben dem Hauptautor maßgeblich am Inhalt beteiligt sind, z. B. Grafiker, Musiker, Übersetzer (contributor = Beitragender). Falls Sie mehrere Angaben dazu machen, trennen Sie die Namen durch Kommata.

- Mit <meta name="DC.Date" content="Datum/Uhrzeit"> weisen Sie aus, wann die Datei publiziert wurde. Im obigen Beispiel ist 1998 die Jahreszahl, 04 der Monat (Mai) und 30 der Tag.

- Mit <meta name="DC.Type" content="Typ"> können Sie die Textsorte bzw. den Dokumententyp angeben, dem sich der Inhalt der Datei zuordnen läßt. Dazu soll es eine Liste erlaubter Angaben geben, die zum Redaktionsschluß dieses Buches noch nicht vorlag. Deshalb steht die Angabe im obigen Beispiel in einem Kommentar.

- Mit <meta name="DC.Format" content="Typ"> können Sie das Datenformat bzw. den Medientyp angeben, für den der Inhalt der Datei gedacht ist. Dazu soll es eine Liste erlaubter Angaben geben, die zum Redaktionsschluß dieses Buches noch nicht vorlag. Deshalb steht die Angabe im obigen Beispiel in einem Kommentar.

- Mit <meta name="DC.Identifier" content="Wert"> geben Sie eine eindeutige Nummer oder Bezugsadresse für die Datei an (identifier = eindeutiger Bezeichner). Bei WWW-Seiten ist das beispielsweise die Original-URL-Adresse.

- Mit <meta name="DC.Source" content="Quelle"> nennen Sie eine Quelle, von der die aktuelle Datei abgeleitet ist (source = Quelle). Das kann beispielsweise der Fall sein, wenn eine HTML-Datei Auszüge aus einem Buch beinhaltet. In diesem Fall können Sie das Buch als Quelle angeben.

- Mit <meta name="DC.Language" content="xx"> weisen Sie die Landessprache aus, in der der Inhalt der Datei verfaßt ist (language = Sprache). Als Angabe ist beispielsweise ein zweistelliges Landeskürzel möglich, z. B. de für deutsch, en für englisch, fr für französisch, it für italienisch oder es für spanisch. Mehr über die standardisierten Landeskürzel im Internet in der RFC 1766 (*rfc.fh-koeln.de/rfc/html/rfc1766.htm*).

- Mit <meta name="DC.Relation" content="Quelle"> legen Sie fest, welche Beziehung zwischen der aktuellen Datei und einem zugehörigen Editionsprojekt besteht (relation = Bezug). Dazu soll es eine Liste erlaubter Angaben geben, die zum Redaktionsschluß dieses Buches noch nicht vorlag. Deshalb steht die Angabe im obigen Beispiel in einem Kommentar.

- Mit <meta name="DC.Coverage" content="Text"> können Sie einen zeitlichen oder geografischen Bezugspunkt für den Inhalt der Datei angeben (coverage = Erfassung, Berichterstattung). Das kann bei geografischen Angaben etwa ein Ort, eine Längen-/Breitengradangabe oder eine Region sein, bei zeitlichen Angaben ein Datum oder ein Zeitalter.

- Mit <meta name="DC.Rights" content="Text"> machen Sie eine Angabe zum Copyright des Dateiinhalts (rights = Rechte). Sie können dabei aber auch eine Internet-Adresse angeben, auf der die genauen Copyright-Angaben genannt werden.

Beachten Sie: Ein inoffizielles Dokument mit Vorschlägen zur Klassifizierung von Angaben zu DC.Type, DC.Format usw. finden Sie im WWW unter dem Titel Dublin Core Qualifiers (*www.roads.lut.ac.uk/Metadata/DC-Qualifiers.htm*). Der Deutsche

Bildungs-Server (DBS) hat das Modell von Dublin Core um eigene Angaben erweitert. Rufen Sie bei Interesse die Informationen zu Meta-Tags (*dbs.schule.de/bonsai/metatags.htm*) auf. Auch Anbieter von Such-Robots veröffentlichen Meta-Tags, die der eigene Such-Robot ausliest. Ein Beispiel dazu finden Sie bei der VW96 schema description (*vancouver-webpages.com/VWbot/VW96-schema.htm*), der Beschreibung zu Meta-Tags, die ein bestimmter Such-Robot namens VWbot (*vancouver-webpages.com/VWbot*) ausliest.

Für Suchprogramme: Auslesen erlauben/verbieten

Die folgenden Angaben sind nicht hoch offiziell, werden jedoch von den meisten Suchmaschinen berücksichtigt. Wenn Sie eine HTML-Datei zwar im Internet anbieten, aber trotzdem verhindern möchten, daß die Datei über öffentliche Suchdienste auffindbar sein soll, können Sie eine entsprechende Anweisung als Meta-Information für automatische Suchprogramme notieren. Sie können solchen Suchprogrammen aber auch mit einer entsprechenden Eingabe signalisieren, daß Sie ein Auslesen der Datei und aller Dateien, die darin über Verweise erreichbar sind, ausdrücklich wünschen. Beispiel:

```
<head>
<meta name="robots" content="noindex">
... andere Angaben im Dateikopf ...
</head>
```

Mit <meta name="robots" content="noindex"> verbieten Sie einem Suchprogramm, Inhalte aus der HTML-Datei an seine Suchdatenbank zu übermitteln (robots = Suchprogramme, content = Inhalt, noindex = keine Indizierung). Anstelle von noindex können Sie auch none notieren (none = keine). Daneben sind folgende weitere Angaben möglich:

- <meta name="robots" content="index">. Damit erlauben Sie einem Suchprogramm ausdrücklich, Inhalte aus der aktuellen HTML-Datei an seine Suchdatenbank zu übermitteln (index = Indizierung).
- <meta name="robots" content="nofollow">. Damit erlauben Sie einem Suchprogramm, Inhalte aus der aktuellen HTML-Datei an seine Suchdatenbank zu übermitteln (nofollow = nicht folgen). Sie verbieten dem Suchprogramm jedoch, untergeordnete Dateien Ihres Projekts, zu denen Verweise führen, zu besuchen.
- <meta name="robots" content="follow">. Damit erlauben Sie einem Suchprogramm ausdrücklich, Inhalte aus der aktuellen HTML-Datei und aus untergeordneten Dateien Ihres Projekts, zu denen Verweise führen, zu besuchen und an seine Suchdatenbank zu übermitteln (follow = folgen).

Für Suchprogramme: Sprache bei Stichwörtern

Für Meta-Angaben zu Stichwörtern (bei solchen zur Kurzbeschreibung des Inhalts sollte es auch funktionieren) können Sie mehrere gleichartige Meta-Angaben notieren und dabei zwischen Landessprachen trennen.

Beispiel:

```
<meta name="keywords" lang="de"
  content="Ferien, Griechenland, Sonnenschein">
<meta name="keywords" lang="en-us"
  content="vacation, Greece, sunshine">
<meta name="keywords" lang="en"
  content="holiday, Greece, sunshine">
<meta name="keywords" lang="fr"
  content="vacances, Gr&egrave;ce, soleil">
```

Im Beispiel werden die gleichen Stichwörter in den Sprachen Deutsch, US-Englisch, Britischem-Englisch und Französisch definiert. Dabei wird das Attribut lang= benutzt, um die Sprache anzugeben. Als Angabe ist ein zweistelliges Landeskürzel erlaubt (Ausnahme: en-us), z. B. de für deutsch, en für englisch, fr für französisch, it für italienisch oder es für spanisch. Mehr über die standardisierten Landeskürzel im Internet in der RFC 1766 (rfc.fh-koeln.de/rfc/html/rfc1766.htm).

Beachten Sie: Das Attribut lang= gehört zu den Universalattributen in HTML.

Für Browser: Angaben zu PICS

PICS steht für *Platform for Internet Content Selection.* Es handelt sich dabei um ein standardisiertes Schema zum Bezeichnen von Internet-Inhalten. Das Schema wurde ins Leben gerufen, um jugendfreie Internet-Inhalte als solche auszuzeichnen. Es gibt sogenannte PICS-Labels, also Auszeichnungen. Anbieter von WWW-Seiten können ihre WWW-Seiten entweder freiwillig und nach eigenem Ermessen mit einem PICS-Label versehen. Oder – und das ist wohl eher Sinn der Sache – sie nehmen einen unabhängigen PICS-Service in Anspruch, der PICS-Zertifikate für Inhalte ausstellt.

Auf Einzelheiten des PICS-Systems wird hier nicht näher eingegangen. Informationen im WWW finden Sie auf der PICS-Seite des W3-Konsortiums (*www.w3.org/PICS*). Moderne Browser können PICS-Inhalte erkennen. Dazu lassen sich Software-seitig Einstellungen vornehmen, zum Beispiel durch Eltern von surfenden Kindern. So kann der Browser bei Seiten mit PICS-Labeln durch Vergleichen der Konfiguration mit dem Label erkennen, ob der Inhalt angezeigt werden darf oder nicht. Ein Beispiel:

```
<meta http-equiv="PICS-Label" content='
  (PICS-1.1 "http://www.gcf.org/v2.5"
  labels on "1994.11.05T08:15-0500"
  until "1995.12.31T23:59-0000"
  for "http://w3.org/PICS/Overview.html"
  ratings (suds 0.5 density 0 color/hue 1))'>
```

Durch die Angabe http-equiv="PICS-Label" in einem <meta>-Tag können Sie eine PICS-Auszeichnung für eine HTML-Datei notieren. Hinter content= folgt die PICS-Auszeichnung. Die gesamte Auszeichnung wird in einfache Anführungszeichen gesetzt.

Die Syntax der PICS-Auszeichnung wird innerhalb davon in runde Klammern eingeschlossen. In den runden Klammern stehen zunächst die Pflichtangabe zur PICS-Version und die Angabe der URL-Adresse, auf der die Inhaltskategorisierung definiert wird, auf die hier Bezug genommen wird. Die Angaben `labels on`, `until` und `for` sind optional. Entscheidend ist aber auf jeden Fall die Angabe `ratings`, in der die eigentliche Inhaltskategorisierung notiert wird. Die Kategorisierung wird dabei nochmals in runde Klammern eingeschlossen. Die einzelnen Befehle und ihre Bedeutung muß der PICS-Service bereitstellen, der die PICS-Zertifikate verteilt.

4.0 *Für Browser: Angaben zu Default-Sprachen*

Sie können mit Hilfe einer Meta-Angabe ausdrücklich bestimmen, welchen Zeichensatz Sie innerhalb der HTML-Datei verwenden. Für HTML-Ergänzungssprachen wie Style-Sheets und Scripts können Sie bestimmen, welche Sprachen Sie innerhalb der HTML-Datei verwenden.

Diese Angaben helfen dem WWW-Browser, die Inhalte der HTML-Datei im Zweifelsfall korrekt zu interpretieren. Vor allem die Angabe zum Zeichensatz ist wichtig, falls Sie innerhalb der HTML-Datei Umlaute usw. nicht maskieren. Ein Beispiel:

```
<head>
<meta http-equiv="content-type" content="text/html; charset=iso-8859-1">

<meta http-equiv="Content-Script-Type" content="text/javascript">
<meta http-equiv="Content-Style-Type" content="text/css">
... andere Angaben im Dateikopf ...
</head>
```

Der Befehl zur Angabe eines bestimmen Zeichensatzes muß die Angabe `http-equiv="content-type"` enthalten sowie das Attribut `content=`. Hinter `content=` geben Sie in Anführungszeichen zunächst den MIME-Type an, der für HTML-Dateien immer `text/html` lautet. Dahinter folgt, durch einen Strichpunkt getrennt, die Angabe des Zeichensatzes. Im obigen Beispiel wird der Zeichensatz iso-8859-1 definiert. Das ist der normale Zeichensatz für westeuropäische Sprachen. Mehr zu diesen Themen finden Sie in den Kapiteln *Zeichensätze* (16.2) sowie *Zeichensätze und Unicodes in HTML* (16.4).

Die Befehle zum Bestimmen der Default-Scriptsprache und der Default-Stylesprache haben einen einheitlichen Aufbau. Die Angabe zur bevorzugten Scriptsprache leiten Sie mit <meta http-equiv="Content-Script-Type" ein, die Angabe zur bevorzugten Stylesprache mit `http-equiv="Content-Style-Type"`. Bei dem Attribut `content=` müssen Sie dann den Mime-Typ der gewünschten Sprache angeben. Beispiele sind `text/css` für CSS-Style-Sheets und `text/javascript` für JavaScript.

Für Browser: Datei von Originaladresse laden

Häufig abgerufene WWW-Seiten werden im WWW auf sogenannten Proxy-Servern zwischengespeichert. Das ist dann ein sogenannter Proxy-Cache. Auch Browser speichern aufgerufene Seiten, und zwar lokal auf dem Rechner des Anwenders. Dabei spricht man vom Browser-Cache. Die Cache-Speicher sparen in vielen Fällen Leitungswege und Ressourcen. Ein Nachteil ist jedoch, daß dem Anwender möglicherweise Daten angezeigt werden, die gar nicht mehr aktuell sind, weil auf der Original-Adresse mittlerweile neue Daten liegen. Sie können mit Hilfe einer Meta-Information erzwingen, daß der Server-Rechner dem WWW-Browser befiehlt, sich die Daten nicht aus einem Cache-Speicher zu holen, sondern vom Original-Server. Das ist allerdings nur dann zu empfehlen, wenn Sie die Daten einer HTML-Datei häufig ändern und neu ins WWW hochladen. Ein Beispiel:

```
<head>
<meta http-equiv="expires" content="0">
... andere Angaben im Dateikopf ...
</head>
```

Mit <meta http-equiv="expires" content="0"> veranlassen Sie den Server-Rechner, einem aufrufenden WWW-Browser zu befehlen, diese HTML-Datei in jedem Fall von der Original-Adresse auf dem Server-Rechner zu laden (http-equiv = http equivalent = gemäß HTTP-Befehl, expires = wird fällig).

Beachten Sie: Bei content= können Sie anstelle der 0 in diesem Zusammenhang auch ein bestimmtes Datum und eine bestimmte Uhrzeit angeben. Dadurch bewirken Sie, daß der WWW-Browser bis zu dem definierten Zeitpunkt die Daten auch von einem Proxy-Server holen darf, danach aber vom Original-Server holen muß. Datum und Uhrzeit müssen Sie im internationalen Format angeben. Beispiel: content="Sat, 14 Dec 1998 12:00:00 GMT". Notieren Sie den Zeitpunkt so wie im Beispiel mit allen Leerzeichen, Doppelpunkten zwischen Stunden, Minuten und Sekunden sowie der Angabe GMT am Ende. Als Wochentagsnamen sind erlaubt Mon (Montag), Tue (Dienstag), Wed (Mittwoch), Thu (Donnerstag), Fri (Freitag), Sat (Samstag) und Sun (Sonntag). Als Monatsnamen sind erlaubt Jan (Januar), Feb (Februar), Mar (März), Apr (April), May (Mai), Jun (Juni), Jul (Juli), Aug (August), Sep (September), Oct (Oktober), Nov (November) und Dec (Dezember).

Anstelle der 0 können Sie auch eine Zahl angeben. Diese Zahl bedeutet dann die Anzahl von Sekunden, nach deren Ablauf der WWW-Browser eine Datei, die er im Cache hat, auf jeden Fall wieder vom Server lädt. Mit content=43200 stellen Sie beispielsweise einen Wert von 12 Stunden ein.

Für Browser: Automatische Weiterleitung zu anderer Adresse

Zum Beispiel für das automatische Weiterleiten eines Anwenders von einer alten Adresse Ihres Projekts zu der neuen können Sie das automatische Laden einer anderen

Datei veranlassen (Forwarding). Wenn die HTML-Datei dann aufgerufen wird, ruft der WWW-Browser sofort oder nach einem frei wählbaren Timeout eine andere gewünschte Datei auf. Ein Beispiel:

```
<head>
<meta http-equiv="refresh" content="5;
   URL=http://www.teamone.de/selfhtml/">
... andere Angaben im Dateikopf ...
</head>
```

Mit <meta http-equiv="refresh" content="..."> veranlassen Sie den Start einer anderen Datei. Mit content="5; bestimmen Sie die Anzeigedauer der Datei in Sekunden. Die 5 im Beispiel bedeutet also, daß die Datei 5 Sekunden lang angezeigt wird. Danach wird die nächste Datei aufgerufen, die mit url=..." spezifiziert wird. Notieren Sie den gesamten Befehl inklusive der etwas ungewohnten Stellung der Anführungszeichen, wie im Beispiel oben angegeben. Setzen Sie jeweils ihre gewünschte Anzeigedauer und den Namen der nächsten aufzurufenden Datei ein. Für die Adressierung der Datei gelten die gleichen Regeln wie bei Verweisen. Bei einem Timeout von 0 wird die angegebene nächste Datei sofort geladen. Beachten Sie: Dieser HTML-Befehl funktioniert auch ohne HTTP-Protokoll, also lokal auf jedem Rechner.

Verlassen Sie sich nicht darauf, daß dieser Befehl in jedem Browser funktioniert. Wenn Sie etwa eine Weiterleitung zu einer neuen Adresse eingeben, notieren Sie am besten auf der gleichen Seite zur Sicherheit noch einen normalen Verweis zu der neuen Adresse. So finden auch Anwender, bei denen die Meta-Angabe nicht funktioniert, den Weg zu Ihrer neuen Heimat.

4.0 *Meta-Angaben in separater Datei (Profil)*

Sie können ein Profil für Meta-Angaben angeben, an das Sie sich halten. Das Profil sollte sowohl für Browser als auch für Suchdienste aufrufbar sein, d. h. eine Datei mit eigener http-Adresse sein.

Es kann sich dabei um allgemein bekannte Profile handeln, die bestimmte Internet-Adressen als Heimat haben. Denkbar ist eine solche Adresse beispielsweise für Dublin Core. Ebenso ist es aber auch möglich, eine spezielle Datei mit eigenen Meta-Definitionen anzugeben. In der HTML-4.0-Spezifikation hat man sich zu weiteren Einzelheiten über Profile jedoch ausgeschwiegen. Ein Beispiel:

```
<head profile="http://meine.org/profil.rdf">
 <meta name="Kategorie" content="A.1.B">
</head>
```

Um ein Profil einzubinden, notieren Sie im einleitenden <head>-Tag das Attribut profile=. Als Angabe notieren Sie dazu in Anführungszeichen die Adresse, unter der die Profildatei abgelegt ist.

In dem Beispiel wird ein Profil zugrunde gelegt, daß auf der Internet-Adresse *http://meine.org/profil.rdf* abgelegt ist. Es wird angenommen, daß in dem Profil eine Meta-Angabe mit dem Namen Kategorie definiert wird. Diese Meta-Angabe kann dann innerhalb des Dateikopfes benutzt werden.

4.0 Schema für eine Meta-Angabe

Wenn Sie eigene Meta-Angaben in einem Profil definieren, können Sie dort auch Schemata für bestimmte Daten festlegen. So können Sie beispielsweise bestimmen, wie Sie Datum und Uhrzeit angeben oder wie eine ISBN-Nummer aufgebaut ist. Innerhalb einer Meta-Angabe können Sie ein solches Schema dann benutzen. Ein Beispiel:

```
<head profile="http://meine.org/profil.rdf">
 <meta name="Kategorie" scheme="Klasse3" content="A.1.B">
</head>
```

In dem Beispiel wird ein Profil zugrunde gelegt, das auf der Internet-Adresse *http://meine.org/profil.rdf* abgelegt ist. Es wird angenommen, daß in dem Profil eine Meta-Angabe mit dem Namen Kategorie definiert wird. Diese Meta-Angabe kann dann innerhalb des Dateikopfes benutzt werden. Dort wird aber auch noch ein Schema namens Klasse3 definiert. Innerhalb einer Meta-Angabe können Sie dieses Schema dann benutzen.

Diverse Meta-Angaben

Die folgenden Meta-Angaben sind verstreute Sammlerstücke. Es gibt noch viel mehr davon. Hier nur ein paar:

- <meta http-equiv="content-language" content="de">: Sprache des Dateiinhalts (HTTP 1.0 und RFC1766).
- <meta name="generator" content="MS Frontpage 2.0">, <meta name="generator" content="Netscape Composer">: wird von HTML-Editoren, vor allem von WYSIWYG-Editoren ohne Wissen des Autors eingefügt. Software-Hersteller können so das Web durchsuchen und feststellen, wo und wieviel mit ihrer Software gearbeitet wird.
- <meta http-equiv="ext-cache" content= "name= /some/path/ index.db; instructions=user instructions">: Anweisung an den Netscape-Browser: Nicht den normalen lokalen Browser-Cache benutzen, sondern den angegebenen externen Cache!
- <meta http-equiv="set-cookie" content="cookievalue=xxx; expires=friday, 31-dec-99 23:59:59 gmt; path=/;">: Cookie setzen (Netscape).
- <meta http-equiv="pragma" content="no-cache">: an Proxy-Agenten: Datei bitte nicht auf Proxy-Server speichern!

- `<meta name="revisit-after" content="20 days">`: an Such-Robot: Bitte nach 20 Tagen erneut vorbeikommen und Datei neu auslesen!

3.2.4 Logische Beziehungen einer HTML-Datei

Beziehung zu anderen Projektdateien

Hinweis für HTML-Einsteiger: Die hier beschriebenen Befehle haben nichts mit normalen, anklickbaren Verweisen innerhalb einer HTML-Datei zu tun. Solche Verweise werden im Kapitel 4 über Verweise und Hyperlinks beschrieben.

Die auf dieser Seite genannten Möglichkeiten sind zwar Bestandteil von HTML, werden aber leider von keinem der populären heutigen WWW-Browser unterstützt und sind daher zunächst einmal wertlos. Sie stellen jedoch eine hervorragende Möglichkeit dar, um intern die hypertextuellen Abhängigkeiten einer HTML-Datei, etwa die vorherige und nächste Seite, die übergeordnete Seite usw. explizit anzugeben. Suchdienste oder Software-Programme können dann beispielsweise ganze Site-Maps Ihres Projekts erstellen, also grafische Darstellungen der Seitenstruktur. Noch machen zwar kaum Suchmaschinen davon Gebrauch, doch es ist zu hoffen, daß sich dies noch ändern wird.

Auch Browser sollten diese Befehle eigentlich beachten. Der WWW-Browser sollte, wenn er solche Befehle in HTML vorfindet, eine entsprechende Button-Leiste oder vergleichbare Bedienelemente anzeigen. Mit dem Anklicken der Buttons soll der Anwender dann bestimmte Sprungverweise zu anderen Dateien ausführen. Weder Netscape noch der Internet Explorer sind bis heute auf diese sinnvollen Vorschläge eingegangen.

Sie können pro HTML-Datei ein Set solcher Angaben notieren. Sie können alle, aber auch nur einzelne gerade benötigte dieser Befehle verwenden. Ein Beispiel:

```
<head>
<link rel="contents" href="inhalt.htm"
   title="Inhaltsverzeichnis">
<link rel="index" href="stichwrt.htm"
   title="Stichwortverzeichnis">
<link rel="glossary" href="glossar.htm"
   title="Begriffs-Glossar">
<link rel="next" href="augsburg.htm" title="nächste Seite">
<link rel="previous" href="aachen.htm"
   title="vorherige Seite">
</head>
```

Mit `<link rel=` leiten Sie eine logische Dateibeziehung ein. Dahinter folgt der Typ der Dateibeziehung (link = Verweis, rel = relationship = Beziehung). Erlaubte Typen sind:

- `rel="contents"` steht für Bezug zum Inhaltsverzeichnis (contents = Inhaltsverzeichnis).
- `rel="chapter"` steht für Bezug zum Kapitel (chapter = Kapitel).

- `rel="section"` steht für Bezug zum Abschnitt (section = Abschnitt).
- `rel="subsection"` steht für Bezug zum Unterabschnitt (subsection = Unterabschnitt).
- `rel="index"` steht für Bezug zum Stichwortverzeichnis.
- `rel="glossary"` steht für Bezug zum Glossar.
- `rel="appendix"` steht für Bezug zum Anhang (appendix = Anhang).
- `rel="copyright"` steht für Bezug zur Copyright-Angabe.
- `rel="next"` steht für Bezug zur nächsten Datei in der »Guided tour« (next = nächste Seite).
- `rel="prev"` steht für Bezug zur vorherigen Datei in der »Guided tour« (prev = previous = vorherige Seite).
- `rel="start"` steht für Bezug zur ersten Datei in der »Guided tour« (start = erste Seite).
- `rel="help"` steht für Bezug zum Hilfekontext (help = Hilfe).
- `rel="bookmark"` steht für Bezug zu einem allgemeinen Orientierungspunkt (bookmark = Lesezeichen).
- `rel="stylesheet"` steht für Bezug zu einer Datei mit Style-Definitionen. Diese Angabe wird von Netscape und dem Internet Explorer tatsächlich interpretiert, und zwar, um Style-Sheets in HTML einzubinden.
- `rel="alternate"` steht für Bezug zu einer Datei mit dem gleichen Inhalt wie dem aktuellen, jedoch in einer anderen Dokumentversion (alternate = alternierend). Von diesem Typ können Sie bei Bedarf auch mehrere Befehle notieren.

Die Angabe `href=` dient zur Bestimmung, wohin der jeweilige Verweis führen soll. Die Angabe sollte in Anführungszeichen stehen. Es gelten die gleichen Regeln wie bei normalen Verweisen.

Mit der Angabe `title=` können Sie die Beschriftung definieren, die verwendet wird, wenn der Browser Verweis-Buttons anzeigt. Die Angabe sollte in Anführungszeichen stehen und das Verweisziel bezeichnen. Mit einem abschließenden > wird der Befehl beendet.

Beachten Sie: Neben diesen im HTML-Standard verankerten Befehlen gibt es noch einen Befehl, der zum Einbinden downloadbarer Schriftarten in HTML dient. Damit binden Sie eine Schriftart namens *chianti.pfr* ein. Näheres zu diesem Thema erfahren Sie im Kapitel 16.6 zu downloadbaren Schriftarten.

Ein Beispiel:

```
<link rel=fontdef src="http://www.meine.com/fonts/chianti.pfr">
```

Rückbeziehungen

Rückbeziehungen sind für bidirektionale Beziehungen zweier HTML-Dateien gedacht. Das ist der Fall, wenn sowohl Datei A auf Datei B verweist als auch Datei B auf Datei A, wenn also jede logisch gesehen ein sinnvolles Verweisziel der jeweils anderen ist.

Ebenso wie logische Beziehungen zu anderen Dateien sollten Rückbeziehungen als Buttons oder in vergleichbarer Form dargestellt werden – Netscape und der Internet Explorer bleiben auch hierbei stumm. Suchmaschinen können aus Rückbeziehungsangaben interessante Schlüsse über die Hypertextstruktur eines Projekts ziehen.

Beispiel Datei *datei_1.htm*:

```
<head>
<link rel="alternate" href="datei_2.htm" title="zweite Lesart">
</head>
```

Beispiel Datei *datei_2.htm*:

```
<head>
<link rev="alternate" href="datei_1.htm" title="erste Lesart">
</head>
```

Mit `<link rev=` leiten Sie eine Rückbeziehung ein. Ansonsten funktionieren diese Befehle genauso wie solche mit `<link rel=` für logische Beziehungen. Es sind auch die gleichen Angaben möglich. Im obigen Beispiel sehen Sie, wie zwei HTML-Dateien, deren angenommener Inhalt zwei verschiedene Betrachtungsweisen ein und derselben Sache behandelt, durch Rückbeziehungen logisch miteinander verknüpft werden.

3.2.5 Durchsuchbarkeit mit Server-Kommunikation

Datei als durchsuchbar definieren

Heute spielt dieser Befehl in der Praxis keine Rolle mehr, da moderne WWW-Browser bequemes und schnelles Suchen nach Text in einer angezeigten HTML-Datei erlauben. Die folgenden Informationen haben daher eher historischen Charakter.

Eine HTML-Datei kann eine durchsuchbare Datei sein. Das bedeutet, daß ihr Inhalt auf dem Server-Rechner nach allen vorkommenden Wörtern indexiert wurde. Es hat jedoch nur einen Sinn, eine HTML-Datei als durchsuchbar zu definieren, wenn ihr Inhalt tatsächlich in indexierter Form, also in einer Suchindexdatei auf dem Server-Rechner vorliegt.

Bei einer als durchsuchbar definierten HTML-Datei erscheint bei der Anzeige im WWW-Browser am Anfang der Datei ein Eingabefeld, das dem Anwender die Eingabe eines Suchbegriffs erlaubt. Mit `<isindex>` deklarieren Sie eine HTML-Datei als durchsuchbar. Ein Beispiel:

```
<head>
<isindex>
... andere Angaben im Dateikopf ...
</head>
```

Voranstehende Eingabeaufforderung definieren

Wenn Sie nichts anderes angeben, erscheint beim Definieren einer durchsuchbaren Datei ein nacktes Eingabefeld am Anfang der angezeigten Datei. Sie können einen Eingabeaufforderungstext hinzufügen. Mit der Angabe `prompt=` bestimmen Sie einen Eingabeaufforderungstext. Der Text muß in Anführungszeichen stehen (prompt = Aufforderung). Ein Beispiel:

```
<head>
<isindex prompt="Geben Sie einen Suchbegriff ein: ">
... andere Angaben im Dateikopf ...
</head>
```

3.3 Dateiweite Farben und Hintergrund

Dieser Abschnitt beschreibt Befehle, mit denen Sie Textfarbe, Verweisfarben, Hintergrundfarbe und Hintergrundbild (Wallpaper) einer HTML-Datei bestimmen können.

3.3.1 Farbe für Hintergrund, Text und Verweise

Farbe für den Hintergrund

Sie können eine Farbe für den Hintergrund des Anzeigefensters bestimmen. Die gesamte HTML-Datei wird mit dieser Hintergrundfarbe angezeigt. Ein Beispiel:

```
<body bgcolor=#CCFFFF>
```

Die Angabe zur Hintergrundfarbe erfolgt im einleitenden <body>-Tag der HTML-Datei. (Siehe hierzu, Kapitel 3.1.2 *Grundgerüst einer HTML-Datei.*) Mit dem Attribut `bgcolor=` bestimmen Sie die Farbe für den Bildschirmhintergrund (bgcolor = background color = Hintergrundfarbe). Die gesamte HTML-Datei wird auf der hier definierten Hintergrundfarbe angezeigt. Für die Farbauswahl gelten die Regeln zum Definieren von Farben in HTML. Beachten Sie: Wenn Sie ein Dokument aus mehreren HTML-Dateien erstellen, das einen einheitlichen Hintergrund und Textvordergrund haben soll, müssen Sie die Hintergrundfarbe in jeder HTML-Datei neu definieren. Natürlich können Sie auch für jede HTML-Datei andere Farben definieren. Wenn Sie eine Hintergrundfarbe definieren, sollten Sie auch passende (kontrastierende) Textvordergrundfarben definieren (siehe hierzu den folgenden Abschnitt).

Farbe für Text und Verweise

Sie können dateiweite Farben definieren für:

- Text (gültig für alle Elemente wie Überschriften, normalen Fließtext, Listen usw.),
- Verweise auf noch nicht besuchte Stellen,
- Verweise auf bereits besuchte Stellen,
- und Verweise in angeklicktem Zustand.

Ein Beispiel:

```
<body bgcolor=#663333 text=#FFCC99 link=#FF9966 vlink=#FF9966
   alink=#FFFFFF>
```

Die Angaben erfolgen im einleitenden <body>-Tag der HTML-Datei. Für die Farbauswahl gelten die Regeln zum Definieren von Farben in HTML.

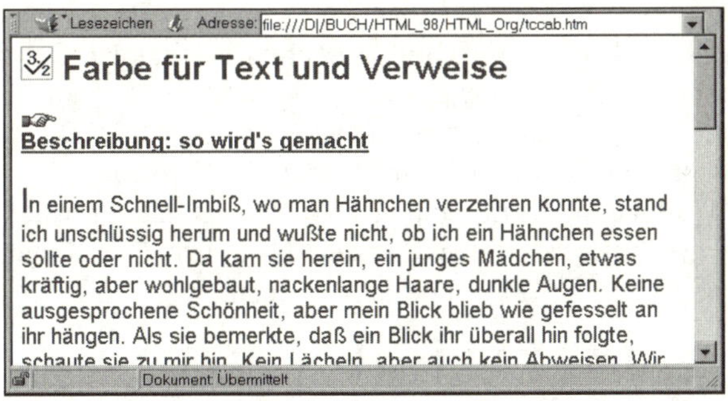

Bild 3.8: Unterschiedliche Farben für normalen Text und Hyperlinks

Mit text= definieren Sie eine Farbe für den Text. Mit link= definieren Sie eine Farbe für Verweise auf noch nicht besuchte Dateien (link = Verweis). Mit vlink= definieren Sie eine Farbe für Verweise auf bereits besuchte Dateien (vlink = visited link = besuchter Verweis). Mit alink= definieren Sie eine Farbe für Verweise, die der Anwender gerade anklickt (alink = activated link = aktivierter Verweis).

Beachten Sie: Die definierten Textvordergrundfarben sollten mit der definierten Hintergrundfarbe kontrastieren. Wenn Sie z. B. eine dunkle Hintergrundfarbe definieren, sollten Sie helle Textvordergrundfarben wählen (z. B. Weiß, Gelb, Hellgrün und Hellblau).

Weitere Möglichkeiten

Wenn Sie HTML bereits etwas besser kennen, probieren Sie auch mal die Möglichkeiten aus, die Ihnen CSS-Style-Sheets bieten. Denn auch damit können Sie Farben für eine Datei definieren. Dazu müssen Sie zunächst wissen, wie man Style-Sheets definiert (Kapitel 11.2). Anschließend sind Sie in der Lage, Style-Sheet-Angaben anzuwenden. Indem Sie Style-Sheet-Angaben auf das <body>-Tag anwenden, stehen Ihnen wesentlich mehr Möglichkeiten zur Verfügung als bei den hier beschriebenen Attributen. Sie können auch Style-Sheets in einer separaten Datei definieren und diese Datei dann in beliebig viele HTML-Dateien Ihres Projekts einbinden. So ist es leichter, mit einem dateiübergreifenden Layout zu arbeiten. Interessant sind im hier beschriebenen Zusammenhang zum Beispiel folgende Style-Sheet-Angaben:

- Hintergrundfarben und –bilder,
- Pseudo-Formate für Verweise
- sowie Rahmen und Innenabstände.

Das `<body>`-Tag kann Universalattribute enthalten.

3.3.2 Hintergrundbilder (Wallpapers)

Hintergrundbild einbinden

Sie können für die Anzeige einer HTML-Datei ein Hintergrundbild bestimmen. Dabei wird das Bild über das ganze Anzeigefenster hinweg immer wiederholt, so daß ein Tapeteneffekt (Wallpaper) entsteht. Viele Windows-Anwender kennen diesen Effekt, da in Windows die Möglichkeit besteht, den Desktop mit einem solchen Wallpaper auszustatten. Besonders geeignet für Wallpaper-Effekte sind relativ kleine Grafiken (nicht viel größer als Icon-Größe), die irgendein abstraktes Muster darstellen. Die Hintergrundgrafik muß als Grafikdatei im GIF- oder JPEG-Format vorliegen.

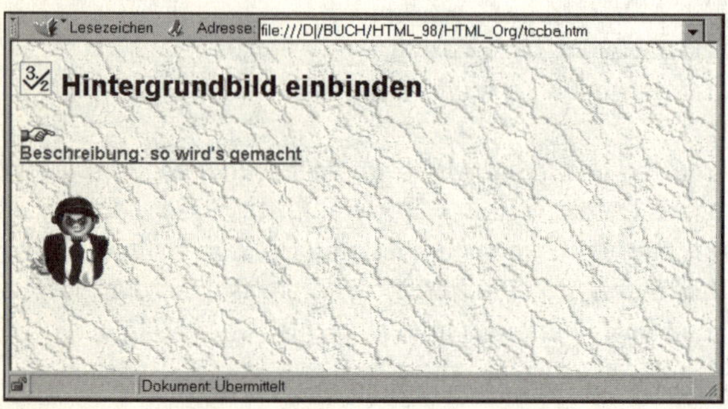

Bild 3.9: Ein Hintergrundbild (Wallpaper) fügt der Browser aus kleineren Grafiken wie eine gekachelte Wand zusammen

Beispiel:

```
<body background="kacheln.gif">
```

Die Angabe zum Einbinden eines Hintergrundbildes erfolgt im einleitenden `<body>`-Tag der HTML-Datei – siehe hierzu *Grundgerüst einer HTML-Datei*, Kapitel 3.1.2. Mit der Zusatzangabe `background=` bestimmen Sie eine Grafikdatei als Hintergrundbild (background = Hintergrund). Die gesamte HTML-Datei wird auf dem hier definierten Hintergrundbild angezeigt.

Beachten Sie: Im Beispiel wird vorausgesetzt, daß sich die Grafikdatei im gleichen Verzeichnis befindet wie die HTML-Datei. Wenn die Grafik in einem anderen Verzeichnis steht, müssen Sie den relativen oder absoluten Pfadnamen angeben. Das funktioniert genauso wie beim Einbinden von Grafiken.

Das Hintergrundbild gilt jeweils für die HTML-Datei, in der es definiert wird. Wenn Sie ein Dokument aus mehreren HTML-Dateien erstellen, das einen einheitlichen Hintergrund haben soll, müssen Sie die Angabe in jeder HTML-Datei wiederholen. Wenn Sie ein Hintergrundbild definieren, sollten Sie auch passende Textvordergrundfarben definieren.

Verwenden Sie bei textorientierten WWW-Seiten unauffällige Hintergrundbilder, bei denen die Lesbarkeit des Textes nicht leidet. Auffällige Hintergrundmuster sollten Sie nur verwenden, wenn die gesamte WWW-Seite grafisch aufgebaut ist und wenn die Grafiken im Vordergrund zu dem auffälligen Hintergrund passen. Netscape 4.x und MS-Internet-Explorer 4.x interpretieren auch animierte GIF-Grafiken als Hintergrundbilder. Sie finden im Kapitel 5.8.3 über typische Grafiksorten für WWW-Seiten einige typische Hintergrundbilder.

Unbewegliches Hintergrundbild (Wasserzeichen-Effekt)

Der MS-Internet-Explorer erlaubt bei Hintergrundbildern eine Zusatzangabe, mit deren Hilfe Sie erreichen, daß sich das Hintergrundbild beim Scrollen nicht bewegt. Der Hintergrund wirkt dadurch wie abgelöst vom Vordergrund (Wasserzeichen-Effekt). Durch die Zusatzangabe `bgproperties=fixed` im Zusammenhang mit der Zusatzangabe `background=` erzwingen Sie den Wasserzeichen-Effekt. Ein Beispiel:

```
<body background="kacheln.gif" bgproperties=fixed>
```

Weitere Möglichkeiten

Wenn Sie HTML bereits etwas besser kennen, probieren Sie auch mal die Möglichkeiten aus, die Ihnen CSS-Style-Sheets bieten. Denn auch damit können Sie Hintergrundbilder einbinden. Dazu müssen Sie zunächst wissen, wie man Style-Sheets definieren kann (Kapitel 11.2).

Anschließend sind Sie in der Lage, Style-Sheet-Angaben anzuwenden. Indem Sie Style-Sheet-Angaben auf das `<body>`-Tag anwenden, stehen Ihnen wesentlich mehr Möglichkeiten zur Verfügung als bei den hier beschriebenen Attributen. Sie können auch Style-Sheets in einer separaten Datei definieren und diese Datei dann in beliebig viele HTML-Dateien Ihres Projekts einbinden. So ist es leichter, mit einem dateiübergreifenden Layout zu arbeiten. Interessant ist in diesem Zusammenhang die Style-Sheet-Angabe zu Hintergrundfarben und -bildern. Das `<body>`-Tag kann Universalattribute enthalten.

3.3.3 Seitenränder

Seitenränder definieren

Sie können die Abstände des Fensterinhalts von den Fensterrändern links bzw. rechts und oben bzw. unten bestimmen. Die Angaben hierzu werden bislang jedoch nur vom Microsoft Internet Explorer ab Version 2.0 interpretiert. Bitte benutzen Sie die hier beschriebenen Befehle nur in begründeten Ausnahmefällen – sie werden nur noch der Vollständigkeit halber dokumentiert. Benutzen Sie ansonsten auf jeden Fall CSS-Style-Sheets zum Definieren von Seitenrändern. Weiter unten finden Sie ein Beispiel für Seitenränder mit CSS-Style-Sheets. Ein Beispiel:

```
<body leftmargin=30 topmargin=50>
```

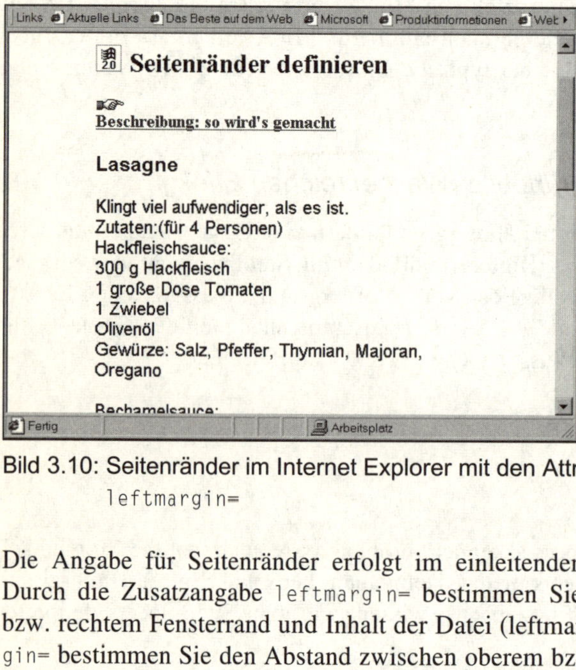

Bild 3.10: Seitenränder im Internet Explorer mit den Attributen `topmargin=` und `leftmargin=`

Die Angabe für Seitenränder erfolgt im einleitenden `<body>`-Tag der HTML-Datei. Durch die Zusatzangabe `leftmargin=` bestimmen Sie den Abstand zwischen linkem bzw. rechtem Fensterrand und Inhalt der Datei (leftmargin = linker Rand). Mit `topmargin=` bestimmen Sie den Abstand zwischen oberem bzw. unterem Fensterrand und dem Inhalt der Datei (topmargin = oberer Rand). Beide Angaben erfolgen in Pixeln. Linke und rechte Ränder sind immer gleich groß, ebenso obere und untere.

Beachten Sie: Die definierten Seitenränder gelten jeweils für die HTML-Datei, in der sie definiert werden. Wenn Sie ein Dokument aus mehreren HTML-Dateien erstellen, das einheitliche Seitenränder haben soll, müssen Sie die Seitenränder in jeder HTML-Datei neu definieren. Natürlich können Sie auch für alle Dateien unterschiedliche Seitenränder definieren. Sie können zu beiden Werten Angaben machen, aber auch nur zu einem der beiden.

Seitenränder mit CSS-Style-Sheets: Hier noch ein Beispiel, wie Sie Seitenränder auch mit Hilfe von Style-Sheets erreichen können:

```
<head>
<style type="text/css">
body { margin-left:30px; margin-right:30px; margin-top:50px; margin-
   bottom:50px }
</style>
</head>
```

Mit den obigen Angaben im Dateikopf erreichen Sie die gleiche Wirkung wie durch die zuvor beschriebenen HTML-Befehle. Diese Angaben sind CSS-Style-Angaben, die von Netscape seit Version 4.0 und vom Internet Explorer seit Version 3.0 interpretiert werden. Außerdem sind diese Angaben vom W3-Konsortium standardisiert.

3.3.4 Hintergrundmusik

2.0 N 3.0 *Hintergrundmusik definieren*

Sie können bestimmen, daß beim Aufruf einer HTML-Datei eine Hintergrundmusik ertönt. Dazu gibt es derzeit zwei Lösungen. Beide der im folgenden beschriebenen Lösungen – die eine für Microsofts Internet Explorer, die andere für Netscape – sind proprietär. Dazu kommt, daß Netscape 4.x bei vielen Anwendern bei dem Befehl, den Netscape 3.x kannte, versagt. Ein Beispiel:

```
<head>
<!-- Microsoft: -->
<bgsound src="datei.mid" loop=infinite>
</head>
<body>
<!-- Netscape: -->
<embed src="datei.mid" autostart=true loop=true hidden=true height=0
   width=0>
```

Mit <bgsound ...> definieren Sie im Kopf einer HTML-Datei eine Hintergrundmusik nach Microsoft-Syntax für die Anzeige der Datei (bgsound = background sound = Hintergrundmusik). Mit <embed ...> erreichen Sie das Gleiche für Netscape (embed = einbetten). Hinter der Angabe `src=` folgt in beiden Fällen die Angabe der gewünschten Musikdatei (src = source = Quelle). Es sollte sich möglichst um Dateien der Typen MID, AU oder WAV handeln. Um eine sichtbare Anzeige des Abspiel-Players zu unterdrücken, sind bei der Netscape-Syntax die Angaben `hidden=true height=0 width=0` erforderlich (width = Breite, height = Höhe, hidden = versteckt). Auch den automatischen Start des Abspielvorgangs müssen Sie in der Netscape-Syntax explizit angeben – durch `autostart=true`. Schließlich können Sie noch bestimmen, ob die Musikdatei nur einmal, mehrmals oder endlos oft (bis zum Aufrufen einer anderen HTML-Datei) abgespielt wird. Nach der Microsoft-Syntax können Sie mit `loop=infinite` eine Endloswiederholung erzwingen. Wenn Sie die Wiederholungszahl begrenzen wollen, geben Sie anstelle von `infinite` einfach die gewünschte Anzahl der Wiederholungen an. Bei der Netscape-Syntax haben Sie nur die Wahl zwischen Endloswiederholung und keiner Wiederholung. Um eine Endloswiederholung zu erzwingen, notieren Sie die Angabe `loop=true`. Ansonsten lassen Sie die Angabe einfach weg.

Beachten Sie: Die Microsoft-Syntax muß im Dateikopf der HTML-Datei stehen. Die Netscape-Syntax sollte innerhalb des Dateikörpers stehen (siehe auch *Grundgerüst einer HTML-Datei*, Kapitel 3.1.2.).

Im obigen Beispiel wird vorausgesetzt, daß sich die Musikdatei im gleichen Verzeichnis befindet wie die HTML-Datei. Wenn die Datei in einem anderen Verzeichnis steht, müssen Sie den relativen oder absoluten Pfadnamen angeben. Das funktioniert genauso wie beim Einbinden von Grafiken. Die Ausgabe einer Hintergrundmusik setzt beim Anwender natürlich entsprechende Hardware (Soundkarte, Lautsprecher) voraus. Ferner muß der WWW-Browser die Möglichkeit haben, die Ausgabe der Musikdatei zu steuern – zum Beispiel mit Hilfe eines Plugins. Näheres zur Netscape-Syntax für Sound finden Sie im Kapitel 8.4 zum Einbinden von Multimedia-Daten.

3.4 Absatztypen und Textgestaltung

Dieses Kapitel beschreibt Befehle, mit denen Sie Absätze erzeugen und Text formatieren bzw. ausrichten, zum Beispiel Überschriften, Auszeichnungen, Trennlinien, Listen, Schriftgrößen und -farbe.

4.0 *Weitere Möglichkeiten*

Wenn Sie HTML bereits etwas besser kennen, probieren Sie auch mal die Möglichkeiten aus, die Ihnen CSS-Style-Sheets bieten. Denn erst damit können Sie Absatztypen wie Überschriften nach Wunsch formatieren. Dazu müssen Sie zunächst wissen, wie man Style-Sheets definieren kann (Kapitel 11.2). Anschließend sind Sie in der Lage, Style-Sheet-Angaben anzuwenden. Auf Überschriften-Tags können Sie beispielsweise folgende Style-Sheet-Angaben anwenden:

- Schriftformatierung,
- Abstände, Ränder, Ausrichtung,
- Rahmen und Innenabstände
- sowie Hintergrundfarben und -bilder.

Außerdem können Überschriften-Tags Universalattribute enthalten.

3.4.1 Überschriften

Überschriften definieren

HTML unterscheidet sechs Überschriftenebenen, um Hierarchieverhältnisse in Dokumenten abzubilden. Ein Beispiel:

```
<h1>Überschrift 1. Ordnung</h1>
<h3>Überschrift 3. Ordnung</h3>
```

`<h[1-6]>` (h = heading = Überschrift) leitet eine Überschrift ein. Die Nummer steht für die Überschriftenebene. 1 ist die höchste Ebene, 6 die niedrigste. Dahinter folgt der Text der Überschrift. `</h[1-6]>` beendet die Überschrift und steht am Ende des Überschriftentextes.

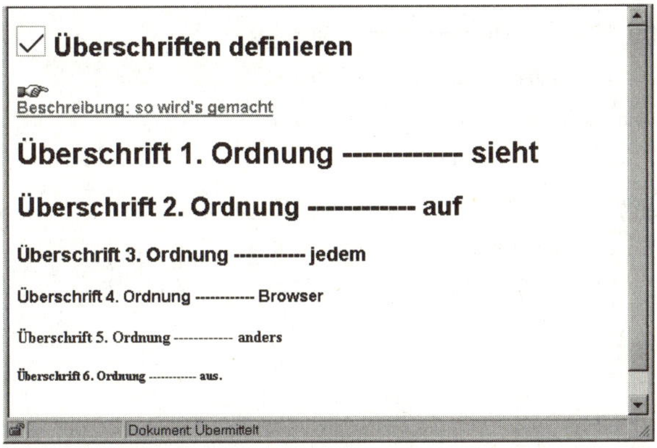

Bild 3.11: Die Gestaltung der Überschriften nimmt jeder Browser selbst in die Hand

Beachten Sie: Die Nummern bei einleitendem und abschließendem Tag müssen gleich sein. Jede Überschrift ist ein eigener Absatz, d. h. vor und nach Überschriften sind keine Absatzschaltungen nötig. Beim Überschriftentext gelten die Besonderheiten für Umlaute, Sonderzeichen und HTML-eigene Zeichen.

Überschriften ausrichten

Überschriften werden linksbündig ausgerichtet, wenn Sie nichts anderes angeben. Sie können eine Überschrift auch zentriert oder rechtsbündig ausrichten. Auch Blocksatz ist möglich. Einige Beispiele:

```
<h1 align=center>Überschrift 1. Ordnung</h1>
<h3 align=right>Überschrift 3. Ordnung</h3>
<h4 align=justify>Überschrift 4. Ordnung</h4>
```

Durch die Angabe `align=center` im einleitenden Tag erreichen Sie, daß die Überschrift zentriert ausgerichtet wird (align = ausrichten, center = zentriert). Mit der Angabe `align=right` wird die Überschrift rechtsbündig ausgerichtet (right = rechts). Mit `align=justify` erzwingen Sie den Blocksatz für die Überschrift (justify = justieren).

Beachten Sie: Nicht alle Browser beherrschen den Blocksatz.

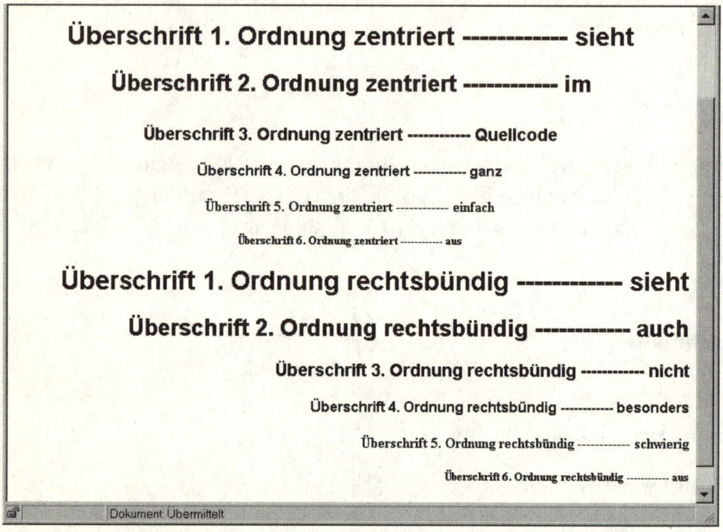

Bild 3.12: Zentrierte und rechtsbündige Überschriften sind mit dem `align`-Attribut kein Problem

3.4.2 Textabsätze und Umbruch

☑ *Textabsätze definieren*

Absätze dienen der optischen Gliederung eines Textes. Beim Erstellen von HTML-Dateien genügt es nicht, im Editor einen harten Umbruch einzufügen. WWW-Browser ignorieren solche Umbrüche. Browser fügen nur dann Umbrüche bei der Textpräsentation ein, wenn sie auf einen entsprechenden HTML-Befehl stoßen.

Beispiel 1:

```
Hier ist ein Absatz zu Ende.
<p>
Hier beginnt ein neuer Absatz.
```

Beispiel 2:

```
<p>Hier beginnt ein Absatz, und hier ist er zu Ende.</p>
<p>Hier beginnt ein neuer Absatz, und hier ist er zu Ende.</p>
```

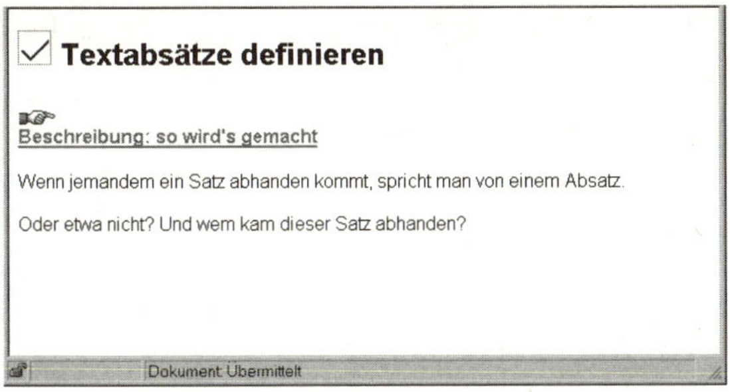

Bild 3.13: Einen Absatz müssen Sie mit einem Tag ausdrücklich markieren

`<p>` (p = paragraph) fügt eine Absatzschaltung ein. Dabei ist es egal, ob das Tag am Ende der Zeile des vorherigen Absatzes steht, in einer eigenen Zeile (wie in Beispiel 1) oder am Anfang des folgenden Absatzes (wie in Beispiel 2).

Beachten Sie: Das Tag `<p>` kann alleine stehen (wie in Beispiel 1). Um jedoch SGML-konform zu kodieren, notieren Sie zu Beginn eines Absatzes ein einleitendes Tag `<p>` und am Absatzende ein abschließendes Tag `</p>` (wie in Beispiel 2).

Absatzschaltungen funktionieren im normalen Fließtext, aber auch in speziellen Absatzformen wie Listen oder Zitaten, ferner innerhalb von Tabellenzellen und sogar innerhalb von Überschriften. Beim Text innerhalb von Absätzen gelten die Besonderheiten für Umlaute, Sonderzeichen und HTML-eigene Zeichen.

Textabsätze ausrichten

Textabsätze werden linksbündig ausgerichtet, wenn Sie nichts anderes angeben. Sie können einen Textabsatz auch zentriert oder rechtsbündig ausrichten. Auch Blocksatz ist möglich. Beispiel 1:

```
Hier ist ein Absatz zu Ende.
<p align=center>
Hier beginnt ein neuer Absatz, der zentriert ausgerichtet wird.
<p align=right>
Hier beginnt ein neuer Absatz, der rechts ausgerichtet wird.
<p align=justify>
Hier beginnt ein neuer Absatz mit Blocksatz.
```

Beispiel 2:

```
<p>Dies ist ein Absatz.</p>
<p align=right>Dies ist ein Absatz, der rechts ausgerichtet wird.</p>
```

Durch die Angabe `align=center` im einleitenden Tag erreichen Sie, daß der nachfolgende Textabsatz zentriert ausgerichtet wird (align = ausrichten, center = zentriert). Mit der Angabe `align=right` wird der Textabsatz rechts ausgerichtet (right = rechts). Mit `align=justify` erzwingen Sie den Blocksatz für den folgenden Textabsatz (justify = justieren).

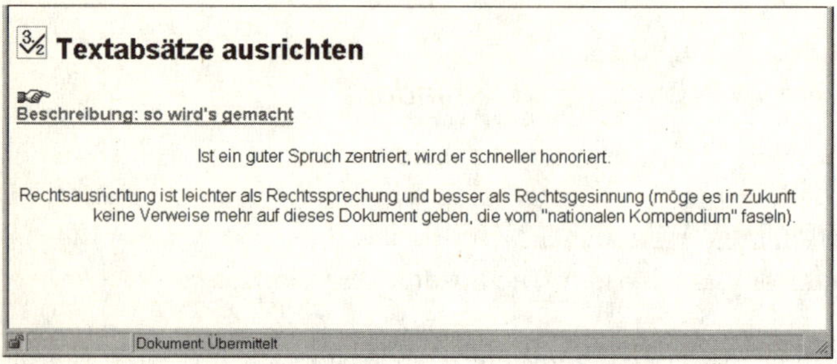

Bild 3.14: Ein zentrierter und ein rechtsbündig ausgerichteter Absatz

Beachten Sie: Nicht alle Browser beherrschen den Blocksatz. Sie können auch Bereiche mit mehreren Elementen ausrichten, also mehrere Absätze und Absatztypen auf einmal.

Zeilenumbruch erzwingen

Text innerhalb von normalen Absätzen, aber auch in speziellen Absatzformen wie Listen sowie in Überschriften oder Tabellenzellen wird vom WWW-Browser bei der Anzeige automatisch umbrochen. Sie können jedoch an einer gewünschten Stelle einen Zeilenumbruch erzwingen.

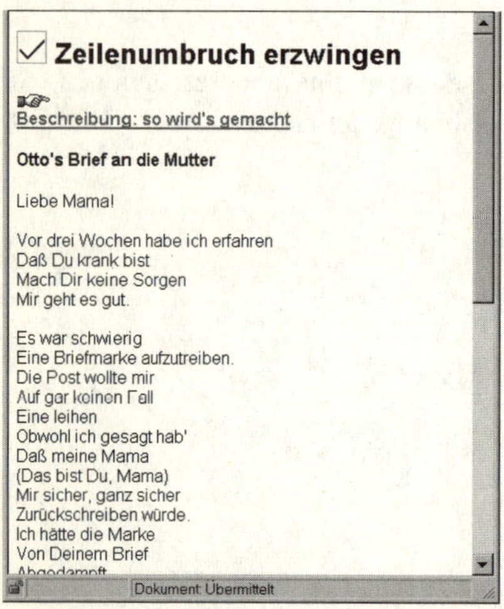

Bild 3.15: Manchmal ist es unerläßlich, einen Zeilenumbruch zu erzwingen

Ein Beispiel:

```
Hier ist eine Zeile zu Ende.<br>
Hier beginnt eine neue Zeile.
```


 (br = break = Umbruch) fügt an der gewünschten Stelle einen Zeilenumbruch ein. Dabei ist es egal, ob das Tag am Ende der vorherigen Zeile steht (wie im Beispiel), in einer eigenen Zeile oder am Anfang der folgenden Zeile.

Automatischen Zeilenumbruch verhindern

Sie können einen Textbereich bestimmen, in dem kein automatischer Zeilenumbruch erfolgt. Alles, was innerhalb dieses Bereichs steht, wird in einer langen Zeile angezeigt. Der Anwender kann dann mit der horizontalen Scroll-Leiste die überlange Textzeile anzeigen. Ein überlanges Beispiel:

```
<nobr>Viel Inhalt, der nicht umgebrochen wird</nobr>
```

<nobr> bewirkt, daß der auf das Tag folgende Text nicht umbrochen wird (nobr = no break = kein Umbruch). Am Ende des Textabschnitts, der nicht umbrochen werden soll, notieren Sie das Tag </nobr>. Beachten Sie: Dieser Befehl gehört nicht zum offiziellen HTML-Sprachstandard.

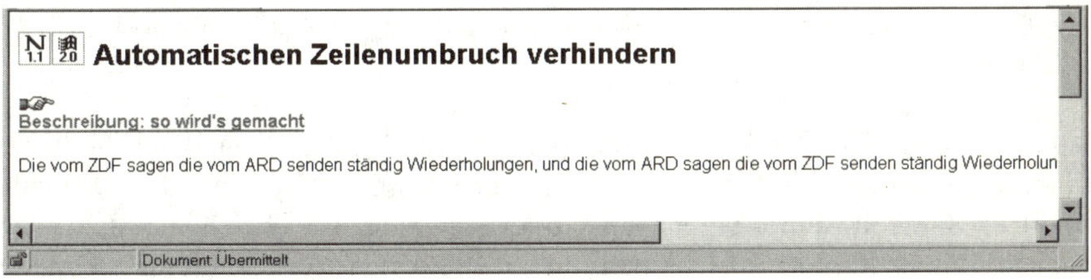

Bild 3.16: Manchmal ist es erforderlich, einen automatischen Zeilenumbruch zu verhindern

Geschützte Leerzeichen

Sie können verhindern, daß bei einem Leerzeichen ein automatischer Zeilenumbruch erfolgen darf. Wieder ein Beispiel:

```
Wenn man z. B. Abkürzungen wie d. h. auseinander schreibt...
```

Die Zeichenfolge ` ` erzeugt ein geschütztes Leerzeichen (nbsp = nonbreaking space = nicht umbrechbares Leerzeichen). Es wird ein normales Leerzeichen angezeigt, doch an dieser Stelle kann kein Zeilenumbruch erfolgen. Notieren Sie die Zeichenfolge inklusive dem kaufmännischen Und am Beginn und dem Strichpunkt am Ende.

Beachten Sie: Die gleiche Wirkung erzielen Sie durch die Zeichenfolge ` `.

Zeilenumbruch erlauben

WWW-Browser brechen Text normalerweise nur bei Leerzeichen um, weil durch Leerzeichen Wörter voneinander abgegrenzt werden. Sie können für den WWW-Browser explizit weitere Stellen markieren, an denen er den Text umbrechen darf. Dies gilt für alle Absatzarten in HTML. Ein Beispiel:

```
Das Wort Donaudampfschiffahrts-<wbr>Kapit&auml;nsm&uuml;tze ist ein
   langes Wort.
```

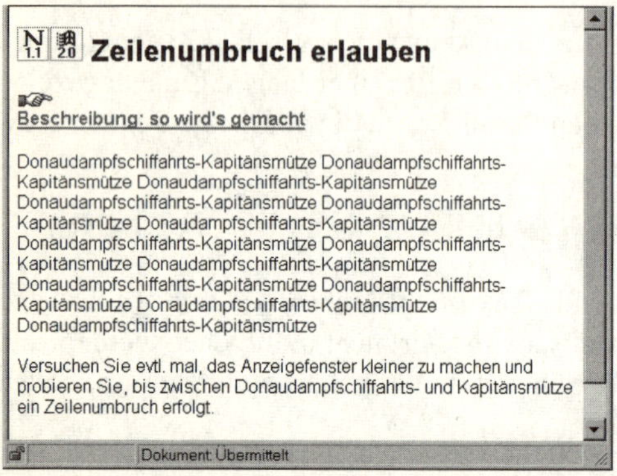

Bild 3.17: Gerade in Tabellen hilft es bisweilen, in einem langen Wort Trennstellen zu markieren

Mit `<wbr>` markieren Sie eine Stelle, an der getrennt werden darf, falls diese Stelle bei der Bildschirmanzeige am Ende der Zeile steht (wbr = word break = Umbruch innerhalb eines Wortes). Sinnvoll ist dies bei langen Wörtern oder aus Bindestrichen bestehenden Ausdrücken. Innerhalb von Abschnitten mit verhindertem Zeilenumbruch bewirkt `<wbr>`, daß an der betreffenden Stelle trotzdem ein Umbruch erfolgen darf.

Beachten Sie: Der hier beschriebene Befehl gehört nicht zum offiziellen HTML-Sprachstandard. Wenn Sie Textzeilen unabhängig vom Anzeigefenster des Anwenders genau kontrollieren und nach HTML-Standard arbeiten wollen, können Sie präformatierten Text einsetzen.

3.4.3 Numerierte Listen

✓ *Numerierte Listen definieren*

Numerierte Listen sind z. B. von Bedeutung, um nacheinander auszuführende Aktionen oder Rangfolgen übersichtlich darzustellen. Bei einer numerierten Liste werden alle Listeneinträge automatisch durchnumeriert. Ein Beispiel:

```
<ol>
<li>Listeneintrag, bekommt "1." vorangestellt</li>
<li>Listeneintrag, bekommt "2." vorangestellt</li>
<li>Listeneintrag, bekommt "3." vorangestellt</li>
</ol>
```

<ol> leitet eine numerierte Liste ein (ol = ordered list = numerierte Liste). Mit <li> beginnt ein neuer Punkt innerhalb der Liste (li = list item = Listeneintrag). Das End-Tag </li> am Ende eines Listeneintrags ist nicht zwingend erforderlich, im Sinne SGML-konformer Kodierung jedoch sauberer. </ol> beendet die Liste.

Beachten Sie: Verschachteln von numerierten Listen bewirkt keine Gesamtnumerierung. Automatische Numerierungshierarchien wie 1, 1.1 und 1.1.1 sind in HTML (noch) nicht möglich.

3.2 Listen alphabetisch numerieren

Sie können Listen alphabetisch numerieren. Die Listen werden dabei nicht mit 1, 2, 3 usw. durchnumeriert, sondern mit A, B, C (oder auch a, b, c) usw. Mit <ol type=A> werden die Listeneinträge mit A., B., C. usw. numeriert. Mit <ol type=a> werden die Listeneinträge mit a., b., c. usw. numeriert. Einige Beispiele:

```
<ol type=A>
<li>Listeneintrag, bekommt ein "A." vorangestellt
<li>Listeneintrag, bekommt ein "B." vorangestellt
<li>Listeneintrag, bekommt ein "C." vorangestellt
</ol>

<ol type=a>
<li>Listeneintrag, bekommt ein "a." vorangestellt
<li>Listeneintrag, bekommt ein "b." vorangestellt
<li>Listeneintrag, bekommt ein "c." vorangestellt
</ol>
```

3.2 Listen römisch numerieren

Sie können Listen römisch numerieren. Die Listen werden dabei nicht mit 1., 2., 3. usw. durchnumeriert, sondern mit I., II., III., IV. (oder auch i., ii., iii., iv.) usw. Mit <ol type=I> werden die Listeneinträge mit I., II., III., IV. usw. numeriert. Mit <ol type=i> werden die Listeneinträge mit i., ii., iii., iv. usw. numeriert. Beispiel:

```
<ol type=I>
<li>Listeneintrag, bekommt ein "I." vorangestellt
<li>Listeneintrag, bekommt ein "II." vorangestellt
<li>Listeneintrag, bekommt ein "III." vorangestellt
<li>Listeneintrag, bekommt ein "IV." vorangestellt
</ol>

<ol type=i>
<li>Listeneintrag, bekommt ein "i." vorangestellt
<li>Listeneintrag, bekommt ein "ii." vorangestellt
<li>Listeneintrag, bekommt ein "iii." vorangestellt
<li>Listeneintrag, bekommt ein "iv." vorangestellt
</ol>
```

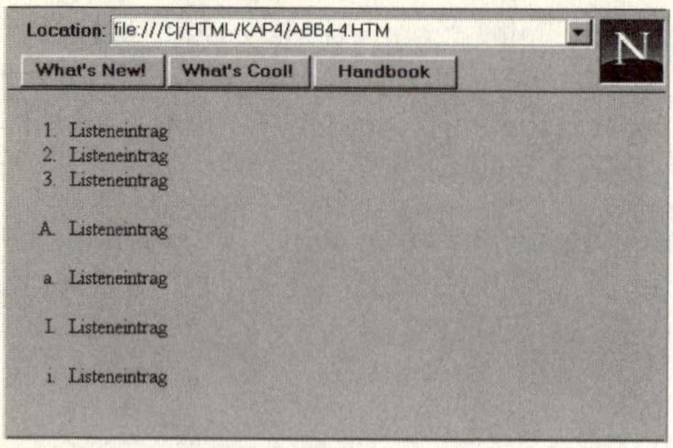

Bild 3.18: Die drei Typen numerierter Listen aus den vorangegangenen Abschnitten

Numerierung beeinflussen

Sie können die Startnummer einer numerierten Liste frei festsetzen. Die Liste beginnt dann z. B. nicht mit 1, sondern mit 7 bzw. nicht mit A., sondern mit G. Ferner können Sie innerhalb der numerierten Liste bei jedem Listeneintrag eine neue Startnummer festlegen.

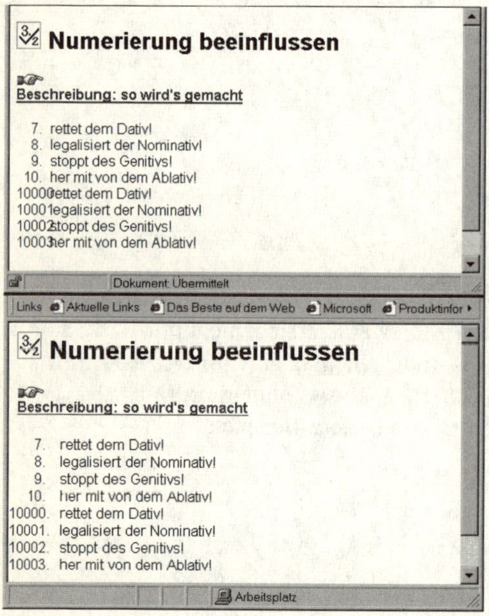

Bild 3.19: Während Netscape 4.04 (oben) Probleme mit der Breite hat, zeigt der Internet Explorer 4.01 (unten) die unterbrochen numerierte Liste korrekt an

Ein Beispiel:

```
<ol start=7>
<li>Listeneintrag, bekommt "7." vorangestellt
```

```
<li>Listeneintrag, bekommt "8." vorangestellt
<li>Listeneintrag, bekommt "9." vorangestellt
<li value=10000>Listeneintrag, bekommt "10000." vorangestellt
<li>Listeneintrag, bekommt "10001." vorangestellt
<li>Listeneintrag, bekommt "10002." vorangestellt
<li>Listeneintrag, bekommt "10003." vorangestellt
</ol>
```

Mit start= innerhalb des einleitenden Tags von <ol> setzen Sie einen beliebigen Startwert, z. B. <ol start=7>. Die Numerierung beginnt dann bei 7. Mit value= innerhalb des Tags von <li> in einer numerierten Liste können Sie den Startwert beliebig neu setzen, z. B. auf <ol value=15>. Die Numerierung fährt dann bei 15 fort.

Liste kompakt darstellen

Sie können angeben, daß die Liste in einer kompakteren Darstellungsform als normaler Text angezeigt wird. Mit dem Attribut compact innerhalb des einleitenden Tags von <ol> können Sie die kompaktere Darstellung bestimmen. Beachten Sie: WWW-Browser ignorieren diese Angabe in der Regel noch. Ein Beispiel:

```
<ol compact>
<li>Listeneintrag
<li>Listeneintrag
<li>Listeneintrag
</ol>
```

3.4.4 Aufzählungslisten (Bullet-Listen)

Aufzählungslisten definieren

Aufzählungslisten sind z. B. von Bedeutung, um Produkteigenschaften oder Argumente für eine These übersichtlich darzustellen. Bei einer numerierten Liste werden alle Listeneinträge mit einem Aufzählungszeichen (Bullet) versehen. Ein Beispiel:

```
<ul>
<li>Listeneintrag</li>
<li>anderer Listeneintrag</li>
<li>letzter Listeneintrag</li>
</ul>
```

<ul> leitet eine Aufzählungsliste ein (ul = unordered list = unsortierte Liste). Mit <li> beginnt ein neuer Punkt innerhalb der Liste (li = list item = Listeneintrag). Das End-Tag </li> am Ende eines Listeneintrags ist nicht zwingend erforderlich, im Sinne SGML-konformer Kodierung jedoch sauberer. </ul> beendet die Liste.

Beachten Sie: Wie das Bullet dargestellt wird, bestimmt der WWW-Browser. Mosaic verwendet z. B. ein eigenes grafisches Bullet-Symbol. Netscape verwendet Bullet-Symbole, die im Zeichensatz der vom Anwender eingestellten Schriftart vorkommen. Das Verschachteln von Aufzählungslisten ist ebenfalls möglich.

Bullet-Typ festlegen

Sie können für Aufzählungslisten bestimmen, wie das Aufzählungszeichen (Bullet) aussehen soll. Ob und wie der Bullet-Typ am Bildschirm angezeigt wird, hängt jedoch letztlich vom Zeichensatz der Schriftart ab, die der Anwender eingestellt hat.

Ein Beispiel:

```
<ul type=circle>
<li>...</li>
</ul>

<ul type=square>
<li>...</li>
</ul>

<ul type=disc>
<li>...</li>
</ul>
```

Mit <ul type=circle> bestimmen Sie ein rundes Bullet (circle = Kreis), mit <ul type=square> ein eckiges Bullet (square = Rechteck). Mit <ul type=disc> bestimmen Sie ein Dateisymbol als Bullet (disc = Datenträger wie Disketten oder Festplatten).

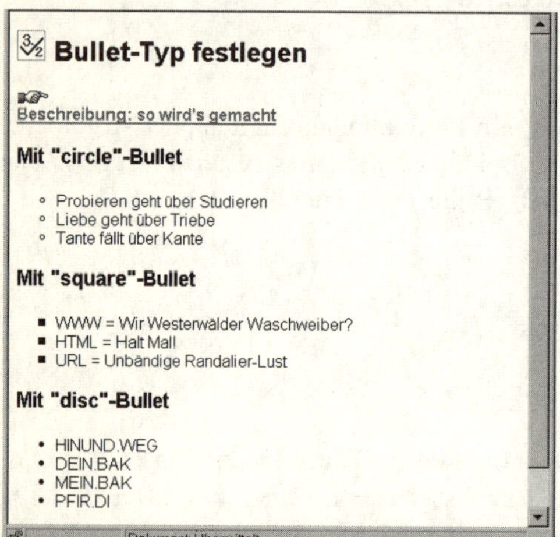

Bild 3.20: Die Darstellung der unterschiedlichen Auflistungszeichen im Netscape Navigator 4.04

Liste kompakt darstellen

Sie können angeben, daß die Liste in einer kompakteren Darstellungsform als normaler Text angezeigt wird. Mit dem Attribut `compact` innerhalb des einleitenden Tags von `<ul>` können Sie die kompaktere Darstellung bestimmen. Beachten Sie: WWW-Browser ignorieren diese Angabe in der Regel noch. Ein Beispiel:

```
<ul compact>
<li>Listeneintrag</li>
<li>Listeneintrag</li>
<li>Listeneintrag</li>
</ul>
```

Menü- und Verzeichnis-Listen

Menü- und Verzeichnis-Listen werden in der Praxis kaum verwendet, sind aber im HTML-Standard seit langem verankert. Sie werden von den heutigen Browsern entweder nicht mehr oder nicht anders dargestellt als gewöhnliche Aufzählungslisten. Dennoch könnten diese Befehle für künftige Anwendungsbereiche von HTML wieder an Bedeutung gewinnen. Beispiel:

```
<menu>
<li>Listeneintrag</li>
<li>Listeneintrag</li>
<li>Listeneintrag</li>
</menu>

<dir>
<li>Listeneintrag</li>
<li>Listeneintrag</li>
<li>Listeneintrag</li>
</dir>
```

`<menu>` leitet eine Menü-Liste ein, `</menu>` beendet die Menü-Liste. Eine Verzeichnisliste leiten Sie mit `<dir>` ein und beenden sie durch `</dir>` (dir = directory = Verzeichnis). Mit `<li>` beginnt in beiden Listentypen ein neuer Punkt innerhalb der Liste (li = list item = Listeneintrag). Das End-Tag `</li>` am Ende eines Listeneintrags ist nicht zwingend erforderlich, im Sinne SGML-konformer Kodierung jedoch sauberer.

Beachten Sie: Menü-Listen dürfen – im Gegensatz zu Aufzählungslisten – keine absatzerzeugenden Elemente im Menütext enthalten. Sie sind nur für zeilenartige Listen gedacht. Verzeichnis-Listen dürfen dagegen mehrzeilige Listeneinträge haben.

3.4.5 Definitionslisten

Definitionslisten definieren

Definitionslisten sind für Glossare gedacht. Glossare bestehen aus einer Liste von Einträgen. Die Einträge eines Glossars bestehen aus einem zu definierenden Ausdruck (z. B. einem Fachbegriff) und der zugehörigen Definition. Für solche Listen gibt es in HTML einen eigenen Befehl:

```
<dl>
<dt>Ausdruck</dt>
<dd>Definition des Ausdrucks</dd>
<dt>Anderer Ausdruck</dt>
<dd>Definition dieses Ausdrucks</dd>
</dl>
```

`<dl>` leitet eine Definitionsliste ein (dl = definition list = Definitionsliste). `<dt>` leitet einen zu definierenden Ausdruck ein (dt = definition (list) term = Ausdruck in der Definitionsliste). Am Ende des zu definierenden Ausdrucks steht ein abschließendes `</dt>`. `<dd>` leitet eine Definition eines Ausdrucks ein (dd = definition (list) definition = Definition in der Definitionsliste). Am Ende der Definition steht ein abschließendes `</dd>`. `</dl>` beendet die Liste.

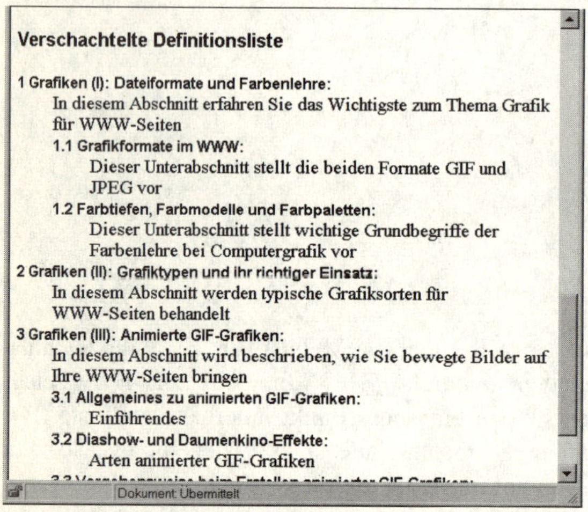

Bild 3.21: Verschachtelte Definitionslisten sind erlaubt, die Numerierung im Beispiel ist allerdings handgemacht

Beachten Sie: Das Verschachteln von Definitionslisten ist ebenfalls möglich. Dadurch können Sie baumartige Strukturen im Text abbilden. Netscape verwendet beispielsweise beim Aufbau seiner Lesezeichendatei (Datei *bookmark.htm* im Programmverzeichnis) verschachtelte Definitionslisten, um die baumartig strukturierbaren Lesezeichen zu verwalten.

Liste kompakt darstellen

Sie können angeben, daß die Liste in einer kompakteren Darstellungsform als normaler Text angezeigt wird. Mit dem Attribut compact innerhalb des einleitenden Tags von <dl> können Sie die kompaktere Darstellung bestimmen. Beispiel:

```
<dl compact>
<dt>Ausdruck</dt>
<dd>Definition des Ausdrucks</dd>
<dt>Anderer Ausdruck</dt>
<dd>Definition dieses Ausdrucks</dd>
</dl>
```

3.4.6 Zitate und Adressen

Zitate definieren

Sie können Zitate von Fremdautoren in einem eigenen, anders formatierten (zumeist eingerückten) Absatz hervorheben. Es handelt sich dabei jedoch um eine logische, inhaltliche Auszeichnung. Wie diese Absätze genau formatiert werden, bestimmt letztlich der WWW-Browser. Die Vorgabe ist jedoch, solche Absätze auffällig und vom übrigen Text unterscheidbar anzuzeigen. <blockquote> leitet einen eigenen Absatz für Zitate ein (blockquote = geblocktes Zitat). </blockquote> beendet den Absatz. Ein Beispiel:

```
Goethe sprach:
<blockquote>Mehr Licht</blockquote>
Dann starb er.
```

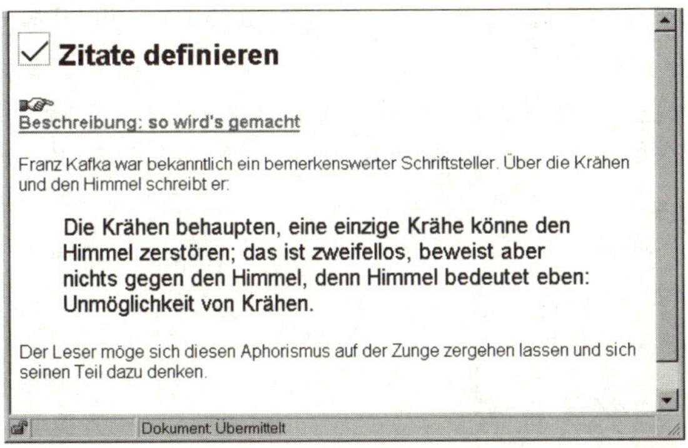

Bild 3.22: Zitate stellen die meisten Browser mit einem anderen Schriftschnitt und eingerückt dar

Beachten Sie: Das <blockquote>-Tag wird gerne verwendet, um Einrückungen zu realisieren. Da es sich jedoch um einen logischen Befehl handelt, der keine bestimmte Art der Formatierung vorschreibt, ist der Einrück-Effekt nicht garantiert. Für solche physischen Formatierwünsche benutzen Sie bitte CSS-Style-Sheets. Mit einem Befehl wie <p style="margin-left:1cm; margin-right:1cm">...</p> erreichen Sie mit Hilfe von Style-Angaben einen Einrückeffekt.

Zitate mit URL-Quellenangabe

Wenn ein Zitat im Internet verfügbar ist, können Sie die URL-Adresse der Quelle angeben. Mit dem Attribut cite= können Sie die URL-Adresse der zitierten Quelle angeben (cite = Zitat). Die Adresse muß in Anführungszeichen stehen. Ein Beispiel:

```
<blockquote cite="http://www.teamone.de/selfhtml/">
Die Energie des Verstehens
</blockquote>
```

Beachten Sie: Netscape 4.x und der Internet Explorer 4.x visualisieren diese Angabe nicht. Netscape 4.x kennt stattdessen eine Angabe namens type=cite, die einen farbigen Querbalken am linken Rand bewirkt. Diese Angabe gehört allerdings nicht zum HTML-Standard.

Adressen definieren

Sie können Internet-Adressen von Personen oder Dateien in einem eigenen, anders formatierten (zumeist kursiv dargestellten, eingerückten) Absatz hervorheben. Auch dies ist jedoch ein logischer Befehl, für dessen tatsächliche Formatierung bei der Ausgabe es keine festen Vorschriften gibt. Zum Beispiel:

```
Helmut Kohl ist erreichbar unter:
<address>helmut.kohl@01plenum.cdu.org</address>
Auch wenn er das möglicherweise gar nicht weiß.
```

<address> leitet einen eigenen Absatz für Internet-Adressen ein. </address> beendet den Absatz. Beachten Sie: Das <address>-Tag ist vor allem auch in Verbindung mit E-Mail-Verweisen sinnvoll.

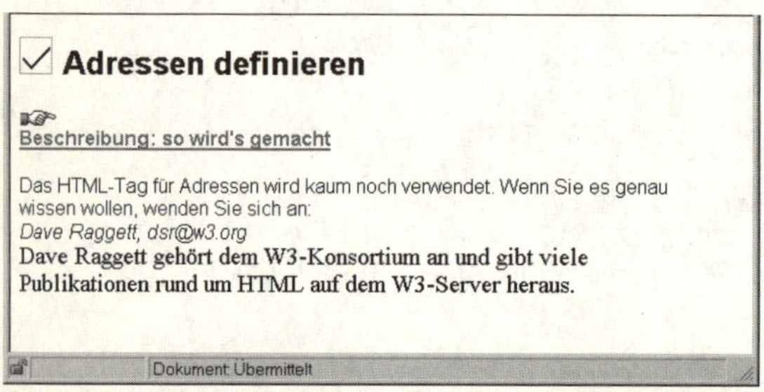

Bild 3.23: Für die Formatierung von Adreßangaben gibt es ein eigenes Tag <adress>

3.4.7 Präformatierter Text für Quellcode

Textabschnitt mit präformatiertem Text definieren

Für Programmlistings ist es wichtig, daß sie in diktengleicher Schrift dargestellt werden, also alle Buchstaben dieselbe Darstellungsbreite haben. Damit werden auch Einrückungen so wiedergegeben, wie sie beim Editieren eingegeben wurden. Zu diesem Zweck bietet HTML die Möglichkeit der präformatierten Textabschnitte. Auch wenn Sie tabellarische Daten darstellen müssen und auf Tabellen verzichten wollen, können Sie präformatierten Text benutzen. Schließlich ist präformatierter Text auch dazu geeignet, andere Elemente, beispielsweise Grafiken, auszurichten.

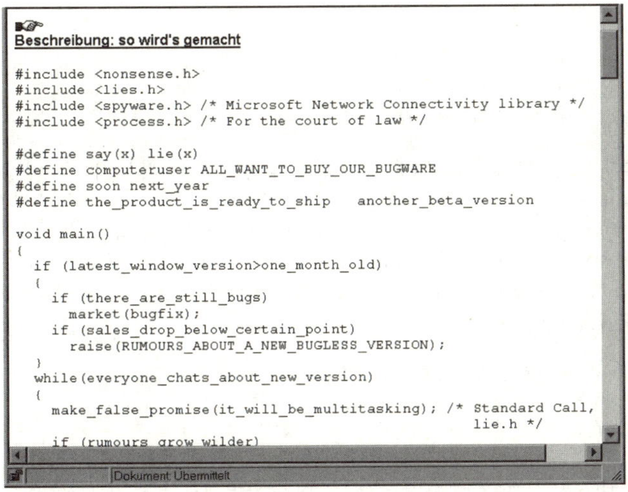

Bild 3.24: Präformatierter Text ist vor allem für Quellcodes unerläßlich

Ein Beispiel:

```
<pre>
  FUNCTION Osterberechnung(year : INTEGER) : INTEGER;
  VAR  a, b, c, d, e, f, g, h, i, k, l, m : INTEGER;
  BEGIN
     a  :=  year MOD 19;
     b  :=  year DIV 100;
     c  :=  year MOD 100;
     d  :=  b DIV 4;
     e  :=  b MOD 4;
     f  :=  ( b + 8 ) DIV 25;
     g  :=  ( b  f + 1 ) DIV 3;
     h  :=  ( 19 * a + b  d  g + 15 ) MOD 30;
     i  :=  c DIV 4;
     k  :=  c MOD 4;
     l  :=  ( 32 + 2 * e + 2 * i  h  k ) MOD 7;
```

```
    m  :=  ( a + 11 * h + 22 * l ) DIV 451;
    Easter :=  h + l  7 * m + 22;
  END{FUNC};
</pre>
```

<pre> leitet einen Textabschnitt mit präformatiertem Text ein (pre = preformatted = vorformatiert). </pre> beendet den Abschnitt. Alles, was dazwischen steht, wird so angezeigt, wie es eingegeben wurde, und zwar in diktengleicher Schrift.

Beachten Sie: Innerhalb von <pre> und </pre> gelten wie in anderen Textabschnitten die Besonderheiten für Umlaute, Sonderzeichen und HTML-eigene Zeichen. HTML-Befehle innerhalb von <pre> und </pre> werden interpretiert. Das hat den Vorteil, daß Sie innerhalb von präformatiertem Text beispielsweise an beliebigen Stellen Grafiken einbinden können.

Breite eines Bereichs mit präformatiertem Text

Sie können eine Breite für einen Abschnitt mit präformatiertem Text erzwingen. Breite bedeutet dabei: Die maximale Anzahl von Zeichen in einer Zeile. Mit dem Attribut width= im einleitenden <pre>-Tag geben Sie eine maximale Breite für die Zeilen des Bereichs vor. Im obigen Beispiel kann keine Zeile mehr als 80 Zeichen haben. Bei längeren Zeilen kann der Browser entweder eine kleinere Schrift wählen, um die Breite einzuhalten, oder er bricht überlange Zeilen um.

Beachten Sie: Die Angabe zur Breite eines präformatierten Bereichs wird weder von Netscape 4.x noch vom Internet Explorer 4.x interpretiert. Ein Beispiel:

```
<pre width=80>
YBREEZE  MID        17.845  15.06.97   6:01 ybreeze.mid
YGLADTR  MID        34.552  15.06.97   6:01 ygladtr.mid
YHASTE   MID        27.834  15.06.97   6:01 yhaste.mid
YRAG     MID        18.540  15.06.97   6:01 yrag.mid
YRITMO   MID        29.056  15.06.97   6:01 yritmo.mid
         5 Datei(en)             127.827 Bytes
</pre>
```

Andere Befehle für präformatierten Text

Neben <pre> ... </pre> gibt es weitere HTML-Tags, die einen eigenen Absatz in diktengleicher Schrift bewirken. Diese Tags stehen jedoch auf der Abschußliste des W3-Konsortiums und sollten nicht mehr verwendet werden. Sie werden hier lediglich der Vollständigkeit halber dokumentiert.

Beispiel: <xmp>

```
<xmp>Textabsatz in diktengleicher Schrift</xmp>
```

Beispiel: <listing>

```
<listing>Textabsatz in diktengleicher Schrift</listing>
```

Beispiel: <plaintext>

```
<plaintext>Textabsatz in diktengleicher Schrift</plaintext>
```

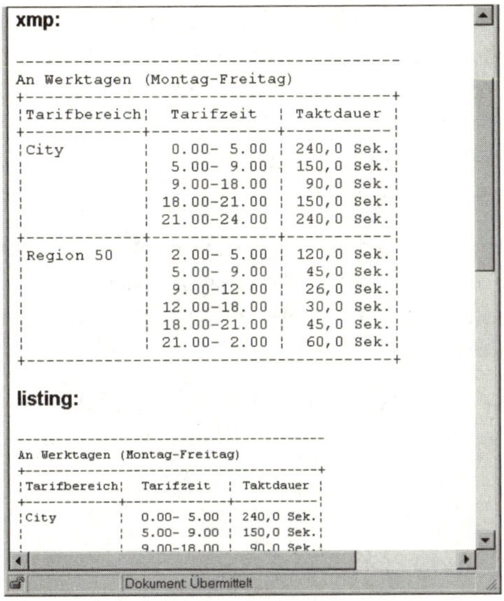

Bild 3.25: Es funktioniert zwar, Sie sollten jedoch die alternativen Tags für präformatierten Tags nicht mehr einsetzen

Alle drei Befehle bewirken einen eigenen Textabsatz mit diktengleicher Schriftdarstellung: `<xmp>...</xmp>` (xmp = example = Beispiel) ist als logischer Befehl für Quellcode-Beispiele gedacht. `<plaintext>...</plaintext>` (plaintext = nackter Text) ist als logischer Befehl zum Darstellen von reinem Text gedacht, etwa zum Zitieren aus einer unformatierten Textdatei. `<listing>...</listing>` (listing = zeilenorientierter Quelltext) ist als logischer Befehl für Quelltext von Programmen gedacht.

Beachten Sie: Alle drei Befehle finden in der Praxis kaum mehr Verwendung. Wenn Sie keine besonderen Gründe haben, sollten Sie `<pre>` ... `</pre>` zur Darstellung von präformatiertem Text verwenden.

Der Unterschied zwischen `<xmp>...</xmp>` und `<listing>...</listing>` liegt in der Schriftweite. `<xmp>...</xmp>` bewirkt eine weitere Schrift (ausgehend von 80 Zeichen/Zeile beim Ausdruck), `<listing>...</listing>` eine engere Schrift (ausgehend von 132 Zeichen/Zeile beim Ausdruck). `<listing>...</listing>` wird von Netscape etwa auch anders dargestellt als `<pre>...</pre>`. Netscape akzeptiert zu diesem Tag kein abschließendes Tag `</plaintext>`, während andere Browser das End-Tag interpretieren. Netscape stellt alles in diktengleicher Schrift dar, was Sie bis zum nächsten Absatz-Befehl (z. B. Überschrift, Absatzschaltung, Hinweisabsatz, Liste usw.) an Text eingeben.

3.4.8 Logische Textauszeichnung

In HTML gibt es logische und physische Befehle zur Hervorhebung von Text. Bei logischen Befehlen entscheidet der WWW-Browser bzw. sein Anwender, wie ein solcher Text hervorgehoben wird (z. B. fett, kursiv oder andersfarbig). Beschränken Sie sich auf logische Textauszeichnungen/Texthervorhebungen, wenn Sie sichergehen wollen, daß die Angaben auch in textmodus-orientierten Umgebungen angezeigt werden. Dies ist sinnvoll bei wissenschaftlichen Texten oder reinen Informationstexten.

Logische Textauszeichnung ist auch im Hinblick auf nicht-visuelle Ausgabe von HTML-Dateien interessant. Ein HTML-Interpreter beispielsweise, der HTML-Texte für Blinde in synthetische Sprachausgabe umsetzt, kann mit physischen Formatieranweisungen wie fett oder unterstrichen wenig anfangen, da sie mehrdeutig sind, dagegen mehr mit Anweisungen wie betont oder gefühlvoll.

Durch die Formatiermöglichkeiten von CSS-Style-Sheets, die auch auf logische Textauszeichungen anwendbar sind, erhalten gerade die logischen Tags wieder mehr Bedeutung.

HTML-Tags für logische Textauszeichnung

Es stehen verschiedene HTML-Befehle zur Verfügung, um Textabschnitte logisch zu formatieren.

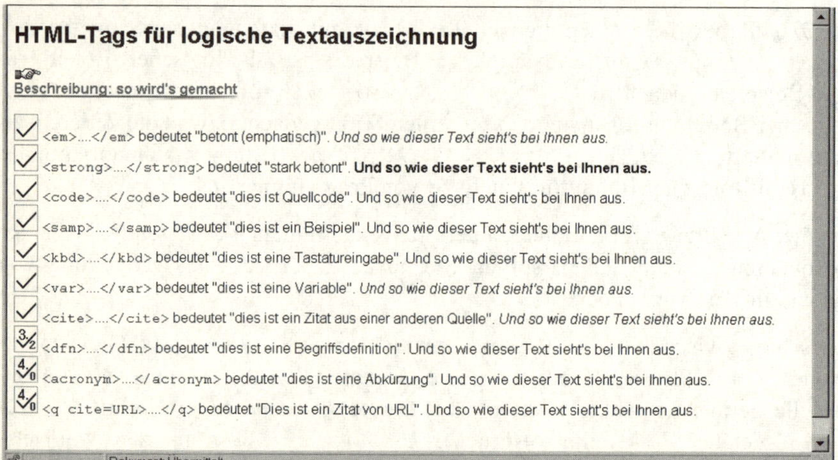

Bild 3.26: Die logische Textauszeichnung überläßt dem Browser die Wahl der geeigneten Darstellung

Am Anfang des Textbereichs, der hervorgehoben werden soll, wird ein einleitendes Tag (zum Beispiel das Tag `<strong>`) eingefügt. Am Ende des gewünschten Textbereichs wird ein entsprechendes Abschluß-Tag eingefügt (zum Beispiel das Tag `</strong>`). Keines dieser HTML-Tags erzeugt einen eigenen Absatz, d. h. es handelt sich um reine Textauszeichnungen. Ein Beispiel:

```
<strong>Allgemein hervorgehobener Text</strong>
```

Tag	Wirkung	HTML-Version
`<em>....</em>`	formatiert mit der Bedeutung »betont (emphatisch)«	✓
`<strong>....</strong>`	formatiert mit der Bedeutung »stark betont«	✓
`<code>....</code>`	formatiert mit der Bedeutung »dies ist Quellcode«	✓
`<samp>....</samp>`	formatiert mit der Bedeutung »dies ist ein Beispiel«	✓
`<kbd>....</kbd>`	formatiert mit der Bedeutung »dies ist eine Tastatureingabe«	✓
`<var>....</var>`	formatiert mit der Bedeutung »dies ist eine Variable«	✓
`<cite>....</cite>`	formatiert mit der Bedeutung »dies ist ein Zitat aus einer anderen Quelle«	✓
`<dfn>....</dfn>`	formatiert mit der Bedeutung »dies ist eine Begriffsdefinition«	3.2
`<acronym>.... </acronym>`	formatiert mit der Bedeutung »dies ist eine Abkürzung«	4.0
`<q cite="http:// www.xy.de/">....</q>`	formatiert mit der Bedeutung »dies ist ein Zitat von der genannten URL-Adresse«	4.0

Tab. 3.3: Diese logischen Auszeichnungen stehen zur Verfügung

4.0 *Änderungsmarkierungen in Dokumenten*

Wenn Sie Dokumente in HTML bearbeiten, bei denen es wichtig ist, Änderungen zu protokollieren, dann können Sie logische Textauszeichnungen für gelöschte und eingefügte Textpassagen verwenden. Ein Beispiel:

```
<p>Aktuell ist der HTML-Sprachstandard
<del>3.2</del><ins>4.0</ins>
```

Mit `<del>...</del>` zeichnen Sie Text aus, der nicht mehr gültig ist (del = delete = löschen). Mit `<ins>...</ins>` können Sie Text auszeichnen, der neu dazugekommen ist (ins = insert = einfügen). Zur exakteren Auszeichnung sind noch zwei Attribute in beiden Tags erlaubt:

- Mit dem Attribut datetime= im einleitenden Tag von <ins> oder <del> können Sie den Zeitpunkt der Änderung festhalten. Eine Angabe wie <ins datetime="1998-06-25T10:59+01:00"> bedeutet: »eingefügt am 25.6.1998 um 10 Uhr 59« nach Zeitzone UTC-Zeit plus 1 Stunde. Die Uhrzeit/Zeitzonenangabe können Sie auch weglassen, etwa so: <ins datetime="1998-06-25">. UTC bedeutet Coordinated Universal Time. Mehr dazu in der W3-Notiz Date and Time Formats (*www.w3.org/TR/NOTE-datetim*).
- Mit dem Attribut cite= können Sie eine Datei oder URL-Adresse angeben, die als der Grund für die Änderung gelten kann – beispielsweise ein verbindliches Dokument, auf dem Ihr Dokument beruht und das mittlerweile geändert wurde. Eine Angabe wie <ins cite="http://www.w3.org/TR/REC-html40-971218"> bedeutet: Dieser Text wurde aufgrund der HTML-Spezifikation 4.0 eingefügt. Die angegebene URL-Adresse ist die Adresse, an der die HTML-Spezifikation zu finden ist.

Beachten Sie: weder der Internet Explorer in der Version 4.x noch, Netscape in Version 4.x interpretieren diese Befehle bereits.

Textrichtung angeben

Wenn Sie HTML in Verbindung mit Sprachen benutzen, die eine andere Textrichtung haben, kann es – auch wenn Sie mit Unicode-Kodierung arbeiten – immer mal wieder zu Konflikten bei der Textrichtung kommen, vor allem, wenn Sie zwei Sprachen mit unterschiedlicher Textrichtung im Text gemischt verwenden. Wenn Sie Unicodes in HTML notieren, wird dabei normalerweise automatisch auch die Textrichtung der Sprache berücksichtigt. Wenn Sie etwa die Unicodes für ein arabisches Wort von links nach rechts notieren, sollte die Software die Zeichenkette dennoch so auflösen, daß die Darstellung von rechts nach links erfolgt, weil das die Textrichtung im Arabischen ist. Sollte das aus irgendwelchen Gründen nicht funktionieren, können Sie mit Hilfe eines HTML-Befehls nachhelfen. Ein Beispiel:

```
<bdo dir=rtl>&#x0604;&#x0612;&#x061E;</bdo>
```

Im Beispiel werden drei Unicode-Zeichen notiert, die Zeichen der arabischen Schrift darstellen. Die drei Zeichen sind in das HTML-Tag <bdo>...</bdo> eingebunden (bdo = bidirectional overwrite = Überschreiben der automatischen Bidirektionalität). Mit dem Attribut dir= erzwingen Sie eine bestimmte Textrichtung. Erlaubt sind die Angaben dir=ltr (ltr = left to right = von links nach rechts) oder dir=rtl (rtl = right to left = von rechts nach links).

Das Attribut dir= gehört zu den Universalattributen und darf in allen HTML-Tags stehen, in denen Text vorkommen kann. Das spezielle HTML-Tag <bdo>...</bdo> ist für Fälle gedacht, in denen dir= in anderen HTML-Tags zu Problemen führt, beispielsweise bei zwei- oder mehrfach verschachtelten Tags mit widersprüchlichen Anweisungen zur Textrichtung.

3.4.9 Physische Textauszeichnung

In HTML gibt es physische und logische Befehle zur Hervorhebung von Text. Bei physischen Befehlen geben Sie als Autor vor, wie ein solcher Text hervorzuheben ist, z. B. fett, kursiv oder unterstrichen.

Wenn Sie die Bildschirmwirkung Ihrer HTML-Dateien genau kontrollieren wollen und unterstellen, daß Ihre Leser grafische Umgebungen benutzen, sollten Sie vorwiegend physische Textauszeichnungen/Texthervorhebungen benutzen. Beachten Sie dabei aber, daß vieles, was mit Hilfe physischer Textauszeichnung möglich ist, noch genauer und besser mit Hilfe von CSS-Style-Sheets realisierbar ist.

HTML-Puristen weisen immer wieder darauf hin, daß man nur logische und keine physischen Hervorhebungen verwenden solle. Der Grund ist, daß nicht-grafische Oberflächen (Textmodus-Umgebungen) fette und kursive Zeichen nicht anzeigen können. Außerdem, so die Puristen, widerspreche die physische Formatierung der Idee der Dokumentbeschreibungssprache.

Angesichts der Bedeutung, die HTML erlangt hat, und der Tatsache, daß die überwältigende Mehrheit der Anwender heute grafische Umgebungen verwendet, ist dieser Purismus jedoch nicht mehr haltbar.

HTML-Tags für physische Textauszeichnung

Es stehen verschiedene HTML-Befehle zur Verfügung, um Textabschnitte physisch zu formatieren. Zum Beispiel:

```
<b>Fetter Text</b>
```

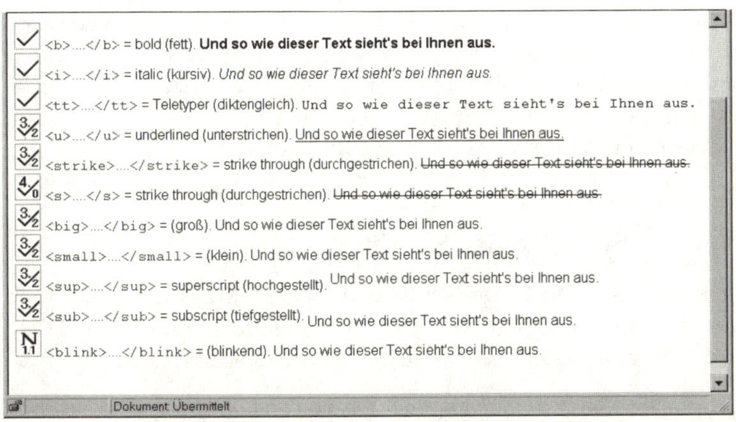

Bild 3.27: Physische Textauszeichnung erlaubt eine genauere Kontrolle über das Erscheinungsbild

Am Anfang des Textbereichs, der hervorgehoben werden soll, wird ein einleitendes Tag (zum Beispiel das Tag <b>) eingefügt. Am Ende des gewünschten Textbereichs wird ein entsprechendes Abschluß-Tag eingefügt (zum Beispiel das Tag </b>). Keines dieser HTML-Tags erzeugt einen eigenen Absatz, d. h. es handelt sich um reine Textauszeichnungen. Die HTML-Tags zur physischen Auszeichnung listet die Tabelle auf.

Tag	Wirkung	HTML-Version
<b>....</b>	bewirkt fett formatierten Text	✓
<i>....</i>	bewirkt kursiv formatierten Text	✓
<tt>....</tt>	bewirkt diktengleich formatierten Text (Teletyper = Fernschreiber)	✓
<u>....</u>	bewirkt unterstrichenen Text	3.2
<strike>....</strike>	bewirkt durchgestrichenen Text	3.2
<s>....</s>	bewirkt ebenfalls durchgestrichenen Text	4.0
<big>....</big>	bewirkt größer formatierten Text	3.2
<small>....</small>	bewirkt kleiner formatierten Text	3.2
^{....}	bewirkt hochgestellten Text	3.2
_{....}	bewirkt tiefgestellten Text	3.2
<blink>....</blink>	bewirkt blinkenden Text	N 1.1

Tab. 3.4: Mit diesen Tags kontrollieren Sie das Aussehen von Text direkt

Beachten Sie: Die Tags <u>....</u>, <strike>....</strike> und <s>....</s> stehen auf der Abschußliste des W3-Konsortiums. Die Verwendung ist nicht mehr zu empfehlen. Wenn Sie entsprechende Effekte erzielen wollen, steht die Style-Sheet-Angabe `text-decoration` zur Verfügung. Mit `<span style="text-decoration:underline">....</span>` können Sie beispielsweise unterstrichenen Text nach CSS-Syntax erzeugen.

3.4.10 Schriftgröße, Schriftfarbe, Schriftart

Die hier beschriebenen Befehle (betroffen sind die beiden HTML-Tags <font> und <basefont>) sind derzeit sehr beliebt und verbreitet, da sie in herkömmlichem HTML die einzige Möglichkeit darstellten, um die angezeigte Schrift zu beeinflussen.

Seit HTML 4.0 stehen beide Befehle jedoch auf der Abschußliste des W3-Konsortiums, das heißt, sie sollen in Zukunft aus dem HTML-Standard entfernt werden. Es gibt sogar richtige Kampfschriften gegen die weitere Verwendung dieser Befehle. Lesen Sie zum Beispiel den Artikel »What's wrong with the FONT element?« (*www.mcsr.olemiss.edu/~mudws/font.htm*) im WWW. Der Grund ist, daß die beiden HTML-Tags

<font> und <basefont> eine Notlösung in jener Zeit darstellten, als HTML noch keine Formatiersprache zur Seite stand. Mittlerweile sind jedoch die CSS-Style-Sheets offizieller Standard. Das W3-Konsortium bittet darum, in Zukunft die Möglichkeiten der CSS-Sprache zu nutzen, um Schriftformatierungen in HTML zu realisieren.

Im Hinblick auf die Rückwärtskompatibilität zu dem immer noch weit verbreiteten Netscape 3.x kann der Gebrauch der hier beschriebenen Befehle noch nicht grundsätzlich verdammt werden. Aber bevor Sie auf Style-Angaben verzichten, verzichten Sie mittlerweile lieber auf die hier beschriebenen Befehle. Oder Sie benutzen beide Möglichkeiten gleichzeitig. Denn style-fähige Browser kommen damit klar und behandeln CSS-Formatierungen bevorzugt. Es ist jedenfalls nicht länger einzusehen, warum Anwender mit Style-Sheet-fähigen Browsern immer nur mit Restriktionen aus dem technisch längst überholten Netscape-3-Zeitalter bedient werden sollen.

Schriftgröße definieren

Sie können für beliebige Textabschnitte eine bestimmte Schriftgröße bestimmen. Ein Beispiel:

```
<font size=7>Ziemlich riesiger Text</font>
<font size=1>Ziemlich winziger Text</font>
<font size=+1>Text etwas größer als normal</font>
<font size=-2>Text deutlich kleiner als normal</font>
```

<font size=...> bestimmt die Schriftgröße (font size = Schriftgröße). Sie können den Wert absolut in Zahlen zwischen 1 und 7 angeben oder relativ im Verhältnis zur Normalschriftgröße mit +(Zahl) bzw. -(Zahl). Die Normalschriftgröße ist 3. Mit </font> beenden Sie den Abschnitt mit anderer Schriftgröße.

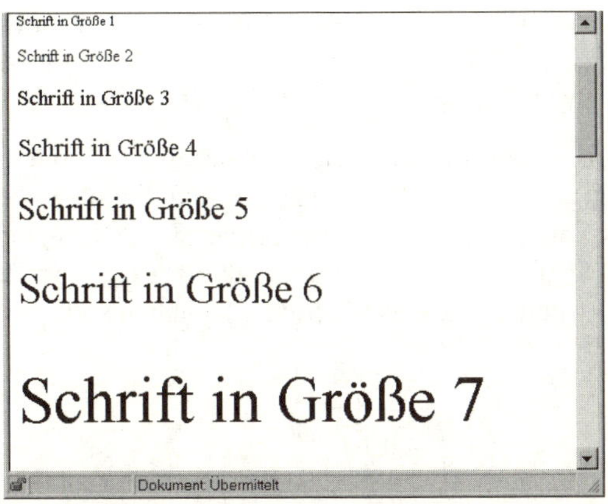

Bild 3.28: Schriftgrößen bemißt das Tag <font size=...> abhängig von der im Browser eingestellten Standardschrift

Beachten Sie: Bei den Angaben zu `<font size=...>` handelt es sich um relative Werte. Wenn der Anwender eine 12-Punkt-Schrift eingestellt hat, hat beispielsweise `<font size=5>` eine andere Wirkung, als wenn der Anwender eine 9-Punkt-Schrift eingestellt hat. Die Schriftgröße, die Sie mit `<font size=...>` bestimmen können, ist relativ zu der Schriftgröße des Absatztyps. Wenn Sie `<font size=...>` z. B. innerhalb einer Überschrift 1. Ordnung verwenden, gilt der Befehl relativ zur Schriftgröße für Überschriften 1. Ordnung. Die Zusatzangabe `size=` ist mit Angaben zur Schriftfarbe und Schriftart im gleichen Einleitungs-Tag `<font...>` kombinierbar.

Innerhalb von Tabellen müssen Sie die Angabe zur Schriftgröße in jeder einzelnen Tabellenzelle wiederholen, wenn alle Tabellenzellen die gleiche Schriftgröße haben sollen.

3.2 Schriftfarbe definieren

Sie können für beliebige Textabschnitte Schriftfarben bestimmen. Diese Farben gelten unabhängig von den Farben, die Sie ggf. als dateiweite Textvordergrundfarbe festgelegt haben. Zum Beispiel:

```
<font color=#FFFFFF>Weißer Text</font>
<font color=#FF0000>Knallroter Text</font>
<font color=#00C000>Grüner Text</font>
<font color=#0000FF>Blauer Text</font>
<font color="white">Weißer Text</font>
<font color="red">Knallroter Text</font>
<font color="green">Grüner Text</font>
<font color="blue">Blauer Text</font>
```

`<font color=...>` bestimmt die Schriftfarbe (font color = Schriftfarbe). Sie können den Wert in Hexadezimalschreibweise oder als Farbnamen angeben. Mit `</font>` beenden Sie den Abschnitt mit anderer Schriftfarbe. Zur Bedeutung der Farben und für Hinweise zur Farbauswahl lesen Sie Kapitel 3.1.5 zur Definition von Farben in HTML.

Beachten Sie: Die definierten Textfarben sollten mit der dateiweit definierten Hintergrundfarbe kontrastieren. Die Zusatzangabe `color=` ist mit Angaben zur Schriftgröße und Schriftart im gleichen Einleitungs-Tag `<font...>` kombinierbar. Innerhalb von Tabellen müssen Sie die Angabe zur Schriftfarbe in jeder einzelnen Tabellenzelle wiederholen, wenn alle Tabellenzellen die gleiche spezielle Schriftfarbe haben sollen.

4.0 Schriftart definieren

Sie können für beliebige Textabschnitte Schriftarten bestimmen, zum Beispiel:

```
<font face="Avalon,Wide Latin">Das ist Text in Schriftart Avalon,
oder, falls Avalon nicht darstellbar, in Wide Latin</font>
```

`<font face=...>` bestimmt die Schriftart (font face = Schriftart). Dahinter folgt in Anführungszeichen die Angabe einer oder mehrerer Schriftarten. Wenn Sie mehrere Schriftarten angeben, trennen Sie die Schriftartnamen durch Kommata. Mit `</font>` beenden Sie den Abschnitt mit anderer Schriftfarbe.

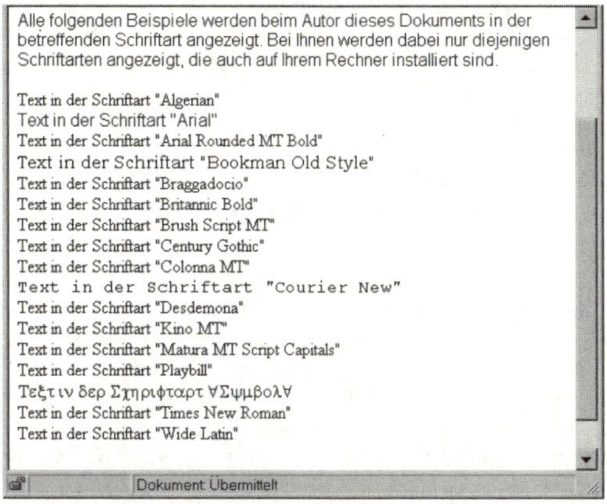

Bild 3.29: Der Browser kann nur die Schriftarten anzeigen, die auch tatsächlich auf dem Browser-Computer vorhanden sind

Bei mehreren angegebenen Schriftarten versucht der WWW-Browser zuerst, den Text in der ersten angegebenen Schriftart darzustellen (im Beispiel in Avalon). Wenn diese Schrift beim Anwender nicht installiert ist, wird versucht, die zweite angegebene Schrift (im Beispiel Wide Latin) zu nehmen. Wenn keine der angegebenen Schriftarten beim Anwender darstellbar ist, bleibt die Angabe wirkungslos, d. h. der Text wird in der vom Anwender eingestellten Schrift angezeigt.

Beachten Sie: Verwenden Sie exakte Schriftartnamen. Unter MS-Windows können Sie eingestellte Schriftarten und ihre genauen Namen beispielsweise über die Systemsteuerung ermitteln. Die Zusatzangabe `face=` ist mit Angaben zur Schriftgröße und Schriftfarbe im gleichen Einleitungs-Tag `<font...>` kombinierbar. Innerhalb von Tabellen müssen Sie die Angabe zur Schriftart in jeder einzelnen Tabellenzelle wiederholen, wenn alle Tabellenzellen die gleiche spezielle Schriftart haben sollen.

Bedenken Sie, daß Anwender im WWW ganz verschiedene Rechnertypen, Betriebssysteme und Software verwenden, um auf Ihre Seiten zuzugreifen. Eine korrekte Anzeige von angegebenen Schriftarten können Sie nur im Idealfall erwarten. Vermeiden Sie deshalb, Schriftarten als zentrales Gestaltungsmittel zu verwenden. Oder beschäftigen Sie sich näher mit dem Thema Downloadbare Schriftarten (Kapitel 16.6).

Tip: Mit der Angabe `<font face="Symbol">...</font>` bestimmen Sie die relativ weit verbreitete Schriftart `Symbol`. Mit Hilfe dieser Schriftart können Sie mathematisch-technische bzw. griechische Zeichen erzeugen, die sonst in HTML nicht dargestellt werden können.

Zu diesem Thema gibt es ein interessantes Dokument im Internet: Die Verwendung logischer Symbole in HTML-Seiten (www.sozialwiss.uni-hamburg.de/phil/ag/symbole.htm) von Stefan Müller. In HTML 4.0 gibt es zwar mittlerweile auch neue benannte Zeichen für solche Sonderzeichen, doch werden diese neuen Namen von den meisten Browsern noch nicht interpretiert.

3.2 Normalschriftgröße festlegen

In dem relativen Schriftgrößenschema von 1 bis 7 ist 3 die Normalschriftgröße. Sie können für einen beliebigen Textabschnitt jedoch eine andere Normalschriftgröße einstellen. Ein Beispiel:

```
<basefont size=2>Text kleiner als normal, nur <font size=4>hier
   nicht</font>
Hier wieder alles in neuer Standardgroesse 2.
```

<basefont size=...> bestimmt die Normalgröße der Schrift (basefont size = Basisschriftgröße). Sie können den Wert in Zahlen zwischen 1 und 7 angeben. Die voreingestellte Normalschriftgröße ist 3.

Beachten Sie: <basefont size=...> hat kein abschließendes HTML-Tag. Die mit diesem Befehl eingestellte Schriftgröße gilt bis zum nächsten Befehl dieser Art oder bis zum Dateiende. <basefont size=...> betrifft normalen Fließtext und präformatierten Text, aber keine Überschriften und keine Tabellen.

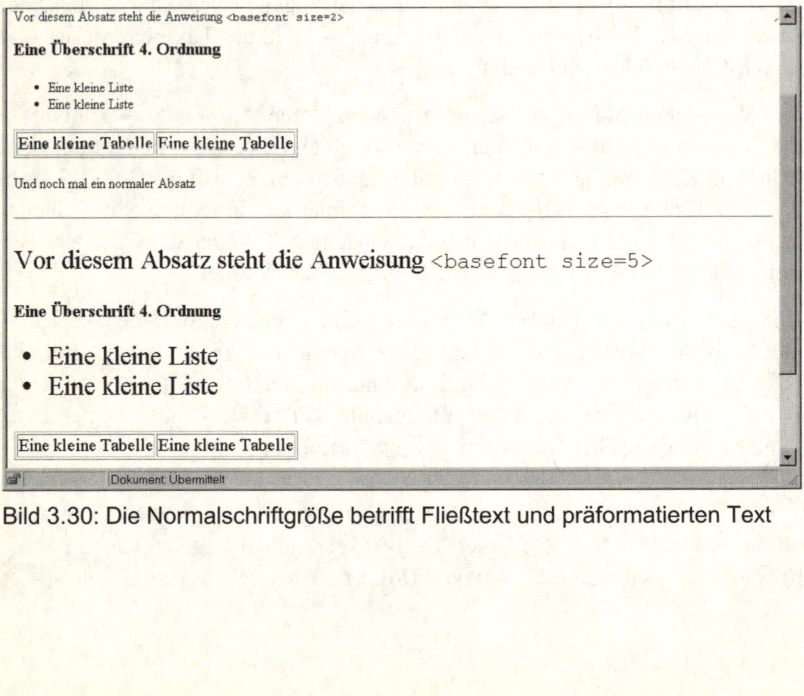

Bild 3.30: Die Normalschriftgröße betrifft Fließtext und präformatierten Text

Normalschriftfarbe festlegen

Bei Schriftfarben ist die Farbe, die der Anwender im Browser eingestellt hat, die Normalfarbe oder die Farbe, die als dateiweite Textfarbe definiert wurde. Sie können für einen beliebigen Textabschnitt jedoch eine andere Normalschriftfarbe einstellen, zum Beispiel:

```
<basefont color=#FF0000>
Ab hier alles rot, nur <font color=#000000>hier nicht</font>
Hier wieder alles rot
```

<basefont color=...> bestimmt die Normalfarbe der Schrift (basefont color = Basisschriftfarbe). Sie können den Wert in Hexadezimalschreibweise oder als Farbnamen angeben. Zur Bedeutung der Farben und für Hinweise zur Farbauswahl lesen Sie Kapitel 3.1.5. zur Definition von Farben in HTML.

Beachten Sie: Netscape 4.x interpretiert diese Angabe nicht. <basefont color=...> hat kein abschließendes HTML-Tag. Die mit diesem Befehl eingestellte Schriftfarbe gilt bis zum nächsten Befehl dieser Art oder bis zum Dateiende. <basefont color=...> betrifft normalen Fließtext und präformatierten Text, auch Überschriften, aber keine Tabellen. Dies gilt für den Internet Explorer, der die Angabe interpretiert.

Normalschriftart festlegen

Die Schriftart, die der Anwender im Browser eingestellt hat, ist die Normalschriftart. Sie können für einen beliebigen Textabschnitt jedoch eine andere Normalschriftart einstellen. Ein Beispiel:

```
<basefont face="Verdana">
Ab hier alles in Verdana, nur <font face="Avalon">hier nicht</font>
Hier wieder alles in Verdana
```

<basefont face=...> bestimmt die Normalschriftart (basefont face = Basisschriftart). Dabei gelten die gleichen Regeln und Hinweise wie bei Schriftarten.

Beachten Sie: Netscape 4.x interpretiert diese Angabe nicht. <basefont face=...> hat kein abschließendes HTML-Tag. Die mit diesem Befehl eingestellte Schriftart gilt bis zum nächsten Befehl dieser Art oder bis zum Dateiende.

3.4.11 Bereiche mit mehreren Elementen

Bereiche mit mehreren Elementen definieren

Sie können mehrere Absätze, bestehend aus ganz verschiedenen Elementen wie Text, Grafiken, Tabellen usw. in einen gemeinsamen Bereich einschließen. Diesen Bereich können Sie dann gemeinsam ausrichten. Ein Beispiel:

```
<div align=center>
<h1>Der Mond - eine Überschrift</h1>
<img src="mond.jpg" align=middle> Ein Bild vom Mond
<p>Ein erklärender Text zum Mond, und alles wird zentriert</p>
</div>
<div align=right>
<i>&copy 1997 by Josua Piesepampel</i>
</div>
```

Mit <div> leiten Sie einen Bereich ein, der mehrere Elemente umfaßt (div = division = Bereich). Alles, was zwischen diesem Tag und dem abschließenden </div> steht, wird als Teil des Bereichs interpretiert. Einen solchen Bereich und alle seine enthaltenen Elemente können Sie mit dem Attribut align= im einleitenden <div>-Tag ausrichten. Mit align=center richten Sie den Bereich mit allen seinen Elementen zentriert aus (align = ausrichten, center = zentriert), mit align=right rechtsbündig (right = rechts). Mit align=justify werden innere Elemente wie freistehender Text, Textabsätze oder Überschriften als Blocksatz ausgerichtet. Mit align=left erzwingen Sie die linksbündige Ausrichtung von Elementen (Voreinstellung).

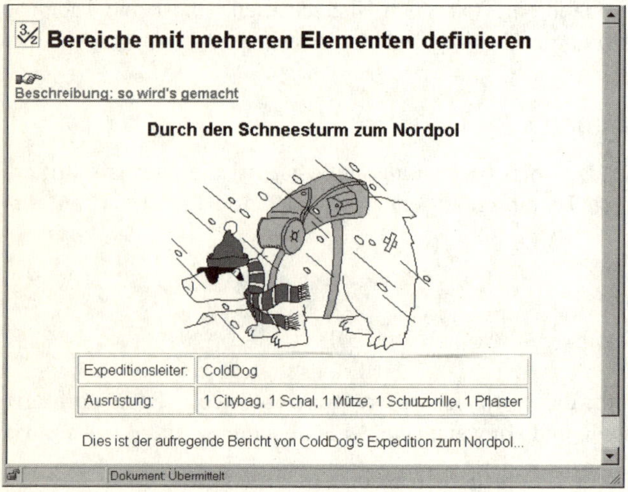

Bild 3.31: Mehrere Elemente faßt das <div>-Tag zu einem Bereich zusammen, der sich als Ganzes formatieren läßt

Zentrierten Bereich mit mehreren Elementen definieren

Sie können mehrere Absätze, bestehend aus ganz verschiedenen Elementen wie Text, Grafiken, Tabellen usw. gemeinsam zentriert ausrichten, zum Beispiel:

```
<center>
<h1>Der Mond - eine Überschrift</h1>
<img src="mond.jpg" align=middle> Ein Bild vom Mond
```

```
<p>Ein erklärender Text zum Mond, und alles wird zentriert</p>
</center>
```

Mit dem Tag `<center>` wird alles, was folgt, zentriert ausgerichtet (center = zentriert). Das können Überschriften, Text, Grafiken oder Tabellen sein. Mit dem abschießenden Tag `</center>` beenden Sie die Zentrieranweisung.

Beachten Sie: Das `<center>`-Tag steht auf der Abschußliste des W3-Konsortiums, das heißt, es soll in Zukunft aus dem HTML-Standard entfernt werden. Benutzen Sie stattdessen den Befehl `<div align=center>`, der das Gleiche leistet.

3.4.12 Trennlinien

✓ *Trennlinien definieren*

Trennlinien dienen der optischen Abgrenzung von nicht unmittelbar zusammengehörigen Textabschnitten oder allgemein zur Auflockerung. Eine Trennlinie erzeugt einen eigenen Absatz. Ein Beispiel:

```
Hier ist ein Abschnitt zu Ende.
<hr>
Hier beginnt etwas Neues.
```

`<hr>` fügt eine Trennlinie ein (hr = horizontal rule = Querlinie). Dabei ist es egal, ob das Tag am Ende der Zeile des vorherigen Absatzes steht, in einer eigenen Zeile (wie im Beispiel) oder am Anfang des folgenden Absatzes.

3.2 *Nicht-Schattierung von Trennlinien erzwingen*

Grafische WWW-Browser zeigen Trennlinien normalerweise in 3-D-Form, d. h. schattiert an. Sie können jedoch erzwingen, daß der Browser die Trennlinie massiv und durchgezogen darstellt. Durch das Attribut `noshade` erreichen Sie, daß der Browser die Trennlinie massiv und durchgezogen, also nicht-schattiert anzeigt (noshade = unschattiert).

```
Hier ist ein Abschnitt zu Ende.
<hr noshade>
Hier beginnt etwas Neues.
```

3.2 *Breite und Höhe von Trennlinien kontrollieren*

WWW-Browser stellen Trennlinien normalerweise über die gesamte Breite des Anzeigefensters dar. Sie können erzwingen, daß die Trennlinie nur einen Teil der Anzeigebreite einnimmt. Ferner können Sie die Dicke der Linie verändern. Ein Beispiel:

```
Hier ist ein Abschnitt zu Ende.
<hr width=60%>
Hier beginnt etwas Anderes.
<hr width=260 size=4>
Hier beginnt noch etwas Anderes.
```

Durch das Attribut `width=` (width = Breite) erreichen Sie, daß der Browser die Trennlinie so breit anzeigt wie angegeben. Sie können eine Zahl oder einen Prozentwert angeben. Mit einer Zahl, z. B. 300, erzwingen Sie, daß die Trennline so viele Pixel breit dargestellt wird wie angegeben. Mit einem Prozentwert erreichen Sie, daß die Trennlinie maximal so viel Breite des Anzeigefensters einnimmt wie angegeben. Für eine prozentuale Angabe notieren Sie hinter der Zahl einfach ein Prozentzeichen.

Durch das Attribut `size=` (size = Größe) können Sie die Höhe (Dicke) der Trennlinie bestimmen. Die Voreinstellung beträgt 2 Punkt. Mit dem Wert 1 erzwingen Sie also eine besonders dünne Trennlinie, mit Werten über 2 können Sie dickere als die normalen Trennlinien erzeugen. Beachten Sie: Beide Attribute sind auch in Kombination mit nicht-schattierten Trennlinien (noshade) erlaubt.

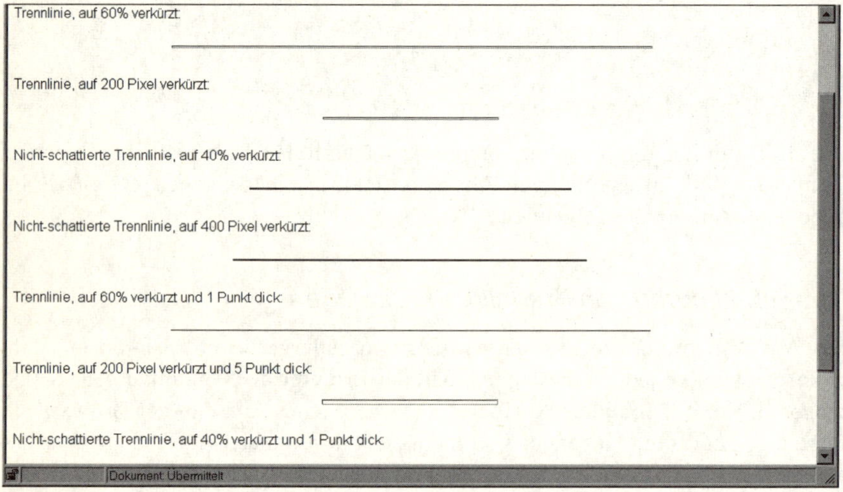

Bild 3.32: Das Aussehen von Trennlinien läßt sich weitgehend beeinflussen

3/2 Trennlinien ausrichten

Das Ausrichten von Trennlinien ist nur in Verbindung mit der Angabe `width=` (Trennlinie verkürzen) sinnvoll, da die Trennlinie ansonsten stets über die gesamte Breite des Anzeigefensters geht. WWW-Browser richten Trennlinien per Voreinstellung zentriert aus. Sie können die Trennlinie auch links oder rechts ausrichten:

```
Hier ist ein Abschnitt zu Ende.
<hr width=60% align=left>
```

```
Hier beginnt etwas Anderes.
<hr noshade width=260 size=4 align=right>
Hier beginnt noch etwas Anderes.
```

Durch das Attribut `align=left` erreichen Sie, daß die Trennlinie linksbündig ausgerichtet wird (align = ausrichten, left = links). Mit `align=right` wird die Trennlinie rechtsbündig ausgerichtet (right = rechts). Beachten Sie: Alle Angaben zur Ausrichtung sind auch in Kombination mit nicht-schattierten Trennlinien (noshade) erlaubt.

3.0 *Farbige Trennlinien*

Microsofts Internet Explorer erlaubt ab Version 3.0 auch die Anzeige farbiger Trennlinien. Bislang gehört diese Möglichkeit jedoch nicht zum HTML-Sprachstandard. Mit dem Attribut `color=` können Sie eine Farbe für die Trennlinie bestimmen. Zur Farbauswahl siehe Kapitel 3.3 zum Definieren von Farben in HTML. Ein Beispiel:

```
Hier ist ein Abschnitt zu Ende.
<hr noshade color=#FF0000>
Hier beginnt etwas Anderes.
```

3.4.13 Mehrspaltiger Textfluß

N 3.0 *Mehrspaltigen Textfluß definieren*

Bislang war die Realisierung von Mehrspaltigkeit in HTML nur mit blinden Tabellen möglich. Netscape unterstützt seit Version 3.0 eine einfachere Methode, mehrspaltigen Fließtext im Zeitungsstil in HTML zu realisieren. Da jedoch noch kein anderer WWW-Browser diesen HTML-Befehl interpretiert und er trotz seiner zweifellosen Brauchbarkeit leider auch nicht zum HTML-Standard gehört, ist beim Einsatz im WWW Vorsicht angebracht. Ein Beispiel:

```
<multicol cols=3>
Viel Text mit Überschriften, Absätzen,
Listen, dazu Bilder, Java ... alles möglich
</multicol>
```

Mit `<multicol ... >` leiten Sie einen mehrspaltigen Abschnitt ein (multicol = multiple columns = mehrere Spalten). Zwingend erforderlich ist das Attribut `cols=`, mit dem Sie die Anzahl der gewünschten Spalten festlegen. Daran anschließend können beliebige andere Elemente folgen. Mit `</multicol>` wird der mehrspaltige Abschnitt beendet.

Beachten Sie: Alles, was zwischen dem einleitenden Tag `<multicol ... >` und dem abschließenden Tag `</multicol>` steht, wird automatisch so verteilt, daß es sich optimal über die angegebene Anzahl von Spalten erstreckt. Bei Bildern, Java-Applets usw. kann es allerdings zu unschönen Anzeigen kommen. Denn anders als bei Tabellen richtet sich die Breite einer Spalte bei `<multicol ... >` nicht nach dem breitesten Inhalt, sondern nach der rechnerischen Spaltenbreite. Das kann dazu führen, daß Grafiken, die breiter sind als die Spalte, in die Nachbarspalte hineinreichen und sich mit dem dort stehenden Inhalt überlappen.

Bild 3.33: Mehrspaltigen Text mit dem Tag `<multicol ... >` unterstützt nur der Netscape Navigator ab Version 3.0

N 3.0 *Spaltenbreite und Spaltenabstand bestimmen*

Sie können sowohl die Breite der Spalten als auch die Breite der Spaltenzwischenräume eines mehrspaltigen Textflusses festlegen. Ein Beispiel:

```
<multicol cols=3 width=500 gutter=15>
Viel Text mit Überschriften, Absätzen,
Listen, dazu Bilder, Java ... alles möglich
</multicol>
```

Durch das Attribut `width=` können Sie die Gesamtbreite der Spalten beeinflussen. Sie können eine Zahl oder einen Prozentwert angeben. Mit einer Zahl, z. B. 500, erzwingen Sie, daß alle Spalten zusammengenommen so viele Pixel breit sind wie angegeben. Mit einem Prozentwert erreichen Sie, daß alle Spalten zusammengenommen maximal so viel Breite des Anzeigefensters einnehmen wie angegeben. Für eine prozentuale Angabe notieren Sie hinter der Zahl einfach ein Prozentzeichen.

Mit dem Attribut `gutter=` können Sie den Abstand zwischen den Spalten vergrößern oder verkleinern. Die Voreinstellung ist ein Abstand von 10 Pixeln. Mit einem höheren Wert erreichen Sie einen größeren Spaltenabstand, mit einem niedrigeren Wert einen geringeren Spaltenabstand.

3.4.14 Horizontale und vertikale Abstände

N 3.0 *Vertikale Abstände*

Ein HTML-Tag, das von Netscape ab V3.0 interpretiert wird, erlaubt es, horizontale und vertikale Leerräume einzufügen. Dadurch lassen sich beispielsweise Absatzabstände manuell vergrößern. Für viele Möglichkeiten, die dieser Befehl bietet, stehen mittlerweile die offiziell standardisierten CSS-Style-Sheets zur Verfügung. Der hier beschriebene Befehl gehört dagegen nicht zum HTML-Standard. Ein Beispiel:

```
Hier ist ein Absatz zu Ende.
<p>  <!-- Ein neuer Absatz wird eingefügt -->
<spacer type=vertical size=30>
Ein neuer Absatz beginnt hier. Der Abstand zum vorherigen Absatz ist
deutlich größer als gewöhnlich
```

Mit `<spacer ...>` leiten Sie einen Zwischenraum ein (spacer = »Raumschaffer«). Notieren Sie das Tag genau an der Stelle, an der Sie den Zwischenraum wünschen. Mit der Zusatzangabe `type=vertical` geben Sie an, daß es ein vertikaler Zwischenraum sein soll, wie es für Absatzabstände erforderlich ist. Mit dem Attribut `size=` bestimmen Sie die Größe des Abstands. Die Angabe erfolgt in Pixeln (size = Größe).

N 3.0 *Horizontale Einrückungen*

Sie können beispielsweise die erste Zeile eines Absatzes einrücken, so wie es in vielen Büchern und Zeitschriften üblich ist. Mit `<spacer ...>` leiten Sie die Einrückung ein. Notieren Sie das Tag am besten vor dem ersten Wort des Absatzes, also dem Wort, das eingerückt werden soll. Mit `type=horizontal` erzwingen Sie einen horizontalen Zwischenraum, wie es für Einrückungen erforderlich ist. Mit `size=` geben Sie an, um wieviele Pixel die Zeile eingerückt wird, zum Beispiel:

```
Hier ist ein Absatz zu Ende.
<p>  <!-- Ein neuer Absatz wird eingefügt -->
<spacer type=horizontal size=12>Ein neuer Absatz beginnt hier.
Die erste Zeile des Absatzes wird eingerückt.
```

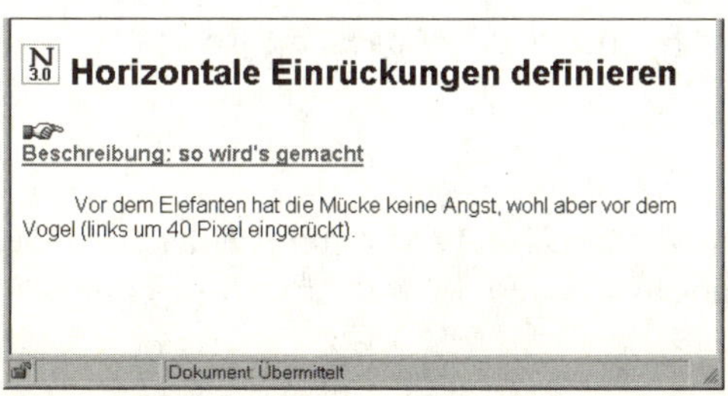

Bild 3.34: Ein eingerückter Absatz, wie er bei Büchern und Zeitschriften üblich ist

N 3.0 Treppeneffekte

Sie können mehrere Zeilen stufenweise horizontal einrücken und auf diese Weise Treppeneffekte erzielen. Da die horizontale Einrückung auch innerhalb von Zeilen erlaubt ist, sind sogar »mehrspaltige Treppen« möglich:

```
Die erste Zeile<spacer type=horizontal size=50>Mit Abstand<br>
<spacer type=horizontal size=20>Die zweite Zeile<spacer type=horizontal
   size=50>Mit Abstand<br>
<spacer type=horizontal size=40>Die dritte Zeile<spacer type=horizontal
   size=50>Mit Abstand<br>
<spacer type=horizontal size=60>Die vierte Zeile<spacer type=horizontal
   size=50>Mit Abstand<br>
<spacer type=horizontal size=40>Die fünfte Zeile<spacer type=horizontal
   size=50>Mit Abstand<br>
<spacer type=horizontal size=20>Die sechste Zeile<spacer type=horizontal
   size=50>Mit Abstand<br>
Die siebte Zeile<spacer type=horizontal size=50>Mit Abstand<br>
```

Im Beispiel können Sie sehen, wie das `<spacer>`-Tag sowohl vor Textzeilen als auch innerhalb von Textzeilen sinnvoll verwendet werden kann. Die Zeilen zwei bis sechs im Beispiel werden am Zeilenanfang durch `<spacer type=horizontal ...>` um so viele Pixel eingerückt wie bei `size=` angegeben. Die Angaben sind so gewählt, daß sich ein Treppeneffekt ergibt. Innerhalb jeder der sieben Zeilen des Beispiels wird nochmals ein horizontaler Abstand mit fester Breite von 50 Pixeln eingefügt. Dadurch ergibt sich eine zweite »Treppe« mit festem horizontalen Abstand zur ersten Treppe.

Bild 3.35: Selbst verschachtelte Treppeneffekte sind mit dem Spacer möglich

N 3.0 Unsichtbare Bilder

Sie können »unsichtbare Bilder« definieren, d. h. Rechtecke von frei wählbarer Größe. Diese unsichtbaren Bilder haben auf den umgebenden Text die gleiche Auswirkung wie referenzierte Grafiken. Ein Beispiel:

```
<spacer type=block width=100 height=50 align=left>Der hier stehende Text
fließt links um ein unsichtbares Rechteck.
```

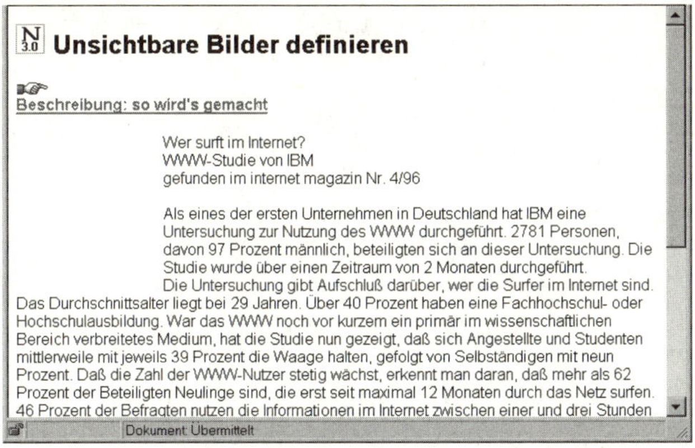

Bild 3.36: Unsichtbare Bilder realisiert das `<spacer>`-Tag, wenn Sie Höhe und Breite entsprechend festlegen

Durch die Attribute `type=block` (block = Rechteck), `width=` (width = Breite) und `height=` (height = Höhe) definieren Sie ein Rechteck für den gewünschten Leerraum. Mit `width=` bestimmen Sie die Breite des Rechtecks, mit `height=` die Höhe. Beide Angaben erfolgen in Pixeln. Wenn Text um das Rechteck fließen soll, sollten Sie die Ausrichtung festlegen. Mit der Angabe `align=left` fließt der folgende Text rechts um das links ausgerichtete Rechteck, mit der Angabe `align=right` fließt er links um das rechts ausgerichtete Rechteck.

Beachten Sie: Wenn Sie diesen Befehl gleich hinter dem einleitenden `<body>`-Tag notieren und die Höhe hinreichend groß wählen (z. B. `height=10000`), können Sie auf diese Weise Seitenränder erzwingen.

3.4.15 Lauftext (Marquee)

Lauftext definieren

Sie können erreichen, daß ein Text mitten im übrigen Text automatisch horizontal scrollt wie beim Bildschirmschoner Marquee von Windows. Mit `<marquee>` leiten Sie den zu scrollenden Text ein. Dahinter folgt der Text, der gescrollt werden soll. Am Ende des zu scrollenden Textes notieren Sie ein abschließendes `</marquee>`. Ein Beispiel:

```
<marquee>Dieser Text wird horizontal wie am Laufband gescrollt</marquee>
```

Laufrichtung bestimmen

Per Voreinstellung werden Marquee-Texte vom Internet Explorer von rechts nach links bewegt. Sie können die Laufrichtung umkehren. Durch das Attribut `direction=right` im einleitenden Tag von `<marquee ...>` erzwingen Sie die Laufrichtung von links nach rechts (direction = Richtung, right = rechts). Mit dem Attribut `direction=left` stellen Sie die Laufrichtung auf von rechts nach links (Voreinstellung).

```
<marquee direction=right>Dieser Text wird von links nach rechts
   gescrollt</marquee>
```

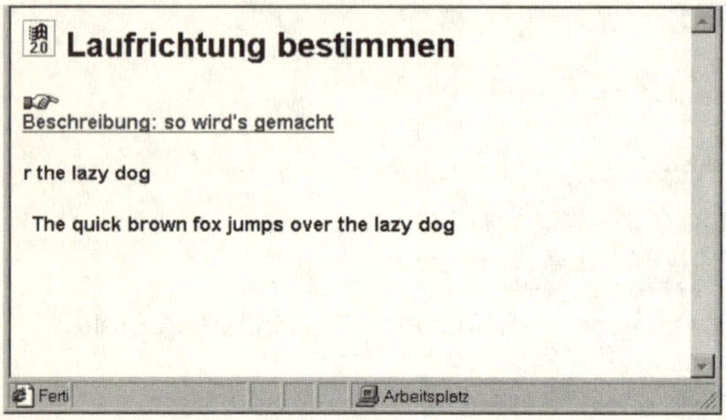

Bild 3.37: Der Lauftext kann von links nach rechts oder umgekehrt wandern

Laufgeschwindigkeit einstellen

Der Internet Explorer verwendet intern eine bestimmte Laufgeschwindigkeit. Sie können eine eigene Geschwindigkeit bestimmen. Die Geschwindigkeit können Sie durch zwei Parameter beeinflussen: 1. durch die Anzahl der Pixel zwischen einem Bewegungszustand und dem nächsten und 2. durch die Angabe der Verzögerung zwischen zwei Bewegungszuständen. Ein Beispiel:

```
<marquee scrollamount=50 scrolldelay=5>Dieser Text wird ziemlich schnell
   gescrollt</marquee>
```

Durch das Attribut `scrollamount=` im einleitenden Tag von `<marquee ... >` bestimmen Sie die Pixelanzahl zwischen den Scroll-Zuständen. Durch das Attribut `scrolldelay=` legen Sie die Verzögerung zwischen zwei Scroll-Zuständen in Millisekunden fest (amount = Umstand, delay = Verzögerung).

Hin und her wechselnder Lauftext

Sie können bestimmen, daß sich der Marquee-Text abwechselnd von rechts nach links und von links nach rechts bewegt. Dabei wird die Laufrichtung des Textes umgekehrt, sobald der Text einen der beiden Fenster- bzw. Seitenränder berührt. Durch das Attribut `behavior=alternate` im einleitenden Tag von `<marquee ... >` erzwingen Sie den Wechsel-Effekt (behavior = Verhalten, alternate = wechselnd). Ein Beispiel:

```
<marquee behavior=alternate>Dieser Text wird hin- und herbewegt</marquee>
```

Lauftext zusätzlich hervorheben

Sie können den als Marquee-Effekt definierten Textabschnitt zusätzlich hervorheben, indem Sie eine eigene Hintergrundfarbe für diesen Textabschnitt definieren. Der Scroll-Effekt findet dann optisch gesehen in einem andersfarbigen Kasten statt, zum Beispiel:

```
<font color=#FFFF00><marquee bgcolor=#990099>
Dieser Scroll-Text erscheint gelb auf knallrotem Hintergrund
</marquee></font>
```

Durch das Attribut `bgcolor=` im einleitenden Tag von `<marquee ... >` erzwingen Sie, daß der gescrollte Text in einem andersfarbigen Rahmen erscheint (bgcolor = background color = Hintergrundfarbe). Für die Farbauswahl gelten die Regeln zum Definieren von Farben in HTML (Kapitel 3.3).

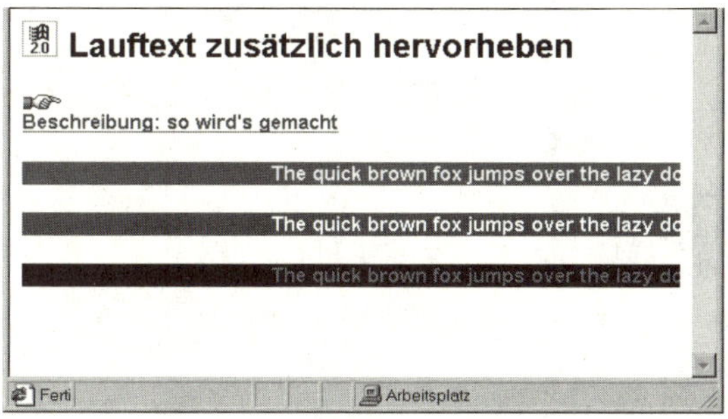

Bild 3.38: Die Hervorhebung mit `bgcolor=` setzt den Lauftext in ein farbiges Band

Beachten Sie: Wenn Sie eine Hintergrundfarbe für den Lauftext wählen, sollten Sie auch eine dazu kontrastierende Vordergrundfarbe für den Text bestimmen. Dies erreichen Sie durch Bestimmen der Schriftfarbe mit `<font color=>`. Das `<font>`-Tag sollte dabei außerhalb des `<marquee>`-Tags stehen, andernfalls interpretiert der Internet Explorer es falsch. Die definierten Farben sollten ferner zu den dateiweiten Hinter- und Vordergrundfarben passen.

Umgebenden Text ausrichten

Sie können bestimmen, daß Text, der im gleichen Absatz wie der Marquee-Text steht, im Verhältnis zu dem Marquee-Text ausgerichtet wird. Ein Beispiel:

```
<marquee align=top>Marquee-Text</marquee> und oben daran ausgerichteter
   Text
<marquee align=middle>Marquee-Text</marquee> und mittig daran
   ausgerichteter Text
<marquee align=bottom>Marquee-Text</marquee> und unten daran
   ausgerichteter Text
<marquee height=20 hspace=10>Marquee-Text</marquee>
```

Durch das Attribut `align=top` im einleitenden Tag von `<marquee ... >` erreichen Sie, daß der umgebende Text oben bündig zu dem Marquee-Text ausgerichtet wird. Mit `align=middle` wird der umgebende Text mittig ausgerichtet, mit `align=bottom` unten bündig (align = ausrichten, top = oben, middle = mittig, bottom = unten).

Durch die Zusatzangabe `height=` im einleitenden Tag von `<marquee ... >` bestimmen Sie die Höhe des Marquee-Bereichs (height = Höhe). Diese Angabe ist vor allem interessant, wenn Sie für den Marquee-Bereich eine eigene Hintergrundfarbe bestimmen. Mit der Höhe des Marquee-Bereichs legen Sie dann die Höhe des andersfarbigen Kastens fest, in dem der Marquee-Text gescrollt wird. Die Angabe erfolgt entweder absolut in Pixeln (wie im Beispiel) oder in Prozent relativ zur Höhe des Anzeigefensters. Um einen Prozentwert anzugeben, hängen Sie hinter die Wertangabe einfach ein Prozentzeichen % (z. B. `height=10%`).

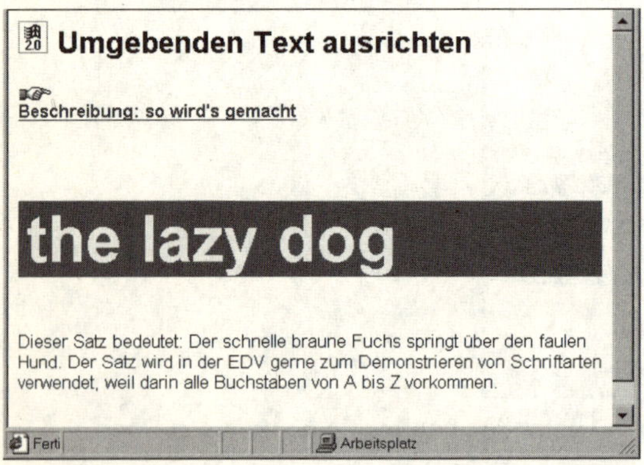

Bild 3.39: Mit dem Attribut `height=` wird der Lauftext unübersehbar

Mit `hspace=` bestimmen Sie den Abstand zwischen Marquee-Text und dem »normalen« Text, der unmittelbar davor bzw. dahinter folgt (hspace = horizontal space = horizontaler Abstand). Diese Angabe ist nur von Bedeutung, wenn Sie den Marquee-Bereich mitten im Text definieren. Wenn Sie den Marquee-Bereich in einem eigenen Absatz definieren, ist die Angabe bedeutungslos. Die Angabe des Abstands zum Text davor bzw. dahinter erfolgt in Pixeln. Der angegebene Abstand gilt sowohl für den Text davor als auch für den Text dahinter.

4 Verweise

4.1 Aufbau von Verweisen und Allgemeines

Verweise sind ein entscheidender Bestandteil jedes Hypertext-Projekts und der »intelligente Mehrwert« des World Wide Web. Mit Hilfe von Verweisen strukturieren Sie Ihr Projekt. Wenn Sie beispielsweise eine HTML-Datei mit einer Projekt-Einstiegsseite und verschiedene HTML-Dateien für Themenseiten planen, benötigen Sie auf der Einstiegsseite Verweise zu allen Themenseiten und in jeder Themenseite einen Rücksprungverweis zur Einstiegsseite. Erst dadurch wird aus der losen Dateisammlung ein Hypertext-Projekt. In komplexeren Projekten wie dem vorliegenden Dokument finden Sie auch Verweise mit bestimmter Bedeutung – Verweise zu über- oder untergeordneten Ebenen, Verweise zum Blättern, Verweise zum Wechseln zwischen Beschreibungen und Anzeigebeispielen, Querverweise, Verweise zu anderen WWW-Adressen usw.

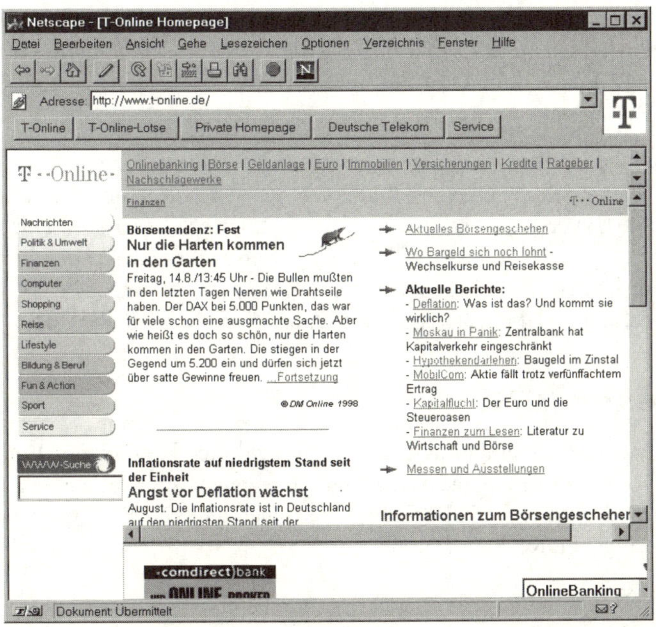

Bild 4.1: Querverweise (Hyperlinks) sind das Salz in der WWW-Suppe

Alle Verweise in HTML haben den gleichen Aufbau. Das vereinfacht die Syntax, hat aber auch Nachteile: Es gibt nämlich keine Verweise für bestimmte Aufgaben. Mittlerweile gibt es zwar auch Attribute für solche Zwecke, aber in der Praxis bleibt es Ihnen überlassen, wie Sie zum Beispiel Verweise so gestalten, daß dem Anwender klar wird, ob es sich um einen Rückverweis zur Einstiegsseite, um einen Querverweis zu einem assoziativ verwandten Thema oder etwa um einen Verweis zu einer ganz anderen WWW-Adresse handelt.

Wichtig ist in allen Fällen ein aussagekräftiger Verweistext:

Schlecht ist: *zurück* (wohin eigentlich?)

Besser ist: *zurück zur Einstiegsseite* (aha!)

Verweise lenken die Aufmerksamkeit des Anwenders sofort auf sich. Wenn Sie Verweise mitten im Text notieren, sollten Sie als Verweistext inhaltlich beschreibende Wörter anbieten, keine Wörter ohne Inhalt:

Schlecht ist: Für Information klicken Sie *hier*. (Worum geht es »hier« eigentlich?)

Gut ist: *Weitere Informationen* können Sie ebenfalls aufrufen. (Aha!)

Bei komplexeren Projekten sollten Sie sich überlegen, wie Sie dem Anwender die Vielzahl der Verweise mit unterschiedlicher Bedeutung intuitiv zugänglich machen. Ein sinnvoller Weg ist, den Verweisen kleine Symbolgrafiken voranzustellen, wie es etwa in der Online-Version dieses Buches der Fall ist. Durch aussagekräftige Symbole können Sie dem Anwender sofort signalisieren, um welche Art von Verweis es sich handelt. Die Symbolgrafiken sollten jedoch in der Höhe nicht größer sein als der Fließtext – normalerweise etwa 10 bis 12 Pixel. Auch Grafiken als Verweise tragen häufig zu einer besseren Verweiskennzeichnung bei.

Zu wenige Verweise erschweren das Navigieren in einem Projekt und zeugen von wenig Kreativität beim Anbieter des Projekts. Zu viele Verweise verwirren den Anwender und können ein »Lost-in-Hyperspace-Gefühl« erzeugen – auch das wirft kein gutes Licht auf den Projektanbieter. Setzen Sie deshalb alle Verweise, die zum bequemen Navigieren nötig sind, und denken Sie auch an Querverweise sowie an sinnvolle Verweise zu anderen WWW-Adressen. Übertreiben Sie die Querverweistechnik aber nicht.

✓ Schema für Verweise in HTML

Alle Verweise in HTML haben einen einheitlichen Aufbau, egal, ob sie zu einem Verweisziel in der gleichen Datei, zu einer anderen Datei im eigenen Projekt, zu einer beliebigen WWW-Adresse oder zu einer beliebigen Datei eines anderen Dateityps im Internet oder lokal auf dem eigenen Rechner führen:

```
<a href="[Verweisziel]">Verweistext</a>
```

Das Setzen eines Verweises beginnt mit `<a href=` (a = anchor = Anker, href = hyper reference = Hyper(text)-Referenz). Hinter dem Gleichheitszeichen geben Sie das Verweisziel an. Das Verweisziel muß in Anführungszeichen stehen. Dahinter endet das einleitende Tag mit `>`. Es folgt der Text, der dem Anwender als Verweis angeboten wird, bei den meisten WWW-Browsern andersfarbig, häufig unterstrichen. Im Beispiel ist das der Text »Verweistext«. Dahinter wird das abschließende Tag `</a>` notiert.

Das Verweisziel kann sein:

- eine Stelle innerhalb der gleichen HTML-Datei,
- eine andere HTML-Datei im eigenen Projekt,
- eine WWW-Adresse,
- eine FTP-, Gopher-, Telnet-, oder Newsgroup-Adresse,
- eine E-Mail-Adresse,
- eine Datei im Internet, auch eine Download-Datei
- oder eine lokal abgelegte Datei.

Beachten Sie: Zwischen `<a href=...>` und `</a>` können Sie anstelle eines Verweistextes auch eine Grafik als Verweis einbinden.

Weitere Möglichkeiten

Das `<a>`-Tag kann Universalattribute enthalten. Wenn Sie HTML bereits etwas besser kennen, probieren Sie auch mal die Möglichkeiten aus, die Ihnen CSS-Style-Sheets bieten. Immer wieder erwünschte Formatierungen lassen sich mit Hilfe von Style-Sheet-Angaben sehr einfach bewirken. Deshalb hier gleich die entscheidenden Beispiele:

Beispiel 1:

```
<a href="[Verweisziel]" style="text-decoration:none">
nicht unterstrichener Verweistext</a>
```

Beispiel 2:

```
<a href="[Verweisziel]" style="text-decoration:none;
background-color:#FFFFCC; color:#990000">
nicht unterstrichener Verweistext, farbig hinterlegt</a>
```

Auf die Befehle, die solche Formatierungen bewirken, wird hier nicht näher eingegangen. Dazu müssen Sie zunächst wissen, wie man Style-Sheets definieren kann. Anschließend sind Sie in der Lage, Style-Sheet-Angaben anzuwenden. Die hier gezeigten Style-Sheet-Angaben gehören zu folgenden Bereichen: Schriftformatierung, Hintergrundfarben und -bilder.

4.2 Projektverweise innerhalb einer HTML-Datei

Anker für Verweise definieren

Sie können von jeder beliebigen Stelle in einer HTML-Datei zu einer anderen beliebigen Stelle innerhalb der gleichen Datei einen Verweis setzen. Dazu brauchen Sie zwei Befehle:

- einen Befehl, um ein Verweisziel (Anker) zu definieren
- und einen Befehl, um einen Verweis zu einem definierten Verweisziel zu setzen.

Um einen Anker für mögliche Verweise zu definieren, gehen Sie beim Editieren an die Stelle, zu der ein Verweis führen soll (Verankerungsstelle für den Verweis). Es kann sich um ein einzelnes Wort mitten im Text handeln, um eine Überschrift, um eine referenzierte Grafik, was immer Sie wollen:

```
<a name="Zieldef"><h3>Verweisziel definieren</h3></a>
```

Die Definition eines Verweisziels (Ankers) beginnt mit `<a name=` (a = anchor = Anker). Hinter dem Gleichheitszeichen vergeben Sie einen dateiweit eindeutigen Namen für das Verweisziel (im Beispiel: »`Zieldef`«). Vergeben Sie keine zu langen Namen. Namen dürfen keine Leerzeichen und keine deutschen Umlaute enthalten. Benutzen Sie als Sonderzeichen höchstens den Unterstrich »_«. Der Name des Verweisziels muß in Anführungszeichen stehen. Hinter dem Verweiszielnamen endet das einleitende Tag mit `>`. Dahinter folgt ein Inhalt, zu dem der Verweis führen soll. Im Beispiel ist das eine Überschrift 3. Ordnung. Dahinter wird das abschließende Tag `</a>` notiert.

Beachten Sie: Der Bereich zwischen `<a name=>` und `</a>` darf nicht leer sein. In den meisten Fällen werden Sie Anker bei Überschriften setzen (so wie im Beispiel oben). Wenn nicht, markieren Sie irgendein Wort im Fließtext mit `<a name="Ziel">Wort</a>` oder etwa eine eingebundene Grafik (`<a name="Ziel"><img src="datei.gif"></a>`).

Sie können auch von einer anderen HTML-Datei aus einen Verweis zu einem Anker in der aktuellen Datei setzen. Der WWW-Browser ruft dann die aktuelle Datei auf und springt direkt an die verankerte Stelle. Manche Browser haben Schwierigkeiten, zu Ankern zu springen, die innerhalb einer Tabelle notiert sind.

✓ *Verweis auf Anker setzen*

Wenn Sie in einer HTML-Datei einen Anker definiert haben, können Sie einen Verweis auf die verankerte Stelle setzen. Für das Setzen des Verweises gilt das Schema für Verweise in HTML. Das Verweisziel ist der Name eines zuvor definierten Ankers. Dem Namen müssen Sie ein # voranstellen (im Beispiel: `"#Zieldef"`, wobei `"Zieldef"` der Name eines zuvor definierten Ankers ist). Beachten Sie, daß Groß- und Kleinschreibung bei Definition und Aufruf eines Ankers übereinstimmen müssen. Ein Beispiel:

```
Erst müssen Sie ein <a href="#Zieldef">Ziel für Verweise definieren</a>
```

4.3 Projektverweise auf andere HTML-Dateien

✓ *Verweis auf eine Datei im gleichen Verzeichnis*

Bei kleineren Projekten, zum Beispiel bei persönlichen Homepages, befinden sich alle Projektdateien zumeist im gleichen Verzeichnis, auch nach dem Upload auf einen

WWW-Server. In diesem Fall genügt bei Verweisen zwischen den Dateien einfach die Angabe der anderen Datei, zum Beispiel:

```
<a href="datei.htm">Verweistext</a>
```

Für das Setzen des Verweises gilt das Schema für Verweise in HTML. Das Verweisziel ist der Dateiname der anderen HTML-Datei. Beachten Sie: Bei der Angabe des Dateinamens müssen Sie unbedingt zwischen Groß- und Kleinschreibung unterscheiden. Einige Systeme, allen voran MS-Windows, sind bis heute entweder überhaupt nicht in der Lage, dies zu unterscheiden (bis Windows 3.11), oder sie unterscheiden es, aber nicht konsequent genug (Windows 95). Notieren Sie die Dateinamen in Ihren Verweisen dennoch exakt so, wie Sie die Dateinamen geschrieben haben wollen. Evtl. müssen Sie die Dateien nach dem Upload auf einen WWW-Server (häufig Unix-Rechner, die penibel zwischen Groß- und Kleinschreibung unterscheiden) alle Dateien noch einmal mit FTP-Befehlen umbenennen und dabei Groß- und Kleinschreibung so verwenden, wie es in Ihren Verweisen steht.

Legen Sie bereits beim lokalen Erstellen von HTML-Dateien, die später im WWW in einem gemeinsamen Verzeichnis stehen sollen, alle Dateien in einem gemeinsamen Verzeichnis ab. Nur so funktionieren die Verweise zwischen den Dateien.

✓ Verweis auf Datei in anderem Verzeichnis (relativ)

Bei größeren Projekten ist es sinnvoll, die Dateien auf mehrere Verzeichnisse zu verteilen. Dies dient der besseren Übersicht. Damit die Projekte auf andere Rechner mit anderen Verzeichnisstrukturen übertragbar bleiben, sollten Sie aber bei Verweisen zwischen Dateien, die zu Dateien in anderen Verzeichnissen führen, mit relativen Pfadnamen arbeiten. Ein Beispiel:

```
<a href="verzeichnis/datei.htm">Verweis zu Datei in Verzeichnis
   unterhalb</a>
<a href="verzeichnis/unterverz/datei.htm">Verweis zu Datei in Verzeichnis
   weit unterhalb</a>
<a href="../datei.htm">Verweis zu Datei ein Verzeichnis höher</a>
<a href="../../../datei.htm">Verweis zu Datei drei Verzeichnisse höher</a>
<a href="../woanders/datei.htm">Verweis zu Datei in Verzeichnis unterhalb
   des nächsthöheren</a>
```

Für das Setzen des Verweises gilt das Schema für Verweise in HTML. Das Verweisziel ist die relative Pfadangabe und der Dateiname der anderen HTML-Datei. Bei relativen Pfadnamen ist das Verzeichnis, in dem die Datei steht, welche den Verweis enthält, der Bezugspunkt (im folgenden »aktuelles Verzeichnis« genannt).

Wenn sich die HTML-Datei, auf die der Verweis führen soll, in einem Verzeichnis unterhalb des aktuellen Verzeichnisses befindet, notieren Sie den Namen des Unterverzeichnisses, dann einen Schrägstrich, dann den Namen der Zieldatei. Wenn sich die Zieldatei im nächsthöheren Verzeichnis zu dem aktuellen Verzeichnis befindet, notieren

Sie zwei Punkte, einen Schrägstrich und dahinter den Namen der Zieldatei. Bei weiter entfernten Dateien müssen Sie mehrere Verzeichnisse aneinanderreihen wie in den obigen Beispielen.

Beachten Sie: Verwenden Sie zum Trennen der Verzeichnisnamen immer den einfachen Schrägstrich – auch wenn Sie Ihr Projekt innerhalb einer DOS-/Windows-Umgebung erstellen. Der umgedrehte Schrägstrich (Backslash: \) ist in HTML tabu. Heimtückischerweise funktioniert er zwar meistens beim Test auf dem lokalen Rechner, aber nicht beim Abruf der Seite über das Internet. Der WWW-Browser benötigt die Angabe in Form von einfachen Schrägstrichen.

✓ Verweis auf Anker innerhalb einer anderen Datei

Wenn Sie innerhalb einer anderen als einer aktuellen HTML-Datei Anker definiert haben, können Sie auch Verweise setzen, die direkt zu einem Anker innerhalb einer anderen Datei führen. Ein Beispiel:

```
<a href="datei.htm#Zieldef">Verweistext</a>
<a href="verzeichnis/datei.htm#Zieldef">Verweistext</a>
<a href="../datei.htm#Zieldef">Verweistext</a>
```

Für das Setzen des Verweises gilt das Schema für Verweise in HTML. Das Verweisziel ist der Name der anderen HTML-Datei (gegebenenfalls mit relativem Pfadnamen) und dahinter, durch ein # getrennt, der Name des definierten Ankers. Beachten Sie, daß Groß- und Kleinschreibung bei Definition und Aufruf eines Ankers übereinstimmen müssen.

4.4 Verweise auf andere WWW-Adressen

Sie können in Ihren eigenen HTML-Dateien auf jede beliebige WWW-Adresse, die Sie kennen, einen Verweis setzen. WWW-Adressen sind alle Adressen im Internet, die mit *http://...* beginnen.

Das World Wide Web lebt unter anderem von der Vernetzungsdichte, also von der Bereitschaft von Seitenanbietern, auf andere WWW-Seiten zu verweisen. Mit jedem Verweis auf eine andere WWW-Adresse nehmen Sie gewissermaßen an der »World Wide Web Revolution« teil. Mit solchen Verweisen signalisieren Sie Ihre Bereitschaft, Teil der »weltweiten Netzgemeinschaft« zu sein.

Leider bestehen viele Homepages heute aber aus nichts anderem als einige Verweisen ins WWW – das interessiert niemanden. Entweder spezialisieren Sie sich auf das Sammeln von Internet-Adressen. Dann müssen Sie mehrere tausend Adressen, sauber nach Kategorien getrennt, möglichst noch mit Kurztext zu dem betreffenden Projekt, sammeln und als Web-Projekt anbieten, um Beachtung zu finden. Oder Sie schreiben etwas über ein bestimmtes Thema und sammeln gezielt alle Verweise zu anderen Projekten im WWW, die sich mit dem gleichen Thema beschäftigen.

Normalerweise dürfen Sie Verweise auf fremde WWW-Projekte ungefragt setzen. Jeder Anbieter von WWW-Seiten sollte das wissen; wenn er aus irgendwelchen Gründen keinen Verweis auf die eigenen Seiten haben will, sollte er dies auf seinen Seiten ausdrücklich sagen.

Wenn Sie einen Verweis ins WWW mitten in einem eigenen Text anbieten, ist der Kontext zu beachten. So können Sie natürlich auch »Haß-Verweise« mit entsprechendem Kommentar setzen. In solchen Fällen kann Ihnen jedoch eine juristische Beleidigungsklage von seiten des »Verwiesenen« drohen – die Praxis des heutigen WWW ist von der Realität nicht mehr so weit entfernt, auch wenn es noch etliche juristische Lücken zur Definition von »Internet-Delikten« gibt.

✓ Verweis auf WWW-Adresse setzen

Sie können einen Verweis auf eine beliebige HTTP-Adresse im WWW setzen. Für das Setzen des Verweises gilt das Schema für Verweise in HTML. Das Verweisziel ist die gewünschte WWW-Adresse. Das Beispiel:

```
<a href="http://www.teamone.de/hypertext/">Hypertext</a>
```

Beachten Sie: Viele Adressen bestehen nur aus dem Namen einer WWW-Domain, etwa *http://www.teamone.de/*. Trotzdem führt der Verweis auf eine konkrete HTML-Datei. Das liegt daran, daß es bei vielen WWW-Servern einen sogenannten Default-Dateinamen gibt – meistens *index.htm, index.html* oder *welcome.htm* bzw. *welcome.html*. Das Projekt muß natürlich auch eine entsprechende Datei besitzen. Im Verweis braucht die HTML-Datei aber nicht mit angegeben zu werden.

Viele solcher Adressen werden immer wieder ohne abschließenden Schrägstrich angegeben, etwa *http://www.teamone.de*. Es ist jedoch sauberer, wenn Sie noch den Schrägstrich dahinter setzen. Nur so kann der WWW-Browser bereits am Verweis erkennen, daß es sich um ein Verzeichnis handelt, in dem eine Default-Datei steht, deren Namen der WWW-Server zur Verfügung stellt. Es ist deshalb besser zu notieren: *http://www.teamone.de/*.

Noch wichtiger ist es, bei Unterverzeichnissen einen abschließenden Schrägstrich zu notieren. Zwar klappt es auch, wenn Sie eine Adresse wie *http://www.teamone.de/hypertext* notieren. Doch dann findet unnötig viel Kommunikation zwischen Browser und Server statt, denn intern fordert der Browser vom Server im Beispiel zuerst eine Datei namens *hypertext*, was den Server zunächst zu einer Fehlermeldung veranlaßt, da diese Datei nicht existiert. Erst im zweiten Schritt wird erkannt, daß es sich um den Namen eines Verzeichnisses handelt. Notieren Sie deshalb immer Angaben wie *http://www.teamone.de/hypertext/*, also mit abschließendem Schrägstrich.

4.5 Verweise auf FTP, Gopher, Telnet, Newsgroups

Verweis auf FTP-Adresse setzen

Sie können in einer HTML-Datei einen Verweis auf eine gültige FTP-Adresse setzen. Für das Setzen des Verweises gilt das Schema für Verweise in HTML. Das Verweisziel ist die FTP-Adresse. Ein Beispiel:

```
<a href="ftp://ftp.uni-augsburg.de/">FTP-Server Augsburg</a>
<a href="ftp://ftp.uni-koeln.de/pc/mirrors/winsock-l/
Windows95/Graphics/psp41.txt"Info zu PSP 4.11</a>
<a href="ftp://ftp.uni-koeln.de/pc/mirrors/
winsock-l/Windows95/Graphics/psp41.zip"PSP 4.11</a>
```

Beachten Sie: FTP-Adressen beginnen immer mit *ftp://*. Der Verweis ist bei Anwendern nur ausführbar, wenn der WWW-Browser das Browsen in FTP-Beständen unterstützt (z. B. Netscape), oder wenn bei solchen Verweisen automatisch ein FTP-Programm gestartet wird.

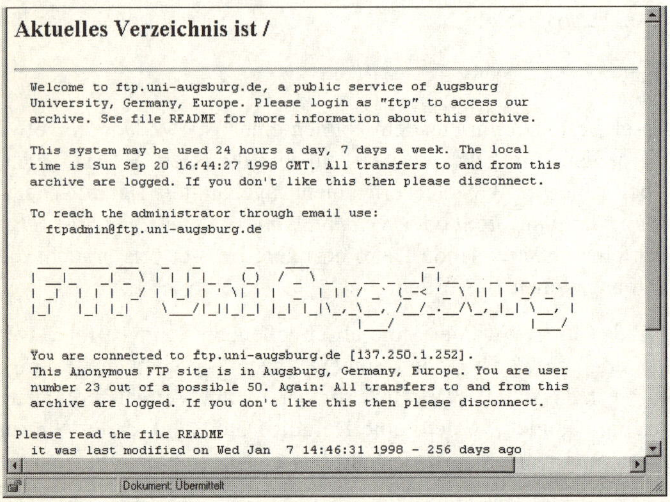

Bild 4.2: Der eingebaute FTP-Modus von Netscape Navigator zeigt den FTP-Bereich der Universität Augsburg

Wenn Sie einen Verweis auf einen FTP-Server setzen (wie im ersten der obigen Beispiele) oder auf ein Verzeichnis auf einem FTP-Server, kann der Anwender selbst in dem Datenbestand stöbern. Wenn der Verweis direkt auf eine bestimmte Datei führt, passiert das, was im WWW-Browser für Dateien des betreffenden Typs festgelegt ist.

Eine Textdatei etwa (wie im zweiten der obigen Beispiele) wird am Bildschirm angezeigt. Eine ZIP-Archivdatei (wie im dritten der obigen Beispiele) wird normalerweise zum Download angeboten.

Bei Dateien unbekannten Typs kann der Anwender meist selbst entscheiden, was geschehen soll (die Anwendung starten, die die Datei anzeigen kann, oder downloaden).

Einige Browser interpretieren auch eine erweiterte Angabe, die es erlaubt, Verweise direkt auf paßwortgeschützte FTP-Bereiche zu setzen.

So könnten Sie beispielsweise einen Verweis von der Art <a href="ftp://user:passwort@domain.de/"> Direkt ins Geheimreich</a> notieren. Setzen Sie für user die User-ID für den FTP-Zugang zu dem geschützten Bereich ein, für passwort das zugehörige Paßwort und für domain.de die Domain-Adresse.

User-ID und Paßwort müssen Ihnen natürlich bekannt sein. Diese Syntax sollten Sie jedoch niemals auf öffentlichen WWW-Seiten verwenden, sondern höchstens, um bequem von einer lokal gespeicherten HTML-Datei aus auf einen solchen FTP-Bereich zugreifen zu können.

✓ Verweis auf Gopher-Adresse setzen

Sie können in einer HTML-Datei einen Verweis auf eine gültige Gopher-Adresse setzen. Für das Setzen des Verweises gilt das Schema für Verweise in HTML. Das Verweisziel ist die Gopher-Adresse. Das Beispiel:

```
<a href="gopher://adam.greenpeace.org:70/1>Gopher-Server von Greenpeace</a>
<a href="gopher://gopher.greenpeace.org:70/00/gpi>Textdatei auf
   Greenpeace-Gopher-Server</a>
```

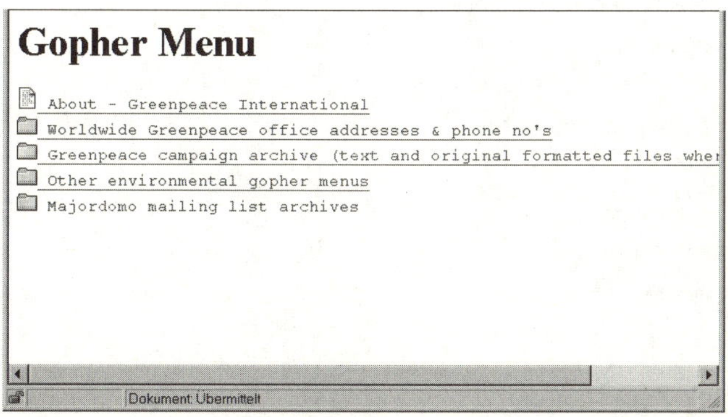

Bild 4.3: Das Gopher-Angebot von Greenpeace in der Netscape-Darstellung

Beachten Sie: Gopher-Adressen beginnen immer mit *gopher://*. Der Verweis ist bei Anwendern nur ausführbar, wenn der WWW-Browser das Gopher-Protokoll unterstützt (z. B. Netscape) oder wenn bei solchen Verweisen automatisch ein Gopher-Programm gestartet wird.

Wenn Sie einen Verweis auf einen Gopher-Server setzen (wie im ersten der obigen Beispiele) oder auf ein Menü in einer Gopher-Struktur, kann der Anwender selbst in dem Datenbestand stöbern.

Wenn der Verweis direkt auf eine bestimmte Datei führt, passiert das, was im WWW-Browser für Dateien des betreffenden Typs festgelegt ist. Eine Textdatei etwa (wie im zweiten der obigen Beispiele) wird am Bildschirm angezeigt.

✓ *Verweis auf Telnet-Adresse setzen*

Sie können in einer HTML-Datei einen Verweis auf eine gültige Telnet-Adresse setzen. Für das Setzen des Verweises gilt das Schema für Verweise in HTML. Das Verweisziel ist die Telnet-Adresse.

Ein Beispiel:

```
<a href="telnet://locis.loc.gov/">Telnet-Service der Library of
   Congress</a>
```

Beachten Sie: Telnet-Adressen beginnen immer mit *telnet://*. Der Verweis ist bei Anwendern nur ausführbar, wenn der WWW-Browser das Telnet-Protokoll unterstützt oder wenn bei solchen Verweisen automatisch ein Telnet-Programm gestartet wird.

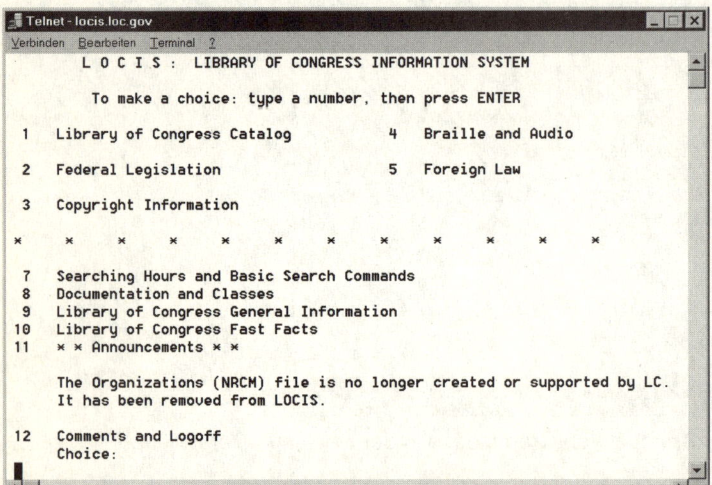

Bild 4.4: Die Telnet-Anbindung LOCIS der Library of Congress in Washington, dargestellt vom Telnet-Tool von Windows 95

Verweis auf Newsgroup setzen

Sie können in einer HTML-Datei einen Verweis auf eine Newsgroup setzen. Für das Setzen des Verweises gilt das Schema für Verweise in HTML. Das Verweisziel ist die Adresse der Newsgroup. Das Beispiel:

```
<a href="news:de.comm.infosystems.www.authoring">Newsgroup zu HTML und
   Co.</a>
```

Beachten Sie: Newsgroup-Adressen beginnen immer mit *news:* (ohne // dahinter!). Der Verweis ist bei Anwendern nur ausführbar, wenn der WWW-Browser selbst einen News-Reader enthält (z. B. Netscape) oder wenn bei solchen Verweisen automatisch ein News-Reader-Programm gestartet wird.

Nicht jeder Anwender kann jede Newsgroup lesen. Welche Newsgroups er lesen kann, hängt davon ab, von welchem News-Server er die Newsgroups empfängt. Newsgroups, die der betreffende News-Server nicht abonniert hat, sind für den Anwender nicht aufrufbar – es sei denn, er ändert in seinen Einstellungen den Server, von dem er die Newsgroups empfängt.

4.6 E-Mail-Verweise

Verweis auf E-Mail-Adresse setzen

Sie können auf jede beliebige E-Mail-Adresse im Internet-Format einen Verweis setzen. Eine Internet-gerechte E-Mail-Adresse erkennen Sie an dem Zeichen @ – sprich: at – in der Mitte der Adresse.

Wenn der Anwender auf den Verweis klickt, kann er eine E-Mail an den betreffenden Empfänger absetzen. Normalerweise benutzen Anbieter von WWW-Seiten diese Möglichkeit, um es Besuchern zu ermöglichen, eine E-Mail an die eigene Adresse senden, zum Beispiel für Feedback auf ein Angebot.

Sie können aber auch Verweise auf andere E-Mail-Adressen anbieten. Für das Setzen des Verweises gilt das Schema für Verweise in HTML. Das Verweisziel ist die E-Mail-Adresse.

Ein Beispiel:

```
<a href="mailto:muenz@csi.com">Mail an den Autor, muenz@csi.com</a>
```

Beachten Sie: Verweise zu E-Mail-Adressen beginnen immer mit *mailto:* (ohne // dahinter!). Der Verweis ist bei Anwendern nur ausführbar, wenn der WWW-Browser das Erstellen und Absenden von E-Mails unterstützt (z. B. Netscape) oder wenn bei solchen Verweisen automatisch ein E-Mail-Programm gestartet wird (dies ist z. B. beim MS-Internet-Explorer nötig).

Nennen Sie im Verweistext möglichst noch einmal die E-Mail-Adresse explizit, damit Anwender, bei denen der E-Mail-Verweis nicht ausführbar ist, auf Wunsch separat eine E-Mail senden können.

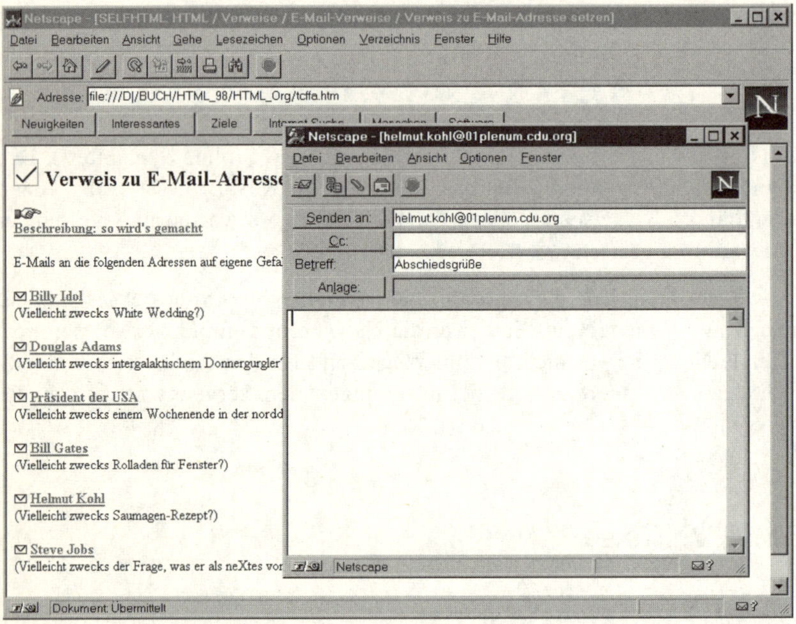

Bild 4.5: Ein Klick auf den `mailto`-Verweis startet den eingebauten E-Mail-Client des Netscape Navigator

E-Mail-Verweise an mehrere Empfänger

Sie können einen E-Mail-Verweis notieren, bei dessen Anklicken der Anwender eine E-Mail versenden kann, die an zwei oder mehrere Empfänger verschickt wird. Dabei können Sie sichtbare Kopienempfänger (cc-Mail) oder unsichtbare Kopienempfänger (bcc-Mail) angeben. Cc steht für carbon copy, also eine Kopie mit Kohlepapier, bcc bedeutet blind carbon copy.

Einige Beispiele:

```
<a href="mailto:muenz@csi.com?cc=s.muenz@euromail.com">Mail an den
   Autor</a>

<a href= "mailto: muenz@csi.com?bcc= s.muenz@euromail.com;
   muenz@teamone.de">
Mail an den Autor
</a>
```

Formulieren Sie zunächst einen einfachen E-Mail-Verweis. Notieren Sie direkt hinter der Hauptempfängeradresse (in den obigen Beispielen: `muenz@csi.com`) ein Fragezeichen und wieder direkt dahinter `cc=` (für sichtbare Kopienempfänger) oder `bcc=` für unsichtbare Kopienempfänger.

Dahinter folgen eine oder mehrere Adressen. Falls Sie mehrere Kopienempfänger angeben, trennen Sie die Mail-Adressen der Empfänger jeweils durch ein Semikolon wie im zweiten der obigen Beispiele. Beachten Sie: Diese Möglichkeiten gehören nicht zum HTML-Standard, sind jedoch vom W3-Konsortium als Software-abhängiges Feature geduldet.

N 2.0 4.0 *E-Mail-Verweise mit vordefiniertem Subject*

Jede E-Mail hat ein Subject, d. h. einen Titel. Bei einem E-Mail-Verweis können Sie einen E-Mail-Titel vordefinieren. Das ist z. B. sinnvoll, wenn der E-Mail-Verweis eine bestimmte Funktion haben soll, etwa die, Feedback zum eigenen Angebot einzuholen. Ein Beispiel:

```
<a href="mailto:muenz@csi.com?subject=Feedback zu SELFHTML">Mail an den
   Autor</a>
```

Formulieren Sie zunächst einen einfachen E-Mail-Verweis. Notieren Sie direkt hinter der Empfängeradresse (in den obigen Beispielen: `muenz@csi.com`) ein Fragezeichen und wieder direkt dahinter `subject=` zum Vordefinieren des Subjects. Dahinter geben Sie den gewünschten Text für den Titel der E-Mail an. Beachten Sie: Diese Möglichkeiten gehören nicht zum HTML-Standard, werden jedoch vom W3-Konsortium als software-abhängiges Feature geduldet.

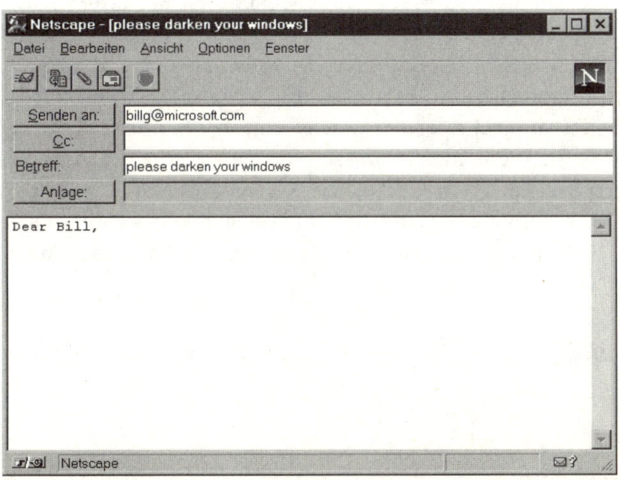

Bild 4.6: Ein E-Mail-Verweis mit einem vordefinierten Subject erleichtert das Sortieren von E-Mails

E-Mail-Verweise mit vordefiniertem Body

Bei einem E-Mail-Verweis können Sie einen Text für den Mail-Inhalt vordefinieren. Das ist z. B. sinnvoll, wenn der E-Mail-Verweis eine bestimmte Funktion haben soll, etwa die, Feedback zum eigenen Angebot einzuholen. Ein Beispiel:

```
<a href="mailto:muenz@csi.com?body=Mein Feedback:%0Abitte hier
   eingeben">Mail an den Autor</a>
```

Formulieren Sie zunächst einen einfachen E-Mail-Verweis. Notieren Sie direkt hinter der Empfängeradresse (in den obigen Beispielen: `muenz@csi.com`) ein Fragezeichen und wieder direkt dahinter `body=` zum Vordefinieren des Mail-Inhalts. Dahinter geben Sie den gewünschten Text für den Inhalt der E-Mail an.

Beachten Sie: Wenn Sie innerhalb des Mail-Textes einen Zeilenumbruch wünschen, müssen Sie an der betreffenden Stelle die Zeichenfolge `%0A` notieren wie im obigen Beispiel. Diese Möglichkeiten gehören nicht zum HTML-Standard, werden jedoch vom W3-Konsortium als software-abhängiges Feature geduldet.

Vordefinierte Angaben kombinieren

Sie können Vordefinitionen kombinieren, also beispielsweise mehrere Empfänger und ein vordefiniertes Subject angeben, zum Beispiel:

```
<a href="mailto:muenz@csi.com?cc=s.muenz@euromail.com&subject=Hallo
   Stefan&body=Hier schreiben">
Mail</a>
```

Formulieren Sie zunächst einen einfachen E-Mail-Verweis. Notieren Sie direkt hinter der Empfängeradresse (in den obigen Beispielen: `muenz@csi.com`) ein Fragezeichen und wieder direkt dahinter die erste gewünschte vordefinierte Angabe, also `cc=`, `bcc=`, `subject=` oder `body=`. Es folgt ein entsprechender Wert, also die gewünschte Mail-Adresse für einen zweiten Empfänger, das Subject oder der gewünschte vordefinierte Text der E-Mail. Vor jeder weiteren vordefinierten Angabe müssen Sie dann ein kaufmännisches Und `&` – also kein weiteres Fragezeichen! – notieren. Die Reihenfolge der Angaben ist egal. Für die mögliche Anzahl so kombinierter Angaben gibt es auch keine vorgeschriebene Grenze. Angaben zu `subject=` und `body=` sollten natürlich nur einmal vorkommen.

4.7 Download-Verweise und Verweise auf beliebige Dateien

Download-Verweise

Es gibt keinen spezifischen HTML-Befehl, um Dateien im Internet beim Anklicken zum Downloaden anzubieten. Es gibt lediglich Dateitypen, die (fast) jeder WWW-Browser so interpretiert, daß er dem Anwender anbietet, die Datei downzuloaden. Das bekannteste Dateiformat dafür ist heute das ZIP-Format (Dateien mit der Endung *.zip*). ZIP-Dateien sind Archivdateien, die mehrere andere Dateien enthalten können, sogar ganze Verzeichnisstrukturen. Die enthaltenen Dateien werden außerdem komprimiert. Der Anwender muß die ZIP-Datei nach dem Download mit einem geeigneten Programm entpacken (Unzip-Programm).

Ein paar Beispiele:

```
<a href="selfhtml.zip">Dokument downloaden</a>
<a href="http://www.teamone.de/download/selfhtml.zip">Dokument downloa-
   den</a>
```

Für das Setzen des Verweises gilt das Schema für Verweise in HTML. Das Verweisziel ist die Datei, die zum Download angeboten wird. Wenn die Datei zum eigenen Projekt gehört, gelten die gleichen Regeln wei bei Projektverweisen auf andere HTML-Dateien. Wenn Sie einen Verweis auf eine downloadbare Datei auf einem fremden Server setzen, müssen Sie die vollständige Internet-Adresse der Datei als Verweisziel angeben. Benutzen Sie dabei das korrekte Internet-Protokoll, also *http://, ftp://* – je nachdem, wie die offizielle Internet-Adresse der Datei lautet.

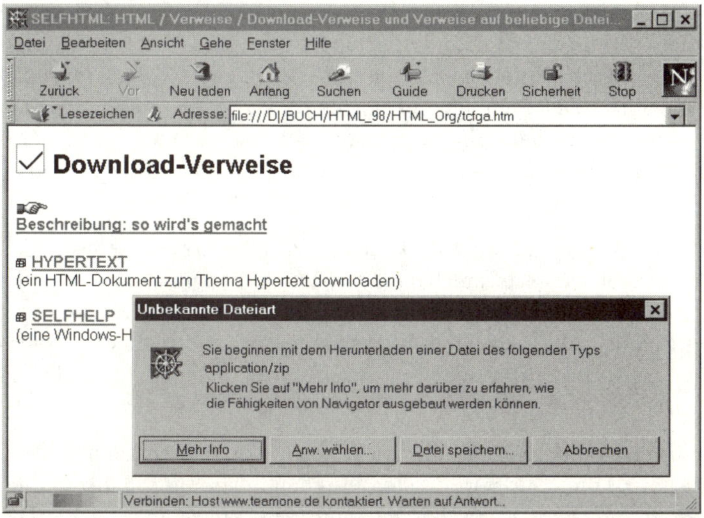

Bild 4.7: Netscape Navigator ist auf eine ZIP-Datei gestoßen und fragt, was er mit ihr machen soll

Beachten Sie: Wenn Sie Dateien anbieten, die nur für bestimmte Rechnerumgebungen gedacht sind, können Sie natürlich auch Formate verwenden, die speziell für diese Umgebungen gedacht sind. Für DOS-/Windows-Umgebungen können das beispielsweise selbstentpackende EXE-Archive sein oder für Macintosh-HQX-Archive.

Wenn der WWW-Browser mit der Dateiendung nichts anfangen kann, sollte er den Anwender im Dialog entscheiden lassen, was er mit der Datei tun möchte – dabei sollte auch die Download-Möglichkeit angeboten werden.

✓ Verweise auf beliebige Dateien

Sie können auf jede beliebige Datei im Internet einen Verweis setzen. Es kann sich um Audio-Dateien, Tabellenkalkulations-Dateien, CAD-Dateien, Video-Dateien, Grafikdateien, Textverarbeitungs-Dateien, Programmdateien, Datenbankdateien handeln – was Sie wollen. Sie können auch jede beliebige Datei in Ihr eigenes Web-Projekt mit auf den Internet-Server laden und einen Verweis darauf setzen. Aus Sicht von HTML ist das kein Problem. Das Problem besteht darin, was der Anwender mit den Dateien anfangen kann bzw. wie er ihren Inhalt korrekt anzeigen oder abspielen lassen kann. Einige Beispiele:

```
<a href="bilanz.xls">Unsere Bilanzen als Excel-Datei</a>
<a href="http://www.netzwelt.com/selfhtml/ybreeze.mid">Eine Midi-Datei im
   WWW</a>
```

Für das Setzen des Verweises gilt das Schema für Verweise in HTML. Das Verweisziel ist die gewünschte Datei. Wenn die Datei zum eigenen Projekt gehört, gelten die gleichen Regeln wie bei Projektverweisen zu anderen HTML-Dateien. Wenn Sie einen Verweis auf eine downloadbare Datei auf einem fremden Server setzen, müssen Sie die vollständige Internet-Adresse der Datei als Verweisziel angeben. Benutzen Sie dabei das korrekte Internet-Protokoll, also *http://, ftp://* – je nachdem, wie die offizielle Internet-Adresse der Datei lautet.

Beachten Sie: Dateitypen wie reine Textdateien kann der WWW-Browser selbst anzeigen. Moderne WWW-Browser wie Netscape haben eine Plugin-Schnittstelle. Wenn der Anwender ein Plugin zur Darstellung des Dateityps besitzt, kann der WWW-Browser die Datei mit Hilfe des Plugins selbst anzeigen. Wenn Sie beispielsweise einen Verweis auf eine Microsoft-Powerpoint-Datei (Präsentationsgrafik) setzen und der Anwender ein Plugin für Powerpoint-Dateien besitzt, kann er die Datei auf diese Weise anzeigen.

Wenn der Anwender ein Programm besitzt, das den Dateityp verarbeiten kann, und im WWW-Browser den Dateityp mit dem betreffenden Programm verknüpft hat, kann der WWW-Browser das Programm starten, um die Datei auf diese Weise anzuzeigen. Das ist jedoch nur möglich, wenn das verwendete Betriebssystem, WWW-Browser und das andere Programm den dynamischen Datenaustausch zwischen Programmen erlauben, unter Windows etwa mit OLE oder DDE, unter Macintosh mit OpenDoc. WWW-Browser wie Netscape oder Internet Explorer beherrschen die entsprechenden Techniken.

Wenn der WWW-Browser mit dem Dateityp gar nichts anfangen kann, sollte er dem Anwender einen Dialog anbieten, um zu entscheiden, was mit der Datei geschehen soll. Der Anwender sollte die Datei z. B. downloaden können.

MIME-Typ des Verweisziels angeben

Um dem Browser die Aufgabe zu erleichtern festzustellen, um welche Art von Datei es sich handelt, können Sie den MIME-Typ der Datei angeben, auf die Sie verweisen. Ein Beispiel:

```
<a href="billanz.xls" type="application/msexcel">Unsere Billanzen als
   Excel-Datei</a>
```

Mit dem zusätzlichen Attribut `type=` können Sie den MIME-Typ der Zieldatei angeben. Sie finden eine Liste von MIME-Typen in Kapitel 8.7.

4.8 Verweise auf Dateien am eigenen Rechner(netz)

Wenn Sie WWW-Projekte lokal bearbeiten, gelten bei Verweisen zu anderen HTML-Dateien die Regeln für Projektverweise zu anderen HTML-Dateien, d. h. Sie sollten dabei ohne oder mit relativen Pfadnamen arbeiten. Das gleiche gilt für Download-Verweise und Verweise auf beliebige Dateien.

Es kann jedoch vorkommen, daß Sie für lokale Projekte absolute Pfadnamen brauchen. Das ist beispielsweise der Fall, wenn Sie in einem lokalen Rechnernetzwerk HTML-basierte Information zur Verfügung stellen und durch Verweise vernetzen möchten. Ein Beispiel:

```
<a href="file://localhost/c:/daten/html/homepage.htm">Lokale Homepage</a>
<a href="file://localhost/p:/team/shared/teaminfo.htm">Team-
   Informationen</a>
<a href="file://localhost/f:/projekt/mueller/handbuch.doc"> M&uuml;ller-
   Handbuch</a>
```

Für das Setzen des Verweises gilt das Schema für Verweise in HTML. Das Verweisziel ist die gewünschte Datei auf einer Festplatte auf dem eigenen Rechner oder auf einem Rechner im lokalen Netzwerk. Es kann sich auch um Disketten-, CD-ROM- oder SCSI-Datenträger-Laufwerke handeln.

Beachten Sie: Absolute Verweis-Adressen auf lokalen Laufwerken beginnen mit *file://localhost/*. Das Wort *localhost* kann auch entfallen – dann müssen drei Schrägstriche hintereinander stehen. Es folgen der Laufwerksbuchstabe mit einem Doppelpunkt (bei Unix nicht!) und anschließend Pfadangabe und Dateiname. Verwenden Sie zum Trennen der Verzeichnisnamen immer den einfachen Schrägstrich, auch wenn Sie Ihr Projekt innerhalb einer DOS-/Windows-Umgebung erstellen. Der WWW-Browser benötigt die Angabe in Form von einfachen Schrägstrichen.

Mit der hier beschriebenen Syntax können Sie in Ihrem WWW-Browser auch eine lokale HTML-Datei als Homepage einstellen, zum Beispiel eine Datei mit häufig benutzten Verweisen ins WWW. Suchen Sie dazu im WWW-Browser die Stelle, an der die beim Start aufzurufende Homepage eingetragen wird. Geben Sie in dem entsprechenden Eingabefeld die Adresse der gewünschten HTML-Datei an, z. B. *file://localhost/c:/daten/html/home.htm.*

4.9 Typisierte Verweise

Den logischen Bezug eines Verweises angeben

Ein Feature, das Hypertext-Enthusiasten an HTML bislang vermißt haben, ist seit HTML 4.0 Bestandteil der Sprache. Sie können bei einem Verweis angeben, welcher Art das Ziel ist. Dazu gibt es eine Liste von Zieltypen. Ein paar Beispiele:

```
<a href="index.htm" rev="contents">Inhalt</a>
<a href="datei3.htm" rel="next">weiter</a>
<a href="datei1.htm" rel="prev">zur&uuml;ck</a>
<a href="#top" rev="chapter">zum Kapitelanfang</a>
```

Mit dem Attribut `rel=` bestimmen Sie einen logischen Vorwärtsverweis zu einem bestimmten Ziel, mit `rev=` einen logischen Rückwärtsverweis (rel = relation = Bezug, rev = reverse = Umkehr). Beide Angaben sind nur in Verbindung mit dem Attribut `href=` sinnvoll – dort geben Sie wie üblich das eigentliche Verweisziel an, also die Datei oder URL-Adresse, auf die Sie verweisen. Die Tabelle listet die logische Bezüge auf.

Logischer Bezug	*Bedeutung*
`rel="contents"`	Verweis zum Inhaltsverzeichnis (contents = Inhaltsverzeichnis)
`rev="contents"`	Rückverweis zum Inhaltsverzeichnis
`rel="chapter"`	Verweis zum Kapitel (chapter = Kapitel)
`rev-"chapter"`	Rückverweis zum Kapitel
`rel="section"`	Verweis zum Abschnitt (section = Abschnitt)
`rev="section"`	Rückverweis zum Abschnitt
`rel="subsection"`	Verweis zum Unterabschnitt (subsection = Unterabschnitt)
`rev="subsection"`	Rückverweis zum Unterabschnitt
`rel="index"`	Verweis zum Stichwortverzeichnis
`rev="index"`	Rückverweis zum Stichwortverzeichnis
`rel="glossary"`	Verweis zum Glossar
`rev="glossary"`	Rückverweis zum Glossar
`rel="appendix"`	Verweis zum Anhang (appendix = Anhang)
`rev="appendix"`	Rückverweis zum Anhang
`rel="copyright"`	Verweis zur Copyright-Angabe
`rev="copyright"`	Rückverweis zur Copyright-Angabe
`rel="next"`	Verweis zur nächsten Datei in der »Guided tour« (next = nächste Seite)
`rev="next"`	Rückverweis zur nächsten Datei

Logischer Bezug	*Bedeutung*
`rel="prev"`	Verweis zur vorherigen Datei in der »Guided tour« (prev = previous = vorherige Seite)
`rev="prev"`	Rückverweis zur vorherigen Datei
`rel="start"`	Verweis zur ersten Datei in der »Guided tour« (start = erste Seite)
`rev="start"`	Rückverweis zur ersten Datei
`rel="help"`	Verweis zum Hilfekontext (help = Hilfe)
`rev="help"`	Rückverweis zum Hilfekontext
`rel="bookmark"`	Verweis zu einem allgemeinen Orientierungspunkt (bookmark = Lesezeichen)
`rev="bookmark"`	Rückverweis zu einem allgemeinen Orientierungspunkt
`rel="alternate"`	Verweis zu einer Datei mit dem gleichen Inhalt wie der aktuellen, jedoch in einer anderen Dokumentversion (alternate = alternierend).
`rev="alternate"`	Rückverweis zu einer Datei mit dem gleichen Inhalt wie der aktuellen, jedoch in einer anderen Dokumentversion.

Tab. 4.1: Logische Bezüge innerhalb von Verweisen

Beachten Sie: Ob und wie ein Browser solche Angaben für den Anwender sichtbar macht, ist nicht festgelegt. Ein Browser könnte beispielsweise beim Überfahren des Verweises mit der Maus ein kleines Icon anzeigen, welches das Verweisziel symbolisiert. Weder Netscape noch Internet Explorer bieten etwas Derartiges in ihren Produktversionen 4.x an.

Angabe zu Sprache und Zeichensatz des Verweisziels

Ab HTML 4.0 können Sie angeben, in welcher Landessprache das Verweisziel geschrieben ist und welchen Zeichensatz die Zieldatei benutzt. Die Angabe zur Landessprache kann für den Anwender ein nützlicher Hinweis sein. Die Angabe zum Zeichensatz ist interessant, um den Browser auf die Internationalisierungshürden vorzubereiten, die ihn beim Verweisziel erwarten. Ein Beispiel:

```
<a href="http://www.xy.il" hreflang="il" charset="iso-8859-
   8">Verweistext</a>
```

Mit dem Attribut `hreflang=` können Sie die Sprache angeben (hreflang = hyper reference language = Verweiszielsprache), und zwar in Form eines zweistelligen Buchstabenkürzels, wie es im Internet zum Beispiel auch für Landes-Domainnamen-Endungen verwendet wird. Weitere Informationen siehe im Internet in der RFC 1766 (*rfc.fh-koeln.de/rfc/html/rfc1766.htm*). Endungen sind z. B. `de` für deutsch, `en` für englisch oder `fr` für französisch.

Mit `charset=` können Sie den Zeichensatz angeben, der auf der Zieladresse verwendet wird (charset = Zeichensatz). Mehr zu diesem Thema finden Sie innerhalb dieser Dokumentation bei Zeichensätzen in Kapitel 16 (ISO-8859-Familie und andere).

Im Beispiel wird auf eine angenommene israelische Adresse verwiesen. Mit `hreflang="il"` wird die israelische Sprache als Sprache des Verweisziels angegeben. Mit `charset="iso-8859-8"` wird der Zeichensatz iso-8859-8 als der Zeichensatz angegeben, der am Verweisziel verwendet wird – das ist der Zeichensatz für hebräische Schrift.

Beachten Sie: Ob und wie ein Browser solche Angaben für den Anwender sichtbar macht, ist nicht festgelegt. Ein Browser könnte beispielsweise beim Überfahren des Verweises mit der Maus ein kleines Flaggen-Icon anzeigen, das die Landessprache symbolisiert. Bei der Angabe zum Zeichensatz könnte der Browser beim Anklicken des Verweises etwa eine Warnung ausgeben, daß der Zeichensatz nicht verfügbar ist, und den Anwender in einem Dialog fragen, ob er den Verweis wirklich ausführen will. Weder Netscape noch Internet Explorer bieten etwas Derartiges in ihren Produktversionen 4.x an.

4.10 Tabulator-Reihenfolge und Tastaturkürzel für Verweise

Tabulator-Reihenfolge für Verweise

Modernere Browser (Netscape, Internet Explorer) erlauben es, mit Hilfe der Tabulator-Taste an der Tastatur nacheinander die Verweise einer HTML-Datei anzuspringen – mit der Return-Taste ist der Verweis dann ausführbar.

Normalerweise werden die Verweise dabei in der Reihenfolge angesprungen, in der sie in der Datei definiert sind. Sie können in HTML jedoch eine andere Reihenfolge festlegen, zum Beispiel, um beim Anspringen von Verweisen zuerst Projektverweise und erst dann Verweise zu anderen WWW-Seiten anzubieten. Die veränderte Tab-Reihenfolge funktioniert mit dem Internet Explorer 4.x – Netscape 4.x kennt diese Angaben noch nicht. Ein Beispiel:

```
<a href="datei1.htm" tabindex=4>Verweistext</a><br>
<a href="datei2.htm" tabindex=2>Verweistext</a><br>
<a href="datei3.htm" tabindex=1>Verweistext</a><br>
<a href="datei4.htm" tabindex=3>Verweistext</a><br>
```

Mit dem Attribut `tabindex=` im einleitenden Verweis-Tag können Sie Angaben zur Tabulatorreihenfolge machen. Notieren Sie die Angabe in allen Verweisen und vergeben Sie bei jeder Angabe eine Zahl. Beim Anspringen der Verweise mit der Tabulator-Taste wird zuerst der Verweis mit der niedrigsten Tabindex-Nummer angesprungen, dann der mit der zweitniedrigsten usw. und als letztes der Verweis mit der höchsten Tabindex-Nummer. Im obigen Beispiel wird also zuerst der dritte Verweis angesprungen, dann der zweite, dann der vierte und zuletzt der erste. Es sind Zahlen zwischen 0 und 32 767 erlaubt.

Beachten Sie: Die Tabindizes beziehen sich stets auf die gesamte angezeigte Datei. Dabei werden auch Formulare, Verweisbereiche in Verweis-sensitiven Grafiken und Objekte mit einbezogen. Wenn Sie außer normalen Verweisen auch solche Elemente in Ihrer Datei haben, sollten Sie die Tabulator-Reihenfolge für alle Elemente gemeinsam festlegen. Siehe auch die Tabulator-Reihenfolge bei Formularen in Kapitel 9.9.

Tastaturkürzel für Verweise

Sie können dem Anwender anbieten, mit einem Tastendruck zu einem bestimmten Verweis zu springen. Der Verweis wird damit angesprungen – ausgeführt werden kann er anschließend durch Betätigen der Return-Taste. Diese Angaben werden von Netscape und dem Internet Explorer in den 4er-Versionen noch nicht interpretiert. Ein Beispiel:

```
<a href="index.htm" accesskey="h">Homepage</a><br>
```

Mit dem Attribut `accesskey=` im einleitenden Verweis-Tag können Sie ein Zeichen auf der Tastatur bestimmen, das der Anwender drücken kann, um den Verweis direkt anzuspringen (accesskey = Zugriffstaste). Im Beispiel wird auf diese Weise für einen Verweis zur Homepage ein kleines `h` definiert. Der Anwender kann durch Drücken der entsprechenden Taste auf der Tastatur direkt diesen Verweis anspringen. Beachten Sie: Benutzen Sie Tasten, die auf jeder Tastatur zu finden sind. Funktionstasten etwa, wie es sie auf MF-II-Tastaturen für MS-Windows gibt, können Sie mit dieser Angabe nicht ansprechen. Weisen Sie den Anwender im Text auf die Möglichkeit des Tastaturzugriffs hin. Benutzen Sie dann auch einheitliche Access-Keys, beispielsweise auf jeder Seite ein `h` für den Rückverweis zur Homepage.

4.11 Browser-interne Verweise

Die folgenden Spezial-Referenzen werden nur von Netscape interpretiert. Es handelt sich zum Teil um nützliche, zum Teil um weniger nützliche Verweise. Einige Verweise führen zu internen, in der Browser-Software gespeicherten Zielen, andere zu Zielen im WWW.

Verweis	*Bedeutung*	*Beispiel*
javascript:	Ruft eine interne Browser-Seite von Netscape auf, in der man JavaScripts Zeile für Zeile interpretieren und auf Richtigkeit prüfen lassen kann.	<a href="javascript:"> Verweistext</a>
Livescript:	Ruft eine interne Browser-Seite von Netscape auf, in der man LiveScripts (Vorgänger-Version von JavaScript) Zeile für Zeile interpretieren und auf Richtigkeit prüfen lassen kann.	<a href="livescript:"> Verweistext</a>

Verweis	*Bedeutung*	*Beispiel*
mocha:	Ruft eine interne Browser-Seite von Netscape auf, in der man Mocha-Code Zeile für Zeile interpretieren und auf Richtigkeit prüfen lassen kann.	<a href="mocha:"> Verweistext</a>
about:	Ruft die interne Browser-Seite mit Versionshinweisen auf.	<a href="about:"> Verweistext</a>
about:blank	Ruft eine leere interne Browser-Seite auf (auch beim Internet Explorer 4).	<a href="about:blank"> Verweistext</a>
about:document	Ruft eine interne Browser-Seite auf, die Informationen zum aktuell angezeigten Dokument enthält.	<a href="about:document"> Verweistext</a>
about:fonts	Ruft eine interne Browser-Seite auf, die Informationen zu downloadbaren Schriftarten enthält (nur ab Netscape 4.x).	<a href="about:fonts"> Verweistext</a>
about:global	Ruft eine interne Browser-Seite auf, die den lokalen History-Cache-Speicher (ab Netscape 4.x mit anklickbaren Verweisen) darstellt.	<a href="about:global"> Verweistext</a>
about:mozilla	Ruft eine nicht ganz so ernstzunehmende, interne Browser-Seite von Netscape auf.	<a href="about:mozilla"> Verweistext</a>
about:logo	Ruft eine interne Browser-Seite auf, die das Netscape-Logo in voller Größe darstellt.	<a href="about:logo"> Verweistext</a>
about:plugins	Ruft eine interne Browser-Seite auf, in der angezeigt wird, welche Netscape-Plugins (z. B. Live-Chat) beim Anwender installiert sind. Wenn keine Plugins installiert sind, bleibt die Seite leer.	<a href="about:plugins"> Verweistext</a>
about:license	Erzeugt eine interne Browser-Seite, in der die Lizenzvereinbarungen angezeigt werden, die beim Erstaufruf von Netscape einmalig erscheinen.	<a href="about:license"> Verweistext</a>
about:rsalogo	Ruft eine interne Browser-Seite auf, die das RSA-Logo für den von Netscape unterstützten Security-Standard darstellt.	<a href="about:rsalogo"> Verweistext</a>
about:javalogo	Ruft eine interne Browser-Seite auf, die das Java-Logo darstellt (ab Netscape 4.x).	<a href="about:javalogo"> Verweistext</a>
about:coslogo	Ruft eine interne Browser-Seite auf, die das Logo des Cosmo-Players (VRML) darstellt (ab Netscape 4.x).	<a href="about:coslogo"> Verweistext</a>
about:visilogo	Ruft eine interne Browser-Seite auf, die das Logo von Visigenic darstellt (ab Netscape 4.x).	<a href="about:visilogo"> Verweistext</a>
about:odilogo	Ruft eine interne Browser-Seite auf, die das Logo von Object Design darstellt (ab Netscape 4.x).	<a href="about:odilogo"> Verweistext</a>

Verweis	*Bedeutung*	*Beispiel*
about:mclogo	Ruft eine interne Browser-Seite auf, die das Logo von Marimba Castanet darstellt (ab Netscape 4.x).	<a href="about:mclogo"> Verweistext</a>
about:ncclogo	Ruft eine interne Browser-Seite auf, die das Logo von Netcast darstellt (ab Netscape 4.x).	<a href="about:ncclogo"> Verweistext</a>
about:insologo	Ruft eine interne Browser-Seite auf, die das Logo von Inso darstellt (ab Netscape 4.x).	<a href="about:insologo"> Verweistext</a>
about:qtlogo	Ruft eine interne Browser-Seite auf, die das Logo von Apple Quicktime darstellt (ab Netscape 4.x).	<a href="about:qtlogo"> Verweistext</a>
about:symlogo	Ruft eine interne Browser-Seite auf, die das Logo von Symantec darstellt (ab Netscape 4.x).	<a href="about:symlogo"> Verweistext</a>
about:mmlogo	Ruft eine interne Browser-Seite auf, die das Logo von Macromedia darstellt (ab Netscape 4.x).	<a href="about:mmlogo"> Verweistext</a>

Tab. 4.2: Verweise zu Software-internen Zielen

Verweis	*Bedeutung*	*Beispiel*
about:ari	Ruft die Homepage von Ari Luotonen auf.	<a href="about:ari"> Verweistext</a>
about:atotic	Ruft die Homepage von Aleks Totic auf.	<a href="about:atotic"> Verweistext</a>
about:blythe	Ruft die Homepage von Garrett Blythe auf.	<a href="about:blythe"> Verweistext</a>
about:chouck	Ruft die Homepage von Chris Houk auf.	<a href="about:chouk"> Verweistext</a>
about:dmose	Ruft die Homepage von Dan Mosedale auf.	<a href="about:dmose"> Verweistext</a>
about:dp	Ruft die Homepage von dp Suresh auf.	<a href="about:dp"> Verweistext</a>
about:ebina	Ruft die Homepage von Eric Bina auf.	<a href="about:ebina"> Verweistext</a>
about:hagan	Ruft die Homepage von Hagan Heller auf.	<a href="about:hagan"> Verweistext</a>
about:jeff	Ruft die Homepage von Jeffrey M. Treuhaft auf.	<a href="about:jeff"> Verweistext</a>
about:jg	Ruft die Homepage von John Giannandrea auf.	<a href="about:jg"> Verweistext</a>

Verweis	*Bedeutung*	*Beispiel*
about:jsw	Ruft die Homepage von Jeff Weinstein auf.	`<a href="about:JWZ"> Verweistext</a>`
about:jwz	Ruft die Homepage von Jamie Zawinski auf.	`<a href="about:jwz"> Verweistext</a>`
about:karlton	Ruft die Homepage von Philip Karlton auf.	`<a href="about:karlton"> Verweistext</a>`
about:kipp	Ruft die Homepage von Kipp E. B. Hickman auf.	`<a href="about:kipp"> Verweistext</a>`
about:marca	Ruft die Homepage von Marc Andreessen, dem Mitbegründer und kreativen Genie von Netscape, auf.	`<a href="about:marca"> Verweistext</a>`
about:mlm	Ruft die Homepage von Mike McCool auf.	`<a href="about:mlm"> Verweistext</a>`
about:montulli	Ruft die Homepage von Lou Montulli auf.	`<a href="about:montulli"> Verweistext</a>`
about:mtoy	Ruft die Homepage von Michael Toy auf.	`<a href="about:mtoy"> Verweistext</a>`
about:paquin	Ruft die Homepage von Tom Paquin auf.	`<a href="about:paquin"> Verweistext</a>`
about:robm	Ruft die Homepage von Rob McCool auf.	`<a href="about:robm"> Verweistext</a>`
about:sharoni	Ruft die Homepage von Sharon Iimura auf.	`<a href="about:sharoni"> Verweistext</a>`
about:terry	Ruft die Homepage von Terry Weissman auf.	`<a href="about:terry"> Verweistext</a>`
about:timm	Ruft die Homepage von Tim McClarren auf.	`<a href="about:timm"> Verweistext</a>`

Tab. 4.3: Verweise zu Zielen im WWW

5 Grafik

5.1 Grafiken einbinden

Grafik referenzieren (allgemein)

Um Grafiken in Ihre HTML-Dateien einzubinden, referenzieren Sie die gewünschten Grafikdateien an den gewünschten Stellen. Geeignete Dateiformate für WWW-gerechte Grafiken sind GIF und JPEG (siehe hierzu Kapitel 5.8.1). Einige Beispiele:

```
<img src="datei.gif">
<img src="datei.jpg">
```

Die Grafikreferenz beginnt mit `<img src=` (img = image = Bild, src = source = Quelle). Hinter dem Gleichheitszeichen geben Sie den Namen der Grafikdatei an, auf die verwiesen wird (in den Beispielen *datei.gif* bzw. *datei.jpg*). Der Dateiname muß in Anführungszeichen stehen. Der Befehl für die Grafikreferenz endet mit >.

Beachten Sie: Die obigen Beispiele setzen voraus, daß sich die Grafikdatei im gleichen Verzeichnis befindet wie die HTML-Datei, in der die Grafik referenziert wird. Sie können auch Grafiken in anderen Verzeichnissen und sogar beliebige Grafiken auf anderen WWW-Servern referenzieren.

Wenn Sie HTML-Dateien fürs WWW erstellen, sollten Sie darauf achten, daß die darin referenzierten Grafiken nicht zu groß sind, denn aufwendige Grafiken verursachen lange Ladezeiten und Mißmut beim Anwender. Reduzieren Sie in Ihren Grafiken gegebenenfalls die Anzahl der Farben, verringern Sie die Bildgröße und stopfen Sie nicht zu viele Grafik-Referenzen in eine einzige HTML-Datei. In jedem Fall sollten Sie Breite und Höhe der Grafik mit angeben.

Um eine Grafik alleine – ohne Text daneben – anzuzeigen, notieren Sie am besten vor und nach der Grafikreferenz eine Absatzschaltung für Textabsätze. Also zum Beispiel: `<p><img src="datei.gif"></p>`. Ansonsten können Sie Grafiken beschriften oder Text um die Grafik fließen lassen. Unter grafischen Benutzeroberflächen wie MS-Windows, Macintosh, OS/2 und anderen können WWW-Browser die referenzierten Grafiken direkt im Anzeigefenster anzeigen. WWW-Browser für textorientierte Oberflächen (z. B. DOS-Textmodus, Unix-Textmodus) müssen ein separates Grafik-Betrachtungsprogramm aufrufen, um eine Grafik anzuzeigen.

Wenn Sie wichtige HTML-Dateien Ihres WWW-Projekts, etwa die Einstiegsseite, vollständig grafisch gestalten, also fast keinen Text, sondern nur Grafikreferenzen verwenden, erschweren Sie automatischen Suchprogrammen, die von vielen Suchdiensten im WWW eingesetzt werden, die Identifizierung des Inhalts Ihres Projekts. Im Zweifelsfall müssen Sie abwägen, was Ihnen wichtiger ist: das grafische Erscheinungsbild oder die inhaltliche Identifizierbarkeit. Falls Sie wichtige HTML-Dateien Ihres WWW-Projekts vorwiegend durch Grafikreferenzen gestalten, sollten Sie zumindest die Möglichkeit der Meta-Informationen nutzen.

☑ *Grafik in anderem Verzeichnis referenzieren*

Bei größeren Projekten ist es sinnvoll, die Dateien auf mehrere Verzeichnisse zu verteilen. Dies dient der besseren Übersicht. Damit die Projekte auf andere Rechner mit anderen Verzeichnisstrukturen übertragbar bleiben, sollten Sie aber bei Grafikreferenzen mit relativen Pfadnamen arbeiten. Beispiele:

```
<img src="verzeichnis/datei.gif">
<img src="verzeichnis/unterverz/datei.gif">
<img src="../datei.gif">
<img src="../../../datei.gif">
<img src="../woanders/datei.gif">
```

Bei relativen Pfadnamen ist das Verzeichnis, in dem die HTML-Datei steht, die die Grafikreferenz enthält, der Bezugspunkt (im folgenden »aktuelles Verzeichnis« genannt). Wenn sich die Grafikdatei in einem Verzeichnis unterhalb des aktuellen Verzeichnisses befindet, notieren Sie den Namen des Unterverzeichnisses, dann einen Schrägstrich, dann den Namen der Grafikdatei. Wenn sich die Grafikdatei im nächsthöheren Verzeichnis zu dem aktuellen Verzeichnis befindet, notieren Sie zwei Punkte, einen Schrägstrich und dahinter den Namen der Grafikdatei. Bei weiter entfernten Grafikdateien müssen Sie mehrere Verzeichnisse aneinanderreihen wie in den obigen Beispielen.

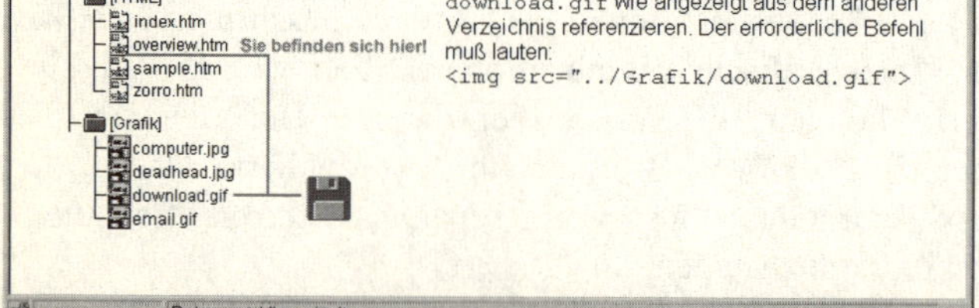

Bild 5.1: Grafikdateien in anderen Verzeichnissen sind kein Problem – wenn Sie relative Pfadnamen verwenden

Beachten Sie: Verwenden Sie zum Trennen der Verzeichnisnamen immer den einfachen Schrägstrich, auch wenn Sie Ihr Projekt innerhalb einer DOS-/Windows-Umgebung erstellen. Der WWW-Browser benötigt die Angabe in Form von einfachen Schrägstrichen.

Grafik auf einem anderen WWW-Server referenzieren

Jede Grafik, die in einem WWW-Projekt vorkommt, ist eine eigene Datei und hat deshalb eine eigene Internet-Adresse. Sie können jede beliebige Grafikdatei, deren genaue Internet-Adresse Sie kennen, in Ihrem WWW-Projekt referenzieren. Ein Beispiel:

```
<img src="http://www.netzwelt.com/selfhtml/xdance1.gif">
```

Beachten Sie: Wenn Sie Grafiken von anderen WWW-Servern referenzieren, verursachen Sie zusätzliche Netzlast. Grafikreferenzen von fremden Internet-Servern sollten schon aus diesem Grund die Ausnahme sein. Wenn Sie Grafiken aus einem fremden WWW-Projekt referenzieren, fragen Sie den Anbieter der betreffenden Seiten vorher, ob er damit einverstanden ist. Bei Grafikreferenzen von fremden WWW-Projekten müssen Sie damit rechnen, daß die Grafikreferenz plötzlich nicht mehr funktioniert, weil der andere Anbieter beispielsweise sein Projekt geändert und die Grafik dabei entfernt oder umbenannt hat.

Alternativer Text

Wenn Sie HTML-Dateien fürs WWW erstellen, sollten Sie bei Grafikreferenzen so weit wie möglich von der Möglichkeit Gebrauch machen, eine Textalternative zur Grafik mit einzubinden. Der Text wird angezeigt, wenn die Grafik aus irgendwelchen Gründen – und da gibt es viele! – beim Anwender nicht angezeigt werden kann. Manche Browser zeigen den Alternativtext auch als kleines Tooltip-Fenster an, wenn man langsam mit der Maus über die Grafik fährt. Ein Beispiel:

```
<img src="datei.gif" alt="Kurzbeschreibung des Bildes">
```

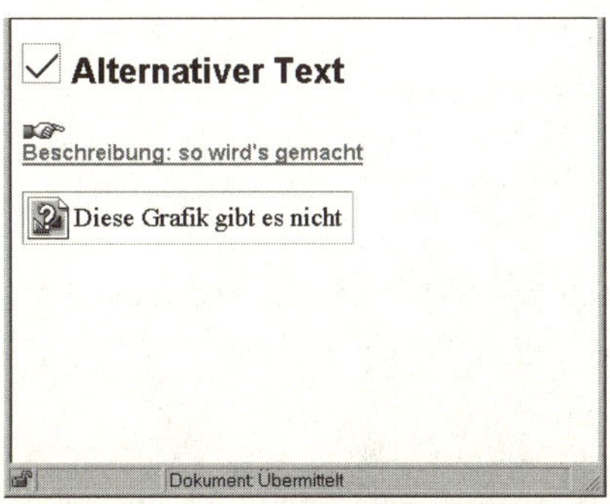

Bild 5.2: Der alternative Text erscheint, während die Grafik geladen wird und wenn sie nicht angezeigt werden kann

Der alternativ zur Grafik anzuzeigende Text wird innerhalb des Befehls für die Grafikreferenz notiert. Eingeleitet wird die Anweisung für die Textalternative durch `alt=` (alt = alternative). Dahinter folgt, in Anführungszeichen eingeschlossen, der Alternativtext.

Beachten Sie: Der alternative Text wird bei größeren Grafiken auch angezeigt, bevor die Grafiken geladen sind. So kann der Anwender sich schon über den Inhalt der Grafik informieren, bevor die Grafik selbst am Bildschirm angezeigt wird.

3.2 Rahmen um Grafiken

Sie können festlegen, daß der Browser einen Rahmen um die Grafik zeichnet. Durch die Angabe `border=` innerhalb der Grafikreferenz wird ein Rahmen um die Grafik definiert (border = Rand). Die Angabe erfolgt in Pixeln und bedeutet die Rahmendicke. Ein Beispiel:

```
<img src="datei.gif" border=10>
```

Bild 5.3: Eine Grafik mit einem 10 Pixel breiten schwarzen Rand

3.2 Namen für Grafiken

Sie können festlegen, daß eine Grafik einen Namen erhält. Dies ist in Verbindung mit JavaScript sinnvoll. Der Name einer Grafik kann zum Beispiel beim JavaScript-Objekt, Image-Objekt von Bedeutung sein. Beispiel:

```
<img src="datei.gif" name="MeineGrafik">
```

Mit `name=` innerhalb der Grafikreferenz vergeben Sie einen Namen für die Grafik. Der Name muß in Anführungszeichen stehen, sollte nicht zu lang sein und darf keine Leerzeichen, Sonderzeichen oder deutschen Umlaute enthalten. Nur Buchstaben, Ziffern und der Unterstrich »_« sind erlaubt. Groß- und Kleinschreibung werden unterschieden.

URL-Adresse mit Beschreibung für Grafiken

Wenn Ihnen die Möglichkeit, einen kurzen Alternativtext für eine Grafik zu notieren, nicht genügt, können Sie ab HTML 4.0 auch auf eine andere Stelle oder Datei verweisen, wo sich nähere Textinformation zu der Grafik befindet. Der Browser könnte beispielsweise nur dann einen Verweis zu dieser Stelle anbieten, wenn die Grafik nicht anzeigbar ist. Das Beispiel:

```
<h1><a name="Beschreibung">Infos zur Grafik</a></h1>
usw.
<img src="datei.gif" longdesc="#Beschreibung">
```

Mit dem Attribut longdesc= können Sie auf eine Stelle verweisen, wo die Grafik in Textform näher beschrieben wird. Im Beispiel befindet sich das Verweisziel in der gleichen Datei wie die Grafik. Hinter longdesc= ist ein Verweis auf eine Anker definiert, und mit <a name=> wird an einer anderen Stelle ein Anker dieses Namens definiert. Das funktioniert genauso wie bei Verweisen innerhalb einer Datei. Sie können hinter longdesc= aber auch eine andere Datei oder eine absolute URL-Adresse angeben. Die Angabe muß in Anführungszeichen stehen.

Universalattribute und Style-Sheets

Das <img>-Tag kann Universalattribute enthalten. Wenn Sie HTML bereits etwas besser kennen, probieren Sie auch mal die Möglichkeiten aus, die Ihnen CSS-Style-Sheets bieten. Damit können Sie Grafiken zusätzlich formatieren. Zunächst müssen Sie dazu wissen, wie man Style-Sheets definieren kann. Anschließend sind Sie in der Lage, Style-Sheet-Angaben anzuwenden. Interessant sind im hier beschriebenen Zusammenhang beispielsweise folgende Style-Sheet-Angaben:

- Abstände, Ränder, Ausrichtung,
- Rahmen und Innenabstände,
- Hintergrundfarben und -bilder
- und Elemente positionieren.

5.2 Breite, Höhe und Beschriftung

Breite und Höhe einer Grafik mit angeben

Wenn Sie Grafiken in HTML-Dateien einbinden, die Sie im WWW anbieten wollen, sollten Sie immer die Breite und Höhe der Grafik mit angeben. Dadurch entnimmt der WWW-Browser bereits der HTML-Datei, wie groß die Grafik ist, und muß nicht warten, bis er die entsprechende Header-Information der Grafikdatei ausgelesen hat. So kann er die gesamte WWW-Seite bereits am Bildschirm aufbauen und bei noch nicht eingelesenen Grafiken zuerst eine entsprechend große Freifläche anzeigen. Wenn Sie Breite und Höhe nicht angeben, wartet der Browser dagegen mit der Anzeige der WWW-Seite, bis er alle nötigen Größenangaben aus eingebundenen Grafikdateien eingelesen hat. Mit der Angabe `width=` [Pixel] geben Sie die Breite der Grafik an, mit `height=` [Pixel] die Höhe (width = Breite, height = Höhe). Ein Beispiel:

```
<img src="datei.gif" width=250 height=450>
```

Beachten Sie: Um die genaue Breite und Höhe einer Grafik zu ermitteln, brauchen Sie entweder ein Grafikprogramm, das diese Werte anzeigt, oder einen HTML-Editor, der beim Einbinden einer Grafik im Dialog auch gleich den Dateikopf der Grafik ausliest und die entsprechenden Angaben in das <img>-Tag automatisch einfügt. Um einem Besucher Ihrer WWW-Seiten nicht ungefragt große Grafiken mit langen Ladezeiten zuzumuten, können Sie auch Vorschaugrafiken verwenden (Kapitel 5.8.3).

> **Tip:** Sie können auch Angaben zu Breite und Höhe einer Grafik machen, die absichtlich von den tatsächlichen Abmessungen der Grafik abweichen. Dadurch können Sie interessante Verzerrungseffekte erreichen, wie man sie von Cartoons kennt.

Neben Pixelangaben sind bei `width=` und `height=` auch Prozentangaben erlaubt – eine Angabe von `width=120%` bedeutet so viel wie sechs Fünftel der eigentlichen Grafikbreite. Diese Angaben tragen im Gegensatz zu Pixelangaben jedoch nicht zu einem schnelleren Seitenaufbau bei, sondern sind lediglich für Verzerrungseffekte interessant.

Wenn Sie eine Grafik haben, die Sie an anderer Stelle in kleinerer Form wiederholen möchten (zum Beispiel ein Logo, das auf der Einstiegsseite groß angezeigt werden soll und auf den Unterseiten kleiner), brauchen Sie keine zwei Grafiken. Es genügt, wenn Sie, um eine Grafik kleiner darzustellen, die Angaben zu Breite und Höhe proportional verkleinern. Wenn Ihr Logo beispielsweise die Ausmaße von 300 Pixeln Breite und 200 Pixeln Höhe hat, können Sie es halb so groß darstellen, indem Sie beim Einbinden der Grafik `width=150 height=100` angeben. Sinnvoll ist das aber nur, wenn die große Grafik bereits angezeigt wurde und sich im Cache-Speicher des WWW-Browsers befindet.

Grafikbeschriftung oben, mittig, unten

Sie können bestimmen, daß der Text, den Sie im Anschluß an eine Grafikreferenz notieren, als Beschriftungstext für die Grafik interpretiert wird. Bei der Grafikreferenz selbst können Sie bestimmen, wie dieser Text im Verhältnis zur Grafik plaziert werden soll. Ein paar Beispiele:

```
<img src="datei.gif" align=top>Beschriftungstext
<img src="datei.gif" align=middle>Beschriftungstext
<img src="datei.gif" align=bottom>Beschriftungstext
```

Mit dem Attribut `align=` erreichen Sie, daß nachfolgender Text als Beschriftungstext der Grafik interpretiert wird, und mit den möglichen Wertzuweisungen richten Sie den Beschriftungstext neben der Grafik aus (align = ausrichten).

- Mit `align=top` wird der folgende Text als Beschriftungstext oben bündig zur Grafik interpretiert (top = oben).
- Mit `align=middle` wird der folgende Text als Beschriftungstext mittig zur Grafik interpretiert (middle = mittig).
- Mit `align=bottom` wird der folgende Text als Beschriftungstext unten bündig zur Grafik interpretiert (bottom = unten).

Bild 5.4: Die Beschriftung einer Grafik kann oben, mittig oder unten stehen

Beachten Sie: Nur der unmittelbar folgende Text gilt als Beschriftungstext – und zwar nur der Text, der neben die Grafik noch in eine Zeile paßt. Text, der darüber hinausreicht, wird unterhalb der Grafik angezeigt. Da Sie die Anzeigefenstergröße des Anwenders nicht kennen, ist dieser HTML-Befehl in seiner Auswirkung kaum kontrollierbar. Um sauberer zu arbeiten, können Sie blinde Tabellen zum Nebeneinanderstellen von Grafik und Text verwenden.

N 3.0 *Speziellere Plazierung der Grafikbeschriftung*

Es gibt weitere, speziellere Befehle zur Plazierung von Grafikbeschriftung. Probieren Sie diese Befehle aus, wenn der Beschriftungstext unterschiedlich groß ist, z. B. durch Angabe von Schriftgrößen oder Style-Sheet-Angaben. Beachten Sie: Diese Angaben gehören nicht zum offiziellen HTML-Standard. Ein paar Beispiele:

```
<img src="datei.gif" align=texttop>Beschriftungstext
<img src="datei.gif" align=absmiddle>Beschriftungstext
```

```
<img src="datei.gif" align=absbottom>Beschriftungstext
<img src="datei.gif" align=baseline>Beschriftungstext
```

- Mit `align=texttop` richten Sie den Beschriftungstext oben bündig zur Grafik aus, und zwar an der Oberkante des kleinsten folgenden Textes (texttop = oben am Text).
- Mit `align=absmiddle` richten Sie den Beschriftungstext absolut mittig zur Grafik aus, auch bei unterschiedlichen Textgrößen (absmiddle = absolute middle = in jedem Fall mittig).
- Mit `align=absbottom` richten Sie den Beschriftungstext unten bündig zur Grafik aus, und zwar an der Unterkante des kleinsten folgenden Textes (absbottom = absolute bottom = in jedem Fall unten bündig).
- Mit `align=baseline` richten Sie den Beschriftungstext genauso aus wie mit der Standardangabe `align=bottom`. Benutzen Sie deshalb besser die Standardangabe.

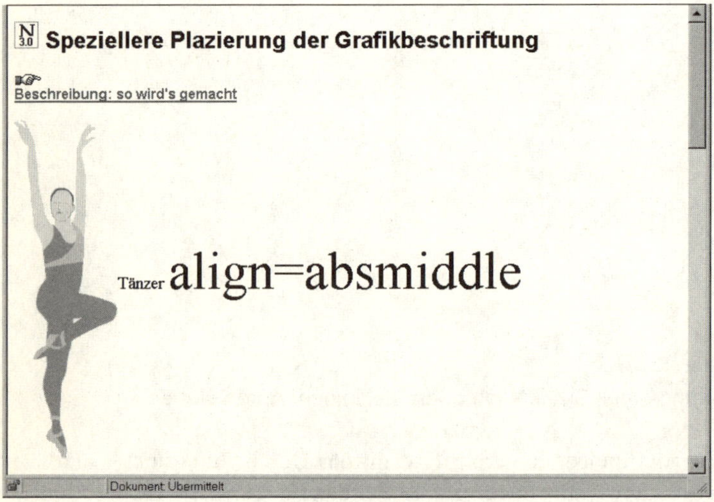

Bild 5.5: `align=absmiddle` richtet Beschriftungstext absolut mittig zur Grafik aus, auch bei unterschiedlichen Textgrößen

5.3 Textfluß und Abstand

Grafik mit umfließendem Text einbinden

Grafiken, die Sie mit dem `<img>`-Tag referenzieren, können Sie links oder rechts ausrichten. Der umgebende Text fließt dabei um die Grafik. Beispiel 1:

```
<img src="datei.gif" align=left>Text, der rechts um die links
   ausgerichtete Grafik fließt
```

Beispiel 2:

```
<img src="datei.gif" align=right>Text, der links um die rechts
   ausgerichtete Grafik fließt
```

Mit den Angaben `align=left` bzw. `align=right` veranlassen Sie den Browser, die Grafik linksbündig bzw. rechtsbündig auszurichten und den darauffolgenden Fließtext rechts bzw. links neben der Grafik anzuzeigen und um die Grafik herumfließen zu lassen (align = ausrichten, left = links, right = rechts).

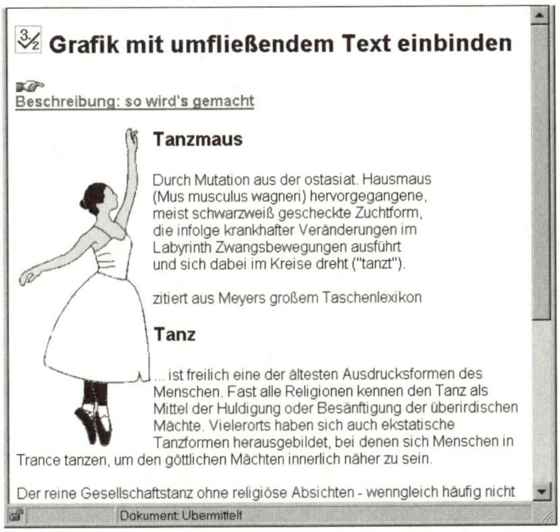

Bild 5.6: Text kann rechts oder links neben der Grafik einfließen

Beachten Sie: Der umgebende Text kann verschiedene Elemente enthalten, zum Beispiel auch Überschriften oder Listen. Sie können auch den Abstand zwischen Grafik und Text kontrollieren. Um Grafiken auszurichten, ohne den folgenden Text um die Grafik fließen zu lassen, notieren Sie vor und hinter der Grafik entsprechende Textabsätze (Absatzschaltungen) – zum Beispiel durch

```
<p><img src="datei.gif"></p>
```

oder

```
<p align=center><img src="datei.gif"></p>
```

3/2 Textfortsetzung unterhalb der Grafik erzwingen

Manchmal möchten Sie vielleicht nur zwei oder drei Zeilen kommentierenden Text neben der Grafik haben und den folgenden Text dann unterhalb der Grafik fortsetzen. Dazu müssen Sie einen speziellen Umbruch erzwingen, der den Textfluß neben der Grafik unterbricht und stattdessen unterhalb der Grafik fortfährt. Ein Beispiel:

```
<title>Titel der Datei</title>
<img src="datei.gif" align=left>Text, der um die Grafik fließt<br clear=all>
und Text, der unterhalb der Grafik weitergeht
```

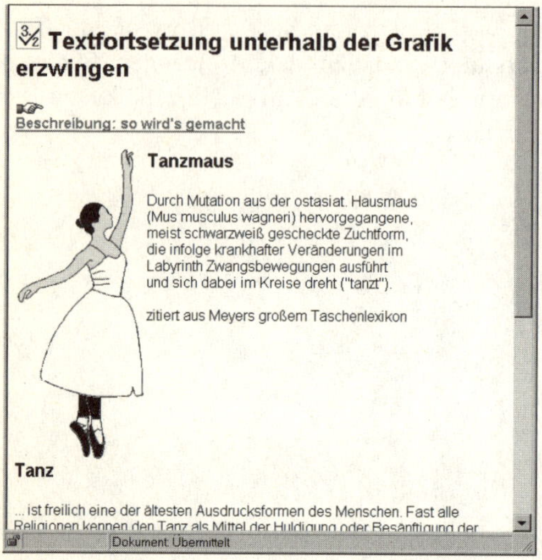

Bild 5.7: Mit `<br clear=all>` erzwingen Sie eine Fortsetzung des Textes unterhalb der Grafik

Wenn Sie mit `align=left` oder `align=right` darauffolgenden Text um eine Grafik fließen lassen, können Sie innerhalb des umfließenden Textes die Angabe `<br clear=all>` notieren, um den Textfluß zu unterbrechen und unterhalb der Grafik fortzufahren (br = break = Umbruch, clear = löschen, all = alles). Beachten Sie: Neben `<br clear=all>` sind auch die Angaben `<br clear=left>` und `<br clear=right>` erlaubt. Experimentieren Sie mit diesen Angaben, wenn `<br clear=all>` nicht den gewünschten Effekt bringt.

Abstand zwischen Grafik und Text definieren

Sie können bestimmen, wie groß der Abstand zwischen einer Grafik und ihrer Umgebung sein soll. Beispiel 1:

```
<img src="datei.gif" align=left hspace=20>Text, der um die Grafik fließt
```

Beispiel 2:

```
<p>Text über der Grafik</p>
<img src="datei.gif" vspace=30>
<p>Text unter der Grafik</p>
```

Beispiel 3:

```
<div align=center>
<p>Text über der Grafik</p>
```

```
<p>Text links von Grafik<img src="datei.gif" align=absmiddle hspace=40
   vspace=40>Text rechts von Grafik</p>
<p>Text unter der Grafik</p>
</div>
```

- Mit `hspace=` [Pixel] bestimmen Sie den Abstand zwischen einer Grafik und anderen Elementen links bzw. rechts davon (hspace = horizontal space = horizontaler Abstand).
- Mit `vspace=` [Pixel] bestimmen Sie den Abstand zwischen einer Grafik und anderen Elementen darüber bzw. darunter (vspace = vertical space = vertikaler Abstand).

Bild 5.8: Der Abstand zwischen Grafik und umgebendem Text ist frei wählbar

Beide Angaben sind auch gleichzeitg möglich wie im dritten der obigen Beispiele. Beachten Sie: Die Angabe `hspace=` betrifft immer den linken und den rechten Randabstand von der Grafik, die Angabe `vspace=` immer den oberen und den unteren Randabstand. Wenn Sie also beispielsweise bei einer links ausgerichteten Grafik `hspace=` definieren, wird nicht nur rechts von der Grafik ein Abstand zum nebenstehenden Text erzeugt, sondern auch links zum Rand des Anzeigefensters hin. Um dies zu verhindern, können Sie exakter arbeiten, indem Sie CSS-Style-Sheets verwenden. Mit Hilfe der Style-Sheet-Angaben zu Abständen, Rändern, Ausrichtung im `<img>`-Tag können Sie gezielt Abstände an einer Seite definieren.

5.4 Grafik in zwei Versionen laden

N 1.1 *Erste und zweite Grafik referenzieren*

Dieses Feature ist dann sinnvoll, wenn Sie aufwendige Grafiken im WWW präsentieren wollen. Dazu brauchen Sie zwei Versionen einer Grafik: eine hochauflösende, die Sie am Ende präsentieren wollen, und eine niedrigauflösende, die möglichst schnell angezeigt werden soll. Leider wird diese Möglichkeit bislang nur von Netscape interpretiert. Sie können Netscape veranlassen, erst einmal die kleinere, niedrigauflösende Grafik anzuzeigen. Wenn dann das gesamte Dokument mit allen Grafik- und sonstigen Referenzen geladen ist, lädt Netscape in einem zweiten Schritt die höherauflösende, größere Grafik über die bereits geladene einfachere Version. Das kostet zusätzlichen Speicher, hat aber den Vorteil, daß der Anwender die WWW-Seite in ihrem Aufbau schneller am Bildschirm hat. Ein Beispiel:

```
<img src="datei.jpg" lowsrc="datei.gif" width=300 height=700>
```

Durch das Attribut `lowsrc=` bewirken Sie, daß Netscape zunächst die niedrigauflösendere, kleinere Grafik lädt (das ist die Grafik, die Sie bei `lowsrc=` angeben). Wenn die komplette Seite geladen ist, lädt Netscape die hochauflösende, größere Grafik (das ist die Grafik, die Sie bei `src=` angeben).

Beachten Sie: Dieser Befehl gehört nicht zum offiziellen HTML-Standard. Beide Grafiken sollten sinnvollerweise den gleichen Inhalt und die gleiche Größe haben. Ihr Unterschied sollte in der Auflösungsqualität, Farbtiefe und damit im Speicherbedarf liegen.

5.5 Grafiken als Verweise

☑ *Grafik in einen Verweis einbinden*

Wenn Sie Verweise setzen, müssen Sie immer auch einen Verweistext definieren, also den Text, der dem Anwender als anklickbar dargestellt wird. Anstelle eines Verweistextes können Sie jedoch auch eine beliebige Grafik angeben. Dann ist die gesamte Grafik anklickbar, und beim Anklicken der Grafik wird der Verweis ausgeführt. Ein Beispiel:

```
<a href="datei.htm"><img src="datei.gif"></a>
```

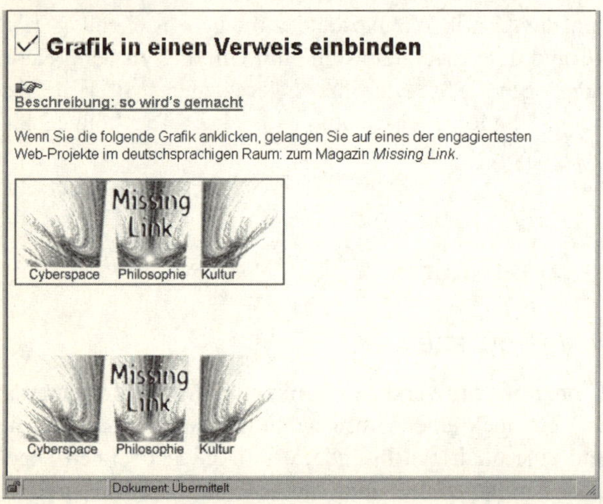

Bild 5.9: Eine Grafik als Verweis – unten mit unterdrücktem Verweis-Rahmen

Für das Setzen des Verweises gilt das Schema für Verweise in HTML. Das Verweisziel kann ein beliebiges erlaubtes Ziel sein. Mehr hierzu finden Sie im Kapitel 4 über Verweise. Anstelle des Verweistextes wird einfach eine Grafik eingebunden.

Beachten Sie: Der WWW-Browser kennzeichnet die Grafik als Verweis, indem er einen Rahmen in der eingestellten Farbe für Verweise um die Grafik zieht. Wenn Sie den Rahmen nicht wünschen, müssen Sie ihn unterdrücken. Mehr dazu im folgenden Abschnitt.

3½ Verweis-Rahmen unterdrücken

Der Rahmen, den der WWW-Browser per Voreinstellung um eine Grafik zieht, wenn diese als Verweis eingebunden wird, ist in vielen Fällen störend. Sie können den Rahmen unterdrücken. Durch die zusätzliche Angabe border=0 unterdrücken Sie den Rahmen. Die Grafik bleibt weiterhin als Verweis anklickbar. Ein Beispiel:

```
<a href="datei.htm"><img src="datei.gif" border=0></a>
```

Beachten Sie: Wenn Sie Rahmen um Grafiken unterdrücken, die als Verweise dienen, kann der Anwender die Grafik nicht mehr unmittelbar als Verweis erkennen. Nur wenn er mit dem Mauszeiger über die Grafik fährt, kann er am Mauszeigersymbol erkennen, daß es sich um einen Verweis handelt. Deshalb sollten Sie den verweiskennzeichnenden Rahmen nur dann unterdrücken, wenn die Grafik auf den ersten Blick als Verweis erkennbar ist. Das kann zum Beispiel ein beschrifteter Button sein, der dem Anwender intuitiv als Verweis erscheint.

5.6 Verweis-sensitive Grafiken (Image Maps)

3½ Verweis-sensitive Grafiken

Verweis-sensitive Grafiken sind Grafiken, in denen der Anwender mit der Maus auf ein Detail klicken kann. Daraufhin wird ein Verweis ausgeführt. Auf diese Weise kann der Anwender in einigen Fällen wesentlich intuitiver und schneller zu Information gelangen als durch lange verbale Verweislisten. Ein Beispiel:

```
<map name="Testbild">
<area shape=rect coords="1,1,249,49" href="#Anker">
<area shape=rect coords="1,51,149,299" href="datei.htm">
<area shape=rect coords="251,1,399,399" href="../datei.htm">
<area shape=rect coords="151,51,249,299" href="http://www.nix.de/">
<area shape=rect coords="1,301,249,399" nohref>
</map>
<img src="hypgraph.gif" usemap="#Testbild" border=0>
```

Mit <map name=> leiten Sie die Definition der Verweis-sensitiven Flächen einer Grafik ein. Hinter dem Gleichheitszeichen vergeben Sie einen Namen für die Verweis-sensitive

Grafik. Dieser Name muß nichts mit dem Dateinamen der Grafik zu tun haben. Es handelt sich vielmehr um einen Ankernamen, der die gleiche Bedeutung hat wie der Name in einem Verweisanker innerhalb einer HTML-Datei. Vergeben Sie keine zu langen Namen. Namen dürfen keine Leerzeichen und keine deutschen Umlaute enthalten. Benutzen Sie als Sonderzeichen höchstens den Unterstrich »_«. Der Name muß in Anführungszeichen stehen. Hinter dem Namen endet das einleitende `<map>`-Tag mit >.

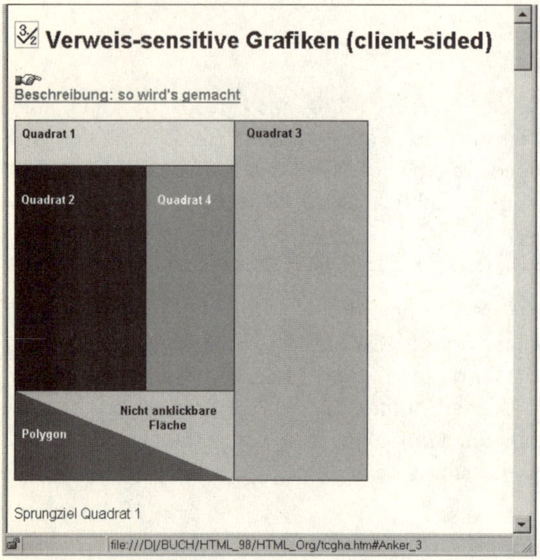

Bild 5.10: Image Maps markieren einzelne Bereiche einer Grafik als Verweise für unterschiedliche Sprungziele

Die `<map>`-Anweisung kann an einer beliebigen Stelle innerhalb des Körpers einer HTML-Datei – also zwischen `<body>` und `</body>` – stehen. Die Angaben dieser Anweisung erzeugen keine Bildschirmausgabe. Es empfiehlt sich jedoch, die Anweisung an einer markanten, gesonderten Stelle innerhalb der Datei zu notieren, z. B. am Anfang oder am Ende des Dateikörpers.

Zwischen dem einleitenden `<map...>` und dem abschließenden `</map>` definieren Sie die Verweis-sensitiven Flächen. Mit `<area...>` definieren Sie einzelne Verweis-sensitive Flächen einer bestimmten Grafik, die Sie an einer anderen Stelle einbinden. Durch die Angabe `shape=rect` bestimmen Sie eine viereckige Fläche, mit `shape=circle` einen Kreis, und mit `shape=polygon` können Sie ein beliebiges Vieleck als Verweis-sensitiv definieren.

Bei `coords=` geben Sie die Koordinaten der Verweis-sensitiven Flächen an. Die Pixelangaben bedeuten absolute Werte innerhalb der Grafik, die Verweis-sensitiv sein soll. Die Angaben sollten in Anführungszeichen stehen. Trennen Sie alle Pixelwerte durch Kommata.

- Ein Viereck (`shape=rect`) definieren Sie mit den Koordinaten für x1,y1,x2,y2, wobei bedeuten: x1 = linke obere Ecke, Pixel von links; y1 = linke obere Ecke, Pixel von oben; x2 = rechte untere Ecke, Pixel von links; y2 = rechte untere Ecke, Pixel von oben.
- Einen Kreis (`shape=circle`) definieren Sie mit den Koordinaten für x,y,r, wobei bedeuten: x = Mittelpunkt, Pixel von links; y = Mittelpunkt, Pixel von oben; r = Radius in Pixel.
- Ein Polygon (`shape=polygon`) definieren Sie mit den Koordinaten x1,y1,x2,y2 ... x_n,y_n, wobei bedeuten: x = Pixel einer Ecke von links; y = Pixel einer Ecke von oben. Sie können so viele Ecken definieren, wie Sie wollen. Von der letzten definierten Ecke aus müssen Sie sich eine Linie zur ersten definierten Ecke hinzudenken. Diese schließt das Polygon automatisch.

Mit dem Attribut `href=` bestimmen Sie das Ziel, also die Datei, die aufgerufen werden soll, wenn der Anwender die Verweis-sensitive Fläche anklickt. Dabei gelten die gleichen Regeln wie bei Verweisen. Wenn Sie eine Fläche explizit als nicht anklickbar ausweisen wollen, können Sie dies mit dem Attribut `nohref=` tun. Wenn Sie solche Angaben weglassen, sind Flächen, die nicht durch `href=` abgedeckt sind, allerdings automatisch nicht anklickbar.

Die Grafik, die Verweis-sensitive Flächen haben soll, referenzieren Sie auf herkömmliche Weise mit Hilfe des `<img>`-Tags – mehr hierzu siehe unter *Grafiken einbinden*, Kapitel 5.1. Um die Grafik als Verweis-sensitiv zu kennzeichnen, müssen Sie das Attribut `usemap=` – siehe obiges Beispiel – notieren. Hinter dem Gleichheitszeichen geben Sie den Namen an, den Sie bei der Definition der Verweis-sensitiven Flächen im einleitenden `<map>`-Tag vergeben haben. Der Name muß in Anführungszeichen stehen und ein # vorangestellt bekommen.

Beachten Sie: Um die gewünschten Pixelkoordinaten für Verweis-sensitive Flächen einer Grafik zu erhalten, können Sie beispielsweise ein Grafikprogramm benutzen, bei dem Sie mit der Maus in der angezeigten Grafik herumfahren können und dabei die genauen Pixelkoordinaten des Mauszeigers angezeigt bekommen.

Sie können die Verweis-sensitiven Flächen auch in einer anderen HTML-Datei definieren als in derjenigen, in der Sie die Grafik referenzieren. Dann müssen Sie in der Grafikreferenz bei `usemap=` den Dateinamen und das Sprungziel innerhalb der Datei angeben, wo die Verweis-sensitiven Flächen definiert werden. Das funktioniert genauso wie bei Verweisen.

Um beim Überfahren einer Verweis-sensitiven Fläche mit der Maus ein kleines Fenster (Tooltip-Fenster) anzuzeigen, können Sie in den `<area>`-Tags jeweils das Universalattribut `title="Mein angezeigter Text"` verwenden. Dies wird vom Internet Explorer ab Version 4.x interpretiert, Netscape kennt diese Angabe in seiner Version 4.x noch nicht.

Innerhalb eines jeden `<area>`-Tags ist auch das Attribut `tabindex=` erlaubt. Die Wirkung ist die gleiche wie bei der Tabulator-Reihenfolge bei Verweisen und wird dort näher beschrieben (Kapitel 4.10). Ebenfalls erlaubt ist das Attribut `accesskey=`. Dies funktioniert genau wie bei Tastaturkürzeln für Verweise und wird dort näher beschrieben (Kapitel 4.10).

✓ Verweis-sensitive Grafiken (server-sided)

Bei dieser Methode ist zum Verwalten von Verweis-sensitiven Grafiken eine Kommunikation zwischen WWW-Browser und Server-Rechner erforderlich. Das bedeutet, daß Verweis-sensitive Grafiken mit dieser Methode nur online im WWW realisierbar sind (also nicht auf dem lokalen Rechner) und daß Sie in jedem Fall mit Ihrem Provider die genaue Vorgehensweise klären müssen. Der Vorteil ist, daß solche Verweis-sensitiven Grafiken auch mit älteren WWW-Browsern ausführbar sind. Der Nachteil ist die umständliche Handhabung. Das W3-Konsortium rät mittlerweile von dieser Form Verweis-sensitiver Grafiken ab, weil sie unnötig die Netzlast erhöht.

Das Prinzip funktioniert folgendermaßen: Auf Grund eines HTML-Befehls weiß der WWW-Browser, daß es sich bei einer Grafik um eine Verweis-sensitive Grafik handelt. Wenn der Anwender dann irgendwo auf die angezeigte Grafik klickt, überträgt der WWW-Browser die Pixelkoordinaten des Mausklicks – relativ zur oberen linken Ecke der Grafik – an eine spezielle Imagemap-Software auf dem Server-Rechner. Diese Software ermittelt, ob die Pixelkoordinaten innerhalb einer als Verweis-sensitiv definierten Fläche der Grafik liegen. Wenn ja, ermittelt die Software, welcher Verweis dieser sensitiven Fläche zugeordnet ist. Die entsprechende Verweisadresse wird an den WWW-Browser gesandt. Dieser führt den Verweis dann aus.

Wenn Sie eine Verweis-sensitive Grafik nach diesem Schema einsetzen möchten, fragen Sie bei Ihrem Provider nach, welche Software zum Verarbeiten Verweis-sensitiver Grafiken auf diesem Server im Einsatz ist und was genau Sie brauchen. In der Regel brauchen Sie eine sog. Map-Datei und einen Eintrag in einer Konfigurationsdatei. In der Map-Datei ordnen Sie Verweis-sensitive Flächen und gewünschte Verweise einander zu. In der Konfigurationsdatei ist ein Eintrag für die Server-Software nötig. Bei der Syntax der Map-Dateien gibt es mehrere Varianten. Fragen Sie gegebenenfalls Ihren Provider nach Beispieldateien und nach Dokumentation zu der von ihm angebotenen Variante. Das folgende Beispiel zeigt den Teil, den Sie in der HTML-Datei notieren müssen:

```
<a href="MapName"><img src="datei.gif" ismap</a>
```

In der Mitte des Befehls zur Verarbeitung einer Verweis-sensitiven Grafik steht der HTML-Befehl zum Einbinden einer Grafik. Im Beispiel wird die Datei *datei.gif* eingebunden. Der Befehl muß außer dem Attribut `src=` noch das Attribut `ismap` enthalten. Hierdurch wird dem Server-Rechner mitgeteilt, daß es sich um eine Verweis-sensitive Grafik handelt.

Das ganze Konstrukt ist eine Grafik als Verweis. Dabei steht der Befehl für die Grafikeinbindung an der Stelle, wo bei einem normalen Textverweis der Text steht, der dem Anwender als Verweistext angeboten wird. Das Ziel des Verweises ist jedoch keine Datei, sondern ein symbolischer Name, der zuvor in der oben angesprochenen Konfigurationsdatei des Server-Rechners vergeben wurde. Im Beispiel ist das der symbolische Name "MapName".

5.7 Browser-interne Grafik-Ressourcen

N 1.1 IBM OS/2 Die folgenden Spezial-Referenzen werden nur von bestimmten WWW-Browsern interpretiert. Es handelt sich zum Teil um nützliche, zum Teil um weniger nützliche Grafiken. Der Vorteil ist, daß Sie keine separaten Grafikdateien dafür brauchen. So können Sie zum Beispiel eine einzelne HTML-Datei weitergeben, die trotzdem Grafiken enthält – sofern es sich um eine Browser-interne Grafik-Ressource handelt. Notieren Sie die Befehle zum Referenzieren von internen Grafik-Ressourcen an der Stelle, wo sie die Grafik wünschen. Diese Grafiken können Sie genauso beschriften oder mit Text umfließen lassen wie normale Grafiken.

Beachten Sie: Je nach Browser-Version sehen die Grafiken bei Netscape anders aus. In der Version 4.x sind manche Grafiken überhaupt nicht mehr enthalten, so daß nur ein Standard-Icon erscheint.

Grafik	*Tag*
	<img src="internal-gopher-index">
	<img src="internal-gopher-menu">
	<img src="internal-gopher-binary">
	<img src="internal-gopher-image">
	<img src="internal-gopher-sound">
	<img src="internal-gopher-movie">
	<img src="internal-gopher-unknown">
	<img src="internal-gopher-text">
	<img src="internal-gopher-telnet">

Tab. 5.1: Grafik-Ressourcen beim Netscape Navigator und beim IBM-Web-Explorer

Grafik	*Tag*
	<img src="internal-news-catchup-group">
	<img src="internal-news-catchup-thread">
	<img src="internal-news-followup">
	<img src="internal-news-go-to-newsrc">
	<img src="internal-news-next-article">
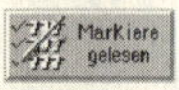	<img src="internal-news-next-article-gray">
	<img src="internal-news-next-thread">
	<img src="internal-news-next-thread-gray">
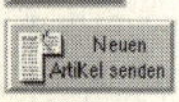	<img src="internal-news-post">
	<img src="internal-news-prev-article">
	<img src="internal-news-prev-article-gray">
	<img src="internal-news-reply">
	<img src="internal-news-rtn-to-group">
	<img src="internal-news-show-all-articles">
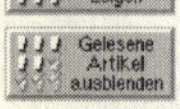	<img src="internal-news-show-unread-articles">
	<img src="internal-news-subscribe">
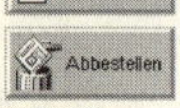	<img src="internal-news-unsubscribe">
	<img src="internal-news-newsgroup">
	<img src="internal-news-newsgroups">
	<img src="internal-icon-delayed">
	<img src="internal-icon-notfound">
	<img src="internal-icon-baddata">
	<img src="internal-icon-insecure">
	<img src="internal-icon-embed">

Tab. 5.2: Grafik-Ressourcen beim Netscape Navigator

5.8 Grundwissen Grafik

5.8.1 WWW-gerechte Grafiken

Im WWW haben sich zwei Dateiformate für Grafiken durchgesetzt, die von allen modernen Browsern inline, also im eigenen Fenster angezeigt werden können: GIF und JPEG. Bei beiden handelt es sich um pixelorientierte Formate. Die Stärken beider Formate liegen jedoch auf unterschiedlichen Gebieten. Dazu kommt ein neues, vielversprechendes Format, das noch in der Entwicklung ist, aber die Vorteile von GIF und JPEG in sich vereint: das PNG-Format.

Das GIF-Format

Das GIF-Format (Graphics Interchange Format) gilt als das Haus-Format von CompuServe und wurde speziell für den Online-Einsatz entwickelt. Es zeichnet sich durch eine hohe Komprimierungsdichte aus. Zum Vergleich: Bitmap-Dateien im BMP-Format sind bei gleichem Inhalt durchschnittlich zehn- bis dreißigmal so umfangreich wie GIF-Dateien.

Der jetzt gültige Standard des GIF-Formats ist das sogenannte 89er-Format. Dieses Format bietet drei Möglichkeiten an, die das GIF-Format für den Einsatz im WWW besonders interessant machen:

- Die Möglichkeit, eine Datei *interlaced* abzuspeichern. Eine Grafik, die so abgespeichert ist, wird beim Laden nicht zeilenweise eingelesen und aufgebaut, sondern schichtweise. Gerade bei der Online-Übertragung ist das sehr hilfreich. Denn so erscheint die Grundstruktur der Grafik sehr schnell am Bildschirm des Anwenders. Beim weiteren Einlesevorgang wird die Grafik dann immer deutlicher und feiner aufgelöst am Bildschirm angezeigt.
- Die Möglichkeit, mehrere Grafiken in einer einzigen Grafikdatei zu speichern, verbunden mit Optionen zur Steuerung der Einzelgrafiken. Mit Hilfe dieses Features des GIF-Formats sind animierte Grafiken realisierbar.
- Die Möglichkeit, eine Farbe, die in der Grafik vorkommt, als *transparent* zu definieren. Mit Hilfe dieses Features lassen sich transparente Hintergründe bei Grafiken definieren, wodurch Sie auf WWW-Seiten sehr reizvolle Effekte erzielen können.

Ein Nachteil des GIF-Formats ist, daß es maximal 256 Farben verarbeiten kann. Ein Pluspunkt ist dagegen, daß GIF-Grafiken sich verlustfrei komprimieren lassen. Aufgrund seiner Charakteristik ist das GIF-Format für hochauflösende Grafiken wie Fotos oder fein strukturierte Wallpaper-Hintergründe nicht so sehr geeignet. Ideal ist das GIF-Format für Buttons, Dots, Bars, Symbole und Cliparts. Ein Nachteil betrifft vor allem Hersteller von Software: Das GIF-Format greift zur Komprimierung auf einen patentierten Algorithmus zurück. Jeder, der sein Programm GIF-fähig macht, zahlt entsprechend Lizenzgebühren – gerade für die Shareware-Szene ein Unding.

Das JPEG-Format

Bei JPEG, entwickelt von der Joint Photographic Expert Group, handelt es sich um ein Grafikformat, das auf dem Komprimierungsalgorithmus DCT (Discrete Cosinus Transformation) in Verbindung mit der Huffman-Kodierung basiert. Da dieses Verfahren zunächst nur für statische Grafiken von Bedeutung war, entstand das gleichnamige Dateiformat für Bilder. Mittlerweile wird der JPEG-Algorithmus auch auf Videos angewendet und hat das zukunftsweisende Video-Format MPEG hervorgebracht.

Das JPEG-Grafikformat läßt sich ebenfalls sehr gut komprimiert und hat gegenüber dem GIF-Format den Vorteil, daß es bis zu 16,7 Millionen Farben speichern kann. Der Nachteil ist, daß JPEG mit Verlust komprimiert, d. h. je höher der Komprimierfaktor, desto schlechter die Qualität der Grafik. Aufgrund seiner Charakteristik eignet sich das JPEG-Format vor allem zum WWW-gerechten Speichern von eingescannten Fotos, aber auch für andere Grafiken, in denen sehr feine Farbverläufe vorkommen. Beim JPEG-Format können Sie bei besseren Grafikprogrammen zwei Parameter selbst bestimmen:

- Die DPI-Dichte: Das ist die Punktdichte (dpi = dots per inch). Bei JPEG-Dateien, die Sie für die Anzeige in WWW-Seiten benötigen, reicht ein Wert zwischen 70 und 100 dpi aus.
- Den Kompressionsfaktor: Je höher der Kompressionsfaktor, desto schlechter die Bildqualität. Ein Komprimierungsfaktor von 5 bis 10 ist für eine gute Bildqualität ein sinnvoller Wert.

Es gibt eine Variante von JPEG-Grafiken, sogenannte *progressive* JPEG-Grafiken. Dabei wird, ähnlich wie beim GIF-Format in der Variante interlaced, zuerst eine vollständige, aber noch undeutliche Fassung der Grafik am Bildschirm aufgebaut. Das erste, noch nicht ganz deutliche Bild kann bereits am Bildschirm angezeigt werden, nachdem etwa 15% der Grafikdatei an den aufrufenden WWW-Browser übertragen wurden. Netscape kann in neueren Versionen progressive JPEG-Dateien korrekt anzeigen. Infos im WWW gibt es zum Beispiel unter Progressive Jpeg (*webreference.com/jpeg*).

Das PNG-Format

PNG bedeutet Portable Network Graphic (ausgesprochen: PING). Es handelt sich um ein Grafikformat, das eigens für den Einsatz im WWW konzipiert wurde. Im WWW finden Sie die PNG Specification (*www.boutell.com/boutell/png*). PNG soll alle Vorteile von GIF und JPEG in sich vereinen:

- PNG komprimiert verlustfrei wie das GIF-Format,
- PNG unterstützt 16,7 Mio. Farben wie das JPEG-Format,
- PNG ist wie GIF und JPEG plattformunabhängig,
- PNG unterstützt transparente Hintergrundfarben wie das GIF-Format,
- PNG erlaubt das Speichern zusätzlicher Information in der Grafikdatei, z. B. Autor- und Copyrighthinweise.

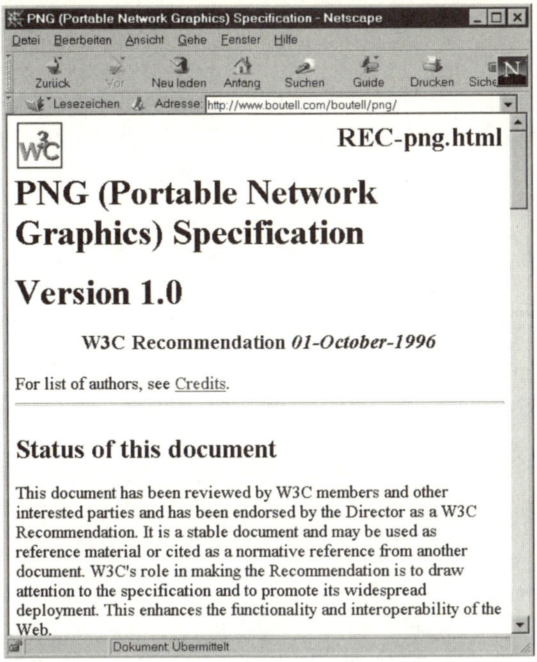

Bild 5.11: Die komplette PNG-Spezifikation gibt es natürlich im Internet

Pixel und Vektoren

Die beiden Standard-Formate für Grafiken im WWW, GIF und JPEG, sind beide pixelorientiert. Um ansprechende Grafiken zu erzeugen, ist es jedoch in vielen Fällen besser oder sogar unerläßlich, ein vektororientiertes Grafikprogramm, z. B. CorelDraw, zu benutzen. Solche Programme haben den Vorteil, daß man damit grafische Objekte, z. B. Rechtecke, Kreise, Polygone oder Schriftzüge erstellen und objektorientiert manipulieren kann. Gute Vektorprogramme bieten eine Fülle von Möglichkeiten an, Grafikobjekte zu manipulieren, z. B. mit 3-D-Effekten, Farbverläufen oder wehenden Schatten zu versehen.

Wenn Sie professionelle WWW-Grafiken selbst erstellen wollen, brauchen Sie unbedingt ein solches Vektorprogramm. In der Windows-Welt ist CorelDraw hierbei das führende Produkt, unter Macintosh ist z. B. Adobe Illustrator eine gute Wahl. Solche Produkte sind in der Regel Profi-Ware und kosten mehrere hundert, manchmal auch weit über tausend Mark.

Um die Grafiken, die Sie mit einem solchen Programm erstellen, in eines der WWW-Formate GIF oder JPEG zu bekommen, können Sie den Weg der Konvertierung wählen. Noch einfacher und effizienter aber ist es, ein Programm zu haben, mit dem man einzelne Bildschirmausschnitte anderer geöffneter Programme »einfangen« und abfotografieren kann, um sie dann in einem der beiden WWW-Formate abzuspeichern. Unter

MS-Windows ist hierfür beispielsweise Paintshop Pro, ein Shareware-Programm mit Profiqualitäten, ein ideales Werkzeug.

Viele Shareware-Programme und Demos für die Grafikerstellung und Grafikbearbeitung können Sie im WWW downloaden. Näheres hierzu im Anhang B zu Grafikprogrammen.

5.8.2 Farbtiefen und Farbpaletten

Farbtiefen

Die Farbtiefe gibt an, wie viele verschiedene Farbtöne in einer Grafikdatei gespeichert werden. Bei Pixelformaten gibt es heute folgende typische Farbtiefen:

- zwei Farben (Schwarzweiß),
- 16 Farben,
- 256 Farben,
- 16,7 Mio. Farben.

Das GIF-Format unterstützt zwei, 16 und 256 Farben, das JPEG-Format 16,7 Mio. und 23,7 Mio. Farben. Daß in einer Datei so viele Farben gespeichert werden können, bedeutet aber noch lange nicht, daß Anwender tatsächlich so viele Farben sehen. Denn wie viele Farben beim Anwender angezeigt werden können, hängt von der eingesetzten Hardware (Grafikkarte, Bildschirm) ab. Nur die wenigsten Anwender verfügen über Hardware, mit deren Hilfe volle 16,7 Mio. Farben angezeigt werden können. Viele Standard-PCs bieten bei arbeitsgerechter Bildschirmauflösung auch heute nicht mehr als 256 Farben an. Bei etwas besserer Ausstattung werden häufig auch 16000, 32000 oder 64000 Farben angezeigt, was für alle Computerbesitzer, die viele Grafiken betrachten (also auch für WWW-Surfer), unbedingt zu empfehlen ist.

Farbmodelle

Um Farbwerte in einer Grafikdatei zu speichern, müssen die Farben in einer Computergerechten Form beschrieben werden, nämlich als Zahlen. Dabei gibt es verschiedene Modelle, mit Hilfe von Zahlen den Wert von Farben zu beschreiben. Die beiden bekanntesten Modelle sind:

- Das RGB-Modell: Beim RGB-Modell wird eine Farbe durch ihre Anteile an den drei Grundfarben Rot, Grün und Blau definiert. Jede Farbe hat also einen Rotwert, einen Grünwert und einen Blauwert. Jeder der drei Werte wird durch Zahlen zwischen 0 und 255 definiert. Der Wert 0 bedeutet keinen Anteil an der betreffenden Grundfarbe. Der Wert 255 bedeutet maximalen Anteil an der betreffenden Grundfarbe. Ein dunkles Blau hat nach diesem Schema z. B. die Farbwerte 0,0,153 (0 rot, 0 grün, 153 blau). Mit diesem Schema können bis zu 16,7 Mio. unterschiedliche Farben definiert werden.

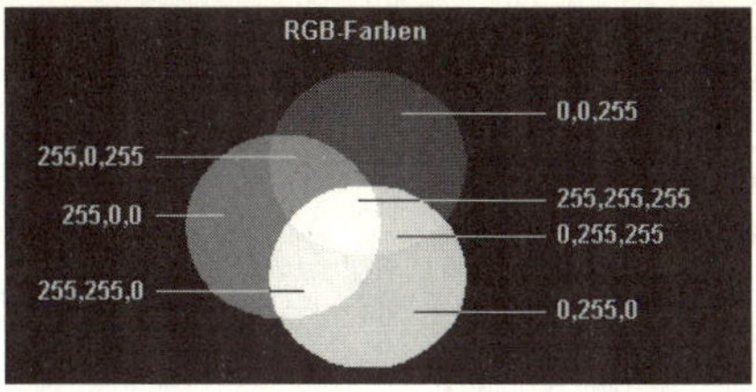

Bild 5.12: Das RGB-Modell beschreibt eine Farbe über den Rot-, Grün- und Blau-Anteil

- Das HSB-Modell: Auch bei diesem Modell gibt es drei definierende Zahlenwerte. H steht für Hue (Farbton), S für Saturation (Sättigung) und B für Brightness (Helligkeit). Farbtöne können Werte zwischen 0 und 359 annehmen, Sättigung und Helligkeit Werte zwischen 0 und 255. Auf diese Weise lassen sich ca. 23,6 Mio. Farben definieren.

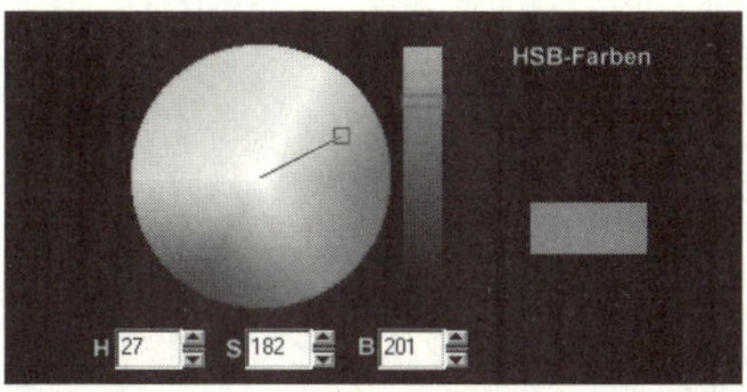

Bild 5.13: Im HSB-Modell definieren Farbton, Sättigung und Helligkeit eine Farbe

Für WWW-gerechte Grafiken ist das RGB-Modell maßgeblich. Wenn Sie zum Erstellen von WWW-Grafiken mit einem Grafikprogramm arbeiten, das mehrere Farbmodelle kennt, halten Sie sich an das RGB-Modell. In HTML werden die 256 möglichen Werte für RGB-Werte in Hexadezimalform (0 bis FF) notiert. Mehr hierzu im Kapitel 3.1.5 unter *Hexadezimale Angabe von Farben.*

Farbpaletten

Im GIF-Format können Sie pro GIF-Datei aus den 16,7 Mio. möglichen Farben des RGB-Farbmodells maximal 256 Farben aussuchen und speichern. Bei einer solchen Farbauswahl spricht man von einer Farbpalette. Theoretisch kann jede der 256 Farben beliebige RGB-Werte haben, d. h. es sind auch »krumme« Farbwerte wie 71,217,34 denkbar. Für WWW-gerechte GIF-Grafiken sollten Sie sich jedoch an ein Standard-Schema halten, das auch von Netscape optimal interpretiert wird. Bei diesem Schema sind alle Farben erlaubt, deren RGB-Werte durch 51 dividierbar sind. R(ot), G(rün) und B(lau) sollten danach also einen der Werte 0, 51, 102, 153, 204 oder 255 (hexadezimal: 00, 33, 66, 99, CC oder FF) haben. Ein erlaubter Wert ist danach z. B. 255,51,204 (hexadezimal: FF,33,CC). Auf diese Weise ergeben sich 6 x 6 x 6 mögliche Farben, also 216. Die verbleibenden 40 Farben können Sie als »eiserne Reserve« betrachten. Wenn Sie für einzelne Grafiken bestimmte fehlende Farbtöne brauchen, können Sie unbenutzte Farben der Palette mit der gewünschten Farbe definieren.

Bild 5.14: Die 216 Standardfarben aus der Netscape-Palette

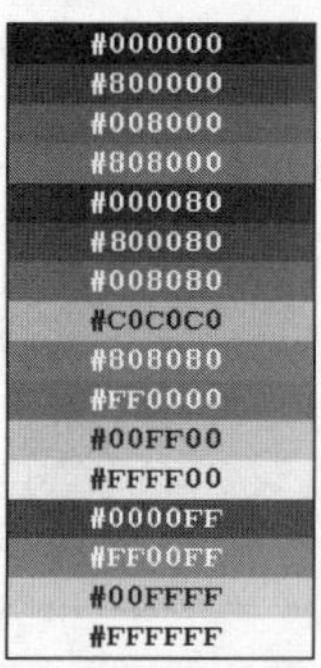

Bild 5.15: Die 16 Grundfarben zeigt jeder PC und auch MS-Windows korrekt an

Wenn Sie Ihre Ansprüche an die Hardware des Endanwenders noch weiter zurückschrauben wollen, können Sie sich auch auf Grafiken beschränken, die eine 16-Farben-Palette enthalten. Auch dabei gilt: Theoretisch kann jede der 16 Farben einer solchen Farbpalette beliebige Farbwerte haben. Es gibt jedoch 16 Farben, die von jedem VGA-kompatiblen Bildschirm angezeigt werden können. In MS-Windows sind das deshalb auch die 16 Grundfarben. Bei einer Beschränkung auf 16 Farben ist es daher sinnvoll, mit diesen 16 Grundfarben zu arbeiten.

5.8.3 Typische Grafiksorten für WWW-Seiten

Buttons (Schaltflächen)

Buttons werden auf WWW-Seiten gerne verwendet, um Verweise grafisch und attraktiv darzustellen. Achten Sie dabei jedoch immer auf die gesamte zu ladende Datenmenge. Bei einem halben Dutzend Verweisen sind kleine grafische Buttons durchaus akzeptabel, nicht aber bei Dutzenden von Verweisen auf einer Seite. Der typische HTML-Befehl zum Einbinden solcher Verweis-Buttons lautet:

```
<a href="datei.html"><img src="button.gif" border=0></a>
```

Näheres hierzu im Kapitel 5.5, *Grafiken als Verweise.* Verwenden Sie bei mehreren Buttons auf einer WWW-Seite möglichst eine einheitliche Farbpalette.

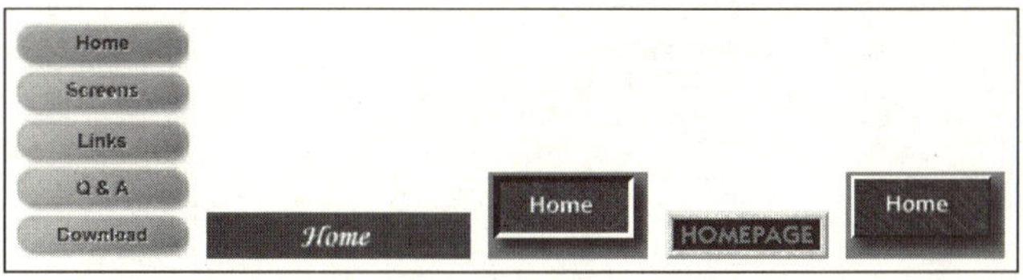

Bild 5.16: Einige typische Buttons für Verweis-Schaltflächen

Dots (Auflistungspunkte)

Nur Text am Bildschirm ist langweilig und ermüdend. Das Auge sucht nach Augenweiden. Mit kleinen, farbigen Punkten, Quadraten, Dreiecken und informellen Flecken, die auf Grund ihrer Größe nur wenig Speicher brauchen, können Sie textlastige Information augenfreundlich unterstützen. Wichtig ist hierbei zu beachten, daß der Leser dazu neigt, den Dots irgendeine Bedeutung zuzuordnen, z. B. »wo dieser blaue Punkt steht, folgt ein Produktname«. Verwenden Sie Dots daher so, daß diese eine nachvollziehbare Bedeutung haben. Verwenden Sie nicht lauter unterschiedliche Dots auf einer WWW-Seite, sondern wiederholen Sie die gleichen Dots mehrmals pro WWW-Seite. Das ist nicht langweilig, sondern sorgt für ein sauberes Erscheinungsbild und spart beim Anwender Ladezeit, da die betreffende Grafik nur einmal geladen werden muß. Dots sind zum Beispiel in Überschriften sinnvoll. Der typische HTML-Befehl zur Einbindung lautet:

```
<h2><img src="dot.gif" align=middle> Überschriftentext</h2>
```

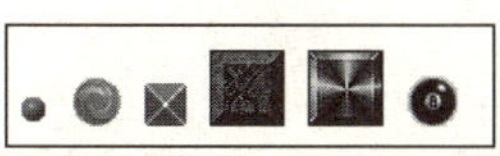

Bild 5.17: Einige typische Dots für Auflistungen

Bars (Trennleisten)

HTML bietet zwar die Möglichkeit an, Trennlinien in den Text einzufügen, um Information übersichtlicher zu strukturieren. Wer auf seinen WWW-Seiten jedoch etwas Besonderes bieten will, verwendet grafische Linien. Ähnlich wie Dots benötigen Bars wenig Speicher. Auch bei Bars gilt: Verwenden Sie nicht lauter unterschiedliche Bars auf einer WWW-Seite, sondern wiederholen Sie die gleichen Bars mehrmals pro WWW-Seite. Das ist nicht langweilig, sondern sorgt für ein sauberes Erscheinungsbild und spart beim Anwender Ladezeit, da die betreffende Grafik nur einmal geladen werden muß.

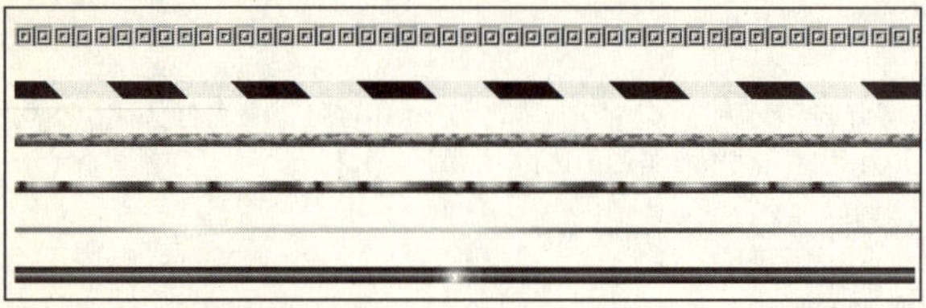

Bild 5.18: Grafische Linien anstatt der HTML-eigenen Trennlinien sorgen für Abwechslung

Wallpapers (Hintergrundbilder)

Hintergrundbilder (Wallpapers) sind seit ihrer Einführung durch Netscape zu einem Renner im WWW geworden. Viele attraktive Web-Seiten benutzen Hintergrundbilder als Effekt. Doch so genial die Idee der Hintergrundbilder ist, so viel kann man dabei auch verkehrt machen. Bei allzu auffälligen Hintergrundbildern wird der Anwender zu sehr vom Vordergrund, dem eigentlichen Inhalt, abgelenkt. In vielen Negativbeispielen im WWW leidet auch die Lesbarkeit der Textinformation unter dem Hintergrundbild. Generell gilt: Wenn Sie auf einer WWW-Seite wichtigen Text anbieten wollen, sollte ein Hintergrund-Wallpaper angenehm, aber unauffällig sein. Nur bei besonderen grafischen Effekten ist der Einsatz einer aufregenden Hintergrundgrafik gerechtfertigt. Der typische HTML-Befehl zum Einbinden von Wallpapers lautet:

```
<body background="datei.gif">
```

Bild 5.19: Hintergrundbilder geben einer Web-Seite ein ganz neues Gesicht – achten Sie aber auf die Lesbarkeit

Symbole (Textergänzung oder Textersatz)

Von allen Grafiksorten ist dies wohl die inhaltlich wichtigste. Vor allem bei Textsorten wie technischen Dokumentationen oder wissenschaftlichen Texten ist es dem Autor schon als Faulheit oder Ignoranz anzukreiden, wenn er auf Symbole verzichtet. Denn gerade beim Online-Lesen von Texten lesen die meisten Anwender quer, d. h. sie lesen nicht gemütlich Satz für Satz, sondern suchen ständig nach Orientierungsmöglichkeiten, um schnell zu der gewünschten Information zu gelangen. Hierbei sind Symbole eine hervorragende Orientierungshilfe.

Symbole sollten sich an geltenden Standards orientieren. Symbole müssen auf den Anwender so wirken, daß er keinen Augenblick über die Bedeutung der Grafik im Zweifel ist.

Bild 5.20: Symbole gliedern eine Web-Site und erlauben dem Leser schnelle Sprünge zu einer bestimmten Information

Cliparts (Illustrationen)

Cliparts sind aussagekräftige, meistens humorvolle Grafiken, die größere Texte ansprechend auflockern können. Wichtig ist es, Cliparts so einzusetzen, daß sie zu der umgebenden Textinformation eine sinnvolle Ergänzung bilden. Idealerweise bringt eine Clipart-Grafik genau das auf den Punkt, was tausend Worte nicht zu sagen vermögen.

Bild 5.21: Cliparts lockern eine Web-Seite auf

Thumbnails (Vorschau-Grafiken)

Leider lassen die heute üblichen Übertragungsmethoden im Internet noch nicht zu, »mal eben« eine wunderschöne, aber speicherfressende Grafik am Bildschirm anzuzeigen. Wenn Sie großformatige Fotos oder Landkarten auf Ihren WWW-Seiten anbieten, sollten Sie diese niemals direkt in die Seiten einbinden. Stattdessen sollten Sie eine stark verkleinerte Version der betreffenden Grafik einbinden. Die verkleinerte Version sollte gerade so groß sein, daß der Anwender entscheiden kann, ob er die Grafik in voller Größe betrachten möchte oder nicht. Die verkleinerte Grafik sollte anklickbar sein und beim Anklicken die große Grafik aufrufen. Viele gute Grafikprogramme erlauben das proportionale Verkleinern von Grafiken. Der typische HTML-Befehl hierzu lautet:

```
<a href="bild.jpg"><img src="minibild.gif"></a>
```

Grafiksammlungen im WWW

Es gibt viele Grafiksammlungen im WWW, bei denen Sie Bilder zum Teil kostenlos downloaden können. Achten Sie jedoch in jedem Fall auf die von den Anbietern genannten Copyright-Bestimmungen. Hier eine Auswahl:

Backgrounds (*home.netscape.com/assist/net_sites/bg/backgrounds.htm*)

Texture Land (*www.meat.com/textures*)

Caboodles (*www.caboodles.com*)

ClipartCom (*www.clipart.com*)

Barry's Clipart Server (*www.barrysclipart.com*)

FreeArt Cliparts (*www.mccannas.com/free/freeart.htm*)

Cliparts als ZIP-Pakete (*ftp://ftp.uni-stuttgart.de/pub/systems/acorn/riscos/graphics/pictures/*)

The Clipart Universe (*www.nzwwa.com/mirror/clipart*)

Web Graphics & Links Collection (*www.onebellevue.com/graphics/index.htm*)

Free Web Page Graphics (*www.langley.co.uk/web_free.htm*)

New World Creations (*www.conknet.com/~r_cloe*)

5.8.4 Animierte GIF-Grafiken

Das GIF-Format unterstützt in der neueren, 89er-Version die Möglichkeit, mehrere Grafiken in ein und derselben Grafikdatei zusammenzufassen. Die Einzelgrafiken der Datei werden nacheinander abgespult und angezeigt. Dabei ist es auch möglich, Kontroll-Befehle mit abzuspeichern, z. B. Verzögerungszeiten zwischen den einzelnen Bildern. Dieses Feature bietet Ihnen zwei interessante Einsatzmöglichkeiten:

- Sie können eine automatisch ablaufende Dia-Show mehrerer verschiedener Bilder programmieren.
- Sie können eine Sequenz ähnlicher und aufeinander aufbauender Bilder in einer GIF-Datei speichern. Dadurch ergibt sich ein Daumenkino-Effekt, d. h. eine einfache Video-Animation.

Mit Hilfe von animierten GIF-Grafiken können Sie also bewegte Elemente auf Ihre WWW-Seiten bringen, ohne in Programmiersprachen wie Java einsteigen zu müssen. Beachten Sie aber auch, daß animierte GIF-Grafiken schnell eine kritische Größe erreichen, denn mehrere Einzelgrafiken in einer Grafikdatei benötigen zwangsläufig mehr Speicher. Animationen sollten Sie daher nur aus kleinen Grafiken erzeugen.

Derzeit wird das Erstellen animierter GIF-Grafiken von den professionellen Grafikprogrammen noch nicht unterstützt. Es gibt Zusatzprogramme, mit deren Hilfe Sie bereits vorhandene Grafiken zu animierten Grafiken zusammenstellen können, beispielsweise:

- das Programm GIF Construction Set (*www.mindworkshop.com/alchemy/gifcon.htm*) für Windows 16 und 32 Bit,
- das Programm GIF Merge (*www.iis.ee.ethz.ch/~kiwi/GIFMerge*) für Unix,
- das Programm GIF Builder (*iawww.epfl.ch/Staff/Yves.Piguet/clip2gif-home/GifBuilder.htm*) für Macintosh.

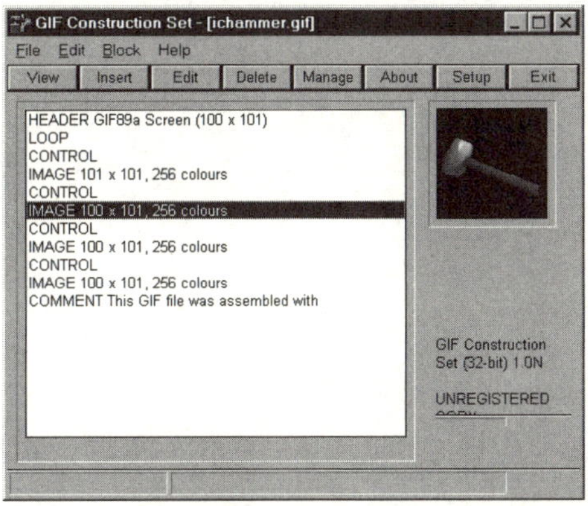

Bild 5.22: Unter Windows ist das GIF Construction Set einer der besten Lösungen für animierte GIFs

Viele Bildverarbeitungsprogramme enthalten mittlerweile auch Zusatzprogramme zum Erstellen animierter GIF-Grafiken, zum Beispiel Paintshop Pro ab Version 5 oder PhotoImpact mit Web-Extensions ab Version 3.

Die deutschsprachige Sammelstelle für alle Informationen und Links rund um das Thema animierte GIF-Grafiken ist das Projekt Zampano GIF-Animationen im WWW (*www.zampano.com/gifanim*). Dort finden Sie eine umfangreiche Galerie animierter GIF-Grafiken und neueste Infos zu Software und Tools. Beachten Sie, daß animierte GIF-Grafiken nicht von allen WWW-Browsern korrekt dargestellt werden. In manchen Fällen kann es dabei zu unschönen Anzeige-Effekten kommen.

Diashow-Effekte durch animierte GIF-Grafiken

Diashow-Effekte können Sie z. B. verwenden, um in schneller Abfolge die typischen Produkte Ihrer Firma anzuzeigen oder um in einem interaktiven Lernprojekt zum Erlernen einer Fremdsprache neue Vokabeln kurz einzublenden (»unterbewußt lernen«). Sie können auch mehrere mit einer Gesamtbedeutung assoziierte Bilder in Reihe schalten und auf diese Weise animierte Symbole oder animierte Cliparts präsentieren. Wichtig ist, daß die Einzelbilder für den Anwender einen nachvollziehbaren Zusammenhang ergeben. Die Anzeigedauer der Einzelbilder können Sie frei einstellen.

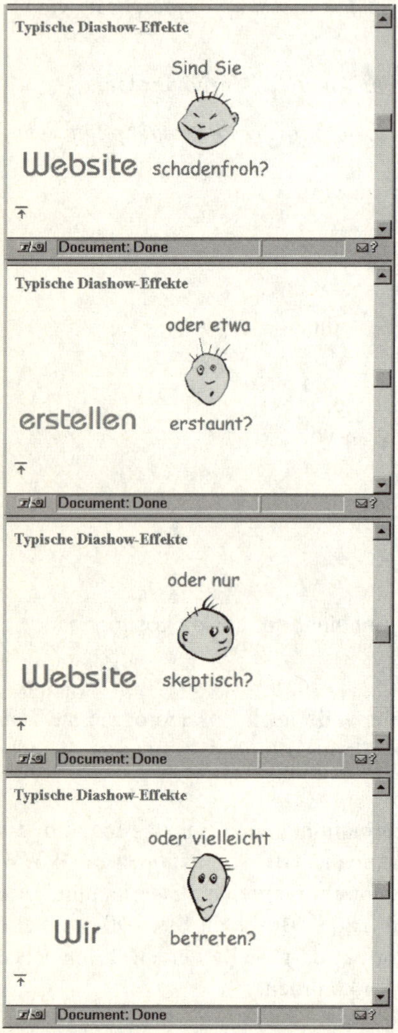

Bild 5.23: Ist der zeitliche Abstand zwischen zwei Bildwechseln groß genug, entsteht der Effekt einer Dia-Show

Daumenkino-Effekte durch animierte GIF-Grafiken

Daumenkino-Effekte können Sie z. B. verwenden, um Cliparts zu einfachen Trickfilmsequenzen zu erweitern, um wissenschaftliche Ablaufprozesse zu visualisieren oder um in der technischen Dokumentation Handgriffe und andere zeitliche Abläufe zu verdeutlichen. Die Geschwindigkeit der Bildsequenzen und damit die Ablaufgeschwindigkeit können Sie frei einstellen.

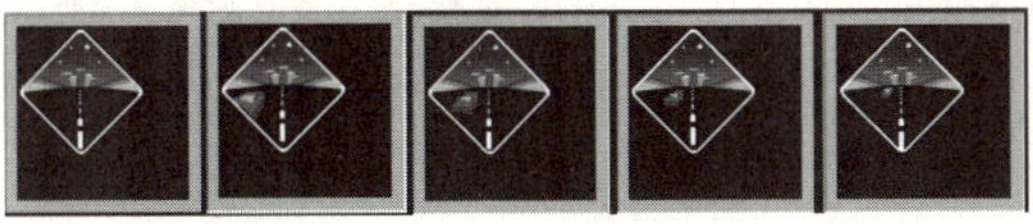

Bild 5.24: Kleine GIFs in Icon-Größe ergeben richtige Trickfilmsequenzen

Vorgehensweise beim Erstellen animierter GIF-Grafiken

Bevor Sie eine animierte Grafik erstellen können, stehen folgende Vorbereitungen an:

- Sie müssen die Einzelbilder mit Hilfe eines geeigneten Grafikprogramms erstellen bzw. auswählen.
- Sie sollten alle Bilder in neue Grafikdateien mit einheitlicher Breite und Höhe und einheitlicher Farbpalette kopieren.
- Speichern Sie alle auf diese Weise erzeugten Bilder als GIF-Grafiken ab. Vergeben Sie dabei am besten durchnumerierte Dateinamen wie *bild1.gif*, *bild2.gif* usw., und zwar in der Reihenfolge, in der Sie die Bilder später als Einzelbilder in der animierten Grafik ablegen wollen.

Nachdem Sie diese Vorbereitungen getroffen haben, können Sie die Software zum Erstellen der animierten GIF-Grafik aufrufen. Da die Bedienung solcher Programme sehr unterschiedlich ist, wird hier nicht näher auf einzelne Bedienschritte eingegangen. In jedem Fall stehen Ihnen folgende Möglichkeiten zur Verfügung:

- Bild (image): Indem Sie eine GIF-Grafik einfügen, wird diese Grafik als Einzelbild in die animierte Grafik übernommen.
- Schleife (loop): Indem Sie eine Schleife einfügen, können Sie bestimmen, wie oft die gesamte Bildsequenz wiederholt werden soll. Sie können einen Zahlenwert editieren, der die Anzahl der Abspielwiederholungen angibt.
- Kontrollelement (control): Indem Sie ein Kontrollelement einfügen, können Sie den Ablauf zwischen zwei Einzelbildern kontrollieren. Sie können z. B. die Verzögerung bis zur Anzeige des nächsten Einzelbildes einstellen. Ferner können Sie Angaben zum transparenten Hintergrund der Einzelbilder machen oder festlegen, daß das nächste Einzelbild erst dann angezeigt wird, wenn der Anwender eine Taste drückt oder die Maus bewegt.

- Text (plain text): Indem Sie Text einfügen, können Sie den Ablauf der animierten Grafik zusätzlich durch eingeblendete Textteile ergänzen. Dabei können Sie den Text formatieren.
- Kommentare (comments): Indem Sie Kommentare einfügen, können Sie Ihre Arbeiten intern kommentieren. Solche Kommentare werden nicht mit angezeigt.

Um das fertige Ergebnis zu betrachten, brauchen Sie natürlich ein geeignetes Anzeigeprogramm. Einige Editierprogramme für animierte GIF-Grafiken bieten selbst die Möglichkeit des Betrachtens an. Wenn nicht, können Sie die Grafik auch mit Ihrem WWW-Browser lokal öffnen und betrachten.

5.8.5 Grafiken mit transparentem Hintergrund

Die meisten modernen WWW-Browser bieten dem Anwender per Voreinstellung einen hellgrauen oder weißen Hintergrund für das Anzeigefenster an, sehen jedoch die Möglichkeit vor, die Hintergrundfarbe dem eigenen Geschmack anzupassen. Wenn Sie nun eine Grafik mit hellgrauem Hintergrund haben, wirkt diese Grafik auf einem weißen oder bunten Fensterhintergrund wie ein häßlicher grauer Fleck. Ideal wäre eine Grafik, die einen unsichtbaren (transparenten) Hintergrund hat, damit sie auf jedem Fensterhintergrund wirkt. Auch in Verbindung mit selbst definierten Hintergrundfarben und Hintergrundbildern (Wallpapers) ist der Einsatz von Grafiken mit transparentem Hintergrund sinnvoll.

Das Dateiformat GIF, in dem die meisten Grafiken des WWW vorliegen, sieht die Möglichkeit vor, eine Farbe – hier die Farbe für den Hintergrund – als unsichtbar zu definieren. Dies ist jedoch erst mit dem neuen, 89er-Format von GIF möglich. Im älteren 87er-Format ist das noch nicht möglich. Mittlerweile gibt es viele Grafikprogramme, mit denen Sie eine transparente Farbe bei GIF-Grafiken einstellen können.

5.8.6 Anti-Aliasing als Mittel für professionelle Grafiken

Anti-Aliasing ist ein Algorithmus für Pixelgrafiken, um sichtbare Treppeneffekte an harten Kanten oder Farbübergängen in Grafiken auszugleichen. An der Grafik in Bild 5.25 können Sie den Effekt gut beobachten. Die 4fach vergrößert dargestellten Vs im oberen Teil zeigen den Unterschied zwischen einem grafischen Schriftzug mit und ohne Anti-Aliasing. Im Wort »Verdana« im unteren Teil sehen Sie, wie sich Anti-Aliasing in einem Schriftzug in Echtgröße auswirkt. Mit Anti-Aliasing wirkt das angezeigte Wort deutlich weicher und angenehmer. Bei schrägen Strichen oder Rundungen werden Treppeneffekte abgeschwächt.

Besonders bei Schriftzügen innerhalb von Grafiken ist Anti-Aliasing ein Mittel für mehr Professionalität. Aber auch bei anderen Objekten mit Schrägen oder Kurven bietet sich Anti-Aliasing an, um die Ränder weichzuzeichnen und sichtbare Pixeltreppen zu vermeiden.

Gute Grafikprogramme unterstützen den Anti-Aliasing-Effekt. Das Problem dabei ist normalerweise, daß Pixelgrafiken keine »Objekte« enthalten, die man einfach markieren kann, um ihnen Eigenschaften – wie zum Beispiel den Anti-Aliasing-Effekt – zuzuweisen. Programme wie Photoshop, CorelPhotoPaint und in Ansätzen inzwischen auch Paintshop Pro bieten die Möglichkeit, Pixelbereiche, die ein erkennbar zusammenhängendes Muster darstellen, als Objekt zu markieren. Solchen markierten Objekten können Sie dann die Eigenschaft des Anti-Aliasing zuweisen. Nähere Informationen dazu entnehmen Sie bitte der Dokumentation der Grafiksoftware. Anti-Aliasing ist jedoch kein Allheilmittel. Wenn alle grafischen Elemente weichgezeichnet werden, entsteht irgendwann ein Weichspülmittel-Effekt.

Bild 5.25: Gerade bei Schriften in einer Grafik bewirkt Anti-Aliasing eine angenehmere Darstellung

Hinweis: »Verdana« – das Wort, das der Schriftzug in der Grafik darstellt, ist eine Schriftart. Das Wort in der Grafik ist in dieser Schriftart dargestellt. Verdana gehört zu den ersten sogenannten Web-Schriftarten. Das sind Schriftarten, die in modernen WWW-Browsern enthalten sind und von diesen automatisch mit installiert werden. Sinn der Sache ist, solchen Schriftarten zu weiter Verbreitung zu verhelfen und sie damit für Schriftarten in HTML und für Style-Sheet-Angaben nutzbar zu machen. Die Schriftart Verdana wird mit dem Internet Explorer ab Version 3.0 ausgeliefert. Es handelt sich um eine serifenlose, am Bildschirm gut lesbare Schrift.

6 Tabellen

6.1 Aufbau einer Tabelle

Tabellen definieren

Sie können in HTML Tabellen definieren, um tabellarische Daten darzustellen oder um Text und Grafik attraktiver am Bildschirm zu verteilen. Dazu wird grundsätzlich unterschieden zwischen Tabellen, die Gitternetzlinien haben (für tabellarische Daten), und Tabellen ohne sichtbare Gitternetzlinien (blinde Tabellen – etwa für mehrspaltigen Text oder für sauberes Beieinanderstehen von Text und Grafik). Beispiel 1:

```
<table border>
   <!--hier folgt der Tabelleninhalt einer
       Tabelle mit Gitternetzlinien-->
</table>
```

Beispiel 2:

```
<table>
   <!--hier folgt der Tabelleninhalt einer blinden Tabelle-->
</table>
```

`<table>` leitet eine Tabelle ein (table = Tabelle). Wenn die Tabelle sichtbare Gitternetzlinien enthalten soll, müssen Sie den Zusatz `border` mit angeben – wie in Beispiel 1 (border – Rand). Um die Tabelle mit Inhalten zu füllen, müssen Sie Zeilen und Spalten definieren wie im folgenden beschrieben.

Zeilen und Spalten definieren

Eine Tabelle besteht aus mindestens einer, normalerweise aus mehreren Zeilen. Eine Zeile besteht aus mindestens einer, normalerweise aus mehreren Zellen. Dadurch ergeben sich die Spalten der Tabelle. Ein Beispiel:

```
<table border>
    <tr>
      <th>Kopfzelle: 1. Zeile, 1. Spalte</th>
      <th>Kopfzelle: 1. Zeile, 2. Spalte</th>
      <th>Kopfzelle: 1. Zeile, 3. Spalte</th>
    </tr>
    <tr>
```

```
    <td>Datenzelle: 2. Zeile, 1. Spalte</td>
    <td>Datenzelle: 2. Zeile, 2. Spalte</td>
    <td>Datenzelle: 2. Zeile, 3. Spalte</td>
  </tr>
  <tr>
    <td>Datenzelle: 3. Zeile, 1. Spalte</td>
    <td>Datenzelle: 3. Zeile, 2. Spalte</td>
    <td>Datenzelle: 3. Zeile, 3. Spalte</td>
  </tr>
</table>
```

<tr> leitet eine neue Tabellenzeile ein (tr = table row = Tabellenzeile). Im Anschluß daran werden die Zellen (Spalten) der betreffenden Reihe definiert. Am Ende einer Tabellenzeile wird ein abschließendes Tag </tr> notiert.

Eine Tabelle kann Kopfzellen und gewöhnliche Datenzellen enthalten. Text in Kopfzellen wird hervorgehoben (meist fett und zentriert ausgerichtet). <th> definiert eine Kopfzelle, <td> eine normale Datenzelle (th = table header = Tabellenkopf, td = table data = Tabellendaten). Der Inhalt einer Zelle wird jeweils hinter dem Tag notiert. In einer Tabellenzelle können beliebige Elemente stehen, d. h. außer normalem Text z. B. auch Verweise oder Grafik in HTML. Sogar eine weitere Tabelle können Sie innerhalb einer Zelle definieren.

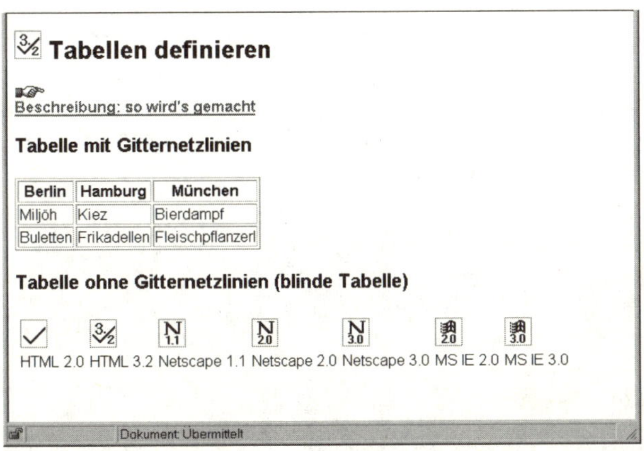

Bild 6.1: Innerhalb des <table>-Tags definieren Sie die Spalten und Zeilen von Hand

Die Tags <th> und <td> können zwar auch alleine (ohne End-Tag) stehen. Dennoch ist es dringend zu empfehlen, stets die zugehörigen End-Tags zu notieren, also am Ende der Zelle ein abschließendes Tag </th> bzw. </td>.

Beachten Sie: Die Anzahl der Zellen sollte bei jeder Zeile gleich sein, so daß die Tabelle durchweg die gleiche Anzahl Spalten hat. In der ersten Zeile, die Sie definieren, legen Sie deshalb durch die Anzahl der dort definierten Zellen die Anzahl der Spalten

Ihrer Tabelle fest. Beim Text innerhalb von Zellen gelten die Besonderheiten für Umlaute, Sonderzeichen und HTML-eigene Zeichen.

Größere Tabellen können im Quelltext schnell unübersichtlich werden. Wählen Sie deshalb eine übersichtliche Darstellungsform mit Einrückungen und Zeilenumbrüchen ähnlich wie im Beispiel oben. Auf die Präsentation im Browser hat die Darstellung im Quelltext keinen Einfluß, da innerhalb von Tabellenzellen die üblichen Regeln beim Editieren von HTML gelten.

Tabellenzellen dürfen auch leer sein. Wenn Sie in einer Zeile für eine Spalte keine Daten eingeben wollen, notieren Sie ein einfaches <td></td>. Beachten Sie dabei jedoch, daß viele WWW-Browser die Zelle in diesem Fall als »nicht vorhanden« darstellt. Probieren Sie deshalb auch mal die Befehlsfolge <td> </td> für leere Tabellenzellen aus.

Spalten vordefinieren

Die Darstellung einer Tabelle ergibt sich zwar automatisch aus den definierten Zeilen und Spalten. Doch für einen WWW-Browser ist es nicht ganz einfach, die Darstellung frühzeitig zu ermitteln. Er muß erst die gesamte Tabelle einlesen, bevor er irgendetwas darstellen kann. Bei großen Tabellen kann dies zu unschönen leeren Bildschirmen während des Seitenaufbaus führen.

HTML 4.0 bietet eine neue Syntax an, um dem Browser gleich zu Beginn der Tabelle mitzuteilen, wie viele Spalten die Tabelle hat. Dadurch kann der Browser die Tabelle schneller aufbauen, d. h. bereits Teile der Tabelle anzeigen, bevor die gesamte Tabelle eingelesen ist. Ältere Browser (Netscape 3.x, Microsofts Internet Explorer 3.x) interpretieren diese Angaben jedoch noch nicht. Beispiel 1:

```
<table border>
     <colgroup>
        <col width=80>
        <col width=100>
        <col width=320>
     </colgroup>
    <tr>
      <td>1. Zeile, 1. Spalte</td>
      <td>1. Zeile, 2. Spalte</td>
      <td>1. Zeile, 3. Spalte</td>
    </tr>
   <!-- usw. andere Zeilen der Tabelle -->
</table>
```

Beispiel 2:

```
<table border>
     <colgroup width=200 span=3>
     </colgroup>
```

```
    <tr>
      <td>1. Zeile, 1. Spalte</td>
      <td>1. Zeile, 2. Spalte</td>
      <td>1. Zeile, 3. Spalte</td>
    </tr>
  <!-- usw. andere Zeilen der Tabelle -->
</table>
```

Beispiel 3:

```
<table border>
     <colgroup>
        <col width="4*">
        <col width="2*">
        <col width="1*">
     </colgroup>
    <tr>
      <td>1. Zeile, 1. Spalte</td>
      <td>1. Zeile, 2. Spalte</td>
      <td>1. Zeile, 3. Spalte</td>
    </tr>
  <!-- usw. andere Zeilen der Tabelle -->
</table>
```

Mit `<colgroup>` leiten Sie hinter dem einleitenden `<table>`-Tag eine Vorab-Definition der Tabellenspalten ein (colgroup = column group = Spaltengruppe). Dabei haben Sie zwei Möglichkeiten: Entweder Sie möchten unterschiedlich breite Tabellenspalten haben. Dann gehen Sie so vor wie im obigen Beispiel 1. Oder Sie haben eine Tabelle, in der alle Spalten die gleiche einheitliche Breite haben sollen. Dann können Sie so vorgehen wie im obigen Beispiel 2.

Im Beispiel 1 enthält das `<colgroup>`-Tag keine weiteren Angaben. Dafür notieren Sie unterhalb dieses Tags für jede einzelne gewünschte Tabellenspalte je einen Befehl `<col>`. Das erste `<col>`-Tag definiert die erste Spalte, das zweite die zweite Spalte usw. Wenn Sie keine weiteren Angaben machen, wird die Breite der Spalten automatisch aufgrund des Tabelleninhalts ermittelt. Mit `width=` [Pixel/Prozent] können Sie jedoch eine Spaltenbreite für die einzelnen Spalten vorgeben (width = Breite). Mit `width=100` erzwingen Sie beispielsweise eine Spaltenbreite von 100 Pixeln und mit `width=33%` eine Breite von einem Drittel des Anzeigefensters.

Im Beispiel 2 werden keine Befehle vom Typ `<col>` notiert. Stattdessen notieren Sie im einleitenden `<colgroup>`-Tag das Attribut `span=` (span = spannen). Geben Sie hinter dem Gleichheitszeichen die Anzahl der Spalten an, die Sie wünschen. Mit dem Attribut `width=` können Sie in diesem Fall eine einheitliche Spaltenbreite für alle Spalten definieren.

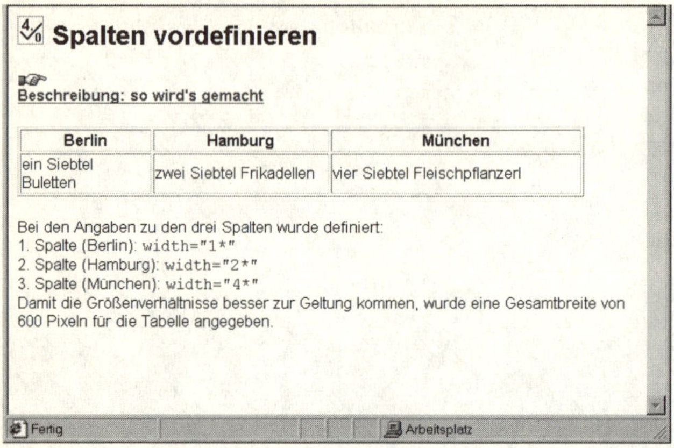

Bild 6.2: Die vorgewählte Breite einzelner Spalten erleichtert dem Browser die Anzeige der Tabelle

Bei der Angabe `width=` haben Sie neben der Möglichkeit, Pixel oder Prozentwerte anzugeben, auch noch eine dritte Alternative: Sie können das relative Breitenverhältnis der Spalten untereinander bestimmen, unabhängig davon, wie breit die Tabelle im Verhältnis zum Anzeigefenster ist. Eine solche Möglichkeit stellt das obige Beispiel 3 vor. Bei Breitenangaben dieser Art notieren Sie hinter `width=` eine Zahl und dahinter ein Sternzeichen. Das Sternzeichen ist dabei nur ein Signalzeichen für den Browser, daß er die Zahlen davor nicht als Pixel interpretieren soll. Wichtig sind die Zahlen. Im obigen Beispiel 3 werden drei Spalten definiert, bei denen die relativen Zahlen 4, 2 und 1 in der Summe 7 ergeben. Damit definieren Sie eine Tabelle, bei der die erste Spalte vier Siebtel der Tabellenbreite einnimmt, die zweite Spalte zwei Siebtel und die dritte Spalte ein Siebtel. So richtig zur Geltung kommt dieses relative Spaltenverhältnis aber erst, wenn Sie außerdem eine Breite für die gesamte Tabelle angeben.

Beachten Sie: `<col>`-Tags haben kein Abschluß-Tag. Das abschließende `</colgroup>`-Tag ist optional. Auch das `<col>`-Tag darf das Attribut `span=` erhalten. Dadurch gruppieren Sie jedoch nicht mehrere Spalten zu einer, sondern Sie geben lediglich an, daß Attribute dieser Spalte auch für die nächsten soundsoviel Spalten gelten sollen. Wenn Sie beispielsweise `<col span=3 width=100>` angeben, erhalten diese und die nächsten zwei Spalten die Breite von 100 Pixeln.

Das `<colgroup>`-Tag darf die Attribute `span=` und `width=` auch dann enthalten, wenn unterhalb davon `<col>`-Tags definiert werden. Dabei überschreibt die Anzahl der definierten `<col>`-Tags jedoch die Angabe, die mit `<colgroup span=>` gemacht wurde, und das Attribut `width=` innerhalb eines `<col>`-Tags hat Vorrang vor der Angabe `width=` im `<colgroup>`-Tag.

Es ist auch erlaubt, mehrere `<colgroup>`-Tags zu notieren. So können Sie beispielsweise mit zwei Befehlen wie `<colgroup width=100 span=3>` und `<colgroup width=50 span=5>` hintereinander notiert insgesamt acht Spalten für die Tabelle definieren, wobei die ersten drei Spalten eine Breite von 100 Pixeln erhalten und die nachfolgenden fünf Spalten eine Breite von 50 Pixeln.

Für die Breite der Tabellenspalten gelten die gleichen Hinweise wie beim Erzwingen von Spaltenbreiten auf herkömmliche Weise.

Kopf, Körper und Fuß einer Tabelle definieren

Sie können eine Tabelle logisch in drei Bereiche aufteilen: einen Kopfbereich, einen Datenbereich und einen Fußbereich. Interessant ist dies zum Beispiel in Verbindung mit der Möglichkeit, Regeln für Gitternetzlinien zu bestimmen. Die Angaben zur Unterscheidung von Kopf, Körper und Fuß einer Tabelle werden vom MS-Internet-Explorer ab Version 4.x interpretiert. Netscape kennt diese Angaben zumindest bis einschließlich Version 4.x nicht. Ein Beispiel:

```
<table border rules=groups>
   <thead>
     <!--Tabellenzeilen-->
   </thead>
   <tbody>
     <!--Tabellenzeilen-->
   </tbody>
   <tfoot>
     <!--Tabellenzeilen-->
   </tfoot>
</table>
```

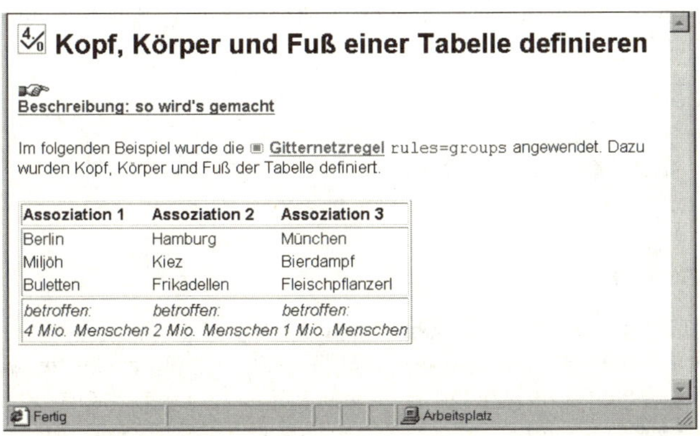

Bild 6.3: Eine Tabelle mit Kopf, Körper und Fuß im Internet Explorer 4.x

Den Tabellenkopf leiten Sie mit `<thead>` ein (thead = table head = Tabellenkopf). Daran anschließend können Sie eine oder mehrere Zeilen der Tabelle notieren, die zum Kopfbereich gehören sollen. Mit `</thead>` schließen Sie den Tabellenkopf ab.

Den Tabellenkörper leiten Sie mit `<tbody>` ein (tbody = table body = Tabellenkörper). Daran anschließend notieren Sie den eigentlichen Datenbereich der Tabelle. Mit `</tbody>` schließen Sie den Tabellenkörper ab.

Den Tabellenfuß leiten Sie mit `<tfoot>` ein (tfoot = table foot = Tabellenfuß). Daran anschließend können Sie eine oder mehrere Zeilen der Tabelle notieren, die zum Fußbereich gehören sollen. Mit `</tfoot>` schließen Sie den Tabellenfuß ab.

Universalattribute und Style-Sheets

Die Tags `<table>`, `<tr>`, `<th>` und `<td>` können Universalattribute enthalten. Mit Hilfe von CSS-Style-Sheets können Sie Tabellen besser handhaben. Damit können Sie zentrale Formate definieren. Indem Sie zentrale Style-Sheet-Angaben auf die hier beschriebenen HTML-Tags anwenden, stehen Ihnen wesentlich mehr Möglichkeiten zur Verfügung als bei den hier beschriebenen Attributen. Interessant sind im hier beschriebenen Zusammenhang die Style-Sheet-Angaben Schriftformatierung, Listen und Tabellen.

6.2 Rahmendicke, Gitternetzlinien, Randabstand

Dicke des Außenrahmens

Sie können die Dicke des Außenrahmens einer Tabelle in Pixeln bestimmen. Damit die Tabelle überhaupt einen Rahmen erhält, müssen Sie `border` mit angeben. Mit `border=[Pixel]` bestimmen Sie die Dicke des Außenrahmens. Wenn Sie nur `border` angeben, wird per Voreinstellung eine Rahmendicke von 2 Pixeln verwendet. Ein Beispiel:

```
<table border=8>
   <!--hier folgt der Tabelleninhalt-->
</table>
```

Dicke der Gitternetzlinien

Sie können die Dicke der Gitternetzlinien zwischen den Zeilen und Spalten einer Tabelle in Pixeln bestimmen. Damit die Tabelle überhaupt Gitternetzlinien erhält, müssen Sie `border` bzw. `border=` (Außenrahmendicke) angeben. Mit `cellspacing=[Pixel]` bestimmen Sie die Dicke der Gitternetzlinien innerhalb der Tabelle (cellspacing = Zellenbemaßung). Ein Beispiel:

```
<table border=8 cellspacing=10>
   <!--hier folgt der Tabelleninhalt-->
</table>
```

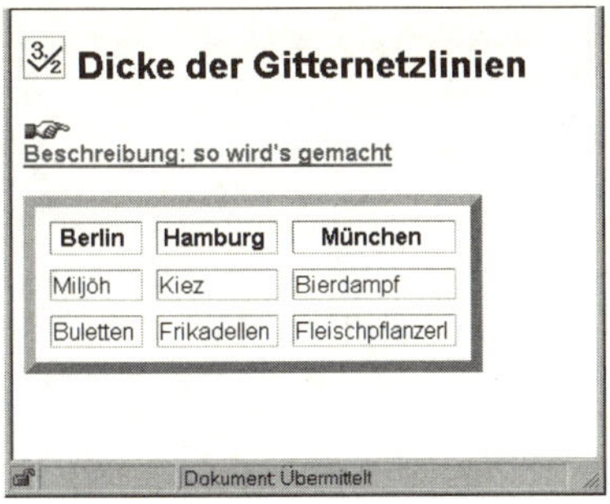

Bild 6.4: Die Stärke des Außenrahmens und der Gitternetzlinien läßt sich in Pixeln einstellen

Randabstand von Zelleninhalt zum Zellenrand

In vielen Fällen sieht ein gewisser Abstand der Zellendaten zum Zellenrand besser aus. Sie können den Randabstand in Pixeln bestimmen. Mit `cellpadding=[Pixel]` bestimmen Sie den Randabstand zwischen Zellenrand und Zelleninhalt (cellpadding = Zelleninhaltbemaßung). Dies gilt sowohl für Tabellen mit Gitternetzlinien als auch für blinde Tabelle (ohne Gitternetzlinien). Ein Beispiel:

```
<table border=8 cellpadding=12>
   <!--hier folgt der Tabelleninhalt-->
</table>
```

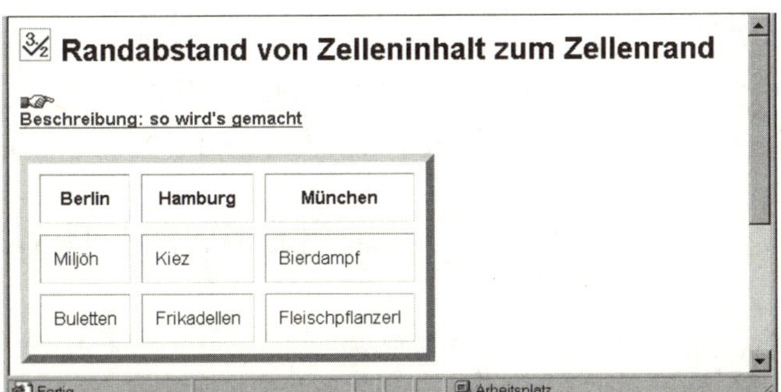

Bild 6.5: Den Abstand zwischen Zellinhalt und Zellrand steuert das Attribut `cellpadding=`

Regeln für den Außenrahmen

Sie können bestimmen, welche Seiten eines Außenrahmens angezeigt werden und welche nicht. Voraussetzung für all diese Angaben ist das Attribut `border` oder `border=[Pixel]` im einleitenden `<table>`-Tag. Dadurch wird ein Außenrahmen angezeigt.

Mit dem Attribut `frame=` können Sie dann bestimmen, an welchen Seiten der Tabellenrahmen gezogen werden soll (frame = Rahmen). Ein Beispiel:

```
<table border frame=box>
    <!--Inhalt der Tabelle-->
</table>
```

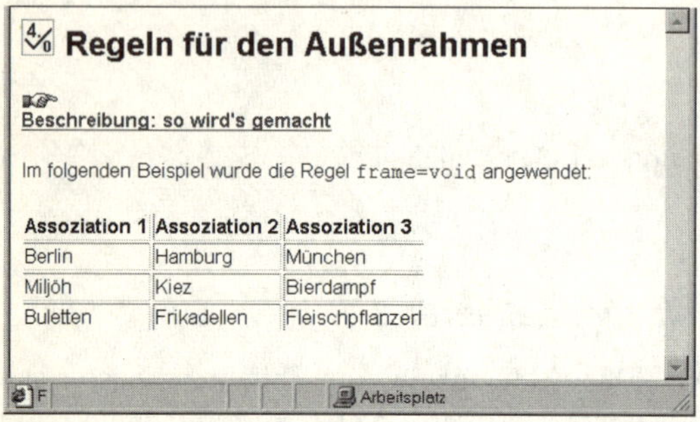

Bild 6.6: Das Attribut `frame=void` unterdrückt beim Internet Explorer den Außenrahmen

Mit der Angabe `frame=box` (box = Rechteck) – so wie im obigen Beispiel – erreichen Sie, daß der Tabellenrahmen oben, links, rechts und unten sichtbar dargestellt wird (die Angabe ist identisch mit dem, was die Angabe `border` bewirkt – auch `frame=border` ist erlaubt und bewirkt das Gleiche). Beachten Sie: Netscape 4.x interpretiert diese Angaben noch nicht. Folgende andere Angaben sind möglich:

- Mit `frame=void` (void = leer) wird überhaupt kein Tabellenrahmen angezeigt. Wenn Sie `border` angeben, werden jedoch die Gitternetzlinien der Tabelle sichtbar angezeigt. Die Tabelle sieht dann also aus wie ein an allen Seiten offenes Gitter.
- Mit `frame=above` (above = oberhalb) wird nur am oberen Rand der Tabelle eine Rahmenlinie angezeigt.
- Mit `frame=below` (below = unterhalb) wird nur am unteren Rand der Tabelle eine Rahmenlinie angezeigt.
- Mit `frame=hsides` (hsides = horizontal sides = horizontale Seiten) wird nur am oberen und am unteren Rand der Tabelle eine Rahmenlinie angezeigt.
- Mit `frame=vsides` (vsides = vertical sides = vertikale Seiten) wird nur am linken und am rechten Rand der Tabelle eine Rahmenlinie angezeigt.
- Mit `frame=lhs` (lhs = left hand side = links) wird nur am linken Rand der Tabelle eine Rahmenlinie angezeigt.
- Mit `frame=rhs` (rhs = right hand side = rechts) wird nur am rechten Rand der Tabelle eine Rahmenlinie angezeigt.

Regeln für Gitternetzlinien

Sie können Regeln aufstellen, welche Gitternetzlinien einer Tabelle angezeigt werden sollen und welche nicht. Voraussetzung für all diese Angaben ist das Attribut `border` oder `border=[Pixel]` im einleitenden `<table>`-Tag. Dadurch werden Gitternetzlinien angezeigt. Beispiel:

```
<table border rules=cols>
    <!--Inhalt der Tabelle-->
</table>
```

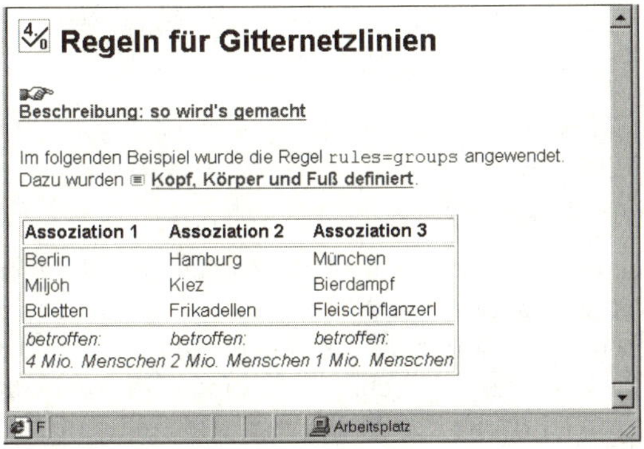

Bild 6.7: Die Gitternetzlinien zwischen den Zellen lassen sich ein- und ausschalten

Mit `rules=` können Sie im einleitenden `<table>`-Tag Regeln für die Gitternetzlinien bestimmen (rules = Linien). Beachten Sie: Netscape 4.x interpretiert diese Angaben noch nicht. Folgende Angaben sind dabei möglich:

- Mit `rules=none` (none = keine) werden überhaupt keine Linien gezogen, der Außenrahmen der Tabelle wird jedoch angezeigt.
- Mit `rules=rows` (rows = Reihen) werden Linien zwischen allen Tabellenzeilen gezogen, nicht jedoch zwischen den Spalten der Tabelle.
- Mit `rules=cols` (cols = columns = Spalten) werden Linien zwischen allen Tabellenspalten gezogen, nicht jedoch zwischen den Zeilen der Tabelle.
- Mit `rules=groups` (groups = Gruppen) werden Linien zwischen Kopf, Körper und Fuß einer Tabelle gezogen (siehe Kopf, Körper und Fuß einer Tabelle definieren).
- Mit `rules=all` (all = alle) werden Linien zwischen allen Tabellenzellen gezogen (Voreinstellung).

Universalattribute und Style-Sheets

Die Tags `<table>`, `<tr>`, `<th>` und `<td>` können Universalattribute enthalten. Mit Hilfe von CSS-Style-Sheets haben Sie weitere Kontrollmöglichkeiten. So können Sie mit

Style-Sheets etwa die Umrahmung oder Randabstände einzelner Tabellenzellen steuern. Für HTML-Tags wie <table>, <tr>, <th> und <td> sind im hier beschriebenen Zusammenhang beispielsweise Style-Sheet-Angaben wie Abstände, Ränder, Ausrichtung, Rahmen und Innenabstände interessant.

6.3 Höhe und Breite erzwingen

Höhe und Breite der gesamten Tabelle erzwingen

Sie können eine Tabelle in Gesamtbreite und Gesamthöhe auf ein bestimmtes Maß bringen. Das Beispiel:

```
<table border width=60% height=400>
   <!--hier folgt der Tabelleninhalt-->
</table>
```

Durch das Attribut `width=` im einleitenden Tag einer Tabelle erreichen Sie, daß der Browser die Tabelle so breit anzeigt wie angegeben (width = Breite). Sie können eine Zahl oder einen Prozentwert angeben. Mit einer Zahl, z. B. 300, erzwingen Sie, daß die Tabelle so viele Pixel breit dargestellt wird wie angegeben. Mit einem Prozentwert erreichen Sie, daß die Tabelle maximal so viel Breite des Anzeigefensters einnimmt wie angegeben. Für eine prozentuale Angabe notieren Sie hinter der Zahl einfach ein Prozentzeichen.

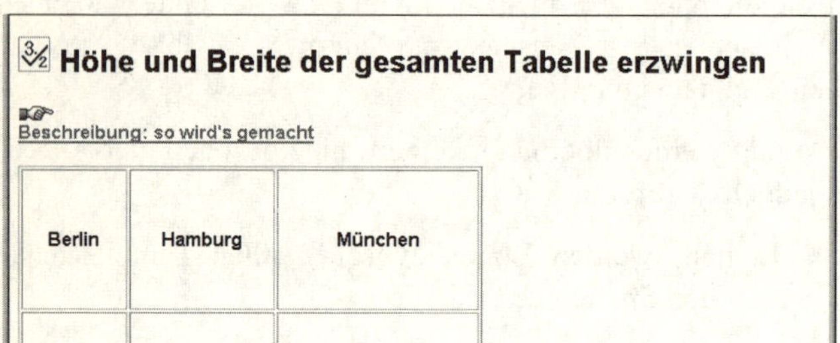

Bild 6.8: Wenn genügend Platz ist, läßt sich die Tabellenhöhe und -breite vergrößern

Durch das Attribut `height=` erreichen Sie, daß der Browser die Tabelle so hoch anzeigt wie angegeben (height = Höhe). Auch hier können Sie eine Zahl oder einen Prozentwert angeben. Mit einer Zahl, z. B. 1000, erzwingen Sie eine Tabellenhöhe unabhängig von der Größe des Anzeigefensters. Mit einem Prozentwert können Sie die Höhe der Tabelle relativ zur Größe des Anzeigefensters bestimmen.

Beachten Sie: Die Angabe `height=` ist im Gegensatz zu `width=` nicht im HTML-Standard erwähnt, wird aber von tabellenfähigen Browsern interpretiert. Die Angaben zu Breite und Höhe einer Tabelle sind nur wirksam, wenn der Tabelleninhalt kleiner ist, so daß leerer Raum entsteht. Wenn der Tabelleninhalt größer ist, werden die Angaben zu Breite und Höhe außer Kraft gesetzt. Die Tabelle wird in diesem Fall vom WWW-Browser so dimensioniert, daß der gesamte Inhalt angezeigt wird.

Breite von Spalten erzwingen

Sie können die Breite einzelner Spalten einer Tabelle bestimmen. Durch das Attribut `width=` im einleitenden Tag einer Kopfzelle (`<th>`) oder einer Datenzelle (`<td>`) erzwingen Sie eine bestimmte Spaltenbreite (width = Breite). Sie können eine Zahl oder einen Prozentwert angeben. Mit einer Zahl, z. B. 300, erzwingen Sie, daß die Spalte so viele Pixel breit dargestellt wird wie angegeben. Mit einem Prozentwert erreichen Sie, daß die Spalte maximal so viel Breite des Anzeigefensters einnimmt wie angegeben. Für eine prozentuale Angabe notieren Sie hinter der Zahl einfach ein Prozentzeichen. Da die Angabe spaltenweit gilt, brauchen Sie sie nur einmal pro Spalte zu notieren. Am sinnvollsten ist es, die Angabe in der ersten Zeile der Tabelle zu notieren. Im obigen Beispiel wird die gesamte erste Spalte der Tabelle, die aus drei Zeilen besteht, auf 300 Pixel Breite gebracht. Ein Beispiel:

```
<table border>
   <tr>
     <th width=300>Kopfzelle: 1. Zeile, 1. Spalte</th>
     <th>Kopfzelle: 1. Zeile, 2. Spalte</th>
     <th>Kopfzelle: 1. Zeile, 3. Spalte</th>
   </tr>
   <tr>
     <td>Datenzelle: 2. Zeile, 1. Spalte</td>
          <!-- Breite 300 gilt auch hier -->
     <td>Datenzelle: 2. Zeile, 2. Spalte</td>
     <td>Datenzelle: 2. Zeile, 3. Spalte</td>
   </tr>
   <tr>
     <td>Datenzelle: 3. Zeile, 1. Spalte</td>
          <!-- Breite 300 gilt auch hier -->
     <td>Datenzelle: 3. Zeile, 2. Spalte</td>
     <td>Datenzelle: 3. Zeile, 3. Spalte</td>
   </tr>
</table>
```

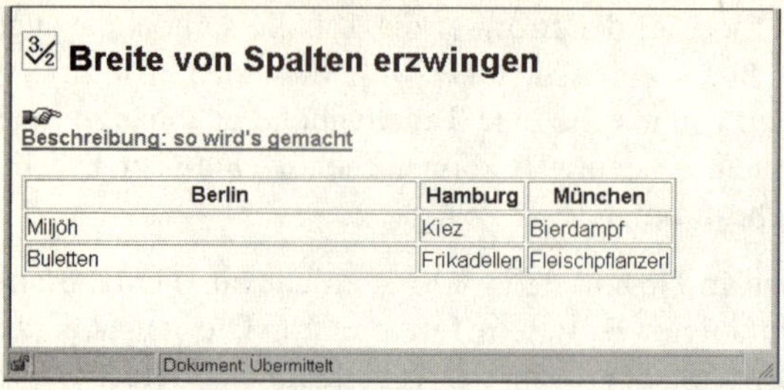

Bild 6.9: Die Breite von Spalten beeinflussen Sie über das Attribut `width=`

Beachten Sie: Die Angabe zur Spaltenbreite ist nur wirksam, wenn der Spalteninhalt in jeder Zeile kleiner ist, so daß leerer Raum entsteht. Wenn der Inhalt größer ist, wird die Angabe außer Kraft gesetzt. Die Spalte wird in diesem Fall so dimensioniert, daß der gesamte Inhalt angezeigt wird. Das ist beispielsweise der Fall, wenn in der Spalte eine Grafik vorkommt, die breiter ist als die angegebene Spaltenbreite.

Falls Sie zugleich eine bestimmte Breite der gesamten Tabelle angeben, hat die Angabe zur Gesamtbreite im Konfliktfall Vorrang gegenüber der angegebenen Breite einer einzelnen Spalte. Erzwungene Spaltenbreiten und erzwungene Zeilenhöhen (siehe folgender Abschnitt) sind kombinierbar.

Eine übersichtlichere und letztlich auch sauberere Lösung, die Breite von Tabellenspalten zu definieren, steht mit der Möglichkeit zur Verfügung, Spalten vorzudefinieren (Kapitel 6.1). Die hier beschriebene Möglichkeit hat dagegen den Vorteil, daß auch ältere Browser sie interpretieren.

3/2 Höhe von Zeilen erzwingen

Sie können die Höhe einzelner Zeilen einer Tabelle bestimmen. Durch das Attribut `height=` im einleitenden Tag einer Kopfzelle (`<th>`) oder einer Datenzelle (`<td>`) erzwingen Sie eine bestimmte Zeilenhöhe (height = Höhe). Sie können eine Zahl oder einen Prozentwert angeben. Mit einer Zahl, z. B. 300, erzwingen Sie, daß die Zeile so viele Pixel hoch dargestellt wird wie angegeben. Mit einem Prozentwert erreichen Sie, daß die Spalte maximal so viel Höhe des Anzeigefensters einnimmt wie angegeben. Für eine prozentuale Angabe notieren Sie hinter der Zahl einfach ein Prozentzeichen.

Da die Angabe für die gesamte Zeile gilt, brauchen Sie sie nur einmal pro Zeile zu notieren. Am sinnvollsten ist es, die Angabe in der ersten Spalte einer Zeile zu notieren. Ein Beispiel:

```
<table border>
  <tr>
    <th height=300>Kopfzelle: 1. Zeile, 1. Spalte</th>
    <th>Kopfzelle: 1. Zeile, 2. Spalte</th>
        <!-- Höhe 300 gilt auch hier -->
    <th>Kopfzelle: 1. Zeile, 3. Spalte</th>
```

```
          <!-- Höhe 300 gilt auch hier -->
    </tr>
    <tr>
      <td height=200>Datenzelle: 2. Zeile, 1. Spalte</td>
      <td>Datenzelle: 2. Zeile, 2. Spalte</td>
          <!-- Höhe 200 gilt auch hier -->
      <td>Datenzelle: 2. Zeile, 3. Spalte</td>
          <!-- Höhe 200 gilt auch hier -->
    </tr>
    <tr>
      <td height=100>Datenzelle: 3. Zeile, 1. Spalte</td>
      <td>Datenzelle: 3. Zeile, 2. Spalte</td>
          <!-- Höhe 100 gilt auch hier -->
      <td>Datenzelle: 3. Zeile, 3. Spalte</td>
          <!-- Höhe 100 gilt auch hier -->
    </tr>
</table>
```

Bild 6.10: Erzwungene Zeilenhöhen sind mit Spaltenbreiten kombinierbar

Beachten Sie: Die Angabe zur Zeilenhöhe ist nur wirksam, wenn der Inhalt in jeder Spalte der Zeile kleiner ist, so daß leerer Raum entsteht. Wenn der Inhalt größer ist, wird die Angabe außer Kraft gesetzt. Die Zeile wird in diesem Fall so dimensioniert, daß der gesamte Inhalt angezeigt wird. Das ist beispielsweise der Fall, wenn in der Zeile eine Grafik vorkommt, die höher ist als die angegebene Zeilenhöhe.

Falls Sie zugleich eine bestimmte Höhe der gesamten Tabelle angeben, hat die Angabe zur Gesamthöhe im Konfliktfall Vorrang gegenüber der angegebenen Höhe einer einzelnen Zeile. Erzwungene Zeilenhöhen und erzwungene Spaltenbreiten sind kombinierbar. Zelleninhalte werden bei erzwungener Zeilenhöhe mittig ausgerichtet, wenn Sie nichts anderes angeben. Sie können den Zelleninhalt oben oder unten ausrichten.

Zeilenumbruch in Zellen verhindern

Sie können festlegen, daß beim Inhalt einer Zelle kein automatischer Zeilenumbruch erfolgen darf. Die Spalte der Tabelle wird bei der Anzeige entsprechend breit dimensioniert. Ein Beispiel:

```
<table border>
    <tr>
      <th>Kopfzelle: 1. Zeile, 1. Spalte</th>
      <td nowrap>Datenzelle: 1. Zeile, 2. Spalte -
          Text wird nicht umgebrochen!</td>
    </tr>
</table>
```

Durch das Attribut `nowrap` im einleitenden Tag einer Kopfzelle (`<th>`) oder einer Datenzelle (`<td>`) verhindern Sie einen automatischen Zeilenumbruch beim folgenden Zelleninhalt. Beachten Sie: Diese Angabe ist nur bei relativ kurzen und bestimmten Zellinhalten sinnvoll, zum Beispiel bei Quellcode-Zeilen eines Programms.

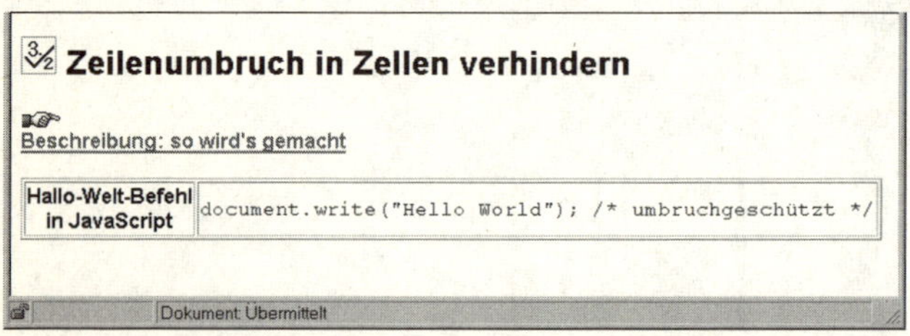

Bild 6.11: Das Attribut `nowrap` verhindert den Zeilenumbruch in einer Zelle

6.4 Zelleninhalte ausrichten

Ausrichtung horizontal

Kopfzellen (`<th>`) werden zentriert ausgerichtet, wenn Sie nichts anderes angeben, Datenzellen (`<td>`) linksbündig. Sie können die Zellen jedoch auch anders ausrichten. Ein Beispiel:

```
<table border>
    <tr>
      <th align=left>Kopfzelle: 1. Zeile, 1. Spalte</th>
      <th>Kopfzelle: 1. Zeile, 2. Spalte</th>
      <th align=right>Kopfzelle: 1. Zeile, 3. Spalte</th>
    </tr>
    <tr>
      <td>Datenzelle: 2. Zeile, 1. Spalte</td>
      <td align=center>Datenzelle: 2. Zeile, 2. Spalte</td>
```

```
        <td align=right>Datenzelle: 2. Zeile, 3. Spalte</td>
    </tr>
</table>
```

Mit `align=left` können Sie eine Kopfzelle in ihrem einleitenden Tag links ausrichten, durch die Angabe `align=right` rechts. Datenzellen können Sie in ihrem einleitenden Tag mit `align=center` zentriert ausrichten und durch `align=right` rechts. Die Angaben `align=center` bei Kopfzellen und `align=left` bei Datenzellen sind natürlich auch erlaubt, bewirken aber lediglich die Voreinstellung und sind deshalb nicht nötig (align = ausrichten, left = links, center = zentriert, right = rechts).

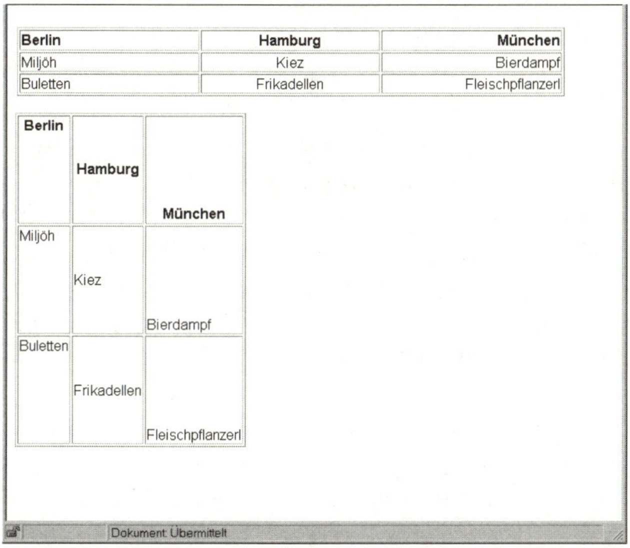

Bild 6.12: Zellinhalte lassen sich horizontal und vertikal ausrichten

Ab HTML 4.0 ist auch die Angabe `align=justify` erlaubt. Dadurch erzwingen Sie einen Blocksatz innerhalb der Zelle. Ferner ist die Angabe `align=char` in Verbindung mit den Attributen `char=` und `charoff=` erlaubt. Solche Angaben sind in der Regel aber eher sinnvoll für ganze Spalten – siehe übernächsten Abschnitt zur Dezimalzeichenausrichtung.

Beachten Sie: Um alle Zellen einer Zeile gleich auszurichten, können Sie die Angaben zur Ausrichtung auch im einleitenden Tag der Zeile `<tr>` notieren. So richten Sie beispielsweise mit `<tr align=right>` alle folgenden Zellen der Zeile rechts aus.

Ausrichtung vertikal

Innerhalb einer Tabellenzeile bestimmt die Zelle mit dem umfangreichsten Inhalt die Höhe der Tabelle. Die Inhalte der übrigen Zellen in der gleichen Zeile werden mittig dazu ausgerichtet. Auch bei erzwungenen Zeilenhöhen werden alle Zelleninhalte mittig ausgerichtet, wenn Sie nichts anderes angeben. Sie können Zelleninhalte aber auch oben und unten bündig ausrichten. Ein Beispiel:

```
<table border>
   <tr>
     <th valign=top>Kopfzelle: 1. Zeile, 1. Spalte</th>
     <th>Kopfzelle: 1. Zeile, 2. Spalte</th>
     <th valign=bottom>Kopfzelle: 1. Zeile, 3. Spalte</th>
   </tr>
   <tr>
     <td valign=top>Datenzelle: 2. Zeile, 1. Spalte</td>
     <td>Datenzelle: 2. Zeile, 2. Spalte</td>
     <td valign=bottom>Datenzelle: 2. Zeile, 3. Spalte</td>
   </tr>
</table>
```

Mit valign=top können Sie eine Zelle in ihrem einleitenden Tag oben bündig ausrichten, durch die Angabe valign=bottom unten bündig. Auch die Angabe valign=middle ist möglich. Dies ist jedoch die Voreinstellung und deshalb nicht nötig (valign = vertical alignment = vertikale Ausrichtung, top = oben, bottom = unten, middle = mittig).

Ab HTML 4.0 ist auch die Angabe valign=baseline erlaubt. Dann werden alle Zellen innerhalb einer Zeile, die diese Angaben erhalten, an einer gemeinsamen Basislinie ausgerichtet; und zwar so, daß die erste Textzeile aller dieser Zellen immer auf gleicher Höhe beginnt.

Beachten Sie: Um alle Zellen einer Zeile gleich auszurichten, können Sie die Angaben zur Ausrichtung auch im einleitenden Tag der Zeile <tr> notieren. So richten Sie beispielsweise mit <tr valign=top> alle folgenden Zellen der Zeile oben bündig aus.

Dezimalzeichenausrichtung

Für Daten wie Kommazahlen mit unterschiedlich langen Angaben hinter dem Komma ist die normale Textausrichtung nicht geeignet. Solche Werte wirken optisch am besten, wenn sie an dem Dezimalzeichen ausgerichtet werden. Sinnvoll sind solche Angaben natürlich nur in Zellen, die einen entsprechenden Wert enthalten. Weder Netscape noch der Internet Explorer interpretieren diese Angaben in ihren Produktversionen 4.x. Ein Beispiel:

```
<table border>
    <colgroup>
       <col width=120>
       <col width=50 align=char char=",">
    </colgroup>
   <tr>
     <th>Element</th>
     <th>Anteil in mg</th>
   </tr>
```

```
    <tr>
      <td>Natrium</td>
      <td>10,3</td>
    </tr>
    <tr>
      <td>Nitrat</td>
      <td>0,117</td>
    </tr>
    <tr>
      <td>Hydrogencarbonat</td>
      <td>330</td>
    </tr>
</table>
```

Da sich die Angabe zur Ausrichtung auf eine ganze Spalte bezieht, gehört sie sinnvollerweise in das `<col>`-Tag (siehe zum Vordefinieren von Spalten in Kapitel 6.1). Mit `align=char` können Sie innerhalb eines `<col>`-Tags erzwingen, daß die Spalteninhalte an einem Dezimalzeichen ausgerichtet werden. Außerdem benötigen Sie noch das Attribut `char=` (char = character = Zeichen). Dahinter geben Sie – in Anführungszeichen – ein Zeichen an, das Sie als Dezimalzeichen verwenden. Alle Werte in der betreffenden Spalte, die dieses Zeichen enthalten, werden so ausgerichtet, daß das Dezimalzeichen immer an der gleichen Stelle steht. Im obigen Beispiel wird ein Komma als Dezimalzeichen definiert. In den Werten der betreffenden Spalte stehen dann Werte wie 10,3 oder 0,117.

Neben dem Attribut `char=` zur Bestimmung des Dezimalzeichens können Sie zusätzlich noch das Attribut `charoff=` angeben (charoff = character offset = Zeichenposition). Damit können Sie angeben, an welcher Position das Zeichen frühestens vorkommen kann.

6.5 Zellen verbinden

3.2 *Zellen in einer Zeile spaltenweise verbinden*

Sie können mehrere Zellen innerhalb einer Zeile verbinden, so daß sich eine Zelle in dieser Zeile über mehrere Spalten hinweg erstreckt. Ein Beispiel:

```
<table border>
    <tr>
      <th colspan=2>Inhalt einer Zelle, die sich
            über 2 Spalten erstreckt</th>
    </tr>
    <tr>
      <td>Inhalt der ersten Zelle unter der
           erstreckten Zelle</td>
      <td>Inhalt der zweiten Zelle unter
```

```
            der erstreckten Zelle</td>
    </tr>
</table>
```

Die Menschheit besteht aus	
Eseln	Affen

Bild 6.13: So faßt der Browser die zwei verbundenen Zellen der ersten Zeile zusammen

Durch das Attribut `colspan= [Anzahl Spalten]` erreichen Sie, daß sich eine Zelle über mehrere Spalten hinweg erstreckt (colspan = column span = Spalten-Spannweite). Die Angabe ist nur wirksam, wenn die Tabelle mindestens so viele Spalten besitzt wie angegeben.

Beachten Sie: Wenn Sie in einer Tabellenzeile eine Zelle beispielsweise über vier Spalten hinweg »spannen«, sollten Sie in den anderen Zeilen der Tabelle anstelle dieser einen Zelle vier eigene Zellen definieren. Die Summe der Zellen sollte in jeder Zeile der Tabelle gleich sein.

Zellen in einer Spalte zeilenweise verbinden

Sie können mehrere Zellen in einer Spalte verbinden, so daß sich eine Zeile in dieser Spalte über mehrere Zeilen hinweg erstreckt. Ein Beispiel:

```
<table border>
    <tr>
      <th rowspan=2>Inhalt einer Zelle, die sich über
          2 Zeilen erstreckt</th>
      <td >Inhalt der ersten Zelle neben der
          erstreckten Zelle</td>
    </tr>
    <tr>
      <td>Inhalt der zweiten Zelle neben der
          erstreckten Zelle</td>
    </tr>
</table>
```

Durch das Attribut `rowspan= [Anzahl Zeilen]` erreichen Sie, daß sich eine Zelle in einer Spalte über mehrere Zeilen hinweg erstreckt (row span = Zeilen-Spannweite). Die Angabe ist nur wirksam, wenn die Tabelle mindestens so viele Zeilen besitzt wie angegeben.

Die Eselheit besteht aus	echten Eseln
	verkappten Eseln (Menschen)
Die Affenheit besteht aus	echten Affen
	verkappten Affen (Menschen)

Bild 6.14: Untereinander in einer Spalte liegende Zellen faßt `rowspan=` zusammen

Beachten Sie: Wenn Sie in einer Tabellenzeile eine Zelle beispielsweise über vier Zeilen hinweg »spannen«, sollten Sie in der gleichen Zeile den Inhalt der ersten danebenstehenden Zelle definieren. In den drei folgenden Zeilen sollten Sie an gleicher Stelle die drei übrigen Zellen definieren, die neben der gestreckten Zelle stehen sollen.

Zellen spalten- und zeilenweise zugleich verbinden

Sie können Zellen definieren, die sich gleichzeitig über mehrere Zeilen und Spalten hinweg erstrecken. Sie können die Attribute `colspan= [Anzahl Spalten]` und `rowspan= [Anzahl Zeilen]` in einer Zelle kombinieren. Dadurch erreichen Sie, daß sich die Zelle über mehrere Spalten und Zeilen zugleich erstreckt. Ein Beispiel:

```
<table border>
    <tr>
      <th colspan=2 rowspan=2>Inhalt Zelle über 2 Zeilen
          und 2 Spalten</th>
      <td>Inhalt der ersten Zelle neben der
          erstreckten Zelle</th>
    </tr>
    <tr>
      <td>Inhalt der zweiten Zelle neben der
          erstreckten Zelle</td>
    </tr>
    <tr>
      <td>Inhalt der ersten Zelle unter der
          erstreckten Zelle</td>
      <td>Inhalt der zweiten Zelle unter der
          erstreckten Zelle</td>
      <td>Inhalt der dritten Zelle unter der
          erstreckten Zelle</td>
    </tr>
</table>
```

<table>
<tr><th colspan="2" rowspan="2">Der Mensch ist...</th><td>zum einen Teil ein Esel</td></tr>
<tr><td>zum anderen Teil ein Affe</td></tr>
<tr><td>weder ein richtiger Esel</td><td>noch ein richtiger Affe</td><td>menschlich, allzumenschlich</td></tr>
</table>

Bild 6.15: Eine Zelle kann sich auch über mehrere Spalten und Zeilen erstrecken

6.6 Farbige Tabellen

Hintergrundfarbe für gesamte Tabelle

Sie können für alle Zellen einer Tabelle eine einheitliche Hintergrundfarbe definieren. Durch das Attribut `bgcolor=` im einleitenden Tag der Tabelle können Sie eine Hintergrundfarbe für die gesamte Tabelle bestimmen (bgcolor = background color = Hintergrundfarbe). Beim Angeben der Farbe gelten die Regeln zum Definieren von Farben in HTML. Ein Beispiel:

```
<table border bgcolor=#CCFFFF>
    <tr>
      <td>Zeile 1 Spalte 1 = hellblau</td>
      <td>Zeile 1 Spalte 2 = hellblau</td>
    </tr>
    <tr>
      <td>Zeile 2 Spalte 1 = hellblau</td>
      <td>Zeile 2 Spalte 2 = hellblau</td>
    </tr>
</table>
```

Beachten Sie: Wenn Sie eine Hintergrundfarbe definieren, sollten Sie für den Text eine geeignete Kontrastfarbe definieren. Falls Sie hierzu den HTML-Befehl zum Ändern von Schriftfarben innerhalb des Textes verwenden wollen, müssen Sie diesen Befehl in jeder einzelnen Tabellenzelle erneut eingeben. Wesentlich besser ist es jedoch, zentrale Style-Sheet-Formate für Tabellenzellen `<th>` und `<td>` zu definieren.

Hintergrundfarbe für Zeilen oder Zellen

Sie können für eine Zeile oder eine einzelne Zelle innerhalb einer Tabelle eine Hintergrundfarbe definieren. Durch das Attribut `bgcolor=` im einleitenden Tag einer Zeile (<tr>) können Sie eine Hintergrundfarbe für alle Zellen in dieser Zeile bestimmen (bgcolor = background color = Hintergrundfarbe). Wenn Sie `bgcolor=` im einleitenden Tag einer Datenzelle (<td>) oder einer Kopfzelle (<th>) angeben, gilt die Hintergrundfarbe für diese eine Zelle. Beim Angeben der Farbe gelten die Regeln zum Definieren von Farben in HTML. Ein Beispiel:

```
<table border>
    <tr bgcolor=#CCFFFF>
      <td>Zeile 1 Spalte 1 = hellblau (gilt für Zeile)</td>
      <td>Zeile 1 Spalte 2 = hellblau (gilt für Zeile)</td>
    </tr>
    <tr bgcolor=#CCFFCC>
      <td bgcolor=#CCFFCC>Zeile 2 Spalte 1 = hellgrün
          (gilt für diese Zelle)</td>
      <td bgcolor=#FFCCFF>Zeile 2 Spalte 2 = hellviolett
          (gilt für diese Zelle)</td>
    </tr>
</table>
```

Beachten Sie: Im Konfliktfall hat die Farbangabe in einzelnen Zellen Vorrang vor der Angabe für ganze Zeilen oder Tabellen. Die Angabe für eine Zeile hat im Konfliktfall Vorrang vor der Angabe für die ganze Tabelle.

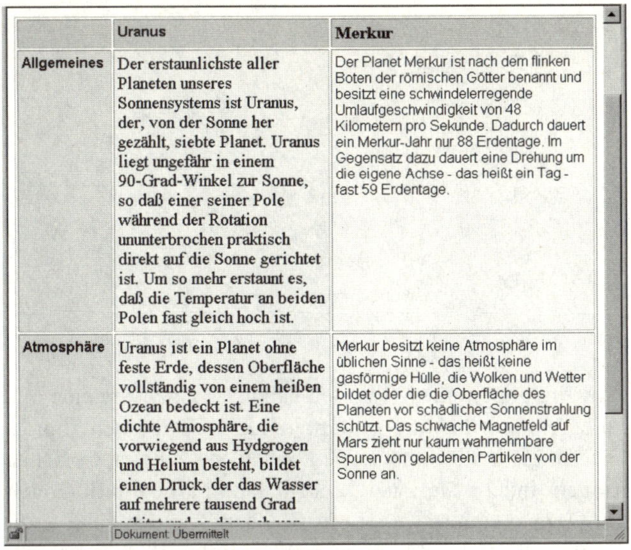

	Uranus	Merkur
Allgemeines	Der erstaunlichste aller Planeten unseres Sonnensystems ist Uranus, der, von der Sonne her gezählt, siebte Planet. Uranus liegt ungefähr in einem 90-Grad-Winkel zur Sonne, so daß einer seiner Pole während der Rotation ununterbrochen praktisch direkt auf die Sonne gerichtet ist. Um so mehr erstaunt es, daß die Temperatur an beiden Polen fast gleich hoch ist.	Der Planet Merkur ist nach dem flinken Boten der römischen Götter benannt und besitzt eine schwindelerregende Umlaufgeschwindigkeit von 48 Kilometern pro Sekunde. Dadurch dauert ein Merkur-Jahr nur 88 Erdentage. Im Gegensatz dazu dauert eine Drehung um die eigene Achse - das heißt ein Tag - fast 59 Erdentage.
Atmosphäre	Uranus ist ein Planet ohne feste Erde, dessen Oberfläche vollständig von einem heißen Ozean bedeckt ist. Eine dichte Atmosphäre, die vorwiegend aus Hydgrogen und Helium besteht, bildet einen Druck, der das Wasser auf mehrere tausend Grad	Merkur besitzt keine Atmosphäre im üblichen Sinne - das heißt keine gasförmige Hülle, die Wolken und Wetter bildet oder die die Oberfläche des Planeten vor schädlicher Sonnenstrahlung schützt. Das schwache Magnetfeld auf Mars zieht nur kaum wahrnehmbare Spuren von geladenen Partikeln von der Sonne an.

Bild 6.16: Sie können die komplette Tabelle oder einzelne Zellen mit einem farbigen Hintergrund versehen

Farben für Rand und Gitternetzlinien

Sie können auch für Rahmen und Gitternetzlinien Farbangaben machen. Diese Angaben werden bislang jedoch nur vom Internet Explorer interpretiert und gehören nicht zum HTML-Standard. Beispiel 1:

```
<table border bgcolor=#CCFFFF bordercolor=#000099>
   <tr>
     <td>Zeile 1 Spalte 1 = hellblau, Rahmen und
        Gitternetz dunkelblau</td>
     <td>Zeile 1 Spalte 2 = hellblau, Rahmen und
        Gitternetz dunkelblau</td>
   </tr>
   <tr>
     <td>Zeile 2 Spalte 1 = hellblau, Rahmen und
        Gitternetz dunkelblau</td>
     <td>Zeile 2 Spalte 2 = hellblau, Rahmen und
        Gitternetz dunkelblau</td>
   </tr>
</table>
```

Beispiel 2:

```
<table border=4 bgcolor=#CCFFCC bordercolordark=#660000
       bordercolorlight=#FF0000>
   <tr>
```

```
      <td>Zeile 1 Spalte 1 = hellgrün, Rahmen und
         Gitternetz dunkelrot/rot</td>
      <td>Zeile 1 Spalte 2 = hellgrün, Rahmen und
         Gitternetz dunkelrot/rot</td>
   </tr>
   <tr>
      <td>Zeile 2 Spalte 1 = hellgrün, Rahmen und
         Gitternetz dunkelrot/rot</td>
      <td>Zeile 2 Spalte 2 = hellgrün, Rahmen und
         Gitternetz dunkelrot/rot</td>
   </tr>
</table>
```

Durch das Attribut `bordercolor=` im einleitenden Tag der Tabelle können Sie eine einheitliche Farbe für den Tabellenrahmen und die Gitternetzlinien bestimmen (border color = Randfarbe). Anstelle der einfachen Rahmenfarbe können Sie auch einen Schattier-Effekt in den Rahmen bringen, indem Sie zwei verschiedene Farben definieren – eine dunklere und eine hellere. Dazu notieren Sie im einleitenden Tag der Tabelle die beiden Zusatzangaben `bordercolordark=` (border color dark = dunkle Randfarbe) und `bordercolorlight=` (border color light = helle Randfarbe).

Hintergrundbild für Tabelle oder Tabellenzellen

Sie können für eine Tabelle ein eigenes Hintergrundmuster (Wallpaper) definieren. Das funktioniert genauso wie bei Hintergrundbildern für den gesamten Dateikörper. Hintergrundbilder für Tabellen gehören bislang nicht zum HTML-Sprachstandard. Deshalb ist es besser, zu diesem Zweck CSS-Style-Sheets zu verwenden. Ein Beispiel:

```
<table border=4 background="datei.gif">
   <tr>
      <td background="datei2.gif">Zeile 1 Spalte 1</td>
      <td>Zeile 1 Spalte 2</td>
   </tr>
   <tr>
      <td background="datei2.gif">Zeile 2 Spalte 1</td>
      <td>Zeile 2 Spalte 2</td>
   </tr>
</table>
```

Durch das Attribut `background=` im einleitenden Tag der Tabelle können Sie ein Hintergrundbild für die gesamte Tabelle bestimmen (background = Hintergrund). Wenn Sie die Angabe im einleitenden Tag einer Tabellenzelle (`<th>` oder `<td>`) notieren, ist die Tabellenzelle der Bereich für das Hintergrundbild.

Beachten Sie: Im Beispiel wird vorausgesetzt, daß sich die Grafikdatei im gleichen Verzeichnis befindet wie die HTML-Datei. Wenn die Grafik in einem anderen Verzeichnis steht, müssen Sie den relativen oder absoluten Pfadnamen angeben. Das funktioniert genauso wie beim Einbinden von Grafiken. Netscape 4.x und Internet Explorer 4.x interpretieren auch animierte GIF-Grafiken als Hintergrundbilder.

	Erde	Mars	Venus
Allgemeines	Während der ersten rund 500 Millionen Jahre nach ihrer Entstehung blieb die Temperatur der Erde relativ stabil bei 875 Grad Celsius. Die Erde setzte sich vor allem aus Eisen und Silikaten zusammen, enthielt aber auch kleine Mengen radioaktiver Elemente, und zwar hauptsächlich Uran, Thorium und Kalium. Im Verlaufe des Zerfallsprozesses dieser Elemente entstand Strahlung, die die Erde langsam erhitzte, was zur Folge hatte, daß das Eisen und die Silikate schmolzen. Das Eisen sank zum Zentrum ab und drängte dadurch die leichteren Silikate an die Oberfläche. Dadurch wurden die gewaltigen Prozesse in Gang gesetzt, die die Erdoberfläche so geformt haben, wie wir sie kennen und die sie auch heute noch prägen.	Da der Planet Mars gut sichtbar und seine Atmosphäre dünn und transparent ist, wissen wir mehr über ihn als über alle anderen Planeten, die Erde ausgenommen. Ein Tag dauert auf Mars ungefähr so lange wie auf der Erde, da Mars 24 Stunden und 37 Minuten benötigt, um sich um seine eigene Achse zu drehen; sein Jahr jedoch dauert 687 Erdentage. Seine Entfernung von der Sonne kann infolge seiner exzentrischen Umlaufbahn um rund 60 Millionen Kilometer variieren.	Die Venus, geheimnisumwobener und direkter Nachbar der Erde, wurde nach der gleichnamigen römischen Liebesgöttin benannt. Aus ungeklärten Gründen dreht sich die Venus "rückwärts", um die eigene Achse, das heißt in der ihrer Drehbewegung um die Sonne entgegengesetzten Richtung.
Atmosphäre	Zwischen dem Kern aus Eisen und der Kruste aus festem Gestein befindet sich ein Mantel aus	Aufgrund seiner blutroten Farbe gaben die Römer dem Planeten Mars den	Die Venus ist tatsächlich "umwoben" von einer geheimnisvollen,

Bild 6.17: Hintergrundbilder in Tabellen und einzelnen Zellen sind kein HTML-Standard – aber Netscape 4.x und Internet Explorer 3.x beherrschen

6.7 Tabellenbeschriftung und Tabellenausrichtung

3/2 Tabellenüberschrift und Tabellenunterschrift definieren

Sie können für eine Tabelle eine von der Tabelle getrennte, aber ihr zugehörige Über- oder Unterschrift definieren. Beispiel 1:

```
<table border>
  <caption align=top>Tabellenüberschriftentext</caption>
    <tr>
      <td>Daten</td>
      <td>Daten</td>
    </tr>
</table>
```

Beispiel 2:

```
<table border>
 <caption align=bottom>Tabellenunterschriftentext</caption>
    <tr>
      <td>Daten</td>
      <td>Daten</td>
    </tr>
</table>
```

<caption align=top> definiert eine Tabellenüberschrift, <caption align=bottom> eine Tabellenunterschrift, <caption align=left> eine seitliche Tabellenüberschrift links und <caption align=right> eine seitliche Tabellenüberschrift rechts (caption = Überschrift, align = ausrichten, top = oben, bottom = unten, left = links, right = rechts). Dahinter folgt der Text der Über- bzw. Unterschrift. Am Ende des Textes muß ein abschließendes </caption> stehen. Notieren Sie den Befehl innerhalb der Tabelle, am besten unmittelbar unter dem einleitenden Tabellen-Tag (so wie in den beiden obigen Beispielen).

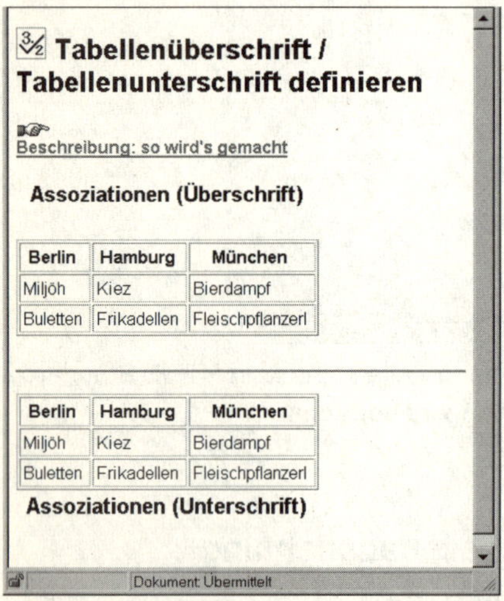

Bild 6.18: Die Beschriftung von Tabellen plaziert der Browser automatisch

Beachten Sie: Die meisten WWW-Browser, darunter Netscape und Internet Explorer, stellen Tabellenüberschriften und Tabellenunterschriften in normaler Fließtextschrift dar. Um die Über- bzw. Unterschrift auffällig zu formatieren, müssen Sie innerhalb von <caption>...</caption> Befehle zur Textgestaltung anwenden, oder Sie definieren CSS-Style-Sheet-Angaben für das <caption>-Tag.

Tabellen ausrichten

Sie können Text links oder rechts um Tabellen fließen lassen, sofern die Tabelle nicht die gesamte Anzeigebreite einnimmt. Beispiel 1:

```
  <table border width=50% align=left>
    <tr>
      <td>Daten</td>
      <td>Daten</td>
    </tr>
  </table>
Das ist Text, der rechts neben der Tabelle angezeigt wird
```

Beispiel 2:

```
  <table border width=50% align=right>
    <tr>
      <td>Daten</td>
      <td>Daten</td>
    </tr>
  </table>
Das ist Text, der links neben der Tabelle angezeigt wird
```

- Mit `align=left` (siehe Beispiel 1) im einleitenden Tabellen-Tag erreichen Sie, daß Text, der im Anschluß an die Tabelle notiert wird, rechts um die Tabelle fließt (align = ausrichten, left = links). Die Tabelle steht in diesem Fall also links, der umfließende Text rechts davon.
- Mit `align=right` (siehe Beispiel 2) können Sie den Text links um die Tabelle fließen lassen (right = rechts). Die Tabelle steht in diesem Fall also rechts, der umfließende Text links davon.
- Mit `align=center` können Sie die Tabelle zentriert ausrichten (center = zentriert). In diesem Fall fließen nachfolgende Elemente nicht um die Tabelle.

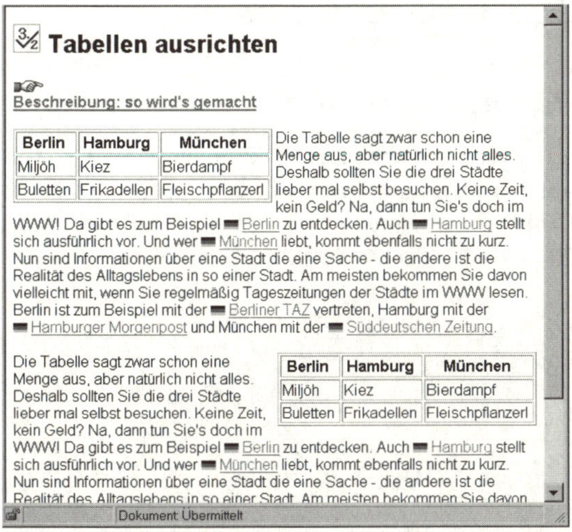

Bild 6.19: Text fließt links oder rechts um die Tabelle

Beachten Sie: Wenn die Tabelle selbst größere Inhalte hat, müssen Sie eine Gesamtbreite der Tabelle erzwingen, damit links bzw. rechts noch Platz bleibt für den umfließenden Text. Dies geschieht in den obigen Beispielen durch die Angabe `width=50%` im einleitenden Tabellen-Tag. Dadurch nimmt die Tabelle maximal 50% der Gesamtbreite des Anzeigefensters ein. Im umfließenden »Text« sind alle HTML-Elemente zur Gestaltung erlaubt, also beispielsweise Überschriften, Listen, auch Grafik- und Multimedia-Referenzen, ja sogar neue Tabellen.

Abstand zwischen Tabelle und umfließendem Text

Wenn Sie nichts anderes angeben, umfließt der Text die Tabelle ohne sichtbaren Abstand. Ästhetischer ist ein gewisser Abstand. Sie können den Abstand zwischen Tabelle und umfließendem Text definieren, zum Beispiel:

```
 <table border width=50% align=left hspace=20 vspace=5>
   <tr>
     <td>Daten</td>
     <td>Daten</td>
   </tr>
 </table>
Das ist Text, der rechts neben der Tabelle angezeigt wird
```

Wenn Sie im einleitenden Tabellen-Tag mit `align=` eine Anweisung zum Textumfluß notieren, können Sie zusätzlich mit `hspace= [Pixel]` den seitlichen Abstand zwischen Tabelle und umfließendem Text bestimmen (hspace = horizontal space = horizontaler Abstand). Mit `vspace= [Pixel]` können Sie den Abstand zum Text ober- und unterhalb der Tabelle festlegen (vspace = vertical space = vertikaler Abstand).

Beachten Sie: Die Angaben zum Abstand gehören nicht zum offiziellen HTML-Standard und werden bislang nur von Netscape seit Version 3.0 interpretiert.

Textfortsetzung unterhalb der Tabelle erzwingen

Manchmal möchten Sie vielleicht nur zwei oder drei Zeilen kommentierenden Text neben der Tabelle haben und den folgenden Text dann unterhalb der Tabelle fortsetzen. Dazu müssen Sie einen speziellen Umbruch erzwingen, der den Textfluß neben der Tabelle unterbricht und stattdessen unterhalb der Tabelle fortfährt. Ein Beispiel:

```
 <table border width=50% align=left>
   <tr>
     <td>Daten;/td>
     <td>Daten;/td>
   </tr>
 </table>
Das ist Text, der rechts neben der Tabelle
 angezeigt wird <br clear=all>
Das ist Text, der unterhalb der Tabelle weitergeht
```

Wenn Sie im einleitenden Tabellen-Tag mit `align=` eine Anweisung zum Textumfluß notieren, können Sie innerhalb des umfließenden Textes die Angabe `<br clear=all>` notieren, um den Textfluß zu unterbrechen und unterhalb der Tabelle fortzufahren (br = break = Umbruch, clear = löschen, all = alles). Beachten Sie: Neben `<br clear=all>` sind auch die Angaben `<br clear=left>` und `<br clear=right>` erlaubt. Experimentieren Sie mit diesen Angaben, wenn `<br clear=all>` nicht den gewünschten Effekt bringt.

6.8 Tips zum Umgang mit blinden Tabellen

Wenn Sie bei WWW-Seiten auf sauber ausgerichtete, aber relativ frei verteilte Elemente stoßen, wurde in vielen Fällen mit der Technik der »blinden Tabellen« gearbeitet. Blinde Tabellen haben keine sichtbaren Gitternetzlinien. Dadurch merkt der Betrachter gar nicht, daß es sich in Wirklichkeit um eine Tabelle handelt.

Einen Nachteil sollten Sie jedoch beachten, wenn Sie beabsichtigen, den gesamten anzuzeigenden Inhalt einer WWW-Seite mit Hilfe einer blinden Tabelle anzuordnen: Tabellen werden vom WWW-Browser erst angezeigt, nachdem ihr kompletter Inhalt eingelesen wurde bzw. erst in dem Augenblick, zu dem der WWW-Browser genau weiß, wie groß und wie breit die Tabelle angezeigt werden muß. Das bedeutet bei der Datenübertragung aus dem WWW, daß ein Anwender am Bildschirm länger wartet, bis überhaupt etwas angezeigt wird. Es sei denn, Sie benutzen den Befehl, um Spalten vorzudefinieren (siehe Kapitel 6.1).

Einige Aufgaben, für die mit herkömmlichem HTML blinde Tabellen erforderlich waren, lassen sich mittlerweile auch mit Hilfe von CSS-Style-Sheets lösen. Das gilt beispielsweise für Abstände und Ränder, für die Hintergrundgestaltung einzelner Bereiche oder für das Positionieren von Elementen.

Mehrspaltigkeit

Tabellen dienen nicht nur dazu, tabellarische Information anzuzeigen. In HTML wie in anderen textverarbeitenden Systemen dienen Tabellen auch dazu, einen Mehrspaltensatz am Bildschirm zu erzwingen. Mit Hilfe etwa einer dreispaltigen blinden Tabelle können Sie einen attraktiv aussehenden dreispaltigen Textsatz im Stil einer Zeitung realisieren. Ein Beispiel:

```
<table cellpadding=5>
  <tr valign=top>
    <td width=33%>
       Hier folgt der Text von Spalte 1
    </td>
    <td width=33%>
       Hier folgt der Text von Spalte 2
    </td>
    <td width=34%>
       Hier folgt der Text von Spalte 3
    </td>
  </tr>
</table>
```

In diesem Beispiel werden drei Spalten definiert, deren Breiten mit den Angaben `width=` 33%, 33% und 34% (= 100%) definiert werden. Innerhalb jeder der drei Spalten können beliebige Elemente stehen. Grafiken, die zu breit sind, sprengen allerdings die erzwungenen Spaltenbreiten. Da die Inhalte der Spalten unterschiedlich lang sein können, wird mit `valign=top` im einleitenden Tag der Zeile (`<tr>`) erreicht, daß alle Inhalte oben bündig ausgerichtet werden.

Achten Sie darauf, daß die Inhalte aller definierten Spalten ungefähr gleich lang sind und möglichst nicht mehr Inhalt enthalten, als ein Bildschirm bei 640 x 480 Pixeln Auflösung anzeigen kann. Denn sonst muß der Anwender dauernd scrollen. Falls Sie mehr Information unterbringen wollen, sollten Sie danach einfach eine neue Tabellenzeile mit den nächsten drei Zellen notieren. Falls Sie Zwischenüberschriften oder Trennlinien notieren wollen, die sich über alle drei Spalten erstrecken sollen, müssen Sie dafür ebenfalls eine eigene neue Tabellenzeile notieren. Statt drei Zellen notieren Sie dabei aber nur eine und erstrecken Sie mit der Zusatzangabe `colspan=3` über alle drei Spalten.

Bild 6.20: Mehrspaltiger Textfluß ist mit Tabellen kein Problem – auch wenn ein Umbau bisweilen recht kompliziert wird

Beachten Sie: Zur Realisierung von Mehrspaltigkeit in HTML gibt es neben der Möglichkeit blinder Tabellen auch noch eine direkte Möglichkeit für mehrspaltigen Textfluß, die aber nur von Netscape seit V3.0 interpretiert wird. Daneben gibt es auch eine offizielle und standardisierte Variante, nämlich Style-Sheet-Angaben zu mehrspaltigem Textfluß. Diese Angaben werden jedoch von Netscape und dem Internet Explorer auch in den 4er-Versionen noch nicht interpretiert.

Text und Grafik

Mit Hilfe von blinden Tabellen können Sie mehrere Grafiken sauber nebeneinander plazieren und haben die Möglichkeit, darüber und darunter ebenso sauber Text zu plazieren. Ein Beispiel:

```
<table width=500 cellpadding=10>
  <tr align=center>
    <td><h3>Überschrift</h3><img src="grafik1.gif"
       width=70 height=76 border=0>
    <td><h3>Überschrift</h3><img src="grafik2.gif" width=66
```

```
      height=76 border=0>
    <td><h3>Überschrift</h3><img src="grafik3.gif" width=81
      height=76 border=0>
  </tr>
  <tr align=center valign=top>
    <td><Beschreibungstext>
    <td><Beschreibungstext>
    <td><Beschreibungstext>
  </tr>
</table>
```

In diesem Beispiel werden drei Spalten definiert. In der ersten Zeile sollen drei Überschriften mit drei dazugehörigen Grafiken unterhalb stehen, in der zweiten Zeile drei passende Beschreibungstexte, wiederum unterhalb der jeweiligen Grafiken. Mit der Angabe width=500 wird eine Gesamtbreite der Tabelle erzwungen. Die Breite ist in Abstimmung mit der Summe der Breite aller Grafiken und dem Textumfang so gewählt, daß es optisch ordentlich aussieht.

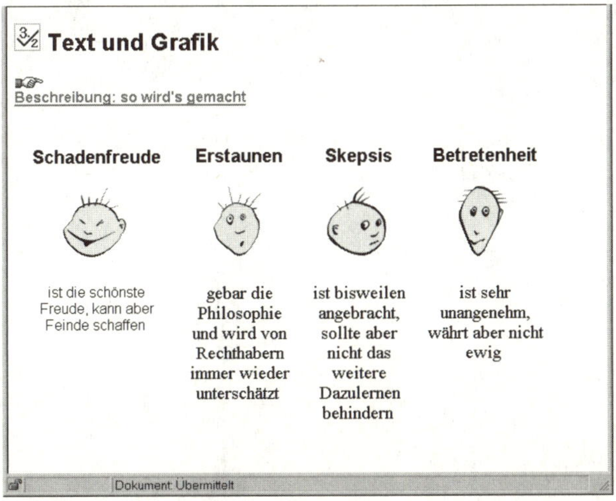

Bild 6.21: Eine Tabelle sorgt für die saubere Ausrichtung von Text und Grafik

Durch die Angabe cellpadding=10 wird sichergestellt, daß sich die Zelleninhalte bei größerem Inhalt nicht zu nahe kommen. Mit <tr align=center> werden alle Zellen der jeweiligen Zeile zentriert ausgerichtet. Da die Beschriebungstexte unterschiedlich lang sein können, wird mit der Angabe valign=top erreicht, daß sie alle obenbündig ausgerichtet werden.

Überschriften und Grafiken sind im obigen Beispiel zwar unmittelbar nebeneinander notiert. Da Überschriften aber einen eigenen Absatz erzeugen, wird die dahinterstehende Grafik bei der Anzeige unterhalb der Überschrift plaziert. Da der Zellinhalt zentriert ausgerichtet wird, steht die Überschrift sauber zentriert über der jeweiligen Grafik.

Seitenränder erzwingen

Mit Hilfe einer blinden Tabelle können Sie mit einer einzigen Tabellenzelle Seitenränder erzwingen. In diesem Beispiel wird zunächst mit `<div align=center>` ein zentriert ausgerichteter Bereich definiert. Zwischen dem Tag und seinem Gegenstück `</div>` wird eine Tabelle definiert, die nur eine Zeile mit einer Zelle enthält. In dieser Zelle steht der gesamte Inhalt, der mit Seitenrändern versehen wird. Die Seitenränder selbst werden erreicht durch die Angabe `width=70%` im einleitenden Tabellen-Tag. Da die Tabelle selbst zentriert ausgerichtet wird, entsteht so links und rechts je ein Seitenrand von 15%. Das Beispiel:

```
<div align=center>
<table width=70%>
  <tr>
    <td>
Hier folgt der eigentliche Inhalt
    </td>
  </tr>
</table>
</div>
```

Beachten Sie: Mittlerweile können Sie sich solche Wünsche auch mit Hilfe von CSS-Style-Sheets erfüllen. Geeignet dazu sind die Style-Sheet-Angaben zu Abständen, Rändern und Ausrichtung.

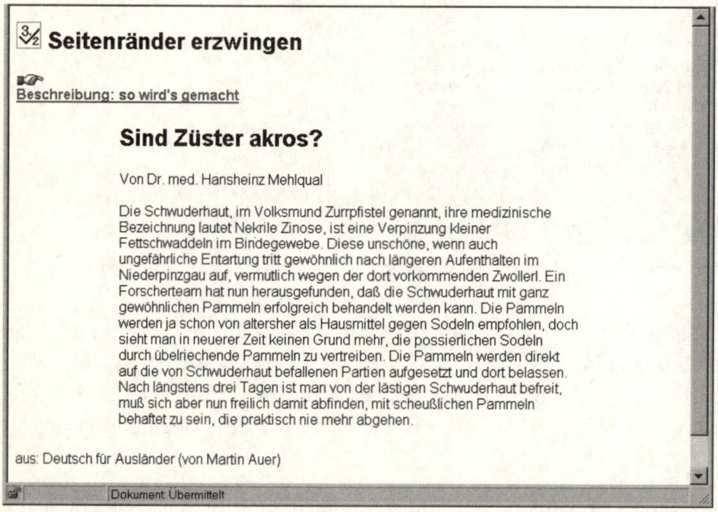

Bild 6.22: Mit dem `<div>`-Tag und einer Tabelle gelingen Seitenränder

3½ Farbflächen

Mit blinden und zugleich farbigen Tabellen können Sie einzelne Flächen farbig hinterlegen, ohne daß dies wie eine Tabelle wirkt. Sämtliche Beispiele in der HTML-Version dieses Buches basieren auf dieser Technik. Ein Beispiel:

```
<table bgcolor=#000066 cellpadding=20>
  <tr>
    <td>
<div color=#FFFFFF>Hier folgt der Inhalt - weiß auf
      dunkelblauem Grund</font>
    </td>
  </tr>
</table>
```

In diesem Beispiel wird eine Tabelle mit einer einzigen Zelle definiert. Durch die Angabe `bgcolor=#000066` wird der Tabelle ein dunkelblauer Hintergrund zugewiesen. Damit die Fläche den Text großzügig einrahmt, wird mit `cellpadding=20` ein Randabstand definiert. Um den Text in der Zelle von dem dunklen Hintergrund abzuheben, wird mit `<font color=#FFFFFF>` eine kontrastierende Textfarbe (weiß) definiert.

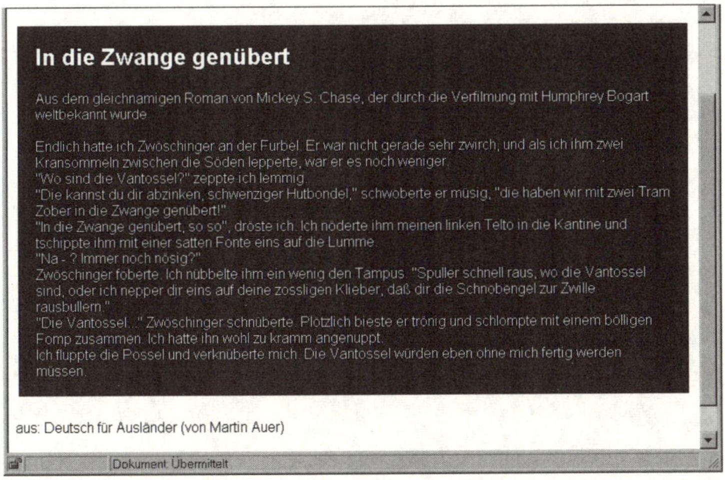

Bild 6.23: Eine Tabelle mit Hintergrundfarbe erscheint als Farbfläche

Beachten Sie: Mittlerweile können Sie sich solche Wünsche auch mit Hilfe von CSS-Style-Sheets erfüllen. So können Sie beispielsweise einen Bereich mit `<div>...</div>` definieren und im einleitenden `<div>`-Tag Style-Angaben notieren. Geeignet sind die Style-Sheet-Angaben zur Hintergrundfarbe, zur Textfarbe und zum Innenabstand.

6.1 Tabellen und nicht-visuelle Medien

Die folgenden Beschreibungen sind für die Ausgabe von Tabellen auf nicht-visuellen Medien gedacht. Vor allem bei Sprachausgabesystemen, die HTML-Dateien für Sehbehinderte ausgeben, stellen Tabellen normalerweise ein Problem dar. Denn die optische Eindeutigkeit einer Tabelle am Bildschirm oder auf Papier läßt sich in einem Medium, das Daten hintereinander ausgeben muß, nicht abbilden. Was beispielsweise in der optischen Abbildung einer Tabelle durch Gitternetzlinien ganz einfach ist, ist bei der Sprachausgabe ein echtes Problem: Wie soll akustisch verdeutlicht werden, wo eine Zelle beginnt und endet und zu welcher Kopfzelle sie gehört? Das W3-Konsortium hat zu diesem Zweck eine Reihe von Befehlen in HTML eingebaut, die speziell solche Probleme lösen helfen sollen.

Kurzbeschreibung für Zellen definieren

Sie können für einzelne Tabellenzellen eine Kurzbeschreibung im einleitenden Tag der Zelle definieren. Ein Sprachausgabesystem könnte diesen Kurztext vor dem eigentlichen Inhalt ausgeben. Ein Beispiel:

```
<table border>
    <tr>
      <th>Berlin</th>
      <th>Hamburg</th>
      <th>M&uuml;nchen</th>
    </tr>
    <tr>
      <td abbr="Es folgen Infos zu Berlin">Hier eine
         Menge Inhalt</td>
      <td abbr="Es folgen Infos zu Hamburg">Hier eine
         Menge Inhalt</td>
      <td abbr="Es folgen Infos zu München">Hier eine
         Menge Inhalt</td>
    </tr>
</table>
```

Mit dem Attribut abbr= im einleitenden Tag einer Datenzelle (<td>) oder einer Kopfzelle (<th>) können Sie eine Kurzinformation zu der entsprechenden Zelle voranschicken (abbr = abbreviated = verkürzt). Der Text muß in Anführungszeichen stehen.

Kopfzellen in Zellen referenzieren

Für nicht-visuelle Ausgabemedien, etwa für Sprachausgabesysteme, können Sie bestimmen, daß bei der Ausgabe einer Datenzelle ein expliziter Bezug zu einer oder mehreren Kopfzellen hergestellt wird. Das System könnte den Inhalt der Kopfzelle(n) dann bei der Datenzelle wiederholen. Ansonsten ist es bei der Sprachausgabe sehr schwer, den Bezug zwischen einer Datenzelle und den zugehörigen Kopfzellen herzustellen, da die optische Eindeutigkeit einer Tabelle dort nicht vorhanden ist. Beispiel 1:

```
<table border>
  <tr>
    <th id="Stadt_1">Berlin</th>
    <th id="Stadt_2">Hamburg</th>
    <th id="Stadt_3">M&uuml;nchen</th>
  </tr>
  <tr>
    <td headers="Stadt_1">Buletten</td>
    <td headers="Stadt_2">Frikadellen</td>
    <td headers="Stadt_3">Fleischpflanzerl</td>
  </tr>
</table>
```

Um Bezüge zwischen Datenzellen und Kopfzellen nach dem obigen Beispiel herzustellen, müssen Sie für die Kopfzellen mit dem Universalattribut `id=` individuelle Namen vergeben (im obigen Beispiel `Stadt_1`, `Stadt_2` und `Stadt_3`). Innerhalb einer Datenzelle können Sie dann mit dem Attribut `headers=` auf Kopfzellen Bezug nehmen (headers = Kopfzellen). Im obigen Beispiel könnte ein Sprachausgabesystem durch den Bezug also etwa ausgeben: »Berlin ist gleich Bulletten«.

Falls Sie eine Kreuztabelle haben, bei der zwei Kopfzellen zu einer Datenzelle gehören, können Sie hinter `headers=` auch weitere `id`-Namen von Kopfzellen angeben. Trennen Sie die `id`-Namen durch Leerzeichen. Die Angabe hinter `headers=` sollte in jedem Fall in Anführungszeichen stehen.

Beispiel 2:

```
<table border>
  <tr>
    <th scope=col>Berlin</th>
    <th scope=col>Hamburg</th>
    <th scope=col>M&uuml;nchen</th>
  </tr>
  <tr>
    <td>Buletten</td>
    <td>Frikadellen</td>
    <td>Fleischpflanzerl</td>
  </tr>
</table>
```

Um Bezüge zwischen Datenzellen und Kopfzellen nach dem obigen Beispiel herzustellen, müssen Sie in den Kopfzellen das Attribut `scope=` notieren (scope = Geltungsbereich). Dabei sind folgende Angaben erlaubt:

- `scope=col` ist für Spaltenüberschriften gedacht und bedeutet, daß der Inhalt der Kopfzelle bei allen Zellen dieser Spalte wiederholt wird (column = Spalte).

- `scope=row` ist für Zeilenüberschriften (z. B. links als erste Tabellenspalte) gedacht und bedeutet, daß der Inhalt der Kopfzelle bei allen Zellen dieser Zeile wiederholt wird (row = Zeile).
- `scope=colgroup` ist für Spaltenüberschriften von Spaltengruppen gedacht und bedeutet, daß der Inhalt der Kopfzelle bei allen Zellen aller Spalten der Spaltengruppe wiederholt wird (column group = Spaltengruppe). Voraussetzung ist, daß Spaltengruppen mit Hilfe von `<colgroup>` definiert werden.
- `scope=rowgroup` ist für Spaltenüberschriften von Zeilengruppen gedacht und bedeutet, daß der Inhalt der Kopfzelle bei allen Zellen aller Zeilen der Zeilengruppe wiederholt wird (row group = Zeilengruppe). Voraussetzung ist, daß Zeilengruppen in Form von Kopf, Körper, Fuß definiert werden.

4.0 Tabellen-Kategorien definieren

Bei komplexeren Tabellen können Sie gemeinsame Kategoriennamen für Zellen vergeben. Dazu Bild 6.24 zur Veranschaulichung – die Grafik wurde der HTML-4.0-Spezifikation entnommen und ans Deutsche angepaßt.

Reisekosten

	Speisen	**Hotel**	**Fahrtkosten**	Summen
Hamburg				
12.08.98	37.74	112.00	45.00	
13.08.98	27.28	112.00	45.00	
Summen	65.02	224.00	90.00	379.02
Berlin				
14.08.98	96.25	109.00	36.00	
15.08.98	35.00	109.00	36.00	
Summen	131.25	218.00	72.00	421.25
Gesamt	196.27	442.00	162.00	**800.27**

Bild 6.24: Eine Tabelle wie diese stellt für die nicht-optische Ausgabe wie etwa eine Sprachsynthese ein erhebliches Problem dar

In einem interaktiven Sprachausgabe-/Sprachbefehlssystem könnte ein Anwender zu einer solchen Tabelle etwa Fragen wie folgende stellen: Wieviel habe ich insgesamt für Speisen ausgegeben? Wieviel habe ich am 13.8.1998 für Speisen ausgegeben? Wieviel habe ich in Hamburg insgesamt ausgegeben?

Um zu entscheiden, wieviel am 13.08.1998 für Speisen ausgegeben wurden, muß der Computer wissen, welche Zellen zum Typ »Datum« gehören und welche zum Typ »Speisen«. Solche Kategoriennamen können Sie für Tabellenzellen in HTML vergeben. Einige Beispiele:

```
<th id="a4" axis="Datum">12.08.1998</th>
<th id="a5" axis="Datum">13.08.1998</th>
<th id="b1" axis="Ausgaben">Speisen</th>
<th id="b2" axis="Ausgaben">Hotel</th>
```

Das Beispiel ist keine echte Tabelle. Es zeigt nur die Definition einiger Kopfzellen (vergleiche Grafik weiter oben). Mit `id=` erhalten die Zellen unterschiedliche, individuelle Namen, im Beispiel »a4« und »a5«. Das ist für die spätere Referenzierung wichtig. Ferner erhalten die Zellen aber auch noch einen gemeinsamen Kategoriennamen. Solche Kategoriennamen können Sie mit dem Attribut axis= vergeben (axis = Achse).

Durch die Kategoriennamen hat ein elektronisches System alle Informationen, um Fragen von der Art »Wieviel habe ich am Datum = 13.8.1998 für Ausgaben = Speisen ausgegeben?« zu beantworten.

Zusammenfassung einer Tabelle

Sie können einen zusammenfassenden Kurztext für die Tabelle definieren. Ein Sprachausgabesystem könnte diesen Text als Einleitung zur Tabelle ausgeben. Ein Beispiel:

```
<table border summary="In der folgenden Tabelle werden
  Daten zu den St&auml;dten Berlin, Hamburg und M&uuml;nchen
  ausgegeben">
    <tr>
      <th>Berlin</th>
      <th>Hamburg</th>
      <th>M&uuml;nchen</th>
    </tr>
    <tr>
      <td>Daten</td>
      <td>Daten</td>
      <td>Daten</td>
    </tr>
</table>
```

Mit dem Attribut summary= können Sie im einleitenden <table>-Tag eine Zusammenfassung der Tabelle definieren (summary = Zusammenfassung). Die Angabe muß in Anführungszeichen stehen.

7 Frames – mehrere Fenster

7.1 Frame-Sets und Frames definieren

Mit Hilfe von Frames können Sie den Anzeigebereich des Browsers in verschiedene, frei definierbare Segmente aufteilen. Jedes Segment kann eigene Inhalte enthalten. Die einzelnen Anzeigesegmente – also die Frames – können wahlweise einen statischen Inhalt (= non scrolling regions) oder einen wechselnden Inhalt haben. Verweise in einem Frame können Dateien aufrufen, die dann in einem anderen Frame angezeigt werden.

Frames sind keine weiteren Elemente, um typische Aufgaben der Textverarbeitung zu bewältigen, sondern dienen dazu, die spezifischen Eigenschaften der Bildschirmanzeige konsequent zu nutzen. Frames eröffnen völlig neue Möglichkeiten, um Information hypertextuell (d. h. nicht-linear) aufzubereiten. Frames werden ab Netscape 2.0 und ab Internet Explorer 3.0 unterstützt. Seit HTML 4.0 gehören die Frames auch zum offiziellen HTML-Standard.

Bild 7.1: Frames teilen eine Web-Seite in einzeln ansprechbare Bereiche auf

Bild 7.1 zeigt ein typisches Beispiel für Frames. Es stellt den Inhalt des gesamten Anzeigefensters des Browsers schematisch dar. Das Anzeigefenster ist in drei unabhängige Bereiche aufgeteilt. Die Verweise links und unten können beispielsweise immer eingeblendet bleiben, während sich der Inhalt des Hauptfensters je nach ausgewähltem Verweis ändern kann. Dabei werden im Beispiel der Abbildung immer drei verschiedene HTML-Dateien gleichzeitig angezeigt: links und unten immer die gleiche Datei, im Hauptfenster jeweils eine wechselnde Datei, je nach ausgewähltem Verweis. In jedem Frame stehen alle Anzeige-Features zur Verfügung – so ist es z. B. denkbar, in einem Frame Textinformation anzuzeigen, während in einem anderen Frame gleichzeitig ein passendes Video abläuft.

Durch den Einsatz von Frames wachsen die Gestaltungsmöglichkeiten außerordentlich. Frames stellen an das Design von HTML-Seiten aber auch besonders hohe Ansprüche. Einige Tips, die Sie beachten sollten, finden Sie in Kapitel 7.5.

Grundgerüst einer HTML-Datei mit Frame-Sets

Wenn Sie in einer HTML-Datei ein Frame-Set definieren, sieht das Grundgerüst der HTML-Datei folgendermaßen aus:

```
<html>
<head>
<title>Frame-Test</title>
</head>
<frameset ...>
... Frame-Definitionen ...
</frameset>
<body>
Dieser Text wird angezeigt, wenn der Browser keine Frames kennt
</body>
</html>
```

Das Grundgerüst einer HTML-Datei, in der Frame-Sets definiert werden, weicht vom Grundgerüst einer gewöhnlichen HTML-Datei ab. Hinter dem abschließenden `</head>` beginnt die Frame-Set-Definition. `<frameset ...>` leitet die Definition eines Frame-Sets ein. Dahinter folgen die Definitionen der einzelnen Frames oder verschachtelter Frame-Sets. `</frameset>` schließt die Definition des Frame-Sets ab.

Hinter dem letzten `</frameset>` sollten Sie einen normalen Dateikörper definieren. Dies geschieht wie üblich durch `<body>` und `</body>`. Innerhalb dieses Dateikörpers können Sie alle üblichen HTML-Elemente notieren. So können Sie dem Anwender in diesem Bereich beispielsweise mitteilen, daß sein WWW-Browser keine Frames unterstützt und Ihr Projekt deshalb nicht anzeigen kann. Beachten Sie zum Thema Frames bei nicht-frame-fähigen Browsern auch den Abschnitt *No-Frames-Bereich definieren.*

Frame-Sets definieren

Beim Definieren von Frame-Sets bestimmen Sie, wie das Anzeigefenster aufgeteilt werden soll. Dabei müssen Sie sich das Anzeigefenster wie den leeren Rahmen einer Tabelle vorstellen. Damit die Tabelle Gestalt annimmt, müssen Sie zunächst Reihen und Spalten definieren.

Beispiel 1 (zwei horizontale Frames):

```
<frameset rows="20%,80%">
... Dadurch ergeben sich zwei Frames, deren Inhalt hier bestimmt
    wird...
</frameset>
```

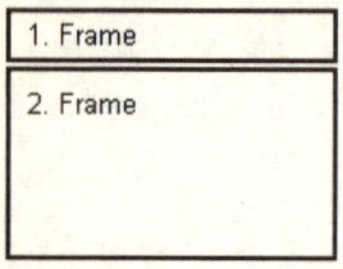

Bild 7.2: Horizontale Teilung einer Web-Seite mit zwei Frames

Die obige Abbildung zeigt den Effekt von Beispiel 1. Im einleitenden Tag <frameset...> bestimmen Sie die Aufteilung. Durch rows= teilen Sie das Anzeigefenster in Reihen auf (rows = Reihen). Dahinter bestimmen Sie, wie die Aufteilung genau aussehen soll. Im Beispiel wird mit Hilfe von rows="20%,80%" eine Aufteilung in zwei Reihen erzwungen, wobei die obere Reihe 20% des Anzeigefensters in Anspruch nimmt, die untere 80%. Die Angaben für die Aufteilung müssen in Anführungszeichen stehen. Trennen Sie die Angaben durch Kommata. Zum Definieren der einzelnen Frames siehe weiter unten.

Beispiel 2 (drei horizontale Frames):

```
<frameset rows="100,*,60">
... Dadurch ergeben sich drei Frames, deren Inhalt hier bestimmt
     wird...
</frameset>
```

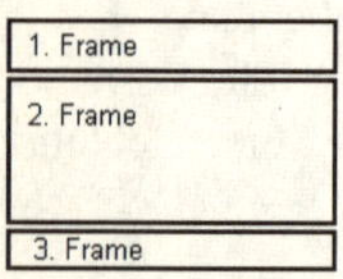

Bild 7.3: Horizontale Teilung einer Web-Seite mit drei Frames – der mittlere hat eine variable Höhe

Bild 7.3 zeigt den Effekt des obigen Beispiels 2. Mit der Angabe rows="100,*,60" wird die obere Reihe genau 100 Pixel hoch, die untere Reihe genau 60 Pixel hoch, und die mittlere Reihe erhält den Rest des Anzeigefensters, abhängig von der Größe des Anzeigefensters beim Anwender.

Mit Zahlenangaben, die ein Prozentzeichen enthalten, wird die Aufteilung also prozentual (relativ zur Größe des Anzeigefensters) interpretiert. Bei Zahlenangaben ohne Prozentzeichen wird die Angabe als absoluter Pixelwert interpretiert. Mit dem Sternzeichen * definieren Sie Bereiche von relativer Größe, abhängig von den übrigen Angaben. Sie können auch vier oder mehrere Reihen definieren. So definieren Sie beispielsweise mit rows="10%,25%,30%,25%,10%" fünf Reihen.

Beispiel 3 (zwei vertikale Frames):

```
<frameset cols="200,*">
... Dadurch ergeben sich zwei Frames, deren Inhalt hier bestimmt wird...
</frameset>
```

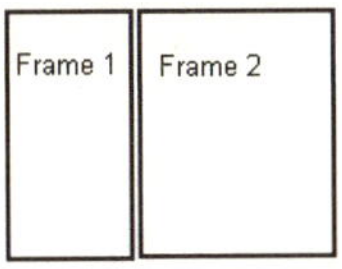

Bild 7.4: Zwei nebeneinander stehende Frames

Bild 7.4 zeigt den Effekt des obigen Beispiels 3. Durch `cols=` teilen Sie das Anzeigefenster in Spalten auf (cols = columns = Spalten). Dahinter bestimmen Sie, wie die Aufteilung genau aussehen soll. Im Beispiel wird mit Hilfe von `cols="200,*"` eine Aufteilung in zwei Spalten erzwungen, wobei die linke Spalte 200 Pixel des Anzeigefensters in Anspruch nimmt, die rechte den Rest. Bei `cols=` sind die gleichen Angaben möglich wie bei `rows=`. Beispiel 4 (drei Frames):

```
<frameset cols="40%,60%">
... Zwei Frames, wobei der Inhalt des ersten Frames hier bestimmt
    wird...
  <frameset rows="20%,80%">
  ... Noch mal zwei Frames, deren Inhalt hier bestimmt wird...
  </frameset>
</frameset>
```

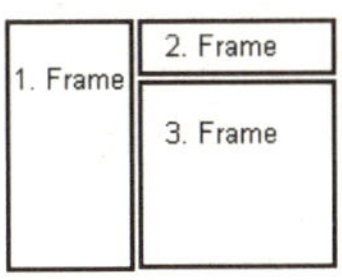

Bild 7.5: Eine typische Anordnung von drei Frames

Bild 7.5 zeigt den Effekt des obigen Beispiels 4. In diesem Beispiel werden Reihen und Spalten für eine komplexe Bildschirmaufteilung definiert. Bei solchen Aufteilungen müssen Sie zunächst das gesamte Fenster im Auge behalten. Dieses Fenster wird im Beispiel zunächst in zwei Spalten aufgeteilt. Die rechte der beiden Spalten wird dann in zwei Reihen aufgeteilt. Deshalb wird zunächst die Spaltenaufteilung definiert, nämlich mit der Angabe `cols="40%,60%"`. Statt aber einfach zwei Frames zu definieren, wird anstelle des zweiten Frames ein untergeordnetes Frame-Set definiert, das den rechten Anzeigebereich mit `rows="20%,80%"` in zwei Reihen aufteilt. Beispiel 5 (vier gleiche Frames):

```
<frameset rows="50%,50%">
  <frameset cols="50%,50%">
  ... zwei Frames, deren Inhalt hier bestimmt wird...
  </frameset>
  <frameset cols="50%,50%">
  ... zwei Frames, deren Inhalt hier bestimmt wird...
  </frameset>
</frameset>
```

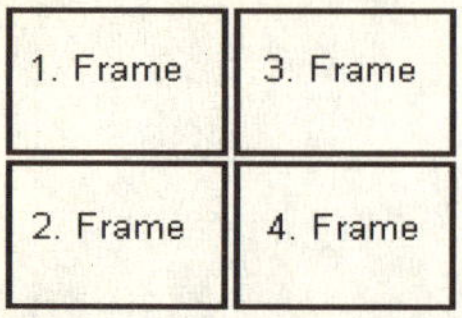

Bild 7.6: Vier Frames teilen das Browser-Fenster gleichmäßig auf

Das Beispiel zeigt eine komplexere Aufteilung in vier Bereiche. Da in einem solchen Fall alle Bereiche gleich groß sind, ist es egal, ob Sie mit der Definition der Spalten oder Reihen beginnen. Wichtig ist die durchgängige Logik. Wenn Sie – wie im Beispiel – mit der Definition der Reihen beginnen, müssen Sie anstelle von Frames untergeordnete Frame-Sets definieren, in denen Sie jede der beiden Reihen in zwei Spalten aufteilen. Erst innerhalb dieser untergeordneten Frame-Sets werden die eigentlichen Frames definiert.

Beachten Sie: Frame-Sets sollten immer so definiert sein, daß das gesamte Anzeigefenster abgedeckt wird. Verwenden Sie dazu entweder Prozentangaben, die in der Summe 100 ergeben, oder das Sternzeichen *.

Der Titel (<title>...</title>), den Sie in der Datei mit der Frame-Set-Definition angeben, wird während der gesamten Dauer des Frame-Sets angezeigt, auch wenn andere Dateien innerhalb des Frame-Sets aufgerufen werden. Leider gibt es bislang keine Möglichkeit, den Titel zu aktualisieren. Wählen Sie in der Datei, die die Frame-Set-Definitionen enthält, deshalb einen allgemeinen, aussagekräftigen Titel, der für das gesamte Projekt Gültigkeit hat.

Frames definieren

Nachdem Sie durch die Definition von Frame-Sets geeignete Bereiche des Anzeigefensters bestimmt haben, geben Sie mit der Definition der Frames an, welche HTML-Dateien in den einzelnen Bereichen zunächst angezeigt werden sollen. Ein Beispiel:

```
<frameset cols="40%,60%">
  <frame src="verweise.htm" name="LinkesFenster">
  <frameset rows="20%,80%">
    <frame src="titel.htm" name="HauptFenster">
    <frame src="control.htm" name="UnteresFenster">
  </frameset>
</frameset>
```

Mit <frame src=...> »Dateiname« definieren Sie innerhalb eines Frame-Sets den Inhalt des bzw. der zugehörigen Frames (frame = Rahmen, src = source = Quelle). Die Angabe muß in Anführungszeichen stehen. Bei der Adressierung der Dateien, die in einem Frame angezeigt werden sollen, gelten die gleichen Regeln wie beim Einbinden von Grafiken.

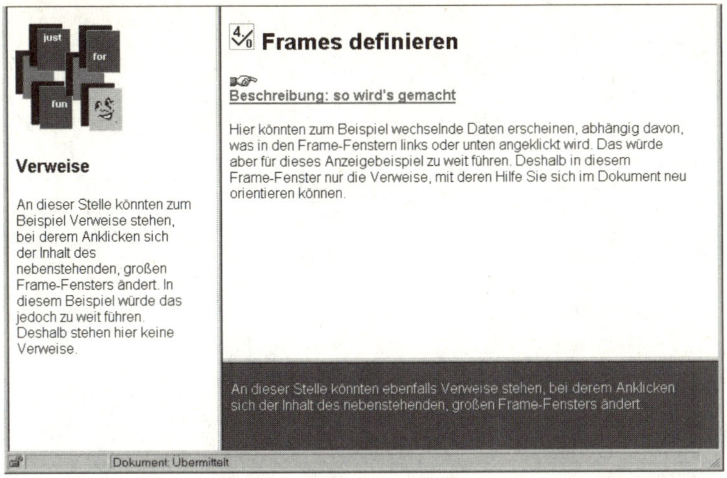

Bild 7.7: Ein dreiteiliges Frame-Set mit drei geladenen HTML-Dateien

Ferner sollten Sie für jeden definierten Frame mit `name=` einen Namen vergeben. Diese Namen brauchen Sie, um Verweise zu anderen Frames zu definieren. Namen für Frames müssen in Anführungszeichen stehen, dürfen nicht zu lang sein und nur aus Buchstaben, Ziffern und Unterstrichen bestehen. Folgende Namen haben eine spezielle Bedeutung und dürfen nicht als normale Fensternamen verwendet werden: `_self`, `_blank`, `_parent` und `_top`. Mehr hierzu im Kapitel 7.3 zu Verweisen zu Frames und zum Beenden von Frame-Sets. Definieren Sie für jede »Zelle« Ihrer gedachten Tabelle einen Frame wie im Beispiel.

Beachten Sie: Wenn Sie zu Beginn oder überhaupt keinen Inhalt in einem Frame anzeigen wollen, notieren Sie einfach ein nacktes `<frame>`. In HTML-Dateien, die innerhalb eines Frames angezeigt werden, sind alle HTML-Befehle erlaubt. Besondere Bedingungen gelten lediglich für Verweise zu Frames, d. h. für Verweise zu Dateien, die in einem anderen Frame-Fenster angezeigt werden sollen.

No-Frames-Bereich definieren

Für Anwender, deren Browser keine Frames unterstützen, können Sie Ihr Projekt so gestalten, daß sie dennoch die Daten aufrufen können. Interessant sind dabei die sogenannten No-Frames-Bereiche. Das sind Bereiche, deren Inhalt nur angezeigt wird, wenn die Datei nicht innerhalb eines Frame-Sets angezeigt wird.

Das folgende Beispiel besteht aus mehreren Teilen. Die Teile stellen ein zusammenhängendes Szenario dar, um die Funktionsweise von No-Frames-Bereichen zu demonstrieren. Beispiel Teil 1 (Datei mit Frame-Definitionen):

```
<html>
<head>
<title>Frame-Test</title>
```

```
</head>
<frameset cols="40%,60%">
  <frame src="verweise.htm" name="Verweise">
  <frame src="titel.htm" name="Daten">
</frameset>
<body>
Bitte rufen Sie die <a href="titel.htm">Titelseite</a> auf!
</body>
</html>
```

Beispiel Teil 2 (Datei *verweise.htm*):

```
<html>
<head>
<title>Frame-Test</title>
</head>
<body>
<a href="datei1.htm" target="Daten">Verweis zu Datei 1</a><br>
<a href="datei2.htm" target="Daten">Verweis zu Datei 2</a><br>
</body>
</html>
```

Beispiel Teil 3 (Datei *titel.htm*):

```
<html>
<head>
<title>Frame-Test</title>
</head>
<body>
<noframes>
<a href="datei1.htm">Verweis zu Datei 1</a><br>
<a href="datei2.htm">Verweis zu Datei 2</a><br>
</noframes>
Daten der Titeldatei
</body>
</html>
```

Teil 1 des Beispiels zeigt die Datei, die der Anwender aufruft, also die Einstiegsdatei Ihres Projekts. Diese Datei definiert ein Frame-Set, bestehend aus zwei Frames. In das eine Frame-Fenster wird eine Datei *verweise.htm* geladen, in das andere eine Datei *titel.htm*. Ferner enthält die Einstiegsdatei unterhalb des Frame-Sets einen `<body>`-Bereich, der nur von Browsern interpretiert wird, die keine Frames kennen. Innerhalb dieses Bereichs ist ein Verweis notiert, der zu der Datei *titel.htm* führt. Dadurch kann ein Anwender, dessen Browser keine Frames interpretiert, zu der schicken Titelseite des Projekts gelangen.

Teil 2 des Beispiels zeigt den Inhalt der Datei *verweise.htm*, die in das erste der beiden Frame-Fenster geladen wird. Diese Datei enthält im Beispiel zwei Verweise. Die Verweise sind so notiert, daß das Verweisziel beim Anklicken im anderen Frame-Fenster angezeigt wird, also in demjenigen, in dem zunächst die Datei *titel.htm* angezeigt wird. Mehr zu diesem Thema finden Sie im Abschnitt 7.3 unter *Verweise auf andere Frames.*

Teil 3 des Beispiels zeigt die Datei *titel.htm*, die zunächst in das zweite der beiden Frame-Fenster geladen wird. Es ist zugleich die Datei, die aufgerufen wird, wenn ein Anwender mit nicht-Frame-fähigem Browser in der Einstiegsdatei dem Verweis zur Titelseite folgt. Damit er von dort aus jedoch auch zu Unterseiten wie *datei1.htm* und *datei2.htm* gelangen kann, müssen Sie entsprechende Verweise anbieten. Da diese Verweise zu den Unterseiten des Projekts bei Anzeige von Frames aber in der anderen Datei, also in *verweise.htm* stehen, wäre es unschön, wenn die gleichen Verweise in *titel.htm* aus Rücksicht auf nicht-Frame-fähige Browser noch einmal angezeigt würden.

Genau für diesen Zweck gibt es No-Frames-Bereiche. In der Datei *titel.htm* wird im Beispiel Teil 3 ein solcher Bereich notiert. Durch `<noframes>` leiten Sie einen solchen Bereich ein. Am Ende des Bereichs müssen Sie ein abschließendes `</noframes>` notieren. Ein solcher Bereich kann an beliebiger Stelle zwischen `<body>` und `</body>` stehen. Auch mehrere solcher Bereiche sind erlaubt.

Der Effekt: Ein Browser, der Frames kennt, zeigt solche Bereiche nicht an. Ein Browser, der keine Frames kennt, kennt zwar auch das `<noframes>`-Tag nicht, zeigt aber den Inhalt dazwischen ganz normal an. Im Beispiel werden innerhalb des No-Frames-Bereichs die Verweise zu den Unterseiten des Projekts notiert. Anwender mit nicht-Frame-fähigem Browser können so alle Projektseiten aufrufen. Innerhalb der Projektseiten können Sie natürlich auch wieder No-Frames-Bereiche notieren, beispielsweise für Rückverweise zur Titeldatei.

Beachten Sie: Der Internet Explorer ab Version 4.x interpretiert diese Angabe so, wie sie vom W3-Konsortium im HTML-4-Standard definiert ist. Netscape dagegen kennt das `<noframes>`-Tag in den Versionen 2.x, 3.x und 4.x zwar auch, interpretiert es aber anders. Dort soll das `<noframes>`-Tag Alternativtext in der Datei anzeigen, in der das Frame-Set definiert wird. Insofern ist beim Arbeiten mit No-Frames-Bereichen Vorsicht angebracht.

7.2 Eigenschaften von Frames definieren

4.0 *Scrollbars (Bildlaufleisten) erzwingen/verhindern*

Der WWW-Browser verwaltet die Scrollbars (Bildlaufleisten) eines jeden Frame-Fensters normalerweise automatisch. Wenn kein Blättern erforderlich ist, um den gesamten Fensterinhalt anzuzeigen, erhält das Fenster keine Scrollbars. Wenn der Inhalt größer ist, werden die Frame-Fenster automatisch mit Scrollbars ausgestattet. Sie können jedoch erzwingen, daß ein Frame-Fenster in jedem Fall Scrollbars bzw. keine Scrollbars hat. Ein Beispiel:

```
<frameset cols="200,*">
  <frame src="verweise.htm" name="links" scrolling=no>
  <frame src="titel.htm" name="rechts" scrolling=yes>
</frameset>
```

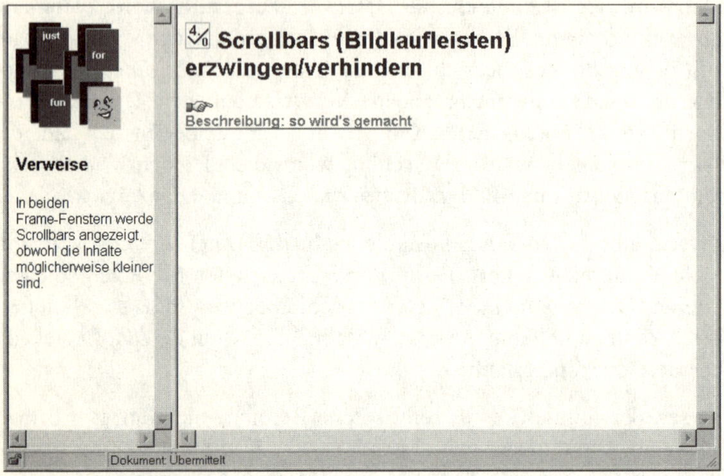

Bild 7.8: Bildlaufleisten in Frames lassen sich unterdrücken oder erzwingen

Durch die Angabe `scrolling=yes` im Definitions-Tag eines Frames erzwingen Sie, daß das Anzeigefenster des Frames in jedem Fall Scrollbars besitzt. Durch `scrolling=no` verhindern Sie dies. Ebenfalls möglich ist die Angabe `scrolling=auto`, die jedoch mit der Voreinstellung identisch ist und daher weggelassen werden kann.

Beachten Sie: Wenn Sie das Scrollen des Fensterinhalts verhindern, können Inhalte, die größer sind als das Fenster, nicht vollständig angezeigt werden. Verwenden Sie `scrolling=no` daher nur, wenn Sie sicher sind, daß der Fensterinhalt vollständig in das Frame-Fenster paßt. Die Angabe ist zum Beispiel sinnvoll, wenn in einem Frame-Fenster dauerhaft ein Logo angezeigt werden soll und sonst nichts. Bei größeren Inhalten sollten Sie mit dem Ausschalten der Scrollbars vorsichtig sein – bedenken Sie, daß noch immer viele Anwender eine Bildschirmauflösung von 640 x 480 Pixeln haben.

Sie können alle in diesem Abschnitt beschriebenen Eigenschaften von Frame-Fenstern sinnvoll kombinieren. Notieren Sie einfach alle gewünschten Eigenschaften eines Frame-Fensters in dem Definitions-Tag des entsprechenden Frame-Fensters.

Mindestabstände zwischen Fensterrand und Fensterinhalt

Sie haben die Möglichkeit, den Abstand zwischen Fensterrand und dem angezeigten Inhalt eines Frame-Fensters genau zu justieren. Auf diese Weise können Sie zum Beispiel breitere Seitenränder in einem Frame-Fenster erzeugen. Wenn Sie einen festen

Inhalt, etwa ein Logo, in einem Frame-Fenster anzeigen wollen, können Sie das Logo durch Justieren der Abstände exakt in einem Frame-Fenster plazieren. Ein Beispiel:

```
<frameset cols="200,*">
  <frame src="verweise.htm" name="links" marginwidth=0
     marginheight=0>
  <frame src="titel.htm" name="rechts" marginwidth=30>
</frameset>
```

Durch das Attribut `marginwidth= [Pixel]` im Definitions-Tag eines Frames bestimmen Sie den Abstand zwischen rechtem bzw. linkem Fensterrand und dem Fensterinhalt (margin = Rand, width = Breite). Durch das Attribut `marginheight= [Pixel]` bestimmen Sie den Abstand zwischen oberem bzw. unterem Fensterrand und dem Fensterinhalt (height = Höhe). Linke und rechte Ränder sind immer gleich groß, ebenso obere und untere.

Beachten Sie: Sie können zu beiden Werten Angaben machen, aber auch nur zu einem der beiden. Mit den Angaben `marginwidth=0 marginheight=0` sollte der Fensterinhalt exakt in der linken oberen Ecke beginnen. Leider fügt Netscape bei der Anzeige doch immer noch ein Pixel »Seitenrand« ein.

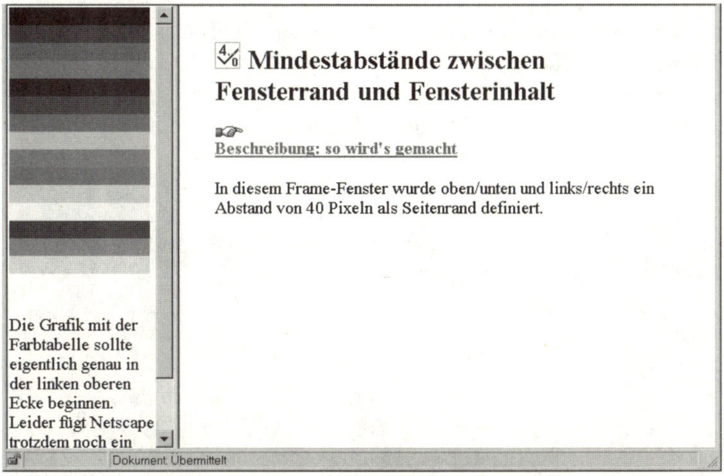

Bild 7.9: Den Abstand zwischen Frame-Inhalt und Rahmen stellen Sie frei ein

4.0 *Unveränderbare Fenstergröße*

Normalerweise kann der Anwender in einem angezeigten Frame-Set die Größe der einzelnen Frame-Fenster verändern, indem er den Mauszeiger auf den Rahmen zwischen Frame-Fenstern positioniert und durch Ziehen die Größenverhältnisse der Frame-Fenster einstellt. In vielen Fällen ist das auch sinnvoll, und Sie sollten dem Anwender diese Freiheit lassen. Wenn Sie aber beispielsweise ein Frame-Fenster mit einem fixen Inhalt, etwa einem Logo, haben, können Sie verhindern, daß der Anwender die Fenstergröße verändern kann. Ein Beispiel:

```
<frameset cols="200,*">
  <frame src="verweise.htm" name="links" noresize>
  <frame src="titel.htm" name="rechts">
</frameset>
```

Durch das Attribut `noresize` im Definitions-Tag eines Frames verhindern Sie, daß der Anwender die Größe des Frame-Fensters verändern kann (noresize = no resize = keine Größenveränderung).

Beachten Sie: Nicht nur das Frame-Fenster, in dem die Angabe gemacht wird, kann dann nicht mehr in der Größe verändert werden, sondern auch alle benachbarten Frame-Fenster. Im obigen Beispiel kann der Anwender also weder das linke noch das rechte Frame-Fenster verändern. Das ist eigentlich logisch, aber Sie sollten diese Folgewirkung berücksichtigen, wenn Sie erwägen, in einem Frame-Fenster das Verändern der Größe zu verhindern.

Rahmendicke bzw. unsichtbare Fensterrahmen

Internet Explorer und Netscape unterstützen beide ab Version 3.0 Frames ohne sichtbare Fensterrahmen, der Internet Explorer auch mit flachen Zwischenräumen von frei bestimmbarer Dicke. Bei unsichtbaren Fensterrahmen wirken die Frame-Fenster wie nahtlos aneinander gefügte Flächen am Bildschirm. Leider ist die Syntax hierfür noch uneinheitlich, so daß Sie zur Zeit noch mehrere Angaben benötigen, um in beiden Browsern den gewünschten Effekt zu erzielen. Beispiel 1:

```
<frameset cols="40%,60%" border=0 frameborder=0 framespacing=0>
   <frame src="verweise.htm">
   <frame src="titel.htm">
</frameset>
```

Beispiel 2:

```
<frameset cols="40%,60%">
   <frame src="verweise.htm" frameborder=0>
   <frame src="titel.htm">
</frameset>
```

Beispiel 1 zeigt die derzeit übliche Praxis für Netscape und den Internet Explorer. Beispiel 2 zeigt, wie laut HTML-4.0-Spezifikation notiert werden sollte.

- `border= [Pixel]` ist Netscape-Syntax und bestimmt die Breite der Rahmen in Pixel. Erlaubt sind Zahlenwerte von 0 (keine Rahmen anzeigen) und größer (border = Rand).
- `frameborder= [1/0]` oder `[yes/no]` bedeutet nach Microsoft-Syntax die Angabe, ob 3-D-Rahmen angezeigt werden sollen oder nicht. Nach HTML-4.0-Standard

bedeutet die Angabe (in einem `<frame>`-Tag notiert), ob zwischen diesem Frame-Fenster und seinen Nachbarfenstern sichtbare Rahmen angezeigt werden sollen oder nicht.

- `framespacing= [Pixel]` ist Microsoft-Syntax und bestimmt den Abstand zwischen Frame-Fenstern, mithin also die Breite der Rahmen in Pixel (spacing = Abstand).

Beachten Sie: Nur mit `frameborder=0 framespacing=0` (also mit beiden Angaben) unterdrücken Sie beim Internet Explorer die Rahmen konsequent. Wenn Sie nur `frameborder=0` angeben, zeigt der Internet Explorer sichtbare Abstände zwischen den Frame-Fenstern an, allerdings nicht die üblichen 3-D-Rahmen, sondern flache Zwischenräume. Um die Rahmen beim Internet Explorer und bei Netscape zu unterdrücken, müssen Sie alle drei Angaben `frameborder=0 framespacing=0 border=0` notieren (wie im obigen Beispiel 1).

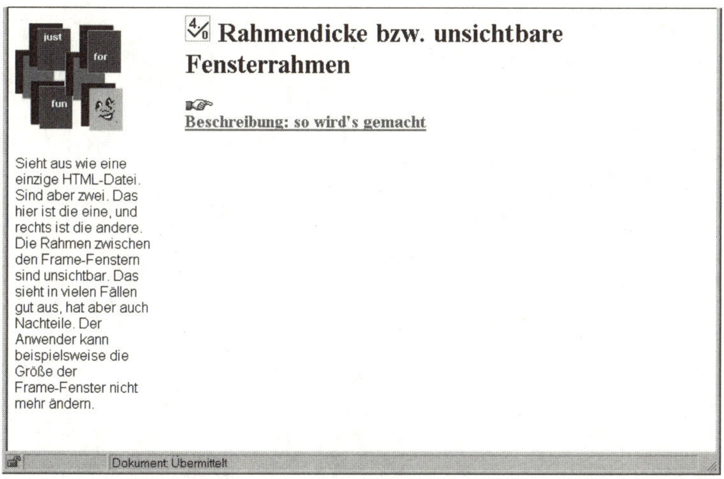

Bild 7.10: Frames ohne Rahmen fallen dem Anwender auf den ersten Blick gar nicht auf

Wenn Sie die Rahmen zwischen den Frame-Fenstern unterdrücken, hat der Anwender keine Möglichkeit, die Größe der Frame-Fenster zu verändern. Testen Sie Projekte mit rahmenlosen Frames deshalb möglichst unter mehreren Bildschirmauflösungen und mit unterschiedlich großem Anzeigefenster.

N 3.0 4.0 *Farbige Fensterrahmen*

Sie können erzwingen, daß Rahmen zwischen den Frame-Fenstern farbig dargestellt werden. Diese Angaben gehören jedoch nicht zum HTML-Standard. Ein Beispiel:

```
<frameset cols="40%,60%" bordercolor=#FF0000>
   <frame src="verweise.htm" border=10>
   <frame src="titel.htm">
</frameset>
```

Mit der Angabe `bordercolor=` im obersten `<frameset>`-Tag können Sie eine Rahmenfarbe für alle Fensterrahmen bestimmen. Dabei gelten die Regeln zum Definieren von Farben in HTML.

7.3 Verweise auf Frames und zum Beenden von Frame-Sets

Verweise auf andere Frames

Wenn Sie mit Frame-Sets arbeiten, werden Sie häufig in einem Frame-Fenster Verweise anbieten wollen, bei deren Anklicken das Verweisziel in einem anderen Frame-Fenster angezeigt werden soll.

Beispiel Teil 1 (Datei mit Frame-Definitionen):

```
<html>
<head>
<title>Verweise</title>
</head>
<frameset cols="200,*">
  <frame src="verweise.htm" name="links">
  <frame src="titel.htm" name="rechts">
</frameset>
</html>
```

Beispiel Teil 2 (Datei *verweise.htm)*:

```
<html>
<head>
<title>Verweise</title>
</head>
<body>
<a href="news.htm" target="rechts">Neuigkeiten</a>
</body>
</html>
```

Voraussetzung für Verweise auf andere Frames ist, daß die Frame-Fenster eines Frame-Sets Namen erhalten. Im obigen Beispiel wird ein Frame-Set mit zwei Frame-Fenstern definiert, die mit dem Attribut `name=` im `<frame>`-Tag die Namen `links` und `rechts` erhalten.

Für das Setzen eines Verweises auf ein anderes Frame-Fenster gilt das Schema für Verweise in HTML. Damit das Verweisziel in einem anderen Frame-Fenster angezeigt wird, notieren Sie im einleitenden Verweis-Tag zusätzlich das Atrribut `target=` (target = Ziel). Dahinter folgt der Name des Frame-Fensters, in dem das Verweisziel angezeigt werden soll. Der Name muß in Anführungszeichen stehen.

Beachten Sie: Der Name, den Sie bei `target=` angeben, muß exakt mit dem Namen übereinstimmen, der bei der Frame-Definition mit `name=` vergeben wurde. Groß- und Kleinschreibung werden dabei unterschieden! Wenn Sie eine Datei mit Verweisen haben, deren Verweisziele alle in einem bestimmten anderen Frame-Fenster angezeigt werden sollen, sparen Sie Ressourcen, indem Sie eine Zielfensterbasis definieren. Für Verweise zu Zielen, die im gleichen Frame-Fenster angezeigt werden sollen wie der Verweis, benötigen Sie normalerweise keine zusätzliche Angabe im Verweis. Nur wenn Sie eine Zielfensterbasis in der Datei mit dem Verweis definiert haben, müssen Sie explizit angeben, daß die Datei im gleichen Frame-Fenster angezeigt werden soll. Dies erreichen Sie durch die Angabe `target="_self"` im einleitenden Verweis-Tag.

Verweise, die ein Frame-Set beenden

Wenn Sie mit Frame-Sets arbeiten, werden Sie in einem Frame-Fenster manchmal auch Verweise anbieten wollen, bei deren Anklicken das Verweisziel nicht mehr in Ihrem Frame-Set angezeigt werden soll. Besonders bei Verweisen zu fremden WWW-Projekten ist es angebracht, das eigene Frame-Set zu beenden. Dazu gibt es mehrere Möglichkeiten. Ein Beispiel:

```
<a href="www.teamone.de/selfhtml/" target="_blank">HTML-Doku</a>
<a href="www.teamone.de/selfhtml/" target="_parent">HTML-Doku</a>
<a href="www.teamone.de/selfhtml/" target="_top">HTML-Doku</a>
```

Für das Setzen eines Verweises zu einem anderen Frame-Fenster gilt das Schema für alle Verweise in HTML. Mit der Angabe `target=` im einleitenden Verweis-Tag und einem reservierten Fensternamen können Sie Ihr Frame-Set bei Aufruf des Verweises beenden. Folgende Angaben sind möglich:

- `target="_blank"` bewirkt, daß das Verweisziel in einem neuen Instanzfenster des WWW-Browsers angezeigt wird. Das Anzeigefenster mit Ihrem Frame-Set bleibt im Hintergrund erhalten. Der Anwender kann wieder zu diesem Fenster wechseln, wenn er möchte.

- `target="_parent"` bewirkt, daß das Verweisziel in dem Zustand des Anzeigefensters angezeigt wird, der vor dem Start Ihres Frame-Sets aktuell war.

- `target="_top"` bewirkt, daß das Verweisziel in jedem Fall im gesamten Anzeigefenster angezeigt wird.

Beachten Sie: Anstelle von `target="_blank"` können Sie auch `target="Halligalli"` oder sonst irgendeinen Unsinn notieren. Wenn es kein Fenster mit diesem Namen gibt, öffnen die WWW-Browser das Verweisziel in einem neuen Browser-Fenster.

7.4 Eingebettete Frames

Eingebettete Frames definieren

Eingebettete Frames werden vom Internet-Explorer ab Version 3.x interpretiert, von Netscape bis einschließlich Version 4.x dagegen nicht. Seit HTML 4.0 gehören sie zum HTML-Standard. Eingebettete Frames sind eigenständige Gestaltungsmittel zur Informationsaufbereitung, die anders funktionieren als normale Frames. Eingebettete Frames erzeugen keine eigene Aufteilung des Bildschirms, sondern sind ähnlich wie Grafiken oder Videos Bereiche innerhalb einer HTML-Datei, in denen fremde Quellen, vor allem andere HTML-Dateien angezeigt werden können. Ein Beispiel:

```
<html>
<head>
<title>Datei mit eingebettetem Frame</title>
</head>
<body>
Inhalte der Datei
<iframe src="extrainfo.html" name="Fenster">
Dieser Test wird angezeigt, wenn der Browser
den Befehl nicht kennt
</iframe>
Andere Inhalte der Datei
</body>
</html>
```

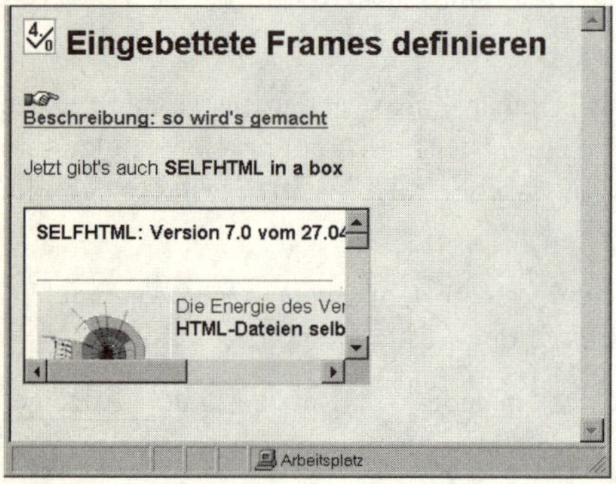

Bild 7.11: Eingebettete Frames stehen als »Fenster« mitten im normalen Aufbau einer HTML-Seite

Für HTML-Dateien mit eingebetteten Frames gilt das gewöhnliche Grundgerüst einer HTML-Datei. Eingebettete Frames können dann im Textkörper der HTML-Datei an einer gewünschten Stelle vorkommen. Mit `<iframe...>` leiten Sie einen eingebetteten Frame ein (iframe = internal frame = interner Rahmen). Mit dem Attribut `src=` bestimmen Sie, was in dem eingebetteten Frame angezeigt werden soll. Normalerweise wird dies eine andere HTML-Datei sein. Die Angabe muß in Anführungszeichen stehen. Es gelten die gleichen Regeln wie beim Einbinden von Grafiken.

Ferner sollten Sie für den eingebetteten Frame mit `name=` einen Namen vergeben. Diesen Namen brauchen Sie, um Verweise auf den eingebetteten Frame zu definieren. Namen für Frames müssen in Anführungszeichen stehen, dürfen nicht zu lang sein und nur aus Buchstaben, Ziffern und Unterstrichen bestehen.

Zwischen dem einleitenden `<iframe>` und dem erforderlichen abschließenden `</iframe>` können Sie Text und andere Elemente notieren, die von WWW-Browsern angezeigt werden, die den eingebetteten Frame nicht interpretieren.

Beachten Sie: Andere Möglichkeiten, um Inhalte aus anderen Dateien innerhalb einer HTML-Datei anzuzeigen, sind Datendateien als Objekt (ebenfalls HTML-Standard) und Layer mit Inhalt aus einer anderen Datei (Netscape-spezifisch).

Eigenschaften eingebetteter Frames definieren

Sie können verschiedene Eigenschaften definieren, um die Größe eines eingebetteten Frames, den Abstand zur Umgebung usw. zu bestimmen. Das Beispiel:

```
<iframe src="extrainfo.html" width=200 height=300 align=left hspace=30
   vspace=50 scrolling=yes>
Dieser Test wird angezeigt, wenn der Browser
den Befehl nicht kennt
</iframe>Dieser Text fließt rechts um den Frame.
```

Im einleitenden `<iframe>`-Tag können Sie folgende Eigenschaften definieren:

Mit `width= [Pixel/Prozent]` bestimmen Sie die Breite des eingebetteten Frames, mit `height=` seine Höhe (width = Breite, height = Höhe). Dabei gelten die gleichen Regeln wie bei Grafiken (siehe *Breite und Höhe einer Grafik*, in Kapitel 5.2).

Mit `align=left` richten Sie den eingebetteten Frame links aus. Der folgende Text fließt rechts um den Frame. Mit `align=right` richten Sie den eingebetteten Frame rechts aus, und der folgende Text fließt links um den Frame. Dabei gelten die gleichen Regeln, wie bei Grafiken.

Mit `hspace= [Pixel]` bestimmen Sie den Abstand zum Text neben dem eingebetteten Frame, mit `vspace= [Pixel]` den Abstand zum Text über bzw. unter dem Frame (hspace = horizontal space = horizontaler Abstand, vspace = vertical space = vertikaler Abstand). Es gelten dieselben Regeln, wie bei Grafiken.

Mit `scrolling= [yes/no/auto]` können Sie Scrollbars (Bildlaufleisten) in dem eingebetteten Frame erzwingen oder verhindern. Es gelten die gleichen Regeln, wie bei normalen Frames.

Beachten Sie: Die Atrtribute `hspace=` und `vspace=` werden vom Internet Explorer interpretiert, gehören aber nicht zum Standard von HTML 4.0.

Verweise auf eingebettete Frames

In einer HTML-Datei, in der Sie einen eingebetteten Frame definieren, können Sie mit Verweisen auch den Inhalt des eingebetteten Frames ändern. Voraussetzung für Verweise auf einen eingebetteten Frame ist, daß der eingebettete Frame einen Namen erhalten hat. Im obigen Beispiel ist das der Name `Fenster`. Für das Setzen eines Verweises auf den eingebetteten Frame gilt das Schema für Verweise in HTML. Damit das Verweisziel in dem Frame angezeigt wird, notieren Sie im einleitenden Verweis-Tag zusätzlich die Angabe `target=` (target = Ziel). Dahinter folgt der Name des Frame-Fensters, in dem das Verweisziel angezeigt werden soll. Der Name muß in Anführungszeichen stehen. Ein Beispiel:

```
<iframe src="extrainfo.html" name="Fenster">
</iframe>
<p>
<a href="nochmehrinfo.html" target="Fenster">Noch mehr Infos</a>
```

7.5 Tips zum Umgang mit Frames

Frames – Informationsverteilung auf mehrere, voneinander unabhängige Fenster – sind ein faszinierendes Werkzeug, aber auch ein Werkzeug, mit dem man viel verkehrt machen kann. Generell gilt: Jeder Einsatz von Frames muß gerechtfertigt sein. Das bedeutet, daß die Verwendung der Frame-Technik dem Anwender sinnvoll und vorteilhaft erscheinen muß. Wer Frames aus purem Selbstzweck einsetzt, muß damit rechnen, als technikverliebter HTML-Novize statt als souveräner Web-Designer betrachtet zu werden. Der Grund dafür ist, daß Frames nicht wegzudiskutierende Nachteile haben:

- Probleme bei nicht-Frame-fähigen WWW-Browsern: Frames werden nicht von allen WWW-Browsern angezeigt. Da die gesamte Struktur eines auf Frames basierenden Projekts von der Struktur herkömmlicher Projekte entscheidend abweicht, kann ein Anbieter von Frames Anwendern, die keine Frames anzeigen können, entweder gar keine Alternative anbieten oder eine »zweigleisige« Alternative, die sehr aufwendig zu realisieren und zu pflegen ist.
- Frames und Bildschirmauflösung: Bei kleineren Bildschirmen, z. B. bei 14-Zoll-Monitoren mit einer Bildschirmauflösung von 640 x 480 Pixeln, sind mehr als zwei Frame-Fenster bereits eine Zumutung fürs Auge und die Übersicht.
- Ladezeiten: Frames verlangen viel HTTP-Kommunikation zwischen Browser und Server. Im WWW kann es unter ungünstigen Verhältnissen leichter zu längeren Ladezeiten kommen.
- Problematisches Direktansteuern von untergeordneten Seiten: Es ist zwar theoretisch möglich, aber meistens nicht im Sinne des Anbieters, daß andere Anwender ein Lesezeichen oder einen Verweis auf eine HTML-Datei setzen, die Teil eines Frame-

Sets ist. Das ist in vielen Fällen ärgerlich. So wird beispielsweise anderen Informationsanbietern die Möglichkeit genommen, in einem bestimmten Informationszusammenhang auf eine bestimmte Seite in einem fremden Projekt zu verweisen.

In folgenden Fällen ist der Einsatz von Frames für den Anwender am ehesten nachvollziehbar:

- Zum schnellen Wechseln zwischen Informationseinheiten: In diesem Fall enthält ein Frame-Fenster ein umfangreiches Verzeichnis mit anklickbaren Verweisen auf einzelne Informationsseiten, die in einem anderen, festen Frame-Fenster angezeigt werden. Das Inhaltsverzeichnis bleibt also jederzeit eingeblendet, und der Anwender kann zu jedem Zeitpunkt einen neuen Verweis daraus auswählen. Das erspart dem Anwender das wiederholte Zurückspringen von den einzelnen Informationsseiten auf das übergeordnete Verzeichnis. Beispiel: Ein Anbieter von Ferienappartements kann alle zur Verfügung stehenden Objekte in einem Verweis-Verzeichnis auflisten und das jeweils ausgewählte Objekt in einem festen anderen Frame-Fenster anzeigen.

- Zum ständigen Einblenden projektglobaler Steuerverweise: Bei umfangreichen Projekten, in denen dem Anwender das Gefühl des »lost in hyperspace« droht, ist es sinnvoll, in einem separaten Frame-Fenster immer gültige Steuerverweise anzubieten, z. B. zur Homepage, zur nächst höheren logischen Ebene, zum Stichwortverzeichnis oder zur Suchdatenbank. Bei kleinen Projekten, die nur aus einigen Seiten bestehen, wirkt diese Technik dagegen übertrieben und vermittelt dem Anwender eine falsche Vorstellung von der Größe des Projekts. Wenn der Anwender in einem solchen Fall nach wenigen Mausklicks feststellt, daß er bereits alles gesehen hat, wird er um so enttäuschter sein. Beispiel: Eine Zeitung, die im WWW ein großes Archiv mit älteren Artikeln anbietet, könnte mit Hilfe der Frame-Technik ständige Verweise zu einem thematisch sortierten Zugangsverzeichnis, zu einem Stichwortverzeichnis und einer Volltext-Suchdatenbank für die einzelnen Artikel anbieten.

- Zum gleichzeitigen Anzeigen von zu vergleichenden Informationen: Hypertext bedeutet nicht nur, dem Anwender per Mausklick weitere Informationen zur Verfügung zu stellen, sondern auch, dem Anwender die Möglichkeit zu bieten, sich selbst Informationen so zusammenzustellen, daß er sie optimal miteinander vergleichen und daraus Schlüsse oder Entscheidungen ableiten kann. Zu diesem Zweck eignet sich die Frame-Technik hervorragend, da sie es erlaubt, verschiedene, getrennt voneinander gespeicherte Informationen auf Anwenderwunsch gleichzeitig anzuzeigen. Beispiel: Eine Verbraucherberatung könnte in einem viergeteilten Frame-Set in zwei Frames zwei gleichartig aufgebaute Verweis-Verzeichnisse zu Produkttests anbieten. Im dritten Frame-Fenster wird der Produkttest angezeigt, den der Anwender im ersten Frame-Fenster mit Verweisen auswählt; im vierten Frame-Fenster kann der Anwender einen Produkttest anzeigen, den er im zweiten Frame-Fenster mit Verweisen auswählt. Auf diese Weise kann der Anwender beliebige getestete Produkte direkt miteinander vergleichen. Voraussetzung dafür ist natürlich, daß alle Produkttests einen einheitlichen Aufbau und ein einheitliches Bewertungsschema haben, um direkte Vergleiche zu erlauben.

- Bei besonders kunstvoller Seitengestaltung: In diesem Fall muß der Anwender auf den ersten Blick erkennen können, daß die Frame-Technik eine bestimmte künstlerische Aussage unterstützen soll.

Unfaire Schaufenster-Effekte

Mit Hilfe von Frames ist es auch möglich, fremde WWW-Seiten innerhalb eines Frame-Fensters im eigenen Web-Projekt darzustellen. Dies ist jedoch sehr problematisch und in den meisten Fällen unfair. Denn auf diese Weise verkommen fremde WWW-Seiten zu Schaufenstern innerhalb des eigenen Web-Projekts. Das ist eine unfeine Geste gegenüber den Fremdanbietern, weil es das eigene Web-Projekt in den Augen des Anwenders als Mega-Projekt erscheinen läßt. Wünschenswert wäre hier ein HTML-Befehl, der es jedem Seitenanbieter erlaubt, seine Seiten vor solchen Schaufenster-Effekten zu schützen und stattdessen im vollen Anzeigefenster darzustellen.

So kann es auch passieren, daß in einem Frame-Fenster eine Fremdanbieter-Seite angezeigt wird, die ihrerseits Frames einsetzt. So kommt es zu einem ärgerlichen Fraktal-Effekt von Frame-Fenstern auf dem Bildschirm des Anwenders. Wenn Sie innerhalb eines Frame-Projekts auf fremde Seiten verweisen, sollten Sie eine der folgenden Möglichkeiten wählen:

- Ursprünglichen Fensterzustand wiederherstellen: Setzen Sie den Verweis so, daß der Anwender Ihr definiertes Frame-Set verläßt und wieder den Fensterzustand erhält, den er vor Aufruf Ihres Projekts hatte. Dies erreichen Sie durch Verweise der Art

```
<a href="http://..." target="_parent">Verweistext</a>
```

- Doppelverweis anbieten: Dadurch überlassen Sie dem Anwender die Entscheidung, wie er die fremde Seite angezeigt bekommen will. Notieren Sie zwei Verweise direkt unter- oder nebeneinander, die das gleiche Ziel haben, etwa in der Weise:

```
<a href="http://..." target="RechtsUnten">
    Fremde Seite im Frame rechts unten anzeigen
</a><br>
<a href="http://..." target="_parent">
    Fremde Seite voll anzeigen
</a>
```

- Anwender auf Möglichkeit zum Verändern der Frames hinweisen: Wenn Sie keine der beiden anderen Möglichkeiten anbieten wollen, sollten Sie wenigstens das Verändern der Frame-Fenstergrößen durch den Anwender erlauben und den Anwender auf diese Möglichkeit explizit hinweisen. Um das Verändern der Frame-Fenster durch den Anwender zu erlauben, verzichten Sie einfach auf das Attribut `noresize` im `<frame>`-Tag.

8 Multimedia-Objekte in HTML

8.1 Daten und Programme als Objekt einbinden

Dieser Abschnitt beschreibt Befehle, mit denen Sie alle Arten von Dateien, zum Beispiel Videos, Sounds, VRML usw. sowie Java-Applets und ActiveX-Controls in HTML-Dateien einbinden können. Hinweis: Die Anzeigebeispiele in diesem Abschnitt erfordern zum Teil hohe Systemressourcen. Da die Anzeige von Multimedia noch sehr unausgereift ist, kann es beim Aufruf von Anzeigebeispielen zu unvorhersehbaren Problemen kommen.

Objekte in HTML

Unter Objekt wird hier jede Art von Datei verstanden, die sich außerhalb einer HTML-Datei befindet und in diese HTML-Datei eingebunden werden soll. Es kann sich um eine Datendatei handeln, also etwa um eine Excel-Tabelle, eine AutoCad-Zeichnung oder eine MIDI-Musikdatei. Es kann sich aber auch um eine vom WWW-Browser ausführbare Datei handeln, also um ein Programm. Das können zum Beispiel Java-Applets oder ActiveX-Controls sein.

Damit nicht für jede neue Form der Einbindung anderer Ressourcen ein neues HTML-Tag entsteht, wird es in Zukunft nur noch ein mächtiges HTML-Tag für alle Multimedia- und Fremdprogrammreferenzen geben: das `<object>`-Tag. Das `<object>`-Tag kann zwar nicht das Problem lösen, wie eine beliebige Datei beim Anwender angezeigt werden kann, aber es bietet zumindest eine einheitliche Syntax und trägt dadurch zur Vereinfachung von HTML bei.

Das `<object>`-Tag wird noch nicht vollständig von den WWW-Browsern unterstützt. Es wird deshalb noch eine Weile dauern, bis die Mehrzahl der Anwender einen WWW-Browser besitzt, der den neuen Befehl in allen Varianten richtig interpretiert. Das `<object>`-Tag ist jedoch so ausgelegt, daß es herkömmliche Befehle zum Einbinden von Fremddateien alternativ ermöglicht.

Beachten Sie: Wenn Sie mit Versuchen, das `<object>`-Tag zu verwenden, keinen Erfolg haben, probieren Sie folgende herkömmliche Methoden:

- Multimedia einbinden (Netscape, Kapitel 8.4),
- Videos einbinden (Microsoft, Kapitel 8.5),
- Java-Applets einbinden (Kapitel 8.6).

4.0 Datendateien als Objekt einbinden

Sie können eine beliebige Datendatei als Objekt in eine HTML-Datei einbinden. Ein WWW-Browser wie Netscape kann solche Dateien anzeigen, wenn der Anwender ein entsprechendes Plugin installiert hat. Wenn das Plugin installiert ist, kann der WWW-Browser die Datei so in seinem Anzeigefenster präsentieren, wie sie von dem Ursprungsprogramm erstellt wurde. Bei Abspielvorgängen, etwa von Videos oder Sound, wird ein entsprechender Player angezeigt – je nachdem, wie das Plugin beschaffen ist. Wenn dem Browser eine Verknüpfung zwischen dem Datentyp und einem Fremdprogramm bekannt ist, kann er das Fremdprogramm mit der betreffenden Datei starten. Beispiel 1:

```
<object data="hochzeit.avi" type="video/x-msvideo">
 <img src="hochzeit.jpg">
</object>
```

Beispiel 2:

```
<object data="hochzeit.avi" type="video/x-msvideo">
 <embed src="hochzeit.avi">
</object>
```

Mit `<object ...>` leiten Sie die Referenz ein. Mit dem Attribut `data=` referenzieren Sie die gewünschte Datei (data = Daten). Die Angabe muß in Anführungszeichen stehen. In den obigen Beispielen wird vorausgesetzt, daß sich die Datei im gleichen Verzeichnis befindet wie die HTML-Datei, in der sie referenziert wird. Die Datei kann sich jedoch auch in einem beliebigen anderen Verzeichnis oder auf einem anderen Internet-Server befinden. In solchen Fällen gelten die gleichen Regeln wie beim Einbinden von Grafiken (dort mit der Angabe `src=`).

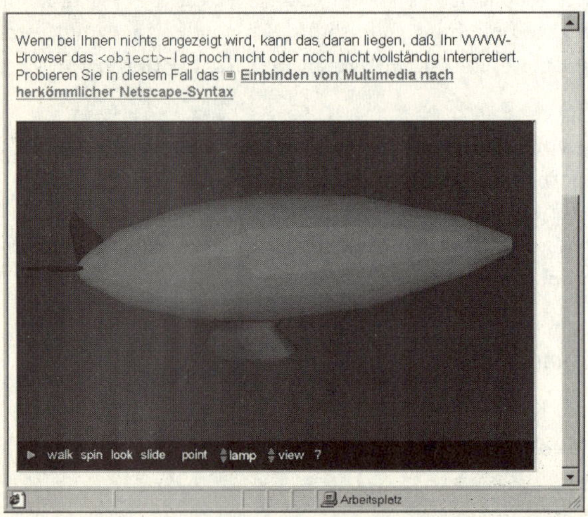

Bild 8.1: Eine 3-D-Grafik in Form einer VRML-Datei zeigt hier der Internet Explorer 4.01

Im Zusammenhang mit dem `<object>`-Tag können Sie den MIME-Typ der Datei angeben. Bei Datendateien, die mit `data=` referenziert werden, notieren Sie dazu die Angabe `type=`. Dahinter folgt ein gültiger MIME-Typ. Die Angabe des MIME-Typs sollte in Anführungszeichen stehen. Wenn Sie den MIME-Typ nicht kennen, lassen Sie die Angabe `type=` weg. Wenn Sie den MIME-Typ kennen und angeben, helfen Sie dem WWW-Browser durch die Angabe, schneller zu reagieren.

Eine `<object>`-Referenz benötigt ein abschließendes `</object>`. Zwischen `<object>` und `</object>` können verschiedene Angaben stehen. Im ersten der obigen Beispiele steht dort eine gewöhnliche Grafikreferenz. Diese Grafik wird angezeigt, falls die bei `<object...>` angegebene Datei nicht angezeigt werden kann bzw. wenn der WWW-Browser das `<object>`-Tag nicht kennt. Im zweiten der obigen Beispiele wird an dieser Stelle die gleiche Datei referenziert wie im `<object>`-Tag selbst, jedoch nach der herkömmlichen Netscape-Methode zum Einbinden von Multimedia. Mit einem Konstrukt wie im zweiten der obigen Beispiele stellen Sie sicher, daß auch ältere Netscape-Versionen den gewünschten Befehl erkennen.

Beachten Sie: Wenn der WWW-Browser trotz installiertem Plugin Schwierigkeiten bei der Anzeige einer Multimedia-Datei macht, zum Beispiel bei Videos oder VRML-Dateien, dann geben Sie Breite und Höhe der Anzeige explizit an. Wenn Sie bei `type=` den MIME-TYP `text/html` und bei `data=` eine HTML-Datei angeben, können Sie eine andere HTML-Datei als eingebettetes Objekt innerhalb der aktuellen HTML-Datei anzeigen.

Verweis-sensitive Grafiken als Objekt einbinden

Es gibt bereits Methoden, Grafiken mit Verweis-sensitiven Flächen in HTML einzubinden. Die hier beschriebene Methode folgt dem Ansatz, zukünftig alle Fremddateien nur noch als Objekt einzubinden. Ob sich dies bei Grafiken mit Verweis-sensitiven Flächen und bei Grafiken allgemein jedoch so bald durchsetzen wird, ist angesichts der Verbreitung des `<img>`-Tags eher zweifelhaft. Ein Beispiel:

```
<object data="hypgraph.gif" shapes>
 <a href="#Anker" shape=rect
    coords="1,1,249,49">Verweistext</a>
 <a href="datei.htm" shape=rect
    coords="1,51,149,299">Verweistext</a>
 <a href="../datei.htm" shape=rect
    coords="251,1,399,399">Verweistext</a>
 <a href="http://www.nix.de/" shape=rect
    coords="151,51,249,299">Verweistext</a>
</object>
```

Mit `<object ...>` leiten Sie die Referenz ein. Mit der Angabe `data=` referenzieren Sie die gewünschte Grafikdatei (data = Daten). Die Angabe muß in Anführungszeichen stehen. Beim Referenzieren aus anderen Verzeichnissen oder von anderen WWW-

Adressen gelten die gleichen Regeln wie beim Einbinden von Grafiken (dort mit der Angabe `src=`).

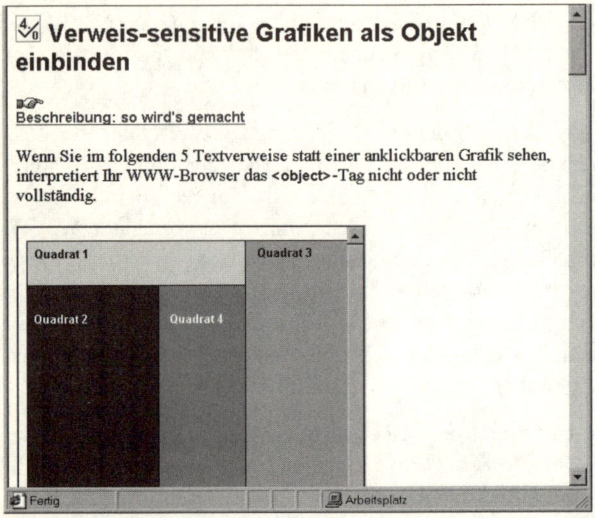

Bild 8.2: Eine Image-Map im Internet Explorer, die als Objekt geladen wurde

Um das Objekt als Grafik mit Verweis-sensitiven Flächen kenntlich zu machen, müssen Sie im einleitenden `<object>`-Tag außerdem die Angabe `shapes` notieren (shapes = Schablonen). Zwischen dem einleitenden `<object>` und dem abschließenden `</object>` definieren Sie die gewünschten Verweis-sensitiven Flächen. Mit `<a href=>` bestimmen Sie, wohin ein Verweis führen soll, wenn der Anwender auf den definierten Bereich in der Grafik klickt. Dabei gilt das Schema für Verweise in HTML. Im einleitenden `<a>`-Tag bestimmen Sie mit `shape=` und `coords=` die Verweis-sensitiven Flächen der Grafik. Dabei gelten die gleichen Regeln wie bei herkömmlichen Verweis-sensitiven Grafiken.

Beachten Sie: Der Verweistext, den Sie zwischen `<a href= shape= coords=>` und `</a>` angeben, wird dem Anwender angezeigt, wenn der WWW-Browser den Befehl zum Einbinden der Verweis-sensitiven Grafik als Objekt nicht kennt oder falls die Grafik nicht angezeigt werden kann. Innerhalb der `<a>`-Tags ist auch das Attribut `tabindex=` erlaubt. Die Wirkung ist die gleiche wie bei der Tabulator-Reihenfolge bei Verweisen und wird dort in Kapitel 4.10 näher beschrieben.

Java-Applets als Objekt einbinden

Java-Applets sind ausführbare Programme, deren Bildschirmausgaben ein WWW-Browser innerhalb seines Anzeigefensters darstellen kann. Applets können z. B. bewegte Animationen (Tricksequenzen) enthalten, Echtzeitabläufe in bewegten Grafiken darstellen (Stichwort: Börsenticker) oder Interaktionen mit dem Anwender austauschen (kleine Spiele wie Hangman oder Mastermind, Taschenrechner, grafische Simulationen aufgrund eingebbarer Parameter usw.).

Java-Programme müssen in kompilierter Form vorliegen, um bei der Referenzierung in einer HTML-Datei ausgeführt werden zu können. Normalerweise haben compilierte Java-Applets die Dateinamenerweiterung *.class*. Ein Beispiel:

```
<object classid="java:animation" codebase="../java/"
    codetype="application/java-vm">
 <param name=animation_text value="Mein animierter Text">
</object>
```

Mit `<object ...>` leiten Sie die Referenz ein. Mit der Angabe `classid=` referenzieren die Programmdatei (classid = class identifier = Klassenbezeichner). Die Angabe muß in Anführungszeichen stehen. Die Angabe besteht aus der festen Zeichenfolge `java:` – gefolgt von dem Namen der *.class*-Datei (also der ausführbaren Java-Programmdatei), jedoch ohne Angabe der Endung *.class*. Im obigen Beispiel wird auf diese Weise die Datei *animation.class* in der Form `classid="java:animation"` eingebunden.

Wenn sich die Programmatei in einem anderen Verzeichnis befindet als die HTML-Datei, in der sie referenziert wird, oder auf einem anderen Internet-Server, dann müssen Sie den Pfad bzw. die Adresse des Server-Rechners und das Verzeichnis angeben, wo sich die Programmdatei befindet – nur das Verzeichnis, nicht mehr den Namen der Programmdatei. Dazu verwenden Sie die Angabe `codebase=`. Die Angabe muß in Anführungszeichen stehen. Für die Angaben gelten die gleichen Regeln wie beim Einbinden von Grafiken (dort mit der Angabe `src=`). Die Angabe von `codebase=` kann in einigen Fällen auch erforderlich sein, um Teile eines Java-Applets von einem bestimmten Internet-Server nachzuladen.

Ähnlich wie für Datendateien gibt es auch für ausführbare Programmdateien MIME-Typen. Wenn Sie den MIME-Typ eines Programms kennen, können Sie mit `codetype=` den Typ angeben. Dadurch helfen Sie dem WWW-Browser, schneller zu reagieren.

Eine `<object>`-Referenz benötigt ein abschließendes `</object>`. Zwischen `<object>` und `</object>` können Sie im Zusammenhang mit Java-Applets Aufrufparameter notieren. Viele Java-Applets erwarten einen oder mehrere solche Parameter beim Aufruf. Jeder Parameter wird durch `<param name= value=>` angegeben. Hinter `name=` geben Sie den Namen des Parameters an. Hinter `value=` geben Sie den gewünschten Wert des Parameters an, der dem Programm übergeben werden soll. Zahlen werden ohne Anführungszeichen, Zeichenketten mit Anführungszeichen angegeben.

Beachten Sie: Bei Java-Programmen, die aus mehreren ausführbaren Dateien bestehen, müssen Sie die Datei angeben, die den Programmstart enthält. Näheres dazu entnehmen Sie der Dokumentation, die solchen Java-Programmen beigefügt sein sollte. Auch die genauen Anweisungen zum Einbinden eines Java-Applets finden Sie normalerweise in der Dokumentation zu dem Java-Applet. Wenn der WWW-Browser Schwierigkeiten bei der Anzeige eines Java-Applets macht, geben Sie Breite und Höhe der Anzeige explizit an.

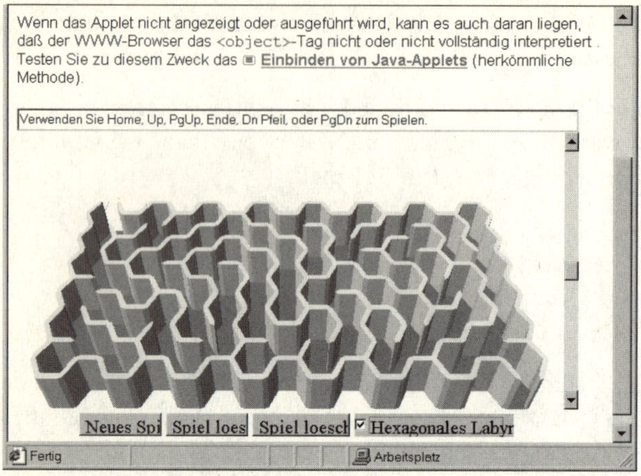

Bild 8.3: Der Internet Explorer hat ein Java-Applet als Objekt gestartet

ActiveX-Controls als Objekt einbinden

ActiveX-Controls können ähnliche Aufgaben wahrnehmen wie Java-Applets. Jedoch sind sie stärker als Java-Applets in der Windows-Welt – und damit der Welt von Microsoft – verankert und werden nur vom Microsoft-Internet-Explorer interpretiert. Ein Beispiel:

```
<object "classid=clsid:663C8FEF-1EF9-11CF-A3-DB-080036F12502"
  data="clock.stm" codebase="http://www.acme.com/ole/">
</object>
```

Mit `<object ...>` leiten Sie die Referenz ein. Mit der Angabe `classid=` referenzieren das ActiveX-Control (classid = class identifier = Klassenbezeichner). Die Angabe muß in Anführungszeichen stehen. Die Angabe besteht aus der festen Zeichenfolge `clsid:` – gefolgt von der Bezeichner-ID. Diese ID müssen Sie kennen.

ActiveX-Controls benötigen in einigen Fällen Initialisierungsdaten, die in einer entsprechenden Datei stehen. Die Datei mit solchen Initialisierungsdaten können Sie mit `data=` angeben. Die Angabe muß in Anführungszeichen stehen. Dabei gelten die gleichen Regeln wie beim Einbinden von Grafiken (dort mit der Angabe `src=`).

Mit der Angabe `codebase=` geben Sie die Internet-Adresse an, von der das ActiveX-Control geladen werden kann, wenn der WWW-Browser es auf dem Rechner des Anwenders nicht findet. ActiveX-Controls werden nach dem Laden normalerweise in einem Windows-Unterverzeichnis abgespeichert – Dateien mit der Erweiterung *.ocx* – und beim erneuten Aufruf auch wieder von dort geladen.

Rahmen um Objekte

Sie können festlegen, daß der Browser einen Rahmen um ein eingebundenes Objekt zeichnet. Diese Angabe ist jedoch nur von Bedeutung, wenn die Anzeige mit Hilfe eines Plugins erfolgt und direkt im Anzeigefenster des WWW-Browsers möglich ist. Ein Beispiel:

```
<object data="hochzeit.avi" border=5>
</object>
```

Durch das Attribut border= innerhalb des einleitenden <object>-Tags wird ein Rahmen um das Objekt definiert (border = Rand). Die Angabe erfolgt in Pixeln und bedeutet die Rahmendicke.

Namen für Objekte

Sie können einen Namen für ein Objekt vergeben. Mit name= innerhalb der Objektreferenz vergeben Sie einen Namen für das Objekt. Der Name muß in Anführungszeichen stehen, sollte nicht zu lang sein und darf keine Leerzeichen, Sonderzeichen oder deutschen Umlaute enthalten. Nur Buchstaben, Ziffern und der Unterstrich »_« sind erlaubt. Ein Beispiel:

```
<object data="hochzeit.avi" type="video/x-msvideo"
    name="Hochzeitsvideo">
 <img src="hochzeit.jpg">
</object>
```

Universalattribute und Style-Sheets

Das <object>-Tag kann Universalattribute enthalten. Es ist durchaus auch erlaubt, CSS-Style-Sheets auf Multimedia-Objekte anzuwenden. Auf das <object>-Tag können Sie beispielsweise folgende Style-Sheet-Angaben anwenden: Abstände, Ränder, Ausrichtung, Rahmen und Innenabstände, Hintergrundfarben und -bilder, Elemente positionieren.

Breite und Höhe eines Objekts angeben

Sie können die Anzeigebreite und -höhe eines Objekts festlegen. Die Angaben sind jedoch nur von Bedeutung, wenn die Anzeige mit Hilfe eines Plugins erfolgt, also direkt im Anzeigefenster des WWW-Browsers möglich ist. Bei vielen Objekten ist es nicht nur sinnvoll, sondern auch erforderlich, eine Breite und Höhe anzugeben. Wenn Sie unsicher sind, experimentieren Sie mit verschiedenen Angaben. Mit der Angabe width= [Pixel] bestimmen Sie die Anzeigebreite, mit height= [Pixel] die Anzeigehöhe des Objekts (width = Breite, height = Höhe). Ein Beispiel:

```
<object data="hochzeit.avi" type="video/x-msvideo" width=300
   height=200>
</object>
```

Beachten Sie: Die Angabe von Breite und Höhe einer eingebetteten Datei hat die gleichen Vorteile wie die Angabe von Breite und Höhe bei Grafiken. Manche Daten, zum Beispiel Videos, haben eine Originalbreite und Originalhöhe. Um ein solches Video optimal einzubinden, sollten Sie dessen genaue Breite und Höhe kennen und mit `width=` und `height=` beim Einbinden der Videodatei angeben.

Manche Plugins, zum Beispiel Sound-Player, haben eine bestimmte Größe. Wenn Sie die genaue Größe kennen, sollten Sie beim Einbinden von Sound-Dateien, die mit dem betreffenden Plugin wiedergegeben werden sollen, die genaue Höhe und Breite des Players angeben. So können Sie den Player vollständig und optimal innerhalb der Bildschirmanzeige der HTML-Datei plazieren. Die Größenangaben sind bei solchen Plugins normalerweise in der Software dokumentiert. Mit den Angaben `width=0` und `height=0` können Sie die sichtbare Anzeige auch ganz unterdrücken. Das kann zum Beispiel bei Hintergrundmusik erwünscht sein.

8.2 Objekte und Text

4.0 *Objektbeschriftung oben, mittig, unten*

Sie können bestimmen, daß der Text, den Sie im Anschluß an eine Objektreferenz notieren, als Beschriftungstext für das eingebundene Objekt interpretiert wird. So können Sie bestimmen, wie dieser Text im Verhältnis zu dem Objekt plaziert werden soll. Die Angaben sind jedoch nur von Bedeutung, wenn die Anzeige mit Hilfe eines Plugins erfolgt und direkt im Anzeigefenster des WWW-Browsers möglich ist. Ein Beispiel:

```
<object data="datei.wrl" width=300 height=200
   align=top></object>Beschriftungstext
<object data="datei.wrl" width=300 height=200
   align=middle></object>Beschriftungstext
<object data="datei.wrl" width=300 height=200
   align=bottom></object>Beschriftungstext
```

Mit dem Attribut `align=` erreichen Sie, daß nachfolgender Text als Beschriftungstext interpretiert wird, und mit den möglichen Wertzuweisungen richten Sie den Beschriftungstext neben dem Objekt aus (align = ausrichten).

- Mit `align=top` wird der folgende Text als Beschriftungstext oben bündig zum eingebundenen Objekt interpretiert (top = oben).
- Mit `align=middle` wird der folgende Text als Beschriftungstext mittig zum eingebundenen Objekt interpretiert (middle = mittig).

- Mit `align=bottom` wird der folgende Text als Beschriftungstext unten bündig zum eingebundenen Objekt interpretiert (bottom = unten).

Beachten Sie: Notieren Sie den Beschriftungstext hinter dem abschließenden `</object>`-Tag. Nur der unmittelbar folgende Text gilt als Beschriftungstext – und zwar nur der Text, der neben dem Objekt noch in eine Zeile paßt. Text, der darüber hinausreicht, wird unterhalb des Objekts angezeigt. Da Sie die Anzeigefenstergröße des Anwenders nicht kennen, ist dieser HTML-Befehl in seiner Auswirkung kaum kontrollierbar. Um sauberer zu arbeiten, können Sie blinde Tabellen zum Nebeneinanderstellen von Objekt und Text verwenden. Sie können auch den Abstand zwischen Objekt und Text kontrollieren.

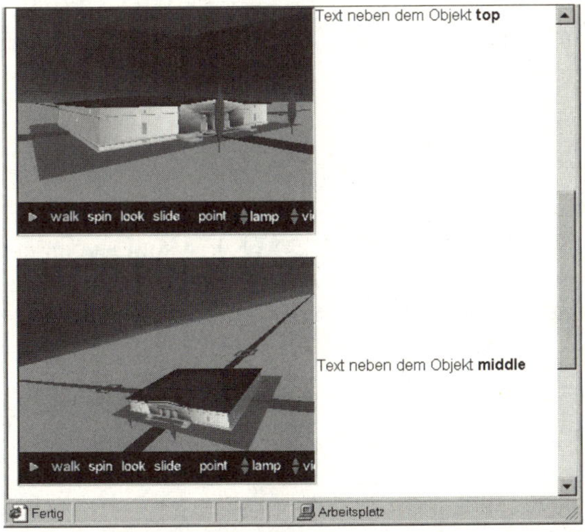

Bild 8.4: Text kann oben, mittig oder unten neben einem Objekt beginnen

N 4.0 *Speziellere Plazierung der Objektbeschriftung*

Es gibt weitere, speziellere Befehle zur Plazierung von Objektbeschriftung. Probieren Sie diese Befehle mal aus, wenn der Beschriftungstext unterschiedlich groß ist, z. B. durch Angabe von Schriftgrößen oder Style-Sheet-Angaben. Ein Beispiel:

```
<object data="datei.wrl" width=300 height=200
   align=texttop></object>Beschriftungstext
<object data="datei.wrl" width=300 height=200
   align=absmiddle></object>Beschriftungstext
<object data="datei.wrl" width=300 height=200
   align=absbottom></object>Beschriftungstext
<object data="datei.wrl" width=300 height=200
   align=baseline></object>Beschriftungstext
```

- Mit `align=texttop` richten Sie den Beschriftungstext oben bündig zum Objekt aus, und zwar an der Oberkante des kleinsten folgenden Textes (texttop = oben am Text).
- Mit `align=absmiddle` richten Sie den Beschriftungstext absolut mittig zum Objekt aus, auch bei unterschiedlichen Textgrößen (absmiddle = absolute middle = in jedem Fall mittig).
- Mit `align=absbottom` richten Sie den Beschriftungstext unten bündig zum Objekt aus, und zwar an der Unterkante des kleinsten folgenden Textes (absbottom = absolute bottom = in jedem Fall unten bündig).
- Mit `align=baseline` richten Sie den Beschriftungstext genauso aus wie mit der Standardangabe `align=bottom`. Benutzen Sie deshalb besser die Standardangabe.

Beachten Sie: Diese Angaben gehören nicht zum HTML-Standard. Sie können auch den Abstand zwischen Objekt und Text kontrollieren.

Objekt mit umfließendem Text einbinden

Objekte, die Sie mit dem `<object>`-Tag referenzieren, können Sie links oder rechts ausrichten. Der umgebende Text fließt dabei um das Objekt. Die Angaben sind jedoch nur von Bedeutung, wenn die Anzeige mit Hilfe eines Plugins erfolgt und direkt im Anzeigefenster des WWW-Browsers möglich ist. Beispiel 1:

```
<object data="datei.dcr" width=300 height=200
   align=left></object>
Text, der rechts um das links ausgerichtete Objekt fließt
```

Beispiel 2:

```
<object data="datei.dcr" width=300 height=200
   align=right></object>
Text, der links um das rechts ausgerichtete Objekt fließt
```

Mit den Angaben `align=left` bzw. `align=right` veranlassen Sie den Browser, das Objekt linksbündig bzw. rechtsbündig auszurichten, den darauf folgenden Fließtext rechts bzw. links neben dem Objekt anzuzeigen und um das Objekt herumfließen zu lassen (align = Ausrichtung, left = links, right = rechts).

Beachten Sie: Der umgebende Text kann verschiedene Elemente enthalten, zum Beispiel auch Überschriften oder Listen. Sie können auch den Abstand zwischen Objekt und Text kontrollieren. Um Objekte auszurichten, ohne den folgenden Text um die Grafik fließen zu lassen, notieren Sie vor und hinter der Grafik entsprechende Textabsätze (Absatzschaltungen) zum Beispiel durch

```
<p><object data=...></object><p>
```

oder

```
<p align=center><object data=></object><p>
```

Textfortsetzung unterhalb des Objekts erzwingen

Manchmal möchten Sie vielleicht nur zwei oder drei Zeilen kommentierenden Text neben dem Objekt haben und den folgenden Text dann unterhalb des Objekts fortsetzen. Dazu müssen Sie einen speziellen Umbruch erzwingen, der den Textfluß neben dem Objekt unterbricht und stattdessen unterhalb des Objekts fortfährt. Diese Angaben sind nur von Bedeutung, wenn die Anzeige mit Hilfe eines Plugins erfolgt und direkt im Anzeigefenster des WWW-Browsers möglich ist. Ein Beispiel:

```
<object data="datei.dcr" width=300 height=200
   align=left></object>
Text, der rechts um das links ausgerichtete
   Objekt fließt<br clear=all>
und Text, der unterhalb des Objekts weitergeht
```

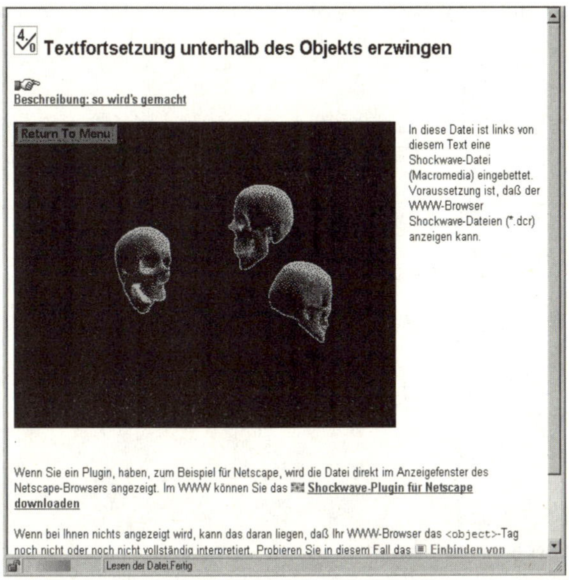

Bild 8.5: Text kann neben einem Objekt stehen und darunter fortgesetzt werden

Wenn Sie mit `align=left` oder `align=right` darauf folgenden Text um ein Objekt fließen lassen, können Sie innerhalb des umfließenden Textes die Angabe `<br clear=all>` notieren, um den Textfluß zu unterbrechen und unterhalb des Objekts fortzufahren (br = break = Umbruch, clear = löschen, all = alles). Beachten Sie: Neben `<br clear=all>` sind auch die Angaben `<br clear=left>` und `<br clear=right>` erlaubt. Experimentieren Sie mit diesen Angaben, wenn `<br clear=all>` nicht den gewünschten Effekt bringt.

Abstand zwischen Objekt und Text definieren

Sie können bestimmen, wie groß der Abstand zwischen einem Objekt und seiner Umgebung sein soll. Die Angaben sind jedoch nur von Bedeutung, wenn die Anzeige mit Hilfe eines Plugins erfolgt und direkt im Anzeigefenster des WWW-Browsers möglich ist. Ein Beispiel:

```
<object data="datei.wav" width=200 height=120 align=left
   hspace=30 vspace=10></object>
Text, der rechts um das links ausgerichtete Objekt fließt, und zwar mit
   Abstand
```

Mit `hspace=[Pixel]` bestimmen Sie den Abstand zwischen einem Objekt und anderen Elementen links bzw. rechts davon (hspace = horizontal space = horizontaler Abstand). Mit `vspace= [Pixel]` bestimmen Sie den Abstand zwischen einem Objekt und anderen Elementen darüber bzw. darunter (vspace = vertical space = vertikaler Abstand). Beide Angaben sind einzeln oder auch gleichzeitig möglich wie im obigen Beispiel.

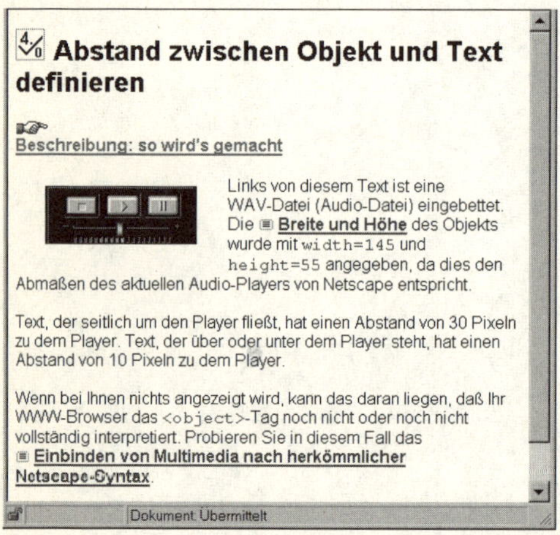

Bild 8.6: Ein MIDI-Plugin mit vergrößertem Textabstand.

Beachten Sie: Die Angabe `hspace=` betrifft immer den linken und den rechten Randabstand, die Angabe `vspace=` immer den oberen und den unteren Randabstand. Wenn Sie also beispielsweise bei einem links ausgerichteten Objekt `hspace=` definieren, wird nicht nur rechts der Grafik ein Abstand zum nebenstehenden Text erzeugt, sondern auch links zum Rand des Anzeigefensters hin. Um dies zu verhindern, können Sie exakter arbeiten, indem Sie CSS-Style-Sheets verwenden. Mit Hilfe der Style-Sheet-Angaben zu Abständen, Rändern, Ausrichtung im `<object>`-Tag können Sie gezielt Abstände an einer Seite definieren.

8.3 Zusätzliche Angaben zum Objekt

Meldungstext während des Ladevorgangs anzeigen

Multimedia-Objekte oder ausführbare Programme wie Java-Applets können zum Teil längere Ladezeiten verursachen. Auch dann, wenn die Dateien selbst nicht größer als durchschnittliche HTML- oder Grafikdateien sind, müssen beim Anwender in der Regel Plugins oder Laufzeit-Interpreter aktiviert werden. Das kostet Zeit. Um den Anwender nicht im Unklaren über die Wartezeit und die Ladevorgänge an seinem Rechner zu lassen, können Sie einen Meldungstext angeben, der dem Anwender bis zur fertigen Anzeige des eingebundenen Objekts angezeigt wird. Ein Beispiel:

```
<object data="datei.wrl" width=300 height=200 standby="VRML-
  Plugin wird geladen...">
</object>
```

Innerhalb eines einleitenden <object>-Tags können Sie mit der Angabe standby= einen Meldungstext für den Ladevorgang angeben. Die Angabe muß in Anführungszeichen stehen. Der Text darf auch HTML-kodierte Sonderzeichen enthalten.

Instanz eines Objekts nur bei Aufruf durch Anwender anzeigen

Sie können ein Objekt definieren, das der Anwender explizit aktivieren muß, damit es angezeigt wird. Das Objekt wird dazu zunächst nur deklariert. Damit es angezeigt oder ausgeführt wird, muß es vom Anwender aktiviert werden. Normalerweise geschieht das mit Hilfe eines Verweises auf das deklarierte Objekt. Ein Beispiel:

```
<object declare classid="java:zticker" id="Marquee" code
   type="application/java-vm">
 <param name=animation_text value="Mein animierter Text">
</object>
<p><a href="#Marquee">Animierten Text anzeigen</a></p>
```

Innerhalb eines einleitenden <object>-Tags können Sie mit der Angabe declare ein Objekt als lediglich deklariert definieren (declare = erklären, angeben). Mit der Angabe id= können Sie einen Zielanker innerhalb des Objekts definieren, im Beispiel: »Java-Animation« (id = identifier = Bezeichner). Vergeben Sie keine zu langen Namen. Namen dürfen keine Leerzeichen und keine deutschen Umlaute enthalten. Benutzen Sie als Sonderzeichen höchstens den Unterstrich »_«. Der Name des Zielankers muß in Anführungszeichen stehen. Mit einem Verweis auf den Zielanker (siehe obiges Beispiel) können Sie den Anwender das Objekt aktivieren lassen. Der Verweis zu dem Zielanker funktioniert nach dem gleichen Schema wie das Setzen eines Verweises zu einem Anker innerhalb der HTML-Datei.

8.4 Multimedia einbinden (Netscape)

Multimedia-Datei einbinden

Unter Multimedia ist hier zu verstehen: Datendateien, die in Fremdformaten vorliegen und Ausgaben erzeugen, die über Text und WWW-gerechte Grafik hinausreichen. Also zum Beispiel Sound, Video, Animation, Tabellen, Präsentations-, Vektor- und CAD-Grafik, 3-D-Grafik, VRML-Dateien usw. Ein WWW-Browser wie Netscape kann solche Dateien anzeigen, wenn der Anwender ein entsprechendes Plugin installiert hat. Wenn das Plugin installiert ist, kann der WWW-Browser die Datei so in seinem Anzeigefenster präsentieren, wie sie von dem Ursprungsprogramm erstellt wurde. Bei Abspielvorgängen, etwa von Videos oder Sound, wird ein entsprechender Player angezeigt – je nachdem, wie das Plugin beschaffen ist.

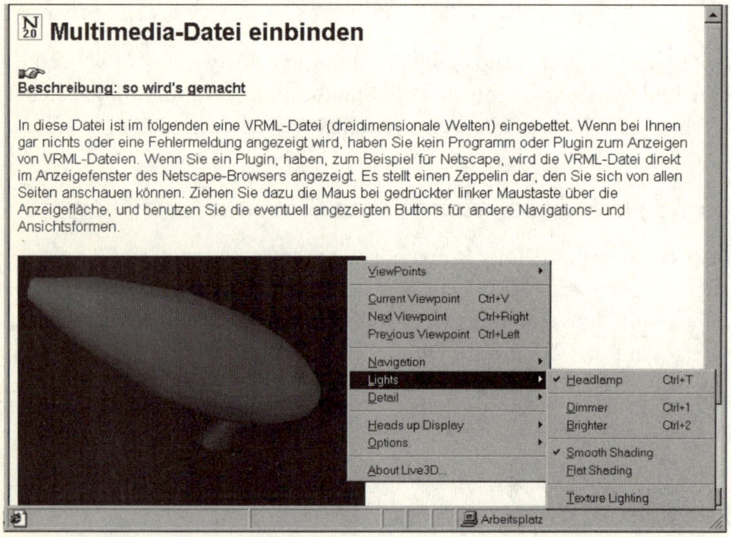

Bild 8.7: Eine VRML-Datei mit 3-D-Objekten im Internet Explorer

Wenn dem Browser eine Verknüpfung zwischen der Dateiendung und einem Fremdprogramm bekannt ist, kann er das Fremdprogramm mit der betreffenden Datei starten. Einige Beispiele:

```
<embed src="tabelle.xls">
<embed src="../video.avi">
<embed src="multimedia/virtuelleWelt.wrl">
<embed src="http://www.teamone.de/selfhtml/yrag.mid">
<embed src="file://localhost/c:/windows/progman.hlp">
```

Mit `<embed src=>` definieren Sie Plugin-Referenz (embed = einbetten, src = source = Quelle). Hinter dem Gleichheitszeichen notieren Sie die gewünschte Datei. Die Angabe muß in Anführungszeichen stehen. Sie können auch Dateien in anderen Verzeichnissen und weltweit auf anderen Internet-Servern einbinden. Dabei gelten die gleichen Regeln wie beim Einbinden von Grafiken.

Beachten Sie: Ob und wie die Datei letztendlich beim Anwender angezeigt wird, hängt von vielen Faktoren ab, zum Beispiel von der Art der Datei, von den Hardware-Voraussetzungen des Anwenders, von den installierten Plugins und von vorhandenen, dem Browser bekannten Fremdprogrammen. Binden Sie Multimedia-Dateien daher niemals kommentarlos in Ihre HTML-Dateien ein, sondern weisen Sie den Anwender darauf hin, um welche Art von Daten es sich handelt und unter welchen Voraussetzungen eine korrekte Anzeige möglich ist.

Viele Multimedia-Dateien, vor allem Videos und 3-D-Grafiken, sind vom Umfang her ungeeignet für die heutige üblichen Übertragungsraten im WWW. Wenn Sie größere Dateien einbetten, weisen Sie den Anwender im umgebenden Text auf die Größe der Datei hin.

Bei Dateitypen, zu denen der Netscape-Browser ein Plugin kennt, fragt er den Anwender, falls dieser das Plugin nicht hat, ob er das Plugin haben möchte, und ruft auf Wunsch die Übersichtsseiten auf dem Netscape-WWW-Server auf, von wo aus der Anwender sich das Plugin downloaden kann.

Wenn der WWW-Browser die Datei nicht verarbeiten kann, sollte er eine Fehlermeldung ausgeben und anstelle der Datei ein Symbol für nicht darstellbare Daten anzeigen. Wenn Netscape auf einen Dateityp stößt, den er nicht unmittelbar verarbeiten kann, zu dem er aber eine Verknüpfung mit einem Fremdprogramm kennt, wird im Anzeigefenster an der Stelle, wo die Datei angezeigt werden soll, zunächst ein Icon des Fremdprogramms dargestellt, das beim Doppelklick das Programm mit der eingebundenen Datei startet.

Sie können auch Verweise auf beliebige Dateien setzen (Kapitel 4.7). Der Unterschied ist, daß die Datei bei einem Verweis erst nach dem Anklicken des Verweises separat aufgerufen wird, während sie beim Einbinden der Multimedia-Datei so gut wie möglich direkt in die Bildschirmanzeige einer HTML-Datei integriert wird.

N 2.0 N 4.0 3.0 *Weitere Angaben zum Multimedia-Inhalt*

Es gibt verschiedende Attribute, um nähere Angaben zur eingebundenen Datei zu machen bzw. um das Anzeige- oder Abspielverhalten zu steuern. Nicht alle Browser interpretieren alle diese Angaben. Ein paar Beispiele:

```
<embed src="video.avi" width=240 height=160>
<embed src="musik.wav" autostart=true>
```

- Mit `width= [Pixel/Prozent]` bestimmen Sie die Anzeigebreite des eingebundenen Objekts, mit `height=` die Höhe (width = Breite, height = Höhe). Die Wirkungsweise ist die gleiche wie bei der Angabe von Breite und Höhe eines Objekts. Als Besonderheit können Sie für Netscape 4.0 noch die Angabe `units=pixels` notieren, damit die Breite bzw. Höhe als Pixel interpretiert werden, oder `units=en`, damit Breite bzw. Höhe in der Maßeinheit *en* interpretiert werden.

- Mit `align= [Pixel]` können Sie ein eingebundenes Objekt beschriften oder Text um das Objekt fließen lassen. Mit `align=top` richten Sie einen nachfolgenden Text oben bündig zu dem Objekt aus, mit `align=middle` mittig und mit `align=bottom` unten bündig. Mit `align=left` können Sie nachfolgende Elemente rechts um das Objekt fließen lassen, mit `align=right` richten Sie das Objekt rechtsbündig aus und nachfolgende Elemente fließen links um das Objekt. Diese Angaben haben die gleiche Wirkung wie die entsprechenden Angaben, die Objekte beschriften bzw. Text um Objekte fließen lassen.

- Mit `hspace= [Pixel]` bestimmen Sie den horizontalen Abstand des eingebundenen Objekts zu seiner Umgebung, mit `vspace= [Pixel/Prozent]` den vertikalen Abstand (hspace = horizontal space = horizontaler Abstand, vspace = vertical space = vertikaler Abstand). Die Wirkungsweise ist die gleiche wie bei der Angabe von Abstand zwischen Objekt und Umgebung.

- Mit `border= [Pixel]` wird ein Rahmen von der angegebenen Dicke um das Objekt gezogen. Die Wirkungsweise ist die gleiche wie bei der Angabe zu Rahmen um Objekte. Mit `type=` können Sie den MIME-Typ der eingebundenen Datei angeben. Die Angabe des MIME-Typs sollte in Anführungszeichen stehen. Wenn Sie den MIME-Typ nicht kennen, lassen Sie die Angabe `type=` weg.

- Mit `pluginurl=` können Sie eine URL-Adresse im Internet bestimmen, die ein Plugin zum Anzeigen oder Abspielen der eingebundenen Datei bereitstellt. Es muß sich um eine Java-Archivdatei (Dateien mit der Erweiterung *.jar*) handeln. Diese Angabe startet den in Netscape 4.0 integrierten JAR-Installationsmanager (JIM). Der Anwender kann das Plugin online von der angegebenen URL-Adresse installieren. Netscape führt die Installation durch und kann anschließend sofort die eingebundene Multimedia-Datei anzeigen. Das Attribut `pluginurl=` ist erst seit Netscape 4.0 verfügbar.

- Mit `pluginspage=` können Sie eine URL-Adresse im Internet bestimmen, die Installationshinweise für ein Plugin enthält, das die eingebundene Multimedia-Datei anzeigen bzw. abspielen kann. Dies ist nicht ganz so elegant wie die Technik, die hinter `pluginurl=` steckt. Aber wenn das Plugin in einem anderen Format als dem Java-Archivformat vorliegt, sollten Sie die Angabe `pluginspage=` wählen, sofern Ihnen eine Internet-Adresse mit einem geeigneten Plugin bekannt ist.

- Mit `hidden="true"` können Sie die sichtbare Anzeige des eingebundenen Objekts verhindern. Das kann zum Beispiel sinnvoll sein, wenn Sie einen Sound abspielen, aber keinen Sound-Player anzeigen wollen.

- Mit `autostart="true"` können Sie erzwingen, daß eine abspielbare Datei, also etwa ein Sound oder ein Video, sofort abgespielt werden, ohne daß der Anwender in der Abspiel-Software eine Funktion zum Start der Wiedergabe wählen muß. Diese Angabe ist jedoch bei Netscape nicht mehr offiziell dokumentiert und wird von Netscape 4.x auch nicht mehr interpretiert – in älteren Versionen dagegen schon. Mit loop="true" können Sie erzwingen, daß eine abspielbare Datei endlos wiederholt wird. Diese Angabe ist jedoch bei Netscape nicht mehr offiziell dokumentiert.

- Mit palette="foreground" können Sie erzwingen, daß das Plugin bei der Anzeige die Vordergrundfarben des Anwenderrechners benutzt, mit palette="background" erzwingen Sie, daß das Plugin die eingestellten Hintergrundfarben benutzt. Diese Angabe ist laut Netscape nur für MS-Windows-Systeme interessant.

N 2.0 3.0 *Alternativer Inhalt*

Sie können einen Bereich definieren, der nur von Browsern angezeigt wird, die das <embed>-Tag nicht kennen. Netscape, der das <embed>-Tag interpretiert, ignoriert einen solchen Bereich. Ein Beispiel:

```
<noembed>
  <img src="video.jpg">
</noembed>
<embed src="video.avi">
```

Mit <noembed>...</noembed> definieren Sie einen Bereich, der von Netscape ab Version 2.0 nicht angezeigt wird, wohl aber von Browsern, die das <embed>-Tag nicht kennen. Diese Browser kennen zwar auch das <noembed>-Tag nicht, aber sie stellen einfach alles dar, was dazwischen notiert ist. Im obigen Beispiel wird ein Video (*video.avi*) eingebunden. Für Browser, die den Befehl nicht kennen, wird mit Hilfe eines <noembed>-Bereichs eine alternative Grafik angeboten.

8.5 Videos einbinden (Microsoft)

2.0 *Videodateien einbinden*

Der im fogenden beschriebene HTML-Befehl ist ein proprietäres Microsoft-Tag, das aber vom Internet Explorer seit der Programmversion 2.0 interpretiert wird. Es gilt nur für Videodateien des Microsoft-Typs AVI und ist insofern weitgehend auf die Windows-Welt beschränkt. Das HTML-Tag und seine Varianten werden hier nur noch der Vollständigkeit halber beschrieben. Bitte verwenden Sie dieses Tag nur noch in begründeten Ausnahmefällen. Ein Beispiel:

```
<img dynsrc="hochzeit.avi">
```

Mit <img dynsrc=...> notieren Sie eine Video-Referenz (img = image = Bild, dynsrc = dynamic source = dynamische Quelle). Hinter dem Gleichheitszeichen folgt die Angabe der Videodatei. Es muß eine Datei vom Typ AVI sein. Der Dateiname muß in Anführungszeichen stehen. Im Beispiel wird vorausgesetzt, daß sich die Video-Datei im gleichen Verzeichnis befindet wie die HTML-Datei, in der sie referenziert wird. Sie können auch Video-Dateien in anderen Verzeichnissen referenzieren. Das funktioniert ebenso wie beim Einbinden von Grafiken.

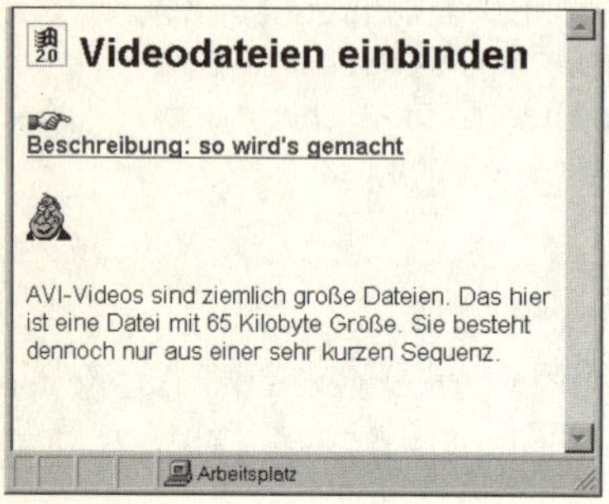

Bild 8.8: Ein Video wurde im Originalformat in die HTML-Seite eingebunden

Weitere Angaben zu Videos

Mit `width= [Pixel/Prozent]` bestimmen Sie die Anzeigebreite des Videos, mit `height=` die Höhe (width = Breite, height = Höhe). Die Wirkungsweise ist die gleiche wie bei der Angabe von Breite und Höhe eines Objekts. Mit `loop=` können Sie die Wiederholungsanzahl der Abspielvorgänge beeinflussen (loop = Schleife). Mit `loop=infinite` bewirken Sie, daß das Video so lange abgespielt wird, wie sich der Anwender die HTML-Datei anzeigen läßt. Wenn Sie die Anzahl der Abspielvorgänge genau angeben wollen, geben Sie die gewünschte Zahl ein, z. B. `loop=4`. Beispiel:

```
<img dynsrc="hochzeit.avi" width=640 height=480 loop=infinite>
```

Mit `src=` können Sie zusätzlich eine Grafikdatei angeben, die alternativ angezeigt wird (src – source = Quelle). Das Bild wird nur dann angezeigt, wenn das bei `dynsrc=` referenzierte Video nicht angezeigt werden kann. Auf diese Weise können Sie z. B. bewirken, daß Anwender des Internet Explorers ein Video angezeigt bekommen, während Anwender mit anderen Browsern anstelle des Videos die angegebene Grafik sehen. Das Einbinden der Grafikdatei funktioniert genauso wie beim gewöhnlichen Referenzieren von Grafiken.

Mit `start=mouseover` legen Sie fest, daß das Video erst dann abgespielt wird, wenn sich die Maus im Anzeigebereich des Videos befindet. Mit der Angabe `start=fileopen` stellen Sie dagegen ein, daß das Video gleich beim Aufrufen der Datei abgespielt wird. Letztere Angabe ist jedoch in der Praxis nicht erforderlich, da sie der Voreinstellung entspricht. Mit dem Attribut `controls` bewirken Sie, daß dem Anwender Kontrollfunktionen zur Verfügung stehen. Der Anwender kann das Video dann z. B. anhalten und fortsetzen, schnell vorwärts und rückwärts laufen lassen oder abbrechen.

Bild 8.9: Das Video aus Bild 8.8, aber mit veränderter Breite und Höhe

8.6 Java-Applets

Java-Applets einbinden

Java-Applets müssen in Java geschrieben und mit dem Java-Applet-Compiler zu einem ausführbaren Programm zusammengebunden sein. Sun, der Entwickler von Java, hatte zunächst eine eigene HTML-Syntax zum Einbinden von Java-Applets in seinen WWW-Browser HotJava integriert. Doch Netscape implementierte eine andere Syntax, die heute auch diejenige ist, die im HTML-Standard verankert ist. Benutzen Sie die Sun-Syntax nur in begründeten Ausnahmefällen. Ein Beispiel:

```
<applet code="AnimText" codebase="../" alt="Text">
    <param name=text value="Dieser Text wird
        animiert dargestellt">
    <param name=type value=wave>
    <param name=bgcolor value=255:10:30>
    <param name=fgcolor value=white>
    <param name=style value=bold>
    <param name=min value=14>
    <param name=max value=48>
</applet>

<!-- Die folgende Sun-Syntax ist in der Praxis
     nicht mehr von Bedeutung: -->
<app class="AnimText" src="AnimText.java"
    text="Dieser Text wird animiert dargestellt"
    type=wave bgcolor=255:10:30 fgcolor=white style=bold
min=14 max=48>
```

Mit `<applet ... >` leiten Sie die Referenz eines Java-Programms ein (applet = application snippet = Anwendungsschnipsel). Mit dem Attribut `code=` referenzieren Sie das ausführbare Java-Applet, das normalerweise die Dateinamenerweiterung *.class* hat. Die Angabe muß in Anführungszeichen stehen. Bei dieser Angabe dürfen Sie nur den

Dateinamen notieren, auch wenn sich das Applet in einem anderen Verzeichnis oder auf einem anderen Server befindet. Die Dateinamenendung *.class* können Sie auch weglassen wie im obigen Beispiel.

Falls sich das Applet in einem anderen Verzeichnis oder auf einem anderen Server befindet, können Sie mit `codebase=` den Server bzw. das Verzeichnis angeben. Im obigen Beispiel wird die Angabe `codebase="../"` notiert. Das bedeutet, die *class*-Datei liegt im Verzeichnis oberhalb des aktuellen Verzeichnisses. Die Angabe sollte in Anführungszeichen stehen. Wenn sich Ihr Java-Applet im gleichen Verzeichnis befindet wie die HTML-Datei, lassen Sie dieses Attribut weg.

Für den Fall, daß das Java-Applet beim Anwender nicht ausführbar ist, können Sie mit der Angabe `alt=` einen Alternativtext definieren. Der Text muß in Anführungszeichen stehen. Er wird nur dann angezeigt, wenn das Applet nicht anzeigbar ist.

Zwischen dem einleitenden Tag `<applet...>` und dem abschließenden `</applet>` notieren Sie in vielen Fällen Parameter, die dem Programm beim Aufruf übergeben werden. Welche Parameter ein Java-Applet erwartet, entnehmen Sie der Dokumentation zu dem Applet. Jeder Parameter wird durch `<param name= value=>` angegeben (param = parameter = Parameter, value = Wert). Hinter `name=` geben Sie den Namen des Parameters an. Hinter `value=` geben Sie den gewünschten Wert des Parameters an, der dem Programm übergeben werden soll. Beachten Sie dabei die Regeln für Attribute in HTML-Tags.

Im einleitenden `<applet>`-Tag ist außerdem noch die Angabe `src=` möglich. Sie ist optional und nur dann von Bedeutung, wenn der Java-Interpreter aus irgendeinem Grund den Quellcode des Java-Applets benötigt (src = source = Quelle). Verwenden Sie diese Angabe nur, wenn es in der Dokumentation zu dem Java-Applet ausdrücklich angegeben ist, und exakt so, wie dort angegeben.

Für HotJava nach Sun-Syntax definieren Sie die Referenz mit dem Befehl `<app ... >` (app = applet = application snippet = Anwendungsschnipsel). Dieser Befehl hat heute jedoch in der Praxis keine Bedeutung mehr. Normalerweise können Sie ihn weglassen. Die Einbindung mit dem `<applet>`-Tag reicht vollkommen aus. Mit der Angabe `class=` geben Sie nach der Sun-Syntax die Objektklasse an, im Beispiel `class="AnimText"`. Es handelt sich dabei um den Dateinamen der ausführbaren Applet-Datei ohne die obligatorische Dateinamenerweiterung *.class*. Der Name sollte in Anführungszeichen stehen. Die Angabe `src=` ist optional und nur dann von Bedeutung, wenn der Java-Interpreter aus irgendeinem Grund den Quellcode des Java-Applets benötigt (src = source = Quelle). Verwenden Sie diese Angabe nur, wenn es in der Dokumentation zu dem Java-Applet ausdrücklich angegeben ist. `<app ... >` hat kein abschließendes Tag. Parameterangaben werden in Form von Attributen innerhalb des `<app>`-Tags notiert.

Weitere Angaben zum Java-Applet

Mit `width= [Pixel/Prozent]` bestimmen Sie die Anzeigebreite des Java-Applets, mit `height=` die Höhe (width = Breite, height = Höhe). Die Wirkungsweise ist die gleiche wie bei der Angabe von Breite und Höhe eines Objekts. Beispiel:

```
<applet code="AnimText.class" width=300 height=50 hspace=20>
    <param name=text value="Dieser Text wird animiert
        dargestellt">
    <param name=type value=wave>
    <param name=bgcolor value=255:10:30>
    <param name=fgcolor value=white>
    <param name=style value=bold>
    <param name=min value=14>
    <param name=max value=48>
</applet>
```

Mit `align= [Pixel]` können Sie ein Java-Applet beschriften oder Text um das Objekt fließen lassen. Mit `align=top` richten Sie einen nachfolgenden Text oben bündig zu Applet aus, mit `align=middle` mittig und mit `align=bottom` unten bündig. Mit `align=left` können Sie nachfolgende Elemente rechts um das Java-Applet fließen lassen, mit `align=right` richten Sie das Applet rechtsbündig aus, und nachfolgende Elemente fließen links um das Applet. Diese Angaben haben die gleiche Wirkung wie die entsprechenden Angaben, die Objekte beschriften bzw. Text um Objekte fließen lassen.

Bild 8.10: Ein Java-Applet mit vorgegebener Breite und Höhe

Mit `hspace= [Pixel]` bestimmen Sie den horizontalen Abstand des Java-Applets zu seiner Umgebung, mit `vspace= [Pixel/Prozent]` den vertikalen Abstand (hspace =

horizontal space = horizontaler Abstand, vspace = vertical space = vertikaler Abstand). Die Wirkungsweise ist die gleiche wie bei der Angabe von Abstand zwischen Objekt und Umgebung.

Mit dem Attribut `mayscript` erlauben Sie JavaScript, auf den Programmablauf des Java-Applets Einfluß zu nehmen. Mehr zu diesem Thema finden Sie in der JavaScript-Dokumentation innerhalb der Objekt-Referenz im Abschnitt *Zugriff auf Code in Java-Applets* (Kapitel 13). Dieses Attribut ist Netscape-spezifisch und gehört nicht zum HTML-Standard.

Mit `archive=` können Sie eine Archivdatei vom Typ *.zip* als URL-Adresse angeben. Netscape durchsucht die entsprechende ZIP-Datei nach einer *class*-Datei, wie sie in dem Attribut `code=` angegeben ist. Das Attribut `archive=` ist Netscape-spezifisch und gehört nicht zum HTML-Standard.

8.7 MIME-Typen für Dateiformate

Die Abkürzung MIME steht für Multipurpose Internet Mail Extensions. MIME-Typen sind ein Internet-Standard, um Dateitypen anzugeben. Im Zusammenhang mit multimedialen Elementen auf WWW-Seiten werden diese Angaben in Zukunft immer wichtiger.

MIME-Typen werden bei der Kommunikation zwischen WWW-Server und WWW-Browser eingesetzt. Sowohl der WWW-Server als auch der WWW-Browser unterhält eine Liste mit ihm bekannten Dateitypen. In vielen WWW-Browsern (z. B. bei Netscape) ist das die Liste der sogenannten Helper-Applications. Beim Übertragen vom Server zum Browser wird über das HTTP-Protokoll der MIME-Typ mit übertragen. Aufgrund seiner Liste mit MIME-Typen weiß der WWW-Browser, wie er die Datei zu behandeln hat.

Zwar unterstützen viele Plattformen wie zum Beispiel Windows Standardverknüpfungen zwischen Dateinamenerweiterungen und Dateitypen. Doch ist diese Verknüpfung nicht eindeutig genug. So kann die Dateinamenerweiterung *.doc* beispielsweise ein Word-Dokument, ein FrameMaker-Dokument oder eine einfache Textdatei bedeuten. Das System der MIME-Typen hat die Aufgabe, solche Zweideutigkeiten zu beseitigen und den beteiligten Programmen (WWW-Server-Software, WWW-Browser) ein eindeutiges Identifizierungsschema für den Datentyp von Dateien bereitzustellen.

MIME-Typen werden nach folgendem Schema angegeben: `Kategorie/Unterkategorie`. Kategorien sind z. B. *text, image, audio*. Unterkategorien von *text* sind beispielsweise *plain* (Datei ist eine reine Textdatei) oder *html* (Datei ist eine HTML-Datei). Unterkategorie von *image* ist beispielsweise *gif* (Datei ist eine Grafik im GIF-Format). Ein offizielles Dokument zum Thema MIME ist der Request for Comments 2046 (🇬🇧 *www.roxen.com/rfc/rfc2046.htm*).

Liste wichtiger MIME-Typen

MIME-Typ	*Erweiterung*	*Beschreibung*
`application/acad` (NCSA)	*dwg*	AutoCAD-Dateien
`application/dxf` (CERN)	*dxf*	AutoCAD-Dateien
`application/mif`	*mif*	FrameMaker Interchange Format (Adobe FrameMaker)
`application/msword`	*doc dot*	MS-Word-Dateien
`application/mspowerpoint`	*ppt ppz pps pot*	MS-Powerpoint-Dateien
`application/msexcel`	*xls xla*	MS-Excel-Dateien
`application/mshelp`	*hlp chm*	MS-Windows-Hilfe-Dateien
`application/octet-stream`	*com exe bin dll class*	Ausführbare Dateien bzw. Programmcode-Dateien
`application/pdf`	*pdf*	PDF-Dateien (Adobe Acrobat Exchange/Reader)
`application/postscript`	*ai eps ps*	Postscript-Dateien (Adobe)
`application/rtf`	*rtf*	RTF-Dateien (Microsoft)
`application/x-sh`	*sh*	Bourne Shell Script (Unix)
`application/x-csh`	*csh*	C Shell Script (Unix)
`application/x-latex`	*latex*	LaTeX-Quelldatei (Unix)
`application/x-mif`	*mif*	FrameMaker Interchange Format (Adobe FrameMaker Unix)
`application/x-tar`	*tar*	tar-Archivdatei (Unix)
`application/x-cpio`	*bcpio*	CPIO-Datei alt binär (Unix)
`application/x-bcpio`	*cpio*	CPIO-Datei (Posix)
`application/x-sv4cpio`	*sv4cpio*	CPIO-Datei (SVR4)
`application/x-sv4crc`	*sv4crc*	CPIO-Datei (SVR4 mit CRC)
`application/x-hdf`	*hdf*	NCSA HDF Data File
`application/x-ustar`	*ustar*	tar-Archivdatei (Posix)
`application/x-shar`	*shar*	Shell-Archiv-Datei (Unix)
`application/x-tcl`	*tcl*	TCL-Script (Unix)
`application/x-dvi`	*dvi*	TeX dvi (Unix)
`application/x-texinfo`	*texinfo texi*	Emacs Textinfo (Unix)
`application/x-troff`	*t tr roff*	troff-Dateien (Unix)
`application/x-troff-man`	*man*	troff mit MAN-Makros (Unix)
`application/x-troff-me`	*me*	troff mit ME-Makros (Unix)
`application/x-troff-ms`	*ms*	troff mit MS-Makros (Unix)
`application/x-netcdf`	*nc cdf*	Unidata netCDF (Unix)
`application/x-wais-source`	*src*	WAIS-Quelldatei (Unix)
`application/x-www-form-urlencoded`		HTML-Formulardaten an CGI
`audio/basic`	*au snd*	AU- und SND-Sound-Dateien
`audio/x-aiff`	*aif aiff aifc*	AIFF-Sound-Dateien

MIME-Typ	*Erweiterung*	*Beschreibung*
audio/x-dspeeh	*dus cht*	Sprach-Dateien
audio/x-midi	*midi mid*	MIDI-Dateien
audio/x-pn-realaudio	*ram ra*	RealAudio-Dateien
audio/x-pn-realaudio-plugin	*rpm*	RealAudio-Plugin-Dateien
image/cmu-raster	*ras*	CMU-Raster
image/x-freehand	*fh4 fh5 fhc*	Freehand-Grafik
image/gif	*gif*	GIF-Grafik
image/ief	*ief*	Image Exchange Format
image/jpeg	*jpeg jpg jpe*	JPEG-Grafik
image/x-portable-anymap	*pnm*	PBM Anymap-Datei
image/x-portable-bitmap	*pbm*	PBM Bitmap-Datei
image/x-portable-graymap	*pgm*	PBM Graymap-Datei
image/x-portable-pixmap	*ppm*	PBM Pixmap-Datei
image/x-rgb	*rgb*	RBG-Grafik
image/x-windowdump	*xwd*	X-Windows-Dump
image/tiff	*tiff tif*	TIFF-Grafik
text/css	*css*	CSS-Style-Sheet-Datei
text/html	*html htm*	HTML-Datei
text/javascript	*js*	JavaScript-Datei
text/plain	*txt c cc g h hh m f90*	reine Text-Datei
text/richtext	*rtx*	MIME Richtext
text/tab-separated-values	*tsv*	Datentextdatei mit Tabulatoren als Feldtrenner
text/x-setext	*etx*	Struct.erw. Text
text/x-sgml	*sgm sgml*	SGML-Datei
video/mpeg	*mpeg mpg mpe*	MPEG Video
video/quicktime	*qt mov*	Quicktime-Video
video/x-msvideo	*avi*	Microsoft AVI-Video
video/x-sgi-movie	*movie*	Microsoft SGI-Video
video/x-sgi-movie	*movie*	Microsoft SGI-Video
x-world/x-vrml	*wrl*	VRML-Dateien

Tab. 8.1: Wichtige MIME-Typen

9 Formulare – Eingabefelder für Benutzer

9.1 Formulare definieren

HTML stellt die Möglichkeit zur Verfügung, mit Hilfe spezieller Befehle Formulare zu erstellen. In Formularen kann der Anwender Eingabefelder ausfüllen, in mehrzeiligen Textfeldern Text eingeben, aus Listen Einträge auswählen und Buttons anklicken. Wenn das Formular fertig ausgefüllt ist, kann der Anwender auf einen Button klicken, um das Formular abzusenden.

Dazu geben Sie beim Erstellen eines Formulars an, was mit den Daten des ausgefüllten Formulars passieren soll. Sie können sich die ausgefüllten Daten beispielsweise per E-Mail zuschicken lassen oder von einem CGI-Programm auf dem Server-Rechner weiterverarbeiten lassen. Formulare können sehr unterschiedliche Aufgaben haben. So werden sie zum Beispiel eingesetzt,

- um bestimmte, gleichartig strukturierte Auskünfte von Anwendern einzuholen,
- um Anwendern das Suchen in Datenbanken zu ermöglichen,
- um Anwendern die Möglichkeit zu geben, selbst Daten zu einer Datenbank beizusteuern,
- um dem Anwender die Möglichkeit individueller Interaktion zu bieten, etwa um aus einer Produktpalette etwas Bestimmtes zu bestellen.

Ein Software-Hersteller könnte z. B. ein Formular zur Verfügung stellen, in dem der Anwender angeben kann, welche Produkte der Firma er besitzt, wie er Kenntnis von den Produkten erhalten hat, welchen Beruf er ausübt, auf welchem Rechnertyp die Software bei ihm läuft usw. Auf diese Weise könnte der Hersteller gleichartig strukturiertes und daher gut vergleichbares Feedback von Anwendern einholen.

Viele Suchdienste im Internet bieten dem aufrufenden WWW-Browser in HTML geschriebene Eingabe-Formulare an, in denen der Anwender seinen Suchwunsch spezifizieren kann. Ohne solche Formulare wäre das Durchsuchen gar nicht möglich. Die meisten Suchdienste bieten darüber hinaus auch die Möglichkeit an, eigene Internet-Adressen in die Datenbank einzuspeisen. Das Einholen der dazu nötigen Information geschieht ebenfalls mit Hilfe von Formularen.

Immer zahlreicher werden auch die Bestell-Services im Internet. Egal, ob Tickets, Pizza oder Unterwäsche – um solche Bestell-Services zu realisieren, sind Formulare erforderlich, in denen der Anwender seine Bestellwünsche genau angeben kann. Wenn Sie dem Anwender auf Ihren WWW-Seiten einfach nur eine Möglichkeit anbieten wollen, direkt mit Ihnen in Kontakt zu treten, genügt allerdings auch ein einfacher E-Mail-Verweis auf die eigene E-Mail-Adresse.

✓ Formular definieren

Sie können an einer beliebigen Stelle innerhalb des Dateikörpers einer HTML-Datei ein Formular definieren. Beispiel 1:

```
<form action="mailto:muenz@csi.com" method=post
   enctype="text/plain">
... Elemente des Formulars wie Eingabefelder, Auswahllisten,
   Buttons usw. ...
</form>
```

Beispiel 2:

```
<form action="/cgi-bin/auswert.pl" method=get>
... Elemente des Formulars wie Eingabefelder, Auswahllisten,
   Buttons usw. ...
</form>
```

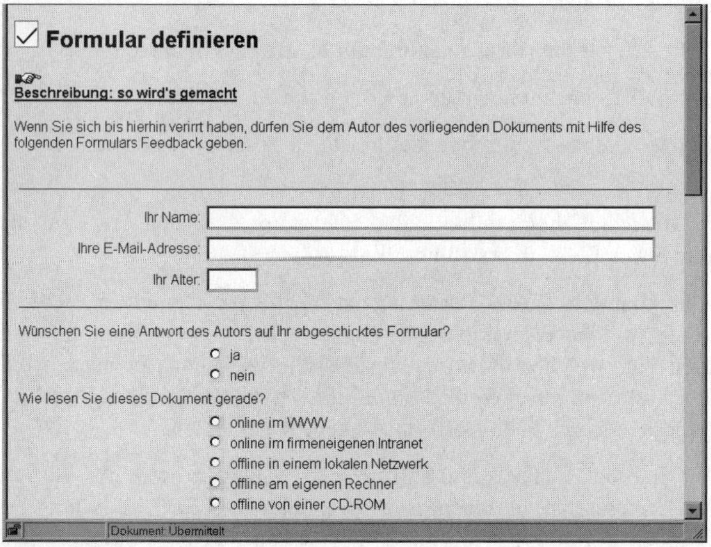

Bild 9.1: Formulare fragen vom Surfer strukturierte Daten ab

Mit `<form ...>` definieren Sie ein Formular (form = Formular). Alles, was zwischen diesem einleitenden Tag und dem abschließenden Tag `</form>` steht, gehört zum Formular. Das sind hauptsächlich Elemente des Formulars wie Eingabefelder, Auswahllisten oder Buttons. Um die Elemente zu plazieren, brauchen Sie jedoch auch Textabsätze (Absatzschaltungen) und erzwungene Zeilenumbrüche. Darüber hinaus können Sie zwischen `<form...>` und `</form>` auch Text eingeben und diesen Text wie üblich mit HTML-Befehlen formatieren. Auch Grafiken, Verweise, Tabellen oder Multimedia-Elemente sind mitten im Formular erlaubt. So können Sie Ihr Formular optisch aufwerten und mit erklärendem Text usw. versehen.

Im einleitenden `<form>`-Tag geben Sie mit `action=` an, was mit den ausgefüllten Formulardaten passieren soll, wenn der Anwender das Formular abschickt (action = Aktion). Die Angabe sollte in Anführungszeichen stehen.

- Die Angabe bei `action=` ist entweder eine E-Mail-Adresse – normalerweise Ihre eigene – mit vorangestelltem `mailto:` wie im ersten der obigen Beispiele (mailto = sende an). Dann werden die ausgefüllten Formulardaten an diese E-Mail-Adresse geschickt.
- Oder Sie rufen ein Programm auf dem Server-Rechner auf, meistens ein CGI-Programm, das die Daten weiterverarbeitet – wie im zweiten der obigen Beispiele. Bei der Adressierung des CGI-Programms gelten die gleichen Regeln wie bei Verweisen.

Weitere Hinweise hierzu in den Abschnitten zu Formularen als E-Mail und zu Formularen und CGI (Kapitel 9.11). Allgemeines zum Thema CGI finden Sie außerdem im Abschnitt CGI, Common Gateway Interface (Kapitel 2.3). Und schließlich enthält dieses Buch eine einführende CGI/Perl-Dokumentation (Kapitel 15).

Bei der Formulardefinition müssen Sie als nächstes die Übertragungsmethode angeben. Dabei gibt es zwei Möglichkeiten:

- Wenn Sie `method=get` wählen, werden die Daten des ausgefüllten Formulars auf WWW-Servern mit installiertem HTTP-Protokoll in der CGI-Umgebungsvariablen QUERY_STRING gespeichert (method = Methode, get = bekommen). Das CGI-Programm muß den Inhalt dieser Umgebungsvariablen auslesen und verarbeiten.
- Wenn Sie `method=post` wählen, werden die Daten des augefüllten Formulars auf dem Server-Rechner von *stdin* zur Verfügung gestellt, und das CGI-Programm muß sie behandeln wie eine Benutzereingabe, die auf der Kommandozeile gemacht wurde (post = verschicken). Da in diesem Fall kein EndOfFile-Signal (EOF) gesendet wird, muß das CGI-Programm die CGI-Umgebungsvariable CONTENT_LENGTH auslesen, um die Länge der übermittelten Daten und damit deren Ende zu ermitteln.

Wenn Sie sich Formulardaten per E-Mail zuschicken lassen, benutzen Sie immer `method=post`. Außerdem sollten Sie bei E-Mail-Empfang von Formulardaten immer die Angabe `enctype="text/plain"` mit angeben. Denn Formulardaten sind normalerweise nach einem bestimmten Schema formatiert, das für auswertende Programme recht gut geeignet ist, aber für Menschen nicht angenehm zu lesen ist. Mit der genannten Angabe erhalten Sie zumindest von Anwendern, die Ihr Formular mit einem modernen WWW-Browser ausfüllen, ordentlich formatierte E-Mails.

Beachten Sie: Nicht alle Browser beherrschen das Versenden von Formularen per E-Mail (mehr dazu siehe Kapitel 9.11).

Zielfenster für Server-Antwort bei Frames

Wenn Sie mit Frames arbeiten und in einem Frame-Fenster ein Formular haben, nach dessen Absenden die Server-Antwort (zum Beispiel die Ausgabe eines CGI-Scripts) in einem anderen Frame-Fenster angezeigt werden soll, können Sie das Zielfenster für die Server-Antwort angeben. Ein Beispiel:

```
<form action="/cgi-bin/auswert.pl" method=post target="Daten">
... Elemente des Formulars wie Eingabefelder, Auswahllisten,
    Buttons usw. ...
</form>
```

Mit dem Attribut `target=` können Sie im einleitenden `<form>`-Tag den Namen des Frame-Fensters angeben, in dem die Server-Antwort ausgegeben werden soll. Sowohl Netscape als auch der Internet Explorer interpretieren diese Angabe.

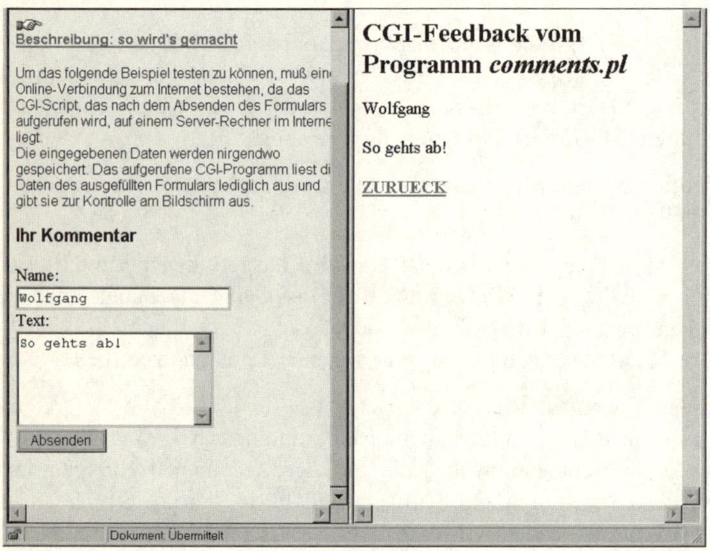

Bild 9.2: Die Rückantwort des CGI-Scripts auf dem Server erscheint im zweiten Frame

JavaScript und Style-Sheets

Mit Hilfe von JavaScript können Sie Eingaben in Formularen steuern und kontrollieren. Bereits im einleitenden `<form>`-Tag ist der JavaScript-Event-Handler `onSubmit=` erlaubt. Beachten Sie dabei auch das JavaScript-Anwendungsbeispiel zum Überprüfen von Formulareingaben, bevor das Formular abgesendet wird. Das `<form>`-Tag kann Universalattribute enthalten.

Wenn Sie HTML bereits etwas besser kennen, probieren Sie auch mal die Möglichkeiten aus, die Ihnen CSS-Style-Sheets bieten. Damit können Sie Formulare zusätzlich formatieren. Interessant sind im hier beschriebenen Zusammenhang beispielsweise folgende Style-Sheet-Angaben: Abstände, Ränder, Ausrichtung; Rahmen und Innenabstände; Hintergrundfarben und -bilder.

9.2 Einzeilige Eingabefelder

Einzeilige Eingabefelder definieren

Einzeilige Eingabefelder dienen zur Aufnahme von einem oder wenigen Wörtern oder einer Zahl. `<input ... >` definiert ein einzeiliges Eingabefeld (input = Eingabe). Der Vollständigkeit halber können Sie die Angabe `type=text` dazusetzen. Ein Beispiel:

```
Ihr Spitzname: <input name="Spitzname" size=60 maxlength=60>
<br>
Ihr Lieblings-Star: <input type=text name="LieblingsStar" size=40 maxlength=40>
<br>
Ihre heimliche Leidenschaft: <input name="Leidenschaft" size=30 maxlength=60>
```

Jedes Eingabefeld muß einen internen Bezeichnernamen erhalten, und zwar mit der Angabe `name=`. Der Name sollte nicht zu lang sein und darf keine Leerzeichen und keine deutschen Umlaute enthalten. Verwenden Sie als Sonderzeichen höchstens den Unterstrich »_«. Setzen Sie den Namen in Anführungszeichen.

Ferner sollten Sie bei einzeiligen Eingabefeldern immer die Anzeigelänge in Zeichen mit `size=` sowie die interne Feldlänge in Zeichen `maxlength=` bestimmen. Beide Angaben bedeuten die Anzahl von Zeichen (size = Größe, maxlength = maximal length = maximale Länge). Wenn die interne Feldlänge `maxlength` größer ist als die angezeigte Feldlänge `size` (wie im dritten der obigen Beispiele), dann wird bei längeren Eingaben automatisch gescrollt – im Beispiel also ab dem 31. eingegebenen Zeichen.

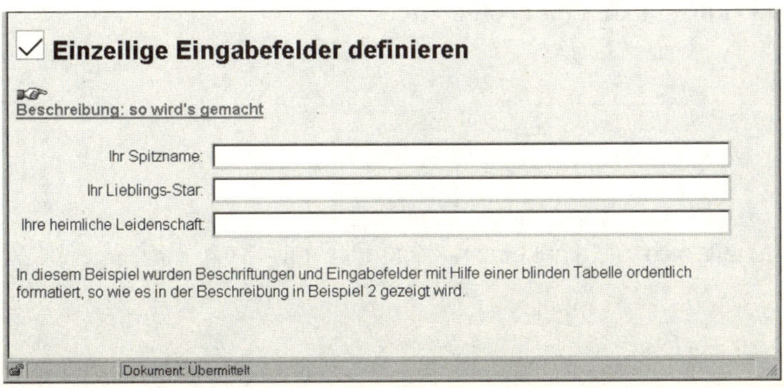

Bild 9.3: Mehrere einzeilige Eingabefelder, durch eine blinde Tabelle ordentlich ausgerichtet

Beispiel 2:

```
<form>
<table>
  <tr>
    <td align=right>Ihr Vorname:</td>
    <td><input type=text size=40 maxlength=40></td>
  </tr><tr>
    <td align=right>Ihr Zuname:</td>
    <td><input type=text size=40 maxlength=40></td>
  </tr>
</table>
</form>
```

Das Beispiel zeigt, wie Sie mit Hilfe einer blinden Tabelle Beschriftung und Eingabefelder eines Formulars ordentlich formatieren können.

Beachten Sie: Mit Hilfe von JavaScript können Sie die Eingaben von Anwendern vor dem Absenden des Formulars kontrollieren. So können Sie zum Beispiel erzwingen, daß in einem Eingabefeld eine Zahl in einem bestimmten Wertebereich eingegeben wird usw. Sie finden ein Anwendungsbeispiel, das Formulareingaben überprüft, in Kapitel 12.3.

Textvorbelegung bei einzeiligen Eingabefeldern

Sie können ein einzeiliges Eingabefeld mit einem Inhalt vorbelegen. Eingabefelder mit vorbelegtem Inhalt werden wie gewöhnliche Eingabefelder definiert. Mit dem zusätzlichen Attribut `value=` können Sie einen Text angeben, mit dem das Feld vorbelegt wird (value = Wert). Der Text muß in Anführungszeichen stehen. Beispiel:

```
Ihre Lieblings-URL:
<input name="LieblingsURL" maxlength=40 size=40
   value="http://www.teamone.de/selfhtml/">
```

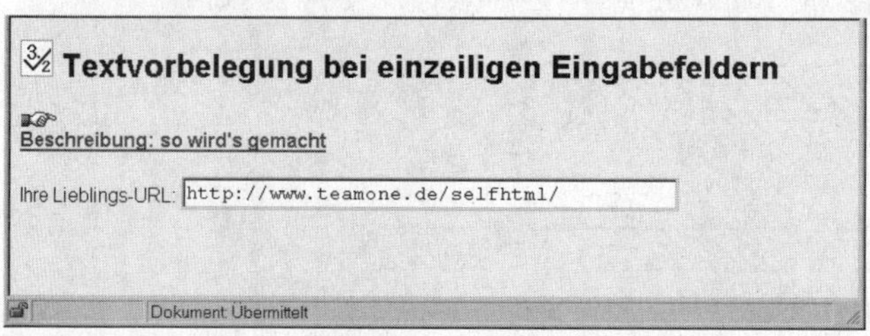

Bild 9.4: Ein Eingabefeld läßt sich leicht mit einem – suggestiven – Text vorbelegen

Eingabefelder für Paßwörter

Für die Eingabe von Geheimnummern, Paßwörtern usw. gibt es einen speziellen Typ von Eingabefeld. Die eingegebenen Zeichen werden dabei durch Platzhalter – meistens

Sternchen – dargestellt, so daß Personen im Raum des Anwenders nicht zufällig das eingegebene Paßwort mitlesen können. Ein Beispiel:

```
Ihre Zugangsnummer: <input type=password name="Zugangsnummer"
   maxlength=10 size=10>
```

Eingabefelder für Paßwörter werden wie gewöhnliche Eingabefelder definiert. Mit der zusätzlichen Angabe `type=password` bestimmen Sie, daß es sich um ein Paßwort-Feld handelt.

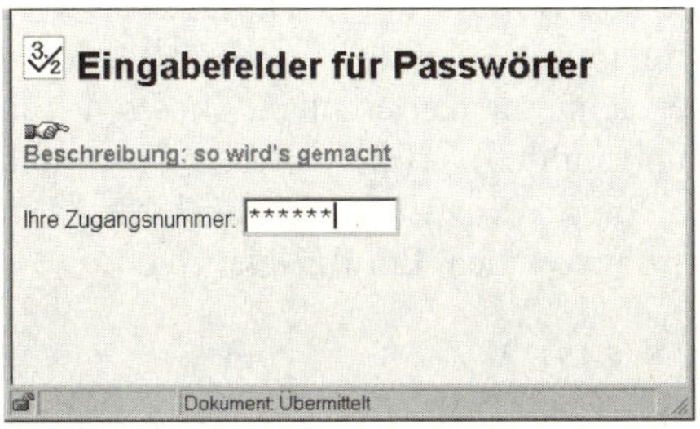

Bild 9.5: Ein Paßwort-Eingabefeld zeigt statt der eingetippten Zeichen nur Sternchen an

Beachten Sie: Paßwörter werden trotz der verdeckten Eingabe im Klartext über das Internet übertragen. Weisen Sie Anwender in ernsthaften Zusammenhängen auf diese Tatsache bitte explizit hin. Ein Paßwortfeld in HTML allein ist noch keine Abfrage für geschützte WWW-Seiten. Bitte kontaktieren Sie beim Wunsch, paßwortgeschützte WWW-Seiten anzubieten, Ihren Provider. Lesen Sie zu diesem Thema auch aufmerksam das Kapitel 17.3 über das Publizieren von WWW-Projekten.

Eingabefelder auf »nur lesen« setzen

Sie können erzwingen, daß ein Eingabefeld kein Eingabefeld mehr ist, sondern eigentlich nur ein Ausgabefeld. Das kann beispielsweise interessant sein, wenn Sie mit JavaScript ermittelte Werte in einem Formularfeld ausgeben möchten. Mit dem Attribut `readonly` können Sie ein Eingabefeld (`<input>`) auf »nur lesen« setzen. Beachten Sie: Der Internet Explorer interpretiert diese Angabe seit Version 4.x, Netscape aber in der Version 4.x noch nicht. Ein Beispiel:

```
<input name="Ausgabe" maxlength=10 size=10 readonly>
```

Universalattribute und Style-Sheets

Das `<input>`-Tag kann Universalattribute enthalten. Es ist durchaus auch erlaubt, CSS-Style-Sheets auf Formularelemente anzuwenden. Leider interpretiert Netscape solche Möglichkeiten in der Produktversion 4.x noch nicht. Der Internet Explorer 4.x interpretiert CSS-Style-Sheets im Zusammenhang mit Formularelementen. Auf das `<input>`-

Tag können Sie beispielsweise folgende Style-Sheet-Angaben anwenden: Schriftformatierung, Hintergrundfarben und -bilder, Elemente positionieren.

9.3 Mehrzeilige Eingabefelder

Mehrzeilige Eingabefelder definieren

Mehrzeilige Eingabefelder dienen zur Aufnahme von Kommentaren, Nachrichten usw. `<textarea ...>` leitet ein mehrzeiliges Eingabefeld ein (textarea = Textbereich). Jedes mehrzeilige Eingabefeld muß einen internen Bezeichnernamen erhalten, und zwar mit der Angabe `name=`. Der Name sollte nicht zu lang sein und darf keine Leerzeichen und keine deutschen Umlaute enthalten. Verwenden Sie als Sonderzeichen höchstens den Unterstrich »_«. Setzen Sie den Namen in Anführungszeichen. Ein Beispiel:

```
<p>Was halten Sie davon, da&szlig; es noch keinen
   HTML-Nobelpreis gibt:</p>
<textarea name="HTML_Nobelpreis" rows=10 cols=50></textarea>
```

Dahinter folgen zwei Angaben zur Anzeigegröße des Textfelds. `rows=` bestimmt die Anzahl der angezeigten Zeilen (rows = Zeilen), `cols=` die Anzahl der angezeigten Spalten (cols = columns = Spalten). »Spalten« bedeutet dabei die Anzahl Zeichen (pro Zeile). Mit `</textarea>` schließen Sie das mehrzeilige Eingabefeld ab. Das End-Tag ist nötig und darf nicht weggelassen werden.

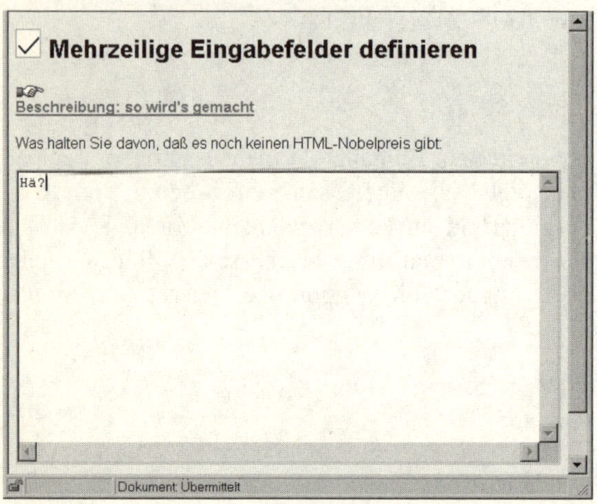

Bild 9.6: Mehrzeilige Eingabefelder sind ideal für längere Kommentare

Beachten Sie: Die Angaben `rows=` und `cols=` bestimmen lediglich die Anzeigegröße des Eingabebereichs, nicht die Länge des erlaubten Textes. Die ist theoretisch unbegrenzt. WWW-Browser statten die mehrzeiligen Eingabefelder bei der Anzeige üblicherweise mit Scrollbalken aus, so daß der Anwender bei längeren Eingaben scrollen kann. Das `<textarea>`-Tag erzeugt einen eigenen Absatz.

Textvorbelegung bei mehrzeiligen Eingabefeldern

Sie können ein mehrzeiliges Eingabefeld mit Inhalt vorbelegen. Mehrzeilige Eingabefelder mit vorbelegtem Text werden wie gewöhnliche mehrzeilige Eingabefelder definiert. Die Textvorbelegung definieren Sie nach dem einleitenden `<textarea>`-Tag und vor dem abschließenden `</textarea>`. Ein Beispiel:

```
<p>Was halten Sie von der Vermicrosoftung des Internet:</p>
<textarea name="Vermicrosoftung" rows=10 cols=50>
Schreiben Sie sich Ihren Frust von der Seele!
</textarea>
```

N 2.0 | 4.0 Umbruch bei mehrzeiligen Eingabefeldern kontrollieren

Normalerweise erfolgt innerhalb mehrzeiliger Eingabefelder kein automatischer Zeilenumbruch, was auf viele Anwender, die moderne Eingabeformen kennen, irritierend wirkt. Es gibt jedoch eine Möglichkeit, einen automatischen Zeilenumbruch zu erzwingen. Beispiel 1:

```
<p>Was halten Sie vom Schlagwort &quot;rechtsfreier
   Raum Internet&quot;:</p>
<textarea name="RaumInternet" rows=10 cols=50
   wrap=virtual></textarea>
```

Beispiel 2:

```
<p>Was halten Sie vom Gerede um Kinderpornos und
   Neonazis im Internet:</p>
<textarea name="Gerede" rows=10 cols=50 wrap=physical></textarea>
```

Mehrzeilige Eingabefelder mit Umbruchkontrolle werden wie gewöhnliche mehrzeilige Eingabefelder definiert. Mit dem Attribut `wrap=` können Sie den Zeilenumbruch steuern (wrap = Umbruch). Mit `wrap=virtual` bewirken Sie, daß der Text bei der Eingabe automatisch umbrochen wird (virtual = scheinbar). Beim Absenden des Formulars werden jedoch keine Zeilenumbruchzeichen übertragen. Mit `wrap=physical` bewirken Sie ebenfalls, daß der Text bei der Eingabe automatisch umbrochen wird (physical = tatsächlich). Die Zeilenumbruchzeichen werden beim Absenden des Formulars jedoch mit übertragen. Mit `wrap=off` stellen Sie den Zeilenumbruch aus (Voreinstellung).

Beachten Sie: Unverständlicherweise gehört dieser Befehl immer noch nicht zum HTML-Standard. Benutzen Sie ihn trotzdem.

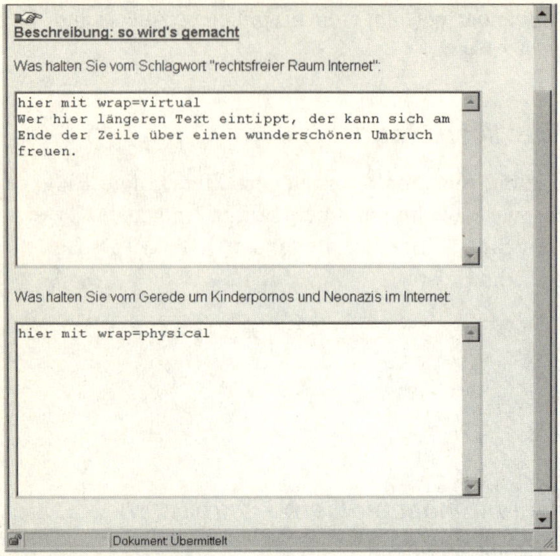

Bild 9.7: Normalerweise kennen mehrzeilige Eingabefelder keinen automatischen Umbruch – Sie müssen ihn mit dem `wrap`-Tag erzwingen

Eingabefelder auf »nur lesen« setzen

Sie können erzwingen, daß ein Eingabefeld kein Eingabefeld mehr ist, sondern eigentlich nur ein Ausgabefeld. Das kann beispielsweise interessant sein, wenn Sie mit JavaScript ermittelte Werte in einem Formularfeld ausgeben möchten. Ein Beispiel:

```
<textarea name="Output" rows=5 cols=50 readonly></textarea>
```

Mit dem Attribut `readonly` können Sie ein mehrzeiliges Eingabefeld (`<textarea>`) auf »nur lesen« setzen. Beachten Sie: Der Internet Explorer interpretiert diese Angabe seit Version 4.x, Netscape in der Version 4.x noch nicht.

Universalattribute und Style-Sheets

Das `<textarea>`-Tag kann Universalattribute enthalten. Es ist durchaus auch erlaubt, CSS-Style-Sheets auf Formularelemente anzuwenden. Leider interpretiert Netscape solche Möglichkeiten in der Produktversion 4.x noch nicht. Der Internet Explorer 4.x interpretiert CSS-Style-Sheets im Zusammenhang mit Formularelementen. Auf das `<textarea>`-Tag können Sie beispielsweise folgende Style-Sheet-Angaben anwenden: Schriftformatierung, Hintergrundfarben und -bilder, Elemente positionieren.

9.4 Auswahllisten und Menüstruktur

Auswahlliste definieren

Sie können dem Anwender eine Liste mit festen Einträgen anbieten, aus der er einen Eintrag auswählen kann. Der Text des ausgewählten Eintrags wird übertragen, wenn der Anwender das Formular abschickt. Ein Beispiel:

```
<p>Ihr Favorit:</p>
<select name="top5" size=3>
<option> Heino
<option> Michael Jackson
<option> Tom Waits
<option> Nina Hagen
<option> Marianne Rosenberg
</select>
```

`<select ...>` leitet eine Auswahlliste ein. Jede Auswahlliste muß einen internen Bezeichnernamen erhalten, und zwar mit der Angabe `name=`. Der Name sollte nicht zu lang sein und darf keine Leerzeichen und keine deutschen Umlaute enthalten. Verwenden Sie als Sonderzeichen höchstens den Unterstrich »_«. Setzen Sie den Namen in Anführungszeichen.

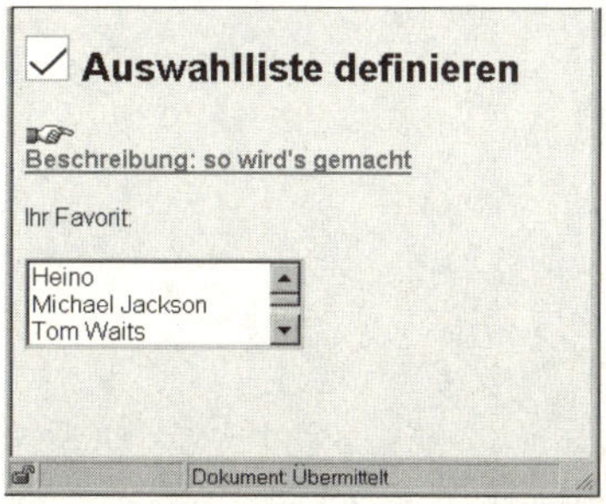

Bild 9.8: Eine einfache Auswahlliste mit fünf Elementen, von denen aber nur drei gleichzeitig gezeigt werden

Mit dem Attribut `size=` bestimmen Sie die Anzeigegröße der Liste, d. h. wie viele Einträge angezeigt werden sollen. Wenn die Liste mehr Einträge enthält, als angezeigt werden, kann der Anwender in der Liste scrollen. Wenn Sie `size=1` angeben, definieren Sie eine sogenannte Drop-Down-Liste. `<option>` definiert jeweils einen Eintrag der Auswahlliste. Hinter `<option>` muß der Text des Listeneintrags stehen. Sie können so viele Listeneinträge definieren, wie Sie wollen. Ein Abschluß-Tag `</option>` ist erlaubt, aber nicht zwingend erforderlich. Mit `</select>` wird die Auswahlliste abgeschlossen.

Beachten Sie: Die Breite der Listenanzeige wird automatisch ermittelt, abhängig vom längsten Eintrag. Mit Hilfe von JavaScript können Sie Auswahllisten auch zweckentfremden, um Verweise innerhalb Ihres Projekts zu realisieren. Innerhalb dieser Dokumentation finden Sie in Kapitel 12.3 ein Beispiel dazu: *Verweisliste als Auswahlliste.*

Auswahlliste mit Mehrfachauswahl

Wenn Sie nichts anderes angeben, kann der Anwender aus einer Auswahlliste genau einen Eintrag auswählen. Sie können eine Mehrfachauswahl erlauben. Ein Beispiel:

```
<p>Alle Ihre Favoriten aus der 70er-Jahre-Liste:</p>
<select name="top70s" size=5 multiple>
<option> Sweet
<option> T.Rex
<option> Slade
<option> Mud
<option> Bay City Rollers
</select>
```

Auswahllisten mit Mehrfachauswahl werden wie gewöhnliche Auswahllisten definiert. Die Mehrfachauswahl erlauben Sie durch das zusätzliche Attribut `multiple` im einleitenden `<select>`-Tag.

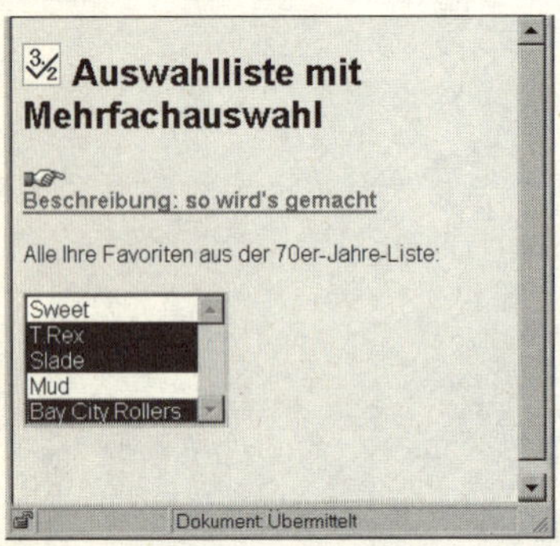

Bild 9.9: Soll der Anwender mehrere Einträge einer Auswahlliste markieren dürfen, müssen Sie das mit dem Attribut `multiple` ausdrücklich erlauben

Beachten Sie: Eine Mehrfachauswahl ist für Anwender nicht unmittelbar erkennbar. Deshalb sollten Sie darauf hinweisen, wenn mehrere Einträge auswählbar sind. Auch ist nicht allen Anwendern klar, wie sie mehrere Einträge selektieren können. Auf modernen PC-Tastaturen geschieht das normalerweise durch Halten der [Strg]-Taste bei gleichzeitigem Anklicken der gewünschten Listeneinträge.

Einträge vorselektieren

Wenn Sie nichts anderes angeben, ist zunächst kein Eintrag einer Auswahlliste vorselektiert. Sie können einen Eintrag vorselektieren. In Verbindung mit Mehrfachauswahl können Sie auch mehrere Einträge vorselektieren. Vorselektierte Einträge haben einen sichtbaren Markierungsbalken. Ein Beispiel:

```
<p>Wen kennen Sie am besten?</p>
<select name="BestKenn" size=3>
<option> Rosa Luxemburg
<option selected> Helmut Kohl
<option> Herbert Gruhl
</select>
```

Auswahllisten mit Vorselektion werden wie gewöhnliche Auswahllisten definiert. Um einen Eintrag der Auswahlliste vorzuselektieren, geben Sie im Tag `<option...>` des betreffenden Eintrags den Zusatz `selected` an.

Absendewert von Einträgen bestimmen

Normalerweise wird beim Absenden des Formulars der Text eines ausgewählten Listeneintrags übertragen, der hinter `<option>` steht. Sie können jedoch bestimmen, daß intern ein anderer Text übertragen wird. Ein Beispiel:

```
<p>Ihre Pizza-Bestellung:</p>
<select name="Pizza" size=5>
<option value="P101"> Pizza Napoli
<option value="P102"> Pizza Funghi
<option value="P103"> Pizza Capriciosa
<option value="P104"> Pizza Vegetabile
<option value="P105"> Pizza Mexicana
<option value="P106"> Pizza Quatro Stagioni
<option value="P107"> Pizza de la Casa
<option value="P108"> Pizza Calzone
<option value="P109"> Pizza con tutti
</select>
```

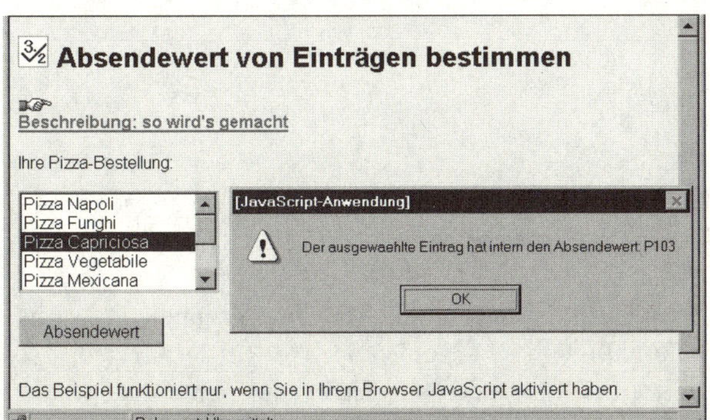

Bild 9.10: Per JavaScript zeigt das Beispiel direkt den Absendewert des gewählten Listeneintrags an

Auswahllisten mit anderen Absendewerten werden wie gewöhnliche Auswahllisten definiert. Um für einen Eintrag der Auswahlliste einen anderen Absendewert zu bestimmen, geben Sie im Tag `<option...>` des betreffenden Eintrags das Attribut `value=` an (value = Wert). Die Angabe muß in Anführungszeichen stehen. Beim Absenden des Formulars wird dann der hier bestimmte Text eines ausgewählten Eintrags übertragen, nicht der Text, der dem Anwender beim Listeneintrag angeboten wurde.

Menüstruktur definieren

Die folgenden Befehle sollte ein WWW-Browser nicht wie üblich als einfache Auswahlliste anzeigen, sondern als verschachtelte Menüstruktur. Anwender moderner grafischer Oberflächen kennen solche verschachtelten Menüs. Das Startmenü von Windows 95 ist beispielsweise ein solches Menü. Netscape 4.0 und Micsosoft Internet Explorer 4.0 interpretieren diese Angaben jedoch leider noch nicht. Ein Beispiel:

```
<select name="Namen" size=3>
 <optgroup label="Namen mit A">
  <option label="Anna"> Anna
  <option label="Achim"> Achim
  <option label="August"> August
 </optgroup>
 <optgroup label="Namen mit B">
  <option label="Berta"> Berta
  <option label="Barbara"> Barbara
  <option label="Bernhard"> Bernhard
 </optgroup>
 <optgroup label="Namen mit C">
  <option label="Caesar"> Caesar
  <option label="Christiane"> Christiane
  <option label="Christian"> Christian
 </optgroup>
</select>
```

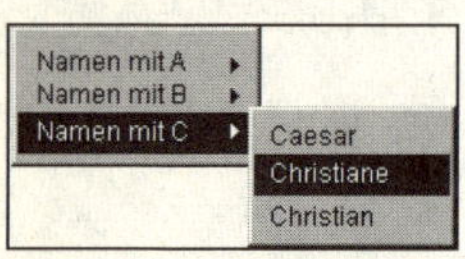

Bild 9.11: Die Darstellung der verschachtelten Menüstruktur sollte etwa so aussehen – die 4er-Versionen der bekannten Browser beherrschen sie nicht

Für eine solche verschachtelte Menüstruktur definieren Sie Untergruppen von Auswahllisten. Dazu notieren Sie innerhalb von `<select>` und `</select>` für jede gewünschte Untergruppe das Tag `<optgroup>` und am Ende der Untergruppe das Abschluß-Tag `</optgroup>`. Im einleitenden `<optgroup>`-Tag vergeben Sie mit dem Attribut `label=` einen Namen für die Gruppe von Einträgen. Dieser Eintrag wird angezeigt, wenn der Browser das Menü in dieser Weise interpretiert. Die Angabe muß in

Anführungszeichen stehen. Für die Einträge innerhalb einer Untergruppe notieren Sie jeweils ein `<option>`-Tag. Auch hierbei bestimmen Sie den angezeigten Menüeintrag mit dem Attribut `label=`. Die Werte, die Sie hinter `<option>` notieren, sind für die Menüdarstellung ohne Belang. Es ist jedoch wichtig, sie zu notieren, denn Browser, die die Menüdarstellung nicht beherrschen, zeigen stattdessen eine gewöhnliche Auswahlliste mit den Einträgen an, die Sie hinter den `<option>`-Tags angeben.

Beachten Sie: Wenn Sie Unter-Untermenüs realisieren wollen, notieren Sie einfach innerhalb von `<optgroup>...</optgroup>` an der gewünschten Stelle einen weiteren Bereich mit `<optgroup>...</optgroup>`.

Universalattribute und Style-Sheets

Die Tags `<select>` und `<option>` können Universalattribute enthalten. Es ist durchaus auch erlaubt, CSS-Style-Sheets auf Formularelemente anzuwenden. Leider interpretiert Netscape solche Möglichkeiten in der Produktversion 4.x noch nicht. Der Internet Explorer 4.x interpretiert CSS-Style-Sheets im Zusammenhang mit Formularelementen. Im hier beschriebenen Zusammenhang sind beispielsweise folgende Style-Sheet-Angaben interessant: Schriftformatierung, Hintergrundfarben und -bilder, Elemente positionieren.

9.5 Radiobuttons und Checkboxen

Radiobuttons definieren

Radiobuttons sind eine Gruppe von beschrifteten Buttons, aus der der Anwender einen markieren kann. Es kann immer nur einer der Buttons markiert sein. Der Wert des markierten Buttons wird beim Absenden des Formulars mit übertragen. Ein Beispiel:

```
Geben Sie Ihre Zahlungsweise an:
<input type=radio name="Zahlmethode" value="Mastercard">
   Mastercard
<br>
<input type=radio name="Zahlmethode" value="Visa"> Visa
<br>
<input type=radio name="Zahlmethode" value="AmericanExpress">
   American Express
```

Radiobuttons werden durch `<input ...>` definiert (input = Eingabe). Dahinter folgt die Angabe `type=radio`. Jeder Radiobutton muß einen internen Bezeichnernamen erhalten, und zwar mit dem Attribut `name=`. Alle Radiobuttons, die den gleichen Namen haben, gehören zu einer Gruppe, d. h. von diesen Buttons kann der Anwender genau einen markieren. Der Name sollte nicht zu lang sein und darf keine Leerzeichen und keine deutschen Umlaute enthalten. Verwenden Sie als Sonderzeichen höchstens den Unterstrich »_«. Setzen Sie den Namen in Anführungszeichen.

Mit dem Attribut value= bestimmen Sie einen internen Bezeichnerwert für jeden Radiobutton (value = Wert). Wenn der Anwender das Formular abschickt, wird der Bezeichnerwert des markierten Buttons übertragen. Setzen Sie den Bezeichnerwert in Anführungszeichen. Hinter dem <input>-Tag geben Sie den Text ein, mit dem der Radiobutton bei der Anzeige im Browser beschriftet sein soll.

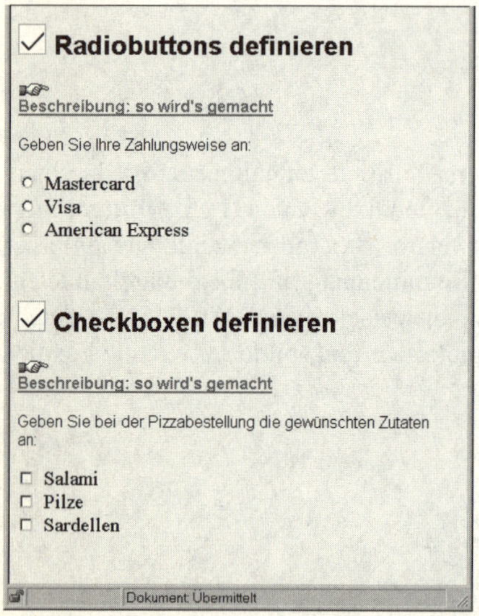

Bild 9.12: Radiobuttons und Checkboxen präsentieren dem Anwender vorgegebene Auswahlmöglichkeiten

Checkboxen definieren

Checkboxen sind eine Gruppe von beschrifteten Buttons, von denen der Anwender keinen, einen oder mehrere markieren (»ankreuzen«) kann. Die Werte von markierten Checkboxen werden beim Absenden des Formular mit übertragen. Ein Beispiel:

```
<p>Geben Sie bei der Pizzabestellung die gew&uuml;nschten
   Zutaten an:</p>
<input type=checkbox name="zutat" value="salami"> Salami<br>
<input type=checkbox name="zutat" value="pilze"> Pilze<br>
<input type=checkbox name="zutat" value="sardellen"> Sardellen
```

Checkboxen werden durch <input ...> definiert (input = Eingabe). Dahinter folgt die Angabe type=checkbox. Jede Checkbox muß einen internen Bezeichnernamen erhalten, und zwar mit der Angabe name=. Alle Checkboxen, die den gleichen Namen haben, gehören zu einer Gruppe, d. h. von diesen Elementen kann der Anwender keines, eines oder mehrere ankreuzen. Der Name sollte nicht zu lang sein und darf keine Leerzeichen und keine deutschen Umlaute enthalten. Verwenden Sie als Sonderzeichen höchstens den Unterstrich »_«. Setzen Sie den Namen in Anführungszeichen. Mit dem Attribut `value=` bestimmen Sie einen internen Bezeichnerwert für jede Checkbox (value = Wert). Wenn der Anwender das Formular abschickt, werden die Bezeichnerwerte des oder der angekreuzten Buttons übertragen. Setzen Sie den Bezeichnerwert in Anführungszeichen. Hinter dem Tag geben Sie den Text ein, mit dem die Checkbox bei der Anzeige im Browser beschriftet sein soll.

3.2 *Einträge vorselektieren*

Wenn Sie nichts anderes angeben, ist bei Radiobuttons und Checkboxen zunächst kein Eintrag vorselektiert. Sie können bei Radiobuttons einen Eintrag und bei Checkboxen einen oder mehrere Einträge vorselektieren. Um einen Radiobutton oder eine Checkbox vorzuselektieren, setzen Sie bei der Definition des Buttons das Attribut `checked` hinzu. Ein Beispiel:

```
<p>
Sind Sie:
<input type=radio name="Geschlecht" value="Mann"> ein Mann?
<input type=radio name="Geschlecht" checked value="Frau">
   eine Frau?
</p><p>
Ich mag:
<input type=checkbox name="Vorliebe" checked value="Urlaub">
   Urlaub
<input type=checkbox name="Vorliebe" checked value="Geld">
   Geld
</p>
```

9.6 Klick- und Datei-Buttons

4.0 *Klick-Buttons definieren (herkömmlich)*

Sie können anklickbare Buttons definieren, die keine spezielle Bedeutung haben. Sinnvoll sind solche frei definierbaren Buttons nur in Verbindung mit Scriptsprachen wie JavaScript. In der Regel werden sie dazu verwendet, Verweise oder andere JavaScript-gesteuerte Befehle auszuführen. Die hier beschriebene Möglichkeit hat den Vorteil, daß sie auch von älteren Browsern (Netscape seit Version 2.x, Internet Explorer seit Version 3.x) interpretiert wird. Ein Beispiel:

```
<p>Wenn bei Ihnen JavaScript funktioniert, hat der
   folgende Button die gleiche Bedeutung wie der
   Back-Button im WWW-Browser:</p>
<input type=button value="Zur&uuml;ck" onClick="history.back()">
```

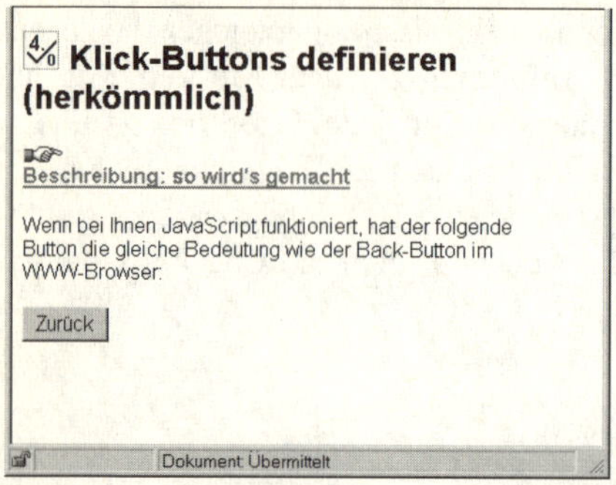

Bild 9.13: Dieser Button hat in Verbindung mit JavaScript die Wirkung des Zurück-Icons aus der Symbolleiste des Browsers

Mit `<input type=button ...>` definieren Sie einen Button (input = Eingabe). Die Beschriftung des Buttons bestimmen sie mit der Zusatzangabe `value=` (value = Wert). Die Angabe muß in Anführungszeichen stehen. Um anzugeben, was passieren soll, wenn der Button angeklickt wird, können Sie beispielsweise den JavaScript-Event-Handler `onClick=` verwenden. Hinter dem Gleichheitszeichen geben Sie einen JavaScript-Befehl ein, z. B. den Aufruf einer selbstgeschriebenen JavaScript-Funktion, oder – wie im Beispiel – einen einfachen JavaScript-Befehl.

Klick-Buttons definieren (HTML 4.0)

Ab HTML 4.0 dürfen anklickbare Buttons endlich so heißen, wie sie heißen: nämlich Button. Solche Buttons sind flexibler als herkömmliche Buttons, denn sie dürfen auch einen definierten Inhalt haben, etwa eine Grafik. Der Internet Explorer interpretiert diesen neuen HTML-Befehl ab Version 4.x, Netscape kennt den Befehl in Version 4.x noch nicht. Ein Beispiel:

```
<p>Wenn bei Ihnen JavaScript funktioniert, hat der
   folgende Button die gleiche Bedeutung wie der
   Back-Button im WWW-Browser:</p>
<button name="Klickmich" type="button"
  value="go back" onClick="history.back()">
 <img src="klick.gif" alt="Klickbild">
 <p>!GO BACK!</p>
</button>
```

Die Definition eines solchen Buttons leiten Sie mit `<button>` ein. Dieses Tag hat ein Abschluß-Tag `</button>`, mit dem Sie die Definition des Buttons am Ende abschließen. Zwischen dem einleitenden Tag und dem End-Tag können Inhalte stehen. Alles, was Sie innerhalb von `<button>...</button>` notieren, wird als Beschriftung des Buttons angezeigt. Das dürfen durchaus auch Grafikreferenzen sein wie im obigen Beispiel. Diese Inhalte werden innerhalb der Button-Fläche zentriert ausgerichtet.

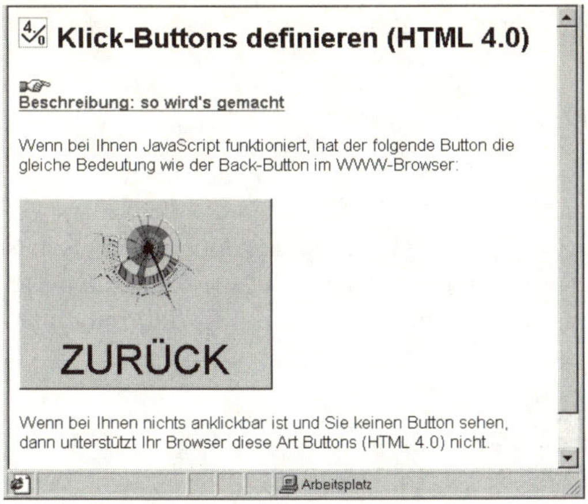

Bild 9.14: Die Buttons von HTML 4.0 dürfen auch Grafiken etc. enthalten

Im einleitenden `<button>`-Tag notieren Sie verschiedene Angaben zum Button. Seltsam erscheint die Angabe `type=button`, wo doch das Tag schon so heißt. Notieren Sie diese Angabe jedoch bei allen Buttons, die Sie für Scriptsprachen verwenden. Denn mit Hilfe des `<button>`-Tags können Sie auch zwei andere Button-Typen definieren, nämlich Buttons zum Absenden und Abbrechen.

Mit dem Attribut `name=` können Sie einen Namen für den Button vergeben. Unter diesem Namen ist der Button beispielsweise in JavaScript ansprechbar. Mit dem Attribut `value=` können Sie eine Beschriftung für den Button bestimmen, falls Sie keinen Inhalt innerhalb von `<button>`...`</button>` notieren. Beachten Sie jedoch, daß der Internet Explorer 4.0 diese Angabe ignoriert und bei leerem Inhalt einen leeren Button anzeigt.

Um anzugeben, was passieren soll, wenn der Button angeklickt wird, können Sie beispielsweise den JavaScript-Event-Handler `onClick=` verwenden. Hinter dem Istgleichzeiten geben Sie einen JavaScript-Befehl ein, z. B. den Aufruf einer selbstgeschriebenen JavaScript-Funktion, oder – wie im Beispiel – einen einfachen JavaScript-Befehl.

Beachten Sie: Grafiken, die als Button-Inhalt angezeigt werden, dürfen kein Attribut `usemap=` für Verweis-sensitive Flächen enthalten.

Universalattribute und Style-Sheets

Das `<input>`-Tag kann Universalattribute enthalten. Es ist durchaus auch erlaubt, CSS-Style-Sheets auf Formularelemente anzuwenden. Leider interpretiert Netscape solche Möglichkeiten in der Produktversion 4.x noch nicht. Der Internet Explorer 4.x interpretiert CSS-Style-Sheets im Zusammenhang mit Formularelementen. Auf das `<input>`-Tag können Sie beispielsweise folgende Style-Sheet-Angaben anwenden: Schriftformatierung, Hintergrundfarben und -bilder, Elemente positionieren.

9.7 Versteckte Elemente in Formularen

Versteckte Elemente in Formularen definieren

Sie können Felder in einem Formular definieren, die dem Anwender nicht angezeigt werden. Versteckte Felder können Daten enthalten. Beim Absenden des Formulars werden die Daten versteckter Felder mit übertragen. Auf diese Weise können Sie beispielsweise zusätzliche Informationen an CGI-Programme übergeben oder erläuternden Text einfügen, der bei der E-Mail-Übertragung der Formulardaten in der E-Mail mit enthalten ist.

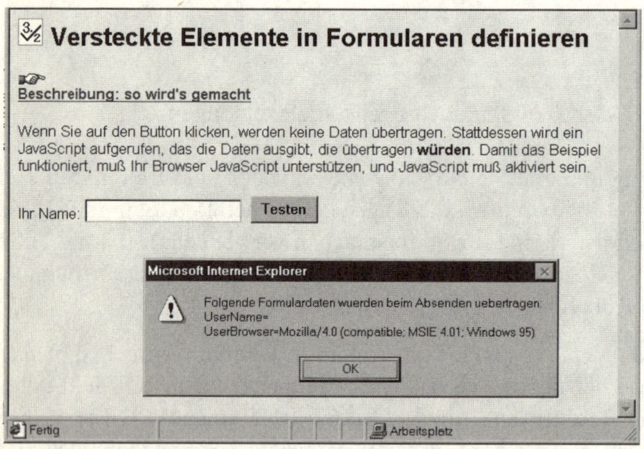

Bild 9.15: Obwohl nur ein Eingabefeld sichtbar ist, überträgt das Formular weitere Feldinhalte – hier die verwendete Browser-Version

Auch für JavaScript ist diese Möglichkeit interessant. Da JavaScript Formularfelder problemlos auslesen und deren Werte auch ändern kann, ist es auf diese Weise bequem möglich, interne Daten zu speichern, die nicht am Bildschirm angezeigt, von einem JavaScript jedoch benötigt werden. Im Zusammenhang mit Frames können JavaScripts sogar auf versteckte Formulardaten zugreifen, die in einer anderen Datei im Frame-Set stehen. Ein Beispiel:

```
<form name="Feedback" action="mailto:abc@xy.com" method=post
   enctype="text/plain">
Ihr Name: <input name="UserName>"
<input type=hidden name="UserBrowser" value="">
<input type=submit value="Absenden">
</form>
<script language="JavaScript">
   document.Feedback.UserBrowser.value = navigator.userAgent;
</script>
```

Mit <input type=hidden ...> definieren Sie versteckte Daten in einem Formular (input = Eingabe, hidden = versteckt). Die Daten selbst bestimmen Sie mit der Zusatzangabe value= (value = Wert). Die Angabe muß in Anführungszeichen stehen.

Im obigen Beispiel erhält das versteckte Formularfeld zunächst keine Daten (value=""). Unterhalb des Formulars ist jedoch ein JavaScript notiert. Dieses Script ermittelt den Browser-Typ, den der Anwender verwendet, und schreibt den ermittelten Wert in das versteckte Formularfeld. Wenn der Anwender das Formular absendet, wird also der verwendete Browser als Formularinhalt mit übertragen. Auf die JavaScript-Befehle wird hier nicht weiter eingegangen. Innerhalb der JavaScript-Dokumentation in Kapitel 13 finden Sie die entsprechenden Befehle in der Objektreferenz beschrieben. Maßgeblich sind das navigator-Objekt und das forms-Objekt.

9.8 Elemente gruppieren und Label für Elemente

Elemente gruppieren

Größere Formulare bestehen häufig aus Gruppen von Elementen. Ein typisches Bestellformular besteht beispielsweise aus Elementgruppen wie Absender, bestellte Produkte und Formular absenden/abbrechen. Solche Elementgruppen können Sie ab HTML 4.0 eigens auszeichnen. Ein WWW-Browser sollte Elementgruppen durch Linien oder ähnliche Effekte optisch sichtbar machen. Der MS Internet Explorer interpretiert diese Befehle ab Version 4.x. Netscape kennt die Befehle in der Version 4.x noch nicht. Ein Beispiel:

```
<form>

<fieldset>
<legend><b>Absender</b></legend>
<table>
  <tr>
    <td align=right>Ihr Vorname:</td>
    <td><input type=text size=40 maxlength=40></td>
  </tr><tr>
    <td align=right>Ihr Zuname:</td>
    <td><input type=text size=40 maxlength=40"></td>
  </tr>
</table>
</fieldset>

<fieldset>
<legend><b>Wunsch</b></legend>
<table>
  <tr>
    <td align=right>Ihr Wunsch:</td>
```

```
    <td><input type=text size=40 maxlength=40></td>
  </tr><tr>
    <td align=right>Ihr Zusatzwunsch:</td>
    <td><input type=text size=40 maxlength=40"></td>
  </tr>
</table>
</fieldset>

<fieldset>
<legend><b>Formular</b></legend>
<input type=submit value="Absenden">
<input type=reset value="Abbrechen">
</fieldset>

</form>
```

Eine zusammengehörige Gruppe von Formularelementen schließen Sie in die Tags `<fieldset>...</fieldset>` ein (fieldset = Feldgruppe). Innerhalb dieser Tags können Sie beliebige Teile Ihres Formulars definieren. Unterhalb des einleitenden `<fieldset>`-Tags und vor den ersten Formularinhalten der Gruppe sollten Sie ferner eine Gruppenüberschrift (Legende) für die Elementgruppe vergeben. Schließen Sie den Gruppenüberschriftentext in die Tags `<legend>...</legend>` ein. Den Text innerhalb davon können Sie mit Hilfe von HTML/CSS nach Wunsch formatieren.

4.0 Label für Elemente

Für Formularelemente wie Eingabefelder oder Auswahllisten gab es bislang keine logische Beschriftungsmöglichkeit. Sie können zwar Text vor ein solches Element setzen wie `E-Mail-Adresse:`, aber ein solcher Text ist normaler HTML-Text, der keinen definierten Bezug zu dem Element hat, für das er als Beschriftung dient. Ab HTML 4.0 können Sie Labels definieren, die solch einen logischen Bezug zu einem Formularelement herstellen. Ein Beispiel:

```
<form>
<table>
  <tr>
    <td><label for="vorname">Ihr Vorname:</label></td>
    <td><input type=text id="vorname"></td>
  </tr><tr>
    <td><label for="nachname">Ihr Zuname:</label></td>
    <td><input type=text id="nachname"></td>
  </tr>
</table>
</form>
```

Das Beispiel zeigt, wie Sie mit Hilfe einer blinden Tabelle Beschriftung und Eingabefelder eines Formulars ordentlich formatieren können. Das Besondere dabei ist, daß ein logischer Bezug zwischen Beschriftung und Eingabefeld hergestellt wird. Dazu muß das Formularelement selbst, im obigen Beispiel zwei Eingabefelder, mit Hilfe des Universalattributs `id=` einen eindeutigen Namen erhalten. Der `id`-Name muß in Anführungszeichen stehen. Er darf nur aus Buchstaben, Ziffern und Unterstrich bestehen, wobei das erste Zeichen ein Buchstabe sein sollte, und darf keine deutschen Umlaute und andere Sonderzeichen enthalten.

Den Beschriftungstext, den Sie einem solchen Formularelement zuordnen, setzen Sie in das Tag-Paar `<label>...</label>`. Der Beschriftungstext kann auch jede Art von HTML/CSS-Formatierung enthalten. Das `<label>`-Tag selbst hat keine sichtbare Wirkung am Bildschirm, es dient lediglich dem Zweck, den logischen Bezug zum Formularelement herszustellen. Diesen Bezug definieren Sie innerhalb des einleitenden `<label>`-Tags mit dem Attribut `for=` (for = für). Dahinter geben Sie in Anführungszeichen exakt den `id`-Namen des Formularelements an, auf das sich das Label beziehen soll.

Beachten Sie: Das `<label>`-Tag ist auch auf andere Formularelemente anwendbar, zum Beispiel auf `<textarea>` oder `<select>`.

9.9 Tabulator-Reihenfolge, Tastaturkürzel und Ausgrauen

4.0 *Tabulator-Reihenfolge*

Modernere Browser (Netscape, Internet Explorer) erlauben es, mit Hilfe der [⭾]-Taste nacheinander die Elemente eines Formulars anzuspringen. Normalerweise werden die Formularelemente dabei in der Reihenfolge angesprungen, in der sie in der Datei definiert sind. Sie können in HTML jedoch eine andere Reihenfolge festlegen. Die veränderte Tab-Reihenfolge funktioniert mit dem MS Internet Explorer 4.x – Netscape 4.x kennt diese Angaben noch nicht. Ein Beispiel:

```
Feld 1: <input type=text size=40 maxlength=40 tabindex=4><br>
Feld 2: <input type=text size=40 maxlength=40 tabindex=1><br>
Feld 3: <input type=text size=40 maxlength=40 tabindex=3><br>
<input type=button  tabindex=2 value="Klick mich"><br>
```

Mit dem Attribut `tabindex=` im einleitenden Tag von einem der Formular-Tags `<input>`, `<textarea>`, `<select>` oder `<button>` können Sie Angaben zur Tabulator-Reihenfolge machen. Notieren Sie die Angabe in allen entsprechenden Tags des Formulars und vergeben Sie bei jeder Angabe eine Zahl. Beim Anspringen der Formularelemente mit der [⭾]-Taste wird zuerst das Formularelement mit der niedrigsten Tabindex-Nummer angesprungen, danach dasjenige mit der zweitniedrigsten usw. und als letztes dasjenige mit der höchsten Tabindex-Nummer. Im obigen Beispiel wird also zuerst Feld 2 angesprungen, dann der Button am Ende, dann Feld 3 und zuletzt Feld 1. Es sind Zahlen zwischen 0 und 32767 erlaubt.

Beachten Sie: Die Tabindizes beziehen sich stets auf die gesamte angezeigte Datei. Dabei werden auch Verweise, Verweisbereiche in Verweis-sensitiven Grafiken und Objekte mit einbezogen. Wenn Sie solche Elemente neben dem Formular auch noch in Ihrer Datei haben, sollten Sie die Tabulator-Reihenfolge für alle Elemente gemeinsam festlegen. Siehe auch *Tabulator-Reihenfolge bei Verweisen* in Kapitel 4.10.

Tastaturkürzel

Sie können dem Anwender anbieten, mit einem Tastendruck zu einem bestimmten Formularelement zu springen. Das Element wird damit angesprungen – ausgeführt, also zum Beispiel angeklickt oder angekreuzt, wird es dadurch nicht. Diese Angaben werden von Netscape und dem Internet Explorer in den 4er-Versionen noch nicht interpretiert. Ein Beispiel:

```
<input type=button  accesskey="k" value="Klick mich"><br>
```

Mit dem Attribut accesskey= können Sie ein Zeichen auf der Tastatur bestimmen, das der Anwender drücken kann, um ein Formularelement direkt anzuspringen (accesskey = Zugriffstaste). Im Beispiel wird auf diese Weise für einen Button ein kleines k definiert. Der Anwender kann durch Drücken der entsprechenden Taste auf der Tastatur direkt diesen Button anspringen. Erlaubt ist das Attribut accesskey= in den Formular-Tags <input>, <textarea>, <select>, <label>, <legend> oder <button>.

Beachten Sie: Benutzen Sie Tasten, die auf jeder Tastatur zu finden sind. Funktionstasten etwa, wie es sie auf MF-II-Tastaturen für MS-Windows gibt, können Sie mit dieser Angabe auch gar nicht ansprechen. Weisen Sie den Anwender im Text auf die Möglichkeit des Tastaturzugriffs hin. Benutzen Sie dann auch einheitliche Access-Keys, beispielsweise auf jeder Seite ein k für den Klick-Button.

Elemente ausgrauen

Sie können Elemente ausgrauen, um zu signalisieren, daß das Element im aktuellen Zusammenhang ohne Bedeutung ist. Ausgegraute Elemente werden auch bei Tabulator-Sprüngen übergangen. Sinnvoll ist diese Angabe allerdings vor allem als HTML-Grundlage für Scriptsprachen, die Elemente je nach Eingaben oder Auswahl in anderen Elementen dynamisch ausgrauen. So wäre es beispielsweise sinnvoll, Angaben zum Typ des gefahrenen Autos dynamisch auszugrauen, wenn der Anwender ankreuzt, daß er gar kein Auto besitzt. Als statische Angabe macht das Ausgrauen von Elementen dagegen wohl selten Sinn, denn Formularelemente, die man definiert, definiert man schließlich aus gutem Grund. Netscape und der Internet Explorer interpretieren in ihren 4er-Versionen noch keine ausgegrauten Elemente. Ein Beispiel:

```
<input type=text size=50 disabled>
```

Mit dem Attribut disabled grauen Sie ein Element aus. Erlaubt ist das Attribut in den Formular-Tags <input>, <textarea>, <select>, <option>, <optgroup> oder <button>.

9.10 Buttons zum Absenden oder Abbrechen

✓ *Buttons zum Absenden oder Abbrechen definieren*

Zwei Standard-Buttons stellt HTML zur Verfügung, um Formulareingaben zu handhaben: einen Button zum Absenden und einen zum Abbrechen. Mit dem Absende-Button kann der Anwender das ausgefüllte Formular losschicken. Mit den Formulardaten geschieht dann das, was im einleitenden <form>-Tag bei action= festgelegt wurde (siehe hierzu *Formular definieren*, Kapitel 9.1). Mit dem Abbrechen-Button kann der Anwender alle Eingaben verwerfen. Das Formular wird nicht abgeschickt. Ein Beispiel:

```
<input type=submit value="Absenden">
<input type=reset value="Abbrechen">
```

Mit <input type=submit ...> definieren Sie einen Absende-Button (input = Eingabe, submit = vorschlagen, unterbreiten). Beim Anklicken dieses Buttons werden die Formulardaten abgeschickt. Mit <input type=reset...> definieren Sie einen Abbrechen-Button (reset = zurücksetzen). Eingegebene Daten werden verworfen und nicht abgeschickt. Mit dem Attribut value= bestimmen Sie die Beschriftung der Buttons (value = Wert). Die Angabe muß in Anführungszeichen stehen.

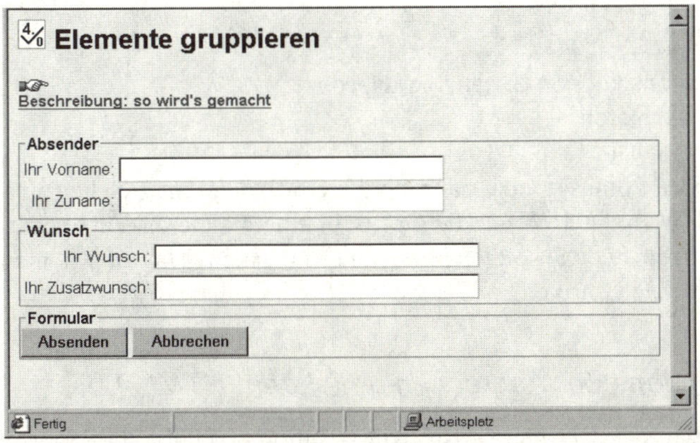

Bild 9.16: Die zwei Standard-Buttons zum Absenden oder Abbrechen einer Formulareingabe

Beachten Sie: Bieten Sie dem Anwender nach Möglichkeit beide Buttons an – auch den Abbrechen-Button. Mit Hilfe von JavaScript können Sie die Eingaben von Anwendern vor dem Absenden des Formulars kontrollieren. In Kapitel 12.3 finden Sie ein Anwendungsbeispiel zum Überprüfen von Formulareingaben.

Grafische Buttons zum Absenden definieren

Sie können innerhalb von Formularen Grafiken referenzieren und diese als Absende-Buttons definieren. Solche grafische Buttons können Sie als Alternative zu Buttons vom Typ `<input type=submit...>` verwenden. Ein Beispiel:

```
<input type=image src="absend.gif">
```

Mit `<input type=image ...>` definieren Sie einen grafischen Button (input = Eingabe). Die gewünschte Grafikdatei bestimmen Sie mit der Zusatzangabe `src=` (src = source = Quelle). Die Angabe muß in Anführungszeichen stehen.

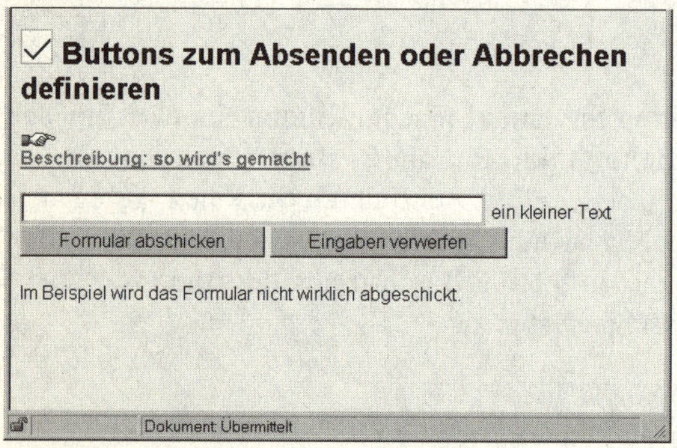

Bild 9.17: Statt reiner Textbuttons können Sie auch grafische Formular-Buttons definieren

Beachten Sie: Im Beispiel wird vorausgesetzt, daß sich die Grafikdatei im gleichen Verzeichnis befindet wie die HTML-Datei. Wenn die Grafik in einem anderen Verzeichnis steht, müssen Sie den relativen oder absoluten Pfadnamen angeben. Das funktioniert genauso wie beim Einbinden von Grafiken.

Buttons zum Absenden oder Abbrechen definieren (HTML 4.0)

Dies funktioniert genauso wie das Definieren von Klick-Buttons (HTML 4.0, Kapitel 9.6). Dort wird genau erklärt, wie solche Buttons definiert werden. Um einen solchen Button zum Absende-Button (Submit-Button) zu erklären, müssen Sie im einleitenden `<button>`-Tag die Angabe `type=submit` notieren. Um den Button zu einem Abbrechen-Button (Reset-Button) zu erklären, müssen Sie `type=reset` notieren.

9.11 Formulare verarbeiten

Viele Anwender, die von großen Discount-Anbietern wie CompuServe, AOL oder T-Online Speicherplatz für eigene WWW-Seiten erhalten, haben keine Möglichkeit, eigene CGI-Scripts zur Datenverarbeitung auf dem Server-Rechner einzusetzen. Dazu kommt, daß die meisten modernen Seitenanbieter keine Informatiker sind, die sich in Programmiersprachen, fremde Betriebssystemumgebungen, Umgebungsvariablen und Datenübertragungsprotokolle einarbeiten möchten. Dennoch möchten viele Seitenanbieter die Möglichkeit nutzen, mit Hilfe von HTML-Formularen gezielte und einheitlich strukturierte Daten von Besuchern ihrer WWW-Seiten einzuholen. Zu diesem Zweck besteht die Möglichkeit, sich ausgefüllte Formulare als E-Mail zuschicken zu lassen.

Ein Problem stellen bei dieser Lösung WWW-Browser dar, die nicht in der Lage sind, mailto-Formulare zu verschicken. Dazu gehören der Internet Explorer 3.0, aber etwa auch Netscape 4.0x in der reinen Browser-Version ohne integriertes Mail-Programm. Um dieses Problem zu umgehen, können Sie einen öffentlichen CGI-Service wie den CWAK Mailservice (*mailservice.cwak.com*) in Anspruch nehmen. Dort werden die Formulardaten von einem CGI-Programm verarbeitet und Ihnen dann als E-Mail zugeschickt.

Ein anderes Problem besteht darin, daß die Formulardaten beim Abschicken per Voreinstellung nach einem bestimmten MIME-Typ kodiert werden, dem MIME-Typ application/x-www-form-urlencoded. Dabei werden alle Leerzeichen, verschiedene Sonderzeichen und Umlaute durch spezielle Zeichenfolgen ersetzt. So lautet beispielsweise der Satz Danke für die Hilfe! nach der Umwandlung: Danke+f%FCr+die+Hilfe%21. Für Menschen ist das ziemlich ungenießbarer Lesestoff. Um die Kodierung zu verhindern, können Sie im einleitenden <form>-Tag zwar die Angabe enctype="text/plain" angeben. Von Anwendern, deren WWW-Browser diese Angabe jedoch nicht interpretiert, werden Sie dennoch kodierte Formulardaten erhalten. Um als Anwender kodierte Formulardaten nachträglich in lesbaren Text zu dekodieren, können Sie ein Hilfsprogramm wie WebParse für Windows (*users.aol.com:80/informatik/webparse.htm*) verwenden.

Formulare und CGI

Viele Anwendungsfälle für Formulare in HTML benötigen eine Datenverarbeitung auf dem Server-Rechner im WWW. Wenn Sie beispielsweise Ihr gesamtes WWW-Projekt nach einem Begriff durchsuchbar machen wollen, können Sie dem Anwender ein Formular anbieten, in dem er den Suchbegriff eingeben kann. Nach dem Abschicken des Formulars muß ein Programm auf dem Server-Rechner alle Dateien des Projekts nach dem gewünschten Begriff absuchen und eine dynamische HTML-Datei erzeugen, in der Verweise auf alle Seiten enthalten sind, die den Suchbegriff enthalten.

Für solche Fälle, aber auch für Anwendungsfälle wie automatische Gästebücher, Diskussionsforen, elektronische Einkaufskörbe usw. benötigen Sie ein Programm auf dem Server-Rechner, das die in einem Formular eingegebenen oder ausgewählten Daten sofort verarbeitet und dem Anwender echte Interaktion bietet.

Die Standard-Programmierschnittstelle auf WWW-Servern hierfür ist CGI (Common Gateway Interface). Manche WWW-Server haben – je nach installierter HTTP-Software – auch noch andere Programmierschnittstellen. Der Provider, bei dem Sie Ihre WWW-Seiten speichern, muß Ihnen Zugriff auf diese Programmierschnittstelle erlauben, damit Sie solche Anwendungen selbst realisieren können. Viele Discount-Provider wie CompuServe oder T-Online erlauben ihren Mitgliedern keinen solchen Zugriff.

Die meist verwendete Programmiersprache für CGI-Scripts ist Perl. Fragen Sie jedoch vor dem Programmieren eines eigenen CGI-Scripts Ihren Provider, welche Art von Programmen auf dem Server ausführbar sind. Wenn Sie in Perl programmieren wollen, fragen Sie den Provider, ob der Server über einen Perl-Interpreter verfügt und wo genau der Interpreter auf dem Server liegt. Sie finden eine Dokumentation zu CGI/Perl in Kapitel 14.

10 Layer, Bereiche, Universalattribute

10.1 Layer – mehrere Schichten

10.1.1 Layer definieren und positionieren

N 4.0 *Allgemeines zu Layern*

Layer (Schichten) sind ein Sprachelement von HTML, das Netscape mit der Version 4.0 seines Browsers einführte. Mit Hilfe der beiden HTML-Tags, die dazugehören, ist es möglich, beliebige Bereiche einer HTML-Datei als exakt positionierte Bereiche auszuzeichnen. So können Sie zum Beispiel eine Überschrift, eine Grafik und erklärenden Text dazu als Layer definieren. Diese definierte Einheit lassen Sie 100 Pixel von links und 50 Pixel von oben – gemessen am Anzeigefenster des Browsers – beginnen. Für die gesamte Einheit definieren Sie eine maximale Breite, zum Beispiel 200 Pixel.

In HTML allein haben die Layer jedoch nicht allzuviel Bedeutung, sieht man einmal von der Möglichkeit der absoluten Positionierung von Elementen ab. Der eigentliche Zweck der Layer ist es, die HTML-Grundlage für Dynamisches HTML zu bilden. Beim Dynamischen Positionieren, dem Ansatz für Dynamisches HTML nach Netscape, lassen sich Layer-Bereiche mit Hilfe von JavaScript auf vielfältige Weise verändern. So können Layer-Bereiche über den Bildschirm wandern, auf- und zuklappen, einen anderen Inhalt annehmen usw.

Sie können beliebig viele Layer innerhalb einer HTML-Datei definieren. Layer können sich dabei auch überlappen. Wenn Sie beispielsweise zwei Überschriften mit anschließender Grafik und erklärendem Text zu je einem Layer zusammenfassen, können beide Layer die gleichen Pixelpositionen erhalten. Mit Hilfe von JavaScript können Sie dann dynamisch einen der Layer ausschalten und den anderen einschalten. Sie können aber auch beide Layer gleichzeitig anzeigen und bestimmen, welcher über dem anderen liegen soll.

Layer können eigene Hintergrundfarben und sogar eigene Hintergrundbilder (Wallpapers) haben. Dadurch ergeben sich viele zusätzliche Gestaltungsmöglichkeiten beim Verteilen von Farben und Formen am Bildschirm. Wenn Sie eine GIF-Grafik mit transparentem Hintergrund als eigenen Layer definieren, können Sie diese Grafik über oder unter Texte oder andere Grafiken legen und dadurch faszinierende Effekte erzeugen.

Das einzige Problem mit den Layern ist: sie kamen zu spät. Das W3-Konsortium hatte sich bereits darauf eingeschossen, die Möglichkeit des absoluten Positionierens nicht in HTML, sondern in den CSS-Style-Sheets zu verankern. Auch für ein HTML-Tag, das vor allem für das Behandeln mit JavaScript gedacht ist, zeigte man dort wenig Verständnis. In den HTML-Sprachstandard 4.0 fanden die hier vorgestellten Befehle deshalb keinen Einlaß. Angesichts der Tatsache, daß die neuen CSS-Befehle zum Positionieren von Elementen offizieller Standard sind und sowohl von Netscape als auch vom Internet Explorer interpretiert werden, ist die Layer-Technik in HTML ins Abseits geraten. Wegen der starken Verknüpfung zwischen Layer-Technik und Dynamischem HTML ist dadurch freilich auch der gesamte Netscape-Ansatz für Dynamisches HTML wackelig geworden.

N 4.0 Fest positionierte Layer definieren

Sie können innerhalb des Körpers einer HTML-Datei (siehe *Grundgerüst einer HTML-Datei,* Abschnitt 3.1.2) fest positionierte Layer definieren. Solche Layer haben eine definierte obere linke Ecke im Anzeigefenster. Außerdem können Sie eine bestimmte Breite erzwingen. Ein Beispiel:

```
<layer id="Beispiel" left=300 top=250 width=150 height=400>
<h1>Eine &Uuml;berschrift</h1>
<img src="datei.gif" alt="Ein Bild">
</layer>
```

Mit `<layer ...>` leiten Sie die Definition eines Layer-Bereichs innerhalb einer HTML-Datei ein (layer = Schicht). Mit der Angabe `name=` können Sie einen Namen für den definierten Bereich vergeben.

Mit der Angabe `left=` bestimmen Sie die Anzahl Pixel vom linken Rand des Anzeigefensters, mit `top=` die Anzahl Pixel vom oberen Rand des Anzeigefensters (left = links, top = oben). Mit `width=` können Sie eine Anzeigebreite für den Layer-Bereich erzwingen, mit `height=` die Höhe (width = Breite, height = Höhe). Elemente innerhalb des Layers werden dann so umbrochen, daß die angegebene Breite eingehalten wird.

Mit `id=` können Sie einen Namen für den Layer-Bereich vergeben. Unter diesem Namen können Sie den Layer in JavaScript mit Hilfe des Objekts `layers` ansprechen. Neben `id=` wird bei Layern auch die Angabe `name=` für diesen Zweck interpretiert.

Zwischen dem einleitenden `<layer ...>` und dem erforderlichen abschließenden `</layer>` können Sie beliebige andere Elemente einer HTML-Datei notieren, also zum Beispiel Überschriften, Textabsätze, Tabellen, Grafik- oder Multimedia-Referenzen, Verweise usw. Alle Elemente, die Sie innerhalb eines Layers definieren, verhalten sich entsprechend der Eigenschaften, die Sie für den zugehörigen Layer definieren. Den Layer selbst müssen Sie sich dabei vorstellen wie ein eigenes Anzeigefenster ohne sichtbare Umrandungen, das in das normale Anzeigefenster des WWW-Browsers eingebettet ist.

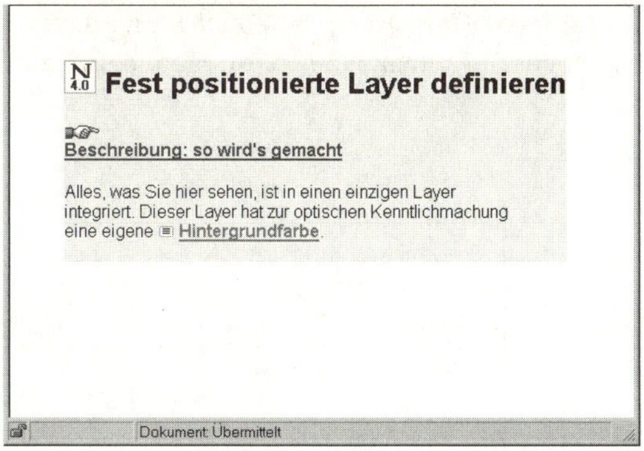

Bild 10.1: Ein einfacher Layer, vom linken und oberen Rand abgerückt

Beachten Sie: Neben den Angaben zu `left=` und `top=` gibt es auch noch die ähnlichen Angaben `pagex=` (wirkt im Normalfall wie `left=`) und `pagey=` (wirkt im Normalfall wie `top=`). Der Unterschied ist, daß `left=` und `top=` sich genaugenommen am Dokumentrand orientieren und nicht am Fensterrand. Der Unterschied macht sich dann bemerkbar, wenn Sie Layer verschachteln.

Wenn Sie mit Layern arbeiten und diese absolut im Anzeigebereich positionieren, wird es in den meisten Fällen sinnvoll sein, innerhalb einer HTML-Datei alle anzuzeigenden Elemente innerhalb von fest positionierten Layern zu notieren. Denn andernfalls gerät Ihnen die Anzeige leicht außer Kontrolle.

Wenn es der Inhalt erfordert, werden Angaben zur Breite außer Kraft gesetzt. Wenn beispielsweise eine Grafik oder eine Tabelle mehr Platz in Anspruch nimmt als die angegebene Breite, wird die Grafik bzw. die Tabelle in jedem Fall in voller Breite angezeigt. Dies können Sie allerdings verhindern – siehe *Anzeigebereich von Layern beschneiden* auf den folgenden Seiten.

Die Angaben zur linken und oberen Ecke sowie zur Breite sind zwar in den meisten Fällen erwünscht, jedoch nicht zwingend erforderlich. Wenn Sie keine Angaben dazu machen, beginnt der Layer einfach oben links wie das erste Element im Dateikörper der HTML-Datei. Wenn Layer nichts anderes enthalten als GIF-Grafiken mit transparentem Hintergrund, können Sie diese Grafiken mit Hilfe der Layer beliebig übereinanderschichten und dadurch interessante Effekte erzeugen.

N 4.0 *Inline-Layer definieren*

Inline-Layer beginnen relativ an der Stelle, an der sie innerhalb der HTML-Datei stehen. Solche Layer erzeugen keinen eigenen Absatz im Fließtext. Ansonsten können sie aber alle Eigenschaften von Layern haben, also beispielsweise eine eigene Hintergrundfarbe. Ein Beispiel:

```
Das ist <ilayer>Layer-Text</ilayer> mitten im Text.
```

Mit <ilayer ...> leiten Sie die Definition eines Inline-Layer-Bereichs ein (ilayer = inline layer). Mit der Angabe name= können Sie einen Namen für den definierten Bereich vergeben.

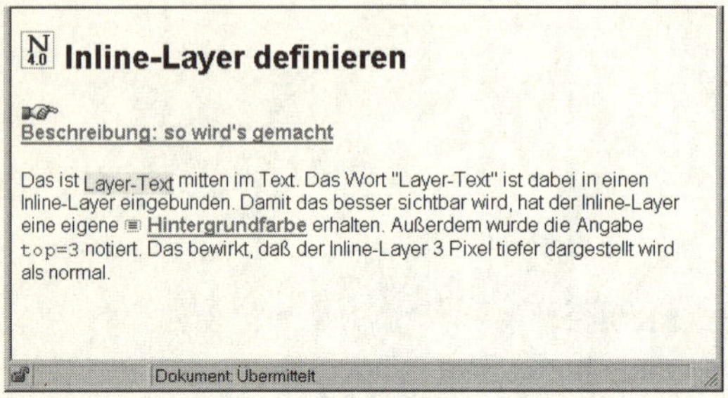

Bild 10.2: Inline-Layer beginnen an der Stelle, an der sie im HTML-Code definiert sind

So wie im obigen Beispiel definiert, bewirkt ein <ilayer>-Bereich rein gar nichts. Erst durch Angaben zu Hintergrundfarben und Hintergrundbild lassen sich dabei interessante Effekte erzielen. Sie können auch Attribute wie top= oder left= auf einen <ilayer>-Bereich anwenden. Die Angaben werden dann jedoch nicht als vom Fensterrand gemesse Werte interpretiert, sondern als von der normalen Position des Inline-Layers Werte gemessene. So können Sie beispielsweise mitten in einem Text eine Anweisung notieren wie:

```
Dieses <ilayer top=3>Wort</ilayer> erscheint um genau 3 Pixel tiefer als
   der übrige Text
```

N 4.0 Anzeigebereich von Layern beschneiden

Sie können einen Bereich erzwingen, innerhalb dessen der Inhalt eines Layers angezeigt werden muß. Wenn der Inhalt mehr Platz in Anspruch nimmt, z. B. weil eine Grafik breiter ist, wird er abgeschnitten. Mit diesem Merkmal können Sie Effekte erzeugen, bei denen der Inhalt eines Layers wie durch ein Fenster gesehen erscheint. Beim Blick durch das Fenster ist nur ein Ausschnitt des Inhalts sichtbar. Ein Beispiel:

```
<layer name="Beispiel" left=30 top=20 width=260
   clip="20,30,200,300">
<h1>Eine &Uuml;berschrift</h1>
<img src="datei.gif" alt="Ein Bild">
</layer>
```

Mit dem Attribut clip= können Sie einen Anzeigebereich erzwingen (clip = Ausschnitt). Hinter dem Gleichheitszeichen notieren Sie zwei oder vier Zahlenwerte zum Bestimmen des gewünschten Bereichs. Die Angabe muß in Anführungszeichen stehen. Trennen Sie die Zahlenwerte durch Kommata.

Wenn Sie vier Zahlenwerte angeben, bedeuten die Zahlen die Koordinaten des gewünschten Rechtecks (in dieser Reihenfolge): `clip="Pixel für links, Pixel für oben, Pixel für rechts, Pixel für unten."` Und zwar relativ zur oberen linken Ecke des Layers. Wenn also im ersten der obigen Beispiele etwa durch `left=30` und `top=20` eine absolute obere linke Ecke für den Layer definiert wird, so bedeutet etwa die erste Angaben bei `clip=` – 20 – so viel wie: Der erzwungene Anzeigebereich beginnt 20 Pixel links vom linken Rand des Layers (der bei 30 Pixeln liegt), absolut gesehen also bei 50 Pixeln.

Wenn Sie zwei Zahlenwerte angeben, bedeuten die Zahlen die Breite und Höhe des gewünschten Rechtecks (in dieser Reihenfolge): `clip="Pixel für Breite, Pixel für Höhe."` Und zwar beginnend bei der oberen linken Ecke des Layers. Wenn Sie etwa wie im zweiten der obigen Beispiele mit `width=` eine bestimmte Breite des Layers erzwingen und sicherstellen wollen, daß die Breite auch eingehalten wird, wenn der Inhalt des Layers breiter ist, können Sie mit `clip="200,Höhe"` erzwingen, daß die Breite eingehalten wird.

N 4.0 *Layer mit Inhalt aus anderer Datei*

Es ist möglich, innerhalb eines Layers eine andere HTML-Datei anzuzeigen. Mit dem Attribut `src=` können Sie eine andere HTML-Datei in einen Layer einbinden. Die Datei nimmt dabei den üblichen Raum im Anzeigefenster ein, beginnend bei den angegebenen Positionen zu `top=` und `left=`. Angaben zu `width=` und `height=` werden nur eingehalten, wenn der Inhalt der Datei in Breite und Höhe weniger Platz in Anspruch nimmt.

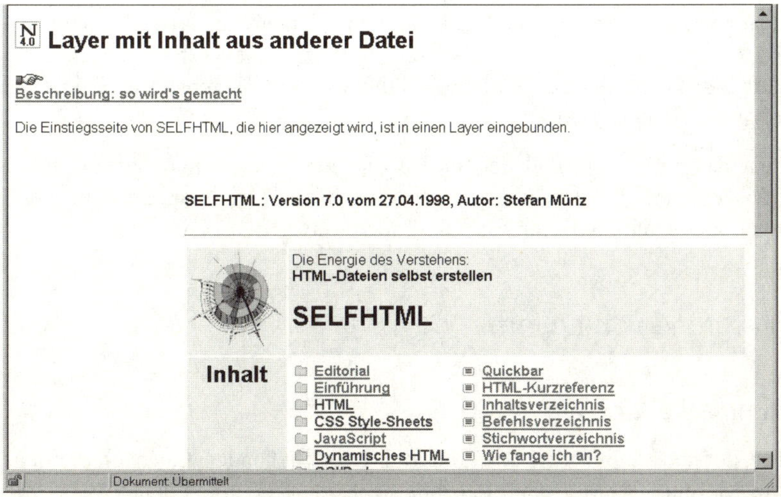

Bild 10.3: Der Inhalt eines Layers kann aus einer anderen HTML-Datei stammen – hier die Startseite von SelfHTML

Ein Beispiel:

```
<layer src="news.htm" top=150 left=200</layer>
```

N 4.0 Layer verschachteln

Sie können innerhalb von Layer-Bereichen andere Layer definieren. Wichtig ist dabei die unterschiedliche Wirkung der Positionsangaben. In Beispiel 1 erhält der innere Layer die gleichen Angaben zu `left=` und `top=` wie der äußere Layer. Der äußere Layer ist dabei der Bezugspunkt für die Startposition des inneren, nicht das Anzeigefenster! Der innere Layer beginnt im Beispiel also 100 Pixel von oben und 100 Pixel von links, gemessen an der linken oberen Ecke des äußeren Layers. Beispiel 1:

```
<layer top=100 left=100>
  <layer top=100 left=100>
    <img src="bild1.gif">
  </layer>
</layer>
```

Beispiel 2:

```
<layer top=100 left=100>
  <layer pagey=100 pagex=100>
    <img src="bild1.gif">
  </layer>
</layer>
```

Ganz anders dagegen im obigen Beispiel 2. Dort erhält der innere Layer die Angaben `pagey=100` und `pagex=100` (pagex = page x = Seite-x-Wert, pagey = page y = Seite-y-Wert). Diese Angaben bewirken, daß als Bezugspunkt das Anzeigefenster und nicht der übergeordnete Layer verwendet wird.

In Beispiel 2 hat das zur Folge, daß der äußere und der innere Layer genau an der gleichen Position beginnen. Da der äußere Layer im Beispiel keinen anderen Inhalt als den inneren Layer hat, ist am Bildschirm nur der innere Layer zu sehen.

10.1.2 Hintergrund von Layern

N 4.0 Hintergrundfarbe für Layer

Sie können für jeden definierten fest positionierten oder fließenden Layer eine eigene Hintergrundfarbe definieren. Mit dem Attribut `bgcolor=` im einleitenden Tag von `<layer...>` oder `<ilayer...>` bestimmen Sie die Hintergrundfarbe (bgcolor = background color = Hintergrundfarbe). Dabei gelten die Regeln zum Definieren von Farben in HTML. Ein Beispiel:

```
<layer left=300 top=250 width=150 bgcolor=#FFFFCC>
<h1>Eine &Uuml;berschrift</h1>
<img src="datei.gif" alt="Ein Bild">
</layer>
```

Beachten Sie: Wenn Sie eine Hintergrundfarbe für einen Layer definieren, sollten Sie für Text, der in den Layern erscheint, eine kontrastierende Schriftfarbe wählen. Dies kann zum Beispiel wie im zweiten der obigen Beispiele durch `<font color=...>...</font>` geschehen.

N 4.0 *Hintergrundbild (Wallpaper) für Layer*

Sie können für jeden definierten fest positionierten oder fließenden Layer ein eigenes Hintergrundmuster (Wallpaper) definieren. Das funktioniert genauso wie bei Hintergrundbildern für den gesamten Dateikörper. Durch die Angabe `background=` im einleitenden Layer-Tag können Sie ein Hintergrundbild für den Layer bestimmen (background = Hintergrund). Ein Beispiel:

```
<layer left=300 top=250 width=150 background="datei.gif">
<h1>Eine &Uuml;berschrift</h1>
<img src="bild.gif" alt="Ein Bild">
</layer>
```

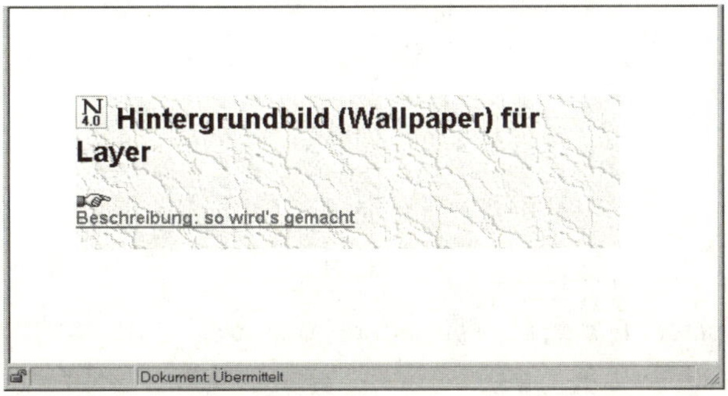

Bild 10.4: Ein Layer mit eigenem Hintergrundmuster – auch animierte GIFs sind erlaubt

Beachten Sie: In den obigen Beispielen wird vorausgesetzt, daß sich die Grafikdatei im gleichen Verzeichnis befindet wie die HTML-Datei. Wenn die Grafik in einem anderen Verzeichnis steht, müssen Sie den relativen oder absoluten Pfadnamen angeben. Das funktioniert genauso wie beim Einbinden von Grafiken. Innerhalb dieses Dokuments finden Sie im Kapitel 5.8.3 über Grafiksorten für WWW-Seiten einige typische Hintergrundbilder. Netscape interpretiert auch animierte GIF-Grafiken als Hintergrundbilder.

10.1.3 Layer anordnen und kontrollieren

N 4.0 *Angaben zur Schichtposition mit Layer-Namen*

Wenn Sie mehrere Layer in einer HTML-Datei definieren, deren Anzeigebereiche sich überlappen, werden die Layer normalerweise in der Reihenfolge übereinander angezeigt, in der sie definiert werden. Sie können jedoch die Reihenfolge ändern und angeben, welcher andere Layer unmittelbar über oder unter dem aktuellen Layer liegen soll. Auf diese Weise können Sie das Überdecken von Layern kontrollieren. Voraussetzung ist, daß Sie für jeden Layer einen Namen vergeben. Ein Beispiel:

```
<layer id="Erster" left=100 top=100>
<img src="datei1.gif" alt="Ein Bild">
</layer>
<layer id="Zweiter" left=150 top=150 above="Erster">
<img src="datei2.gif" alt="Ein anderes Bild">
</layer>
<layer id="Dritter" left=200 top=200 below="Erster">
<img src="datei3.gif" alt="Ein ganz anderes Bild">
</layer>
```

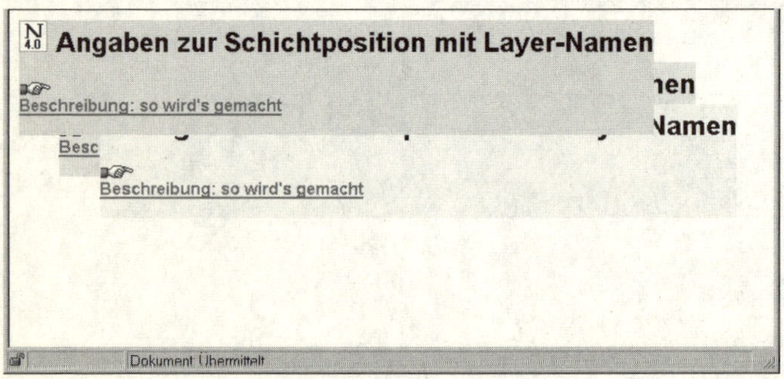

Bild 10.5: Mehrere Layer überlappen sich in genau definierter Reihenfolge

Mit dem Attribut above= im einleitenden <layer>- oder <ilayer>-Tag können Sie bestimmen, daß ein zuvor definierter, benannter Layer unmittelbar über dem aktuellen Layer liegt (above = oberhalb). Das heißt, der aktuelle Layer soll bei Überschneidung von dem genannten Layer überdeckt werden.

Mit dem Attribut below= im einleitenden <layer>- oder <ilayer>-Tag können Sie bestimmen, daß ein zuvor definierter, benannter Layer unmittelbar unter dem aktuellen Layer liegt (below = unterhalb). Das heißt, der aktuelle Layer soll bei Überschneidung den genannten Layer überdecken. Die Layernamen hinter above= und below= sollten in Anführungszeichen stehen.

Beachten Sie: Bei above= und below= dürfen Sie nur Namen von Layern angeben, die in der Datei bereits zuvor definiert wurden. Die Angabe von Layern, die erst nach dem aktuellen Layer definiert werden, kann zu Anzeigefehlern führen. Im ersten definierten Layer einer HTML-Datei sollten deshalb keine Angaben zu `above=` oder `below=` vorkommen. Es ist nur je eine Angabe für `above=` und `below=` bei der Definition eines Layers erlaubt. Denn mit diesen Angaben legen Sie immer nur fest, welcher andere Layer direkt unter oder über dem aktuellen Layer angezeigt werden soll.

N 4.0 *Angaben zur Schichtposition mit Indexnummern*

Außer mit Namen können Sie die Reihenfolge bei der Überlagerung von Layern auch mit Indexnummern steuern. Layer mit höherer Nummer überdecken Layer mit niedrigerer Nummer. Ein Beispiel:

```
<layer name="Erster" left=100 top=100 z-index=2>
<img src="datei1.gif" alt="Ein Bild">
</layer>
<layer name="Zweiter" left=150 top=150 z-index=1>
<img src="datei2.gif" alt="Ein anderes Bild">
</layer>
<layer name="Dritter" left=200 top=200 z-index=3>
<img src="datei3.gif" alt="Ein ganz anderes Bild">
</layer>
```

Mit dem Attribut `z-index=` im einleitenden `<layer>`- oder `<ilayer>`-Tag bestimmen Sie die Reihenfolge der Layer bei Überlappungen (*z-index = Reihenfolge*). Geben Sie bei jedem definierten Layer `z-index=` und dahinter eine Nummer an. Der Layer mit der höchsten Nummer überdeckt alle anderen. Der Layer mit der niedrigsten Nummer wird von allen anderen überdeckt.

Beachten Sie: Bei den Angaben zu `z-index=` sind auch negative Werte erlaubt. Dadurch bewirken Sie bei verschachtelten Layern, daß Layer, die innerhalb eines anderen Layers definiert werden, von ihren »Eltern«-Layern überdeckt werden. Bei positiven Zahlen ist dies umgekehrt.

N 4.0 *Layer verstecken und anzeigen*

Sie können bei der Definition von Layern festlegen, ob diese zunächst angezeigt werden sollen oder nicht. Das ist von Bedeutung, wenn Sie die Anzeige der Layer mit Hilfe von JavaScript dynamisch ein-/ausschalten wollen. Ein Beispiel:

```
<layer name="Erster" left=100 top=100 visibility=show>
<img src="datei1.gif" alt="Ein Bild">
</layer>
<layer name="Zweiter" left=120 top=200 visibility=hide>
<img src="datei2.gif" alt="Ein anderes Bild">
</layer>
```

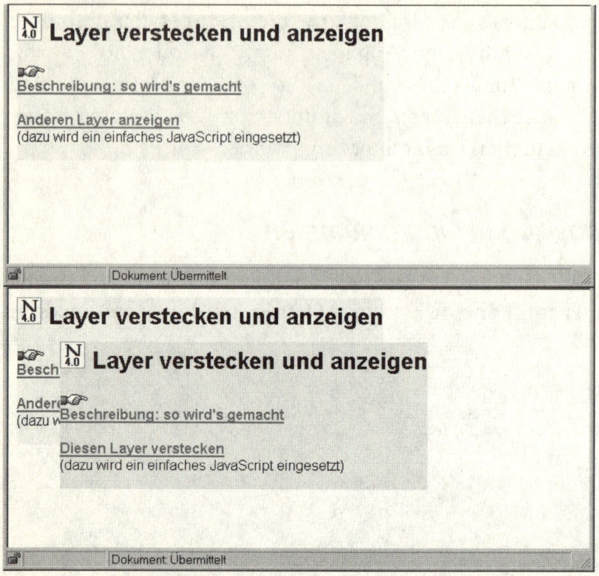

Bild 10.6: Mit einem Mausklick blenden Sie Layer über JavaScript ein oder aus

Mit dem Attribut `visibility=` im einleitenden `<layer>`- oder `<ilayer>`-Tag können Sie die Anzeige des Layers explizit erzwingen oder verhindern (visibility = Sichtbarkeit).

- Mit `visibility=show` legen Sie fest, daß der Layer in jedem Fall angezeigt wird (show = zeigen).
- Mit `visibility=hide` legen Sie fest, daß der Layer nicht angezeigt, also versteckt wird (hide = verstecken).
- Mit `visibility=inherit` legen Sie fest, daß der Layer nur dann angezeigt wird, wenn sein »Eltern«-Element ebenfalls angezeigt wird (inherit = erben). Diese Angabe ist nur bei inneren Layern in verschachtelten Layern von Bedeutung.

10.2 Bereiche – Ergänzungssprachen einbinden

10.2.1 Style-Sheet-Bereiche in HTML

Zentrale Style-Sheet-Bereiche definieren

Um zentrale Style-Sheets (Formatiermöglichkeiten für HTML-Tags) zu definieren, können Sie im Kopf einer HTML-Datei einen oder mehrere Style-Sheet-Bereiche definieren.

Ein Beispiel:

```
<head>
<title>Text des Titels</title>
<style type="text/css">
<!--
 body { margin:2cm }
 h1 { font-size:24pt }
//-->
</style>
<style type="text/javascript">
<!--
with(tags.H2)
 {
  color = "red";
  fontSize = "16pt";
  marginTop = "2cm";
 }
//-->
</style>
</head>
```

Mit `<style>` leiten Sie einen Bereich zum Definieren von Formaten ein (style = Stil). Innerhalb des einleitenden `<style>`-Tags können Sie mit dem Attribut `type=` angeben, welche Style-Sheet-Sprache Sie innerhalb des Bereichs zum Definieren der Formate benutzen möchten. Die gängigste Angabe ist dabei `type="text/css"`. Mit dieser Angabe definieren Sie CSS-Style-Sheets als Sprache für die Formatdefinitionen. Die Angabe sollte in Anführungszeichen stehen.

Sie können aber auch andere Sprachen benutzen. Falls Sie mehrere Style-Sprachen innerhalb der gleichen HTML-Datei einsetzen möchten, definieren Sie einfach für jede Sprache einen `<style>`-Bereich. Im obigen Beispiel etwa werden zwei solcher Bereiche definiert. Der erste Bereich enthält CSS-Formatdefinitionen, der zweite Formatdefinitionen in der Netscape-spezifischen Sprache JSSS-Style-Sheets. Mit `</style>` beenden Sie einen Abschnitt für Formatdefinitionen.

Beachten Sie: Es ist empfehlenswert, den Inhalt von Style-Sheet-Bereichen in einen mehrzeiligen Kommentar (`<!--` bzw. `//-->`) zu setzen wie im obigen Beispiel. Dadurch verhindern Sie, daß ältere Browser die Inhalte irrtümlich als Text anzeigen. Details zu den Style-Sheet-Angaben finden Sie in Kapitel 11.

4.0 *Lokale Style-Sheet-Bereiche definieren*

Für Schnellformatierung im Text mit Hilfe von CSS-Style-Sheets gibt es ein eigenes HTML-Tag. Mit `<span>...</span>` können Sie einen Bereich für eine Formatierung definieren. Das Tag hat für sich genommen keine eigene Bedeutung und bewirkt keinen optisch sichtbaren Effekt. Zum Leben erwacht es erst, indem Sie im einleitenden

<span>-Tag das Universalattribut `style=` notieren. Dahinter folgen, in Anführungszeichen stehend, eine oder beliebig viele Style-Sheet-Angaben. Ein Beispiel:

```
Dies ist ein <span style="font-size:18pt">formatierter Text</span>
```

10.2.2 Script-Bereiche in HTML

Script-Bereich definieren

Sie können im Dateikopf oder auch innerhalb des Dateikörpers einer HTML-Datei Script-Bereiche definieren. Innerhalb von Script-Bereichen können Sie Befehle einer Scriptsprache wie JavaScript notieren. Ein Beispiel:

```
<head>
<title>Text des Titels</title>
<script language="JavaScript">
<!--
 UserName = window.prompt("Dein Vorname:","Vorname");
//-->
</script>
</head>
<body>
<script language="JavaScript">
<!--
 document.write("<h1>Hallo " + UserName + "!</h1>");
//-->
</script>
</body>
</html>
```

Mit <script> leiten Sie einen Script-Bereich ein. Innerhalb des einleitenden <script> Tags geben Sie mit dem Attribut `language=` an, welche Script-Sprache Sie innerhalb des Bereichs benutzen möchten. Die gängigste Angabe ist dabei `language="JavaScript"`. Andere denkbare Sprachangaben sind beispielsweise `JScript` oder `VBScript` (beide Microsoft). Auch die Angabe der Versionsnummer der Sprache ist erlaubt, beispielsweise `JavaScript1.2`. Die Angabe sollte in Anführungszeichen stehen. Mit </script> beenden Sie einen Abschnitt für Formatdefinitionen.

Sie können durchaus mehrere Script-Bereiche definieren. Im obigen Beispiel werden zwei Bereiche definiert, einer im Dateikopf und einer im Dateikörper. Weitere Einzelheiten dazu erfahren Sie innerhalb des JavaScript-Kapitels 13 im Abschnitt *JavaScript in HTML*. Im obigen Beispiel wird beim Einlesen der Datei ein Dialogfenster geöffnet, in dem der Anwender seinen Vornamen eingeben kann. Dies passiert im ersten der beiden Script-Bereiche. Der eingegebene Vorname wird dann dynamisch in die Datei geschrieben. Der entsprechende Befehl dazu steht im zweiten Script-Bereich.

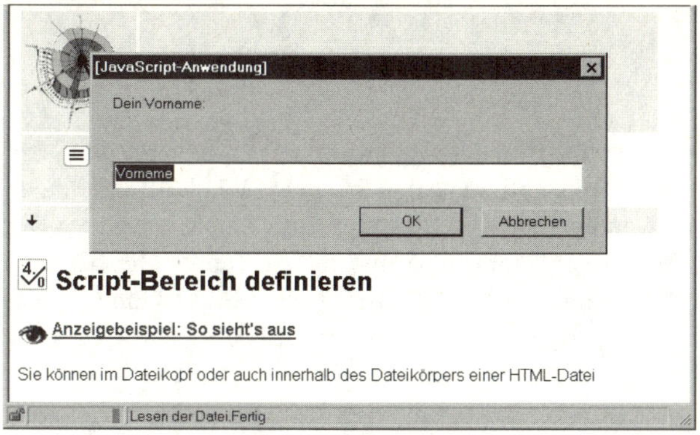

Bild 10.7: Ein JavaScript im Dateikopf fragt den Vornamen ab, ein zweites Script im Dateikörper erzeugt anschließend eine Bildschirmausgabe

Beachten Sie: Es ist empfehlenswert, den Inhalt von Script-Bereichen in einen mehrzeiligen Kommentar (<!-- bzw. //-->) zu setzen wie im obigen Beispiel. Dadurch verhindern Sie, daß ältere Browser die Inhalte irrtümlich als Text anzeigen.

Noscript-Bereich definieren

Sie können einen Bereich definieren, der nur angezeigt wird, wenn die verwendete Script-Sprache nicht verfügbar, das Script also nicht ausführbar ist. Dies ist der Fall, wenn der Browser die Scriptsprache nicht kennt oder wenn der Anwender das Interpretieren der Scriptsprache in den Einstellungen seines Browsers ausgeschaltet hat. Wichtig ist eine solche Angabe beispielsweise, wenn Ihre Seiten intensiv JavaScript benutzen, um Inhalte anzuzeigen oder Verweise auszuführen. In solchen Fällen ist ein Projekt ohne JavaScript kaum nutzbar. Mit einem Noscript-Bereich können Sie einen entsprechenden Hinweis einbauen. Ein Beispiel:

```
<head>
<title>Text des Titels</title>
<script language="JavaScript">
<!--
 UserName = window.prompt("Dein Vorname:","Vorname");
//-->
</script>
</head>
<body>
<script language="JavaScript">
<!--
 document.write("<h1>Hallo " + UserName + "!</h1>");
//-->
</script>
<noscript>
<b>Dieser Text wird angezeigt, wenn JavaScript nicht funktioniert</b>
```

```
</noscript>
</body>
</html>
```

Mit <noscript> leiten Sie einen Noscript-Bereich ein, mit </noscript> beenden Sie ihn. Dazwischen können sie einfach Text notieren, aber auch HTML-Formatierungen und andere HTML-Elemente verwenden. WWW-Browser, die das <noscript>-Tag kennen, zeigen den Inhalt dazwischen nur dann an, wenn der Anwender die benutzte Scriptsprache, etwa JavaScript, deaktiviert hat. WWW-Browser, die gar keine Scriptsprachen kennen, kennen zwar normalerweise auch das <noscript>-Tag nicht, aber einer alten Regel gemäß ignorieren sie das Tag einfach und zeigen den Inhalt des Noscript-Bereichs ganz normal an.

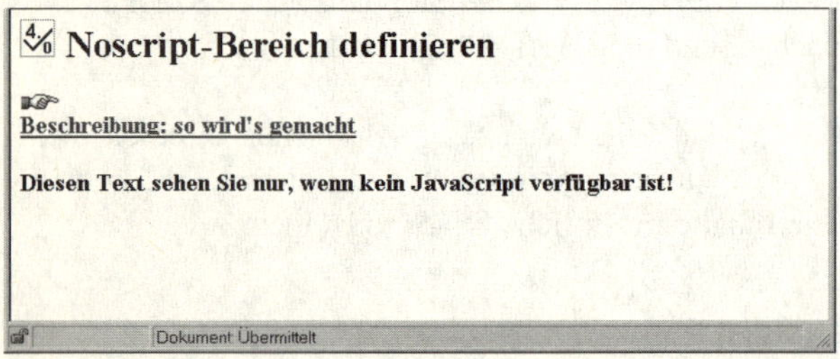

Bild 10.8: Die JavaScript-Unterstützung des Netscape Navigator ist ausgeschaltet, so daß der <noscript>-Bereich interpretiert wird

Weitere Angaben zum Script

Es gibt in HTML eine Reihe weiterer Optionen für Script-Bereiche. Mit `src=` können Sie ein Script einbinden, das in einer separaten Datei notiert ist. Das ist von Vorteil, wenn Sie ein Script auf vielen Seiten verwenden wollen. Dann brauchen Sie das Script nur noch zu referenzieren, statt es jedesmal in der Datei zu notieren. Der Script-Bereich in der Datei kann in diesem Fall leer bleiben wie im obigen Beispiel. Er kann aber auch noch ein lokales Script enthalten. Ein Beispiel:

```
<script language="JavaScript" src="tuwas.js"
   type="text/javascript" defer>
</script>
```

Wenn Sie mit `src=` eine separate Scriptdatei einbinden, empfiehlt sich außerdem die Angabe des zugehörigen MIME-Typs. Dazu dient das Attribut `type=`. Wenn Sie mit JavaScript arbeiten, geben Sie hierbei `type="text/javascript"` an. Das Attribut `defer` soll verhindern, daß ein Script dynamisch Text schreibt. Einzelne JavaScript-Befehle wie `document.write()` oder auch typische Befehle bei Dynamischem HTML werden dadurch unterbunden.

10.3 Universaltattribute

Universalattribute notieren

Unter Universalattributen werden hier solche Attribute verstanden, die in fast allen HTML-Tags erlaubt sind. Solche Attribute haben verschiedene Aufgaben. Es gibt beispielsweise Attribute, um einer bestimmten HTML-Auszeichnung einen individuellen Namen zu geben. Andere Universalattribute enthalten wichtige Angaben zur verwendeten Landessprache. Manche Attribute beziehen sich auch auf CSS-Style-Sheets. Eine wichtige Sondergruppe stellen schließlich auch solche Attribute dar, die eine Verknüpfung zwischen einem HTML-Element und einer Scriptsprache herstellen: die sogenannten Event-Handler. Ein Beispiel:

```
<p lang="de" title="deutschsprachiger Absatz">
  Kaum zu verstehen
</p>
```

Universalattribute notieren Sie wie gewöhnliche, Tag-abhängige Attribute im einleitenden HTML-Tag. Im Beispiel ist ein Textabsatz notiert, der zwei Universalattribute enthält: Das Attribut `lang=`, mit dessen Hilfe Sie die Landessprache angeben können, die innerhalb des Elements verwendet wird, und das Attribut `title=`, mit dem Sie einen Text definieren können, der als kleines Fenster (Tooltip) angezeigt wird, wenn der Anwender mit der Maus über das Element fährt.

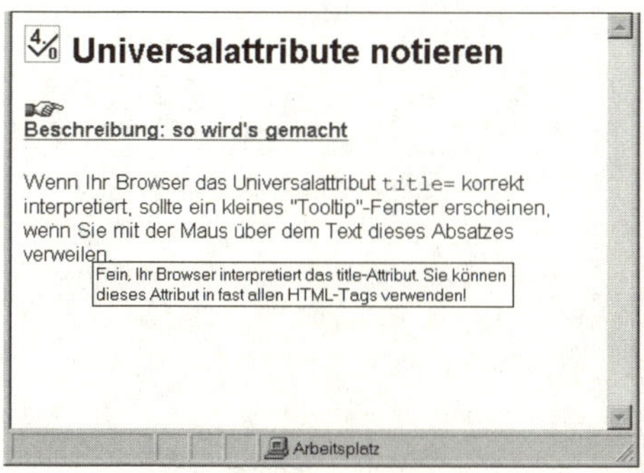

Bild 10.9: Das Universalattribut `title=` zeigt zu jedem Element einer HTML-Seite ein Hilfefenster (Tooltip) an – derzeit allerdings nur beim Internet Explorer 4.x

Liste der Universalattribute

Netscape kennt in der Version 4.x nur die Attribute, die mit CSS-Style-Sheets zu tun haben (`class=`, `style=` und `id=`). Der Internet Explorer 4.x interpretiert daneben auch das Attribut `title=`.

Attribut	*Bedeutung*	*Beispiel*	*erlaubt in diesen Tags*
class=	Gibt an, daß das HTML-Element einer bestimmten Style-Sheet-Klasse angehört. Mehr dazu im Abschnitt *Format-Unterklassen definieren.*	<h1 class= "NeueSeite">	<a> <acronym> <address> <b> <big> <blockquote> <body> <button> <caption> <center> <cite> <code> <col> <colgroup> <dd> <del> <dfn> <dir> <div> <dl> <dt> <em> <fieldset> <form> <h1> <h2> <h3> <h4> <h5> <h6> <hr> <i> <img> <input> <ins> <isindex> <kbd> <label> <legend> <li> <link> <map> <menu> <object> <ol> <option> <p> <pre> <q> <s> <samp> <select> <small> <span> <strike> <strong> <sub> <sup> <table> <tbody> <td> <textarea> <tfoot> <th> <thead> <tr> <tt> <u> <ul> <var>
dir=	Gibt die Textrichtung der Landessprache an, die innerhalb des HTML-Elements verwendet wird. Interessant beispielsweise bei Sprachen wie Arabisch oder Hebräisch, wo die Textrichtung von rechts nach links geht. Erlaubt sind dic Angabcn ltr (links nach rechts, also normal) und rtl (rechts nach links).	<td dir="rtl">	<a> <acronym> <address> <b> <big> <blockquote> <body> <button> <caption> <center> <cite> <code> <col> <colgroup> <dd> <del> <dfn> <dir> <div> <dl> <dt> <em> <fieldset> <form> <h1> <h2> <h3> <h4> <h5> <h6> <head> <html> <i> <img> <input> <ins> <isindex> <kbd> <label> <legend> <li> <link> <menu> <meta> <object> <ol> <option> <p> <pre> <q> <s> <samp> <select> <small> <span> <strike> <strong> <style> <sub> <sup> <table> <tbody> <td> <textarea> <tfoot> <th> <thead> <title> <tr> <tt> <u> <ul> <var>

Attribut	*Bedeutung*	*Beispiel*	*erlaubt in diesen Tags*
`id=`	Ein dateiweit eindeutiger Name für ein Element – wenn Sie Elemente damit auszeichnen, dann vergeben Sie keinen `id`-Namen innerhalb einer HTML-Datei mehr als einmal. Interessant ist das `id`-Attribut beispielsweise beim Internet Explorer, und zwar zum dynamischen Zugriff auf HTML-Elemente mit Hilfe einer Scriptsprache. Auch beim Zuweisen unabhängiger CSS-Formate spielt dieses Attribut eine wichtige Rolle.	`<div id="Einleitung">`	`<a> <acronym> <address> <b> <big> <blockquote> <body> <button> <caption> <center> <cite> <code> <col> <colgroup> <dd> <del> <dfn> <dir> <div> <dl> <dt> <em> <fieldset> <form> <h1> <h2> <h3> <h4> <h5> <h6> <hr> <i> <img> <input> <ins> <isindex> <kbd> <label> <legend> <li> <link> <map> <menu> <object> <ol> <option> <p> <pre> <q> <s> <samp> <select> <small> <span> <strike> <strong> <sub> <sup> <table> <tbody> <td> <textarea> <tfoot> <th> <thead> <tr> <tt> <u> <ul> <var>`
`lang=`	Gibt die Landessprache an, die innerhalb des HTML-Elements verwendet wird. Interessant bei mehrsprachigen Dateien – aber auch für Suchmaschinen im Internet. Als Angabe ist ein zweistelliges Landeskürzel erlaubt, z. B. `de` für deutsch, `en` für englisch, `fr` für französisch, `it` für italienisch oder `es` für spanisch. Mehr über die standardisierten Landeskürzel im Internet in der RFC 1766 (*rfc.fh-koeln.de/rfc/html/rfc1766.htm*).	`<p lang="it">`	`<a> <acronym> <address> <b> <bdo> <big> <blockquote> <body> <button> <caption> <center> <cite> <code> <col> <colgroup> <dd> <del> <dfn> <dir> <div> <dl> <dt> <em> <fieldset> <form> <h1> <h2> <h3> <h4> <h5> <h6> <head> <html> <i> <img> <input> <ins> <isindex> <kbd> <label> <legend> <li> <link> <menu> <meta> <object> <ol> <option> <p> <pre> <q> <s> <samp> <select> <small> <span> <strike> <strong> <style> <sub> <sup> <table> <tbody> <td> <textarea> <tfoot> <th> <thead> <title> <tr> <tt> <u> <ul> <var>`

Attribut	*Bedeutung*	*Beispiel*	*erlaubt in diesen Tags*
`style=`	Ermöglicht CSS-Style-Definitionen zur individuellen Formatierung eines HTML-Elements. Mehr dazu im Abschnitt *Einzelne HTML-Tags formatieren.*	`<p style="color:red">`	`<a> <acronym> <address> <b> <big> <blockquote> <body> <button> <caption> <center> <cite> <code> <col> <colgroup> <dd> <del> <dfn> <dir> <div> <dl> <dt> <em> <fieldset> <form> <h1> <h2> <h3> <h4> <h5> <h6> <hr> <i> <img> <input> <ins> <isindex> <kbd> <label> <legend> <li> <link> <map> <menu> <object> <ol> <option> <p> <pre> <q> <s> <samp> <select> <small> <span> <strike> <strong> <sub> <sup> <table> <tbody> <td> <textarea> <tfoot> <th> <thead> <tr> <tt> <u> <ul> <var>`
`title=`	Erlaubt es, HTML-Elemente mit kommentierendem Text zu betiteln. Der kommentierende Text sollte in einem kleinen Fenster ("Tooltip"-Fenster) angezeigt werden, wenn der Anwender mit der Maus über dem Anzeigebereich des HTML-Elements verweilt.	`<p title="ironisch!">`	`<a> <acronym> <address> <b> <big> <blockquote> <body> <button> <caption> <center> <cite> <code> <col> <colgroup> <dd> <del> <dfn> <dir> <div> <dl> <dt> <em> <fieldset> <form> <h1> <h2> <h3> <h4> <h5> <h6> <hr> <i> <img> <input> <ins> <isindex> <kbd> <label> <legend> <li> <link> <map> <menu> <object> <ol> <option> <p> <pre> <q> <s> <samp> <select> <small> <span> <strike> <strong> <sub> <sup> <table> <tbody> <td> <textarea> <tfoot> <th> <thead> <tr> <tt> <u> <ul> <var>`

Tab. 10.1: Die Universalattribute von HTML 4

Allgemeines zu Event-Handlern

Event-Handler (Ereignis-Behandler) sind HTML-Attribute, die eine Verknüpfung zu einer Scriptsprache herstellen. Ein Ereignis ist zum Beispiel ein Mausklick oder ein

Tastendruck des Anwenders. Ein Element, das einen Event-Handler enthält, kann auf ein solches Ereignis reagieren, wenn das Ereignis im Anzeigebereich des Elements stattfindet. Mit dem Event-Handler können Sie beispielsweise eine JavaScript-Funktion aufrufen, die das Ereignis verarbeitet und reagiert. Ein Beispiel:

```
<p onClick="alert('Sie haben in den Absatz geklickt!')">
  ein Textabsatz
</p>
```

Das Beispiel enthält einen Textabsatz `<p>` ... `</p>`. Im einleitenden `<p>`-Tag ist der Event-Handler `onClick=` notiert. Event-Handler erkennen Sie in der Regel daran, daß diese mit `on...` beginnen. Der Event-Handler `onClick=` bedeutet so viel wie *beim Anklicken*. Dies bezieht sich auf den Anzeigebereich des Textabsatzes.

Im Beispiel wird mit Hilfe eines Dialogfensters am Bildschirm ausgegeben: *»Sie haben in den Absatz geklickt!«*. Das ist JavaScript-Syntax. Auf die Sprachelemente von JavaScript wird hier nicht näher eingegangen. Lesen Sie dazu Kapitel 12.

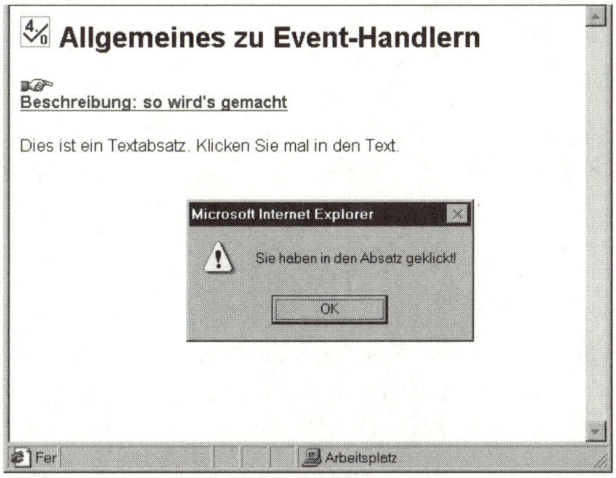

Bild 10.10: Mit Hilfe des Event-Handlers `onClick=` gibt der Internet Explorer bei einem Mausklick auf den Absatz den Text aus

Beachten Sie: Netscape bis einschließlich Version 4.x interpretiert Event-Handler zwar, aber nur bei bestimmten HTML-Tags. Zwar gibt es viele Event-Handler, die auch nur in bestimmten HTML-Tags Sinn machen. Doch insgesamt ist die Ereignisbehandlung in HTML-Elementen nach dem HTML-4.0-Standard deutlich weiter gefaßt, als es in Netscapes JavaScript 1.0, 1.1 und 1.2 der Fall ist. So funktioniert mit Netscape auch das obige Beispiel nicht.

Der Internet Explorer interpretiert erweiterte Event-Handler seit der Produktversion 4.x. Ob dabei allerdings alle denkbaren Möglichkeiten des HTML-4.0-Standards abgedeckt werden, läßt sich kaum nachprüfen. Das obige Beispiel – und auch das Anzeigebeispiel – funktioniert jedenfalls mit dem Internet Explorer 4.x.

Liste der Event-Handler

Die folgende Tabelle 10.2 enthält diejenigen Event-Handler, die in der HTML-4.0-Spezifikation des W3-Konsortiums genannt werden. Mehr zu den Event-Handlern erfahren Sie innerhalb der JavaScript-Dokumentation (Kapitel 12) im Abschnitt über Event-Handler als Teil der JavaScript-Sprachelemente. Beispiele für den praktischen Einsatz der Event-Handler finden Sie ebenfalls dort.

Event-Handler	*Bedeutung*	*erlaubt in diesen HTML-Tags*
`onblur=`	beim Verlassen des Elements	`<a> <area> <button> <input> <label> <select> <textarea>`
`onchange=`	bei geändertem Wert eines Elements	`<input> <select> <textarea>`
`onclick=`	beim Anklicken mit der Maus	`<a> <abbr> <acronym> <address> <area> <b> <big> <blockquote> <body> <button> <caption> <center> <cite> <code> <col> <colgroup> <dd> <del> <dfn> <dir> <div> <dl> <dt> <em> <fieldset> <form> <h1> <h2> <h3> <h4> <h5> <h6> <hr> <i> <img> <input> <ins> <kbd> <label> <legend> <li> <link> <map> <menu> <noframes> <noscript> <object> <ol> <optgroup> <option> <p> <pre> <q> <s> <samp> <select> <small> <span> <strike> <strong> <sub> <sup> <table> <tbody> <td> <textarea> <tfoot> <th> <thead> <tr> <tt> <u> <ul> <var>`
`ondblclick=`	beim Doppelklick mit der Maus in den Bereich des Elements	`<a> <abbr> <acronym> <address> <area> <b> <big> <blockquote> <body> <button> <caption> <center> <cite> <code> <col> <colgroup> <dd> <del> <dfn> <dir> <div> <dl> <dt> <em> <fieldset> <form> <h1> <h2> <h3> <h4> <h5> <h6> <hr> <i> <img> <input> <ins> <kbd> <label> <legend> <li> <link> <map> <menu> <noframes> <noscript> <object> <ol> <optgroup> <option> <p> <pre> <q> <s> <samp> <select> <small> <span> <strike> <strong> <sub> <sup> <table> <tbody> <td> <textarea> <tfoot> <th> <thead> <tr> <tt> <u> <ul> <var>`

Event-Handler	*Bedeutung*	*erlaubt in diesen HTML-Tags*
onfocus=	beim Positionieren auf das Element	<a> <area> <button> <input> <label> <select> <textarea>
onkeydown=	wenn Taste gedrückt (aber noch nicht losgelassen)	<a> <abbr> <acronym> <address> <area> <b> <big> <blockquote> <body> <button> <caption> <center> <cite> <code> <col> <colgroup> <dd> <del> <dfn> <dir> <div> <dl> <dt> <em> <fieldset> <form> <h1> <h2> <h3> <h4> <h5> <h6> <hr> <i> <img> <input> <ins> <kbd> <label> <legend> <li> <link> <map> <menu> <noframes> <noscript> <object> <ol> <optgroup> <option> <p> <pre> <q> <s> <samp> <select> <small> <span> <strike> <strong> <sub> <sup> <table> <tbody> <td> <textarea> <tfoot> <th> <thead> <tr> <tt> <u> <ul> <var>
onkeypress=	wenn Taste gedrückt (und wieder losgelassen)	<a> <abbr> <acronym> <address> <area> <b> <big> <blockquote> <body> <button> <caption> <center> <cite> <code> <col> <colgroup> <dd> <del> <dfn> <dir> <div> <dl> <dt> <em> <fieldset> <form> <h1> <h2> <h3> <h4> <h5> <h6> <hr> <i> <img> <input> <ins> <kbd> <label> <legend> <li> <link> <map> <menu> <noframes> <noscript> <object> <ol> <optgroup> <option> <p> <pre> <q> <s> <samp> <select> <small> <span> <strike> <strong> <sub> <sup> <table> <tbody> <td> <textarea> <tfoot> <th> <thead> <tr> <tt> <u> <ul> <var>
onkeyup=	wenn Taste losgelassen	<a> <abbr> <acronym> <address> <area> <b> <big> <blockquote> <body> <button> <caption> <center> <cite> <code> <col> <colgroup> <dd> <del> <dfn> <dir> <div> <dl> <dt> <em> <fieldset> <form> <h1> <h2> <h3> <h4> <h5> <h6> <hr> <i> <img> <input> <ins> <kbd> <label> <legend> <li> <link> <map> <menu> <noframes> <noscript> <object> <ol> <optgroup> <option> <p> <pre> <q> <s> <samp> <select> <small> <span> <strike> <strong> <sub> <sup> <table> <tbody> <td> <textarea> <tfoot> <th> <thead> <tr> <tt> <u> <ul> <var>

Event-Handler	*Bedeutung*	*erlaubt in diesen HTML-Tags*
onload=	beim Laden	<frameset> <body>
onmousedown=	bei gedrückter Maustaste	<a> <abbr> <acronym> <address> <area> <b> <big> <blockquote> <body> <button> <caption> <center> <cite> <code> <col> <colgroup> <dd> <del> <dfn> <dir> <div> <dl> <dt> <em> <fieldset> <form> <h1> <h2> <h3> <h4> <h5> <h6> <hr> <i> <img> <input> <ins> <kbd> <label> <legend> <li> <link> <map> <menu> <noframes> <noscript> <object> <ol> <optgroup> <option> <p> <pre> <q> <s> <samp> <select> <small> <span> <strike> <strong> <sub> <sup> <table> <tbody> <td> <textarea> <tfoot> <th> <thead> <tr> <tt> <u> <ul> <var>
onmousemove=	beim Bewegen der Maus	<a> <abbr> <acronym> <address> <area> <b> <big> <blockquote> <body> <button> <caption> <center> <cite> <code> <col> <colgroup> <dd> <del> <dfn> <dir> <div> <dl> <dt> <em> <fieldset> <form> <h1> <h2> <h3> <h4> <h5> <h6> <hr> <i> <img> <input> <ins> <kbd> <label> <legend> <li> <link> <map> <menu> <noframes> <noscript> <object> <ol> <optgroup> <option> <p> <pre> <q> <s> <samp> <select> <small> <span> <strike> <strong> <sub> <sup> <table> <tbody> <td> <textarea> <tfoot> <th> <thead> <tr> <tt> <u> <ul> <var>
onmouseout=	wenn die Maus den Elementbereich verläßt	<a> <abbr> <acronym> <address> <area> <b> <big> <blockquote> <body> <button> <caption> <center> <cite> <code> <col> <colgroup> <dd> <del> <dfn> <dir> <div> <dl> <dt> <em> <fieldset> <form> <h1> <h2> <h3> <h4> <h5> <h6> <hr> <i> <img> <input> <ins> <kbd> <label> <legend> <li> <link> <map> <menu> <noframes> <noscript> <object> <ol> <optgroup> <option> <p> <pre> <q> <s> <samp> <select> <small> <span> <strike> <strong> <sub> <sup> <table> <tbody> <td> <textarea> <tfoot> <th> <thead> <tr> <tt> <u> <ul> <var>

Event-Handler	*Bedeutung*	*erlaubt in diesen HTML-Tags*
`onmouseover=`	wenn die Maus den Elementbereich erreicht	<a> <abbr> <acronym> <address> <area> <b> <big> <blockquote> <body> <button> <caption> <center> <cite> <code> <col> <colgroup> <dd> <del> <dfn> <dir> <div> <dl> <dt> <em> <fieldset> <form> <h1> <h2> <h3> <h4> <h5> <h6> <hr> <i> <img> <input> <ins> <kbd> <label> <legend> <li> <link> <map> <menu> <noframes> <noscript> <object> <ol> <optgroup> <option> <p> <pre> <q> <s> <samp> <select> <small> <span> <strike> <strong> <sub> <sup> <table> <tbody> <td> <textarea> <tfoot> <th> <thead> <tr> <tt> <u> <ul> <var>
`onmouseup=`	beim Loslassen der gedrückten Maustaste	<a> <abbr> <acronym> <address> <area> <b> <big> <blockquote> <body> <button> <caption> <center> <cite> <code> <col> <colgroup> <dd> <del> <dfn> <dir> <div> <dl> <dt> <em> <fieldset> <form> <h1> <h2> <h3> <h4> <h5> <h6> <hr> <i> <img> <input> <ins> <kbd> <label> <legend> <li> <link> <map> <menu> <noframes> <noscript> <object> <ol> <optgroup> <option> <p> <pre> <q> <s> <samp> <select> <small> <span> <strike> <strong> <sub> <sup> <table> <tbody> <td> <textarea> <tfoot> <th> <thead> <tr> <tt> <u> <ul> <var>
`onreset=`	beim Zurücksetzen	<form>
`onselect=`	beim Selektieren von Text	<input> <textarea>
`onsubmit=`	beim Absenden	<form>
`onunload=`	beim Beenden	<body> <frameset>

Tab. 10.2: Die Event-Handler von HTML 4

11 CSS-Style-Sheets

11.1 Sinn und Zweck von Style-Sheets

Style-Sheets sind eine unmittelbare Ergänzung zu HTML. Es handelt sich dabei um eine Sprache zur Definition von Formateigenschaften einzelner HTML-Befehle. Mit Hilfe von Style-Sheets können Sie beispielsweise bestimmen, daß Überschriften 1. Ordnung eine Schriftgröße von 18 Punkt haben, in der Schriftart Helvetica, aber nicht fett erscheinen und mit einem Abstand von 1,75 Zentimeter zum darauffolgenden Absatz versehen werden. Angaben dieser Art sind mit herkömmlichem HTML nicht möglich.

Das ist aber nur der Anfang. Style-Sheets bieten noch viel mehr Möglichkeiten. So können Sie beliebige Bereiche einer HTML-Datei mit einer eigenen Hintergrundfarbe, einem eigenen Hintergrundbild (Wallpaper) oder mit diversen Rahmen versehen. Sie können beliebige Elemente, sei es eine Grafik, ein Textabsatz, eine Tabelle oder ein Bereich aus mehreren solchen Elementen, pixelgenau im Anzeigefenster des WWW-Browsers positionieren. Für Drucklayouts stehen Befehle zur Definition eines Seitenlayouts bereit. Für die akustische Wiedergabe von HTML-Dateien gibt es ein ganzes Arsenal an Befehlen, um künstliche Sprachausgabesysteme genau zusteuern. Spezielle Filter schließlich, die derzeit allerdings noch rein Microsoft-spezifisch sind, erlauben Grafik-Effekte bei normalen Texten, die aus Grafikprogrammen wie PhotoShop bekannt sind.

Ein weiteres wichtiges Leistungsmerkmal von Style-Sheets ist, daß Sie Definitionen zentral angeben können. So können Sie beispielsweise im Kopf einer HTML-Datei zentrale Definitionen zum Aussehen einer Tabellenzelle notieren. Alle Tabellenzellen der entsprechenden HTML-Datei erhalten dann die Formateigenschaften, die einmal zentral definiert sind. Das spart Kodierarbeit und macht die HTML-Dateien kleiner. Sie können Ihre Style-Sheet-Definitionen sogar in separaten Dateien notieren. Solche Style-Sheet-Dateien können Sie in beliebig vielen HTML-Dateien referenzieren. Auf diese Weise können Sie für große Projekte einheitliche Layouts entwerfen. Mit ein paar kleinen Änderungen in einer zentralen Style-Sheet-Datei können Sie dann für hunderte von HTML-Dateien ein anderes Layout bewirken.

Style-Sheets unterstützen also erstens die professionelle Gestaltung beim Web-Design, und zweitens helfen sie beim Corporate Design für große Projekte oder für firmenspezifische Layouts.

Style-Sheet-Sprachen, Versionen und Informationen

Es gibt mehrere Sprachen zum Definieren von Style-Sheets. Die bekannteste ist die CSS-Sprache. CSS steht für Cascading Style Sheets. Diese Sprache wird vom W3-Konsortium (*www.w3.org*), das auch für die Normierung von HTML zuständig ist, vorgeschlagen. Die CSS-Sprache ist optimal auf HTML abgestimmt. In diesem Kapitel wird deshalb auch ausschließlich die CSS-Sprache behandelt.

Wie es HTML-Sprachversionen gibt, gibt es auch CSS-Sprachversionen. Die erste Version 1.0 enstand 1996. Seit März 1998 gibt es die Version 2.0. In diesem Kapitel werden folgende Symbole verwendet, um die CSS-Versionen zu kennzeichnen:

CSS 1.0 Das beschriebene Leistungsmerkmal gehört zur Version 1.0 der CSS-Sprache.

CSS 2.0 Das beschriebene Leistungsmerkmal gehört zur Version 2.0 der CSS-Sprache.

Informationen zu Style-Sheets erhalten Sie im Internet an folgenden Stellen:

Einstiegsseite zu Style-Sheets beim W3-Konsortium (*www.w3.org/Style*),

Spezifikation der CSS-Version 1.0 (*www.w3.org/TR/REC-CSS1-96121*),

Spezifikation der CSS-Version 2.0 (*www.w3.org/TR/PR-CSS2*),

Aktuelles vom W3-Konsortium zum Thema Style-Sheets (*www.w3.org/Style/Activit*).

Style-Sheets und WWW-Browser

Netscape 4.x interpretiert fast den vollen Sprachumfang der CSS-Version 1.0 und einen Teil der Befehle der CSS-Version 2.0. Der Internet Explorer kennt die CSS-Version 1.0 bereits seit seiner Produktversion 3.0. In der Version 4.0 interpretiert er einen Teil der CSS-Version 2.0 und einige spezielle, von Microsoft eingeführte Style-Sheet-Angaben.

Wenn Sie WWW-Seiten gestalten, müssen Sie daraus Ihre eigenen Konsequenzen ziehen. Style-Sheets erlauben Ihnen völlig neue Möglichkeiten beim Web-Seiten-Layout. Je intensiver Sie Ihre Layouts jedoch von Style-Sheet-Effekten abhängig machen, desto langweiliger, enttäuschender und evtl. auch fehlerhafter wirken die Seiten bei Anwendern, die keinen Style-Sheet-fähigen Browser benutzen. Da Netscape 3.x immer noch als wichtige Meßlatte für die Anzeigequalität von WWW-Seiten gilt, in dieser Version aber noch keine Style-Sheets kennt, werden Style-Sheets bislang noch vorsichtig eingesetzt. Allmählich muß man sich jedoch nicht mehr entschuldigen, wenn man Style-Sheets einsetzt. Zumindest gegen den Einsatz der Befehle der CSS-Version 1.0 ist eigentlich nichts mehr einzuwenden – die glühenden Lynx-Anhänger sind sowieso gegen alles, was nicht in ein 24 x 80-Zeichenraster paßt. Neuere Befehle sollten Sie dagegen noch mit Vorsicht anwenden. In jedem Fall sollten Sie Ihre »gestylten« Web-Seiten immer auch mal mit Netscape 3.x testen.

11.2 Style-Sheets definieren

Dieser Abschnitt beschreibt, wie Sie CSS-Style-Sheets in HTML definieren können. Ferner werden die allgemeinen Regeln für CSS-Style-Sheets angesprochen.

11.2.1 Style-Sheets in HTML einbinden

Style-Sheets in einer HTML-Datei definieren

Sie können innerhalb einer HTML-Datei einen Bereich für Style-Sheet-Angaben definieren. Mit dem Befehl `<style...>` ... `</style>` im Kopf der HTML-Datei definieren Sie einen Bereich für Style-Sheet-Angaben (style = Stil, Format). Im einleitenden `<style>`-Tag müssen Sie den Typ der Formatdefinition angeben. Das geschieht bei allen hier beschriebenen Formatiermöglichkeiten durch die Angabe `type="text/css"`. Zwischen dem einleitenden Tag und dem abschließenden `</style>` können Sie dann die eigentlichen Style-Sheet-Angaben definieren. Lesen Sie dazu den Abschnitt *Formate definieren.* Ein Beispiel:

```
<html>
<head>
<title>Titel der Datei</title>
<style type="text/css">
<!--
/*  ... Style-Sheet-Angaben ... */
//-->
</style>
</head>
<body>
</body>
</html>
```

Beachten Sie: Damit WWW-Browser, die keine Style-Sheets kennen, die Style-Sheet-Angaben nicht irrtümlich als anzuzeigenden Text interpretieren, können Sie den Bereich der eigentlichen Style-Sheet-Angaben in einen mehrzeiligen HTML-Kommentar `<!--` ... `//-->` einbinden wie im obigen Beispiel. Die Style-Sheet-Angaben, die Sie auf diese Weise im Kopf einer HTML-Datei definieren, sind für diese eine HTML-Datei gültig.

Style-Sheets in separater Datei definieren

In vielen Fällen werden Sie einheitliche Formate für alle HTML-Dateien Ihres Projekts haben wollen. In diesem Fall brauchen Sie die Angaben nicht in jeder Datei zu wiederholen. Stattdessen können Sie die Style-Sheet-Angaben in einer separaten Textdatei notieren und diese Datei einfach in jede gewünschte HTML-Datei einbinden. Wenn Sie die Angaben in der separaten Datei ändern, wirken sich die Änderungen einheitlich auf alle Dateien aus, in die diese separate Datei eingebunden ist. Ein Beispiel:

```
<html>
<head>
<title>Titel der Datei</title>
<link rel=stylesheet type="text/css" href="formate.css">
<style type="text/css">
<!--
  ... Extra-Style-Sheet-Angaben ...
//-->
</style>
</head>
<body>
</body>
</html>
```

Im Dateikopf einer HTML-Datei können Sie mit einem HTML-Befehl des Typs `<link...>` eine Datei referenzieren, die Style-Sheet-Angaben enthält (link = Verweis). Innerhalb dieses Befehls sollten immer die Angaben `rel=stylesheet type="text/css"` stehen (rel = relation = Bezug, type = Typ). Bei der Angabe `href=` können Sie die gewünschte Datei angeben (href = hyper reference = Hypertext-Referenz). Die Angabe muß in Anführungszeichen stehen. Wenn sich die CSS-Datei in einem anderen Verzeichnis oder auf einem anderen Server befindet, müssen Sie mit relativen Pfadangaben oder absoluten URL-Adressen arbeiten. Das funktioniert genauso wie etwa beim Einbinden von Grafiken.

Bei der referenzierten Datei muß es sich um eine reine Textdatei handeln, die die Endung *.css* haben sollte. Die Datei sollte nichts anderes als Formatdefinitionen enthalten, also auch keine HTML-Befehle. Eine solche Datei können Sie mit jedem einfachen Texteditor erstellen. In der HTML-Version dieses Buches wird eine solche separate Style-Sheet-Datei für alle Dokumentdateien verwendet. Sie können diese Datei als Beispieldatei aufrufen. Der Verweis führt zu einer Datei namens *wselfhtm.txt*, damit die Datei in jedem Fall im Browser angezeigt wird – die Style-Sheet-Datei heißt eigentlich *wselfhtml.css*.

Beachten Sie: Wenn Sie mit `<link...>` eine Datei mit Style-Sheet-Angaben referenzieren, brauchen Sie keinen Bereich `<style...>`...`</style>`. Im obigen Beispiel wird dennoch ein solcher Bereich definiert. Das soll zeigen, daß Sie beide Arten, Style-Sheet-Angaben zu definieren, durchaus kombinieren können. Wenn Sie beide Arten benutzen, haben Formate, die direkt innerhalb von `<style...>`...`</style>` definiert werden, im Konfliktfall Vorrang vor den referenzierten Formaten. So können Sie etwa immer wieder verwendete Formate importieren und einige davon mit dateispezifischen Formaten überschreiben. Die Syntax mit `<link...>` zum Einbinden einer separaten Style-Sheet-Datei ist die HTML-Syntax zum Einbinden von Style-Sheets. Daneben gibt es auch noch eine CSS-Syntax, die den gleichen Zweck hat. Ein Beispiel:

```
<html>
<head>
<title>Titel der Datei</title>
```

```
<style type="text/css">
<!--
 @import url(formate.css);
//-->
</style>
</head>
<body>
</body>
</html>
```

Eine CSS-spezifische Einbindung einer separaten CSS-Datei müssen Sie innerhalb eines <style>-Bereichs im Dateikopf notieren. Mit einem Klammeraffenzeichen @import url starten Sie den Befehl zum Einbinden einer CSS-Datei. In Klammern notieren Sie den Dateinamen der separaten CSS-Datei. Auch dabei sind die gleichen Angaben möglich wie etwa beim Einbinden von Grafiken. Am Ende des Befehls sollte ein Strichpunkt stehen.

Beachten Sie: Die HTML-Syntax mit <link...> ist bei den Browsern derzeit sicherer als die CSS-Syntax.

Style-Sheet-Dateien für unterschiedliche Ausgabemedien

Bildschirm und Drucker sind sehr unterschiedliche Ausgabemedien für ansprechend gestaltete Daten. Beide Ausgabemedien haben ihre eigenen Gesetze. Während am Bildschirm etwa helle Schriften auf dunklen Hintergründen attraktiv aussehen, ist das für die Ausgabe am Drucker keine gute Lösung. Bei der Druckerausgabe sehen dagegen Absatzeinzüge von mindestens 2 cm besser aus, während durch entsprechende Angaben am Bildschirm möglicherweise kostbarer Präsentationsraum verschenkt wird. Deshalb können Sie für verschiedene Ausgabemedien verschiedene Style-Sheet-Dateien einbinden. Beachten Sie zu diesem Thema auch die Style-Sheet-Angaben zu Seitenlayout und Seitenumbruch für druckorientierte Dokumente auf den Folgeseiten. Beispiel 1 (in separaten Dateien nach HTML-Syntax):

```
<html>
<head>
<title>Titel der Datei</title>
<link rel=stylesheet media="screen" href="website.css">
<link rel=stylesheet media="print" href="printer.css">
<link rel=stylesheet media="aural" href="speaker.css">
</head>
<body>
</body>
</html>
```

Um Style-Sheets für verschiedene Ausgabemedien bereitzustellen, können Sie diese in unterschiedlichen Style-Sheet-Angaben in separaten Dateien notieren. Legen Sie für jedes Ausgabemedium eine Textdatei mit der Endung *.css* an, die nichts anderes als die gewünschten Style-Sheet-Definitionen enthält. In einer HTML-Datei können Sie alle erstellten Style-Sheet-Dateien wie im obigen Beispiel einbinden. Wichtig ist dabei die Angabe `media=`. Durch diese Angabe bestimmen Sie, für welches Ausgabemedium die Datei verwendet werden soll, die Sie bei der Angabe `href=` einbinden. Derzeit sind bei `media=` folgende Angaben bekannt:

- `media="screen"` für Style-Sheets, die bei der Bildschirmpräsentation wirksam sein sollen,
- `media="print"` für Style-Sheets, die bei der Ausgabe über Drucker wirksam sein sollen,
- `media="aural"` für Style-Sheets, die wirksam sein sollen, wenn der Inhalt der HTML-Datei per Sprachausgabe über Lautsprecher erfolgt,
- `media="projection"` für Style-Sheets, die wirksam sein sollen, wenn der Inhalt der HTML-Datei per Diaprojektor oder Overhead-Projektor erfolgt,
- `media="braille"` für Style-Sheets, die wirksam sein sollen, wenn der Inhalt der HTML-Datei über taktile Braille-Medien erfolgt,
- `media="tv"` für Style-Sheets, die wirksam sein sollen, wenn der Inhalt der HTML-Datei über Fernsehtechnik erfolgt,
- `media="handheld"` für Style-Sheets, die wirksam sein sollen, wenn der Inhalt der HTML-Datei über Handys, Palmtops oder ähnliche Geräte mit kleinem Display erfolgt,
- `media="all"` für Style-Sheets, die in allen Medientypen wirksam sein sollen.

Beachten Sie: Bislang interpretiert der Internet Explorer diese Angaben ab der Software-Version 4.0 zu einem gewissen Teil. Netscape 4.0 findet zwar die richtige Style-Sheet-Datei für die Bildschirmformate, ignoriert jedoch beispielsweise Style-Sheet-Dateien mit Formaten für den Druck.

Die Syntax mit `<link...>` zum Einbinden separater Style-Sheet-Dateien für unterschiedliche Ausgabemedien ist HTML-Syntax. Daneben gibt es auch noch eine CSS-Syntax, die den gleichen Zweck hat. Beispiel 2 (in separaten Dateien nach CSS-Syntax):

```
<html>
<head>
<title>Titel der Datei</title>
<style type="text/css">
<!--
@import url(druck.css) print;
@import url(multimedia.css) projection, tv;
//-->
</style>
</head>
<body>
</body>
</html>
```

Eine CSS-spezifische Einbindung müssen Sie innerhalb eines `<style>`-Bereichs im Dateikopf notieren. Mit einem Klammeraffenzeichen `@import url` starten Sie den Befehl. In Klammern notieren Sie den Dateinamen der separaten CSS-Datei. Hinter der Dateiangabe notieren Sie, durch ein Leerzeichen getrennt, das gewünschte Ausgabemedium. Dabei sind die gleichen Medientypen erlaubt wie bei der HTML-Syntax. Am Ende des Befehls sollte ein Strichpunkt stehen.

CSS 2.0 Style-Sheet-Definitionen für unterschiedliche Ausgabemedien

Neben der Möglichkeit, Style-Sheet-Dateien für unterschiedliche Ausgabemedien in HTML einzubinden, steht auch noch die Möglichkeit zur Verfügung, direkt innerhalb eines Style-Sheet-Bereichs zwischen unterschiedlichen Ausgabemedien zu unterscheiden. Ein Beispiel:

```
<html>
<head>
<title>Titel der Datei</title>
<style type="text/css">
<!--
@media print
{
  ... Style-Sheet-Angaben zum Drucken ...
}
@media screen, projection
{
  ... Style-Sheet-Angaben zur Bildschirmausgabe ...
}
//-->
</style>
</head>
<body>
</body>
</html>
```

Mit `@media` definieren Sie innerhalb eines Style-Sheet-Bereichs einen Bereich für ein bestimmtes Ausgabemedium. Für jede Mediensorte, die Sie unterscheiden wollen, können Sie einen solchen Befehl notieren. Hinter dem Befehl `@media` folgt, durch ein Leerzeichen getrennt, das gewünschte Ausgabemedium. Sie können auch mehrere Ausgabemedien durch Kommata getrennt in Folge notieren, so wie im obigen Beispiel bei `@media screen, projection`. Die Style-Sheet-Angaben gelten dann für alle aufgezählten Medien.

Im Anschluß an den `@media`-Befehl müssen Sie geschweifte Klammern `{` und `}` notieren. Alle Style-Sheet-Angaben, die Sie innerhalb dieser geschweiften Klammern definieren, sind dann nur für das oder die angegebenen Medien gültig. Beachten Sie: Diese Befehle werden vom Internet Explorer und von Netscape in den 4er-Versionen noch nicht interpretiert.

CSS 1.0 4.0 N 4.0 Kommentare innerhalb von Style-Sheet-Bereichen

Um Ihre Formatdefinitionen intern auszukommentieren, steht eine spezielle, an die Programmiersprache C angelehnte Syntax zur Verfügung. Ein Beispiel:

```
<html>
<head>
<title>Titel der Datei</title>
<style type="text/css">
<!--
  p { color:blue; } /* Format für blauen Text, kreiert am 4.1.1998 */
//-->
</style>
</head>
<body>
</body>
</html>
```

Innerhalb von <style...>...</style> können Sie mit /* – also einem Schrägstrich und einem Sternzeichen in Folge – einen Kommentar einleiten. Mit der umgekehrten Zeichenfolge – also mit */ – beenden Sie den Kommentar. Anfang und Ende des Kommentars müssen in der gleichen Zeile stehen.

4.0 Style-Sheet-Sprache ausdrücklich festlegen

Sie können dem Browser in einer HTML-Datei mit Hilfe einer Meta-Angabe ausdrücklich mitteilen, daß diese Datei Style-Sheet-Definitionen in einer bestimmten Definitionssprache enthält. Die Angabe ist in der gegenwärtigen Praxis und für die CSS-Sprache nicht zwingend erforderlich. Die Angabe dient dazu, um dem Client – also dem WWW-Browser – und dem WWW-Server einen Befehl zur Verfügung zu stellen, der beiden Seiten helfen soll, sich vor dem Interpretieren der Datei über die zu verwendende Style-Sheet-Syntax zu einigen. Ein Beispiel:

```
<head>
<meta http-equiv="Content-Style-Type" content="text/css">
</head>
```

Mit <meta http-equiv="Content-Style-Type" content="text/css"> im Kopf einer HTML-Datei erzwingen Sie die CSS-Syntax als verbindlich für Style-Sheet-Definitionen innerhalb dieser Datei. Wenn Sie eine andere Style-Sheet-Sprache als CSS verwenden wollen, müssen Sie anstelle von "text/css" den MIME-Typ der betreffenden Formatdefinitionssprache angeben.

11.2.1 Zentrale Formate definieren

Formate für HTML-Tags definieren

Sie können für gewöhnliche HTML-Tags, zum Beispiel für HTML-Tags zu Absatztypen und Textgestaltung oder für Tabellen, mit Hilfe von Style-Sheet-Angaben Formate definieren. Wenn Sie das entsprechende HTML-Tag dann in der HTML-Datei verwenden, werden alle Formate angewendet, die Sie für das betreffende HTML-Tag definiert haben. So können Sie beispielsweise für Überschriften 1. Ordnung definieren, daß sie in der Schriftart Helvetica, 20 Punkt, rot, fett und kursiv mit einem Absatznachabstand von 16 Punkt angezeigt werden. Wenn Sie dann im Text der HTML-Datei eine Überschrift 1. Ordnung wie gewohnt definieren, werden die definierten Formateigenschaften bei der Anzeige im WWW-Browser berücksichtigt. Ein Beispiel:

```
<html>
<head>
<title>Titel der Datei</title>
<style type="text/css">
<!--
h1 { font-size:48pt; color:#FF0000; font-style:italic; }
p,li  { font-size:12pt;
     line-height:14pt;
     font-family:Helvetica,Arial;
     letter-spacing:0.2mm;
     word-spacing:0.8mm; }
//-->
</style>
</head>
<body>
<h1>Überschrift 1. Ordnung</h1>
<p>ein normaler Textabsatz</p>
<ul>
<li>Ein Listenpunkt
<li>Ein anderer Listenpunkt
</ul>
</body>
</html>
```

An erlaubten Stellen können Sie Style-Sheets in HTML einbinden. Dazu notieren Sie zuerst das gewünschte HTML-Tag, und zwar ohne spitze Klammern. Im obigen Beispiel werden die HTML-Tags `h1` (Überschrift 1. Ordnung), `p` (Textabsatz) und `li` (Listeneintrag) auf diese Weise notiert. Wenn Sie gleichartige Formate für mehrere HTML-Tags definieren wollen, geben Sie alle gewünschten Tags an, und trennen Sie diese durch Kommata wie im obigen Beispiel `p,li`. Es bedeutet also das Gleiche, wenn Sie notieren:

```
h1 { font-family:Helvetica }
h2 { font-family:Helvetica }
```

oder wenn Sie notieren:

```
h1, h2 { font-family: Helvetica }
```

Dahinter folgen die dazugehörigen, gewünschten Formatdefinitionen, und zwar in geschweiften Klammern `{` und `}`. Innerhalb solcher geschweifter Klammern können Sie eine oder mehrere Formateigenschaften definieren. Jede Eigenschaftszuweisung besteht aus einem Namen, z. B. `color` und einem Wert, z. B. `#FF0000`, getrennt durch einen Doppelpunkt. Schließen Sie jede Formatdefinition jeweils durch einen Strichpunkt ab. Nur bei der letzten Formatdefinition vor der abschließenden geschweiften Klammer darf der Strichpunkt entfallen.

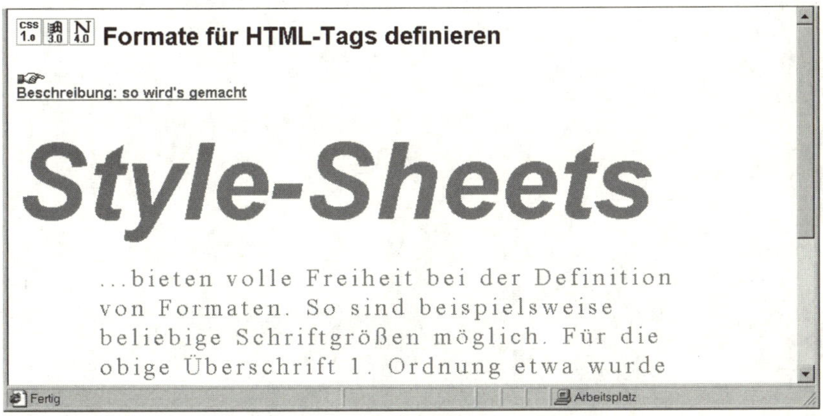

Bild 11.1: Ein Style-Sheet regelt hier die Formate für Überschrift und Fließtext

Wichtig: Zwar sind innerhalb einer Formatdefinition durchaus Leerzeichen erlaubt, aber der Netscape-Browser hat sich dabei als sehr empfindlich erwiesen – kurz gesagt, er ignoriert die Angaben. Obwohl es nicht so gut lesbar ist, ist es deshalb vorläufig auf jeden Fall besser, keine Leerzeichen innerhalb einer Formatdefinition zu verwenden.

Im obigen Beispiel wird dem HTML-Tag für Überschriften 1. Ordnung eine Schriftgröße von 48 Punkt (`font-size:48pt;`), die Schriftfarbe Rot (`color:#FF0000;`) und der Schriftstil kursiv (`font-style:italic;`) zugewiesen. Wenn Sie das betreffende HTML-Tag dann innerhalb der Datei verwenden wie im obigen Beispiel, werden die definierten Formate darauf angewendet.

Beachten Sie: Style-Sheet-Angaben für HTML-Tags wie `<p>` oder `<li>` werden möglicherweise nur interpretiert, wenn Sie ein einleitendes und ein abschließendes Tag notieren.

CSS 1.0 3.0 N 4.0 *Format-Unterklassen definieren*

Sie können mit Hilfe von Style-Sheets Unterklassen von gewöhnlichen HTML-Tags definieren. Das ist vor allem für HTML-Tags zu Absatztypen und Textgestaltung oder für solche zu Tabellen sinnvoll. So können Sie beispielsweise vom HTML-Tag für Überschriften 1. Ordnung zwei Varianten erzeugen, etwa eine mit schwarzer und eine mit roter Schrift. Dazu vergeben Sie Namen für die entsprechenden Unterklassen. Ein Beispiel:

```
<html>
<head>
<title>Titel der Datei</title>
<style type="text/css">
<!--
p.normal { font-size:10pt; color:black; }
p.gross { font-size:12pt; color:black; }
p.klein { font-size:8pt; color:black; }
all.rot { color:red; }
.blau { color:blue; }
//-->
</style>
</head>
<body>
<p class="normal">
   Normaler Textabsatz mit Schrift 10 Punkt schwarz
</p>
<p class="gross">Textabsatz mit Schrift 12 Punkt schwarz</p>
<p class="klein">Textabsatz mit Schrift 8 Punkt schwarz</p>
<p class="rot">roter Textabsatz</p>
<address class="rot">roter Absatz für Adressen</address>
<blockquote class="blau">blaues Zitat</blockquote>
</body>
</html>
```

Unterklassen von HTML-Tags bilden Sie dort, indem Sie zuerst das Tag notieren, im obigen Beispiel `p`. Dahinter folgt ein Punkt und dahinter ein Name für die Unterklasse. Anstelle eines bestimmten HTML-Tags können Sie auch das Schlüsselwort `all` (= alle) notieren. Dadurch definieren Sie eine Unterklasse mit Formatierungen, die Sie anschließend auf irgendein HTML-Tag anwenden können. Es ist auch erlaubt, Schlüsselwort `all` wegzulassen. In diesem Fall beginnt die Formatdefinition mit einem Punkt. Dahinter folgt der Name der Unterklasse. Im obigen Beispiel wird die Unterklasse `blau` auf diese Weise definiert. Die Namen hinter dem Punkt können Sie frei vergeben. Die Namen sollten nicht zu lang sein und keine Leerzeichen und keine deutschen Umlaute enthalten.

Innerhalb des Dateikörpers können Sie definierte Unterklassen anwenden. Dazu notieren Sie im einleitenden HTML-Tag die Angabe `class=` und dahinter den Namen der Unterklasse, den Sie zuvor vergeben haben. Im obigen Beispiel werden zunächst drei Varianten des normalen Fließtextabsatzes `<p>` notiert. In den beiden Zeilen darunter können Sie die Wirkung des Schlüsselwortes `all` sehen. Verschiedene HTML-Tags (im Beispiel `<p>` und `<address>`) können die gleiche Unterklasse von Formaten benutzen.

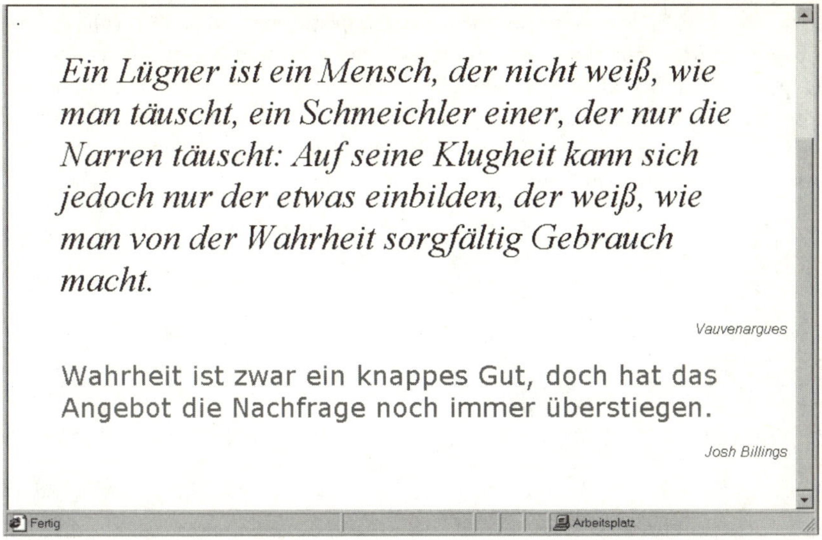

Bild 11.2: Zwei Zitat-Formatierungen mit unterschiedlichen Unterklassen

Beachten Sie: Es ist durchaus erlaubt, für mehrere HTML-Tags den gleichen Klassennamen zu vergeben. So können Sie beispielsweise Unterklassen wie `p.gross`, `h1.gross` und `li.gross` definieren. Um größeren Textabschnitten, die z. B. aus Überschriften, Fließtext und Listen bestehen, bestimmte Formateigenschaften zuzuweisen, definieren Sie am besten gewünschte Unterklassen für das HTML-Tag `<div>...</div>`. So können Sie beispielsweise eine Unterklasse `div.rot {color:red; }` definieren. Wenn Sie dann größere Textabschnitte in das `<div>`-Tag einschließen, erhalten alle Absatztypen innerhalb dieses Abschnitts die Textfarbe rot.

Wenn Sie mit dem Schlüsselwort `all` arbeiten, können Angaben wie `font-size:10pt` unter Umständen wenig Sinn machen. Wenn Sie beispielsweise `all.Meine { font-size:10pt;}` angeben und im Text dann `<h1 class="Meine">` notieren, wird auch die Überschrift 1. Ordnung mit 10 Punkt dargestellt. Sinnvoller ist in diesem Fall das Arbeiten mit prozentualen Angaben, die in Style-Sheets ebenfalls erlaubt sind. So könnten Sie beispielsweise eine allgemeingültige Unterklasse `all.Meine { font-size:150%;}` definieren. Wenn Sie diese Unterklasse dann einem HTML-Tag zuweisen, wird der darin enthaltene Text einfach in 1,5-facher Größe dargestellt, und zwar in bezug auf die sonst übliche Größe.

CSS 1.0 4.0 N 4.0 Formate für verschachtelte HTML-Tags definieren

Wenn Sie nichts anderes angeben, übernimmt ein HTML-Tag innerhalb eines anderen HTML-Tags dessen Eigenschaften und fügt seine eigenen Eigenschaften nur hinzu. Wenn Sie beispielsweise für Überschriften 1. Ordnung die Schriftart Times und die Farbe Rot definieren, erscheint Text, der innerhalb einer solchen Überschrift mit `<i>...</i>` formatiert wird, ebenfalls rot und in Times, aber zusätzlich kursiv.

Sie können aber mit Hilfe von Style-Sheets auch bestimmen, daß ein HTML-Tag bestimmte Eigenschaften nur dann hat, wenn es innerhalb eines bestimmten anderen HTML-Tags vorkommt. So können Sie etwa bestimmen, daß `<i>...</i>` innerhalb von Überschriften nicht kursiv, stattdessen aber in blauer Farbe dargestellt wird, während der gleiche Befehl innerhalb anderer HTML-Tags nach wie vor nichts anderes als eine kursive Darstellung bewirkt. Ein Beispiel:

```
<html>
<head>
<title>Titel der Datei</title>
<style type="text/css">
<!--
h1 { color:red; }
h1 i { color:blue; font-style:normal; }
//-->
</style>
</head>
<body>
<h1>Wir lernen <i>Style-Sheets</i></h1>
<p>Wir lernen <i>Style-Sheets</i></p>
</body>
</html>
```

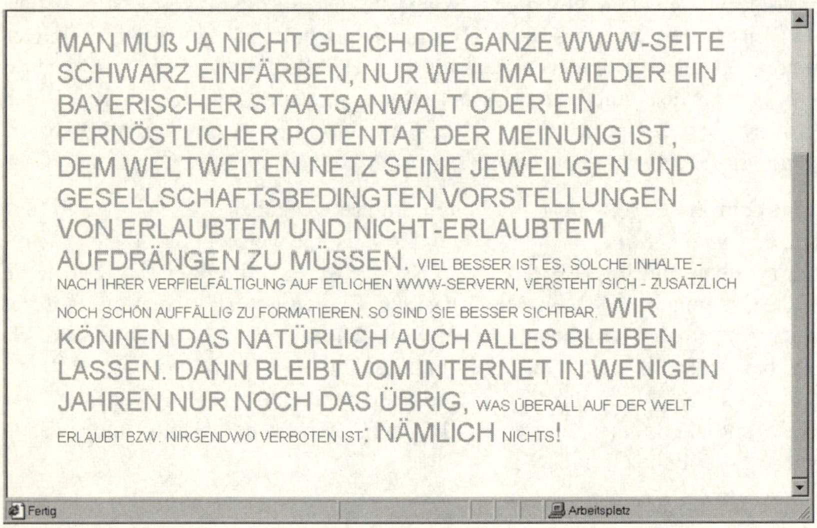

Bild 11.3: Bei verschachtelten Tags wirken Style-Sheet-Angaben je nach Umgebung

Im obigen Beispiel wird dort festgelegt, daß Textabschnitte, die mit dem Tag `<i>` ... `</i>` formatiert sind, nicht wie sonst üblich kursiv, sondern normal, stattdessen aber mit blauer Farbe dargestellt werden. Aber nur dann, wenn dieser Textbereich innerhalb einer Überschrift 1. Ordnung vorkommt. Dazu notieren Sie zuerst das übergeordnete

Tag, im Beispiel `h1`, und dahinter, durch ein Leerzeichen getrennt, das untergeordnete Tag, im Beispiel `i`.

In der ersten Zeile innerhalb des `<body>`-Bereichs im obigen Beispiel kommt diese spezielle Definition zum Tragen. In der zweiten Zeile dagegen, wo das Tag `<i>...</i>` innerhalb eines anderen Tags vorkommt, hat es die übliche Wirkung.

Zu den einzelnen Formateigenschaften und ihren möglichen Werten siehe Kapitel 11.3 *Style-Sheet-Angaben*.

Unabhängige Formate definieren

Sie können Formate vordefinieren, die Sie anschließend auf beliebige geeignete HTML-Tags anwenden können. So können Sie z. B. ein unabhängiges Format mit der Eigenschaft fett/kursiv definieren. Dieses unabhängige Format können Sie dann innerhalb von HTML-Tags zusätzlich zu anderen Formaten anwenden, die für das betreffende Tag definiert sind. Ein Beispiel:

```
<html>
<head>
<title>Titel der Datei</title>
<style type="text/css">
<!--
p,li,dd,dt,blockquote { color:red;font-family:Times;
  margin-top:1cm; margin-left:1cm; }
#fettkursiv { font-weight:bold; font-style:italic; }
//-->
</style>
</head>
<body>
<p id="fettkursiv">Extra-Formatierung</p>
<p>Das ist formatierter Text mit <em id="fettkursiv">Extra-
   Formatierung</em></p>
</body>
</html>
```

Im Beispiel wird für Fließtext-Standard-Tags wie `<p>`, `<li>`, `<dt>`, `<dd>` und `<blockquote>` ein einheitliches Format mit verschiedenen Angaben definiert. Ferner wird ein unabhängiges Format mit dem Namen `fettkursiv` definiert. Namen von unabhängigen Formaten müssen ein Gatterzeichen # vorangestellt bekommen. Für die Namen gelten die gleichen Regeln wie für Namen von Unterklassen. Im obigen Beispiel werden dem unabhängigen Format mit dem Namen `fettkursiv` die beiden Style-Sheet-Angaben zugewiesen, die einen Text fett und kursiv machen.

Im Dateikörper können Sie freie Formate innerhalb von HTML-Tags anwenden. Dazu notieren Sie im einleitenden HTML-Tag die Angabe `id=` und dahinter in Anführungszeichen den Namen des unabhängigen Formats ohne Gatterzeichen (id = identifier = Bezeichner). Dadurch werden dem Inhalt zwischen dem einleitenden und seinem abschließenden Tag die Eigenschaften des definierten unabhängigen Formats zugewiesen. Im obigen Beispiel wird das unabhängige Format `fettkursiv` einmal innerhalb eines einleitenden `<p>`-Tags und einmal innerhalb eines einleitenden `<em>`-Tags angegeben. Daraus können Sie ersehen, wie unabhängige Formate eingesetzt werde können und wie sie andere Formate additiv ergänzen.

Bild 11.4: Unabhängige Style-Sheets erlauben erstaunliche Effekte

Beachten Sie: Unabhängige Formate wirken normalerweise additiv, d. h. sie übernehmen das vorhandene Format und fügen ihre eigenen Eigenschaften lediglich hinzu. Unabhängige Formate haben jedoch im Konfliktfall Vorrang vor anderen Formatierungen. Wenn Sie beispielsweise für Überschriften 1. Ordnung eine rote Farbe definieren und einer solchen Überschrift ein unabhängiges Format zuweisen, in dem die Farbe Blau definiert wird, wird die Überschrift blau.

CSS 1.0 | 4.0 | N 4.0 *Pseudo-Formate definieren*

Pseudo-Elemente sind Elemente innerhalb einer HTML-Datei, die sich jedoch nicht durch ein eindeutiges HTML-Tag ausdrücken lassen, z. B. ein noch nicht besuchter Verweis oder der erste Buchstabe eines Absatzes. Zum Definieren solcher Pseudo-Elemente gibt es eine bestimmte Syntax innerhalb der Style-Sheet-Sprache CSS. Ein Beispiel:

```
<html>
<head>
<title>Titel der Datei</title>
<style type="text/css">
    a:link { color:#FF0000; font-weight:bold }
    a:visited { color:#990000; }
```

```
   a:active { color:#0000FF; font-style:italic }
</style>
</head>
<body>
<a href="selfhtml.htm">Verweis</a></p>
</body>
</html>
```

Bei Style-Sheet-Definitionen von Pseudo-Elementen notieren Sie zuerst das betroffene HTML-Tag, im Beispiel das `<a>`-Tag für Verweise. Dahinter folgt ein Doppelpunkt und dahinter eine erlaubte Angabe, im Beispiel etwa `link` oder `visited`. Beachten Sie, daß dies keine frei wählbaren Namen sind, sondern feste Schlüsselwörter. Für die eigentlichen Formatdefinitionen innerhalb der geschweiften Klammern gelten die gleichen Regeln wie beim Definieren von Formaten für HTML-Tags.

Bild 11.5: Auch nicht explizit markierte Elemente wie »nicht besuchte Hyperlinks« können eigene Style-Sheet-Formatierungen haben

11.2.1 Schnellformatierung im Text

CSS 1.0 | 3.0 | N 4.0 *Einzelne HTML-Tags formatieren*

Sie können einzelne HTML-Tags innerhalb des HTML-Dateikörpers mit Hilfe von Style-Sheet-Angaben formatieren. Die Formatierungsangaben gelten dann genau für den Geltungsbereich des betreffenden HTML-Tags. Das ist zum Beispiel für HTML-Tags zu Absatztypen und Textgestaltung oder für solche zu Tabellen sinnvoll. Ein Beispiel:

```
<html>
<head>
<title>Titel der Datei</title>
</head>
<body>
```

```
<div style="background-color:#FFFFE0">
<h1 style="color:red; font-size:36pt;">Überschrift 1. Ordnung</h1>
<p style="margin-left:1.5cm;">Ein Textabsatz</p>
</div>
</body>
</html>
```

Sie können Formatangaben für ein HTML-Tag bestimmen, indem Sie innerhalb des einleitenden HTML-Tags die Angabe `style=` und dahinter in Anführungszeichen die gewünschten Formatdefinitionen notieren. Innerhalb der Formatdefinitionen sind Style-Sheet-Angaben erlaubt. Jede Eigenschaftszuweisung besteht aus einem Namen, z. B. `color` und einem Wert, z. B. `red`, getrennt durch einen Doppelpunkt. Schließen Sie jede Formatdefinition jeweils durch einen Strichpunkt ab. Nur bei der letzten Formatdefinition vor der abschließenden geschweiften Klammer darf der Strichpunkt entfallen.

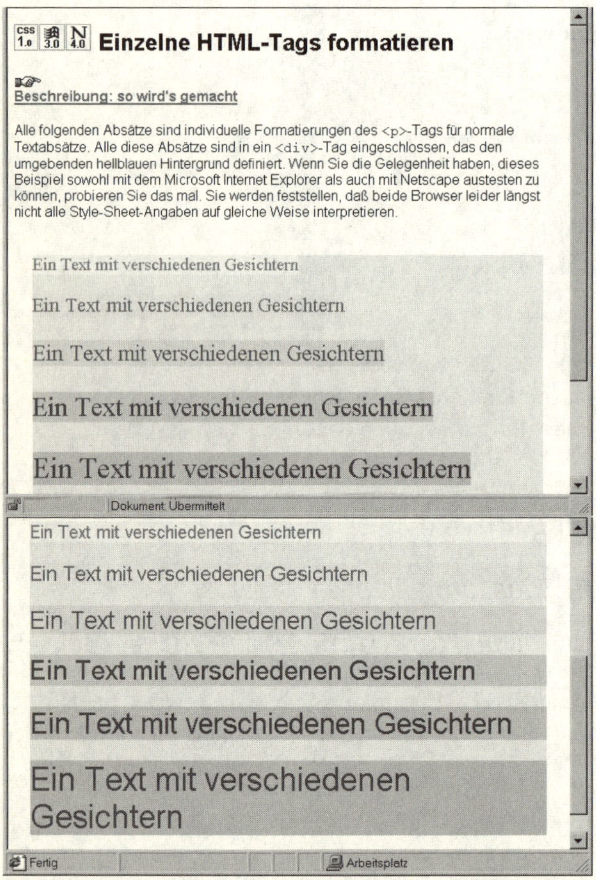

Bild 11.6: Einzeln formatierte <p>-Tags erzeugen diese Ausgabe – oben Netscape, unten der Internet Explorer

Im obigen Beispiel werden die individuellen Formatangaben zunächst auf ein `<div>`-Tag angewendet, das verschiedene weitere Elemente enthält, nämlich eine Überschrift 1. Ordnung und einen gewöhnlichen Textabsatz. Auch diese Elemente werden im Beispiel mit Hilfe von Style-Sheet-Angaben individuell formatiert. Beachten Sie: Style-Sheet-Angaben für HTML-Tags wie `<p>` oder `<li>` werden nur interpretiert, wenn Sie ein einleitendes und ein abschließendes Tag notieren.

CSS 1.0 3.0 N 4.0 Bereiche mit <span> formatieren

Sie können Style-Sheet-Formatierungen an beliebigen Stellen innerhalb des normalen Textes definieren, ohne daß diese einem herkömmlichen HTML-Tag oder einer Unterklasse davon zugeordnet sind. Dafür steht ein neues HTML-Tag zur Verfügung, das sonst keine eigene Bedeutung hat und nur zum Definieren von Style-Sheet-Angaben dient. Dieses HTML-Tag eignet sich besonders dazu, innerhalb des Geltungsbereichs anderer HTML-Tags einzelne Zeichen oder Wörter anders zu formatieren. Ein Beispiel:

```
<html>
<head>
<title>Titel der Datei</title>
</head>
<body>
<h1>&Uuml;berschrift 1. Ordnung mit <span style="color:blue;">blauem
   Text</span></h1>
<p>Normaler Textabsatz mit
<span style="font-style:italic; color:red;">rotem kursiven
   Text</span></p>
</body>
</html>
```

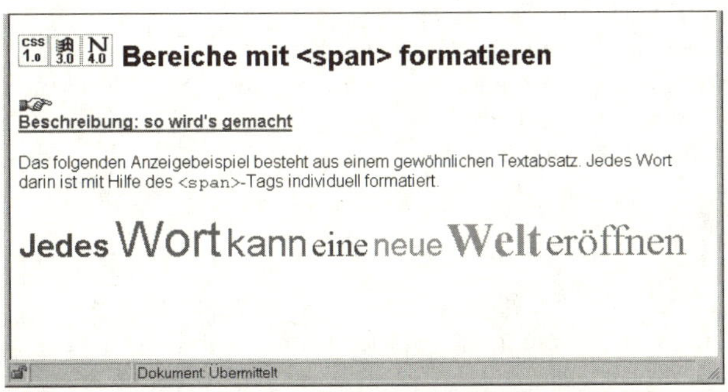

Bild 11.7: Das `<span>`-Tag erlaubt freie Style-Sheet-Zuweisungen an beliebigen Stellen des HTML-Textes

Mit `<span style=...>` ... `</span>` können Sie Textabschnitte innerhalb anderer HTML-Tags nach Belieben formatieren (span = spannen). Hinter der Angabe `style=` notieren Sie die gewünschten Formateigenschaften. Die Angabe muß in Anführungszeichen stehen. Innerhalb der Formatdefinitionen sind Style-Sheet-Angaben erlaubt. Jede Eigenschaftszuweisung besteht aus einem Namen, z. B. `font-style`, und einem Wert, z. B. `italic`, getrennt durch einen Doppelpunkt. Schließen Sie jede Formatdefinition jeweils durch einen Strichpunkt ab.

11.2.1 Maßeinheiten, Farbangaben, feste Angaben für Style-Sheets

Numerische Angaben

Bei allen numerischen Angaben innerhalb von CSS-Style-Sheets, also etwa bei Schriftgrößen, Absatzabständen oder Rändern, stehen Ihnen alle weit verbreiteten Maßeinheiten zur Verfügung. Dabei sind absolute Angaben (z. B. Millimeter) und relative Angaben (z. B. Prozent gegenüber »normal«) möglich. Benutzen Sie für Ihre Angaben die folgenden Abkürzungen aus der Tabelle.

Abkürzung	*Maßeinheit*
`pt`	Punkt (= 1/72 inch)
`pc`	Pica (= 12 Punkt)
`in`	Inch (= 2,54 cm)
`mm`	Millimeter
`cm`	Zentimeter

Tab. 11.1: Absolute Maßeinheiten

Abkürzung	*Maßeinheit*
`em`	bezogen auf elementeigene Schrifthöhe
`ex`	bezogen auf elementeigene Höhe des Buchstabens X
`px`	Pixel (relative Angabe im Hinblick auf die unterschiedlichen Bildschrmauflösungen bei den Anwendern)
`%`	Prozent gegenüber Elementnorm

Tab. 11.2: Relative Maßeinheiten

Benutzen Sie bei numerischen Bruchzahlen stets den Punkt als Dezimalzeichen, nicht das deutsche Komma, also etwa 0.2 cm und nicht 0,2 cm. Ein paar Beispiele:

```
<style type="text/css">
<!--
h1 { font-size:24pt; margin-top:1.2cm; margin-left:30px; }
h2  { font-size:18pt; margin-top:130%; margin-left:1.2in; }
p  { font-size:12pc; text-indent:14mm; margin-left:3em; }
//-->
</style>
```

Farbangaben

Farbangaben in Style-Sheets nach CSS-Syntax folgen weitgehend den Regeln zum Definieren von Farben in HTML. Sie können Farbwerte also hexadezimal nach dem Schema #XXXXXX angeben, aber auch die verbreiteten Farbnamen verwenden (Kapitel 3.1.5).

Eine zusätzliche Möglichkeit, Farben zu definieren, stellt die CSS-Style-Sheet-Sprache jedoch noch zur Verfügung. Diese Möglichkeit hat das Schema `rgb(rrr,ggg,bbb)`. Der Ausdruck `rgb(...)` ist dabei immer gleich. Innerhalb der Klammern müssen drei Dezimalwerte oder drei Prozentwerte stehen, durch Kommata voneinander getrennt. `rrr` ist der Rot-Wert, `ggg` der Grün-Wert und `bbb` der Blau-Wert der Farbe. Für alle drei Werte sind entweder absolute Zahlen zwischen 0 (kein Anteil der entsprechenden Farbe) und 255 (maximaler Anteil der entsprechenden Farbe) oder Prozentwerte von 0 % (kein Anteil an der entsprechenden Farbe) bis 100 % (maximaler Anteil der entsprechenden Farbe) erlaubt.

Ab der Version 2.0 der CSS-Sprache gibt es auch noch die Möglichkeit, Anwender-relative Farbwörter zu verwenden, hinter denen sich Farben verbergen, die der Anwender an seinem Rechner als Arbeitsumgebung eingestellt hat. Auf diese Weise können Sie zur Gestaltung Ihrer Inhalte Farben verwenden, die auf die Bildschirmumgebungsfarben des Anwenderrechners abgestimmt sind, ohne daß Sie diese Farben kennen. Die erlaubten Anwender-relativen Farbwörter werden unterhalb der folgenden Beispiele in der Tabelle erläutert:

```
<style type="text/css">
<!--
h1 { color:#FFCCDD; background-color:black }
body  { background-color:rgb(51,0,102); }
blockquote  { background-color:rgb(60%,90%,75%); }
div  { background-color:infobackground; }
//-->
</style>
```

Farbwort	*Bedeutung*
`activeborder`	Farbe der aktiven Fenstertitelzeile
`activecaption`	Farbe der Überschrift in der aktiven Fenstertitelzeile
`appworkspace`	Farbe des Hintergrunds der aktiven Anwendung
`background`	Farbe des Desktop-Hintergrunds
`buttonface`	Farbe von Buttons in Dialogfenstern
`buttonhighlight`	Farbe für 3-D-Schatten von Buttons in Dialogfenstern
`buttontext`	Farbe von Texten beschrifteter Buttons in Dialogfenstern
`captiontext`	Farbe von Überschriften in Dialogfenstern
`greytext`	Farbe von deaktiviertem Text in Dialogfenstern
`highlight`	Farbe von ausgewählten Einträgen in Auswahllisten

Farbwort	*Bedeutung*
`highlighttext`	Farbe von selektiertem Text
`inactiveborder`	Farbe einer nicht aktiven Fenstertitelzeile
`inactivecaption`	Farbe der Überschrift in einer nicht aktiven Fenstertitelzeile
`infobackground`	Farbe für Tooltips und Hints (kleine Popup-Hilfen)
`infotext`	Textfarbe für Tooltips und Hints (kleine Popup-Hilfen)
`menu`	Farbe für Menüleisten
`menutext`	Farbe für Menüeinträge
`scrollbar`	Farbe der Scroll-Leiste in Fenstern
`threeddarkshadow`	Dunkle Farbe bei Schatten von 3-D-Elementen
`threedface`	Farbe von 3-D-Elementen
`threedhighlight`	Farbe von gerade angeklickten 3-D-Elementen
`threedlightshadow`	Helle Farbe bei Schatten von 3-D-Elementen
`threedshadow`	Dunkle Farbe bei Schatten von 3-D-Elementen
`window`	Hintergrundfarbe von Dokumentfenstern
`windowframe`	Farbe von Fensterrahmen
`windowtext`	Farbe von normalem Text in Dokumentfenstern

Tab. 11.3: Anwender-relative Farbwörter

Angaben erlaubter Werte

Bei vielen Style-Sheet-Angaben steht eine Auswahl erlaubter Werte zur Verfügung. Das ist nicht anders als bei vielen HTML-Tags. Genauso, wie Sie etwa eine Überschrift oder einen Textabsatz in HTML mit den Angaben `align=left`, `align=center` oder `align=right` ausrichten können, gibt es Style-Sheet-Angaben, die bestimmte Schlüsselwörter erwarten. So gibt es etwa die Style-Sheet-Angabe `text-align` zur Ausrichtung von Text, die die gleichen Angaben erwartet, also `left`, `center` oder `right`.

Manche Style-Sheet-Angaben erwarten die Angabe eines Namens oder auch mehrerer Schlüsselwörter. So können Sie hinter der Style-Sheet-Angabe `font-family` Namen von einer oder mehreren Schriftarten notieren, die Sie für die Formatierung verwenden möchten. Andere Style-Sheet-Angaben sind Zusammenfassungen von Einzelangaben. So gibt es beispielsweise die Angabe `border` (Rahmen), hinter der Sie eine Angabe wie `thin solid red` notieren können.

Trennen Sie mehrere Angaben zu einer Style-Sheet-Eigenschaft durch Leerzeichen. Wenn die Angaben selbst Leerzeichen enthalten können, wie etwa Schriftarten, können Sie Kommata zum Trennen verwenden. In solchen Fällen sind auch Anführungszeichen empfehlenswert. Innerhalb dieses Buches wird an entsprechenden Stellen darauf hingewiesen.

Bei Namen wie Schriftartangaben oder Angaben wie `left`, `center` usw. ist es egal, ob Sie die Angaben groß oder klein schreiben. Das gilt auch für die Style-Sheet-Eigenschaften selbst. Ein paar Beispiele:

```
<style type="text/css">
<!--
p { font-family:"Comic Sans MS",Arial; text-align:center; }
body  { BORDER:THIN DASHED SILVER; background-color:black; }
div.spezial { border:thick double rgb(0,64,128); }
//-->
</style>
```

11.3 Style-Sheet-Angaben

11.3.1 Schriftformatierung

Unter Schriftformatierung sind Angaben zu Schriftarten, Schriftgrößen, Schriftfarben, Schriftgewicht, Zeichen- und Wortabständen usw. zu verstehen. Sinnvoll sind solche Angaben für alle HTML-Tags, die Text enthalten können. Dazu gehören alle Tags, die im Kapitel über Textformatierung beschrieben werden, aber auch Tags für Tabellen. Auch auf das `<body>`-Tag lassen sich die hier aufgelisteten Style-Sheet-Angaben anwenden – in diesem Fall gelten die Angaben für alle Textelemente der gesamten HTML-Datei.

Schriftart (font-family)

Unter Schriftarten sind etwa Arial, Helvetica, Times Roman usw. zu verstehen. Auch Schriftfamilien wie Sans Serif usw. gehören dazu. Mit dem hier beschriebenen Befehl können Sie Schriftarten angeben, ohne sich darum zu kümmern, ob und wie die Schriftart beim Anwender angezeigt werden kann. Falls die angegebene Schriftart nicht angezeigt werden kann, bleibt die Angabe wirkungslos. Eine Möglichkeit, Schriftarten durch Angabe einer bestimmten Schriftarten-Datenquelle zu erzwingen, wird im Kapitel 11.3.2, *Schriftformatierung mit Schriftartendatei*, beschrieben. Beispiel (Style-Sheet-Definition im Dateikopf):

```
<style type="text/css">
  h1,h2,h3 { font-family:Avantgarde,Arial }
</style>
```

Mit `font-family:` können Sie eine oder mehrere Schriftarten bestimmen. Bei mehreren angegebenen Schriftarten ist die Reihenfolge der Angabe entscheidend: Ist die erste angegebene Schriftart verfügbar, wird diese verwendet. Ist sie nicht verfügbar, wird die zweite Schriftart verwendet, falls diese verfügbar ist, usw. Trennen Sie die Schriftartennamen durch Kommata. Das W3-Konsortium empfiehlt, Schriftartnamen, die Leerzeichen enthalten, in Anführungszeichen zu setzen, also z. B. `font-family:"Century Schoolbook",Times`. Folgende Schriftfamilien sind fest vordefiniert – diese Angaben können Sie also neben Schriftartnamen benutzen: `serif`, `sans-serif`, `cursive`, `fantasy` und `monospace`.

Beachten Sie: Angaben zu Schriftarten, die bei Ihnen nicht angezeigt werden können, werden vom Browser ignoriert, oder der Browser erkennt eine Typenzugehörigkeit und verwendet eine ähnliche Schriftart.

CSS 1.0 3.0 N 4.0 *Schriftstil (font-style)*

Schriftstil bedeutet die Neigung der Schrift. Mit `font-style:` können Sie den Schriftstil bestimmen. Folgende Angaben sind möglich:

- `italic` = Schriftstil kursiv,
- `oblique` = Schriftstil kursiv,
- `normal` = normaler Schriftstil.

Beispiel (Style-Sheet-Definition für HTML-Tag im Text):

```
<p style="font-style:italic">Text</p>
```

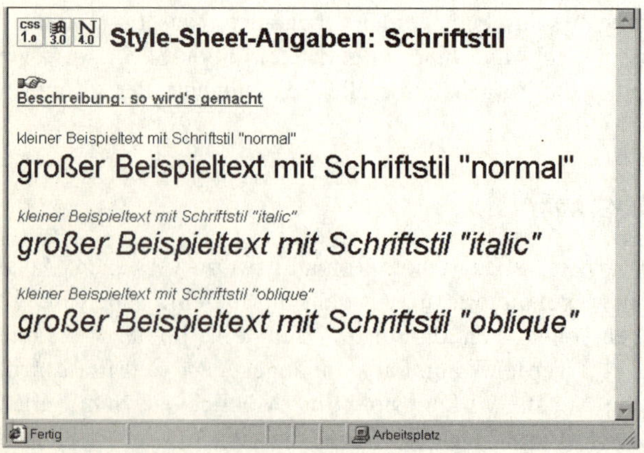

Bild 11.8: Der Schriftstil beeinflußt die Neigung der Schrift

CSS 1.0 4.0 *Schriftvariante (font-variant)*

Als besondere Schriftvariante stehen Kapitälchen (kleine Großbuchstaben) zur Verfügung. Mit `font-variant:` können Sie die Schriftvariante bestimmen. Folgende Angaben sind möglich:

- `small-caps` = Kapitälchen,
- `normal` = normale Schriftvariante.

Beispiel (Style-Sheet-Definition im Dateikopf):

```
<style type="text/css">
  h4 { font-variant:small-caps }
</style>
```

Schriftgröße (font-size)

Schriftgröße ist die Darstellungsgröße der Schrift. Beispiel (Style-Sheet-Definition für HTML-Tag im Text):

```
<h2 style="font-size:24pt">Text</h2>
<p style="font-size:130%">Text</p>
```

Mit `font-size:` können Sie die Schriftgröße bestimmen. Erlaubt ist eine numerische Angabe. Auch eine prozentuale Angabe ist möglich. Die Angabe 130% im Beispiel bedeutet: 130% im Verhältnis zur normalen Schriftgröße, die als 100% gedacht ist. Alternativ zu numerischen Angaben sind auch folgende »ungenaue« Angaben möglich:

- `xx-small` = winzig,
- `x-small` = sehr klein,
- `small` = klein,
- `medium` = mittel,
- `large` = groß,
- `x-large` = sehr groß,
- `xx-large` = riesig,
- `smaller` = sichtbar kleiner als normal,
- `larger` = sichtbar größer als normal.

Beachten Sie: Sie können die Angabe zur Schriftgröße mit der Angabe zur Zeilenhöhe kombinieren, indem Sie beide Angaben innerhalb der Angabe `font:` mit der folgenden Syntax notieren (Beispiel): `p { font:12pt/14pt }`. In dem Beispiel ist 12 Punkt die Schriftgröße und 14 Punkt die Zeilenhöhe.

Bild 11.9: Schriftgrößen haben Sie mit Style-Sheets voll im Griff

Schriftgewicht (font-weight)

Schriftgewicht ist der Fettigkeitsgrad, in dem die Schrift dargestellt wird.

Beispiel (Style-Sheet-Definition im Dateikopf):

```
<style type="text/css">
  dt { font-weight:bold }
  em { font-weight:600 }
</style>
```

Mit `font-weight:` können Sie das Schriftgewicht bestimmen. Folgende Angaben sind möglich:

- `bold` = fett,
- `bolder` = extrafett,
- `lighter` = dünner,
- `100,200,300,400,500,600,700,800,900` = extradünn (`100`) bis extrafett (`900`),
- `normal` = normales Schriftgewicht.

Bei den numerischen Werten entspricht die Angabe `500` dem im DTP-Bereich üblichen Begriff *medium*, und die Angabe `700` entspricht dem Begriff *bold*. Beachten Sie: Kaum eine installierte Schriftart unterstützt alle erlaubten Angaben zum Schriftgewicht.

CSS 1.0 3.0 N 4.0 Schrift allgemein (font)

Diese Angabe ist eine Zusammenfassung der folgenden fakultativen Einzelangaben: `font-family`, `font-style`, `font-variant`, `font-size`, `font-weight`, `line-height`. Mit `font:` können Sie verschiedene Schriftformatierungen mischen. Erlaubt sind die üblichen Wertangaben zu den erlaubten Stlye-Sheet-Angaben, die in `font:` zusammengefaßt sind. Die Reihenfolge der Angaben ist egal. Beispiel (Style-Sheet-Definition für HTML-Tag im Text):

```
<p style="font:bold italic 12pt Palatino, serif">Text</p>
```

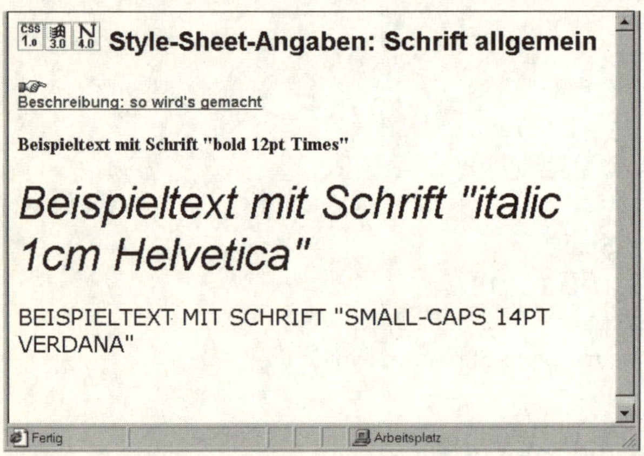

Bild 11.10: `font:` kombiniert eine Reihe von Angaben zur Schrift in einer Angabe

CSS 1.0 Wortabstand (word-spacing)

Mit `word-spacing:` können Sie den Abstand zwischen Wörtern im Text bestimmen. Erlaubt ist eine numerische Angabe. Auch eine prozentuale Angabe ist möglich. Beachten Sie: Diese Angabe wird von Netscape und dem Internet Explorer in den Versionen 4.x noch nicht interpretiert. Beispiel (Style-Sheet-Definition im Dateikopf):

```
h3 { word-spacing:8mm }
```

CSS 1.0 3.0 Zeichenabstand (letter-spacing)

Mit `letter-spacing:` können Sie den Abstand zwischen den Buchstaben bzw. Zeichen im Text bestimmen. Erlaubt ist eine numerische Angabe. Auch eine prozentuale Angabe ist möglich. Beachten Sie: Diese Angabe wird nur vom Internet Explorer, nicht von Netscape interpretiert. Der Internet Explorer erlaubt keine Prozentangaben. Beispiel (Style-Sheet-Definition für HTML-Tag im Text):

```
<b style="letter-spacing:3em">fetter breiter Text</b>
```

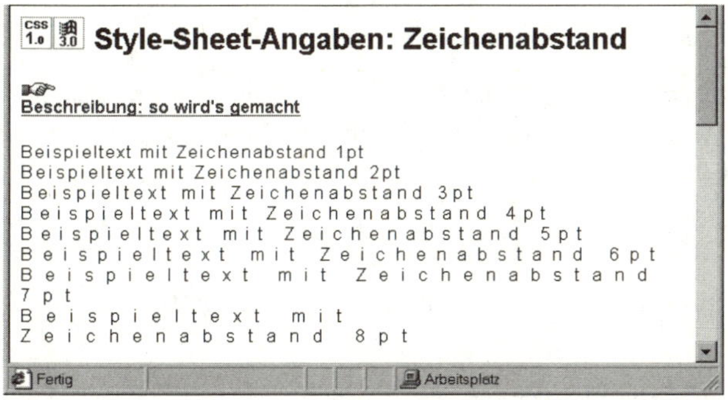

Bild 11.11: Nur der Internet Explorer 4.x beherrscht die Änderung des Zeichenabstands

CSS 1.0 3.0 N 4.0 Textdekoration (text-decoration)

Mit `text-decoration:` können Sie eine Angabe zur Textdekoration definieren. Beispiel (Style-Sheet-Definition im Dateikopf):

```
strong { text-decoration:underline }
```

Folgende Angaben sind möglich:

- `underline` = unterstrichen,
- `overline` = überstrichen,
- `line-through` = durchgestrichen,
- `blink` = blinkend,
- `none` = normal (keine Text-Dekoration).

Beachten Sie: Der Internet Explorer interpretiert die Angabe `blink` nicht. Netscape 4.x interpretiert die Angabe `overline` nicht.

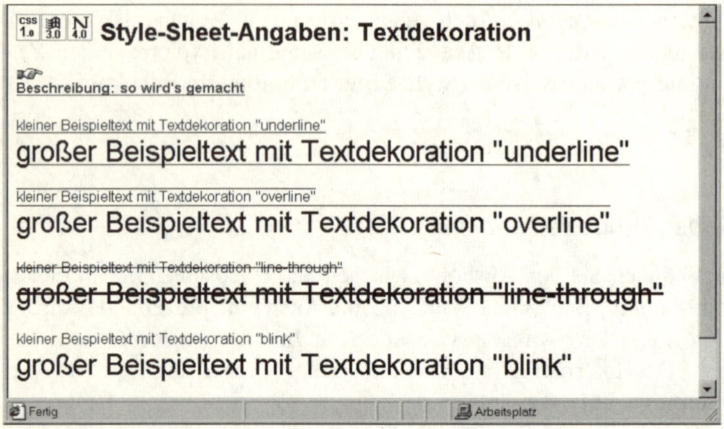

Bild 11.12: `text-decoration`: zieht Linien über, unter oder durch Textpassagen

Texttransformation (text-transform)

Mit dieser Angabe können Sie in einem Textbereich Klein- oder Großbuchstaben erzwingen, unabhängig davon, wie die einzelnen Buchstaben tatsächlich in der Datei stehen. Beispiel (Style-Sheet-Definition für HTML-Tag im Text):

```
<h1 style="text-transform:uppercase">alles grossgeschrieben</h1>
```

Mit `text-transform`: können Sie die Texttransformation erzwingen. Folgende Angaben sind möglich:

- `capitalize` = Wortanfänge als Großbuchstaben,
- `uppercase` = nur Großbuchstaben,
- `lowercase` = nur Kleinbuchstaben,
- `none` = normal (keine Text-Dekoration).

Beachten Sie: Der Internet Explorer 4.x interpretiert die Angabe `capitalize` noch nicht.

Textfarbe (color)

Mit dieser Angabe können Sie Textvordergrundfarben bestimmen. Mit `color`: können Sie die Textfarbe bestimmen. Erlaubt sind Farbangaben. Beispiel (Style-Sheet-Definition im Dateikopf):

```
b,i { color:#CC0000 }
```

CSS 2.0 Textschatten (text-shadow)

Mit dieser Angabe können Sie für Text einen Schatteneffekt erzeugen. Mit `text-shadow:` können Sie einen Textschatten erzwingen. Erlaubt sind Farbangaben oder der Wert `none` für »keinen Textschatten«. Beachten Sie: Dieser Befehl, der zur Version 2.0 der CSS-Style-Sheets gehört, wird von Netscape und Internet Explorer in den Versionen 4.x noch nicht interpretiert. Beispiel (Style-Sheet-Definition für HTML-Tag im Text):

```
<p style="text-shadow:black; font-size:24pt;">Text</p>
```

11.3.2 Schriftformatierung mit Schriftartendatei

CSS 2.0 IE 4.0 N 4.0 Schriftformatierung mit Schriftartendatei (@font-face, src, font-family)

Mit dieser Angabe können Sie eine Schriftart erzwingen, ähnlich wie mit `font-family:`. Der Unterschied ist jedoch, daß Sie mit der hier beschriebenen Angabe direkt die Daten-Ressourcen bestimmter Schriftarten ansprechen, also bestimmte Schriftartendateien, oder zumindest mit Hilfe spezieller Befehle die Charakteristika der gewünschten Schriftart exakt beschreiben. Ein Beispiel:

```
<html>
<head>
<title>Titel</title>
<style type="text/css">
 @font-face { font-family:Garamond; src:url(garamond.eot),
   url(garamond.pfr); }
</style>
</head>
<body>
<p style="font-family:Garamond">Text in Garamond</p>
</body>
</html>
```

Mit `@font-face` starten Sie die Angabe einer exakten Schriftart. Dahinter folgen in geschweiften Klammern die Daten. Die beiden wichtigsten sind der Schriftartenname `font-family:` und die URL-Adresse der Schriftartendatei `src:url(Datei)`.

Den Schriftartennamen vergeben Sie mit der Angabe `font-family:` innerhalb des `@font-face`-Bereichs. Unter diesem Namen können Sie die Schriftart in HTML verwenden. Im obigen Beispiel gibt es einen Textabsatz, der mit Hilfe einer Style-Sheet-Angabe die zuvor definierte Schriftart erzwingt.

Die Schriftartendatei, die Sie für die zugehörigen `font-family`-Angaben bestimmen, geben Sie mit `src:url(Datei)` an. Wenn sich die Schriftartendatei im gleichen Verzeichnis befindet wie die HTML-Datei, genügt die Angabe des Dateinamens. Andernfalls müssen Sie die genaue Lage der Schriftartendatei entweder durch eine relative Pfadangabe oder durch eine absolute Adressierung vom Typ *http://...* angeben.

Im obigen Beispiel sehen Sie, daß gleich zwei URL-Angaben notiert sind. Einmal wird eine *eot*-Datei als Schriftartenquelle angegeben, einmal eine *pfr*-Datei. Beide Formate sind Browser-spezifisch: *eot*-Dateien sind Schriftartendateien, die der Internet Explorer (ab Version 4.0) als Web-Schriftarten erkennt. *pfr*-Dateien sind Schriftartendateien, die Netscape (ab Version 4.0) erkennt. Wenn Sie Ihre gewünschte Schriftart in beiden Formaten anbieten können, können Sie beide Formate so einbinden wie im obigen Beispiel. Einzelheiten zu *eot*- und *pfr*-Schriftarten und wie Sie diese selbst erstellen können, finden Sie im Kapitel 16 über Internationalisierung im Abschnitt *Downloadbare Schriftarten*.

CSS 2.0 Schriftformate eingrenzen

Wenn Sie eine Schriftart mit einer Schriftartendatei definieren, können Sie bei der Definition auch Angaben zu den möglichen Formateigenschaften der Schrift machen, wie z. B. zu Schriftstil (`font-style:`), Schriftvariante (`font-variant:`), Schriftgröße (`font-size:`) oder Schriftgewicht (`font-weight:`). So können Sie dem WWW-Browser bereits in der HTML-Datei mitteilen, welche Formateigenschaften die Schriftartendatei unterstützt. Der Browser überträgt die Schriftartendatei in diesem Fall nur dann zum Anwender, wenn Formatierungen in der HTML-Datei die Übertragung sinnvoll machen. Ein Beispiel:

```
<html>
<head>
<title>Titel</title>
<style type="text/css">
 @font-face { font-family:Garamond; src:url(garamond.eot);
   font-size:10pt,12pt,14pt; }
 @font-face { font-family:Garamond; src:url(garamond.pfr);
   font-size:10pt,12pt,14pt; }
</style>
</head>
<body>
<p style="font-family:Garamond; font-size:48pt">Text</p>
<!-- Datei wird nicht übertragen -->
</body>
</html>
```

Mit den dafür üblichen Style-Sheet-Befehlen können Sie bei der Definition einer Schriftart mit Schriftartendatei einschränkende Angaben zur Schrift machen. Folgende Besonderheiten sollten Sie dabei beachten:

- Bei `font-style` können Sie auch mehrere erlaubte Angaben machen. Trennen Sie diese Angaben durch Kommata, also beispielsweise: `font-style:normal, italic;`.

- Bei `font-variant` können Sie auch mehrere erlaubte Angaben machen. Trennen Sie diese Angaben durch Kommata, also beispielsweise: `font-style:normal, small-caps;`.
- Bei `font-weight` sind die Angaben `bolder` und `lighter` nicht zulässig. Außerdem können Sie mehrere erlaubte Angaben machen. Trennen Sie diese Angaben durch Kommata, also beispielsweise: `font-weight:normal, bold,900;`.
- Bei `font-size` sind nur absolute Größenangaben erlaubt, wie etwa `font-size:18pt`. Relative Größenangaben wie Prozentangaben oder em-Angaben sind nicht erlaubt. Außerdem können Sie mehrere Angaben machen. Trennen Sie diese Angaben durch Kommata, also beispielsweise: `font-size:12pt, 14pt,16pt;`.

CSS 2.0 *Unicode-Bereich eingrenzen (unicode-range)*

Wenn Sie eine Schriftart mit einer Schriftartendatei definieren, können Sie bei der Definition den Zeichenbereich einschränken. So können Sie dem WWW-Browser bereits in der HTML-Datei mitteilen, welchen Zeichenbereich die Schriftart unterstützt. Der Browser überträgt die Schriftartendatei in desem Fall nur dann zum Anwender, wenn alle Zeichen eines Textes, der mit der Schriftart formatiert wird, innerhalb des definierten Unicode-Bereichs liegen. Dabei gilt das Unicode-System als Grundlage. Ein Beispiel:

```
<html>
<head>
<title>Titel</title>
<style type="text/css">
 @font-face { font-family:System; src:url(system.eot);
   unicode-range:U+0000-007F; }
 @font-face { font-family:System; src:url(system.pfr);
   unicode-range:U+0000-007F; }
</style>
</head>
<body>
<tt style="font-family:System">Text mit ß und Ü</tt>
<!-- Datei wird nicht übertragen -->
</body>
</html>
```

Mit `unicode-range:` können Sie den Zeichenbereich der Schriftartendatei vor dem Download bekannt machen. Im obigen Beispiel wird der Bereich U+0000-007F definiert. Das entspricht dem ASCII-Zeichensatz. Wenn nun in einem Bereich, der diese Schriftart benutzt, beispielsweise Umlaute oder andere Zeichen vorkommen, die nicht im ASCII-Zeichensatz vorkommen, wird die Schriftartendatei nicht downgeloadet.

Unicode-Angaben beginnen immer mit `U+`. Dahinter folgt eine Angabe des gewünschten Zeichenwerts in hexadezimaler Form. Um einen Bereich zu definieren, der aus mehreren Unicode-Zeichen besteht, können Sie als Platzhalterzeichen (Wildcard) ein Fragezeichen `?` benutzen. Bei einer Angabe wie `unicode-range:U+00??` bewirken die zwei hintereinander stehenden Fragezeichen am Ende der Angabe, daß der gewünschte Unicode-Bereich 16 hoch 2, also 256 Zeichen ab dem Zeichen `U+00` beträgt. Da laut Unicode-System bei `U+0000` die Zeichen des sogenannten Western-Latin-1-Zeichensatzes beginnen, der aus 256 Zeichen besteht, deckt die Angabe in dem Beispiel genau diesen Zeichensatz ab. Wenn Sie einen beliebigen Unicode-Bereich bestimmen möchten, können Sie dies mit einer Angabe tun wie z. B. `U+AC00-D7FF`.

CSS 2.0 Weitere Angaben zur Schriftquelle

Die Version 2.0 der CSS-Sprache stellt einige Style-Sheet-Angaben bereit, um Schriftartenquellen möglichst vielfältig definierbar und auffindbar zu machen. Ein paar Beispiele:

```
<style type="text/css">
 @font-face { font-family:Kino; src:local(Kino MT),
   url(kino.ttf) format(TrueType); }
 @font-face { font-family:MeineArt;
   url(http://www.xy.de/cgi-bin/myfont.pl)
   format(intellifont) }
 @font-face { font-family:Alabama; url(alab.fon);
   panose-1: 2 4 5 2 5 4 5 9 3 3; }
</style>
```

Sie können bewirken, daß der WWW-Browser zuerst auf dem Rechner des Anwenders nach der gewünschten Schriftart sucht und eine auf dem Server bereitliegende Schriftart nur dann downloadet, wenn die Schriftart lokal nicht verfügbar ist. Dazu notieren Sie bei der Quellenangabe der Schriftartendatei (`src:`) zuerst `local` und dahinter in Klammern den gewünschten Schriftartennamen. Für den Fall, daß der Browser diese Schriftart beim Anwender nicht findet, können Sie, durch ein Komma getrennt, dahinter die Schriftartendatei angeben, die Sie auf Ihren WWW-Seiten mit anbieten – im Beispiel `url(kino.ttf)`.

Sie können ferner Angaben zum Format der Schriftart machen. Der WWW-Browser lädt die Schriftartendatei in diesem Fall nur, wenn sie auf dem Rechner des Anwenders ausführbar ist. Dazu notieren Sie, durch ein Leerzeichen getrennt von den Angaben zu `src:local()` und/oder `src:url()`, die Angabe `format()`. Innerhalb der Klammern können Sie das Format der Schriftartendatei angeben. Im obigen Beispiel wird eine TrueType-Schriftart angegeben. Dieses Schriftartenformat ist nur in der Windows-Welt verbreitet. Anwender, die z. B. einen Macintosh oder einen Amiga-Rechner einsetzen, haben von einer solchen Datei nichts. Ein WWW-Browser, der diese Angaben kennt, braucht also eine solche Datei nicht downzuloaden.

Es gibt weitere Möglichkeiten, die Schriftart genau einzugrenzen: Mit `panose-1:`, gefolgt von zehn durch Leerzeichen getrennten Zahlen, können Sie eine Schriftart nach dem Panose-1-System bestimmen. Ein Beispiel: `panose-1: 2 4 5 2 5 4 5 9 3 3;`

- Mit `stemv:` und `stemh:` können Sie die vertikale und horizontale Stammbreite der Glyphen angeben.
- Mit `units-per-em:` können Sie die Anzahl der Einheiten pro em-Maßeinheit angeben. Üblich sind die Werte 250 (bei Intellifont), 1000 (bei Type-1) oder 2048 (bei TrueType). Wenn Sie `stemv:` und/oder `stemh:` angeben, müssen Sie auch `units-per-em:` angeben.
- Mit `slope:` können Sie den vertikalen Winkel der Glyphen angeben.
- Mit `cap-height:` können Sie die Höhe der Großbuchstaben der Glyphen angeben.
- Mit `x-height:` können Sie die Höhe der Kleinbuchstaben der Glyphen angeben.
- Mit `ascent:` können Sie die maximale Höhe der akzentlosen Glyphen angeben.
- Mit `descent:` können Sie die maximale Tiefe der akzentlosen Glyphen angeben.
- Mit `definition-src:url()` können Sie eine Datei mit Schriftartendefinitionen angeben.
- Mit `baseline:` können Sie die untere Grundlinie der Glyphen angeben.
- Mit `centerline:` können Sie die zentrale Grundlinie der Glyphen angeben.
- Mit `mathline:` können Sie die mathematische Grundlinie der Glyphen angeben.
- Mit `topline:` können Sie die obere Grundlinie der Glyphen angeben.

11.3.3 Abstände, Ränder, Ausrichtung

Sinnvoll sind die hier beschriebenen Angaben für alle HTML-Tags, die einen eigenen Absatz erzeugen bzw. einen Block bilden, also etwa für `<h[1-6]>`, `<p>`, `<blockquote>`, `<address>` oder `<pre>`. Blockelemente sind aber auch HTML-Tags wie `<div>`, `<table>`, `<tr>`, `<th>` und `<td>`. Auch auf `<body>` lassen sich die hier aufgelisteten Style-Sheet-Angaben anwenden – in diesem Fall wird der gesamte sichtbare Körper einer HTML-Datei wie ein Block behandelt.

Rand bzw. Abstand bedeutet den Rand/Abstand des aktuellen Elements zu seinem logischen »Eltern-Element«. Im normalen Fließtext ist dies das `<body>`-Tag, innerhalb einer Tabellenzelle etwa ist es jedoch das `<td>`- oder `<th>`-Tag, in dem sich das aktuelle Element befindet. Wenn das aktuelle Element etwa innerhalb eines `<div>`-Tags vorkommt, das selbst Ränder bzw. Abstände definiert, sind die Angaben relativ dazu.

Mit negativen Werten, also Angaben wie beispielsweise -18 mm, können Sie für besondere gestalterische Zwecke erreichen, daß sich Elemente überlappen. Im Kapitel 11.2.2, Abschnitt *Unabhängige Formate definieren,* finden Sie ein Beispiel dafür.

Abstand/Rand oben (margin-top)

Sie können den oberen Abstand/Rand eines Elements zu seinem vorausgehenden Element festlegen. Mit `margin-top:` können Sie den Rand/Abstand oben bestimmen. Erlaubt ist eine numerische Angabe. Im obigen Beispiel wird für Überschriften 1., 2. und 3. Ordnung ein vorausgehender Abstand von 2 cm definiert. Ferner wird eine Klasse `beispiel` für das `<div>`-Tag definiert. Solche Bereiche haben laut Definition im Beispiel 30 Pixel Abstand zu ihrem vorausgehenden Element. Für Überschriften 1., 2. und 3. Ordnung, die innerhalb eines solchen Bereichs vorkommen, wird ein Abstand von 1 cm festgelegt. Beispiel (Style-Sheet-Definition im Dateikopf):

```
<style type="text/css">
  h1,h2,h3 { margin-top:2cm; }
  div.beispiel { margin-top:30px; }
  div.beispiel h1,h2,h3 { margin-top:1cm; }
</style>
```

Bild 11.13: Die Überschriften haben unterschiedliche Abstände zum vorhergehenden Element

Beachten Sie: Netscape 4.x und der Internet Explorer (3.x, 4.x) reagieren zum Teil unterschiedlich, wenn ein Element einen definierten Abstand unten enthält und ein nachfolgendes Element einen Abstand oben.

- Bei Netscape hat die Angabe `margin-top` (für den Abstand oben) in jedem Fall Vorrang vor der Angabe `margin-bottom` (für den Abstand unten). Wenn also ein Element einen Abstand unten von 1 cm hat und ein nachfolgendes Element einen Abstand oben von 2 cm, dann stellt Netscape die beiden Elemente in einem Abstand von 2 cm dar.

- Der Internet Explorer vergleicht beide Angaben und interpretiert diejenige mit dem höheren Wert. Wenn also ein Element einen Abstand unten von 1 cm hat und ein nachfolgendes Element einen Abstand oben von 2 cm, dann stellt auch der Internet Explorer beide Elemente in einem Abstand von 2 cm dar. Wenn aber das obere Element einen Abstand unten von 3 cm hat und das nachfolgende Element einen Abstand oben von 2 cm, erweitert der Internet Explorer den Abstand der beiden Elemente auf 3 cm, während Netscape den Abstand bei 2 cm beläßt.

CSS 1.0 3.0 N 4.0 *Abstand/Rand unten (margin-bottom)*

Sie können den unteren Abstand/Rand eines Elements zu seinem nachfolgenden Element festlegen. Mit `margin-bottom:` können Sie den Rand/Abstand oben bestimmen. Erlaubt ist eine numerische Angabe. Im obigen Beispiel wird für einen Absatz im Text ein Abstand von 20 pt zum nächsten Absatz definiert. Beispiel (Style-Sheet-Definition für HTML-Tag im Text):

```
<p style="margin-bottom:20pt">Text</p>
<p style="margin-top:15pt">Text</p>
```

Beachten Sie: Netscape 4.x und der Internet Explorer (3.x, 4.x) reagieren zum Teil unterschiedlich, wenn ein Element einen definierten Abstand unten enthält und ein nachfolgendes Element einen Abstand oben.

- Bei Netscape hat die Angabe `margin-top` (für den Abstand oben) in jedem Fall Vorrang vor der Angabe `margin-bottom` (für den Abstand unten). Wenn also ein Element einen Abstand unten von 20 Punkt hat und ein nachfolgendes Element einen Abstand oben von 15 Punkt (wie im Beispiel oben), stellt Netscape die beiden Elemente in einem Abstand von 15 Punkt dar.
- Der MS Internet Explorer vergleicht beide Angaben und interpretiert diejenige mit dem höheren Wert. Wenn also ein Element einen Abstand unten von 20 Punkt hat und ein nachfolgendes Element einen Abstand oben von 15 Punkt, stellt der Internet Explorer beide Elemente in einem Abstand von 20 Punkt dar.

CSS 1.0 3.0 N 4.0 *Abstand/Rand links (margin-left)*

Sie können den linken Abstand/Rand eines Elements festlegen. Wenn das Element einen linken Nachbarn hat, etwa bei zwei nebeneinanderliegenden Grafiken die zweite der beiden, bedeutet die Angabe den Abstand zum links davon liegenden Element.

Wenn das Element keinen linken Nachbarn hat, etwa ein normaler Textabsatz, dann bedeutet die Angabe den Rand relativ zum Elternelement – z. B. zum Seitenrand, der für das <body>-Tag festgelegt ist. Wenn kein übergeordnetes Elternelement mehr da ist, etwa beim <body>-Tag selbst, dann bezieht sich die Angabe auf den linken Abstand des Elements zum Anzeigefenster. Beispiel (Style-Sheet-Definition im Dateikopf):

```
<style type="text/css">
  body { margin-left:20px; }
  p,ul,ol,blockquote,table,img { margin-left:15px; }
  hr { margin-left:-20px; }
</style>
```

Mit `margin-left:` können Sie den Rand/Abstand links bestimmen. Erlaubt ist eine numerische Angabe. Im obigen Beispiel wird zunächst ein globaler linker Seitenrand von 20 Pixeln definiert, indem diese Angabe dem `<body>`-Tag zugewiesen wird. Für Fließtextabsätze, Listen, Zitate, Tabellen und Grafiken wird zusätzlich ein linker Rand von 15 Pixeln definiert, sodaß sich bei diesen Elementen insgesamt ein linker Rand von 35 Pixeln zum linken Fensterrand ergibt. Überschriften etwa, für die nichts weiter festgelegt ist, erscheinen dann links ausgerückt. Für Trennlinien wird in dem Beispiel ein negativer linker Rand von -20 Pixeln definiert. Dadurch können Trennlinien trotz des definierten seitenglobalen linken Randes von 20 Pixeln ganz vorne links beginnen.

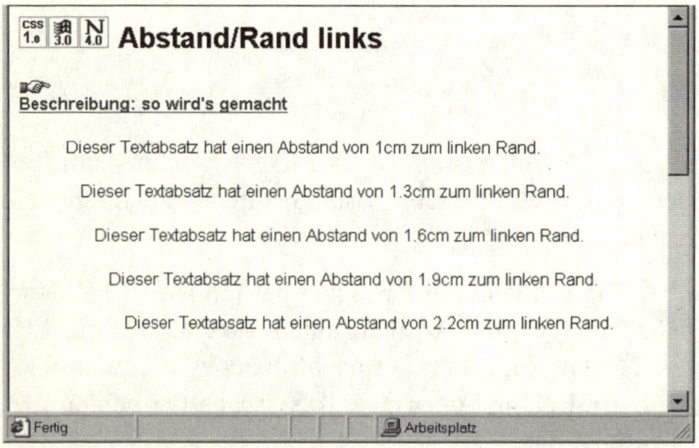

Bild 11.14: Ränder – hier der linke – lassen sich stufenlos einstellen

Beachten Sie: Wenn Sie beispielsweise zwei Grafiken nebeneinander referenzieren und dabei mit Werten für `margin-left` oder `margin-right` arbeiten, reagiert Netscape (4.x) zum Teil sehr unterschiedlich und nicht nachvollziehbar.

CSS 1.0 | 3.0 | N 4.0 *Abstand/Rand rechts (margin-right)*

Sie können den rechten Abstand/Rand eines Elements festlegen. Die Details sind wie im vorhergehenden Abschnitt bei `margin-left` geregelt. Beispiel (Style-Sheet-Definition für HTML-Tag im Text):

```
<img src="bildl.gif" style="margin-right:1cm">
```

Mit `margin-right:` können Sie den Rand/Abstand rechts bestimmen. Erlaubt ist eine numerische Angabe. Im obigen Beispiel erhält eine referenzierte Grafik einen rechten

Abstand von 1 cm. Beachten Sie: Netscape 4.x interpretiert `margin-right` nur bei mehrzeiligen Texten bzw. nicht bei der einzigen oder der letzten Zeile.

CSS 1.0 3.0 N 4.0 *Abstand/Rand allgemein (margin)*

Diese Angabe ist eine Zusammenfassung der folgenden fakultativen Einzelangaben: `margin-top`, `margin-bottom`, `margin-left` und `margin-right`. Ein Beispiel (Style-Sheet-Definition im Dateikopf):

```
<style type="text/css">
  body { margin:2cm; } /* 2cm oben, rechts, unten und links */
  p.typA { margin: 1cm 2cm; }
    /* 1cm oben und unten, 2 cm rechts und links */
  p.typB { margin: 1cm 2cm 3cm; }
    /* 1cm oben, 2cm rechts und links und 3 cm unten */
  p.typC { margin: 1cm 2cm 3cm 4cm; }
    /* 1cm oben, 2cm rechts, 3 cm unten und 4 cm links */
</style>
```

Mit `margin:` können Sie einen einheitlichen Rand/Abstand für oben, unten, links und rechts bestimmen. Erlaubt sind ein bis vier numerische Angaben. Eine Angabe bedeutet: Alle vier Ränder erhalten den gleichen Abstand/Rand.

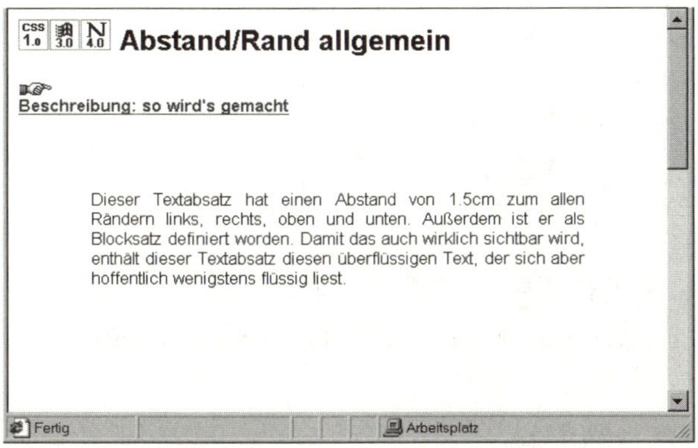

Bild 11.15: Die Abstände auf allen vier Seiten regelt `margin:` auf einmal

- Bei mehreren Angaben werden die Angaben intern nach der angenommenen Reihenfolge für 1 = oben, 2 = rechts, 3 = unten, 4 = links interpretiert, also im Uhrzeigersinn.
- Zwei Angaben: Die erste Zahl bedeutet den Abstand für oben und unten, die zweite Zahl den Abstand für rechts und links.
- Drei Angaben: Die erste Angabe bedeutet den Abstand für oben, die zweite den Abstand für rechts und links und die dritte den Abstand für unten.

- Vier Angaben: Die erste Angabe bedeutet den Abstand für oben, die zweite den Abstand für rechts, die dritte den Abstand für unten und die vierte den Abstand für links.

CSS 1.0 3.0 N 4.0 *Texteinrückung (text-indent)*

Sie können für einen mehrzeiligen Fließtext bestimmen, daß die erste Zeile eingerückt wird. Dieses Gestaltungselement ist in Büchern und Zeitschriften sehr verbreitet. Beispiel (Style-Sheet-Definition für HTML-Tag im Text):

```
<P STYLE="TEXT-INDENT:7.5MM">VIEL TEXT</P>
```

Mit `text-indent:` können Sie eine Einrückung für die erste Zeile bestimmen. Erlaubt ist eine numerische Angabe. Beachten Sie: Mit einem negativen Wert für `text-indent` bewirken Sie eine Textausrückung in der ersten Fließtextzeile.

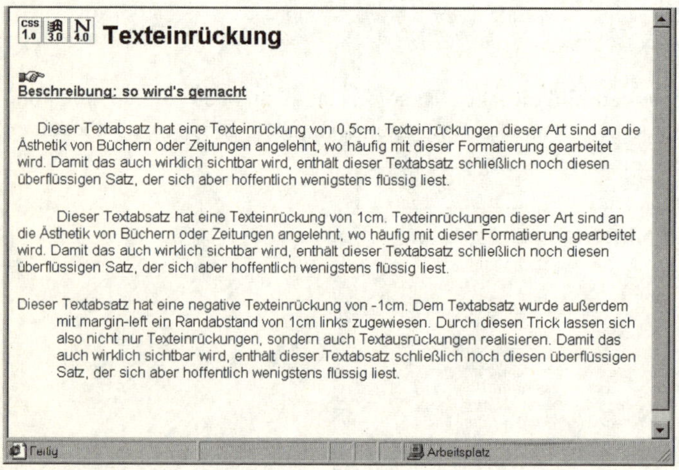

Bild 11.16: Eingerückte Absätze sind vor allem in Büchern und Zeitschriften beliebt

CSS 1.0 3.0 N 4.0 *Zeilenhöhe (line-height)*

Sie können für Elemente mit viel Fließtext die Zeilenhöhe bestimmen. Diese Angabe ist vor allem in Verbindung mit einer Angabe zur Schriftgröße interessant. Mit `line-height:` können Sie die Zeilenhöhe bestimmen. Erlaubt ist eine numerische Angabe. Ein Beispiel (Style-Sheet-Definition im Dateikopf):

```
<style type="text/css">
  p.gross { font-size:14pt; line-height:16pt; }
  p.klein { font-size:8pt; line-height:8pt; }
</style>
```

Beachten Sie: Bei erzwungener Zeilenhöhe ist es denkbar, daß ein interpretierendes Programm dieser Angabe den Vorrang einräumt und Elemente abschneidet, die höher sind, beispielsweise eine im Fließtext referenzierte Grafik.

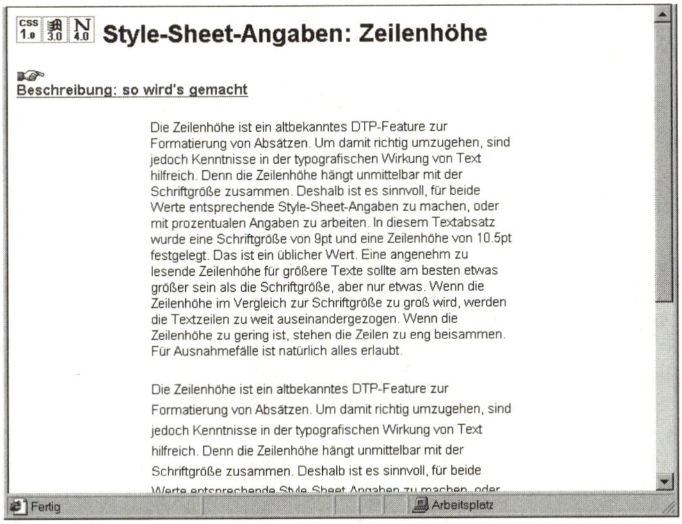

Bild 11.17: Unterschiedliche Zeilenhöhen bergen Probleme, wenn beispielsweise Grafiken im Fließtext enthalten sind

CSS 1.0 3.0 N 4.0 Vertikale Ausrichtung (vertical-align)

Sie können nebeneinander stehende Elemente mit unterschiedlicher Höhe, zum Beispiel Tabellenzellen in einer Tabellenzeile oder Textpassagen mit unterschiedlicher Schriftgröße, innerhalb einer Zeile im Verhältnis zueinander ausrichten. Ein Beispiel (Style-Sheet-Definition für HTML-Tag im Text):

```
<table>
<tr>
<td style="vertical-align:top">...</td>
<td style="vertical-align:middle">...</td>
<td style="vertical-align:bottom">...</td>
</tr>
</table>
```

Mit `vertical align:` können Sie die vertikale Ausrichtung bestimmen. Folgende Angaben sind möglich:

- `top` = oben bündig ausrichten,
- `middle` = mittig ausrichten,
- `bottom` = unten bündig ausrichten,

- `baseline` = an der Basislinie ausrichten (oder unten bündig, wenn es keine Basislinie gibt),
- `sub` = tieferstellen (ohne die Schriftgröße zu reduzieren),
- `super` = höherstellen (ohne die Schriftgröße zu reduzieren),
- `text-top` = am oberen Schriftrand ausrichten,
- `text-bottom` = am unteren Schriftrand ausrichten.

Bei Fließtext ist auch eine prozentuale Angabe möglich. Die Ausrichtung orientiert sich dann an der Element-eigenen Zeilenhöhe.

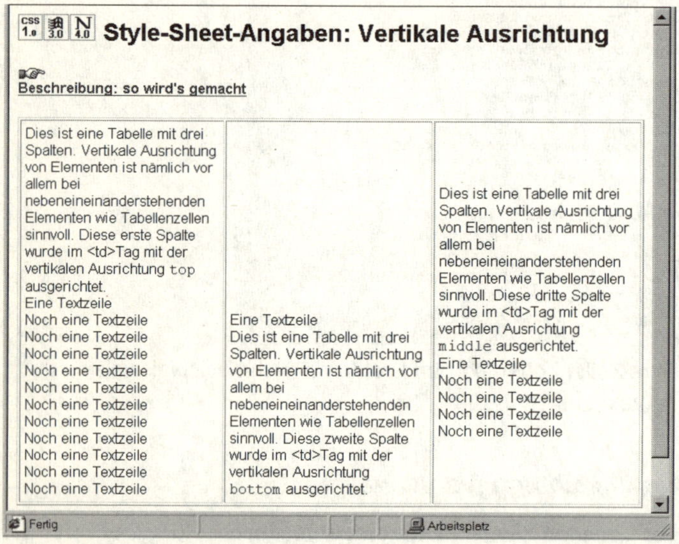

Bild 11.18: Die vertikale Ausrichtung von Elementen macht zum Beispiel in Tabellen Sinn

CSS 1.0 3.0 N 4.0 *Horizontale Ausrichtung (text-align, alignment)*

Sie können Textabsätze ausrichten. Mit `text-align:` oder `alignment:` können Sie gewünschte Elemente für Textinhalte ausrichten. Folgende Angaben sind möglich:

- `left` = linksbündig ausrichten (Voreinstellung),
- `center` = zentriert ausrichten,
- `right` = rechtsbündig ausrichten,
- `justify` = als Blocksatz ausrichten.

Ein Beispiel (Style-Sheet-Definition im Dateikopf):

```
<style type="text/css">
  p,blockquote { text-align:justify }
  p,blockquote { alignment:justify }
</style>
```

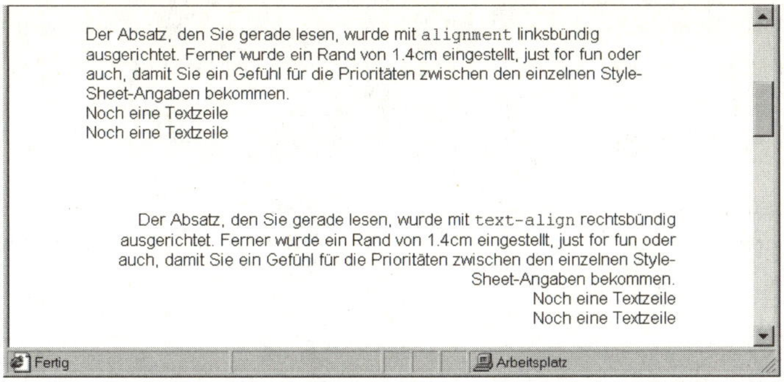

Bild 11.19: `alignment`: richtet Text links- und rechtsbündig, zentriert und sogar im Blocksatz aus

Beachten Sie: In Version 1.0 der CSS-Style-Sheets wurde die Syntax `text-align` vorgeschlagen, die auch in Netscape und MS Internet Explorer implementiert ist. In der Version 2.0 der CSS-Sprache schlägt das W3-Konsortium die Syntax `alignment` vor, die jedoch von den Browsern (noch) nicht interpretiert wird. Die Verwendung von `text-align` ist derzeit vorzuziehen, weil sie näher an der Praxis ist.

CSS 2.0 N 4.0 *Textumbruch (white-space)*

Mit `white-space:` können Sie das Verhalten für den Zeilenumbruch festlegen. Folgende Angaben sind möglich:

- `normal` = automatischer Zeilenumbruch (wie bei allen HTML-Tags außer `<pre>` und `<nowrap>`),
- `pre` = Zeilenumbruch wie im Editor eingegeben (wie bei `<pre>`),
- `nowrap` = kein automatischer Zeilenumbruch, Umbruch möglich durch entsprechende HTML-Tags.

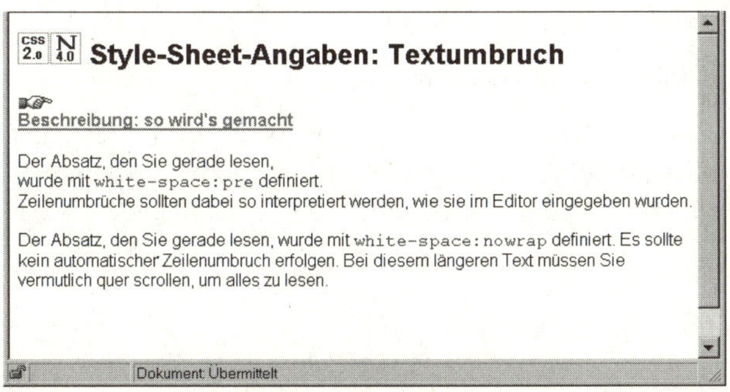

Bild 11.20: Netscape 4.x interpretiert den Wert `pre` für vorgegebene Zeilenumbrüche

Beispiel (Style-Sheet-Definition für HTML-Tag im Text):

```
<p style="white-space:pre">Text
Text</p>
<p style="white-space:nowrap">Text Text</p>
```

Beachten Sie: Diese Angabe gehört zur Version 2.0 der Style-Sheet-Sprache. Der Internet Explorer 4.0 interpretiert sie noch gar nicht, Netscape 4.0 interpretiert zumindest den Wert `pre`.

11.3.4 Rahmen und Innenabstände

Sinnvoll sind die hier beschriebenen Angaben für alle HTML-Tags, die einen eigenen Absatz erzeugen bzw. einen Block bilden, also etwa für `<h[1-6]>`, `<p>`, `<blockquote>`, `<address>` oder `<pre>`. Blockelemente sind aber auch HTML-Tags wie `<center>`, `<div>`, `<table>`, `<tr>`, `<th>` und `<td>`. So ist es beispielsweise möglich, eine blinde Tabelle zu definieren, in der aber doch einzelne Zellen einen Rahmen nach Wunsch erhalten – nämlich mit Hilfe von Style-Sheet-Angaben. Auch auf `<body>` lassen sich die hier aufgelisteten Style-Sheet-Angaben anwenden – in diesem Fall wird um den gesamten sichtbaren Körper einer HTML-Datei ein Rahmen gezeichnet.

Wenn Sie bei Rahmendefinitionen nichts weiter angeben, kann es sein, daß die Inhalte von Elementen sehr nah an dem sie umgebenden Rahmen kleben. In diesem Fall können Sie Innenabstände definieren. Dadurch schaffen Sie einen Abstand zwischen dem Rahmen und seinem Inhalt.

Netscape und der Internet Explorer interpretieren die Angaben zur Rahmendefinition leider recht unterschiedlich. In den jeweiligen Abschnitten wird auf die Besonderheiten hingewiesen. Beachten Sie die Hinweise , um Style-Sheet-Angaben so zu notieren, daß Sie mit beiden Browsern den gewünschten Effekt erzielen. In der Regel werden Sie mehrere Angaben zu Rahmen kombinieren. So ist es sinnvoll, nicht nur eine Rahmendicke anzugeben, sondern auch die gewünschte Rahmenfarbe.

CSS 1.0 | 3.0 | N 4.0 *Rahmendicke oben (border-top-width)*

Sie können für eine Rahmenlinie an der Oberseite eines Elements die Dicke festlegen. Mit `border-top-width:` können Sie die Stärke der Linie über dem Element bestimmen. Erlaubt ist eine numerische Angabe für die Linienstärke oder einer der folgenden Werte:

- `thin` = dünn,
- `medium` = mittelstark,
- `thick` = dick.

Beispiel (Style-Sheet-Definition im Dateikopf):

```
<style type="text/css">
  h1,h2,h3 { border-top-width:thin; border-top-style:solid; }
```

```
  body { border-top-width:5mm; border-top-style:groove; }
</style>
```

Beachten Sie: Der Internet Explorer interpretiert die Angabe border-top-width nur, wenn außerdem die Angabe border-top-style notiert wird. Dabei gelten die gleichen Möglichkeiten wie beim Rahmentyp (border-style), also etwa: <p style="border-top-style:solid; border-top-width:thin"> Um für beide Browser zu schreiben, müssen Sie also eine Syntax wie in dem voranstehenden Beispiel wählen und beide Angaben notieren. Der Internet Explorer zieht den Rahmen über die gesamte zur Verfügung stehenden Breite, während Netscape den Rahmen nur so weit zieht, wie der Absatz/der Block an Breite benötigt. Eine einheitlichere Darstellung erreichen Sie mit Angaben zur Breite von Elementen, z. B. mit Angaben wie width:100% oder width:500px.

CSS 1.0 | 3.0 | N 4.0 *Rahmendicke unten (border-bottom-width)*

Sie können für eine Rahmenlinie an der Unterseite eines Elements die Dicke festlegen. Mit border-bottom-width: können Sie die Stärke der Linie unter dem Element bestimmen. Erlaubt ist eine numerische Angabe für die Linienstärke oder einer der folgenden Werte:

- thin = dünn,
- medium = mittelstark,
- thick = dick.

Beachten Sie: Es gelten dieselben Einschränkungen wie bei border-top-width:. Ein Beispiel (Style-Sheet-Definition für HTML-Tag im Text):

```
<p style="border-bottom-width:2pt;
   border-bottom-style:solid;">Text</p>
```

CSS 1.0 | 3.0 | N 4.0 *Rahmendicke links (border-left-width)*

Sie können für eine Rahmenlinie an der linken Seite eines Elements die Dicke festlegen. Mit border-left-width: können Sie die Stärke der Linie links neben dem Element bestimmen. Die Linie erstreckt sich über die Höhe, die das Element in Anspruch nimmt. Erlaubt ist eine numerische Angabe für die Linienstärke oder einer der folgenden Werte:

- thin = dünn,
- medium = mittelstark,
- thick = dick.

Beispiel (Style-Sheet-Definition im Dateikopf):

```
<style type="text/css">
  blockquote.brecht { border-left-width:1cm;
    border-left-style:inset; }
</style>
```

Beachten Sie: Der Internet Explorer interpretiert die Angabe border-left-width nur, wenn außerdem die Angabe border-left-style notiert wird. Dabei gelten die gleichen Möglichkeiten wie beim Rahmentyp (border-style), also etwa: <p style="border-left-style:solid; border-left-width:thin">. Um für beide Browser zu schreiben, müssen Sie also eine Syntax wie in dem voranstehenden Beispiel wählen und beide Angaben notieren.

Rahmendicke rechts (border-right-width)

Sie können für eine Rahmenlinie an der rechten Seite eines Elements die Dicke festlegen. Mit border-right-width: können Sie die Stärke der Linie rechts neben dem Element bestimmen. Die Linie erstreckt sich über die Höhe, die das Element in Anspruch nimmt. Erlaubt ist eine numerische Angabe für die Linienstärke oder einer der folgenden Werte:

- thin = dünn,
- medium = mittelstark,
- thick = dick.

Beachten Sie: Es gelten dieselben Einschränkungen wie bei border-left-width:. Ein Beispiel (Style-Sheet-Definition für HTML-Tag im Text):

```
<blockquote style="border-right-width:thin;
  border-right-style:outset;quot;>
    Text
</blockquote>
```

Rahmendicke auf allen Seiten (border-width)

Mit border-width: können Sie die Stärke des Rahmens um ein Element bestimmen. Erlaubt ist eine numerische Angabe für die Linienstärke oder einer der folgenden Werte:

- thin = dünn,
- medium = mittelstark,
- thick = dick.

Ein Beispiel (Style-Sheet-Definition im Dateikopf):

```
<style type="text/css">
  img.spezial { border-width:2cm; border-style:groove; }
</style>
```

Beachten Sie: Der Internet Explorer interpretiert die Angabe border-width nur, wenn außerdem der Rahmentyp (border-style) angegeben wird, also etwa folgendermaßen: <p style="border-style:solid; border-width:thin">. Um für beide Browser zu schreiben, müssen Sie also eine Syntax wie in dem voranstehenden Beispiel wählen und beide Angaben notieren.

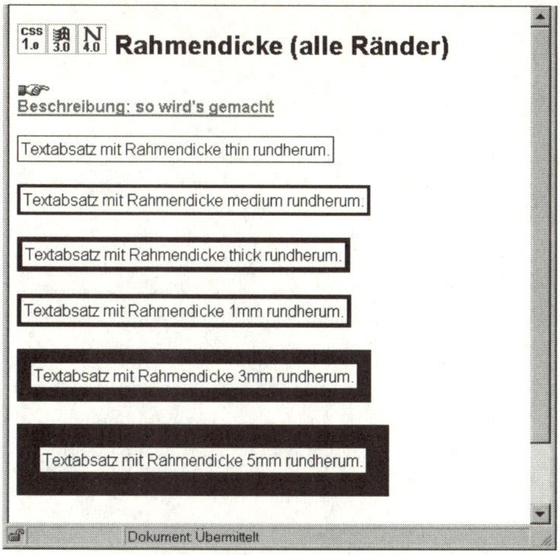

Bild 11.21: Um beliebige Elemente ziehen die `border-width`-Befehle Rahmen einstellbarer Dicke

Rahmenfarbe (border-color)

Sie können für einen Rahmen, den Sie für bestimmte oder alle Seiten eines Elements definieren, die Farbe festlegen. Mit `border-color:` können Sie die Rahmenfarbe bestimmen. Erlaubt ist eine Farbangabe. Ein Beispiel (Style-Sheet-Definition für HTML-Tag im Text):

```
<div style="border-width:1cm; border-style:solid;
   border-color:#99CCFF;">Text</div>
```

Beachten Sie: Der Internet Explorer interpretiert die Angabe `border-color` nur, wenn außerdem der Rahmentyp (`border-style`), angegeben wird, also etwa: <p style="border-style:solid; border-color:red">. Um für beide Browser zu schreiben, müssen Sie also eine Syntax wie in dem voranstehenden Beispiel wählen und beide Angaben notieren.

Rahmentyp (border-style)

Sie können für einen Rahmen, die Sie für bestimmte oder alle Seiten eines Elements definieren, das Erscheinungsbild des Rahmens festlegen. Mit `border-style:` können Sie den Rahmentyp festlegen. Erlaubt ist eine der folgenden Angaben.

- `none` = kein Rahmen (bzw. unsichtbarer Rahmen),
- `dotted` = gepunktet,
- `dashed` = gestrichelt,
- `solid` = durchgezogen,
- `double` = doppelt durchgezogen,

- `groove` = 3-D-Effekt,
- `ridge` = 3-D-Effekt,
- `inset` = 3-D-Effekt,
- `outset` = 3-D-Effekt.

Ein Beispiel (Style-Sheet-Definition im Dateikopf):

```
<style type="text/css">
  .Achtung { border-style:double; border-width:1cm; }
</style>
```

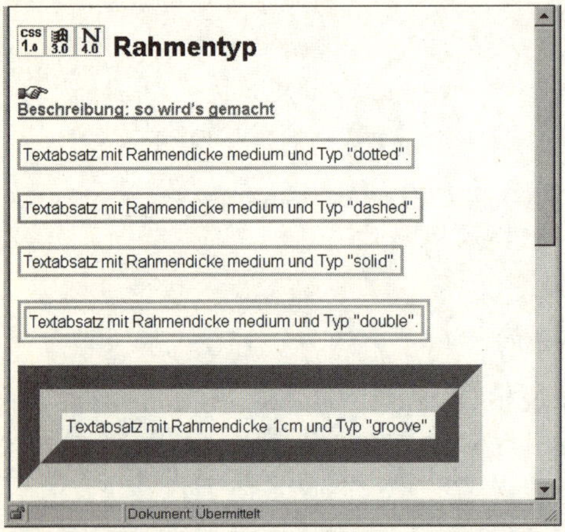

Bild 11.22: Unterschiedliche Rahmentypen mit `border-style:`

Beachten Sie: Netscape 4.x interpretiert die Angabe `border-style` nur, wenn außerdem die Rahmendicke (`border-width`) notiert wird, also etwa: `<p style="border-style: solid; border-width:thin">`. Um für beide Browser zu schreiben, müssen Sie also eine Syntax wie in dem voranstehenden Beispiel wählen und beide Angaben notieren. Der Internet Explorer zieht den Rahmen über die gesamte zur Verfügung stehende Breite, während Netscape den Rahmen nur so weit zieht, wie der Absatz/der Block an Breite benötigt. Eine einheitlichere Darstellung erreichen Sie mit Angaben zur Breite von Elementen, z. B. mit Angaben wie `width:100%` oder `width:500px`. Einige der Effekte (z. B. `groove`) kommen nur zustande, wenn Sie eine Farbe angeben, die sich von Schwarz unterscheidet. Beide Browser interpretieren die Angaben zu `border-style` nicht vollständig.

Rahmen oben allgemein (border-top)

Diese Angabe ist eine Zusammenfassung der folgenden möglichen Einzelangaben: `border-top-width`, `border-(top)-style` und `border-color`. Ein Beispiel (Style-Sheet-Definition für HTML-Tag im Text):

```
<p style="border-top:thick inset rgb(192,192,255);">Text</p>
```

Mit `border-top:` können Sie das Aussehen der Linie oberhalb eines Elements bestimmen. Notieren Sie Angaben zu Linienstärke, Rahmentyp und Farbe mit Leerzeichen dazwischen wie im Beispiel oben. Die Reihenfolge der Einzelangaben ist egal.

Beachten Sie: Netscape 4.x interpretiert diese Angabe nicht. Um die entsprechenden Effekte auch für Netscape anzeigbar zu machen, müssen Sie Einzelangaben wie `border-top-style`, `border-top-width` und `border-color` verwenden.

Rahmen unten allgemein (border-bottom)

Diese Angabe ist eine Zusammenfassung der folgenden möglichen Einzelangaben: `border-bottom-width`, `border-(bottom)-style` und `border-color`. Mit `border-bottom:` können Sie das Aussehen der Linie unterhalb eines Elements bestimmen. Die Details verhalten sich wie bei `border-top:`. Ein Beispiel (Style-Sheet-Definition im Dateikopf):

```
<style type="text/css">
  object.vrml { border-bottom:5mm solid red; }
</style>
```

Rahmen links allgemein (border-left)

Diese Angabe ist eine Zusammenfassung der folgenden möglichen Einzelangaben: `border-left-width`, `border-(left)-style` und `border-color`. Mit `border-left:` können Sie das Aussehen der Linie links von einem Element bestimmen. Die Details verhalten sich wie bei `border-top:`. Ein Beispiel (Style-Sheet-Definition für HTML-Tag im Text):

```
<p style="border-left:thin solid">Text</p>
```

Rahmen rechts allgemein (border-right)

Diese Angabe ist eine Zusammenfassung der folgenden möglichen Einzelangaben: `border-right-width`, `border-(right)-style` und `border-color`. Mit `border-right:` können Sie das Aussehen der Linie rechts von einem Element bestimmen. Die Details verhalten sich wie bei `border-top:`. Beispiel (Style-Sheet-Definition im Dateikopf):

```
<style type="text/css">
  address { border-right:double 2cm #DDFFDD; }
</style>
```

Rahmen allgemein (border)

Diese Angabe ist eine Zusammenfassung der folgenden möglichen Einzelangaben: `border-width`, `border-style` und `border-color`.

Ein Beispiel (Style-Sheet-Definition für HTML-Tag):

```
<div style="border:1cm groove #FF00FF;">Text</div>
```

Mit `border:` können Sie das Aussehen eines Rahmens um ein Element bestimmen. Notieren Sie Angaben zu Linienstärke, Rahmentyp und Farbe mit Leerzeichen dazwischen wie im Beispiel oben. Die Reihenfolge der Einzelangaben ist egal.

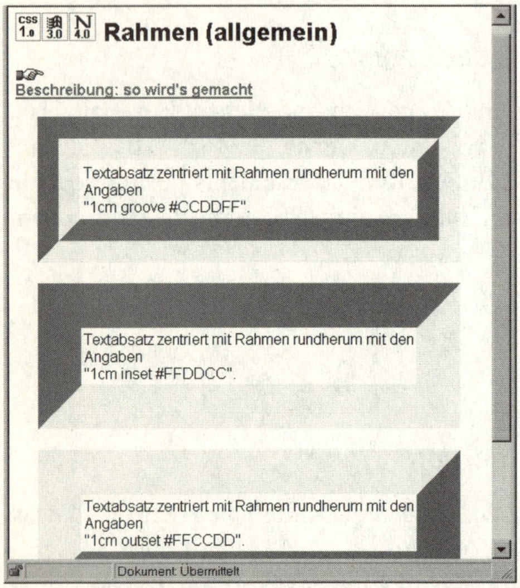

Bild 11.23: Alle einschlägigen Rahmenangaben faßt `border:` zusammen

Beachten Sie: Der Internet Explorer zieht den Rahmen über die gesamte zur Verfügung stehenden Breite, während Netscape den Rahmen nur so weit zieht, wie der Absatz/der Block an Breite benötigt. Eine einheitlichere Darstellung erreichen Sie mit Angaben zur Breite von Elementen, z. B. mit Angaben wie `width:100%` oder `width:500px`.

CSS 1.0 3.0 N 4.0 Innenabstand oben (padding-top)

Innenabstände sind vor allem in Verbindung mit Rahmen, Hintergrundfarben und Hintergrundbildern sinnvoll. Mit der hier beschriebenen Angabe können Sie den Zwischenraum zwischen Elementinhalt und oberer Elementgrenze (sichtbar bei Rahmen, Farben usw.) bestimmen. Mit `padding-top:` bestimmen Sie den Innenabstand zwischen Elementinhalt und der oberen Elementgrenze. Erlaubt ist eine numerische Angabe. Ein Beispiel (Style-Sheet-Definition im Dateikopf):

```
<style type="text/css">
  td { padding-top:3mm; }
  th { padding-top:5mm; }
  p.LinieOben { border-top:thin solid red; padding-top:5mm; }
</style>
```

Innenabstand unten (padding-bottom)

Mit `padding-bottom:` bestimmen Sie den Innenabstand zwischen Elementinhalt und der unteren Elementgrenze. Erlaubt ist eine numerische Angabe. Ein Beispiel (Style-Sheet-Definition für HTML-Tag im Text):

```
<p style="border-bottom:thick groove silver;
   padding-bottom:10px;">Text</p>
```

Innenabstand links (padding-left)

Mit `padding-left:` bestimmen Sie den Innenabstand zwischen Elementinhalt und der linken Elementgrenze. Erlaubt ist eine numerische Angabe. Beispiel (Style-Sheet-Definition im Dateikopf):

```
<style type="text/css">
  p.wichtig { border-left:medium double blue;
    padding-left:12mm; }
</style>
```

Innenabstand rechts (padding-right)

Mit `padding-right:` bestimmen Sie den Innenabstand zwischen Elementinhalt und der rechten Elementgrenze. Erlaubt ist eine numerische Angabe. Ein Beispiel (Style-Sheet-Definition für HTML-Tag im Text):

```
<h1 style="border-right-style:solid; border-right-width:3mm;
   padding-right:9mm;">Text</h1>
```

Innenabstand allgemein (padding)

Mit `padding:` bestimmen Sie einen einheitlichen Innenabstand zwischen Elementinhalt und den vier Elementgrenzen oben, links, unten und rechts. Erlaubt ist eine numerische Angabe. Ein Beispiel (Style-Sheet-Definition im Dateikopf):

```
<style type="text/css">
  body { border: 1.5cm groove #FFDDFF; padding:1cm; }
</style>
```

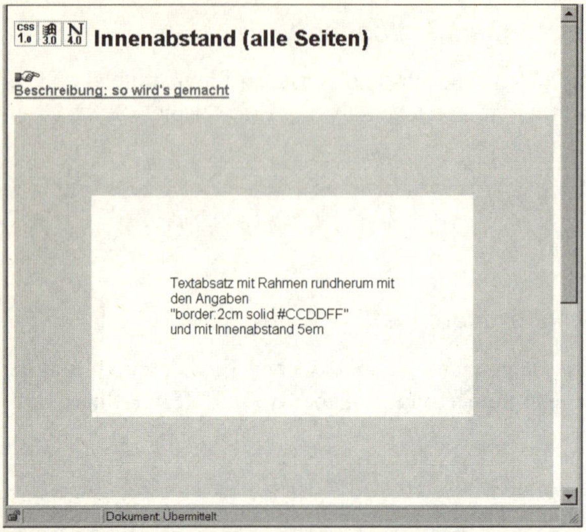

Bild 11.24: Die Innenabstände auf allen Seiten legt `padding:` mit einer Anweisung fest

11.3.5 Hintergrundfarben und -bilder

Sinnvoll sind die hier beschriebenen Angaben vor allem für HTML-Tags, die einen eigenen Absatz erzeugen bzw. einen Block bilden, also etwa für `<h[1-6]>`, `<p>`, `<blockquote>`, `<address>` oder `<pre>`. Blockelemente sind aber auch HTML-Tags wie `<center>`, `<div>`, `<table>`, `<tr>`, `<th>` und `<td>`. Auch auf `<body>` lassen sich die hier aufgelisteten Style-Sheet-Angaben anwenden – in diesem Fall beziehen sich die Angaben auf den gesamten sichtbaren Körper der HTML-Datei. Es ist aber auch möglich, einzelne Wörter, z. B. mit Hilfe des `<span>`-Tags mit einer eigenen Hintergrundfarbe zu belegen. Sie können also mit Hilfe von Style-Sheet-Angaben für einzelne Textblöcke und beliebige Textabschnitte separate Hintergrundfarben und Hintergrundbilder definieren, die sich von der definierten Hintergrundfarbe der HTML-Datei oder von dateiweiten Hintergrundbildern abheben. Sehr schöne Effekte können Sie erzielen, indem Sie Angaben zu Hintergrundfarben bzw. Hintergrundbildern einzelner Elemente mit Style-Sheet-Angaben zu Rahmen und Innenabständen kombinieren. Netscape und der Internet Explorer interpretieren die Angaben zu Hintergrundfarben und Hintergrundbild je nach Anwendungsfall leicht unterschiedlich. In den folgenden Beschreibungen wird auf Besonderheiten hingewiesen.

Hintergrundfarbe (background-color)

Sie können für ein HTML-Element eine eigene Hintergrundfarbe definieren. Mit `background-color:` können Sie eine Hintergrundfarbe bestimmen. Erlaubt ist eine Farbangabe. Ein Beispiel (Style-Sheet-Definition im Dateikopf):

```
<style type="text/css">
  h1 { background-color:#003366; }
</style>
```

Beachten Sie: Netscape 4.0 bildet bei mehrzeiligen Textabsätzen keinen echten Farbblock, sondern dehnt die Hintergrundfarbe am Zeilenende nur bis zum zufälligen Ende des Textes aus (siehe erstes der Beispiele). Um dies zu verhindern, können Sie zusätzlich die Angaben `border-style:none; border-width:thin;` notieren. Näheres dazu in Kapitel 11.3.4 in den Abschnitten zu *Rahmentyp (border-style)* und *Rahmendicke (border-width)*.

Wenn Ihnen bei Textelementen wie etwa Überschriften der Abstand zwischen Textgrenzen und dem Rahmen, der sich durch die Hintergrundfarbe ergibt, zu klein ist, können Sie einen Innenabstand (`padding`) definieren.

Hintergrundbild (background-image)

Sie können für einzelne HTML-Elemente ein eigenes Hintergrundbild definieren. Mit `background-image:url([Dateiname]):` können Sie eine Hintergrundgrafik bestimmen. Per Voreinstellung wird die Hintergrundgrafik als Wallpaper (Tapetenmuster) wiederholt wie bei der Angabe eines Hintergrundbildes im HTML-Tag `<body>`. Text und referenzierte Grafiken erscheinen über dieser Hintergrundgrafik. Als Grafikdateitypen sollten Sie wie in HTML üblich GIF- oder JPG-Grafiken benutzen. Ein Beispiel (Style-Sheet-Definition für HTML-Tag im Text):

```
<p style="background-image:url(back.gif);">Text</p>
```

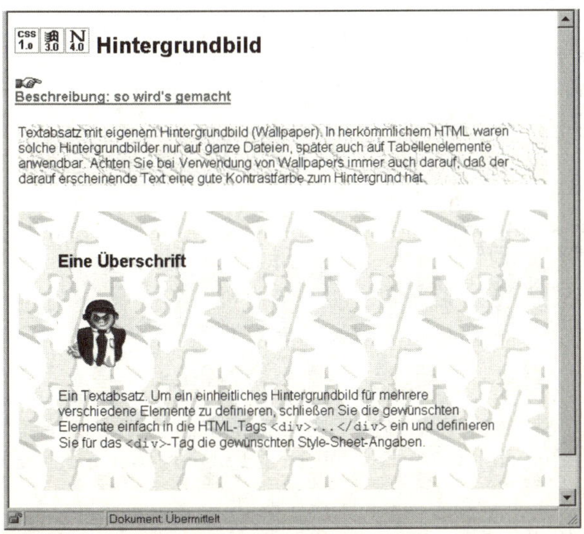

Bild 11.25: Hintergrundbilder sind zweischneidig: Sie fallen auf, beeinträchtigen aber oft die Lesbarkeit der Schrift

Im Beispiel wird vorausgesetzt, daß sich die Grafikdatei im gleichen Verzeichnis befindet wie die HTML-Datei. Wenn die Grafik in einem anderen Verzeichnis steht, müssen Sie den relativen oder absoluten Pfadnamen angeben. Das funktioniert wie beim Einbinden von Grafiken in HTML.

Beachten Sie: Wenn das Element, für das die Hintergrundgrafik definiert wird, in der Höhe oder Breite kleiner ist als die Hintergrundgrafik, wird die Hintergrundgrafik in der Darstellung an den Grenzen des Elements abgeschnitten.

CSS 1.0 3.0 N 4.0 *Wiederholungs-Effekt (background-repeat)*

Normalerweise wird eine Hintergrundgrafik im Wallpaper-Effekt über den gesamten zur Verfügung stehenden Raum wiederholt. Sie können jedoch ein anderes Verhalten erzwingen. Ein Beispiel (Style-Sheet-Definition im Dateikopf):

```
<style type="text/css">
  body { background-image:url(back.gif);
    background-repeat:no-repeat; }
</style>
```

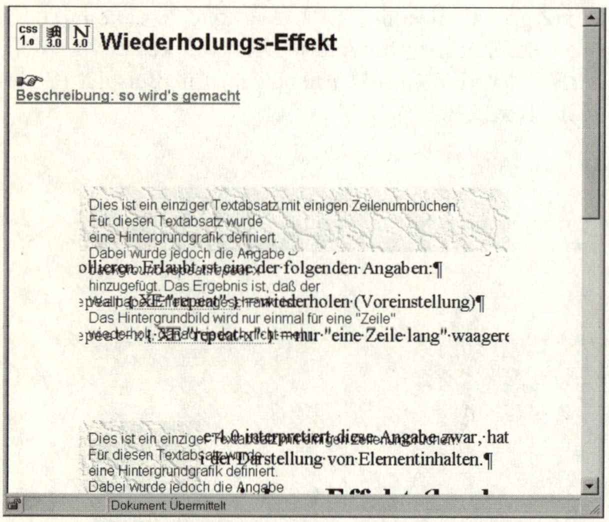

Bild 11.26: Gut sichtbar sind die Schwierigkeiten, die Netscape 4.05 mit der Darstellung hat

Mit `background-repeat:` können Sie das Wiederholungsverhalten einer Hintergrundgrafik, die Sie mit `background-image` einbinden, kontrollieren. Erlaubt ist eine der folgenden Angaben:

- `repeat` = wiederholen (Voreinstellung),
- `repeat-x` = nur »eine Zeile lang« waagrecht wiederholen,

- `repeat-y` = nur »eine Spalte lang« senkrecht wiederholen,
- `no-repeat` = nicht wiederholen, nur als Einzelbild anzeigen.

Beachten Sie: Netscape 4.0 interpretiert diese Angabe zwar, hatte bei Tests aber massive Schwierigkeiten bei der Darstellung von Elementinhalten.

Wasserzeichen-Effekt (background-attachment)

Bei längeren Elementen wandert ein Hintergrundbild beim Scrollen im Text optisch mit. Sie können jedoch erzwingen, daß der Hintergrund stehen bleibt (Wasserzeichen-Effekt). Ein Beispiel (Style-Sheet-Definition für HTML-Tag im Text):

```
<div style="background-image:url(back.gif);
  background-attachment:fixed;">Text</div>
```

Mit `background-attachment:` können Sie das Scroll-Verhalten einer Hintergrundgrafik, die Sie mit `background-image` einbinden, kontrollieren. Erlaubt ist eine der folgenden Angaben:

- `scroll` = mitscrollen (Voreinstellung),
- `fixed` = Hintergrundbild bleibt stehen.

Beachten Sie: Netscape 4.x interpretiert diese Angabe nicht. Tests zufolge klappt der Wasserzeichen-Effekt auch beim Internet Explorer nur, wenn er auf das `<body>`-Tag angewandt wird, nicht in Textabsätzen oder dergleichem.

Hintergrundposition (background-position)

Diese Angabe ist vor allem dann interessant, wenn Sie mit einer entsprechenden Angabe zum Wiederholungs-Effekt (`background-repeat`) erzwingen, daß eine Hintergrundgrafik nur einmal angezeigt wird. Für diesen Fall können Sie mit der Hintergrundposition festlegen, wo genau die Hintergrundgrafik innerhalb des HTML-Elements plaziert werden soll. Ein Beispiel (Style-Sheet-Definition im Dateikopf):

```
<style type="text/css">
  body { background-image:url(back.gif);
    background-position:1cm 2cm; }
</style>
```

Mit `background-position:` können Sie festlegen, wo die linke obere Ecke der Hintergrundgrafik sein soll. Bezugspunkt ist das HTML-Element, für das die Hintergrundgrafik definiert wird. Erlaubt sind entweder zwei numerische Werte, der erste für den Abstand von links und der zweite für den Abstand von oben. Oder eine sinnvolle Kombination der folgenden Angaben:

- `top` = vertikal oben bündig,
- `center` = horizontal zentriert,
- `middle` = vertikal mittig,

- `bottom` = vertikal unten bündig,
- `left` = horizontal linksbündig,
- `right` = horizontal rechtsbündig.

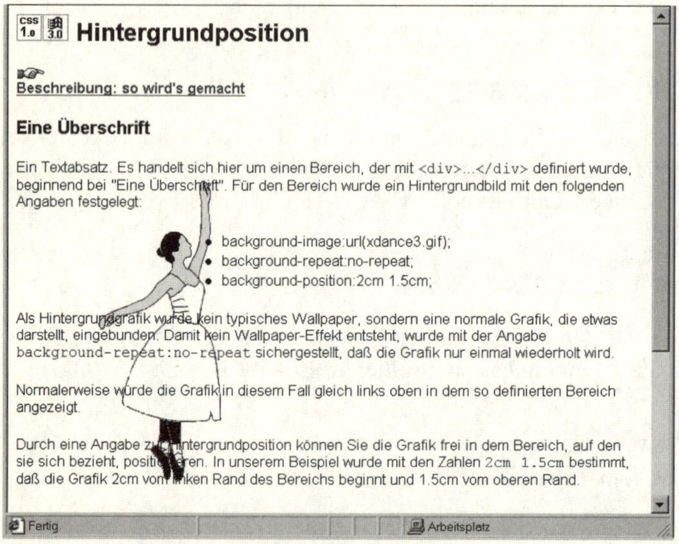

Bild 11.27: Die Position des Hintergrundbildes ist pixelgenau einstellbar – zumindest beim Internet Explorer

Beachten Sie: Netscape 4.0 interpretiert diese Angabe nicht. Er stellt zwar das Hintergrundbild dar, ignoriert aber die Angaben zu einer erzwungenen Position.

CSS 1.0 3.0 *Hintergrund (allgemein) (background)*

Diese Angabe ist eine Zusammenfassung der folgenden möglichen Einzelangaben: Hintergrundbild (`background-image`), Wiederholungs-Effekt (`background-repeat`), Wasserzeichen-Effekt (`background-attachment`) und Hintergrundposition (`background-position`). Ein Beispiel (Style-Sheet-Definition für HTML-Tag im Text):

```
<p style="background:url(back.gif) no-repeat middle
   center;">Text</p>
```

Mit `background:` können Sie Angaben für eine Hintergrundgrafik zusammenfassen. Notieren Sie Angaben zum Hintergrundbild, zu Wiederholungs- und Wasserzeicheneffekt sowie zur Position mit Leerzeichen dazwischen wie im Beispiel oben. Die Reihenfolge der Einzelangaben ist egal. Es ist nicht erforderlich, zu allen Angaben etwas zu notieren.

Beachten Sie: Netscape 4.0 interpretiert die erweiterten Angaben zum Hintergrundbild nicht und hatte beim Testen merkwürdige Darstellungsprobleme.

11.3.6 Listen und Tabellen

Die Style-Sheet-Angaben für Listen beziehen sich speziell auf die HTML-Tags `<ul>` (Aufzählungslisten) und `<ol>` (numerierte Listen). Sie können mit Hilfe von Style-Sheet-Angaben die gleichen Formatierungen erzwingen, die in den HTML-Tags `<ul>` und `<ol>` auch mit Hilfe von zusätzlichen Attributen möglich sind. Von Vorteil gegenüber der Direktangabe im HTML-Tag sind solche Style-Sheet-Angaben vor allem dann, wenn Sie sie in einer separaten Datei notieren, die Sie dann in beliebigen HTML-Dateien einbinden können (siehe auch: *Style-Sheets in separater Datei definieren* in Kapitel 11.2.1). Darüber hinaus stehen einige erweiterte Möglichkeiten zum Formatieren von Listen zur Verfügung, etwa die Möglichkeit, Listen aus- statt einzurücken oder eine eigene Grafik als Aufzählungssymbol zu definieren. Die Style-Sheet-Angaben zu Tabellen beziehen sich auf Tabellenmerkmale, die sich nicht durch andere Style-Sheet-Angaben, etwa solchen zu Rahmen und Innenabständen, beschreiben lassen.

CSS 1.0 | 3.0 | N 4.0 *Darstellungstyp (list-style-type)*

Für Aufzählungslisten können Sie das Erscheinungsbild des Bullet-Zeichens bestimmen. Für numerierte Liste können Sie die Darstellung der Durchnumerierung beeinflussen. Ein Beispiel (Style-Sheet-Definition im Dateikopf):

```
<style type="text/css">
  ul.rund { ul list-style-type:circle }
  ul.eckig { ul list-style-type:square }
  ol.numerisch { ol list-style-type:decimal }
  ol.alphabetisch { ol list-style-type:lower-alpha }
</style>
```

Mit `list-style-type:` können Sie das Aussehen von Listenzeichen kontrollieren. Erlaubt ist eine der folgenden Angaben:

- `decimal` = für `<ol>`-Listen: Numerierung 1.,2.,3.,4. usw.,
- `lower-roman` = für `<ol>`-Listen: Numerierung i.,ii.,iii.,iv. usw.,
- `upper-roman` = für `<ol>`-Listen: Numerierung I.,II.,III.,IV. usw.,
- `lower-alpha` = für `<ol>`-Listen: Numerierung a.,b.,c.,d. usw.,
- `upper-alpha` = für `<ol>`-Listen: Numerierung A.,B.,C.,D. usw.,
- `disc` = für `<ul>`-Listen: Dateisymbol als Bulletzeichen,
- `circle` = für `<ul>`-Listen: rundes Bulletzeichen,
- `square` = für `<ul>`-Listen: rechteckiges Bulletzeichen,
- `none` = kein Bulletzeichen, keine Numerierung.

CSS 1.0 | 3.0 *Listeneinrückung (list-style-position)*

Sie können bestimmen, wie sich Bulletzeichen oder Numerierung mit dem Inhalt eines Listenpunktes in bezug auf Einrückung verhalten. Beachten Sie: Netscape 4.0 interpretiert diese Angabe nicht. Mit `list-style-position:` können Sie das Einrückungsverhalten kontrollieren. Erlaubt ist eine der folgenden Angaben:

- `inside` = eingerückt,
- `outside` = ausgerückt (Voreinstellung).

Ein Beispiel (Style-Sheet-Definition für HTML-Tag im Text):

```
<ul style="list-style-position:inside">
<li>Text
<li>Text
</ul>Text
```

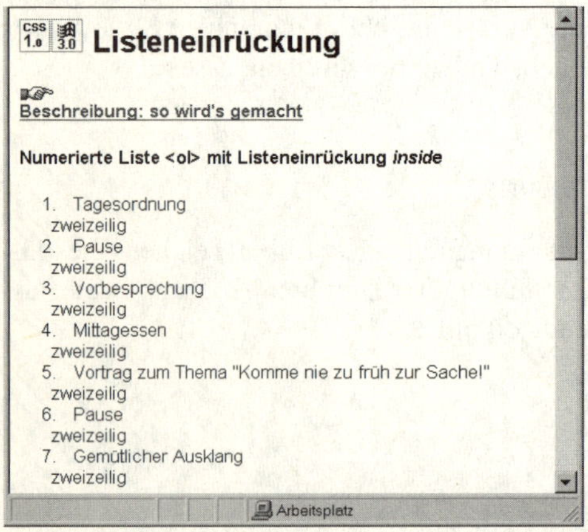

Bild 11.28: Feintuning für Listen: eingerückte Listenpunkte wie bei Absätzen

CSS 1.0 3.0 *Eigene Bullet-Grafik (list-style-image)*

Sie können eine eigene Grafik als Bullet-Zeichen für Aufzählungslisten bestimmen. Mit `list-style-image:url([Dateiname])` können Sie eine Grafik für das eigene Bulletzeichen angeben. Als Grafikdateitypen sollten Sie wie in HTML üblich GIF- oder JPG-Grafiken benutzen. Ein Beispiel (Style-Sheet-Definition im Dateikopf):

```
<style type="text/css">
  ul { list-style-image:url(point.gif) }
</style>
```

Im Beispiel wird vorausgesetzt, daß sich die Grafikdatei im gleichen Verzeichnis befindet wie die HTML-Datei. Wenn die Grafik in einem anderen Verzeichnis steht, müssen Sie den relativen oder absoluten Pfadnamen angeben. Das funktioniert genauso wie beim Einbinden von Grafiken in HTML. Beachten Sie: Netscape 4.0 interpretiert diese Angabe nicht.

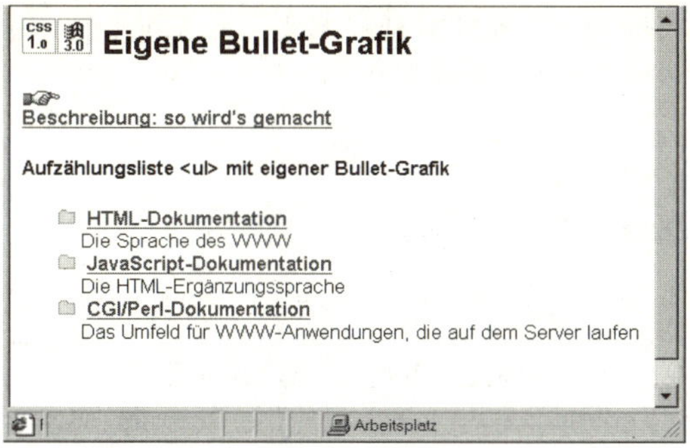

Bild 11.29: Sprechende Symbole wie Ordner von Windows 95 anstatt Punkten

CSS 1.0 3.0 N 4.0 *Listendarstellung (allgemein) (list-style)*

Diese Angabe ist eine Zusammenfassung der folgenden möglichen Einzelangaben: Darstellungstyp (`list-style-type`), Listeneinrückung (`list-style-position`) und eigene Bullet-Grafik (`list-style-image`). Ein Beispiel (Style-Sheet-Definition für HTML-Tag im Text):

```
<ol style="list-style:upper-roman outside;">
<li>Text
<li>Text
</ol>
```

Mit `list-style:` können Sie zusammenfassende Angaben zum Aussehen von Aufzählungslisten oder numerierten Listen machen. Notieren Sie Angaben zum Darstellungstyp, zur Listeneinrückung sowie zur Bullet-Grafik mit Leerzeichen dazwischen wie im Beispiel oben. Die Reihenfolge der Einzelangaben ist egal. Es ist nicht erforderlich, zu allen Angaben etwas zu notieren. Beachten Sie: Netscape 4.0 interpretiert nur einen Teil dieser Angaben.

CSS 2.0 *Tabellenzelle über mehrere Spalten erstrecken (column-span)*

Sie können für Kopf- oder Datenzellen von Tabellen erzwingen, daß sie sich über mehrere Spalten erstrecken. Die Style-Sheet-Angabe hat den gleichen Effekt wie das spaltenweise Verbinden von Zellen in HTML. Im Unterschied dazu können Sie jedoch globale Angaben zu Unterklassen von Tabellenzellen machen. Ein Beispiel (Style-Sheet-Definition im Dateikopf):

```
<style type="text/css">
  td.zweispaltig { column-span:2 }
  td.dreispaltig { column-span:3 }
</style>
```

Mit `column-span:` können Sie angeben, über wie viele Spalten sich eine Tabellenzelle (`<td>`- oder `<th>`-Tag) erstrecken soll. Beachten Sie: Die aktuellen 4er-Browser beherrschen diese Funktion nicht.

CSS 2.0 *Tabellenzelle über mehrere Zeilen erstrecken (row-span)*

Sie können für Kopf- oder Datenzellen von Tabellen erzwingen, daß sie sich über mehrere Zeilen erstrecken. Die Style-Sheet-Angabe hat den gleichen Effekt wie das zeilenweise Verbinden von Zellen in HTML. Im Unterschied dazu können Sie jedoch globale Angaben zu Unterklassen von Tabellenzellen machen. Ein Beispiel (Style-Sheet-Definition im Dateikopf):

```
<style type="text/css">
  td.zweizeilig { row-span:2 }
</style>
```

Mit `row-span:` können Sie angeben, über wie viele Zeilen sich eine Tabellenzelle (`<td>`- oder `<th>`-Tag) erstrecken soll. Beachten Sie: Die aktuellen 4er-Browser beherrschen diese Funktion nicht.

CSS 2.0 *Position einer Tabellenüberschrift (caption-side)*

Sie können für Tabellen eine Tabellenüberschrift oder Tabellenunterschrift definieren. Mit der hier beschriebenen Style-Sheet-Angabe können Sie die Position der Über- bzw. Unterschrift festlegen. Die Style-Sheet-Angabe hat den gleichen Effekt wie eine Tabellenüberschrift/-unterschrift in HTML. Ein Beispiel (Style-Sheet-Definition für HTML-Tag im Text):

```
<table border">
 <caption style="caption-side:top">
     Tabellen&uuml;berschrift
 </caption>
 <!-- Tabelleninhalt -->
</table>
```

Mit `caption-side:` können Sie die Position der Tabellenüberschrift bestimmen. Die Angabe ist für das HTML-Tag `<caption>...</caption>` gedacht. Folgende Angaben sind erlaubt:

- `top` = oberhalb der Tabelle zentriert (Tabellenüberschrift),
- `topleft` = oberhalb der Tabelle linksbündig (Tabellenüberschrift),
- `topright` = oberhalb der Tabelle rechtsbündig (Tabellenüberschrift),
- `bottom` = unterhalb der Tabelle zentriert (Tabellenunterschrift),
- `bottomleft` = unterhalb der Tabelle linksbündig (Tabellenunterschrift),
- `bottomright` = unterhalb der Tabelle rechtsbündig (Tabellenunterschrift).

CSS 2.0 Sprachausgabe von Tabellen (speak-header-cell)

Wenn eine HTML-Tabelle nicht am Bildschirm angezeigt oder ausgedruckt, sondern von einem Sprecher oder Sprachausgabesystem vorgelesen wird (z. B. für Sehbehinderte), entsteht das Problem, daß ein zweidimensionaler Raum eindimensional in der Zeit gelesen werden soll. Mit der hier beschriebenen Angabe können Sie für diesen Fall entscheiden, ob der Inhalt von Kopfzellen bei jeder ihr untergeordneten Datenzelle erneut wiedergegeben werden soll oder ob der Kopfzelleninhalt nur einmal wiedergegeben werden soll. Ein Beispiel (Style-Sheet-Definition für HTML-Tag im Text):

```
<table border">
 <tr>
  <th style="speak-header-cell:always">Kopfzelle 1</th>
  <th style="speak-header-cell:once">Kopfzelle 2</th>
 </tr>
 <tr>
  <td>Datenzelle 1</td>
  <td>Datenzelle 2</td>
 </tr>
 <tr>
  <td>Datenzelle 3</td>
  <td>Datenzelle 4</td>
 </tr>
</table>
```

Mit `speak-header-cell:` können Sie das Wiedergabeverhalten für Kopfzelleninhalte bestimmen. In der CSS-2.0-Spezifikation ist noch nicht klar, ob die Angabe für Kopfzellen-Tags `<th>` oder für die zugehörigen Datenzellen-Tags `<td>` gedacht ist. Das obige Beispiel nimmt an, daß die Angabe im Kopfzellen-Tag steht. Das Beispiel bewirkt, daß die Kopfzelle 1 vor den Datenzellen 1 und 3 jeweils wiederholt wird, während die Kopfzelle 2 nur einmal ausgegeben wird. Folgende Angaben sind erlaubt:

- `always` = Kopfzelleninhalt bei jeder untergeordneten Datenzelle wiederholen,
- `once` = Kopfzelleninhalt nur einmal wiedergeben (Normaleinstellung).

11.3.7 Pseudo-Formate

Was Pseudo-Formate sind, wird im Kapitel 11.2.2 im Abschnitt *Pseudo-Formate definieren* beschrieben.

4.0 3.0 4.0 Pseudo-Formate für Verweise (:link, :visited, :active)

Sie können das Erscheinungsbild von Verweisen auf noch nicht besuchte Seiten, auf bereits besuchte Seiten und auf Verweise, die gerade angeklickt werden, bestimmen. Ein Beispiel (Style-Sheet-Definition im Dateikopf):

```
<style type="text/css">
a:link { color:#FF0000; font-weight:bold }
a:visited { color:#990000; }
a:active { color:#0000FF; font-style:italic }
</style>
```

Notieren Sie zuerst das HTML-Tag, für das die Pseudo-Angaben gelten sollen. Im obigen Beispiel ist dies das <a>-Tag, das in HTML üblicherweise für Verweise verwendet wird. Sinnvoll sind diese Angaben jedoch auch für Elemente, die durch Dynamisches HTML Verweis-Charakter erhalten. Hinter dem Namen des HTML-Tags folgt ein Doppelpunkt und dahinter ein Bezeichner für das gewünschte Pseudo-Element. Dabei sind folgende Angaben erlaubt:

- :link = für Verweise auf noch nicht besuchte Seiten,
- :visited = für Verweise auf bereits besuchte Seiten,
- :active = für gerade angeklickte Verweise.

Dahinter können Sie dann wie üblich in geschweiften Klammern die Eigenschaften für solche Elemente definieren. Erlaubt sind dabei Farbangaben für die Verweisfarbe. Auch andere Angaben, etwa zum Hintergrund des anklickbaren Verweis-Bereichs, sind möglich. Beachten Sie: Netscape 4.0 und der Internet Explorer 3.0 interpretieren nur Angaben zur Farbe, nicht aber zur Schriftformatierung. Netscape 4.0 interpretiert auch das Pseudo-Format a:active nicht.

CSS 2.0 *Pseudo-Formate für erste Absatzzeile (:first-line)*

Sie können für Absätze mit längerem Fließtext für die erste Zeile des Absatzes ein separates Erscheinungsbild erzwingen. Dies ist ein typographischer Effekt, der von Druckschriften her bekannt ist. Ein Beispiel (Style-Sheet-Definition im Dateikopf):

```
<style type="text/css">
 p:first-line { font-weight:bold }
 h1:first-line { color:#990000; }
</style>
```

Notieren Sie zuerst das HTML-Tag, für das die Pseudo-Angaben gelten sollen. Im obigen Beispiel sind dies die HTML-Tags <p> und <h1>. Hinter dem Namen des HTML-Tags folgt ein Doppelpunkt und dahinter die Pseudo-Element-Angabe :first-line. Dahinter können Sie dann wie üblich in geschweiften Klammern die Eigenschaften für solche Elemente definieren. Erlaubt sind dabei alle sinnvollen Formatierungsmöglichkeiten, etwa Angaben zur Schriftformatierung oder Angaben zum Hintergrund. Beachten Sie: Netscape 4.0 und der Internet Explorer – auch die Version 4.0 – interpretieren diese Angaben noch nicht.

CSS 1.0 Pseudo-Formate für erstes Absatzzeichen (:first-letter)

Sie können für Absätze mit längerem Fließtext für das erste Zeichen der ersten Zeile ein separates Erscheinungsbild erzwingen. Dies ist ein typographischer Effekt, der von Druckschriften her bekannt ist. Ein Beispiel (Style-Sheet-Definition im Dateikopf):

```
<style type="text/css">
blockquote.goethe:first-letter { font-size:36pt; color:blue; }
blockquote.schiller:first-letter { font-size:36pt; color:green; }
</style>
```

Notieren Sie zuerst das HTML-Tag, für das die Pseudo-Angaben gelten sollen. Im obigen Beispiel sind dies die Klassen `goethe` und `schiller` des HTML-Tags `<blockquote>`. Es folgt ein Doppelpunkt und anschließend die Pseudo-Element-Angabe `:first-letter`. Dahinter können Sie dann wie üblich in geschweiften Klammern die Eigenschaften für solche Elemente definieren. Erlaubt sind dabei alle sinnvollen Formatierungsmöglichkeiten, etwa Angaben zur Schriftformatierung oder Angaben zum Hintergrund. Beachten Sie: Netscape 4.0 und der Internet Explorer, auch die Version 4.0, interpretieren diese Angaben noch nicht.

CSS 2.0 Pseudo-Formate Text vor/nach Elementen (:before, :after)

Sie können bestimmen, daß vor oder nach einem Element ein Text eingefügt wird.

Beispiel (Style-Sheet-Definition im Dateikopf):

```
<style type="text/css">
  p.Hinweis:before { content:"Hinweis: " }
  p.veraltet:after { content:" (nicht mehr aktuell)" }
</style>
```

Notieren Sie zuerst das HTML-Tag, für das die Pseudo-Angaben gelten sollen. Im obigen Beispiel sind dies die Klassen »Hinweis« und »veraltet« des HTML-Tags `<p>`. Dahinter folgt ein Doppelpunkt und anschließend die Pseudo-Element-Angabe `:before`, wenn Text vor dem Element, oder `:after`, wenn Text nach dem Element eingefügt werden soll. Dahinter notieren Sie in geschweiften Klammern die Angabe `content:`, gefolgt von dem gewünschten Text, der vor oder nach dem Element eingefügt werden soll. Der Text muß in Anführungszeichen stehen. Der Text übernimmt automatisch alle Formatdefinitionen des zugehörigen Elements. Innerhalb der geschweiften Klammern können Sie weitere Style-Sheet-Angaben notieren, die für das Element gültig sein sollen.

Beachten Sie: Sie können nach CSS 2.0 hinter der Angabe `content:` nicht nur fest vordefinierten Text notieren, sondern auch typisierte und variable Inhalte notieren. Auf diese Weise lassen sich beispielsweise laufende Absatznumerierungen realisieren. Die entsprechenden Befehle dazu wurden erst nach Redaktionsschluß dieses Kapitels bekannt und sind hier deshalb noch nicht beschrieben. Die Original-Dokumentation dieser für die Zukunft sehr wichtigen Befehle finden Sie in der CSS-2.0-Spezifikation unter der Überschrift Generated content and automatic numbering (*www.w3.org/TR/PR-CSS2/generate.htm*). Netscape 4.0 und der Internet Explorer, auch die Version 4.0, interpretieren all diese Angaben noch nicht.

11.3.8 Elemente positionieren

Ab der CSS-Version 2.0 gibt es verschiedene Style-Sheet-Angaben, um Elemente einer WWW-Seite exakt im Anzeigefenster des WWW-Browsers zu positionieren und die Position von Elementen untereinander genau zu kontrollieren. Dazu gehören Angaben zum absoluten und relativen Positionieren von Elementen, Angaben zur Ausdehnung von Elementen, Angaben zum Umfließen von Elementen und Angaben zum Überlappen und Anzeigen von Elementen.

Absolutes und relatives Positionieren von Elementen bieten Ihnen die Möglichkeit, das Erscheinungsbild von WWW-Seiten stärker bildschirmorientiert zu gestalten. So können Sie für einzelne Bereiche festlegen, wo genau diese Bereiche beginnen sollen. Bereiche können sich überlappen usw. Im wesentlichen decken diese Style-Sheet-Angaben die Möglichkeiten der Layer ab. Im Gegensatz zu den Layern sind sie jedoch ein offizieller Vorschlag des W3-Konsortiums. Netscape und Microsofts Internet Explorer interpretieren diese Angaben seit ihren 4er-Versionen – allerdings mit einigen Einschränkungen bzw. Besonderheiten.

Das Positionieren von Elementen ist eine wichtige Voraussetzung für viele Anwendungsfälle von dynamischem HTML. Mit Hilfe entsprechender Script-Unterstützung können Sie positionierte Elemente bewegen, ein-/ausblenden, anders überlappen usw.

CSS 2.0 | 4.0 | N 4.0 Positionsart (position)

Sie können für einen Bereich bestimmen, daß er absolut oder relativ positioniert werden soll. Ein Beispiel (Style-Sheet-Definition für HTML-Tag im Text):

```
<div style="position:absolute; top:100px; left:45px;
   width:300px">Inhalt</div>
```

Mit `position:` können Sie die Positionsart bestimmen. Folgende Angaben sind erlaubt:

- `absolute` = absolute Positionierung, gemessen am Fensterrand, aber scrollbar.
- `fixed` = absolute Positionierung, gemessen am Fensterrand, bleibt beim Scrollen stehen.
- `relative` = relative Positionierung, gemessen am Vorgänger-Element.
- `static` = keine spezielle Positionierung, normaler Elementfluß (Normaleinstellung).

Die Angaben `absolute`, `fixed` und `relative` brechen den normalen Fluß der Elemente auf – `relative` ist also etwas anderes als »normal«, der Normalzustand ist `static`.

Besonders das Verhalten der Angaben `absolute` und `relative` ist anfangs etwas verwirrend, aber gerade im Aufbrechen des normalen Elementflusses besteht ja ihr Sinn. Abstände relativ zum normalen Elementfluß können Sie stattdessen mit Angaben zu Abständen, Rändern und Ausrichtung definieren.

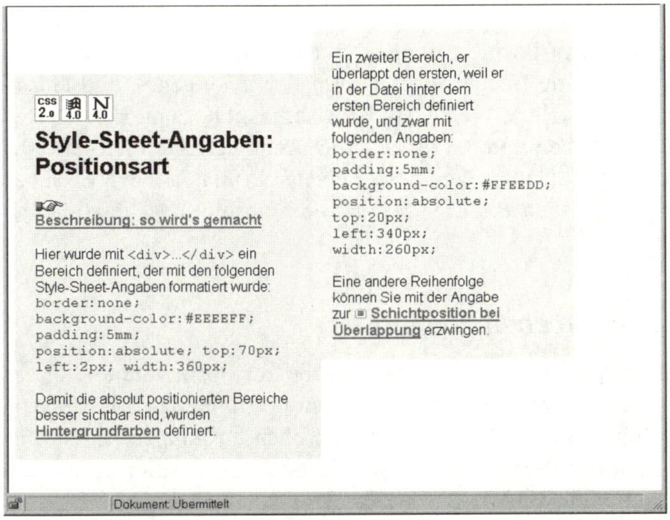

Bild 11.30: Zwei überlappende Bereiche, die in der HTML-Datei nacheinander definiert sind

Der Unterschied zwischen `absolute` und `relative` besteht darin, daß sich eine absolute Angabe auf den Fensterrand bezieht, eine relative Angabe dagegen auf ein voranstehendes Element. Der Unterschied zwischen `absolute` und `fixed` besteht darin, daß eine absolute Positionierung nur die Anfangsplazierung eines Elements betrifft, die fixe Positionierung dagegen die Dauerplazierung des Elements im Anzeigefenster. Absolut positionierte Elemente wandern beim Scrollen mit. Fix positionierte Elemente bleiben beim Scrollen an ihrem Platz. Mit fix positionierten Elementen lassen sich ähnliche Effekte erzielen wie mit Frames.

Die Angabe `position:` legt noch nicht fest, wo genau ein Element beginnen soll. Die Angabe macht nur Sinn, wenn Sie zugleich die gewünschte Startposition angeben. Dies können Sie beispielsweise mit Angaben zur Startposition von oben (top) und/oder zur Startposition von links (left) tun.

Beachten Sie: Die Angabe `fixed` wird weder von Netscape noch vom Internet Explorer interpretiert. Weder Netscape noch der Internet Explorer interpretieren Angaben zur absoluten Positionierung in allen HTML-Tags. Um sicherzugehen, ist es vorläufig sinnvoll, Angaben zur Positionierung nur auf die HTML-Tags `<div>...</div>` oder `<span>...</span>` anzuwenden. Schließen Sie andere Elemente, etwa Textabsätze, Grafiken, Tabellen, Formulare usw. einfach in solche allgemeinen HTML-Tags ein. Die inneren Elemente übernehmen dann die Positionierung des Gesamtbereichs.

Netscape und der Internet Explorer reagieren bei absoluter Positionierung unterschiedlich, was die automatische Breite von Elementen betrifft. Dieser Fall tritt ein, wenn Sie eine Angabe für `left:` notieren und nicht angeben, wie breit der so definierte Bereich sein soll. Netscape dehnt das Element maximal bis zum rechten Fensterrand/Seitenrand aus, während der Internet Explorer es über den rechten Rand hinausdehnt (der Anwender muß quer scrollen). Bei relativer Positionierung reagieren beide Browser wie der Internet Explorer bei der absoluten Positionierung. Das Hinausdehnen hat den Grund, daß absolut oder relativ positionierte Elemente gewissermaßen ein eigenes, bildschirmunabhängiges Anzeigefenster darstellen. Wenn dem Browser nicht bekannt ist, wie groß dieses Anzeigefenster sein soll, übernimmt er einfach die Breite des Elternfensters. Bei einer Linksverschiebung führt das dann zu dem beschriebenen Effekt. Um den Effekt zu vermeiden, können Sie z. B. Angaben zur Breite (`width`) des absolut oder relativ positionierten Bereichs machen.

CSS 2.0 | 4.0 | N 4.0 *Startposition von oben (top)*

Diese Angabe ist sinnvoll in Verbindung mit einer Angabe zur Positionierung (`position`). Sie können bestimmen, wo ein absolut oder relativ positioniertes Element von oben beginnt. Mit `top:` können Sie die Startposition von oben bestimmen. Erlaubt ist eine numerische Angabe oder der Wert `auto` für eine automatische Positionierung. Ein Beispiel (Style-Sheet-Definition für HTML-Tag im Text):

```
<div style="position:relative; top:100px;">
<img src="grafik.gif">
</div>
```

Bild 11.31: Eine Grafik und ein Absatz mit absoluter Positionierung

Startposition von links (left)

Sie können bestimmen, wo ein absolut oder relativ positioniertes Element von links beginnt. Mit `left:` können Sie die Startposition von links bestimmen. Erlaubt ist eine numerische Angabe oder der Wert `auto` für eine automatische Positionierung. Ein Beispiel (Style-Sheet-Definition für HTML-Tag im Text):

```
<div style="position:relative; left:20%; top:30%;">Inhalt</div>
```

Startposition von unten (bottom)

Sie können bestimmen, wo ein absolut oder relativ positioniertes Element von unten beginnt. Mit `bottom:` können Sie die Startposition von unten bestimmen. Erlaubt ist eine numerische Angabe oder der Wert `auto` für eine automatische Positionierung. Beachten Sie: Netscape 4.0 und der Internet Explorer 4.0 ignorieren diese Angabe noch. Ein Beispiel (Style-Sheet-Definition für HTML-Tag im Text):

```
<span style="position:absolute; bottom:100px;quot;>Inhalt</span>
```

Startposition von rechts (right)

Sie können bestimmen, wo ein absolut oder relativ positioniertes Element von rechts beginnt. Mit `right:` können Sie die Startposition von rechts bestimmen. Erlaubt ist eine numerische Angabe oder der Wert `auto` für eine automatische Positionierung. Beachten Sie: Netscape 4.0 und der Internet Explorer 4.0 ignorieren diese Angabe noch. Ein Beispiel (Style-Sheet-Definition für HTML-Tag im Text):

```
<div style="position:absolute; bottom:1cm;
   right:2cm;quot;>Inhalt</div>
```

Breite (width)

Diese Angabe ist sinnvoll in Verbindung mit einer Angabe zur Positionierung (`position`), kann aber auch im normalen Fließtext verwendet werden. Sie können bestimmen, wie breit ein Element oder Bereich sein soll. Mit `width:` können Sie die Breite eines Bereichs bestimmen. Erlaubt ist eine numerische Angabe oder der Wert `auto` für eine automatische Bemessung der Breite. Ein Beispiel (Style-Sheet-Definition für HTML-Tag im Text):

```
<div style="position:absolute; top:10%; left:10%;
   width:80%;quot;>Inhalt</div>
```

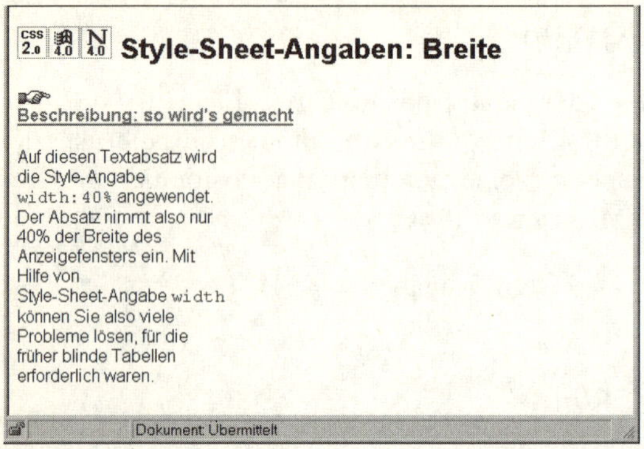

Bild 11.32: Die Breite des Textabschnitts ist auf 40% der Fensterbreite limitiert

Mindestbreite (min-width)

Diese Angabe ist sinnvoll in Verbindung mit einer Angabe zur Positionierung (`position`), kann aber auch im normalen Fließtext verwendet werden. Sie können bestimmen, wie breit ein Element oder Bereich auf jeden Fall sein soll, auch wenn der Inhalt weniger Breite in Anspruch nimmt. Die Angabe ist normalerweise identisch mit der Angabe `width`. Mit `min-width:` können Sie die Mindestbreite eines Bereichs erzwingen. Erlaubt ist eine numerische Angabe. Ein Beispiel (Style-Sheet-Definition im Dateikopf):

```
<style type="text/css">
  div.Verweise { min-width:6cm }
</style>
```

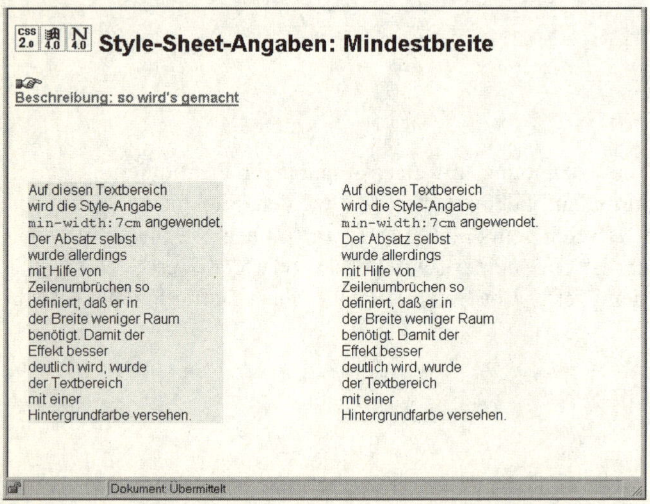

Bild 11.33: Die zwei Textabschnitte sind auf eine Mindestbreite von 7 cm eingestellt

Maximalbreite (max-width)

Diese Angabe ist sinnvoll in Verbindung mit einer Angabe zur Positionierung (`position`), kann aber auch im normalen Fließtext verwendet werden. Sie können für ein Element oder einen Bereich bestimmen, daß dessen Breite einen bestimmten Wert nicht überschreitet, auch wenn der Inhalt mehr Breite in Anspruch nimmt. Überbreite Inhalte werden abgeschnitten. Mit `max-width:` können Sie die Maximalbreite eines Bereichs erzwingen. Erlaubt ist eine numerische Angabe. Beachten Sie: Weder Netscape 4.x noch der Internet Explorer 4.x interpretieren diese Angabe. Ein Beispiel (Style-Sheet-Definition im Dateikopf):

```
<style type="text/css">
  div.Infokasten { max-width:40% }
</style>
```

Höhe (height)

Sie können bestimmen, wie hoch ein Element oder Bereich sein soll. Mit `height:` können Sie die Höhe eines Bereichs bestimmen. Erlaubt ist eine numerische Angabe oder der Wert `auto` für eine automatische Bemessung der Höhe. Beachten Sie: Netscape 4.x interpretiert diese Angabe noch nicht. Ein Beispiel (Style-Sheet-Definition für HTML-Tag im Text):

```
<div style="height:200pxquot;>Inhalt</div>
```

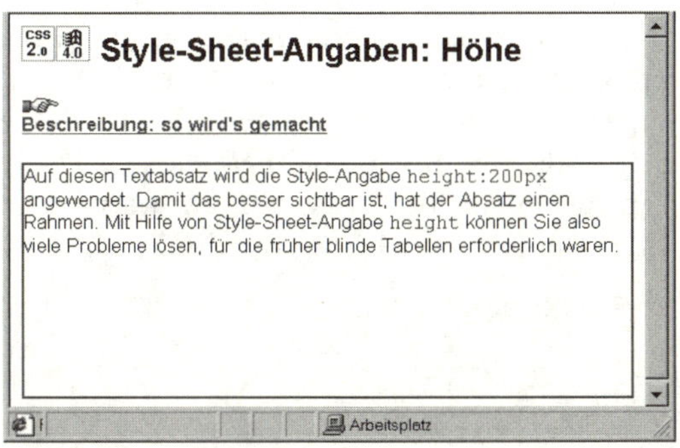

Bild 11.34: Ein Textabschnitt mit einer erzwungenen Höhe von 200 Pixeln

Mindesthöhe (min-height)

Sie können bestimmen, wie hoch ein Element oder Bereich auf jeden Fall sein soll, auch wenn der Inhalt weniger Höhe in Anspruch nimmt. Die Angabe ist normalerweise identisch mit der Angabe `height`. Mit `min-height:` können Sie die Mindesthöhe eines Bereichs erzwingen. Erlaubt ist eine numerische Angabe. Beachten Sie: Weder Netscape 4.x noch der Internet Explorer 4.x interpretieren diese Angabe. Ein Beispiel (Style-Sheet-Definition im Dateikopf):

```
<style type="text/css">
  div.Zitat { min-height:2cm; vertical-align:middle; }
</style>
```

Maximalhöhe (max-height)

Sie können für ein Element oder einen Bereich bestimmen, daß dessen Höhe einen bestimmten Wert möglichst nicht überschreitet, auch wenn der Inhalt mehr Höhe in Anspruch nimmt. Mit `max-height:` können Sie die Maximalhöhe eines Bereichs erzwingen. Erlaubt ist eine numerische Angabe. Beachten Sie: Weder Netscape 4.x noch der Internet Explorer 4.x interpretieren diese Angabe. Ein Beispiel (Style-Sheet-Definition im Dateikopf):

```
<style type="text/css">
  div.Infokasten { max-height:3.5cm; }
</style>
```

Elementbereich mit übergroßem Inhalt (overflow)

Diese Angabe kann von Bedeutung sein, wenn Sie ein Element oder einen Bereich innerhalb eines anderen Bereichs definieren. Wenn das innere Element bzw. der innere Bereich größer ist als die erzwungenen Grenzen des übergeordneten Bereichs, können Sie bestimmen, wie dieser Konfliktfall gelöst werden soll. Angenommen, Sie definieren einen Bereich mit `<div>...</div>`, für den Sie mit Hilfe der Style-Sheet-Angabe `width` eine Mindestbreite von 300 Pixeln erzwingen. Wenn Sie innerhalb dieses Bereichs eine Grafikreferenz (`<img>`) notieren, bei der das Bild eine Breite von mehr als 300 Pixeln hat, können Sie mit der hier beschriebenen Angabe regulieren, wie der Browser diesen Konflikt lösen soll. Ein Beispiel (Style-Sheet-Definition für HTML-Tag im Text):

```
<div style="position:absolute; top:100px; left:50px;
   width:300px; max-width:300px;">
<img src="grafik.gif" width=450 height=250
   style="overflow:visible">
</div>
```

Mit `overflow:` können Sie bestimmen, wie übergroße innere Elemente behandelt werden. Folgende Angaben sind möglich:

- `visible` = Übergeordneter Bereich wird so weit vergrößert, daß inneres Element sichtbar ist.
- `hidden` = Element wird abgeschnitten, Größe des übergeordneten Bereichs bleibt erhalten.

- `scroll` = Der WWW-Browser sollte Scroll-Leisten anbieten; Größe des übergeordneten Bereichs bleibt erhalten.
- `auto` = Der WWW-Browser sollte bei Bedarf Scroll-Leisten anbieten; Größe des übergeordneten Bereichs bleibt erhalten.

Beachten Sie: Wenn Sie die Angabe `overflow:visible` verwenden, können Sie außerdem bestimmen, in welche Richtung das innere, übergroße Element das übergeordnete Element aufbrechen soll. Ferner können Sie ein inneres, übergroßes Element selbst eingrenzen. Weder Netscape 4.x noch der Internet Explorer 4.x interpretieren diese Angabe.

Richtung (direction)

Mit dieser Angabe können Sie die Anordnung von Elementen innerhalb eines Bereichs bestimmen. Wenn ein übergroßes Element einen Bereich aufbrechen soll, können Sie bestimmen, in welcher Richtung. Ein Beispiel (Style-Sheet-Definition im Dateikopf):

```
<style type="text/css">
  div.spezial { direction:rtl }
</style>
```

Mit `direction:` können Sie die Anordnung von Elementen innerhalb eines Bereichs bestimmen. Folgende Angaben sind möglich:

- `ltr` = left to right (von links nach rechts, Normaleinstellung),
- `rtl` = right to left (von rechts nach links),
- `ltr-override` = in CSS-2.0-Spezifikation noch unklar,
- `rtl-override` = in CSS-2.0-Spezifikation noch unklar.

Beachten Sie: Das Ergebnis dieser Angabe ist schwer vorherzusagen, Netscape 4.x und Internet Explorer 4.x liefern unterschiedliche Ergebnisse.

Textumfluß (float)

Sie können für einen Bereich oder ein Element bestimmen, daß nachfolgende Elemente diesen Bereich bzw. dieses Element umfließen. Ein Beispiel (Style-Sheet-Definition für HTML-Tag im Text):

```
<div style="float:left; width:100px;">Kurztext</div>
<p>Langer Text, der rechts um den Kurztext flie&szlig;t</p>
<div style="float:right; width:2cm;">Kurztext</div>
<p>Langer Text, der links um den Kurztext flie&szlig;t</p>
```

Mit `float:` können Sie bestimmen, daß nachfolgende Elemente das aktuelle Element bzw. den aktuellen Bereich umfließen. Folgende Angaben sind möglich:

- `left` = Element steht links und wird rechts von nachfolgenden Elementen umflossen.
- `right` = Element steht rechts und wird links von nachfolgenden Elementen umflossen.
- `none` = kein Umfluß (Normaleinstellung).

Beachten Sie: Damit die Angabe bei Netscape und im Internet Explorer funktioniert, müssen Sie zumindest noch eine Angabe zu `width:` notieren wie in den obigen Beispielen.

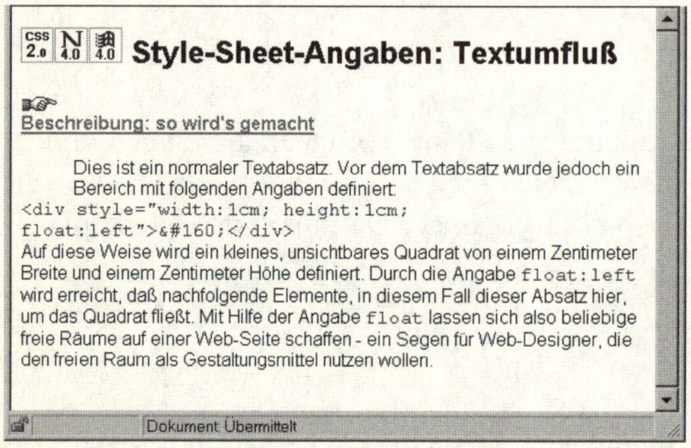

Bild 11.35: Ein quadratischer Bereich wird von Text umflossen

CSS 2.0 4.0 N 4.0 *Fortsetzung bei Textumfluß (clear)*

Wenn Sie einen Textumfluß definieren, möchten Sie vielleicht nur zwei oder drei Zeilen kommentierenden Text neben einem umflossenen Element haben und den folgenden Text dann unterhalb des umflossenen Elements fortsetzen. Dazu dient die hier beschriebene Angabe. Ein Beispiel (Style-Sheet-Definition für HTML-Tag im Text):

```
<div style="float:left; width:300px;">
<img src="grafik.gif">
</div>
<p>Text, der rechts um die Grafik flie&szlig;t</p>
<p style="clear:left">Neuer Text unterhalb der Grafik</p>
```

Mit `clear:` können Sie einen Umfluß abbrechen und die Fortsetzung unterhalb des umflossenen Elements oder Bereichs erzwingen. Folgende Angaben sind möglich:

- `left` = erzwingt bei `float:left` die Fortsetzung unterhalb.
- `right` = erzwingt bei `float:right` die Fortsetzung unterhalb.
- `both` = erzwingt in jedem Fall die Fortsetzung unterhalb.
- `none` = erzwingt keine Fortsetzung unterhalb (Normaleinstellung).

CSS 2.0 MS 4.0 N 4.0 Schichtposition bei Überlappung (z-index)

Diese Angabe ist sinnvoll in Verbindung mit mehreren Angaben zur Positionierung (position). Wenn Sie mehrere Elemente absolut positionieren, deren Anzeigebereiche sich überlappen, werden die Elemente normalerweise in der Reihenfolge übereinander angezeigt, in der sie definiert werden. Sie können die Reihenfolge ändern, indem Sie für die einzelnen Elemente Nummern vergeben. Elemente mit höherer Nummer überdecken Elemente mit niedrigerer Nummer. Ein Beispiel (Style-Sheet-Definition für HTML-Tag im Text):

```
<div style="position:absolute; top:10mm; left:10mm; z-index:1">
Dieser Text kommt als dritter
</div>
<div style="position:absolute; top:12mm; left:20mm; z-index:3">
Dieser Text kommt als erster
</div>
<div style="position:absolute; top:14mm; left:30mm; z-index:2">
Dieser Text kommt als zweiter
</div>
```

Mit `z-index:` können Sie die Reihenfolge von überlappenden Elementen bestimmen. Notieren Sie für jedes Element, für das Sie eine eindeutige Schichtposition festlegen wollen, eine Zahl. Je höher die Zahl, desto weiter vorne das Element, je niedriger, desto weiter hinten das Element.

CSS 2.0 MS 4.0 N 4.0 Anzeigeart bzw. Nichtanzeige ohne Platzhalter (display)

Sie können bestimmen, ob ein Element zunächst angezeigt werden soll oder nicht. *Ohne Platzhalter* bedeutet, daß bei Nichtanzeige des Elements auch kein Raum für das Element reserviert wird. In diesem Fall deutet bei der Anzeige also zunächst nichts darauf hin, daß das Element überhaupt existiert. Mit Hilfe von Dynamischem HTML können Sie solch ein Element nachträglich anzeigen oder wieder verstecken.

Ferner können Sie mit der hier beschriebenen Angabe bestimmen, wie ein Element angezeigt werden soll. Sie können bestimmen, daß es einen eigenen (absatzerzeugenden) Block bilden soll oder daß es mitten im Text angezeigt werden soll. So können Sie beispielsweise absatzerzeugende Elemente wie Überschriften in Elemente umdefinieren, die keinen eigenen Absatz erzeugen. Ein Beispiel (Style-Sheet-Definition für HTML-Tag im Text):

```
<p id="DynamischerAbsatz" style="display:none">Inhalt</p>
Text
<h1 style="display:inline">
  &Uuml;berschrift 1. Ordnung
</h1>
Text
```

Mit `display:` können Sie die Anzeige von Elementen unterdrücken oder die Art der Anzeige festlegen. Folgende Angaben sind möglich:

- `block` = erzwingt einen Block – das Element erzeugt einen eigenen Absatz.
- `inline` = erzwingt die Anzeige im Text – das Element erzeugt keinen eigenen Absatz.
- `list-item` = wie `block`, jedoch mit einem Aufzählungszeichen (Bullet) davor.
- `run-in` = in CSS-2.0-Spezifikation noch unklar.
- `compact` = in CSS-2.0-Spezifikation noch unklar.
- `none` = Element wird nicht angezeigt, und es wird auch kein Platzhalter freigelassen.

Beachten Sie: Netscape 4.0 und der Internet Explorer 4.0 interpretieren die Angabe `display:none` korrekt. Die übrigen Angaben werden von den 4er-Versionen der beiden Browser jedoch nur unvollständig oder noch gar nicht interpretiert.

CSS 2.0 4.0 *Anzeige bzw. Nichtanzeige mit Platzhalter (visibility)*

Sie können bestimmen, ob ein Element zunächst angezeigt werden soll oder nicht. »Mit Platzhalter« bedeutet, daß bei Nichtanzeige des Elements trotzdem Raum für das Element reserviert wird. Mit Hilfe von Dynamischem HTML können Sie ein solches Element nachträglich anzeigen oder wieder verstecken. Ein Beispiel (Style-Sheet-Definition im Dateikopf):

```
<style type="text/css">
  #Text1 { position:absolute; top:100px; left:50px; width:200px;
    visibility:visible; }
  #Text2 { position:absolute; top:100px; left:50px; width:200px;
    visibility:hidden; }
  #Text3 { position:absolute; top:100px; left:50px; width:200px;
    visibility:hidden; }
</style>
<!-- und innerhalb von <body>...</body>: -->
<div id="Text1">Das ist Text 1</div>
<div id="Text2">Das ist Text 2</div>
<div id="Text3">Das ist Text 3</div>
```

Mit `visibility:` können Sie bestimmen, ob ein Element anfangs angezeigt wird oder nicht. Im obigen Beispiel wird zunächst nur Text 1 angezeigt. Mit Hilfe von Dynamischem HTML können Sie diesen Text dann z. B. beim Anklicken dynamisch durch Text 2 und weiter durch Text 3 ersetzen. Folgende Angaben sind möglich:

- `hidden` = der Inhalt des Elements wird zunächst versteckt (nicht angezeigt).
- `visible` = der Inhalt des Elements wird zunächst angezeigt (Normaleinstellung).

CSS 2.0 4.0 N 4.0 Anzeigebereich eingrenzen (clip)

Sie können bestimmen, daß nur ein Ausschnitt eines absolut positionierten Elements sichtbar angezeigt wird, unabhängig davon, welche Angaben sonst zur Größe des Elements gemacht wurden, und unabhängig von der automatischen Größe des Elements. Wenn das Element größer ist als der so definierte Anzeigebereich, wird es an den Seiten entsprechend abgeschnitten. Derzeit können Sie nur ein Rechteck für den Ausschnitt definieren. In Zukunft sollen jedoch auch Polygone, Kreise bzw. Ellipsen möglich sein. Ein Beispiel (Style-Sheet-Definition für HTML-Tag im Text):

```
<div style="clip:rect(50px 120px 150px auto)">Inhalt</div>
```

Mit `clip:` können Sie einen Ausschnitt für die sichtbare Anzeige definieren. Dahinter folgt der Bezeichner `rect` (für rectangle = Rechteck) und dahinter, in runde Klammern eingeschlossen, vier numerische Werte oder das Schlüsselwort `auto` zur Bestimmung des Ausschnitts.

- Der erste der vier Werte bezeichnet den Wert für »oben«, gemessen an der oberen Elementgrenze.
- Der zweite der vier Werte bezeichnet den Wert für »rechts«, gemessen an der linken Elementgrenze.
- Der dritte der vier Werte bezeichnet den Wert für »unten«, gemessen an der oberen Elementgrenze.
- Der vierte der vier Werte bezeichnet den Wert für »links«, gemessen an der linken Elementgrenze.

Damit überhaupt ein Ausschnitt sichtbar ist, muß der Wert für unten größer sein als der für oben und der Wert für rechts größer als der für links. Das Schlüsselwort `auto` bedeutet: keine Angabe zu dem betreffenden Wert, das Element soll an der entsprechenden Seite bis zu seiner Elementgrenze angezeigt werden.

11.3.9 Mehrspaltiger Textfluß

Was Netscape seinerzeit mit der Version 3.0 seines Browsers eingeführt hat – die Möglichkeit zum mehrspaltigen Textfluß –, wird nun mit Hilfe von Style-Sheet-Angaben auch zum offiziellen Standard erhoben. Die entsprechenden HTML-Befehle von Netscape, die nie Eingang fanden in den offiziellen HTML-Standard und in der Praxis auch nicht viel verwendet wurden, werden dadurch in Zukunft sicher obsolet – möglich, aber unerwünscht – werden. Nachteil der hier beschriebenen Style-Sheet-Angaben ist jedoch, daß sie erst zum CSS-2.0-Standard gehören. Weder Netscape noch der Internet Explorer interpretieren diese Angaben in ihren 4er-Versionen.

Mehrspaltiger Textfluß erlaubt das automatische Verteilen von größeren Fließtextabschnitten auf mehrere Textspalten. Anders als bei blinden Tabellen müssen Sie sich nicht selbst darum kümmern, was in welcher Spalte steht. Der Browser bricht den Text bei der Präsentation automatisch so um, daß er sich optimal auf die Anzahl der definierten Spalten verteilt.

Sinnvoll sind die hier beschriebenen Angaben vor allem für HTML-Tags, die einen größeren Bereich definieren, vor allem für <div>...</div>. So können Sie innerhalb des Bereichs andere Gestaltungselemente wie Überschriften, Textabsätze, Grafiken usw. notieren, die alle in den mehrspaltigen Textfluß mit eingehen.

CSS 2.0 *Anzahl Spalten (columns)*

Um für ein HTML-Element oder einen Bereich einen mehrspaltigen Textfluß zu definieren, müssen Sie die Anzahl der Spalten angeben. Mit `columns:` können Sie die Anzahl der gewünschten Spalten bestimmen. Der Text wird dann automatisch so umbrochen, daß alle Spalten optimal gefüllt werden. Ein Beispiel (Style-Sheet-Definition im Dateikopf):

```
<style type="text/css">
  div.zweipaltig { columns:2; }
</style>
```

CSS 2.0 *Spaltenabstand (column-gap)*

Sie können bestimmen, wie groß der Abstand zwischen den einzelnen Spalten sein soll. Bei mehr als zwei Spalten gilt diese Angabe für alle Spaltenabstände. Mit `column-gap:` können Sie den Spaltenabstand bestimmen. Erlaubt ist eine numerische Angabe. Beispiel (Style-Sheet-Definition für HTML-Tag im Text):

```
<div style="columns:3; column-gap:0.5cm">Inhalt</div>
```

CSS 2.0 *Trennstrichdicke (column-rule-width)*

Sie können die Dicke eines Trennstrichs zwischen den Spalten eines mehrspaltigen Textflusses bestimmen. Bei mehr als zwei Spalten wird der Trennstrich zwischen allen Spalten wiederholt. Diese Angabe sollten Sie stets mit einer Angabe zum Trennstrichtyp kombinieren. Nur durch beide Angaben werden Trennstriche definiert. Mit `column-rule-width:` können Sie die Dicke eines Trennstriches zwischen den Spalten bestimmen. Erlaubt ist eine numerische Angabe. Ein Beispiel (Style-Sheet-Definition im Dateikopf):

```
<style type="text/css">
  div.dreispaltig { columns:3; column-rule-width:1mm;
    column-rule-style:solid; }
</style>
```

CSS 2.0 Trennstrichtyp (column-rule-style)

Sie können bestimmen, daß die Spalten eines mehrspaltigen Textflusses durch senkrechte Trennstriche getrennt werden. Dazu können Sie angeben, wie die Trennstriche aussehen sollen. Diese Angabe sollten Sie stets mit einer Angabe zur Trennstrichdicke kombinieren. Nur durch beide Angaben werden Trennstriche definiert. Ein Beispiel (Style-Sheet-Definition für HTML-Tag im Text):

```
<div style="columns:2; column-rule-style:solid;
  column-rule-width:2mm">Inhalt</div>
```

Mit `column-rule-style:` können Sie das Aussehen der Trennstriche zwischen den Spalten bestimmen. Erlaubt sind dabei die gleichen Angaben wie beim Rahmentyp für Rahmen zu einem beliebigen HTML-Element:

- `none` = keine Trennstriche (Normaleinstellung),
- `dotted` = gepunktete Trennstriche,
- `dashed` = gestrichelte Trennstriche,
- `solid` = durchgezogene Trennstriche,
- `double` = doppelt durchgezogene Trennstriche,
- `groove` = 3-D-Effekt bei Trennstrichen,
- `ridge` = 3-D-Effekt bei Trennstrichen,
- `inset` = 3-D-Effekt bei Trennstrichen,
- `outset` = 3-D-Effekt bei Trennstrichen.

CSS 2.0 Trennstrichfarbe (column-rule-color)

Sie können für Trennstriche zwischen den Spalten eines mehrspaltigen Textflusses die Farbe der Trennlinien bestimmen. Voraussetzung sind gleichzeitige Angaben zur Trennstrichdicke und zum Trennstrichtyp. Mit `column-rule-color:` können Sie die Farbe für die Trennstriche angeben. Erlaubt ist eine Farbangabe. Ein Beispiel (Style-Sheet-Definition im Dateikopf):

```
<style type="text/css">
  div.Glosse { columns:2; column-rule-style:solid;
    column-rule-width:2mm; column-rule-color:#FF0000; }
</style>
```

CSS 2.0 Trennstrich, allgemein (column-rule)

Diese Angabe ist eine Zusammenfassung der folgenden möglichen Einzelangaben: Trennstrichdicke (`column-rule-width`), Trennstrichtyp (`column-rule-style`) und Trennstrichfarbe (`column-rule-color`). Ein Beispiel (Style-Sheet-Definition für HTML-Tag im Text):

```
<div style="column-rule:2mm solid green">Inhalt</div>
```

Mit `column-rule:` können Sie Angaben für Trennstriche zwischen den Spalten eines mehrspaltigen Textflusses zusammenfassen. Notieren Sie Angaben zur Trennstrichdicke, zum Trennstrichtyp sowie zur Trennstrichfarbe mit Leerzeichen dazwischen wie im Beispiel oben. Die Reihenfolge der Einzelangaben ist egal. Die Angabe zur Trennstrichfarbe ist optional.

11.3.10 Seitenlayout und Seitenumbruch

Die hier beschriebenen Style-Sheet-Angaben eröffnen HTML und seiner Ergänzungssprache CSS völlig neue Räume, denn mit diesen Angaben wird es möglich, Drucklayouts zu definieren. Das könnte in Zukunft gewaltige Konsequenzen für die gesamte DTP-Branche haben. HTML und CSS werden durch diese Bereicherung zu einer ernstzunehmenden Konkurrenz für Software-abhängige Dateiformate, etwa denen von QuarkExpress, FrameMaker oder Ventura Publisher. Der Vorteil von HTML/CSS gegenüber den Software-abhängigen Formaten liegt in der freien Verfügbarkeit und der strengen Plattformunabhängigkeit. Niemand wird mehr auf eine bestimmte DTP-Software angewiesen sein, um ansprechende und professionell aussehende Druckerzeugnisse wie Zeitschriften, Handbücher oder Broschüren zu erstellen. Probleme mit zweigleisigem Publizieren im Internet und in Printform (Stichwort: Cross Media Publishing) könnten entfallen, wenn HTML/CSS sich als Standard für beide Publikationsformen etabliert. Das zweigleisige Editierens wird auch durch die Möglichkeit unterstützt, Style-Sheet-Dateien für unterschiedliche Ausgabemedien zu definieren.

Die Style-Sheet-Angaben zu Seitenlayout und Seitenumbruch sind jedoch nicht nur für Druckerzeugnisse interessant. Ein entsprechendes Präsentationswerkzeug bzw. ein entsprechend ausgerichteter WWW-Browser könnte diese Angaben auch zur Bildschirmseiten-orientierten Präsentation benutzen. Diese Style-Sheet-Angaben stellen deshalb auch einen Angriff auf Bildschirmseiten-orientierte Präsentations-Software dar, also etwa auf MS-PowerPoint. Auch dabei gilt: der Vorteil von HTML/CSS ist die Software- und Plattformunabhängigkeit.

Zur Zeit ist das alles jedoch noch Zukunftsmusik. Die Style-Sheet-Befehle liegen vor, gehören jedoch zum Sprachstandard 2.0 der CSS-Sprache. Von den Befehlen interpretiert lediglich der Internet Explorer 4.x diejenigen für den Seitenumbruch.

CSS 2.0 *Seitenlayout definieren (@page)*

Um ein Seitenlayout zu erzeugen, müssen Sie den hier beschriebenen CSS-Befehl anwenden. Ein Beispiel (Style-Sheet-Definition im Dateikopf):

```
<style type="text/css">
  @page { /* Angaben zum Seitenlayout */ }
</style>
```

Mit `@page` können Sie ein Seitenlayout erstellen. Die Angabe ist ein Behälter für die einzelnen Angaben zum Aussehen des Layouts. Dazu gehören die Seitengröße (`size`), die Seitenränder (`margin` usw.) und bei Bedarf auch Angaben zu Registermarken (`marks`). Diese Angaben stehen in den geschweiften Klammern im Anschluß an `@page`.

Zwischen dem Layout-Befehl `@page` und den Angaben in den geschweiften Klammern kann auch ein Doppelpunkt stehen. Dahinter können Sie Angaben für unterschiedliche Seiten links/rechts und für laufende Kopf-/Fußzeilen notieren.

Beachten Sie: Die Angabe `@page` stellt sicher, daß sich die Definitionen zum Seitenlayout in den geschweiften Klammern nur auf Druckseiten und Bildschirmseiten beziehen und sie nicht irrtümlich vom WWW-Browser als Definitionen für das normale Erscheinungsbild der HTML-Datei am Bildschirm interpretiert werden. So können Sie mit dieser Angabe z. B. völlig unabhängig von sonstigen Style-Sheet-Angaben im gleichen Bereich ein Seitenlayout für den Ausdruck Ihrer Web-Seiten erstellen.

CSS 2.0 *Seitengröße (size)*

Sie können bestimmen, welche Breite und Höhe Ihr Seitenlayout haben soll. Für Druckdokumente definieren Sie auf diese Weise das gewünschte Papierformat. Für Bildschirmseiten-orientierte Präsentationen können Sie die Größe aller Bildschirmseiten festlegen. Ein Beispiel (Style-Sheet-Definition im Dateikopf):

```
<style type="text/css">
  @page { size:21.0cm 29.7cm; }
</style>
```

Mit `size:` können Sie im Anschluß an `@page` die Seitengröße definieren. Erlaubt sind zwei numerische Angaben, durch ein Leerzeichen voneinander getrennt. Dabei bedeutet die erste Angabe die Breite der Seite (im obigen Beispiel 21,0 cm) und die zweite Angabe die Höhe der Seite (im obigen Beispiel 29,7 cm). Ferner sind folgende Angaben erlaubt:

- `auto` = das normale Format des Ausgabemediums (Normaleinstellung).
- `landscape` = das normale Format des Ausgabemediums, bei rechteckigem Format jedoch querkant.
- `portrait` = das normale Format des Ausgabemediums, bei rechteckigem Format jedoch hochkant.

CSS 2.0 *Seitenränder (margin usw.)*

Sie können die Abstände zwischen Papierrand/Bildschirmfensterrand und Seiteninhalt festlegen. Um die Seitenränder einzeln zu definieren, stehen folgende Angaben zur Verfügung:

- `margin-top` = oberer Seitenrand,
- `margin-bottom` = unterer Seitenrand,

- `margin-left` = linker Seitenrand,
- `margin-right` = rechter Seitenrand.

Wenn Sie für alle vier Seitenränder einen einheitlichen Wert definieren wollen, können Sie anstelle dieser Angaben auch die Angabe `margin:` verwenden. Für alle Seitenrandangaben ist eine numerische Angabe erlaubt. Ein Beispiel (Style-Sheet-Definition im Dateikopf):

```
<style type="text/css">
  @page { size:21.0cm 14.85cm; margin-top:1.7cm;
    margin-bottom:1.4cm;
    margin-left:2cm; margin-right:2cm  }
</style>
```

Beachten Sie: Diese Angaben haben keinen Einfluß auf Seitenränder bei der normalen Browser-Präsentation am Bildschirm, da sie hinter der Seitenlayout-Angabe `@page` stehen. Für die normale HTML-Präsentation im WWW-Browser gibt es entsprechende Style-Sheet-Angaben zu Rändern.

CSS 2.0 *Schnitt- und Passermarken (marks)*

Schnittmarken (engl. crop marks) sind Hilfslinien, die bei der Weiterverarbeitung in Belichtung und Druck zum Zuschneiden von Seiten benutzt werden. Passermarken bzw. Registermarken (engl. cross marks oder register marks) sind Markierungen zum exakten Ausrichten des Satzspiegels bei Belichtung und Druck.

Wenn Sie also beispielsweise ein Seitenformat von 10,8 cm x 18,2 cm definieren und dieses auf DIN-A4-Papier ausdrucken, können Sie solche Marken setzen, die sichtbar im Ausdruck erscheinen und für die Satzspiegelvorbereitung in der Belichtung oder in der Druckerei das genaue Seitenformat anzeigen. Ein Beispiel (Style-Sheet-Definition im Dateikopf):

```
<style type="text/css">
  @page { size:11.3cm 19.85cm; margin:1.7cm; marks:cross;  }
</style>
```

Mit `marks:` können Sie im Anschluß an `@page` Schnitt- und Passermarken definieren. Folgende Angaben sind erlaubt:

- `none` = keine Marken (Normaleinstellung),
- `crop` = Schnittmarken setzen,
- `cross` = Passermarken setzen.

Die Angaben `crop` und `cross` können Sie beide angeben, durch Leerzeichen getrennt. Dann werden beide Markentypen berücksichtigt.

Seiten rechts/links

Sie können für linke und rechte Seiten unterschiedliche Angaben notieren. Dadurch können Sie beispielsweise Heft- oder Binderänder ausgleichen. Ein Beispiel (Style-Sheet-Definition im Dateikopf):

```
<style type="text/css">
  @page { size:21.0cm 14.85cm; margin-top:1.5cm;
     margin-bottom:2cm  }
  @page :left { margin-left:1.5cm; margin-right:2cm  }
  @page :right { margin-left:2cm; margin-right:1.5cm  }
</style>
```

Unterschiedliche Seiten für rechts und links erzeugen Sie, indem Sie hinter `@page`, getrennt durch ein Leerzeichen, einen Doppelpunkt notieren und sofort dahinter eines der Schlüsselwörter `left` – zur Bezeichnung linker Seiten – oder `right` – zur Bezeichnung rechter Seiten – angeben. Dahinter können Sie in geschweiften Klammern Angaben zu Größe, Seitenrändern und Schnitt-/Passermarken für die beiden Seitentypen notieren. In der Praxis ist die Unterscheidung vor allem nützlich, um wie im obigen Beispiel spiegelverkehrte Werte zum rechten und linken Seitenrand anzugeben. So lassen sich Heft-/Binderänder ausgleichen. Beachten Sie: Weitere Seitentypen, z. B. ein Typ *erste Seite*, sind geplant. In der Version 2.0 der CSS-Sprache sind jedoch nur die beiden Seitentypen links und rechts vorgesehen.

Laufende Kopf-/Fußzeilen

Sie können für ein Seitenformat laufende Kopf- und Fußzeilenbereiche definieren, die auf allen Seiten wiederholt werden. Wenn Sie linke und rechte Seiten definieren, können Sie für beide Seitentypen auch unterschiedliche Kopf-/Fußzeilenbereiche definieren. Beispiel 1 (Style-Sheet-Definition im Dateikopf):

```
<style type="text/css">
  @page { size:21.0cm 14.85cm; }
  @page :header
  { content: ,first(chapter), ; border-bottom:thin
     solid black; }
  @page :footer
  { content: ,"Seite " decimal(pageno), ; border-top:thin
     solid black; }
</style>
```

Beispiel 2 (Style-Sheet-Definition im Dateikopf):

```
<style type="text/css">
  @page { size:21.0cm 14.85cm; }
  @page :left { margin-left:1.5cm; margin-right:2cm  }
  @page :right { margin-left:2cm; margin-right:1.5cm  }
```

```
  @page :left :header
  { content: decimal(pageno),,first(chapter);
    border-bottom:thin solid black; }
  @page :right :header
  { content: first(section),,decimal(pageno);
    border-bottom:thin solid black; }
  @page :left :footer
  { content: "Seite " decimal(pageno); text-align:center; }
  @page :right :footer
  { content: "Seite " decimal(pageno); text-align:center; }
</style>
```

Kopf- und Fußzeilen erzeugen Sie, indem Sie hinter `@page`, getrennt durch ein Leerzeichen, einen Doppelpunkt notieren und sofort dahinter eines der Schlüsselwörter `header` – zur Bezeichnung von Kopfzeilen – oder `footer` – zur Bezeichnung von Fußzeilen – angeben. Wenn Sie linke und rechte Seiten definieren, können Sie alle Angaben kombinieren. Insgesamt sind folgende Kombinationen denkbar:

- `@page :header` = Kopfzeile für alle Seiten,
- `@page :footer` = Fußzeile für alle Seiten,
- `@page :left :header` = Kopfzeile für alle linken Seiten,
- `@page :right :header` = Kopfzeile für alle rechten Seiten,
- `@page :left :footer` = Fußzeile für alle linken Seiten,
- `@page :right :footer` = Fußzeile für alle rechten Seiten.

Definieren Sie nur die Bereiche, die Sie wünschen. Wenn Sie beispielsweise keine Fußzeile haben wollen, lassen Sie die entsprechenden Definitionen einfach weg. Hinter `:header` bzw. `:footer` können Sie den Kopf- bzw. Fußzeilenbereich definieren. Dazu stehen Ihnen alle üblichen Style-Sheet-Angaben zur Formatierung zur Verfügung. In den obigen Beispielen erhalten Kopfzeilen beispielsweise eine Line unterhalb (`border-bottom`).

Die wichtigste Angabe innerhalb der geschweiften Klammern ist jedoch `content:`. Damit können Sie den eigentlichen Inhalt der Kopf- oder Fußzeilen bestimmen. Eine Kopf- oder eine Fußzeile kann ein, zwei oder drei Elemente enthalten. Das erste Element wird links, das zweite Element zentriert und das dritte Element rechts ausgerichtet. Die Elemente werden durch Kommata getrennt. Notieren Sie hinter `content` am besten stets zwei Kommata. Vor das erste Komma notieren Sie das Element, das links ausgerichtet werden soll, zwischen die beiden Kommata das Element, das zentriert ausgerichtet werden soll, und hinter das zweite Komma das Element, das rechts ausgerichtet werden soll. Wenn Sie für ein oder zwei Elemente keine Angabe machen möchten, lassen Sie die Kommata stehen, machen aber an der entsprechenden Stelle keine Angabe. Im obigen Beispiel 1 etwa können Sie erkennen, wie auf diese Weise bei Kopf- und Fußzeile je nur ein Element definiert wird. Da das Element zentriert werden soll, steht es zwischen den beiden Kommata. In Beispiel 2 können Sie hinter `@page :left :header` sehen, wie zwei Elemente definiert werden – eines links und eines rechts ausgerichtet. Der Bereich in der Mitte bleibt frei. Daher die zwei Kommata hintereinander und links bzw. rechts davon die beiden Elemente. Ein Element, das hinter `content:` erlaubt ist, kann ein feststehender Text sein. Solche feststehenden Texte müssen Sie in Anführungszeichen setzen. In den obigen Beispielen ist das z. B. der Text »Seite «. Neben solchen feststehenden Texten gibt es jedoch noch eine Reihe dynamischer, variabler Textteile. Folgende Angaben sind dabei erlaubt:

- `decimal(pageno)` = aktuelle Seitenzahl in dezimaler Form (1, 2, 3, 4 usw.),
- `lower-roman(pageno)` = aktuelle Seitenzahl in römischer Form klein (i, ii, iii, iv usw.),
- `upper-roman(pageno)` = aktuelle Seitenzahl in römischer Form groß (I, II, III, IV usw.),
- `lower-alpha(pageno)` = aktuelle Seitenzahl alphabetisch klein (a, b, c, d usw.),
- `upper-alpha(pageno)` = aktuelle Seitenzahl alphabetisch groß (A, B, C, D usw.),
- `decimal(pages)` = Gesamtseitenzahl in dezimaler Form,
- `lower-roman(pages)` = Gesamtseitenzahl in römischer Form klein,
- `upper-roman(pages)` = Gesamtseitenzahl in römischer Form groß,
- `lower-alpha(pages)` = Gesamtseitenzahl alphabetisch klein,
- `upper-alpha(pages)` = Gesamtseitenzahl alphabetisch groß,
- `first(title)` = Inhalt des ersten Elements auf der Seite mit `running-head:title` (siehe unten),
- `first(chapter)` = Inhalt des ersten Elements auf der Seite mit `running-head:chapter` (siehe unten),
- `first(section)` = Inhalt des ersten Elements auf der Seite mit `running-head:section` (siehe unten),
- `last(title)` = Inhalt des letzten Elements auf der Seite mit `running-head:title` (siehe unten),
- `last(chapter)` = Inhalt des letzten Elements auf der Seite mit `running-head:chapter` (siehe unten),
- `last(section)` = Inhalt des letzten Elements auf der Seite mit `running-head:section` (siehe unten),
- `previous(title)` = Inhalt des letzten zuvor notierten Elements mit `running-head:title` (siehe unten),
- `previous(chapter)` = Inhalt des letzten zuvor notierten Elements mit `running-head:chapter` (siehe unten),
- `previous(section)` = Inhalt des letzten zuvor notierten Elements mit `running-head:section` (siehe unten),
- `url` = URL-Adresse des Dokuments,
- `date` = lokales Datum und Uhrzeit.

CSS 2.0 *HTML-Elemente für laufende Kopf-/Fußzeilen markieren (running-head)*

Diese Angabe ist von Bedeutung, wenn Sie laufende Kopf-/Fußzeilen definieren und dabei erlaubte variable Inhalte definieren. Sinnvoll ist es beispielsweise, Überschriften mit dieser Style-Sheet-Angabe zu kennzeichnen.

Ein Beispiel:

```
<html>
<head>
<title>Beispiel</title>
<style type="text/css">
  @page { size:21.0cm 14.85cm; }
  @page :header
  { content: first(title),,first(chapter); }
</style>
</head>
<body>
<h1 style="running-head:title">Titel des Dokuments</h1>
<h2 style="running-head:chapter">Ein Kapitel</h2>
viel Inhalt
<h2 style="running-head:chapter">Ein anderes Kapitel</h2>
viel Inhalt
</body>
</html>
```

Mit `running-head:` können Sie geeignete HTML-Inhalte für variable Kopf-/Fußzeilen markieren. Im obigen Beispiel wird eine Kopfzeile definiert, die links den Titel des Dokuments (`first(title)`) ausgibt und rechts das aktuelle Kapitel (`first(chapter)`).

Im Text wird dazu eine Überschrift 1. Ordnung, die am Beginn steht, mit `running-head:title` als Titel für die Kopfzeile definiert. Überschriften 2. Ordnung, die im Dokument folgen, werden mit `running-head:chapter` als Kapitel definiert.

Erlaubt sind bei `running-head:` folgende Angaben:

- `title` = Inhalt des HTML-Elements für `first(title)`, `last(title)` oder `previous(title)` markieren,
- `chapter` = Inhalt des HTML-Elements für `first(chapter)`, `last(chapter)` oder `previous(chapter)` markieren,
- `section` = Inhalt des HTML-Elements für `first(section)`, `last(section)` oder `previous(section)` markieren,
- `none` = Inhalt des HTML-Elements nicht markieren (Normalfall).

Seitenumbruch vor einem Element (page-break-before)

Sie können einen Seitenumbruch vor einem HTML-Element erzwingen oder verhindern. Ein Beispiel (Style-Sheet-Definition für HTML-Tag im Text):

```
<h1 style="page-break-before:always">Überschrift mit
  Seitenumruch oberhalb</h1>
```

Mit `page-break-before:` können Sie einen Seitenumbruch vor dem aktuellen Element erzwingen oder auch verhindern. Folgende Angaben sind erlaubt:

- `always` = immer einen Seitenumbruch vor dem aktuellen Element einfügen,
- `avoid` = nie einen Seitenumbruch vor dem aktuellen Element einfügen,
- `left` = bei linken/rechten Seiten Seitenumbruch einfügen, aktuelles Element auf nächste linke Seite,
- `right` = bei linken/rechten Seiten Seitenumbruch einfügen, aktuelles Element auf nächste rechte Seite,
- `auto` = keine Angabe zum Seitenumbruch (Normaleinstellung).

Seitenumbruch nach einem Element (page-break-after)

Sie können einen Seitenumbruch nach einem HTML-Element erzwingen oder verhindern. Ein Beispiel (Style-Sheet-Definition für HTML-Tag im Text):

```
<p style="page-break-after:avoid">Textabsatz ohne Seitenumbruch
   unterhalb</p>
```

Mit `page-break-after:` können Sie einen Seitenumbruch vor dem aktuellen Element erzwingen oder auch verhindern. Folgende Angaben sind erlaubt:

- `always` = immer einen Seitenumbruch nach dem aktuellen Element einfügen,
- `avoid` = nie einen Seitenumbruch nach dem aktuellen Element einfügen,
- `left` = bei linken/rechten Seiten Seitenumbruch einfügen, nachfolgendes Element auf nächste linke Seite,
- `right` = bei linken/rechten Seiten Seitenumbruch einfügen, nachfolgendes Element auf nächste rechte Seite,
- `auto` = keine Angabe zum Seitenumbruch (Normaleinstellung).

Alleinstehende Zeilen am Seitenende – Schusterjungen (orphans)

Sie können verhindern, daß Seitenumbrüche innerhalb von Fließtext den Text so unglücklich trennen, daß eine einzelne Zeile auf der einen Seite steht und alle anderen Absatzzeilen auf die nächste Seite kommen. Ein Beispiel (Style-Sheet-Definition im Dateikopf):

```
<style type="text/css">
  p,blockqoute,div { orphans:3; }
</style>
```

Mit `orphans:` können Sie bestimmen, wie viele Zeilen eines längeren Fließtextabsatzes auf der Seite vor dem Umbruch mindestens stehen sollen. Erlaubt ist eine Zahl für die Anzahl der Zeilen. Voreinstellung ist 2.

Alleinstehende Zeilen am Seitenanfang – Hurenkinder (widow)

Sie können verhindern, daß Seitenumbrüche innerhalb von Fließtext den Text so unglücklich trennen, daß eine einzelne Zeile auf der neuen Seite steht und alle anderen Absatzzeilen auf der Seite vor dem Seitenumbruch bleiben. Ein Beispiel (Style-Sheet-Definition im Dateikopf):

```
<style type="text/css">
  p,blockqoute,div { widow:3; }
</style>
```

Mit `widow:` können Sie bestimmen, wie viele Zeilen eines längeren Fließtextabsatzes auf der Seite nach dem Umbruch auf der neuen Seite mindestens stehen sollen. Erlaubt ist eine Zahl für die Anzahl der Zeilen. Voreinstellung ist 2.

11.3.11 Sound-Kontrolle für Sprachausgabe

Dank dieser Style-Sheet-Befehle, die zur Version 2.0 des CSS-Sprachstandards gehören, wird es möglich, HTML-formatierten Text für die Sprachausgabe auf Audio-Systemen umzusetzen. Die Style-Sheet-Befehle zur Sound-Kontrolle für Sprachausgabe erlauben es, Sprecherstimmen auf vielfältige Weise zu beeinflussen und den Einsatz von begleitenden Geräuschen oder Musikpassagen zu kontrollieren. Beim Einsatz entsprechender Software, die diese Style-Sheet-Befehle kennt, wird es dadurch endlich auch möglich, Webseiten-Inhalte für Sehbehinderte zu einem sinnlich reichen Erlebnis zu machen.

Die hier vorgestellten Möglichkeiten sind jedoch nicht nur für Sehbehinderte eine Hoffnung. Sie sind auch interessant für schöngeistige Autoren, die Texte nicht nur schreiben, sondern auch für den Zweck des Vorlesens exakt formatieren wollen. Vor allem als Autorenanweisungen für Hör- und Bühnenstücke können diese Style-Sheet-Angaben sehr interessant sein – vorausgesetzt, die Texte werden in HTML verfaßt.

Lautstärke (volume)

Sie können für ein HTML-Element oder einen Bereich angeben, in welcher Lautstärke er ausgegeben werden soll. Die Lautstärkeangabe ist eine relative Größe in bezug auf die Grundlautstärke, die der Anwender eingestellt hat. Ein Beispiel (Style-Sheet-Definition im Dateikopf):

```
<style type="text/css">
  b,strong { volume:loud; }
</style>
```

Mit `volume:` können Sie die relative Lautstärke bestimmen. Erlaubt sind Werte zwischen 0 (sehr leise) und 100 (sehr laut) oder einer der folgenden Angaben:

- `silent` = Ton aus, jedoch eine Sprechpause in der Länge der Passage,
- `x-soft` = sehr leise, entspricht dem Wert 0,
- `soft` = leise, entspricht dem Wert 25,
- `medium` = mittel, entspricht dem Wert 50,
- `loud` = laut, entspricht dem Wert 75,
- `x-loud` = laut, entspricht dem Wert 100.

CSS 2.0 *Aussprache (speak)*

Sie können bestimmen, wie ein Element oder ein Bereich ausgesprochen wird. Ein Beispiel (Style-Sheet-Definition für HTML-Tag im Text):

```
<tt style="speak:spell-out;">Text</tt>
```

Mit `speak:` können Sie die Aussprache beeinflussen. Folgende Angaben sind erlaubt:

- `none` = Ton aus und keine Sprechpause (Element wird quasi übergangen),
- `normal` = normale, sprachabhängige Aussprache,
- `spell-out` = Buchstabierte Aussprache (sinnvoll z. B. für Abkürzungen).

CSS 2.0 *Pause vor einem Element (pause-before)*

Sie können eine Sprechpause vor einem Element erzwingen. Mit `pause-before:` können Sie eine vorangehende Sprechpause erzwingen. Erlaubt ist eine Zeitangabe in Sekunden (s) oder Millisekunden (ms). Alternativ dazu können Sie auch Prozentwerte angeben. Dann ist die Sprechpause abhängig von der (ebenfalls einstellbaren) Sprechgeschwindigkeit. Ein Beispiel (Style-Sheet-Definition im Dateikopf):

```
<style type="text/css">
  h1 { pause-before:2s; }
  h2 { pause-before:1200ms; }
</style>
```

CSS 2.0 *Pause nach einem Element (pause-after)*

Sie können eine Sprechpause nach einem Element erzwingen. Mit `pause-after:` können Sie eine nachfolgende Sprechpause erzwingen. Erlaubt ist eine Zeitangabe in Sekunden (s) oder Millisekunden (ms). Alternativ dazu können Sie auch Prozentwerte angeben. Dann ist die Sprechpause abhängig von der (ebenfalls einstellbaren) Sprechgeschwindigkeit. Ein Beispiel (Style-Sheet-Definition für HTML-Tag im Text):

```
<div style="pause-after:50%">Text</p>
```

Pause vor/nach einem Element (pause)

Sie können ein Element durch eine Sprechpause davor und eine Sprechpause danach abgrenzen: `pause:` Wenn Sie einen Wert angeben, bedeutet dieser Wert sowohl die Sprechpause vor dem Element als auch nach dem Element. Sie können auch zwei Werte angeben, durch ein Leerzeichen getrennt. Dann bedeutet der erste Wert die Sprechpause vor dem Element und der zweite die Sprechpause danach. Erlaubt sind Zeitangaben in Sekunden (s) oder Millisekunden (ms). Alternativ dazu können Sie auch Prozentwerte angeben. Dann sind die Sprechpause abhängig von der (ebenfalls einstellbaren) Sprechgeschwindigkeit. Ein Beispiel (Style-Sheet-Definition im Dateikopf):

```
<style type="text/css">
  pre.Beispiel { pause:3s; }
  h1 { pause:1200ms 800ms; }
</style>
```

Erkennungssignal vor einem Element (cue-before)

Sie können Elemente oder Bereiche mit einem Erkennungssignal einleiten. Das kann z. B. ein Geräusch oder eine Melodie sein. Mit `cue-before:url([Dateiname])` können Sie ein Erkennungssignal voranschicken. Wenn sich die Datei in einem anderen als dem aktuellen Verzeichnis befindet, müssen Sie als `[Dateiname]` relative Pfadangaben oder absolute URL-Adressen verwenden. Als Sound-Dateiformate kommen WAV, AU oder AI in Frage. Ein Beispiel (Style-Sheet-Definition für HTML-Tag im Text):

```
<a href="datei2.htm"
   style="cue-before:url(link.wav);">Verweistext</a>
```

Erkennungssignal nach einem Element (cue-after)

Sie können Elemente oder Bereiche mit einem Erkennungssignal abschließen. Das kann z. B. ein Geräusch oder eine Melodie sein. Mit `cue-after:url([Dateiname])` können Sie ein Erkennungssignal an ein Element anschließen. Wenn sich die Datei in einem anderen als dem aktuellen Verzeichnis befindet, müssen Sie als `[Dateiname]` relative Pfadangaben oder absolute URL-Adressen verwenden. Als Sound-Dateiformate kommen WAV, AU oder AI in Frage. Ein Beispiel (Style-Sheet-Definition im Dateikopf):

```
<style type="text/css">
  p.Kapitelende { cue-after:url(tataa.wav); }
</style>
```

CSS 2.0 Erkennungssignal vor/nach einem Element (cue)

Sie können vor und nach einem Element oder Bereich das gleiche Erkennungssignal ausgeben, etwa ein Geräusch oder eine Melodie. Mit `cue:url([Dateiname])` können Sie ein Element in zwei gleiche Erkennungssignale einschließen. Wenn sich die Datei in einem anderen als dem aktuellen Verzeichnis befindet, müssen Sie als `[Dateiname]` relative Pfadangaben oder absolute URL-Adressen verwenden. Als Sound-Dateiformate kommen WAV, AU oder AI in Frage. Ein Beispiel (Style-Sheet-Definition für HTML-Tag im Text):

```
<blockquote style="cue:url(dingdong.wav);">Text</blockqoute>
```

CSS 2.0 Hintergrund-Sound (play-during)

Sie können für ein Element oder einen Bereich einen Hintergrund-Sound definieren, der so lange wiederholt wird, bis die Ausgabe des Elements oder Bereichs abgeschlossen ist. Das kann etwa eine Geräuschkulisse oder eine Melodie sein. Mit `play-during:url([Datei])` können Sie einen Hintergrund-Sound definieren. Damit ein echter Hintergrundeffekt zustande kommt, müssen Sie außerdem, durch ein Leerzeichen getrennt, das Wort `mix` dahinter notieren. Wenn Sie dieses Wort weglassen, übertönt der Hintergrund-Sound die Ausgabe des Inhalts. Als Sound-Dateiformate kommen WAV, AU oder AI in Frage. Ein Beispiel (Style-Sheet-Definition im Dateikopf):

```
<style type="text/css">
  div.Romeo { play-during:url(traurig.wav) mix; }
  div.Julia { play-during:url(lustig.wav) mix; }
</style>
```

CSS 2.0 Raum-Effekt links/rechts/vorne/hinten (azimuth)

Wenn das Sprachausgabesystem räumliches Hören (mindestens stereophon, möglichst Surround-Sound) unterstützt, können Sie die Herkunftsrichtung der Sprechstimme bestimmen. Ein Beispiel (Style-Sheet-Definition für HTML-Tag im Text):

```
<p style="azimuth:far-left;">Text</p>
<p style="azimuth:160deg leftwards;">Text</p>
```

Mit `azimuth:` können Sie die räumliche Herkunftsrichtung der Sprechstimme für ein Element oder einen Bereich bestimmen. Sie können dazu entweder eine Gradangabe für die gedachte Richtung notieren oder ein erlaubtes Schlüsselwort. Gradangaben haben Werte zwischen 0 und 360 und müssen mit der Einheitenbezeichnung `deg` (degree = Grad) abgeschlossen werden wie im zweiten der obigen Beispiele. Folgende Schlüsselwörter sind erlaubt:

- `left-side` = von ganz links (entspricht 270 deg),
- `left-side behind` = von ganz links hinten (entspricht 270 deg),

- `far-left` = von weiter links (entspricht 300 deg),
- `far-left behind` = von weiter links hinten (entspricht 240 deg),
- `left` = von links (entspricht 320 deg),
- `left behind` = von links hinten (entspricht 220 deg),
- `center-left` = von Mitte links (entspricht 340 deg),
- `center-left behind` = von Mitte links hinten (entspricht 200 deg),
- `center` = von der Mitte (entspricht 0 deg),
- `center behind` = von Mitte hinten (entspricht 180 deg),
- `center-right` = von Mitte rechts (entspricht 20 deg),
- `center-right behind` = von Mitte rechts hinten (entspricht 160 deg),
- `right` = von rechts (entspricht 40 deg),
- `right behind` = von rechts hinten (entspricht 140 deg),
- `far-left` = von weiter rechts (entspricht 60 deg),
- `far-left behind` = von weiter rechts hinten (entspricht 120 deg),
- `right-side` = von ganz rechts (entspricht 90 deg),
- `right behind` = von ganz rechts hinten (entspricht 90 deg).

Wenn Sie mit Gradangaben arbeiten, können Sie die genannten Angaben als Richtwerte für die exakt gewünschte Richtung verwenden. Anstelle des Schlüsselwortes `behind` können Sie auch die Schlüsselwörter `leftwards` und `rightwards` benutzen. Mit `leftwards` richten Sie die Stimmherkunft weiter links aus (20 deg weniger), mit `rightwards` weiter rechts (20 deg mehr).

CSS 2.0 Raum-Effekt oben/unten (elevation)

Wenn das Sprachausgabesystem räumliches Hören (möglichst Surround-Sound) unterstützt, können Sie die Herkunftsrichtung der Sprechstimme zwischen oben und unten bestimmen. Ein Beispiel (Style-Sheet-Definition im Dateikopf):

```
<style type="text/css">
  h1 { elevation:above  }
  h2 { elevation:45deg  }
</style>
```

Mit `elevation:` können Sie die vertikale Herkunftsrichtung der Sprechstimme bestimmen. Sie können dazu entweder eine Gradangabe für die gedachte Richtung notieren oder ein erlaubtes Schlüsselwort. Gradangaben haben Werte zwischen -90 (von ganz unten) und 90 (von ganz oben) und müssen mit der Einheitenbezeichnung `deg` (degree = Grad) abgeschlossen werden wie im zweiten der obigen Beispiele. Folgende Schlüsselwörter sind erlaubt:

- `below` = von unten,
- `lower` = von weiter unten,
- `level` = von der Mitte,
- `above` = von oben,
- `higher` = von weiter oben.

CSS 2.0 Sprechgeschwindigkeit (speech-rate)

Sie können die Schnelligkeit der gesprochenen Wiedergabe beeinflussen. Ein Beispiel (Style-Sheet-Definition für HTML-Tag im Text):

```
<p style="speech-rate:fast;">Text</p>
```

Mit `speech-rate:` können Sie die Sprechgeschwindigkeit bestimmen. Erlaubt sind folgende Angaben:

- `x-slow` = ganz langsam,
- `slow` = langsam,
- `slower` = etwas langsamer als normal,
- `medium` = normal,
- `faster` = etwas schneller als normal,
- `fast` = schnell,
- `x-fast` = ganz schnell.

Anstelle der Schlüsselwörter können Sie auch numerische Werte angeben. Ein numerischer Wert bedeutet die mittlere Anzahl Wörter pro Minute. Probieren Sie als Anhaltspunkt Werte um 100.

CSS 2.0 Sprechertyp (voice-family)

Sie können die Art der Stimme beeinflussen. Dies entspricht etwa dem Beeinflussen von Schriftarten bei visueller Darstellung. Ob die Angabe interpretiert werden kann, hängt neben der interpretierenden Software von den Hardware-Fähigkeiten des Sprachausgabesystems ab. Ein Beispiel (Style-Sheet-Definition im Dateikopf):

```
<style type="text/css">
  div.Romeo { voice-family:male; }
  div.Julia { voice-family:female; }
</style>
```

Mit `voice-family:` können Sie die Art der Sprechstimme festlegen. Folgende generische Angaben werden vom W3-Konsortium z. B. vorgeschlagen:

- `male` = Männerstimme,
- `female` = Frauenstimme,
- `child` = Kinderstimme.

Daneben können Sie auch spezifische Angaben notieren, etwa `MeineEhefrau`. Die entsprechende Stimme muß dem Sprachausgabesystem in digitaler Form bekannt sein.

CSS 2.0 *Sprechhöhe (pitch)*

Sie können die Stimmhöhe der Aussprache bestimmen. Mit `pitch:` können Sie die Sprechhöhe festlegen. Erlaubt ist entweder die Angabe der mittleren Sprechhöhe als Frequenz (in hz für Hertz oder khz für Kilohertz) oder eine der folgenden Angaben:

- `x-low` = ganz tief,
- `low` = tief,
- `medium` = normal,
- `high` = hoch,
- `x-high` = ganz hoch.

Beispiel (Style-Sheet-Definition für HTML-Tag im Text):

```
<blockquote style="pitch:x-low;">Text</blockquote>
<blockquote style="pitch:180hz;">Text</blockquote>
```

CSS 2.0 *Sprechweise (pitch-range)*

Sie können die Modulation der Aussprache beeinflussen. Mit `pitch-range:` können Sie die Sprechweise bestimmen. Normale Sprechweise entspricht einem Wert von 50. Ein tieferer Wert bedeutet eine monotone, modulationsarme Stimme, ein hoher Wert eine angeregte, modulationsreiche Stimme. Ein Beispiel (Style-Sheet-Definition im Dateikopf):

```
<style type="text/css">
  div.GrosseLiebe { pitch-range:100; }
</style>
```

CSS 2.0 *Sprechemphase (stress)*

Sie können die Emphatik der Stimme beeinflussen. Mit `stress:` können Sie festlegen, wie hastig die Stimme ist. Ein Wert von 50 ist normal. Ein höherer Wert bedeutet eine hastige, aufgeregte Stimme, ein niedrigerer Wert eine in sich ruhende, selbstsichere Stimme. Ein Beispiel (Style-Sheet-Definition für HTML-Tag im Text):

```
<p style="stress:80;">Text</p>
```

CSS 2.0 *Stimmgewalt (richness)*

Sie können die Gewichtigkeit der Stimme beeinflussen. Mit `richness:` können Sie die Stimmgewalt festlegen.

Normalwert ist 50. Ein höherer Wert bedeutet eine gewaltige, beherrschende Stimme, ein niedrigerer Wert eine dünne, unsichere Stimme. Ein Beispiel (Style-Sheet-Definition im Dateikopf):

```
<style type="text/css">
  h1 { richness:90; }
</style>
```

CSS 2.0 Satzzeichen explizit mit ausgeben (speak-punctuation)

Sie können bestimmen, daß bei einem Textbereich alle vorkommenden Satzzeichen wie Punkt, Komma, Ausrufezeichen usw. explizit genannt werden, also z. B. »Dies ist ein Satz – Punkt«. Ein Beispiel (Style-Sheet-Definition für HTML-Tag im Text):

```
<pre style="speak-punctuation:code;">Text</pre>
```

Mit `speak-punctuation:` haben Sie Einfluß auf die Aussprache von Satzzeichen. Folgende Angaben sind erlaubt:

- `code` = Satzzeichen mit aussprechen,
- `none` = Satzzeichen nicht mit aussprechen (Normaleinstellung).

CSS 2.0 Konvention für Datumsausgabe (speak-date)

Sie können bestimmen, in welcher Form eine Datumsangabe wie 23.10.98 oder 98/10/23 wiedergegeben wird. Mit `speak-date:` können Sie das gesprochene Datumsformat festlegen. Erlaubt sind folgende Angaben:

- `myd` = in der Reihenfolge »Monat Jahr Tag«,
- `dmy` = in der Reihenfolge »Tag Monat Jahr«,
- `ymd` = in der Reihenfolge »Jahr Monat Tag«.

Beispiel (Style-Sheet-Definition im Dateikopf):

```
<style type="text/css">
  #Datum { speak-date:dmy; }
</style>
```

CSS 2.0 Konvention für Zahlenausgabe (speak-numeral)

Sie können bestimmen, in welcher Form größere Zahlen, z. B. 4 256, ausgesprochen werden. Mit `speak-numeral:` können Sie festlegen, wie Zahlenfolgen ausgesprochen werden. Erlaubt sind folgende Angaben:

- `digits` = ziffernweise, 456 also etwa als »vier fünf sechs«,
- `continous` = als Zahl, 456 also etwa »vierhundertsechsundfünfzig«.

Beispiel (Style-Sheet-Definition für HTML-Tag im Text):

```
<p style="speak-numeral:digits;">1234567890</p>
```

CSS 2.0 *Konvention für Zeitausgabe (speak-time)*

Sie können bestimmen, ob Uhrzeitangaben nach dem 24-Stunden-System oder nach dem 12-Stunden-am/pm-System ausgesprochen werden. Mit `speak-time:` können Sie das Zeitformat für die Aussprache bestimmen. Erlaubt sind die Angaben 24 (für das 24-Stunden-System) oder 12 (für das 12-Stunden-am/pm-System). Beispiel (Style-Sheet-Definition im Dateikopf):

```
<style type="text/css">
  body { speak-time:24; }
</style>
```

11.3.12 Cursor und Microsoft-Spezialfilter

Die hier vorgestellten Style-Sheet-Befehle sind vor allem in Verbindung mit Scriptsprachen wie JavaScript interessant. Das bedeutet letztendlich, daß es Befehle sind, die in den Bereich von Dynamischem HTML fallen.

Die Angabe zum Aussehen des Cursors gehört zum Sprachumfang der CSS-2.0-Spezifikation. Die übrigen Möglichkeiten sind jedoch Eigenentwicklungen von Microsoft. Der Internet Explorer 4.x beherrscht den Filter-Befehl und die hier beschriebenen Filter. Mit Hilfe dieser Filter können Sie auf WWW-Seiten faszinierende Effekte erzeugen – ein Eldorado für Web-Designer und Homepage-Bastler, die stets auf der Suche nach neuen visuellen Möglichkeiten sind.

CSS 2.0 4.0 *Cursor (cursor)*

Sie können für ein HTML-Element einen Cursor definieren. Wenn der Anwender mit der Maus über die Fläche fährt, die das Element einnimmt, nimmt der Mauscursor die angegebene Gestalt an. Da Mauscursor immer mit einer Bedeutung versehen sein sollten, ist es in der Praxis sinnvoll, solche Elemente etwa mit Hilfe von JavaScript-Event-Handlern an ein Script zu binden, das bestimmte Befehle ausführt. Ein Beispiel (Style-Sheet-Definition für HTML-Tag im Text):

```
<p style="cursor:hand; color:blue"
   onClick="window.location.href='datei2.htm'">
   Verweis, der nicht unterstrichen ist
</p>
```

Mit `cursor:` können Sie das Aussehen des Mauscursors für den Fall definieren, daß der Anwender mit der Maus über den entsprechenden Bereich fährt. Folgende Angaben sind erlaubt:

- `auto` = automatischer Cursor (Normaleinstellung),
- `default` = plattformunabhängiger Standard-Cursor,

- `crosshair` = Cursor in Form eines einfachen Fadenkreuzes,
- `pointer` = Cursor in Form eines Zeigers,
- `move` = Cursor in Form eines Kreuzes, das die Fähigkeit zum Bewegen des Elements signalisiert,
- `n-resize` = Cursor in Form eines Pfeils, der nach oben zeigt (n = Norden),
- `ne-resize` = Cursor in Form eines Pfeils, der nach rechts oben zeigt (ne = Nordost),
- `e-resize` = Cursor in Form eines Pfeils, der nach rechts zeigt (e = Osten),
- `se-resize` = Cursor in Form eines Pfeils, der nach rechts unten zeigt (se = Südost),
- `s-resize` = Cursor in Form eines Pfeils, der nach unten zeigt (s = Süden),
- `sw-resize` = Cursor in Form eines Pfeils, der nach links unten zeigt (sw = Südwest),
- `w-resize` = Cursor in Form eines Pfeils, der nach links zeigt (w = Westen),
- `nw-resize` = Cursor in Form eines Pfeils, der nach links oben zeigt (nw = Nordwest),
- `text` = Cursor in einer Form, die normalen Text symbolisiert,
- `wait` = Cursor in Form eines Symbols, das einen Wartezustand signalisiert,
- `help` = Cursor in Form eines Symbols, das Hilfe zu dem Element signalisiert,
- `url([Datei])` = beliebiger Cursor, [Datei] sollte eine GIF- oder JPG-Grafik sein.

Beachten Sie: Cursor-Symbole sollten Sie nicht zweckentfremden. Wenn Sie beispielsweise `cursor:move` für ein Element benutzen, sollte dieses Element auch tatsächlich beweglich sein (etwa mit Hilfe von Dynamischem HTML), und wenn Sie `cursor:help` benutzen, erwartet der Anwender beim Anklicken des Bereichs, daß am Bildschirm ein Fenster oder ein Bereich mit einem Hilfetext erscheint.

Microsoft-Spezialfilter (filter)

Sie können für einzelne Elemente Filter angeben, die das Element dynamisch verändern. So läßt sich beispielsweise ein Bild langsam einblenden, oder ein Text zerbröckelt langsam. Ein Beispiel (Style-Sheet-Definition für HTML-Tag im Text):

```
<img src="grafik.gif" style="filter:Blur(strength=50)">
<img src="grafik.gif" style="filter:Blur(strength=50) FlipH();">
```

Mit `filter:` können Sie einen Effekt-Filter bestimmen. Hinter dem Doppelpunkt folgt der Aufruf eines Filters. Einige Filter erwarten Parameter, andere nicht. Die Parameter und Ihre Wertangaben zu den Filtern notieren Sie in Klammern unmittelbar hinter dem Filternamen wie im obigen Beispiel `(strength=50)` als Parameter an den Filter `Blur` übergeben wird. Wenn ein Filter keine Parameter erwartet, notieren Sie trotzdem die Klammern, lassen den Inhalt dazwischen aber leer.

Sie können auch mehrere Filter kombinieren. Im zweiten der obigen Beispiele werden etwa die beiden Filter Blur() und FlipH() kombiniert. Dazu dürfen Sie nur einmal das Schlüsselwort filter: notieren. Zwischen diesem Schlüsselwort und dem nächsten Semikolon (;) zum Abschließen der Style-Sheet-Angabe können Sie mehrere Filter notieren. Trennen Sie die Filter durch ein Leerzeichen vor dem Namen des nächsten Filters, so wie im Beispiel vor FlipH(). Die Filter sind für die folgenden HTML-Tags gedacht (bei anderen funktionieren sie nicht):

- <body> – Effekt betrifft die gesamte angezeigte Seite,
- <button> – Effekt betrifft die Schaltfläche,
- <div> – Effekt betrifft den Bereich in Verbindung mit den Style-Sheet-Angaben width: und/oder height: und/oder position:,
- <img> – Effekt betrifft die referenzierte Grafik,
- <input> – Effekt betrifft das Eingabefeld,
- <marquee> – Effekt betrifft den Lauftext,
- <span> – Effekt betrifft den Bereich in Verbindung mit den Style-Sheet-Angaben width: und/oder height: und/oder position:,
- <table> – Effekt betrifft die Tabelle,
- <td> – Effekt betrifft die Datenzelle einer Tabelle,
- <textarea> – Effekt betrifft das mehrzeilige Eingabefeld,
- <tfoot> – Effekt betrifft den Fußbereich einer Tabelle,
- <th> – Effekt betrifft die Kopfzelle einer Tabelle,
- <thead> – Effekt betrifft den Kopfbereich einer Tabelle,
- <tr> – Effekt betrifft die Zeile einer Tabelle.

Beachten Sie: Es gibt noch drei weitere Microsoft-Filter, die jedoch Script-Sprachen-Unterstützung benötigen. Deshalb werden diese Filter im Kapitel 14.4 über Dynamic HTML im Abschnitt über Dynamische Filter beschrieben.

4.0 *Vordergrund/Hintergrund verschmelzen – filter:Alpha()*

Mit diesem Filter können Sie Vordergrundelemente mit Hintergrundelementen farblich verschmelzen. Der Filter erlaubt verschiedene Möglichkeiten, wie ein Vordergrundelement aus seinem Hintergrund »heraustreten« kann. Ein Beispiel (Style-Sheet-Definition für HTML-Tag im Text):

```
<p style="background-image:url(back.jpg); padding:10pt;"
   align=center>
<img src="xdance1.gif" style="filter:Alpha(opacity=100,
   finishopacity=0, style=2)"
   width=247 height=383>
</p>
```

Mit `Alpha()`: können Sie Vordergrundelemente und Hintergrundelemente miteinander verschmelzen. Geeignet ist der Filter z. B. für Grafiken, die auf Hintergrundgrafiken erscheinen. Dieser Filter erwartet folgende Parameter:

`opacity=` Deckgrad am Ursprung der Verschmelzung. Erlaubt sind Werte zwischen 0 und 100. Wert 0 bedeutet: vollkommen transparent (Hintergrund scheint voll durch), Wert 100 bedeutet: vollkommen abdeckend (Hintergrund scheint nicht durch).

`finishopacity=` Deckgrad am Ende der Verschmelzung. Erlaubt sind Werte zwischen 0 und 100. Wert 0 bedeutet: vollkommen transparent (Hintergrund scheint voll durch), Wert 100 bedeutet: vollkommen abdeckend (Hintergrund scheint nicht durch).

`style=` Art, in der der Filter wirkt. Erlaubt sind die Werte 0, 1, 2 und 3.

- 0 bedeutet: Hintergrund und Vordergrund werden farblich addiert. Das Vordergrundelement wird farblich entsprechend manipuliert. Keine Verschmelzung. Angaben zu den anderen Parametern sind in diesem Fall nicht erforderlich, d. h. `Alpha(style=0)` genügt.
- 1 bedeutet: linearer Verlauf von einem selbst definierbaren Anfangspunkt zu einem selbst definierbaren Endpunkt. Am Anfangspunkt gilt der Wert, der bei `opacity=` angegeben wird. Ab dem Endpunkt verliert der Wert für `opacity=` seinen Einfluß, und der Wert für `finishopacity=` dominiert. Den Anfangspunkt bestimmen Sie durch `startx=` und `starty=`, den Endpunkt durch `finishx=` und `finishy=`.
- 2 bedeutet: radialer (elliptischer) Verlauf von innen nach außen. Ganz innen gilt der angegebene Wert für `opacity=`, ganz außen der angegebene Wert für `finishopacity=`. In diesem Fall können Sie Angaben zu `startx=`, `starty=`, `finishx=` und `finishy=` weglassen, so wie im obigen Beispiel.
- 3 bedeutet: rechteckiger Verlauf von innen nach außen. Ganz innen gilt der angegebene Wert für `opacity=`, ganz außen der angegebene Wert für `finishopacity=`. In diesem Fall können Sie Angaben zu `startx=`, `starty=`, `finishx=` und `finishy=` weglassen wie im obigen Beispiel.

`startx=` Anfangspunkt in Pixel horizontal vom linken Rand des Vordergrundelements. Nur in Verbindung mit `style=1` von Bedeutung.

`starty=` Anfangspunkt in Pixel vertikal vom oberen Rand des Vordergrundelements. Nur in Verbindung mit `style=1` von Bedeutung.

`finishx=` Endpunkt in Pixel horizontal vom linken Rand des Vordergrundelements. Nur in Verbindung mit `style=1` von Bedeutung.

`finishy=` Endpunkt in Pixel vertikal vom oberen Rand des Vordergrundelements. Nur in Verbindung mit `style=1` von Bedeutung.

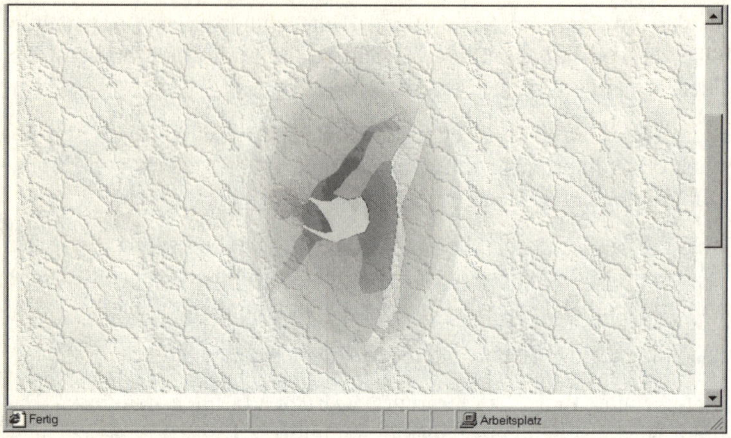

Bild 11.36: Zwei Bilder überlagern sich mit `filter:Alpha():`

Verwisch-Effekt – filter:Blur()

Dieser Filter erlaubt es, Grafiken in HTML mit Verwisch-Effekt auszustatten. Ein Beispiel (Style-Sheet-Definition für HTML-Tag im Text):

```
<img src="grafik.jpg" style="filter:Blur(direction=45,
   strength=30)">
```

Mit `Blur():` können Sie einen Verwisch-Effekt definieren. Geeignet ist der Filter für Grafiken. Dieser Filter erwartet folgende Parameter:

`add=` Diesen Parameter brauchen Sie nur anzugeben, wenn Sie `add=0` notieren wollen. Dann erscheinen die Konturen der Grafik gar nicht mehr, und am Bildschirm erscheint nur noch die Verwischspur. Der Effekt wird dadurch sehr stark, die eigentliche Grafik ist oft nicht mehr zu erkennen.

`direction=` Mit diesem Parameter geben Sie die Richtung an, in die die Verwischspur führt. Es wirkt dann so, als ob die Grafik aus dieser Richtung kommt. Erlaubt sind die Werte 0, 45, 90, 135, 180, 225, 270, 315:

- 0 bedeutet: die Verwischspur zeigt nach oben,
- 45 bedeutet: die Verwischspur zeigt nach oben rechts,
- 90 bedeutet: die Verwischspur zeigt nach rechts,
- 135 bedeutet: die Verwischspur zeigt nach unten rechts,
- 180 bedeutet: die Verwischspur zeigt nach unten,
- 225 bedeutet: die Verwischspur zeigt nach unten links,
- 270 bedeutet: die Verwischspur zeigt nach links,
- 315 bedeutet: die Verwischspur zeigt nach oben links.

`strength=` Mit diesem Parameter bestimmen Sie, wie stark der Verwisch-Effekt sein soll. 0 bedeutet keinen Verwisch-Effekt, jeder höhere Wert die Verwischspur in Pixeln.

Beachten Sie jedoch, daß die Grafik innerhalb ihrer normalen Bildgröße dargestellt wird. Verwischspuren von Konturen, die sehr nah am Bildrand sind, werden nur bis zum Bildrand gezogen.

Bild 11.37: Eine Grafik und ein Text mit Verwisch-Effekt (`Blur`)

4.0 *Transparenzfarbe – filter:Chroma()*

Mit diesem Filter können Sie bei Grafiken eine Farbe als transparent definieren. Anders als bei transparenten GIF-Grafiken werden jedoch auch alle anderen Farben der Grafik betroffen. Ein Beispiel (Style-Sheet-Definition für HTML-Tag im Text):

```
<img src="grafik.gif" style="filter:Chroma(color=#FFFFCC)">
```

Mit `Chroma():` können Sie eine Farbe in einer Grafik als transparent definieren. Der Filter erwartet den folgenden Parameter: `color=` Eine HTML-gerechte Hexadezimalangabe der Farbe, die als transparent definiert werden soll (siehe Kapitle 3.1.5., *Farben definieren in HTML*).

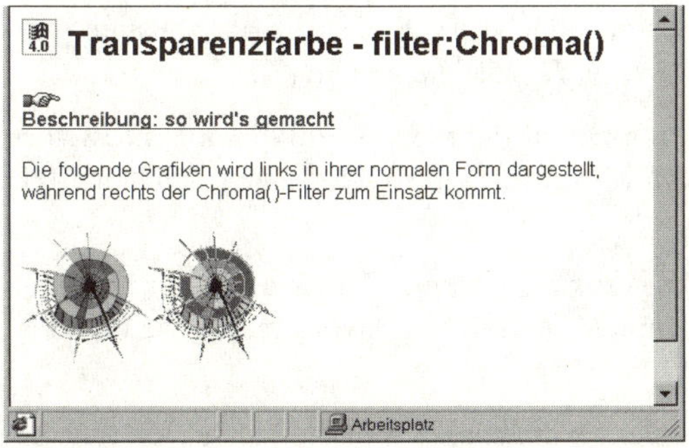

Bild 11.38: Zweimal dieselbe Grafik – links im Normalzustand, rechts mit `Chroma`-Filter

Schattenwurf – filter:DropShadow()

Dieser Filter bewirkt einen Schatten-Effekt für alle Konturen eines Elements. Bei Text bilden die Zeichen die Konturen; Sie sollten den Filter nur für solche Grafiken benutzen, die eindeutige Konturen haben, z. B. Cliparts. Ein Beispiel (Style-Sheet-Definition für HTML-Tag im Text):

```
<div style="width:100%; font-size:64pt; color:blue;
  filter:DropShadow(color=#C0C0C0, offx=3, offy=3)">Text</div>
```

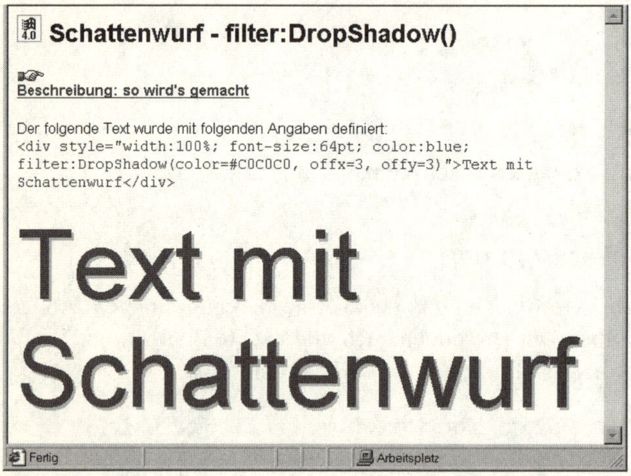

Bild 11.39: Eine Schrift mit Schattenwurf nach rechts unten

Mit `DropShadow():` können Sie einen Schattenwurf erzwingen. Der Filter erwartet folgende Parameter:

- `color=` eine HTML-gerechte Hexadezimalangabe der Farbe, die als Schatten definiert werden soll (siehe *Farben definieren in HTML*, Kapitel 3.1.5).
- `offx=` Anzahl für den Schatteneffekt horizontal in Pixeln. Positive Zahlen bewirken einen Schatteneffekt rechts, negative mit Minuszeichen davor einen Schatteneffekt links.
- `offy=` Anzahl für den Schatteneffekt vertikal in Pixeln. Positive Zahlen bewirken einen Schatteneffekt unten, negative mit Minuszeichen davor einen Schatteneffekt oben.
- `positive=` Diesen Parameter sollten Sie nur angeben, wenn Sie nur für die transparenten Pixel einer Grafik (siehe transparente GIF-Grafiken, Kapitel 5.8.5) einen Schatteneffekt erzwingen wollen. Dazu sollte dieser Parameter den Wert 1 erhalten.

Beachten Sie: Für verlaufende Schatten können Sie den Filter für Schatten – `filter: Shadow()` verwenden.

Horizontal spiegeln – filter:FlipH()

Mit diesem Filter können Sie eine Grafik horizontal spiegelverkehrt anzeigen. Mit `FlipH()`: bewirken Sie die horizontale Spiegelung. Geeignet ist der Filter für Grafiken in HTML. Dieser Filter erwartet keine Parameter. Ein Beispiel (Style-Sheet-Definition für HTML-Tag im Text):

```
<img src="grafik.gif" style="filter:FlipH()">
```

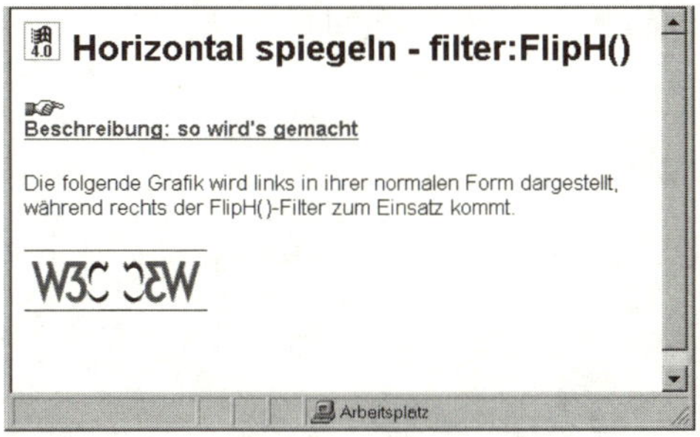

Bild 11.40: Das W3C-Logo: links normal, rechts gespiegelt

Vertikal spiegeln – filter:FlipV()

Mit diesem Filter können Sie eine Grafik vertikal spiegelverkehrt anzeigen. Mit `FlipV()`: bewirken Sie die vertikale Spiegelung. Geeignet ist der Filter für Grafiken in HTML. Dieser Filter erwartet keine Parameter. Ein Beispiel (Style-Sheet-Definition für HTML-Tag im Text):

```
<img src="grafik.gif" style="filter:FlipV()">
```

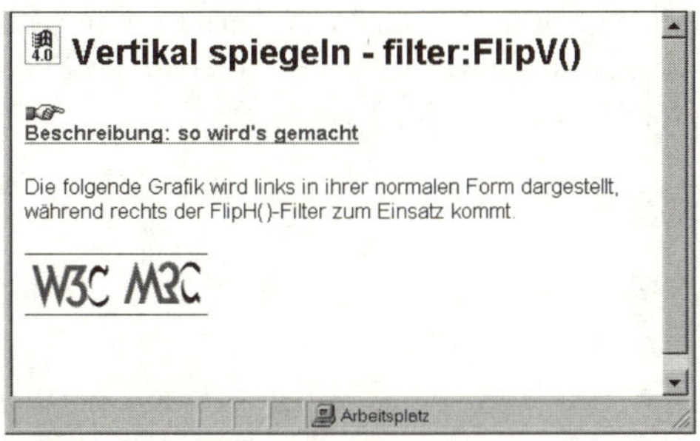

Bild 11.41: Wieder das W3C-Logo, diesmal vertikal gespiegelt

Glühender Rand – filter:Glow()

Dieser Filter bewirkt einen »Heiligenschein« um ein Text- oder Grafikobjekt. Ein Beispiel (Style-Sheet-Definition für HTML-Tag im Text):

```
<div style="width:100%; font-size:100pt; color:000000;
   filter:Glow(color=#0000FF, strength=10)">Text</div>
```

Mit `Glow():` können Sie einen glühenden Rand definieren. Dieser Filter erwartet folgende Parameter:

- `color=`, eine HTML-gerechte Hexadezimalangabe der Farbe, die als Glühfarbe definiert werden soll (siehe *Farben definieren in HTML*, Kapitel 3.1.5).
- `strength=`, stärke der Wirkung. Erlaubt sind Werte zwischen 1 und 255, praxisgerecht sind aber in den meisten Fällen nur Werte zwischen 1 und etwa 20.

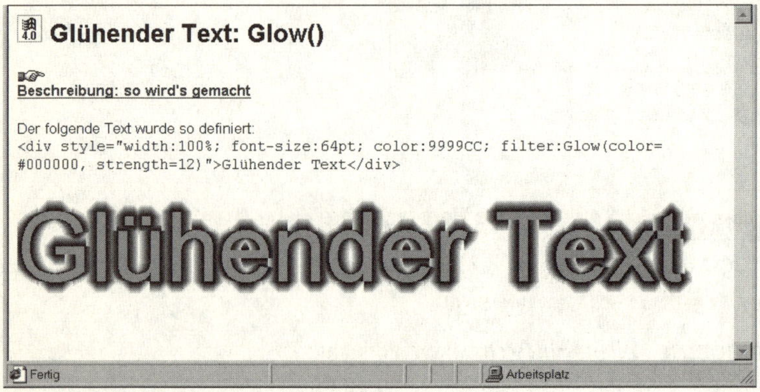

Bild 11.42: Ein Text mit »Heiligenschein« – noch können Grafikprogramme wesentlich schönere Effekte erzeugen

Graustufen – filter:Gray()

Dieser Filter entfernt alle Farbinformationen aus einem Element oder einer Grafik und wandelt sie stattdessen in Graustufen um. Mit `Gray():` können Sie Graustufen erzwingen. Geeignet ist der Filter besonders für Grafiken. Dieser Filter erwartet keine Parameter. Ein Beispiel (Style-Sheet-Definition für HTML-Tag im Text):

```
<img src="grafik.jpg" style="filter:Gray()">
```

Invertieren – filter:Invert()

Dieser Filter invertiert farbige Elemente und Grafiken. Alle Farben werden bei der Anzeige in ihre Komplementärfarben verwandelt. Mit `Invert():` können Sie invertieren. Geeignet ist der Filter besonders für Grafiken. Dieser Filter erwartet keine Parameter. Beispiel (Style-Sheet-Definition für HTML-Tag im Text):

```
<img src="grafik.jpg" style="filter:Invert()">
```

Bild 11.43: Der Filter `Invert()` wandelt alle Farben in ihre Komplementärfarben um

Transparenzmaske – filter:Mask()

Dieser Filter ist für transparente GIF-Grafiken gedacht. Er ersetzt alle transparenten Pixel der Grafik durch eine gewünschte Farbe und stattdessen alle nicht-transparenten Pixel der Grafik durch die Farbe, die in der Grafik als transparent definiert ist. Ein Beispiel (Style-Sheet-Definition für HTML-Tag im Text):

```
<img src="grafik.gif" style="filter:Mask(color=#FFFFCC)">
```

Mit `Mask()`: können Sie für eine transparente GIF-Grafik eine Transparenzmaske definieren. Der Filter erwartet den Parameter `color=`, eine HTML-gerechte Hexadezimalangabe der Farbe, in der die Pixel erscheinen sollen, die in der GIF-Grafik eigentlich als transparent definiert sind.

Bild 11.44: Die Transparenzmaske zeigt nur den Umriß einer transparenten GIF-Grafik

Schatten – filter:Shadow()

Dieser Filter bewirkt einen Verlaufsschatten um die Konturen eines Elements. Ein Beispiel (Style-Sheet-Definition für HTML-Tag im Text):

```
<div style="width:100%; font-size:48pt; color:black;
   filter:Shadow(color=#808080, direction=135)">Text</div>
```

Mit `Shadow():` können Sie einen Schatten erzeugen. Dieser Filter erwartet folgende Parameter: `color=` eine HTML-gerechte Hexadezimalangabe der Schattenfarbe (siehe *Farben definieren in HTML*, Kapitel 3.1.5). Mit dem Parameter `direction=` geben Sie die Richtung an, in die der Schatteneffekt führt. Erlaubt sind die Werte 0, 45, 90, 135, 180, 225, 270, 315:

- 0 bedeutet: der Schatteneffekt zeigt nach oben,
- 45 bedeutet: der Schatteneffekt zeigt nach oben rechts,
- 90 bedeutet: der Schatteneffekt zeigt nach rechts,
- 135 bedeutet: der Schatteneffekt zeigt nach unten rechts,
- 180 bedeutet: der Schatteneffekt zeigt nach unten,
- 225 bedeutet: der Schatteneffekt zeigt nach unten links,
- 270 bedeutet: der Schatteneffekt zeigt nach links,
- 315 bedeutet: der Schatteneffekt zeigt nach oben links.

Bild 11.45: Der `Shadow`-Filter macht seinem Namen alle Ehre

Wellenartige Störung – filter:Wave()

Dieser Filter bewirkt eine wellenförmige Verzerrung des betroffenen Text- oder Grafikobjekts. Ein Beispiel (Style-Sheet-Definition für HTML-Tag im Text):

```
<div style="width:100%; font-size:64pt; color:#FFCCFF;
   filter:Wave(freq=5, light=20, phase=50,
   strength=6);">Text</div>
```

Mit `Wave():` können Sie eine wellenartige Verzerrung definieren. Dieser Filter erwartet folgende Parameter:

- freq=, die Wellenfrequenz. Je höher der Wert, desto kleiner die Wellen, je niedriger, desto größer die einzelnen Wellen. Praxisnah sind etwa Werte zwischen 5 und 50.
- light= Stärke des Lichts im Welleneffekt in Prozent. Werte zwischen 0 und 100.
- phase= Beginn der Sinus-Wellenphase in Prozent. Werte zwischen 0 und 100. Bei 0 beginnt der Welleneffekt normal, bei 25 etwa beginnt er bei 90°.
- strength= Stärke des gesamten Effekts. Praxisnah sind z. B. Werte zwischen 1 und 10.
- add= Wenn der Effekt auf eine Grafik angewendet wird, bewirkt add=1, daß die Originalgrafik zu der verzerrten Grafik hinzugefügt wird. Bei add=0 wird die Originalgrafik nicht hinzugefügt.

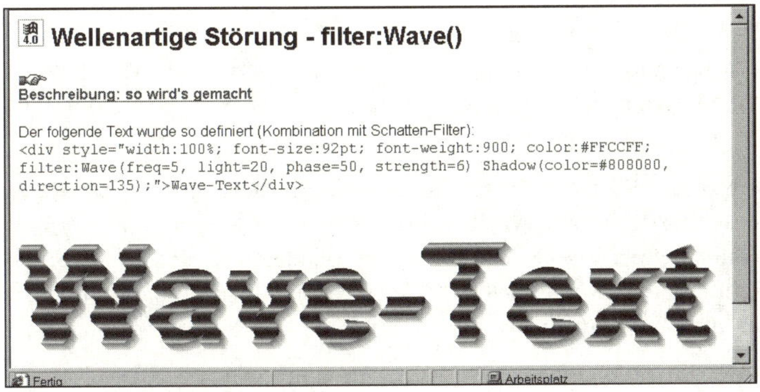

Bild 11.46: Mächtig Eindruck macht der Wave-Filter

Foto-Negativ-Effekt – filter:XRay()

Dieser Filter konvertiert alle Farben eines Elements oder einer Grafik in Graustufen und bewirkt einen Effekt wie beim Foto-Negativ. Mit XRay(): können Sie den Foto-Negativ-Effekt erzwingen. Dieser Filter erwartet keine Parameter. Ein Beispiel (Style-Sheet-Definition für HTML-Tag im Text):

```
<img src="grafik.jpg" style="filter:XRay()">
```

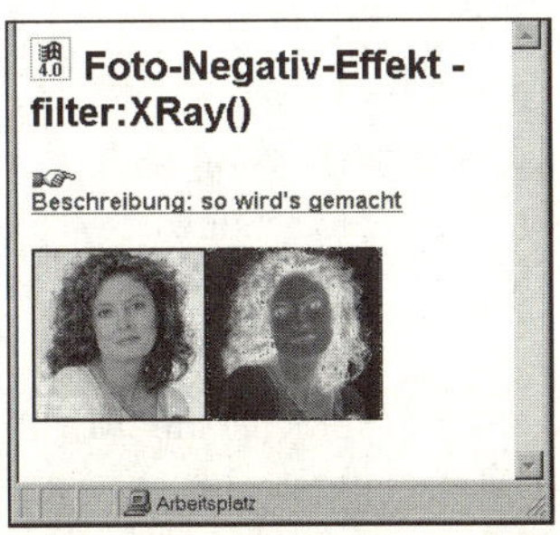

Bild 11.47: Ein graues Foto-Negativ macht der XRay-Filter aus Grafiken

12 JavaScript – Die Programmiersprache

12.1 JavaScript in HTML

JavaScript ist kein direkter Bestandteil von HTML, sondern eine eigene Programmiersprache. Diese Sprache wurde jedoch eigens zu dem Zweck geschaffen, HTML-Autoren ein Werkzeug in die Hand zu geben, mit dessen Hilfe sich WWW-Seiten optimieren lassen.

JavaScript-Programme werden wahlweise direkt in der HTML-Datei oder in separaten Dateien notiert. Sie werden nicht – wie etwa Java-Programme – kompiliert, sondern als Quelltext zur Laufzeit interpretiert, also ähnlich wie Batch-Dateien in DOS bzw. Shell-Scripts. Dazu besitzen moderne WWW-Browser wie Netscape oder Microsofts Internet Explorer entsprechende Interpreter-Software.

In einer Programmiersprache wie JavaScript gibt es für Anfänger viele verwirrende Elemente: Sonderzeichen, Variablen, Wenn-Dann-Anweisungen, Schleifen, Funktionen, Methoden, Parameter, Objekte, Eigenschaften und anderes mehr. Um mit diesen Elementen richtig umgehen zu können, müssen Sie lernen sich vorzustellen, was im Computer passiert, wenn der Programmcode ausgeführt wird. Das ist ein langwieriger Lernprozeß, den Anfänger nur durch viel Übung bewältigen. JavaScript ist dazu allerdings hervorragend geeignet, weil es eine vergleichsweise einfache Sprache ist, bei der viele Aufgabenbereiche einer »großen« Programmiersprache fehlen, z. B. Dinge wie Arbeitsspeicherverwaltung oder Dateioperationen. Außerdem setzt JavaScript auf einer bestimmten Umgebung auf, nämlich auf einer anzuzeigenden oder angezeigten WWW-Seite.

JavaScript, JScript, ECMA-262, Sprachversionen

JavaScript ist eine Scriptsprache, die von Netscape eingeführt wurde und von Netscape lizenziert ist. Deshalb beherrschen die jeweils neuen Versionen des Netscape-Browsers auch immer etwas mehr JavaScript als die Konkurrenz, die nur abwarten kann, was Netscape an Neuigkeiten implementiert.

- Netscape 2.0 interpretiert den seinerzeit eingeführten JavaScript-Sprachstandard 1.0. Der Internet Explorer versteht diesen Sprachstandard weitgehend seit der Version 3.0.

- Netscape interpretiert seit Version 3.0 den JavaScript-Standard 1.1. Der Internet Explorer interpretiert diesen Sprachumfang von JavaScript weitgehend seit der Produktversion 4.0.
- Netscape interpretiert seit Version 4.0 den JavaScript-Standard 1.2. Einige Befehle dieser Sprachversion werden auch vom Internet Explorer 4.0 interpretiert.

Weiterhin unterscheiden sich Netscape und der Internet Explorer in der Interpretation einzelner Objekteigenschaften. So funktionieren beispielsweise Cookies (ein bekanntes JavaScript-Feature) bei Netscape auch lokal, während der Internet Explorer, zumindest in der Version 3.x, eine HTTP-Verbindung voraussetzt, um Cookies zu unterstützen. Auch bei internen Abläufen, etwa bei vielfach zu durchlaufenden Schleifen, gibt es Unterschiede zwischen einzelnen Browsern und Browser-Versionen.

Der Internet Explorer 4.x interpretiert zwar JavaScript, daneben aber auch die Microsoft-eigene Sprachvariante JScript, die spezielle Befehle für die Betriebssystemerweiterungen des Internet Explorers bereitstellt.

Sowohl Netscape als auch Microsoft betonen, daß sie sich mit ihren Sprachinterpretern am Standard für Internet-Scriptsprachen, an ECMA-262, orientieren. Das ECMA-Kommittee, dem verschiedene Software-Hersteller, unter anderem Microsoft und Netscape, angehören, ist bemüht, auch im Bereich der Script-Sprachen einen allgemeingültigen Standard zu definieren, wie es bei HTML oder CSS-Style-Sheets der Fall ist.

Im WWW können Sie sich über Scriptsprachen, Standards, Versionen usw. unter folgenden Adressen schlau machen:

Netscape Library Documentation (*developer.netscape.com/docs/manuals*): Entwickler-Dokumentation von Netscape. Zu JavaScript im Frame-Set der Seite auf den Verweis »JavaScript« klicken.

Microsoft Scripting (*www.microsoft.com/scripting*): Einstiegsseite zu allen Script-Technologien, die der Internet Explorer beherrscht.

ECMAScript-262 Spezifikation (*www.ecma.ch/stand/ecma-262.htm*): die Spezifikation für Bestandteile einer standardisierten Scriptsprache für WWW-Seiten

Zur Kennzeichnung der Sprachversionen werden in der vorliegenden Dokumentation folgende Symbole verwendet:

java script 1.0 JavaScript-Sprachstandard 1.0.

java script 1.1 JavaScript-Sprachstandard 1.1.

java script 1.2 JavaScript-Sprachstandard 1.2.

JS Von Microsoft eingeführter Sprachbestandteil. Solche Bestandteile werden in der Regel nur vom Internet Explorer ab V4.x interpretiert; es wurden nur einige wichtige solcher Elemente in die Objekt-Referenz mit aufgenommen, nämlich solche, die eine Grundlage für Dynamisches HTML nach dem Ansatz des Internet Explorers darstellen.

Hinweise für die Praxis

Bevor Sie daran gehen, neuen, eigenen JavaScript-Code zu programmieren, müssen Sie sich exakt darüber im klaren sein, welches Problem Sie damit lösen wollen. Dazu müssen Sie erst einmal wissen, was man mit HTML selbst alles machen kann und wo die Grenzen von HTML liegen. Von JavaScript müssen Sie dann so viel wissen, daß Sie entscheiden können, ob das Problem mit JavaScript überhaupt lösbar ist. Mit JavaScript können Sie z. B. nicht die typischen Aufgaben von CGI-Scripts lösen!

Ferner sollten Sie sich im WWW umsehen, ob es nicht schon frei verfügbare JavaScript-Beispiele gibt, die genau Ihr Problem lösen. Denn es ist immer besser, auf Code zurückzugreifen, der sich in der Praxis bereits bewährt hat, als neuen Code zu erstellen, dessen heimliche Tücken einem noch nicht bekannt sind. In vielen Fällen genügt es, vorhandene JavaScripts den eigenen Erfordernissen anzupassen. Eine gute Einstiegsadresse für die Suche nach JavaScripts ist das WWW-Angebot Kakao und Kekse (▬ *javascript.seite.net*) von Johannes Gamperl. Bei vorhandenen JavaScripts müssen Sie allerdings so viel von der Sprache verstehen, daß Sie genau wissen, welche Variablen oder festen Werte Sie verändern oder welche Funktion Sie ergänzen wollen.

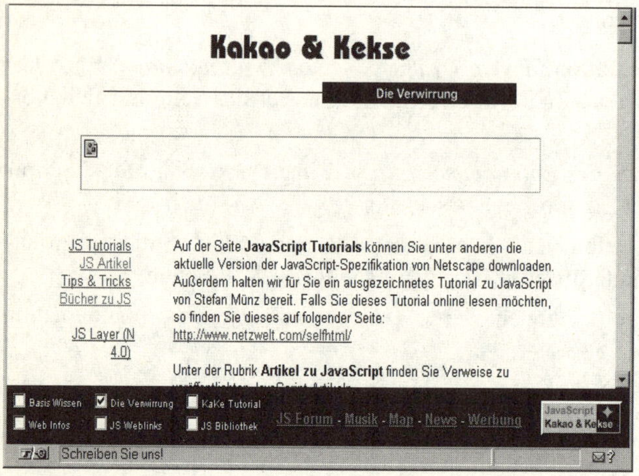

Bild 12.1: Kakao und Kekse: die deutsche Standardseite für alle Fragen rund um JavaScript

Wenn Sie JavaScript für wichtige WWW-Seiten verwenden wollen, sollten Sie auf jeden Fall mehrere Browser zum Testen einsetzen. Denn leider sind die JavaScript-Interpreter der beiden JavaScript-fähigen WWW-Browser Netscape und Internet Explorer sehr unterschiedlich in ihrer Leistung.

Stellen Sie keine WWW-Seiten mit ungeprüftem JavaScript-Code ins WWW. Für einen Anwender ist es sehr ärgerlich, wenn er Fehlermeldungen des JavaScript-Interpreters am Bildschirm erhält und in schlimmeren Fällen einen Programmabsturz des WWW-Browsers oder gar einen Systemabsturz hat, was bei Online-Sitzungen besonders unangenehm ist.

JavaScript-Bereiche in HTML definieren

Für JavaScript-Programmabschnitte können Sie in HTML Bereiche definieren. Mit <script language="JavaScript"> leiten Sie einen Bereich für JavaScript innerhalb einer HTML-Datei ein (script = Quelltext, language = Sprache). Dahinter – am besten in der nächsten Zeile – sollten Sie mit <!-- einen Kommentar einleiten. Dadurch erreichen Sie, daß ältere WWW-Browser, die JavaScript nicht kennen, den folgenden JavaScript-Code ignorieren und nicht irrtümlich als Text innerhalb der HTML-Datei interpretieren. Ein Beispiel:

```
<html><head><title>Test</title>
<script language="JavaScript">
<!--
 alert("Hallo Welt!");
//-->
</script>
</head><body>
</body></html>
```

Im obigen Beispiel wird mit Hilfe von JavaScript ein Meldungsfenster mit dem Text »Hallo Welt!« am Bildschirm ausgegeben. Am Ende eines JavaScript-Bereichs schließen Sie mit //--> den Kommentar und mit </script> den Bereich für den Programmcode.

Beachten Sie: Es gibt keine festen Vorschriften dafür, an welcher Stelle einer HTML-Datei ein JavaScript-Bereich definiert werden muß. Es ist unter JavaScript-Programmierern zur Gewohnheit geworden, einen solchen Bereich im Kopf der HTML-Datei, also zwischen <head> und </head> zu definieren. Dadurch ist am ehesten sichergestellt, daß der Code vom WWW-Browser bereits eingelesen ist und zur Verfügung steht, wenn er ausgeführt werden soll.

JavaScript-Code kann automatisch beim Einlesen der HTML-Datei ausgeführt werden. Das ist dann der Fall, wenn JavaScript-Befehle in einem JavaScript-Bereich außerhalb jeder selbst definierten Funktion stehen wie im obigen Beispiel. In solchen Fällen ist es manchmal auch erforderlich, den Script-Bereich innerhalb des HTML-Dateikörpers, also innerhalb von <body>...</body>, zu notieren. Zum Beispiel, wenn Sie am Ende der Datei mit JavaScript dynamisch Datum und Uhrzeit der letzten Änderung an der Datei schreiben wollen.

JavaScript-Elemente in HTML-Tags

JavaScript kann auch innerhalb herkömmlicher HTML-Tags vorkommen. Das ist dann kein komplexer Programmcode, sondern in der Regel nur der Aufruf bestimmter Methoden, Funktionen, Objekte oder Eigenschaften. Für den Aufruf gibt es sogenannte Event-Handler. Das sind JavaScript-eigene Attribute in HTML-Tags. Für jeden der möglichen Event-Handler ist festgelegt, in welchen HTML-Tags er vorkommen darf. Ein Beispiel:

```
<html>
<head>
<title>JavaScript-Test</title>
<script language="JavaScript">
<!--
 function Quadrat(Zahl)
  {
   Ergebnis = Zahl * Zahl;
   alert("Das Quadrat von " + Zahl + " = " + Ergebnis);
  }
//-->
</script>
</head>
<body>
<form>
<input type=button value="Quadrat von 6 errechnen"
   onClick="Quadrat(6)">
</form>
</body>
</html>
```

Das obige Beispiel zeigt eine komplette HTML-Datei. Im Dateikopf ist ein JavaScript-Bereich definiert. Innerhalb dieses Bereichs steht eine selbst definierte Funktion, die Funktion mit dem Namen `Quadrat(x)`. Die Funktion bekommt beim Aufruf eine Zahl `x` übergeben. Sie errechnet das Quadrat dieser Zahl und gibt das Ergebnis in einem Meldungsfenster aus. Dieser JavaScript-Code wird aber nur ausgeführt, wenn die Funktion explizit aufgerufen wird. Im obigen Beispiel erfolgt der Aufruf mit Hilfe eines Klick-Buttons. Wenn der Anwender auf den Button klickt, wird die Funktion ausgeführt.

Beachten Sie: Bei den Event-Handlern in Kapitel 12.2.10 wird beschrieben, was Angaben wie `onClick=` (wie im obigen Beispiel) bedeuten und in welchen HTML-Tags sie vorkommen dürfen.

JavaScripts in separaten Dateien

Seit der Sprachversion 1.1 von JavaScript – und auch seit HTML 4.0 – ist es möglich, JavaScript-Code in separaten Dateien zu notieren. Das ist sehr nützlich, wenn Sie gleiche JavaScript-Funktionen in mehreren HTML-Dateien verwenden wollen. Denn so brauchen Sie den Code nur einmal notieren und können ihn in mehreren HTML-Dateien referenzieren. Ein Beispiel: (HTML-Datei)

```
<html>
<head>
<title>JavaScript-Test</title>
<script language="JavaScript" src="quadrat.js"
   type="text/javascript">
</script>
</head>
<body>
<form>
<input type=button value="Quadrat von 6 errechnen"
   onClick="Quadrat(6)">
</form>
</body>
</html>
```

Beispiel (separate JavaScript-Datei):

```
function Quadrat(Zahl)
 {
  Ergebnis = Zahl * Zahl;
  alert("Das Quadrat von " + Zahl + " = " + Ergebnis);
 }
```

Das Beispiel tut das Gleiche wie das Beispiel im Abschnitt zuvor. Der Unterschied ist lediglich, daß der JavaScript-Code in einer separaten Datei steht. Dazu notieren Sie im einleitenden `<script>`-Tag die Angabe `src=` (src = source = Quelle). Dahinter folgt, in Anführungszeichen, der Name der separaten Datei mit dem Quellcode. Ebenfalls notieren sollten Sie die Angabe zum MIME-Typ der eingebundenen Datei. Mit `type="text/javascript"` bestimmen Sie den MIME-Typ für JavaScript-Dateien.

Die Datei mit dem Quellcode muß eine reine ASCII-Datei sein und sollte die Dateinamenerweiterung *.js* erhalten. Die Datei sollte nichts anderes als JavaScript-Code enthalten. Beim Referenzieren von separaten JavaScript-Dateien, die sich in anderen Verzeichnissen oder auf anderen Server-Rechnern im Internet befinden, gelten die gleichen Regeln wie beim Einbinden von Grafiken.

Beachten Sie: Es kann passieren, daß ein JavaScript, das in einer separaten Datei notiert ist, lokal wunderbar funktioniert, aber nach dem Hochladen der Dateien auf einen WWW-Server plötzlich nicht mehr. Bitten Sie in diesem Fall den Provider oder Webmaster des Servers, den MIME-Typ `text/javascript` für Dateien mit der Endung *.js* in die Konfiguration des Web-Servers mit aufzunehmen.

12.2 JavaScript-Sprachelemente

Dieses Kapitel beschreibt die Sprachelemente von JavaScript. Diese Elemente müssen Sie kennen und verstehen, um selbst in JavaScript programmieren zu können. Das Kapitel besteht aus folgenden Abschnitten:

- Allgemeine Notationsregeln
- Variablen und Werte
- Objekte, Eigenschaften und Methoden
- Funktionen
- Steuerzeichen und besondere Notationen
- Operatoren
- Bedingte Anweisungen (`if-else/switch`)
- Schleifen (`while/for/do-while`)
- Reservierte Wörter
- Event-Handler

12.2.1 Allgemeine Notationsregeln

Anweisungen notieren

JavaScript besteht letztendlich aus einer kontrollierten Anordnung von Anweisungen. Das sind Befehle, die der JavaScript-Interpreter des WWW-Browsers bewertet und in Maschinencode umsetzt, der auf dem Rechner des Anwenders ausführbar ist. Es gibt einfache und komplexere Anweisungen.

Beispiel 1:

```
Zahl = 42;
```

Beispiel 2:

```
Quadrat = Zahl * Zahl;
```

Beispiel 3:

```
if(Zahl > 1000)
  Zahl = 0;
```

Beispiel 4:

```
alert("Das Quadrat von " + Zahl + " = " + Ergebnis);
```

Eine Anweisung in JavaScript besteht immer aus einem Befehl, der mit einem Strichpunkt ; abgeschlossen wird. In neueren Netscape-Dokumentationen zu JavaScript wird der Strichpunkt am Ende von einfachen Anweisungen zwar häufig weggelassen, aber um unnötige Fehler zu vermeiden, ist es ratsam, sich von vorneherein anzugewöhnen, alle Anweisungen auf diese Weise abzuschließen. Eine Anweisung ist es zum Beispiel,

- wenn Sie einer Variablen einen Wert zuweisen wie oben in Beispiel 1.
- wenn Sie mit Variablen oder Werten eine Operation durchführen wie oben in Beispiel 2.
- wenn Sie einen Befehl nur unter bestimmten Bedingungen ausführen wie oben in Beispiel 3 (siehe hierzu die Abschnitte über bedingte Anweisungen und über Schleifen).
- wenn Sie eine selbst definierte Funktion oder eine Objektmethode aufrufen bzw. wenn Sie eine Objekteigenschaft auslesen oder ändern (siehe hierzu den Abschnitt Objekte, Eigenschaften und Methoden).

Anweisungsblöcke notieren

Ein Anweisungsblock besteht aus zwei oder mehreren Anweisungen, die innerhalb einer übergeordneten Anweisung oder innerhalb einer Funktion stehen. So können Anweisungsblöcke beispielsweise innerhalb einer bedingten Anweisung oder innerhalb einer Schleife stehen. Auch alle Anweisungen, die innerhalb einer selbst definierten Funktion stehen, bilden einen Anweisungsblock. Beispiel 1:

```
if(Zahl > 1000)
 {
  Zahl = 0;
  Neustart();
 }
```

Beispiel 2:

```
while(i <= 99)
 {
  Quadrat(i);
  i = i + 1;
 }
```

Beispiel 3:

```
function SageQuadrat(x)
 {
  var Ergebnis = x * x;
  alert(Ergebnis);
 }
```

Beispiel 4:

```
function SagEinmaleins(x)
 {
  var Ergebnis = x * x;
  if(Ergebnis > 100)
   {
```

```
    Ergebnis = 0;
    Neustart();
   }
  alert(Ergebnis);
 }
```

Ein Anweisungsblock wird durch eine öffnende geschweifte Klammer { begonnen und durch eine schließende geschweifte Klammer } beendet. Sie können die geschweiften Klammern jeweils in eine eigene Zeile schreiben wie in den obigen Beispielen. Es ist aber auch erlaubt, die Klammern in der gleichen Zeile zu notieren wie die Anweisungen.

Bei bedingten Anweisungen – wie in Beispiel 1 oben – oder bei Schleifen – wie in Beispiel 2 oben – müssen Sie solche Anweisungsblöcke notieren, sobald mehr als eine Anweisung von der Bedingung oder der Schleifenbedingung abhängig ausgeführt werden soll. Bei Funktionen – wie in Beispiel 3 oben – müssen Sie Anfang und Ende der Funktion durch geschweifte Klammern markieren. Alles, was innerhalb der Funktion steht, ist daher ein Anweisungsblock. Anweisungsblöcke können natürlich auch verschachtelt sein wie in Beispiel 4 oben.

Selbst vergebene Namen

An vielen Stellen in JavaScript müssen Sie selbst Namen vergeben, zum Beispiel für selbst definierte Funktionen, eigene Objekte oder Variablen. Beispiel:

```
<html><head><title>Test</title>
<script language="JavaScript">
<!--
function FensterZu(Fensternummer)
 {
  parent.frames[Fensternummer].close();
 }
//-->
</script>
</head><body>
</body></html>
```

Bei selbst vergebenen Namen gelten folgende Regeln:

- Sie dürfen keine Leerzeichen enthalten.
- Sie sollten maximal 32 Zeichen Länge haben.
- Sie dürfen nur aus Buchstaben und Ziffern bestehen – das erste Zeichen sollte ein Buchstabe sein; es sind Groß- und Kleinbuchstaben erlaubt. Groß- und Kleinschreibung werden unterschieden!
- Sie dürfen keine deutschen Umlaute oder scharfes S enthalten.

- Sie dürfen als einziges Sonderzeichen den Unterstrich »_« enthalten.
- Sie dürfen nicht mit einem reservierten Wort identisch sein.

Vergeben Sie sprechende Namen, die Ihnen auch ein halbes Jahr, nachdem Sie das Script geschrieben haben, noch signalisieren, welche Bedeutung sie haben. Es dürfen ruhig auch deutschsprachige Wörter sein, solange die genannten Regeln eingehalten werden.

Kommentare in JavaScript

Bei komplexeren Programmteilen können Sie Kommentare benutzen, um einzelne Anweisungen zu erklären. Auch wenn Sie Ihre Copyrightangaben innerhalb eines selbst geschriebenen JavaScript-Codes unterbringen wollen, können Sie dies mit Hilfe eines Kommentars tun. Kommentare werden vom JavaScript-Interpreter des WWW-Browsers ignoriert. Ein Beispiel:

```
while(i <= 99)
 {
  Quadrat = i * i;
    /* solange i kleiner gleich 99, Quadrat von i bilden */
  i = i + 1;
    /* i um eins erhoehen, damit es irgendwann 99 ist */
 }
```

Einen Kommentar leiten Sie mit `/*`, also einem Schrägstrich, gefolgt von einem Sternzeichen ein. Mit der umgekehrten Folge `*/`, also einem Sternzeichen, gefolgt von einem Schrägstrich beenden Sie den Kommentar.

12.2.2 Variablen und Werte

Variablen definieren

Variablen sind Speicherbereiche, in denen Sie Daten, die Sie im Laufe Ihrer Programmprozeduren benötigen, speichern können. Der Inhalt, der in einer Variablen gespeichert ist, wird als Wert bezeichnet. Sie können den Wert einer Variablen jederzeit ändern. Um mit Variablen arbeiten zu können, müssen Sie die benötigten Variablen zuerst definieren. Ein Beispiel:

```
<html>
<head>
<title>Sinn des Lebens zum Quadrat</title>
<script language="JavaScript">
<!--
  var Hinweis = "Gleich werden Quadratzahlen ausgegeben";
  alert(Hinweis);
```

```
  function SchreibeQuadrate()
  {
      var SinnDesLebens = 42;
      var i, x;
      var Satzteil = "Das Quadrat von ";
      for(i=1; i <= SinnDesLebens; ++i)
        {
          x = i * i;
          document.write(Satzteil + i + " ist " + x + "<br>");
        }
  }
// -->
</script>
</head>
<body onLoad="SchreibeQuadrate()">
</body>
</html>
```

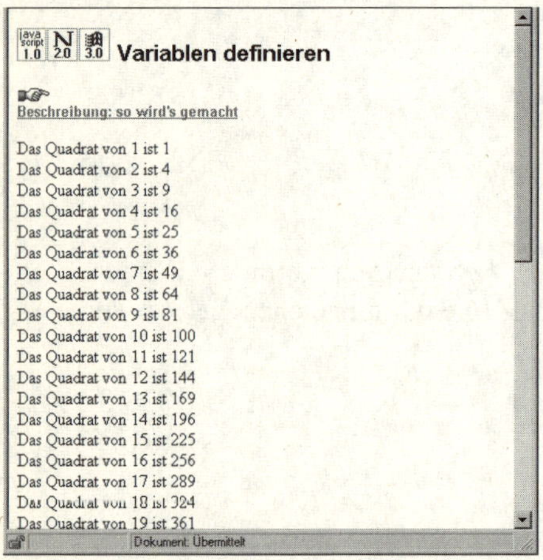

Bild 12.2: Die Ausgabe des Beispielprogramms im Browser

Variablen können mit Hilfe des reservierten Wortes `var` definiert werden. Dieses Schlüsselwort ist zwar nicht zwingend notwendig, macht den Quellcode aber lesbarer, da es signalisiert, daß an der betreffenden Stelle eine neue Variable definiert wird. Jede Variablendefinition wird mit einem Strichpunkt abgeschlossen, genau wie eine Anweisung. Betrachten Sie eine Variablendefinition einfach als eine Anweisung!

Es gibt globale Variablen und Variablen, die innerhalb einer Funktion definiert sind. Im obigen Beispiel ist die Variable `Hinweis` global, während die Variablen `SinnDesLebens`, `i`, `x` und `Satzteil` funktionsgebunden sind. Eine globale Variable steht jederzeit zur Verfügung, während eine Variable, die innerhalb einer Funktion definiert wird, nur innerhalb dieser Funktion zur Verfügung steht. Man spricht in diesem Zusammenhang auch von der Lebensdauer von Variablen.

Variablen können mit oder ohne weitere Wertzuweisung definiert werden. Im obigen Beispiel wird etwa der Variablen `SinnDesLebens` bei der Definition gleich ein Wert zugewiesen, nämlich 42. Auch die Variable `Satzteil` erhält eine anfängliche Wertzuweisung, nämlich den Wert »Das Quadrat von«. Die Variablen `i` und `x` werden dagegen nicht mit einem Anfangswert versehen. Beim Zuweisen eines Wertes notieren Sie hinter dem Variablennamen ein Gleichheitszeichen und dahinter den Wert, den Sie der Variablen zuweisen wollen.

Sie können mehrere Variablen auf einmal definieren wie die beiden Variablen `i` und `x` im Beispiel. Dazu trennen Sie die Variablennamen durch Kommata. Das ist natürlich auch in Verbindung mit zugewiesenen Anfangswerten möglich.

Es gibt numerische Variablen und Variablen für Zeichen bzw. Zeichenketten. Im obigen Beispiel sind die Variablen `SinnDesLebens`, `i` und `x` numerische Variablen. Die Variablen `Hinweis` und `Satzteil` sind dagegen Zeichenkettenvariablen. Dies ist daran erkennbar, daß der ihnen zugewiesene Wert, ein Text, in Anführungszeichen gesetzt wird. Sie könnten z. B. eine Variable `Nummer = 1;` und eine Variable `Zeichen = "1";` definieren. Der Unterschied ist, daß Sie mit der Variablen `Nummer` Rechenoperationen anstellen können, mit der Variablen `Zeichen` nicht. Dafür können Sie mit Zeichenkettenvariablen Zeichenkettenoperationen durchführen, etwa das Extrahieren einer Teilzeichenkette, was mit numerischen Variablen nicht möglich ist.

Beachten Sie: Bei der Vergabe von Variablennamen gelten die Regeln für selbst vergebene Namen. Variablen in JavaScript sind nicht so streng getypt wie in vielen anderen Programmiersprachen. Außer der Unterscheidung von numerischen und nicht-numerischen Variablen gibt es keine Unterscheidung. Kommazahlen und Ganzzahlen benötigen keine unterschiedlichen Typen. Der Inhalt von numerischen Variablen kann ohne vorherige Konvertierung in Zeichenketten auf den Bildschirm oder in Meldungsfenster geschrieben werden.

Werte von Variablen ändern

Wertänderungen von Variablen sind das A und O bei der Programmierung. Sie werden nur dann erfolgreich eigene Programme schreiben können, wenn Sie jederzeit den Überblick haben, was in einer Variablen an einem bestimmten Punkt des Programmablaufs steht. Besonders, wenn Sie mit bedingten Anweisungen oder Schleifen arbeiten, werden Sie schnell feststellen, wie leicht der Überblick über den aktuellen Zustand einer Variablen verloren gehen kann. Als Beispiel dient das Script aus dem vorangegangenen Abschnitt.

Dieses Beispiel leert das Anzeigefenster des WWW-Browsers und schreibt HTML-formatiert in das leere Fenster untereinander die Quadrate von 1 bis zum Sinn des Lebens (42). Dazu dienen Methoden des Objekts `document`. Die Variablen `SinnDesLebens` und `Satzteil` werden während des Programmablaufs zwar benutzt, aber ihr Wert wird nicht geändert. Die Variablen `i` und `x` dagegen ändern ihren Wert laufend. Das liegt daran, daß sie innerhalb einer for-Schleife bei jedem Schleifendurchlauf neue Werte zugewiesen bekommen.

Die Wertzuweisung erfolgt, indem Sie den Variablennamen, dahinter ein Istgleichzeiten und dahinter den gewünschten Wert notieren. Bei dem Wert, den Sie zuweisen, können Sie anstelle einer bestimmten Zahl oder einer Zeichenkette auch Namen anderer Variablen notieren. So wird im Beispiel der Variablen `x` bei jedem Schleifendurchlauf als Wert das Ergebnis der mit sich selbst multiplizierten Variablen `i` zugewiesen.

12.2.3 Objekte, Eigenschaften und Methoden

Vordefinierte JavaScript-Objekte

Objekte sind fest umgrenzte Datenelemente mit Eigenschaften und oft auch mit Objektgebundenen Funktionen (Methoden). Daß JavaScript eine Erweiterung von HTML darstellt, liegt vor allem an den vordefinierten Objekten, die Ihnen in JavaScript zur Verfügung stehen. Über diese vordefinierten Objekte können Sie beispielsweise einzelne Elemente eines HTML-Formulars abfragen oder ändern.

Ein Objekt kann eine Teilmenge eines übergeordneten Objekts sein. Die JavaScript-Objekte sind deshalb in einer Hierarchie geordnet. Das hierarchiehöchste Objekt ist in JavaScript das Fenster-Objekt (`window`). Fenster haben Eigenschaften wie einen Titel, eine Größe usw. Der Inhalt eines Fensters ist das nächstniedrigere Objekt, nämlich das im Fenster angezeigte Dokument (in JavaScript das Objekt `document`). In der Regel ist der Fensterinhalt eine HTML-Datei. Eine solche Datei kann bestimmte, durch HTML-Tags definierte Elemente enthalten, wie zum Beispiel Formulare, Verweise, Grafikreferenzen usw. Für solche untergeordneten Elemente gibt es wieder eigene JavaScript-Objekte, zum Beispiel das Objekt `forms` für Formulare. Ein Formular besteht seinerseits aus verschiedenen Elementen, zum Beispiel aus Eingabefeldern, Auswahllisten oder Buttons zum Absenden bzw. Abbrechen. In JavaScript gibt es dafür ein Objekt `elements`, mit dem Sie einzelne Felder und andere Elemente innerhalb eines Formulars ansprechen können.

Neben den hierarchisch geordneten JavaScript-Objekten gibt es auch solche, die nicht direkt in die Hierarchie passen. Das sind zum Beispiel Objekte für Datums- und Zeitrechnung, für mathematische Aufgaben oder für Zeichenkettenverarbeitung. Eine Übersicht der vordefinierten JavaScript-Objekte finden Sie in der JavaScript-Objekt-Referenz in Kapitel 12.3. Dort werden zu jedem Objekt die verfügbaren Eigenschaften und Methoden vorgestellt.

Vordefinierte JavaScript-Objekte verwenden

JavaScript-Objekte können Sie jederzeit verwenden. Im nachfolgenden Beispiel wird innerhalb eines JavaScript-Bereichs mit Hilfe des vordefinierten JavaScript-Objekts `Date` das aktuelle Datum und die aktuelle Uhrzeit ermittelt. Beim Einlesen der Datei wird das Ergebnis zusammen mit einem Begrüßungstext sauber formatiert in einem Meldungsfenster ausgegeben. Ein Beispiel:

```
<html><head><title>Test</title>
<script language="JavaScript">
<!--
  function SagDatumUndZeit()
   {
    var Jetzt = new Date();
    var Tag = Jetzt.getDate();
    var Monat = Jetzt.getMonth() + 1;
    var Jahr = Jetzt.getYear();
    var Stunden = Jetzt.getHours();
    var Minuten = Jetzt.getMinutes();
    var NachVoll  = ((Minuten < 10) ? ":0" : ":");
    alert("Guten Tag!\nHeute ist der "
    + Tag + "." + Monat + "." + Jahr + "\nEs ist jetzt "
    + Stunden + NachVoll + Minuten + " Uhr");
   }
// -->
</script>
</head>
<body onload="SagDatumUndZeit()">
</body></html>
```

Bild 12.3: Die Bildschirmausgabe des Beispiel-Scripts erfolgt in einer Dialogbox

Zuerst muß eine neue Variable angelegt werden. Im Beispiel ist dies die Variable `Jetzt`. Diese Variable soll auf Daten des `Date`-Objekts zugreifen können. Dies geschieht durch ein Gleichheitszeichen hinter dem Variablennamen. Dahinter folgt das reservierte JavaScript Wort `new` und dahinter, durch ein Leerzeichen getrennt, der Aufruf von `Date()` zum Erzeugen einer neuen Instanz des Objekts `Date`.

Um die einzelnen Daten der Objektinstanz von `Date`, also Tag, Monat, Jahr usw. anzusprechen, stehen entsprechende Methoden zur Verfügung. Diese Methoden, z. B. `getDate ()` oder `getHours()`, haben als Rückgabewert jeweils einen Datums/Uhrzeit-Bestandteil. So liefert `getDate()` beispielsweise den aktuellen Tag des Monats und `getHours()` die aktuelle Stundenzahl des Tages. Im Beispiel wird für jeden der benötigten Bestandteile eine Variable definiert. In der Variablen `Tag` wird beispielsweise durch Aufruf von `Jetzt.getDate()` der aktuelle Tag des Monats gespeichert.

Die Anweisung im Beispiel, die mit `NachVoll ...` beginnt, kann an dieser Stelle nicht näher erläutert werden. Die Anweisung ist eine Vorbereitung zur sauberen Formatierung der Uhrzeit.

Beachten Sie: Die einzelnen Methoden des im Beispiel verwendeten Objekts `Date`, wie zum Beispiel `getDate()`, werden bei der Referenz des Objekts `Date` beschrieben.

Eigene Objekte definieren

Sie können eigene Objekte definieren, wenn Sie streng objektorientiert in JavaScript programmieren wollen. Um ein eigenes Objekt anzulegen, sind zwei Schritte nötig: Zuerst müssen Sie das Objekt selbst und seine Eigenschaften deklarieren. Im zweiten Schritt können Sie anschließend eine Instanz dieses Objekts definieren. Mit dieser Objekt-Instanz können Sie dann Programmprozeduren durchführen. Ein Beispiel:

```
<html>
<head>
<title>Beispiel mit JavaScript</title>
<script language="JavaScript">
<!--
  function Farbe(Farbwert_R, Farbwert_G, Farbwert_B)
   {
    this.Farbwert_R = Farbwert_R;
    this.Farbwert_G = Farbwert_G;
    this.Farbwert_B = Farbwert_B;
   }

  function TestObjekt()
   {
    Test = new Farbe("33","99","C0");
    alert("Der Rotwert meiner Farbe ist Hexadezimal " + Test.Farbwert_R);
   }
  // -->
</script>
</head>
<body onload="TestObjekt()">
</body>
</html>
```

Um ein neues Objekt und seine Eigenschaften anzulegen, müssen Sie innerhalb eines JavaScript-Bereichs oder innerhalb einer separaten JavaScript-Datei eine eigene Funktion definieren, die so aussieht wie im Beispiel die Funktion `Farbe(...)`. Der Name, den Sie der Funktion geben (im Beispiel der Name `Farbe`) ist zugleich der Name des Objekts, das Sie mit dieser Funktion anlegen. Als Parameter, die die Funktion erwartet, notieren Sie die Eigenschaften, die Ihr Objekt haben soll. Die Parameternamen sind zugleich die Namen der Objekteigenschaften. Im Beispiel sind das die Eigenschaften `Farbwert_R`, `Farbwert_G` und `Farbwert_B`, denn es soll ein Objekt angelegt werden, das

Rot-, Grün- und Blau-Wert einer Farbe speichern kann. Innerhalb der Funktion notieren Sie alle Anweisungen wie im Beispiel: Für jede Eigenschaft, die bei den Funktionsparametern festgelegt wurde, notieren Sie eine Anweisung, beginnend mit dem von JavaScript reservierte Wort `this`, gefolgt von einem Punkt und dem Parameternamen. Dahinter notieren Sie ein Gleichheitszeichen und hinter dem Gleichheitszeichen nochmals den Parameternamen. Am Ende jeder Anweisung muß ein Strichpunkt stehen.

Nachdem das Objekt angelegt ist, können Sie an anderen Stellen innerhalb Ihres JavaScripts Instanzen dieses Objektes definieren. Dies geschieht mit Hilfe einer Variablen und dem von JavaScript reservierte Wort `new`. Im Beispiel wird zu Testzwecken eine zweite Funktion `TestObjekt()` definiert. Darin wird zunächst eine Variable `Test` angelegt. Diese Variable soll Daten des angelegten Objekts `Farbe` enthalten. Dies geschieht durch ein Gleichheitszeichen hinter dem Variablennamen. Dahinter folgt das von JavaScript reservierte Wort `new` und dahinter, durch ein Leerzeichen getrennt, der Name der Funktion, mit der das gleichnamige Objekt angelegt wurde, im Beispiel `Farbe`. Als Parameter werden dieser Funktion irgendwelche brauchbaren Werte übergeben, im Beispiel `"33"`, `"99"` und `"C0"` – typische hexadezimale Farbwerte, wie sie in HTML zum Einsatz kommen. Der Rot-Wert der Farbe wird beim Einlesen der HTML-Datei in einem Meldungsfenster ausgegeben.

Eigenschaften von Objekten

Objekte können Eigenschaften haben. Ein selbst definiertes Objekt `Mensch` könnte zum Beispiel die Eigenschaften Name, Alter, Geschlecht und Muttersprache haben. Vordefinierte JavaScript-Objekte haben ebenfalls Eigenschaften. So hat das Objekt `Math` zum Beispiel eine Eigenschaft `PI` (`Math.PI`). Auf diese Weise läßt sich mit der mathematischen Konstante PI rechnen, ohne deren genauen Wert zu kennen.

Eigenschaften von Objekten können Sie innerhalb Ihres JavaScript-Codes jederzeit auslesen, und in vielen Fällen können Sie die Werte von Eigenschaften auch ändern. So können Sie beispielsweise dem im Browser-Fenster angezeigten Dokument eine neue, gültige URL-Adresse zuweisen. Dadurch bewirken Sie, daß der WWW-Browser einen Sprung zu der zugewiesenen URL-Adresse ausführt, genauso, als ob der Anwender auf einen entsprechenden Verweis klicken würde. Ein Beispiel:

```
<html>
<head>
<title>Browser des Anwenders auslesen</title>
<script language="JavaScript">
<!--
var BrowserName = navigator.appName;
var BrowserVersion = navigator.appVersion;
alert("Ah ja, Sie verwenden also den " + BrowserName +
   ", und zwar in der Version " + BrowserVersion);
// -->
</script>
```

```
</head>
<body>
</body>
</html>
```

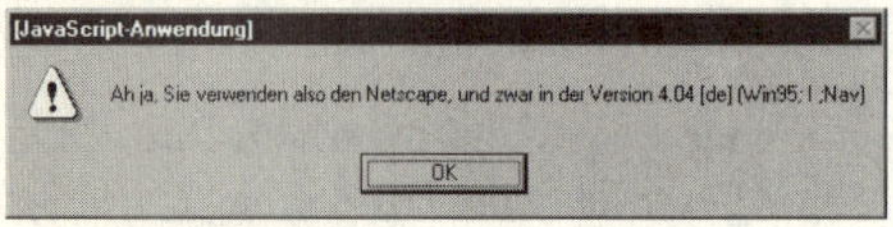

Bild 12.4: Das kurze JavaScript hat den Browser-Typ ermittelt

Im Beispiel werden innerhalb eines JavaScript-Bereichs zwei Eigenschaften des vordefinierten JavaScript-Objekts `navigator` in zwei entsprechenden Variablen gespeichert. Das `navigator`-Objekt stellt Ihnen über seine Eigenschaften verschiedene Informationen über den verwendeten WWW-Browser des Anwenders zur Verfügung. Im obigen Beispiel werden die Eigenschaften des Browser-Namens, gespeichert in der Objekteigenschaft `navigator.appName`, und der Browser-Version, gespeichert in der Objekteigenschaft `navigator.appVersion`, ermittelt. Anschließend werden die ermittelten Daten in einem Meldungsfenster am Bildschirm ausgegeben. Objekteigenschaften sprechen Sie an, indem Sie zuerst den Namen des Objekts notieren, dahinter einen Punkt und dahinter den Namen der Eigenschaft. Dabei sind keine Leerzeichen erlaubt!

Beachten Sie: Da im obigen Beispiel keine Funktion definiert worden ist, wird der JavaScript-Code beim Einlesen der Datei einfach ausgeführt.

Objekt-Methoden

Objekte können Methoden haben. Das sind Funktionen, die Aktionen ausführen, aber im Gegensatz zu alleinstehenden Funktionen an ein bestimmtes Objekt gebunden sind. Viele vordefinierte JavaScript-Objekte haben Methoden. So gibt es zum Beispiel das vordefinierte JavaScript-Objekt `history`, in dem die bereits besuchten URL-Adressen eines Browser-Fensters gespeichert sind. Dazu gibt es eine Methode `history.back()`, mit der Sie in JavaScript einen Rücksprung zu einer bereits besuchten URL-Adresse erzwingen können. Ein Beispiel:

```
<html>
<head>
<title>Geh hin wo Du herkommst</title>
</head>
<body>
<a href="javascript:history.back();">Geh hin wo Du herkommst</a>
</body>
</html>
```

Das Beispiel enthält einen Verweis mit einer speziellen Syntax. Diese Syntax erlaubt Ihnen, beim Anklicken des Verweises JavaScript-Code aufzurufen. Im Beispiel ist das ein Aufruf der Methode `back()` des Objekts `history`.

Objektmethoden sprechen Sie an, indem Sie zuerst den Namen des Objekts notieren, dahinter einen Punkt, dahinter den Namen der Methode und dahinter eine öffnende und eine schließende Klammer. Dabei sind keine Leerzeichen erlaubt. Einige Methoden können auch Parameter beim Aufruf erwarten. Diese Parameter müssen Sie dann zwischen der öffnenden und der schließenden Klammer übergeben. Beachten Sie: Mehr zu der Aufrufsyntax bei Verweisen erfahren Sie im Abschnitt über Event-Handler (Kapitel 12.2.10).

Abfragen, ob ein Objekt existiert

Es gibt mittlerweile ziemlich viele JavaScript-Objekte, und es ist oft schwer durchschaubar, welcher Browser in welcher Version welches Objekt interpretiert. Objekte, die nicht interpretierbar sind, führen in den Browsern zu Fehlermeldungen. So kann es vorkommen, daß ein Script, daß mit Netscape 4.x wunderbar funktioniert, bei Netscape 3.x zu Fehlermeldungen führt, weil ein Objekt nicht bekannt ist. Deshalb gibt es eine Möglichkeit, den Aufruf von Eigenschaften und Methoden eines Objekts von einer Abfrage abhängig zu machen, ob das Objekt dem Browser überhaupt bekannt ist. Ein Beispiel:

```
<html>
<head>
<title>Objekte abfagen</title>
<script language="JavaScript">
<!--
if(! document.images)
 alert("Schade, Ihr Browser kennt das image-Objekt nicht -
    Sie verpassen was!");
else
 alert("Hurra, Ihr Browser kennt das image-Objekt");
if(document.all)
 alert("Aha, Microsoft!");
else
 alert("Aha, nicht Microsoft!");
// -->
</script>
</head>
<body>
</body>
</html>
```

Mit einer bedingten Anweisung `if(...)` können Sie überprüfen, ob ein Objekt oder eine Eigenschaft/Methode des Objekts verfügbar ist. Als Ausdruck für die Bedingung notieren Sie innerhalb der Klammern hinter `if` einfach das Objekt, nach dem Sie fragen, bzw. das Objekt plus die Eigenschaft/Methode, nach der Sie fragen wollen. Wenn das Objekt verfügbar ist, wird intern der Wert `true` (wahr) zurückgegeben. In dem Zweig der `if-else`-Abfrage, die diesen Fall verarbeitet, können Sie dann loslegen und zum Beispiel Befehle verwenden, die dieses Objekt verwenden. In dem anderen Zweig der `if-else`-Abfrage können Sie beispielsweise eine eigene Meldung ausgeben, daß dieses JavaScript leider Befehle verwendet, die der Browser des Anwenders nicht interpretiert.

Im obigen Beispiel wird zunächst gefragt, ob das `images`-Objekt nicht verfügbar ist (die verneinte Abfrage ergibt sich durch das Ausrufezeichen vor dem Objekt). Ist das Objekt also nicht verfügbar, wird im Beispiel die Meldung ausgegeben, daß dies sehr schade sei usw. Im anderen Fall, also wenn das Objekt verfügbar ist, wird eine Hurra-Meldung ausgegeben.

Im zweiten Teil des Beispiels wird eine Eigenschaft des `document`-Objekts abgefragt, nämlich die Eigenschaft `all`, die selbst wieder ein Objekt ist, aber nur vom Internet Explorer interpretiert wird. Auch dabei werden im Beispiel wieder je nach Verfügbarkeit zwei unterschiedliche Meldungen ausgegeben.

Mehrere Anweisungen ausführen (with)

Hin und wieder kommt es vor, daß Sie mehrere Anweisungen in Folge notieren, die alle mit dem gleichen Objekt arbeiten. Für diesen Zweck können Sie, wenn Sie wollen, eine verkürzte, spezielle Schreibweise verwenden. Ein Beispiel:

```
<html><head><title>Test</title>
</head><body>
<script language="JavaScript">
with(document)
{
 open();
 write("Diese Seite hat die Hintergrundfarbe " + bgColor);
 close();
}
</script>
</body></html>
```

Mit `with(Objektname)` leiten Sie eine solche Schreibweise ein (with = mit). Da normalerweise mehrere Anweisungen folgen, die dieses Objekt verwenden, müssen Sie all diese Anweisungen in geschweifte Klammern einschließen.

Im obigen Beispiel wird mit dem `document`-Objekt gearbeitet. Innerhalb der geschweiften Klammern werden die Methoden `open()`, `write()` und `close()` sowie die Eigenschaft `bgColor` verwendet. Sie alle gehören zum `document`-Objekt. Normalerweise müßten Sie notieren: `document.open()` oder `document.bgColor`. Durch die spezielle Syntax mit `with(document)` entfällt dies.

Beachten Sie: Natürlich ist es auch möglich, untergeordnete Objekte auf diese Weise anzusprechen, z. B.:

```
with(document.MeinFormular.Feld_1)
   value = Stefan
```

Auf aktuelles Objekt Bezug nehmen (this)

Es gibt Fälle, in denen es eindeutig ist, auf welches Objekt sich ein Befehl bezieht. In solchen Fällen können Sie eine verkürzte Schreibweise benutzen. Ein Beispiel:

```
<html><head><title>Test</title>
</head><body>
<form name="Eingabe">
<input type=text name="Feld">
<input type=button value="OK"
    onClick="alert(this.form.Feld.value)">
</form>
</body></html>
```

Mit dem Schlüsselwort `this` können Sie auf ein aktuelles Objekt Bezug nehmen. Im Beispiel wird ein Formular mit einem Eingabefeld und einem Button definiert. Wenn der Anwender auf den Button klickt, tritt der Event-Handler `onClick=` in Aktion, der als Attribut in dem HTML-Tag für den Button notiert ist. Im Beispiel wird in einem Meldungsfenster der Wert ausgegeben, den der Anwender in dem Eingabefeld eingegeben hat. Normalerweise würde der Befehl so notiert:

```
alert(document.Eingabe.Feld.value)
```

Da der Befehl jedoch innerhalb des Formulars steht, auf das er sich bezieht, dürfen Sie auch schreiben:

```
alert(this.form.Feld.value)
```

Das Wort `form` ist dabei vom `forms`-Objekt abgeleitet.

12.2.4 Funktionen

Funktion definieren

Mit Hilfe von Funktionen können Sie eigene, in sich abgeschlossene JavaScript-Prozeduren programmieren, die Sie dann über den Aufruf der Funktion ausführen können. Dabei können Sie bestimmen, bei welchem Ereignis – zum Beispiel, wenn der Anwender einen Button anklickt – die Funktion aufgerufen und Ihr Programmcode ausgeführt wird. JavaScript-Code, der nicht innerhalb einer Funktion steht, wird beim Einlesen der Datei vom WWW-Browser sofort ausgeführt.

Eine Funktion ist ein Anweisungsblock. Sie können eigene Funktionen innerhalb eines JavaScript-Bereichs oder in einer separaten JavaScript-Datei definieren. An erlaubten

Stellen, z. B. innerhalb der einleitenden HTML-Tags `<body...>` und `<a href...>` oder in einem Formular-Tag wie `<input...>`, können Sie eine solche selbst definierte Funktion dann mit Hilfe eines Event-Handlers aufrufen. Oder Sie rufen eine Funktion innerhalb einer anderen Funktion auf. Ein Beispiel:

```
function PrimzahlCheck(Zahl)
 {
  var Grenzzahl = Zahl / 2;
  var Check = 1;
  for(i = 2; i <= Grenzzahl; i++)
    if(Zahl % i == 0)
    {
     alert(Zahl + " ist keine Primzahl, weil teilbar durch "
       + i);
     Check = 0;
    }
  if(Check == 1)
   alert(Zahl + " ist eine Primzahl!");
 }
</script>
```

Mit dem Schlüsselwort `function` leiten Sie die Definition einer Funktion ein. Dahinter folgt, durch ein Leerzeichen getrennt, ein frei wählbarer Funktionsname, im Beispiel `PrimzahlCheck`. Vergeben Sie einen Funktionsnamen, der das, was die Funktion leistet, ungefähr beschreibt. Beachten Sie dabei die Regeln für selbst vergebene Namen.

Unmittelbar hinter dem Funktionsnamen folgt eine öffnende Klammer. Wenn die Funktion keine Parameter erwarten soll, notieren Sie dahinter sofort wieder eine schließende Klammer. Wenn die Funktion Parameter übergeben bekommen soll, notieren Sie innerhalb der Klammer die Namen der Parameter. Die Namen der Parameter sind frei wählbar. Bei den Parameternamen gelten die gleichen Regeln wie beim Funktionsnamen. Mehrere Parameter werden durch Kommata voneinander getrennt. Im obigen Beispiel erwartet die Funktion `PrimzahlCheck` einen Parameter `Zahl`.

Der gesamte Inhalt der Funktion wird in geschweifte Klammern, `{` und `}`, eingeschlossen. Diese Klammern dürfen niemals fehlen!

Die Anweisungen innerhalb der Funktion können sehr unterschiedlicher Natur sein. Sie können Sie z. B. Objekte manipulieren, übergebene Parameter verarbeiten und ändern, Berechnungen anstellen usw. Sie können innerhalb von Funktionen auch andere Funktionen aufrufen. Welche Anweisungen innerhalb einer Funktion stehen, hängt davon ab, was die Funktion leisten soll. Im obigen Beispiel wird ermittelt, ob die übergebene Zahl eine Primzahl ist. Wenn es keine ist, wird für jede Zahl, durch die sie teilbar ist, eine entsprechende Meldung ausgegeben. Wenn es eine Primzahl ist, wird am Ende ausgegeben, daß es sich um eine Primzahl handelt.

Funktion aufrufen

Sie können eine selbst definierte Funktion aufrufen, um den darin enthaltenen JavaScript-Code auszuführen. Ein Beispiel:

```
<html>
<head>
<title>Zahl auf Primzahl checken</title>
<script language="JavaScript">
<!--
function PrimzahlCheck(Zahl)
 {
  var Grenzzahl = Zahl / 2;
  var Check = 1;
  for(i = 2; i <= Grenzzahl; i++)
    if(Zahl % i == 0)
    {
     alert(Zahl + " ist keine Primzahl, weil teilbar durch "
        + i);
     Check = 0;
    }
  if(Check == 1)
   alert(Zahl + " ist eine Primzahl!");
 }
//-->
</script>
</head>
<body>
<form name="PrimzahlFormular">
Geben Sie eine Zahl ein, die Zahl wird auf
   Primzahl gecheckt:<br>
<input type=text name="Eingabezahl">
<input type=button value="auf Primzahl checken"
onClick="PrimzahlCheck
   (document.PrimzahlFormular.Eingabezahl.value)">
</form>
</body>
</html>
```

Das obige Beispiel zeigt eine komplette HTML-Datei. Darin ist ein JavaScript-Bereich definiert, in dem wiederum die Funktion `PrimzahlCheck()` definiert ist. Im Dateikörper der HTML-Datei steht ein Formular mit einem Eingabefeld und einem Button. Im Eingabefeld kann der Anwender eine Zahl eingeben. Wenn er auf den Button klickt, wird die JavaScript-Funktion aufgerufen und ermittelt, ob es sich bei der Eingabe um eine Primzahl handelt. Dazu enthält der Button den Event-Handler `onClick=` (= beim Anklicken). Dahinter wird die JavaScript-Funktion mit der eingegebenen Zahl aufgerufen.

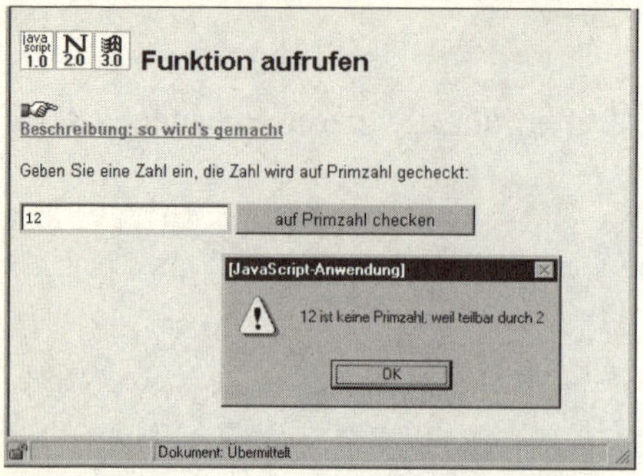

Bild 12.5: 12 ist eindeutig keine Primzahl

Die Funktion rufen Sie mit ihrem Funktionsnamen auf. Es folgt die öffnende Klammer. Wenn die Funktion keine Parameter erwartet, notieren Sie hinter der öffnenden gleich eine schließende Klammer. Wenn die Funktion Parameter erwartet, müssen Sie für jeden Parameter einen erlaubten Wert übergeben.

Funktion mit Rückgabewert definiert und aufrufen

Eine Funktion kann einen ermittelten Wert an die aufrufende Instanz zurückgeben. Beispiel:

```
<html>
<head>
<title>Bruttobetrag aus Nettobetrag errechnen</title>
<script language="JavaScript">
<!--
    function BruttoBetrag(Netto, Prozente)
     {
       var Ergebnis = Netto * (1 + (Prozente / 100));
      return Ergebnis;
     }

    function SchreibeBrutto(Betrag, Prozentsatz)
     {
      var Wert;
      Wert = BruttoBetrag(Betrag, Prozentsatz);
      document.BruttoForm.Ergebnisfeld.value = Wert;
     }
//-->
</script>
</head>
<body>
<form name="BruttoForm">
Nettobetrag: <input type=text name="NettoEingabe"><br>
Prozentsatz: <input type=text name="ProzentEingabe"><br>
```

```
<p>Kommabetrag mit Punkt eingeben!</p>
<input type=button value="Brutto ermitteln"
  onClick="SchreibeBrutto(document.BruttoForm.NettoEingabe.value,
  document.BruttoForm.ProzentEingabe.value)">
<p>
Ergebnis: <input type=text name="Ergebnisfeld">
</form>
</body>
</html>
```

Das obige Beispiel zeigt eine komplette HTML-Datei. Darin ist ein JavaScript-Bereich definiert, in dem wiederum die zwei Funktionen `BruttoBetrag(...)` und `SchreibeBrutto(...)` definiert sind. Im Dateikörper der HTML-Datei steht ein Formular mit je einem Eingabefeld für einen Nettobetrag und einen Prozentwert. Wenn der Anwender auf den darunter definierten Button klickt, wird die Funktion `SchreibeBrutto(...)` aufgerufen. Diese wiederum ruft die Funktion `BruttoBetrag(...)` auf.

Da die Funktion `BruttoBetrag(...)` ihr errechnetes Ergebnis an die aufrufende Instanz zurückgibt, wird in `SchreibeBrutto(...)` eine Variable mit dem Namen `Wert` definiert, die diesen Rückgabewert speichert. Das Ergebnis, das in dieser Variablen gespeichert ist, schreibt die Funktion schließlich in ein Feld, das innerhalb des Formulars eigens für diesen Zweck eingerichtet wurde: das Eingabefeld mit dem Namen `Ergebnisfeld`.

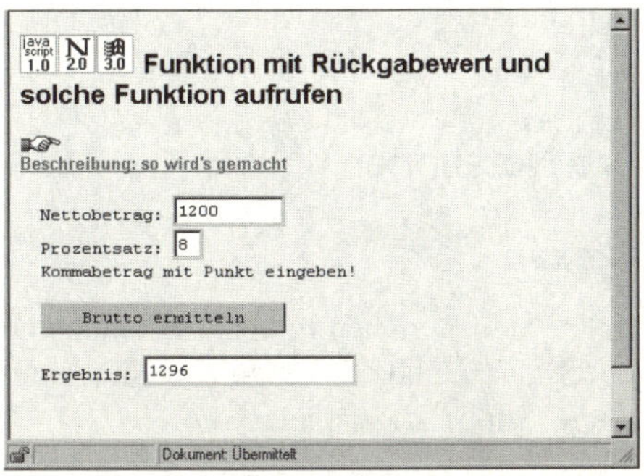

Bild 12.6: JavaScript ist auch für Rechenaufgaben geeignet

Vordefinierte JavaScript-Funktionen

Es gibt einige Funktionen, die bereits in JavaScript integriert sind. Solche Funktionen können Sie aufrufen, ohne sie selbst zu definieren. Beispiel:

```
<html>
<head>
<title>Bruttobetrag aus Nettobetrag errechnen</title>
<script language="JavaScript">
<!--
```

```
    function Simple()
     {
      var Ergebnis = eval("1+1");
      alert("1 + 1 = " + Ergebnis);
     }
//-->
</script>
</head>
<body>
<a href="javascript:Simple()">Wieviel ist 1+1?</a>
</body>
</html>
```

Das obige Beispiel zeigt eine komplette HTML-Datei. Darin ist ein JavaScript-Bereich definiert, in dem wiederum eine Funktionen `Simple()` definiert ist. Innerhalb des Dateikörpers der HTML-Datei steht ein Verweis. Beim Anklicken dieses Verweises wird die Funktion aufgerufen. Sie gibt das Ergebnis von 1+1 in einem Meldungsfenster aus. Zur Berechnung des Ergebnisses wird zuvor die JavaScript-Standardfunktion `eval(...)` aufgerufen (eval = evaluate = berechnen).

Beachten Sie: Die Syntax, um in Verweisen JavaScript-Funktionen aufzurufen, wird bei den Event-Handlern näher beschrieben (Kapitel 12.2.10). Eine Übersicht aller JavaScript-Standardfunktionen finden Sie im Abschnitt Objektunabhängige Funktionen (Kapitel 13.30).

12.2.5 Steuerzeichen und besondere Notationen

Steuerzeichen bei Zeichenketten

Bei Zeichenkettenvariablen gibt es die Möglichkeit, Steuerzeichen in den Variablenwert einzufügen. Steuerzeichen dieser Art werden durch das Zeichen \ eingeleitet. Dahinter folgt ein Buchstabe, der das Steuerzeichen markiert. Ein paar Beispiele:

```
<script language="JavaScript">
<!--
  var Variable1 = "Hier erfolgt ein\nZeilenumbruch";
  var Variable2 = "Hier erfolgt ein\fWagenrücklauf";
  var Variable3 = "Hier erfolgt ein\bBackspace";
  var Variable4 = "Hier erfolgt ein\rDOS-Extra-Zeilenumbruch";
  var Variable5 = "Hier erfolgt ein\tTabulator";
  var Variable6 = "Hier erfolgt ein\"Anführungszeichen";
// -->
</script>
```

- Das Steuerzeichen `\n` ist z. B. in `alert(...)`-Meldungen sinnvoll, um innerhalb des auszugebenden Textes einen Zeilenumbruch einzufügen.

- Das Steuerzeichen `\t` ist z. B. sinnvoll, um etwa innerhalb einer `alert(...)`-Meldung tabellarische Information auszugeben.
- Das Steuerzeichen `\r` sollten Sie zusätzlich zu dem Steuerzeichen `\n` notieren, wenn `\n` alleine nicht funktioniert.
- Das Steuerzeichen `\"` müssen Sie notieren, wenn Sie innerhalb einer Zeichenkette ein Anführungszeichen verwenden möchten.

Notation numerischer Werte

Sie können Zahlen ganz normal notieren. Beachten Sie dabei nur, daß bei Kommazahlen anstelle eines Kommas ein Punkt notiert werden muß. So wird die Zahl Pi beispielsweise als 3.1415 notiert. Für sehr hohe und sehr niedrige Zahlen und für komplexe Kommazahlen gibt es daneben aber noch andere Notationsmöglichkeiten. Ein Beispiel:

```
<script language="JavaScript">
<!--
  var a = 1E1;
  var b = 1.2345E4;
  var c = 2e-3;
// -->
</script>
```

Mit `e` oder `E` bestimmen Sie die Anzahl von Nullen, die hinter der Zahl vor dem `e` bzw. `E` stehen. Die erste Zahl im Beispiel, `1E1`, ist eine 1 mit einer 0 dahinter, also 10. Die zweite Zahl im Beispiel, `1.2345E4`, ist eine andere Schreibweise für 12345. Der Dezimalpunkt wird also einfach um so viele Stellen nach rechts verschoben, wie hinter dem E-Zeichen angegeben.

Die dritte Zahl im Beispiel, `2e-3`, ist eine andere Schreibweise für 0.002. Der Dezimalpunkt wird also einfach um so viele Stellen nach links verschoben, wie hinter dem E-Zeichen angegeben. Diese umgekehrte Richtung wird durch das Minuszeichen bewirkt, das dem `e` folgt.

12.2.6 Operatoren

Zuweisungsoperator

Sie können zum Beispiel einer Variablen einen Wert zuweisen. Der Zuweisungsoperator dafür ist ein Gleichheitszeichen. Im Beispiel wird eine Variable *SinnDesLebens* definiert. Der Variablen wird mit dem Zuweisungsoperator `=` der Wert 42 zugewiesen.

Das Beispiel:

```
<script language="JavaScript">
<!--
  var SinnDesLebens = 42;
```

```
// -->
</script>
```

Vergleichsoperatoren

Vergleichsoperatoren brauchen Sie, wenn Sie zwei Werte vergleichen wollen, z. B. den aktuellen Inhalt einer Variablen mit einem fixen Wert. Ein paar Beispiele:

```
<script language="JavaScript">
<!--
  if(SinnDesLebens == 42) return 1;
  if(SinnDesLebens != 42) return 0;
  if(SinnDesLebens > 42) return 0;
  if(SinnDesLebens < 42) return 0;
  if(Alter >= 18) alert("SIE duerfen das hier sehen!");
  if(Alter <= 17) alert("SIE duerfen das hier NICHT sehen!");
// -->
</script>
```

- Um abzufragen, ob zwei Werte gleich sind, notieren Sie zwei Gleichheitszeichen == nebeneinander.
- Um abzufragen, ob zwei Werte unterschiedlich sind, notieren Sie zwischen beiden Werten die Zeichen !=.
- Um abzufragen, ob ein Wert größer oder gleich ist als ein anderer, notieren Sie die Zeichen >=.
- Um abzufragen, ob ein Wert in jedem Fall größer ist als ein anderer, notieren Sie das Zeichen >.
- Um abzufragen, ob ein Wert kleiner oder gleich ist als ein anderer, notieren Sie die Zeichen <=.
- Um abzufragen, ob ein Wert in jedem Fall kleiner ist als ein anderer, notieren Sie das Zeichen <.

Berechnungsoperatoren

Um mit numerischen Werten Berechnungen durchzuführen, brauchen Sie Berechnungsoperatoren. Einige Beispiele:

```
<script language="JavaScript">
<!--
  var Zwei = 1 + 1;
  var GarNix = 1 - 1;
  var AuchNix = 81 / 3 - 27;
  var WenigerAlsNix = 81 / (3 - 27);
  var SinnDesLebens = 6 * 7;
  var MachtAuchSinn = 84 / 2;
```

```
  x = Jahr % 4;
  if(x == 0)
   Schaltjahr = true;

  /* Besondere Notationen: */

  var Zahl;
  Zahl+=3;
  Zahl++;
  Zahl-=2;
  Zahl--;
  Zahl*=4;
  Zahl/=3;
// -->
</script>
```

Mathematische Operatoren notieren Sie mit den dafür üblichen Zeichen. Mit + notieren Sie eine Addition, mit – eine Subtraktion, mit * eine Multiplikation, mit / eine Division. Eine Besonderheit stellt der Operator `%` dar. Damit wird eine sogenannte Modulo-Division durchgeführt. Bei einer Modulo-Division werden zwei Werte dividiert. Das Ergebnis ist jedoch im Gegensatz zur normalen Division nur der Restwert der Division. Wenn Sie z. B. `13 % 5` notieren, erhalten Sie als Ergebnis 3, weil 13 geteilt durch 5 gleich 2 Rest 3 ergibt. Diese 3 ist es, die als Ergebnis einer Modulo-Division herauskommt.

Sie können mehrere Operationen in Reihe notieren. Dabei gilt die übliche Punkt-vor-Strich-Regel. Wenn Sie eine andere Regel erzwingen wollen, müssen Sie Klammern verwenden wie im vierten der obigen Beispiele.

Die besonderen Notationen, die in den obigen Beispielen vorkommen, können Sie verwenden, wenn Sie Additionen oder Subtraktionen abkürzen wollen:

- `Zahl+=3;` ist eine Abkürzung für `Zahl = Zahl + 3;`
- `Zahl++;` ist eine Abkürzung für `Zahl = Zahl + 1;`
- `Zahl-=2;` ist eine Abkürzung für `Zahl = Zahl - 2;`
- `Zahl--;` ist eine Abkürzung für `Zahl = Zahl - 1;`

Der Operator `++` wird auch als Inkremationsoperator bezeichnet, der Operator `--` als Dekrementationsoperator.

Logische Operatoren

Logische Operatoren brauchen Sie, wenn Sie komplexere Bedingungen für bedingte Anweisungen oder Schleifen formulieren wollen. Ein paar Beispiele:

```
<script language="JavaScript">
<!--
  if(PLZ >= 80000 && PLZ <= 82000)
   alert("Sie wohnen wohl in Muenchen oder Umgebung!")
```

```
  if(x > 100 || y == 0)
   break;
// -->
</script>
```

Mit dem logischen Operator `&&` verknüpfen Sie zwei oder mehrere Bedingungen durch *und*, d. h. beide bzw. alle Bedingungen müssen erfüllt sein, damit die gesamte Bedingung erfüllt ist.

Mit dem logischen Operator `||` verknüpfen Sie zwei oder mehrere Bedingungen inklusiv durch *oder*, d. h. es genügt, wenn eine der Bedingungen erfüllt ist, damit die gesamte Bedingung erfüllt ist.

Bit-Operatoren

Bit-Operatoren sind nur etwas für Profis. Um Bit-Operatoren richtig einzusetzen, müssen Sie viel von Computer-internen Speichervorgängen verstehen. Deshalb werden die Bit-Operatoren hier nur kurz erwähnt:

- `>>` verschiebt Bits nach rechts,
- `<<` verschiebt Bits nach links,
- `&` definiert in einer Bitmaske eine Und-Bedingung,
- `|` definiert in einer Bitmaske eine inklusive Oder-Bedingung,
- `^` definiert in einer Bitmaske eine exklusive Oder-Bedingung.

Operator zur Zeichenkettenverknüpfung

Mit einem einfachen Pluszeichen + können Sie eine Zeichenkette an eine andere anhängen. Sie können sowohl Zeichenkettenvariablen als auch direkte Zeichenkettenangaben mit + aneinanderhängen. Beispiel:

```
<script language="JavaScript">
<!--
 var Vorname = "Stefan "
 var Zuname = "Muenz"
 var Name = Vorname + Zuname + ", der Autor dieses Dokuments"
// -->
</script>
```

Operatoren-Rangfolge

Unter den Operatoren von JavaScript gibt es eine festgelegte Rangordnung. Wenn Sie komplexe Rechenoperationen durchführen oder mehrere Bedingungen miteinander verknüpfen, gilt bei der internen Auflösung solcher komplexen Ausdrücke die folgende Rangordnung:

Rangstufe: , (Aneinanderreihung)
Rangstufe: = += -= <<= >>= &= ^= |=
Rangstufe: ?: (Entweder-Oder-Bedingung)
Rangstufe: ||
Rangstufe: &&
Rangstufe: |
Rangstufe: ^
Rangstufe: &
Rangstufe: == !=
Rangstufe: < <= > >=
Rangstufe: << >> >>>
Rangstufe: + -
Rangstufe: * / %
Rangstufe: ! ~ - ++ --
Rangstufe: () [] . (Klammerung und Vektoren)

Mit Hilfe von Klammern, die absichtlich die unterste Rangstufe in der Prioritätshierarchie darstellen, können Sie die Rangfolge bei den Operatoren beeinflussen und Ausdrücke so bewerten, wie Sie es wünschen. Das Beispiel zeigt, wie Sie durch Setzen von Klammern das Ergebnis einer Rechenoperation beeinflussen können:

```
<script language="JavaScript">
<!--
var OffizielleStatistik = 3.29 * 3 + 4.71;
var MeineStatistik = 3.29 * (3 + 4.71);
// -->
</script>
```

12.2.7 Bedingte Anweisungen (if-else/switch)

Wenn-Dann-Bedingungen mit »if«

Sie können die Ausführung von Anweisungen von Bedingungen abhängig machen. Ein Beispiel für eine einfache Paßwortabfrage:

```
<html><head><title>TestUser</title>
<script language="JavaScript">
<!--
  var Passwort = "Traumtaenzer";

  UserEingabe = window.prompt
     ("Bitte geben Sie das Passwort ein","");
  if(UserEingabe != Passwort)
    {
    alert("Falsches Passwort!");
    history.back();
```

```
  }
  else
    document.location.href="geheim.htm";
// -->
</script>
</head><body>
</body></html>
```

Mit `if` leiten Sie eine Wenn-Dann-Bedingung ein (if = wenn). Dahinter folgt, in Klammern stehend, die Formulierung der Bedingung. Um solche Bedingungen zu formulieren, brauchen Sie Vergleichsoperatoren und in den meisten Fällen auch Variablen. Für Fälle, in denen die Bedingung nicht erfüllt ist, können Sie einen Andernfalls-Zweig definieren. Dies geschieht durch `else` (else = sonst). Der Else-Zweig ist nicht zwingend erforderlich. Wenn Sie mehr als eine Anweisung unterhalb und abhängig von `if` oder `else` notieren wollen, müssen Sie die Anweisungen in geschweifte Klammern einschließen (siehe auch den Abschnitt über Anweisungsblöcke).

Einfache Entweder-Oder-Abfrage

Für einfache Entweder-Oder-Bedingungen gibt es eine spezielle Syntax, die Sie alternativ zur `if`/`else`-Anweisung verwenden können. Ein Beispiel:

```
<script language="JavaScript">
<!--
 var DuBistEin = (Antwort == "42") ? "Genie" : "Dummkopf";
 alert("Deine Antwort zeigt mir, dass Du ein " + DuBistEin +
 " bist!");
// -->
</script>
```

Eine einfache Entweder-Oder-Abfrage wird mit einer Bedingung eingeleitet. Die Bedingung muß in Klammern stehen, im Beispiel `(Antwort == "42")`. Dahinter wird ein Fragezeichen notiert. Hinter dem Fragezeichen wird ein Wert angegeben, der aktuell ist, wenn die Bedingung erfüllt ist. Dahinter folgt ein Doppelpunkt und dahinter ein Wert für den Fall, daß die Bedingung nicht erfüllt ist. Da es sich um Werte handelt, die für die Weiterverarbeitung nur sinnvoll sind, wenn sie in einer Variablen gespeichert werden, wird einer solchen Entweder-Oder-Abfrage in der Regel eine Variable vorangestellt, im Beispiel die Variable `DuBistEin`. Der Variablen wird durch diese Art von Anweisung das Ergebnis der Entweder-Oder-Abfrage zugewiesen. Um Bedingungen zu formulieren, brauchen Sie Vergleichsoperatoren.

Fallunterscheidung mit »switch«

Mit `if` und `else` können Sie genau zwei Fälle unterscheiden. Wenn Sie feiner differenzieren, also zwischen mehreren Fällen unterscheiden wollen, können Sie zwar mehrere `if`-Abfragen hintereinander notieren, aber es gibt noch eine elegantere Möglichkeit, die

Fallunterscheidung mit `switch`. Diese Syntax, die aus der Programmiersprache C entlehnt ist, gibt es in JavaScript aber erst seit der Sprachversion 1.2 – ältere Browser quittieren solche Anweisungen mit einer Fehlermeldung. Ein Beispiel:

```
<script language="JavaScript">
<!--
Eingabe = window.prompt("Zahl zwischen 1 und 4","");
switch(Eingabe)
{
 case "1":
 alert("Sie sind sehr bescheiden");
 break;
 case "2":
 alert("Sie sind ein aufrichtiger Zweibeiner");
 break;
 case "3":
 alert("Sie haben ein Dreirad gewonnen");
 break;
 case "4":
 alert("Gehen Sie auf allen Vieren und werden Sie bescheidener");
 break;
 default:
 alert("Sie bleiben leider dumm");
 break;
}
// -->
</script>
```

Mit `switch` leiten Sie eine Fallunterscheidung ein (switch = Schalter). Dahinter folgt, in runde Klammern eingeschlossen, eine Variable oder ein Ausdruck, für dessen aktuellen Wert Sie die Fallunterscheidung durchführen. Im Beispiel ist das die Variable mit dem Namen `Eingabe`. Diese Variable wird vor der Fallunterscheidung mit einem Wert versorgt, denn ein Dialogfenster (`window.prompt()`) mit einem Eingabefeld fordert den Anwender auf, eine Zahl zwischen 1 und 4 einzugeben. Der eingegebene Wert wird in `Eingabe` gespeichert.

Die einzelnen Fälle, die Sie abfragen möchten, werden innerhalb geschweifter Klammern notiert. Jeden einzelnen Fall leiten Sie mit `case` ein (case = Fall). Dahinter folgt die Angabe des Wertes, auf den Sie prüfen wollen. Die Anweisung `case "1":` im obigen Beispiel bedeutet dann so viel wie: Wenn die variable Eingabe den Wert 1 hat. Im Beispiel wird für jeden Fall eine individuelle Meldung ausgegeben.

Wichtig ist dabei auch das Wort `break` am Ende jedes Falls (break = abbrechen). Wenn Sie das Wort weglassen, werden nämlich alle nachfolgenden Fälle auch ausgeführt, aber das wollen Sie ja in der Regel nicht. Für den Fall, daß keiner der definierten Fälle zutrifft, können Sie am Ende der Fallunterscheidung den Fall `default:` definieren. Die darunter stehenden Anweisungen werden ausgeführt, wenn keiner der anderen Fälle zutrifft.

12.2.8 Schleifen (while/for/do-while)

Schleifen mit »while«

Mit Hilfe von `while`-Schleifen können Sie Programmanweisungen solange wiederholen, wie die Bedingung, die in der Schleife formuliert wird, erfüllt ist. Das folgende Beispiel stellt eine einfache Paßwortabfrage dar. Der Anwender hat drei Versuche, das Paßwort richtig einzugeben. Dazu wird eine Schleife eingesetzt.

```
<html>
<head>
<title>User checken</title>
<script language="JavaScript">
<!--
 var Passwort = "Traumtaenzer";
 var UserEingabe = "";
 var Zaehler = 0;
 while((UserEingabe != Passwort)&&(Zaehler <= 3))
 {
  UserEingabe = window.prompt(Zaehler +
    ". Versuch: geben Sie das Passwort ein","");
  Zaehler++;
  }
 if(UserEingabe != Passwort)
   history.back();
 else
   document.location.href="geheim.htm";
// -->
</script>
</head>
<body>
</body>
</html>
```

Eine `while`-Schleife beginnt mit dem Wort `while` (while = solange). Dahinter folgt, in Klammern stehend, die Bedingung. Um eine Bedingung zu formulieren, brauchen Sie Vergleichsoperatoren. Der Inhalt der Schleife wird solange wiederholt, wie die Schleifenbedingung wahr ist.

In der Regel enthält eine `while`-Schleife mehrere Anweisungen, die innerhalb der Schleife stehen. Notieren Sie alle Anweisungen innerhalb geschweifter Klammern, `{` und `}`, wie im Beispiel – siehe auch den Abschnitt 12.2.1 über Anweisungsblöcke.

Beachten Sie: Achten Sie bei solchen Schleifen immer darauf, daß es mindestens eine Möglichkeit gibt, um die Schleife nach einer angemessenen Zeit zu beenden. Andernfalls erzeugen Sie eine sogenannte Endlosschleife, aus der der Anwender nur durch gewaltsames Beenden des WWW-Browsers herauskommt. Das ist besonders bei Online-Sitzungen im WWW sehr ärgerlich!

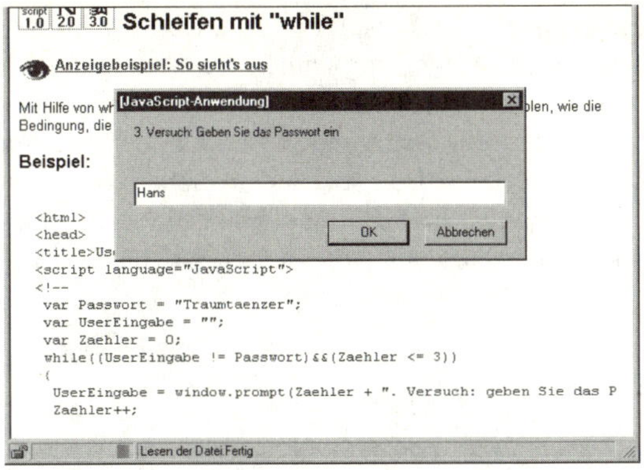

Bild 12.7: Dreimal fragt JavaScript im Beispiel nach dem Paßwort – die Wiederholung steuert eine `while`-Schleife

Um Endlosschleifen zu vermeiden, brauchen Sie etwas, was irgendwann zu einem Ausweg aus der Schleife führt. Meistens werden zu diesem Zweck sogenannte Zähler definiert, im Beispiel die Variable `Zaehler`. Diese Variable hat im Beispiel einen Anfangswert von 0 und wird innerhalb der Schleife bei jedem Durchgang mit der Anweisung `Zaehler++;` um 1 erhöht. Wenn im Beispiel der Zählerstand größer gleich 3 ist, wird abgebrochen. Weitere Möglichkeiten, um Schleife abzubrechen, werden weiter hinten in diesem Kapitel beschrieben.

Schleifen mit »for«

Mit Hilfe von `for`-Schleifen vermeiden Sie die Probleme von `while`-Schleifen. Die Schleifenbedingung einer `for`-Schleife sieht von vorneherein einen Zähler und eine Abbruchbedingung vor. Das Beispiel benutzt den Schleifenzähler, um bei jedem Schleifendurchgang das Quadrat des aktuellen Werts zu ermitteln. Das Ergebnis wird dann HTML-formatiert ins aktuelle Dokumentfenster geschrieben.

```
<html><head><title>Test</title>
</head><body>
<script language="JavaScript">
<!--
 for(i = 1; i <= 100; i++)
  {
   var x = i * i;
   document.write("<br>Das Quadrat von " + i + " ist " + x);
// -->
</script>
</body></html>
```

Eine `for`-Schleife beginnt mit dem Wort `for`. Dahinter wird, in Klammern stehend, die Schleifenbedingung formuliert. Bei der `for`-Schleife gilt dabei eine feste Syntax. Innerhalb der Schleifenbedingung werden drei Anweisungen notiert. In der ersten Anweisung wird ein Schleifenzähler definiert und initialisiert. Im Beispiel wird ein Zähler `i` definiert und mit dem Wert 1 initialisiert. Die zweite Anweisung enthält die Bedingung, ab der die Schleife beendet wird. Dazu brauchen Sie Vergleichsoperatoren. In der dritten Anweisung wird der Schleifenzähler so verändert, daß er irgendwann die in der zweiten Anweisung notierte Bedingung erfüllt. Im Beispiel wird `i` bei jedem Schleifendurchgang um 1 erhöht, so daß der Wert irgendwann größer 100 ist und damit die Bedingung der zweiten Anweisung erfüllt. Eine spezielle Abart der `for`-Schleife ist die `for-in`-Schleife. Ein Beispiel:

```
<script language="JavaScript">
<!--
  function Objekteigenschaften(Objekt, ObjName)
   {
    var Ergebnis = "";
    for (var Eigenschaft in Objekt)
     {
      Ergebnis += ObjName + "." + Eigenschaft + " = "
         + Objekt[Eigenschaft] + "<br>";
     }
    return Ergebnis;
   }
// -->
</script>
```

In diesem Beispiel ermittelt die Funktion `Objekteigenschaften` alle Eigenschaften eines JavaScript-Objekts. Die ermittelten Eigenschaften sammelt die Funktion in einer HTML-formatierten Zeichenkette und gibt diese an eine aufrufende Funktion zurück.

Schleifen mit »do-while«

Die `do-while`-Schleife ist eine Variante der normalen `while`-Schleife. Der Unterschied zwischen beiden ist, daß bei der normalen `while`-Schleife vor dem Ausführen des Codes die Schleifenbedingung überprüft wird, während bei der `do-while`-Schleife zuerst der Code ausgeführt und erst danach die Schleifenbedingung überprüft wird. Auf diese Weise können Sie erzwingen, daß Anweisungen innerhalb der Schleife auf jeden Fall mindestens einmal ausgeführt werden, auch wenn sich die Schleifenbedingung gleich am Anfang als unwahr herausstellt. Ein Beispiel:

```
Einmal so:
<script language="JavaScript">
<!--
var x = 10;
do
 {
  document.write("<br>x * x = " + (x * x));
  x = x + 1;
 }
```

```
while(x < 10);
// -->
</script>
<p>
Und einmal so:
<script language="JavaScript">
<!--
var x = 10;
while(x < 10)
{
  document.write("<br>x * x = " + (x * x));
    x = x + 1;
}
// -->
</script>
```

Im Beispiel werden zwei kleine JavaScript-Bereiche definiert. In beiden Bereichen wird eine Variable `x` definiert und mit dem Wert 10 vorbelegt. Im ersten Bereich wird solange das Quadrat von `x` (das bei jedem Schleifendurchlauf um 1 erhöht wird) geschrieben, wie `x` kleiner als 10 ist. Da `x` ja schon am Beginn den Wert 10 hat, ist die Abbruchbedingung eigentlich schon von vorneherein erfüllt. Trotzdem wird einmal das Quadrat von `x` ausgegeben, da die Überprüfung der Schleifenbedingung erst nach dem Ausführen der Anweisungen innerhalb der Schleife erfolgt.

Im zweiten Script-Bereich herrschen die gleichen Bedingungen, jedoch wird dort eine normale `while`-Schleife notiert. Da `x` von vorneherein nicht kleiner als 10 ist, werden die Anweisungen der `while`-Schleife kein einziges Mal ausgeführt. Die Überprüfung der Schleifenbedingung, die am Anfang stattfindet, verhindert dies.

Kontrolle innerhalb von Schleifen – break und continue

Schleifen sind kritische Faktoren innerhalb eines Scripts: Bei komplizierteren Aufgaben ist es manchmal nicht einfach, eine Schleife so zu programmieren, daß sie in jedem Fall irgendwann abgebrochen wird. Deshalb gibt es zusätzliche Befehle, um innerhalb einer Schleife das Geschehen zu kontrollieren. Beispiel 1:

```
<script language="JavaScript">
<!--
 var i = 0;
 while (i < 6)
 {
  if (i == 3) break;
  i++;
 }
alert("i = " + i);
// -->
</script>
```

Mit `break` können Sie eine Schleife sofort beenden. Dazu müssen Sie innerhalb des Schleifenkörpers eine `if`-Abfrage notieren und abhängig davon das Wort `break` als Anweisung notieren. Im Beispiel bricht die Schleife bereits ab, wenn `i` den Wert 3 hat, obwohl laut Schleifenbedingung das Hochzählen bis 6 erlaubt ist.

Beispiel 2:

```
<script language="JavaScript">
<!--
 var i = 0;
 while (i < 6)
 {
  Ende:
  if (i == 3)
   {
    alert("Das war's, denn i ist gleich " + i);
   break Ende;
   }
  i++;
 }
// -->
</script>
```

Dies ist eine besondere Variante von `break`. Sie können vor einer Abfrage, von der Sie eine `break`-Anweisung abhängig machen, ein Label notieren. Das ist ein selbst vergebener Name mit einem Doppelpunkt dahinter, im Beispiel `Ende:`. Hinter dem Wort `break` können Sie dann den Namen des Labels angeben. So stellen Sie im Beispiel sicher, daß sich die `break`-Anweisung auf jeden Fall auf jene `if`-Abfrage bezieht, in der abgefragt wird, ob `i` gleich 3 ist. In einfachen Fällen wie im obigen Beispiel ist das eigentlich überflüssig. Aber behalten Sie die Möglichkeit im Auge, falls Sie einmal verschachtelte `if`-Abfragen innerhalb von Schleifen programmieren und dort auch `break`-Anweisungen benutzen. Beachten Sie jedoch, daß diese Variante der `break`-Anweisung JavaScript 1.2 ist und bei Netscape unter Version 4.x und beim Internet Explorer unter 4.x zu einer Fehlermeldung führt, da die Syntax mit dem Doppelpunkt für das Label dort nicht bekannt ist.

Beispiel 3:

```
<script language="JavaScript">
<!--
 var i = 0, j = 0;
 while (i < 6)
 {
  i++;
  if (i == 3) continue;
  j++;
 }
alert("i ist gleich " + i + " und j ist gleich " + j);
</script>
```

Mit `continue` erzwingen Sie sofort den nächsten Schleifendurchlauf. Nachfolgende Anweisungen innerhalb der Schleife werden bei diesem Schleifendurchlauf nicht mehr ausgeführt. Im Beispiel werden zwei Zähler `i` und `j` bei jedem Schleifendurchlauf um 1 erhöht. Wenn `i` gleich 6 ist, wird die Schleife abgebrochen. Zwischendurch hat `i` auch mal den Wert 3. Dieser Fall wird mit einer `if`-Abfrage behandelt. Wenn `i` gleich 3 ist, wird sofort der nächste Schleifendurchgang gestartet. Die Anweisung `j++;` wird dadurch in diesem Schleifendurchlauf nicht mehr ausgeführt. Am Ende hat dadurch `i` den Wert 6 und `j` nur den Wert 5.

12.2.9 Reservierte Wörter

java script 1.0 N 2.0 3.0 JavaScript enthält eine Reihe von Schlüsselwörtern mit bestimmter Bedeutung. Diese reservierten Wörter sollten Sie kennen, um nicht versehentlich gleichnamige Variablen oder Funktionen zu definieren. Denn dies ist nicht erlaubt. Einige der reservierten Wörter der folgenden Liste sind bereits in Gebrauch, andere sind für den zukünftigen Sprachausbau von JavaScript geplant. Auch noch nicht benutzte reservierte Wörter dürfen Sie nicht als Variablen- oder Funktionsnamen verwenden.

Reserviertes Wort	*Bemerkung*
`abstract`	noch nicht verwendet
`boolean`	noch nicht verwendet
`break`	als Anweisung: Abbruch in Schleifen
`byte`	noch nicht verwendet
`case`	für Fallunterscheidungen
`catch`	noch nicht verwendet
`char`	noch nicht verwendet
`class`	noch nicht verwendet
`const`	noch nicht verwendet
`continue`	als Anweisung: Fortsetzung in Schleifen
`default`	für Fallunterscheidungen
`delete`	als Anweisung: Array-Element oder selbst definierte Objekteigenschaft löschen
`do`	für Schleifen mit `do-while`
`double`	noch nicht verwendet
`else`	Sonst-Fall in bedingten Anweisungen mit `if`
`export`	als Anweisung: Objekte oder Funktionen für fremde Scripts ausführbar machen
`extends`	noch nicht verwendet
`false`	Rückgabewert von Funktionen: falsch.
`final`	noch nicht verwendet
`finally`	noch nicht verwendet
`float`	noch nicht verwendet
`for`	für Schleifen mit `for`

Reserviertes Wort	*Bemerkung*
`function`	für Funktionen
`goto`	noch nicht verwendet
`if`	für bedingte Anweisungen mit `if`
`implements`	noch nicht verwendet
`export`	als Anweisung: Objekte oder Funktionen eines fremden Scripts importieren
`in`	für spezielle Schleifen mit `for`
`instanceof`	noch nicht verwendet
`int`	noch nicht verwendet
`long`	noch nicht verwendet
`native`	noch nicht verwendet
`new`	zum Definieren von Objekten
`null`	noch nicht verwendet
`package`	noch nicht verwendet
`private`	noch nicht verwendet
`protected`	noch nicht verwendet
`public`	noch nicht verwendet
`return`	für Rückgabewerte in Funktionen
`short`	noch nicht verwendet
`static`	noch nicht verwendet
`super`	noch nicht verwendet
`switch`	für Fallunterscheidungen
`synchronized`	noch nicht verwendet
`this`	für Bezug auf die aktuelle Instanz eines Objekts
`throw`	noch nicht verwendet
`throws`	noch nicht verwendet
`transient`	noch nicht verwendet
`true`	Rückgabewert von Funktionen: wahr.
`try`	noch nicht verwendet
`typeof`	liefert den Typ eines Elements, z.B `number`, `string`, `object`
`var`	für Variablendefinitionen
`void`	Dummy-Funktion, die nichts tut und nichts zurückgibt
`while`	für Schleifen mit `while`
`with`	um mehrere Anweisungen mit einem Objekt durchzuführen

Tab. 12.1: Liste der reservierten JavaScript-Wörter

12.2.10 Event-Handler

Event-Handler (Ereignis-Behandler) sind ein wichtiges Bindeglied zwischen HTML und JavaScript. Event-Handler werden in Form von Attributen in HTML-Tags notiert. Da es sich um Bestandteile handelt, die innerhalb von HTML vorkommen, hat das W3-Konsortium die Event-Handler mittlerweile auch in den HTML-Sprachstandard mit aufgenommen – siehe auch Kapitel 12.2.10 zu Universalattributen im Abschnitt Event-Handler. Dort wird auch festgelegt, in welchen HTML-Tags welcher Event-Handler vorkommen darf. Das Problem dabei ist jedoch, daß die Praxis derzeit noch stark davon abweicht – zumindest bei Netscape. Der Internet Explorer 4.x dagegen interpretiert Event-Handler weitgehend so universell wie vom W3-Konsortium vorgesehen. Bei den Beschreibungen der Event-Handler auf dieser Seite wird jeweils versucht, auf die Problematik einzugehen. Letztendlich hilft aber nur: Der Anwender muß im Einzelfall mit mehreren verschiedenen Browsern selbst testen und ausprobieren.

Event-Handler erkennen Sie daran, daß solche HTML-Attribute immer mit on beginnen, zum Beispiel onClick=. Hinter dem Gleichheitszeichen notieren Sie in Anführungszeichen eine JavaScript-Anweisung. Wenn Sie mehrere Anweisungen ausführen wollen, definieren Sie dazu am besten in einem JavaScript-Bereich eine Funktion und rufen hinter dem Gleichheitszeichen diese Funktion auf, also z. B. onClick="Umrechnen()".

Jeder Event-Handler steht für ein bestimmtes Anwenderereignis, onClick= etwa für das Ereignis »Anwender hat mit der Maus geklickt«. Der Anzeigebereich des HTML-Elements, in dem der Event-Handler notiert ist, ist das auslösende Element dabei. Wenn der Event-Handler onClick= beispielsweise in einem Formularbutton notiert wird, wird der damit verknüpfte JavaScript-Code nur dann ausgeführt, wenn der Mausklick im Anzeigebereich dieses Elements erfolgt. Das mag Ihnen jetzt selbstverständlich vorkommen. Ist es auch, solange es beispielsweise um Formularbuttons geht. Aber nach dem erweiterten Modell von HTML 4.0 kann etwa auch ein HTML-Bereich, der mit <div>...</div> definiert wird, einen Event-Handler wie onClick= enthalten.

Es wurden nur solche Event-Handler aufgenommen, die auch tatsächlich in HTML-Tags vorkommen können und im HTML-4.0-Standard erwähnt sind (mit Ausnahme von onAbort=). Das sind weniger, als Netscape und der Internet Explorer kennen. Bei Netscape kommt verwirrenderweise hinzu, daß einige Event-Handler zwar so bezeichnet werden, aber eigentlich gar nicht innerhalb von HTML-Tags vorkommen können. Es ist zu hoffen, daß es hierbei in Zukunft mehr Übereinstimmungen zwischen Sprachstandards und Browser-Implementierungen geben wird.

javascript 1.0 N 2.0 3.0 *onAbort (bei Abbruch)*

Ist für den Fall gedacht, daß ein Anwender im Browser den Stop-Button drückt, obwohl noch nicht alle Grafiken geladen wurden. Nach JavaScript (Netscape) erlaubt in folgendem HTML-Tag: <img>. Im Beispiel wird eine Grafik in HTML referenziert. Für den Fall, daß der Anwender den Stop-Button im Browser drückt, bevor die Grafik ganz geladen ist, wird mit alert() eine Meldung ausgegeben.

```
<html><head><title>Test</title>
</head><body>
<img src="grafik.jpg" width=400 height=600 alt="Grafik"
onAbort="alert('Schade, dass Sie das Bild nicht sehen wollen')">
</body></html>
```

onBlur (beim Verlassen)

Für den Fall, daß ein Element zuvor aktiviert war und der Anwender es jetzt verläßt. Nach JavaScript (Netscape) erlaubt in folgenden HTML-Tags: `<body>` `<frameset>` `<input>` `<layer>` `<select>` `<textarea>`. Nach HTML 4.0 erlaubt in folgenden HTML-Tags: `<a>` `<area>` `<button>` `<input>` `<label>` `<select>` `<textarea>`. Ein Beispiel:

```
<html><head><title>Test</title>
</head><body>
<form name="Test">
Name: <input type=text name="Eingabe"
   onBlur="CheckInhalt(this.value)">
</form>
<script language="JavaScript">
document.Test.Eingabe.focus();
function CheckInhalt(Feld)
{
 if(Feld == "")
 {
  alert("Namensfeld muss einen Inhalt haben!");
  document.Test.Eingabe.focus();
  return false;
 }
}
</script>
</body></html>
```

Im Beispiel wird ein Formular definiert, das ein Eingabefeld enthält. Unterhalb des Formulars ist ein JavaScript-Bereich notiert.

Der Bereich wird deshalb unterhalb des Formulars definiert, weil zu Beginn des Bereichs gleich eine Anweisung ausgeführt wird, die die Existenz des Formulars bereits voraussetzt. Diese Anweisung (`document.Test.Eingabe.focus();`) setzt den Cursor in das Eingabefeld. Dort soll der Anwender seinen Namen eingeben. Klickt er irgendwo anders hin, wird der EventHandler `onBlur` aktiv, der im HTML-Tag des Eingabefeldes notiert ist. Dabei wird die Funktion `CheckInhalt()` aufgerufen, die ebenfalls in dem JavaScript-Bereich notiert ist. Diese Funktion fragt ab, ob die ihr übergebene Zeichenkette, der Inhalt des Namensfeldes, leer ist. Wenn ja, wird ein Meldungsfenster ausgegeben, und der Cursor wird wieder in das Feld positioniert.

onChange (bei erfolgter Änderung)

Für den Fall, daß ein Element einen geänderten Wert erhalten hat. Nach HTML 4.0 und JavaScript 1.2 (Netscape) erlaubt in folgenden HTML-Tags: `<input>` `<select>` `<textarea>`. Ein Beispiel:

```
<html><head><title>Test</title>
</head><body>
<form name="Test">
<textarea rows=10 cols=40 onChange="alert(this.value)">
  Ihr Kommentar!
</textarea>
</body></html>
```

Im Beispiel wird ein Formular mit einem mehrzeiligen Eingabefeld definiert. Wenn der Anwender irgendetwas in das Feld eingibt und anschließend an eine andere Stelle klickt, wird der Event-Handler `onChange` aktiv, der im HTML-Tag des mehrzeiligen Eingabefeldes notiert ist. Im Beispiel wird einfach der aktuelle geänderte Inhalt des Feldes in einem Meldungsfenster ausgegeben.

onClick (beim Anklicken)

Für den Fall, daß der Anwender ein Element anklickt. Nach JavaScript (Netscape) erlaubt in folgenden HTML-Tags:
<a> <area> <input> <textarea>.

Nach HTML 4.0 erlaubt in folgenden HTML-Tags:
<a> <abbr> <acronym> <address> <area> <b> <big> <blockquote> <body> <button> <caption> <center> <cite> <code> <col> <colgroup> <dd> <del> <dfn> <dir> <div> <dl> <dt> <em> <fieldset> <form> <h1> <h2> <h3> <h4> <h5> <h6> <hr> <i> <img> <input> <ins> <kbd> <label> <legend> <li> <link> <map> <menu> <noframes> <noscript> <object> <ol> <optgroup> <option> <p> <pre> <q> <s> <samp> <select> <small> <span> <strike> <strong> <sub> <sup> <table> <tbody> <td> <textarea> <tfoot> <th> <thead> <tr> <tt> <u> <ul> <var>.

Im Beispiel wird ein Formular mit einem Eingabefeld (das jedoch auf »readonly«, also nur Lesen gesetzt wird) und einem Button definiert. Der Button hat die Aufschrift »Letzter Update«. Beim Anklicken des Buttons wird der Event-Handler `onClick` aktiv, der im HTML-Tag des Buttons definiert ist. Im Beispiel wird daraufhin in das Eingabefeld der Zeitpunkt der letzten Änderung des Dokuments geschrieben.

```
<html><head><title>Test</title>
</head><body>
<form>
<input size=30 name="Ausgabe" readonly><br>
 <input type=button value="Letzter Update"
 onClick="this.form.Ausgabe.value=document.lastModified">
</form>
</body></html>
```

onDblClick (bei doppeltem Anklicken)

Für den Fall, daß der Anwender ein Element anklickt. Nach JavaScript (Netscape) erlaubt in folgenden HTML-Tags:
`<a> <area> <input> <textarea>`.

Nach HTML 4.0 erlaubt in folgenden HTML-Tags:
`<a> <abbr> <acronym> <address> <area> <b> <big> <blockquote> <body> <button> <caption> <center> <cite> <code> <col> <colgroup> <dd> <del> <dfn> <dir> <div> <dl> <dt> <em> <fieldset> <form> <h1> <h2> <h3> <h4> <h5> <h6> <hr> <i> <img> <input> <ins> <kbd> <label> <legend> <li> <link> <map> <menu> <noframes> <noscript> <object> <ol> <optgroup> <option> <p> <pre> <q> <s> <samp> <select> <small> <span> <strike> <strong> <sub> <sup> <table> <tbody> <td> <textarea> <tfoot> <th> <thead> <tr> <tt> <u> <ul> <var>`

Im Beispiel wird ein Formular mit einem Eingabefeld und einem Button definiert. Im Button ist der Event-Handler `onDblClick` notiert. Der Button reagiert daher nur auf Doppelklick. Wenn der Anwender doppelt auf den Button klickt, wird von dem Wert, den er in dem Eingabefeld eingegeben hat, das Quadrat errechnet, und das Ergebnis wird wiederum in das Eingabefeld geschrieben.

```
<html><head><title>Test</title>
</head><body>
<form name="Rechnen">
Wert: <input size=10 name="Wert">
<input type=button "value=Doppelklick = hoch 2"
onDblClick="document.Rechnen.Wert.value=
   document.Rechnen.Wert.value*document.Rechnen.Wert.value">
</form>
</body></html>
```

Beachten Sie: Bei Netscape-Browsern unter Macintosh ist dieser Event-Handler nicht verfügbar!

onError (im Fehlerfall)

Eignet sich zum Abfangen von Fehlermeldungen und zum Ersetzen solcher Meldungen durch eigene. Beachten Sie jedoch, daß dadurch nicht die Fehler selbst beseitigt werden. `onError` ist vor allem zum Handling von Fehlern beim Laden von Grafiken gedacht. Nach JavaScript erlaubt in folgendem HTML-Tag: `<img>`.

Im Beispiel wird in einer Grafikreferenz der Event-Handler `onError=` notiert. Er wird dann aktiv, wenn die Grafikdatei nicht existiert oder nicht angezeigt werden kann. Im Beispiel wird dann ein entsprechendes Meldungsfenster ausgegeben.

```
<html><head><title>Test</title>
</head><body>
<img src="gibtsnicht.gif"
```

```
   onError="alert('Grafik kann nicht angezeigt werden')">
</body></html>
```

onFocus (beim Aktivieren)

Tritt ein, wenn der Anwender ein Element aktiviert. Nach JavaScript (Netscape) erlaubt in folgenden HTML-Tags: `<body> <frame> <input> <layer> <select> <textarea>`. Nach HTML 4.0 erlaubt in folgenden HTML-Tags: `<a> <area> <button> <input> <label> <select> <textarea>`.

In dem Beispiel wird ein Formular definiert, das drei Eingabefelder enthält. Da die Felder unbeschriftet sind, hat der Anwender keine Ahnung, was er in die einzelnen Felder eingeben kann. Bewegt er den Cursor aus Neugier doch in eines der Eingabefelder, wird der Event-Handler `onFocus=` des jeweiligen Feldes aktiv. Dabei wird in das jeweilige Feld eine Aufforderung geschrieben, was in dem Feld einzugeben ist.

```
<html><head><title>Test</title>
</head><body>
<form>
<input size=30 onFocus="this.value=
   'Hier Ihren Namen eingeben'"><br>
<input size=30 onFocus="this.value=
   'Hier Ihren Wohnort eingeben'"><br>
<input size=30 onFocus="this.value=
   'Hier Ihr Alter eingeben'"><br>
</form>
</body></html>
```

onKeydown (bei gedrückter Taste)

Tritt ein, wenn der Anwender, während er ein Element aktiviert hat, eine Taste drückt. Nach JavaScript (Netscape) bislang nicht in HTML-Tags möglich, sondern nur im Zusammenhang mit dem `event`-Objekt. Nach HTML 4.0 erlaubt in folgenden HTML-Tags:
`<a> <abbr> <acronym> <address> <area> <b> <big> <blockquote> <body> <button> <caption> <center> <cite> <code> <col> <colgroup> <dd> <del> <dfn> <dir> <div> <dl> <dt> <em> <fieldset> <form> <h1> <h2> <h3> <h4> <h5> <h6> <hr> <i> <img> <input> <ins> <kbd> <label> <legend> <li> <link> <map> <menu> <noframes> <noscript> <object> <ol> <optgroup> <option> <p> <pre> <q> <s> <samp> <select> <small> <span> <strike> <strong> <sub> <sup> <table> <tbody> <td> <textarea> <tfoot> <th> <thead> <tr> <tt> <u> <ul> <var>`.

Ein Beispiel:

```
<html><head><title>Test</title>
<script language="JavaScript">
function Aktualisieren()
```

```
{
  document.Test.Kontrolle.value =
    document.Test.Eingabe.value.length + 1 +
    " Zeichen eingegeben";
  return true;
}
</script>
</head><body>
<form name="Test">
Kurzbeschreibung Ihrer Homepage (max 50 Zeichen):<br>
<textarea rows=2 cols=30 name="Eingabe"
   onKeydown="Aktualisieren(this.value)">
</textarea><br>
<input type=text readonly size=30 name="Kontrolle"><br>
<input type=reset>
</form>
</body></html>
```

Das Beispiel funktioniert nicht mit Netscape, nur mit dem Internet Explorer 4.x, der Event-Handler weitgehend nach HTML 4.0 interpretiert. Im Beispiel wird ein Formular definiert, in dem der Anwender eine Kurzbeschreibung seiner Homepage in einem mehrzeiligen Eingabefeld abliefern kann. Der Text soll maximal 50 Zeichen lang sein. Damit der Anwender nicht mitzählen muß, gibt es ein Eingabefeld, in dem nach jedem Tastendruck ausgegeben wird, wie viele Zeichen bereits eingegeben wurden. Dazu ist in dem mehrzeiligen Eingabefeld der Event-Handler `onKeydown=` notiert. Er bewirkt, daß, solange der Anwender in dem Formularfeld etwas eingibt, bei jedem Tastendruck die Funktion `Aktualisieren()` aufgerufen wird, die im Dateikopf in einem Scriptbereich definiert ist. Diese Funktion errechnet aus `document.Test.Eingabe.value.length + 1`, wie viele Zeichen bereits eingegeben wurden, und schreibt eine entsprechende Ausgabe in das dafür vorgesehene »Eingabe«-Feld.

java script 1.2 4.0 *onKeypress (bei erfolgtem Tastendruck)*

Nach JavaScript (Netscape) bislang nicht in HTML-Tags möglich, sondern nur im Zusammenhang mit dem `event`-Objekt. Nach HTML 4.0 erlaubt in folgenden HTML-Tags:

<a> <abbr> <acronym> <address> <area> <b> <big> <blockquote> <body> <button> <caption> <center> <cite> <code> <col> <colgroup> <dd> <del> <dfn> <dir> <div> <dl> <dt> <em> <fieldset> <form> <h1> <h2> <h3> <h4> <h5> <h6> <hr> <i> <img> <input> <ins> <kbd> <label> <legend> <li> <link> <map> <menu> <noframes> <noscript> <object> <ol> <optgroup> <option> <p> <pre> <q> <s> <samp> <select> <small> <span> <strike> <strong> <sub> <sup> <table> <tbody> <td> <textarea> <tfoot> <th> <thead> <tr> <tt> <u> <ul> <var>.

Das Beispiel funktioniert nicht mit Netscape, nur mit dem Internet Explorer 4.x, der Event-Handler weitgehend nach HTML 4.0 interpretiert. Im Beispiel ist ein Formular mit einem Eingabefeld definiert. Wenn der Anwender in dem Eingabefeld etwas eingibt, wird bei jedem Tastendruck in einem Meldungsfenster der dezimale Tastaturwert des eingegebenen Zeichens ausgegeben. Dazu ist in dem Eingabefeld der Event-Handler `onKeypress=` notiert. Er tritt in Aktion, wenn eine Taste gedrückt und wieder losgelassen wurde. Mit `window.event.keyCode` läßt sich nach Syntax des Internet Explorers der Tastaturwert des eingegebenen Zeichens ermitteln.

```
<html><head><title>Test</title>
</head><body>
<form name="Test">
<input type=text size=30 name="Eingabe"
  onKeypress="alert(window.event.keyCode)">
</form>
</body></html>
```

onKeyup (bei losgelassener Taste)

Nach JavaScript (Netscape) bislang nicht in HTML-Tags möglich, sondern nur im Zusammenhang mit dem `event`-Objekt. Nach HTML 4.0 erlaubt in folgenden HTML-Tags:
<a> <abbr> <acronym> <address> <area> <b> <big> <blockquote> <body> <button> <caption> <center> <cite> <code> <col> <colgroup> <dd> <del> <dfn> <dir> <div> <dl> <dt> <em> <fieldset> <form> <h1> <h2> <h3> <h4> <h5> <h6> <hr> <i> <img> <input> <ins> <kbd> <label> <legend> <li> <link> <map> <menu> <noframes> <noscript> <object> <ol> <optgroup> <option> <p> <pre> <q> <s> <samp> <select> <small> <span> <strike> <strong> <sub> <sup> <table> <tbody> <td> <textarea> <tfoot> <th> <thead> <tr> <tt> <u> <ul> <var>.

Das Beispiel funktioniert nicht mit Netscape, nur mit dem Internet Explorer 4.x, der Event-Handler weitgehend nach HTML 4.0 interpretiert. Im Beispiel wird ein Formular definiert, das zwei Eingabefelder mit den Namen `Eingabe` und `Ausgabe` enthält. Wenn der Anwender in dem oberen Feld, also dem, das für die Eingabe gedacht ist, etwas eingibt, wird der Wert automatisch Zeichen für Zeichen in das untere, also das Ausgabefeld, übernommen.

Dazu ist im Eingabefeld der Event-Handler `onKeyup` notiert. Dieser Event-Handler tritt in Aktion, wenn der Anwender in dem Feld eine Taste gedrückt und wieder losgelassen hat, was ja bei jedem eingegebenen Zeichen der Fall ist. Mit `this.form.Ausgabe.value= this.value` wird dem Ausgabefeld der aktuelle Wert des Eingabefeldes zugewiesen.

```
<html><head><title>Test</title>
</head><body>
<form name="Test">
<input type=text size=30 name="Eingabe"
  onKeyup="this.form.Ausgabe.value=this.value"><br><br>
<input type=text readonly size=30 name="Ausgabe"><br>
<input type=reset>
```

```
</form>
</body></html>
```

onLoad (beim Laden einer Datei)

Tritt ein, wenn eine HTML-Datei geladen wird. Nach JavaScript (Netscape) und HTML 4.0 erlaubt in folgenden HTML-Tags: `<frameset>` `<body>`. Im Beispiel wird beim Einlesen der HTML-Datei ein zweites Fenster geöffnet, das zum Beispiel als »Fernbedienung« des Hauptfensters dienen könnte. Dazu ist im einleitenden `<body>`-Tag der Event-Handler `onLoad=` notiert. Er ruft die Funktion `NaviFenster()` auf, die in einem JavaScript-Bereich im Dateikopf definiert ist. Innerhalb dieser Funktion steht der Befehl zum Öffnen des Zweitfensters. Das Fenster erhält auch gleich den Fokus (wird zum aktiven Fenster), sodaß es im Vordergrund des Hauptfensters zu sehen ist.

```
<html><head><title>Test</title>
<script language="JavaScript">
<!--
function NaviFenster()
{
 Navigation = window.open("navigat.htm", "Navigation",
    "height=100, width=300");
 Navigation.focus();
}
// -->
</script>
</head>
<body onLoad="NaviFenster()">
</body></html>
```

onMousedown (bei gedrückter Maustaste)

Tritt ein, wenn der Anwender die Maustaste gedrückt hält. Nach JavaScript (Netscape) bislang nicht in HTML-Tags möglich, sondern nur im Zusammenhang mit dem `event`-Objekt. Das Beispiel weiter unten funktioniert mit Netscape 4.x allerdings trotzdem. Nach HTML 4.0 erlaubt in folgenden HTML-Tags:
`<a> <abbr> <acronym> <address> <area> <b> <big> <blockquote> <body> <button> <caption> <center> <cite> <code> <col> <colgroup> <dd> <del> <dfn> <dir> <div> <dl> <dt> <em> <fieldset> <form> <h1> <h2> <h3> <h4> <h5> <h6> <hr> <i> <img> <input> <ins> <kbd> <label> <legend> <li> <link> <map> <menu> <noframes> <noscript> <object> <ol> <optgroup> <option> <p> <pre> <q> <s> <samp> <select> <small> <span> <strike> <strong> <sub> <sup> <table> <tbody> <td> <textarea> <tfoot> <th> <thead> <tr> <tt> <u> <ul> <var>`.

Das Beispiel enthält einen Verweis. Bei vollständig erfolgtem Anklicken des Verweises wird das Verweisziel, im Beispiel also `home.htm`, aufgerufen. Vorher jedoch, sobald der Anwender die Maustaste gedrückt und bevor er sie wieder losgelassen hat, tritt der

Event-Handler `onMousedown=` in Aktion, der im Verweis-Tag notiert ist. Im Beispiel wird dabei in der Statuszeile des Browsers ausgegeben: *Verweis zur Homepage.*

```
<html><head><title>Test</title>
</head><body>
<a href="home.htm"
   onMousedown= "window.status='Verweis zur Homepage';
   return true;">Verweis</a>
</body></html>
```

onMousemove (bei weiterbewegter Maus)

Tritt ein, wenn der Anwender die Maus bewegt, unabhängig davon, ob die Maustaste gedrückt ist oder nicht. Nach JavaScript (Netscape) bislang nicht in HTML-Tags möglich, sondern nur im Zusammenhang mit dem `event`-Objekt. Nach HTML 4.0 erlaubt in folgenden HTML-Tags:

<a> <abbr> <acronym> <address> <area> <b> <big> <blockquote> <body> <button> <caption> <center> <cite> <code> <col> <colgroup> <dd> <del> <dfn> <dir> <div> <dl> <dt> <em> <fieldset> <form> <h1> <h2> <h3> <h4> <h5> <h6> <hr> <i> <img> <input> <ins> <kbd> <label> <legend> <li> <link> <map> <menu> <noframes> <noscript> <object> <ol> <optgroup> <option> <p> <pre> <q> <s> <samp> <select> <small> <span> <strike> <strong> <sub> <sup> <table> <tbody> <td> <textarea> <tfoot> <th> <thead> <tr> <tt> <u> <ul> <var>.

```
<html><head><title>Test</title>
<script language="JavaScript">
function Mauskontrolle()
{
 Pos = window.event.x + "/" + window.event.y;
 window.status = Pos;
 return true;
}
</script>
</head><body>
<p onMousemove="Mauskontrolle()">Hier ein kleiner Text</p>
</body></html>
```

Das Beispiel zeigt, wie Event-Handler auch in HTML-Tags funktionieren, bei denen das bislang nicht möglich war. Das Beispiel funktioniert mit dem Internet Explorer 4.x, der die Event-Handler nach HTML 4.0 weitgehend interpretiert. In dem Beispiel wird ein Textabsatz definiert. Innerhalb des Textabsatzes ist der Event-Handler `onMousemove=` notiert. Der Event-Handler tritt in Aktion, solange der Anwender die Maus im Anzeigebereich des Textabsatzes bewegt. Dann wird so oft wie möglich die Funktion `Mauskontrolle()` aufgerufen, die in einem Scriptbereich im Dateikopf notiert ist. Diese Funktion bewirkt, daß in der Statuszeile des Browsers jeweils die Koordinaten der Mausposition angezeigt werden.

onMouseout (beim Verlassen des Elements mit der Maus)

Nach JavaScript (Netscape) erlaubt in folgenden HTML-Tags: `<a> <area>`. Nach HTML 4.0 erlaubt in folgenden HTML-Tags:

`<a> <abbr> <acronym> <address> <area> <b> <big> <blockquote> <body> <button> <caption> <center> <cite> <code> <col> <colgroup> <dd> <del> <dfn> <dir> <div> <dl> <dt> <em> <fieldset> <form> <h1> <h2> <h3> <h4> <h5> <h6> <hr> <i> <img> <input> <ins> <kbd> <label> <legend> <li> <link> <map> <menu> <noframes> <noscript> <object> <ol> <optgroup> <option> <p> <pre> <q> <s> <samp> <select> <small> <span> <strike> <strong> <sub> <sup> <table> <tbody> <td> <textarea> <tfoot> <th> <thead> <tr> <tt> <u> <ul> <var>`.

Im Beispiel ist ein Verweis definiert. Wenn der Anwender mit der Maus über den Verweis fährt, ihn dann aber nicht anklickt, sondern die Maus doch wieder von dem Verweis entfernt, tritt der Event-Handler `onMouseOut=` in Aktion. Im Beispiel wird dann ein Meldungsfenster ausgegeben, das den Anwender darauf hinweist, daß er die News-Seite ruhig mal aufrufen soll.

```
<html><head><title>Test</title>
</head><body>
<a href="news.htm"
  onMouseout="alert('Die News sollten Sie ruhig mal besuchen')"> News
</a>
</body></html>
```

onMouseover (beim Überfahren des Elements mit der Maus)

Nach JavaScript (Netscape) erlaubt in folgenden HTML-Tags:
`<a> <area>`.

Nach HTML 4.0 erlaubt in folgenden HTML-Tags:

`<a> <abbr> <acronym> <address> <area> <b> <big> <blockquote> <body> <button> <caption> <center> <cite> <code> <col> <colgroup> <dd> <del> <dfn> <dir> <div> <dl> <dt> <em> <fieldset> <form> <h1> <h2> <h3> <h4> <h5> <h6> <hr> <i> <img> <input> <ins> <kbd> <label> <legend> <li> <link> <map> <menu> <noframes> <noscript> <object> <ol> <optgroup> <option> <p> <pre> <q> <s> <samp> <select> <small> <span> <strike> <strong> <sub> <sup> <table> <tbody> <td> <textarea> <tfoot> <th> <thead> <tr> <tt> <u> <ul> <var>`.

```
<html><head><title>Test</title>
</head><body>
<h1 id="Test"
  onMouseover="document.all.Test.innerText='Sehen Sie?'"
  onMouseout="document.all.Test.innerText='Ich bin dynamisch'">
Ich bin dynamisch
</h1>
</body></html>
```

Das Beispiel zeigt, wie Event-Handler auch in HTML-Tags funktionieren, bei denen das bislang nicht möglich war. Das Beispiel funktioniert mit dem Internet Explorer 4.x, der die Event-Handler nach HTML 4.0 weitgehend interpretiert. In dem Beispiel wird eine Überschrift erster Ordnung definiert. Innerhalb der Überschrift sind die Event-Handler onMouseover= und onMouseout= notiert.

Der Event-Handler onMouseover= tritt in Aktion, wenn der Anwender die Maus in den Anzeigebereich der Überschrift bewegt, und onMouseout= wird aktiv, wenn er die Maus wieder aus dem Anzeigebereich herausbewegt. Mit Hilfe des all-Objekts und der Eigenschaft innerText wird bei jedem Aktivwerden eines der beiden Event-Handler der Text der Überschrift dynamisch ausgetauscht. Bei onMouseover= wird ein anderer Text angezeigt, bei onMouseout= wieder der ursprüngliche Text.

java script 1.2 N 4.0 4.0 onMouseup (bei losgelassener Maustaste)

Nach JavaScript (Netscape) bislang nicht in HTML-Tags möglich, sondern nur im Zusammenhang mit dem event-Objekt. Das Beispiel weiter unten funktioniert mit Netscape 4.x allerdings trotzdem. Nach HTML 4.0 erlaubt in folgenden HTML-Tags: <a> <abbr> <acronym> <address> <area> <b> <big> <blockquote> <body> <button> <caption> <center> <cite> <code> <col> <colgroup> <dd> <del> <dfn> <dir> <div> <dl> <dt> <em> <fieldset> <form> <h1> <h2> <h3> <h4> <h5> <h6> <hr> <i> <img> <input> <ins> <kbd> <label> <legend> <li> <link> <map> <menu> <noframes> <noscript> <object> <ol> <optgroup> <option> <p> <pre> <q> <s> <samp> <select> <small> <span> <strike> <strong> <sub> <sup> <table> <tbody> <td> <textarea> <tfoot> <th> <thead> <tr> <tt> <u> <ul> <var>.

Beispiel:

```
<html><head><title>Test</title>
</head><body>
<a href="spiel.htm" onMouseup=
   "alert('Spiel wird gestartet'); window.location.href=
   'selfhtml.htm';">Verweis</a>
</body></html>
```

Im Beispiel ist ein Verweis notiert. Wenn der Anwender den Verweis anklickt und die Maustaste losläßt, also unmittelbar vor dem Laden der Seite, auf die verwiesen wird, geht ein Meldungsfenster auf, das den Anwender in aller Dramatik noch einmal darauf hinweist, daß jetzt das Spiel gestartet wird. Dazu ist im Verweis-Tag der Event-Handler onMouseup= notiert. Wenn der in Aktion tritt, wird zunächst das Meldungsfenster angezeigt. Anschließend wird die Datei *spiel.htm* geladen.

onReset (beim Zurücksetzen des Formulars)

Tritt ein, wenn der Anwender Eingaben in einem Formular verwerfen will. Nach JavaScript (Netscape) erlaubt in folgendem HTML-Tag: `<form>`. Das Beispiel enthält ein Formular, das unter anderem einen Abbrechen-Button (Reset-Button) enthält. Beim Anklicken dieses Buttons werden normalerweise alle Eingaben im Formular gelöscht. Im Beispiel ist jedoch im einleitenden `<form>`-Tag der Event-Handler `onReset=` notiert. Dieser tritt in Aktion, wenn der Reset-Button angeklickt wird. Im Beispiel wird dann die Funktion `ResetCheck()` aufgerufen, die in einem Script-Bereich im Dateikopf steht. Diese Funktion fragt den Anwender in einem Bestätigungsfenster (`window.confirm()`), ob er wirklich alle Eingaben in dem Formular löschen will. Bestätigt er den Löschwunsch, gibt das Bestätigungsfenster den Wert `true` zurück. Verneint er den Löschwunsch, wird `false` zurückgegeben. Der Rückgabewert wird in der Variablen `chk` gespeichert und diese wiederum von der Funktion Funktion `ResetCheck()` an den aufrufenden Event-Handler zurückgegeben. Der Effekt ist, daß die Formulareingaben nur gelöscht werden, wenn `true` zurückgegeben wird.

```
<html><head><title>Test</title>
<script language="JavaScript">
function ResetCheck()
{
 chk = window.confirm("Wollen Sie alle Eingaben loeschen?");
 return chk;
}
</script>
</head><body>
<form name="Test" onReset="return ResetCheck()">
Name: <input size=30><br>
Idee: <input size=30><br>
<input type=reset><input type=submit>
</form>
</body></html>
```

onSelect (beim Selektieren von Text)

Tritt ein, wenn der Anwender Text selektiert. Nach JavaScript (Netscape) erlaubt in folgenden HTML-Tags:
`<input> <textarea>`.

Nach HTML 4.0 erlaubt in folgenden HTML-Tags:
`<a> <abbr> <acronym> <address> <area> <b> <big> <blockquote> <body> <button> <caption> <center> <cite> <code> <col> <colgroup> <dd> <del> <dfn> <dir> <div> <dl> <dt> <em> <fieldset> <form> <h1> <h2> <h3> <h4> <h5> <h6> <hr> <i> <img> <input> <ins> <kbd> <label> <legend> <li> <link> <map> <menu> <noframes> <noscript> <object> <ol> <optgroup> <option> <p> <pre> <q> <s> <samp> <select> <small> <span> <strike> <strong> <sub> <sup> <table> <tbody> <td> <textarea> <tfoot> <th> <thead> <tr> <tt> <u> <ul> <var>`.

Im Beispiel wird ein Formular mit einem Eingabefeld definiert, das mit Text vorbelegt ist (`value="Meine Homepage"`). Wenn der Anwender versucht, den Text in dem Formular zu selektieren, etwa um ihn zu löschen, wird der Cursor wieder aus dem Eingabefeld entfernt. Dazu dient die Objektmethode `blur()`.

```
<html><head><title>Test</title>
</head><body>
<form name="Test" onReset="return ResetCheck()">
<input size=30 value="Meine Homepage" onselect="this.blur()">
</form>
</body></html>
```

onSubmit (beim Absenden des Formulars)

Tritt ein, wenn der Anwender ein Formular absendet. Nach JavaScript (Netscape) erlaubt in folgendem HTML-Tag: <form>. Ein Beispiel:

```
<html><head><title>Test</title>
<script language="JavaScript">
function CheckInput()
{
 for(i=0; i<document.forms[0].elements.length; ++i)
  if(document.forms[0].elements[i].value == "")
   {
    alert("Es wurden nicht alle Felder ausgefuellt!");
    document.forms[0].elements[i].focus();
    return false;
   }
  return true;
}
</script>
</head><body>
<form onSubmit="return CheckInput();">
Feld 1: <input size=30><br>
Feld 2: <input size=30><br>
Feld 3: <input size=30><br>
<input type=submit>
</form>
</body></html>
```

Das Beispiel enthält ein Formular mit mehreren Eingabefeldern. Beim Absenden des Formulars, also beim Klicken auf den Submit-Button, wird jedoch erst überprüft, ob in allen Feldern etwas eingegeben wurde. Wenn eines der Felder leergelassen wurde, wird das Formular nicht abgesendet. Stattdessen wird eine Fehlermeldung ausgegeben, und der Cursor wird im ersten nicht ausgefüllten Eingabefeld positioniert. Dazu ist im einleitenden <form>-Tag der Event-Handler `onSubmit=` notiert. Beim Absenden des Formulars wird dadurch die Funktion `CheckInput()` aufgerufen, die in einem Script-

Bereich im Dateikopf notiert ist. Diese Funktion prüft in einer `for`-Schleife alle einzelnen Formularfelder daraufhin, ob sie leer sind (leere Zeichenkette `""`). Ist das der Fall, wird die Fehlermeldung ausgegeben und auf dem entsprechenden Formularfeld positioniert. An den aufrufenden Event-Handler `onSubmit=` wird der Wert `false` zurückgegeben. Nur wenn alle Formularfelder ausgefüllt wurden, wird `true` zurückgegeben. Dadurch wird entschieden, ob das Formular abgeschickt wird oder nicht.

onUnload (beim Verlassen der Datei)

Tritt ein, wenn eine HTML-Datei verlassen wird. Nach JavaScript (Netscape) und HTML 4.0 erlaubt in folgenden HTML-Tags: `<frameset>` `<body>`. Im Beispiel ist im Dateikopf ein JavaScript-Bereich definiert. Gleich beim Einlesen der Datei wird mit Hilfe des Date-Objekts der aktuelle Zeitpunkt ermittelt und in der Variablen `Startzeit` gespeichert. Im einleitenden `<body>`-Tag der Datei ist der Event-Handler `onUnload=` notiert. Er tritt in Aktion, wenn die Datei – zum Beispiel durch Anklicken eines Verweises auf eine andere Datei – verlassen wird. In diesem Fall wird im Beispiel die Funktion `Aufenthalt()` aufgerufen, die ebenfalls in dem Scriptbereich im Dateikopf steht. Diese Funktion ermittelt wieder den aktuellen Zeitpunkt, dann aber noch die Differenz zwischen gespeicherter Startzeit und der jetzt ermittelten Endzeit und gibt das Ergebnis in einem Meldungsfenster aus.

```
<html><head><title>Test</title>
<script language="JavaScript">
Start = new Date();
Startzeit = Start.getTime();

function Aufenthalt()
{
 Ende = new Date();
 Endzeit = Ende.getTime();
 Aufenthalt = Math.floor((Endzeit - Startzeit) / 1000);
 alert("Sie waren " + Aufenthalt + " Sekunden auf dieser Seite");
}
</script>
</head>
<body onUload="Aufenthalt()">
</body></html>
```

javascript: (bei Verweisen)

Dies ist kein Event-Handler im engeren Sinn. Es handelt sich um eine Syntax, die eingeführt wurde, um JavaScript-Code als Verweisziel zu notieren. Nach JavaScript (Netscape) erlaubt in folgenden HTML-Tags: `<a>` `<area>`. Um einen Verweis dieser Art zu notieren, notieren Sie hinter dem Attribut `href=` in Anführungszeichen eine oder mehrere JavaScript-Anweisungen. Bei mehreren Anweisungen ist es jedoch besser, diese in einer Funktion zu notieren und beim Verweis dann diese Funktion aufzurufen.

```
<html><head><title>Test</title>
</head>
<body>
<a href="javascript:alert(document.lastModified)">
  Letzter Update
</a>
</body></html>
```

12.3 Anwendungsbeispiele für JavaScript

Am besten lernt man anhand klarer, praktischer Beispiele. Sinnvolle Vorkenntnisse zum Verständnis sind: HTML und die Sprachelemente von JavaScript. In der JavaScript-Objekt-Referenz finden Sie ausführliche Erklärungen zu den benutzten Objekten. Auf den folgenden Seiten finden Sie folgende Beispiele:

- Zwei Frames gleichzeitig ändern
- Seitenanzeige in Frames verhindern
- Taschenrechner
- Monatskalender
- Persönliche Seitenbesuche zählen mit Cookies
- Formulareingaben überprüfen
- Dynamische grafische Buttons
- Aufenthaltsdauer auf Web-Seite anzeigen
- Verweisliste als Auswahlliste

Weitere Anwendungsbeispiele mit JavaScript finden Sie im Kapitel 14 zu Dynamic HTML.

12.3.1 N 2.0 3.0 Zwei Frames gleichzeitig ändern

Wer schon einmal ein HTML-Projekt mit mehreren Frames erstellt hat, kann nachvollziehen, daß es manchmal wünschenswert ist, beim Ausführen eines Verweises nicht nur den Inhalt eines, sondern zweier oder mehrerer Frame-Fenster gleichzeitig zu ändern. Nun kann man in solchen Fällen zwar auf eine Datei verweisen, die ein neues, entsprechendes Frame-Set definiert. Aber wenn Sie viele solcher Verweise haben, wird dieses Verfahren schnell aufwendig. Als Alternative dazu können Sie sich mit einem JavaScript behelfen.

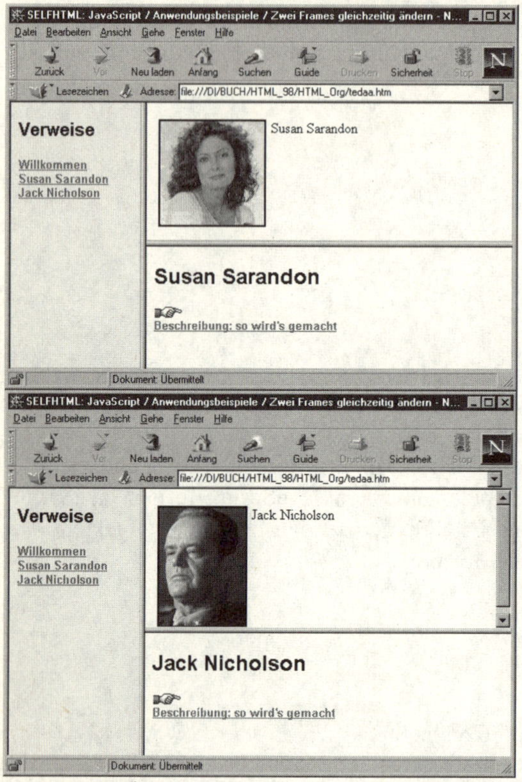

Bild 12.8: Ein Klick auf einen Verweis ändert zwei Frames – JavaScript macht's möglich

Hinweis: Zur besseren Orientierung enthält das Beispiel Verweise zu den entsprechenden Erläuterungen, z. B. *1**. Diese Verweise gehören nicht zum Quellcode. Falls Sie das Beispiel in einen Editor kopieren, müssen Sie diese Verweise löschen. Andernfalls erhalten Sie JavaScript-Fehlermeldungen.

Beispiel Teil 1 (Datei *rahmen.htm)*:

```
  <html>
  <head>
  <title>FrameTest</title>
  </head>
1*   <frameset cols="30%,*">
    <frame src="verweise.htm">
    <frameset rows="25%,*">
      <frame src="welcome1.htm">
      <frame src="welcome2.htm">
    </frameset>
  </frameset>
  </html>
```

Beispiel Teil 2 (Datei *verweise.htm)*:

```
  <html>
  <head>
  <title>Verweise</title>
  <script language="JavaScript">
  <!--
2*    function ZweiFrames(URL1,F1,URL2,F2)
    {
     parent.frames[F1].location.href=URL1;
     parent.frames[F2].location.href=URL2;
    }
  //-->
  </script>
  </head>
  <body text=#000000 link=#0000CC vlink=#000099 alink=#0000FF>
  <h1>Verweise</h1>
3*   <a href="javascript:ZweiFrames('susan1.htm', 1,
        'susan2.htm', 2)"> Susan Sarandon </a>
  <br>
  <a href="javascript:ZweiFrames('jack1.htm', 1,
        'jack2.htm', 2)"> Jack Nicholson </a>
  </body>
  </html>
```

Frame-Set definieren (1)

Im Beispiel wird eine Datei *rahmen.htm* erstellt, die das Frame-Set für eine Schauspielerinfothek bereitstellt. Das Frame-Set bewirkt die in Bild 12.9 dargestellte Konstellation: Links gibt es eine Spalte mit Verweisen zu einzelnen Schauspielern. Die Verweise stehen in der Datei *verweise.htm.* Rechts gibt es zwei Frames. Der obere, kleinere soll jeweils ein Bild des Schauspielers und die wichtigsten Lebensdaten enthalten. Der untere, größere soll ausführliche Infos bieten, z. B. eine Lebensbeschreibung und Informationen darüber, in welchen Filmen der Schauspieler mitgewirkt hat. Beim Aufruf des Frame-Sets wird links die Datei *verweise.htm* angezeigt. Rechts werden Projektbegrüßungsdateien mit den Namen *welcome1.htm* und *welcome2.htm* angezeigt.

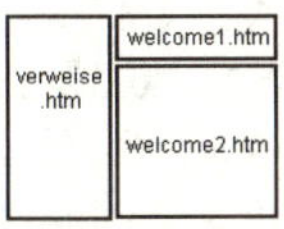

Bild 12.9: Dieses Frame-Set liegt der Web-Seite aus Bild 12.8 zu Grunde

JavaScript-Funktion zum Ändern zweier Frames definieren (2)

Im Beispiel enthält die Datei *verweise.htm* jene Verweise, bei deren Anklicken sich der Inhalt der beiden rechten Frames gleichzeitig ändern soll. Deshalb wird in dieser Datei der erforderliche JavaScript-Code notiert. Im Kopf der HTML-Datei, also zwischen `<head>` und `</head>`, wird mit dem dafür vorgesehenen HTML-Tag `<script language="JavaScript">` .... `</script>` ein JavaScript-Bereich definiert. Innerhalb dieses Bereichs wird eine Funktion mit Namen `ZweiFrames()` definiert. Diese Funktion erwartet vier Parameter:

- die URL-Adresse des gewünschten Inhalts des ersten Frame-Fensters (URL1),
- den Index des gewünschten ersten Frame-Fensters innerhalb des Frame-Sets (F1),
- die URL-Adresse des gewünschten Inhalts des zweiten Frame-Fensters (URL2)
- und den Index des gewünschten zweiten Frame-Fensters innerhalb des Frame-Sets (F2).

Dadurch ist die Funktion allgemein gehalten, d. h. Sie können diese Funktion auch in ganz anderen Frame-Sets zum gleichen Zweck verwenden. Innerhalb der Funktion stehen zwei Anweisungen. In der ersten Anweisung wird dem ersten gewünschten Frame-Fenster die gewünschte URL-Adresse zugewiesen, in der zweiten Anweisung wird dem zweiten gewünschten Frame-Fenster die zweite gewünschte URL-Adresse zugewiesen. Über `parent` kann innerhalb eines Frame-Sets das gesamte Frame-Set-Fenster angesprochen werden. Mit `parent.frames[n]` lassen sich bestimmte einzelne Frame-Fenster innerhalb des Frame-Sets ansprechen. Der Index beginnt bei 0 zu zählen, d. h. das erste im Frame-Set definierte Frame-Fenster läßt sich mit `parent.frames[0]` ansprechen, das zweite Frame-Fenster mit `parent.frames[1]` usw. Die Funktion `ZweiFrames` bekommt die Fenster-Indizes als Parameter übergeben. Deshalb steht z.B in der ersten Anweisung `parent.frames[F1]`. Über `location.href` kann eine URL-Adresse angesprochen werden, z. B. eine beliebige HTML-Datei im gleichen Projekt. Mit dem gesamten Ausdruck `parent.frames[F1].location.href= URL1;` wird einem Frame-Fenster innerhalb des Frame-Sets eine beliebige URL-Adresse zugewiesen. Da zwei Frames gleichzeitig geändert werden sollen, gibt es zwei solcher Anweisungen.

Verweis zum Ändern zweier Frames notieren (3)

Die Datei *verweise.htm* enthält im Beispiel Verweise zu Informationen über Susan Sarandon und Jack Nicholson. Damit sich beim Klicken auf einen dieser Verweise die beiden anderen Frame-Fenster gleichzeitig ändern, wird bei der Angabe `href=` nicht wie üblich eine URL-Adresse angegeben, sondern zuerst das Schlüsselwort `javascript`, dahinter ein Doppelpunkt und dahinter der Aufruf der im Dateikopf definierten Funktion `ZweiFrames()`. Dabei werden die vier erwarteten Parameter übergeben. Gehen Sie bei weiteren Verweisen analog dazu vor.

12.3.2 Seitenanzeige in Frames verhindern

Wenn Sie eigene WWW-Seiten erstellen, werden Sie kaum wollen, daß Ihr prachtvolles Werk in einem kleinen Fenster einer fremden Seite angezeigt wird. Dies ist jedoch mit Hilfe von Frames problemlos möglich, und es gibt einige Web-Guide-Projekte, die unverschämt genug sind, fremde Projekte als Schaufenster im eigenen Projekt anzuzeigen. Lesen Sie dazu auch den Abschnitt über unfaire Schaufenster-Effekte (Kapitel 7.5).

Mit einem kleinen JavaScript können Sie erzwingen, daß Ihre eigenen Seiten beim Aufruf in jedem Fall das gesamte Browser-Fenster ausfüllen. Das Script erzwingt die Anzeige einer HTML-Datei im Vollbild, wenn eine andere Seite versucht, die Datei in ein Frame-Fenster zu laden. Auf normale Verweise und Aufrufe der Datei hat das Script keine Auswirkungen. Das Beispiel:

```
<html>
<head>
<title>Meine Homepage</title>
<script language="JavaScript">
<!--
 if(top.frames.length > 0)
  top.location.href=self.location;
//-->
</script>
</head>
<body>
Inhalt der Datei
</body>
</html>
```

Das kleine JavaScript-Script im Beispiel sollte im Kopf jeder HTML-Datei stehen, die Sie nicht in fremden Frames sehen möchten. Das Script wird beim Laden der Datei automatisch ausgeführt, da der Code nicht in einer Funktion gebunden ist.

In dem Code – er besteht aus einer einzigen bedingten Anweisung – wird mit `if(top.frames.length > 0)` abgefragt, ob auf der obersten Referenzebene für Frame-Sets (`top`) irgendwelche Frames vorhanden sind.

Wenn nicht, ist die Anzahl der Frames – gespeichert in der Objekteigenschaft `frames.length` – 0. In diesem Fall ist alles in Ordnung, und die Anweisung, die von der Bedingung abhängt, wird nicht ausgeführt. Wenn `frames.length` aber größer als 0 ist, bedeutet dies, daß irgendwelche Frames angezeigt werden. In diesem Fall wird die Anweisung `top.location.href=self.location` ausgeführt. Mit dieser Anweisung erzwingen Sie, daß die aktuelle Datei auf jeden Fall im gesamten Anzeigefenster des Browsers angezeigt wird.

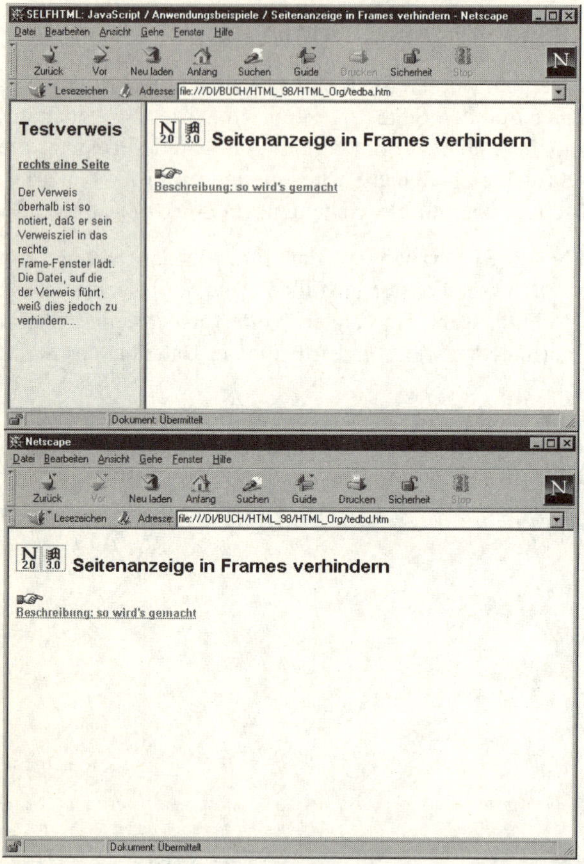

Bild 12.10: JavaScript erzwingt die Anzeige der geladenen HTML-Datei im Vollbild-Modus

12.3.3 Taschenrechner

Das Beispiel baut mit Hilfe eines HTML-Formulars einen einigermaßen echt aussehenden Taschenrechner auf. Der Anwender kann diesen Taschenrechner wie üblich bedienen. Dazu kommen noch einige besonders bequeme Eingabemethoden. An Hand dieses Beispiels können Sie studieren, wie man Formulareingaben mit JavaScript zur direkten Interaktion verwenden kann.

Hinweis: Zur besseren Orientierung enthält das Beispiel Verweise zu den entsprechenden Erläuterungen, z. B. 1*. Diese Verweise gehören nicht zum Quellcode. Falls Sie das Beispiel in einen Editor kopieren, müssen Sie diese Verweise löschen. Andernfalls erhalten Sie JavaScript-Fehlermeldungen.

Das Beispiel:

```
<html>
<head>
<title>Taschenrechner</title>
<script language="JavaScript">
<!--
1*    function Ergebnis()
 {
   var x = 0;
   x = eval(window.document.Rechner.Display.value);
   window.document.Rechner.Display.value = x;
 }

2*   function Hinzufuegen(Zeichen)
 {
   window.document.Rechner.Display.value =
   window.document.Rechner.Display.value + Zeichen;
 }

3*   function Sonderfunktion(Funktion)
 {
   if(Funktion == "sqrt")
    {
     var x = 0;
     x = eval(window.document.Rechner.Display.value);
     window.document.Rechner.Display.value = Math.sqrt(x);
    }
   if(Funktion == "pow")
    {
     var x = 0;
     x = eval(window.document.Rechner.Display.value);
     window.document.Rechner.Display.value = x * x;
    }
   if(Funktion == "log")
    {
     var x = 0;
     x = eval(window.document.Rechner.Display.value);
     window.document.Rechner.Display.value = Math.log(x);
    }
 }
//-->
</script>
</head>

<body bgcolor=#CCCCCC text=#000000 link=#0000CC
   vlink=#000099 alink=#0000FF>
<h1>Taschenrechner</h1>
<form name="Rechner">
```

```
<table border=10 cellpadding=10>
<tr>
<td bgcolor=#C0C0C0><input name="Display"
   size=30 maxlength=30></td>
</tr>
<tr><td><table>
<tr>
4*  <td width=50><input type=button value="   7   "
     onClick="Hinzufuegen('7')"></td>
<td width=50><input type=button value="   8   "
     onClick="Hinzufuegen('8')"></td>
<td width=70><input type=button value="   9   "
     onClick="Hinzufuegen('9')"></td>
<td width=50><input type=button value="   +    "
     onClick="Hinzufuegen('+')"></td>
</tr>
<tr>
<td width=50><input type=button value="   4   "
     onClick="Hinzufuegen('4')"></td>
<td width=50><input type=button value="   5   "
     onClick="Hinzufuegen('5')"></td>
<td width=70><input type=button value="   6   "
     onClick="Hinzufuegen('6')"></td>
<td width=50><input type=button value="    -    "
     onClick="Hinzufuegen('-')"></td>
</tr>
<tr>
<td width=50><input type=button value="   1   "
     onClick="Hinzufuegen('1')"></td>
<td width=50><input type=button value="   2   "
     onClick="Hinzufuegen('2')"></td>
<td width=70><input type=button value="   3   "
     onClick="Hinzufuegen('3')"></td>
<td width=50><input type=button value="    *    "
     onClick="Hinzufuegen('*')"></td>
</tr>
<tr>
<td width=50><input type=button value="    =    "
     onClick="Ergebnis()"></td>
<td width=50><input type=button value="   0   "
     onClick="Hinzufuegen('0')"></td>
<td width=70><input type=button value="   .    "
     onClick="Hinzufuegen('.')"></td>
<td width=50><input type=button value="    /    "
     onClick="Hinzufuegen('/')"></td>
</tr>
<tr>
<tr>
```

```
  <td width=50><input type=button value="sqrt "
     onClick="Sonderfunktion('sqrt')"></td>
  <td width=50><input type=button value=" pow "
     onClick="Sonderfunktion('pow')"></td>
  <td width=70><input type=button value=" log "
     onClick="Sonderfunktion('log')"></td>
5*  <td width=50><input type=reset value="   C   "></td>
  </tr>
  </tr>
  </table>
  </td></tr></table>
  </form>
  </body>
  </html>
```

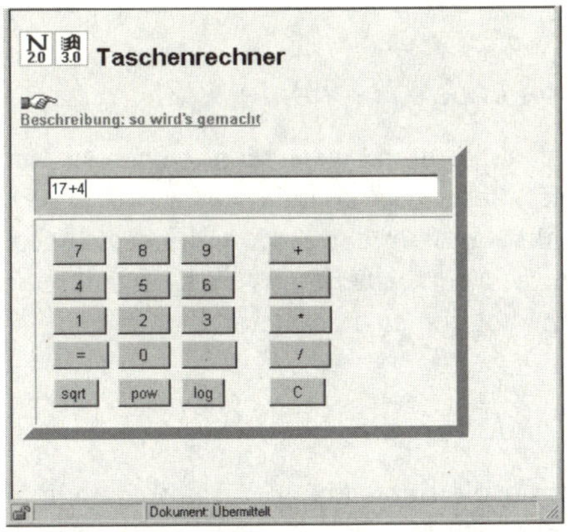

Bild 12.11: Der Taschenrechner verkraftet auch komplette Ausdrücke und nutzt dazu die JavaScript-Funktion `eval`

Der HTML-Aufbau des Taschenrechners erscheint etwas kompliziert, da er sich einer Tabelle innerhalb einer Tabelle bedient. Dadurch wird jedoch eine halbwegs saubere Ausrichtung der einzelnen Buttons erreicht, und das Rechen- bzw. Ergebnisfeld erscheint in einem eigenen, andersfarbigen Bereich (die farbliche Abstufung ist jedoch nur bei moderneren WWW-Browsern sichtbar).

Der Taschenrechner funktioniert absichtlich so, daß Sie sowohl die Buttons als auch direkt das Rechenfeld zur Eingabe benutzen können. Das heißt, Sie können beispielsweise in dem Rechenfeld eine Rechenoperation mit Grundrechenarten direkt eingeben, z. B. *5 * 6 + 7 – 4*. Wenn Sie dann auf den Button [=] klicken, wird im selben Feld das Ergebnis angezeigt. Mit dem Button [C] können Sie den aktuellen Inhalt des Rechenfeldes jederzeit löschen.

Funktion zur Berechnung des Inhalts des Rechenfeldes (1)

Im Beispiel werden im Kopf der HTML-Datei alle Funktionen notiert, die die Funktionalität des Taschenrechners ermöglichen. Die Funktion `Ergebnis()` errechnet den aktuellen Inhalt des Rechenfeldes. Innerhalb der Funktion wird eine Variable `x` definiert, in der das Ergebnis der Berechnung gespeichert wird. Um das Ergebnis zu erhalten, wird die Rechenoperation, die in dem übergebenen Formularfeld (dem Rechenfeld des Taschenrechners) steht, an die mächtige objektunabhängige JavaScript-Funktion `eval()` übergeben. Diese Funktion übernimmt automatisch die gesamte Berechnung der Rechenoperation. Voraussetzung ist natürlich, daß die Rechenoperation keine ungültigen Zeichen enthält. Ansonsten erzeugt JavaScript eine Fehlermeldung.

Um das errechnete Ergebnis, das in der Variablen `x` gespeichert wird, im Rechenfeld des Taschenrechners anzuzeigen, wird dem entsprechenden Formularfeld einfach der Wert von `x` zugewiesen.

Funktion zum Hinzufügen eines Zeichens in das Rechenfeld (2)

Die Funktion `Hinzufuegen()` im Beispiel wird aufgerufen, wenn der Anwender auf einen der Buttons im Taschenrechner-Formular klickt. Das können Ziffern (0 bis 9), Rechenoperatoren (+,-,*,/) oder ein Dezimalpunkt sein. Um das Zeichen hinzuzufügen, wird dem aktuellen Wert des Rechenfeldes einfach der bisherige Wert plus das neue Zeichen zugewiesen. Das neue Zeichen wird der Funktion als Parameter übergeben.

Funktion zur Berechnung von Sonderfunktionen (3)

Die Funktion `Sonderfunktion()` im Beispiel ist für die Berechnung von drei mathematischen Funktionen zuständig, für die es im Taschenrechner entsprechende Buttons gibt: die Funktionen [sqrt] (Quadratwurzel), [pow] (Quadrat) und [log] (natürlicher Logarithmus über 10). Die Funktion erwartet drei Parameter: den Index des Formulars, in dem sich das Rechenfeld befindet, den Index des Feldes innerhalb dieses Formulars und eine Zeichenkette, die die auszuführende mathematische Funktion kennzeichnet. Innerhalb der Funktion wird der dritte Parameter abgefragt. Erlaubt sind die Übergabewerte »sqrt«, »pow« und »log«. Falls einer dieser Werte übergeben wurde, berechnet die Funktion innerhalb des entsprechenden `If`-Zweigs den gewünschten Wert. Dazu wird die Rechenoperation oder die Zahl, die in dem übergebenen Formularfeld (dem Rechenfeld des Taschenrechners) steht, an die JavaScript-Standardfunktion `eval()` übergeben. Diese Funktion übernimmt automatisch die gesamte Berechnung der Rechenoperation. Das Ergebnis wird in `x` gespeichert. Falls es sich nur um eine einfache Zahl handelt, wird diese Zahl in `x` gespeichert. Mit einer entsprechenden JavaScript-Methode, z. B. der Methode `sqrt()` zur Errechnung der Quadratwurzel, wird das Ergebnis der mathematischen Sonderfunktion berechnet und zugleich dem Rechen-/Ergebnisfeld des Taschenrechner-Formulars zugewiesen.

Buttonclick als Zeichen in Rechenfeld eintragen (4)

Innerhalb des Taschenrechner-Formulars im Beispiel werden die Buttons für Ziffern, Operatoren usw. definiert. Beim Klicken auf einen solchen Button soll natürlich eine entsprechende Reaktion erfolgen. Dies geschieht mit Hilfe des Event-Handlers `onClick=`. Der Event-Handler wird aktiv, wenn der entsprechende Button angeklickt wird, und ruft dann eine der im Dateikopf definierten Funktionen auf. Bei einer Ziffer wird beispielsweise die Funktion `Hinzufuegen()` aufgerufen. Dazu wird der Funktion der erwartete Parameter übergeben, also das hinzuzufügende Zeichen. Das Taschenrechner-Formular erhält bei der Definition einen Namen, im Beispiel den Namen `Rechner`. Auch das Rechen-/Ergebnisfeld, das im JavaScript-Code sehr oft angesprochen wird, erhält einen Namen – den Namen `Display`. Das Formular-Objekt und das Formularelement-Objekt des Rechen-/Ergebnisfeldes kann deshalb mit `window.document.Rechner.Display` adressiert werden.

Inhalt des Rechenfeldes löschen (5)

Der Button [C] im Beispiel dient zum Löschen der bisherigen Eingaben. Dazu braucht man kein JavaScript. Stattdessen genügt es, einen Button vom Typ `reset` zu definieren.

12.3.4 Monatskalender

Das Beispiel schreibt in eine HTML-Datei an einer gewünschten Stelle einen frei formatierbaren Kalender des aktuellen Monats. Der aktuelle Tag wird darin hervorgehoben dargestellt. Hinweis: Auch hier sind wieder zur besseren Orientierung Verweise zu den entsprechenden Erläuterungen, z. B. *1** angegeben.

Bild 12.12: Diesen Monatskalender generiert das nachfolgende JavaScript-Beispiel automatisch

```
<html>
<head>
<title>Seitentitel</title>
</head>
```

```
  <body>
  <script language="JavaScript">
  <!--
1* var d = new Date();
  var dm = d.getMonth() + 1;
  var dj = d.getYear();
  if(dj < 100) dj+=1900;
  Kalender(dm,dj);

2* function Kalender(Monat,Jahr)
  {
  Monatsname = new Array
  ("Januar","Februar","M&auml;rz","April","Mai","Juni","Juli",
  "August","September","Oktober","November","Dezember");
  Tag = new Array ("Mo","Di","Mi","Do","Fr","Sa","So");

  var KSchrArt = "Verdana,Arial"; /* Schriftart Kalenderkopf */
  var KSchrGroesse = 3;           /* Schriftgroesse 1-7 Kalenderkopf */
  var KSchrFarbe = "#FFFF00";     /* Schriftfarbe Kalenderkopf */
  var Khgrund = "#000066";        /* Hintergrundfarbe Kalenderkopf */
  var TSchrArt = "Verdana,Arial"; /* Schriftart Tagesanzeige */
  var TSchrGroesse = 3;           /* Schriftgroesse 1-7 Tagesanzeige */
  var TSchrFarbe = "#000000";     /* Schriftfarbe Tagesanzeige */
  var Thgrund = "#D0F0F0";        /* Hintergrundfarbe Tagesanzeige */
  var SoFarbe = "#E00000";        /* Schriftfarbe f. Sonntage */
  var Ahgrund = "#FFFFFF";        /* Hintergrundfarbe f. heutigen Tag */

3* var jetzt = new Date();
  var DieserMonat = jetzt.getMonth() + 1;
  var DiesesJahr = jetzt.getYear();
  if(DiesesJahr < 100) DiesesJahr+=1900;
  var DieserTag = jetzt.getDate();
4*   var Zeit = new Date(Jahr,Monat-1,1);
  var Start = Zeit.getDay();
  if(Start > 0) Start--;
  else Start = 6;
  var Stop = 31;
  if(Monat==4 ||Monat==6 || Monat==9 || Monat==11 ) --Stop;
  if(Monat==2)
  {
   Stop=Stop-3;
   if(Jahr%4==0) Stop++;
   if(Jahr%100==0) Stop--;
   if(Jahr%400==0) Stop++;
  }
5* document.write("<table border=3 cellpadding=1
     cellspacing=1>");
  var Monatskopf = Monatsname[Monat-1] + " " + Jahr;
```

```
SchreibeKopf(Monatskopf,Khgrund,KSchrFarbe,KSchrGroesse,
  KSchrArt);
var Tageszahl = 1;
for(i=0;i<=5;i++)
 {
  document.write("<tr>");
  for(j=0;j<=5;j++)
   {
    if((i==0)&&(j < Start))
     SchreibeZelle(" ",Thgrund,TSchrFarbe,TSchrGroesse,
       TSchrArt);
    else
     {
      if(Tageszahl > Stop)
        SchreibeZelle(" ",Thgrund,TSchrFarbe,
          TSchrGroesse,TSchrArt);
      else
       {
      if((Jahr==DiesesJahr)&&(Monat== DieserMonat)&&
        (Tageszahl== DieserTag))
         SchreibeZelle(Tageszahl,Ahgrund,TSchrFarbe,
           TSchrGroesse,TSchrArt);
        else
         SchreibeZelle(Tageszahl,Thgrund,TSchrFarbe,
           TSchrGroesse,TSchrArt);
        Tageszahl++;
       }
      }
     }
    if(Tageszahl > Stop)
      SchreibeZelle(" ",Thgrund,SoFarbe,TSchrGroesse,
        TSchrArt);
    else
     {
      if((Jahr==DiesesJahr)&&(Monat==DieserMonat)&&
        (Tageszahl==DieserTag))
        SchreibeZelle(Tageszahl,Ahgrund,SoFarbe,TSchrGroesse,
          TSchrArt);
      else
        SchreibeZelle(Tageszahl,Thgrund,SoFarbe,
          TSchrGroesse,TSchrArt);
      Tageszahl++;
     }
    document.write("</tr>");
  }
 document.write("</table>");
 }
```

```
function SchreibeKopf(Monatstitel,HgFarbe,SchrFarbe,
  SchrGroesse,SchrArt)
{
document.write("<tr>");
document.write("<td align=center colspan=7 valign=middle
  bgcolor="+HgFarbe+">");
document.write('<font size='+SchrGroesse+'
  color='+SchrFarbe+' face="'+SchrArt+'"><b>');
document.write(Monatstitel);
document.write("</b></font></td></tr>");
document.write("<tr>");
for(i=0;i<=6;i++)
  SchreibeZelle(Tag[i],HgFarbe,SchrFarbe,SchrGroesse,SchrArt);
document.write("</tr>");
}

function SchreibeZelle(Inhalt,HgFarbe,SchrFarbe,
  SchrGroesse,SchrArt)
{
document.write("<td align=center valign=middle
  bgcolor="+HgFarbe+">");
document.write('<font size='+SchrGroesse+'
  color='+SchrFarbe+' face="'+SchrArt+'"><b>');
document.write(Inhalt);
document.write("</b></font></td>");
}
//-->
</script>
</body>
</html>
```

Aktuelles Datum ermitteln (1)

Im Scriptbereich wird zunächst mit `d = new Date()` ein neues Datumsobjekt mit dem aktuellen Zeitpunkt erzeugt. In den Variablen `dm` und `dj` werden anschließend aus dem neuen Datumsobjekt `d` der Monat und das Jahr ermittelt. Mit diesen beiden Variablen wird die Funktion `Kalender()` aufgerufen.

Funktion Kalender() (2)

Die Funktion `Kalender()` ist als in sich abgeschlossenes Unterprogramm realisiert, das einfach nur einen Monat und ein Jahr erwartet, das als Monatskalender angezeigt werden soll. Auf diese Weise läßt sich die Funktion auch noch anderweitig nutzen als zur einmaligen Ausgabe des aktuellen Kalendermonats.

Zu Beginn der Funktion `Kalender()` werden erst einmal verschiedene Variablen definiert. Dazu gehören die gewünschten Monatsnamen und die Wochentage, die jeweils als

Array-Objekte angelegt werden. Wenn Sie andere, zum Beispiel landesspezifische Namen wie »Jänner« wünschen, ändern Sie den entsprechenden Namen einfach.

Zu den Variablen, die am Beginn von `Kalender()` definiert werden, gehören auch die Angaben zu Farben, Schriftarten und Schriftgrößen für Kalenderhintergrund und Anzeige der Tage. Die Variablendefinitionen sind im Beispiel zum besseren Verständnis auskommentiert. Ändern Sie diese Werte, wenn Sie den Kalender verwenden möchten, nach Ihren Wünschen.

Ermitteln, ob aktiver Tag im anzuzeigenden Monat liegt (3)

Da die Funktion `Kalender()` ja als Parameter erhält, welchen Monat in welchem Jahr sie ausgeben soll, kann es sich durchaus um einen anderen als den aktuellen Monat handeln – nur im obigen Beispiel wird die Funktion mit dem aktuellen Monat/Jahr aufgerufen. Die Funktion ermittelt deshalb noch einmal separat die Daten des aktuellen Tages (`DieserTag`), des aktuellen Monats (`DieserMonat`) und des aktuellen Jahres (`DiesesJahr`). Die entsprechenden Daten werden später benötigt, um den aktuellen Tag farblich hervorzuheben, sofern er in dem auszugebenden Monat vorkommt.

Anzeige in Tabelle vorbereiten (4)

Der Monatskalender soll mit Hilfe von `document.write()`-Anweisungen in eine HTML-Tabelle geschrieben werden. Zunächst muß jedoch ermittelt werden, wie viele Tage der auszugebende Monat hat und an welchem Wochentag er beginnt. Davon hängt ab, wie die Tage in die Tabelle geschrieben werden.

In der Variablen `Start` wird der Wochentag gespeichert, auf den der erste Tag des auszugebenden Monats fällt. Dazu wird in einer Variablen `Zeit` ein Datumsobjekt erzeugt, das sich mit `Date(Jahr,Monat-1,1)` auf den ersten Tag des auszugebenden Monats bezieht. Mit `Zeit.getDay()` wird der Wochentag dieses Tages ermittelt (0 für Montag bis 6 für Sonntag).

In der Variablen `Stop` wird die Anzahl der Tage ermittelt, die der Monat hat. Wenn es einer der Monate 4, 6, 9 oder 11 ist, hat der Monat 30 Tage. Wenn es der Monat 2 ist, ist etwas Kalenderakrobatik erforderlich. Denn dieser Monat kann 28 oder 29 Tage haben, abhängig einmal davon, ob es ein Schaltjahr ist (durch 4 teilbar), ob es trotzdem kein Schaltjahr ist (durch 100 teilbar) oder ob es doch wieder ein Schaltjahr ist (durch 400 teilbar).

Tabelle erzeugen (5)

Nachdem alle Vorbereitungen getroffen sind, kann die Tabelle mit dem Kalendermonat geschrieben werden. Dies geschieht mit Hilfe von `document.write()`-Befehlen, die dynamisch die entsprechenden HTML-Befehle in die Datei schreiben. Die Funktion `Kalender()` selbst schreibt jedoch nur den Anfang und das Ende der Tabelle. Ansonsten übernimmt sie nur die Kontrolle, was genau in welcher Reihenfolge geschrieben werden soll. Um den Tabellenkopf mit Monats- und Jahresangabe sowie den Wochentagnamen zu schreiben, ruft sie die Unterfunktion `SchreibeKopf()` auf. Um die einzelnen Datenzellen zu schreiben, wird jeweils die Unterfunktion `SchreibeZelle()` aufgerufen. Um letztere mit den richtigen Daten zu versorgen, muß die `Kalender()`-Funktion die zuvor ermittelten Angaben zum Wochentag des ersten Tages im Monat sowie das aktuelle Tagesdatum berücksichtigen und die entsprechenden Parameter korrekt übergeben. Falls eine Zelle leer bleiben soll, wird das erzwungene Leerzeichen ` ` übergeben, denn nur so wird die Tabellenzelle nachher sichtbar dargestellt, auch wenn sie keinen Inhalt hat. Wenn die Zelle eine Tageszahl anzeigen soll, wird eine entsprechende Variable übergeben.

Die Funktionen `SchreibeKopf()` und `SchreibeZelle()` schreiben die einzelnen Datenzellen und setzen dabei die Variablen zur Gestaltung des Kalenders ein.

12.3.5 Persönliche Seitenbesuche zählen mit Cookies

Cookies (Kekse) sind ein nicht unumstrittenes Feature, das Netscape in JavaScript eingebaut hat. Cookies erlauben einem JavaScript-Programm, Daten auf der Festplatte des Anwenders zu speichern. Dies geschieht jedoch in kontrollierter Form. Ein Ausspionieren der Anwenderfestplatte ist dabei ebenso wenig möglich wie das Plazieren von ausführbarem Code, also etwa Viren. Denn wenn Sie in einem JavaScript einen Cookie schreiben, können Sie nicht angeben, wo der Cookie beim Anwender gespeichert wird. Das kontrolliert der WWW-Browser des Anwenders. Außerdem können Cookies keine unkontrollierten Datenmengen auf den Anwenderrechner schreiben, sondern nur eine begrenzte Anzahl von Zeilen. Jede solche Zeile definiert eine Variable und weist dieser Variablen einen Wert zu. Ein Cookie läßt sich also mit einem Eintrag in einer Konfigurationsdatei vergleichen – mit dem Unterschied, daß der Cookie keine Konfigurationsdaten des Anwenderrechners ansprechen kann.

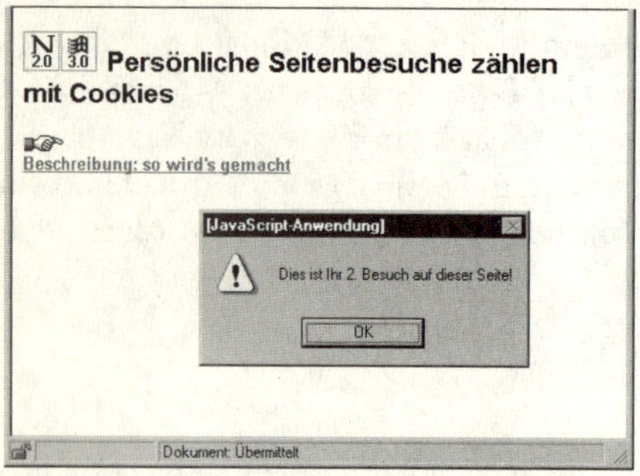

Bild 12.13: Das Beispiel-Script zählt mit Hilfe eines Cookies mit, wie oft der Besucher bereits auf der Web-Seite war

Durch die Möglichkeit, Daten zu speichern, werden jedoch viele neue Anwendungsbereiche für JavaScript möglich. So auch das hier beschriebene Beispiel. Denn um zeitlich auseinanderliegende Seitenbesuche zu zählen, muß man die Anzahl der bisherigen Seitenbesuche irgendwo fest speichern, beim nächsten Seitenbesuch wieder auslesen, den Zähler um 1 erhöhen und den neuen Wert wieder speichern. Genau das tut das hier beschriebene Beispiel.

Beachten Sie: Das Zählen von persönlichen Seitenbesuchen ist etwas anderes als das Zählen aller Seitenbesuche. Um alle Zugriffe auf eine Seite zu verwalten, muß das Programm seine Zählerstände auf dem Server-Rechner ablegen. Deshalb funktioniert ein klassischer Counter nur mit CGI. Das hier beschriebene Script zählt nur, wie oft ein bestimmter Anwender eine bestimmte Seite besucht. Der Internet Explorer interpretiert Cookies nur vollständig, wenn die HTML-Datei, die Cookies liest und schreibt, vom Browser über das HTTP-Protokoll aufgerufen wird.

Hinweis: Auch dieses Beispiel enthält wieder Verweise zu den entsprechenden Erläuterungen, z. B. *1**. Diese Verweise gehören nicht zum Quellcode. Falls Sie das Beispiel in einen Editor kopieren, müssen Sie diese Verweise löschen. Andernfalls erhalten Sie JavaScript-Fehlermeldungen. Das Beispiel:

```
  <html>
  <head>
  <title>Seitentitel</title>
  <script language="JavaScript">
  <!--
1*   function WertHolen()
    {
     var Wert = "";
     if(document.cookie)
     {
      Wertstart = document.cookie.indexOf("=") + 1;
      Wertende = document.cookie.indexOf(";");
      if(Wertende == -1) Wertende = document.cookie.length;
      Wert = document.cookie.substring(Wertstart,Wertende);
     }
     return Wert;
    }

2*   function WertSetzen(Bezeichner, Wert, Verfall)
    {
     var jetzt = new Date();
     var Auszeit = new Date(jetzt.getTime() + Verfall);
     document.cookie = Bezeichner+"="+Wert+";
       expires="+Auszeit.toGMTString()+";";
    }

3*   function Zaehlerstand()
    {
```

```
    var Verfallszeit = 1000*60*60*24*365;
    var Anzahl = WertHolen();
    var Zaehler = 0;
    if(Anzahl != "") Zaehler = parseInt(Anzahl);
    if(document.cookie)
    {
     Zaehler = Zaehler + 1;
     WertSetzen("Zaehler",Zaehler,Verfallszeit);
    }
    else
    {
     Zaehler = 1;
     WertSetzen("Zaehler",Zaehler,Verfallszeit);
    }
   alert("Dies ist Ihr " + Zaehler +
      ". Besuch auf dieser Seite!");
  }
 //-->
</script>
</head>
<body onLoad="Zaehlerstand()">
Inhalt der Datei
</body>
</html>
```

Cookie lesen und gespeicherten Wert ermitteln (1)

Die Funktion `WertHolen()`, die im Beispiel definiert ist, ist allgemein geschrieben. Sie können diese Funktion nutzen, um einen Cookie auszulesen. Wenn die Datei schon einmal einen Cookie geschrieben hat, wird dessen Wert ermittelt und zurückgegeben. Wenn noch kein Cookie existiert, wird eine leere Zeichenkette `""` zurückgegeben.

Mit der Abfrage `if(document.cookie)` ermittelt die Funktion, ob bereits ein Cookie vorhanden ist. Wenn ja, wird dessen Wert ermittelt. Ein Cookie besteht normalerweise aus einem Bezeichner und einem Wert, zum Beispiel: `Zaehler=4`.

Dabei ist `Zaehler` der Bezeichner und `4` der Wert, der diesem Bezeichner zugewiesen ist. Die Funktion `WertHolen()` holt sich den Wert, indem sie mit `indexOf()`-Befehlen den Anfang und das Ende des Wertes innerhalb des gespeicherten Cookies ermittelt. Diesen Wert weist sie der Variablen `Wert` zu. Die Variable `Wert` wird am Ende der Funktion zurückgegeben.

Cookie schreiben und Wert setzen (2)

Die Funktion `WertSetzen()`, die im Beispiel definiert ist, ist ebenfalls allgemein geschrieben. Diese Funktion erwartet drei Parameter:

- `Bezeichner` ist das Element vor dem Gleichheitszeichen, zum Beispiel `Zaehler`.
- `Wert` ist der Wert, der dem Bezeichner zugewiesen und mit gespeichert werden soll.
- `Verfall` ist eine Zahl, die als Anzahl von Millisekunden interpretiert wird. Jeder Cookie, der über die aktuelle Browser-Sitzung hinaus gespeichert bleiben soll, muß eine Angabe dazu enthalten, wann der Browser den Cookie löschen soll. Das soll verhindern, das Cookies »ewig« gespeichert bleiben. Der Verfallszeitpunkt des Cookies muß in Form des GMT-Zeitformats angegeben werden. Darum brauchen Sie sich aber nicht zu kümmern, da die Funktion `WertSetzen()` dies automatisch erledigt. Die Funktion ermittelt zu diesem Zweck die aktuelle Zeit (`var jetzt = new Date();`). In der Variablen `Auszeit` errechnet sie einen zukünftigen Zeitpunkt aus dem übergebenen Parameter `Verfall` und dem ermittelten aktuellen Zeitpunkt.

Mit der Anweisung, die mit `document.cookie =` beginnt, wird der Cookie geschrieben.

Übergeordnete Funktion zum Verwalten des Cookies (3)

Die beiden allgemeinen Funktionen `WertHolen()` und `WertSetzen()` benötigen nun noch ein paar allgemeine Anweisungen, die den Cookie verwalten. Dies geschieht im Beispiel in der Funktion `Zaehlerstand()`. Zunächst definiert diese Funktion einen Verfallswert, der später beim Schreiben des Cookies an die Funktion `WertSetzen()` übergeben wird. Mit dem Rechenausdruck `1000*60*60*24*365` wird die Millisekundenzahl eines Jahres ermittelt. Der Cookie soll also ein Jahr lang gespeichert werden.

Um die persönlichen Seitenbesuche des Anwenders zu verwalten, muß die Funktion `Zaehlerstand()` folgendes tun: Sie muß erstens den aktuellen Zählerstand ermitteln, zweitens den Zähler um 1 erhöhen und drittens den neuen Zählerstand wieder speichern. Wenn noch kein Cookie vorhanden ist, d. h. wenn der Anwender die Seite zum ersten Mal besucht, muß der Zähler auf 1 gesetzt und gespeichert werden.

Zuerst ruft die Funktion `Zaehlerstand()` deshalb die Funktion `WertHolen()` auf, um den aktuellen Zählerstand zu ermitteln. Der Rückgabewert von `WertHolen()` wird in der Variablen `Anzahl` gespeichert. Wenn noch kein Cookie vorhanden ist, steht in `Anzahl` anschließend eine leere Zeichenkette `""`. Ist ein Wert vorhanden, enthält `Anzahl` den Wert in Form einer Zeichenkette. Da man mit Zeichenketten nicht rechnen kann, zum Hochzählen des Zählers jedoch ein numerischer Wert benötigt wird, wird im Beispiel noch eine numerische Variable namens `Zaehler` definiert. Mit der `parseInt()`-Methode wird dieser Variablen der Wert von `Anzahl` als Zahl zugewiesen.

Wenn ein Cookie vorhanden ist, wird der Zähler um 1 erhöht. Anschließend wird die Funktion `WertSetzen()` aufgerufen, die den Cookie speichert. Als Bezeichner wird das Wort `"Zaehler"` übergeben, als Wert der Inhalt der Variablen `Zaehler` und als Verfallszeitpunkt der Inhalt der Variablen `Verfallszeit`. Wenn kein Cookie vorhanden ist, wird die Funktion `WertSetzen()` genauso aufgerufen. Vorher wird jedoch der Inhalt der Variablen `Zaehler` auf 1 gesetzt. Am Ende gibt die Funktion `Zaehlerstand()` mit Hilfe von `alert()` den aktuellen Zählerstand in einem Meldungsfenster aus.

Alle Anweisungen des Beispiel-Scripts stehen innerhalb von Funktionen. Damit diese Anweisungen beim Einlesen der Datei überhaupt ausgeführt werden, muß die Funktion `Zaehlerstand()` explizit aufgerufen werden. Das passiert im Beispiel im einleitenden `<body>`-Tag mit Hilfe des Event-Handlers `onLoad=`.

12.3.6 Formulareingaben überprüfen

Wenn Sie HTML-basierte Formulare im WWW anbieten, kann jeder Anwender irgendeinen Unsinn in das Formular schreiben und es dann abschicken. Betroffen davon sind vor allem einzeilige und mehrzeilige Eingabefelder. Dadurch erhalten Sie überflüssige E-Mails, oder ein CGI-Script, das die Formulareingaben verarbeitet, speichert leere oder nutzlose Daten ab. Mit Hilfe von JavaScript können Sie Formulareingaben überprüfen, bevor das Formular abgeschickt wird. Bei fehlenden oder offensichtlich fehlerhaften Eingaben können Sie das Absenden des Formulars verhindern. Das Beispiel auf dieser Seite zeigt, wie eine solche Überprüfung im Prinzip funktioniert. Je nachdem, was Ihr Formular enthält, müssen Sie das Beispiel natürlich erweitern.

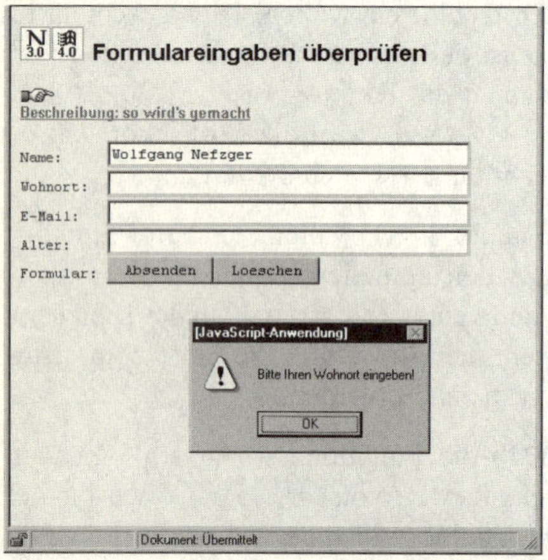

Bild 12.14: Oops, da hat der Besucher ein paar Eingaben vergessen – das JavaScript-Beispiel fordert sie unerbittlich an

Hinweis: Zur besseren Orientierung enthält das Beispiel Verweise zu den entsprechenden Erläuterungen, z. B. *1**. Diese Verweise gehören nicht zum Quellcode. Falls Sie das Beispiel in einen Editor kopieren, müssen Sie diese Verweise löschen. Andernfalls erhalten Sie JavaScript-Fehlermeldungen. Das Beispiel:

```
<html>
<head>
<title>Seitentitel</title>
<script language="JavaScript">
 <!--
```

```
2*   function chkFormular()
 {
  if(document.Formular.User.value == "")
   {
    alert("Bitte Ihren Namen eingeben!");
    document.Formular.User.focus();
    return false;
   }
  if(document.Formular.Ort.value == "")
   {
    alert("Bitte Ihren Wohnort eingeben!");
    document.Formular.Ort.focus();
    return false;
   }
  if(document.Formular.Mail.value == "")
   {
    alert("Bitte Ihre E-Mail-Adresse eingeben!");
    document.Formular.Mail.focus();
    return false;
   }
  if(document.Formular.Alter.value == "")
   {
    alert("Bitte Ihr Alter eingeben!");
    document.Formular.Alter.focus();
    return false;
   }
  if(document.Formular.Mail.value.indexOf('@') == -1)
   {
    alert("Keine E-Mail-Adresse!");
    document.Formular.Mail.focus();
    return false;
   }
  var chkZ = 1;
  for(i=0;i<document.Formular.Alter.value.length;++i)
    if(document.Formular.Alter.value.charAt(i) < "0"
    || document.Formular.Alter.value.charAt(i) > "9")
      chkZ = -1;
  if(chkZ == -1)
  {
    alert("Altersangabe keine Zahl!");
    document.Formular.Alter.focus();
    return false;
   }
 }
 //-->
</script>
</head>
<body>
```

```
1* <form name="Formular" action="mailto:du@duda.de"
     method=post onSubmit="return chkFormular()">
<pre>
Name:     <input type=text size=40 name="User">
Wohnort:  <input type=text size=40 name="Ort">
E-Mail:   <input type=text size=40 name="Mail">
Alter:    <input type=text size=40 name="Alter">
Formular: <input type=submit value="Absenden">
 <input type=reset value="Loeschen">
</pre>
</form>
</body>
</html>
```

Formular definieren (2)

Im Beispiel wird ein gewöhnliches HTML-Formular mit einigen Eingabefeldern, einem Reset-Button zum Zurücksetzen des Formulars und einem Submit-Button zum Absenden des Formulars definiert. Die einzige Besonderheit ist die Anweisung `onSubmit="return chkFormular()"` im einleitenden `<form>`-Tag. Der Event-Handler `onSubmit=` wird aktiv, wenn der Anwender auf den Submit-Button klickt, um das Formular abzusenden. Dann wird die JavaScript-Funktion `chkFormular()` aufgerufen, die im Dateikopf notiert ist. Wenn die Funktion Fehler bei den Eingaben findet, gibt sie den Wert `false` (falsch) zurück, ansonsten den voreingestellten Wert `true` (wahr). Mit `return` wird dieser Wert im einleitenden `<form>`-Tag an den Browser weitergegeben. Der Browser kennt die beiden Werte `true` und `false`. Im Zusammenhang mit `onSubmit=` reagiert er so, daß er das Formular nur dann abschickt, wenn der Wert `true` ist. Ist der Wert `false`, wird das Absenden der Formulardaten verhindert.

Formular überprüfen (1)

Die eigentliche Formularüberprüfung findet im Beispiel in der Funktion `chkFormular()` statt, die in dem Script-Bereich im Dateikopf notiert ist. Im Beispiel soll jedes Eingabefeld daraufhin überprüft werden, ob es einen Inhalt hat, d. h. ob der Anwender es ausgefüllt hat. Bei der Angabe zur E-Mail-Adresse soll zusätzlich überprüft werden, ob in der Eingabe das Zeichen @ vorkommt. Ist das nicht der Fall, kann man davon ausgehen, daß der Anwender Unsinn eingegeben hat in dem entsprechenden Feld. Bei der Altersangabe schließlich soll zusätzlich überprüft werden, ob die Eingabe eine positive ganze Zahl ist. Andernfalls muß man auch hierbei eine unsinnige Angabe vermuten.

Mit einer Abfrage wie `if(document.Formular.User.value == "")` wird ermittelt, ob das entsprechende Formularfeld (im Beispiel das Feld mit dem Namen `User` im Formular mit dem Namen `Formular`) überhaupt einen Inhalt hat. Es wird also auf die leere Zeichenkette `""` hin geprüft.

Mit einer Abfrage wie `if(document.Formular.Mail.value.indexOf('@') == -1)` wird ermittelt, ob in der Eingabe ein bestimmtes Zeichen fehlt (hier das @-Zeichen, das für E-Mail-Adressen charakteristisch ist). Mit einem Ausdruck wie:

```
for(i=0;i<document.Formular.Alter.value.length;++i)
  if(document.Formular.Alter.value.charAt(i) < "0"
  || document.Formular.Alter.value.charAt(i) > "9")
```

ermitteln Sie Zeichen für Zeichen, ob ein eingegebener Wert etwas anderes als Ziffern enthält. Wenn ja, wird im Beispiel eine Merkvariable namens `chkZ` auf den Wert `-1` gesetzt.

Bei allen Abfragen dieser Art werden jeweils drei Anweisungen ausgeführt, wenn die Anwendereingaben der Prüfung nicht standhalten. Zuerst wird mit `alert()` jeweils in einem Meldungsfenster ausgegeben, was der Anwender falsch gemacht hat. In der zweiten Anweisung wird mit der `focus()`-Methode auf das Formularelement positioniert, auf das sich der Fehler bezieht. Der Anwender kann seine Feldeingabe also gleich korrigieren. Die dritte Anweisung schließlich gibt `false` zurück. Dadurch wird das Absenden des Formulars verhindert.

12.3.7 N 3.0 4.0 Dynamische grafische Buttons

Auf WWW-Seiten kommen häufig grafische Buttonleisten zum Einsatz, die Verweise zu bestimmten Seiten des Projekts enthalten. Wenn der Anwender mit der Maus über solche Grafiken fährt, erkennt er am veränderten Mauscursor und an den Verweisziel-anzeigen in der Statuszeile des WWW-Browsers, daß es sich um Verweise handelt. Mit Hilfe von JavaScript können Sie solche grafischen Verweise jedoch noch deutlicher kenntlich machen und der Benutzerführung gleichzeitig ein wenig mehr Pep verleihen.

Dazu brauchen Sie je zwei gleichartige, farblich unterschiedliche Grafiken für je einen Grafikbutton. Im Anzeigebeispiel zu diesem Abschnitt sind das die beiden Button-Paare aus Bild 12.15.

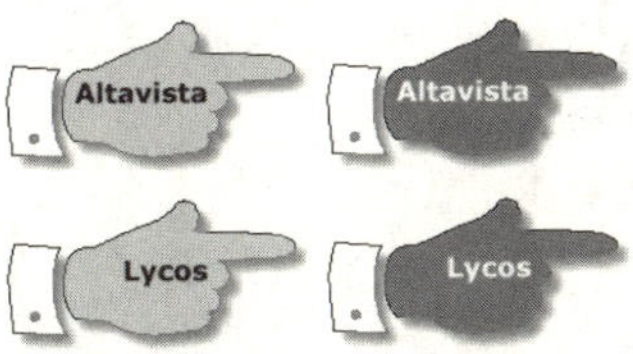

Bild 12.15: Zwei Grafik-Paare für Buttons, die den aktivierten und deaktivierten Zustand anzeigen

Mit Hilfe von JavaScript läßt sich nun eine Grafik durch eine andere ersetzen, zum Beispiel, wenn die Grafik als Verweis dient und der Anwender mit der Maus über die Grafik fährt. Wie das im einzelnen funktioniert, wird im folgenden beschrieben.

Dieses Beispiel funktioniert mit Netscape ab Version 3.x und mit dem Internet Explorer ab Version 4.x. Beachten Sie, daß es bei Verwendung dynamischer Grafiken in Tabellen innerhalb von Tabellen bei Netscape zu Verschiebungsproblemen kommen kann.

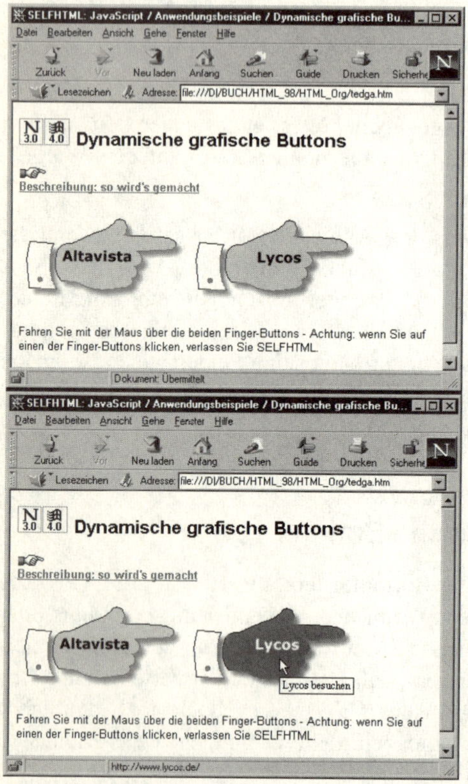

Bild 12.16: Beim Überfahren mit der Maus ändert der grafische Button seine Farbe

Hinweis: Zur besseren Orientierung enthält das Beispiel Verweise zu den entsprechenden Erläuterungen, z. B. *1**. Diese Verweise gehören nicht zum Quellcode. Falls Sie das Beispiel in einen Editor kopieren, müssen Sie diese Verweise löschen. Andernfalls erhalten Sie JavaScript-Fehlermeldungen. Das Beispiel:

```
<html>
<head>
<title>Seitentitel</title>
<script language="JavaScript">
 <!--
1*  Normal1 = new Image();
 Normal1.src = "button1a.gif";
        /* Hier erste Standard-Grafik angeben */
 Highlight1 = new Image();
 Highlight1.src = "button1b.gif";
```

```
        /* Hier erste Highlight-Grafik angeben */

  Normal2 = new Image();
  Normal2.src = "button2a.gif";
        /* Hier zweite Standard-Grafik angeben */
  Highlight2 = new Image();
  Highlight2.src = "button2b.gif";
        /* Hier zweite Highlight-Grafik angeben */

  /* usw. fuer alle weiteren zu benutzenden Grafiken */

2*  function Bildwechsel(Bildnr,Bildobjekt)
  {
   window.document.images[Bildnr].src = Bildobjekt.src;
  }
 //-->
  //-->
 </script>
 </head>
 <body>

3*  <table><tr><td>
 <a href="index.htm" onMouseOver="Bildwechsel(0,Highlight1)"
 onMouseOut="Bildwechsel(0,Normal1)">
 <img src="button1a.gif"></a>
 </td><td>
 <a href="verweise.htm" onMouseOver="Bildwechsel(1,Highlight2)"
 onMouseOut="Bildwechsel(1,Normal2)">
 <img src="button2a.gif"></a>
 </td></tr></table>

 </body>
 </html>
```

Neue Grafikobjekte für Highlight-Grafiken erzeugen (1)

Für jede Grafik, die Sie dynamisch anzeigen möchten, müssen Sie eine Instanz des `image`-Objekts erzeugen. Das gilt sowohl für die Grafiken, die zunächst in der HTML-Datei referenziert werden, als auch für diejenigen, die beim Überfahren mit der Maus dynamisch angezeigt werden sollen.

Dazu wird im Beispiel mit Anweisungen wie `Normal1 = new Image();` eine Objektinstanz erzeugt. Nachdem die Objektinstanz erzeugt ist, sind unter dem gewählten Objektnamen, im ersten Fall `Normal1`, alle Eigenschaften des Objekts ansprechbar. Zunächst enthält das Objekt noch gar keine Daten. Mit der Anweisung `Normal1.src = "button1a.gif";` wird dem neuen Grafikobjekt eine Grafikdatei zugewiesen.

Wiederholen Sie die beiden beschriebenen Anweisungen für jede Grafikdatei, die von dynamischen Änderungen betroffen sein wird – und zwar sowohl für Grafiken, die im Normalfall angezeigt werden, als auch für Grafiken, die beim Darüberfahren mit der Maus dynamisch angezeigt werden. Vergeben Sie dabei jedesmal einen neuen Objektnamen.

Bildwechsel() zum dynamischen Austauschen von Grafiken (2)

Der bisherige Code im Beispiel wird beim Einlesen der HTML-Datei direkt ausgeführt, da er nicht in einer Funktion gebunden ist. Die Ausführung dieses Codes bewirkt aber keine sichtbaren Ausgaben und wird vom Anwender gar nicht bemerkt. Das, was am Bildschirm mit Hilfe von JavaScript passieren soll, nämlich das dynamische Austauschen eines Bildes, geschieht in der definierten Funktion `Bildwechsel()`.

Die Funktion soll aufgerufen werden, wenn der Anwender mit der Maus über einen grafischen Verweis fährt und wenn er den Verweisbereich mit der Maus wieder verläßt. Dazu benötigt die Funktion zwei Parameter: die wievielte Grafik in der Datei ausgetauscht werden soll (Parameter `Bildnr`) und durch welches zuvor definierte Grafikobjekt das Bild ersetzt werden soll (Parameter `Bildobjekt`). Die Funktion kommt dann mit einer einzigen Anweisung aus. Diese Anweisung ersetzt das vorhandene Bild durch das neue. Beachten Sie hier den wichtigen Zusammenhang: Das dynamische Ersetzen einer Grafik ist nur möglich, wenn für die neue Grafik zuvor eine Instanz des Grafikobjekts erzeugt wurde. Im Beispiel geschah dies ja ganz am Anfang des Scripts.

Grafische Verweise mit Event-Handlern für Mausbewegungen des Anwenders (3)

Damit der gewünschte Effekt zustande kommt, müssen Sie in der HTML-Datei Grafiken als Verweise definieren. Bei Buttons, die nebeneinander liegen sollen, empfiehlt sich eine blinde Tabelle, wie sie auch im Beispiel verwendet wird.

Im einleitenden Verweis-Tag werden die Event-Handler `onMouseOver=` und `onMouseOut=` notiert. Bei `onMouseOver=`, wenn der Anwender mit der Maus über den Verweis-sensitiven Bereich, hier eine Grafik fährt, wird die im Script-Bereich definierte Funktion `Bildwechsel()` aufgerufen. Ebenso bei `onMouseOut=`, wenn der Mauszeiger den Verweis-sensitiven Bereich wieder verläßt.

Beim Aufruf von `Bildwechsel()` werden jeweils die beiden benötigten Parameter übergeben. Zählen Sie dazu die referenzierten Grafikdateien in der HTML-Datei, aber fangen Sie bei 0 an zu zählen, d. h. 0 steht für die erste Grafik in der Datei, 1 für die zweite Grafik usw. Übergeben Sie den Indexwert der Grafik, die in den Verweis eingebettet ist. Im Beispiel sind in der gesamten HTML-Datei keine anderen als die dynamisch zu tauschenden Grafiken referenziert. Deshalb wird im ersten Fall 0 (erste Grafik der Datei) übergeben, im zweiten Fall 1 (zweite Grafik der Datei). Beim zweiten Parameter übergeben Sie den Objektnamen für das gewünschte Grafikobjekt. Das ist einer der

Namen, die Sie am Anfang des Script-Bereichs vergeben haben. Im Beispiel wird im ersten Fall z. B. `Highlight1` bei `onMouseover` übergeben und `Normal1` bei `onMouseout`.

12.3.8 N 2.0 3.0 Aufenthaltsdauer auf Web-Seite anzeigen

Das Beispiel auf dieser Seite zeigt in einem kleinen Feld laufend an, wie viele Minuten und Sekunden seit dem Aufruf der Seite verstrichen sind. Gedacht ist die Anzeige des Feldes vor allem für HTML-Dateien, die innerhalb eines Frame-Fensters ständig angezeigt bleiben, etwa in einem Frame-Fenster mit einem Logo oder mit Verweisen. In solchen Fällen läuft die Uhr während der gesamten Besuchszeit, die der Anwender auf den Seiten verbringt. Man mag das als eine überflüssige Spielerei abtun, aber angenommen, es wird etwas angezeigt, wobei der Anwender schnell die teure Online-Zeit vergißt, etwa ein Spiel oder ein Chat-Fenster, dann kann eine solche Erinnerung in Form einer laufenden Zeituhr durchaus nützlich sein. Hinweis: Auch dieses Beispiel enthält Verweise zu den entsprechenden Erläuterungen, z. B. *1**. Diese Verweise gehören nicht zum Quellcode.

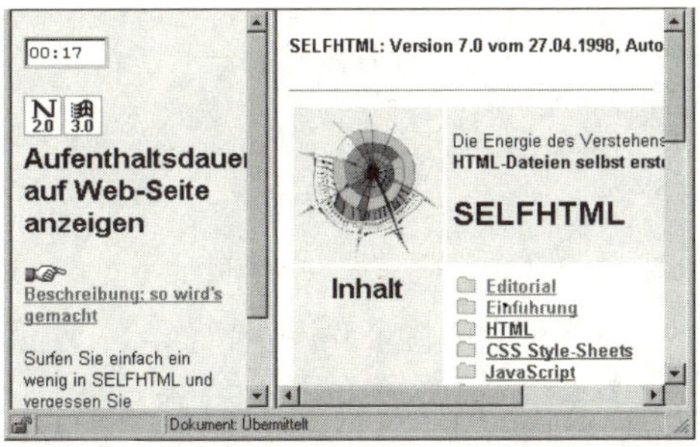

Bild 12.17: Links oben zählt das JavaScript-Script mit, wie lange der Besucher schon auf dieser Seite verweilt

Das Beispiel:

```
<html>
<head>
<title>Seitentitel</title>
<script language="JavaScript">
 <!--
1*   Jetzt = new Date();
  var Start = Jetzt.getTime();

3*   function ZeitAnzeigen()
  {
   var absSekunden = Math.round(ZeitBerechnen());
   var relSekunden = absSekunden % 60;
   var absMinuten = Math.round((absSekunden-30)/60);
   var anzSekunden ="" + ((relSekunden > 9) ?
```

```
      relSekunden : "0" + relSekunden);
   var anzMinuten ="" + ((absMinuten > 9) ?
      absMinuten : "0" + absMinuten);
   window.document.Anzeige.Zeit.value = anzMinuten + ":" +
      anzSekunden;
   window.setTimeout('ZeitAnzeigen()',1000);
  }

  function ZeitBerechnen()
  {
   var Immernoch = new Date();
   return((Immernoch.getTime() - Start)/1000);
  }

 //-->
 </script>
 </head>
2* <body onLoad="window.setTimeout('ZeitAnzeigen()',1000)">
<form name="Anzeige">
<input size=7 name="Zeit">
</form>
 </body>
 </html>
```

Startzeit ermitteln (1)

Beim Einlesen der Datei wird zunächst der aktuelle Zeitpunkt ermittelt. Dieser Zeitpunkt dient als Startzeit der Anzeige. Mit `Jetzt = new Date()` wird ein neues Datumsobjekt mit dem aktuellen Zeitpunkt in der Variablen `Jetzt` gespeichert. Mit `Jetzt.getTime` wird eine absolute Zahl in Millisekunden ermittelt, die in der Variablen `Start` gespeichert wird.

Funktion zur Zeitanzeige erstmals aufrufen (3)

Im einleitenden `<body>`-Tag steht im Beispiel der erste Aufruf der Funktion `ZeitAnzeigen()`, die die Zeit anzeigt und die Anzeige jede Sekunde aktualisiert. Der erste Aufruf erfolgt nach einer Sekunde. Dazu wird der Funktionsaufruf in die `setTimeout()`-Methode mit einer Verzögerungszeit von 1 000 Millisekunden (1 Sekunde) eingebettet.

Im Dateikörper steht dann ein Formular, das nur aus einem einzigen kleinen Eingabefeld besteht. Dieses Eingabefeld wird als Ausgabefeld für die Zeitanzeige zweckentfremdet.

Zeit anzeigen und Anzeige laufend aktualisieren (2)

Die Funktion `ZeitAnzeigen()`, die für die laufende Zeitanzeige verantwortlich ist, ruft zunächst die Unterfunktion `ZeitBerechnen()` auf. Diese Funktion erzeugt bei jedem Aufruf ein neues Datumsobjekt mit dem aktuellen Zeitpunkt. Das Ergebnis wird in der Variablen `Immernoch` gespeichert. Zurückgegeben wird jedoch nicht der aktuelle Zeitpunkt, sondern die Differenz zwischen dem aktuellen Zeitpunkt und dem Startzeitpunkt, der beim Einlesen der Datei ermittelt wurde. Der Rückgabewert erfolgt in Sekunden. Da beim Datumsobjekt intern in Millisekunden gerechnet wird, wird der Wert durch 1 000 geteilt, um Sekunden zu erhalten. Dabei können jedoch Bruchzahlen zustande kommen. Um eine glatte Sekundenzahl zu erhalten, wendet die aufrufende Funktion `ZeitAnzeigen()` die Methode `Math.round()` an.

Die absolute Anzahl der vergangenen Sekunden steht dann in der Variablen `abSekunden`. Von dem darin gespeicherten Wert werden alle folgenden Werte abgeleitet. Mit `Math.round((absSekunden-30)/60)` wird ermittelt, wie viele Minuten die Sekundenzahl bereits imliziert. Wenn die Sekundenzahl beispielsweise 200 lautet, sind darin 3 Minuten (180 Sekunden) enthalten. Dieser Wert wird in der Variablen `absMinuten` gespeichert. Der Restwert an Sekunden, also bei 200 und 180 etwa der Wert 20, wird mit der Modulo-Division `absSekunden % 60` in der Variablen `relSekunden` gespeichert. Im Beispiel 200 steht dann also in `absMinuten` der Wert 3 und in `relSekunden` der Wert 20.

Um die Anzeige der Minuten und Sekunden für die Ausgabe ordentlich zu formatieren, werden Zeichenketten erzeugt, die in den Variablen `anzSekunden` und `anzMinuten` gespeichert werden. Wenn eine Minuten- oder Sekundenzahl einstellig ist, bekommt sie eine 0 vorangestellt.

Mit der Zuweisung an `window.document.Anzeige.Zeit.value` wird die ermittelte und formatierte Zeit anschließend in das Formularfeld geschrieben, das zur Zeitanzeige dient. Damit die Zeitanzeige weiterläuft, ruft sich die Funktion `ZeitAnzeigen()` am Ende mit einer Verzögerungszeit von 1 000 Millisekunden selbst wieder auf. Dadurch wird der gesamte Vorgang wiederholt.

12.3.9 N 3.0 | 4.0 Auswahlliste als Verweisliste

In diesem Beispiel wird beschrieben, wie Sie eine Auswahlliste eines HTML-Formulars als praktische Alternative für lange Listen für Verweise benutzen können. Auf diesem Prinzip basiert etwa auch die SELFHTML Quickbar. Die Auswahlliste wird dabei in Form einer kleinen Aufklappliste realisiert, die in einem eigenen schmalen Frame-Fenster plaziert ist. Das nimmt kaum Platz in Anspruch, und trotzdem steht dem Anwender in jeder Situation eine Liste mit Verweisen zur Verügung. Hinweis: Auch hier gibt es wieder Verweise zu den entsprechenden Erläuterungen, z. B. *1**. Diese Verweise gehören nicht zum Quellcode.

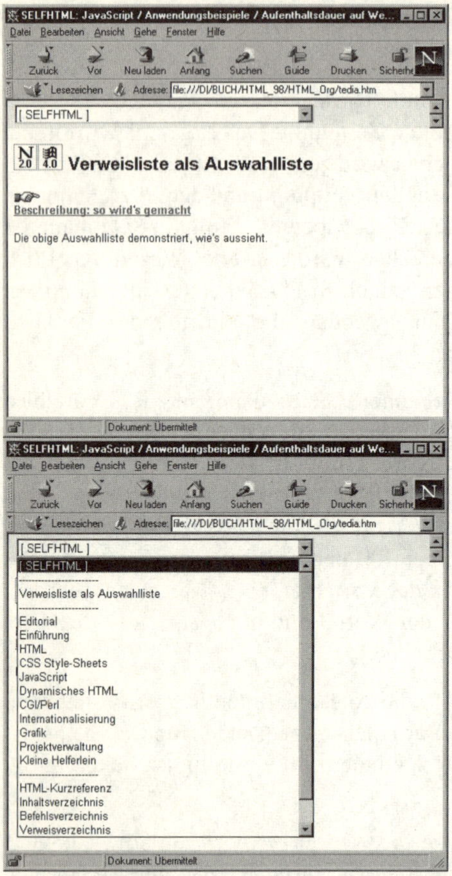

Bild 12.18: Eine Auswahlliste als Verweisliste für Sprungziele innerhalb Ihres Projekts – oben im Normalzustand, unten aufgeklappt

Beispiel Teil 1 (Frame-Set-Datei):

```
<html>
<head>
<title>Seitentitel</title>
</head>
1* <frameset rows="40,*" border=0 frameborder=0 framespacing=0>
 <frame src="oben.htm" marginheight=3 marginwidth=10>
 <frame src="unten.htm">
</frameset>
</html>
```

Beispiel Teil 2 (Datei *oben.htm*):

```
<html>
<head>
<title>Seitentitel</title>
```

```
3* <script language="JavaScript">
  <!--
   function Go(x)
   {
    if(x == "nothing")
    {
      document.forms[0].reset();
      document.forms[0].elements[0].blur();
      return;
    }
    else if(x == "end") top.location.href =
       parent.frames[1].location;
    else
    {
      parent.frames[1].location.href = x;
      document.forms[0].reset();
      document.forms[0].elements[0].blur();
    }
  }
  //-->
 </script>
 </head>
 <body>
2* <form>
 <select size=1 name="Auswahl" onChange=

   "Go(this.form.Auswahl.options[this.form.Auswahl.options.selectedIndex]
   .value)"
 style="width:350px; background-color:#FFFFE0;
 font-size:9pt; font-family:Arial,sans-serif;" width=350>
 <option value="nothing">[ Titel ]
 <option value="nothing">-----------------------
 <option value="unten.htm">Titel-Datei
 <option value="nothing">-----------------------
 <option value="datei1.htm">Erste Datei
 <option value="datei2.htm">Zweite Datei
 <option value="datei3.htm">Dritte Datei
 <option value="nothing">-----------------------
 <option value="end">Beenden
 </select></form>
 </body>
 </html>
```

Frame-Set definieren (1)

Da die Auswahlliste im Beispiel während der Anzeige der Webseite ständig eingeblendet sein soll, wird ein Frame-Set definiert. Es besteht aus zwei Fenstern, nämlich einem schmalen Streifen im oberen Bereich des Browser-Fensters und einem Hauptfenster für die Anzeige. Das obere Fenster, in dem die Auswahlliste plaziert werden soll, ist 40 Pixel hoch, nimmt also nur wenig Platz in Anspruch.

Im oberen Frame-Fenster wird beim Aufruf die Datei *oben.htm* angezeigt. Diese Datei wird die Auswahlliste enthalten. Im unteren Fenster wird die Datei *unten.htm* angezeigt. Das könnte beispielsweise die Titelseite Ihres Web-Projekts sein.

Auswahlliste definieren (3)

In der Datei *oben.htm* wird innerhalb des Dateikörpers nichts anderes als ein Formular mit einer Auswahlliste definiert. Die einzelnen Auswahlmöglichkeiten stellen die Verweise dar. Es gibt im Beispiel drei Formen, wie eine Auswahlmöglichkeit aussieht.

- `<option value="datei1.htm">Erste Datei`: Eine solche Auswahlmöglichkeit definiert Daten, die von JavaScript später als Verweis interpretiert werden. Hinter dem Attribut `value=` steht das gewünschte Verweisziel. Hinter dem `<option>`-Tag steht der Verweistext, der in der Auswahlliste erscheinen soll.
- `<option value="datei1.htm">Erste Datei` oder `<option value= "nothing">[ Titel ]`: Mit solchen Einträgen werden Auswahlmöglichkeiten definiert, die in der Liste erscheinen, aber keine Wirkung haben sollen. Das können in längeren Listen zum Beispiel Trennlinien-Einträge sein. Auch die erste Auswahlmöglichkeit der Liste muß so definiert werden, denn sie stellt die Listenüberschrift dar. Bei solchen Einträgen notieren Sie einfach hinter dem Attribut `value=` den Wert `nothing`.
- `<option value="end">Beenden`: Mit einem solchen Eintrag, der sinnvollerweise die letzte Auswahlmöglichkeit darstellt, können Sie bewirken, daß die Auswahlliste beendet wird. Notieren Sie dazu hinter dem Attribut `value=` den Wert `end`. Wenn Sie kein Beenden der Auswahlliste ermöglichen wollen, lassen Sie einen solchen Eintrag einfach weg.

Entscheidend zum Verarbeiten der Auswahlliste sind die Angaben im einleitenden `<select>`-Tag. Dort wird der Event-Handler `onChange=` notiert, der das Ausführen von JavaScript-Code ausführt, sobald der Anwender einen neuen Eintrag in der Auswahlliste auswählt. Wenn dieses Ereignis eintritt, wird im Beispiel die Funktion `Go()` aufgerufen. Dazu wird der Wert (`value`) des ausgewählten Listeneintrags als Parameter übergeben. Es handelt sich um den Wert, der entweder ein Verweisziel oder eines der vereinbarten Schlüsselwörter `nothing` oder `end` ist.

Auswahl verarbeiten (2)

Im Dateikopf steht die Funktion `Go()`, die den ausgewählten Eintrag als Parameter übergeben bekommt und verarbeitet. Die Funktion unterscheidet die drei Fälle `nothing`, `end` oder Verweisziel und führt abhängig davon entsprechende Anweisungen aus.

Wenn ein Eintrag mit dem Wert `nothing` ausgewählt wurde, wird die Auswahlliste zurückgesetzt (`reset()`). Der erste Eintrag, also der Überschrifteneintrag der Liste, wird wieder angezeigt. Der Auswahlbalken wird aus der Liste bis zur nächsten Auswahl entfernt (`blur()`).

Lautet der Eintrag `end`, wird einfach das aktuelle Frame-Fenster, also das mit der Auswahlliste, beendet. Dazu wird der Inhalt des Haupt-Frame-Fensters zum Inhalt des gesamten Browser-Fensters gemacht (`top.location.href=parent.frames[1].location`). In allen anderen Fällen wird der übergebene Wert als Verweis interpretiert. Mit der Zuweisung des übergebenen Werts an `parent.frames[1].location.href` wird ein Verweis ausgeführt, der das ausgewählte Verweisziel im Haupt-Frame-Fenster anzeigt. Auch in diesem Fall wird die Auswahlliste zurückgesetzt (`reset()`). Der erste Eintrag, also der Überschrifteneintrag der Liste, wird wieder angezeigt. Der Auswahlbalken wird aus der Liste bis zur nächsten Auswahl entfernt (`blur()`).

13 JavaScript – Die Objektreferenz

Dieses Kapitel behandelt die vordefinierten Objekte von JavaScript und stellt ihre Eigenschaften und Methoden jeweils kurz vor. Sinnvolle Vorkenntnisse zum Verständnis sind HTML und die Sprachelemente von JavaScript, besonders Objekte, Eigenschaften und Methoden. Die Numerierung symbolisiert die JavaScript-Objekt-Hierarchie:

1	`window`	Anzeigefenster
1.1	`frames`	Frame-Fenster
1.2	`document`	Inhalt eines Fensters
1.2.1	`all`	HTML-Elemente der Datei
1.2.1.1	`style`	CSS-Attribute eines Elements
1.2.2	`anchors`	Verweisanker in der Datei
1.2.3	`applets`	Java-Applets in der Datei
1.2.4	`forms`	Formulare in der Datei
1.2.4.1	`elements`	Formularelemente in der Datei
1.2.4.1.1	`options`	Formular-Auswahllisten in der Datei
1.2.5	`images`	Grafiken in der Datei
1.2.6	`layers`	Layer in der Datei
1.2.7	`links`	Verweise in der Datei
1.3	`event`	Anwenderereignisse im Anzeigefenster
1.4	`history`	besuchte Seiten
1.5	`location`	URL-Adressen
2	`Array`	Ketten von Variablen
3	`Boolean`	Ja-/nein-Werte
4	`Date`	Datum und Uhrzeit
5	`Function`	JavaScript-Funktionen
6	`Math`	Berechnungen
7	`navigator`	Browser-Informationen
7.1	`mimeTypes`	MIME-Typ-Informationen
7.2	`plugins`	vorhandene Plugins
8	`Number`	numerische Werte
9	`RegExp`	reguläre Ausdrücke
10	`Screen`	Bildschirm-Informationen
11	`string`	Zeichenketten

13.1 Hinweise zur JavaScript-Objektreferenz

13.1.1 Beschriebene Objekte

In der JavaScript-Objektreferenz dieses Dokuments werden folgende Objekte beschrieben (mit Kennzeichnung):

Das Objekt, die Eigenschaft oder die Methode gehört zum JavaScript-Sprachstandard 1.0. Dieser Sprachstandard wird von Netscape ab der Version 2.x und weitgehend vom Internet Explorer ab der Version 3.x interpretiert.

Das Objekt, die Eigenschaft oder die Methode gehört zum JavaScript-Sprachstandard 1.1. Dieser Sprachstandard wird von Netscape ab der Version 3.x und weitgehend vom Internet Explorer ab der Version 4.x interpretiert.

Das Objekt, die Eigenschaft oder die Methode gehört zum JavaScript-Sprachstandard 1.2. Dieser Sprachstandard wird von Netscape ab der Version 4.x und in einzelnen Fällen auch vom Internet Explorer ab der Version 4.x interpretiert.

Das Objekt, die Eigenschaft oder die Methode gehört nicht zu einem offiziellen JavaScript-Sprachstandard, sondern ist von Microsoft eingeführt worden. Solche Bestandteile werden in der Regel nur vom Internet Explorer ab V4.x interpretiert; es wurden einige wichtige solcher Elemente in die Objekt-Referenz mit aufgenommen, nämlich solche, die eine Grundlage für Dynamisches HTML nach dem Ansatz des Internet Explorers darstellen.

Nicht beschrieben werden Objekte für Server-seitiges JavaScript – bekannt unter dem Namen LiveWire – von Netscape. Ebenfalls nicht beschrieben werden JScript-Erweiterungen von Microsoft, die für die Desktop-Erweiterungen des Internet Explorers 4 gedacht sind.

13.1.2 JavaScript-Objektreferenz verwenden

Die JavaScript-Objektreferenz werden Sie häufig benutzen, wenn Sie ernsthaft in die Tiefen von JavaScript einsteigen wollen. Denn hier wird das Material dokumentiert, das JavaScript zu einer Ergänzungssprache für HTML macht. Die vordefinierten Objekte von JavaScript bieten Ihnen Zugriff auf die Daten einer WWW-Seite und ihrer Umgebung. Jedes JavaScript-Objekt wird in dieser Referenz nach folgendem Schema beschrieben:

Allgemeines zur Verwendung

In diesem Abschnitt wird beschrieben, welche Voraussetzungen erfüllt sein müssen, damit Sie die Eigenschaften und Methoden des Objekts benutzen können. Lesen Sie diesen Abschnitt genau, wenn Sie mit dem Objekt noch nie gearbeitet haben.

Eigenschaften

In diesem Abschnitt werden die Eigenschaften eines Objekts beschrieben. Eine Eigenschaft eines JavaScript-Objekts ist zum Beispiel window.location.href – die URL-Adresse der aktuell angezeigten HTML-Datei. Die Werte von solchen Objekteigenschaften können Sie in jedem Fall auslesen. In vielen Fällen können Sie die Werte auch ändern. In der Objekt-Referenz wird jeweils angegeben, ob Sie eine gespeicherte Objekteigenschaft nur auslesen oder auch ändern können. Dazu werden in dieser Objekt-Referenz folgende Signalisierungen benutzt:

- [Lesen] bedeutet: Sie können den Wert der Eigenschaft auslesen, aber nicht verändern. Sie können den Wert allerdings in einer selbst definierten Variablen speichern. So können Sie zum Beispiel die URL-Adresse der angezeigten HTML-Datei durch var Adresse = window.location.href in einer Variablen namens Adresse speichern. Das heißt, Sie weisen einer Variablen den Wert der Objekteigenschaft zu. Die Variable können Sie nach Belieben weiterverarbeiten.
- [Lesen Ändern] bedeutet: Sie können die Objekteigenschaft auslesen, ihr aber auch selbst einen neuen Wert zuweisen. So können Sie zum Beispiel die URL-Adresse der angezeigten HTML-Datei durch window.location.href = "http://www.teamone.de/selfhtml/" ändern. Das heißt, Sie weisen der Objekteigenschaft einen Wert zu. Im Beispiel hat das zur Folge, daß der WWW-Browser einen Sprung zu der angegebenen URL-Adresse ausführt.

Methoden

Methoden eines Objekts sind objektgebundene Funktionen, die eine Aktion ausführen. So können Sie zum Beispiel mit document.write("<b>Ihr WWW-Browser: </b>" + navigator.userAgent) dynamisch erzeugten, HTML-formatierten Text in das aktuelle Anzeigefenster des WWW-Browsers schreiben. Im Beispiel wird auf diese Weise der vom Anwender verwendete WWW-Browser-Typ ins Anzeigefenster geschrieben.

13.2 window

Eigenschaften

closed	(geschlossenes Fenster)
defaultStatus	(Normalanzeige in der Statuszeile)
innerHeight	(Höhe des Anzeigebereichs)
innerWidth	(Breite des Anzeigebereichs)
locationbar	(URL-Adreßzeile)
menubar	(Menüleiste)
name	(Fenstername)
outerHeight	(Höhe des gesamten Fensters)
outerWidth	(Breite des gesamten Fensters)

pageXOffset	(Fensterstartposition von links)
pageYOffset	(Fensterstartposition von oben)
personalbar	(Zeile für Lieblingsadressen)
scrollbars	(Scroll-Leisten)
statusbar	(Statuszeile)
status	(Inhalt der Statuszeile)
toolbar	(Werkzeugleiste)

Methoden

alert( )	(Dialogfenster mit Infos)
back( )	(zurück in History)
blur( )	(Fenster verlassen)
captureEvents( )	(Ereignisse überwachen)
clearInterval( )	(zeitliche Anweisungsfolge abbrechen)
clearTimeout( )	(Timeout abbrechen)
close( )	(Fenster schließen)
confirm( )	(Dialogfenster zum Bestätigen)
disableExternalCapture( )	(Fremdüberwachung verhindern)
enableExternalCapture( )	(Fremdüberwachung erlauben)
find( )	(Text suchen)
focus( )	(Fenster aktiv machen)
forward( )	(vorwärts in History)
handleEvent( )	(Ereignis übergeben)
home( )	(Startseite aufrufen)
moveBy( )	(bewegen mit relativen Angaben)
moveTo( )	(bewegen mit absoluten Angaben)
open( )	(neues Fenster öffnen)
print( )	(ausdrucken)
prompt( )	(Dialogfenster für Werteingabe)
releaseEvents( )	(Ereignisse abschließen)
resizeBy( )	(Größe verändern mit relativen Angaben)
resizeTo( )	(Größe verändern mit absoluten Angaben)
routeEvent( )	(Event-Handler-Hierarchie durchlaufen)
scrollBy( )	(Scrollen um Anzahl Pixel)
scrollTo( )	(Scrollen zu Position)
setInterval( )	(zeitliche Anweisungsfolge setzen)
setTimeout( )	(Timeout setzen)
stop( )	(abbrechen)

Unterobjekte

document
event
history
location

window: Allgemeines zur Verwendung

Das Objekt `window` (Fenster) ist das oberste Objekt in der Objekthierarchie von JavaScript, denn es ist gewissermaßen der Container für alles, was in einem Anzeigefenster des WWW-Browsers angezeigt werden kann. Über das Objekt `window` können Sie das Dokumentfenster abfragen und kontrollieren. Ferner können Sie neue Fenster definieren. Dabei können Sie auch die Fenstereigenschaften frei bestimmen.

Das nicht selbst erzeugte, vorhandene Hauptanzeigefenster des WWW-Browsers können Sie über die reservierten Fensternamen `window` oder `self` ansprechen. Auf die Namen `window` und `self` lassen sich alle Eigenschaften und Methoden des `window`-Objekts anwenden. Ein Beispiel:

```
<html><head><title>Test</title>
<script language="JavaScript">
window.defaultStatus = "Meine Homepage";
</script>
</head><body>
</body></html>
```

Das Beispiel belegt die ständige Anzeige der Statuszeile des aktuellen Anzeigefensters mit dem Wert `"Meine Homepage"`. Dazu wird die Fenstereigenschaft `defaultStatus` aufgerufen.

`window` oder `self` können auch weggelassen werden. So hat `window.moveTo(200,100)` die gleiche Wirkung wie `moveTo(200,100)`. Der Übersichtlichkeit halber ist es jedoch besser, den vordefinierten Fensternamen mit anzugeben. Auch Frame-Fenster innerhalb eines Frame-Sets stellen aus Sicht von JavaScript eigene Fenster dar. Lesen Sie dazu jedoch den Abschnitt über das Objekt `frames` (Kapitel 13.3). Sie können mit Hilfe von JavaScript nicht nur vorhandene Fenster ansprechen, sondern auch neue Fenster erzeugen und diese unter ihrem eigenen Namen ansprechen. Ein Beispiel:

```
<html><head><title>Test</title>
<script language="JavaScript">
function NeuFenster()
{
 MeinFenster =
 window.open("datei2.htm", "Zweitfenster",
   "width=300,height=200,scrollbars");
 MeinFenster.focus();
}
</script>
</head><body>
<a href="javascript:NeuFenster()">Neues Fenster</a>
</body></html>
```

Die Beispieldatei enthält einen Verweis. Beim Anklicken dieses Verweises wird die JavaScript-Funktion `NeuFenster()` aufgerufen. Diese Funktion öffnet ein neues, kleines

Browser-Fenster und zeigt darin die Datei *datei2.htm* an. Einzelheiten zum Öffnen neuer Fenster werden bei der Methode `open()` beschrieben. Ein solches Fenster ist nach dem Erzeugen unter dem Namen ansprechbar, in dem die Fensterinstanz gespeichert ist. Im Beispiel ist das der Name der Variablen `MeinFenster`. Auf diesen Namen lassen sich alle Eigenschaften und Methoden des `window`-Objekts anwenden. Ein Beispiel:

```
<a href="javascript:MeinFenster.close()">Fenster zumachen</a>
```

Im Beispiel wird das zuvor geöffnete Fenster beim Klicken auf den Verweis wieder geschlossen. Zuständig dafür ist die Methode `close()`. Das Fenster wird dabei mit seinem Instanznamen angesprochen, im Beispiel also mit dem Namen der Variablen `MeinFenster`, mit der es zuvor erzeugt wurde.

Genauso, wie Sie vom Hauptfenster auf ein mit `open()` erzeugtes Zweitfenster zugreifen können, können Sie von einem solchen Zweitfenster auf das Hauptfenster zugreifen. Dazu gibt es den reservierten Fensternamen `opener`. Damit wird dasjenige Fenster angesprochen, von dem aus das aktuelle Fenster geöffnet wurde. Auf den Namen `opener` lassen sich alle Eigenschaften und Methoden des `window`-Objekts anwenden.

Testbeispiel (im Zweitfenster):

```
<a href="javascript:opener.close()">Hauptfenster zumachen</a>
```

Hinter dem Fensternamen `opener` lassen sich alle erlaubten Eigenschaften und Methoden des `window`-Objekts anwenden.

java script 1.1 | N 3.0 | 4.0 | Lesen

closed

Speichert, ob ein Fenster, das zum Beispiel mit `open()` neu geöffnet wurde, mittlerweile geschlossen wurde. Die Eigenschaft hat den Wert `true`, wenn das Fenster geschlossen wurde. Sinnvoll, um die Existenz eines Fensters abzufragen, bevor Anweisungen zum Verändern eines Fensters folgen. Ein Beispiel:

```
<html><head><title>Test</title>
<script language="JavaScript">
var InfoWin = window.open("datei2.htm", "Zweitfenster");
function CheckOpen()
{
 if(InfoWin.closed == true) alert("Fenster wurde geschlossen");
 else alert("Fenster noch offen");
}
</script>
</head><body>
<a href="javascript:CheckOpen()">Fenster zu?</a>
</body></html>
```

Das Beispiel lädt beim Einlesen ein Zweitfenster mit einer anderen Datei *datei2.htm*. Beim Klicken auf den Verweis wird eine Funktion `CheckOpen()` aufgerufen, die ausgibt, ob das andere Fenster noch offen ist oder nicht.

javascript 1.0 · N 2.0 · 3.0 · Lesen Ändern

defaultStatus

Speichert den Inhalt der Statuszeile, der solange angezeigt wird, wie kein besonderes Ereignis eintritt – etwa das Überfahren eines Verweises mit der Maus. Das Beispiel belegt beim Einlesen der Datei die normale Anzeige der Statuszeile mit dem Wert *Helmut's Homepage*.

```
<html><head><title>Test</title>
<script language="JavaScript">
window.defaultStatus = "Helmut's Homepage";
</script>
</head><body>
</body></html>
```

javascript 1.2 · N 4.0 · Lesen Ändern

innerHeight

Speichert die Höhe des Anzeigebereichs eines Fensters. Sehr gut geeignet in Verbindung mit absolutem Positionieren von Elementen. Das Beispiel setzt beim Einlesen der Datei den Anzeigebereich des Fensters auf eine Höhe von 300 Pixel fest. Beachten Sie beim Neufestsetzen der Fensterhöhe die Bildschirmgröße. Diese können Sie mit dem `Screen`-Objekt ermitteln. Beachten Sie auch, daß der Anzeigebereich eines Fensters um einiges kleiner sein muß als das Fenster selbst, da das Fenster in der Regel noch Elemente wie Titelleiste, Menüleiste usw. enthält. Die absolute Höhe eines Fensters können Sie mit outerHeight auslesen bzw. setzen. Das Beispiel:

```
<html><head><title>Test</title>
<script language="JavaScript">
window.innerHeight = 300;
</script>
</head><body>
</body></html>
```

javascript 1.2 · N 4.0 · Lesen Ändern

innerWidth

Speichert die Breite des Anzeigebereichs eines Fensters. Sehr gut geeignet in Verbindung mit absolutem Positionieren von Elementen. Das Beispiel erlaubt es, in einem Eingabefeld einen Wert einzugeben. Beim Klicken auf einen ebenfalls definierten Button wird die Funktion `BreiteFestlegen()` aufgerufen, die die Fensterbreite auf den eingegebenen Wert setzt.

```
<html><head><title>Test</title>
<script language="JavaScript">
```

```
function BreiteFestlegen()
{
 window.innerWidth = document.Eingabe.Feld.value;
}
</script>
</head><body>
<form name="Eingabe">
<input type=text name="Feld">
<input type=button value="Test" onClick="BreiteFestlegen()">
</form>
</body></html>
```

Beachten Sie beim neuen Festsetzen der Fensterbreite die Bildschirmgröße. Diese können Sie mit dem `Screen`-Objekt ermitteln. Beachten Sie auch, daß der Anzeigebereich eines Fensters um einiges kleiner sein muß als das Fenster selbst, da das Fenster in der Regel noch Elemente wie Titelleiste, Menüleiste usw. enthält. Die absolute Breite eines Fensters können Sie mit outerWidth auslesen bzw. setzen.

java script 1.2 | N 4.0 | Lesen | *locationbar*

Speichert, ob ein Fenster eine eigene URL-Adreßzeile hat. Stellt selbst ein Objekt dar, das eine Eigenschaft hat, nämlich die Eigenschaft `visible` (= sichtbar). Diese Eigenschaft enthält den Wert `true`, wenn das Fenster eine Adreßzeile hat, und den Wert `false`, wenn es keine hat. Ein Beispiel:

```
<html><head><title>Test</title>
<script language="JavaScript">
Fensterchen = window.open("datei2.htm", "Zweitfenster",
   "width=300,height=200");
function URL_Zeile()
{
 if(Fensterchen.locationbar.visible == false)
{
 Fensterchen.close();
 Neufenster = window.open("datei2.htm", "Zweitfenster",
    "width=300,height=200,location");
 Neufenster.focus();
}
}
</script>
</head><body>
<a href="javascript:URL_Zeile()">URL-Zeile?</a>
</body></html>
```

Das Beispiel öffnet zunächst ein Zweitfenster ohne Adreßzeile. Beim Klicken auf den Verweis wird die Funktion `URL_Zeile()` aufgerufen. Diese Funktion prüft, ob das Fenster keine Adreßzeile hat. Wenn es keine hat, wird es geschlossen. Stattdessen wird ein neues Fenster geöffnet, wieder mit den gleichen Werten wie das alte, jedoch zusätzlich mit der Angabe `location`. Näheres dazu siehe `open()`.

java script 1.2 | N 4.0 | Lesen — *menubar*

Speichert, ob ein Fenster eine eigene Menüleiste mit den Browser-Menübefehlen hat. Stellt selbst ein Objekt dar, das eine Eigenschaft hat, nämlich die Eigenschaft `visible` (= sichtbar). Diese Eigenschaft enthält den Wert `true`, wenn das Fenster eine Adreßzeile hat, und den Wert `false`, wenn es keine hat. Ein Beispiel:

```
<html><head><title>Test</title>
<script language="JavaScript">
function Hinweis()
{
 if(window.menubar.visible == true)
 alert("Um die Seite zu editieren, aus dem Menue File den Befehl Edit
   Page waehlen");
}
</script>
</head><body>
<a href="javascript:Hinweis()">Diese Seite editieren</a>
</body></html>
```

Das Beispiel enthält einen Verweis, der dem Anwender anbietet, die angezeigte Seite zu editieren. Wenn er den Verweis anklickt, wird eine Funktion `Hinweis()` aufgerufen. Diese prüft, ob für das aktuelle Fenster eine Menüleiste verfügbar ist. Wenn ja, wird mit `alert()` ein Hinweis ausgegeben, was der Anwender tun muß, um die Seite zu editieren.

java script 1.0 | N 2.0 | 3.0 | Lesen Ändern — *name*

Speichert den Namen eines Fensters. Bei Netscape 2.0 nur auslesbar, ab späteren Versionen auch änderbar. Das Beispiel lädt beim Einlesen der Datei ein zweites, kleines Fenster. Der Name dieses Fensters lautet `KleinesFenster`. Beachten Sie, daß die Eigenschaft `name` sich auf diesen Namen bezieht, nicht etwa auf den Variablennamen, in dem die Fensterinstanz gespeichert wird – im Beispiel die Variable `Fenster`. Beim Klicken auf einen Verweis wird die Funktion `Fenstername()` aufgerufen. Darin wird dem Anwender zunächst mit `alert()` der aktuelle Fenstername des kleinen Fensters ausgegeben. Dann kann er einen neuen Namen eingeben. Abschließend wird der neue Name angezeigt. Das Beispiel:

```
<html><head><title>Test</title>
<script language="JavaScript">
Fenster =
   window.open("datei2.htm","KleinesFenster","width=200,height=200");
function Fenstername()
{
```

```
 alert("Name des kleinen Fensters: " + Fenster.name);
 neu = prompt("Vergeben Sie einen neuen Fensternamen","Name");
 Fenster.name = neu;
 alert("Der Name des Fensters lautet jetzt: " + Fenster.name);
}
</script>
</head><body>
<a href="javascript:Fenstername()">Name des Fensters</a>
</body></html>
```

javascript 1.2 | N 4.0 | Lesen Ändern — *outerHeight*

Speichert die Gesamthöhe eines Fensters inklusive Titelleiste, Menüleiste, Statuszeile usw. Das Beispiel gibt beim Einlesen zunächst die Höhe des aktuellen Fensters aus. Dann setzt es die Höhe neu fest, und zwar auf 300 Pixel. Anschließend wird die neue Fensterhöhe zur Kontrolle mit `alert()` nochmals ausgegeben.

```
<html><head><title>Test</title>
<script language="JavaScript">
 alert("Gesamthoehe dieses Fensters: " + window.outerHeight +
    "Pixel");
 window.outerHeight = 300;
 alert("Gesamthoehe jetzt: " + window.outerHeight + "Pixel");
</script>
</head><body>
</body></html>
```

javascript 1.2 | N 4.0 | Lesen Ändern — *outerWidth*

Speichert die Gesamtbreite eines Fensters inklusive Fensterränder. Das Beispiel fragt beim Einlesen der Datei ab, ob die Breite des aktuellen Fensters mehr als 640 Pixel beträgt. Wenn ja, wird die Breite auf 640 Pixel festgesetzt.

```
<html><head><title>Test</title>
<script language="JavaScript">
if(window.outerWidth > 640)
 window.outerHeight = 640;
</script>
</head><body>
</body></html>
```

javascript 1.1 | N 3.0 | 4.0 | Lesen — *pageXOffset*

Speichert die aktuelle horizontale Position innerhalb der Seite, gemessen am linken Fensterrand. So läßt sich ermitteln, wie weit der Anwender bereits nach rechts gescrollt hat. Sinnvoll in Verbindung mit `scrollBy()` oder `scrollTo()`. Ein Beispiel:

```
<html><head><title>Test</title>
<script language="JavaScript">
function Set0()
{
 if(parent.frames[1].pageXOffset > 0)
 parent.frames[1].scrollTo(0,parent.frames[1].pageYOffset);
}
</script>
</head><body>
<a href="javascript:Set0()">nach links</a>
</body></html>
```

Im Beispiel wird angenommen, es gibt ein anderes Frame-Fenster, das einen überbreiten Inhalt hat, so daß der Anwender nach rechts scrollen muß, um alles zu sehen. Mit dem Verweis, der in der aktuellen Datei notiert ist, läßt sich das andere Frame-Fenster wieder ganz nach links scrollen. Dazu wird die aktuelle horizontale Scroll-Position der Eigenschaft `pageXOffset` abgefragt. Wenn sie größer als 0 ist, hat der Anwender nach rechts gescrollt. In diesem Fall wird die Methode `scrollTo()` aufgerufen, um wieder ganz nach links zu scrollen. Die vertikale Position bleibt dabei erhalten, da als Parameter die Eigenschaft `pageYOffset` übergeben wird. Zur Adressierung von Frame-Fenstern in JavaScript lesen Sie den Abschnitt über das Objekt `frames`.

java script 1.2 | N 4.0 | Lesen

pageYOffset

Speichert die aktuelle vertikale Position innerhalb der Seite, gemessen am Dokumentanfang. So läßt sich ermitteln, wie weit der Anwender bereits nach unten gescrollt hat. Sinnvoll in Verbindung der Verwendung mit `scrollBy()` oder `scrollTo()`. Ein Beispiel:

```
<html><head><title>Test</title>
</head><body>
<script language="JavaScript">
for(i=0;i<100;i++)
 document.write("Viel Text<br>");
function Position()
{
 alert("pageYOffset: " + window.pageYOffset + " Pixel");
}
</script>
<a href="javascript:Position()">Y-Position</a>
</body></html>
```

Im Beispiel schreibt ein JavaScript zu Testzwecken 100-mal eine HTML-Zeile mit dem Text `Viel Text` in das Dokumentfenster. Das veranlaßt den Browser, entsprechend weit nach unten mitzuscrollen. Am Ende wird ein Verweis notiert. Bei dessen Anklicken wird die Funktion `Position()` aufgerufen. Sie gibt mit `alert()` aus, wie weit die aktuelle Scroll-Position vom Dokumentanfang entfernt ist.

javascript 1.2 N 4.0 Lesen *personalbar*

Speichert, ob ein Fenster eine eigene Personal-Leiste hat. Das ist bei Netscape 4.x die Leiste unterhalb der URL-Adreßzeile, die den Direktzugriff auf persönliche Lieblings-Adressen ermöglicht. Stellt selbst ein Objekt dar, das eine Eigenschaft hat, nämlich die Eigenschaft `visible` (= sichtbar). Diese Eigenschaft hat den Wert `true`, wenn das Fenster eine Personal-Leiste hat, und den Wert `false`, wenn es keine hat. Ein Beispiel:

```
<html><head><title>Test</title>
<script language="JavaScript">
function PersonalCheck()
{
 if(window.personalbar.visible == false)
 alert("Haben Sie denn keine Lieblings-Adressen?");
 else
 alert("Aha, Sie nutzen also die Personal Bar!");
 }
</script>
</head><body>
<a href="javascript:PersonalCheck()">Persoenlichkeitstest</a>
</body></html>
```

Das Beispiel enthält einen Verweis. Wenn der Anwender den Verweis anklickt, wird eine Funktion `PersonalCheck()` aufgerufen. Diese prüft, ob für das aktuelle Fenster eine Personal-Leiste verfügbar ist. Je nach Ergebnis wird dem Anwender mit `alert()` eine »persönliche« Meldung ausgegeben.

javascript 1.2 N 4.0 Lesen *scrollbars*

Speichert, ob ein Fenster Scroll-Leisten hat. Stellt selbst ein Objekt dar, das eine Eigenschaft hat, nämlich die Eigenschaft `visible` (= sichtbar). Diese Eigenschaft hat den Wert `true`, wenn das Fenster Scroll-Leisten hat, und den Wert `false`, wenn es keine hat. Ein Beispiel:

```
<html><head><title>Test</title>
<script language="JavaScript">
Neufenster = window.open("_js2.htm",
   "AnderesFenster","width=400,height=250");
function Test()
{
 if(Neufenster.scrollbars.visible == false)
Neufenster.close();
}
</script>
</head><body>
<a href="javascript:Test()">Kleiner Scroll-Test</a>
</body></html>
```

Das Beispiel lädt beim Einlesen der Datei ein zweites, kleineres Fenster, das anschließend unter `Neufenster` ansprechbar ist. Die Datei selbst enthält einen Verweis. Wenn der Anwender den Verweis anklickt, wird eine Funktion `Test()` aufgerufen. Diese prüft, ob für das zweite Fenster Scroll-Leisten verfügbar sind. Wenn nicht, wird das Fenster mit `close()` geschlossen.

java script 1.2 | N 4.0 | Lesen

statusbar

Speichert, ob ein Fenster eine eigene Statuszeile hat. Stellt selbst ein Objekt dar, das eine Eigenschaft hat, nämlich die Eigenschaft `visible` (= sichtbar). Enthält den Wert `true`, wenn das Fenster eine Statuszeile hat, und den Wert `false`, wenn es keine hat. Ein Beispiel:

```
<html><head><title>Test</title>
<script language="JavaScript">
function Statustext(Text)
{
 if(window.statusbar.visible == true) window.defaultStatus = Text;
 else alert(Text);
}
</script>
</head><body>
<form name="Eingabe">
<input type=text name="Feld">
<input type=button value="Start"
   onClick="Statustext(document.Eingabe.Feld.value)">
</form>
</body></html>
```

Im Beispiel wird ein Formular definiert. Der Anwender kann einen Text eingeben. Beim Klick auf den Button wird die Funktion `Statustext()` aufgerufen. Die Funktion ermittelt, ob das aktuelle Fenster eine Statuszeile hat. Wenn ja, wird der im Eingabefeld eingegebene Text als Standardtext der Statuszeile gesetzt. Wenn nein, wird der eingegebene Text nur mit `alert()` angezeigt.

java script 1.0 | N 2.0 | 3.0 | Lesen Ändern

status

Speichert oder setzt den aktuellen Inhalt der Statuszeile. Das Beispiel zeigt einen Verweis. Beim Überfahren des Verweistextes mit der Maus erscheint in der Statuszeile der Text: `Das ist ein Verweis`. Wichtig ist in solchen Fällen die Anweisung `return true` am Ende.

```
<html><head><title>Test</title>
</head><body>
<a href="datei.htm" onmouseover="status='Das ist ein Verweis';return
   true;">Verweis</a>
</body></html>
```

javascript 1.2 | N 4.0 | 4.0 | Lesen

toolbar

Speichert, ob ein Fenster eine eigene Buttonleiste (mit Buttons für [Vor], [Zurück] usw.) hat. Stellt selbst ein Objekt dar, das eine Eigenschaft hat, nämlich die Eigenschaft `visible` (= sichtbar). Enthält den Wert `true`, wenn das Fenster eine Buttonleiste hat, und den Wert `false`, wenn es keine hat. Ein Beispiel:

```
<html><head><title>Test</title>
</head><body>
<script language="JavaScript">
if(self.toolbar.visible == false)
 document.write("<a href='javascript:history.back()'>Back</a>");
</script>
</body></html>
```

Das Beispiel enthält innerhalb des Dateikörpers einen Scriptbereich. Darin wird überprüft, ob das Fenster eine eigene Buttonleiste hat. Wenn nicht, wird mit `document.write()` ein HTML-Befehl an die Stelle im Dokument geschrieben, die den Button [Zurück] als HTML-Verweis schreibt (siehe auch `history.back()`).

javascript 1.0 | N 2.0 | 3.0

alert( )

Gibt Text in einem Dialogfenster aus. Erwartet eine Zeichenkette als Parameter. Das Beispiel führt beim Anklicken eines Verweises keinen Sprung zu einer anderen Seite aus, sondern gibt stattdessen eine Dialogbox mit dem Hinweis *Verweisziel noch nicht erreichbar* aus. Sie können der `alert()`-Methode feste Zeichenketten übergeben wie im Beispiel, aber auch Variablen. Dann wird der Inhalt der Variablen ausgegeben. Auch zusammengesetzte Ketten dürfen Sie übergeben, etwa: `alert("Ihr Browser" + navigator.userAgent)`. Das Beispiel:

```
<html><head><title>Test</title>
</head><body>
<a href="javascript:alert("Verweisziel noch nicht
   erreichbar")">Unsere Erfolge</a>
</body></html>
```

javascript 1.2 | N 4.0

back( )

Entspricht bei normalen WWW-Seiten einem Klick auf den [Zurück]-Button im Browser. Bei Frames wird jedoch die letzte besuchte Seite aufgerufen, die nicht zum Frame-Set gehörte. Bei Frames also unterschiedlich zu `history.back()`! Erwartet keine Parameter. Das Beispiel realisiert einen HTML-Verweis, bei dessen Anklicken die Seite aufgerufen wird, die zuletzt das gesamte Anzeigefenster ausfüllte:

```
<html><head><title>Test</title>
</head><body>
```

```
<a href="javascript:window.back()">Zur&uuml;ck</a>
</body></html>
```

blur( )

Macht ein Fenster inaktiv. Das Gegenteil von `focus()`. Erwartet keine Parameter. Im Beispiel wird beim Einlesen der HTML-Datei ein zweites, kleines Fenster geöffnet. Die HTML-Datei selbst enthält zwei Verweise. Beim Anklicken des ersten Verweises wird das zweite Fenster aktiviert – `focus()`. Beim Anklicken des zweiten Verweises wird es deaktiviert und je nach Fensterkonstellation von dem Hauptfenster überdeckt – `blur()`. Das Beispiel:

```
<html><head><title>Test</title>
<script language="JavaScript">
Neufenster = window.open("datei2.htm",
   "AnderesFenster","width=400,height=250");
</script>
</head><body>
<a href="javascript:Neufenster.focus()">
  Fenster nach vorne
</a><br>
<a href="javascript:Neufenster.blur()">Fenster nach hinten</a>
</body></html>
```

captureEvents( )

Überwacht Anwenderereignisse im angegebenen Fenster. Erwartet als Parameter eine Folge von Ereignissen, die überwacht werden sollen. Folgende Ereignisse lassen sich überwachen:

```
Event.ABORT Event.BLUR Event.CHANGE Event.CLICK Event.DBLCLICK
Event.DRAGDROP Event.ERROR Event.FOCUS Event.KEYDOWN Event.KEYPRESS
Event.KEYUP Event.LOAD Event.MOUSEDOWN Event.MOUSEMOVE Event.MOUSEOUT
Event.MOUSEOVER Event.MOUSEUP Event.MOVE Event.RESET Event.RESIZE
Event.SELECT Event.SUBMIT Event.UNLOAD.
```

Es handelt sich dabei um spezielle Notationsvarianten entsprechender Event-Handler ohne das *on* davor, dafür mit dem Ansprechen des `Event`-Objekts davor. So entspricht etwa `Event.MOUSEOVER` dem Event-Handler `onMouseover`. Sie können mehrere Ereignisse überwachen. Trennen Sie die Event-Namen dabei durch | (Querstriche). Ein Beispiel:

```
<html><head><title>Test</title>
<script language="JavaScript">
window.captureEvents(Event.KEYPRESS);
window.onkeypress = Ausgabe;
function Ausgabe(Ereignis)
```

```
{
 alert("Sie haben die Taste mit dem Wert " + Ereignis.which
    + " gedrueckt");
 window.captureEvents(Event.KEYPRESS);
 window.onkeypress = Ausgabe;
}
</script>
</head><body>
Druecken Sie irgendwelche Tasten!
</body></html>
```

Im Beispiel wird der Event `KEYPRESS` (Taste gedrückt) überwacht. Wenn der Anwender eine Taste drückt, wird die Funktion `Ausgabe()` aufgerufen, die mit `alert()` ausgibt, welche Taste gedrückt wurde. Anschließend stößt die Funktion die erneute Überwachung des gleichen Events an und ruft sich bei Eintritt des Ereignisses selbst wieder auf. Die Syntax beim Funktionsaufruf ist dabei abweichend von der üblichen. Ein zusammenhängendes Beispiel mit Erläuterungen hierzu finden Sie im Kapitel 14 zu Dynamischem HTML im Abschnitt über das `Event`-Objekt bei Netscape.

javascript 1.2 N 4.0 4.0 *clearInterval( )*

Bricht einen Endlosvorgang ab, der mit `setInterval()` begonnen wurde. Erwartet als Parameter die Variable, in der der Aufruf von `setInterval()` gespeichert wurde. Ein Beispiel:

```
<html><head><title>Test</title>
</head><body>
<script language="JavaScript">
aktiv = window.setInterval("Farbe()",1000);
i = 0, farbe = 1;
function Farbe()
{
if(farbe==1)
{ document.bgColor="yellow"; farbe=2; }
else
{ document.bgColor="aqua"; farbe=1; }
i = i + 1;
if(i >= 10)
 window.clearInterval(aktiv);
}
</script>
</body></html>
```

Das Beispiel definiert mit `setInterval()`, daß die Funktion `Farbe()` alle 1 000 Millisekunden, also jede Sekunde einmal aufgerufen wird. Der Aufruf wird in der Variablen `aktiv` gespeichert. Im Beispiel wechselt die Funktion `Farbe()` bei jedem Aufruf die Hintergrundfarbe der Datei (`document.bgColor`). Gleichzeitig wird ein Zähler hochgezählt. Wenn er größer gleich 10 ist, wird die Methode `clearInterval()` aufgerufen, die den Endlosvorgang stoppt. Dabei wird die zuvor definierte Variable `aktiv` als Parameter übergeben.

clearTimeout( )

Bricht einen Timeout ab, der mit der Methode `setTimeout()` gestartet wurde. Erwartet als Parameter die Variable, in der der Aufruf von `setTimeout()` gespeichert wurde. Ein Beispiel:

```
<html><head><title>Test</title>
<script language="JavaScript">
var i = 0;
function Zaehlen()
{
 i = i + 1;
 aktiv = window.setTimeout("Zaehlen()",1000);
}
function Aufhoeren()
{
 window.clearTimeout(aktiv);
 alert(i + " Sekunden");
}
aktiv = window.setTimeout("Zaehlen()",1000);
</script>
</head><body>
<form>
<input type=button value="Klick" onClick="Aufhoeren()">
</form>
</body></html>
```

Das Beispiel startet beim Einlesen der Datei mit `setTimeout()` einen Zählvorgang. Dabei wird alle 1 000 Millisekunden, also 1 mal pro Sekunde, die Funktion `Zaehlen()` aufgerufen. Diese zählt die Variable `i` hoch. In der Datei wird ein Button definiert. Wenn der Anwender auf den Button klickt, wird die Funktion `Aufhoeren()` aufgerufen. Diese Funktion stoppt mit `clearTimeout()` den Timeout und gibt mit `alert()` die Anzahl der gezählten Sekunden aus. Beim Aufruf von `clearTimeout()` wird die zuvor bei `setTimeout()` definierte Variable `aktiv` als Parameter übergeben.

close( )

Schließt ein Fenster. Erwartet keine Parameter. Das Beispiel öffnet beim Einlesen der Datei ein zweites Fenster namens `Info`. In der Datei wird ein Button definiert. Wenn der Anwender auf den Button klickt, wird das zweite Fenster geschlossen.

```
<html><head><title>Test</title>
<script language="JavaScript">
```

```
Info = window.open("datei2.htm", "Zweitfenster");
</script>
</head><body>
<form>
<input type=button value="Fenster zu" onClick="Info.close()">
</form>
</body></html>
```

confirm( )

Blendet ein Dialogfenster mit den zwei Buttons `OK` und `Abbrechen` ein. Sinnvoll, um vom Anwender eine Entscheidung zu erzwingen, die im weiteren Programmablauf verarbeitet wird. Erwartet als Parameter einen Aufforderungstext für die Ja/Nein-Entscheidung. Liefert als Ergebnis zurück, wie sich der Anwender entschieden hat. Ein Beispiel:

```
<html><head><title>Test</title>
<script language="JavaScript">
Check = confirm("Wollen Sie diese Seite wirklich sehen?");
if(Check == false) history.back();
</script>
</head><body>
</body></html>
```

Im Beispiel wird der Anwender beim Einlesen der Datei gefragt, ob er die Seite wirklich sehen will. Der Rückgabewert von `confirm()` wird in der Variablen `Check` gespeichert. Wenn der Anwender auf `OK` klickt, enthält `Check` den Wert `true`. Es passiert nichts weiter, und die Seite wird geladen. Wenn er `Abbrechen` wählt, erhält `Check` den Wert `false`. Für diesen Fall ist die Anweisung `history.back()` notiert, die den Anwender auf die Seite zurückbefördert, von der er kam.

disableExternalCapture( )

Verbietet anderen Fenstern, Ereignisse im aktuellen Fenster zu überwachen. Vor allem als Schutz gedacht, falls fremde Seiten die eigene Seiten in ein Frame-Set laden. Das Beispiel startet beim Einlesen den Befehl `disableExternalCapture()`. Dadurch können fremde Seiten keine Anwenderereignisse in dieser Datei überwachen, falls die Datei in ein fremdes Frame-Set geladen wird.

```
<html><head><title>Test</title>
<script language="JavaScript">
disableExternalCapture();
</script>
</head><body>
</body></html>
```

enableExternalCapture( )

Erlaubt anderen Fenstern, Ereignisse im aktuellen Fenster zu überwachen. So lassen sich von anderen Fenstern eines Frame-Sets aus Anwenderereignisse im aktuellen Fenster überwachen. Das Beispiel startet beim Einlesen den Befehl `enableExternalCapture()`. Dadurch können fremde Seiten Anwenderereignisse in dieser Datei überwachen, falls die Datei Teil eines Frame-Sets ist.

```
<html><head><title>Test</title>
<script language="JavaScript">
enableExternalCapture();
</script>
</head><body>
</body></html>
```

find( )

Durchsucht den Inhalt eines Fensters nach einem Text. Entspricht in der Funktion dem Menübefehl »Suchen«. Die Suche bezieht sich nur auf die aktuelle Seite. Erwartet folgende Parameter:

- Text, nach dem gesucht werden soll.
- Groß-/Kleinschreibung beachten: `true` für ja oder `false` für nein übergeben.
- Suchrichtung rückwärts: `true` für ja oder `false` für nein übergeben.

Die beiden letzten Parameter sind optional. Ein Beispiel:

```
<html><head><title>Test</title>
</head><body>
<form>
<input type=text name="SuchNach">
<input type=button value="suchen"
   onClick="find(this.form.SuchNach.value,false,false)">
</form>
</body></html>
```

Im Beispiel steht am Anfang der Datei ein Formular mit einem Eingabefeld zur Eingabe eines Suchbegriffs. Das Formular enthält außerdem einen Button. Bei dessen Anklicken wird der weitere Inhalt der Datei nach dem Begriff durchsucht, den der Anwender in dem Eingabefeld eingegeben hat.

focus( )

Macht ein Fenster zum aktiven Fenster. Sinnvoll bei Verwendung von Zweitfenstern, aber auch bei Frame-Fenstern. Erwartet keine Parameter. Das Beispiel nimmt an, daß die aktuelle Datei Teil eines Frame-Sets ist. Die Datei enthält einen Verweis, dessen Ziel in einem anderen Frame-Fenster angezeigt werden soll. Beim Anklicken wird aber nicht nur das Verweisziel in das andere Frame-Fenster geladen, sondern dieses wird zugleich das aktive Fenster. So kann der Anwender beispielsweise gleich mit den Pfeiltasten darin scrollen. Dazu wird beim Anklicken des Verweises eine Funktion `FrameVerweis()` aufgerufen. Diese Funktion lädt im ersten Befehl das als Parameter übergebene Verweisziel in den anderen Frame (`location.href`), und im zweiten Befehl setzt sie mit `focus()` das Ziel-Framefenster aktiv. Zur Adressierung von Frame-Fenstern in JavaScript lesen Sie den Abschnitt über das Objekt `frames`. Das Beispiel:

```
<html><head><title>Test</title>
<script language="JavaScript">
function FrameVerweis(Ziel)
{
 parent.frames[1].location.href = Ziel;
 parent.frames[1].focus();
}
</script>
</head><body>
<a href="javascript:FrameVerweis('datei.htm')">Verweistext</a>
</body></html>
```

forward( )

Entspricht bei normalen WWW-Seiten einem Klick auf den Button `Vorwärts` im Browser. Bei Frames wird jedoch die nächste besuchte Seite aufgerufen, die nicht zum Frame-Set gehört. Bei Frames also unterschiedlich zu `history.forward()`! Erwartet keine Parameter. Das Beispiel realisiert einen HTML-Verweis, bei dessen Anklicken die Seite aufgerufen wird, die beim Vorwärtsgehen in der History als nächste das gesamte Anzeigefenster ausfüllt.

```
<html><head><title>Test</title>
</head><body>
<a href="javascript:window.forward()">Vor</a>
</body></html>
```

handleEvent( )

Übergibt ein Ereignis an ein Element, das in der Lage ist, auf das Ereignis zu reagieren. Das Beispiel enthält einen Verweis, bei dessen Anklicken – ganz normal durch die `href`-Angabe – die Datei *datei.htm* aufgerufen wird. Im Beispiel ist es jedoch so, daß *datei.htm* sofort aufgerufen wird, sobald der Anwender irgendwo im Browser-Fenster klickt. Dazu wird beim Einlesen der Datei mit der `captureEvents()`-Methode das Mausklick-Ereignis überwacht. Wenn das Ereignis eintritt, wird die Funktion `ClickHandler()` aufgerufen. Diese übergibt mit `handleEvent()` das Ereignis an den ersten im Dokument definierten Verweis weiter (`document.links[0]`). In dem entsprechenden Verweis ist dazu ein Event-Handler `onClick=` notiert. Dieser ist in der Lage, das übergebene Ereignis zu verarbeiten. Als Befehl wird mit `location.href` die gleiche Datei aufgerufen wie beim Anklicken des Verweises selbst.

```
<html><head><title>Test</title>
<script language="JavaScript">
function clickHandler(Ereignis)
{ window.document.links[0].handleEvent(Ereignis); }
window.captureEvents(Event.CLICK);
window.onClick = clickHandler;
</script>
</head><body>
<a href="datei.htm" onClick= "location.href= 'datei.htm'">
Verweis
</a>
</body></html>
```

home( )

Entspricht einem Klick auf den Button Home im Browser. Das Beispiel definiert einen Verweis, bei dessen Anklicken die Seite aufgerufen wird, die der Anwender als Start-Homepage eingestellt hat.

```
<html><head><title>Test</title>
</head><body>
<a href="javascript:home()">Nach hause</a>
</body></html>
```

moveBy( )

Verschiebt ein Fenster um so viele Pixel wie angegeben. Erwartet folgende Parameter:

- x-Wert: zeigt an, um wie viele Pixel das Fenster nach links/rechts verschoben werden soll. negative Werte verschieben nach links, positive nach rechts.
- y-Wert: zeigt an, um wie viele Pixel das Fenster nach oben/unten verschoben werden soll. Negative Werte verschieben nach oben, positive nach unten.

Ein Beispiel:

```
<html><head><title>Test</title>
<script language="JavaScript">
Fenster = window.open("datei.htm", "Zweitfenster",
   width=200,height=200);
function Bewege()
{
 Fenster.moveBy(200,100);
 Fenster.focus();
}
```

```
</script>
</head><body>
<a href="javascript:Bewege()">Fenster bewegen</a>
</body></html>
```

Das Beispiel lädt beim Einlesen der Datei ein kleines Zweitfenster mit einer anderen Datei. Das Hauptfenster enthält einen Verweis. Beim Anklicken des Verweises wird die Funktion `Bewege()` aufgerufen, die das kleine Fenster um 200 Pixel nach rechts und um 100 Pixel nach unten verschiebt. Beachten Sie, daß das Verschieben ignoriert wird, falls die Bildschirmgrenzen dabei überschritten werden.

moveTo()

Verschiebt ein Fenster auf die anzugebende Position. Erwartet folgende Parameter:

- x-Wert: links-Wert für die neue obere linke Ecke des Fensters.
- y-Wert: oben-Wert für die neue obere linke Ecke des Fensters.

Ein Beispiel:

```
<html><head><title>Test</title>
<script language="JavaScript">
Fenster = window.open("datei.htm", "Zweitfenster",
   width=200, height=200);
function Bewege()
{
 Fenster.moveTo(screen.width-200,screen.height-200);
 Fenster.focus();
}
</script>
</head><body>
<a href="javascript:Bewege()">Fenster bewegen</a>
</body></html>
```

Das Beispiel lädt beim Einlesen der Datei ein kleines Zweitfenster mit einer anderen Datei. Das Zweitfenster hat eine Breite und eine Höhe von 200 Pixeln. Das Hauptfenster enthält einen Verweis. Beim Anklicken des Verweises wird die Funktion `Bewege()` aufgerufen, die das kleine Fenster in die rechte untere Ecke des Bildschirms verschiebt. Die Pixelangaben für die neue linke obere Ecke des Fensters werden dabei mit Hilfe des `screen`-Objekts gewonnen, das mit `screen.width` die Bildschirmbreite und mit `screen.height` die Bildschirmhöhe liefert. Beachten Sie, daß das Verschieben ignoriert wird, falls die Bildschirmgrenzen dabei überschritten werden.

open()

Öffnet ein neues Fenster. Erwartet mindestens zwei, optional auch drei Parameter:

- URL-Adresse: Zieladresse einer Datei, die in das neue Fenster geladen werden soll. Wenn sich die Datei im gleichen Verzeichnis befindet, genügt der Dateiname. Ansonsten relative Pfadnamen oder absolute http-Adressen angeben. Bei Netscape darf dies auch eine leere Zeichenkette sein (öffnet ein leeres Fenster), was beim Internet Explorer allerdings zu einer Fehlermeldung führt.
- Fenstername: ein Name, der aus Buchstaben, Ziffern und Unterstrich bestehen darf. Unter diesem Namen können beispielsweise Verweise ihre Ziele mit `<a href="ziel.htm" target="NameDesFensters">` in das erzeugte Fenster laden.
- Angaben zum Aussehen des Fensters (optional): eine Zeichenkette, in der Sie die Größe und die Eigenschaften des Fensters festlegen können. Mehrere Angaben sind durch Kommata zu trennen. Die möglichen Angaben finden Sie in Tabelle 13.1.

Angabe	*Version*	*Erklärung*
`dependent=`	JavaScript 1.2, N 4.0	Wenn ja (`yes`), wird das Fenster geschlossen, wenn sein Elternfenster geschlossen wird. Wenn nein (`no` = Voreinstellung), bleibt das Fenster erhalten, wenn sein Elternfenster geschlossen wird.
`height=`	JavaScript 1.0, N 2.0, IE 3.0	Höhe des neuen Fensters in Pixeln, z. B. `height=200`.
`hotkeys=`	JavaScript 1.2, N 4.0	Wenn nein (`no`), werden Tastaturbefehle zum Steuern des Browsers in dem Fenster deaktiviert. Wenn ja (`yes` = Voreinstellung), bleiben Tastaturbefehle des Browsers in dem Fenster gültig.
`innerHeight=`	JavaScript 1.2, N 4.0	Höhe des Anzeigebereichs des neuen Fensters in Pixeln, z. B. `innerHeight=200`.
`innerWidth=`	JavaScript 1.2, N 4.0	Breite des Anzeigebereichs des neuen Fensters in Pixeln, z. B. `innerWidth=200`.
`locationbar=`	JavaScript 1.0, N 2.0, IE 3.0	Wenn ja (`yes`), erhält das Fenster eine eigene URL-Adreßzeile. Wenn nein (`no` = Voreinstellung), erhält es keine Adreßzeile.
`menubar=`	JavaScript 1.0, N 2.0, IE 3.0	Wenn ja (`yes`), erhält das Fenster eine eigene Menüleiste mit Browser-Befehlen. Wenn nein (`no` = Voreinstellung), erhält es keine Menüleiste.
`resizable=`	JavaScript 1.0, N 2.0, IE 3.0	Wenn nein (`no`), kann der Anwender das Fenster in der Größe nicht verändern. Wenn ja (`yes` = Voreinstellung), kann der Anwender die Fenstergröße ändern.
`screenX=`	JavaScript 1.2, N 4.0	Horizontalwert der linken oberen Ecke des neuen Fensters in Pixeln, z. B. `screenX=100`.

Angabe	*Version*	*Erklärung*
`screenY=`	JavaScript 1.2, N 4.0	Vertikalwert der linken oberen Ecke des neuen Fensters in Pixeln, z. B. `screenY=30`.
`status=`	JavaScript 1.0, N 2.0, 3.0	Wenn ja (`yes`), erhält das Fenster eine eigene Statuszeile. Wenn nein (`no` = Voreinstellung), erhält es keine Statuszeile.
`width=`	JavaScript 1.0, N 2.0, 3.0	Breite des neuen Fensters in Pixeln, z. B. `width=400`.

Tab. 13.1: Die erlaubten Angaben zum Aussehen eines Fensters.

Ein Beispiel:

```
<html><head><title>Test</title>
<script language="JavaScript">
F1 = open("dat1.htm", "Fenster1",
   "width=310,height=400,screenX=0,screenY=0");
F2 = open("dat2.htm", "Fenster2",
   "width=310,height=400,screenX=320,screenY=0");
self.focus();
self.close();
</script>
</head><body>
</body></html>
```

Das Beispiel öffnet beim Einlesen der Datei zwei weitere Fenster so, daß sie nebeneinander angeordnet sind. Anschließend schließt sich das Hauptfenster selbst. Angenommen, in *dat1.htm* (wird ins erste Fenster geladen) steht ein Verweis, dessen Ziel im zweiten Fenster angezeigt werden soll. Dazu können Sie notieren:

```
<a href="dat3.htm" target="Fenster2">Verweistext</a>
```

Wichtig ist dabei die Angabe `target=`. Dort müssen Sie den Fensternamen angeben, den Sie bei der Definition des gewünschten Zielfensters vergeben haben – im Beispiel `"Fenster2"`.

JavaScript 1.2, N 4.0 *print( )*

Druckt den Inhalt einer Seite aus. Entpricht dem Menübefehl zum Drucken im Browser. Erwartet keine Parameter. Das Beispiel definiert einen Verweis, mit dessen Hilfe der Anwender die Seite ausdrucken kann.

```
<html><head><title>Test</title>
</head><body>
<a href="javascript:window.print()">Diese Seite drucken</a>
</body></html>
```

java script 1.0 N 2.0 3.0 prompt( )

Zeigt ein Dialogfenster mit einem Eingabefeld, einem [OK]-Button und einem zusätzlichen [Abbrechen]-Button an. Der Anwender kann in dem Eingabefeld etwas eingeben. Die Methode `prompt()` gibt diesen eingegebenen Wert zurück. So lassen sich Anwendereingaben im Script weiterverarbeiten. Erwartet zwei Parameter:

- Aufforderungstext: Text, der beschreibt, was der Anwender eingeben soll.
- Feldvorbelegung: Text, mit dem das Eingabefeld vorbelegt wird. Wenn Sie ein leeres Eingabefeld wollen, übergeben Sie dafür eine leere Zeichenkette `""`.

Ein Beispiel:

```
<html><head><title>Test</title>
<script language="JavaScript">
Check = prompt("Geben Sie Ihr Passwort fuer diese Seite ein","");
if(Check != "Rumpelstielz") history.back();
else alert("Sie haben Zutritt");
</script>
</head><body>
</body></html>
```

Das Beispiel bringt vor dem Anzeigen der HTML-Datei mit `prompt()` ein Dialogfenster auf den Bildschirm. Darin muß der Anwender ein Paßwort eingeben. Die Eingabe wird in der Variablen `Check` gespeichert. Wenn der Wert dieser Variablen nach dem Beenden des Dialogfensters nicht gleich `"Rumpelstielz"` ist, wird der Anwender mit `history.back()` zu der Seite zurückgeschickt, von der er kam. Wenn das eingegebene Wort stimmt, erhält er mit `alert()` die Meldung, daß er Zutritt hat, und die Seite wird geladen.

java script 1.2 N 4.0 releaseEvents( )

Beendet die Überwachung von Anwenderereignissen. Gegenstück zu `captureEvents()`. Erwartet als Parameter eine Folge von Ereignissen, die nicht mehr überwacht werden sollen. Gleiche Syntax wie bei `captureEvents()`.

Im Beispiel wird der Event `KEYPRESS` (Taste gedrückt) überwacht. Wenn der Anwender eine Taste drückt, wird die Funktion `Ausgabe()` aufgerufen, die mit `alert()` ausgibt, welche Taste gedrückt wurde. Anschließend stößt die Funktion die erneute Überwachung des gleichen Events an und ruft sich bei Eintritt des Ereignisses selbst wieder auf, jedoch nur, solange der Zähler `i` kleiner als 3 ist. Danach wird das Überwachen der Tastaturereignisse mit der Methode `releaseEvents(Event.KEYPRESS)` beendet. Ein zusammenhängendes Beispiel mit Erläuterungen hierzu finden Sie im Kapitel 14 über Dynamisches HTML im Abschnitt über das `Event`-Objekt bei Netscape.

```
<html><head><title>Test</title>
<script language="JavaScript">
i = 0;
```

```
window.captureEvents(Event.KEYPRESS);
window.onkeypress = Ausgabe;
function Ausgabe(Ereignis)
{
 alert("Sie haben die Taste mit dem Wert " + Ereignis.which
    + " gedrueckt");
 i = i + 1;
 if(i < 3)
 {
window.captureEvents(Event.KEYPRESS);
window.onkeypress = Ausgabe;
 }
 else
window.releaseEvents(Event.KEYPRESS);
}
</script>
</head><body>
Druecken Sie 3 mal irgendwelche Tasten!
</body></html>
```

resizeBy( )

Verändert die Größe eines Fensters um so viele Pixel unten und rechts wie angegeben. Erwartet folgende Parameter:

- x-Wert: Angabe, um wie viele Pixel das Fenster rechts verkleinert/vergrößert werden soll. Negative Werte verkleinern, positive vergrößern.
- y-Wert: Angabe, um wie viele Pixel das Fenster unten verkleinert/vergrößert werden soll. Negative Werte verkleinern, positive vergrößern.

Das Beispiel enthält einen Verweis. Beim Anklicken des Verweises wird die Funktion `Kleiner()` aufgerufen. Diese Funktion verkleinert das dateieigene Fenster um 10 Pixel in der Breite und in der Höhe.

```
<html><head><title>Test</title>
<script language="JavaScript">
function Kleiner()
{ window.resizeBy(-10,-10); }
</script>
</head><body>
<a href="javascript:Kleiner()">Mach kleiner</a>
</body></html>
```

resizeTo( )

Verändert die Größe eines Fensters absolut. Erwartet folgende Parameter:

- x-Wert = neue Breite des Fensters,
- y-Wert = neue Höhe des Fensters.

Das Beispiel setzt die Fenstergröße beim Einlesen der Datei auf eine Breite von 580 Pixeln und auf eine Höhe von 420 Pixeln.

```
<html><head><title>Test</title>
</head><body onLoad="window.resizeTo(580,420)">
</body></html>
```

routeEvent( )

Übergibt ein Anwenderereignis an das oberste Objekt der Objekt-Hierarchie, also an das `window`-Objekt. Vor dort aus wird das Ereignis immer weiter nach unten durchgereicht, bis sich ein Event-Handler findet, der das Ereignis verarbeitet.

Das Beispiel enthält einen Button, bei dessen Anklicken die Funktion `Click1()` aufgerufen wird. Diese Funktion gibt zur Kontrolle mit `alert()` aus, daß der Button angeklickt wurde. Im Beispiel ist es jedoch so, daß beim Einlesen der Datei mit der `captureEvents()`-Methode das Mausklick-Ereignis überwacht wird. Wenn das Ereignis eintritt, wird in jedem Fall die Funktion `Click2()` aufgerufen. Diese gibt zur Kontrolle aus, daß in das Fenster geklickt wurde. Anschließend übergibt sie mit `routeEvent()` das Ereignis an die Objekthierarchie. Wenn der Klick auf ein anderes Objekt erfolgt, das ebenfalls das Klick-Ereignis überwacht, wird die entsprechende Aktion ebenfalls ausgeführt. Im Beispiel hat dies zur Folge, daß der Anwender beim Klick auf den Button zwei Meldungen erhält: nämlich zuerst die, daß ins Fenster geklickt wurde, und danach die, daß auf den Button geklickt wurde. Ohne die `routeEvent()`-Methode würde er die zweite Meldung gar nicht erhalten, da das Klick-Ereignis vorher abgefangen worden wäre.

Das Beispiel:

```
<html><head><title>Test</title>
<script language="JavaScript">
function Click1()
{
 alert("Sie haben auf den Button geklickt");
}
function Click2(Ereignis)
{
 alert("Sie haben ins Fenster geklickt");
 window.routeEvent(Ereignis);
}
window.captureEvents(Event.CLICK);
window.onClick = Click2;
</script>
</head><body>
<form>
```

```
<input type=button value="Button" onClick="Click1()">
</form>
</body></html>
```

scrollBy( )

Scrollt eine Seite automatisch um so viele Pixel nach oben unten oder links oder rechts wie angegeben. Erwartet folgende Parameter:

- x-Wert: Angabe, um wie viele Pixel nach links/rechts gescrollt werden soll. Negative Werte scrollen nach links, positive nach rechts.
- y-Wert: Angabe, um wie viele Pixel nach oben/unten gescrollt werden soll. Negative Werte scrollen nach oben, positive nach unten.

Das Beispiel schreibt zu Testzwecken in einer Schleife mit `document.write()` 100 Zeilen in die Datei. Unterhalb davon wird ein HTML-Verweis notiert. Um zu diesem Verweis zu gelangen, muß der Anwender wegen der 100 voranstehenden Zeilen erst mal nach unten scrollen. Wenn er auf den Verweis klickt, wird automatisch langsam zum Seitenanfang zurückgescrollt. Dazu wird die Funktion `NachOben()` aufgerufen. Diese Funktion ermittelt mit `pageYOffset` zunächst die vertikalen Position innerhalb der Seite. Dann wird innerhalb einer `while`-Schleife so lange nach oben gescrollt, bis die Scrollposition bei 0 angelangt ist. In dem Beispiel wird dazu nur der y-Wert jeweils um -10 Pixel verändert. So wird die Seite bei jedem Scroll-Befehl um 10 Pixel nach oben gescrollt. Der Verzögerungs-Effekt beim Scrollen kommt im Beispiel dadurch zustande, daß die Scroll-Befehle in die Methode `setTimeout()` eingebunden sind.

```
<html><head><title>Test</title>
</head><body>
<script language="JavaScript">
for(i=1; i<=100; i++)
 document.write("<br>Zeile " + i);
function NachOben()
{
 y = window.pageYOffset;
 while(y > 0)
 {
setTimeout("window.scrollBy(0,-10)",10);
y = y - 10;
 }
}
</script>
<a href="javascript:NachOben()">nach oben scrollen</a>
</body></html>
```

scrollTo( )

Scrollt zu einer bestimmten Position. Erwartet folgende Parameter:

- x-Wert: links-Wert für Position der linken oberen Ecke des Anzeigefensters.
- y-Wert: oben-Wert für Position der linken oberen Ecke des Anzeigefensters.

Das Beispiel schreibt zu Testzwecken in einer Schleife mit `document.write()` 100 Zeilen, wobei die Zeilen immer länger werden. Ganz am Ende wird ein Verweis notiert. Um dort hin zu gelangen, muß der Anwender nach unten und nach rechts scrollen. Wenn er auf den Verweis klickt, wird die Funktion `Pos100()` aufgerufen. Diese Funktion setzt die Scroll-Position neu, und zwar auf 100 Pixel von links und 100 Pixel von oben, bezogen auf den Dokumentanfang.

```
<html><head><title>Test</title>
</head><body>
<script language="JavaScript">
function Pos100()
{ window.scrollTo(100,100) }
var Zeile = "<nobr>Zeile";
for(i=1; i<=100; i++)
{
 Zeile = Zeile + " Zeile";
 document.write("<br>Zeile " + Zeile);
}
document.write("<a href='javascript:Pos100()'> Test</a></nobr>");
</script>
</body></html>
```

setInterval( )

Führt eine Anweisung oder den Aufruf einer Funktion in einem festgelegten Rhythmus immer wieder aus, solange, bis der Vorgang mit `clearInterval()` beendet wird. Erwartet zwei Parameter:

- Code: eine JavaScript-Anweisung, die wiederholt werden soll. Meistens ein Funktionsaufruf.
- Pause: Wert in Millisekunden bis zum nächsten Ausführen.

Das Beispiel definiert mit `setInterval()`, daß die Funktion `Farbe()` alle 1 000 Millisekunden, also jede Sekunde einmal aufgerufen wird. Wichtig ist, daß der Aufruf in einer Variablen gespeichert wird, im Beispiel in der Variablen `aktiv`. Diese Variable wird von der Methode `clearTimeout()` benötigt, um den Vorgang zu stoppen. Im Beispiel wechselt die Funktion `Farbe()` bei jedem Aufruf die Hintergrundfarbe der Datei (`document.bgColor`). Gleichzeitig wird ein Zähler hochgezählt. Wenn er größer gleich 10 ist, wird die Methode `clearInterval()` aufgerufen, die den Endlosvorgang stoppt. Dabei wird die zuvor definierte Variable `aktiv` als Parameter übergeben.

```
<html><head><title>Test</title>
</head><body>
<script language="JavaScript">
aktiv = window.setInterval("Farbe()",1000);
i = 0, farbe = 1;
function Farbe()
{
if(farbe==1)
{ document.bgColor="yellow"; farbe=2; }
else
{ document.bgColor="aqua"; farbe=1; }
i = i + 1;
if(i >= 10)
 window.clearInterval(aktiv);
}
</script>
</body></html>
```

setTimeout( )

Führt eine Anweisung nach einer bestimmten Verzögerungszeit aus. Erwartet zwei Parameter:

- Code: eine JavaScript-Anweisung, die wiederholt werden soll. Meistens ein Funktionsaufruf.
- Pause: Wert in Millisekunden bis zum Ausführen.

Das Beispiel ruft nach 600.000 Millisekunden, also nach 10 Minuten, eine Funktion `Hinweis()` auf, sofern der Anwender nach dieser Zeit immer noch auf der Seite ist. Die Funktion fragt ihn mit der `confirm()`-Methode, ob er noch länger auf der Seite bleiben möchte. Wenn nicht, wird das Hauptfenster geschlossen. Dazu dient der Befehl `top.close()`, der die `close()`-Methode auf die oberste Fenster-Instanz des Browsers anwendet.

```
<html><head><title>Test</title>
<script language="JavaScript">
function Hinweis()
{
 x = confirm("Sie sind jetzt schon 10 Minuten auf dieser Seite.
   Fortfahren?");
 if(x == false) top.close();
}
window.setTimeout("Hinweis()",600000);
</script>
</head><body>
<a href="javascript:()">Text?</a>
</body></html>
```

stop()

Entspricht einem Klick auf den Button Stop im Browser. Der Ladevorgang einer Seite wird dadurch abgebrochen. Das Beispiel definiert einen Verweis, bei dessen Anklicken der Ladevorgang einer Seite abgebrochen wird.

```
<html><head><title>Test</title>
</head><body>
Diese Seite hat einen Umfang von 300 Kilobyte:<br>
<a href="javascript:stop()">abbrechen</a>
</body></html>
```

13.3 frames

Eigenschaft

length (Anzahl Frames)

Unterobjekte

document
event
history
location

frames: Allgemeines zur Verwendung

Mit dem Objekt `frames` haben Sie Zugriff auf Frames, also auf ein Frame-Set und seine Frame-Fenster, die in einer HTML-Datei definiert sind. Da jedes Frame-Fenster aus Sicht des Browsers ein eigenes Fenster darstellt, ist das `frames`-Objekt lediglich eine Variante des `window`-Objekts, also des allgemeinen Fenster-Objekts. Alle Eigenschaften und Methoden, die zum `window`-Objekt gehören, lassen sich auch auf das `frames`-Objekt, also auf einzelne Frame-Fenster anwenden. Das `frames`-Objekt stellt nur deshalb ein eigenes Objekt dar, weil es eine zusätzliche Eigenschaft enthält und weil bei der Adressierung von Frame-Fenstern in JavaScript ein paar Besonderheiten zu beachten sind:

Beispiel 1:

```
parent.frames[#].Eigenschaft/Methode();

parent.frames[1].location.href = "sport.html";
```

Beispiel 2:

```
parent.NameDesFrames.Eigenschaft/Methode();

parent.RechtesFenster.close();
```

parent ist ein reservierter Fenstername, den Sie zum Ansprechen von Fenstern innerhalb eines Frame-Sets verwenden können. Anstelle von parent können Sie auch top verwenden. Mit parent sprechen Sie das Eltern-Fenster des aktuellen Frame-Fensters an, mit top in jedem Fall das oberste Anzeigefenster des Browsers.

Frame-Fenster können Sie auf zwei Arten ansprechen:

- Mit einer Indexnummer (wie in Beispiel 1): Bei Verwendung von Indexnummern geben Sie frames an und dahinter in eckigen Klammern, das wievielte Frame-Fenster im Frame-Set Sie meinen. Beachten Sie, daß der Zähler bei 0 beginnt, d. h. das erste Frame-Fenster sprechen Sie mit frames[0] an, das zweite Frame-Fenster mit frames[1] usw. Beim Zählen gilt die Reihenfolge, in der die <frame>-Befehle im Frame-Set definiert sind.
- Mit dem Namen des Frame-Fensters (wie in Beispiel 2): Dabei geben Sie den Namen an, der bei der HTML-Definition des Frame-Fenster bei <frame ...> im Attribut name= definiert worden ist.

Da das frames-Objekt eigentlich eine Variante des window-Objekts ist, können Sie nicht nur die alle Eigenschaften und Methoden des window-Objekts auf das frames-Objekt anwenden, sondern auch alle anderen, die in der Hierarchie unterhalb des window-Objekts stehen. Ebenso, wie Sie beispielsweise mit window.document.forms[0].elements[0].value = "Stefan" den Inhalt eines Formular-Eingabefelds in einer gewöhnlichen HTML-Datei ändern können, können Sie das Gleiche innerhalb eines Frame-Sets etwa mit parent.frames[1].document.forms[0].elements[0].value = "Stefan" erreichen.

Ein typisches Anwendungsbeispiel für den Einsatz des Frame-Objekts finden Sie in Kapitel 12.3: *Zwei Frames gleichzeitig ändern.*

javascript 1.0 | N 2.0 | 3.0 | Lesen

length

Speichert, wie viele Frame-Fenster ein übergeordnetes Fenster enthält. Mit parent.frames.length oder top.frames.length können Sie die Anzahl der Frame-Fenster ermitteln. Im Beispiel wird angenommen, daß die HTML-Datei innerhalb eines Frame-Sets aufgerufen wird. Beim Einlesen der Datei gibt die Datei mit der Methode alert() nacheinander die Namen aller Frame-Fenster im Frame-Set aus. Dazu dient die for-Schleife. Die Eigenschaft parent.frames.length dient als Abbruchbedingung für die Schleife. Da der Schleifenzähler i bei jedem Schleifendurchlauf um 1 erhöht wird, wird mit parent.frames[i] jeweils das nächste Frame-Fenster angesprochen.

```
<html><head><title>Test</title>
<script language="JavaScript">
for(i=0; i < parent.frames.length; ++i)
 alert(parent.frames[i].name);
</script>
</head><body>
</body></html>
```

13.4 document

Eigenschaften

alinkColor	(Farbe für Verweise beim Anklicken)
bgColor	(Hintergrundfarbe)
charset	(verwendeter Zeichensatz)
cookie	(beim Anwender speicherbare Zeichenkette)
defaultCharset	(normaler Zeichensatz)
fgColor	(Farbe für Text)
lastModified	(letzte Änderung am Dokument)
linkColor	(Farbe für Verweise)
referrer	(zuvor besuchte Seite)
title	(Titel der Datei)
URL	(URL-Adresse der Datei)
vlinkColor	(Farbe für Verweise zu besuchten Zielen)

Methoden

captureEvents( )	(Ereignisse überwachen)
close( )	(schließen)
getSelection( )	(selektierter Text)
handleEvent( )	(Ereignisse verarbeiten)
open( )	(Dokument öffnen)
releaseEvents( )	(Ereignisse abschließen)
routeEvent( )	(Event-Handler-Hierarchie durchlaufen)
write( )	(ins Dokumentfenster schreiben)
writeln( )	(zeilenweise schreiben)

Unterobjekte

all
anchors
applets
forms
images
layers
links

document: Allgemeines zur Verwendung

Das `document`-Objekt bezieht sich auf den Inhalt, der in einem Browser-Fenster angezeigt wird. In der Objekthierarchie von JavaScript liegt es unterhalb des `window`-Objekts. Das `document`-Objekt enthält eine Reihe eigener Eigenschaften und Methoden. Das Ansprechen dieser Eigenschaften und Methoden zeigen die folgenden Beispiele:

```
x = document.title;
x = window.document.title;

Zweitfenster = window.open("datei2.htm", "Fenster");
x = Zweitfenster.document.title;

y = parent.frames[2].document.bgColor;

document.write("Hallo Welt");
window.document.write("Hallo Welt");

Zweitfenster.document.close();
parent.frames[2].document.close();
```

Eigenschaften des `document`-Objekts, wie etwa den Titel der angezeigten HTML-Datei (`<title>...</title>`), können Sie mit `document` ansprechen, den Titel der Datei, also `document.title`. Entsprechend werden Methoden des `document`-Objekts angesprochen, zum Beispiel die `write`-Methode mit `document.write()`. Sie können auch `window.document.title` oder `window.document.write()` notieren. Da es sich dabei aber um den Inhalt des aktuellen Fensters handelt, ist die Angabe des Fensternamens nicht zwingend erforderlich.

Anders beim Zugriff auf andere Fenster oder Frame-Fenster. In diesen Fällen müssen Sie das Fenster korrekt adressieren. Lesen Sie für zusätzliche Fenster den Abschnitt zur Verwendung des `window`-Objekts und für Frame-Fenster den Abschnitt über die Verwendung des `frames`-Objekts.

alinkColor

Speichert die Farbe für Verweise, während sie angeklickt werden, wie beim Attribut `alink=` im `<body>`-Tag oder vom Anwender in seinen Browser-Einstellungen festlegbar ist (siehe auch Farbe für Text und Verweise, 3.3.1). Ein Beispiel:

```
<html><head><title>Test</title>
<script language="JavaScript">
var i = 0;
function AndereFarbe()
{
 if(i == 0) document.alinkColor = "000000";
 else if(i == 1) document.alinkColor = "FF0000";
 else if(i == 2) document.alinkColor = "0000FF";
 else if(i == 3) document.alinkColor = "green";
 i = i + 1; if(i > 3) i = 0;
}
</script>
</head><body>
<a href="javascript:AndereFarbe()">Verweisfarbe</a>
</body></html>
```

Das Beispiel ruft beim Anklicken des Verweises eine Funktion namens AndereFarbe() auf. Diese Funktion ändert bei jedem ihrer Aufrufe den Wert für document.alinkColor. Beachten Sie, daß Farben dabei entweder hexadezimal notiert werden, jedoch ohne Gatterzeichen (#) davor wie in HTML, oder in Form erlaubter Farbnamen – siehe auch *Farben definieren in HTML*, Kapitel 3.1.5. Der Wert muß in jedem Fall in Anführungszeichen stehen.

JavaScript 1.0 | N 2.0 | 3.0 | Lesen Ändern

bgColor

Speichert die Hintergrundfarbe der HTML-Datei, wie sie beim Attribut bgcolor= im <body>-Tag oder vom Anwender in seinen Browser-Einstellungen festlegbar ist (siehe auch Farbe für Hintergrund. 3.3.1). Ein Beispiel:

```
<html><head><title>Test</title>
<script language="JavaScript">
var X = new Array("0","1","2","3","4","5","6","7","8","9","A","B","C",
   "D","E","F");
var x1 = 0, x2 = 0;
for(i = 0; i < 255; ++i)
{
 document.bgColor = X[x1] + X[x2] + X[x1] + X[x2] + X[x1]
   + X[x2];
 x2 = x2 + 1;
 if(x2 % 16 == 0) { x2 = 0; x1 = x1 + 1; }
}
</script>
</head><body>
</body></html>
```

Das Beispiel blendet beim Einlesen die Hintergrundfarbe von Schwarz über Graustufen nach Weiß auf. Dazu wird ein Array X definiert, in dem die Hexadezimalziffern 0 bis 9 und A bis F gespeichert werden. In einer for-Schleife wird von 0 bis 255 gezählt. Der Grund ist, daß 255 der maximale Wert (dezimal gesehen) eines RGB-Farbwerts sein kann. Innerhalb der Schleife wird der Eigenschaft document.bgColor jeweils ein neuer Wert zugewiesen. Dabei wird aus den zuvor definierten Ziffern das Arrays X eine gültige Farbangabe konstruiert.

Beachten Sie, daß Farben entweder hexadezimal notiert werden, jedoch ohne Gatterzeichen (#) davor wie in HTML, oder in Form erlaubter Farbnamen – siehe auch *Farben definieren in HTML*, Kapitel 3.1.5. Der Wert muß in jedem Fall in Anführungszeichen stehen. Im obigen Beispiel tut er das nicht, weil es sich um eine Zeichenkette handelt, die dynamisch konstruiert wird. Fixe Angaben wären beispielsweise "0099CC" oder "blue".

JS | 4.0 | Lesen Ändern

charset

Speichert den definierten Zeichensatz eines Dokuments. Das Beispiel enthält im Dateikopf eine Angabe zur Definition des Zeichensatzes. Dort wird `iso-8859-1` definiert – der Standard-Zeichensatz für westliche Sprachen, inklusive der deutschen. Ferner enthält die Datei einen Verweis. Beim Anklicken wird die Funktion `iso5()` aufgerufen. Diese Funktion ändert den Zeichensatz auf iso-8859-5 (Kyrillisch). Anschließend werden dynamisch Inhalte in das Dokumentfenster geschrieben. Der Internet Explorer schreibt den angegebenen Text in das Dokumentfenster, schaltet dabei jedoch auf eine spezielle Unicode-Schriftart zur Darstellung um. Beachten Sie, daß zum Schreiben des neuen Inhalts die Methoden `open()` und `close()` verwendet werden. Das Beispiel:

```
<html><head><title>Test</title>
<meta http-equiv="content-type"
   content="text/html;CHARSET=iso-8859-1">
<script language="JavaScript">
function iso5()
{
 document.charset="iso-8859-5";
 document.open();
 document.write("Text mit ä ö ü");
 document.close();
}
</script>
</head><body>
<a href="javascript:iso5()">iso-8859-5</a>
</body></html>
```

javascript 1.0 | N 2.0 | 3.0 | Lesen Ändern

cookie

Cookies (cookies = Kekse – die Herkunft des Namens ist unbekannt) bieten Ihnen die Möglichkeit, direkt aus einer HTML-Datei heraus Daten auf dem Rechner des Anwenders zu speichern und beim erneuten Aufruf der gleichen HTML-Datei wieder auszulesen. So kann eine WWW-Seite dynamisch auf gespeicherte Daten reagieren. Es ist nur möglich, diejenigen Cookies auszulesen, die man selbst gesetzt hat. Eine Virenübertragung mit Cookies ist ausgeschlossen. Ein Cookie ist in etwa das Gleiche wie ein Eintrag in einer INI-Datei unter MS-Windows. Es wird eine Variable mit einem zugewiesenen Wert abgespeichert, zum Beispiel Datum und Uhrzeit des letzten Besuchs der WWW-Seite. Es können keine Rechnerdaten des Anwenders ausgelesen werden. Angesichts des vorherrschenden Mißtrauens bei Anwendern, die nicht wissen, was ein Cookie ist, sollten Sie Cookies nur verwenden, wenn Sie einen Grund dazu haben.

Netscape verwaltet Cookies in einer Datei namens *cookies.txt* auf dem Rechner des Anwenders. Der Internet Explorer verwaltet die Cookies in einem Unterverzeichnis des Windows-Verzeichnisses. Beim Internet Explorer funktionieren Cookies nur, wenn die HTML-Datei über das HTTP-Protokoll in den Browser geladen wird. Ein Beispiel:

```
<html><head><title>Test</title>
<script language="JavaScript">
 var gespeichert = "nichts gespeichert";
 if(document.cookie)
gespeichert = document.cookie;
 else
document.cookie = "Zeitstempel=" + document.lastModified;
 alert(document.lastModified + " - " + gespeichert);
</script>
</head><body>
</body></html>
```

Das Lesen eines Cookies funktioniert nach dem Schema `x = document.cookie`. Das Schreiben eines Cookies funktioniert nach dem Schema `document.cookie = x`. Das Beispiel fragt beim Einlesen der Datei ab, ob diese Datei schon einmal einen Cookie gesetzt hat. Eine solche Abfrage ist mit `if(document.cookie)` möglich. Im Beispiel wird die Variable `gespeichert` mit dem Wert des gespeicherten Cookies versorgt, falls ein Cookie vorhanden ist. Im `else`-Zweig des Beispiels steht der Fall, daß noch kein Cookie gesetzt wurde. In diesem Fall wird als Cookie die Zeichenkette `Zeitstempel=` und dahinter der Wert von `lastModified` geschrieben. Am Ende werden mit `alert()` zwei Werte ausgegeben: der Wert von `document.lastModified` und der Wert der Variablen `gespeichert`. Wenn ein Cookie gesetzt ist – also ab dem zweiten Aufruf der Datei –, wird der Inhalt des Cookies ausgegeben, der sich von `document.lastModified` dann unterscheidet, wenn die Datei mittlerweile geändert wurde.

Beim Setzen eines Cookies können Sie außerdem einen Verfallszeitpunkt angeben. Wenn der Verfallszeitpunkt erreicht ist, löscht der Browser den Cookie selbständig. Notieren Sie dazu eine Anweisung wie:

```
document.cookie += "expires=" + cookieDate(time
   + 1000*60*60*24*5)
```

Damit wird der Cookie um einen Eintrag der Form `expires=` erweitert. Eine spezielle Funktion `cookieDate()` erlaubt es, einen Verfallszeitpunkt zu setzen. Übergeben Sie der Funktion als Parameter am besten `time` (der aktuelle Zeitpunkt) plus die Anzahl von Millisekunden ab dem aktuellen Zeitpunkt, nach denen der Cookie gelöscht werden soll. Dazu können Sie wie im Beispiel eine Multiplikationskette übergeben: 1 000 Millisekunden sind eine Sekunde, mal 60 macht eine Minute, mal 60 macht eine Stunde, mal 24 ein Tag und mal 5 macht fünf Tage.

JS 4.0 Lesen Ändern *defaultCharset*

Speichert den Zeichensatz, den der Anwender als Standard im Browser eingestellt hat. Wenn die Datei keine Meta-Angabe zum verwendeten Zeichensatz enthält, wird der Standard-Zeichensatz angenommen. Das Beispiel gibt beim Einlesen der Datei mit `alert()` aus, welchen Zeichensatz der Anwender als Standardzeichensatz eingestellt hat.

```
<html><head><title>Test</title>
<script language="JavaScript">
alert("Sie haben als Zeichensatz eingestellt: "
   + document.defaultCharset);
</script>
</head><body>
</body></html>
```

javascript 1.0 N 2.0 3.0 Lesen Ändern

fgColor

Speichert die Farbe für Text; wie beim Attribut `text=` im `<body>`-Tag oder vom Anwender in seinen Browser-Einstellungen festlegbar. Ein Beispiel:

```
<html><head><title>Test</title>
<script language="JavaScript">
if(parent.frames[0].document.fgColor == "000000")
 document.fgColor = "FF0000";
</script>
</head><body>
</body></html>
```

Das Beispiel nimmt an, daß sich die aktuelle Datei innerhalb eines Frame-Sets befindet. Beim Einlesen der Datei wird geprüft, ob die Textfarbe eines anderen (des ersten) Frame-Fensters schwarz ist: `if(parent.frames[0].document.fgColor == "000000")`. Wenn dies der Fall ist, wird die Textfarbe der aktuellen Datei auf rot gesetzt: `document.fgColor = "FF0000";`. Beachten Sie, daß Farbänderungen für die Textfarbe nur Wirkung haben, bevor irgendwelcher HTML-Text eingelesen wurde. Beachten Sie bei den Farbangaben, daß Farben entweder hexadezimal notiert werden, jedoch ohne Gatterzeichen (#) davor wie in HTML, oder in Form erlaubter Farbnamen – siehe auch *Farben definieren in HTML*, Kapitel 3.1.5. Der Wert muß in jedem Fall in Anführungszeichen stehen.

javascript 1.0 N 2.0 3.0 Lesen

lastModified

Speichert Datum und Uhrzeit der letzten Änderung der Datei, und zwar im internationalen Format nach GMT (Greenwich-Zeit). Das Beispiel schreibt mit der Methode `write()` den Zeitpunkt der letzten Änderung dynamisch in die HTML-Datei.

```
<html><head><title>Test</title>
</head><body>
<script language="JavaScript">
document.write("letzter Update: " + document.lastModified);
</script>
</body></html>
```

javascript 1.0 | N 2.0 | 3.0 | Lesen Ändern

linkColor

Speichert die Farbe für Verweise; wie beim Attribut link= im <body>-Tag oder vom Anwender in seinen Browser-Einstellungen festlegbar. Ein Beispiel:

```
<html><head><title>Test</title>
<script language="JavaScript">
 document.linkColor = parent.frames[0].document.linkColor;
</script>
</head><body>
</body></html>
```

Das Beispiel nimmt an, daß sich die aktuelle Datei innerhalb eines Frame-Sets befindet. Beim Einlesen der Datei wird die Verweisfarbe der aktuellen Datei auf die gleiche Farbe gesetzt wie die Verweisfarbe der Datei, die sich in einem anderen (dem ersten) Frame-Fenster befindet.

Beachten Sie, daß Farbänderungen für die Verweisfarbe nur Wirkung haben, bevor irgendwelcher HTML-Text eingelesen wurde. Beachten Sie bei den Farbangaben, daß Farben entweder hexadezimal notiert werden, jedoch ohne Gatterzeichen (#) davor wie in HTML, oder in Form erlaubter Farbnamen – siehe auch *Farben definieren in HTML*, Kapitel 3.1.5. Der Wert muß in jedem Fall in Anführungszeichen stehen.

javascript 1.0 | N 2.0 | 3.0 | Lesen

referrer

Speichert die URL-Adresse, von der aus die aktuelle Datei aufgerufen wurde. Voraussetzung ist, daß die aktuelle Datei über einen Verweis aufgerufen wurde. Wurde die Adresse der Datei stattdessen etwa als Lesezeichen ausgewählt oder direkt in die Adreßzeile des Browsers eingegeben , ist in document.referrer nichts gespeichert. Beim Internet Explorer wird in document.referrer nur dann etwas gespeichert, wenn der Aufruf der aktuellen Datei über das HTTP-Protokoll erfolgte, also mit einem Verweis vom Typ *http://...../dieseDatei.htm.* Das Beispiel gibt im HTML-Text mit der Methode write() aus, von wo aus der Anwender die aktuelle Datei aufgerufen hat.

```
<html><head><title>Test</title>
</head><body>
<script language="JavaScript">
 document.write("<h1>Lieber Besucher</h1>");
 document.write("Du hast also von " + document.referrer
   + " hierher gefunden");
</script>
</body></html>
```

javascript 1.0 | N 2.0 | 3.0 | Lesen

title

Speichert den Titel einer HTML-Datei, wie er bei <title>...</title> vergeben wurde.

Das Beispiel schreibt mit der Methode `write()` den Titel der HTML-Datei dynamisch als Inhalt in eine Überschrift 1. Ordnung (<h1>...</h1>).

```
<html><head><title>Test</title>
</head><body>
<h1>
<script language="JavaScript">
 document.write(document.title);
</script>
</h1>
</body></html>
```

javascript 1.0 | N 2.0 | 3.0 | Lesen

URL

Speichert die vollständige URL-Adresse des aktuellen Dokuments. Das Beispiel schreibt mit der Methode `write()` die eigene vollständige URL-Adresse in den Text. So etwas kann durchaus Sinn machen, beispielsweise, wenn die Datei Teil eines Frame-Sets ist. Anwender können sich dann auf die genaue URL-Adresse beziehen, wenn Sie zu dem angezeigten Frame-Inhalt etwas mitteilen wollen.

```
<html><head><title>Test</title>
<script language="JavaScript">
</script>
</head><body>
<script language="JavaScript">
 document.write("Diese Datei: " + document.URL);
</script>
</body></html>
```

javascript 1.0 | N 2.0 | 3.0 | Lesen Ändern

vlinkColor

Speichert die Farbe für Verweise zu bereits besuchten Seiten; wie beim Attribut `vlink=` im `<body>`-Tag oder vom Anwender in seinen Browser-Einstellungen festlegbar. Ein Beispiel:

```
<html><head><title>Test</title>
<script language="JavaScript">
 document.vlinkColor = parent.frames[0].document.vlinkColor;
</script>
</head><body>
</body></html>
```

Das Beispiel nimmt an, daß sich die aktuelle Datei innerhalb eines Frame-Sets befindet. Beim Einlesen der Datei wird die Farbe für Verweise zu besuchten Seiten in der aktuellen Datei auf die gleiche Farbe gesetzt wie bei der Datei, die sich in einem anderen (dem ersten) Frame-Fenster befindet.

Beachten Sie, daß Farbänderungen für die Verweisfarbe nur Wirkung haben, bevor irgendwelcher HTML-Text eingelesen wurde. Beachten Sie bei den Farbangaben, daß Farben entweder hexadezimal notiert werden, jedoch ohne Gatterzeichen (#) davor wie in HTML, oder in Form erlaubter Farbnamen – siehe auch *Farben definieren in HTML*, Kapitel 3.1.5. Der Wert muß in jedem Fall in Anführungszeichen stehen.

captureEvents( )

Überwacht Anwenderereignisse im aktuellen Dokument. Funktioniert genauso wie `captureEvents()` beim `window`-Objekt – nähere Informationen siehe Kapitel 13.2. Der einzige Unterschied ist, daß Sie mit `document.captureEvents()` nur Ereignisse innerhalb des Dokumentfensters überwachen können, keine Ereignisse im gesamten Fensterbereich – zu dem beispielsweise auch Titelleiste, Menüleisten usw. gehören.

close( )

Schließt einen Dokumentinhalt, der mit der `open()`-Methode geöffnet und mit den Methoden `write()` oder `writeln()` beschrieben wurde. Das Beispiel öffnet den Dokumentinhalt zum Schreiben, dann schreibt es etwas – die aktuelle URL-Adresse – mit der Methode `write()`, und zuletzt schließt es den Vorgang mit `document.close()` ab.

```
<html><head><title>Test</title>
</head><body>
<script language="JavaScript">
document.open();
document.write(document.URL);
document.close();
</script>
</body></html>
```

getSelection( )

Ermittelt Text, der vom Anwender im Dokument selektiert wurde. Das Beispiel gibt beim Klick auf den definierten Button das Ergebnis des Aufrufs der Methode `document.getSelection()` mit `alert()` aus. Voraussetzung ist, daß zuvor Text selektiert wurde. Ansonsten liefert `document.getSelection()` eine leere Zeichenkette (`""`) als Ergebnis.

```
<html><head><title>Test</title>
</head><body>
viel Text zum Selektieren viel Text zum Selektieren
<form>
<input type=button value="zeigen"
   onClick="alert(document.getSelection());">
</form>
</body></html>
```

handleEvent( )

Übergibt ein Ereignis an ein Element, das in der Lage ist, auf das Ereignis zu reagieren. Funktioniert genauso wie `handleEvent()` beim `window`-Objekt (nähere Informationen siehe Kapitel 13.2). Der einzige Unterschied ist, daß `document.handleEvent()` nur Ereignisse übergeben kann, die mit `document.captureEvents()` überwacht werden.

open( )

Öffnet ein Dokument zum Schreiben. Dabei wird kein Fenster geöffnet, sondern der Fensterinhalt zum Neubeschreiben freigegeben. Falls das Dokument vorher einen Inhalt hatte, zum Beispiel eine zunächst geladene HTML-Datei, sollten Sie erst die `close()`-Methode aufrufen. Kann ohne, mit einem oder mit zwei Parametern aufgerufen werden. Folgende Parameter sind möglich:

- MIME-Typ: eine Bezeichnung des MIME-Typs für die Art der Daten, die in das Dokumentfenster geschrieben werden sollen. So können Sie das Dokumentfenster beispielsweise durch Angabe von `"x-world/x-vrml"` zum Schreiben von VRML-Code öffnen. Mit `write()`- und `writeln()`-Befehlen können Sie dann dynamisch VRML-Code schreiben.
- replace: mit `document.open("text/html","replace")` öffnen Sie das Dokument zum Schreiben von HTML und bewirken, daß der neue Dokumentinhalt die gleiche Stelle in der History der besuchten Seiten einnimmt wie das Dokument, in dem der `open( )`-Befehl steht.

Ein Beispiel:

```
<html><head><title>Test</title>
</head><body>
<script language="JavaScript">
function Wechsel()
{
 document.open();
 document.write("<a href=\"datei.htm\">
    Und jetzt steh ich hier</a>");
 document.close();
}
document.open();
document.write("<a href=\"javascript:Wechsel()\">
    Noch steh ich hier</a>");
document.close();
</script>
</body></html>
```

Das Beispielscript führt zunächst den unteren Teil des Codes aus, da der obere in die Funktion `Wechsel()` eingebunden ist, die erst bei Aufruf ausgeführt wird. Im unteren Teil wird mit JavaScript dynamisch ein Verweis in das Dokumentfenster geschrieben.

Wenn der Anwender den Verweis anklickt, wird die Funktion `Wechsel()` aufgerufen. Diese Funktion öffnet das Dokumentfenster zum neuen Schreiben und schreibt dynamisch einen Verweis auf die aktuelle Datei – im Beispiel wird angenommen, daß diese Datei *datei.htm* heißt. Klickt der Anwender auf den Verweis, wird die Datei erneut geladen, und dadurch wird wieder der erste Verweis geschrieben.

Beachten Sie, daß das Beispiel erst ab Netscape 3.x so funktioniert wie beschrieben. Netscape 2.x kennt die `document.open()` zwar auch schon, leert jedoch dabei das Dokumentfenster nicht.

releaseEvents( )

Beendet die Überwachung von Anwenderereignissen. Funktioniert genauso wie `releaseEvents()` beim `window`-Objekt – nähere Informationen siehe Kapitel 13.2. Der einzige Unterschied ist, daß `document.releaseEvent()` nur Ereignisüberwachungen beenden kann, die mit `document.captureEvents()` gestartet wurden.

routeEvent( )

Übergibt ein Anwenderereignis an das `document`-Objekt. Von dort aus wird das Ereignis immer weiter nach unten durchgereicht, bis sich ein Event-Handler findet, der das Ereignis verarbeitet. Funktioniert genauso wie `routeEvent()` beim `window`-Objekt – nähere Informationen siehe dort, Kapitel 13.2. Der einzige Unterschied ist, daß `document.routeEvent()` nicht auf Fenster-Ebene ansetzt, sondern auf Dokumentebene.

write( )

Gibt Text im Dokument aus. Erwartet eine Zeichenkette oder einen JavaScript-Ausdruck als Parameter. Ein Beispiel:

```
<html><head><title>Test</title>
</head><body>
<script language="JavaScript">
DeinName = prompt("Bitte Deinen Namen angeben:","Name");
document.write("Hallo " + DeinName);
</script>
</body></html>
```

Das Beispiel zeigt beim Einlesen der Datei mit `prompt()` ein Dialogfenster an, in dem der Anwender seinen Namen eingeben soll. Der eingegebene Wert wird in der Variablen `DeinName` gespeichert. Anschließend wird mit `document.write()` das Wort *Hallo* mit einem Leerzeichen dahinter geschrieben. An die Zeichenkette angehängt wird die Variable `DeinName`. Dadurch steht hinterher beispielsweise *Hallo Susi* im Text, wenn in dem Dialogfenster *Susi* als Name angegeben wurde.

Es ist auch erlaubt, mehrere Zeichenketten oder Ausdrücke durch Kommata getrennt innerhalb von `document.write()` zu verwenden, zum Beispiel:

```
document.write("Sie benutzen ", document.layers ? "Netscape ab V4" :
   "nicht Netscape ab V4");
```

Dieses Beispiel enthält zunächst eine Zeichenkette und dann, durch ein Komma getrennt, einen komplexen Ausdruck, in dem ermittelt wird, ob der Anwender einen Browser benutzt, der das `layers`-Objekt kennt.

writeln( )

Wie `write()`, fügt jedoch am Ende automatisch ein Zeilenumbruchzeichen ein. Dadurch ist diese Methode vor allem zum Schreiben von Inhalten interessant, bei denen Zeilenumbrüche wichtig sind. Das Beispiel schreibt drei Zeilen als MIME-Typ `"text/plain"` (reine Textdatei). Am Ende jedes Befehls `document.writeln()` wird automatisch ein Zeilenumbruch eingefügt.

```
<html><head><title>Test</title>
</head><body>
<script language="JavaScript">
document.open("text/plain");
document.writeln("erste Zeile");
document.writeln("zweite Zeile");
document.writeln("dritte Zeile");
document.close();
</script>
</body></html>
```

13.5 all

Eigenschaften

className	(Style-Sheet-Klassenname eines Elements)
dataFld	(Datenfeld bei Datenanbindung)
dataFormatAs	(Datentyp bei Datenanbindung)
dataPageSize	(Anzahl Datensätze bei Datenanbindung)
dataSrc	(Datenquelle bei Datenanbindung)
id	(id-Name eines Elements)
innerHTML	(Inhalt eines Elements als HTML)
innerText	(Inhalt eines Elements als Text)
isTextEdit	(Editierbarkeit eines Elements)
lang	(Sprache eines Elements)
language	(Scriptsprache für ein Element)

length	(Anzahl Elemente)
offsetHeight	(Höhe eines Elements)
offsetLeft	(Linkswert der linken oberen Elementecke)
offsetParent	(Elternelement-Position)
offsetTop	(Obenwert der linken oberen Elementecke)
offsetWidth	(Breite eines Elements)
outerHTML	(Elementinhalt plus äußeres HTML)
outerText	(Elementinhalt plus äußeren Text)
parentElement	(Elternelement)
parentTextEdit	(Editierbarkeit des Elternelements)
recordNumber	(Datensatznummer bei Datenanbindung)
sourceIndex	(wievieltes Element)
tagName	(HTML-Tag des Elements)
title	(Titel des Elements)

Methoden

click( )	(Element anklicken)
contains( )	(Zeichenkette in Element enthalten)
getAttribute( )	(Attribut in einem Element ermitteln)
insertAdjacentHTML( )	(Element einfügen)
insertAdjacentText( )	(Text einfügen)
removeAttribute( )	(Attribut aus Element entfernen)
scrollIntoView( )	(zu Element scrollen)
setAttribute( )	(Attribut eines Elements einfügen)

Unterobjekte

style

all: Allgemeines zur Verwendung

Das Objekt `all`, das in der JavaScript-Objekthierarchie unterhalb des `document`-Objekts liegt, ist der Schlüssel zu Dynamischem HTML nach dem Ansatz von Microsoft. Mit Hilfe des `all`-Objekts haben Sie Script-Zugriff auf alle einzelnen Elemente und Inhalte einer HTML-Datei. Die meisten Eigenschaften können Sie lesen und ändern. Methoden des all-Objekts erlauben unter anderem das Einfügen oder Entfernen von HTML-Tags und von Angaben innerhalb eines HTML-Tags. Auf diese Weise ist der dynamische Zugriff auf alle Bestandteile einer Datei möglich.

Das `all`-Objekt gehört nicht zum offiziellen JavaScript-Sprachstandard. Es wurde von Microsoft für den Internet Explorer 4.0 implementiert. Das `all`-Objekt funktioniert zwar auch prima innerhalb von Scriptbereichen, die mit »JavaScript« ausgezeichnet sind, doch ist es bislang eigentlich nur Bestandteil von JScript, dem Microsoft-Derivat von JavaScript. Eine zusammenhängende Einführung in das Thema finden Sie in Kapitel 14, *Dynamischer Zugriff auf HTML-Elemente (Microsoft)*.

HTML-Elemente ansprechen

Das `all`-Objekt behandelt alle HTML-Tags, die in einer HTML-Datei notiert sind, als Kette von Elementen. Sie können jedes einzelne HTML-Tag in einer Datei ansprechen. Ein Beispiel:

```
<html>
<head>
<title>Test</title>
<script language="JavaScript">
function Aendern()
{
 document.all.tags("h1")[0].innerText = "Anderer Inhalt";
}
</script>
</head>
<body>
<h1>eine &Uuml;berschrift</h1>
<a href="javascript:Aendern()">Aendern</a>
</body></html>
```

Das Beispiel enthält eine Überschrift und einen Verweis. Beim Anklicken des Verweises wird die Funktion `Aendern()` aufgerufen. Diese Funktion ändert den Text der Überschrift dynamisch in `"Anderer Inhalt"`.

Um ein bestimmtes HTML-Tag anzusprechen, notieren Sie `document.all.tags`. Dahinter folgt, in runden Klammern und in Anführungszeichen, der Name des HTML-Tags, auf das Sie zugreifen möchten. Im Beispiel soll auf ein `<h1>`-Tag zugegriffen werden, also muß `("h1")` notiert werden. Damit haben Sie eine Art Zwischenobjekt, nämlich eine Kette aus allen `<h1>`-Elementen der Datei. Nun müssen Sie noch angeben, welches Sie meinen. Im Beispiel gibt es zwar nur eine `<h1>`-Überschrift, aber es könnte ja auch mehrere davon geben. Dazu notieren Sie in eckigen Klammern, das wievielte HTML-Tag vom angegebenen Typ Sie meinen. Beachten Sie, daß der Zähler bei 0 beginnt, d. h. das erste Element sprechen Sie mit `[0]` an, das zweite mit `[1]` usw. Beim Zählen gilt die Reihenfolge, in der die HTML-Tags des ausgewählten Typs in der Datei notiert sind.

Nachdem Sie ein bestimmtes, eindeutiges HTML-Tag angesprochen haben, können Sie dahinter eine der Eigenschaften oder Methoden des `all`-Objekts auf dieses HTML-Tag anwenden.

HTML-Elemente mit Namen ansprechen

Sie können jedes HTML-Element in einem Script auch mit einem Namen ansprechen. Voraussetzung ist, daß das HTML-Element einen Namen erhalten hat. Das Beispiel enthält einen Absatz und einen Verweis. Beim Anklicken des Verweises wird die Funktion `MachPzuH()` aufgerufen. Diese Funktion verwandelt den Absatz dynamisch in eine Überschrift 1. Ordnung.

Um ein HTML-Element mit seinem Namen anzusprechen, müssen Sie im einleitenden Tag des Elements das Attribut `id=` notieren und dahinter einen Namen vergeben. Im Beispiel ist das der Name `"MeinElement"`. Dann können Sie dieses Element mit `document.all.ElementName`, im Beispiel also mit `document.all.MeinElement`, ansprechen.

```
<html>
<head>
<title>Test</title>
<script language="JavaScript">
function MachPzuH()
{
 document.all.MeinElement.outerHTML = "<h1>" +
 document.all.MeinElement.innerText + "</h1>";
}
</script>
</head>
<body>
<p id="MeinElement">Ein Element mit Text</p>
<a href="javascript:MachPzuH()">Aendern</a>
</body></html>
```

JS 4.0 Lesen Ändern *className*

Speichert die Style-Sheet-Klasse, zu der ein Element gehört. Im Beispiel werden im Dateikopf mit Hilfe von CSS-Style-Sheets zwei Klassen für das HTML-Tag `<p>` definiert: eine Klasse `normal` und eine Klasse `spezial`. Im Dateikörper wird ein Absatz definiert, der zunächst die Klasse `normal` zugewiesen bekommt. In einem Script wird der Klassenname des Absatzes zunächst mit `document.write()` zur Kontrolle in die Datei geschrieben. Dann wird dem Absatz die andere definierte Klasse zugewiesen. Dabei übernimmt der Absatz auch dynamisch alle Style-Sheet-Eigenschaften der neuen Klasse. Anschließend wird der neue Klassenname zur Kontrolle auch noch in die Datei geschrieben.

```
<html><head><title>Test</title>
<style type="text/css">
p.normal { color:black }
p.spezial { color:red }
</style>
</head><body>
<p class="normal" id="derAbsatz">Text</p>
<script language="JavaScript">
 document.write("<br>Klasse davor: " +
   document.all.derAbsatz.className);
```

```
  document.all.derAbsatz.className = "spezial";
  document.write("<br>Klasse danach: " +
    document.all.derAbsatz.className);
</script>
</body></html>
```

dataFld

Speichert den Namen eines Datenfeldes, das zur Ausgabe eines Datensatzes gehört. Dies bezieht sich auf das Konzept der Datenanbindung. Zur Einführung in das Thema lesen Sie das Kapitel 14.3 über Datenanbindung (Microsoft). Ein Beispiel:

```
<tr>
<td><b>Vorname:</b></td>
<td><span id="Test" datafld="vorname">
</span><input type=button value="Test"
onClick="alert(document.all.Test.dataFld)">
</td>
</tr>
```

Das Beispiel stellt eine Tabellenzeile dar, in der ein Datenfeld ausgegeben wird – die übrigen Befehle zur Datenanbindung fehlen hier. Zu Testzwecken ist ein Button eingefügt, bei dessen Anklicken der Name des Datenfeldes mit `alert()` ausgegeben wird. Es ist der Feldname, der in der HTML-Angabe `datafld=` steht. Wenn Sie den Wert dynamisch ändern, können Sie in der gleichen Tabellenzelle beispielsweise ein anderes Feld ausgeben.

dataFormatAs

Speichert den Ausgabetyp eines Datenfeldes, das zur Ausgabe eines Datensatzes gehört. Dies bezieht sich auf das Konzept der Datenanbindung. Zur Einführung in das Thema lesen Sie das Kapitel 14.3 über Datenanbindung (Microsoft). Ein Beispiel:

```
<tr>
<td><b>Vorname:</b></td>
<td><span id="Test" datafld="vorname" dataformatas="HTML">
</span><input type=button value="Test"
onClick="alert(document.all.Test.dataFormatAs)">
</td>
</tr>
```

Das Beispiel stellt eine Tabellenzeile dar, in der ein Datenfeld ausgegeben wird – die übrigen Befehle zur Datenanbindung fehlen hier. Zu Testzwecken ist ein Button eingefügt, bei dessen Anklicken der Ausgabetyp des Datenfeldes mit `alert()` angezeigt wird. Da dieser im Ausgabebereich mit `"HTML"` festgelegt wurde, wird dieser Wert ausgegeben.

JS 4.0 Lesen Ändern

dataPageSize

Speichert, wie viele Datensätze gleichzeitig ausgegeben werden sollen. Dies bezieht sich auf das Konzept der Datenanbindung. Das Beispiel deutet eine Tabelle an, die zur Ausgabe von Daten aus einer Datenanbindung gedacht ist – die übrigen Befehle zur Datenanbindung fehlen hier. Da im einleitenden `<table>`-Tag die Angabe `datapagesize=1` steht, wird in der Tabelle immer nur ein Datensatz gleichzeitig ausgegeben. Zu Testzwecken ist ein Button eingefügt, bei dessen Anklicken sich der Wert auf 5 ändert. Danach werden immer fünf Datensätze gleichzeitig angezeigt.

```
<input type=button value="Test"
onClick="document.all.Anzeigetabelle.dataPageSize = 5">
<table id="Anzeigetabelle" datasrc="#Adressen" datapagesize=1>
...usw. Daten ...
</table>
```

JS 4.0 Lesen Ändern

dataSrc

Speichert den Verweis auf das `<object>`-Tag, in dem eine Datenanbindung definiert wird. Dies bezieht sich auf das Konzept der Datenanbindung. Das Beispiel deutet eine Tabelle an, die zur Ausgabe von Daten aus einer Datenanbindung gedacht ist – die übrigen Befehle zur Datenanbindung fehlen hier. Zu Testzwecken ist ein Button eingefügt, bei dessen Anklicken der Verweis auf die Datenquelle ausgegeben wird. Da dieser im Ausgabebereich mit `"#Adressen"` festgelegt wurde, wird dieser Wert ausgegeben. Durch Ändern dieser Objekteigenschaft können Sie dynamisch die Datenquelle wechseln. Voraussetzung ist, daß für den neuen Verweis auf die Datenquelle ein entsprechendes `<object>`-Tag für die Datenquelle definiert ist.

```
<input type=button value="Test"
onClick="alert(document.all.Anzeigetabelle.dataSrc)">
<table id="Anzeigetabelle" datasrc="#Adressen" datapagesize=1>
...usw. Daten ...
</table>
```

JS 4.0 Lesen

id

Speichert den Namen eines Elements. Im Beispiel wird ein Absatz definiert, der mit `id=` den Namen `"meinAbsatz"` zugewiesen bekommt. In einem Script wird der vergebene Name mit `document.write()` zur Kontrolle in die Datei geschrieben.

```
<html><head><title>Test</title>
</head><body>
<p id="meinAbsatz">Text</p>
<script language="JavaScript">
 document.write("<br>Name des Absatzes: " +
   document.all.meinAbsatz.id);
```

```
</script>
</body></html>
```

JS 4.0 Lesen Ändern

innerHTML

Speichert den Inhalt eines HTML-Elements. Wenn Sie beim dynamischen Ändern des gespeicherten Inhalts HTML-Tags notieren, werden diese bei der Aktualisierung des Elementinhalts interpretiert. Ein Beispiel:

```
<html><head><title>Test</title>
<script language="JavaScript">
var Neu = "neuer <b>fetter</b> Text";
function Aendern()
{ document.all.meinAbsatz.innerHTML = Neu; }
</script>
</head><body>
<p id="meinAbsatz">Text</p>
<a href="javascript:Aendern()">Anderer Text</a>
</body></html>
```

Das Beispiel enthält einen Textabsatz und einen Verweis. Beim Anklicken des Verweises wird die Funktion `Aendern()` aufgerufen. Diese Funktion weist dem Absatz mit der `id="meinAbsatz"` für die Eigenschaft `innerHTML` den Wert der zuvor definierten Variablen `Neu` zu. Der Inhalt des Absatzes ändert sich dann dynamisch und berücksichtigt dabei auch die HTML-Formatierung `<b>...</b>` beim neuen Inhalt des Elements.

Die Eigenschaft `innerHTML` sollten Sie nicht direkt beim Einlesen der HTML-Datei anwenden, sondern immer erst abhängig von Aktionen wie Verweisklicks oder Button-Klicks oder mit einem `setTimeout()` von einigen Sekunden davor. Bei Anwendung direkt beim Einlesen der Datei meldet der Internet Explorer Laufzeitfehler.

JS 4.0 Lesen Ändern

innerText

Speichert den Textinhalt eines HTML-Elements. Sie können den Inhalt dynamisch ändern. Das Beispiel enthält einen Textabsatz und einen Verweis. Beim Anklicken des Verweises wird die Funktion `Aendern()` aufgerufen. Diese Funktion weist dem Absatz mit der `id="meinAbsatz"` für die Eigenschaft `innerText` den Wert der zuvor definierten Variablen `Neu` zu. Der Inhalt des Absatzes ändert sich dann dynamisch.

Die Eigenschaft `innerText` sollten Sie nicht direkt beim Einlesen der HTML-Datei anwenden, sondern immer erst abhängig von Aktionen wie Verweisklicks oder Button-Klicks oder mit einem `setTimeout()` von einigen Sekunden davor. Bei Anwendung direkt beim Einlesen der Datei meldet der Internet Explorer Laufzeitfehler.

```
<html><head><title>Test</title>
<script language="JavaScript">
var Neu = "neuer Text";
```

```
function Aendern()
{ document.all.meinAbsatz.innerText = Neu; }
</script>
</head><body>
<p id="meinAbsatz">Text</p>
<a href="javascript:Aendern()">Anderer Text</a>
</body></html>
```

JS 4.0 Lesen *isTextEdit*

Speichert, ob ein Element editierbar ist oder nicht. Wenn editierbar, hat die Eigenschaft den Wert `true`, wenn nicht editierbar, hat sie den Wert `false`. Derzeit sind nur bestimmte Formularelemente editierbar. Ein Beispiel:

```
<html><head><title>Test</title>
<script language="JavaScript">
function Ausgabe()
{
 var Ausgabetext = "";
 for(i=0;i<document.Testform.length;++i)
  Ausgabetext = Ausgabetext + "<br>" +
    document.all.tags("input")[i].isTextEdit;
 document.all.Ausgabe.innerHTML = Ausgabetext;
}
</script>
</head><body>
<form name="Testform">
<input type=text size=30><br>
<input type=radio><br>
<input type=button value="Test" onClick="Ausgabe()">
</form>
<p id="Ausgabe"></p>
</body></html>
```

Das Beispiel definiert ein Formular mit einigen verschiedenen Elementen. Das letzte Element ist ein Button. Beim Anklicken des Buttons wird die Funktion `Ausgabe()` aufgerufen. Diese Funktion ermittelt in einer Schleife für jedes Element des Formulars, ob es editierbar ist oder nicht. Die Werte werden in einer Variablen `Ausgabetext` gesammelt und HTML-formatiert. Am Ende wird dem Textabsatz, der in der Datei am Ende definiert ist, mit der Eigenschaft `innerHTML` der gespeicherte Wert von `Ausgabetext` zugewiesen. Auf diese Weise steht hinterher in der Datei, welche der Formularfelder als editierbar gelten und welche nicht.

JS 4.0 Lesen Ändern *lang*

Speichert die Sprache eines HTML-Tags, wie sie im Attribut `lang=` definierbar ist. Im Beispiel wird ein Textabsatz definiert, dem mit `lang=` die Sprache Italienisch (`it`) zugewiesen wird. Unterhalb davon steht ein kleines JavaScript, das mit `alert()` den vergebenen Wert für die Sprache ausgibt.

```
<html><head><title>Test</title>
</head><body>
<p id="Absatz" lang="it">mi chiamo Stefan</p>
<script language="JavaScript">
 alert(document.all.Absatz.lang);
</script>
</body></html>
```

Lesen

language

Speichert, welche Sriptsprache in einem aktuellen Script verwendet wird. Das Beispiel gibt mit `alert()` aus, welche Scriptsprache für die Ausgabe bewirkt wird. Das ist derjenige Wert, der im <script>-Tag beim Attribut `language=` vergeben wurde. Da der Internet Explorer mehrere Scriptsprachen beherrscht, kann dieser Befehl in manchen Fällen für Gewißheit sorgen, etwa, wenn man ihn in eine `if`-Abfrage einbettet.

```
<html><head><title>Test</title>
<script id="DiesesScript" language="JScript">
 alert(document.all.DiesesScript.language);
</script>
</head><body>
</body></html>
```

Lesen

length

Speichert die Anzahl von HTML-Tags einer HTML-Datei. Tags, die aus einem einleitenden und einem abschließenden Tag bestehen, werden als ein Tag gezählt. Das Beispiel zeigt eine vollständige HTML-Datei mit Grundgerüst, zwei Textabsätzen und einem Script. Innerhalb des Scripts wird mit `alert()` ausgegeben, wie viele HTML-Tags die Datei enthält.

```
<html><head><title>Test</title>
</head><body>
<p>Ein Absatz</p>
<p>Noch ein Absatz</p>
<script language="JavaScript">
alert("Diese Datei hat " + document.all.length + " HTML-Tags");
</script>
</body></html>
```

Lesen

offsetHeight

Speichert die Höhe eines Elements. Das Beispiel gibt mit `alert()` die reale Höhe des <body>-Tags der Datei aus. Das Ergebnis ist die tatsächliche Anzeigehöhe des Fensters, in dem das Dokument angezeigt wird. Die Eigenschaft läßt sich aber ebensogut auf HTML-Elemente innerhalb der angezeigten Inhalte anwenden.

```
<html><head><title>Test</title>
</head><body id="DieseDatei">
<script language="JavaScript">
 alert(document.all.DieseDatei.offsetHeight);
</script>
</body></html>
```

JS 4.0 Lesen

offsetLeft

Speichert den Abstand eines Elements zum linken Fensterrand. Im Beispiel wird ein `<div>`-Tag mit einem `<p>`-Tag innerhalb davon definiert. Damit ein wenig innerer Abstand in die Sache kommt, wird beim `<div>`-Tag mit Hilfe einer Style-Sheet-Angabe ein Innenabstand definiert. Unterhalb dieser Befehle steht ein JavaScript-Script, das die Abstände der beiden Elemente zum linken Fensterrand mit `alert()` ausgibt.

```
<html><head><title>Test</title>
</head><body>
<div id="Bereich" style="padding:20px">
<p id="Absatz">Hier etwas Text</p>
</div>
<script language="JavaScript">
 alert(document.all.Bereich.offsetLeft);
 alert(document.all.Absatz.offsetLeft);
</script>
</body></html>
```

JS 4.0 Lesen

offsetParent

Speichert dasjenige Elternelement eines Elements, von dessen Positionierung die Positionierung des Elements abhängt. `offsetParent` ist dabei eine Art Zeiger auf das übergeordnete Element. Hinter der Eigenschaft lassen sich wiederum alle Eigenschaften und Methoden des `all`-Objekts notieren. Diese gelten dann für das Element, auf das der Zeiger zeigt. Ein Beispiel:

```
<html><head><title>Test</title>
</head><body>
<a href= "javascript:alert(document.all.Bereich.offsetParent.tagName)">
Test</a>
</body></html>
```

Das Beispiel enthält einen Verweis. Beim Anklicken des Verweises wird mit `alert()` der HTML-Tag-Name desjenigen Elternelements ausgegeben, zu dem das Element selbst relativ positioniert ist. Im Beispiel ist das `<body>`-Tag dieses Elternelement. So, wie im Beispiel die `all`-Objekteigenschaft `tagName` auf `offsetParent` angewendet wird, lassen sich auch alle anderen Eigenschaften und Methoden des `all`-Objekts auf das Element anwenden.

offsetTop

Speichert den Abstand eines Elements zum oberen Fensterrand. Im Beispiel wird ein `<div>`-Tag mit einem `<p>`-Tag innerhalb davon definiert. Damit ein wenig innerer Abstand in die Sache kommt, wird beim `<div>`-Tag mit Hilfe einer Style-Sheet-Angabe ein Innenabstand definiert. Unterhalb dieser Befehle steht ein JavaScript-Script, das mit `alert()` die Abstände der beiden Elemente zum oberen Fensterrand ausgibt.

```
<html><head><title>Test</title>
</head><body>
<div id="Bereich" style="padding:20px">
<p id="Absatz">Hier etwas Text</p>
</div>
<script language="JavaScript">
 alert(document.all.Bereich.offsetTop);
 alert(document.all.Absatz.offsetTop);
</script>
</body></html>
```

offsetWidth

Speichert die Breite eines Elements. Das Beispiel gibt mit `alert()` die reale Breite des `<body>`-Tags der Datei aus. Das Ergebnis ist die tatsächliche Anzeigebreite des Fensters, in dem das Dokument angezeigt wird. Die Eigenschaft läßt sich aber ebensogut auf HTML-Elemente innerhalb der angezeigten Inhalte anwenden.

```
<html><head><title>Test</title>
</head><body id="DieseDatei">
<script language="JavaScript">
 alert(document.all.DieseDatei.offsetWidth);
</script>
</body></html>
```

outerHTML

Speichert den Inhalt eines HTML-Tags plus das Anfangs- und End-Tag mit allen Angaben. Das Beispiel enthält einen Verweis, der beim Anklicken seinen eigenen vollständigen HTML-Befehl mit `alert()` ausgibt. Die Eigenschaft `outerHTML` sollten Sie nicht direkt beim Einlesen der HTML-Datei anwenden, sondern immer erst abhängig von Aktionen wie Verweisklicks oder Button-Klicks oder mit einem `setTimeout()` von einigen Sekunden davor. Bei Anwendung direkt beim Einlesen der Datei meldet der Internet Explorer Laufzeitfehler.

```
<html>
<head>
<title>Test</title>
</head>
<body>
<a "id=Verweis" href=
   "javascript:alert(this.Verweis.outerHTML)">Verweis</a>
</body></html>
```

JS 4.0 Lesen Ändern

outerText

Speichert den gleichen Wert wie `innerText`, kann jedoch beim Ändern umgebende HTML-Tags entfernen und durch Text ersetzen. Das Beispiel enthält einen Text mit einem als fett markierten Teil. Beim Anklicken des fetten Teils wird die Funktion `Test()` aufgerufen. Diese Funktion ersetzt den Wert von `outerText` des fetten Elements durch den Wert von `innerText` des gleichen Elements. Der Effekt ist, daß die Formatierung mit `<b>...</b>` verloren geht, weil `outerText` intern die umgebende HTML-Formatierung mitspeichert, `innerText` aber nicht.

Die Eigenschaft `outerText` sollten Sie nicht direkt beim Einlesen der HTML-Datei anwenden, sondern immer erst abhängig von Aktionen wie Verweisklicks oder Button-Klicks oder mit einem `setTimeout()` von einigen Sekunden davor. Bei Anwendung direkt beim Einlesen der Datei meldet der Internet Explorer Laufzeitfehler.

```
<html><head><title>Test</title>
<script language="JavaScript">
function Test()
{
 document.all.fett.outerText = document.all.fett.innerText;
}
</script>
</head><body>
<p>Text mit <b id="fett" onclick="Test()">fetter Schrift</b></p>
</body></html>
```

JS 4.0 Lesen

parentElement

Speichert das Elternelement eines Elements. `offsetElement` ist dabei eine Art Zeiger auf das übergeordnete Element. Hinter der Eigenschaft lassen sich wiederum alle Eigenschaften und Methoden des `all`-Objekts notieren. Diese gelten dann für das Element, auf das der Zeiger zeigt. Das Beispiel enthält einen Verweis. Beim Anklicken des Verweises wird mit `alert()` der `id`-Name des Elternelements ausgegeben. Im Beispiel ist das der Name `"Bereich"` des `<div>`-Tags. So, wie im Beispiel die `all`-Objekteigenschaft `id` auf `offsetElement` angewendet wird, lassen sich auch alle anderen Eigenschaften und Methoden des `all`-Objekts auf das Element anwenden.

```
<html><head><title>Test</title>
</head><body>
<div id="Bereich">
<a id="Test" href=
   "javascript:alert(document.all.Test.parentElement.id)">Elternteil</a>
</div>
</body></html>
```

JS 4.0 Lesen

parentTextEdit

Speichert das nächsthöhere Element in der Elementhierarchie, das Editieren von Text erlaubt. Das Beispiel enthält einen Verweis. Beim Anklicken des Verweises wird die Funktion `Test()` aufgerufen. Diese Funktion gibt mit `alert()` den Namen desjenigen HTML-Tags aus, das aus Sicht des Verweises das nächsthöhere Element darstellt, das Editieren von Text erlaubt. Im Beispiel ist dies das `<body>`-Tag. Der Inhalt dieses Tags ist zwar nicht editierbar, aber es ist dasjenige nächsthöhere Tag, unterhalb dessen editierbare Elemente wie Formular-Eingabefelder notiert werden können.

```
<html><head><title>Test</title>
<script language="JavaScript">
function Test()
{
 alert(document.all.Verweis.parentTextEdit.tagName);
}
</script>
</head><body>
<a id="Verweis" href="javascript:Test()">Editieren?</a>
</body></html>
```

JS 4.0 Lesen

recordNumber

Speichert, der wievielte Datensatz angezeigt wird. Dies bezieht sich auf das Konzept der Datenanbindung. Zur Einführung in das Thema lesen Sie das Kapitel 14.3 über Datenanbindung (Microsoft). Das Beispiel stellt eine Tabellenzeile dar, in der ein Datenfeld ausgegeben wird – die übrigen Befehle zur Datenanbindung fehlen hier. Zu Testzwecken ist ein Button eingefügt, bei dessen Anklicken die Datensatznummer des aktuell angezeigten Datensatzes ausgegeben wird.

```
<tr>
<td><b>Vorname:</b></td>
<td><span id="Test" datafld="vorname">
</span><input type=button value="Test"
onClick="alert(document.all.Test.recordNumber)">
```

```
</td>
</tr>
```

JS 4.0 Lesen

sourceIndex

Speichert, das wievielte HTML-Element ein Element innerhalb einer HTML-Datei ist. Das Beispiel enthält verschiedene Elemente, unter anderem einen Absatz mit dem id-Namen "Absatz". Außerdem enthält das Beispiel einen Verweis. Beim Anklicken des Verweises wird mit alert() ausgegeben, das wievielte Element der Absatz mit besagtem Namen innerhalb der HTML-Datei ist. Im Beispiel ist es das siebte Element, denn es werden alle einleitenden und alleinstehenden HTML-Tags der gesamten HTML-Datei gezählt.

```
<html><head><title>Test</title>
</head><body>
<p>Etwas Text mit<br>Zeilenumbruch</p>
<p id="Absatz">HTML-Element, aber das wievielte?</p>
<a href= "javascript:alert(document.all.Absatz.sourceIndex)">Test</a>
</body></html>
```

JS 4.0 Lesen

tagName

Speichert den HTML-Tagnamen eines Elements. Das Beispiel enthält einen Verweis. Beim Anklicken des Verweises wird mit alert() der HTML-Tagname desjenigen Elements ausgegeben, das den id-Namen "DieseDatei" hat. Im Beispiel ist es das <body>-Tag.

```
<html><head><title>Test</title>
</head><body id="DieseDatei">
<a href= "javascript:alert(document.all.DieseDatei.tagName)">Test</a>
</body></html>
```

JS 4.0 Lesen Ändern

title

Speichert den Wert, der im Attribut title= eines Elements vergeben wurde. Dieses Attribut ist beim Internet Explorer bei allen sichtbaren Elementen erlaubt und bewirkt beim Darüberfahren mit der Maus, daß eine Art Tooltip (Hilfetext-Popup) zu dem Element angezeigt wird. Das Beispiel enthält einen Textabsatz. Dieser Textabsatz erhält mit dem Attribut title= einen Tooltip-Text. Beim Darüberfahren mit der Maus erscheint der Tooltip als kleines Popup-Fenster. Beim Anklicken des Absatzes wird der gleiche Text mit alert() ausgegeben.

```
<html><head><title>Test</title>
</head><body>
<p id="Absatz" title="Hilfe zum Text"
```

```
   onClick="alert(document.all.Absatz.title)">Text</p>
</body></html>
```

JS 4.0 *click( )*

Bewirkt, daß ein Element so angeklickt wird, als klicke der Anwender mit der Maus auf das Element. Erwartet keine Parameter. Das Beispiel enthält zwei Verweise. Beim Klicken auf den ersten Verweis wird mit `alert()` die Meldung *»Verweis 1 geklickt«* ausgegeben. Beim Klicken auf den zweiten Verweis wird die Methode `click()` auf den ersten Verweis angewendet. Dadurch wird dieser Script-gesteuert angeklickt, und es wird trotz Klickens auf den zweiten Verweis die Meldung *»Verweis 1 geklickt«* ausgegeben.

```
<html><head><title>Test</title>
</head><body>
<script language="JavaScript">
<a id="V1" href="javascript:alert('Verweis 1 geklickt')">
Verweis 1
</a><br>
<a href="javascript:document.all.V1.click()">Verweis 2</a><br>
</script>
</body></html>
```

JS 4.0 *contains( )*

Ermittelt, ob ein Element ein bestimmtes anderes Element enthält. Erwartet als Parameter den `id`-Namen des gesuchten inneren Elements. Das Beispiel enthält einen Verweis. Beim Anklicken des Verweises wird die Funktion `Test()` aufgerufen. Diese Funktion überprüft, ob das `<body>`-Tag, das den `id`-Namen `dieseDatei` hat, ein Element enthält, das den `id`-Namen `Absatz` hat. Wenn ja, wird der innere Text dieses Elements mit `alert()` ausgegeben.

```
<html><head><title>Test</title>
<script language="JavaScript">
function Test()
{
 if(document.all.dieseDatei.contains(Absatz))
  alert(document.all.Absatz.innerText);
}
</script>
</head><body id="dieseDatei">
<p id="Absatz">Ein Text</p>
<a href="javascript:Test()">Test</a>
</body></html>
```

getAttribute( )

Ermittelt, ob ein Element in sinem HTML-Tag ein bestimmtes Attribut enthält oder nicht. Gibt den Wert zurück, den das Attribut hat, falls das Attribut gefunden wird, ansonsten die leere Zeichenkette `""`. Erwartet folgende Parameter:

- Attribut: der Name des gesuchten Attributs im HTML-Tag.
- Groß-/Kleinschreibung: `true` übergeben, wenn bei dem Attribut Groß-/Kleinschreibung unterschieden werden soll, oder `false`, wenn es egal ist, wie das Attribut geschrieben ist.

Das Beispiel enthält einen zentriert ausgerichteten Absatz mit dem `id`-Namen `Absatz` und einen Verweis. Beim Anklicken des Verweises wird die Funktion `Test()` aufgerufen. Diese Funktion ermittelt mit `getAttribute()`, ob das Element mit dem Namen `Absatz` ein Attribut `align` enthält. Außerdem wird abgefragt, ob der Wert dieser Angabe gleich `center` ist. Da dies im Beispiel der Fall ist, wird die abhängige Anweisung ausgeführt. Darin wird das Attribut `align=` mit Hilfe von `setAttribute()` dynamisch geändert, sodaß der Absatz hinterher rechtsbündig ausgerichtet ist.

```
<html><head><title>Test</title>
<script language="JavaScript">
function Test()
{
 if(document.all.Absatz.getAttribute("align","false") ==
   "center")
   document.all.Absatz.setAttribute("align","right","false");
}
</script>
</head><body">
<p id="Absatz" align=center>Ein Text</p>
<a href="javascript:Test()">Test</a>
</body></html>
```

insertAdjacentHTML( )

Fügt zusätzlichen HTML-Code vor oder oder nach einem Element ein. Erwartet folgende Parameter:

- Position: Angabe, wo genau der HTML-Code hinzugefügt werden soll. Übergeben Sie `BeforeBegin`, wenn der Code vor dem einleitenden HTML-Tag des Elements eingefügt werden soll, `AfterBegin`, wenn der Code nach dem einleitenden Tag vor dem Inhalt eingefügt werden soll, `BeforeEnd`, wenn der Code am Ende des Inhalts vor dem abschließenden Tag eingefügt werden soll, oder `AfterEnd`, wenn der Code hinter dem abschließenden HTML-Tag eingefügt werden soll.
- Code: der HTML-Code, der eingefügt werden soll.

Das Beispiel enthält drei Absätze und einen Verweis. Bei jedem Klick auf den Verweis wird der jeweils nächste Absatz dynamisch durchnumeriert. Dazu wird beim Klick auf den Verweis die Funktion `Numerieren()` aufgerufen. Diese Funktion verwaltet die beiden global definierten Variablen `i` (Zähler für die Numerierung) und `Numerierung` (HTML-formatierte Zeichenkette, die die Numerierung hinzufügt). Solange der Zähler für die Numerierung kleiner ist als die Anzahl der verfügbaren Absätze, wird im jeweils nächsten Absatz mit `insertAdjacentHTML()` hinter dem einleitenden `<p>`-Tag dynamisch der aktuelle Wert der Variablen `Numerierung` eingefügt.

```
<html><head><title>Test</title>
<script language="JavaScript">
var i = 0;
var Numerierung = "";
function Numerieren()
{
  Numerierung = "<b>" + (i+1) + ".</b> ";
  if(i < document.all.tags("p").length)
   document.all.tags("p") [i].insertAdjacentHTML("AfterBegin",
     Numerierung);
  i = i + 1;
}
</script>
</head><body>
<p>Ein Absatz</p>
<p>Ein anderer Absatz</p>
<p>Noch ein Absatz</p>
<a href="javascript:Numerieren()">Numerieren</a>
</body></html>
```

insertAdjacentText( )

Fügt zusätzlichen Text vor oder oder nach einem Element ein. Erwartet folgende Parameter:

- Position: Angabe, wo genau der Text hinzugefügt werden soll. Übergeben Sie `BeforeBegin`, wenn der Text vor dem einleitenden HTML-Tag des Elements eingefügt werden soll, `AfterBegin`, wenn der Text nach dem einleitenden Tag vor dem Inhalt eingefügt werden soll, `BeforeEnd`, wenn der Text am Ende des Inhalts vor dem abschließenden Tag eingefügt werden soll, oder `AfterEnd`, wenn der Text hinter dem abschließenden HTML-Tag eingefügt werden soll.

- Text: der Text, der eingefügt werden soll.

Das Beispiel enthält einen Absatz mit dem `id`-Namen `DynText`, der nur das Wort *»HTML«* enthält. Beim Anklicken des Verweises unterhalb wird die Funktion `Ergaenzen()` aufgerufen. Diese Funktion fügt vor dem abschließenden Tag den Text *»wird dynamisch«* ein.

```
<html><head><title>Test</title>
<script language="JavaScript">
function Ergaenzen()
{
 document.all.DynText.insertAdjacentText("BeforeEnd",
    " wird dynamisch!");
}
</script>
</head><body>
<p id="DynText">HTML</p>
<a href="javascript:Ergaenzen()">Ergaenzen</a>
</body></html>
```

removeAttribute( )

Entfernt ein bestimmtes Attribut aus einem bestimmten HTML-Tag. Erwartet folgende Parameter:

- Attribut: der Name des gesuchte Attributs im HTML-Tag.
- Groß-/Kleinschreibung: `true` übergeben, wenn bei dem Attribut Groß-/Kleinschreibung unterschieden werden soll, oder `false`, wenn es egal ist, wie das Attribut geschrieben ist.

Das Beispiel enthält einen zentriert ausgerichteten Absatz mit dem `id`-Namen `Absatz` und einen Verweis. Beim Anklicken des Verweises wird die Funktion `Test()` aufgerufen. Diese Funktion entfernt aus dem Absatz das Attribut `align`, sodaß der Absatz hinterher linksbündig ausgerichtet ist, weil das die Normaleinstellung für das `<p>`-Tag ist.

```
<html><head><title>Test</title>
<script language="JavaScript">
function Test()
{
document.all.Absatz.removeAttribute("align","false");
}
</script>
</head><body">
<p id="Absatz" align=center>Ein Text</p>
<a href="javascript:Test()">Test</a>
</body></html>
```

scrollIntoView( )

Positioniert den Inhalt im Anzeigefenster des Browsers so, daß ein bestimmtes Element angezeigt wird. Erwartet einen Parameter. Übergeben Sie `true`, wenn der Inhalt so positioniert werden soll, daß das Element oben im Anzeigefenster erscheint, oder `false`, wenn das Element unten im Anzeigefenster plaziert sein soll. Ein Beispiel:

```
<html><head><title>Test</title>
<script language="JavaScript">
function Test()
{
document.all.Absatz.scrollIntoView("true");
}
</script>
</head><body>
<script language="JavaScript">
<p id="Absatz">Ein Text</p>
for(i=1;i<100;++i)
 document.write("<br>Zeile " + i);
</script>
<p><a href="javascript:Test()">Test</a></p>
</body></html>
```

Das Beispiel enthält einen Textabsatz mit dem `id`-Namen `Absatz`. Dann schreibt das Beispiel in einem Script-Bereich mit der `write()`-Methode 100 Zeilen in die Datei, damit die Datei zu Testzwecken schön lang ist. Unterhalb davon ist dann ein Verweis notiert. Beim Anklicken des Verweises wird die Funktion `Test()` aufgerufen. Diese Funktion positioniert den Inhalt des Anzeigefensters neu, und zwar so, daß der Textabsatz `Absatz` am oberen Fensterrand angezeigt wird.

JS 4.0 *setAttribute( )*

Fügt einem bestimmten HTML-Tag ein bestimmtes Attribut hinzu. Erwartet folgende Parameter:

- Attribut: der Name des gewünschten Attributs.
- Wert: die gewünschte Wertzuweisung für die Zusatzangabe.
- Groß-/Kleinschreibung: `true` übergeben, wenn bei dem Attribut Groß-/Kleinschreibung unterschieden werden soll, oder `false`, wenn es egal ist, wie das Attribut geschrieben wird.

Das Beispiel enthält einen zentriert ausgerichteten Absatz mit dem `id`-Namen `Absatz` und einen Verweis. Beim Anklicken des Verweises wird die Funktion `Test()` aufgerufen. Diese Funktion fügt dem Absatz das Attribut `align` hinzu, und zwar mit der Wertzuweisung `center`. Dadurch wird der Absatz hinterher zentriert ausgerichtet.

```
<html><head><title>Test</title>
<script language="JavaScript">
function Test()
{
document.all.Absatz.setAttribute("align","center","false");
}
</script>
</head><body">
```

```
<p id="Absatz">Ein Text</p>
<a href="javascript:Test()">Test</a>
</body></html>
```

13.6 style

Methoden

getAttribute( ) (Style-Sheet-Angabe ermitteln)
removeAttribute( ) (Style-Sheet-Angabe entfernen)
setAttribute( ) (Style-Sheet-Angabe einfügen)

style: Allgemeines zur Verwendung

Mit dem Objekt `style`, das in der JavaScript-Objekthierarchie unterhalb des `all`-Objekts liegt, haben Sie Zugriff auf Style-Sheet-Angaben, die für ein HTML-Element definiert sind. Sie können alle Style-Sheet-Angaben auslesen und dynamisch ändern. So können Sie HTML-Elemente mit Hilfe von Scripts nach Belieben umformatieren.

Der Zugriff auf HTML-Elemente erfolgt dabei genauso wie beim `all`-Objekt – lesen Sie dazu beim `all`-Objekt vor allem die Passagen *HTML-Elemente ansprechen* und *HTML-Elemente mit Namen ansprechen.* Beim `style`-Objekt wird lediglich zusätzlich `style` notiert und dahinter die gewünschte Style-Sheet-Angabe. Ein Beispiel:

```
<html><head><title>Test</title>
<script language="JavaScript">
function MachGelb()
{
 document.all.DynText.style.backgroundColor = "yellow";
 document.all.DynText.style.fontSize = "24pt";
 document.all.DynText.style.padding = "5mm";
}
</script>
</head><body>
<p id="DynText">Das ist der Text</p>
<a href="javascript:MachGelb()">gelb</a>
</body></html>
```

Das Beispiel enthält einen Textabsatz mit dem `id`-Namen `DynText`. Beim Anklicken des Verweises unterhalb wird die Funktion `MachGelb()` aufgerufen. Diese Funktion weist dem Textabsatz verschiedende Style-Sheet-Angaben zu, zum Beispiel die Angabe für die Hintergrundfarbe (`backgroundColor`) und dabei den Wert für gelb (`yellow`). Der Textabsatz erhält dadurch beim Anklicken des Verweises dynamisch eine Gelbe Hintergrundfarbe und die übrigen Atribute. Es ist egal, ob das betroffene HTML-Element vorher bereits Style-Sheet-Angaben enthält oder nicht. Im Beispiel enthält es keine.

Nach dem gleichen Schema können Sie alle CSS-Style-Sheet-Angaben behandeln, die der Internet Explorer kennt. Die Tabelle 13.2 zu den Style-Sheet-Eigenschaften listet diese Style-Sheet-Angaben auf. Beachten Sie dabei die Hinweise zur besonderen Schreibweise der Style-Sheet-Angaben in JavaScript.

Beachten Sie: Eine wichtige Regel müssen Sie kennen. Wenn in einem Script eine CSS-Style-Sheet-Angabe ausgelesen oder verändert werden soll, entfällt der Bindestrich, und der erste Buchstabe des Wortes hinter dem Bindestrich wird großgeschrieben. Die CSS-Style-Sheet-Angabe `background-color` wird innerhalb eines JavaScripts also zu `backgroundColor`.

Style-Sheet-Eigenschaften

Die folgende Tabelle listet Style-Sheet-Eigenschaften auf, die der Internet Explorer 4.0 kennt. Die Tabelle enthält links die Style-Sheet-Angabe, wie Sie sie in JavaScript im Zusammenhang mit dem Style-Objekt notieren müssen. In der rechten Spalte steht eine Kurzbeschreibung, was die Angabe bewirkt.

JavaScript-Angabe	*Kurzbeschreibung*
`background`	Hintergrundbild
`backgroundAttachment`	Wasserzeichen-Effekt
`backgroundColor`	Hintergrundfarbe
`backgroundImage`	Hintergrundbild
`backgroundPosition`	Position des Hintergrundbilds
`backgroundRepeat`	Wallpaper-Effekt
`border`	Rahmen
`borderBottom`	Rahmen unten
`borderBottomColor`	Rahmenfarbe unten
`borderBottomStyle`	Rahmenart unten
`borderBottomWidth`	Rahmendicke unten
`borderColor`	Rahmenfarbe unten
`borderLeft`	Rahmen links
`borderLeftColor`	Rahmenfarbe links
`borderLeftStyle`	Rahmenart links
`borderLeftWidth`	Rahmendicke links
`borderRight`	Rahmen rechts
`borderRightColor`	Rahmenfarbe rechts
`borderRightStyle`	Rahmenart rechts
`borderRightWidth`	Rahmendicke rechts
`borderStyle`	Rahmenart
`borderTop`	Rahmen oben
`borderTopColor`	Rahmenfarbe oben
`borderTopStyle`	Rahmenart oben
`borderTopWidth`	Rahmendicke oben
`borderWidth`	Rahmendicke
`clear`	Fortsetzung bei Textumfluß
`clip`	Anzeigebereich eingrenzen

JavaScript-Angabe	*Kurzbeschreibung*
`color`	Textfarbe
`cursor`	Mauscursor
`display`	Sichtbarkeit (ohne Platzhalter)
`font`	Schrift
`fontFamily`	Schriftart
`fontSize`	Schriftgröße
`fontStyle`	Schriftstil
`fontVariant`	Schriftvariante
`fontWeight`	Schriftgewicht
`height`	Höhe eines Elements
`left`	Position von links
`letterSpacing`	Zeichenabstand
`lineHeight`	Zeilenhöhe
`listStyle`	Listendarstellung
`listStyleImage`	Grafik für Aufzählungslisten
`listStylePosition`	Listeneinrückung
`listStyleType`	Darstellungstyp der Liste
`margin`	Abstand/Rand
`marginBottom`	Abstand/Rand unten
`marginLeft`	Abstand/Rand links
`marginRight`	Abstand/Rand rechts
`marginTop`	Abstand/Rand oben
`overflow`	übergroßer Inhalt
`padding`	Innenabstand
`paddingBottom`	Innenabstand unten
`paddingLeft`	Innenabstand links
`paddingRight`	Innenabstand rechts
`paddingTop`	Innenabstand oben
`pageBreakAfter`	Seitenumbruch danach
`pageBreakBefore`	Seitenumbruch davor
`position`	Positionsart
`textAlign`	Ausrichtung
`textDecoration`	Textdekoration
`textIndent`	Texteinrückung
`textTransform`	Texttransformation
`top`	Position von oben
`verticalAlign`	vertikale Ausrichtung
`visibility`	Sichtbarkeit (mit Platzhalter)
`width`	Breite eines Elements
`zIndex`	Schichtposition bei Überlappung

Tab. 13.2: Style-Sheet-Angabe des Internet Explorer 4.0

JS 4.0 *getAttribute( )*

Ermittelt, ob ein HTML-Element eine bestimmte Style-Sheet-Angabe enthält bzw. welchen Wert. Gibt den Wert zurück, den die Style-Sheet-Angabe hat, falls sie gefunden wird, ansonsten die leere Zeichenkette `""`. Erwartet folgende Parameter:

- Style-Angabe: die gesuchte Style-Sheet-Angabe.
- Groß-/Kleinschreibung: `true` übergeben, wenn bei der Style-Angabe Groß-/Kleinschreibung unterschieden werden soll, oder `false`, wenn es egal ist, wie die Style-Angabe geschrieben ist.

Das Beispiel enthält einen Absatz mit dem `id`-Namen `Absatz` und einen Verweis. Beim Anklicken des Verweises wird die Funktion `Test()` aufgerufen. Diese Funktion ermittelt mit `getAttribute()`, ob das Element mit dem Namen `Absatz` eine Style-Sheet-Angabe `font-size` (CSS-Syntax) bzw. `fontSize` (JavaScript-Syntax) enthält. Da dies der Fall ist, wird der zugewiesene Wert (`18pt`) ermittelt. Dieser Wert wird in einem Meldungsfenster ausgegeben.

```
<html><head><title>Test</title>
<script language="JavaScript">
function Test()
{
  x = document.all.Absatz.style.getAttribute("fontSize","false");
  alert(x);
}
</script>
</head><body">
<p id="Absatz" style="font-size:18pt">Ein Text</p>
<a href="javascript:Test()">Test</a>
</body></html>
```

JS 4.0 *removeAttribute( )*

Entfernt ein bestimmtes Attribut aus Style-Sheet-Angaben. Erwartet folgende Parameter:

- Attribut: die gewünschte Style-Sheet-Angabe im HTML-Tag.
- Groß-/Kleinschreibung: `true` übergeben, wenn bei der Style-Sheet-Angabe Groß-/Kleinschreibung unterschieden werden soll, oder `false`, wenn es egal ist, wie die Style-Sheet-Angabe geschrieben ist.

Das Beispiel enthält einen Absatz mit dem `id`-Namen `Absatz` und einen Verweis. Beim Anklicken des Verweises wird die Funktion `Test()` aufgerufen. Diese Funktion entfernt aus dem Absatz die Style-Sheet-Angabe `color`, sodaß der Absatz hinterher die rote Farbe verliert und die Standardfarbe für Text erhält.

```
<html><head><title>Test</title>
<script language="JavaScript">
function Test()
{
 document.all.Absatz.style.removeAttribute("color","false");
}
</script>
</head><body">
```

```
<p id="Absatz" style="color:red">Ein Text</p>
<a href="javascript:Test()">Test</a>
</body></html>
```

setAttribute( )

Fügt einem bestimmten HTML-Tag eine bestimmte Style-Sheet-Angabe hinzu. Erwartet folgende Parameter:

- Style-Angabe: die gewünschte Style-Sheet-Angabe.
- Wert: die gewünschte Wertzuweisung für die Style-Sheet-Angabe.
- Groß-/Kleinschreibung: `true` übergeben, wenn bei der Style-Sheet-Angabe Groß-/Kleinschreibung unterschieden werden soll, oder `false`, wenn es egal ist, wie die Style-Sheet-Angabe geschrieben wird.

Das Beispiel enthält einen Absatz mit dem `id`-Namen `Absatz` und einen Verweis. Beim Anklicken des Verweises wird die Funktion `Test()` aufgerufen. Diese Funktion fügt in dem Absatz die Style-Sheet-Angabe `border` hinzu, und zwar mit der Wertzuweisung `thin solid red`. Dadurch erhält der Absatz einen dünnen roten Rahmen.

```
<html><head><title>Test</title>
<script language="JavaScript">
function Test()
{
document.all.Absatz.style.setAttribute("border",
   "thin solid red","false");
}
</script>
</head><body">
<p id="Absatz">Ein Text</p>
<a href="javascript:Test()">Test</a>
</body></html>
```

13.7 anchors

Eigenschaften

length (Anzahl von Verweisanker)

anchors: Allgemeines zur Verwendung

Mit dem Objekt `anchors`, das in der JavaScript-Objekthierarchie unterhalb des `document`-Objekts liegt, haben Sie Zugriff auf Verweisanker, die in einer HTML-Datei definiert sind. Ein Verweisanker in HTML ist beispielsweise: `<a name="top">Hier` beginnt die Seite</a>. Bislang ist es jedoch lediglich möglich, die Anzahl der Verweisanker in einer Datei auszulesen. Andere Eigenschaften oder Methoden sind nicht realisiert.

JavaScript 1.0 | N 2.0 | 3.0 | Lesen — *length*

Speichert, wie viele Verweisanker eine HTML-Datei enthält. Mit document.anchors.length können Sie die Anzahl der Verweisanker in einer HTML-Datei ermitteln. Das Beispiel enthält zunächst HTML-Text mit einigen Ankern und schreibt am Ende mit document.write() dazu, wie viele Anker in der Datei gefunden wurden.

```
<html><head><title>Test</title>
</head><body>
<h1><a name="oben">Anfang</a></h1>
Am Anfang war, naja, seien wir ehrlich, wir wissen es nicht.
<h2><a name="mitte">Weisheit</a></h2>
Wem das Wasser bis zum Halse steht, der darf den Kopf nicht haengen
   lassen.
<h2><a name="unten">Ende</a></h2>
<script language="JavaScript">
 document.write("Gefunden wurden " + document.anchors.length
   + " Anker")
</script>
</body></html>
```

13.8 applets

Eigenschaften

length (Anzahl von Java-Applets)

applets: Allgemeines zur Verwendung

Mit dem Objekt applets, das in der JavaScript-Objekthierarchie unterhalb des document-Objekts liegt, haben Sie Zugriff auf Java-Applets, die in einer HTML-Datei definiert sind. Die einzige gewöhnliche JavaScript-Objekteigenschaft des applets-Objekts ist die Anzahl der Java-Applets in einer Datei.

Über das applets-Objekts haben Sie jedoch auch Zugriff auf Code in Java-Applets. Dazu müssen Sie das gewünschte Java-Applet ansprechen. Es stehen drei Arten zur Verfügung, mit JavaScript ein bestimmtes Java-Applet anzusprechen:

Schema 1:

```
document.applets[#].Code();
```

Schema 2:

```
document.applets["AppletName"].Code();
```

Schema 3:

```
document.AppletName.Code();
```

Java-Applets können Sie auf drei Arten ansprechen:

- Mit einer Indexnummer (wie in Schema 1): Bei Verwendung von Indexnummern geben Sie `document.applets` an und dahinter in eckigen Klammern, das wievielte Java-Applet in der Datei Sie meinen. Beachten Sie, daß der Zähler bei 0 beginnt, d. h. das erste Java-Applet sprechen Sie mit `applets[0]` an, das zweite Java-Applet mit `applets[1]` usw. Beim Zählen gilt die Reihenfolge, in der die <applet>-Befehle in der Datei notiert sind.
- Mit Namen des Java-Applets als Indexnamen (wie in Schema 2): Dabei notieren Sie wie beim Ansprechen mit Indexnummer hinter `document.applets` eckige Klammern. Innerhalb der eckigen Klammern notieren Sie in Anführungszeichen den Namen, den Sie bei der Definition des Java-Applets im einleitenden <applet>-Tag im Attribut `name=` angegeben haben.
- Mit dem Namen des Java-Applets direkt (wie in Schema 3): Dabei geben Sie mit `document.AppletName` den Namen an, den Sie bei der Definition des Java-Applets im einleitenden <applet>-Tag im Attribut `name=` angegeben haben.

java script 1.2 N 4.0 Zugriff auf Code in Java-Applets

Sie können direkt auf den Code eines laufenden Java-Applets zugreifen. Dazu müssen Sie jedoch den Quellcode des Java-Applets kennen – Dateien **.java* vor dem Kompilieren mit dem Java-Compiler.

Das folgende Beispiel zeigt das Prinzip. Nähere Informationen zur Vorgehensweise und zum Konzept des »lebendigen Drahts« (LiveWire) zwischen JavaScript und Java finden Sie im JavaScript Guide (*developer.netscape.com/library/documentation/communicator/jsguide4/index.htm*) auf den Entwicklerseiten von Netscape (*developer.netscape.com*).

Beispiel Teil 1 (Quellcode eines Java-Applets):

```
import java.awt.Graphics;
public class HelloWorld extends Applet
{
 String myString;
 public void init()
 {
  myString = new String("Das ist mein Hallo-Text");
 }
 public void paint(Graphics g)
```

```
  {
   g.drawString(myString, 25, 20);
  }
  public void setString(String aString)
  {
   myString = aString;
   repaint();
  }
}
```

Beispiel Teil 2 (HTML-Datei mit Java-Applet und JavaScript-Zugriff):

```
<html><head><title>Test</title>
</head><body>
<applet code="hallo.class" name="Hallo" width=150 height=25>
</applet><br>
<script language="JavaScript">
<form name="Eingabe">
<input name="Text">
<input type=button value="Test"
onclick="document.Hallo.setString(document.Eingabe.Text.value)">
</form>
</script>
</body></html>
```

Im ersten Teil des Beispiels finden Sie den Quellcode eines Java-Applets, das einen Text am Bildschirm ausgibt. Auf den Quellcode wird hier nicht näher eingegangen. Achten Sie lediglich auf die letzte Methode, die in dem Quelltext definiert wird:

```
public void setString(String aString)
```

Damit wird der definierte Text letztendlich am Bildschirm ausgegeben. Im zweiten Teil des Beispiels wird angenommen, daß der Quellcode aus dem ersten Teil des Beispiels mit dem Java-Compiler zu einem Java-Applet mit dem Namen `hallo.class` compiliert wurde. Dieses Java-Applet wird in der HTML-Datei mit dem `<applet>`-Tag eingebunden. Dabei erhält das Applet mit `name=` den Namen `"Hallo"`.

Unterhalb davon wird ein Formular mit einem Eingabefeld und einem Button definiert. In dem Eingabefeld läßt sich ein Text eingeben. Beim Klick auf den Button wird der eingegebene Text an das Java-Applet »gesandt«, und zwar so, daß der Text, den das Applet anzeigt, durch den eingegebenen Text ersetzt wird.

Dazu wird das Applet mit `document.Hallo` angesprochen. Dahinter wird keine Java-Script-Methode notiert, sondern direkt eine Methode aus dem Quellcode des Java-Applets, nämlich sie Methode `setString()`. Diese Methode erwartet als Parameter eine Zeichenkette – siehe Quellcode des Java-Applets. Das JavaScript übergibt als Zeichenkette den Wert aus dem Eingabefeld des Formulars.

Der Umgang mit Formularen in JavaScript wird beim `forms`-Objekt und seinen Unterobjekten in Kapitel 13.9 näher beschrieben.

javascript 1.0 N 2.0 3.0 Lesen

length

Speichert, wie viele Java-Applets eine HTML-Datei enthält. Mit `document.applets.length` können Sie die Anzahl der Java-Applets in einer HTML-Datei ermitteln. Das Beispiel enthält zunächst HTML-Text mit einem Java-Applet und schreibt am Ende mit `document.write()` dazu, wie viele Applets in der Datei gefunden wurden.

```
<html><head><title>Test</title>
</head><body>
<applet code="hallo.class" name="Hallo" width=150 height=25>
</applet>
<script language="JavaScript">
 document.write("Gefunden wurden " + document.applets.length
   + " Java-Applets")
</script>
</body></html>
```

13.9 forms

Eigenschaften

action	(Empfängeradresse beim Absenden)
encoding	(Kodierungstyp)
length	(Anzahl von Formularen in Datei)
method	(Übertragungsmethode)
name	(Formularname)
target	(Zielfenster für CGI-Antworten)

Methoden

handleEvent( )	(Ereignis verarbeiten)
reset( )	(Formulareingaben löschen)
submit( )	(Formular abschicken)

Unterobjekte

elements

forms: Allgemeines zur Verwendung

Mit dem Objekt `forms`, das in der JavaScript-Objekthierarchie unterhalb des `document`-Objekts liegt, haben Sie Zugriff auf Formulare, die in einer HTML-Datei definiert sind.

Es stehen folgende Arten zur Verfügung, mit JavaScript ein bestimmtes Formular anzusprechen:

Beispiel 1:

```
document.forms[#].Eigenschaft
document.forms[#].Methode()

Ziel = document.forms[0].action;
document.forms[0].reset();
```

Beispiel 2:

```
document.forms["FormularName"].Eigenschaft
document.forms["FormularName"].Methode

Ziel = document.forms["Testformular"].action;
document.forms["Testformular"].reset();
```

Beispiel 3:

```
document.FormularName.Eigenschaft
document.FormularName.Methode()

Ziel = document.Testformular.action;
document.Testformular.reset();
```

Formulare können Sie auf drei Arten ansprechen:

- Mit einer Indexnummer (wie in Beispiel 1): Bei Verwendung von Indexnummern geben Sie `document.forms` an und dahinter in eckigen Klammern, das wievielte Formular in der Datei Sie meinen. Beachten Sie, daß der Zähler bei 0 beginnt, d. h. das erste Formular sprechen Sie mit `forms[0]` an, das zweite Formular mit `forms[1]` usw. Beim Zählen gilt die Reihenfolge, in der die `<form>`-Tags in der Datei notiert sind.

- Mit Namen des Formulars als Indexnamen (wie in Beispiel 2): Dabei notieren Sie wie beim Ansprechen mit Indexnummer hinter `document.forms` eckige Klammern. Innerhalb der eckigen Klammern notieren Sie in Anführungszeichen den Namen, den Sie bei der Definition des Formulars im einleitenden `<form>`-Tag im Attribut `name=` angegeben haben.

- Mit dem Namen des Formulars direkt (wie in Beispiel 3): Dabei geben Sie mit `document.FormularName` den Namen an, den Sie bei der Definition des Formulars im einleitenden `<form>`-Tag im Attribut `name=` angegeben haben.

Die Eigenschaften und Methoden des `forms`-Objekts betreffen nur Bestandteile des gesamten Formulars, etwa die Kodiermethode. Um auf einzelne Eingabefelder, Buttons usw. zuzugreifen, steht das `elements`-Objekt mit seinen Unterobjekten zur Verfügung.

JavaScript 1.0 | N 2.0 | 3.0 | Lesen Ändern

action

Speichert den Wert, der bei der Definition des Formulars im Attribut `action=` steht, also etwa eine `mailto`-Angabe oder ein Server-Programm, das die Formulardaten verarbeitet. Ein Beispiel:

```
<html><head><title>Test</title>
<script language="JavaScript">
function Bestaetigung()
{
 x = window.confirm("Dieses Formular geht an " +
    document.Testform.action);
 return x;
}
</script>
</head><body>
<form name="Testform" action="mailto:duselbst@deine.com"
   onSubmit="return Bestaetigung()">
<input type=text size=40 name="Eingabe">
<input type=submit value="Absenden">
</form>
</body></html>
```

Das Beispiel enthält ein Formular. Wenn der Anwender das Formular durch Anklicken das Buttons `Submit` abschickt, wird die Funktion `Bestaetigung()` aufgerufen, weil im einleitenden `<form>`-Tag der Event-Handler `onSubmit=` notiert ist. Dieser ermittelt den Rückgabewert der Funktion `Bestaetigung()`. Ist der Rückgabewert `true`, wird das Formular abgeschickt, ist er `false`, wird es nicht abgeschickt.

Innerhalb der Funktion `Bestaetigung()` erhält der Anwender mit der `confirm`-Methode ein Dialogfenster, in dem ihm der Wert der Formularangabe `action` angezeigt wird. Confirm-Fenster haben stets zwei Buttons, einen zum Bestätigen und einen zum Abbrechen. Der Button zum Bestätigen gibt bei Anklicken `true` zurück, der Button `Abbrechen` `false`. Der Rückgabewert wird im Beispiel in der Variablen `x` gespeichert. Diese wird wiederum von der Funktion `Bestaetigung()` selbst zurückgegeben, denn der aufrufende Event-Handler erwartet ja einen solchen Rückgabewert.

JavaScript 1.0 | N 2.0 | 3.0 | Lesen Ändern

encoding

Speichert den Wert, der bei der Definition des Formulars im Attribut `encoding=` steht, also zum Beispiel `"text/plain"`. Das Beispiel enthält ein Formular. Wenn der Anwender das Formular durch Anklicken das Buttons `Submit` abschickt, wird die Funktion `CodeTyp()` aufgerufen.

Innerhalb der Funktion `CodeTyp()` wird ermittelt, ob in der `action`-Angabe des Formulars das Zeichen @ vorkommt, das eine E-Mail-Adresse verrät. Wenn ja, wird der Kodierungstyp auf `text/plain` gesetzt, ansonsten auf den für CGI-Programme üblichen

Kodiertyp `x-application/x-www-form-urlencoded`. Die Funktion `CodeTyp()` gibt `true` zurück, denn der aufrufende Event-Handler `onSubmit` im einleitenden `<form>`-Tag erwartet einen solchen Rückgabewert. Das Formular wird nur abgeschickt, wenn der Rückgabewert `true` ist. Um in einer Zeichenkette nach einem oder mehreren Zeichen zu suchen wie im Beispiel mit der Methode `indexOf()`, lesen Sie den Abschnitt über das `string`-Objekt.

```
<html><head><title>Test</title>
<script language="JavaScript">
function CodeTyp()
{
 if(document.Testform.action.indexOf("@") > 0)
  document.Testform.encoding = "text/plain";
 else
  document.Testform.encoding =
    "x-application/x-www-form-urlencoded";
 return true;
}
</script>
</head><body>
<form name="Testform" action="mailto:duselbst@deine.com"
   onSubmit="return CodeTyp()">
<input type=text size=40 name="Eingabe">
<input type=submit value="Absenden">
</form>
</body></html>
```

javascript 1.0 | N 2.0 | 3.0 | Lesen

length

Speichert die Anzahl der Formulare, die in einer Datei definiert sind. Im Beispiel werden zwei kleine Formulare definiert. Am Ende wird zum Testen mit Hilfe von `document.write()` in die Datei geschrieben, wie viele Formulare darin definiert sind.

```
<html><head><title>Test</title>
</head><body>
<form name="Testform" action="mailto:duselbst@deine.com">
<input type=hidden value="Guildo">
<input type=submit value="Guildo">
</form>
<form name="Testform" action="mailto:duselbst@deine.com">
<input type=hidden value="Heino">
<input type=submit value="Heino">
</form>
<script language="JavaScript">
 document.write(document.forms.length + " Formulare");
</script>
</body></html>
```

method

Speichert den Wert, der bei der Definition des Formulars im Attribut `method=` steht, normalerweise `get` oder `post`. Das Beispiel enthält ein Formular. Wenn der Anwender das Formular durch Anklicken das Buttons [Submit] abschickt, wird die Funktion `Methode()` aufgerufen.

Innerhalb der Funktion `Methode()` wird ermittelt, ob in der `action`-Angabe des Formulars das Zeichen @ vorkommt, das eine E-Mail-Adresse verrät. Wenn ja, wird die Versandmethode auf `post` gesetzt, ansonsten auf `get`. Die Funktion `Methode()` gibt `true` zurück, denn der aufrufende Event-Handler `onSubmit` im einleitenden `<form>`-Tag erwartet einen solchen Rückgabewert. Das Formular wird nur abgeschickt, wenn der Rückgabewert `true` ist. Um in einer Zeichenkette nach einem oder mehreren Zeichen zu suchen wie im Beispiel mit der Methode `indexOf()`, lesen Sie den Abschnitt über das `string`-Objekt.

```
<html><head><title>Test</title>
<script language="JavaScript">
function Methode()
{
 if(document.Testform.action.indexOf("@") > 0)
  document.Testform.method = "post";
 else
  document.Testform.method = "get";
 return true;
}
</script>
</head><body>
<form name="Testform" action="mailto:duselbst@deine.com"
   onSubmit="return Methode()">
<input type=text size=40 name="Eingabe">
<input type=submit valuc-"Absenden">
</form>
</body></html>
```

name

Speichert den Namen eines Formulars. Das Beispiel enthält ein Formular mit einem Eingabefeld. Unterhalb des Formulars steht ein Script, das in das Eingabefeld zur Kontrolle den Namen des Formulars schreibt. Im Beispiel ist das der Name `Testform`.

```
<html><head><title>Test</title>
</head><body>
<form name="Testform" action="mailto:duselbst@deine.com">
<input type=text size=40 name="Eingabe">
<input type=submit value="Absenden">
</form>
```

```
<script language="JavaScript">
 document.Testform.Eingabe.value = document.Testform.name;
</script>
</body></html>
```

javascript 1.0 | N 2.0 | 3.0 | Lesen Ändern

target

Speichert, welches Fenster im Falle eines Frame-Sets nach dem Absenden aktiv werden soll. Das kann etwa bei Frame-Fenstern oder bei separaten Zweitfenstern interessant sein. Falls ein CGI-Programm HTML-Code an den Browser zurückschickt, zum Beispiel mit einem *»Danke für das Absenden des Formulars«*, dann erscheint die Ausgabe in dem Fenster mit dem angegebenen Namen. Ein Beispiel:

```
<html><head><title>Test</title>
<script language="JavaScript">
function Ziel()
{
 document.Testform.target = "unten";
 return true;
}
</script>
</head><body>
<form name="Testform" action="/cgi-bin/testform.pl"
   onSubmit="return Ziel()">
<input type=text size=40 name="Eingabe">
<input type=submit value="Absenden">
</form>
</body></html>
```

Das Beispiel nimmt an, daß sich die Datei mit dem Formular in einem Frame-Set befindet, in dem es noch ein anderes Frame-Fenster gibt, und zwar eines mit dem Namen `unten`. Die Beispieldatei enthält ein Formular. Wenn der Anwender das Formular durch Anklicken das Buttons `Submit` abschickt, wird die Funktion `Ziel()` aufgerufen. Innerhalb der Funktion `Ziel()` wird bestimmt, daß die HTML-Code-Rückgabe des CGI-Programms `testform.pl` in dem Frame-Fenster `unten` erfolgt.

javascript 1.2 | N 4.0

handleEvent( )

Übergibt ein Ereignis an ein Element, das in der Lage ist, auf das Ereignis zu reagieren. Funktioniert genauso wie `handleEvent()` beim `window`-Objekt.

javascript 1.1 | N 3.0 | 4.0

reset( )

Löscht alle Eingaben in einem Formular und hat die gleiche Wirkung wie ein Button, der in HTML mit `type=reset` definiert wurde. Das Beispiel enhält ein Formular mit zwei Eingabefeldern. Unterhalb des Formulars steht ein Verweis. Beim Anklicken des Verweises weren alle Eingaben in dem Formular gelöscht.

```
<html><head><title>Test</title>
</head><body>
<form name="Testform">
<input type=text size=40 name="Feld1"><br>
<input type=text size=40 name="Feld2"><br>
</form>
<a href="javascript:document.Testform.reset()">
  Formular leeren
</a>
</body></html>
```

submit( )

Sendet ein Formular ab und hat die gleiche Wirkung wie ein Button, der in HTML mit `type=submit` definiert wurde. Die JavaScript-Methode funktioniert seit Netscape 3.0 jedoch nur noch, wenn das Formular von einem Programm weiterverarbeitet wird, d. h. wenn im einleitenden `<form>`-Tag bei der Angabe `action=` zum Beispiel ein CGI-Programm aufgerufen wird. Wenn bei `action=` eine E-Mail-Adresse oder eine Newsgroup angegeben wird, funktioniert sie nicht. Ein Beispiel:

```
<html><head><title>Test</title>
</head><body>
<form name="Testform action="/cgi-bin/auswert.pl" method=get>
<input type=text size=40 name="Feld1"><br>
<input type=text size=40 name="Feld2"><br>
</form>
<script language="JavaScript">
 function AbGehts()
 {
  document.Testform.submit();
 }
 window.setTimeout("AbGehts()",60000);
</script>
</body></html>
```

Das Beispiel enthält ein Formular mit Eingabefeldern. Unterhalb davon steht ein JavaScript. Darin wird mit der `setTimeout()`-Methode ein Countdown gestartet. Nach 60 000 Millisekunden, also nach einer Minute, wird die Funktion `AbGehts()` aufgerufen. Diese schickt das Formular mit `submit()` ab.

13.10 elements

Eigenschaften

checked	(angekreuzt)
defaultChecked	(vorangekreuzt)
defaultValue	(voreingegebener Wert)
form	(Name des zugehörigen Formulars)
name	(Elementname)
type	(Elementtyp)
value	(Elementwert/-inhalt)

Methoden

blur( )	(Element verlassen)
click( )	(Element anklicken)
focus( )	(auf Element positionieren)
handleEvent( )	(Ereignis verarbeiten)
select( )	(Text selektieren)

Unterobjekte

options

elements: Allgemeines zur Verwendung

Mit dem Objekt `elements`, das in der JavaScript-Objekthierarchie unterhalb des `forms`-Objekts liegt, haben Sie Zugriff auf Elemente eines Formulars. Es stehen folgende Arten zur Verfügung, mit JavaScript ein bestimmtes Formularelement anzusprechen:

Beispiel 1:

```
document.forms[#].elements[#].Eigenschaft
document.forms[#].elements[#].Methode()

document.forms[0].elements[0].value = "Unsinn";
document.forms[0].elements[0].blur();
```

Beispiel 2:

```
document.FormularName.Elementname.Eigenschaft
document.FormularName.Elementname.Methode()

document.Testformular.Eingabe.value = "Unsinn";
document.Testformular.Eingabe.blur();
```

Formularelemente können Sie auf folgende Arten ansprechen:

- Mit einer Indexnummer (wie in Beispiel 1): Bei Verwendung von Indexnummern geben Sie `document.forms` an und dahinter in eckigen Klammern, das wievielte

Formular in der Datei Sie meinen. Beachten Sie, daß der Zähler bei 0 beginnt, d. h. das erste Formular sprechen Sie mit `forms[0]` an, das zweite Formular mit `forms[1]` usw. Beim Zählen gilt die Reihenfolge, in der die `<form>`-Tags in der Datei notiert sind. Dann folgt die Angabe `elements`. Auch dahinter notieren Sie eine Indexnummer in eckigen Klammern. Dabei wird wieder bei 0 zu zählen begonnen, d. h. das erste Element innerhalb eines Formulars hat die Indexnummer 0, das zweite die Indexnummer 1 usw.

- Mit Namen (wie in Beispiel 2): Dabei geben Sie mit `document.FormularName.ElementName` den Namen des Formulars und des Elements an, den Sie bei der Definition des Formulars und des Elements in den entsprechenden HTML-Tags im Attribut `name=` angegeben haben.

Beachten Sie: Hinter dem, was hier als `elements`-Objekt bezeichnet wird, verbergen sich in Wirklichkeit mehrere, allerdings sehr ähnliche JavaScript-Objekte. So gibt es Objekte für Eingabefelder, Auswahllisten der verschiedene Arten von Buttons. Alle diese Objekte werden jedoch im sogenannten `elements`-Array zusammengefaßt. Alle Objekte werden auf die gleiche Art und Weise angesprochen. Sie unterscheiden sich lediglich in ihren Eigenschaften und Methoden. Bei den Eigenschaften und Methoden in diesem Abschnitt ist daher immer vermerkt, für welche Objekte sie gelten. Folgende Angaben werden dabei unterschieden: Klick-Buttons, Checkboxen, Datei-Buttons, versteckte Elemente, Paßwort-Felder, Radio-Buttons, Abbrechen-Buttons, Absenden-Buttons, einzeilige Eingabefelder und mehrzeilige Eingabefelder.

Gruppenelemente: Checkboxen und Radiobuttons bilden normalerweise Gruppen mehrerer zusammengehöriger Elemente, die eine gleiche Angabe zu `name=` haben und sich nur durch die Angabe `value=` unterscheiden. Solche Gruppen mit gleichen Namen bilden in JavaScript wiederum einen Array. Ein Beispiel:

```
document.Formular.Favoriten[2].checked = true;
```

Das Beispiel nimmt etwa folgende HTML-Befehle an:

```
input type=radio name="Favoriten" value="Heino"
input type=radio name="Favoriten" value="Gildo"
input type=radio name="Favoriten" value="Marianne"
```

Die Gruppe zusammengehöriger Radiobuttons hat den gleichen Namen. In JavaScript können Sie einzelne solcher Buttons ansprechen, indem Sie das Element als Gruppe ansprechen . Hinter dem Elementnamen notieren Sie dann in eckigen Klammern die Indexnummer des gewünschten Elements. Im Beispiel wird `Favoriten[2]` angesprochen. Das ist das dritte Element der Gruppe.

Beachten Sie: Auswahllisten kommen hier nicht vor. Um mit JavaScript auf solche Listen zuzugreifen, steht das Unterobjekt `options` zur Verfügung.

Java script 1.0 · N 2.0 · 3.0 · Lesen Ändern *checked*

Speichert, ob bzw. daß ein Radio- oder Checkbutton aktiviert ist oder nicht. Mögliche Werte sind `true` bzw. `1` oder `false` bzw. `0`. Anwendbar auf: Klick-Buttons, Checkboxen, Radio-Buttons. Ein Beispiel:

```
<html><head><title>Test</title>
<script language="JavaScript">
function Weiter()
{
 if(document.Testform.Art[0].checked == true)
  window.location.href="frminhalt.htm"
 else if(document.Testform.Art[1].checked == true)
  window.location.href="inhalt.htm"
 else
  alert("Bitte eine Auswahl treffen");
}
</script>
</head><body>
<form name="Testform">
<input type=radio name="Art" value="mit"> mit Frames
<input type=radio name="Art" value="ohne"> ohne Frames
<br><input type=button value="Starten" onClick="Weiter()">
</form>
</body></html>
```

Das Beispiel enthält ein Formular mit zwei Radio-Buttons. Der Anwender kann dabei auswählen, ob er die folgenden Seiten des Projekts mit Frames oder ohne Frames sehen will. Beim Klick auf den Button `Starten` wird die Funktion `Weiter()` aufgerufen. Diese Funktion prüft, ob einer der beiden Radiobuttons aktiviert ist. Je nachdem, welcher von beiden aktiviert ist, wird eine unterschiedliche Datei aufgerufen (`location.href`). Wenn keiner der beiden Radiobuttons aktiviert ist, wird eine Fehlermeldung ausgegeben.

Java script 1.0 · N 2.0 · 3.0 · Lesen Ändern *defaultChecked*

Speichert, ob bzw. daß ein Radio- oder Checkbutton per Voreinstellung aktiviert ist oder nicht. Mögliche Werte sind `true` bzw. `1` oder `false` bzw. `0`. Anwendbar auf: Checkboxen, Radio-Buttons. Ein Beispiel:

```
<html><head><title>Test</title>
<script language="JavaScript">
function Weiter()
{
 if(document.Testform.Art[0].checked == true)
  window.location.href="frminhalt.htm"
 else
```

```
  window.location.href="inhalt.htm"
}
</script>
</head><body>
<form name="Testform">
<input type=radio name="Art" value="mit"> mit DHTML
<input type=radio name="Art" value="ohne"> ohne DHTML
<br><input type=button value="Starten" onClick="Weiter()">
</form>
<script language="JavaScript">
dhtml = false;
if(document.layers || document.all) dhtml = true;
if(dhtml == true && document.Testform.Art[0].defaultChecked ==
   false)
   document.Testform.Art[0].checked = true;
</script>
</body></html>
```

Das Beispiel enthält ein Formular mit zwei Radio-Buttons. Der Anwender kann dabei auswählen, ob er die folgenden Seiten des Projekts mit Dynamischem HTML oder ohne sehen will. Beim Klick auf den Button `Starten` wird die Funktion `Weiter()` aufgerufen. Diese Funktion prüft, ob einer der beiden Radiobuttons aktiviert ist. Je nachdem, welcher von beiden aktiviert ist, wird eine unterschiedliche Datei aufgerufen (`location.href`).

Unterhalb des Formulars ist jedoch noch ein weiterer Scriptbereich notiert. Der Scriptbereich steht unterhalb, weil der darin enthaltene Code sofort ausgeführt wird, die Existenz des Formulars aber bereits voraussetzt. Es wird abgefragt, ob eines der für Dynamisches HTML typischen Objekte `document.layers` oder `document.all` verfügbar ist. Wenn ja, wird eine Variable `dhtml` auf `true` gesetzt. In einer weiteren Abfrage wird mit `defaultChecked` überprüft, ob die Auswahlmöglichkeit, DHTML zu nutzen, im Formular als Vorauswahl aktiviert ist oder nicht. Wenn nicht, DHTML aber verfügbar ist (also wenn `dhtml` auf `true` gesetzt ist), wird die Auswahlmöglichkeit für DHTML nachträglich angekreuzt.

defaultValue

java script 1.0 | N 2.0 | 3.0 | Lesen Ändern

Speichert den voreingestellten Text eines Eingabefeldes. Anwendbar auf: einzeilige Eingabefelder, mehrzeilige Eingabefelder. Ein Beispiel:

```
<html><head><title>Test</title>
</head><body>
<form name="Testform">
URL: <input size=40 name="url" value="http://www.xy.de/">
<input type=button value="Gehe zu"
onClick="window.location.href=document.Testform.url.value">
</form>
<script language="JavaScript">
```

```
if(navigator.userAgent.indexOf("en") > 0)
{
 document.Testform.url.defaultValue = "http://www.xy.com/";
 document.Testform.url.value =
   document.Testform.url.defaultValue;
}
</script>
</body></html>
```

Das Beispiel enthält ein Formular mit einem Eingabefeld und einem Button. Das Eingabefeld wird mit `http://www.xy.de/` vorbelegt. Beim Klick auf den Button wird der Wert aus dem Eingabefeld an `window.location.href` gewiesen. Dadurch wird die entsprechende URL-Adresse aufgerufen.

Bevor der Anwender jedoch überhaupt das Feld editieren kann, wird gleich beim Einlesen der Datei unterhalb des Formulars ein Scriptbereich ausgeführt. Der Scriptbereich steht unterhalb, weil der darin enthaltene Code sofort ausgeführt wird, die Existenz des Formulars aber bereits voraussetzt. Es wird abgefragt, ob in der Ausweisung des Browsers (`navigator.userAgent`) der Bestandteil `en` vorkommt (`indexOf()`). Wenn ja, ist es ein englischsprachiger Browser. In diesem Fall wird der `defaultValue` des Eingabefeldes auf `http://www.xy.com/` geändert. Der geänderte Wert wird jedoch erst sichtbar, wenn er der Eigenschaft `value` zugewiesen wird. Dies geschieht in der zweiten Anweisung. Das Eingabefeld des Formulars ist dann abhängig von der Sprache des Browsers mit `http://www.xy.de/` oder `http://www.xy.com/` vorbelegt.

javascript 1.0 | N 2.0 | 3.0 | Lesen — *form*

Speichert das Formular, innerhalb dessen sich das Element befindet. Hinter der Eigenschaft `form` können Sie nochmals alle Eigenschaften und Methoden des `forms`-Objekts notieren. Anwendbar auf: Klick-Buttons, Checkboxen, Datei-Buttons, versteckte Elemente, Paßwort-Felder, Radio-Buttons, Abbrechen-Buttons, Absenden-Buttons, einzeilige Eingabefelder und mehrzeilige Eingabefelder. Das Beispiel enthält ein Formular mit einem Button. Beim Anklicken des Buttons wird der Name des Formulars ausgegeben.

```
<html><head><title>Test</title>
</head><body>
<form name="Testform">
<input type=button name="derButton" value="Test"
onClick="alert(document.Testform.derButton.form.name)">
</form>
</body></html>
```

javascript 1.0 | N 2.0 | 3.0 | Lesen Ändern — *name*

Speichert den Namen des Formularelements, wie er in HTML bei der Definition des Elements mit dem Attribut `name=` zugewiesen wurde. Anwendbar auf: Klick-Buttons, Checkboxen, Datei-Buttons, versteckte Elemente, Paßwort-Felder, Radio-Buttons,

Abbrechen-Buttons, Absenden-Buttons, einzeilige Eingabefelder und mehrzeilige Eingabefelder. Das Beispiel enthält ein Formular mit einem Button. Beim Anklicken des Buttons wird der Name des Buttons ausgegeben.

```
<html><head><title>Test</title>
</head><body>
<form name="Testform">
<input type=button name="derButton" value="Test"
onClick="alert(document.Testform.derButton.name)">
</form>
</body></html>
```

javascript 1.0 | N 2.0 | 3.0 | Lesen

type

Speichert den Elementtyp eines Formularelements. Anwendbar auf: Klick-Buttons, Checkboxen, Datei-Buttons, versteckte Elemente, Paßwort-Felder, Radio-Buttons, Abbrechen-Buttons, Absenden-Buttons, einzeilige Eingabefelder und mehrzeilige Eingabefelder. Ein Beispiel:

```
<html><head><title>Test</title>
</head><body>
<form name="Testform">
<input type=radio name="Auto" value="Porsche"> Porsche<br>
<input type=radio name="Auto" value="Mercedes"> Mercedes<br>
Name: <input size=30 name="Name"><br>
<input type=submit name="Absendebutton" value="Absenden">
</form>
<script language="JavaScript">
for(i=0;i<document.Testform.length;++i)
 {
  document.write("<br>Elementname: " +
     document.forms[0].elements[i].name);
  document.write(", Elementtyp: " +
     document.forms[0].elements[i].type);
 }
</script>
</body></html>
```

Das Beispiel enthält ein Formular mit verschiedenen Elementen. Zu Testzwecken ist unterhalb des Formulars ein Scriptbereich notiert. Der Scriptbereich steht unterhalb, weil der darin enthaltene Code sofort ausgeführt wird, die Existenz des Formulars aber bereits voraussetzt. In dem Script wird für alle Elemente des Formulars mit `document.write()` der Elementname und der Elementtyp in die Datei geschrieben.

value

Speichert den Wert, der in einem Formularelement eingegeben wurde bzw. diesem zugewiesen ist. Anwendbar auf: Klick-Buttons, Checkboxen, Datei-Buttons, versteckte Elemente, Paßwort-Felder, Radio-Buttons, Abbrechen-Buttons, Absenden-Buttons, einzeilige Eingabefelder und mehrzeilige Eingabefelder. Ein Beispiel:

```
<html><head><title>Test</title>
</head><body>
<form name="Testform">
Name: <input size=30 name="Name">
<input type=submit name="Absendebutton" value="Absenden">
<input type=hidden name="Browser" value="">
</form>
<script language="JavaScript">
 document.Testform.Browser.value = navigator.userAgent;
</script>
</body></html>
```

Das Beispiel enthält ein Formular, unter anderem mit einem versteckten Feld (`<input type=hidden>`). Unterhalb des Formulars ist ein Scriptbereich notiert. Der Scriptbereich steht unterhalb, weil der darin enthaltene Code sofort ausgeführt wird, die Existenz des Formulars aber bereits voraussetzt. In dem Script wird dem Wert des versteckten Formularfeldes (`document.Testform.Browser.value`) der Browsertyp des Anwenders (`navigator.userAgent`) zugewiesen. Dieser dynamisch erzeugte Formularinhalt wird mit übertragen, wenn der Anwender das Formular abschickt.

blur( )

Entfernt den Cursor bzw. den Focus von dem betreffenden Element. Erwartet keine Parameter. Anwendbar auf: Klick-Buttons, Checkboxen, Datei-Buttons, Paßwort-Felder, Radio-Buttons, Abbrechen-Buttons, Absenden-Buttons, einzeilige Eingabefelder und mehrzeilige Eingabefelder. Ein Beispiel:

```
<html><head><title>Test</title>
</head><body>
<form name="Testform">
<input name="Feld" size=30 onFocus="this.form.Feld.blur()">
</form>
</body></html>
```

Das Beispiel enthält ein Formular mit einem Feld. Wenn der Anwender den Cursor in das Feld setzen will, wird der Cursor mit `blur()` sofort wieder aus dem Feld entfernt. Eine solche Maßnahme kann beispielsweise sinnvoll sein, wenn Sie ein Feld ausschließlich als Ausgabefeld nutzen wollen, in dem der Anwender nichts editieren können soll.

click( )

Erzeugt einen automatischen Klick auf den betreffenden Button. Erwartet keine Parameter. Anwendbar auf: Klick-Buttons, Checkboxen, Datei-Buttons, Radio-Buttons, Abbrechen-Buttons, Absenden-Buttons. Ein Beispiel:

```
<html><head><title>Test</title>
</head><body>
<form name="Testform">
In welchem Jahr starb Goethe?<br>
<input size=6 name="Todesjahr">
<input type=button name="derButton" value="Weiter" onClick="Check()">
</form>
<script language="JavaScript">
function Check()
{
 if(document.Testform.Todesjahr.value != "1832")
  window.location.href = "nichts.htm";
 else
  window.location.href = "erfolg.htm";
}
window.setTimeout("document.Testform.derButton.click()",10000);
</script>
</body></html>
```

Das Beispiel enthält ein Formular, in dem der Anwender das Todesjahr von Goethe eingeben soll. Wenn der Anwender nicht innerhalb von 10 Sekunden auf den Button `Weiter` klickt, geschieht dies von alleine. Dafür sorgt die letzte Anweisung in dem Script, das unterhalb des Formulars notiert ist. Unterhalb des Formulars ist ein Scriptbereich notiert. Der Scriptbereich steht unterhalb, weil der darin enthaltene Code sofort ausgeführt wird, die Existenz des Formulars aber bereits voraussetzt. Mit `document.Testform.derButton.click()` wird dort das Klicken das Buttons ohne Anwendereinwirkung bewerkstelligt. Der Aufruf der Methode ist in `window.setTimeout()` mit einer Verzögerungszeit von 10 000 Millisekunden, also 10 Sekunden, eingebettet. Beim Klick auf den Button, egal, ob durch den Anwender oder automatisch, wird die Funktion `Check()` aufgerufen. Diese Funktion überprüft, ob in dem Eingabefeld der korrekte Wert für das Todesjahr steht. Abhängig davon wird eine andere Seite aufgerufen (`location.href`).

focus( )

Setzt den Cursor bzw. den Focus auf das betreffende Element. Erwartet keine Parameter. Anwendbar auf: Klick-Buttons, Checkboxen, Datei-Buttons, Paßwort-Felder, Radio-Buttons, Abbrechen-Buttons, Absenden-Buttons, einzeilige Eingabefelder und mehrzeilige Eingabefelder. Ein Beispiel:

```
<html><head><title>Test</title>
<script language="JavaScript">
```

```
function Check()
{
 if(document.Testform.Todesjahr.value != "1832")
 {
  alert("Sie wissen es einfach nicht!");
  document.Testform.Todesjahr.focus();
 }
 else
 {
  alert("Bravo!");
  window.location.href = "datei2.htm";
 }
}
</script>
</head><body>
<form name="Testform">
In welchem Jahr starb Goethe?<br>
<input size=6 name="Todesjahr">
<input type=button value="Weiter" onClick="Check()">
</form>
</body></html>
```

Das Beispiel enthält ein Formular, in dem der Anwender das Todesjahr von Goethe eingeben soll. Wenn der Anwender auf den Button `Weiter` klickt, wird die Funktion `Check()` aufgerufen. Diese Funktion überprüft, ob in dem Eingabefeld für das Todesjahr der korrekte Wert steht. Abhängig davon wird entweder mit `alert()` eine bissige Meldung ausgegeben, oder es wird *Bravo* ausgegeben und eine andere Seite aufgerufen (`location.href`). Wenn der Anwender auf der Seite bleibt, weil die Eingabe fehlte oder falsch war, wird mit `document.Testform.Todesjahr.focus()` auf das Eingabefeld für das Todesjahr positioniert.

javascript 1.2 N 4.0 *handleEvent( )*

Übergibt ein Ereignis an ein Element, das in der Lage ist, auf das Ereignis zu reagieren. Funktioniert genauso wie `handleEvent()` beim `window`-Objekt.

javascript 1.0 N 2.0 3.0 *select( )*

Selektiert den gesamten in dem Feld enthaltenen Text. Erwartet keine Parameter. Anwendbar auf: Paßwort-Felder, einzeilige Eingabefelder und mehrzeilige Eingabefelder. Ein Beispiel:

```
<html><head><title>Test</title>
</head><body>
<form name="Testform">
Kopieren Sie den folgenden Code in die URL-Zeile Ihres Browsers:<br>
<input type=text size=40 name="Code"
   value="javascript:top.close()">
```

```
</form>
<script language="JavaScript">
 document.Testform.Code.focus();
 document.Testform.Code.select();
</script>
</body></html>
```

Das Beispiel enthält ein Formular mit einem einzigen Feld. Das Feld wird mit dem Wert *»javascript:top.close( )«* vorbelegt – wohlgemerkt: Das ist keine JavaScript-Anweisung, sondern nur ein Feldinhalt. Unterhalb des Formulars ist ein Scriptbereich notiert. Der Scriptbereich steht unterhalb, weil der darin enthaltene Code sofort ausgeführt wird, die Existenz des Formulars aber bereits voraussetzt. Dort wird zunächst mit `document.Testform.Code.focus()` auf das Formularfeld positioniert. Denn das Selektieren von Text ist nur möglich, wenn das Feld den Fokus hat. Der vorbelegte Text des Formularfeldes wird dann mit `document.Testform.Code.select()` selektiert.

13.11 options

Eigenschaften

defaultSelected	(voreingestellte Auswahl)
length	(Anzahl der Auswahlmöglichkeiten)
selected	(aktuelle Auswahl)
selectedIndex	(Index der aktuellen Auswahl)
text	(Auswahltext)
value	(Auswahlwert)

option: Allgemeines zur Verwendung

Mit dem Objekt `options`, das in der JavaScript-Objekthierarchie unterhalb des `elements`-Objekts liegt, haben Sie Zugriff auf Auswahllisten innerhalb eines Formulars. Sie können dabei auf jede einzelne Auswahlmöglichkeit der Auswahlliste zugreifen. Es stehen folgende Arten zur Verfügung, mit JavaScript auf die Optionen einer Auswahlliste zuzugreifen:

Beispiel 1:

```
document.forms[#].elements[#].options[#].Eigenschaft
document.forms[#].elements[#].Eigenschaft

document.forms[0].elements[0].options[4].text = "Unsinn";
document.forms[0].elements[0].selectedIndex = 2;
```

Beispiel 2:

```
document.FormularName.Elementname.options[#].Eigenschaft
document.FormularName.Elementname.options.Eigenschaft
```

```
document.Testformular.Auswahl.options[4].text = "Unsinn";
document.Testformular.Auswahl.selectedIndex = 2;
```

Auswahllisten sind ganz normale Formularelemente. Auswahllisten sprechen Sie also an wie andere Formularelemente auch:

- Mit einer Indexnummer (wie in Beispiel 1): Bei Verwendung von Indexnummern geben Sie `document.forms` an und dahinter in eckigen Klammern, das wievielte Formular in der Datei Sie meinen. Beachten Sie, daß der Zähler bei 0 beginnt, d. h. das erste Formular sprechen Sie mit `forms[0]` an, das zweite Formular mit `forms[1]` usw. Beim Zählen gilt die Reihenfolge, in der die `<form>`-Tags in der Datei notiert sind. Dann folgt die Angabe `elements`. Auch dahinter notieren Sie wieder eine Indexnummer in eckigen Klammern. Auch dabei wird wieder bei 0 zu zählen begonnen, d. h. das erste Element innerhalb eines Formulars hat die Indexnummer 0, das zweite die Indexnummer 1 usw. Sie müssen dabei die Indexnummer der gewünschten Auswahlliste ermitteln.
- Mit Namen (wie in Beispiel 2): Dabei geben Sie mit `document.FormularName.ElementName` den Namen des Formulars und der Auswahlliste an, den Sie in HTML mit `<form name=>` und `<select name=>` vergeben.

Hinzu kommt bei Auswahllisten in einigen Fällen die Angabe `options` für einzelne Auswahlmöglichkeiten der Auswahlliste. Es gibt Objekteigenschaften von `options`, bei denen Sie diese Angabe, gefolgt von einer Indexnummer der gewünschten Auswahloption angeben müssen. Die erste Auswahlmöglichkeit der Liste hat die Indexnummer 0, die zweite die Indexnummer 1 usw. Andere Objekteigenschaften benötigen keine Angabe von `options`. Bei den Beispielen auf dieser Seite wird jeweils gezeigt, wie Sie eine Eigenschaft des `options`-Objekts genau ansprechen.

Neue Elemente in Auswahlliste einfügen

Sie können innerhalb eines JavaScripts neue Elemente zu einer Auswahlliste hinzufügen oder vorhandene Einträge durch neue ersetzen. Dazu müssen Sie mit Hilfe von JavaScript ein neues `option`-Objekt erzeugen und es einer Auswahlliste zuordnen. Ein Beispiel:

```
<html><head><title>Test</title>
<script language="JavaScript">
function Hinzufuegen()
{
 NeuerEintrag = new Option(document.Testform.neu.value);
 document.Testform.Auswahl.options[document.
   Testform.Auswahl.length] = NeuerEintrag;
 document.Testform.neu.value = "";
}
```

```
</script>
</head><body>
<form name="Testform">
<select name="Auswahl" size=8>
<option>Ein Eintrag
</select>
<br>
<input name="neu">
<input type=button value="Hinzu" onClick="Hinzufuegen()">
</form>
</body></html>
```

Im Beispiel wird ein Formular definiert, das eine Auswahlliste mit einem Eintrag, ein Eingabefeld und einen Button enthält. In dem Eingabefeld kann der Anwender Einträge eingeben, die er der Auswahlliste hinzufügen möchte. Beim Klick auf den Button wird der eingegebene Wert als Eintrag in die Auswahlliste übernommen.

Dazu wird die Funktion `Hinzufuegen()` aufgerufen, die im Dateikopf notiert ist. Mit der ersten Anweisung in dieser Funktion wird mit `new Option` ein neues `option`-Objekt erzeugt. Als Parameter wird der Text übergeben, der bei dem neuen Listeneintrag angezeigt werden soll. Im Beispiel ist das der Wert des Eingabefeldes, das der Anwender ausgefüllt hat (`document.Testform.neu.value`). Anschließend müssen Sie angeben, an welcher Stelle in der Auswahlliste der neu erzeugte Eintrag eingefügt werden soll. Im obigen Beispiel soll der neue Eintrag jeweils ans Ende der Liste angehängt werden. Dazu wird der neue Eintrag einer Indexnummer der Auswahlliste zugeordnet, die mit der Eigenschaft `length` ermittelt wird. Diese Syntax können Sie stets benutzen, um Listeneinträge ans Ende einer Liste einzufügen. Doch angenommen, im obigen Beispiel wollten Sie den ersten Eintrag der Liste mit dem neuen Eintrag überschreiben. Dann müßte innerhalb der Funktion `Hinzufuegen()` der Befehl

```
document.Testform.Auswahl.options[document.Testform.
  Auswahl.length] = NeuerEintrag;
```

wie folgt lauten:

```
document.Testform.Auswahl.options[0] = NeuerEintrag;
```

Durch Angabe einer Indexnummer, die in der Liste schon vorkommt, überschreiben Sie also einen Eintrag.

Elemente aus Auswahlliste löschen

Dies wird nur von Netscape unterstützt, beim Internet Explorer war das Verhalten nicht nachvollziehbar. Das Beispiel enthält ein Formular mit einer Auswahlliste mit Button. Beim Anklicken des Buttons wird der jeweils letzte Eintrag aus der Auswahlliste gelöscht. Dazu wird die Funktion `Loeschen()` aufgerufen. Die erste Anweisung in der Funktion löscht einen Listeneintrag. Zum Löschen eines Eintrags geben Sie die Indexnummer des zu löschenden Eintrags an. Im Beispiel wird dabei `document.Testform.Auswahl.length-1` angegeben – das ist die Indexnummer des jeweils letzten Eintrags. Genausogut können Sie aber auch `0` angeben, um den ersten Listeneintrag zu löschen, `1`, um den zweiten zu löschen usw. Der Löschvorgang kommt zustande, indem Sie dem Listeneintrag den Wert `null` zuweisen. Anschließend müssen Sie noch eine Art Reload durchführen, damit die Anzeige aktualisiert wird. Das können Sie durch den Befehl `history.go(0)` erreichen.

```
<html><head><title>Test</title>
<script language="JavaScript">
function Loeschen()
{
 document.Testform.Auswahl.options[document.Testform.
    Auswahl.length-1] = null;
 history.go(0);
}
</script>
</head><body>
<form name="Testform">
<select name="Auswahl" size=8>
<option>Auswahl 1
<option>Auswahl 2
<option>Auswahl 3
<option>Auswahl 4
<option>Auswahl 5
</select>
<br>
<input type=button value="Loeschen" onClick="Loeschen()">
</form>
</body></html>
```

javascript 1.1 | N 3.0 | 4.0 | Lesen Ändern

defaultSelected

Speichert, ob bzw. daß eine Auswahlmöglichkeit vorausgewählt ist. Mögliche Werte sind `true` oder `false`. Das Beispiel enthält ein Formular mit einer Auswahlliste und einem Button. Bei der Auswahlliste wird bei der HTML-Definition ein Eintrag mit `selected` als Vorauswahl eingestellt. Der Anwender kann natürlich einen anderen Eintrag auswählen. Wenn er jedoch auf den Button `Auswahl Reset` klickt, wird der Originalzustand wiederhergestellt. Dazu wird beim Anklicken des Buttons die Funktion `AuswahlReset()` aufgerufen. Diese Funktion ermittelt in einer `for`-Schleife für alle Auswahlmöglichkeiten der Auswahlliste, ob es sich um die Vorauswahl handelt:

```
if(document.Testform.Auswahl.options[i].defaultSelected==true)
```

Denn die Vorauswahl ist zu diesem Zeitpunkt durchaus noch gespeichert, auch wenn der Anwender mittlerweile einen anderen Eintrag ausgewählt hat. Wenn die voreingestellte Auswahl gefunden ist, wird die aktuelle Auswahl auf den Indexwert der Vorauswahl gesetzt (`document.Testform.Auswahl.options[i].selected=true`). Dadurch wird der Originalzustand wiederhergestellt.

```
<html><head><title>Test</title>
<script language="JavaScript">
function AuswahlReset()
{
 for(i=0; i<document.Testform.Auswahl.length; i++)
   if(document.Testform.Auswahl.options[i].defaultSelected
     == true)
     document.Testform.Auswahl.options[i].selected=true;
}
</script>
</head><body>
<form name="Testform">
<select name="Auswahl" size=8>
<option>Augsburg
<option>Berlin
<option>Chemnitz
<option>Dortmund
<option selected>Essen
<option>Frankfurt
<option>Giessen
<option>Hamburg
</select>
<br>
<input type=button value="Auswahl Reset"
   onClick="AuswahlReset()">
</form>
</body></html>
```

length

Speichert die Anzahl der Einträge einer Auswahlliste. Das Beispiel enthält ein Formular mit einer Auswahlliste. Unterhalb des Formulars ist ein Scriptbereich notiert. Unterhalb deshalb, weil die Anweisung in diesem Bereich sofort beim Einlesen der Datei ausgeführt wird und das Formular zu diesem Zeitpunkt bereits bekannt sein muß. Mit `document.write()` wird dynamisch die Anzahl der Auswahlmöglichkeiten der Auswahlliste in die Datei geschrieben.

```
<html><head><title>Test</title>
</head><body>
<form name="Testform">
<select name="Auswahl" size=8>
<option>Augsburg
<option>Berlin
<option>Chemnitz
```

```
<option>Dortmund
<option>Essen
<option>Frankfurt
<option>Giessen
<option>Hamburg
</select>
</form>
<script language="JavaScript">
document.write("Waehlen Sie einen der " +
   document.Testform.Auswahl.length + " Eintraege aus");
</script>
</body></html>
```

selected

Speichert, ob oder daß ein bestimmter Eintrag einer Auswahlliste selektiert ist. Das Beispiel enthält ein Formular mit einer Auswahlliste und einem Submit-Button zum Absenden des Formulars. Beim Absenden wird jedoch über den Event-Handler `onSubmit=` im einleitenden `<form>`-Tag die Funktion `CheckAuswahl()` aufgerufen. Das Formular wird nur abgeschickt, wenn diese Funktion den Wert `true` zurückgibt. Die Funktion überprüft, ob der Anwender etwa auf die Idee gekommen ist, den Eintrag mit der Indexnummer 2 (Guildo Horn) auszuwählen. In diesem Fall wird eine Meldung ausgegeben, und es wird `false` zurückgegeben, wodurch das Formular nicht abgeschickt wird. Der Anwender kann eine neue Auswahl treffen.

```
<html><head><title>Test</title>
<script language="JavaScript">
function CheckAuswahl()
{
 if(document.Testform.Auswahl.options[2].selected == true)
 {
  alert("Diese Auswahl gilt nicht");
  return false;
 }
 return true;
}
</script>
</head><body>
<form name="Testform" onSubmit="return CheckAuswahl()">
<select name="Auswahl" size=5>
<option>Goethe
<option>Schiller
<option>Guildo Horn
<option>Homer
<option>Fontane
</select>
<br>
```

```
<input type=submit>
</form>
</body></html>
```

Beachten Sie: Die Eigenschaft `selected` unterscheidet sich von `selectedIndex` durch die Adressierung des gewünschten Listeneintrags. Ansonsten haben beide Eigenschaften die gleiche Aufgabe.

java script 1.0 | N 2.0 | 3.0 | Lesen Ändern

selectedIndex

Speichert, ob oder daß ein bestimmter Eintrag einer Auswahlliste selektiert ist. Das Beispiel funktioniert wie bei `selected`. Die Eigenschaft `selectedIndex` unterscheidet sich von `selected` durch die Adressierung des gewünschten Listeneintrags. Ansonsten haben beide Eigenschaften die gleiche Aufgabe.

```
<html><head><title>Test</title>
<script language="JavaScript">
function CheckAuswahl()
{
 if(document.Testform.Auswahl.selectedIndex == 2)
  document.Testform.Auswahl.selectedIndex = 0;
}
</script>
</head><body>
<form name="Testform">
<select name="Auswahl" size=5 onChange="CheckAuswahl()">
<option>Goethe
<option>Schiller
<option>Guildo Horn
<option>Homer
<option>Fontane
</select>
</form>
</body></html>
```

java script 1.0 | N 2.0 | 3.0 | Lesen Ändern

text

Speichert den angezeigten Text eines Eintrags in einer Auswahlliste. Das Beispiel enthält ein Formular mit einer Auswahlliste. Im einleitenden `<select>`-Tag ist der Event-Handler `onChange=` notiert. Dadurch wird jedesmal, wenn der Anwender eine Auswahl in der Auswahlliste trifft, die Funktion `CheckAuswahl()` aufgerufen. Die Funktion überprüft, ob der Anwender etwa den Eintrag mit der Indexnummer 2 ausgewählt hat (Guildo Horn). Wenn ja, ändert die Funktion den angezeigten Text dieses Eintrags gemeinerweise auf *»Thomas Mann«*. Die Auswahlmöglichkeit bleibt selektiert.

```
<html><head><title>Test</title>
<script language="JavaScript">
```

```
function CheckAuswahl()
{
 if(document.Testform.Auswahl.selectedIndex == 2)
  document.Testform.Auswahl.options[2].text = "Thomas Mann";
}
</script>
</head><body>
<form name="Testform">
<select name="Auswahl" size=5 onChange="CheckAuswahl()">
<option>Goethe
<option>Schiller
<option>Guildo Horn
<option>Homer
<option>Fontane
</select>
</form>
</body></html>
```

Beachten Sie: Das Ändern der Objekteigenschaft `text` – wie im obigen Beispiel – ist erst seit JavaScript 1.1 möglich (Netscape 3.x, Internet Explorer 4.x), das Auslesen dagegen wie ausgezeichnet seit JavaScript 1.0.

value

Speichert den internen Absendewert eines Eintrags in einer Auswahlliste. Das Beispiel enthält ein Formular mit einer Auswahlliste. In den einzelnen `<option>`-Tags sind mit `value=` interne Absendewerte notiert. Im einleitenden `<select>`-Tag ist außerdem der Event-Handler `onChange=` notiert. Dadurch wird jedesmal, wenn der Anwender eine Auswahl in der Auswahlliste trifft, die Funktion `CheckAuswahl()` aufgerufen. Die Funktion ermittelt in einer `for`-Schleife für alle Auswahlmöglichkeiten der Auswahlliste, ob die jeweilige Auswahl selektiert wurde. Wenn ja, wird der interne Absendewert der Auswahlmöglichkkeit in einem Meldungsfenster ausgegeben.

```
<html><head><title>Test</title>
<script language="JavaScript">
function CheckAuswahl()
{
 for(i=0;i<document.Testform.Auswahl.length;++i)
  if(document.Testform.Auswahl.options[i].selected == true)
   alert(document.Testform.Auswahl.options[i].value);
}
</script>
</head><body>
<form name="Testform">
<select name="Auswahl" size=5 onChange="CheckAuswahl()">
<option value="Idiot!">Blindauswahl 1
<option value="Dummkopf!">Blindauswahl 2
```

```
<option value="Bratze!">Blindauswahl 3
<option value="Schlampe!">Blindauswahl 4
<option value="Bingo - gewonnen!">Blindauswahl 5
</select>
</form>
</body></html>
```

13.12 images

Eigenschaften

border	(Rahmen)
complete	(Ladezustand)
height	(Höhe)
hspace	(horizontaler Abstand)
length	(Anzahl der Grafiken)
lowsrc	(Vorschaugrafik)
name	(Name)
src	(Grafikdatei)
vspace	(vertikaler Abstand)
width	(Breite)

Methoden

handleEvent( )	(Ereignis verarbeiten)

images: Allgemeines zur Verwendung

Mit dem Objekt `images`, das in der JavaScript-Objekthierarchie unterhalb des `document`-Objekts liegt, haben Sie Zugriff auf alle Grafiken, die in einer HTML-Datei definiert sind. Dabei können Sie auch vorhandene Grafiken dynamisch durch andere ersetzen. Ein neues Grafik-Objekt wird automatisch erzeugt, wenn der WWW-Browser eine Grafik in der HTML-Datei vorfindet. Es stehen folgende Arten zur Verfügung, mit JavaScript eine bestimmte Grafik anzusprechen:

Beispiel 1:

```
document.images[#].Eigenschaft
document.images[#].Methode()

Hoehe = document.images[0].height;
```

Beispiel 2:

```
document.BildName.Eigenschaft
document.BildName.Methode()

Hoehe = document.Portrait.height;
```

Grafikobjekte können Sie auf zwei Arten ansprechen:

- Mit einer Indexnummer (wie in Beispiel 1): Bei Verwendung von Indexnummern geben Sie `document.images` an und dahinter in eckigen Klammern, die wievielte Grafik in der Datei Sie meinen. Jede Grafik, die in HTML mit dem `<img>`-Tag notiert wurde, zählt. Beachten Sie, daß der Zähler bei 0 beginnt, d. h. die erste Grafik sprechen Sie mit `images[0]` an, die zweite Grafik mit `images[1]` usw. Beim Zählen gilt die Reihenfolge, in der die `<img>`-Tags in der Datei notiert sind.
- Mit dem Namen der Grafik (wie in Beispiel 2): Dabei geben Sie mit `document.BildName` den Namen an, den Sie bei der Definition der Grafik im einleitenden `<img>`-Tag im Attribut `name=` angegeben haben.

Für Grafiken, die Sie nachträglich mit JavaScript anzeigen möchten, müssen Sie jedoch eigene neue Grafikobjekte in JavaScript erzeugen. Das ist besonders dann wichtig, wenn Sie Grafiken dynamisch durch andere Grafiken ersetzen wollen. Ein Beispiel:

```
Zweitbild = new Image();
Zweitbild.src = "blau.gif";
document.images[0].src = Zweitbild.src;;
```

Ein neues Grafikobjekt speichern Sie in einem selbst vergebenen Objektnamen, im obigen Beispiel in dem Namen `Zweitbild`. Hinter dem Namen folgt ein Gleichheitszeichen. Dahinter folgt das reservierte Wort `new` und der Aufruf der Objektfunktion `Image()` – erster Buchstabe großgeschrieben!

Anschließend können Sie mit der neu erzeugten Instanz arbeiten. So können Sie der Instanz über die Objekteigenschaft `src` eine Grafikdatei zuordnen, im Beispiel die Datei *blau.gif*. Die dritte Zeile im obigen Beispiel zeigt eine Anweisung, wie Sie dynamisch eine vorhandene Grafik ersetzen können. Angenommen, in der HTML-Datei wurde als erste Grafik in der Datei mit `<img src="rot.gif">` ein rotes Bild eingebunden. Mit Hilfe von JavaScript können Sie nun, beispielsweise in Abhängigkeit vom Klicken auf einen Verweis, dieses rote Bild durch ein anderes, blaues Bild ersetzen.

Beachten Sie: Ein Anwendungsbeispiel für den Einsatz dynamisch austauschbarer Grafiken finden Sie in Kapitel 12.3.7, *Dynamische grafische Buttons.*

java script 1.1 | N 3.0 | 4.0 | Lesen

border

Speichert die Angabe zum Rahmen um eine Grafik, wie sie mit der Angabe `border=` im `<img>`-Tag möglich ist. Netscape speichert auch dann einen Wert, wenn die Angabe im HTML-Tag fehlt. Der Internet Explorer speichert nur dann einen Wert, wenn im HTML-Tag ein Wert angegeben ist. Das Beispiel enthält eine Grafik, die in einen Verweis eingeschlossen ist. Beim Anklicken des Verweises wird mit `alert()` der Wert ausgegeben, der in der Angabe `border=` gespeichert ist.

```
<html><head><title>Test</title>
</head><body>
```

```
<a href="javascript:alert(document.Anna.border)">
<img src="anna.jpg" border=3 name="Anna">
</a>
</body></html>
```

javascript 1.1 | N 3.0 | 4.0 | Lesen

complete

Speichert, ob eine Grafik vollständig geladen ist oder nicht. Enthält den Wert `true`, wenn die Grafik geladen ist, und den Wert `false`, wenn die Grafik nicht oder nicht vollständig geladen ist.

Das Beispiel enthält mehrere Grafiken und einen Verweis. Beim Anklicken des Verweises wird die Funktion `BildCheck()` aufgerufen, die im Dateikopf in einem Scriptbereich definiert ist. Diese Funktion ermittelt in einer `for`-Schleife für jede einzelne Grafik in der Datei (ermittelbar mit `document.images.length`), ob diese geladen ist (`if(document.images[i].complete == true)`) oder nicht. Das Ergebnis wird in einer Variablen `Status` gesammelt. Am Ende wird der Inhalt von `Status` mit `alert()` ausgegeben.

```
<html><head><title>Test</title>
<script language="JavaScript">
function BildCheck()
{
 var Status = "";
 for(i = 0; i < document.images.length; ++i)
 {
  if(document.images[i].complete == true)
   Status = Status + "Grafik " + (i+1) + " geladen\n";
  else
   Status = Status + "Grafik " + (i+1) + " nicht geladen\n";
 }
 Status = Status + document.images.length
     + " Grafiken im Dokument";
 alert(Status);
}
</script>
</head><body>
<img src="berthold.gif"><br>
<img src="boris.jpg"><br>
<img src="bernd.gif"><br>
<a href="javascript:BildCheck()">Grafiken checken</a>
</body></html>
```

javascript 1.1 | N 3.0 | 4.0 | Lesen

height

Speichert die Angabe zur Höhe eine Grafik, wie sie mit der Angabe `height=` im `<img>`-Tag möglich ist. Es wird auch dann ein Wert gespeichert, wenn die Angabe im HTML-Tag fehlt. Das Beispiel enthält eine Grafik. Unterhalb davon ist ein Scriptbereich notiert. Darin wird mit `document.write()` der Bildname und die Angaben zu Breite und Höhe der Grafik geschrieben.

```
<html><head><title>Test</title>
</head><body>
<img src="christa.gif" name="Christa">
<script language="JavaScript">
document.write(document.Christa.name + "<br>");
document.write(document.Christa.width + " x " +
   document.Christa.height + " Pixel");
</script>
</body></html>
```

javascript 1.1 | N 3.0 | 4.0 | Lesen

hspace

Speichert die Angabe zum horizontalen Abstand zwischen einer Grafik und ihren nebenliegenden Elementen, wie sie mit der Angabe `hspace=` im `<img>`-Tag möglich ist. Wenn die Angabe im HTML-Tag fehlt, hat die Objekteigenschaft `hspace` den Wert 0. Das Beispiel enthält eine Grafik, die in einen Verweis eingeschlossen ist. Beim Anklicken des Verweises wird mit `alert()` der Wert ausgegeben, der in der Angabe `hspace=` gespeichert ist.

```
<html><head><title>Test</title>
</head><body>
<a href="javascript:alert(document.Dorian.hspace)">
<img src="dorian.jpg" hspace=30 name="Dorian">
</a>
</body></html>
```

javascript 1.1 | N 3.0 | 4.0 | Lesen

length

Speichert die Anzahl der Grafiken in einer Datei. Das Beispiel enthält mehrere Grafiken. Am Ende steht ein Scriptbereich. Darin wird mit `document.write()` die Anzahl der Grafiken in die Datei geschrieben.

```
<html><head><title>Test</title>
<script language="JavaScript">
</script>
</head><body>
<img src="emma.jpg"><br>
<img src="elke.gif"><br>
<img src="ellen.jpg"><br>
<script language="JavaScript">
document.write("<hr>Seite enthält " +
   document.images.length + " Grafiken");
</script>
</body></html>
```

Javascript 1.1 · N 3.0 · 4.0 · Lesen

lowsrc

Speichert die Angabe zur Vorab-Grafik, wie sie mit der Angabe lowsrc= im <img>-Tag möglich ist. Wenn die Angabe im HTML-Tag fehlt, enthält die Objekteigenschaft lowsrc keinen Wert. Wenn eine Angabe zu lowsrc= vorhanden ist, enthält die Objekteigenschaft bei Netscape die vollständige URL-Adresse, beim Internet Explorer genau die Angabe, die in der HTML-Angabe steht.

Das Beispiel enthält eine Grafik, die mit lowsrc= eine vorab anzuzeigende Grafik definiert und die in einen Verweis eingeschlossen ist. Beim Anklicken des Verweises wird mit alert() der Wert ausgegeben, der in der Angabe lowsrc= gespeichert ist.

```
<html><head><title>Test</title>
</head><body>
<a href="javascript:alert(document.images[0].lowsrc)">
<img src="franz.jpg" lowsrc="fraenzchen.jpg">
</a>
</body></html>
```

Javascript 1.1 · N 3.0 · 4.0 · Lesen

name

Speichert den Namen einer Grafik, wie er mit der Angabe name= im <img>-Tag möglich ist. Wenn die Angabe im HTML-Tag fehlt, enthält die Objekteigenschaft name keinen Wert. Das Beispiel enthält eine Grafik. Unterhalb davon ist ein Scriptbereich notiert. Darin wird mit document.write() der Bildname der Grafik in die Datei geschrieben.

```
<html><head><title>Test</title>
</head><body>
<img src="gabi.gif" width=400 height=300 name="Gabi">
<script language="JavaScript">
  document.write("<br>" + document.images[0].name);
</script>
</body></html>
```

Javascript 1.1 · N 3.0 · 4.0 · Lesen Ändern

src

Speichert die Angabe, welche Grafikdatei angezeigt wird, wie sie mit der Angabe src= im <img>-Tag möglich ist. Diese Eigenschaft läßt sich ändern. Dadurch können Sie Grafiken dynamisch durch andere ersetzen. Beachten Sie jedoch, daß Breite und Höhe einer ursprünglich in HTML notierten Grafik für alle dynamisch folgenden Grafiken übernommen werden. Um verzerrungsfreie Effekte zu erzielen, sollten also alle Grafiken, die einander dynamisch ersetzen, die gleiche Höhe und Breite haben. Ein Beispiel:

```
<html><head><title>Test</title>
</head><body>
<img src="hans.gif" width=400 height=300>
```

```
<script language="JavaScript">
 var b = new Array();
 b[0] = new Image(); b[0].src = "holger.gif";
 b[1] = new Image(); b[1].src = "hilmar.gif";
 b[2] = new Image(); b[2].src = "heiner.gif";
 b[3] = new Image(); b[2].src = "hans.gif";
 var i = 0;
 function Animation()
 {
  if(i > 3) i = 0;
  document.images[0].src = b[i].src;
  i = i + 1;
  window.setTimeout("Animation()",1000);
 }
 window.setTimeout("Animation()",1000);
</script>
</body></html>
```

Das Beispiel enthält eine Grafik namens *ingo.gif*. Unterhalb davon ist ein Scriptbereich notiert, der dafür sorgt, daß die Grafik sich automatisch jede Sekunde in eine andere Grafik verwandelt. Dazu wird zunächst ein Array namens b notiert. Danach werden vier Elemente des Arrays b bestimmt. In allen vier Fällen handelt es sich um neue Grafikobjekte. Jedem der neuen Grafikobjekte wird mit der Eigenschaft src eine Grafikdatei zugewiesen. Beachten Sie, daß auch die Datei *hans.gif* wieder dabei ist, obwohl diese bereits angezeigt wird. Da sie in die Animation integriert werden soll, muß für sie aber trotzdem noch mal ein eigenes neues Grafikobjekt erzeugt werden.

Innerhalb der Funktion Animation(), die unterhalb der Funktion zum ersten Mal aufgerufen wird, wird das jeweils aktuelle Bild durch ein anderes ersetzt. Das geschieht durch Zuweisung von b[i].src an document.images[0].src. Da b[i] abhängig von der Variablen i ist, die bei jedem Funktionsaufruf verändert wird, wird jedes Mal ein anderes der vier Bilder angezeigt. Am Ende ruft sich die Funktion Animation() selbst wieder auf. So entsteht der Endlos-Effekt. Der Aufruf ist in einen setTimeout()-Aufruf eingebunden, der den nächsten Aufruf jeweils um 1 000 Millisekunden, also um eine Sekunde, verzögert.

Java script 1.1 | N 3.0 | 4.0 | Lesen

vspace

Speichert die Angabe zum vertikalen Abstand zwischen einer Grafik und den Elementen oberhalb und unterhalb davon, wie sie mit der Angabe vspace= im <img>-Tag möglich ist. Wenn die Angabe im HTML-Tag fehlt, hat die Objekteigenschaft vspace den Wert 0. Das Beispiel enthält eine Grafik, die in einen Verweis eingeschlossen ist. Beim Anklicken des Verweises wird mit alert() der Wert ausgegeben, der in der Angabe vspace= gespeichert ist.

```
<html><head><title>Test</title>
</head><body>
```

```
<a href="javascript:alert(document.Ina.vspace)">
<img src="ina.jpg" vspace=8 name="Ina">
</a>
</body></html>
```

javascript 1.1 | N 3.0 | 4.0 | Lesen

width

Speichert die Angabe zur Breite eine Grafik, wie sie mit der Angabe `width=` im `<img>`-Tag möglich ist. Es wird auch dann ein Wert gespeichert, wenn die Angabe im HTML-Tag fehlt. Das Beispiel enthält eine Grafik. Unterhalb davon ist ein Scriptbereich notiert. Darin wird mit `document.write()` der Bildname und die Angaben zu Breite und Höhe der Grafik geschrieben.

```
<html><head><title>Test</title>
</head><body>
<img src="jochen.jpg" name="Jochen">
<script language="JavaScript">
document.write(document.Jochen.name + "<br>");
document.write(document.Jochen.width + " x " +
   document.Jochen.height + " Pixel");
</script>
</body></html>
```

javascript 1.2 | N 4.0

handleEvent( )

Übergibt ein Ereignis an ein Element, das in der Lage ist, auf das Ereignis zu reagieren. Funktioniert genauso wie `handleEvent()` beim `window`-Objekt.

13.13 layers

Eigenschaften

above	(oberhalb liegender Layer)
background	(Hintergrundbild eines Layers)
bgColor	(Hintergrundfarbe eines Layers)
below	(unterhalb liegender Layer)
clip	(Anzeigebereich eines Layers)
document	(document-Objekt eines Layers)
left	(Links-Wert der linken oberen Ecke relativ)
length	(Anzahl von Layern)
name	(Name eines Layers)
pageX	(Links-Wert der linken oberen Ecke absolut)
pageY	(Oben-Wert der linken oberen Ecke absolut)

parentLayer	(Objekt des Eltern-Layers)
siblingAbove	(Objekt des oberhalb liegenden Layers)
siblingBelow	(Objekt des unterhalb liegenden Layers)
src	(Externe Datei eines Layers)
top	(Oben-Wert der linken oberen Ecke relativ)
visibility	(Sichtbarkeit eines Layers)
zIndex	(Schichtposition eines Layers)

Methoden

captureEvents	(Ereignisse überwachen)
handleEvent	(Ereignisse behandeln)
load	(externe Datei laden)
moveAbove	(über einen anderen Layer legen)
moveBelow	(unter einen anderen Layer legen)
moveBy	(bewegen um Anzahl von Pixeln)
moveTo	(bewegen zu Position relaitv)
moveToAbsolute	(bewegen zu Position absolut)
releaseEvents	(Ereignisüberwachung beenden)
resizeBy	(Breite und Höhe verändern um Anzahl von Pixeln)
resizeTo	(Breite und Höhe auf Anzahl von Pixeln setzen)
routeEvent	(Event-Handler-Hierarchie durchlaufen)

layers: Allgemeines zur Verwendung

Mit dem Objekt `layers`, das in der JavaScript-Objekthierarchie unterhalb des `document`-Objekts liegt, haben Sie Zugriff auf alle Layer, die in einer HTML-Datei definiert sind. Dieses Objekt ist – ebenso wie die entsprechenden HTML-Tags – Netscape-spezifisch. Es ist die Grundlage für Dynamisches Positionieren, das in Kapitel 14.6 näher beschrieben wird.

Ein neues Layer-Objekt wird automatisch erzeugt, wenn der WWW-Browser einen Layer in der HTML-Datei vorfindet. Es stehen folgende Arten zur Verfügung, mit JavaScript einen bestimmten Layer anzusprechen.

Beispiel 1:

```
document.layers[#].Eigenschaft
document.layers[#].Methode()

Farbe = document.layers[0].bgColor;
```

Beispiel 2:

```
document.LayerName.Eigenschaft
document.LayerName.Methode()

Farbe = document.Kopfbereich.bgColor;
```

Layer können Sie auf zwei Arten ansprechen:

- Mit einer Indexnummer (wie in Beispiel 1): Bei Verwendung von Indexnummern geben Sie `document.layers` an und dahinter in eckigen Klammern, den wievielten Layer in der Datei Sie meinen. Jeder Layer, der in HTML mit dem `<layer>`-Tag oder mit dem `<ilayer>`-Tag notiert wurde, zählt. Beachten Sie, daß der Zähler bei 0 beginnt, d. h. den ersten Layer sprechen Sie mit `layers[0]` an, den zweiten mit `layers[1]` usw. Beim Zählen gilt die Reihenfolge, in der die `<layer>`/`<ilayer>`-Tags in der Datei notiert sind.
- Mit dem Namen des Layers (wie in Beispiel 2): Dabei geben Sie mit `document.LayerName` den Namen an, den Sie bei der Definition der Grafik im einleitenden `<layer>`/`<ilayer>`-Tag im Attribut `name=` angegeben haben.

javascript 1.2 | N 4.0 | Lesen

above

Speichert, welcher andere Layer über einem Layer liegt. Die Eigenschaft `above` liefert das Layer-Objekt des darüberliegenden Layers zurück. Sie müssen also noch eine Eigenschaft wie `name` anhängen, um mehr über den Layer zu erfahren. Ein Beispiel:

```
<html><head><title>Test</title>
</head><body>
<layer name="GelberLayer" top=100 left=50 height=200
   bgcolor=#FFFFE0>
Inhalt des gelben Layers
</layer>
<layer top=150 name="LilaLayer" left=100 height=200
   bgcolor=#FFE0FF>
Inhalt des lila Layers
</layer>
<a href="javascript:alert(document.GelberLayer.above.name)">
Wer liegt ueber dem gelben Layer?</a><br>
<a href="javascript:alert(document.GelberLayer.above.top)">
Und wo beginnt er?</a><br>
</body></html>
```

Im Beispiel werden zwei Layer mit den Namen `GelberLayer` und `LilaLayer` definiert. Außerdem sind zwei Verweise notiert. Der eine Verweis meldet beim Anklicken den Namen des Layers, der über dem gelben Layer liegt (`document.GelberLayer.above.name`), der andere Verweis dessen Position von oben (`document.GelberLayer.above.top`). Über dem gelben Layer liegt der lila Layer, da dieser in der Datei nach dem gelben Layer definiert wird.

javascript 1.2 | N 4.0 | Lesen Ändern

background

Speichert das Hintergrundbild (Wallpaper) eines Layers. Das folgende Beispiel zeigt, wie Sie ein solches Hintergrundbild dynamisch ändern können.

Im Beispiel wird ein Layer mit einem Hintergrundbild definiert. Beim Klick auf den Verweis wird das Hintergrundbild dynamisch durch ein anderes ersetzt. Beachten Sie, daß dazu in dem Scriptbereich im Dateikopf bereits beim Einlesen der Datei mit Hilfe des `images`-Objekts die Hintergrundgrafik registriert wird, die die andere dynamisch ersetzen soll. Beim Klick auf den Verweis wird die Funktion `Hintergrund()` aufgerufen, die das Hintergrundbild dynamisch ändert. Hinter der Adressierung des Layers müssen Sie dabei `background.src` notieren und diesem Ausdruck die zuvor registrierte Grafik zuweisen.

```
<html><head><title>Test</title>
<script language="JavaScript">
Neubild = new Image();
Neubild.src = "back02.gif";
function Hintergrund()
{
 document.TestLayer.background.src="back02.gif";
}
</script>
</head><body>
<layer top=150 name="TestLayer" left=100 height=200
   bgcolor=#FFE0FF>
Inhalt des Layers
</layer>
<a href="javascript:Hintergrund()">Anderer Hintergrund</a>
</body></html>
```

java script 1.2 | N 4.0 | Lesen Ändern

bgColor

Speichert die Hintergrundfarbe eines Layers. Im Beispiel wird ein Layer definiert. Beim Klick auf den Verweis wird die Funktion `Hintergrund()` aufgerufen, die im Dateikopf in einem Scriptbereich notiert ist. Diese Funktion fragt ab, welche Hintergrundfarbe der Layer gerade hat, und weist dementsprechend eine andere zu.

Hinweis: Dieses Beispiel ließ sich beim Testen nicht verifizieren, da Netscape (V4.01a wurde verwendet) merkwürdige `bgColor`-Werte zurücklieferte, die nicht in das von Netscape dokumentierte Schema (hexadezimale Angabe oder Farbname) passen.

```
<html><head><title>Test</title>
<script language="JavaScript">
function Hintergrund()
{
 if(document.TestLayer.bgColor=="aqua")
 { document.TestLayer.bgColor="yellow"; return; }
 else
{ document.TestLayer.bgColor="aqua"; return; }
}
```

```
</script>
</head><body>
<layer top=150 name="TestLayer" left=100 height=200
   bgcolor="aqua">
Inhalt des Layers
</layer>
<a href="javascript:Hintergrund()">Anderer Hintergrund</a>
</body></html>
```

javascript 1.2 | N 4.0 | Lesen Ändern

below

Speichert, welcher andere Layer unter einem Layer liegt. Die Eigenschaft `below` liefert das Layer-Objekt des darunterliegenden Layers zurück. Sie müssen also noch eine Eigenschaft wie `name` anhängen, um mehr über den Layer zu erfahren.

Im Beispiel werden zwei Layer mit den Namen `GelberLayer` und `LilaLayer` definiert. Außerdem sind zwei Verweise notiert. Der eine Verweis meldet beim Anklicken den Namen des Layers, der unter dem lila Layer liegt (`document.LilaLayer.below.name`), der andere Verweis dessen Position von links (`document.GelberLayer.below.left`). Unter dem lila Layer liegt der gelbe Layer, da in der Datei zuerst der gelbe und danach der lila Layer definiert wird.

```
<html><head><title>Test</title>
</head><body>
<layer name="GelberLayer" top=100 left=50 height=200
   bgcolor=#FFFFE0>
Inhalt des gelben Layers
</layer>
<layer top=150 name="LilaLayer" left=100 height=200
   bgcolor=#FFE0FF>
Inhalt des lila Layers
</layer>
<a href="javascript:alert(document.LilaLayer.below.name)">Wer liegt unter
   dem lila Layer?</a><br>
<a href="javascript:alert(document.LilaLayer.below.left)">Und wo beginnt
   er?</a><br>
</body></html>
```

javascript 1.2 | N 4.0 | Lesen Ändern

clip

Speichert, welcher Ausschnitt eines Layers angezeigt wird. Dabei gibt es folgende Untereigenschaften:

- `clip.top` speichert den Pixelwert für oben der linken oberen Ecke des sichtbaren Layer-Bereichs,

- `clip.left` speichert den Pixelwert für links der linken oberen Ecke des sichtbaren Layer-Bereichs,
- `clip.bottom` speichert den Pixelwert für unten der rechten unteren Ecke des sichtbaren Layer-Bereichs,
- `clip.right` speichert den Pixelwert für rechts der rechten unteren Ecke des sichtbaren Layer-Bereichs,
- `clip.width` speichert die Breite des sichtbaren Layer-Bereichs (alternative Angabe zur Angabe einer rechten unteren Ecke),
- `clip.height` speichert die Höhe des sichtbaren Layer-Bereichs (alternative Angabe zur Angabe einer rechten unteren Ecke).

Ein Beispiel:

```
<html><head><title>Test</title>
<script language="JavaScript">
function MachKleiner()
{
 with(document.MeinLayer)
 {
if(clip.height > 0 && clip.width > 0)
   { clip.height-=10; clip.width-=10; }
 }
}
function MachGroesser()
{
 with(document.MeinLayer)
 {
if(clip.height < 200 && clip.width > 200)
   { clip.height+=10; clip.width+=10; }
 }
}
</script>
</head><body>
<layer name="MeinLayer" top=80 left=80 height=200 width=200
   bgcolor=#FFFFE0>
Inhalt des Layers
</layer>
<a href="javascript:MachKleiner()">Kleiner</a><br>
<a href="javascript:MachGroesser()">Groesser</a>
</body></html>
```

Im Beispiel ist ein Layer definiert. Da innerhalb der HTML-Definition keine Angaben zum Clip-Bereich des Layers gemacht werden, wird der gesamte Layer angezeigt. Seine `clip`-Werte ergeben sich aus der Größe des Layers. Intern sind also `clip.top` und `clip.left` gleich 0, und `clip.width`, `clip.height`, `clip.bottom` und `clip.right` haben alle den Wert 200, weil sich dies aus den Angaben `height=200` und `width=200` in der HTML-Definition des Layers ergibt.

Mit Hilfe von zwei Verweisen läßt sich im Beispiel der sichtbare Anzeigebereich des Layers verkleinern und wieder vergrößern. Die Verweise rufen die Funktionen `MachKleiner()` bzw. `MachGroesser()` auf, die in einem Scriptbereich im Dateikopf notiert sind. Die Funktion `MachKleiner()` fragt ab, ob `clip.width` und `clip.height` größer als 0 sind. Wenn ja, werden beide Werte um 10 verringert, wodurch der Anzeigebereich des Layers von rechts unten um 10 Pixel beschnitten wird. Die Funktion `MachGroesser()` tut einfach das Umgekehrte.

java script 1.2 | N 4.0 | *document*

Jeder Layer wird von Netscape wie ein eigenes kleines Dokument behandelt. Deshalb gibt es für Layer auch ein `document`-Objekt, das genauso funktioniert wie das globale `document`-Objekt. Dadurch haben Sie Zugriff auf Dokument-Unterobjekte wie Grafiken, Formulare usw. Um solche Elemente innerhalb eines Layers anzusprechen, müssen Sie die Elemente über das Layer-eigene `document`-Objekt ansprechen. Ein Beispiel:

```
<html><head><title>Test</title>
<script language="JavaScript">
function AndererInhalt()
{
 document.MeinLayer.document.open();
 document.MeinLayer.document.write("Jetzt ist der Verweis weg!");
 document.MeinLayer.document.close();
}
</script>
</head><body>
<layer name="MeinLayer" bgcolor=#FFFFE0>
<a href="javascript:AndererInhalt()">
Diesen Verweis ueberschreiben
</a>
</layer>
</body></html>
```

Im Beispiel wird ein Layer definiert, der einen Verweis enthält. Beim Anklicken wird die Funktion `AndererInhalt()` aufgerufen, die in einem Scriptbereich im Dateikopf notiert ist. Diese Funktion benutzt typische Methoden des `document`-Objekts wie `open()`, `write()` und `close()`. Das Besondere ist, daß es sich nicht um das globale Dokument handelt, sondern um das Dokument, das der Layer darstellt. Dies wird durch eine Adressierung wie `document.MeinLayer.document` erreicht.

java script 1.2 | N 4.0 | Lesen Ändern | *left*

Speichert den Pixelwert der linken oberen Ecke eines Layers für links. Bezug ist dabei das übergeordnete Dokument. Das kann entweder das globale Dokument sein oder ein

Layer, innerhalb dessen der aktuelle Layer definiert ist. Für absoluten Bezug siehe `pageX`.

Das Beispiel enthält einen Layer innerhalb eines anderen Layers, beginnend bei Pixelposition 200 von links, mit einem Verweis. Beim Anklicken des Verweises wird der Linkswert des inneren Layers ausgegeben. Der beträgt 200, obwohl der Layer optisch gesehen bei Position 300 beginnt, weil der übergeordnete Layer ja schon bei 100 beginnt und die 200 des inneren Layers dazu addiert wird.

```
<html><head><title>Test</title>
</head><body>
<layer name="SuperLayer" left=100>
<layer name="Layerchen" left=200 width=300 bgcolor=#FFFFE0>
<a href=
"javascript:alert(document.SuperLayer.document.Layerchen.left)">
Links-Wert?</a>
</layer>
</layer>
</body></html>
```

javascript 1.2 | N 4.0 | Lesen — *length*

Speichert die Anzahl der Layer in einer Datei. Das Beispiel enthält ein paar Layer zu Testzwecken und schreibt dann mit `document.write()` die Anzahl der definierten Layer in die Datei.

```
<html><head><title>Test</title>
</head><body>
<layer></layer>
<layer></layer>
<layer></layer>
<layer></layer>
<script language="JavaScript">
 document.write("Auf dieser Seite gibt es " +
   document.layers.length + " Layer");
</script>
</body></html>
```

javascript 1.2 | N 4.0 | Lesen Ändern — *name*

Speichert den Namen eines Layers. Das Beispiel enthält einen Layer mit einem Verweis. Beim Anklicken des Verweises wird der Name des Layers in einem Meldungsfenster ausgegeben. Es ist derjenige Name, der in HTML bei dem Attribut `name=` angegeben ist.

```
<html><head><title>Test</title>
</head><body>
```

```
<layer name="Layerchen" bgcolor=#FFFFE0>
<a href="javascript:alert(document.Layerchen.name)">Wie heisse ich
   denn?</a>
</layer>
</body></html>
```

java script 1.2 | N 4.0 | Lesen Ändern

pageX

Speichert den Pixelwert der linken oberen Ecke eines Layers für links. Bezug ist dabei das globale Dokument, auch wenn der aktuelle Layer innerhalb eines anderen Layers definiert ist. Das Beispiel enthält einen Layer, beginnend bei Pixelposition 300 von links, mit einem Verweis. Beim Anklicken des Verweises wird die Funktion `NachLinks()` aufgerufen, die im Dateikopf in einem Scriptbereich notiert ist. Diese Funktion ändert den Links-Wert des Layers auf 0, so daß der Layer anschließend ganz links beginnt.

```
<html><head><title>Test</title>
<script language="JavaScript">
function NachLinks()
{
 document.Layerchen.pageX = 0;
}
</script>
</head><body>
<layer name="Layerchen" left=300 width=300 bgcolor=#FFFFE0>
<a href="javascript:NachLinks()">Nach links mit diesem Layer</a>
</layer>
</body></html>
```

java script 1.2 | N 4.0 | Lesen Ändern

pageY

Speichert den Pixelwert der linken oberen Ecke eines Layers für oben. Bezug ist dabei das globale Dokument, auch wenn der aktuelle Layer innerhalb eines anderen Layers definiert ist. Das Beispiel enthält einen Layer, beginnend bei Pixelposition 300 von oben, mit einem Verweis. Beim Anklicken des Verweises wird die Funktion `NachOben()` aufgerufen, die im Dateikopf in einem Scriptbereich notiert ist. Diese Funktion ändert den Links-Wert des Layers auf 0, so daß der Layer anschließend ganz links beginnt.

```
<html><head><title>Test</title>
<script language="JavaScript">
function NachOben()
{
 document.Layerchen.pageY = 0;
}
</script>
</head><body>
<layer name="Layerchen" top=300 width=300 bgcolor=#FFFFE0>
```

```
<a href="javascript:NachOben()">Nach oben mit diesem Layer</a>
</layer>
</body></html>
```

parentLayer

Speichert das Eltern-Objekt eines Layers. Das kann entweder das `window`-Objekt sein oder, falls der Layer innerhalb eines anderen Layers definiert ist, dieser übergeordnete Layer.

Das Beispiel enthält einen Layer innerhalb eines anderen Layers. Beim Anklicken des Verweises im inneren Layer wird der Name des Eltern-Objekts ausgegeben. Da das Elternobjekt in diesem Fall der übergeordnete Layer ist, wird dessen Name, also *Super-Layer*, ausgegeben.

```
<html><head><title>Test</title>
<script language="JavaScript">
</script>
</head><body>
<layer name="SuperLayer">
<layer name="Layerchen" bgcolor=#FFFFE0>
<a
   href="javascript:alert(document.SuperLayer.document.Layerchen.parentLa
   yer.name)">Super-Name?</a>
</layer>
</layer>
</body></html>
```

siblingAbove

Speichert denjenigen Layer, der auf Grund der Schichtposition, die z. B. mit `z-index=` in HTML festgelegt wird, über dem angesprochenen Layer liegt. Es handelt sich dabei um ein Layer-Objekt, für das seinerseits alle verfügbaren Eigenschaften und Methoden gelten.

Das Beispiel definiert insgesamt fünf Layer. Der zuletzt definierte Layer enthält vier Verweise. Jeder Verweis gibt für einen der ersten vier Layer den Namen desjenigen Layers aus, der aufgrund der `z-index`-Ordnung über dem angesprochenen Layer liegt. Klickt man beispielsweise auf den ersten Verweis, wird für den Layer mit dem Namen L1 der Name des Layers ausgegeben, der darüber liegt. Das ist in diesem Fall der Layer mit dem Namen L3, da der Layer L1 den `z-index`-Wert 3 hat und der Layer L3 den nächsthöheren `z-index`-Wert, nämlich 4.

```
<html><head><title>Test</title>
</head><body>
<layer name="L1" left=100 top=100 z-index=3
   bgcolor=#FFFFE0>Layerinhalt L1</layer>
```

```
<layer name="L2" left=120 top=120 z-index=1
   bgcolor=#FFFFD0>Layerinhalt L2</layer>
<layer name="L3" left=140 top=140 z-index=4
   bgcolor=#FFFFC0>Layerinhalt L3</layer>
<layer name="L4" left=140 top=140 z-index=2
   bgcolor=#FFFFB0>Layerinhalt L4</layer>
<layer name="L5" left=100 top=180>
<a href="javascript:alert(document.L1.siblingAbove.name)">
   L1 siblingAbove</a><br>
<a href="javascript:alert(document.L2.siblingAbove.name)">
   L2 siblingAbove</a><br>
<a href="javascript:alert(document.L3.siblingAbove.name)">
   L3 siblingAbove</a><br>
<a href="javascript:alert(document.L4.siblingAbove.name)">
   L4 siblingAbove</a><br>
</layer>
</body></html>
```

siblingBelow

Speichert denjenigen Layer, der auf Grund der Schichtposition, die z. B. mit `z-index=` in HTML festgelegt wird, unter dem angesprochenen Layer liegt. Es handelt sich dabei um ein Layer-Objekt, für das seinerseits alle verfügbaren Eigenschaften und Methoden gelten. Ein Beispiel:

```
<html><head><title>Test</title>
</head><body>
<layer name="L1" left=100 top=180>
<a href="javascript:alert(document.L2.siblingBelow.name)">
   L2 siblingBelow</a><br>
<a href="javascript:alert(document.L3.siblingBelow.name)">
   L3 siblingBelow</a><br>
<a href="javascript:alert(document.L4.siblingBelow.name)">
   L4 siblingBelow</a><br>
<a href="javascript:alert(document.L5.siblingBelow.name)">
   L5 siblingBelow</a><br>
</layer>
<layer name="L2" left=100 top=100 z-index=3
   bgcolor=#FFFFE0>Layerinhalt L2</layer>
<layer name="L3" left=120 top=120 z-index=1
   bgcolor=#FFFFD0>Layerinhalt L3</layer>
<layer name="L4" left=140 top=140 z-index=4
   bgcolor=#FFFFC0>Layerinhalt L4</layer>
<layer name="L5" left=140 top=140 z-index=2
   bgcolor=#FFFFB0>Layerinhalt L5</layer>
</body></html>
```

Das Beispiel definiert insgesamt fünf Layer. Der erste Layer enthält vier Verweise. Jeder Verweis gibt für einen der folgenden vier Layer den Namen desjenigen Layers aus, der aufgrund der `z-index`-Ordnung unter dem angesprochenen Layer liegt. Klickt man beispielsweise auf den ersten Verweis, wird für den Layer mit dem Namen L2 der Name des Layers ausgegeben, der darunter liegt. Das ist in diesem Fall der Layer mit dem Namen L5, da der Layer L1 den `z-index`-Wert 3 hat und der Layer L2 den nächstniedrigeren `z-index`-Wert, nämlich 2.

javascript 1.2 | N 4.0 | Lesen Ändern — *src*

Speichert die externe Datei, die in einen Layer eingebunden ist. Beispiel:

```
<html><head><title>Test</title>
</head><body>
<layer name="extern" left=50 top=30 width=600 height=200
   src="news.htm">
</layer>
<layer left=50 top=250>
<script language="JavaScript">
document.write("<hr><b>Eingebunden wurde die Datei: </b>" +
   window.document.extern.src);
</script>
</layer>
</body></html>
```

Das Beispiel enthält zwei positionierte Layer. Der Inhalt des ersten Layers ist eine externe Datei namens *news.htm*. Im zweiten Layer wird mit Hilfe von `document.write()` die genaue Adresse der externen Datei in den Layerbereich geschrieben. Beachten Sie, daß in diesem Fall `window.document.extern.src` zur Adressierung des anderen Layers verwendet werden muß, da `document.extern.src` sich sonst nur auf den aktuellen Layer beziehen würde und dieser kein Element namens `extern` enthält.

javascript 1.2 | N 4.0 | Lesen Ändern — *top*

Speichert den Pixelwert der linken oberen Ecke eines Layers für oben. Bezug ist dabei das übergeordnete Dokument. Das kann entweder das globale Dokument sein oder ein Layer, innerhalb dessen der aktuelle Layer definiert ist. Für absoluten Bezug siehe `pageY`.

Das Beispiel enthält einen Layer innerhalb eines anderen Layers, beginnend bei Pixelposition 200 von oben, mit einem Verweis. Beim Anklicken des Verweises wird der Oben-Wert des inneren Layers ausgegeben. Der beträgt 200, obwohl der Layer optisch gesehen bei Position 300 beginnt, weil der übergeordnete Layer ja schon bei 100 beginnt und die 200 des inneren Layers dazu addiert wird.

```
<html><head><title>Test</title>
</head><body>
<layer name="SuperLayer" top=100>
```

```
<layer name="Layerchen" top=200 width=300 bgcolor=#FFFFE0>
<a href= "javascript:alert(document.SuperLayer.document.Layerchen.top)">
Oben-Wert?</a>
</layer>
</layer>
</body></html>
```

java script 1.2 | N 4.0 | Lesen Ändern | *visibility*

Speichert, ob bzw. daß ein Layer sichtbar ist oder nicht. Im Beispiel werden zwei positionierte Layer definiert. Jeder der beiden Layer enthält einen Verweis, bei dessen Anklicken der jeweils andere Layer aus- und wieder eingeblendet wird. Dazu wird jeweils die Funktion `EinAus()` aufgerufen, die im Dateikopf notiert ist. Als Parameter wird die Indexnummer des jeweils anderen Layers übergeben. Die Eigenschaft `visibility` kann die drei Werte `hide` (verstecken), `show` (anzeigen) und `inherit` (wie vom Eltern-Layer vererbt) haben.

```
<html><head><title>Test</title>
<script language="JavaScript">
function EinAus(Nummer)
{
 if(window.document.layers[Nummer].visibility == "show")
 { window.document.layers[Nummer].visibility = "hide"; return; }
 if(window.document.layers[Nummer].visibility == "hide")
 { window.document.layers[Nummer].visibility = "show"; return; }
}
</script>
</head><body>
<layer name="GelberLayer" left=50 top=30 width=200 height=200
   visibility=show bgcolor=#FFFFE0>
<a href="javascript:EinAus(1)">anderer Layer ein/aus</a>
</layer>
<layer name="LilaLayer" left=250 top=30 width=200 height=200
   visibility=show bgcolor=#FFE0FF>
<a href="javascript:EinAus(0)">anderer Layer ein/aus</a>

</body></html>
```

java script 1.2 | N 4.0 | Lesen Ändern | *zIndex*

Speichert die Schichtposition eines Layers. Im Beispiel wird ein Layer definiert, der per HTML-Attribut einen `z-index`-Wert von 527 erhält. Innerhalb des Layers ist ein Verweis notiert. Beim Anklicken des Verweises wird der `z-Index`-Wert des Layers in einem Meldungsfenster ausgegeben.

```
<html><head><title>Test</title>
</head><body>
```

```
<a href="javascript:alert(window.document.EinLayer.zIndex)">
z-index?
</a>
</body></html>
```

captureEvents( )

Überwacht Anwenderereignisse in einem Layer. Funktioniert genauso wie `captureEvents()` beim `window`-Objekt – nähere Informationen siehe in Kapitel 13.2). Der einzige Unterschied ist, daß Sie mit `window.document.Layername.caputeEvents()` nur Ereignisse innerhalb des Layer-Bereichs überwachen können, keine Ereignisse im gesamten Fensterbereich – zu dem beispielsweise auch Titelleiste, Menüleisten usw. gehören.

handleEvent( )

Übergibt ein Ereignis an ein Element, das in der Lage ist, auf das Ereignis zu reagieren. Funktioniert genauso wie `handleEvent()` beim `window`-Objekt. Der einzige Unterschied ist, daß `window.document.Layername.handleEvent()` nur Ereignisse übergeben kann, die mit `window.document.Layername.captureEvents()` überwacht werden.

load( )

Lädt eine externe Datei in einen Layer. Erwartet zwei Parameter:

- Quelle: eine (HTML)-Datei, die geladen werden soll.
- Breite: Anzeigebreite des Layers.

Das Beispiel enthält einen leeren Layer und einen Verweis. Beim Anklicken des Verweises wird die Funktion `Laden()` aufgerufen, die im Dateikopf notiert ist. Die Anweisung innerhalb der Funktion wendet die Methode `load()` auf den bis dahin leeren Layer an. Die angegebene Datei *news.htm* wird in den Layer geladen, und der Layer erhält eine Anzeigebreite von 600 Pixeln.

```
<html><head><title>Test</title>
<script language="JavaScript">
function Laden()
{
 document.EinLayer.load("news.htm",600);
}
</script>
</head><body>
<a href="javascript:Laden()">News laden</a>
<layer name="EinLayer" top=50 left=20>
"/layer"
</body></html>
```

moveAbove( )

Legt einen Layer über einen anderen Layer. Erwartet als Parameter den Layer, der überdeckt werden soll. Die Schichtposition des veränderten Layers ändert sich dabei abhängig von der des Layers, der überdeckt werden soll. Diese Methode hat nichts mit dem Bewegen von Layern zu tun. Im Beispiel werden zwei positionierte Layer definiert, die sich zum Teil überlappen. Beide enthalten jeweils einen Verweis, um den eigenen Layer über den anderen zu legen.

```
<html><head><title>Test</title>
</head><body>
<layer name="GelberLayer" top=150 left=100 width=200 height=200
   bgColor=#FFFFE0>
Gelber Layer<br>
<a href= "javascript:window.document.GelberLayer.moveAbove
  (window.document.LilaLayer)">
nach vorne</a>
</layer>
<layer name="LilaLayer" top=50 left=250 width=200 height=200
   bgColor=#FFE0FF>
Lila Layer<br>
<a href= "javascript:window.document.LilaLayer.moveAbove
   (window.document.GelberLayer)">
nach vorne</a>
</layer>
</body></html>
```

moveBelow( )

Legt einen Layer unter einen anderen Layer. Erwartet als Parameter den Layer, der den aktuellen überdecken soll. Die Schichtposition des veränderten Layers ändert sich dabei abhängig von der des Layers, der den aktuellen Layer überdecken soll. Diese Methode hat nichts mit dem Bewegen von Layern zu tun. Im Beispiel werden zwei positionierte Layer definiert, die sich zum Teil überlappen. Beide enthalten jeweils einen Verweis, um den eigenen Layer von dem jeweils anderen überdecken zu lassen.

```
<html><head><title>Test</title>
</head><body>
<layer name="GelberLayer" top=150 left=100 width=200 height=200
   bgColor=#FFFFE0>
Gelber Layer<br>
<a href= "javascript:window.document.GelberLayer.moveBelow
   (window.document.LilaLayer)">
nach hinten</a>
</layer>
<layer name="LilaLayer" top=50 left=250 width=200 height=200
   bgColor=#FFE0FF>
```

```
Lila Layer<br>
<a href= "javascript:window.document.LilaLayer.moveBelow
   (window.document.GelberLayer)">
nach hinten</a>
</layer>
</body></html>
```

JavaScript 1.2 N 4.0 *moveBy( )*

Verschiebt einen Layer um so viele Pixel wie angegeben. Erwartet folgende Parameter:

- x-Wert: um wie viele Pixel der Layer nach links/rechts verschoben werden soll. Negative Werte verschieben nach links, positive nach rechts.
- y-Wert: um wie viele Pixel der Layer nach oben/unten verschoben werden soll. Negative Werte verschieben nach oben, positive nach unten.

Beispiel:

```
<html><head><title>Test</title>
<script language="JavaScript">
function Springen()
{
 x = eval(document.Springer.document.Eingabe.hr.value);
 y = eval(document.Springer.document.Eingabe.vr.value);
 document.Springer.moveBy(x,y);
}
</script>
</head><body>
<layer name="Springer" top=150 left=100 width=200 height=200
   bgColor=#FFFFE0>
<form name="Eingabe">
Springe um <input size=5 name="hr"> Pixel horizontal<br>
Springe um <input size=5 name="vr"> Pixel vertikal<br>
<input type=button value="Springe" onClick="Springen()">
</form>
</body></html>
```

Im Beispiel wird ein Layer definiert, der ein Formular enthält. Das Formular stellt zwei kleine Eingabefelder bereit, in denen der Anwender eingeben kann, um wie viele Pixel der Layer horizontal und vertikal verschoben werden soll. Beim Anklicken des Buttons, der auch zu dem Formular gehört, wird die Funktion `Springen()` aufgerufen, die im Dateikopf notiert ist. Diese Funktion ermittelt zunächst die eingegebenen Werte. Da es sich um Zeichenketten handelt, die Methode `moveBy()` aber Zahlen erwartet, wird die Funktion `eval()` zum Umwandeln der Formulareingaben in eine Zahl angewendet. Anschließend wendet die Funktion die Methode `moveBy()` mit den ermittelten Werten auf den Layer an.

moveTo( )

Verschiebt einen Layer auf die anzugebende Position. Erwartet folgende Parameter:

- x-Wert: Links-Wert für die neue obere linke Ecke des Fensters.
- y-Wert: Oben-Wert für die neue obere linke Ecke des Fensters.

Beispiel:

```
<html><head><title>Test</title>
<script language="JavaScript">
function Springen()
{
 x = eval(document.Springer.document.Eingabe.hr.value);
 y = eval(document.Springer.document.Eingabe.vr.value);
 document.Springer.moveTo(x,y);
}
</script>
</head><body>
<layer name="Springer" top=150 left=100 width=200 height=200
   bgColor=#FFFFE0>
<form name="Eingabe">
links oben neu: <input size=5 name="hr"> (von links)<br>
links oben neu: <input size=5 name="vr"> (von oben)<br>
<input type=button value="Springe" onClick="Springen()">
</form>
</body></html>
```

Im Beispiel wird ein Layer definiert, der ein Formular enthält. Das Formular stellt zwei kleine Eingabefelder bereit, in denen der Anwender die x- und y-Werte der neuen gewünschten oberen linken Ecke des Layers eingeben kann. Beim Anklicken des Buttons, der auch zu dem Formular gehört, wird die Funktion `Springen()` aufgerufen, die im Dateikopf notiert ist. Diese Funktion ermittelt zunächst die eingegebenen Werte. Da es sich um Zeichenketten handelt, die Methode `moveBy()` aber Zahlen erwartet, wird die Funktion `eval()` zum Umwandeln der Formulareingaben in eine Zahl angewendet. Anschließend wendet die Funktion die Methode `moveTo()` mit den ermittelten Werten auf den Layer an.

Beachten Sie: Wenn sich der Layer, auf den Sie die `moveTo()`-Methode anwenden, innerhalb eines anderen Layers befindet, beziehen sich die Angaben relativ zu dem äußeren Layer. Eine Angabe wie `moveTo(0,0)` springt also zur linken oberen Ecke des äußeren Layers.

moveToAbsolute( )

Funktioniert genauso wie moveTo( ), mit dem Unterschied, daß die x- und y-Werte absolut zum Anzeigefenster interpretiert werden, falls sich der Layer innerhalb eines anderen Layers befindet.

releaseEvents( )

Beendet die Überwachung von Anwenderereignissen. Funktioniert genauso wie `releaseEvents()` beim `window`-Objekt. Der einzige Unterschied ist, daß `document.Layername.releaseEvent()` nur Ereignisüberwachungen beenden kann, die mit `document.Layername.captureEvents()` gestartet wurden.

resizeBy( )

Verändert die Größe eines Layers um so viele Pixel unten und rechts wie angegeben. Erwartet folgende Parameter:

- x-Wert: um wie viele Pixel der Layer rechts verkleinert/vergrößert werden soll. Negative Werte verkleinern, positive vergrößern.
- y-Wert: um wie viele Pixel der Layer unten verkleinert/vergrößert werden soll. Negative Werte verkleinern, positive vergrößern.

Im Beispiel ist ein Layer definiert. Mit Hilfe von zwei Verweisen läßt sich im Beispiel der sichtbare Anzeigebereich des Layers verkleinern und wieder vergrößern. Die Verweise rufen die Funktionen `MachKleiner()` bzw. `MachGroesser()` auf, die in einem Scriptbereich im Dateikopf notiert sind. Die Funktion `MachKleiner()` verringert die Breite des Layers um 20 Pixel und die Höhe um 10 Pixel, die Funktion `MachGroesser()` tut das Umgekehrte.

```
<html><head><title>Test</title>
<script language="JavaScript">
function MachKleiner()
{
 document.MeinLayer.resizeBy(-20,-10);
}
function MachGroesser()
{
 document.MeinLayer.resizeBy(20,10);
}
</script>
</head><body>
<layer name="MeinLayer" top=50 left=50 width=200 height=100
   bgColor=#FFFFE0>
<a href=javascript:"MachKleiner()">Kleiner</a><br>
<a href=javascript:"MachGroesser()">Groesser</a><br>
</layer>
</body></html>
```

resizeTo( )

Legt die Breite und Höhe eines Layers neu fest. Erwartet folgende Parameter:

- x-Wert: neue Breite des Layers.
- y-Wert: neue Höhe des Layers.

Im Beispiel wird ein Layer definiert, der ein Formular enthält. Das Formular stellt zwei kleine Eingabefelder bereit, in denen der Anwender die x- und y-Werte der neuen gewünschten Breite und Höhe des Layers eingeben kann. Beim Anklicken des Buttons, der auch zu dem Formular gehört, wird die Funktion `Aendern()` aufgerufen, die im Dateikopf notiert ist. Diese Funktion ermittelt zunächst die eingegebenen Werte. Da es sich um Zeichenketten handelt, die Methode `moveBy()` aber Zahlen erwartet, wird die Funktion `eval()` zum Umwandeln der Formulareingaben in eine Zahl angewendet. Anschließend wendet die Funktion die Methode `resizeTo()` mit den ermittelten Werten auf den Layer an.

```
<html><head><title>Test</title>
<script language="JavaScript">
function Aendern()
{
 x = eval(document.L.document.Eingabe.hr.value);
 y = eval(document.L.document.Eingabe.vr.value);
 document.L.resizeTo(x,y);
}
</script>
</head><body>
<layer name="L" top=50 left=50 width=200 height=200
   bgColor=#FFFFE0>
<form name="Eingabe">
neue <input size=5 name="hr"> Breite<br>
neue <input size=5 name="vr"> Hoehe<br>
<input type=button value="Aendern" onClick="Aendern()">
</form>
</body></html>
```

routeEvent( )

Übergibt ein Anwenderereignis an das `document`-Objekt. Von dort aus wird das Ereignis immer weiter nach unten durchgereicht, bis sich ein Event-Handler findet, der das Ereignis verarbeitet. Funktioniert genauso wie `routeEvent()` beim `window`-Objekt. Der einzige Unterschied ist, daß `document.Layername.routeEvent()` nicht auf Fenster-Ebene ansetzt, sondern auf Layer-Ebene.

13.14 links

Eigenschaften

length (Anzahl von Verweisen)

links: Allgemeines zur Verwendung

Mit dem Objekt links, das in der JavaScript-Objekthierarchie unterhalb des document-Objekts liegt, haben Sie Zugriff auf Verweise, die in einer HTML-Datei definiert sind. Die einzige JavaScript-Objekteigenschaft des links-Objekts ist die Anzahl der Verweise in einer Datei. Über das links-Objekt haben Sie jedoch auch Zugriff auf Verweisziele der definierten Verweise.

Java script 1.1 | N 3.0 | 4.0

Zugriff auf Verweisziele

Sie können mit JavaScript die Verweisziele von Verweisen in HTML ermitteln. Im Beispiel werden ein paar Verweise notiert. Unterhalb davon steht ein JavaScript, das mit document.write() in einer for-Schleife für jeden Verweis das Verweisziel in die Datei schreibt. Es handelt sich um denjenigen Wert, der bei den Verweisen hinter href= notiert ist.

Der Zugriff auf die Verweise erfolgt mit Indexnummern. Dabei geben Sie document.links an und dahinter in eckigen Klammern, den wievielten Verweis in der Datei Sie meinen. Beachten Sie, daß der Zähler bei 0 beginnt, d. h. den ersten Verweis sprechen Sie mit links[0] an, den zweiten Verweis mit links[1] usw. Beim Zählen gilt die Reihenfolge, in der die Verweise in der Datei notiert sind. Dabei werden auch Verweise innerhalb von Verweis-sensitiven Grafiken (<area>-Tag) berücksichtigt.

```
<html><head><title>Test</title>
</head><body>
<a href="http://www.yahoo.de/">Yahoo</a><br>
<a href="http://www.lycos.de/">Lycos</a><br>
<a href="http://www.excite.de/">Excite</a><br>
<p>
<script language="JavaScript">
for(i=0; i < document.links.length; ++i)
 document.write("<br>" + document.links[i]);
</script>
</body></html>
```

Java script 1.0 | N 2.0 | 3.0 | Lesen

length

Speichert, wie viele Verweise eine HTML-Datei enthält. Mit document.links.length können Sie die Anzahl der Verweise in einer HTML-Datei ermitteln. Das Beispiel enthält zunächst HTML-Text mit diversen Verweisen und schreibt am Ende mit document.write() dazu, wie viele Verweise in der Datei gefunden wurden. Beachten Sie, daß dabei (seit Netscape 3.0) auch Verweise berücksichtigt werden, die in Verweis-sensitiven Grafiken mit Hilfe des <area>-Tags definiert werden.

```
<html><head><title>Test</title>
</head><body>
```

```
<a href="http://www.yahoo.de/">Yahoo</a><br>
<a href="http://www.lycos.de/">Lycos</a><br>
<map name="Testbild">
<area shape=rect coords="1,1,249,49" href="#Ziel_1">
<area shape=rect coords="1,51,149,299" href="#Ziel_2">
</map>
<img src="datei.gif" width=400 height=400 usemap="#Testbild">
<p>
<script language="JavaScript">
document.write("Die Datei hat " + document.links.length +
   " Verweise");
</script>
</body></html>
```

13.15 event

Eigenschaften

altKey, ctrlKey, shiftKey	(Sondertasten/Microsoft)
clientX, clientY	(Bildschirmkoordinaten/Microsoft)
keyCode	(Tastaturcode/Microsoft)
layerX, layerY	(Objekt-relative Koordinaten/Netscape)
modifiers	(Sondertasten/Netscape)
offsetX, offsetY	(Objekt-relative Koordinaten/Microsoft)
pageX, pageY	(Fenster-relative Koordinaten/Netscape)
screenX, screenY	(Bildschirmkoordinaten/Netscape)
which	(Tastatur-/Maustastencode/Netscape)
type	(Art des Ereignisses/Netscape)
x,y	(Elternelement-relative Koordinaten/Microsoft)

event: Allgemeines zur Verwendung

Mit dem Objekt `event` können Sie Einzelinformationen zu Anwenderereignissen wie Mausklicks oder Tasteneingaben ermitteln und weiterverarbeiten. So können Sie bei einem Mausklick beispielsweise die genaue Position ermitteln, wo der Mausklick erfolgte, oder bei einem Tastendruck die gedrückte Taste abfragen.

Anwenderereignisse können Sie entweder überwachen, indem Sie in einem erlaubten HTML-Tag einen Event-Handler notieren oder indem Sie direkt mit Hilfe von JavaScript eine Ereignisüberwachung programmieren. Für den Fall, daß das überwachte Ereignis eintritt, können Sie eine Handler-Funktion schreiben, die das Ereignis behandelt, also verarbeitet. Die Handler-Funktion wird automatisch aufgerufen, wenn das Ereignis eintritt. Innerhalb einer Handler-Funktion besteht auch die Möglichkeit, Eigenschaften des eingetretenen Ereignisses abzufragen. Solche Eigenschaften werden auf dieser Seite beschrieben.

Sowohl Netscape 4.x als auch der Internet Explorer 4.x kennen das `event`-Objekt. Leider ist die Implementierung völlig unterschiedlich gelöst und führt zu einer ziemlich chaotischen Situation in diesem Bereich. Die Eigenschaften des `event`-Objekts, die im folgenden beschrieben werden, berücksichtigen beide Browser. In der Regel ist eine Eigenschaft jedoch entweder nur bei Netscape oder nur beim Internet Explorer verfügbar. Auch in der Syntax zur Überwachung von Ereignissen unterscheiden sich beide Browser. Das gilt sowohl bei der Ereignisüberwachung per Event-Handler in HTML als auch für die direkte Ereignisüberwachung in JavaScript. Die Unterschiede bei den Event-Handlern werden im Kapitel 12.2.10 über Event-Handler näher beschrieben. Hier wird zur allgemeinen Verwendung des `event`-Objekts beschrieben, wie Sie mit Hilfe von JavaScript eine direkte Ereignisüberwachung programmieren. Das Beispiel zeigt auch, wie Sie eine solche Ereignisüberwachung für beide Browser getrennt programmieren können, ohne daß es zu Fehlermeldungen kommt.

Beispiel (Ereignisüberwachung direkt mit JavaScript programmieren):

```
<html><head><title>Test</title>

<script language="JavaScript1.2">

var Netscape = new Boolean();
if(navigator.appName == "Netscape")  Netscape = true;

function TasteGedrueckt(Ereignis)
{
 if(Netscape)
  { window.status = "Taste mit Dezimalwert " + Ereignis.which
     + " gedrueckt"; return true; }
}
function TasteLosgelassen(Ereignis)
{
 if(Netscape)
  { window.status = "Taste mit Dezimalwert " + Ereignis.which
     + " losgelassen"; return true; }
}
document.onkeydown = TasteGedrueckt;
document.onkeyup = TasteLosgelassen;
</script>

<!-- JScript-Bereiche fuer MS Internet Explorer -->
<script for=document event="onkeydown()" language="JScript">
 { window.status = "Taste mit Dezimalwert " +
    window.event.keyCode + " gedrueckt"; return true; }
</script>
<script for=document event="onkeyup()" language="JScript">
 { window.status = "Taste mit Dezimalwert " +
    window.event.keyCode + " losgelassen"; return true; }
</script>
```

Das Beispiel überwacht Tastaturereignisse auf Dokumentebene. Das heißt: Wenn der Anwender in den Anzeigebereich der angezeigten HTML-Datei klickt – Dokument erhält den Fokus – und dann irgendeine Taste drückt, wird das Ereignis von der programmierten Ereignisüberwachung abgefangen und verarbeitet. Im Beispiel wird bei jedem Tastendruck in der Statuszeile des Browsers der dezimale Tastaturcode der gedrückten Taste ausgegeben.

Um so etwas für Netscape 4.x und Internet Explorer 4.x zu realisieren, werden im Beispiel ein JavaScript-Bereich und zwei spezielle JScript-Bereiche definiert. Die JScript-Bereiche werden nur vom Internet Explorer ausgelesen, da Netscape Scripts, die mit `language="JScript"` ausgezeichnet sind, ignoriert. Der JavaScript-Bereich ist mit `language="JavaScript1.2"` ausgezeichnet. So wird verhindert, daß ältere Browser (z. B. Netscape 3) diesen Bereich interpretieren. Der Bereich wird jedoch von Netscape 4 und vom Internet Explorer 4 interpretiert. Gedacht ist er jedoch nur für Netscape 4. Deshalb werden alle Anweisungen innerhalb des Bereichs von der Abfrage abhängig gemacht, ob Netscape am Werk ist.

Es werden zwei Funktionen definiert: Die Funktion `TasteGedrueckt(Ereignis)` ist die sogenannte Handler-Funktion für den Fall, daß der Anwender eine Taste drückt. Die Funktion `TasteLosgelassen(Ereignis)` behandelt den Fall, daß der Anwender die gedrückte Taste wieder losläßt. Beide Funktionen erwarten einen Parameter namens `Ereignis`. Über diesen Parameter können die Funktionen auf Eigenschaften des `event`-Objekts zugreifen. In den beiden Funktionen im Beispiel wird die Objekteigenschaft `which` ausgewertet, die nach Netscape-Syntax den dezimalen Tastaturcode einer gedrückten Taste speichert.

Das allein genügt jedoch noch nicht zur Ereignisüberwachung. Damit die Handler-Funktionen bei Eintritt des Ereignisses automatisch aufgerufen werden, muß die Ereignisüberwachung gestartet werden. Dazu dienen die beiden Anweisungen am Ende des JavaScript-Bereichs:

- Mit `document.onkeydown = TasteGedrueckt;` wird das Ereignis »Taste gedrückt« (`onkeydown`) überwacht. Hinter dem Gleichheitszeichen folgt der Name der Handler-Funktion, die dieses Ereignis verarbeiten soll (`TasteGedrueckt`). Beachten Sie, daß hier nur der Funktionsname stehen darf, kein Funktionsaufruf mit runden Klammern dahinter.

- Mit `document.onkeyup = TasteLosgelassen;` wird das Ereignis »Taste losgelassen« (`onkeyup`) überwacht, und zur Ereignisbehandlung wird die Handler-Funktion `TasteLosgelassen` angegeben. Nach dem gleichen Schema können Sie auch andere Ereignisse überwachen – die Handler-Funktionen definieren Sie selber, und anstelle von `onkeydown` und `onkeyup` können Sie alle anderen üblichen Event-Handler notieren.

Bei den beiden Scriptbereichen für den Internet Explorer wird für jedes zu überwachende Ereignis ein Scriptbereich notiert. Mit einer Angabe wie `for=document event="onkeydown()"` im einleitenden `<script>`-Tag geben Sie an, welches Ereignis

Sie überwachen wollen (z. B. `onkeydown`) und für welches Objekt (z. B. `document`). Es sind alle üblichen Event-Handler erlaubt.

Innerhalb des Scripts können Sie dann auf Eigenschaften des `event`-Objekts zugreifen, die der Internet Explorer kennt. Mit `window.event.keyCode` wird beispielsweise der dezimale Tastaturcode einer gedrückten Taste ermittelt.

JS 4.0 Lesen *altKey, ctrlKey, shiftKey*

Microsoft-Syntax. Speichert, ob Zusatztasten wie die [Alt]-Taste oder die [⇧]-Taste gemeinsam mit einer anderen Taste oder einem Mausklick gedrückt wurden. Im Beispiel wird überwacht, ob der Anwender eine Taste drückt (`onkeypress`). Wenn ja, wird abgefragt, ob zusätzlich die Umschalttaste gedrückt wurde. In diesem Fall wird eine entsprechende Meldung ausgegeben.

```
<html><head><title>Test</title>
<script for=document event="onkeypress()" language="JScript">
 {
  if(window.event.shiftKey)
   alert("eine Taste plus Umschalttaste gedrueckt!");
 }
</script>
</head><body>
</body></html>
```

JS 4.0 Lesen *clientX, clientY*

Microsoft-Syntax. Speichert die horizontalen Pixel (`clientX`) und die vertikalen Pixel (`clientY`) der Cursorposition relativ zur oberen linken Ecke des Anzeigefensters, wenn z. B. Mausereignisse überwacht werden.

Das Beispiel enthält einen `<div>`-Bereich, der mit Hilfe von Style-Sheet-Angaben absolut positioniert wird. Wenn der Anwender mit der Maus in das Fenster klickt, wird der Bereich an die Position verschoben, an der der Mausklick erfolgt.

```
<html><head><title>Test</title>
<script for=document event="onmousedown()" language="JScript">
 {
  document.all.Springer.style.left = window.event.clientX;
  document.all.Springer.style.top = window.event.clientY;
 }
</script>
</head><body>
<div id="Springer" style="background-color:#FFE0FF;
   position:absolute; top:100px;
   left:100px; width:100px; height:100px;"></div>
</body></html>
```

keyCode

Microsoft-Syntax. Speichert bei Tastaturereignissen den dezimalen Code (ASCII/ANSI-Wert) der gedrückten Taste. Das Beispiel überwacht, ob bei aktivem Dokument eine Taste gedrückt wurde. Wenn ja, wird deren Wert in einem Meldungsfenster ausgegeben.

```
<html><head><title>Test</title>
<script for=document event="onmousedown()" language="JScript">
 {
  alert(window.event.keyCode);
 }
</script>
</head><body>
</body></html>
```

layerX, layerY

Netscape-Syntax. Speichert die aktuelle Breite (`layerX`) und Höhe (`layerY`) eines Objekts, wenn das Ereignis `onresize` überwacht wird, oder die horizontalen Pixel (`layerX`) und die vertikalen Pixel (`layerY`) der Cursorposition relativ zur oberen linken Ecke eines Layer-Bereichs, wenn z. B. Mausereignisse überwacht werden.

Das Beispiel überwacht, ob der Anwender das Anzeigefenster des Browsers verändert. Beim Verändern der Größe des Anzeigefensters wird so oft wie möglich die Handler-Funktion `wResize` aufgerufen. Diese schreibt in die Statuszeile des Browsers die aktuelle Fenstergröße.

```
<html><head><title>Test</title>
<script language="JavaScript">
function wResize(Ereignis)
{
 window.status = Ereignis.layerX + "x" + Ereignis.layerY;
   return true;
}
window.onresize = wResize;
</script>
</head><body>
</body></html>
```

modifiers

Netscape-Syntax. Speichert, ob Zusatztasten wie die `Alt`-Taste oder die ⇧-Taste gemeinsam mit einer anderen Taste oder einem Mausklick gedrückt wurden. Ein Beispiel:

```
<html><head><title>Test</title>
<script language="JavaScript">
```

```
function ALT_Wert(Ereignis)
{
 if(Ereignis.modifiers & Event.ALT_MASK)
  alert("Maus geklickt und ALT-Taste gedrueckt!")
}
document.onmouseup = ALT_Wert;
</script>
</head><body>
</body></html>
```

Im Beispiel wird das Meldungsfenster dann angezeigt, wenn der Anwender mit der Maus in das Dokument geklickt hat und gleichzeitig die `Alt`-Taste gedrückt hält. Die verwendete Syntax benutzt Bit-Operatoren. Fragen Sie einfach so ab wie in dem Beispiel. Folgende Ausdrücke sind erlaubt:

- `Ereignis.modifiers & Event.ALT_MASK`, um die `Alt`-Taste abzufragen.
- `Ereignis.modifiers & Event.CONTROL_MASK`, um die `Strg`-Taste abzufragen.
- `Ereignis.modifiers & Event.SHIFT_MASK`, um die `⇧`-Taste (Großschreibung) abzufragen.
- `Ereignis.modifiers & Event.META_MASK`, um die `AltGr`-Taste abzufragen.

Diese Angaben sind natürlich abhängig davon, ob die verwendete Tastatur eine solche Taste überhaupt enthält.

JS 4.0 Lesen *offsetX, offsetY*

Microsoft-Syntax. Speichert die horizontalen Pixel (`clientX`) und die vertikalen Pixel (`clientY`) der Cursorposition relativ zur oberen linken Ecke des Elements, das ein Ereignis ausgelöst hat. Das Beispiel enthält ein Formular mit einem Button. Beim Anklicken des Buttons wird die Funktion `Coords()` aufgerufen. Diese gibt die Pixelkoordinaten des Mausklicks relativ zur oberen linken Ecke des Elements, also des Buttons, aus.

```
<html><head><title>Test</title>
<script language="JScript">
function Coords()
 {
  alert("Stelle im Button: " + window.event.offsetX + "/" +
    window.event.offsetY);
 }
</script>
</head><body>
<form>
<input type=button value="Klick doch mal auf mich drauf"
    onClick="Coords()">
</form>
</body></html>
```

pageX, pageY

Netscape-Syntax. Speichert die horizontalen Pixel (`pageX`) und die vertikalen Pixel (`pageY`) der Cursorposition relativ zur oberen linken Ecke der Seite, wenn z. B. Mausereignisse überwacht werden. Das Beispiel enthält einen Layer. Wenn der Anwender mit der Maus in das Fenster klickt und die Maustaste dann wieder losläßt, wird der Layer an die Position verschoben, an der die Maus losgelassen wurde.

```
<html><head><title>Test</title>
<script language="JavaScript">
function LayerPos(Ereignis)
{
 document.layers[0].left = Ereignis.pageX;
 document.layers[0].top = Ereignis.pageY;
}
document.onmouseup = LayerPos;
</script>
</head><body>
<layer top=50 left=50 width=100 height=100
   bgcolor=#FFE0FF></layer>
</body></html>
```

screenX, screenY

Netscape-Syntax. Speichert die horizontalen Pixel (`layerX`) und die vertikalen Pixel (`layerY`) der Cursorposition absolut gesehen zum Bildschirm, wenn z. B. Mausereignisse überwacht werden. Das Beispiel überwacht, ob der Anwender die Maustaste drückt. Wenn ja, werden in einem Meldungsfester die absoluten Bildschirmkoordinaten ausgegeben, an denen die Maustaste gedrückt wurde.

```
<html><head><title>Test</title>
<script language="JavaScript">
function Position(Ereignis)
{
 alert("x-Wert: " + Ereignis.screenX + " / y-Wert: " +
    Ereignis.screenY);
}
document.onmousedown = Position;
</script>
</head><body>
</body></html>
```

which

Netscape-Syntax. Speichert bei Tastaturereignissen den dezimalen Code (ASCII/ANSI-Wert) der gedrückten Taste und bei Mausereignissen, welche Maustaste gedrückt wurde. Das Beispiel überwacht, ob der Anwender die Maustaste drückt. Wenn ja, wird in einem Meldungsfester ausgegeben, welche Maustaste gedrückt wurde. Die linke Maustaste hat den Wert 1, die mittlere (sofern vorhanden) den Wert 2 und die rechte (sofern vorhanden) den Wert 3.

```
<html><head><title>Test</title>
<script language="JavaScript">
function Position(Ereignis)
{
 alert("Maustaste: " + Ereignis.which);
}
document.onmousedown = Position;
</script>
</head><body>
</body></html>
```

JavaScript 1.2 N 4.0 Lesen *type*

Netscape-Syntax. Speichert, welches Ereignis eingetreten ist. Der gespeicherte Wert ist der Name des Events ohne das Präfix `on`, also beispielsweise `mouseup` oder `keypress` oder `select`. Das Beispiel überwacht zwei Ereignisse, nämlich, ob der Anwender die Maustaste drückt und ob er eine Taste drückt. In beiden Fällen wird die gleiche Handler-Funktion `Auswertung` aufgerufen. Sie gibt in einem Meldungsfester aus, welches der Ereignisse eingetreten ist.

```
<html><head><title>Test</title>
<script language="JavaScript">
function Auswertung(Ereignis)
{
 alert("Ereignis: " + Ereignis.type);
}
document.onmouseup = Auswertung;
document.onkeyup = Auswertung;
</script>
</head><body>
</body></html>
```

JS 4.0 *x, y*

Speichert die horizontalen Pixel (`x`) und die vertikalen Pixel (`y`) der Cursorposition relativ zur oberen linken Ecke des Eltern-Elements von dem Element, das ein Ereignis ausgelöst hat. Wenn ein absolut positionierter Bereich das Eltern-Element ist, ist dessen obere linke Ecke der Bezugspunkt. Wenn das auslösende Element sonst kein Eltern-Element hat, gilt die linke obere Ecke des Dokuments als Bezug. Ein Beispiel:

```
<html><head><title>Test</title>
<script language="JScript">
```

```
function Coords()
 {
  alert("x = " + window.event.x + "/ y = " + window.event.y);
 }
</script>
</head><body>
<div style="position:absolute; left:10px; top:140px;
   background-color:#FFFFE0">
<p onClick="RelPos()">Klick mich</p>
</div>
</body></html>
```

Das Beispiel enthält einen absolut positionierten Bereich (`<div>`...`</div>`) und innerhalb davon einen gewöhnlichen Textabsatz. Beim Anklicken des Absatzes wird die Funktion `Coords()` aufgerufen. Diese gibt die Pixelkoordinaten des Mausklicks aus. Eigentlich sollten sich die Werte dabei auf die linke obere Ecke des `<div>`-Bereichs beziehen. Beim Testen taten sie das jedoch nicht, sondern bezogen sich auf das Anzeigefenster.

13.16 history

Eigenschaften

length	(Anzahl von besuchten Seiten)

Methoden

back( )	(zurückspringen)
forward( )	(vorwärtsspringen)
go( )	(zu URL in History springen)

history: Allgemeines zur Verwendung

Über das Objekt `history`, das in der JavaScript-Objekthierarchie unterhalb des `window`-Objekts liegt, haben Sie Zugriff auf die besuchten WWW-Seiten des Anwenders. Maßgeblich ist dabei die Liste, wie sie in der History-Liste des WWW-Browsers gespeichert ist, bei Netscape etwa erreichbar über den Menübefehl *Window/History*. Mit diesem Objekt können Sie z. B. Verweise vom Typ *»springe zur zuletzt besuchten Seite«* konstruieren. Ein paar Beispiele:

```
history.back();
window.history.back();
Zweitfenster.history.back();
parent.frames[2].history.back();
```

Methoden des `history`-Objekts können Sie mit `history` aufrufen, die zuletzt besuchte Seite beispielsweise mit `history.back()`. Sie können auch `window.history.back()`

notieren. Da es sich dabei aber um den Inhalt des aktuellen Fensters handelt, ist die Angabe des Fensternamens nicht zwingend erforderlich. Anders beim Zugriff auf andere Fenster oder Frame-Fenster. In diesen Fällen müssen Sie das Fenster korrekt adressieren. Lesen Sie für zusätzliche Fenster den Abschnitt zur Verwendung des `window`-Objekts und für Frame-Fenster den Abschnitt über die Verwendung des `frames`-Objekts.

length

Speichert die Anzahl der Einträge in der History für ein Fenster. Das Beispiel definiert einen Verweis, bei dessen Anklicken die Anzahl der besuchten Seiten mit `alert()` ausgegeben wird.

```
<a href="javascript:alert(history.length)">
Anzahl besuchter Seiten;
</a>
```

back( )

Lädt die WWW-Seite, die zuletzt besucht wurde. Erwartet keine Parameter. Das Beispiel definiert einen Verweis, bei dessen Anklicken die zuletzt besuchte Seite wieder aufgerufen wird.

```
<a href="javascript:history.back()">zur&uuml;ck</a>
```

forward( )

Lädt die WWW-Seite, die als nächste besucht wurde, sofern zuvor ein Back-Vorgang stattfand. Erwartet keine Parameter. Das Beispiel definiert einen Verweis, bei dessen Anklicken die Seite aufgerufen wird, die aktiv war, bevor der Anwender einen Back-Vorgang auslöste.

```
<a href="javascript:history.forward()">wieder vor</a>
```

go( )

Springt so viele Seiten in der gespeicherten History vor oder zurück wie gewünscht. Erwartet als Parameter die Anzahl der zu springenden Seiten. Ein negativer Wert springt rückwärts (so viele Back-Vorgänge wie angegeben), ein positiver Wert springt vorwärts (so viele Forward-Vorgänge wie angegeben). Das Beispiel definiert einen Verweis, bei dessen Anklicken drei Seiten in der gespeicherten Historie der besuchten Seiten zurückgesprungen wird.

```
<a href="javascript:history.go(-3)">3 Seiten zur&uuml;ck</a>
```

13.17 location

Eigenschaften

hash	(Ankername innerhalb einer URL)
host	(Domain-Name innerhalb einer URL)
hostname	(Domain-Name innerhalb einer URL)
href	(URL/Verweis zu URL)
pathname	(Pfadname innerhalb einer URL)
port	(Portangabe innerhalb einer URL)
protocol	(Protokollangabe innerhalb einer URL)
search	(Parameter innerhalb einer URL)

Methoden

reload( )	(neu laden)
replace( )	(History-Eintrag überschreiben)

location: Allgemeines zur Verwendung

Über das Objekt `location`, das in der JavaScript-Objekthierarchie unterhalb des `window`-Objekts liegt, haben Sie Zugriff auf die vollständige URL-Adresse der aktuell angezeigten WWW-Seite. Sie können die URL-Adresse oder Teile davon zur Weiterverarbeitung abfragen und ändern. Beim Ändern führt der WWW-Browser einen Sprung zu einer neuen URL-Adresse aus, genauso wie bei einem Verweis. Ein paar Beispiele:

```
window.location.href = "datei2.htm";
MeineDomain = location.host;

parent.frames[1].location.href = "datei2.htm";
Zweitfenster.host = "www.teamone.de";
```

Methoden des `location`-Objekts können Sie mit `location` aufrufen. Sie können auch `window.` davor notieren. Da es sich dabei aber um die Adresse des aktuellen Fensters handelt, ist die Angabe des Fensternamens nicht zwingend erforderlich. Anders beim Zugriff auf andere Fenster oder Frame-Fenster. In diesen Fällen müssen Sie das Fenster korrekt adressieren. Lesen Sie für zusätzliche Fenster den Abschnitt zur Verwendung des `window`-Objekts und für Frame-Fenster den Abschnitt über die Verwendung des `frames`-Objekts.

JavaScript 1.0 | N 2.0 | 3.0 | Lesen Ändern — hash

Speichert den Anker (Verweisziel) innerhalb der URL-Adresse. Das Beispiel definiert zwei Verweise. Beim Anklicken des ersten Verweises wird zu dem Ziel `a2` innerhalb der Datei gesprungen. Dies ist selbst wieder ein Verweis. Beim Anklicken dieses zweiten Verweises wird die Funktion `Zeige()` aufgerufen, die den Ankernamen ausgibt. Beachten Sie, daß das Gatterzeichen # mit zu dem Wert gehört, den `hash` liefert. Wenn Sie diese Angabe ändern, bewirken Sie einen Verweis innerhalb der Datei zu dem angegebenen Anker. Auch dabei müssen Sie das Gatterzeichen vor dem Ankernamen hinzufügen.

```
<html><head><title>Test</title>
<script language="JavaScript">
function Zeigen()
{ alert(window.location.hash); }
</script>
</head><body>
<a href="#a2">Gehe zu a2. Bitte zuerst klicken</a>
<p>
<a name="a2" href="javascript:Zeigen()">
Hier a2 - bitte dann klicken
</a>
</body></html>
```

host

Speichert den Namen des Server-Rechners innerhalb der aktuellen oder fensterspezifischen URL-Adresse. Das Beispiel gibt beim Einlesen der Datei aus, auf welchem Host-Rechner sich der Anwender befindet. Wenn es eine Namensadresse wie etwa *www.teamone.de* ist, wird diese ausgegeben. Wenn es eine numerische IP-Adresse wie etwa 195.201.34.18 ist, wird diese ausgegeben. Sie können die Eigenschaft ändern. Sicherer ist es in diesem Fall jedoch, mit der Eigenschaft `href` zu arbeiten.

```
<html><head><title>Test</title>
<script language="JavaScript">
 alert("Sie befinden sich auf dem Host " + window.location.host);
</script>
</head><body>
</body></html>
```

hostname

Speichert den Namen des Server-Rechners innerhalb der aktuellen oder fensterspezifischen URL-Adresse. Im Unterschied zu `host` auch Sub-Domains und Portnummern.

Das Beispiel gibt beim Einlesen der Datei aus, auf welchem Host-Rechner sich der Anwender befindet. Wenn es eine Namensadresse wie etwa *www.teamone.de* ist, wird diese ausgegeben. Wenn es eine numerische IP-Adresse wie etwa 195.201.34.18 ist, wird diese ausgegeben. Wenn beispielsweise eine Portnummer dazugehört, wie www.xy.de:5080, wird auch diese gespeichert. Sie können die Eigenschaft ändern. Sicherer ist es in diesem Fall jedoch, mit der Eigenschaft `href` zu arbeiten.

```
<html><head><title>Test</title>
<script language="JavaScript">
 alert("Sie befinden sich auf dem Host " +
   window.location.hostname);
</script>
</head><body>
</body></html>
```

javascript 1.0 · N 2.0 · 3.0 · Lesen Ändern

href

Speichert die vollständige URL-Adresse des aktuellen oder eines anderen Fensters. Das Beispiel enthält einen Verweis. Beim Anklicken des Verweises wird die Funktion `Wunsch()` aufgerufen. Diese Funktion blendet ein Dialogfenster ein, in dem der Anwender eine URL-Adresse seiner Wahl eingeben kann. Der eingegebene Wert wird in der Variablen `Ziel` gespeichert. Anschließend wird durch Zuweisung von `Ziel` an `window.location.href` ein Verweis zu dieser URL-Adresse ausgeführt. Es muß sich dabei nicht um eine vollständige URL handeln. Ein Dateiname genügt, wenn der Sprung einfach nur zu einer anderen Projektdatei im gleichen Verzeichnis führen soll.

```
<html><head><title>Test</title>
<script language="JavaScript">
function Wunsch()
{
 Ziel = window.prompt("Ihre Wunsch-URL:","");
 window.location.href = Ziel;
}
</script>
</head><body>
<a href="javascript:Wunsch()">Wunschverweis</a>
</body></html>
```

javascript 1.0 · N 2.0 · 3.0 · Lesen Ändern

pathname

Speichert den Pfadnamen innerhalb der aktuellen oder fensterspezifischen URL-Adresse. Bei lokaler Verwendung (ohne HTTP-Protokoll) wird die vollständige lokale Adresse gespeichert. Das Beispiel gibt beim Einlesen der Datei in einem Meldungsfenster den Pfadnamen der URL-Adresse der Datei aus. Sie können die Eigenschaft ändern. Sicherer ist es in diesem Fall jedoch, mit der Eigenschaft `href` zu arbeiten.

```
<html><head><title>Test</title>
<script language="JavaScript">
 alert("Aktueller Pfad: " + window.location.pathname);
</script>
</head><body>
</body></html>
```

java script 1.0 N 2.0 Lesen Ändern

port

Speichert den Port innerhalb der aktuellen oder fensterspezifischen URL-Adresse. Eine Adresse mit Ports ist etwa *http://www.xy.de:5080/* – die Eigenschaft `port` enthält nur dann einen Wert, wenn in der aktuellen URL-Adresse tatsächlich eine Portangabe enthalten ist. Das Beispiel ermittelt beim Einlesen der Datei, ob eine Portangabe vorhanden ist. Wenn ja, wird sie in einem Meldungsfenster ausgegeben. Sie können die Eigenschaft ändern. Dies kann jedoch zu Fehlermeldungen führen, wenn der Server den Port nicht kennt. Der »Normal-Port« für HTTP-Adressen ist 80.

```
<html><head><title>Test</title>
<script language="JavaScript">
if(window.location.port != "")
 alert(window.location.port);
</script>
</head><body>
</body></html>
```

java script 1.0 N 2.0 Lesen Ändern

protocol

Speichert das verwendete Protokoll innerhalb der aktuellen oder fensterspezifischen URL-Adresse. Bei HTTP-Adressen wird *http:* gespeichert. Bei lokaler Verwendung (ohne HTTP-Protokoll) wird *file:* gespeichert. Das Beispiel gibt beim Einlesen der Datei das Protokoll aus, das zur aktuellen URL-Adresse gehört. Sie können die Eigenschaft ändern. Dies kann jedoch zu Fehlermeldungen führen, wenn das angegebene Protokoll mit der gleichen sonstigen Adresse nicht unterstützt wird.

```
<html><head><title>Test</title>
<script language="JavaScript">
 alert(window.location.protocol);
</script>
</head><body>
</body></html>
```

java script 1.0 N 2.0 Lesen Ändern

search

Speichert eine Zeichenkette, die, durch ein Fragezeichen getrennt, an die aktuelle URL-Adresse angehängt ist, zum Beispiel: *http://www.xy.de/index.htm?Browser=Netscape.* In diesem Fall enthält die Eigenschaft den Wert *?Browser=Netscape*. Das nachfolgende Beispiel ermittelt beim Einlesen der Datei, ob eine zusätzliche Angabe zur URL-Adresse mit einem Fragzeichen vorhanden ist. Wenn ja, wird sie in einem Meldungsfenster ausgegeben. Sie können (funktioniert nur mit Netscape) mit `href` eine andere Datei aufrufen und an die URL-Adresse, durch ein Fragezeichen getrennt, Informationen anhängen, zum Beispiel solche, die Sie mit JavaScript ermittelt haben – Formulareingaben oder dergleichen. Die aufgerufene Datei kann solche Informationen auslesen und weiterverarbeiten. Auf diese Weise ist »Kommunikation« zwischen Dateien möglich.

```
<html><head><title>Test</title>
if(window.location.search != "")
 alert(window.location.search);
</script>
</head><body>
</body></html>
```

reload( )

Lädt eine WWW-Seite neu. Hat den gleichen Effekt wie der `Reload`-Button im Browser. Das Beispiel definiert einen Verweis, bei dessen Anklicken die aktuelle Seite noch einmal neu geladen wird.

```
<a href="javascript:location.reload()">Reload</a>
```

replace( )

Lädt eine andere URL-Adresse über den aktuellen Eintrag in der Liste der besuchten Seiten (History). Hat dadurch einen ähnlichen Effekt wie die Eigenschaft `href`. Der Unterschied ist, daß die aktuelle URL-Adresse anschließend in der Liste der besuchten Seiten nicht mehr vorkommt. Das Beispiel definiert einen Verweis, bei dessen Anklicken *datei2.htm* geladen wird. Die aktuelle URL-Adresse verschwindet dabei aus der Liste der besuchten Seiten.

```
<a href="javascript:location.replace('datei2.htm')">Datei 2</a>
```

13.18 Array

Eigenschaften

length	(Anzahl von Elementen)

Methoden

concat( )	(Arrays verketten)
join( )	(Array in Zeichenkette umwandeln)
pop( )	(letztes Array-Element löschen)
push( )	(neue Array-Elemente anhängen)
reverse( )	(Elementreihenfolge umkehren)
shift( )	(erstes Array-Element entfernen)
slice( )	(Teil-Array extrahieren)

splice( ) (Elemente löschen und hinzufügen)
sort( ) (Array sortieren)
unshift( ) (Elemente am Array-Anfang einfügen)

Array: Allgemeines zur Verwendung

Das Objekt `Array` ist als Container für Ketten gleichartiger Variablen gedacht. In der Programmierersprache spricht man auch von einem Vektor. Wenn Sie beispielsweise die 16 Grundfarben speichern wollen, brauchen Sie keine 16 Variablen, sondern ein `Array`-Objekt, in dem Sie 16 gleichartige Werte (im Beispiel: Farbwerte) speichern können.

Beispiel 1:

```
Objektname = new Array();
MeineFrauen = new Array();
```

Beispiel 2:

```
Objektname = new Array(Zahl);
MeineFrauen = new Array(100);
```

Beispiel 3:

```
Objektname = new Array(Element0, Element1, ..., element_n);
MeineFrauen = new Array("Anita","Bettina","Christa","Doris");
```

Eine Objektinstanz von `Array` speichern Sie in einem selbst vergebenen Objektnamen. Hinter dem Namen folgt ein Gleichheitszeichen. Dahinter folgt das reservierte Wort `new` und der Aufruf der Objektfunktion `Array()`.

- Benutzen Sie Beispiel 1, wenn Sie zum Zeitpunkt der Definition noch nicht wissen, wie viele Elemente in dem Variablen-Vektor gespeichert werden sollen.
- Benutzen Sie Beispiel 2, wenn Sie zum Zeitpunkt der Definition bereits wissen, wie viele Elemente in dem Variablen-Vektor gespeichert werden sollen. Die Anzahl können Sie der Objektfunktion als Parameter übergeben.
- Benutzen Sie Beispiel 3, um den Variablen-Vektor gleich mit Anfangswerten vorzubelegen. Bei den Varianten 1 und 2 bleiben die einzelnen Variablen des Variablenvektors leer, bis ihnen im Programmverlauf ein Wert zugewiesen wird.

Ein Beispiel:

```
Zahlen = new Array(34,86,167,413);
var x = Zahlen[1];
```

Nachdem Sie eine Instanz des `Array`-Objekts in einem Namen gespeichert haben (im Beispiel der Name `Zahlen`), können Sie, wie in der zweiten Zeile gezeigt, einzelne Werte innerhalb des Variablenvektors ansprechen. Im Beispiel wird eine gewöhnliche Variable `x` definiert. In dieser Variablen wird der Wert der zweiten Variable des Zahlen-Vektors gespeichert, also 86. Beachten Sie, daß der Zähler bei 0 beginnt, d. h. den ersten Wert im Vektor sprechen Sie im Beispiel mit `Zahlen[0]` an, den zweiten mit `Zahlen[1]` usw.

Sie können auch mehrdimensionale Arrays erzeugen. Ein Beispiel:

```
<html><head><title>Test</title>
<script language="JavaScript">
a = new Array(4)
for (i=0; i < a.length; ++i)
 a[i] = new Array(10);
a[3][1] = "Hallo";
alert(a[3][1]);
</script>
</head><body>
</body></html>
```

Das Beispiel definiert zunächst einen Array `a` mit vier Elementen. Dann wird in einer `for`-Schleife für jedes dieser Elemente ein neuer Array definiert, wobei für jeden Array zehn leere Elemente erzeugt werden. Anschließend können Sie durch eine Angabe wie `a[3][1]` das zweite Element (1) im vierten Array (3) ansprechen. im Beispiel wird dieses Element mit dem Wert `Hallo` belegt. Zur Kontrolle wird der Wert in einem Meldungsfenster ausgegeben.

JavaScript 1.0 | N 2.0 | MSIE 3.0 | Lesen

length

Speichert die Anzahl der Elemente in einem Array. Beachten Sie, daß alle JavaScript-Objekte, die eine Eigenschaft `length` besitzen, wie zum Beispiel die Objekte `forms` oder `elements`, aus Sicht von JavaScript Arrays darstellen. Das Beispiel definiert einen Array, bestehend aus 9 Zahlen. Anschließend wird zur Kontrolle ausgegeben, wie viele Elemente der Array enthält.

```
<html><head><title>Test</title>
<script language="JavaScript">
 Zahlen = new Array(1,2,4,8,16,32,64,128,256);
 alert(Zahlen.length + " Zahlen sind definiert");
</script>
</head><body>
</body></html>
```

JavaScript 1.1 | N 3.0 | MSIE 4.0

concat( )

Hängt einen Array an einen anderen an. Erwartet als Parameter den Namen des anzuhängenden Arrays. Gibt den zusammengefügten Array zurück. Das Beispiel definiert zunächst zwei Arrays, `Zahlen` und `AndereZahlen` mit je drei Zahlen, und dann einen leeren Array `ZahlenGesamt`. In diesem letzten Array wird anschließend der Rückgabewert von `concat()` gespeichert, wobei die Methode auf den ersten definierten Array `Zahlen` angewendet wird und den zweiten Array `AndereZahlen` an diesen Array anhängt. Zur Kontrolle wird nach der Operation die Gesamtzahl der Elemente von `ZahlenGesamt` ausgegeben. Dieser Array enthält nun die Werte 1, 2, 3, 10, 20, 30 und hat deshalb also sechs Elemente.

```
<html><head><title>Test</title>
<script language="JavaScript">
 Zahlen = new Array(1,2,3);
 AndereZahlen = new Array(10,20,30);
 ZahlenGesamt = new Array();
 ZahlenGesamt = Zahlen.concat(AndereZahlen);
 alert(ZahlenGesamt.length);
</script>
</head><body>
</body></html>
```

join( )

Verwandelt einen Array in eine Zeichenkette. Erwartet als Parameter ein oder mehrere Trennzeichen, durch das/die die Array-Einträge in der Zeichenkette voneinander getrennt sein sollen. Das Beispiel definiert einen Array mit neun Zahlen. Dann wird die Methode `join` auf die Variable `Zahlen` angewendet, in der der Array gespeichert ist. Dabei wird im Beispiel ein Leerzeichen als Parameter übergeben. Der Rückgabewert der Prozedur wird in der Variablen `Zahlenkette` gespeichert. Der Effekt ist, daß in `Zahlenkette` alle definierten Zahlen stehen, und zwar durch Leerzeichen voneinander getrennt. Zur Kontrolle wird das Ergebnis als Meldungsfenster ausgegeben.

```
<html><head><title>Test</title>
<script language="JavaScript">
 Zahlen = new Array(1,2,4,8,16,32,64,128,256);
 Zahlenkette = Zahlen.join(" ");
 alert(Zahlenkette);
</script>
</head><body>
</body></html>
```

pop( )

Entfernt das letzte Element aus einem Array und ändert dadurch die Anzahl der Elemente im Array. Das Beispiel definiert beim Einlesen der Datei einen Array `Zahlen` mit fünf Elementen. Zur Kontrolle wird in einem Meldungsfenster die Elementanzahl ausgegeben. Im Dateikörper enthält das Beispiel einen Verweis. Bei jedem Anklicken des Verweises wird die Funktion `Entfernen()` aufgerufen, die mit der `pop()`-Methode jeweils das letzte Element aus dem Zahlen-Array entfernt. Zur Kontrolle wird die neue Länge des Arrays ausgegeben.

```
<html><head><title>Test</title>
<script language="JavaScript">
```

```
 Zahlen = new Array(1,2,3,4,5);
 alert(Zahlen.length + " Zahlen im Array");
 function Entfernen()
 {
  Zahlen.pop();
  alert(Zahlen.length + " Zahlen im Array");
 }
</script>
</head><body>
<a href="javascript:Entfernen()">Zahl entfernen</a>
</body></html>
```

push( )

Hängt ein oder mehrere Element(e) an das Ende eines Arrays an. Erwartet als Parameter ein oder mehrere anzuhängend(e) Element(e). Gibt das letzte (neueste) Element zurück. Ein Beispiel:

```
<html><head><title>Test</title>
</head><body>
<script language="JavaScript">
 Orte = new Array("Augsburg");
 document.write(Orte.join(",") + '<p>');
 NeuestesElement = Orte.push("Berlin");
 document.write(Orte.join(",") + '<br>');
 document.write('Neu dabei: ' + NeuestesElement + '<p>');
 NeuestesElement =
    Orte.push("Chemnitz","Dortmund","Essen","Frankfurt");
 document.write(Orte.join(",") + '<br>');
 document.write('Neuestes Element: ' + NeuestesElement);
</script>
</body></html>
```

Das Beispiel erzeugt in einem JavaScript, das im Dateikörper steht, einen Array `Orte`, in dem zunächst nur ein Wert, nämlich *Augsburg*, gespeichert wird. Zur Kontrolle wird der Inhalt mit der `write()`-Methode in die Datei geschrieben. Anschließend wird an das Array mit der `push()`-Methode ein Element angehängt, nämlich *Berlin*. Der Rückgabewert der Operation wird in der Variablen `NeuestesElement` gespeichert. Zur Kontrolle wird dann der erweiterte Array und der Rückgabewert in die Datei geschrieben. Der Array besteht jetzt aus den Elementen *Augsburg* und *Berlin*. Das neueste Element ist *Berlin*. Dann werden nach dem gleichen Schema gleich vier neue Elemente an den Array angehängt. Der Array besteht hinterher aus den zwei bisherigen Städten plus den vier neuen. In der Variablen `NeuestesElement` wird jedoch nur das letzte, neueste Element gespeichert. Im Beispiel ist das *Frankfurt*. Zur Kontrolle werden auch diese Vorgänge in die Datei geschrieben.

reverse( )

Kehrt die Elementreihenfolge innerhalb eines Arrays um. Das erste Element ist hinterher das letzte, das letzte das erste. Das Beispiel definiert ein Array `Name`, dessen Elemente aus den einzelnen Buchstaben des Namens *Stefan* bestehen. Anschließend wird auf diesen Array die Methode `reverse()` angewendet. Mit Hilfe der `join()`-Methode wird der Array mit seiner neuen Elementreihenfolge anschließend so in die Datei geschrieben, daß keine Zeichen zwischen den Elementen stehen – das wird durch die leere Zeichenkette `""` bei `join()` erreicht. Als Effekt erscheint der Name *Stefan* rückwärts geschrieben in der Datei: *nafets.*

```
<html><head><title>Test</title>
</head><body>
<script language="JavaScript">
var Name = new Array("S","T","E","F","A","N");
Name.reverse();
document.write(Name.join(""));
</script>
</body></html>
```

shift( )

Entfernt das erste Element aus einem Array. Die nachfolgenden Elemente rücken entsprechend nach vorne. Das bisher zweite Element wird das neue erste usw. Gibt das entfernte Element zurück. Das Beispiel definiert beim Einlesen der Datei einen Array `Zahlen` mit fünf Elementen. Zur Kontrolle wird in einem Meldungsfenster der Wert des ersten Elements ausgegeben, im Beispiel *1*. Im Dateikörper enthält das Beispiel einen Verweis. Bei jedem Anklicken des Verweises wird die Funktion `Entfernen()` aufgerufen, die mit der `shift()`-Methode jeweils das erste Element aus dem Zahlen-Array entfernt. Zur Kontrolle wird das neue erste Element ausgegeben.

```
<html><head><title>Test</title>
<script language="JavaScript">
 Zahlen = new Array(1,2,3,4,5);
 alert("Erste Zahl im Array: " + Zahlen[0]);
 function Entfernen()
 {
  geloeschtesElement = Zahlen.shift();
  alert("Erste Zahl im Array: " + Zahlen[0]);
 }
</script>
</head><body>
<a href="javascript:Entfernen()">Zahl entfernen</a>
</body></html>
```

javascript 1.2 N 4.0 IE 4.0 *slice( )*

Extrahiert einen Teil aus einem Array. Erwartet als Parameter die Indexnummer des ersten und des letzten zu extrahierenden Elements. Als Indexnummer für das letzte Element kann auch ein negativer Wert übergeben werden. Dies bedeutet so viel wie »das soundsovielte Element von hinten«, wobei auch dort bei 0 zu zählen begonnen wird. Ein Wert von -1 bedeutet also das vorletzte Element. Die Methode gibt die extrahierten Elemente als neuen Array zurück. Ein Beispiel:

```
<html><head><title>Test</title>
<script language="JavaScript">
 Zahlen = new Array(1,2,3,4,5);
 for(i = 0; i < Zahlen.length; ++i)
 {
  NeueZahlen = Zahlen.slice(i,Zahlen.length);
  alert(NeueZahlen.join(","));
 }
</script>
</head><body>
</body></html>
```

Das Beispiel definiert einen Array `Zahlen` mit fünf Elementen. Anschließend ist eine `for`-Schleife notiert. Die Schleife zählt von 0 bis 4. Innerhalb der Schleife wird bei jedem Schleifendurchgang das Ergebnis von `Zahlen.slice(i,Zahlen.length)` in einem neuen Array namens `NeueZahlen` gespeichert. Der Schleifenzähler `i` ist dabei die Indexnummer des ersten zu extrahierenden Elements. Das letzte zu extrahierende Element wird im Beispiel durch `Zahlen.length` angegeben. Das ist allerdings eigentlich nicht ganz korrekt , da die Anzahl der Elemente um eins höher ist als der Index des letzten Elements – Netscape interpretiert es jedoch auf diese Weise korrekt, der Internet Explorer 4 interpretiert es dagegen eher wie erwartet. Dort muß man mit `Zahlen.length-1` arbeiten. Durch die Angaben werden alle Elemente von Element `i` bis zum letzten Element extrahiert. Da `i` bei jedem Schleifendurchgang höher wird, werden im Beispiel immer weniger Zahlen extrahiert, und zwar immer die hinteren des Arrays.

javascript 1.2 N 4.0 *splice( )*

Fügt ein oder mehrere neu(e) Elemente(s) in einen Array ein, und zwar an einer bestimmten gewünschten Stelle. Überschreibt dabei vorhandene Elemente. Erwartet folgende Parameter:

- Startindex: Indexnummer im Array, an der das oder die neuen Element(e) eingefügt werden sollen.
- Anzahl: Anzahl der einzufügenden Elemente.
- Element[e]: neue Elemente.

Der dritten und die folgenden Parameter sind optional. Wenn Sie nur die ersten beiden Parameter angeben, werden leere Elemente eingefügt. Das Beispiel definiert einen Array `Zahlen`, bestehend aus fünf Elementen mit den Zahlen 1 bis 3. Anschließend wird auf diesen Array die `splice()`-Methode angewandt, und zwar: An Indexnummer 1, also bei der zweite Zahl im Array, werden drei neue Elemente eingefügt, nämlich die Elemente mit den Werten 4, 5 und 6. Die ehemaligen Elemente mit den Werten 2 und 3 werden dabei mit den Werten 4 und 5 überschrieben. Das Element mit dem Wert 6 kommt neu hinzu. Hinterher enthält der Array also vier Elemente mit folgenden Werten: 1, 4, 5, 6.

```
<html><head><title>Test</title>
<script language="JavaScript">
 Zahlen = new Array(1,2,3);
 Zahlen.splice(1,3,4,5,6);
 alert(Zahlen.join(","));
</script>
</head><body>
</body></html>
```

sort( )

Sortiert die Elemente eines Arrays. Wenn Sie keinen Parameter übergeben, wird lexikalisch sortiert, numerische Werte werden also intern in Zeichenketten verwandelt und wie Zeichenketten sortiert. Dabei kommt beispielsweise die Zahl 13 vor der Zahl 7, weil »13« als Zeichenkette lexikalisch vor »7« kommt. Wenn Sie numerische Werte sortieren wollen, können Sie eine Vergleichsfunktion definieren und deren Namen als Parameter übergeben. Ein Beispiel:

```
<html><head><title>Test</title>
<script language="JavaScript">
</script>
</head><body>
<script language="JavaScript">
function Numsort(a,b)
{ return a-b; }

Namen = new Array("Ina","Bettina","Tina","Martina");
Namen.sort();
Zahlen = new Array(27,2,10,4);
Zahlen.sort(Numsort);
Namenausgabe = Namen.join(",");
Zahlenausgabe = Zahlen.join(",");
document.write("sortierte Namen: " + Namenausgabe + "<br>");
document.write("sortierte Zahlen: " + Zahlenausgabe);
</script>
</body></html>
```

Das Beispiel zeigt, wie Sie Zeichenketten und numerische Werte sortieren können. Im Beispiel wird ein Array `Namen` definiert, dessen Elemente Zeichenketten darstellen. Um einen solchen Array zu sortieren, genügt es, die Methode `sort()` einfach auf den Array anzuwenden. Die Elemente des Arrays werden dann neu angeordnet, nämlich lexikalisch aufsteigend sortiert. Um Zahlen zu sortieren, brauchen Sie eine einfache Vergleichsfunktion. Sie können dazu die im Beispiel definierte Funktion `Numsort()` verwenden. Das Beispiel definiert einen Array `Zahlen` und wendet die `sort()`-Methode auf diesen Array so an, daß der Funktionsname `Numsort` als Parameter übergeben wird. Dadurch werden die Elemente des Arrays numerisch sortiert. Wenn Sie eine umgekehrte Sortierreihenfolge wünschen, wenden Sie nach der `sort()`-Methode die `reverse()`-Methode an.

javascript 1.2 N 4.0 *unshift( )*

Fügt am Anfang eines Arrays ein oder mehrere neue(s) Element(e) ein. Erwartet als Parameter die einzufügenden Elemente. Gibt die neue Elementzahl des Arrays zurück. Das Beispiel definiert einen Array `Zahlen` mit fünf Elementen, nämlich den Zahlen von 5 bis 9. Anschließend werden dem Array mit Hilfe der `unshift()`-Methode am Anfang vier neue Zahlen hinzugefügt, nämlich die Zahlen von 1 bis 4. Der Rückgabewert der Operation wird in der Variablen `NeueAnzahl` gespeichert. Zur Kontrolle wird anschließend zunächst der Wert von `NeueAnzahl` ausgegeben und danach der komplette neue Array. Die Anzahl der Elemente ist nun neun, und der Array besteht aus den Elementen 1, 2, 3, 4, 5, 6, 7, 8, 9.

```
<html><head><title>Test</title>
<script language="JavaScript">
Zahlen = new Array(5,6,7,8,9);
NeueAnzahl = Zahlen.unshift(1,2,3,4);
alert(NeueAnzahl);
alert(Zahlen.join(","));
</script>
</head><body>
</body></html>
```

13.19 Boolean

Boolean: Allgemeines zur Verwendung

Das Objekt `Boolean` ist zum Erzeugen von JavaScript-Standardwerten `true` (wahr) und `false` (falsch) gedacht. Solche Werte sind vor allem als Rückgabewerte für Funktionen gedacht. Boole'sche Objekte werden bei der Definition immer mit einem der beiden möglichen Werte initialisiert und behalten diesen Wert auch. Die Variablen, in denen der Initialisierungswert gespeichert wird, stellen also Konstanten dar. Beispiele für Initialisierung mit `true`:

```
wahr = new Boolean(true);
ja = new Boolean("irgendwas");
```

Beispiele für Initialisierung mit `false`:

```
falsch = new Boolean();
unwahr = new Boolean(0);
nix = new Boolean(null);
leer = new Boolean("");
Fehler = new Boolean(false);
```

Um eine Boole'sche Konstante mit dem Wert `true` zu initialisieren, notieren Sie hinter dem frei vergebbaren Namen der Konstante die Objektfunktion `new Boolean()`. Als Parameter übergeben Sie der Funktion entweder den Wert `true` – ohne Anführungszeichen – oder eine beliebige Zeichenkette.

Um die Boole'sche Konstante mit dem Wert `false` zu initialisieren, übergeben Sie entweder gar nichts oder den Wert `0` oder den Wert `null` – ohne Anführungszeichen – oder den Wert `false` – ohne Anführungszeichen – oder eine leere Zeichenkette. Ein Beispiel:

```
<html><head><title>Test</title>
<script language="JavaScript">
function LayerCheck()
{
 wahr = new Boolean(true);
 falsch = new Boolean(false);
 if(document.layers) return wahr;
 else return falsch;
}
</script>
</head><body>
<a href="alert(LayerCheck())">auf Layer checken</a>
</body></html>
```

Das Beispiel enthält einen Verweis. Beim Anklicken des Verweises wird der Rückgabewert der Funktion `LayerCheck()` ausgegeben, die in einem Scriptbereich im Dateikopf notiert ist. Wenn der Browser das `layers`-Objekt kennt, wird die zuvor definierte Konstante `wahr` zurückgegeben, wenn nicht, dann die Konstante `falsch`. Der Rückgabewert ist jedoch nicht der Name der Konstante, sondern der voreingestellte Wert in JavaScript. Es wird also entweder `true` oder `false` augegeben, je nachdem, ob der Browser Layer kennt oder nicht.

13.20 Date

Methoden

getDate( )	(Monatstag ermitteln)
getDay( )	(Wochentag ermitteln)
getHours( )	(Stundenteil der Uhrzeit ermitteln)
getMinutes( )	(Minutenteil der Uhrzeit ermitteln)
getMonth( )	(Monat ermitteln)
getSeconds( )	(Sekundenteil der Uhrzeit ermitteln)
getTime( )	(Zeitpunkt ermitteln)
getTimezoneOffset( )	(Zeitzonenabweichung der Lokalzeit ermitteln)
getYear( )	(Jahr ermitteln)
parse( )	(Millisekunden seit dem 1.1.1970 ermitteln)
setDate( )	(Monatstag setzen)
setHours( )	(Stunden der Uhrzeit setzen)
setMinutes( )	(Minuten der Uhrzeit setzen)
setSeconds( )	(Sekunden der Uhrzeit setzen)
setTime( )	(Uhrzeit setzen)
setYear( )	(Datum setzen)
toGMTString( )	(Zeitpunkt in GMT-Format konvertieren)
toLocaleString( )	(Zeitpunkt in lokales Format konvertieren)
UTC( )	(GMT-Zeit seit dem 1.1.1970 ermitteln)

Date: Allgemeines zur Verwendung

Das Objekt `Date` ist für alle Berechnungen mit Datum und Zeit zuständig. Dabei gibt es, wie in der EDV üblich, einen fixen historischen Zeitpunkt, der intern als Speicherungs- und Berechnungsbasis dient. In JavaScript ist dies – wie in der C- und Unix-Welt – der 1. Januar 1970, 00:00 Uhr. Die Einheit, in der in JavaScript intern Zeit berechnet wird, ist eine Millisekunde.

Bevor Sie über JavaScript Zugriff auf die eingebauten Datums- und Uhrzeitfunktionen haben, müssen Sie ein neues `Date`-Objekt erzeugen. Dabei gibt es mehrere Varianten.

Variante 1:

```
Objektname = new Date();
```

Variante 2:

```
Objektname = new Date("Monat Tag, Jahr Stunden:Minuten:Sekunden");
```

Variante 3:

```
Objektname = new Date(Jahr,Monat,Tag);
```

Variante 4:

```
Objektname = new Date(Jahr,Monat,Tag,Stunden,Minuten,Sekunden);
```

Eine neues `Date`-Objekts speichern Sie in einem selbst vergebenen Objektnamen. Hinter dem Namen folgt ein Gleichheitszeichen. Dahinter folgt das reservierte Wort `new` und der Aufruf der Objektfunktion `Date()`.

Benutzen Sie die Variante 1, wenn Sie eine Objektinstanz erzeugen wollen, in der das zum Zeitpunkt der Programmausführung aktuelle Datum und die aktuelle Uhrzeit gespeichert werden soll. Benutzen Sie eine der Varianten 2 bis 4, wenn Sie das neue Datums-Objekt mit bestimmten Werten – also einem bestimmten Datum und einer bestimmten Uhrzeit – initialisieren wollen. Alle Initialisierungswerte wie Monat oder Minuten müssen Sie in Zahlenform angeben, also etwa 10 für den Monat Oktober. Ausnahme: bei Variante (2) übergeben Sie die Initialisierungsdaten als Zeichenkette. Dabei wird der Monat in englischer Schreibweise angegeben, also beispielsweise `october`. Wenn Sie einen Monat als Zahlenwert übergeben wie in den Varianten 3 und 4, müssen Sie bei 0 zu zählen beginnen. Für Januar müssen Sie also 0 übergeben, für Februar 1 und für Dezember 11. Ein Beispiel:

```
function bis2000()
{
 jetzt = new Date();
 var Zeit = jetzt.getTime() / 1000;
 Jahr2000 = new Date(2000,0,1,0,0,0);
 var Endzeit = Jahr2000.getTime() / 1000;
 var Rest = Math.floor(Endzeit - Zeit);
 alert("Noch " + Rest + " Sekunden bis zum Jahr 2000");
}
```

Das Beispiel zeigt eine vollständige JavaScript-Funktion. Die Funktion ermittelt die Anzahl von Sekunden zwischen aktuellem Zeitpunkt und dem Jahr 2000. Dazu wird in `jetzt` eine neue Instanz von `Date` mit der aktuellen Zeit erzeugt. Für den Zeitpunkt, an dem das Jahr 2000 beginnt, wird eine zweite Objektinstanz von `Date` erzeugt, nämlich in `Jahr2000`. Dazu werden der Objektfunktion `Date()` entprechende Parameter übergeben. Über die beiden Objektnamen `jetzt` bzw. `Jahr2000` wird dann die Methode `Objektname.getTime()` aufgerufen. `getTime()` liefert die Anzahl von Millisekunden seit dem 1.1.1970 zurück. In der Variablen `Zeit` wird auf diese Weise die Anzahl von Sekunden zwischen dem 1.1.1970 und dem aktuellen Zeitpunkt gespeichert und in der Variablen `Endzeit` die Anzahl von Sekunden zwischen dem 1.1.1970 und dem 1.1.2000. Die Differenz der beiden Werte wird in der Variablen `Rest` gespeichert und mit `alert()` in einem Meldungsfenster am Bildschirm ausgegeben.

Beachten Sie: Alle Methoden, mit denen Sie einen aktuellen Zeitpunkt oder einen Teil davon, etwa den Wochentag oder den Monat, ermitteln können, beziehen sich auf die Zeit, die auf der Systemzeit des Anwenderrechners basiert. Denn JavaScript wird beim Anwender von dessen Browser ausgeführt. Die aktuelle Systemzeit des Server-Rechners können Sie mit JavaScript nicht ermitteln – das geht beispielsweise mit einem CGI-Script.

getDate( )

Liefert den Monatstag des Objekts `Objektname` als Zahl zurück, beispielsweise 2, wenn in `Objektname` der 2.10.1991, 23:59:00, gespeichert ist. Das Beispiel erzeugt ein neues Datum-Objekt mit dem aktuellen Zeitpunkt in dem Objektnamen `jetzt`. Mit `jetzt.getDate()` wird das aktuelle Tagesdatum innerhalb des Monats ermittelt. Der Rückgabewert des Aufrufs wird in der Variablen `Tag` gespeichert. Anschließend wird mit Hilfe von `document.write()` dynamisch eine kleine Tabelle in die Datei geschrieben, in der das aktuelle Tagesdatum formatiert ausgegeben wird.

```
<html><head><title>Test</title>
</head><body>
<script language="JavaScript">
jetzt = new Date();
Tag = jetzt.getDate();
document.write
   ("<table border bgcolor=#CCFFFF><tr><td><font size=7>");
document.write(Tag + "</font></td></tr></table>");
</script>
</body></html>
```

getDay( )

Liefert den Wochentag des Objekts `Objektname` als Zahl zurück, und zwar in Form von Zahlen zwischen 0 (für Sonntag) und 6 (für Samstag), also beispielsweise 3, wenn in `Objektname` der 2.10.1991, 23:59:00, gespeichert ist, da der 2.10.1991 ein Mittwoch war. Ein Beispiel:

```
<html><head><title>Test</title>
</head><body>
<script language="JavaScript">
jetzt = new Date();
TagInWoche = jetzt.getDay();
var Wochentag = new
Array("Sonntag","Montag","Dienstag","Mittwoch","Donnerstag",
   "Freitag","Samstag");
document.write("<table border bgcolor=#CCFFFF><tr><td><b>");
document.write(Wochentag[TagInWoche] + "</b></td></tr></table>");
</script>
</body></html>
```

Das Beispiel erzeugt ein neues Datum-Objekt mit dem aktuellen Zeitpunkt in dem Objektnamen `jetzt`. Mit `jetzt.getDay()` wird der numerische Wert des aktuellen Wochentags ermittelt. Der Rückgabewert des Aufrufs wird in der Variablen `TagInWoche` gespeichert. Es soll jedoch ein richtiger Wochentagsname ausgegeben werden. Deshalb wird im Beispiel ein `Array`-Objekt mit deutschen Wochentagnamen erzeugt. Das erste

Element ist dabei der Sonntag, da der Rückgabewert von `getDay()` ebenfalls intern mit Sonntag als erstem Wochentag rechnet.

Anschließend wird mit Hilfe von `document.write()` dynamisch eine kleine Tabelle in die Datei geschrieben, in der das aktuelle Tagesdatum formatiert ausgegeben wird. Beachten Sie, daß die Variable `TagInWoche` dabei als Index für die Ausgabe des richtigen Elements aus dem Array `Wochentag` benutzt wird.

getHours( )

Liefert die Stunden der Uhrzeit des Objekts `Objektname` als Zahl zurück, beispielsweise 23, wenn in `Objektname` der 2.10.1991, 23:59:00, gespeichert ist. Das Beispiel erzeugt ein neues Datum-Objekt mit dem aktuellen Zeitpunkt in dem Objektnamen `jetzt`. Mit `jetzt.getHours()` wird die Stunde des Tages ermittelt. Der Rückgabewert des Aufrufs wird in der Variablen `Std` gespeichert. Anschließend wird ein Meldungsfenster mit einem tageszeitabhängigen Text ausgegeben, je nachdem, in welchem Bereich der Wert von `Std` liegt.

```
<html><head><title>Test</title>
<script language="JavaScript">
 jetzt = new Date();
 Std = jetzt.getHours();
 if(Std >= 5 && Std < 12) alert("Guten Morgen!");
 else if(Std >= 12 && Std < 18) alert("Guten Tag!");
 else if(Std >= 18 && Std <= 23) alert("Guten Abend!");
 else if(Std >= 0 && Std < 5) alert("Zeit, ins Bett zu gehen!");
</script>
</head><body>
</body></html>
```

getMinutes( )

Liefert die Minuten der Uhrzeit des Objekts `Objektname` als Zahl zurück, beispielsweise 59, wenn in `Objektname` der 2.10.1991, 23:59:00, gespeichert ist. Das Beispiel erzeugt ein neues Datum-Objekt mit dem aktuellen Zeitpunkt in dem Objektnamen `jetzt`. Mit `jetzt.getHours()` wird die Stunde des Tages ermittelt, mit `jetzt.getMinutes()` die Minutenzahl. Der Rückgabewert der Aufrufe wird in den Variablen `Std` und `Min` gespeichert. Dann wird die Stundenzahl und die Minutenzahl für die Ausgabe formatiert. Wenn die Anzahl der Stunden oder Minuten kleiner als 10 ist, wird eine 0 davorgesetzt. Schließlich wird ein Meldungsfenster mit der aktuellen Uhrzeit ausgegeben.

```
<html><head><title>Test</title>
<script language="JavaScript">
 jetzt = new Date();
 Std = jetzt.getHours();
 Min = jetzt.getMinutes();
```

```
 var StdAusgabe  = ((Std < 10) ? "0" + Std : Std);
 var MinAusgabe  = ((Min < 10) ? "0" + Min : Min);
 alert("Bei Ihnen ist es jetzt " + StdAusgabe + "." +
    MinAusgabe + " Uhr");
</script>
</head><body>
</body></html>
```

getMonth( )

Liefert den Monat des Objekts `Objektname` als Zahl zurück, beispielsweise 9, wenn in `Objektname` der 2.10.1991, 23:59:00, gespeichert ist. Beachten Sie, daß die Monatszählung bei 0 beginnt. 0 ist also Januar, 1 ist Februar usw. Ein Beispiel:

```
<html><head><title>Test</title>
</head><body>
<script language="JavaScript">
jetzt = new Date();
Jahresmonat = jetzt.getMonth();
var Monat = new
Array("Januar","Februar","M&auml;rz","April","Mai","Juni",
"Juli","August","September","Oktober","November","Dezember");
document.write("<table border bgcolor=#CCFFFF><tr><td><b>");
document.write(Monat[Jahresmonat] + "</b></td></tr></table>");
</script>
</body></html>
```

Das Beispiel erzeugt ein neues Datum-Objekt mit dem aktuellen Zeitpunkt in dem Objektnamen `jetzt`. Mit `jetzt.getMonth()` wird der numerische Wert des aktuellen Monats ermittelt. Der Rückgabewert des Aufrufs wird in der Variablen `Jahresmonat` gespeichert. Es soll jedoch ein richtiger Monatssname ausgegeben werden. Deshalb wird im Beispiel ein `Array`-Objekt mit deutschen Monatsnamen erzeugt.

Anschließend wird mit Hilfe von `document.write()` dynamisch eine kleine Tabelle in die Datei geschrieben, in der der aktuelle Monat formatiert ausgegeben wird. Beachten Sie, daß die Variable `Jahresmonat` dabei als Index für die Ausgabe des richtigen Elements aus dem Array `Wochentag` benutzt wird. Da auch bei Arrays bei 0 zu zählen begonnen wird, wird beispielsweise *Januar* geschrieben, wenn in `Jahresmonat` der Wert 0 gespeichert ist, oder *Februar*, wenn in `Jahresmonat` die 1 gespeichert ist.

getSeconds( )

Liefert die Sekunden der Uhrzeit des Objekts `Objektname` als Zahl zurück, beispielsweise 0, wenn in `Objektname` der 2.10.1991, 23:59:00, gespeichert ist. Das Beispiel definiert eine Funktion `Anzeige()`. Darin wird ein neues Datum-Objekt mit dem aktuellen Zeitpunkt in dem Objektnamen `jetzt` erzeugt. Mit `jetzt.getSeconds()` wird die

Sekundenzahl innerhalb der aktuellen Minute der Uhrzeit ermittelt. Der Rückgabewert des Aufrufs wird in der Variablen `Sekunden` gespeichert. Dann wird die Sekundenzahl ausgegeben. Nachdem der Anwender das Meldungsfenster mit der Anzeige bestätigt hat, wird die Variable `Zaehler` um 1 erhöht. Solange diese Variable kleiner als 3 ist, wird die Funktion `Anzeige()` erneut aufgerufen. Dabei werden alle Anweisungen innerhalb der Funktion wiederholt.

```
<html><head><title>Test</title>
<script language="JavaScript">
var Zaehler = 0;
function Anzeige()
{
 jetzt = new Date();
 Sekunden = jetzt.getSeconds();
 alert(Sekunden);
 Zaehler = Zaehler + 1;
 if(Zaehler < 3) Anzeige();
}
Anzeige();
</script>
</head><body>
</body></html>
```

getTime( )

Liefert die Anzahl von Millisekunden als Zahl zurück, die seit dem 1. Januar 1970, 0:00:00, bis zu dem in `Objektname` gespeicherten Zeitpunkt vergangen sind. Das Beispiel erzeugt ein neues Datum-Objekt mit dem aktuellen Zeitpunkt in dem Objektnamen `jetzt`. Mit `alert(jetzt.getTime())` wird die aktuelle Anzahl von Millisekunden, die seit dem 1.1.1970 vergangen sind, in einem Meldungsfenster ausgegeben. Probieren Sie das ruhig mal aus, um ein Gefühl für die Größenordnung der Werte zu bekommen, die `getTime()` liefert.

```
<html><head><title>Test</title>
<script language="JavaScript">
 jetzt = new Date();
 alert(jetzt.getTime());
</script>
</head><body>
</body></html>
```

getTimezoneOffset( )

Liefert den Unterschied zwischen lokaler Rechnerzeit und Greenwich Meridian Time (GMT) in Anzahl von Minuten zurück. Je nach lokaler Zeitzone, die in der Systemzeit des Anwenderrechners definiert ist, ist der Rückgabewert positiv oder negativ. Das Beispiel möchte den Unterschied zwischen Greenwich-Zeit und lokaler Zeit in Stunden ausgeben. Dazu erzeugt es ein neues Datum-Objekt mit dem aktuellen Zeitpunkt in dem Objektnamen `jetzt`. Dann wird die Methode `getTimezoneOffset()` für dieses Datum-Objekt aufgerufen. Um keine Minutenzahlen, sondern Stundenzahlen zu erhalten, wird der Rückgabewert gleich durch 60 geteilt. Das Ergebnis wird in der Variablen `Unterschied` gespeichert. In einem Meldungsfenster wird das Ergebnis anschließend ausgegeben.

```
<html><head><title>Test</title>
<script language="JavaScript">
 jetzt = new Date();
 Unterschied = jetzt.getTimezoneOffset() / 60;
 alert("Unterschied zu Greenwich: " + Unterschied +
    " Stunde(n)");
</script>
</head><body>
</body></html>
```

getYear( )

Liefert das Jahr des Objekts `Objektname` als Zahl zurück, beispielsweise 1991, wenn in `Objektname` der 2.10.1991, 23:59:00, gespeichert ist. Das Beispiel erzeugt ein neues Datum-Objekt mit dem aktuellen Zeitpunkt in dem Objektnamen `jetzt`. Mit `jetzt.getYear()` wird das aktuelle Jahr ermittelt. Der Rückgabewert des Aufrufs wird in der Variablen `Jahr` gespeichert. Manche Browser geben die Jahreszahl noch zweistellig aus. Für diesen Fall wird die Jahreszahl um 1900 erhöht. Anschließend wird mit Hilfe von `document.write()` dynamisch eine kleine Tabelle in die Datei geschrieben, in der das aktuelle Jahr formatiert ausgegeben wird.

```
<html><head><title>Test</title>
</head><body>
<script language="JavaScript">
jetzt = new Date();
Jahr = jetzt.getYear();
if(Jahr < 100) Jahr+=1900;
document.write
  ("<table border bgcolor=#CCFFFF><tr><td><font size=7>");
document.write(Jahr + "</font></td></tr></table>");
</script>
</body></html>
```

parse( )

Ermittelt aus einer als Parameter zu übergebenden Zeichenkette `Zeitpunkt` die Anzahl von Millisekunden, die zwischen dem 1.1.1970, 0:00:00, und dem übergebenen Zeitpunkt verstrichen sind. Beachten Sie, daß Sie zum Aufrufen dieser Methode kein neues

`Date`-Objekt erzeugen müssen, sondern direkt mit `Date` arbeiten können. Das Beispiel ermittelt die Anzahl von Millisekunden zwischen dem 1.1.1970 und dem 1.1.2000. Das Ergebnis wird in der Variablen `DreissigJahre` gespeichet. Zur Kontrolle wird die Zahl in einem Meldungsfenster ausgegeben.

```
<html><head><title>Test</title>
<script language="JavaScript">
 DreissigJahre = Date.parse("Tue, 1 Jan 2000 00:00:00 GMT");
 alert(DreissigJahre);
</script>
</head><body>
</body></html>
```

java script 1.0 N 2.0 3.0 setDate( )

Ändert den Monatstag, der in `Objektname` gespeichert ist. Der neue Monatstag ist als Parameter zu übergeben. Sinnvolle Werte liegen zwischen 1 und 31. Das Beispiel erzeugt ein neues Datum-Objekt `Zeit` mit einem bestimmten Zeitpunkt, der im GMT-Format angegeben wird. Zur Kontrolle ermittelt das Beispiel den aktuellen Tag im Monat aus dem definierten Zeitpunkt und gibt ihn in einem Meldungsfenster aus. Dann wird die Methode `setDate()` auf den Objektnamen `Zeit` angewendet. Im Beispiel wird der Tag des Monats auf 1 gesetzt. Anschließend wird zur Kontrolle der neue Tag im Monat ermittelt und anschließend ausgegeben.

```
<html><head><title>Test</title>
<script language="JavaScript">
Zeit = new Date("March 10, 1998 22:48:00");
Tag = Zeit.getDate();
alert(Tag);
Zeit.setDate(1);
Tag = Zeit.getDate();
alert(Tag);
</script>
</head><body>
</body></html>
```

java script 1.0 N 2.0 3.0 setHours( )

Ändert die Stunden der Uhrzeit, die in `Objektname` gespeichert sind. Die Stundenzahl ist als Parameter zu übergeben. Sinnvolle Werte liegen zwischen 0 und 23. Das Beispiel erzeugt ein neues Datum-Objekt `Zeit` mit dem aktuellen Zeitpunkt. Zur Kontrolle ermittelt das Beispiel die Stundenzahl aus der Tageszeit und gibt sie in einem Meldungsfenster aus. Dann wird die Methode `setHours()` auf den Objektnamen `Zeit` angewendet. Im Beispiel wird die Stundenzahl der Uhrzeit auf 23 gesetzt. Anschließend wird zur Kontrolle der neue Stundenanteil an der Uhrzeit ermittelt und anschließend ausgegeben.

```
<html><head><title>Test</title>
<script language="JavaScript">
Zeit = new Date();
Std = Zeit.getHours();
alert(Std);
Zeit.setHours(23);
Std = Zeit.getHours();
alert(Std);
</script>
</head><body>
</body></html>
```

setMinutes( )

Ändert die Minuten der Uhrzeit, die in `Objektname` gespeichert sind. Die Minutenzahl ist als Parameter zu übergeben. Sinnvolle Werte liegen zwischen 0 und 59. Das Beispiel enthält einen Verweis. Beim Anklicken des Verweises wird der Rückgabewert der Funktion `Andersrum()` ausgegeben, die in einem Scriptbereich im Dateikopf notiert ist. Dort wird ein neues Datum-Objekt `Zeit` mit dem aktuellen Zeitpunkt erzeugt. Aus dem Zeitpunkt wird die Minutenzahl ermittelt. Mit der Methode `setHours()` wird die Minutenzahl innerhalb der Stunde umgekehrt. War es vorher beispielsweise 18:12 Uhr, ist es anschließend 18:48 Uhr. Der neue Minutenanteil an der Uhrzeit wird noch mal ermittelt und anschließend zurückgegeben. Eine solche Funktion könnte etwa als Teil einer rückwärts gehenden Uhr Sinn machen.

```
<html><head><title>Test</title>
<script language="JavaScript">
function Andersrum()
{
 Zeit = new Date();
 Min - Zcit.getMinutes();
 MinNeu = Zeit.setMinutes(60-Min);
 Min = Zeit.getMinutes();
 return(Min);
}
</script>
</head><body>
<a href="javascript:alert(Andersrum())">Test</a>
</body></html>
```

setSeconds( )

Ändert die Sekunden der Uhrzeit, die in `Objektname` gespeichert sind. Die Sekundenzahl ist als Parameter zu übergeben. Sinnvolle Werte liegen zwischen 0 und 59. Das Beispiel enthält einen Verweis. Beim Anklicken des Verweises wird der Rückgabewert der Funktion `Uhrzeit()` ausgegeben, die in einem Scriptbereich im Dateikopf notiert ist. Das ist die aktuelle Uhrzeit, jedoch so ausgegeben, daß Sekunden immer nur in 10er-Schritten ausgegeben werden. Eine Ausgabe wie 18:10:37 ist also nicht möglich, die Funktion macht 18:10:30 daraus. Zu diesem Zweck wird in der Funktion ein neues Datum-Objekt `Zeit` mit dem aktuellen Zeitpunkt erzeugt. Aus dem Zeitpunkt werden die Bestandteile der Uhrzeit ermittelt. Mit der Methode `setSeconds()` wird die Sekundenzahl behandelt. Durch eine kleine mathematische Operation wird aus der möglichen Sekundenzahl zwischen 0 und 59 eine Zahl zwischen 0 und 5. Der neue Sekundenanteil an der Uhrzeit wird noch mal ermittelt. Beim Zurückgeben der Uhrzeit wird an die einstellige Sekundenzahl eine 0 angehängt, denn »in Wirklichkeit« stellt die einstellige Zahl ja den Zehneranteil an den Sekunden dar.

```
<html><head><title>Test</title>
<script language="JavaScript">
function Uhrzeit()
{
 Zeit = new Date();
 Std = Zeit.getHours();
 Min = Zeit.getMinutes();
 Sek = Zeit.getSeconds();
 SekNeu = Zeit.setSeconds(Math.floor(Sek / 10));
 Sek = Zeit.getSeconds();
 return(Std + "." + Min + ":" + Sek + "0");
}
</script>
</head><body>
<a href="javascript:alert(Uhrzeit())">Uhrzeit</a>
</body></html>
```

setTime( )

Ändert den kompletten Inhalt von `Objektname` auf einmal, erlaubt also das Setzen eines beliebigen neuen Zeitpunkts in `Objektname`. Erwartet als Parameter eine Zahl, die den neuen Zeitpunkt markiert. Die Zahl wird als Anzahl von Millisekunden seit dem 1.1.1970, 0:00:00, interpretiert. Ein Beispiel:

```
<html><head><title>Test</title>
<script language="JavaScript">
 Zeit = new Date();
 AbsolutJetzt = Zeit.getTime();
 AbsolutDann = AbsolutJetzt + (100*24*60*60*1000);
 Zeit.setTime(AbsolutDann);
 Jahr = Zeit.getYear();
 Monat = Zeit.getMonth() + 1;
 Tag = Zeit.getDate();
 alert("in 100 Tagen ist der " + Tag + "." + Monat + "." + Jahr);
</script>
</head><body>
</body></html>
```

Das Beispiel gibt aus, welches Datum von jetzt ab in 100 Tagen aktuell sein wird. Zu diesem Zweck wird ein neues Datum-Objekt `Zeit` mit dem aktuellen Zeitpunkt erzeugt. Mit `getTime()` wird zunächst die absolute Anzahl von Millisekunden seit dem 1.1.1970 für den aktuellen Zeitpunkt ermittelt und in der Variablen `AbsolutJetzt` gespeichert. Anschließend wird zu dieser gespeicherten Zahl das Produkt aus 100*24*60*60*1000 hinzuaddiert. Das ist die Anzahl von Millisekunden für 100 Tage. Das Ergebnis wird in der Variablen `AbsolutDann` gespeichert. Dieser Wert wird der Methode `setTime()` übergeben. Dadurch wird die Zeit auf einen Zeitpunkt in 100 Tagen gesetzt. Mit Hilfe entsprechender Befehle werden dann aus dem neu gesetzten Zeitpunkt die Werte für den Monatstag, den Monat und das Jahr ermittelt. Das Ergebnis wird in einem Meldungsfenster ausgegeben.

JavaScript 1.0 N 2.0 3.0 *setYear( )*

Ändert das Jahr, das in `Objektname` gespeichert ist. Die Jahreszahl ist als Parameter zu übergeben. Das Beispiel gibt die Anzahl der Millisekunden vom aktuellen Zeitpunkt bis zum gleichen Zeitpunkt in einem Jahr aus. Zu diesem Zweck wird ein neues Datum-Objekt `Zeit` mit dem aktuellen Zeitpunkt erzeugt. Der Absolutzeitpunkt in Millisekunden wird mit `getTime()` ermittelt und in der Variablen `AbsolutJetzt` gespeichert. Mit `getYear()` wird das aktuelle Jahr ermittelt. Dann wird der Zeitpunkt mit `setYear()` um ein Jahr in die Zukunft verschoben. Der neue Zeitpunkt in Millisekunden wird wieder mit `getTime()` ermittelt. Das Ergebnis wird in der Variablen `AbsolutDann` gespeichert. Durch die Differenz zwischen den gespeicherten Werten von `AbsolutDann` und `AbsolutJetzt` wird die Anzahl der Millisekunden bis zum gleichen Zeitpunkt in einem Jahr ermittelt. Das Ergebnis wird in einem Meldungsfenster ausgegeben.

```
<html><head><title>Test</title>
<script language="JavaScript">
 Zeit = new Date();
 AbsolutJetzt = Zeit.getTime();
 Jahr = Zeit.getYear();
 Zeit.setYear(Jahr+1);
 AbsolutDann = Zeit.getTime();
 Differenz = AbsolutDann - AbsolutJetzt;
 alert("bis zur gleichen Zeit in einem Jahr sind es " +
    Differenz + "ms");
</script>
</head><body>
</body></html>
```

JavaScript 1.0 N 2.0 3.0 *toGMTString( )*

Wandelt die in `Objektname` gespeicherten Daten in eine Zeichenkette nach dem IETF-Standard um. Wenn beispielsweise in `Objektname` der 2.10.1991, 23:59:00, gespeichert ist, liefert diese Methode zurück: *»Wed, 2 Oct 1991 23:59:00 GMT«*. Ein Beispiel:

```
<html><head><title>Test</title>
<script language="JavaScript">
 Jetzt = new Date();
 alert(Jetzt.toGMTString());
</script>
</head><body>
</body></html>
```

Das Beispiel erzeugt ein neues Datum-Objekt `Jetzt` mit dem aktuellen Zeitpunkt. Dann gibt es das Ergebnis der Methode `Jetzt.toGMTString()` als Meldungsfenster aus. Beispiel einer Ausgabe:

- `Wed, 11 Mar 1998 18:17:28 GMT` (Netscape)
- `Wed, 11 Mar 1998 18:17:28 UTC` (Internet Explorer)

toLocaleString( )

Wandelt die in `Objektname` gespeicherten Daten in eine Zeichenkette um. Die zurückgegebene Zeichenkette berücksichtigt die lokale Uhrzeit. Wenn beispielsweise in `Objektname` der 2.10.1991, 23:59:00, gespeichert ist, liefert diese Methode zurück: *»10/2/91 23:59«*. Das Beispiel erzeugt ein neues Datum-Objekt `Jetzt` mit dem aktuellen Zeitpunkt. Dann gibt es das Ergebnis der Methode `Jetzt.toLocaleString()` als Meldungsfenster aus. Beispiel einer Ausgabe: `03/11/1998 19:21:22`.

```
<html><head><title>Test</title>
<script language="JavaScript">
 Jetzt = new Date();
 alert(Jetzt.toLocaleString());
</script>
</head><body>
</body></html>
```

UTC( )

Liefert die Anzahl von Millisekunden zurück, die zwischen dem 1.1.1970 und einem gewünschten Zeitpunkt verstrichen sind. Der Zeitpunkt ist in Form von Parametern zu übergeben. Alle Parameter sind als Zahlenwerte zu übergeben. Die Angabe der Datumswerte ist zwingend, die der Uhrzeitwerte optional. Die Parameter im einzelnen:

- Jahr: Jahreszahl,
- Monat: Monatszahl zwischen 0 und 11,
- Tag: Tageszahl zwischen 1 und 31,
- Stunden: Stunde der Uhrzeit zwischen 0 und 23 (optional),
- Minuten: Minuten der Uhrzeit zwischen 0 und 59 (optional),
- Sekunden: Sekunden der Uhrzeit zwischen 0 und 59 (optional).

Das Beispiel schreibt mit `document.write()` die Anzahl der Millisekunden in die Datei, die zwischen dem 1.1.1970, 0.00 Uhr, und dem 11.3.1998, 19.26 Uhr, vergangen sind.

```
<html><head><title>Test</title>
</head><body>
<script language="JavaScript">
 document.write(Date.UTC(1998,2,11,19,26,00));
</script>
</body></html>
```

13.21 Function

Eigenschaften

arguments	(Argumentnamen-Array)
arity	(Anzahl von Argumenten)
caller	(Name der aufrufenden Funktion)

Function: Allgemeines zur Verwendung

Über das Objekt `Function` haben Sie Zugriff auf Eigenschaften einer JavaScript- Funktion. JavaScript-Funktionen werden dadurch also selbst Gegenstand von JavaScript-Anweisungen. Sinnvoll ist das Arbeiten mit dem `Function`-Objekt beispielsweise im Zusammenhang mit einer variablen Anzahl von Parametern in einer Funktion. Ein neues Objekt `Function` können Sie extra erzeugen, zum Beispiel:

```
Farbe = new Function("NeueFarbe","document.bgColor=NeueFarbe;");
```

Beispielentsprechung in normaler Schreibweise:

```
function Farbe(NeueFarbe)
{
 document.bgColor=NeueFarbe;
}
```

Beispielaufruf für beide Fälle:

```
<a href="javascript:Farbe(#FFCC99)">Neue Hintergrundfarbe</a>
```

Betrachten Sie in dem Beispiel zunächst den mittleren Teil (*Beispielentsprechung in normaler Schreibweise*). Das ist die normale Definition einer Funktion. Im Teil darüber wird die gleiche Funktion definiert, jedoch in Form eines Funktionsobjekts. Das Funktionsobjekt wird mit `new Function(...)` erzeugt. Der Rückgabewert wird in einer Variablen gespeichert, im Beispiel in der Variablen `Farbe`. Als Parameter erwartet die `Function`-Funktion eine beliebige Anzahl Parameter, die bis zum vorletzten als Parameter interpretiert werden, die die Funktion erwarten soll. Im Beispiel gibt es einen solchen Parameter, nämlich den Parameter NeueFarbe. Der letzte Parameter, der der Function-Funktion übergeben wird, ist eine Zeichenkette, die den gesamten Funktionsinhalt darstellt, also die JavaScript-Anweisungen innerhalb der Funktion.

Eine Variable, in der eine Funktion gespeichert ist wie im Beispiel die Variable Farbe, können Sie genauso aufrufen wie eine Funktion. Der dritte Teil (*Beispielaufruf für beide Fälle*) gilt tatsächlich für beide Fälle, denn im einen Fall wird die Variable Farbe aufgerufen, in der eine ganze Funktion gespeichert ist, und im anderen Fall wird eine Funktion namens Farbe() aufgerufen.

Sie müssen jedoch kein neues Funktionsobjekt erzeugen, sondern können auch direkt Eigenschaften des Funktionsobjekts auf eine Funktion anwenden. Ein Beispiel für direktes Verwenden von Funktionseigenschaften:

```
<html><head><title>Test</title>
</head><body>
<script language="JavaScript">
function HTMLListe(Typ)
{
 document.write("<" + Typ + "L>");
 for (var i=1; i<HTMLListe.arguments.length; i++)
  document.write("<LI>" + HTMLListe.arguments[i]);
 document.write("</" + Typ + "L>");
}
HTMLListe("U","eins","zwei","drei");
</script>
</body></html>
```

Das Beispiel schreibt dynamisch eine HTML-Liste, entweder als Aufzählungsliste oder als numerierte Liste, in die Datei. Dies geschieht in einer Funktion namens HTMLListe(). Unterhalb der Funktion steht der Aufruf der Funktion. Dabei werden vier Parameter übergeben. Die Funktion HTMLListe() erwartet jedoch nur einen Parameter, nämlich den Parameter Typ. Dabei sollte man ein U oder ein O übergeben. Abhängig davon erzeugt die Funktion eine <ul>-Liste (Aufzählungsliste) oder eine <ol>-Liste (numerierte Liste).

Innerhalb der Funktion wird jedoch mit HTMLListe.arguments.length die tatsächliche Anzahl der übergebenen Elemente abgefragt. Die Funktion nimmt an, daß alle Parameter ab dem zweiten Elemente der gewünschten Liste sind. Die Funktion schreibt mit document.write()-Befehlen die enstprechenden Listenpunkte und setzt dabei reihenweise die übergebenen Parameter ein, da diese Aktion innerhalb einer for-Schleife erfolgt.

Java script 1.1 | N 3.0 | 4.0 | Lesen

arguments

Speichert die Argumente, die einer Funktion übergeben wurden, in einem Array, also einer Kette von Elementen. Jedes Element stellt ein Argument dar. Die Eigenschaft ist nur innerhalb der Funktion verfügbar, auf die sie sich bezieht. Ein Beispiel:

```
<html><head><title>Test</title>
</head><body>
<script language="JavaScript">
function Test(Name,Vorname)
{
 document.write("Funktion bekam " + Test.arguments.length +
   " Argumente");
 for (var i=0; i<Test.arguments.length; ++i)
  document.write("<BR>" + Test.arguments[i]);
}
Test("Muenz", "Stefan");
</script>
</body></html>
```

Das Beispiel definiert eine Funktion `Test()`, die zwei Parameter übergeben bekommt. Die Funktion schreibt dynamisch in die HTML-Datei, wie viele Parameter sie erwartet, und danach in einer `for`-Schleife, welche Werte übergeben wurden. Mit `Funktionsname.arguments.length` ermitteln Sie die Anzahl der tatsächlich übergebenen Parameter – nicht die Anzahl der erwarteten Parameter. Mit `Funktionsname.arguments[0]` sprechen Sie den Wert des ersten übergebenen Parameters an, mit `Funktionsname.arguments[1]` den des zweiten Parameters usw.

arity

Speichert die Anzahl von Argumenten, die eine Funktion erwartet. Die Eigenschaft ist nur außerhalb der Funktion verfügbar, auf die sie sich bezieht. Der Scriptbereich, in dem die Anweisung vorkommt, muß mit `JavaScript1.2` ausgezeichnet sein. Ein Beispiel:

```
<html><head><title>Test</title>
<script language="JavaScript1.2">
function Test(Name,Vorname)
{
 return(Vorname + " " + Name);
}
alert("Funktion erwartet" + Test.arity + " Argumente");
</script>
</head><body>
</body></html>
```

Das Beispiel definiert eine Funktion `Test()`, die zwei Parameter erwartet. Die Funktion wird im Beispiel gar nicht aufgerufen, dafür wird in einem Meldungsfenster ausgegeben, wie viele Argumente die Funktion `Test()` erwartet. Dazu wird die Eigenschaft `arity` auf die gewünschte Funktion angewendet.

caller

Speichert die gesamte Funktion, von der aus die aktuelle Funktion aufgerufen wird. Hat den Wert `null`, falls der Aufruf direkt von einem Event-Handler oder beim Einlesen der

Datei von außerhalb einer anderen Funktion erfolgte. Die Eigenschaft ist nur innerhalb der Funktion verfügbar, auf die sie sich bezieht. Ein Beispiel:

```
<html><head><title>Test</title>
<script language="JavaScript">
function Test()
{
 alert(Test.caller);
}
function Aufruf()
{
 Test();
}
</script>
</head><body>
<a href="javascript:Aufruf()">Wer ruft Test()?</a>
</body></html>
```

Das Beispiel definiert im Dateikopf zwei Funktionen, eine Funktion `Test()` und eine Funktion `Aufruf()`. Die Funktion `Test()` tut nichts anderes als auszugeben, von wo sie aufgerufen wurde, die Funktion `Aufruf()` nichts anderes, als `Test()` aufzurufen. In der Datei ist ferner ein Verweis notiert. Beim Anklicken des Verweises wird die Funktion `Aufruf()` aufgerufen, die wiederum `Test()` aufruft, woraufhin `Test()` den gesamten Code der Funktion `Aufruf()` ausgibt.

13.22 Math

Eigenschaften

E	(Eulersche Konstante)
LN2	(natürlicher Logarithmus von 2)
LN10	(natürlicher Logarithmus von 10)
LOG2E	(konstanter Logarithmus von 2)
LOG10E	(konstanter Logarithmus von 10)
PI	(Konstante PI)
SQRT1_2	(Konstante für Quadratwurzel aus 0,5)
SQRT2	(Konstante für Quadratwurzel aus 2)

Methoden

abs( )	(positiver Wert)
acos( )	(Arcus Kosinus)
asin( )	(Arcus Sinus)
atan( )	(Arcus Tangens)
ceil( )	(nächsthöhere ganze Zahl)

cos( )	(Kosinus)
exp( )	(Exponentialwert)
floor( )	(nächstniedrigere ganze Zahl)
log( )	(Anwendung des natürlichen Logarithmus)
max( )	(größere von zwei Zahlen)
min( )	(kleinere von zwei Zahlen)
pow( )	(Zahl hoch Exponent)
random( )	(0 oder 1 per Zufall)
round( )	(kaufmännische Rundung einer Zahl)
sin( )	(Sinus)
sqrt( )	(Quadratwurzel)
tan( )	(Tangens)

Math: Allgemeines zur Verwendung

Mit dem Objekt `Math` können Sie Berechnungen, auch komplexer wissenschaftlicher oder kaufmännischer Art, durchführen. Dazu stehen Ihnen verschiedene mächtige Methoden und Funktionen sowie einige Eigenschaften zur Verfügung. Eine Instanz von `Math` brauchen Sie nicht eigens zu erzeugen. Sie können Eigenschaften und Methoden von `Math` direkt verwenden. Schema:

```
x = Math.Eigenschaft;
x = Math.Methode(Parameter);
```

Mit `Zahl = 10 * Math.PI` beispielsweise steht in der Variablen `Zahl` hinterher das Produkt aus der Zahl `PI` und 10. Mit `Wurzel = Math.sqrt(10)` steht in der Variablen `Wurzel` hinterher das Ergebnis der Quadratwurzel aus 10. Notieren Sie vor jedem Aufruf einer Eigenschaft oder Methode des `Math`-Objekts – großgeschrieben.

Bei jedem Zahlen-Parameter, den Sie einer Methode von `Math` übergeben, kann es sich um eine feste Zahl (z. B. `25` oder `0.123`) handeln, um eine numerische Variable (z. B. *x*) oder um einen Rechenausdruck (z. B. `7 * 5+ 0.3`). Auch Rechenausdrücke mit Variablen sind erlaubt (z. B. `x * i + 1`).

Beachten Sie, daß die Anzahl der Nachkommastellen in Programmiersprachen wie JavaScript systembedingt beschränkt ist – auf den heutigen Systemen haben solche Zahlen normalerweise 32 Bit Länge. JavaScript unterscheidet nicht wie manche anderen Programmiersprachen zwischen verschiedenen Typen numerischer Werte – Integer, Float usw. Eventuell erforderliche Typumwandlungen erfolgen automatisch.

java script 1.0 | N 2.0 | 3.0 | Lesen

E

Die Eulersche Konstante, deren Zahlenwert ca. 2,718 ist. Das Beispiel definiert einen Button, bei dessen Anklicken der Wert der Eigenschaft ausgegeben wird.

```
<form><input type=button value="Button"
  onClick="alert(Math.E)"></form>
```

javascript 1.0 · N 2.0 · 3.0 · Lesen — *LN2*

Der natürliche Logarithmus von 2 – Konstante mit einem Wert von ca. 0,693. Das Beispiel definiert einen Button, bei dessen Anklicken der Wert der Eigenschaft ausgegeben wird.

```
<form><input type=button value="Button"
   onClick="alert(Math.LN2)"></form>
```

javascript 1.0 · N 2.0 · 3.0 · Lesen — *LN10*

Der natürliche Logarithmus von 10 – Konstante mit einem Wert von ca. 2,302. Das Beispiel definiert einen Button, bei dessen Anklicken der Wert der Eigenschaft ausgegeben wird.

```
<form><input type=button value="Button"
   onClick="alert(Math.LN10)"></form>
```

javascript 1.0 · N 2.0 · 3.0 · Lesen — *LOG2E*

Logarithmus von 2 – Konstante mit einem Wert von ca. 1,442. Das Beispiel definiert einen Button, bei dessen Anklicken der Wert der Eigenschaft ausgegeben wird.

```
<form><input type=button value="Button"
   onClick="alert(Math.LOG2E)"></form>
```

javascript 1.0 · N 2.0 · 3.0 · Lesen — *LOG10E*

Logarithmus von 10 – Konstante mit einem Wert von ca. 0,434. Das Beispiel definiert einen Button, bei dessen Anklicken der Wert der Eigenschaft ausgegeben wird.

```
<form><input type=button value="Button"
   onClick="alert(Math.LOG10E)"></form>
```

javascript 1.0 · N 2.0 · 3.0 · Lesen — *PI*

Konstante Pi für Kreisberechnungen mit einem Wert von ca. 3,14159. Das Beispiel definiert einen Button, bei dessen Anklicken der Wert der Eigenschaft ausgegeben wird.

```
<form><input type=button value="Button" onClick="alert(Math.PI)"></form>
```

javascript 1.0 · N 2.0 · 3.0 · Lesen — *SQRT1_2*

Konstante für Quadratwurzel aus 0,5 – Wert von ca. 0,707. Das Beispiel definiert einen Button, bei dessen Anklicken der Wert der Eigenschaft ausgegeben wird.

```
<form><input type=button value="Button"
   onClick="alert(Math.SQRT1_2)"></form>
```

SQRT2

Konstante für Quadratwurzel aus 2 – Wert von ca. 1,414. Das Beispiel definiert einen Button, bei dessen Anklicken der Wert der Eigenschaft ausgegeben wird.

```
<form><input type=button value="Button"
   onClick="alert(Math.SQRT2)"></form>
```

abs( )

Erwartet als Parameter eine Zahl. Liefert in jedem Fall den positiven Wert der Zahl zurück. War dieser vorher negativ, wird er positiv. Das Beispiel definiert ein Formular mit zwei Eingabefeldern und einem Button. Nach Eingabe einer Zahl im ersten Eingabefeld und Klick auf den Button wird im zweiten Eingabefeld das Ergebnis ausgegeben. Das Ergebnis ist die Anwendung von `abs()` auf den Wert aus dem ersten Eingabefeld. Wird im ersten Feld eine negative Zahl eingegeben, erscheint im zweiten Feld die gleiche Zahl, allerdings positiv.

```
<form name="Test"><input name="Ein"><input name="Aus">
<input type=button value="="
   onClick="Test.Aus.value=Math.abs(Test.Ein.value)">
</form>
```

acos( )

Erwartet als Parameter eine Zahl. Liefert den Arcus Kosinus dieser Zahl zurück. Das Beispiel entspricht `abs()`.

asin( )

Erwartet als Parameter eine Zahl. Liefert den Arcus Sinus dieser Zahl zurück. Das Beispiel entspricht `abs()`.

atan( )

Erwartet als Parameter eine Zahl. Liefert den Arcus Tangens dieser Zahl zurück. Das Beispiel entspricht `abs()`.

ceil( )

Erwartet als Parameter eine Zahl. Liefert die nächsthöhere Ganzzahl dieser Zahl zurück (Aufrundung). Wenn die übergebene Zahl eine Ganzzahl ist, bleibt sie unverändert. Das Beispiel entspricht `abs()`.

cos( )

Erwartet als Parameter eine Zahl. Liefert den Kosinus dieser Zahl zurück. Das Beispiel entspricht `abs()`.

exp( )

Erwartet als Parameter eine Zahl. Liefert den Exponentialwert dieser Zahl auf Basis der Eulerschen Konstanten zurück. Das Beispiel entspricht `abs()`.

floor( )

Erwartet als Parameter eine Zahl. Liefert die nächstniedrigere Ganzzahl dieser Zahl zurück (Abrundung). Wenn die übergebene Zahl eine Ganzzahl ist, bleibt sie unverändert. Bei positiven Zahlen ist dies die Zahl ohne Nachkommastellen. Das Beispiel entspricht `abs()`.

log( )

Erwartet als Parameter eine Zahl. Liefert die Anwendung des natürlichen Logarithmus auf diese Zahl zurück. Das Beispiel entspricht `abs()`.

max( )

Erwartet zwei Zahlen als Parameter. Gibt die größere der beiden Zahlen zurück. Das Beispiel definiert ein Formular mit drei Eingabefeldern und einem Button. Nach Eingabe je einer Zahl im ersten und im zweiten Eingabefeld und Klick auf den Button wird im dritten Eingabefeld das Ergebnis ausgegeben. Das Ergebnis ist die Anwendung von `max()` auf die Werte aus den beiden ersten Eingabefeldern.

```
<form name="Test">
<input name="z1"><input name="z2"><input name="Aus">
<input type=button value="="
  onClick="Test.Aus.value=Math.max(Test.z1.value,Test.z2.value)">
</form>
</body></html>
```

min( )

Erwartet zwei Zahlen als Parameter. Gibt die kleinere der beiden Zahlen zurück. Das Beispiel entspricht `max()`.

pow( )

Erwartet zwei Zahlen als Parameter. Die erste Zahl wird als Basis interpretiert, die zweite als Exponent. Liefert den Wert von Zahl hoch Exponent zurück. Das Beispiel entspricht `max()`.

random( )

Gibt eine Zufallszahl zwischen 0 und 1 zurück. Es handelt sich um eine Bruchzahl, z. B. 0,3834417857195922. Das Beispiel definiert ein Formular mit einem Button. Beim Klicken auf den Button wird eine Zufallszahl zwischen 0 und 1 ausgegeben. Es handelt sich dabei um eine Pseudo-Zufallszahl, wie sie auf heute üblichen EDV-Systemen realisierbar ist. Erst seit Netscape 3.x auf allen Plattformen verfügbar. Bei Netscape 2.x nur unter Unix.

```
<html><head><title>Test</title>
</head><body>
<form>
<input type=button value="Button" onClick="alert(random())">
</form>
</body></html>
```

round( )

Erwartet als Parameter eine Zahl. Liefert die kaufmännisch gerundete Ganzzahl dieser Zahl zurück. Wenn die übergebene Zahl eine Ganzzahl ist, bleibt sie unverändert. Das Beispiel definiert ein Formular mit zwei Eingabefeldern und einem Button. Nach Eingabe einer Zahl im ersten Eingabefeld und Klick auf den Button wird im zweiten Eingabefeld das Ergebnis ausgegeben. Das Ergebnis ist die Anwendung von `round()` auf den Wert aus dem ersten Eingabefeld. Bei Eingabe von Bruchzahlen im ersten Eingabefeld steht im zweiten Feld anschließend die kaufmännisch gerundete Ganzzahl.

```
<form name="Test"><input name="Ein"><input name="Aus">
<input type=button value="="
  onClick="Test.Aus.value=Math.round(Test.Ein.value)">
</form>
```

sin( )

Erwartet als Parameter eine Zahl. Liefert den Sinus dieser Zahl zurück. Das Beispiel entspricht `abs()`.

sqrt( )

Erwartet als Parameter eine Zahl. Liefert die Quadratwurzel dieser Zahl zurück. Das Beispiel entspricht `abs()`.

tan( )

Erwartet als Parameter eine Zahl. Liefert den Tangens dieser Zahl zurück. Das Beispiel entspricht `abs()`.

13.23 navigator

Eigenschaften

appCodeName	(Spitzname des Browsers)
appName	(offizieller Name des Browsers)
appVersion	(Browser-Version)
language	(Browser-Sprache)
platform	(Plattform, auf der der Browser läuft)
userAgent	(HTTP-Identifikation des Browsers)

Methoden

javaEnabled( )	(Java-Verfügbarkeit überprüfen)

Unterobjekte

mimeTypes
plugins

navigator: Allgemeines zur Verwendung

Über das Objekt `navigator` können Sie in einem Script in JavaScript Informationen darüber ermitteln, welchen WWW-Browser der Anwender verwendet sowie einige nähere Spezifikationen dazu. Das kann zum Beispiel interessant sein, um die Ausführung von JavaScript-Anweisungen davon abhängig zu machen, welchen Browser der Anwender benutzt. So lassen sich Fehlermeldungen bei Anwendern vermeiden, die einen Browser verwenden, der bestimmte JavaScript-Befehle nicht kennt. Eigenschaften und Methoden von `navigator` können Sie direkt ansprechen. Beispiel: `navigator.appName`.

Lesen appCodeName

Speichert den Spitznamen des Browsers. Dieses Feature wurde von Netscape deshalb erfunden, weil der Netscape-Browser den Spitznamen *Mozilla* trägt. Als Maskottchen gibt es dazu ein kleines Äffchen. Das Beispiel ermittelt beim Einlesen der Datei, ob der vom Anwender benutzte Browser auf den Spitznamen »Mozilla« hört. Wenn ja, wird die Meldung *»So ein affenartiger Browser!«* ausgegeben. Sowohl Netscape als auch der Internet Explorer speichern in dieser Eigenschaft den Wert *Mozilla*.

```
<html><head><title>Test</title>
<script language="JavaScript">
if(navigator.appCodeName == "Mozilla")
 alert("So ein affenartiger Browser!");
</script>
</head><body>
</body></html>
```

Java script 1.0 | N 2.0 | 3.0 | Lesen

appName

Speichert den Namen des Browsers, den der Anwender verwendet. Das Beispiel schreibt mit der `write()`-Methode in die HTML-Datei, welchen Browser der Anwender verwendet. Netscape speichert in dieser Eigenschaft beispielsweise den Wert *Netscape*, der Internet Explorer den Wert *Microsoft Internet Explorer*.

```
<html><head><title>Test</title>
<script language="JavaScript">
</script>
</head><body>
<script language="JavaScript">
 document.write("So, so, Sie verwenden also " +
   navigator.appName);
</script>
</body></html>
```

Java script 1.0 | N 2.0 | 3.0 | Lesen

appVersion

Speichert die Version des Browsers, den der Anwender verwendet. Das Beispiel fragt ab, ob das erste Zeichen aus dem Wert, der in `navigator.appVersion` gespeichert ist, eine 4 ist. Wenn ja, wird eine Meldung ausgegeben. Der Wert von `navigator.appVersion` umfaßt mehr als nur die reine Produktversion. Netscape 4.01 liefert z. B. folgenden Wert: *4.01 [en] (Win95; I)*, der Internet Explorer 4.0 liefert z. B. *4.0 (compatible; MSIE 4.0; Windows 95)*. Um Teile aus einer solchen Zeichenkette zu extrahieren wie im Beispiel mit der Methode `substring()`, lesen Sie den Abschnitt über das `string`-Objekt.

```
<html><head><title>Test</title>
<script language="JavaScript">
if(navigator.appVersion.substring(0,1) == "4")
 alert("Oh, ein Browser der 4. Generation!");
</script>
```

```
</head><body>
</body></html>
```

java script 1.2 | N 4.0 | Lesen

language

Speichert die Sprache der Benutzerführung des Browsers, den der Anwender verwendet. Die Sprache wird dabei mit den international üblichen Abkürzungen gespeichert, z. B. *en* für englisch oder *de* für deutsch. Das Beispiel ermittelt, welche Benutzersprache der Browser des Anwenders verwendet. Wenn es Englisch ist, wird mit der `write()`-Methode ein englischer Begrüßungstext in die HTML-Datei geschrieben, wenn es Deutsch ist, ein deutscher Begrüßungstext.

```
<html><head><title>Test</title>
</head><body>
<script language="JavaScript">
if(navigator.language == "en")
 document.write("Dear vistor, welcome on our pages");
else if(navigator.language == "de")
 document.write
   ("Sehr geehrter Besucher, willkommen auf unseren Seiten");
</script>
</body></html>
```

java script 1.2 | N 4.0 | Lesen

platform

Speichert, auf welchem Betriebssystemtyp der Browser läuft, den der Anwender verwendet. Das Beispiel gibt beim Einlesen der Datei in einem Meldungsfenster aus, auf welcher Plattform der Browser beim Anwender läuft. Bei Windows 95 gibt Netscape beispielsweise *Win32* aus.

```
<html><head><title>Test</title>
<script language="JavaScript">
 alert(navigator.platform);
</script>
</head><body>
</body></html>
```

java script 1.0 | N 2.0 | 3.0 | Lesen

userAgent

Speichert alle wichtigen Informationen über den Browser, den der Anwender verwendet, und zwar in der Form, die der Browser auch bei jeder HTTP-Anforderung einer Datei im WWW sendet. Ein Beispiel:

```
<html><head><title>Test</title>
</head><body>
Diese Daten sendet Ihr Browser, wenn er Dateien im WWW anfordert:<br>
```

```
<script language="JavaScript">
 document.write(navigator.userAgent);
</script>
</body></html>
```

Das Beispiel schreibt in die HTML-Datei, mit welchen Daten sich der verwendete Browser im WWW ausgibt. Die folgende Tabelle zeigt typische Ausgaben, die von bekannten Browsern verschiedener Versionen erzeugt werden. Die Liste kann helfen, wenn Sie Abfragen nach bestimmten Browsern, Versionen oder Plattformen durchführen wollen.

Browser-Version
Lycos_Spider_(T-Rex)/3.0
Mozilla/1.2N(Windows;I;16bit)
Mozilla/1.22(compatible;MSIE2.01;WindowsNT)
Mozilla/2.0(compatible;MSIE2.1;Windows3.1)
Mozilla/2.0(compatible;MSIE3.0;AK;Windows95)
Mozilla/2.0(compatible;MSIE3.0;AOL3.0;Windows3.1)
Mozilla/2.0(compatible;MSIE3.0;SK;Windows95)
Mozilla/2.0(compatible;MSIE3.0;Updatea;SK;Windows95)
Mozilla/2.0(compatible;MSIE3.0;Windows95)
Mozilla/2.0(compatible;MSIE3.01;AK;Windows95)
Mozilla/2.0(compatible;MSIE3.01;MSN2.0;Updatea;Windows95)
Mozilla/2.0(compatible;MSIE3.01;Updatea;AOL3.0;Windows95)
Mozilla/2.0(compatible;MSIE3.01;Windows95)
Mozilla/2.0(compatible;MSIE3.02;AK;Windows95)
Mozilla/2.0(compatible;MSIE3.02;Updatea;AK;AOL3.0;Windows95)
Mozilla/2.0(compatible;MSIE3.02;Updatea;AK;Windows95)
Mozilla/2.0(compatible;MSIE3.02;Win32)
Mozilla/2.0(compatible;MSIE3.02;Windows95)
Mozilla/2.0(Macintosh;I;PPC)
Mozilla/2.0(Win16;I)
Mozilla/2.0(X11;Linux1.2.13i486)
Mozilla/2.01(Macintosh;I;68K)
Mozilla/2.02 (Macintosh; I; PPC)
Mozilla/2.02 (Win95; I)
Mozilla/2.02(Win95;I;16bit)
Mozilla/2.02E-SYMPA(Win95;I;16bit)
Mozilla/3.0 (compatible; MSIE 3.01;Mac_PowerPC)
Mozilla/3.0(compatible;MuscatFerret/1.4.1;olly@muscat.co.uk)
Mozilla/3.0 (compatible;Opera/3.0; Windows 95)
Mozilla/3.0 (Macintosh; I; 68K)
Mozilla/3.0 (Macintosh; I;PPC)
Mozilla/3.0 (Win16; I)

Browser-Version

Mozilla/3.0 (Win95; I)
Mozilla/3.0 (Win95; U)
Mozilla/3.0 (X11; I; AIX 1)
Mozilla/3.0(X11;I;Linux2.0.29i486)
Mozilla/3.0(WinNT;I)
Mozilla/3.0Gold(X11;I;OSF1V4.0alpha)
Mozilla/3.01 (Macintosh; I; PPC)
Mozilla/3.01(Macintosh;I;68K)
Mozilla/3.01(Win16;I)
Mozilla/3.01(Win95;I)
Mozilla/3.01 (WinNT; I)
Mozilla/3.01 (X11; I;Linux 2.0.30 i586)
Mozilla/3.01(X11;I;SunOS4.1.3_U1sun4c)
Mozilla/3.01(X11;I;SunOS4.1.4sun4m)
Mozilla/3.01 (X11; I;SunOS 5.5.1 sun4u)
Mozilla/3.01[de]C-KACYB(Win95;I)
Mozilla/3.01[de]-C-MACOS8(Macintosh;I;PPC)
Mozilla/3.01 [fr] (Win95; I; 16bit)
Mozilla/3.01-C-MACOS8(Macintosh; I; PPC)
Mozilla/3.01C-NS-USR(Win95;I)
Mozilla/3.01C-NSCP(Win95;I)
Mozilla/3.01C-SYMPA(Win95;U)
Mozilla/3.01Gold(Win95;I)
Mozilla/3.01Gold(Win95;I;16bit)
Mozilla/3.01Gold(WinNT;I)
Mozilla/3.01Gold[de]C-DT(Win16;I)
Mozilla/3.01Gold[de](Win16;I)
Mozilla/3.01Gold[de](Win95;I)
Mozilla/3.01Gold(X11;I;Linux2.0.30i486)
Mozilla/3.02 (Macintosh;I; PPC)
Mozilla/3.02 (Win95; I)
Mozilla/3.02Gold(Win16;I)
Mozilla/3.02Gold(Win95;I)
Mozilla/3.03 (Win16;I)
Mozilla/3.03 (Win95; I)
Mozilla/3.03(Win95;I;16bit)
Mozilla/3.03Gold(X11;I;SunOS5.5.1sun4m)
Mozilla/3.04(X11;I;AIX4.2)
Mozilla/3.04(X11;I;Linux2.0.30i586)
Mozilla/3.04Gold(Win95;I)
Mozilla/4.0[en]C-DT(Win16;I)
Mozilla/4.0[en](Win95;I)

Browser-Version
Mozilla/4.0 (compatible; MSIE 4.0; Windows 95;BPH01)
Mozilla/4.0 (compatible;MSIE 4.0; Windows 95;GTE_DL)
Mozilla/4.0(compatible;MSIE4.0;Windows95)
Mozilla/4.0(compatible;MSIE4.0;WindowsNT)
Mozilla/4.01[de](Win95;I)
Mozilla/4.01[en](Win95;U)
Mozilla/4.01[en](WinNT;I)
Mozilla/4.01[de](WinNT;I)
Mozilla/4.01[de]C-DT(Win95;I)
Mozilla/4.01[en](Win95;I)
Mozilla/4.01[en](WinNT;U)
Mozilla/4.01a (Macintosh; I; PPC)
Mozilla/4.01(Macintosh;I;PPC)
Mozilla/4.02 [en] (Win95; I)
Mozilla/4.02 [en] (WinNT; I)
Mozilla/4.02[en](X11;U;SunOS5.5.1sun4u)
Mozilla/4.03 (Macintosh;I; PPC)
Mozilla/4.03(Macintosh;I;PPC,Nav)
Mozilla/4.03 [en] (X11; I; Linux 2.0.30 i686)
Mozilla/4.03 [en] (X11; I;Linux 2.0.27 i586)
Mozilla/4.03 [en] (X11; I;SunOS 4.1.3 sun4c)
Mozilla/4.03[en](Win16;I;Nav)
Mozilla/4.03[en](Win95;I)
Mozilla/4.03[en](Win95;I;Nav)
Mozilla/4.03[en](WinNT;I)
Mozilla/4.03[en](WinNT;I;Nav)
Mozilla/4.03[en](WinNT;U)
Mozilla/4.03[en](X11;I;IRIX6.2IP22)
Mozilla/4.04[en](Win95;I)
Mozilla 4.04 [en] (X11; I; SunOS 5.5.1 sun4u)
Mozilla/4.04(Macintosh;I;PPC)
NetCruiser/V2.1.1
Scooter/1.0scooter@pa.dec.com
TeleportPro/1.28

Tab. 13.3: Typische Angaben von Browser-Typen

javaEnabled( )

Testet, ob Java auf dem Browser des Anwenders verfügbar ist oder nicht. Liefert `true` zurück, wenn Java verfügbar ist, und `false`, wenn nicht. Das Beispiel fragt mit `if(navigator.javaEnabled())` ab, ob Java verfügbar ist. Wenn ja, wird mit der `write()`-Methode der HTML-Code für die Plazierung eines Java-Applets geschrieben.

```
<html><head><title>Test</title>
</head><body>
<script language="JavaScript">
 if(navigator.javaEnabled())
  {
   document.write("<applet code=\"hallo.class\" width=150
       height=25>");
   document.write("</applet>");
  }
</script>
</body></html>
```

13.24 mimeTypes

Eigenschaften

description	(Beschreibung eines MIME-Typs)
enabledPlugin	(Plugin vorhanden)
length	(Anzahl der MIME-Typen)
suffixes	(Dateiendungen)
type	(MIME-Type-Bezeichnung)

mimeTypes: Allgemeines zur Verwendung

Über das Objekt `mimeTpyes`, das in der JavaScript-Objekthierarchie unterhalb des `navigator`-Objekts liegt, können Sie ermitteln, welche Dateitypen der Browser des Anwenders kennt und ob ein Plugin zum Anzeigen oder Abspielen eines Dateityps vorhanden ist. Lesen Sie zum besseren Verständnis von MIME-Typen gegebenenfalls das Kapitel 8.7. Um einen MIME-Typ anzusprechen, stehen folgende Möglichkeiten zur Verfügung:

Schema 1:

```
navigator.mimeTypes[#].Eigenschaft
```

Schema 2:

```
navigator.mimeTypes["MIMEType"].Eigenschaft
```

MIME-Typen können Sie auf zwei Arten ansprechen:

- Mit einer Indexnummer (wie in Schema 1): Bei Verwendung von Indexnummern geben Sie `navigator.mimeTypes` an und dahinter in eckigen Klammern eine Zahl. Sie können allerdings nicht wissen, welche MIME-Typen an welcher Stelle gespeichert sind. Die Verwendung von Indexnummern ist deshalb nur sinnvoll, wenn Sie beispielsweise in einer Schleife alle verfügbaren MIME-Typen ermitteln.

- Mit dem Namen eines MIME-Typen als Indexnamen (wie in Schema 2): Dabei notieren Sie wie beim Ansprechen mit Indexnummer hinter `navigator.mimeTypes` eckige Klammern. Innerhalb der eckigen Klammern notieren Sie in Anführungszeichen den MIME-Typ-Namen. Dabei gilt die übliche Notation für MIME-Typen, also die Form *»Kategorie/Unterkategorie«*. Als Indexnamen sind zum Beispiel Werte möglich, die Sie mit der Objekteigenschaft `type` ermitteln können.

Beispiel für das Objekt insgesamt:

```
<html><head><title>Test</title>
</head><body>
<script language="JavaScript">
document.writeln("<table border>");
for(i=0; i<navigator.mimeTypes.length; i++)
{
 document.writeln("<tr>");
 document.writeln("<td>" + navigator.mimeTypes[i].type
    + "</td>");
 document.writeln("<td>" + navigator.mimeTypes[i].suffixes
    + "</td>");
 document.writeln("<td>" + navigator.mimeTypes[i].description
    + "</td>");
 document.writeln("<td>" + navigator.mimeTypes[i].enabledPlugin
    + "</td>");
 document.writeln("</tr>");
}
document.writeln("</table>");
 </script>
</body></html>
```

Das Beispiel schreibt mit Hilfe der Methode `writeln()` dynamisch eine Tabelle in die HTML-Datei. In der Tabelle werden alle verfügbaren Plugins aufgelistet. In der linken Spalte steht die MIME-Typ-Bezeichnung, also die Kategorie/Unterkategorie, wie Sie sie auch zur MIME-Typ-Adressierung mit Hilfe von Indexnamen verwenden können. In der Spalte daneben stehen die zugehörigen Dateiendungen. Daneben steht eine Kurzbeschreibung des MIME-Typ, und in der letzten Spalte steht, ob der Browser ein Plugin besitzt, um Dateien des entsprechenden Typs zu verarbeiten.

java script 1.1 | N 3.0 | Lesen

description

Speichert die Kurzbeschreibung eines MIME-Typen. Das Beispiel gibt in einem Meldungsfenster die Kurzbeschreibung zum MIME-Typ *»image/jpeg«* aus. Netscape gibt dabei freilich nicht viel mehr bekannt als *»JPEG image«*.

```
<html><head><title>Test</title>
<script language="JavaScript">
 alert(navigator.mimeTypes["image/jpeg"].description);
</script>
```

```
</head><body>
</body></html>
```

enabledPlugin

Java-Script 1.1 | N 3.0 | Lesen

Speichert, ob für einen MIME-Typ ein Plugin installiert ist. Wenn kein Plugin verfügbar ist, wird der Wert `null` gespeichert. Das Beispiel ermittelt, ob der Browser ein Plugin für VRML-Dateien verfügbar hat. Wenn ja, wird mit Hilfe der `write()`-Methode dynamisch der HTML-Befehl zum Einbinden einer VRML-Datei geschrieben. Anwender, die kein VRML-Plugin haben, bekommen dadurch keine Fehlermeldungen; sie bekommen einfach gar nicht mit, daß in der Datei eigentlich eine VRML-Datei referenziert ist.

```
<html><head><title>Test</title>
</head><body>
<script language="JavaScript">
 if(navigator.mimeTypes["x-world/x-vrml"].enabledPlugin != null)
  document.write("<object data=\"yzeplin.wrl\" width=400
     height=300></object>");
</script>
</body></html>
```

length

Java-Script 1.1 | N 3.0 | Lesen

Speichert die Anzahl der MIME-Typ-Einträge, die der Browser kennt. Das Beispiel fragt in einer `for`-Schleife ab, ob für den jeweils aktuellen MIME-Typ ein Plugin installiert ist. Wenn ja, wird eine Zeile mit der Kurzbeschreibung des MIME-Typs geschrieben. So werden am Ende alle installierten Plugins mit sprechenden Beschreibungen aufgelistet. Bei der Definition der `for`-Schleife dient die Eigenschaft `navigator.mimeTypes.length` als Abbruchbedingung.

```
<html><head><title>Test</title>
</head><body>
<b>Folgende Plugins sind installiert:</b>
<script language="JavaScript">
for(i=0; i<navigator.mimeTypes.length; ++i)
 if(navigator.mimeTypes[i].enabledPlugin != null)
  document.write("<br>" + navigator.mimeTypes[i].description);
</script>
</body></html>
```

suffixes

Java-Script 1.1 | N 3.0 | Lesen

Speichert die typischen Dateiendungen, die zu einem MIME-Typ gehören. Das Beispiel gibt in einem Meldungsfenster aus, welche Dateiendungen unter den MIME-Typ *»image/jpeg«* fallen.

```
<html><head><title>Test</title>
<script language="JavaScript">
 alert(navigator.mimeTypes["image/jpeg"].suffixes);
</script>
</head><body>
</body></html>
```

javascript 1.1 | N 3.0 | Lesen

type

Speichert die eigentliche MIME-Typ-Bezeichnung nach dem Schema »Kategorie/Unterkategorie«. Das Beispiel klappert in einer `for`-Schleife alle dem Browser bekannten MIME-Typen ab und schreibt jeweils eine Zeile mit der MIME-Typ-Bezeichnung. So werden am Ende alle dem Browser bekannten MIME-Typen aufgelistet.

```
<html><head><title>Test</title>
</head><body>
<b>Folgende MIME-Typen sind dem Browser bekannt:</b>
<script language="JavaScript">
for(i=0; i<navigator.mimeTypes.length; ++i)
 document.write("<br>" + navigator.mimeTypes[i].type);
</script>
</body></html>
```

13.25 plugins

Eigenschaften

description	(Beschreibung eines Plugins)
filename	(Dateiname eines Plugins)
length	(Anzahl von Plugins)
name	(Produktname eines Plugins)

plugins: Allgemeines zur Verwendung

Über das Objekt `plugins`, das in der JavaScript-Objekthierarchie unterhalb des `navigator`-Objekts liegt, können Sie ermitteln, welche Plugins im Sinne der Netscape-Plugin-Technik der Anwenders installiert hat. Um ein Plugin anzusprechen, stehen folgende Möglichkeiten zur Verfügung:

Schema 1:

```
navigator.plugins[#].Eigenschaft
```

Schema 2:

```
navigator.plugins["Name"].Eigenschaft
```

Plugins können Sie auf zwei Arten ansprechen:

- Mit einer Indexnummer (wie in Schema 1): Bei Verwendung von Indexnummern geben Sie `navigator.plugins` an und dahinter in eckigen Klammern eine Zahl. Sie können allerdings nicht wissen, welche Plugins an welcher Stelle gespeichert sind. Die Verwendung in Verbindung mit Indexnummern ist deshalb nur sinnvoll, wenn Sie beispielsweise in einer Schleife alle verfügbaren Plugins ermitteln.
- Mit dem Namen eines Plugins als Indexnamen (wie in Schema 2): Dabei notieren Sie wie beim Ansprechen mit Indexnummer hinter `navigator.plugins` eckige Klammern. Innerhalb der eckigen Klammern notieren Sie in Anführungszeichen den Namen des Plugins. Als Namen sind zum Beispiel Werte möglich, die Sie mit der Objekteigenschaft `name` ermitteln können.

Das Beispiel schreibt mit Hilfe der Methode `writeln()` dynamisch eine Tabelle in die HTML-Datei. In der Tabelle werden alle verfügbaren Plugins aufgelistet. In der linken Spalte steht der Name des Plugins, wie Sie ihn auch bei Plugin-Adressierungen mit Indexnamen benutzen können. In der Spalte daneben steht eine Kurzbeschreibung, und in der letzten Spalte steht, welche Datei auf dem Rechner des Anwenders das Plugin repräsentiert.

```
<html><head><title>Test</title>
</head><body>
<script language="JavaScript">
document.writeln("<table border>");
for(i=0; i<navigator.plugins.length; i++)
{
 document.writeln("<tr>");
 document.writeln("<td>" + navigator.plugins[i].name +
   "</td>");
 document.writeln("<td>" + navigator.plugins[i].description +
   "</td>");
 document.writeln("<td>" + navigator.plugins[i].filename +
   "</td>");
 document.writeln("</tr>");
}
document.writeln("</table>");
 </script>
</body></html>
```

java script 1.1 | N 3.0 | Lesen

description

Speichert die Kurzbeschreibung eines Plugins. Das Beispiel fragt ab, ob ein Plugin mit dem Namen *»VDOLive small plugin«* beim Anwender installiert ist – das Beispiel nimmt an, daß der Autor dieses Plugin besitzt und testen möchte, ob er seine Daten zu diesem Plugin einem Anwender zumuten kann. Das Beispiel beschränkt sich darauf, in einem Meldungsfenster die Kurzbeschreibung des Plugins auszugeben, wenn dieses Plugin installiert ist.

```
<html><head><title>Test</title>
<script language="JavaScript">
 if(navigator.plugins["VDOLive small plugin"])
  alert(navigator.plugins['VDOLive small plugin'].description);
</script>
</head><body>
</body></html>
```

java script 1.1 | N 3.0 | Lesen

filename

Speichert den Namen der Programmdatei eines Plugins. Das Beispiel nimmt an, daß zuvor ermittelt wurde, daß ein Plugin mit dem Namen *»VDOLive small plugin«* beim Anwender installiert ist. Nun fragt das Beispiel ab, ob in dem Eintrag, der den Dateinamen des Plugins speichert, der Wert *npsmlvdo.dll* vorkommt. Wenn ja, wird im Beispiel die Meldung ausgegeben, daß das Plugin eine Nummer zu klein ist. In der Objekteigenschaft `filename` speichert Netscape den vollständigen Pfadnamen der Datei. Um den eigentlichen Dateinamen abzufragen, wird im Beispiel eine Methode des `string`-Objekts bemüht, nämlich `indexOf()`.

```
<html><head><title>Test</title>
<script language="JavaScript">
if(navigator.plugins["VDOLive small plugin"].filename.indexOf
   ("npsmlvdo.dll"))
 alert("Plugin ist eine Nummer zu klein");
</script>
</head><body>
</body></html>
```

java script 1.1 | N 3.0 | Lesen

length

Speichert die Anzahl der Plugins, die der Anwender zu seinem Browser installiert hat. Das Beispiel klappert in einer `for`-Schleife alle installierten Plugins ab und schreibt für jedes Plugin eine Zeile mit dem Dateinamen des Plugins. So werden am Ende die verantwortlichen Dateien aller installierten Plugins aufgelistet. Bei der Definition der `for`-Schleife dient die Eigenschaft `navigator.plugins.length` als Abbruchbedingung.

```
<html><head><title>Test</title>
</head><body>
<b>Folgende Plugin-Dateien sind auf dem Rechner:</b>
<script language="JavaScript">
for(i=0; i<navigator.plugins.length; ++i)
 document.write("<br>" + navigator.plugins[i].filename);
</script>
</body></html>
```

javascript 1.1 | N 3.0 | Lesen

name

Speichert den Produktnamen eines Plugins. Das Beispiel klappert in einer `for`-Schleife alle installierten Plugins ab und schreibt für jedes Plugin eine Zeile mit dem Namen des Plugins. So werden am Ende alle installierten Plugins aufgelistet.

```
<html><head><title>Test</title>
</head><body>
<b>Folgende Plugins sind installiert:</b>
<script language="JavaScript">
for(i=0; i<navigator.plugins.length; ++i)
 document.write("<br>" + navigator.plugins[i].name);
</script>
</body></html>
```

13.26 Number

Eigenschaften

MAX_VALUE	(größte speicherbare Zahl)
MIN_VALUE	(kleinste speicherbare Zahl)
NaN	(keine gültige Zahl)
NEGATIVE_INFINITY	(Zahl zu klein)
POSITIVE_INFINITY	(Zahl zu groß)

Number: Allgemeines zur Verwendung

Über das Objekt `Number` haben Sie Zugriff auf Eigenschaften numerischer Werte. So können Sie ermitteln, ob ein Wert eine gültige Zahl ist oder welches die maximale positive oder negative Zahl ist, die in einer numerischen Variablen gespeichert werden kann. Eigenschaften des `Number`-Objekts können Sie direkt ansprechen, indem Sie `Number` davor notieren. Ein Beispiel:

```
<html><head><title>Test</title>
<script language="JavaScript">
groessteZahl = Number.MAX_VALUE;
alert(groessteZahl);
var Monat = 13;
if (Monat < 1 || Monat > 12)
{
 Monat = Number.NaN;
 alert(Monat);
}
</script>
</head><body>
</body></html>
```

Das Beispiel definiert zunächst eine Variable namens `groessteZahl`. Dieser Variablen wird die Eigenschaft `Number.MAX_VALUE` zugewiesen. Anschließend steht in `groessteZahl` die größte Zahl, die JavaScript verarbeiten kann. Die Zahl wird zur Kontrolle ausgegeben. Da die Zahl viel zu groß ist, um sie direkt darzustellen, wird sie von JavaScript automatisch in Exponentialschreibweise dargestellt. Dann definiert das Beispiel eine Variable namens `Monat` und weist dieser Variablen den Wert `13` zu. Danach wird abgefragt, ob der Wert von `Monat`, wie es sich für Monate gehört, zwischen 1 und 12 liegt. Wenn nicht – und das ist im Beispiel ja der Fall –, wird der Variablen `Monat` die Eigenschaft `Number.NaN` zugewiesen. Der Wert von `Monat` ist danach `NaN`. Das bedeutet so viel wie: auf jeden Fall keine bzw. eine ungültige Zahl. Zur Kontrolle wird der neue Wert von `Monat` ausgegeben.

javascript 1.1 | N 3.0 | 4.0 | Lesen

MAX_VALUE

Speichert die größte erlaubte Zahl. Das Beispiel definiert eine Variable namens `groessteZahl`. Dieser Variablen wird die Eigenschaft `Number.MAX_VALUE` zugewiesen. Anschließend steht in `groessteZahl` die größte Zahl, die JavaScript verarbeiten kann. Das Ergebnis wird zur Kontrolle ausgegeben.

```
<html><head><title>Test</title>
<script language="JavaScript">
 groessteZahl = Number.MAX_VALUE;
 alert(groessteZahl);
</script>
</head><body>
</body></html>
```

javascript 1.1 | N 3.0 | 4.0 | Lesen

MIN_VALUE

Speichert die kleinste (negative) erlaubte Zahl. Das Beispiel definiert eine Variable namens `kleinsteZahl`. Dieser Variablen wird die Eigenschaft `Number.MIN_VALUE` zugewiesen. Anschließend steht in `kleinsteZahl` die größte negative Zahl, die JavaScript verarbeiten kann. Das Ergebnis wird zur Kontrolle ausgegeben.

```
<html><head><title>Test</title>
<script language="JavaScript">
 kleinsteZahl = Number.MIN_VALUE;
 alert(kleinsteZahl);
</script>
</head><body>
</body></html>
```

javascript 1.1 | N 3.0 | 4.0 | Lesen

NaN

Speichert, ob eine Zahl eine gültige Zahl ist oder nicht. Das Beispiel definiert zwei Variablen `Zahl_1` und `Zahl_2`. Dabei wird `Zahl_1` mit dem Wert `3a` vorbelegt, `Zahl_2` mit dem Wert 3. Anschließend wird für beide Variablen abgefragt, ob die Variable ungleich der Zahl 3 ist. Wenn ja, also wenn der Wert nicht 3 ist, wird der entsprechenden Variablen Number.NaN zugewiesen. Abschließend werden beide Variableninhalte ausgegeben. Zahl_1 hat nun den Wert NaN, weil ungleich 3 war und deshalb die Eigenschaft NaN zugewiesen bekam. Zahl_2 dagegen speichert den Wert 3, da sie als gültige Zahl 3 anerkannt wurde – obwohl sie bei der Initialisierung die 3 als Zeichenkette zugewiesen bekam: Hier greift die interne automatische Typumwandlung in JavaScript.

```
<html><head><title>Test</title>
<script language="JavaScript">
Zahl_1 = "3a";
Zahl_2 = "3";
if(Zahl_1 != 3) Zahl_1 = Number.NaN;
if(Zahl_2 != 3) Zahl_2 = Number.NaN;
alert(Zahl_1);
alert(Zahl_2);
</script>
</head><body>
</body></html>
```

java script 1.1 | N 3.0 | 4.0 | Lesen — *NEGATIVE_INFINITY*

Speichert, ob eine (negative) Zahl zu klein ist für JavaScript, also außerhalb des Bereichs liegt, dessen Grenze durch MIN_VALUE markiert ist. Das Beispiel definiert eine Variable Zahl, der als Wert das Produkt aus Number.MAX_VALUE, also der größten möglichen Zahl, und -10 zugewiesen wird. Die Multiplikation erzeugt eine negative Zahl, die kleiner ist als die kleinste erlaubte Zahl. Dadurch erhält die Variable Zahl den Wert -Infinity. Dieser bedeutet, daß der erlaubte Wertebereich unterschritten wurde.

```
<html><head><title>Test</title>
<script language="JavaScript">
 Zahl = Number.MAX_VALUE * -2;
 alert(Zahl);
</script>
</head><body>
</body></html>
```

java script 1.1 | N 3.0 | 4.0 | Lesen — *POSITIVE_INFINITY*

Speichert, ob eine Zahl zu groß ist für JavaScript, also außerhalb des Bereichs liegt, dessen Grenze durch MAX_VALUE markiert ist. Das Beispiel definiert eine Variable Zahl der als Wert das Produkt aus Number.MAX_VALUE, also der größten möglichen Zahl, und 2 zugewiesen wird. Die Multiplikation erzeugt eine Zahl, die größer ist als die größte erlaubte Zahl. Dadurch erhält die Variable Zahl den Wert Infinity. Dieser bedeutet, daß der erlaubte Wertebereich überschritten wurde.

```
<html><head><title>Test</title>
<script language="JavaScript">
 Zahl = Number.MAX_VALUE * 2;
 alert(Zahl);
</script>
</head><body>
</body></html>
```

13.27 RegExp

Eigenschaften

$[1..9] (geklammerte Unterausdrücke)

Methoden

exec( ) (regulären Ausdruck anwenden)
test( ) (regulären Ausdruck probehalber anwenden)

RegExp: Allgemeines zur Verwendung

Reguläre Ausdrücke dienen dazu, Suchausdrücke zu formulieren, um in Zeichenketten danach zu suchen und um gefundene Stellen durch andere zu ersetzen. Reguläre Ausdrücke können Sie in JavaScript direkt innerhalb entsprechender Methoden des `string`-Objekts anwenden, nämlich in den Methoden `match()`, `replace()` und `search()`. Dort wird beschrieben, wie und wo Sie den regulären Ausdruck genau verwenden können, um Zeichenketten zu durchsuchen und Teile darin zu ersetzen.

Das `RegExp`-Objekt von JavaScript brauchen Sie dagegen nur, wenn Sie reguläre Ausdrücke zur Laufzeit des Scripts dynamisch erzeugen und ändern wollen. Dazu können Sie eine Instanz eines `RegExp`-Objekts definieren. Auf diese Instanz können Sie anschließend die Eigenschaften und Methoden des `RegExp`-Objekts anwenden, die hier beschrieben werden. Ein Beispiel:

```
<html><head><title>Test</title>
<script language="JavaScript">
function Ausgabe(Wert)
{
 var Ausdruck = /(\w.+)\s(\w.+)/;
 Ausdruck.exec(Wert);
 alert(RegExp.$2 + ", " + RegExp.$1);
}
</script>
</head><body>
<form>
<input name="User" value="Vorname Zuname">
```

```
<input type=button value="Ausgabe"
   onClick="Ausgabe(this.form.User.value)">
</form>
</body></html>
```

Das Beispiel zeigt, wie sich ein Name des Schemas *»Vorname Name«* unter Verwendung eines regulären Ausdrucks in das Schema *»Name, Vorname«* verwandeln läßt. Das Beispiel enthält ein Formular mit einem Eingabefeld und einem Button. In dem Eingabefeld soll der Anwender seinen Namen in der Form *»Vorname Name«* eingeben. Deshalb ist das Feld auch schon so vorbelegt. Beim Anklicken des Buttons wird die Funktion `Ausgabe()` aufgerufen, die im Dateikopf definiert ist. Als Parameter bekommt die Funktion den Inhalt des Eingabefeldes übergeben.

Innerhalb der Funktion wird ein regulärer Ausdruck (Suchausdruck) definiert, der in der Variablen `Ausdruck` gespeichert wird. Solche regulären Ausdrücke werden in einfache Schrägstriche `/.../` eingeschlossen. Der reguläre Ausdruck im obigen Beispiel ist so zu lesen: Suche nach einer beliebigen Anzahl von aneinandergereihten Buchstaben ohne Ziffern und Satzzeichen und merke dir das Ergebnis = `(\w.+)`. Suche dann nach einem einzelnen Leerzeichen = `\s`. Suche dann noch mal nach einer beliebigen Buchstabenreihenfolge, und merke dir das Ergebnis = `(\w.+)`. Auf diese Weise wird das Schema *»Vorname Name«* gefunden. Die beiden Klammern um das `(\w.+)` führen dazu, daß die beiden einzelnen Buchstabenreihenfolgen als einzelne Teile intern gemerkt werden. Später sind diese einzelnen gemerkten Teile separat ansprechbar.

Im Beispiel wird mit dem nächsten Befehl die eine wichtige Methode des `RegExpr`-Objekts auf den zuvor definierten regulären Ausdruck angewendet, nämlich die Methode `exec()`. Dadurch wird der Ausdruck ausgeführt und direkt dem `RegExpr`-Objekt zugewiesen. Im Beispiel wird mit `RegExp.$2` direkt auf den zweiten, zuvor intern gemerkten Klammerausdruck zugegriffen und mit `RegExp.$1` auf den ersten dieser Ausdrücke. Durch die Anordnung mit dem Komma dazwischen bei der Ausgabe mit `alert()` erscheint der zuvor eingegebene *»Vorname Name«* dann in dem anderen Schema *»Name, Vorname«*.

Die folgende Tabelle zeigt, aus welchen Bestandteilen Sie einen regulären Ausdruck zusammensetzen können.

Bestandteil	*Beispiel*	*Beschreibung*
	/aus/	findet »aus«, und zwar in »aus«, »Haus«, »auserlesen« und »Banause«.
^	/^aus/	findet »aus« am Anfang des zu durchsuchenden Wertes, also in »aus« und »auserlesen«, sofern das die ersten Wörter im Wert sind.
$	/aus$/	findet »aus« am Ende des zu durchsuchenden Wertes, also in »aus« und »Haus«, sofern das die letzten Wörter im Wert sind.

Bestandteil	*Beispiel*	*Beschreibung*
*	/aus*/	findet »aus«, »auss« und »ausssss«, also das letzte Zeichen vor dem Stern, nicht wiederholt oder beliebig oft hintereinander wiederholt.
+	/aus+/	findet »auss« und »ausssss«, also das letzte Zeichen vor dem Stern, mindestens einmal oder beliebig oft hintereinander wiederholt.
.	/.aus/	findet »Haus« und »Maus«, also ein beliebiges Zeichen an einer bestimmten Stelle.
.+	/.+aus/	findet »Haus« und »Kehraus«, also eine beliebige Zeichenfolge an einer bestimmten Stelle. Zusammensetzung aus beliebiges Zeichen und beliebig viele davon.
\b	/\baus\b/	findet »aus« als einzelnes Wort. \b bedeutet eine Wortgrenze.
\B	/\Baus\B/	findet »aus« nur innerhalb von Wörtern, z. B. in »hausen« oder »Totalausfall«. \B bedeutet keine Wortgrenze.
\d	/\d.+\B/	findet eine beliebige ganze Zahl. \d bedeutet eine Ziffer (0 bis 9).
\D	/\D.+/	findet »-fach« in »3-fach«, also keine Ziffer.
\f	/\f/	findet ein Seitenvorschubzeichen.
\n	/\n/	findet ein Zeilenvorschubzeichen.
\r	/\r/	findet ein Wagenrücklaufzeichen.
\t	/\t/	findet ein Tabulatorzeichen.
\v	/\v/	findet ein vertikales Tabulatorzeichen.
\s	/\s/	findet jede Art von white space, also \f\n\t\v und Leerzeichen.
\S	/\S.+/	findet ein beliebiges einzelnes Zeichen, das kein white space ist, also kein \f\n\t\v und kein Leerzeichen.
\w	/\w.+/	findet alle alphanumerischen Zeichen und den Unterstrich (typische Bedingung etwa für Programmiersprachen-gerechte selbst vergebene Namen).
\W	/\W/	findet ein Zeichen, das nicht alphanumerisch und auch kein Unterstrich ist (typisch zum Suchen nach illegalen Zeichen bei Programmiersprachen-gerechten selbst vergebenen Namen).
\( )	/(aus)/	findet »aus« und merkt es sich intern. Bis zu neun solcher Klammern (Merkplätze) sind in einem regulären Ausdruck erlaubt.
/.../g	/aus/g	findet »aus« so oft, wie es in dem gesamten zu durchsuchenden Bereich vorkommt. Die Fundstellen werden intern in einem Array gespeichert.
/.../i	/aus/i	findet »aus«, »Aus« und »AUS«, also unabhängig von Groß-/Kleinschreibung.

Tab. 13.4: Bestandteile regulärer Ausdrücke

Weiterführende Informationen über reguläre Ausdrücke finden Sie innerhalb dieses Buches im Kapitel 15.3.7 zu regulären Ausdrücken in Perl.

$[1..9]

javascript 1.2 | N 4.0 | 4.0 | Lesen

Speichert gemerkte Bestandteile eines regulären Ausdrucks, also geklammerte Teile. Das Beispiel definiert einen regulären Ausdruck namens `Vollversion`, der nach dem ersten Vorkommen einer Ziffer sucht und sich die Fundstelle durch eine Klammer = `(\d)` merkt. Dieser reguläre Ausdruck wird dann auf die Objekteigenschaft `navigator.userAgent` angewendet, die Angaben zum Browser des Anwenders speichert. Da dieser Wert einem bestimmten Schema folgt, ist klar, daß die erste darin vorkommende Ziffer die Vollversion des Browsers darstellt – sofern sie einstellig ist. Im Beispiel wird die gefundene Versionsnummer dynamisch in die Datei geschrieben. Dabei wird direkt über das `RegExp`-Objekt auf die Eigenschaft `$1` zugegriffen. Das ist der erste in einer Klammer gemerkte Teilausdruck des aktuellen regulären Ausdrucks, im Beispiel die Versionsziffer.

```
<html><head><title>Test</title>
</head><body>
<script language="JavaScript">
 Vollversion = /(\d)/;
 Vollversion.exec(navigator.userAgent);
 document.write("Volle Versionsnummer Ihres Browsers: " +
   RegExp.$1);
</script>
</body></html>
```

exec( )

javascript 1.1 | N 4.0 | 4.0

Wendet einen regulären Ausdruck auf eine Zeichenkette an. Das Beispiel demonstriert den Zusammenhang: Ein regulärer Ausdruck wird definiert, im Beispiel ein regulärer Ausdruck mit dem Namen `Suche`. Mit einer Anweisung wie `Suche.exec()` können Sie dann die Suche starten. Als Parameter wird der Methode in der Regel der zu durchsuchende Ausdruck übergeben. Die Methode gibt die gefundenen Suchtreffer zurück. Die Variable, in der der Rückgabewert gespeichert wird – im Beispiel die Variable `Ergebnis` –, wird automatisch zu einem Array, wenn mehr als ein Suchtreffer gefunden wurde. Im Beispiel werden zwei Treffer gefunden. Deshalb läßt sich auch die `Array`-Eigenschaft `length` auf die Variable `Ergebnis` anwenden.

```
<html><head><title>Test</title>
</head><body>
<script language="JavaScript">
 derSatz = "Auf der Mauer";
 Suche = /(au)/g;
 Ergebnis = Suche.exec(derSatz);
 document.write(Ergebnis.length + " Suchtreffer");
</script>
</body></html>
```

test( )

Testet vorab, ob ein regulärer Ausdruck zu Suchtreffern führt oder nicht. Gibt `true` zurück, wenn etwas gefunden wurde, und `false`, wenn nichts gefunden wurde. Das Beispiel definiert einen regulären Ausdruck namens `Suche` und wendet ihn mit Hilfe der Methode `test()` auf die Variable `derSatz` an. Der Rückgabewert wird in der Variablen `Ergebnis` gespeichert. Wenn nichts gefunden wird, wird ein entsprechender Hinweis geschrieben. Im Beispiel ist das der Fall.

```
<html><head><title>Test</title>
</head><body>
<script language="JavaScript">
 derSatz = "Auf der Mauer";
 Suche = /(sonstwas)/g;
 Ergebnis = Suche.test(derSatz);
 if(Ergebnis == false)
 document.write("nichts gefunden");
</script>
</body></html>
```

13.28 screen

Eigenschaften

availHeight	(verfügbare Höhe)
availWidth	(verfügbare Breite)
colorDepth	(Farbtiefe)
height	(Höhe)
pixelDepth	(Farbauflösung)
width	(Breite)

screen: Allgemeines zur Verwendung

Mit dem Objekt `screen` können Sie Angaben zum Bildschirm des Anwenders ermitteln. Diese Angaben zu kennen ist wichtig, wenn Sie professionelles Screendesign mit HTML und JavaScript betreiben wollen. Das `screen`-Objekt ist bei Netscape und beim Internet Explorer ab den 4er Versionen verfügbar. Eigenschaften des `screen`-Objekts können Sie direkt ansprechen, indem Sie `screen` davor notieren. Ein Beispiel:

```
<html><head><title>Test</title>
<script language="JavaScript">
 alert(screen.width + "x" + screen.height);
</script>
```

Das Beispiel gibt beim Einlesen der Datei Breite (`screen.width`) mal Höhe (`screen.height`) des Anwenderbildschirms aus. Es handelt sich dabei um die Angabe in Pixeln, Ergebnisse sind also etwa `800x600` oder `1024x768`.

availHeight

Speichert die maximal verfügbare Bildschirmhöhe in Pixeln, die eine Anwendung im Vollbildmodus einnehmen kann. Unterscheidet sich von `screen.height`, wenn feste Bildschirmelemente, wie immer eingeblendete Taskleisten usw., einen Teil des Bildschirms oben oder unten einnehmen. Während `height` dann beispielsweise 768 liefert, gibt `availHeight` z. B. nur 712 aus, weil eine Taskleiste 56 Pixel Höhe einnimmt.

Das Beispiel vergleicht die beiden Eigenschaften `screen.availHeight` und `screen.height`. Wenn beide nicht den gleichen Wert speichern, hat der Anwender vermutlich seine Taskleiste immer im Vordergrund. Das Beispiel gibt in diesem Fall einen entsprechenden Hinweis aus.

```
<html><head><title>Test</title>
<script language="JavaScript">
 if(screen.availHeight != screen.height)
  alert("Sie sehen mehr von dieser Seite, wenn Sie die Taskleiste
    ausblenden");
</script>
</head><body>
</body></html>
```

availWidth

Speichert die maximal verfügbare Bildschirmbreite in Pixeln, die eine Anwendung im Vollbildmodus einnehmen kann. Unterscheidet sich von `screen.width`, wenn feste Bildschirmelemente, wie immer eingeblendete Taskleisten usw., links oder rechts einen Teil des Bildschirms einnehmen. Während `width` dann beispielsweise 1 024 liefert, gibt `availWidth` z. B. nur 940 aus, weil an einer Seite eine Taskleiste 84 Pixel Breite einnimmt. Das Beispiel vergleicht die beiden Eigenschaften `screen.availWidth` und `screen.width`. Wenn beide nicht den gleichen Wert speichern, hat der Anwender vermutlich seine Taskleiste immer im Vordergrund und links oder rechts an der Seite. Das Beispiel gibt in diesem Fall einen entsprechenden Hinweis aus.

```
<html><head><title>Test</title>
<script language="JavaScript">
if(screen.availWidth != screen.width)
  alert("Sie haben wohl seitlich eine Taskbar!");
</script>
</head><body>
</body></html>
```

javascript 1.2 | N 4.0 | 4.0 | Lesen

colorDepth

Speichert die Anzahl von Bits, die der Anwenderbildschirm zur Darstellung einer Farbe an jedem Pixelpunkt des Bildschirms verwendet. Ein Wert von 16 bedeutet beispielsweise: Der Bildschirm kann 2 hoch 16, also 65 536 Farben darstellen. Diese Eigenschaft hat dann einen Wert, wenn der Anwenderbildschirm intern eine Farbpalette benutzt. Andernfalls wird `undefined` (Netscape) oder `null` (Internet Explorer) gespeichert, und Sie müssen die Eigenschaft `pixelDepth` abfragen. Ein Beispiel:

```
<html><head><title>Test</title>
<script language="JavaScript">
alert(Math.pow(2,screen.colorDepth));
</script>
</head><body>
</body></html>
```

Das Beispiel ermittelt die Anzahl von Farben, die der Anwenderbildschirm darstellen kann, durch Anwendung der `Math`-Mthode `pow()`. Mit `Math.pow(2, screen.colorDepth)` wird der Wert, den `screen.colorDepth` speichert, als Exponent zur Basis 2 benutzt. Das Ergebnis ist also 2 hoch `screen.colorDepth`.

javascript 1.2 | N 4.0 | 4.0 | Lesen

height

Speichert die absolut verfügbare Höhe des Anwenderbildschirms in Pixeln, besser bekannt als Höhe der Bildschirmauflösung. Typische Werte sind 480, 600 und 768. Das Beispiel fragt ab, ob die verfügbare Bildschirmhöhe größer oder gleich 768 ist. Wenn ja, wird automatisch *datei_1.htm* geladen, wenn nicht (also wenn die Bildschirmhöhe kleiner ist), wird *datei_2.htm* geladen.

```
<html><head><title>Test</title>
<script language="JavaScript">
if(screen.height >= 768)
 window.location.href = "datei_1.htm"
else
 window.location.href = "datei_2.htm"
</script>
</head><body>
</body></html>
```

javascript 1.2 | N 4.0 | 4.0 | Lesen

pixelDepth

Speichert die Farbtiefe des Anwenderbildschirms in Bit pro Pixel. Diese Eigenschaft hat dann einen Wert, wenn der Anwenderbildschirm intern eine Farbpalette benutzt. Andernfalls wird `undefined` (Netscape) oder `null` (Internet Explorer) gespeichert, und Sie müssen die Eigenschaft `colorDepth` abfragen. Das Beispiel ermittelt, ob für `screen.`

`pixelDepth` ein Wert verfügbar ist. Wenn ja, wird der Wert in einem Meldungsfenster ausgegeben.

```
<html><head><title>Test</title>
<script language="JavaScript">
if(screen.pixelDepth)
 alert(screen.pixelDepth);
</script>
</head><body>
</body></html>
```

java script 1.2 | N 4.0 | IE 4.0 | Lesen

width

Speichert die absolut verfügbare Breite des Anwenderbildschirms in Pixeln, besser bekannt als Breite der Bildschirmauflösung. Typische Werte sind 640, 800 und 1 024. Das Beispiel fragt ab, ob die verfügbare Bildschirmbreite größer oder gleich 1 024 ist. Wenn ja, wird automatisch *datei_1.htm* geladen, wenn nicht (also wenn die Bildschirmbreite kleiner ist), wird *datei_2.htm* geladen.

```
<html><head><title>Test</title>
<script language="JavaScript">
if(screen.width >= 1024)
 window.location.href = "datei_1.htm"
else
 window.location.href = "datei_2.htm"
</script>
</head><body>
</body></html>
```

13.29 string

Eigenschaften

length	(Anzahl von Zeichen)

Methoden

anchor( )	(Verweisanker erzeugen)
big( )	(großen Text erzeugen)
blink( )	(blinkenden Text erzeugen)
bold( )	(fetten Text erzeugen)
charAt( )	(Zeichen an einer Position ermitteln)
charCodeAt( )	(Latin-1-Codewert an einer Position)
concat( )	(Zeichenketten zusammenfügen)

fixed( )	(Teletyper-Text erzeugen)
fontcolor( )	(Schriftfarbe erzeugen)
fontsize( )	(Schriftgröße erzeugen)
fromCharCode( )	(Latin-1-Zeichenkette erzeugen)
indexOf( )	(Position eines Zeichens ermitteln)
italics( )	(kursiven Text erzeugen)
lastIndexOf( )	(letzte Position eines Zeichens ermitteln)
link( )	(Verweis erzeugen)
match( )	(regulären Ausdruck anwenden)
replace( )	(regulären Ausdruck anwenden und ersetzen)
search( )	(suchen mit regulärem Ausdruck)
slice( )	(Teil aus Zeichenkette extrahieren)
small( )	(kleinen Text erzeugen)
split( )	(Zeichenkette aufsplitten)
strike( )	(durchgestrichenen Text erzeugen)
sub( )	(tiefgestellten Text erzeugen)
substr( )	(Teilzeichenkette ab Position ermitteln)
substring( )	(Teilzeichenkette ermitteln)
sup( )	(hochgestellten Text erzeugen)
toLowerCase( )	(alles kleinschreiben)
toUpperCase( )	(alles großschreiben)

string: Allgemeines zur Verwendung

Die Eigenschaften und Methoden des Objektes `string` können Sie auf alle Zeichenketten anwenden. So können Sie in einer Zeichenkette z. B. alle darin enthaltenen Kleinbuchstaben in Großbuchstaben umzuwandeln oder HTML-Formatierungen auf die Zeichenkette anwenden. Ein Beispiel:

```
var Ort = "Friedrichshafen"
alert(Ort + " hat " + Ort.length + " Buchstaben")
```

Im Beispiel wird eine Variable `Ort` definiert, der ein Wert zugewiesen wird, nämlich der Wert *Friedrichshafen.* Anschließend wird in einem Meldungsfenster ausgegeben: *Friedrichshafen hat 15 Buchstaben.* Dies geschieht durch einen Aufruf der Objekteigenschaft `length`. Vor dem Punkt kann also eine Variable oder auch irgendeine andere JavaScript-Objekteigenschaft stehen, in der eine Zeichenkette gespeichert ist. Hinter dem Punkt folgt die gewünschte Eigenschaft oder Methode des `string`-Objekts.

Zeichenketten in JavaScript werden als eine Kette von Einzelzeichen betrachtet. Jedes Einzelzeichen hat seine Position in der Zeichenkette. Ein Beispiel:

```
Name = "Hans";
alert(Name[0] + Name[1] + Name[2] + Name[3]);
```

Das Beispiel, das in dieser Form allerdings nur mit Netscape, nicht mit dem Internet Explorer funktioniert, definiert eine Variable mit den Namen `Name`. Diese Variable erhält den Wert *Hans*. In einem Meldungsfenster wird anschließend zeichenweise dieser Wert der Variablen `Name` ausgegeben. Das Ergebnis ist das gleiche, wie wenn einfach `alert(Name)` notiert würde. Aber an dieser Notationsform können Sie erkennen, wie Zeichenketten funktionieren: `Name[0]` ist das *H*, `Name[1]` das *a*, `Name[2]` das *n* und `Name[3]` das *s*. Es wird also immer bei 0 zu zählen begonnen.

length

Speichert die Anzahl von Zeichen einer Zeichenkette, bei der Zeichenkette *Guten Abend* beispielsweise 11. Das Beispiel blendet ein Dialogfenster ein, in dem der Anwender irgendetwas eingeben kann. Der eingegebene Wert wird in der Variablen `Eingabe` gespeichert. Nach Beenden des Dialogfensters wird ein Meldungsfenster ausgegeben, das mit `Eingabe.length` ausgibt, wie viele Zeichen eingegeben wurden.

```
Eingabe = window.prompt("Irgendetwas eingeben","");
alert("Eingegebene Zeichen: " + Eingabe.length);
```

anchor( )

Formatiert eine Zeichenkette als Verweisanker, der mit Hilfe eines HTML-Verweises angesprungen werden kann. Hat also die gleiche Wirkung wie der HTML-Befehl `<a name=>...</a>`. Als Parameter erwartet die Methode den gewünschten Ankernamen. Ein Beispiel:

```
<html><head><title>Test</title></head><body>
<script language="JavaScript">
 Anker = "Inhaltsverzwichnis";
 document.write(Anker.anchor("a1"));
 for(i=1;i<100;++i)
  document.write("<br>Zeile " + i);
 document.write("<br><a href=\"#Anker\">Testverweis</a>");
</script></body></html>
```

Das Beispiel definiert eine Variable `Anker` mit dem Wert `Inhaltsverzeichnis`. Mit Hilfe von `document.write()` wird daraus ein Verweisanker. Die Konstruktion `Anker.anchor("a1")` bewirkt dabei das gleiche wie der HTML-Befehl `<a name="a1"> Inhaltsverzeichnis</a>`. Zu Testzwecken werden im Beispiel anschließend 100 Zeilen in die Datei geschrieben und dahinter ein Verweis. Beim Klicken auf den Verweis wird der mit JavaScript erzeugte Verweisanker angesprungen.

big( )

Formatiert eine Zeichenkette mit größerer Schrift, genau wie die HTML-Formatierung `<big>...</big>`. Erwartet als Parameter eine Zeichenkette. Im Beispiel ermittelt ein JavaScript-Script mit Hilfe von `document.lastModified`, wann die Datei zuletzt geändert wurde. In der Variablen `update` steht dann eine entsprechende Zeichenkette. Mit Hilfe von `document.write()` wird der Wert von `update` in die Datei geschrieben. Die Formatierung dabei entspricht der HTML-Formatierung <big>...</big>.

```
<html><head><title>Test</title></head><body>
<script language="JavaScript">
 update = document.lastModified;
 document.write(update.big());
</script></body></html>
```

blink( )

Formatiert eine Zeichenkette als blinkenden Text, genau wie die HTML-Formatierung <blink>...</blink>. Im Beispiel wird eine Variable namens `Ausgabe` mit einem Wert belegt. Mit Hilfe von `document.write()` wird der Wert von `Ausgabe` in die Datei geschrieben. Die Formatierung dabei entspricht der HTML-Formatierung <blink>... </blink>.

```
<html><head><title>Test</title></head><body>
<script language="JavaScript">
 Ausgabe = "Best view only with your " + navigator.appName";
 document.write(Ausgabe.blink());
</script></body></html>
```

bold( )

Formatiert eine Zeichenkette als fetten Text, genau wie die HTML-Formatierung <b>... </b>. Im Beispiel ermittelt ein JavaScript mit Hilfe von `window.location` die URL-Adresse der aktuellen Datei. In der Variablen `DieseSeite` steht dann eine entsprechende Zeichenkette. Mit Hilfe von `document.write()` wird der Wert von update in die Datei geschrieben. Die Formatierung dabei entspricht der HTML-Formatierung <b>...</b>.

```
<html><head><title>Test</title></head><body>
<script language="JavaScript">
 DieseSeite = window.location;
 document.write("Adresse: " + DieseSeite.bold());
</script></body></html>
```

charAt( )

Liefert dasjenige Zeichen zurück, das in einer Zeichenkette an einer bestimmten Position steht. Erwartet als Parameter die gewünschte Position. Im Beispiel ermittelt ein JavaScript-Script mit Hilfe von `navigator.appVersion`, welche Version seines Browsers der Anwender benutzt. Auf `navigator.appVersion` wird jedoch zusätzlich die Methode `chatAt()` angewendet. Als Parameter wird 0 übergeben, denn es soll das erste

Zeichen des Werts ermittelt werden, das in `navigator.appVersion` steht – dies ist immer die Nummer der Vollversion, also bei Netscape 4.01 etwa die 4. Das Ergebnis der Konstruktion wird in der Variablen `Vollversion` gespeichert. Zur Kontrolle wird der Wert dieser Variablen anschließend in einem Meldungsfenster ausgegeben.

```
<html><head><title>Test</title></head><body>
<script language="JavaScript">
 Vollversion = navigator.appVersion.charAt(0);
 alert(Vollversion);
</script></body></html>
```

charCodeAt( )

Liefert den Latin-1-Zeichensatzwert eines Zeichens zurück, das in einer Zeichenkette an einer bestimmten Position steht. Erwartet als Parameter die gewünschte Position. Im Beispiel wird eine Variable `Name` mit dem Wert `Hans` belegt. In einem Meldungsfenster wird anschließend ausgegeben, welchen Zeichensatzwert das zweite Zeichen dieser Variablen hat, also das *a* in *Hans*. Dazu wird `charCodeAt` als Parameter 1 übergeben, denn in JavaScript hat das erste Zeichen einer Zeichenkette immer die Position 0, das zweite die Position 1 usw. Als Ergebnis wird *97* angezeigt. Dies ist der Zeichensatzwert des kleinen *a*.

```
<html><head><title>Test</title></head><body>
<script language="JavaScript">
 Name = "Hans";
 alert(Name.charCodeAt(1));
</script></body></html>
```

concat( )

Hängt eine Zeichenkette an eine andere Zeichenkette an. Erwartet als Parameter die Zeichenkette, die an die erste angehängt werden soll. Im Beispiel werden zwei Variablen `Vorname` und `Zuname` mit entsprechenden Werten belegt. Dann wird die Methode `concat()` auf die Variable `Vorname` angewendet. Als Parameter wird der Methode die Variable `Zuname` übergeben. Auf diese Weise wird `Zuname` an `Vorname` angehängt. Die Methode `concat()` gibt die zusammengefügte Zeichenkette zurück. Im Beispiel wird dieser Rückgabewert in der Variablen `Name` gespeichert. Zur Kontrolle wird diese Variable anschließend in einem Meldungsfenster ausgegeben.

```
<html><head><title>Test</title></head><body>
<script language="JavaScript">
 Vorname = "Hans ";
 Zuname = "Hansen";
 Name = Vorname.concat(Zuname);
 alert(Name);
</script></body></html>
```

fixed( )

Formatiert eine Zeichenkette als Teletyper-Text, genau wie die HTML-Formatierung <tt>...</tt>. Im Beispiel ermittelt ein JavaScript-Script mit Hilfe von document.lastModified, wann die Datei zuletzt geändert wurde. In der Variablen update steht dann eine entsprechende Zeichenkette. Mit Hilfe von document.write() wird der Wert von update in die Datei geschrieben. Die Formatierung dabei entspricht der HTML-Formatierung <tt>...</tt>.

```
<html><head><title>Test</title></head><body>
<script language="JavaScript">
 update = document.lastModified;
 document.write("zuletzt aktualisiert: " + update.fixed());
</script></body></html>
```

fontcolor( )

Formatiert eine Zeichenkette in farbiger Schrift, genau wie die HTML-Formatierung <font color=>...</font>. Erwartet als Parameter die gewünschte Farbe. Das Beispiel erzeugt mit Hilfe des Date-Objekts das aktuelle Tagesdatum und speichert dieses in der Variablen Datum. Mit Hilfe von document.write() wird der Wert von Datum in die Datei geschrieben. Die Formatierung entspricht dabei der HTML-Formatierung <font color=#FF0000>...</font>. Übergeben Sie als Parameter eine Farbe in hexadezimaler Schreibweise oder als Farbname.

```
<html><head><title>Test</title></head><body>
<script language="JavaScript">
 Zeit = new Date;
 Datum = Zeit.getDate()+"."+(Zeit.getMonth()+1)+"."+Zeit.getYear();
 document.write(Datum.fontcolor("FF0000"));
</script></body></html>
```

fontsize( )

Formatiert eine Zeichenkette in einer relativen Schriftgröße zwischen 1 und 7, wobei 3 die Normalschriftgröße ist. Hat die gleiche Wirkung wie die HTML-Formatierung <font size=>...</font>. Erwartet als Parameter die gewünschte Größe der Schrift. Im Beispiel wird eine Variable namens Ausgabe mit einem Wert belegt. Mit Hilfe von document.write() wird der Wert von Ausgabe in die Datei geschrieben. Die Formatierung entspricht der HTML-Formatierung <font size=7>...</font>.

```
<html><head><title>Test</title></head><body>
<script language="JavaScript">
 Ausgabe = "Meine Homepage";
 document.write(Ausgabe.fontsize(7));
</script></body></html>
```

fromCharCode( )

Interpretiert eine Reihe von numerischen Parametern, die als Parameter übergeben werden, als Latin-1-Zeichensatzwerte. Erzeugt eine entsprechende Zeichenkette daraus. Im Beispiel wird mit `String.fromCharCode()` die Zeichenkette *ABC* erzeugt und in der Variablen `Test` gespeichert. Die Zeichenkette kommt dadurch zustande, daß 66 der dezimale Zeichensatzwert für *A* ist, 67 derjenige für *B* und 68 der für *C*. Im Beispiel wird das Ergebnis zur Kontrolle in einem Meldungsfenster ausgegeben. Wichtig ist, vor der Methode `fromCharCode()` immer das feste Schlüsselwort `String` (großgeschrieben) zu notieren.

```
<html><head><title>Test</title></head><body>
<script language="JavaScript">
 Test = String.fromCharCode(65,66,67);
 alert(Test);
</script></body></html>
```

indexOf( )

Ermittelt das erste Vorkommen eines Zeichens oder einer Zeichenkette innerhalb einer Zeichenkette und gibt zurück, an wievielter Stelle das Zeichen in der Zeichenkette steht. Die Zählung beginnt bei 0. Wenn die Suche erfolglos ist, wird *-1* zurückgegeben. Optional ist es möglich, die Funktion in einem zweiten Parameter anzuweisen, ab der wievielten Stelle in der Zeichenkette sie mit der Suche beginnen soll. Ein Beispiel:

```
<html><head><title>Test</title></head><body>
<script language="JavaScript">
 Aussage = "Der Mensch ist dem Mensch sein Feind";
 Suche = Aussage.indexOf("Mensch");
 alert("gefunden bei Position: " + Suche);
</script></body></html>
```

Im Beispiel belegt eine Variable `Aussage` mit einem Wert. Anschließend wird der Wert dieser Variablen mit `indexOf()` nach dem ersten Vorkommen von *Mensch* innerhalb der Zeichenkette gesucht. In der Variablen `Suche` wird der Rückgabewert von `indexOf()` gespeichert. Im Beispiel wird *4* zurückgegeben, da die Zeichenfolge *Mensch* in der durchsuchten Zeichenkette zum ersten Mal an fünfter Stelle der Zeichenkette beginnt. Vergleiche auch: `lastIndexOf()`.

italics( )

Formatiert eine Zeichenkette kursiv, genau wie die HTML-Formatierung `<i>...</i>`. Das Beispiel erzeugt mit Hilfe des `Date`-Objekts die aktuelle Uhrzeit und speichert diese in der Variablen `Uhrzeit`. Mit Hilfe von `document.write()` wird der Wert von `Uhrzeit` in die Datei geschrieben. Die Formatierung entspricht der HTML-Formatierung `<i>...</i>`.

```
<html><head><title>Test</title></head><body>
<script language="JavaScript">
 Zeit = new Date;
 Uhrzeit = Zeit.getHours()+":"+Zeit.getMinutes();
 document.write(Uhrzeit.italics());
</script></body></html>
```

lastIndexOf( )

Ermittelt das letzte Vorkommen eines Zeichens oder einer Zeichenkette innerhalb einer Zeichenkette und gibt zurück, an wievielter Stelle das Zeichen in der Zeichenkette steht. Die Zählung beginnt bei 0. Wenn die Suche erfolglos ist, wird *-1* zurückgegeben. Optional ist es möglich, die Funktion in einem zweiten Parameter anzuweisen, ab der wievielten Stelle in der Zeichenkette sie mit der Suche beginnen soll. Ein Beispiel:

```
<html><head><title>Test</title></head><body>
<script language="JavaScript">
 Aussage = "Der Mensch ist dem Mensch sein Feind";
 Suche = Aussage.lastIndexOf("Mensch");
 alert("gefunden bei Position: " + Suche);
</script></body></html>
```

Im Beispiel belegt eine Variable `Aussage` mit einem Wert. Anschließend wird der Wert dieser Variablen mit `lastIndexOf()` nach dem letzten Vorkommen von *Mensch* innerhalb der Zeichenkette gesucht. In der Variablen `Suche` wird der Rückgabewert von `lastIndexOf()` gespeichert. Im Beispiel wird *19* zurückgegeben, da die Zeichenfolge *Mensch* in der durchsuchten Zeichenkette zum letzten Mal an 20. Stelle der Zeichenkette beginnt. Vergleiche auch: `indexOf()`.

link( )

Formatiert eine Zeichenkette als Verweis. Hat den gleichen Effekt wie die HTML-Formatierung `<a href=>...</a>`. Erwartet als Parameter eine die URL-Adresse für das Verweisziel.

Das Beispiel im ersten Script belegt zunächst eine Variable `Homepage` mit einem Wert. Daran anschließend wird mit `document.write()` ein Verweis geschrieben. Dazu wird die Methode `link()` auf die Variable `Homepage` angewendet. Der Wert von `Homepage` wird dabei der Verweistext. Als Parameter wird das gewünschte Verweisziel übergeben, im Beispiel die Datei *home.htm*.

Das Beispiel im zweiten Script erzeugt dynamisch einen Verweis zu der URL-Adresse, von wo aus der Anwender die aktuelle Seite aufgerufen hat. Dabei liefert die Eigenschaft `document.referrer` die URL-Adresse der Herkunftsseite. Das Beispiel ist so konstruiert, daß hinterher die URL-Adresse von `document.referrer` sowohl das Verweisziel als auch der Verweistext ist.

```
<html><head><title>Test</title></head><body>
<script language="JavaScript">
 Homepage = "zu meiner Homepage";
 document.write(Homepage.link("home.htm"))
</script>
<br>
<script language="JavaScript">
 document.write(document.referrer.link(document.referrer));
</script></body></html>
```

match( )

Durchsucht eine Zeichenkette mit Hilfe eines regulären Ausdrucks. Liefert Zeichenfolgen zurück auf die der reguläre Ausdruck paßt. Erwartet als Parameter den regulären Ausdruck. Ein Beispiel:

```
<html><head><title>Test</title></head><body>
<script language="JavaScript">
 Aussage = "Der Mensch ist des Menschen sein Feind";
 Ergebnis = Aussage.match(/ Mensch.[+^\S] /);
 alert(Ergebnis);
</script>
<script language="JavaScript">
 Aussage = "Der Mensch ist des Menschen sein Feind";
 Ergebnis = Aussage.match(/ \bMensch\b|\bMenschen\b /g);
 if(Ergebnis)
  for(i=0;i<Ergebnis.length;++i)
   alert(Ergebnis[i]);
</script>
<script language="JavaScript">
 Aussage = "Wir wollen weisse Waesche waschen";
 Ergebnis = Aussage.match(/w/gi);
 if(Ergebnis)
  alert(Ergebnis.length + " gefunden");
</script>
</body></html>
```

Das erste Script im Beispiel belegt eine Variable `Aussage` mit einem Wert. Auf den gespeicherten Wert dieser Variablen wird mit `match()` ein regulärer Ausdruck angewendet. Dieser findet die Zeichenfolge *Mensch*, wenn noch zwei weitere Zeichen folgen, aber nicht, wenn ein Leerzeichen dabei ist. Auf diese Weise wird nur das hintere Wort *Menschen* gefunden. Das Ergebnis wird in einem Meldungsfenster ausgegeben.

Das zweite Script im Beispiel wendet auf den gespeicherten Wert der Variablen `Aussage` mit `match()` einen anderen regulären Ausdruck an. Dieser findet die Zeichenfolge *Mensch*, aber auch die Zeichenfolge *Menschen*. Hinter dem Ausdruck ist außerdem mit `g` markiert, daß global gesucht werden soll. Dadurch werden alle Fundstellen zurückgegeben. Da es sich um mehrere Fundstellen handeln kann, ist der zurückgegebene Wert kein einfacher Wert, sondern ein Array aus Werten. Die Variable `Ergebnis`, in der der Rückgabewert im Beispiel gespeichert wird, muß deshalb anschließend als Array behandelt werden. Das `Array`-Objekt wird jedoch nur erzeugt, wenn es Suchtreffer gibt. Deshalb ist es sicherer, folgende Anweisungen von der Abfrage abhängig zu machen, ob das Objekt existiert. Mit `if(Ergebnis)` ist eine solche Abfrage möglich. Im Beispiel werden dann in einer `for`-Schleife alle Suchtreffer ausgegeben.

Das dritte Script im Beispiel belegt die Variable `Aussage` mit einem neuen Wert, in dem der Buchstabe W oft vorkommt, mal klein- und mal großgeschrieben. Auf den gespeicherten Wert dieser Variablen wird mit `match()` ein regulärer Ausdruck angewendet. Dieser sucht nach dem Vorkommen von *w*, und zwar wieder, wie im zweiten Script, global. Es werden also alle Fundstellen als Array zurückgegeben. Im Beispiel sollen jedoch sowohl klein- als auch großgeschriebene *w* gefunden werden. Deshalb wird hinter dem regulären Ausdruck noch zusätzlich ein kleines `i` notiert. Dies bewirkt, daß Groß- und Kleinschreibung nicht beachtet wird. Zur Kontrolle wird im Beispiel die Anzahl der Fundstellen ausgegeben.

Näheres über reguläre Ausdrücke finden Sie beim `RegExp`-Objekt. Näheres über Arrays wird beim `Array`-Objekt beschrieben. Um nicht gefundene Zeichenfolgen, sondern nur Positionen gefundener Ausdrücke zu ermitteln, können Sie die Methode `search()` verwenden.

replace( )

Durchsucht eine Zeichenkette mit Hilfe eines regulären Ausdrucks. Ersetzt Zeichenfolgen, auf die der reguläre Ausdruck paßt. Erwartet folgende Parameter:

- Regulärer Ausdruck: ein regulärer Ausdruck, der Suchtreffer liefern kann.
- Ersetzen durch: eine Zeichenkette, durch die gefundene Stellen ersetzt werden sollen.

Das Script im Beispiel belegt eine Variable `vormals` mit einem Namen. Auf den gespeicherten Namen wird mit `replace()` ein Suche-Ersetze-Vorgang angewendet. Der erste Parameter, der `replace()` übergeben wird, ist ein regulärer Ausdruck. Dieser findet die Zeichenfolge *Hinz*. Ein Suchtreffer bewirkt das Ersetzen dieser Zeichenfolge durch *Kunz, geb. Hinz*. Das Ergebnis wird zur Kontrolle in die Datei geschrieben. Näheres über reguläre Ausdrücke und weitere Beispiele für diese Methode finden Sie beim `RegExp`-Objekt.

```
<html><head><title>Test</title></head><body>
<script language="JavaScript">
 vormals = "Elke Hinz";
 jetzt = vormals.replace(/Hinz/,"Kunz, geb. Hinz");
 document.write(jetzt);
</script></body></html>
```

search( )

Durchsucht eine Zeichenkette mit Hilfe eines regulären Ausdrucks. Liefert *-1* zurück, wenn der reguläre Ausdruck nicht paßt. Wenn er paßt, wird die Position des ersten Vorkommens zurückgeliefert. Erwartet als Parameter den regulären Ausdruck. Ein Beispiel:

```
<html><head><title>Test</title>
</head><body>
<script language="JavaScript">
 Aussage = "Wir wollen weisse Waesche waschen";
 Ergebnis = Aussage.search(/weiss.+/);
 if(Ergebnis != -1)
  alert("gefunden");
</script>
</body></html>
```

Das Beispiel belegt die Variable `Aussage` mit einem Wert. Auf den gespeicherten Wert dieser Variablen wird mit `search()` ein regulärer Ausdruck angewendet. Dieser sucht nach dem Vorkommen von *weiss*, gefolgt von einem beliebigen Inhalt. Der Rückgabewert von `search()` wird in der Variablen `Ergebnis` gespeichert. Wenn diese am Ende ungleich -1 ist, gab es zu dem regulären Ausdruck Suchtreffer. Im Beispiel wird in diesem Fall einfach eine entsprechende Meldung ausgegeben.

Näheres über reguläre Ausdrücke finden Sie beim `RegExp`-Objekt. Um nicht Positionen gefundener Ausdrücke als Rückgabewerte zu erhalten, sondern die Ausdrücke selbst, können Sie die Methode `match()` verwenden.

slice( )

Extrahiert aus einer Zeichenkette eine Teilzeichenkette. Gibt die extrahierte Zeichenkette zurück. Erwartet folgende Parameter:

- Index Anfang: Position des ersten zu extrahierenden Zeichens in der Zeichenkette, wobei bei 0 zu zählen begonnen wird.
- Index Ende: Position des ersten nicht mehr zu extrahierenden Zeichens in der Zeichenkette, wobei bei 0 zu zählen begonnen wird.

Sie können den zweiten Parameter auch weglassen. Dann wird bis zum Ende der Zeichenkette extrahiert. Das Beispiel belegt die Variable `Aussage` mit einem Wert. Aus dem Wert dieser Variablen werden mit `slice()` die ersten vier Zeichen, also die Zeichen mit den Positionswerten 0, 1, 2 und 3, extrahiert. Der Rückgabewert der Funktion, die extrahierte Zeichenkette, wird im Beispiel in der Variablen `Extrakt` gespeichert. Diese wird zur Kontrolle als Meldung ausgegeben.

```
<html><head><title>Test</title></head><body>
<script language="JavaScript">
 Begriff = "Garnele";
```

```
 Extrakt = Begriff.slice(0,4);
 alert(Extrakt);
</script></body></html>
```

small( )

Formatiert eine Zeichenkette als kleingeschriebenen Text, genau wie die HTML-Formatierung `<small>...</small>`. Im Beispiel ermittelt ein JavaScript-Script mit Hilfe von `document.lastModified`, wann die Datei zuletzt geändert wurde. In der Variablen `update` steht dann eine entsprechende Zeichenkette. Mit Hilfe von `document.write()` wird der Wert von update in die Datei geschrieben. Die Formatierung entspricht der HTML-Formatierung `<small>...</small>`.

```
<html><head><title>Test</title></head><body>
<script language="JavaScript">
 update = document.lastModified;
 document.write(update.small());
</script></body></html>
```

split( )

Zerlegt Zeichenketten in mehrere Teilzeichenketten. Die erzeugten Teilzeichenketten werden in einem Array gespeichert. Erwartet als Parameter ein Begrenzerzeichen oder eine Begrenzerzeichenfolge, die als Trennmerkmal für die Teilzeichenketten verwendet werden soll. Optional kann als zweiter Parameter noch übergeben werden, wie viele Split-Vorgänge maximal erzeugt werden sollen. Ein Beispiel:

```
<html><head><title>Test</title></head><body>
<script language="JavaScript">
 Satz = "Wer nicht vom rechten Weg abkommt bleibt
   auf der Strecke";
 Woerter = Satz.split(" ");
 document.write("Ein Satz mit " + Woerter.length +
   " W&ouml;rtern.<br>");
 document.write("Das 5. Wort ist " + Woerter[4]);
</script></body></html>
```

Das Beispiel belegt die Variable `Satz` mit einem Wert. Aus dem Wert dieser Variablen werden mit `split()` die einzelnen Wörter extrahiert. Dazu wird der Methode als Parameter ein Leerzeichen übergeben. Bei jedem Leerzeichen im Satz wird dadurch eine neue Teilzeichenkette erzeugt.

Der Rückgabewert der Funktion, die extrahierte Zeichenkette, wird im Beispiel in der Variablen `Extrakt` gespeichert. Dies ist keine gewöhnliche Variable, sondern ein Array. Zu Testzwecken schreibt das Beispiel in die Datei, wie viele Elemente der Array hat

(`Woerter.length`) und welches das fünfte Wort ist. Dies ist das Wort mit dem Array-Index 4, da auch in diesem Fall bei 0 zu zählen begonnen wird.

strike( )

Formatiert eine Zeichenkette als durchgestrichenen Text, genau wie die HTML-Formatierung <s>...</s>. Im Beispiel schreibt ein JavaScript-Script mit `document.write()` die URL-Adresse der aktuellen Datei. Die Formatierung entspricht der HTML-Formatierung <s>...</s>.

```
<html><head><title>Test</title></head><body>
<script language="JavaScript">
 document.write(window.location.strike());
</script></body></html>
```

sub( )

Formatiert eine Zeichenkette als tiefgestellten Text, genau wie die HTML-Formatierung <tt⊂...</sub>. Im Beispiel wird eine Variable `Tief0` definiert, die das Zeichen 0 speichert. Mit Hilfe von `document.write()` wird dann ein Text in die Datei geschrieben. Die Formatierung der 0 entspricht der HTML-Formatierung _{...}.

```
<html><head><title>Test</title></head><body>
<script language="JavaScript">
  Tief0 = "0";
  document.write("ISDN und S" + Tief0.sub() + "-Bus");
</script></body></html>
```

substr( )

Extrahiert aus einer Zeichenkette eine Teilzeichenkette ab einer bestimmten Zeichenposition und mit einer bestimmten Länge. Gibt die extrahierte Zeichenkette zurück. Erwartet folgende Parameter:

- Index Anfang: Position des ersten zu extrahierenden Zeichens in der Zeichenkette, wobei bei 0 zu zählen begonnen wird.
- Anzahl Zeichen: Anzahl von Zeichen, die extrahiert werden sollen.

Das Beispiel belegt die Variable `Begriff` mit einem Wert. Aus dem Wert dieser Variablen wird mit `substr()` ein Teil extrahiert, nämlich ab Zeichen 6 (Index 5), und dann die folgenden elf Zeichen. Der Rückgabewert der Funktion, die extrahierte Zeichenkette, wird im Beispiel in der Variablen `Teil` gespeichert. Zur Kontrolle wird diese Variable als Meldungsfenster ausgegeben. Sie enthält den Wert *dampfschiffahrt.*

```
<html><head><title>Test</title></head><body>
<script language="JavaScript">
```

```
 Begriff = "Donaudampfschiffahrt";
 Teil = Begriff.substr(5,11);
 alert(Teil);
</script></body></html>
```

substring( )

Extrahiert aus einer Zeichenkette eine Teilzeichenkette ab einer bestimmten Zeichenposition und bis zu einer bestimmten Zeichenposition. Gibt die extrahierte Zeichenkette zurück. Erwartet folgende Parameter:

- Index Anfang: Position des ersten zu extrahierenden Zeichens in der Zeichenkette, wobei bei 0 zu zählen begonnen wird.
- Index Ende: Position des ersten nicht mehr zu extrahierenden Zeichens in der Zeichenkette, wobei bei 0 zu zählen begonnen wird.

Das Beispiel belegt die Variable `Begriff` mit einem Wert. Aus dem Wert dieser Variablen wird mit `substring()` ein Teil extrahiert, nämlich ab Zeichen 6 (Index 5), und bis vor Zeichen 17 (Index 16). Der Rückgabewert der Funktion, die extrahierte Zeichenkette, wird im Beispiel in der Variablen `Teil` gespeichert. Zur Kontrolle wird diese Variable als Meldungsfenster ausgegeben. Sie enthält den Wert *dampfschiffahrt*.

```
<html><head><title>Test</title></head><body>
<script language="JavaScript">
 Begriff = "Donaudampfschiffahrt";
 Teil = Begriff.substr(5,16);
 alert(Teil);
</script></body></html>
```

sup( )

Formatiert eine Zeichenkette als hochgestellten Text, genau wie die HTML-Formatierung `<sup>...</sup>`. Im Beispiel wird eine Variable `Hoch2` definiert, die das Zeichen 2 speichert.

Mit Hilfe von `document.write()` wird dann ein Text in die Datei geschrieben. Die Formatierung der 2 entspricht der HTML-Formatierung `<sup>...</sup>`.

```
<html><head><title>Test</title></head><body>
<script language="JavaScript">
  Hoch2 = "2";
  document.write("10" + Hoch2.sup() + " = " + Math.pow(10,2));
</script></body></html>
```

toLowerCase( )

Wandelt alle Großbuchstaben, die in einer Zeichenkette enthalten sind, in Kleinbuchstaben um. Erwartet die Zeichenkette, die so behandelt werden soll, als Parameter. Gibt die neue Zeichenkette zurück.

Im Beispiel wird ein Formular mit einem Eingabefeld und einem Button definiert. Wenn der Anwender auf den Button klickt, wird die Funktion `MachKlein()` aufgerufen. Diese Funktion wendet die Methode `toLowerCase()` auf das Eingabefeld des Formulars an. Das Ergebnis wird in der Variablen `neu` gespeichert. Anschließend wird dem Formulareingabefeld der Wert von `neu` zugewiesen. Dadurch werden alle eventuell eingegebenen Großbuchstaben in dem Eingabefeld zu Kleinbuchstaben.

```
<html><head><title>Test</title>
<script language="JavaScript">
function MachKlein()
{
 neu = document.Test.Eingabe.value.toLowerCase();
 document.Test.Eingabe.value = neu;
}
</script>
</head><body>
<form name="Test">
<input name="Eingabe">
<input type=button value="klein machen" onClick="MachKlein()">
</form>
</body></html>
```

toUpperCase( )

Wandelt alle Kleinbuchstaben, die in einer Zeichenkette enthalten sind, in Großbuchstaben um. Erwartet die Zeichenkette, die so behandelt werden soll, als Parameter. Gibt die neue Zeichenkette zurück. Das Beispiel funktioniert wie bei `toLowerCase()`.

```
<html><head><title>Test</title>
<script language="JavaScript">
function MachGross()
{
 neu = document.Test.Eingabe.value.toUpperCase();
 document.Test.Eingabe.value = neu;
}
</script>
</head><body>
<form name="Test">
<input name="Eingabe">
<input type=button value="gross machen" onClick="MachGross()">
</form>
</body></html>
```

13.30 Objektunabhängige Funktionen

eval( )	(Ausdruck berechnen)
parseFloat( )	(in Kommazahl umwandeln)
parseInt( )	(in Ganzzahl umwandeln)
isNaN( )	(auf numerischen Wert prüfen)
Number( )	(auf numerischen Wert prüfen)
String( )	(auf numerischen Wert prüfen)
escape( )	(ASCII-Zeichen in Zahlen umwandeln)
unescape( )	(Zahlen in ASCII-Zeichen umwandeln)

Allgemeines zu objektunabhängigen Funktionen

Objektunabhängige Funktionen sind im Gegensatz zu selbst definierten Funktionen in JavaScript bereits vordefiniert. Das heißt, Sie können diese Funktionen jederzeit aufrufen. Es handelt sich um bestimmte, zum Teil mächtige JavaScript-Befehle, die in keines der JavaScript-Objekte passen und deshalb nicht der objektorientierten Richtung von JavaScript folgen.

eval( )

Berechnet die zu übergebende Zeichenkette und gibt das Ergebnis zurück. Erzeugt eine Fehlermeldung, wenn die Zeichenkette Zeichen enthält, die nicht als Teil einer Rechenoperation interpretierbar sind. Das Beispiel enthält ein Formular mit einem Eingabefeld und einem Button. In dem Eingabefeld kann der Anwender eine Rechenoperation eingeben, zum Beispiel `1+2+3+4+5+6+7+8+9` oder `12.78*5.13`. Beim Klick auf den Button wird der Wert aus dem Formular mit `eval()` berechnet und in einem Meldungsfenster ausgegeben.

```
<html><head><title>Test</title>
</head><body>
<form>
<input size=30 name="Eingabe">
<input type=button value="Berechnen"
onClick="alert(eval(this.form.Eingabe.value))">
</form>
</body></html>
```

parseFloat( )

Wandelt eine zu übergebende Zeichenkette in eine Zahl um und gibt diese als numerischen Wert zurück. Wenn sich die Zahl als Kommazahl interpretieren läßt, wird dies berücksichtigt. Als Dezimalzeichen wird jedoch nur der Punkt interpretiert. Sinnvoll, um z. B. Anwendereingaben in Zahlen umzuwandeln, mit denen man anschließend rechnen kann.

Gibt `NaN` (Not a Number) zurück, wenn die Zeichenkette mit Zeichen beginnt, die sich nicht als Teil einer Zahl interpretieren lassen. Wenn die Zeichenkette weiter hinten ungültige Zeichen enthält, wird die Zahl bis zum ersten ungültigen Zeichen interpretiert und der interpretierte Teil zurückgegeben. Ein Beispiel:

```
<html><head><title>Test</title>
</head><body>
<script language="JavaScript">
var Elemente = new Array("18","18.1","18.9","abc","1a");
document.write("<h1>Anwendung von <i>parseFloat()</i></h1>");
for(i=0;i<Elemente.length;++i)
 document.write(Elemente[i] + " = <b> " + parseFloat(Elemente[i]) +
   "</b><br>");
</script></body></html>
```

Das Beispiel definiert einen Array mit verschiedenen Elementen, die teils ganze, teils Kommazahlen, teils gar keine Zahlen darstellen. Dann werden in einer `for`-Schleife alle Elemente des Arrays mit der `write()`-Methode dynamisch in die Datei geschrieben. Dabei wird jedoch die Funktion `parseFloat()` auf das jeweilige Array-Element angewendet.

JavaScript 1.0 N 2.0 3.0 *parseInt()*

Wandelt eine zu übergebende Zeichenkette in eine Ganzzahl um und gibt diese als Ergebnis zurück. Sinnvoll, um z. B. Anwendereingaben in Zahlen umzuwandeln, mit denen man anschließend rechnen kann.

Gibt `NaN` (Not a Number) zurück, wenn die Zeichenkette mit Zeichen beginnt, die sich nicht als Teil einer Zahl interpretieren lassen. Wenn die Zeichenkette weiter hinten ungültige Zeichen enthält, wird die Zahl bis zum ersten ungültigen Zeichen interpretiert und der interpretierte Teil zurückgegeben. Das gilt bei `parseInt()` auch für den Punkt. Ein Beispiel:

```
<html><head><title>Test</title>
</head><body>
<script language="JavaScript">
var Elemente = new Array("18","18.1","18.9","abc","1a");
document.write("<h1>Anwendung von <i>parseInt()</i></h1>");
for(i=0;i<Elemente.length;++i)
 document.write(Elemente[i] + " = <b> " + parseInt(Elemente[i])
   + "</b><br>");
</script></body></html>
```

Das Beispiel definiert einen Array mit verschiedenen Elementen, die teils ganze, teils Kommazahlen, teils gar keine Zahlen darstellen. Dann werden in einer `for`-Schleife alle

Elemente des Arrays mit der `write()`-Methode dynamisch in die Datei geschrieben. Dabei wird jedoch die Funktion `parseInt()` auf das jeweilige Array-Element angewendet.

isNaN( )

Ermittelt, ob ein zu übergebender Wert eine ungültige Zahl ist (NaN = Not a Number). Gibt `true` zurück, wenn der Wert keine Zahl ist, und `false`, wenn es eine Zahl ist. Sowohl ganze Zahlen als auch Kommazahlen werden als gültige Zahlen anerkannt. Bei Kommazahlen muß das Dezimalzeichen ein Punkt sein.

Das Beispiel enthält ein Formular mit einem Eingabefeld und einem Button. Beim Klick auf den Button wird die Funktion `CheckZahl()` aufgerufen. Der Funktion wird der Wert aus dem Eingabefeld des Formulars als Parameter übergeben. `CheckZahl()` prüft, ob der übergebene Wert eine Zahl ist. Dazu wird `isNaN()` auf den übergebenen Wert angewendet. Wenn es keine Zahl ist, wird eine Fehlermeldung ausgegeben.

```
<html><head><title>Test</title>
<script language="JavaScript">
function CheckZahl(Wert)
{
 if(isNaN(Wert) == true)
 {
  alert(Wert + " ist keine Zahl!");
  return false;
 }
 else return true;
}
</script>
</head><body>
<form>
<input size=30 name="Eingabe">
<input type=button value="Check"
onClick="CheckZahl(this.form.Eingabe.value)">
</form>
</body></html>
```

Number( )

Konvertiert den Inhalt eines Objekts in eine Zahl und gibt die Zahl zurück. Erwartet den Objektinhalt als Parameter. Wenn sich der übergebene Parameter nicht als Zahl interpretieren läßt, wird `NaN` (Not a Number) zurückgegeben. Vor allem brauchbar in Verbindung mit dem `Date`-Objekt. Ein Beispiel:

```
<html><head><title>Test</title>
</head><body>
<script language="JavaScript">
```

```
 var d = new Date ("March 15, 1998 08:27:00");
 document.write(Number(d));
</script></body></html>
```

Das Beispiel definiert ein neues Datum-Objekt und initialisiert es mit einem Wert im GMT-Format. Das Datum-Objekt wird in der Variablen `d` gespeichert. Anschließend wird diese Variable der Funktion `Number()` als Parameter übergeben. Die Funktion `Number()` hat dabei die gleiche Wirkung wie die Objektmethode `d.getTime()`, d. h. es wird die Anzahl von Millisekunden zwischen dem 1.1.1970 und dem in `d` gespeicherten Zeitpunkt errechnet. Im Beispiel wird das Ergebnis zur Kontrolle in die Datei geschrieben.

String( )

Konvertiert den Inhalt eines Objekts in eine Zeichenkette und gibt die Zeichenkette zurück. Vor allem brauchbar in Verbindung mit dem `Date`-Objekt. Das Beispiel definiert ein neues Datum-Objekt mit dem aktuellen Zeitpunkt. Das Datum-Objekt wird in der Variablen `d` gespeichert. Anschließend wird diese Variable der Funktion `String()` als Parameter übergeben. Die Funktion erzeugt daraus eine Zeichenkette, die den gespeicherten Zeitpunkt im GMT-Format darstellt. Im Beispiel wird das Ergebnis zur Kontrolle in die Datei geschrieben.

```
<html><head><title>Test</title>
</head><body>
<script language="JavaScript">
<html><head><title>Test</title>
</head><body>
<script language="JavaScript">
 var d = new Date ();
 document.write(String(d));
</script></body></html>
</script></body></html>
```

escape( )

Wandelt Steuersequenzen – Steuerzeichen mit den ASCII-Werten 0 bis 31 – in ihre ASCII-Zahlenwerte um, und zwar in hexadezimaler Form. Setzt vor jeden Wert das Trennzeichen `%` und gibt die so erzeugte Zeichenkette zurück. Bei anderen Zeichen als Steuerzeichen gibt `escape()` die Zeichen unverändert zurück. Es handelt sich also um eine Funktion, die Steuerzeichen aus Werten entfernt und in Zeichenfolgen übersetzt. Das Beispiel definiert eine Variable `Beispiel`, der verschiedene Steuerzeichen zugewiesen werden. Diese Variable wird der Funktion `escape()` als Parameter übergeben. Das Ergebnis wird zur Kontrolle in die Datei geschrieben.

```
<html><head><title>Test</title>
</head><body>
```

```
<script language="JavaScript">
var Beispiel = "\n\r\t";
document.write(escape(Beispiel));
</script></body></html>
```

unescape( )

Wandelt alle Zeichen der zu übergebenden Zeichenkette in normale ASCII-Zeichen um und gibt die so erzeugte Zeichenkette zurück. Die zu übergebende Zeichenkette muß für jedes umzuwandelnde Zeichen ein Prozentzeichen (%) und den Hexadezimalwert des Zeichens in der ASCII-Zeichentabelle enthalten. Geeignet z. B. für Verschlüsselungsoperationen mit Hilfe von JavaScript. Ein Beispiel:

```
<html><head><title>Test</title>
</head><body>
<script language="JavaScript">
var Beispiel = "%53%74%65%66%61%6E";
document.write(unescape(Beispiel));
</script></body></html>
```

Das Beispiel definiert eine Variable namens `Beispiel` und weist ihr eine Zeichenkette zu. Die Zeichenkette besteht aus einer Reihenfolge von hexadezimal kodierten Zeichen. Jedes Zeichen beginnt mit einem Prozentzeichen, dahinter folgt der Hexadezimalwert des Zeichens. Diese Variable wird der Funktion `unescape()` als Parameter übergeben. Das Ergebnis wird zur Kontrolle in die Datei geschrieben. Im Beispiel wird das Wort *Stefan* erzeugt.

14 Dynamisches HTML

14.1 Allgemeines zu Dynamischem HTML

14.1.1 Das »Dynamische« an Dynamischem HTML

Dynamisches HTML (engl. Dynamic HTML oder abgekürzt DHTML) ist eine Erfindung von Marktstrategen, sagen Kritiker. In der Tat ist Dynamisches HTML keine klassische HTML-Erweiterung in Gestalt neuer HTML-Tags. Es ist auch keine neue Sprache. Dynamisches HTML ist vielmehr der Sammelbegriff für verschiedene Lösungen, dieses dem Autor einer WWW-Seite ermöglichen, beliebige Elemente der WWW-Seite während der Anzeige dynamisch zu ändern, sei es automatisch oder durch Einwirken des Anwenders. Dazu dienen neuere Technologien wie Style-Sheets, vor allem aber bestimmte neuere Befehle in Scriptsprachen wie JavaScript. Die Basis von allem bleibt jedoch HTML, also strukturierte WWW-Seiten. Ein Beispiel:

```
<p onClick="this.innerHTML='Sehen Sie - ich habe es ja gesagt!'">Ich bin
   dynamisch</p>
```

Das kleine Beispiel zeigt Dynamisches HTML nach dem Ansatz des Internet Explorers 4.x. Es dient hier nur dem Zweck, das Typische an Dynamischem HTML zu verdeutlichen. In dem Beispiel wird mit `<p>...</p>` ein gewöhnlicher HTML-Textabsatz definiert. Am Bildschirm steht dann: *Ich bin dynamisch.* Damit der Textabsatz sein Versprechen auch halten kann, enthält er im einleitenden `<p>`-Tag einen sogenannten Event-Handler, im Beispiel den Event-Handler `onClick=`. Dieser Event-Handler tritt in Aktion, wenn der Anwender mit der Maus auf den angezeigten Text klickt. Im Beispiel verwandelt sich nach dem Anklicken des Textes dessen Inhalt in: *Sehen Sie – ich habe es ja gesagt!*

Wie Sie an dem Beispiel erkennen, können Sie also bestimmte angezeigte Inhalte austauschen, ohne dafür jedes Mal vollständige neue Seiten laden zu müssen. Das ist eine charakteristische Eigenschaft von Dynamischem HTML. Eine Web-Seite verhält sich also plötzlich wie ein Anwendung, die einmal in den Arbeitsspeicher geladen wird und dann durch Interaktion mit dem Anwender das Geschehen am Bildschirm bestimmt.

Dynamisches HTML bietet Gestaltern anspruchsvoller WWW-Seiten schier unerschöpfliche Möglichkeiten bei der Kontrolle über das Geschehen am Bildschirm. Es fängt mit Kleinigkeiten wie dem obigen Beispiel an. Es geht weiter mit animierten Grafiken, die über den angezeigten Inhalt gleiten oder hüpfen – manche Web-Seiten versuchen, ganze Aquarien abzubilden. Und es geht bis zu der Möglichkeit, mit Hilfe von Grafiken und anderen Elementen komplexe, interaktive Spiele, Lernsituationen oder auch selbstablaufende Animationen zu programmieren. Der Phantasie sind kaum mehr Grenzen gesetzt. Das Anzeigefenster eines WWW-Browsers kann sich durch massiven Einsatz von Dynamischem HTML in ein bewegtes Spektakel verwandeln. Der Anwender kann beim Anzeigen einer dynamischen HTML-Datei auch mit viel mehr Reaktionen konfrontiert werden als beim Betrachten einer normalen HTML-Datei. Das hat Vor- und Nachteile – wie fast alle neueren Features beim Web-Publishing. Es kommt immer darauf an, wie man die Features nutzt, ob zur bloßen Selbstdarstellung und Angeberei oder zum Nutzen des Anwenders.

Microsoft führt im Zusammenhang mit Dynamischem HTML zwei neue Konzepte ein, die spektakulär sind: Datenanbindung und Filter-Scripting.

- Bei der Datenanbindung ist es einer HTML-Datei möglich, auf externe Datenquellen zuzugreifen und Daten daraus kontrolliert innerhalb der Datei anzuzeigen. Wenn dieses Konzept erst einmal voll ausgereift ist, wird es vor allem Teile der CGI-Programmierung ersetzen. Im Gegensatz zu CGI ist das Konzept der Datenanbindung nämlich nicht vom HTTP-Protokoll abhängig und funktioniert deshalb beispielsweise auch auf CD-ROMs.
- Filter-Scripting ist die dynamische Behandlung der MS-prorietären Style-Sheet-Filter. Damit sind allerdings so wunderbare grafische Effekte – auch mit normalem HTML-Text – möglich, daß Web-Designern eine riesige neue Spielwiese zur Verfügung steht.

Programmieren ist jedoch bei allem angesagt, was mit Dynamischem HTML zu tun hat: Fortgeschrittene Programmierkenntnisse in Scriptsprachen wie JavaScript sind Voraussetzung. Natürlich gibt es im WWW immer fertige Lösungen zum Abkupfern, aber wer sich ernsthaft mit der Materie beschäftigen will, um eigene, kreative Lösungen zu entwickeln, kommt um die Programmierung nicht herum. Das soll jedoch keine Entmutigung sein. Es gibt durchaus nützliche und pfiffige Anwendungsmöglichkeiten von Dynamischem HTML, die ohne allzu großen Programmieraufwand auskommen.

14.1.2 Das Document Object Model (DOM)

Die Aufgabe einer Script-Sprache wie JavaScript ist es, nachträglich auf Elemente und aktuelle Zustände einer WWW-Seite zuzugreifen. Herkömmliches JavaScript ist dabei jedoch ziemlich beschränkt. So können Sie damit zwar beispielsweise auf einzelne Formularelemente zugreifen, nicht aber auf Überschriften, Textabsätze oder Tabellenzellen. Es bleibt dem Zufall überlassen, welche Features sich Browser-Hersteller als nächstes einfallen lassen und auf welche das Volk der Entwickler weiter vergeblich wartet.

Zu diesem Zweck hat man das *Document Object Model* (Abkürzung DOM) ersonnen. Das hängt sehr eng mit der Philosophie der objekt- und ereignisorientierten Programmierung zusammen. Alle HTML-Elemente einer WWW-Seite bilden einen Objektbaum. So ist das <body>-Tag beispielsweise der Vater oder die Mutter aller anzeigbaren Elemente wie Überschriften, Grafiken, Verweise oder Tabellen. Ein mit <div>...</div> formatierter Bereich ist das Elternteil aller Elemente, die innerhalb dieses Bereichs vorkommen. Jede Tabellenzelle gehört zu einer Tabelle usw. Aber auch das Anzeigefenster des Browsers mit seinen aktuellen Eigenschaften gehört dazu sowie Maus- und Tastaturaktionen innerhalb des Anzeigefensters. Das Document Object Model ist der Versuch, alle relevanten Bestandteile einer angezeigten WWW-Seite als eine Objekthierarchie abzubilden. Diese Objekthierarchie sollte sich dann idealerweise in Webseiten-bezogenen Programmiersprachen wie JavaScript wiederfinden.

Das W3-Konsortium, das für die Normierung von WWW-Technologien verantwortlich ist, hat mittlerweile eine Spezifikation zum Document Object Model veröffentlicht. Das betreffende Dokument müssen Sie sich als eine Spezifikation für Scriptsprachen-»Hersteller« vorstellen. Es enthält Empfehlungen für die Objekthierarchie, die eine Webseiten-orientierte Scriptsprache realisieren sollte. Bei vollständiger Umsetzung der empfohlenen Objekthierarchie wäre dann zugleich eine standardisierte Grundlage für Dynamisches HTML geschaffen.

14.1.3 Microsoft, Netscape und das W3-Konsortium

Dynamisches HTML wird von Netscape ab Version 4.0 und vom Internet Explorer ab Version 4.0 interpretiert. Leider ist das Thema Dynamic HTML jedoch zu einem Kriegsschauplatz im Duell der beiden führenden WWW-Browser geworden. Denn die Realisierungen sind in beiden Browsern grundverschieden. Ist das Erstellen von WWW-Seiten mit Dynamischem HTML bereits nicht ganz einfach, so wird es durch die weitgehend inkompatiblen Lösungen der Browser in den 4er-Versionen doppelt und dreifach schwer. Vieles muß man für beide Browser getrennt kodieren – mit doppeltem Kenntnisaufwand –, wenn man für beide Browser schreiben will. Vieles funktioniert überhaupt nur mit dem einen oder dem anderen Browser. Die Szene lauert auf Vereinheitlichung.

Beim Bemühen um Vereinheitlichung zeichnet sich ab, daß Netscape diesmal das Nachsehen hat. Denn der Ansatz von Microsoft ist deutlich ausgereifter und näher an den Standards des W3-Konsortiums orientiert. Während der Internet Explorer 4.x das Document Object Model weitgehend umsetzt, kann davon bei Netscape 4.x kaum die Rede sein. Netscape hat das mittlerweile selbst zugegeben und für seine Browser-Version 5 eine bessere Umsetzung des Document Object Models versprochen. Inwieweit Dynamisches HTML aber auch weiterhin als Schlachtfeld für Anwenderanteile im Milliardenmarkt Internet herhalten muß, ist derzeit noch nicht absehbar.

Das W3-Konsortium sieht die Notwendigkeit, in Sachen Dynamischem HTML an einer einheitlichen Lösung mitzuwirken, muß jedoch der Gefahr ausweichen, einfach nur die bereits realisierten Features eines bestimmten Browsers abzusegnen. Andererseits haben die Browser-Entwickler erkannt, daß das W3-Konsortium eine wichtige Institution für den Rückhalt bei Neuentwicklungen ist. Denn herkömmliche, Hersteller-Spezifische

Programmier-Lösungen oder Datenformate sind im Zeitalter des Internet-Booms nicht mehr gefragt und auf die Dauer zum Aussterben verurteilt.

Das Handbuch beschreibt zunächst beide Ansätze (Microsoft und Netscape) getrennt. Denn nur wenn Sie beide Konzepte klar unterscheiden können, sind Sie in der Lage, Dynamisches HTML so zu schreiben, daß es mit beiden Browsern funktioniert. Im zweiten Schritt können Sie dann sehen, wie sich Dynamisches HTML für beide Browser realisieren läßt.

14.1.4 Informationen zu »DHTML« im WWW

Die folgenden Internet-Adressen sollten Sie besuchen, um weiterführende Informationen rund um Dynamisches HTML zu erhalten:

Dynamic HTML (Microsoft) (*www.microsoft.com/workshop/author/dhtml*): Original-Dokumentation von Microsoft.

Dynamic HTML in Netscape (*developer.netscape.com/docs/manuals/communicator/dynhtml*): Original-Dokumentation von Netscape.

Document Object Model (*www.w3.org/TR/WD-DOM*): Spezifikation des W3-Konsortiums.

DHTML Seite (*dhtml.seite.net*): Beispiele, Beschreibungen, Verweise, Tips und Tricks.

Inside DHTML (*www.insidedhtml.com*): Workshop mit Demos, Beispielen – auch downloadbar – und Verweisen.

DHTML Zone (*www.dhtmlzone.com*): Workshop mit dokumentierten Beispielen, Verweisen usw.

14.2 Dynamischer Zugriff auf HTML-Elemente (Microsoft)

4.0 *CSS-Style-Sheets und Scripts*

Sie können mit Dynamischem HTML nach Microsoft-Syntax dynamisch auf alle Style-Definitionen einzelner HTML-Elemente zugreifen. Dadurch können Sie Elemente während der Anzeige praktisch beliebig verändern. Wenn etwa eine Überschrift 2. Ordnung anfangs eine Schriftgröße von 14 Punkt hat, können Sie diese dynamisch auf 42 Punkt ändern. »Dynamisch« bedeutet dabei: bei einem Anwenderereignis wie einem Mausklick auf die Überschrift oder automatisch zeitgesteuert, etwa nach drei Sekunden.

Neben der Schriftgröße können Sie auch dynamisch eine Hintergrundfarbe unterlegen, Rahmen um ein Element ziehen, das Element über den Bildschirm wandern lassen und vieles mehr. Die Voraussetzung für diese Effekte sind beim Internet Explorer CSS-Style-Sheets. Die Syntax der CSS-Style-Sheets und die Möglichkeiten der Style-Sheet-Angaben sollten Sie kennen.

Bild 14.1: Die Überschrift wird dynamisch größer (42 Punkt)
und wieder kleiner (14 Punkt)

Die Style-Definitionen eines HTML-Elements ändern Sie dynamisch, indem Sie mit Hilfe einer Scriptsprache auf das Element zugreifen und mit neuen Style-Sheet-Angaben das Aussehen des Elements ändern. Dazu müssen Sie Kenntnisse in einer Scriptsprache wie JavaScript haben. Ohne solche Kenntnisse werden Sie die folgenden Beispiele nur schwer verstehen. Ein Beispiel:

```
<h1 id="Wechseltext" style="font-size:14pt">Wichtigtuer</h1>
<script language="JScript">
<!--
function MachKlein()
{
 document.all.Wechseltext.style.fontSize = "14pt";
 window.setTimeout("MachGross()",1000);
}
function MachGross()
{
 document.all.Wechseltext.style.fontSize = "42pt";
```

```
 window.setTimeout("MachKlein()",1000);
}
MachKlein();
//-->
</script>
```

Das Beispiel zeigt zunächst eine Überschrift 1. Ordnung (<h1>...</h1>). Mit Hilfe des Attributs `style=` bekommt die Überschrift Style-Sheet-Angaben zugewiesen. Im Beispiel wird die Schriftgröße auf 14 Punkt gesetzt (`font-size:14pt`).

Das gesamte Beispiel bewirkt, daß die Größe der Überschrift einmal pro Sekunde von 14 auf 42 Punkt wechselt und wieder umgekehrt. Für dieses dynamische Verändern ist ein Script erforderlich. Im obigen Beispiel wird deshalb ein Scriptbereiche mit <script language="JScript">...</script> definiert. Innerhalb des Scriptbereiches werden zwei Funktionen definiert. Die eine Funktion – `MachKlein()` – ändert die Schriftgröße der Überschrift auf 14 Punkt, die andere Funktion – `MachGross()` – auf 42 Punkt. Nach jeweils einer Sekunde (1 000 Millisekunden) ruft jede der beiden Funktionen die jeweils andere wieder auf. Dadurch entsteht der Wechsel-Effekt.

Um das dynamische Verändern der Schriftgröße zu verstehen, müssen Sie folgende Zusammenhänge beachten: Im Überschriften-Tag <h1> wird mit dem Attribut `id=` ein Name, nämlich `Wechseltext`, zugewiesen. Diesen Namen können Sie frei vergeben. Er darf nur aus Buchstaben, Ziffern und Unterstrichen (_) bestehen und darf keine Leerzeichen oder deutschen Umlaute enthalten. Das Script im Beispiel greift mit den Anweisungen, in denen `document.all.Wechseltext` vorkommt, auf genau dieses Element zu. Mit dem `all`-Objekt (`document.all`) werden alle Elemente einer HTML-Datei angesprochen. Durch den Namen dahinter wird genau das Element angesprochen, das diesen Namen hat – im Beispiel `Wechseltext`. Dahinter folgt das `style`-Objekt (`style`), das dem `all`-Objekt untergeordnet ist. Über das Style-Objekt können Sie als Eigenschaft eine erlaubte CSS-Style-Sheet-Angabe notieren. Dabei gelten besondere Schreibweisen in JavaScript/JScript.

Beachten Sie: Dies alles funktioniert nicht mit Netscape (Version 4.x). An dieser Stelle wird nur der Ansatz des Internet Explorers behandelt. Wenn Sie sich lieber zuerst mit dem Ansatz von Netscape beschäftigen wollen, lesen Sie das Kapitel 14.6, *Dynamisches Positionieren (Netscape)*.

Anstelle einer Angabe wie:

```
document.all.Wechseltext.style.fontSize = "42pt";
```

genügt es auch, die Angabe verkürzt zu notieren:

```
Wechseltext.style.fontSize = "42pt";
```

Die Zuordnung zum `all`-Objekt ist klar, da ein eindeutiger Name (Wechseltext) für ein HTML-Element vergeben wurde. Deshalb kann der vordere Teil der üblichen Objektvererbungsnotation in Scriptsprachen wie JScript oder JavaScript entfallen.

Scriptsprachen: JavaScript, JScript und VBScript

Das W3-Konsortium macht keine Vorschriften dafür, welche Scriptsprache für Dynamisches HTML verwendet werden soll. Deshalb herrscht hierbei noch etwas Verwirrung. JavaScript ist die meist verwendete und bekannteste Scriptsprache. Sie wurde durch Netscape eingeführt. Der Internet Explorer interpretiert JavaScript ebenfalls. Dabei hinkt er Netscape jedoch immer etwas hinterher, da Netscape die Lizenzen für JavaScript besitzt und es Microsoft nicht erlaubt ist, den Sprachumfang von JavaScript selbständig zu erweitern. Mit einem kleinen Kniff hat sich Microsoft aus dieser mißlichen Lage befreit: Die Sprache wurde einfach in JScript umbenannt. JScript ist JavaScript plus MS-eigene Spracherweiterungen. JScript enthält etliche Objekte, Methoden und Eigenschaften, die in JavaScript nicht vorkommen. Die meisten dieser Befehle sind für die lokalen Betriebssystemerweiterungen gedacht, die der Internet Explorer 4.x unter MS-Windows benötigt. Aber auch das `all`-Objekt, das in Netscapes JavaScript bislang nicht vorkommt, gehört dazu. Und dieses Objekt ist ganz entscheidend für Dynamisches HTML im Internet Explorer.

Neben JavaScript und JScript beherrscht der Internet Explorer auch noch VBScript. Diese Sprache ist von Visual Basic (VB) abgeleitet. Sie konnte sich bislang jedoch nicht durchsetzen im WWW. VBScript hat eine andere Syntax als JavaScript und JScript. Die Objekte, Eigenschaften und Methoden sind jedoch im wesentlichen die gleichen. Mit VBScript können Sie also ebenfalls Dynamisches HTML schreiben. Ein Beispiel:

```
<p>Ihr WWW-Browser beherrscht folgende Scriptsprachen:</p>
<ul>
<script language="JavaScript">
<!--
document.write("<li>JavaScript");
//-->
</script>
<script language="JScript">
<!--
document.write("<li>JScript");
//-->
</script>
<script language="VBScript">
<!--
document.write "<li>VBScript"
//-->
</script>
</ul>
```

Das Beispiel ist kein Dynamisches HTML im engeren Sinn. Es soll lediglich demonstrieren, wie Sie unterschiedliche Scriptsprachen einsetzen können und welche Wirkung dies auf WWW-Browser hat. In dem Beispiel wird mit HTML eine Aufzählungsliste (`<ul>`...`</ul>`) definiert. Dazwischen werden drei Scriptbereiche definiert: einer mit JavaScript (`<script language="JavaScript">`), einer mit JScript (`<script language=`

"JScript">) und einer mit VBScript <script language="VBScript">. Jeder der drei Bereiche schreibt mit Hilfe eines document.write-Befehls – dieser Befehl ist in allen drei Sprachen gleich – einen Punkt in die Aufzählungsliste. Da ein WWW-Browser nur diejenigen Scriptbereiche ausführt, deren Sprachen er kennt, stehen am Ende genau diejenigen Script-Sprachen in der Liste, die der benutzte WWW-Browser kennt.

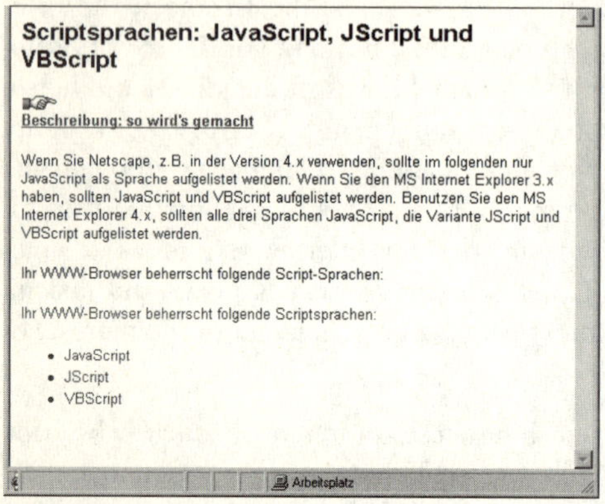

Bild 14.2: Der Internet Explorer teilt freundlich mit, welche Scriptsprachen er beherrscht

Sie sollten einen Scriptbereiche einfach dann mit "JScript" auszeichnen, wenn Sie verhindern wollen, daß Netscape den Bereich interpretiert. Der Internet Explorer 4.x selbst nimmt es andererseits nicht übel, wenn Sie einen Scriptbereiche mit "JavaScript" auszeichnen und darin Objekte, Methoden und Eigenschaften verwenden, die bislang eigentlich nur in JScript vorkommen. Wenn Sie einen Scriptbereiche mit "JavaScript" auszeichnen und darin Microsoft-spezifische JScript-Erweiterungen wie das all-Objekt verwenden, sollten Sie die Ausführung entsprechender Anweisungen von einer Abfrage abhängig machen.

Schreibweise von Style-Sheet-Angaben in JavaScript/JScript

Wenn Sie Style-Sheet-Angaben innerhalb von Scriptsprachen verwenden, müssen Sie die Syntax der Scriptsprache berücksichtigen. Ein Problem beim Mischen von CSS-Style-Sheets und JavaScript oder JScript ist es, daß viele Style-Sheet-Angaben Bindestriche im Namen haben, wie etwa font-size, margin-top oder background-color. Wenn Sie aus solche Namen in JavaScript oder JScript einen Befehl wie:

```
document.all.MeinText.style.font-size = "24pt";
```

erzeugen, erhalten Sie eine Fehlermeldung. Der Grund ist, daß Bindestriche keine zulässigen Zeichen in Namen sind – der Bindestrich ist in diesen Sprachen ja der Operator für Subtraktionen.

Um dieses Problem zu umgehen, hat Microsoft eine einfache Regel aufgestellt. Wenn in einem Script eine Style-Sheet-Angabe ausgelesen oder verändert werden soll, entfällt der Bindestrich, und der erste Buchstabe des Wortes hinter dem Bindestrich wird großgeschrieben. Ein Beispiel:

```
<script language="JScript">
<!--
var modus = 1;
 function Textspiel()
 {
  if(modus == 1)
   {
    document.all.MeinText.style.fontSize = "24pt";
    modus = 2;
    return;
   }
  if(modus == 2)
   {
    document.all.MeinText.style.padding = "8pt";
    document.all.MeinText.style.backgroundColor = "#FFFF00";
    modus = 3;
    return;
   }
  if(modus == 3)
   {
    document.all.MeinText.style.border = "8pt groove #FFCC33";
    document.all.MeinText.style.backgroundImage =
       "url(back.gif)";
    modus = 0;
    return;
   }
  if(modus == 0)
   {
    document.all.MeinText.style.fontSize = "12pt";
    document.all.MeinText.style.padding = "0pt";
    document.all.MeinText.style.backgroundColor = "#FFFFFF";
    document.all.MeinText.style.border = "none";
    document.all.MeinText.style.backgroundImage = "none";
    modus = 1;
    return;
   }
 }
//-->
</script>

<p id="MeinText" style="font-size:12pt;
   background-color:#FFFFFF; padding:0pt; border:none;
   background-image:none; cursor:hand"
   onClick="Textspiel()">Klicken Sie auf diesen Text</p>
```

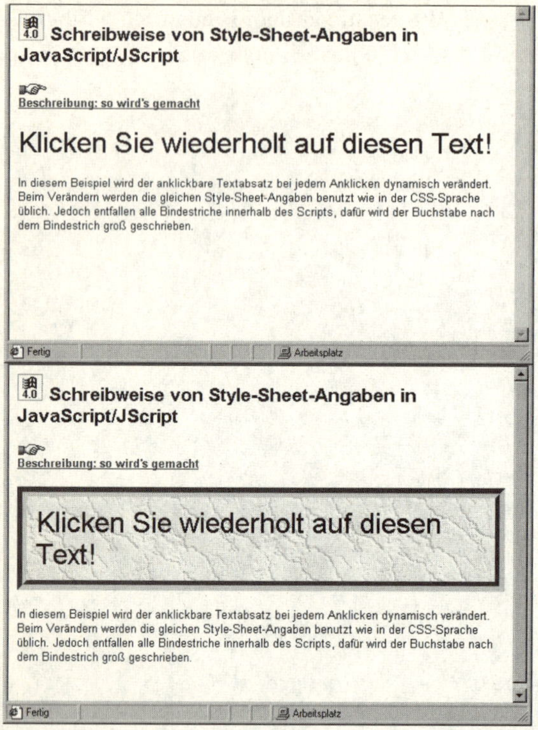

Bild 14.3: Bei jedem Mausklick ändert der Text seine Auszeichnung

In dem Beispiel wird am Ende ein Textabsatz mit diversen Style-Sheet-Angaben definiert. Einige dieser Style-Sheet-Angaben enthalten Bindestriche, nämlich `font-size`, `background-color` und `background-image`. Innerhalb des Scripts, das über dem Textabsatz notiert ist, werden diese und andere Style-Sheet-Angaben dynamisch verändert. Sie können erkennen, daß `font-size` zu `fontSize` wird, `background-color` zu `backgroundColor` und `background-image` zu `backgroundImage` – getreu der Regel.

Wenn Sie innerhalb eines Scripts einer Style-Sheet-Eigenschaft einen neuen Wert zuweisen wollen, müssen Sie zuerst das gewünschte HTML-Objekt mit der `style`-Eigenschaft notieren, im obigen Beispiel etwa `document.all.MeinText.style.fontSize`. Dahinter folgt ein Gleichheitszeichen für die Zuweisung und dahinter der Wert, den Sie zuweisen wollen, also etwa `"24pt"`. Dieser Wert muß bei JavaScript und JScript immer in Anführungszeichen stehen.

Diese Art der Wertzuweisung an eine Style-Sheet-Angabe unterscheidet sich von der Art, wie Werte zu Style-Sheet-Angaben bei normalen Style-Sheet-Definitionen zugewiesen werden. Dort notieren Sie anstelle eines Gleichheitszeichens einen Doppelpunkt wie in den Style-Sheet-Definitionen im Textabsatz des obigen Beispiels. Anführungszeichen sind dabei nicht nötig.

Das Script im Beispiel verändert die Formatierung des Textes innerhalb des Textabsatzes, wenn der Anwender mit der Maus auf den Text klickt. Immer wenn dieses Ereignis eintritt, wird mit Hilfe des Event-Handlers `onClick=` die Funktion `Textspiel()` innerhalb des Scripts aufgerufen. Das Script verwaltet eine global definierte Variable namens `modus`. Abhängig davon, welchen Wert diese Variable hat, werden dem Text diverse neue Style-Sheet-Angaben zugewiesen. Das dynamische Verändern des Textabsatzes im Script wird durch die Angabe `id="MeinText"` im Textabsatz und Befehlen, des Typs `document.all.MeinText.style` bewerkstelligt.

Das all-Objekt

Das `all`-Objekt ist beim DHTML-Ansatz von Microsoft der entscheidende Schlüssel. Wie der Name schon verspricht, ist über dieses Objekt jedes einzelne HTML-Tag einer HTML-Datei ansprechbar. Das `all`-Objekt hat etliche Eigenschaften und Methoden, die das dynamische Verändern eines HTML-Tags erlauben. Alle Methoden und Eigenschaften können an dieser Stelle nicht behandelt werden. Blättern Sie zur JavaScript-Objektreferenz in Kapitel 13 und verschaffen Sie sich einen Überblick über die Eigenschaften und Methoden des Objekts. Hier soll lediglich ein weiteres Beispiel die Wirkungsweise dieses Objekts verdeutlichen:

```
<html>
<head>
<script language="JScript">
<!--
 Wochentagname =
 new Array("Sonntag","Montag","Dienstag","Mittwoch",
   "Donnerstag","Freitag","Samstag");
function ZeitAnzeigen()
{
 var Jetzt = new Date();
 var Tag = Jetzt.getDate();
 var Monat = Jetzt.getMonth() + 1;
 var Jahr = Jetzt.getYear();
 var Stunden = Jetzt.getHours();
 var Minuten = Jetzt.getMinutes();
 var Sekunden = Jetzt.getSeconds();
 var WoTag = Jetzt.getDay();
 var Vortag  = ((Tag < 10) ? "0" : "");
 var Vormon  = ((Monat < 10) ? ".0" : ".");
 var Vorstd  = ((Stunden < 10) ? "0" : "");
 var Vormin  = ((Minuten < 10) ? ":0" : ":");
 var Vorsek  = ((Sekunden < 10) ? ":0" : ":");
 var Datum = Vortag + Tag + Vormon + Monat  + "." + Jahr;
 var Uhrzeit = Vorstd + Stunden + Vormin + Minuten +
   Vorsek + Sekunden;
 document.all.Uhr.innerHTML = Datum + " (" +
   Wochentagname[WoTag] + ")<br>" + Uhrzeit;
```

```
 window.setTimeout("ZeitAnzeigen()",1000);
}
// -->
</script>
</head>
<body bgcolor=#FFFFFF>
<p id="Uhr" style="font-family:Verdana; font-size:24pt;
font-weight:bold; color:#CC00CC"></p>
<script language="JScript">
<!--
window.setTimeout("ZeitAnzeigen()",1000);
// -->
</script>
</body>
</html>
```

Das Beispiel stellt eine vollständige, laufende Uhr mit Datum dar. Dazu wird ein leerer Textabsatz mit `<p>...</p>` definiert. Style-Sheet-Angaben dienen dazu, den Textabsatz nach Wunsch zu formatieren. Obwohl der Absatz zunächst keinen Text enthält, dient er im Verlauf des Scripts als Container (Behälter) für den angezeigten Text mit Datum und Uhrzeit.

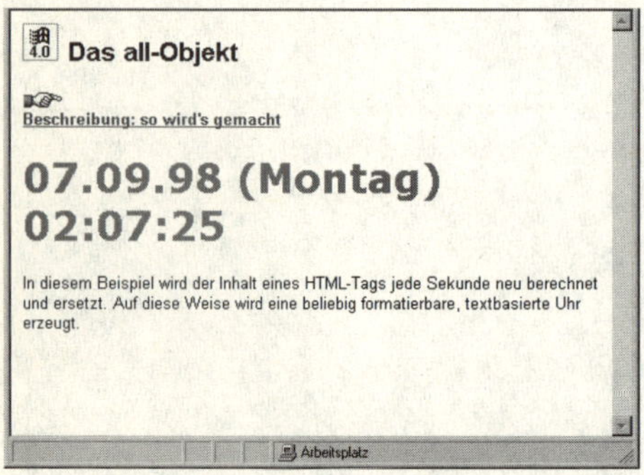

Bild 14.4: Das Beispiel zeigt Tag und Uhrzeit an – mit einem Update jede Sekunde

Das obere Script ermittelt Datum und Uhrzeit und formatiert sie für eine ordentliche, hierzulande übliche Schreibweise. Die Zeichenkette, die ausgegeben werden soll, wird schließlich der Objekteigenschaft `document.all.Uhr.innerHTML` zugewiesen. `Uhr` ist dabei der Bezug auf den Namen, der bei der Definition des Textabsatzes mit `id=` definiert wird. Mit der Objekteigenschaft `innerHTML` können Sie den gesamten Inhalt eines Elements, hier den des benannten `<p>...</p>`-Elements, dynamisch ersetzen. Da sich die Funktion zur Ausgabe der Zeit jede Sekunde selbst von neuem aufruft, wird jede Sekunde ein neuer Inhalt in das `<p>`-Tag mit der `id="Uhr"` geschrieben. Auf diese Weise entsteht der Effekt einer laufenden Uhr.

Es gibt weitere, mächtige Möglichkeiten des all-Objekts. Diese werden in der JavaScript-Objektreferenz beim Objekt all beschrieben. Hier nur noch einige typische Befehlsfolgen.

- Angenommen, Sie haben folgendes HTML-Element, einen gewöhnlichen Textabsatz vorliegen: <p id="derText">Das ist Text in einem Textabsatz</p>
- Dann können Sie beispielsweise folgende Dynamische Veränderungen bewirken: Mit document.all.derText.innerHTML = "<b>neuer Text</b> im gleichen Textabsatz"; ändern Sie den Inhalt des Textabsatzes und können dabei auch HTML-Tags zur Formatierung benutzen.
- Mit document.all.derText.outerHTML = "<h1>" + document.all.derText.innerHTML + "</h1>"; verwandeln Sie den Textabsatz in eine Überschrift 1. Ordnung.
- Mit document.all.derText.className = "Wichtig"; weisen Sie dem Absatz eine Style-Sheet-Klasse namens Wichtig zu. Wenn Sie eine solche Klasse definiert haben, übernimmt der Absatz alle in der Klasse definierten Style-Sheet-Angaben (lesen Sie dazu auch den Abschnitt *Unterklassen von HTML-Tags definieren*).

Event-Handler und das event-Objekt

Eine wichtige Voraussetzung für Dynamisches HTML ist in vielen Fällen die Interaktion zwischen Anwender und angezeigter HTML-Datei. Die angezeigte Datei kann auf Anwenderereignisse wie Mausklicks oder gedrückte Tasten der Tastatur reagieren und Elemente daraufhin dynamisch verändern. Dazu gibt es Event-Handler und auch ein event-Objekt. Es können nicht alle Methoden und Eigenschaften des event-Objekts und alle einzelnen Event-Handler an dieser Stelle behandelt werden. Blättern Sie dazu in der JavaScript-Dokumentation die Event-Handler sowie die Referenz des Objekts event auf, und verschaffen Sie sich einen Überblick über die Möglichkeiten. Hier soll lediglich ein Beispiel die Wirkungsweise verdeutlichen. Ein Beispiel:

```
<html>
<head>
<script language="JScript">
<!--
 function SetPos()
 {
  document.all.Springer.style.left = window.event.x;
  document.all.Springer.style.top = window.event.y;
 }
// -->
</script>
</head>
<body bgcolor=#FFFFFF onClick="SetPos()">
<div id="Springer" style="position:absolute; top:100px;
   left:100px; width:200px;
```

```
   height:100px; font-size:16pt; background-color:#000066;
   color;#FFFF00; padding:1cm;">
Klicken Sie mit der Maus irgendwohin!
</div>
</body>
</html>
```

Das obige Beispiel definiert einen Bereich mit `<div>...</div>`. Verschiedene Style-Sheet-Angaben im einleitenden `<div>`-Tag sorgen dafür, daß der Bereich gut sichtbar ist und absolut am Bildschirm positioniert wird. Wenn der Anwender während der Anzeige irgendwo im Anzeigefenster des Browsers mit der Maus hinklickt, wird der definierte `<div>`-Bereich neu positioniert, und zwar so, daß die linke obere Ecke genau an der Stelle beginnt, wo der Anwender hingeklickt hat.

Damit dies möglich ist, muß das gesamte Dokument sofort reagieren, wenn der Anwender mit der Maus irgendwohin klickt. Zu diesem Zweck wird im einleitenden `<body>`-Tag der Event-Handler `onClick=` notiert. Beim jedem Mausklick im Anzeigefenster wird dann die Funktion `SetPos()` aufgerufen, die innerhalb des Scriptbereiches definiert ist. Diese Funktion setzt die Werte für die linke obere Ecke des `<div>`-Bereichs neu. Bezug ist dabei der Name (»`Springer`«), der im `<div>`-Tag mit `id=` vergeben wurde. Mit dem Befehl `document.all.Springer.style.left` wird die neue Anfangsposition links gesetzt, mit `document.all.Springer.style.top` die neue Anfangsposition oben. Den neuen Wert für links liefert die Eigenschaft `x` des `window.event`-Objekts, den Wert für oben die Eigenschaft `y` dieses Objekts. Der `<div>`-Bereich wird dadurch neu positioniert.

Das `event`-Objekt hält ständig alle relevanten Anwendertätigkeiten wie Mausposition, Tastaturereignisse, Mausklicks, gedrückte Maustasten usw. in seinen Objekteigenschaften fest. Durch einfaches Abrufen der Eigenschaften vom Typ `window.event.[Eigenschaft]` können Sie jederzeit aktuelle Ereignisse abfangen. Das Abfangen geschieht durch Notieren von Event-Handlern. Wichtig ist dabei auch, an welcher Stelle Sie ein Ereignis abfangen, also wo Sie den Event-Handler notieren. So könnten Sie im obigen Beispiel den Event-Handler `onClick=` auch im einleitenden `<div>`-Tag notieren. Dann würden Scriptbefehle nur dann ausgeführt, wenn der Mausklick innerhalb dieses `<div>`-Bereichs vorkommt.

Ein wichtiges Unter-Objekt des `event`-Objekts ist das Objekt für das angeklickte Element (`srcElement`). So können Sie etwa mit `window.event.srcElement.tagName` ermitteln, welches HTML-Tag von einem aktuellen Anwenderereignis betroffen ist. In Ihren Scripts können Sie dann entsprechend reagieren.

Es gibt nicht nur den Event-Handler `onClick=`, sondern viele weitere. Wenn Sie beispielsweise im einleitenden `<body>`-Tag die Anweisung `onkeydown="alert(window.event.keyCode)"` notieren, wird bei jedem Drücken einer Taste deren Zeichenwert in dezimaler Form ausgegeben. Denn in der Eigenschaft `keyCode` des Event-Objekts wird der Tastaturwert festgehalten, sobald der Anwender eine Taste drückt.

Bild 14.5: Bei jedem Mausklick wandert der Bereich ein Stück nach rechts unten

Beachten Sie: Microsoft stellt zum Event-abhängigen Ausführen von Scripts noch eine spezielle Syntax bereit, die Sie ebenfalls verwenden können:

```
<script for=document event="onkeydown()" language="JScript">
 if(event.keyCode == 32) window.location.href="datei2.htm";
</script>
```

Mit einer solchen Anweisung im einleitenden Script-Tag wird das Script nur dann ausgeführt, wenn das angegebene Ereignis (Event) eintritt. In dem Beispiel wird bewirkt, daß der Browser beim Drücken der Leertaste – sie hat den Tastaturcode 32 – zu einer anderen Datei springt.

4.0 Vererbung bei Events (Event-Bubbling)

Anwenderereignisse (Events) während der Anzeige einer WWW-Seite werden im Internet Explorer »von innen nach außen vererbt«. Wenn der Anwender beispielsweise auf einen mit <b>...</b> als fett ausgezeichneten Text innerhalb eines mit <p>...</p> definierten Textabsatzes klickt, betrifft der Mausklick zunächst nur den fetten Text. Angenommen, der Textabsatz enthält im einleitenden `<p>`-Tag einen Event-Handler `onClick=`, so würde dieser nicht aktiv, da der Mausklick ja nur den als fett markierten Text innerhalb des Absatzes betrifft. Da das `<b>`-Tag keinen Event-Handler enthält, würde der Mausklick unbemerkt bleiben, obwohl er innerhalb des Textabsatzes stattfand, der für den Fall eines Mausklicks einen Event-Handler enthält. Der Bubble-Effekt (wörtlich: Blaseneffekt) bewirkt, daß das Ereignis (der Mausklick) zum jeweils nächsthöheren Element im Elementenbaum der HTML-Datei weitergegeben wird. Auf diese Weise gelangt das Ereignis zu dem `<p>`-Tag, das den Event verarbeitet. Würde das `<p>`-Tag auch keinen Event-Handler `onClick=` enthalten, so würde der Bubble-Effekt das Ereignis an das nächsthöhere Element weitergeben, also z. B. an ein `<div>`-Tag, innerhalb dessen sich der Textabsatz befindet, oder an das `<body>`-Tag. Wenn nirgendwo ein Event-Handler notiert ist, der auf den Mausklick reagiert, passiert einfach nichts. Ein Beispiel:

```
<html>
<head>
<script language="JScript">
<!--
 function Handle_Click()
 {
  document.all.Info.innerHTML = "Der Bereich, auf den
  Sie geklickt haben, ist mit &lt;" +
  window.event.srcElement.tagName + "&gt;
  ausgezeichnet und hat die id <i>" +
  window.event.srcElement.id +
  "</i>. Der Event wurde jedoch bis ans body-Tag durchgereicht.";
 }
// -->
</script>
</head>
<body bgcolor=#FFFFFF onClick="Handle_Click()">
<div id="Inhalt">
Ein wenig Text. Klicken Sie hinein, wenn Sie wollen
<p id="Text_1">Ein <i id="i_Text">Textabsatz</i>.
Klicken Sie hinein</p>
<p id="Text_2">Ein <u id="u_Text">anderer Textabsatz</u>.
Klicken Sie hinein</p>
<p id="Text_3">Noch ein <b id=id="b_Text">Textabsatz</b>.
Klicken Sie hinein</p>
<p id="Text_4">Ein letzter <tt id="tt_Text">Textabsatz</tt>.
Klicken Sie hinein</p>
</div>
<p id="Info">Hier erscheinen Infos zum Klick</p>
</body>
</html>
```

Im Beispiel werden diverse Texte in verschiedenen HTML-Auszeichnungen definiert. Jedes HTML-Element erhält dabei auch einen Namen (`id=`). Der unterste Textabsatz mit `id="Info"` dient dazu, dynamisch Informationen darüber auszugeben, welches Element der Anwender angeklickt hat. Jedes Mal, wenn der Anwender ein Element anklickt, wird die Funktion `Handle_Click()` aufgerufen, die in einem JavaScriptbereiche im Dateikopf definiert ist. Jedes Mal wird in dem Textabsatz »Info« ausgegeben, welches HTML-Tag angeklickt wurde und welche `id` es hat. Eigentlich betrifft der Mausklick dabei ja nur das jeweilige Element. Keines dieser Elemente hat jedoch einen Event-Handler `onClick=`, der einen Mausklick abfängt und Script-Code ausführt. Daß der Script-Code trotzdem bei jedem Mausklick ausgeführt wird, liegt am Event-Bubbling. Der Mausklick-Event wird immer weiter »nach außen« gegeben und landet schließlich beim `<body>`-Tag, das einen Event-Handler `onClick=` enthält.

Der Bubble-Effekt läßt sich auch ausschalten, falls er nicht erwünscht ist. Dazu müssen Sie in einem JScript/JavaScriptbereiche die Anweisung notieren:

```
window.event.cancelBubble = true;
```

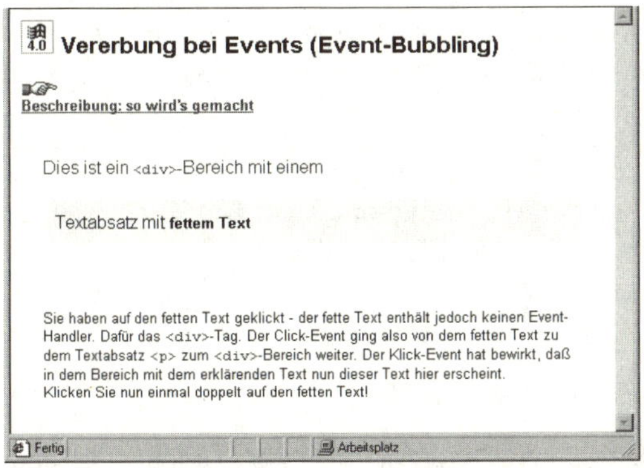

Bild 14.6: Der Mausklick auf den fett gesetzten Text ruft den unten stehenden Erklärungstext auf

14.3 Datenanbindung (Microsoft)

Allgemeines zur Datenanbindung

Der Internet Explorer 4.x erlaubt es, in kontrollierter Form Daten aus einer externen Datenquelle zu holen und in HTML-Elementen dynamisch anzuzeigen. So ist beispielsweise eine Tabelle denkbar, in der sich der Anwender bei jedem Klick auf einen entsprechenden Button die Bundesliga-Endtabellen der Spielsaisons von 1960 bis heute anzeigen lassen kann. Bei jedem Klick werden aus einer externen Datei eine Reihe von Daten ausgelesen und dynamisch in die Anzeigetabelle übernommen.

Microsoft hat das Konzept der Datenanbindung sehr flexibel ausgelegt. Es gibt diverse Möglichkeiten, auf externe Datenquellen zuzugreifen. Der Zugriff auf eine einfache Textdatei ist nur eine davon. Es besteht ebenso die Möglichkeit, etwa über die Datenbankabfragesprache SQL auf eine Datenbank zuzugreifen, die SQL-Befehle verarbeiten kann. Für die verschiedenen Möglichkeiten der Datenanbindung gibt es verschiedene Datenmodelle. Für jedes der Datenmodelle gibt es ein bestimmtes ActiveX-Control oder ein Java-Applet, das Sie in Ihrer HTML-Datei ansprechen müssen, um die Datenanbindung damit zu realisieren.

Die Vorteile der Datenanbindung liegen auf der Hand: Daten können mit einer dafür geeigneten Anwendung gepflegt und gespeichert werden. Eine HTML-Datei kann auf immer aktuelle Daten zugreifen, ohne selbst geändert werden zu müssen. Für das Holen der Daten gibt es kein vorgeschriebenes Protokoll. Die Datenanbindung funktioniert also auf allen Umgebungen, ob auf einem WWW-Server, lokal auf einer PC-Festplatte oder auf einer CD-ROM – zumindest auf das einfachste Datenmodell trifft dies zu. Es ist kein zusätzliches CGI-Script erforderlich, das als Vermittler zwischen HTML-Datei und Datenbestand für jede Interaktion zwischen Anwender und Datenbank immer wieder aufgerufen werden muß. Das Know-how hat der Browser, und die Steuerung der Datenanbindung wird direkt in der HTML-Datei notiert. Durch dynamisches Austauschen der Inhalte von HTML-Elementen, in denen die Daten angezeigt werden, ist kein neuer Aufbau der WWW-Seite erforderlich.

Hinweis: Die Erläuterungen zu den Datenmodellen im folgenden sind zum Teil sehr technisch. Das ist leider nicht zu ändern, da die Materie komplex ist. Die Erläuterungen zu den Datenmodellen richten sich auch nur an Spezialisten, die wissen, was mit den entsprechenden Begriffen anzufangen ist.

4.0 *Beispiel: Datei dynamisch in Tabelle einbinden*

Die hier beschriebene Vorgehensweise erläutert, wie Sie in einer Tabelle einzelne Datensätze aus einer externen Textdatei anzeigen können. Dabei wird das Datenmodell Tabular Data Control (TDC) verwendet. Mit Hilfe von Buttons kann der Anwender den nächsten oder vorhergehenden Datensatz in die Tabelle laden.

Beispiel Teil 1 (externe Datei mit Daten):

```
Name|Vorname|Strasse|PLZ|Ort|Tel|EMail
Berger|Hans|Pfisterstr.11|38487|Grubenhausen|04987-
   4445631|berger@kabumm.de
Heidenfroh|Martina|Mittelweg 123|43985|Hatzenau|04583-
   2398474|mh@heidenfroh.com
Rauhbein|Eberhard|Traumstr.13|56097|Höllenbachhausen|068347-582374|-
Truthahn|Gerlinde|Aufplatz 1|93722|Sündenstadt|032987-
   385750|gerlinde@metawelt.net
```

Die externe Datei ist in diesem Beispiel eine einfache Textdatei, z. B. eine Datei mit dem Namen *daten.txt*. Die Datei ist so aufgebaut, daß jede Zeile einen Datensatz darstellt. Die einzelnen Felder eines Datensatzes werden in diesem Beispiel durch das Zeichen »|« getrennt. Es könnte auch ein anderes Zeichen sein. Das Zeichen »|« wurde hier gewählt, weil es sehr selten ist und in den Daten selbst nicht vorkommt. In der ersten Zeile der Datei stehen keine Daten, sondern Feldnamen. Der dritte Feldname lautet beispielsweise `Strasse`. In den eigentlichen Datenzeilen darunter stehen dann in entsprechender Reihenfolge die Daten. So hat das dritte Feld der ersten Datenzeile den Wert `Pfisterstr.11`. Dies ist also ein Wert für den in der ersten Zeile an dritter Stelle vergebenen Feldnamen `Strasse`.

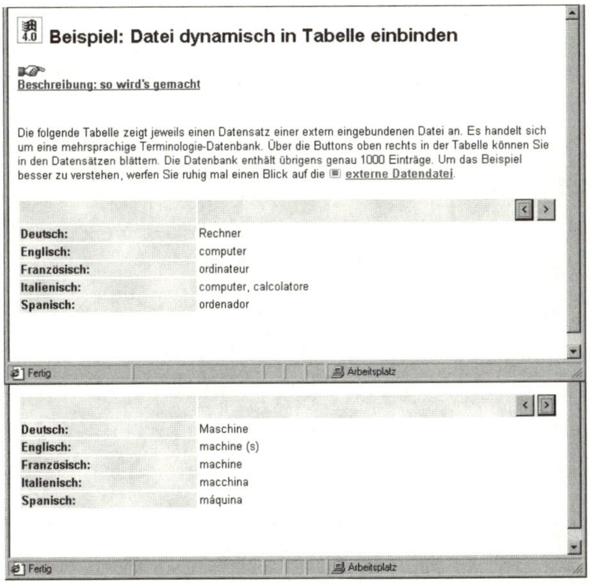

Bild 14.7: Der Internet Explorer greift auf eine externe Datenquelle zu und bietet Buttons zum Navigieren

Textdateien dieser Art sind nicht besonders komfortabel, wenn man sie selbst in einem Texteditor bearbeiten will. Doch solche Textdateien lassen sich mit fast allen Tabellenkalkulations- und Datenbankprogrammen erzeugen. Meist ist dafür der Datentyp kommabegrenzt (comma delimited) mit der Standard-Dateiendung *.csv* vorgesehen. Bessere Programme erlauben es dabei auch, ein selbst definierbares Feldbegrenzerzeichen zu vergeben.

Beispiel Teil 2 (HTML-Datei mit Datenzugriff):

```
<html>
<head>
</head>
<body>
<object id="Adressen"
   classid="clsid:333C7BC4-460F-11D0-BC04-0080C7055A83">
 <param name="DataURL" value="daten.txt">
```

```
 <param name="UseHeader" value="true">
 <param name="FieldDelim" value="|">
</object>
<form><table id="Anzeigetabelle" datasrc="#Adressen"
   datapagesize=1 width=100%>
<colgroup>
<col width=200>
<col>
<tr>
<td bgcolor="#EEEEEE"> </td>
<td bgcolor=#EEEEEE align=right>
<input type=button value=" &lt; "
   onclick="document.all.Anzeigetabelle.previousPage();">
<input type=button value=" &gt; "
   onclick="document.all.Anzeigetabelle.nextPage();">
</td>
</tr><tr>
<td bgcolor=#EEEEEE valign=top><b>Name:</b></td>
<td bgcolor=#FFFFE0 valign=top><span datafld="Name"></span></td>
</tr><tr>
<td bgcolor=#EEEEEE valign=top><b>Vorname:</b></td>
<td bgcolor=#FFFFE0 valign=top><span datafld="Vorname"></span></td>
</tr><tr>
<td bgcolor=#EEEEEE valign=top><b>Stra&szlig;e:</b></td>
<td bgcolor=#FFFFE0 valign=top><span datafld="Strasse"></span></td>
</tr><tr>
<td bgcolor=#EEEEEE valign=top><b>Postleitzahl:</b></td>
<td bgcolor=#FFFFE0 valign=top><span datafld="PLZ"></span></td>
</tr><tr>
<td bgcolor=#EEEEEE valign=top><b>Wohnort:</b></td>
<td bgcolor=#FFFFE0 valign=top><span datafld="Ort"></span></td>
</tr><tr>
<td bgcolor=#EEEEEE valign=top><b>Telefon:</b></td>
<td bgcolor=#FFFFE0 valign=top><span datafld="Tel"></span></td>
</tr><tr>
<td bgcolor=#EEEEEE valign=top><b>E-Mail:</b></td>
<td bgcolor=#FFFFE0 valign=top><span datafld="EMail"></span></td>
</tr></table></form>
</body>
</html>
```

Um eine externe Datenquelle in einer HTML-Datei nutzen zu können, müssen Sie zunächst die Quelle und diverse Angaben zu deren Aufbau notieren. Dazu brauchen Sie das `<object>`-Tag. In dem einleitenden `<object>`-Tag sind zwei Attribute erforderlich: Mit der Angabe `id=` vergeben Sie einen Namen, unter dem Sie später auf die Daten zugreifen können. Der Name sollte passend sein, im obigen Beispiel etwa `"Adressen"`. Als zweiten Parameter müssen Sie das ActiveX-Control referenzieren, das den gesamten Zugriff auf die externe Datei abwickelt. Bei einfachen Textdateien mit zeilenweisen

Datensätzen müssen Sie dabei immer die Angabe `classid="clsid:333C7BC4-460F-11D0-BC04-0080C7055A83"` notieren. Das ActiveX-Control mit dieser Identifikationsnummer ist im Lieferumfang des Internet Explorer ab Version 4.x enthalten – Sie brauchen sich um nichts weiter zu kümmern. Genau da liegt allerdings der Knackpunkt des gesamten Konzepts: Ohne solche ActiveX-Controls läuft nichts. Innerhalb des `<object>`-Tags notieren Sie Angaben zu Ort und Beschaffenheit der externen Datei.

- Mit `<param name="DataURL"` können Sie die gewünschte Datei ansprechen. Hinter `value=` notieren Sie den Dateinamen. Wenn sich die Datei im gleichen Verzeichnis befindet, genügt der einfache Dateiname. Ansonsten gelten die gleichen Regeln wie bei Verweisen in HTML.
- Mit `<param name="UseHeader" value="true">` weisen Sie den Browser an, die erste Zeile der externen Datei nicht als Datenzeile zu interpretieren, sondern als Zeile für die Definition der Feldnamen.
- Mit `<param name="FieldDelim"` geben Sie an, welches das Feldtrennzeichen sein soll. Im Beispiel ist dies das Zeichen `"|"`.

Damit sind alle Voraussetzungen geschaffen, um die Daten aus der externen Datei dynamisch in HTML anzuzeigen. Die Anzeige der Daten erfolgt in einer Tabelle. Das einleitende `<table>`-Tag schafft die nötigen Voraussetzungen, um die Daten in kontrollierter Form anzuzeigen. Zunächst wird in der Tabelle mit `id=` ein Name vergeben, im Beispiel: `Anzeigetabelle`. Dieser Name wird bei den Buttons benötigt, die innerhalb der Tabelle das Blättern innerhalb der Datensätze ermöglichen.

Die nächste Angabe im `<table>`-Tag ist `datasrc=` (data source, Datenquelle). Damit nehmen Sie Bezug auf die externe Datendatei. An dieser Stelle dürfen Sie jedoch nicht die Datendatei selbst angeben, sondern Sie müssen denjenigen Namen angeben, den Sie zuvor im `<object>`-Tag bei `id=` vergeben haben. Und zwar mit einem vorangestellten Gatterzeichen `#`. Dadurch stellen Sie den Bezug zwischen Tabelle und Datenquelle her. Es werden dann alle Parameter berücksichtigt, die Sie innerhalb des `<object>`-Tags angegeben haben.

Ebenfalls wichtig ist die Angabe `datapagesize=` (Datenseitengröße) im `<table>`-Tag. Damit geben Sie an, wie viele Datensätze aus der externen Datei gleichzeitig angezeigt werden sollen. Wenn Sie diese Angabe weglassen, macht der Internet Explorer die Tabelle automatisch so lang, daß alle Datensätze auf einmal darin dargestellt werden. Im obigen Beispiel wird `datapagesize=1` angegeben. Dadurch wird immer genau ein Datensatz angezeigt.

Innerhalb der Tabelle können Sie erkennen, wie ein Datensatz aus der externen Datenquelle darin angezeigt wird. Die Tabelle selbst können Sie nach Ihren Wünschen frei gestalten. Wichtig zu wissen ist nur, wie der Bezug zu einem Datensatz der externen Datei hergestellt wird. Im obigen Beispiel geschieht dies innerhalb entsprechender Tabellenzellen mit Hilfe des `<span>`-Tags. Mit einem Befehl wie `<span datafld="PLZ"></span>` weisen Sie den Browser an, in der betreffenden Tabellenzelle den aktuellen Inhalt des Feldes `PLZ` aus der externen Datenquelle anzuzeigen (datafld = data field = Datenfeld). Dabei muß der Wert, den Sie hinter der Angabe `datafld=` notieren, mit dem Feldnamen übereinstimmen, den Sie in der ersten Zeile der externen Datendatei vergeben haben. Beachten Sie dabei auch die exakte Schreibweise.

Neben der Angabe `datafld=` können Sie in solch einem Datenanzeigebereich auch noch die Angabe `dataformatas=` (Daten formatiert als) notieren. Im obigen Beispiel wird davon kein Gebrauch gemacht. Benutzen Sie `dataformatas=`, wenn die Daten in der externen Datei selbst HTML-Tags enthalten. Mit `dataformatas="html"` erzwingen Sie dann, daß die Tags aus der externen Datei als HTML-Tags interpretiert werden.

Da im obigen Beispiel mit `datapagesize=1` festgelegt wurde, daß immer nur ein Datensatz angezeigt wird, erscheint in der Tabelle zunächst der Inhalt der ersten Datenzeile der externen Datei.

Natürlich soll der Anwender nun in den Datensätzen blättern können. Dazu werden Buttons zum Vor- und Zurückblättern definiert. Im Beispiel befinden sich diese Buttons in der ersten Tabellenzeile. Sie könnten aber auch an einer anderen Stelle stehen.

Mit

```
<input type=button value=" &lt; " onclick=
   "document.all.Anzeigetabelle.previousPage();">
```

wird ein Button definiert, bei dessen Anklicken der vorhergehende Datensatz aufgerufen wird. Mit `document.all.Anzeigetabelle` greifen Sie dabei auf die Tabelle zu, in der die Daten angezeigt werden – `Anzeigetabelle` ist dabei der Name, der in der Tabelle mit `id=` vergeben wurde. Mit

```
<input type=button value=" &gt; " onclick=
   "document.all.Anzeigetabelle.nextPage();">
```

wird der Button definiert, der zum nächsten Datensatz springt. Beachten Sie, daß Sie nicht kontrollieren müssen, ob der Anwender gerade den ersten oder letzten Datensatz anzeigt. Es gibt keine Fehlermeldungen, wenn der Anwender versucht, einen nicht vorhandenen Datensatz aufzurufen. Der Button hat dann einfach keine Wirkung.

Beispiel: Daten durchsuchbar machen

Das folgende Beispiel setzt auf dem vorangegangenen Beispiel auf. Es zeigt, wie Sie dem Anwender ermöglichen können, mit Hilfe eines Suchbegriffes nur diejenigen Datensätze anzuzeigen, in denen der gesuchte Begriff vorkommt. Das Beispiel zeigt auch, wie Sie mit Hilfe von Scripts auf die HTML-Elemente zur Datenanbindung zugreifen können.

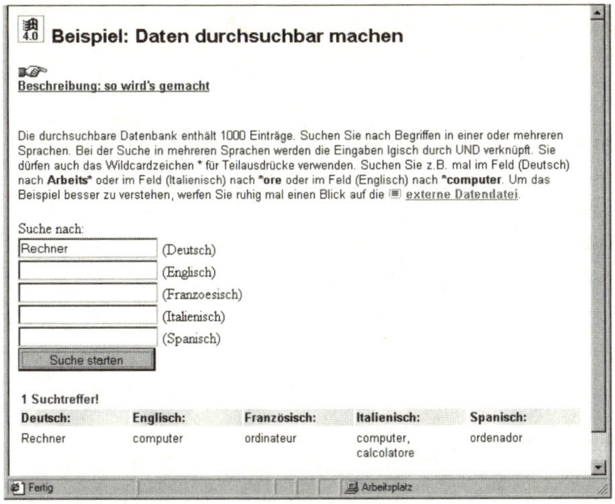

Bild 14.8: Die Suchfunktion liefert nur die gewünschten Datensätze

Beispiel (HTML-Datei mit Datenzugriff):

```
<html>
<head>
<script language="JScript">
function Suchen()
{
 var max = 500;
 document.all.Anzeige.style.display = "none";
 var Suchausdruck = "";
 var Suchbegriffe = 0;
 if(document.Eingabe.SuchName.value != "")
  {
   if(Suchbegriffe > 0)
     Suchausdruck = Suchausdruck + " & Name = " +
        document.Eingabe.SuchName.value;
   else
     Suchausdruck = Suchausdruck + "Name = " +
        document.Eingabe.SuchName.value;
   Suchbegriffe++;
  }
 if(document.Eingabe.SuchVorname.value != "")
  {
   if(Suchbegriffe > 0)
     Suchausdruck = Suchausdruck + " & Vorname = " +
        document.Eingabe.SuchVorname.value;
   else
     Suchausdruck = Suchausdruck + "Vorname = " +
        document.Eingabe.SuchVorname.value;
   Suchbegriffe++;
```

```
  }
 document.all.Adressen.object.Filter = Suchausdruck;
 document.all.Adressen.Reset();
 document.all.Anzeige.dataSrc = "#Adressen";
 if(document.all.Adressen.recordset.recordCount < max)
  {
   document.all.Anzeige.dataPageSize =
      Adressen.recordset.recordCount;
   document.all.Treffer.innerText =
      Adressen.recordset.recordCount + " Suchtreffer!";
   document.all.Anzeige.style.display = "block";
  }
 else
   document.all.Treffer.innerText =
     "0 oder zu viele Suchtreffer!";
}
</script>
</head>
<body>
<object id="Adressen"
    classid="clsid:333C7BC4-460F-11D0-BC04-0080C7055A83">
 <param name="DataURL" value="daten.txt">
 <param name="UseHeader" value="true">
 <param name="FieldDelim" value="|">
 <param name="Filter" value="">
</object>
<form name="Eingabe">
Suche nach:<br>
<input name="SuchName" type="text" width=40> (Name)<br>
<input name="SuchVorname" type="text" width=40> (Vorname)<br>
<input type="button" style="width:150px; height:25px;"
   value="Suche starten" onClick="Suchen()">
</form>
<span id="Treffer" style="color:#0000FF;
   font-weight:bold;"></span>
<table width=98%>
<tr>
<td bgcolor="#EEEEEE" width=14%><b>Name</b></td>
<td bgcolor="#EEEEEE" width=14%><b>Vorname</b></td>
<td bgcolor="#EEEEEE" width=14%><b>Strasse</b></td>
<td bgcolor="#EEEEEE" width=14%><b>PLZ</b></td>
<td bgcolor="#EEEEEE" width=14%><b>Ort</b></td>
<td bgcolor="#EEEEEE" width=14%><b>Telefon</b></td>
<td bgcolor="#EEEEEE" width=14%><b>E-Mail</b></td>
</tr>
</table>
<table id="Anzeige" style="display:none" width=98%>
<tr>
```

```
<td bgcolor="#FFFFE0" width=14%><span datafld="Name"></span></td>
<td bgcolor="#FFFFE0" width=14%><span
   datafld="Vorname"></span></td>
<td bgcolor="#FFFFE0" width=14%><span
   datafld="Strasse"></span></td>
<td bgcolor="#FFFFE0" width=14%><span datafld="PLZ"></span></td>
<td bgcolor="#FFFFE0" width=14%><span datafld="Ort"></span></td>
<td bgcolor="#FFFFE0" width=14%><span
   datafld="Telefon"></span></td>
<td bgcolor="#FFFFE0" width=14%><span
   datafld="EMail"></span></td>
</tr></table>
</body>
</html>
```

Das Beispiel zeigt die vollständige HTML-Datei zur Realisierung einer durchsuchbaren Datenbank. Quelle ist dabei die Textdatei, in der Adressen gesammelt werden. Es handelt sich um die gleiche angenommene Datei wie im vorhergehenden Beispiel. Innerhalb der HTML-Datei wird auch wieder das gleiche `<object>`-Tag notiert, um die Verbindung zu der externen Datendatei herzustellen. Es wird jedoch ein neuer Parameter angegeben:

```
<param name="Filter" value="">
```

Mit dem Parameter `Filter` können Sie die Datensätze, die aus der Datendatei geholt werden, begrenzen. Dazu können Sie bei `value=` Einschränkungskriterien angeben. Bei der Objektdefinition im obigen Beispiel wird `value=""` notiert. Das bedeutet, es gibt keine Einschränkungen. Alle Datensätze werden gefunden.

In dem längeren Script, das im Kopf der HTML-Datei steht, wird der Wert für `Filter` dynamisch verändert. Dadurch wird die Anzeige auf bestimmte Datensätze eingeschränkt, nämlich solche, die den Filterkriterien entsprechen.

Die Kriterien für den Filter soll der Anwender durch seine Suchanfrage selbst bestimmen können. Im obigen Beispiel wird dazu unterhalb des `<object>`-Tags ein Formular definiert (`<form name="Eingabe">`). Das Formular hat zwei Eingabefelder, eines zum Angeben eines Namens und eines zur Eingabe eines Vornamens. Sie könnten an dieser Stelle natürlich auch für alle Felder eines Datensatzes ein Eingabefeld spendieren, im Beispiel etwa für Straße, PLZ, Ort, Telefon und E-Mail. Die Felder wurden im Beispiel nur der Einfachheit halber weggelassen. Der Anwender kann eines oder auch beide Felder ausfüllen. Mit einem anklickbaren Button kann er die Suche abschicken. Beim Anklicken des Buttons wird die Funktion `Suchen()` aufgerufen, die in dem JScriptbereiche im Dateikopf definiert ist (`onClick="Suchen()"`).

Innerhalb der Funktion `Suchen()` wird zunächst eine Variable `max` mit einem Wert vorbelegt (500). Das empfiehlt sich bei größeren Datenbeständen. Denn per Voreinstellung liefert der Internet Explorer, wenn er keine Datensätze findet, die dem Suchkriterium entsprechen, alle Datensätze zurück. Angenommen, Sie haben 5 000 Datensätze, dann würde eine Tabelle mit 5 000 Zeilen angezeigt. Da dies im Aufbau unzumutbar lange dauert, ist eine Begrenzung sinnvoll.

Die Variable `Suchausdruck` soll die Anwenderkriterien zum Durchsuchen des Datenbestandes aufnehmen. Dabei ist es erforderlich, die Angaben aus den Formularfeldern in eine Zeichenkette zu konvertieren, die den Regeln für den Parameter `Filter` entsprechen.

Folgende wichtige Regeln gelten für Werte, die bei `Filter` erlaubt sind. Diese Regeln gelten sowohl bei Wertzuweisungen innerhalb des `<object>`-Tags als auch bei dynamischen Wertzuweisungen innerhalb von Scripts:

- Mit `Feldname = Wert` werden nur Datensätze gefunden, bei denen das Feld `Feldname` exakt den Wert `Wert` enthält, nicht mehr und nicht weniger. Bei `Name = Meyer` werden also nur Meyers gefunden, keine Meyerbohms.
- Mit `Feldname <> Wert` werden Datensätze gefunden, bei denen der Wert `Wert` im Feld `Feldname` vorkommt – er kann auch exakt damit übereinstimmen. Bei `Name <> Meyer` werden also Meyers und Meyerbohms gefunden.
- Mit `Feldname > Wert` werden Datensätze gefunden, bei denen der Wert von `Feldname` größer ist als `Wert`. Bei `Name > Y` werden also nur Namen gefunden, die mit Z anfangen.
- Mit `Feldname >= Wert` werden Datensätze gefunden, bei denen der Wert von `Feldname` größer oder gleich ist im Vergleich zu `Wert`. Bei `Name >= Y` werden also nur Namen gefunden, die mit Y oder Z anfangen.
- Mit `Feldname < Wert` werden Datensätze gefunden, bei denen der Wert von `Feldname` kleiner ist als `Wert`. Bei `Name < D` werden also nur Namen gefunden, die mit A, B oder C anfangen.
- Mit `Feldname <= Wert` werden Datensätze gefunden, bei denen der Wert von `Feldname` kleiner oder gleich ist im Vergleich zu `Wert`. Bei `Name <= D` werden also Namen gefunden, die mit A, B, C oder D anfangen.
- An jeder Stelle ist ein Platzhalterzeichen erlaubt. Dies ist ein Sternzeichen (*). Es steht für kein, ein oder beliebig viele Zeichen.

Sie können auch zwei oder mehrere solcher einfachen Ausdrücke mit den Zeichen `&` (für und) oder `|` (für inklusives oder) logisch verknüpfen. Wenn Sie mehrere Ausdrücke verknüpfen und dabei sowohl ein und als auch oder verwenden, müssen Sie Klammern verwenden, um eine eindeutige Bewertung des gesamten Kriteriums sicherzustellen. Ein komplexer Ausdruck dieser Art ist etwa `Name > M & PLZ = 8*`.

Im obigen Script wird mit diversen `if`-Abfragen aus den Eingabefeldern des Formulars ein gültiger Zuweisungswert für `Filter` konstruiert. Dabei wird nur die einfachste Bedingung mit dem Istgleichzeiten eingesetzt. Da der Anwender auch selbst das Sternzeichen als Platzhalterzeichen in einem Eingabefeld eingeben kann, genügt diese einfache Suche für viele Fälle. Wenn Sie dem Anwender komplexere Suchabfragen ermöglichen wollen, müssen Sie diesen Teil des Scripts entsprechend aufwendiger gestalten.

Im unteren Teil der Funktion `Suchen()` steht dann der Befehl:

```
document.all.Adressen.object.Filter = Suchausdruck;
```

Damit wird dem Parameter `Filter` des `<object>`-Tags der Suchausdruck zugewiesen, der zuvor ermittelt und in der Variablen `Suchausdruck` gespeichert wurde. Der nächste Befehl ist ebenfalls von entscheidender Bedeutung:

```
document.all.Adressen.Reset();
```

Damit veranlassen Sie den Browser, die Anzahl der anzuzeigenden Datensätze neu zu ermitteln. Da mittlerweile ein Filter bestimmt wurde, findet der Browser nun nur noch Datensätze, die den Bedingungen des Filters entsprechen.

Auf die übrigen Anweisungen des Scripts und die Elemente in der HTML-Datei wird hier nicht näher eingegangen. Es handelt sich dabei um einfaches dynamisches HTML nach den Regeln des Internet Explorers 4.x.

HTML-Tags für die Anzeige von externen Daten

Im ersten Beispiel werden die externen Daten jeweils in einem `<span>`-Tag angezeigt. Es gibt eine Reihe weiterer HTML-Tags, in denen Sie Daten aus Datenfeldern externer Datenquellen anzeigen können. In anderen als diesen Tags ist die Anzeige externer Daten nicht möglich. Folgende HTML-Tags sind erlaubt:

Verweise mit <a>...</a>

Angenommen, Sie haben eine externe Textdatei *verweis.txt* mit folgenden Zeilen:

```
URL,Verweistext
http://www.yahoo.de/,Yahoo Suchdienst
```

Diese Datei können Sie mit dem `<object>`-Tag in HTML wie folgt einbinden:

```
<object id="Verweis"
   classid="clsid:333C7BC4-460F-11D0-BC04-0080C7055A83">
<param name="DataURL" value="verweis.txt">
<param name="UseHeader" value="true">
<param name="FieldDelim" value=",">
</object>
```

Danach können Sie folgenden Verweis konstruieren:

```
<a datasrc="#Verweis" datafld="URL"><span
   datafld="Verweistext"></span></a>
```

Indem Sie <a datafld=> notieren, wird der Inhalt, den das Datenfeld liefert, als Angabe für href= bewertet – im Beispiel liefert das Feld "URL" diese Angaben. Innerhalb des Verweises wird dann mit Hilfe des <span>-Tags das andere Feld geholt, nämlich der Verweistext. Solche Verweise machen beispielsweise Sinn, wenn Sie den gleichen Verweis an vielen verschiedenen Stellen auf Ihren WWW-Seiten nutzen. Verweisziel und Verweistext sind dann zentral gespeichert und brauchen bei Änderungen nur in der kleinen Textdatei einmal geändert werden. Alle entsprechenden HTML-Verweise sind damit automatisch aktualisiert.

Buttons mit <button>...</button>

Angenommen, Sie haben eine externe Textdatei *daten.txt* mit folgendem Aufbau und Beispieleinträgen:

```
Zeile,Text
1,Das ist ein Test
2,mit einem Button
3,spannend - was?
```

Diese Datei können Sie mit dem <object>-Tag in HTML wie folgt einbinden:

```
<object id="Daten"
   classid="clsid:333C7BC4-460F-11D0-BC04-0080C7055A83">
<param name="DataURL" value="daten.txt">
<param name="UseHeader" value="true">
<param name="FieldDelim" value=",">
</object>
```

Danach können Sie beispielsweise folgende Tabelle konstruieren:

```
<table id="Anzeige" datasrc="#Daten" datapagesize=1><tr><td>
<form><button datafld="Text" onClick=
   "document.all.Anzeige.nextPage()"> </button> </form>
</td></tr></table>
```

Damit springt der Anwender bei jedem Klick auf den Button einen Datensatz weiter, und die Buttonbeschriftung nimmt den aktuellen Wert des Datenfeldes Text an.

Bereiche mit <div>...</div>

Mit diesem HTML-Tag können Sie beispielsweise innerhalb einer Tabelle externe Daten ausgeben, wie es im ersten Beispiel mit dem <span>-Tag gemacht wird. Der Unterschied zwischen <div>...</div> und <span>...</span> ist, daß das <div>-Tag einen eigenen Absatz erzeugt, das <span>-Tag dagegen nicht.

Grafiken mit <img>

Angenommen, Sie wollen eine kleine Diashow programmieren. Dazu können Sie eine Textdatei *daten.txt* anlegen, die etwa folgenden Aufbau hat:

```
Nummer,Bild
1,meinhaus.gif
2,meinboot.gif
3,meinauto.gif
4,undich.gif
```

Diese Datei können Sie mit dem `<object>`-Tag in HTML wie folgt einbinden:

```
<object id="Daten"
   classid="clsid:333C7BC4-460F-11D0-BC04-0080C7055A83">
<param name="DataURL" value="daten.txt">
<param name="UseHeader" value="true">
<param name="FieldDelim" value=",">
</object>
```

Danach können Sie beispielsweise folgende Tabelle konstruieren:

```
<table id="Anzeige" datasrc="#Daten" datapagesize=1><tr>
<td>
Bild <span datafld="Nummer"></span><br> <input type=button
   value=" &lt; "
   onclick="document.all.Anzeige.previousPage();">
<input type=button value=" &gt; "
   onclick="document.all.Anzeige.nextPage();">
</td><td>
<img datafld="Bild">
</td></tr></table>
```

Damit kann der Anwender mit den Blätterbuttons die Bilder durchblättern.

Frames mit <frame>

Angenommen, Sie haben eine externe Textdatei *besteseite.txt* mit folgenden Zeilen:

```
BesteSeite
http://www.teamone.de/selfhtml/
```

Nun können Sie folgende HTML-Datei mit einem Frameset konstruieren:

```
<html><head>
<object id="UrlDerWoche"
   classid="clsid:333C7BC4-460F-11D0-BC04-0080C7055A83">
<param name="DataURL" value="besteseite.txt">
<param name="UseHeader" value="true">
</object></head>
```

```
<frameset rows="100,*">
 <frame src="meine.htm">
 <frame datasrc="#UrlDerWoche" datafld="BesteSeite">
</frameset>
</html>
```

Auf diese Weise können Sie in einem Frame-Fenster eine Seite anzeigen, deren Zieladresse Sie in der separaten Textdatei pflegen. Wichtig ist, daß Sie das `<object>`-Tag genau an der Stelle plazieren wie im Beispiel.

Eingebettete Frames mit <iframe>

Siehe das Beispiel bei Frames. Der Unterschied ist, daß Sie das `<object>`-Tag in einer normalen HTML-Datei plazieren. Mit einem Befehl wie:

```
<iframe datasrc="#UrlDerWoche" datafld="BesteSeite"></iframe>
```

können Sie dann in der gleichen HTML-Datei in einer eingebetteten Fensterbox den Inhalt der Seite anzeigen, die in der Textdatei angegeben ist.

Labels mit <label>...</label>

Das `<label>`-Tag, das neu ist in HTML 4.0, erlaubt die Beschriftung eines Formularfeldes. Im Rahmen der Datenanbindung können Sie dieses HTML-Tag benutzen, wenn Sie die externen Daten in Formularfeldern ausgeben. Sie können dann dem `<label>`-Tag, das Sie etwa einem Eingabefeld zuordnen, dynamisch den Feldnamen zuweisen, der in der externen Datendatei für dieses Feld definiert ist. Wenn sich der Feldname in der Datendatei dann ändert, wird er bei der Anzeige in der HTML-Datei automatisch aktualisiert. Beispiel:

```
<label for="Vorname" datafld="prename"></label>
```

Dadurch wird dem Inhalt des `<label>`-Tags eines Formularfeldes der Feldname `prename` zugewiesen, der in der Datenbank definiert ist.

Lauftexte mit <marquee>...</marquee>

Mit diesem HTML-Tag können Sie beispielsweise innerhalb einer Tabelle externe Daten ausgeben, wie es im ersten Beispiel mit dem `<span>`-Tag gemacht wird. Der Unterschied zwischen `<marquee>...</marquee>` und `<span>...</span>` ist, daß das `<marquee>`-Tag einen Lauftext erzeugt, das `<span>`-Tag dagegen nicht. Das `<marquee>`-Tag gehört nicht zum HTML-Standard.

Bereiche mit <span>...</span>

Mit diesem HTML-Tag können Sie beispielsweise innerhalb einer Tabelle externe Daten ausgeben, wie im ersten Beispiel.

Formularfelder mit <input>

Mit diesem HTML-Tag können Sie beispielsweise innerhalb einer Tabelle externe Daten in editierbaren Formularfeldern ausgeben. Das ist besonders dann interessant, wenn geänderte Daten auch tatsächlich in die Datenquelle zurückgeschrieben werden können. Bei einfachen Textdateien ist das derzeit nicht möglich, wohl aber beim Datenmodell Remote Data Service (RDS) und beim Datenmodell JDBC DataSource Applet.

Die Einbindung in HTML erfolgt ähnlich wie im ersten Beispiel mit dem Unterschied, daß Sie die Regeln zum Einbinden des gewünschten Datenmodells beachten müssen. Notieren Sie im einleitenden `<table>`-Tag der Tabelle, in der Sie die Datensätze anzeigen, möglichst die Angabe `datapagesize=1`. Innerhalb der Tabellenzelle, in der Sie externe Daten auf diese Weise anzeigen wollen, können Sie dann notieren (angenommene Beispiele):

```
<input type=text datafld="Vorname">
```

oder:

```
<input type=radio name="Kunde" value="Bereits Kunde"
   datafld="BereitsKunde">
```

oder:

```
<input type=checkbox name="Zahlweise" value="Mastercard"
   datafld="Zahlungsweise">
```

Datenfelder, die in Eingabefeldern vom Typ `<input type=text` angezeigt werden, können normale Texte sein, wie etwa ein Name. Radiobuttons und Checkboxen stellen dagegen andere Anforderungen. Ein Radiobutton wird bei der Anzeige dann aktiviert, wenn der aktuelle Feldinhalt in der Datenbank mit dem Wert übereinstimmt, der hinter der Angabe `value=` steht. Eine Checkbox wird dann markiert, wenn der betreffende Feldinhalt in der Datenbank 1, `true` oder einen beliebigen Inhalt mit mehr als einem Zeichen enthält. Wenn der Inhalt 0, `false` oder leer ist, wird die Checkbox nicht markiert.

Formularfelder mit <select>

Dabei gelten die gleichen Bedingungen wie bei Formularfeldern vom Typ `<input>`. Wenn der Wert eines aktuellen Eintrags in der Datenbank mit einem der Werte übereinstimmt, die in der `value`-Angabe bei einem `option`-Tag innerhalb der Auswahlliste definiert sind, ist diese Auswahl selektiert. Interessant ist diese Ausgabemöglichkeit von externen Daten wie bei anderen Formularfeldern nur, wenn auch ein Zurückschreiben geänderter Daten möglich ist. Bei Auswahllisten etwa kann ein neuer ausgewählter Wert als neuer Feldinhalt gespeichert werden. Der Internet Explorer unterstützt dabei nur die einfache Auswahl, Mehrfachauswahl nicht.

Andere Objekte mit <object>...</object>

Mit dem <object>-Tag können Sie genauso arbeiten wie mit dem <img>-Tag. Der Unterschied ist, daß Sie beim <img>-Tag auf Grafiken beschränkt sind, während Sie mit dem <object>-Tag beliebige Multimedia-Dateien oder ActiveX-Controls einbinden können. So können Sie, analog zu dem Beispiel beim <img>-Tag, anstelle einer »Dia-Show« eine »Musik-Show« programmieren, die zum Beispiel aus MIDI-Dateien besteht.

In der externen Textdatei notieren Sie die gewünschten MIDI-Dateien, und bei der Einbindung in HTML können Sie dann anstelle der Datenanbindung mit <img> einen Befehl notieren wie:

```
<object datafld="Musik" width=0 height=0></object>
```

Dabei muß »Musik« in der Textdatei mit den Daten als Feldüberschrift notiert sein.

Java-Applets mit <applet>...</applet>

Sie können das Feature der Datenanbindung nutzen, um einen Parameter eines Java-Applets aus einer externen Datenquelle zu versorgen. Ein Beispiel:

```
<applet code="verzerr.class">
 <param name="bild" datasrc="#aktuell" datafld="b_gates_bild">
</applet>
```

Datenmodell: Tabular Data Control (TDC)

Dies ist das Datenmodell, wenn die externe Datenquelle eine einfache Textdatei ist, die in jeder Zeile einen Datensatz enthält und bei der die einzelnen Datenfelder der Datensätze durch ein Begrenzerzeichen, zum Beispiel ein Komma, markiert sind. Geeignet ist dieses Datenmodell für kleinere Datenbestände mit bis zu ein paar tausend Datensätzen. Ein vollständiges Beispiel dafür finden Sie weiter oben im Beispiel *Datei dynamisch in Tabelle einbinden*. Um eine solche Datenquelle an eine HTML-Datei anzubinden, müssen Sie folgendes Objekt in der HTML-Datei notieren. Das Schema zur Einbindung in HTML:

```
<object id="Objektname"
   classid="clsid:333C7BC4-460F-11D0-BC04-0080C7055A83">
 <param name= value=>
 <!-- usw. weitere Parameter -->
</object>
```

Um solche Daten einzubinden, verwenden Sie das im Internet Explorer 4.x eingebaute ActiveX-Control mit der ID 333C7BC4-460F-11D0-BC04-0080C7055A83. Innerhalb des <object>-Tags notieren Sie verschiedene Parameter, die für die Datenpräsentation wichtig sind. Folgende Parameter sind erlaubt:

- `<param name="AppendData" value=>` Mit diesem Parameter können Sie angeben, ob in der Ausgabetabelle beim Blättern für jedes neue Datensatz-Set – entsprechend der Größe von `datapagesize=` – die vorhandenen Tabellenzellen überschrieben werden sollen oder ob neue Tabellenzellen angehängt werden sollen. Mit `value=true` erzwingen Sie das Anhängen von Daten. Per Voreinstellung werden die vorhandenen Tabellenzellen überschrieben.

- `<param name="CaseSensitive" value=>` Mit diesem Parameter können Sie angeben, ob bei Vergleichen von Anwendereingaben mit Daten aus der Datenquelle Groß-/Kleinschreibung unterschieden werden soll. Nur interessant bei der Weiterverarbeitung von Daten mit Scripts. Per Voreinstellung wird Groß-/Kleinschreibung unterschieden. Mit `value=false` können Sie die Fallunterscheidung ausschalten.

- `<param name="CharSet" value=>` Mit diesem Parameter können Sie den Zeichensatz angeben, der für die Daten in der Datendatei maßgeblich ist. Per Voreinstellung ist das der Zeichensatz Western Latin-1 (iso-8859-1). Verwenden Sie diesen Parameter nur, wenn die Daten einen anderen Zeichensatz benutzen, z. B. iso-8859-5 für Kyrillisch. Bei `value=` können Sie den Zeichensatz angeben. Nähere Informationen im Kapitel 16, *Internationalisierung, zu Zeichensätzen.*

- `<param name="DataURL" value=>` Dieser Parameter ist unbedingt erforderlich. Bei `value=` geben Sie die Datei an, in der sich die Daten befinden.

- `<param name="EscapeChar" value=>` Diesen Parameter sollten Sie angeben, wenn in Ihrer Datendatei ein Zeichen als Maskierungszeichen verwendet wird. Das ist z. B. der Fall, wenn Sie in einer kommabegrenzten Datei Kommata innerhalb von Feldern mit einem vorangestellten Backslash \ maskieren. Geben Sie in diesem Fall bei `value=` das Maskierungszeichen an.

- `<param name="FieldDelim" value=>` Mit diesem Parameter geben Sie an, welches Zeichen als Trennzeichen für Datenfelder innerhalb einer Zeile der externen Textdatei interpretiert werden soll. Bei `value=` können Sie das Zeichen angeben.

- `<param name="Filter" value=>` Mit diesem Parameter können Sie die Datenauswahl einschränken. Per Voreinstellung werden alle Daten aus der externen Datei angezeigt. Interessant ist dieser Parameter vor allem, wenn der Anwender in einem Eingabeformular die Suche selbst definieren kann und die Eingaben dann mit Hilfe eines Scripts dynamisch diesem Parameter des `<object>`-Tags zugewiesen werden. Bei `value=` können Sie den Filter angeben. Beispiele: `value="Telefon <> '089*'"` findet in einem Feld »Telefon« nur Nummern, die mit 0 89 beginnen. `value="PLZ > '50000'"` findet in einem Feld »PLZ« für Postleitzahlen nur Werte, die größer als 50 000 sind.

- `<param name="Language" value=>` Mit diesem Parameter können Sie die Sprache angeben, in der die Daten der exterenen Datendatei vorliegen. Maßgeblich sind dafür die Sprachennamen, wie sie in ISO 369 definiert sind. Bei `value=` können Sie die Sprache angeben.

- `<param name="RowDelim" value=>` Wenn Ihre externe Datendatei so aufgebaut ist, daß am Ende eines Datensatzes ein Datensatzbegrenzerzeichen steht, müssen Sie dieses Zeichen mit diesem Parameter angeben. Notieren Sie hinter `value=` das Zeichen.

- `<param name="Sort" value=>` Mit diesem Parameter können Sie veranlassen, daß bei gleichzeitiger Ausgabe mehrerer Datensätze (also bei `datapagesize=` größer 1) die angezeigten Datensätze nach einem bestimmten Feld sortiert werden. Beispiele: `value="PLZ"` sortiert auszugebende Daten nach einem Feld namens »PLZ«. `value="-PLZ"` sortiert auszugebende Daten nach einem Feld namens »PLZ«, und zwar absteigend (Minuszeichen davor). `value="Name; PLZ"` sortiert auszugebende Daten erstens nach Name und zweitens nach Postleitzahlen.

- `<param name="TextQualifier" value=>` Wenn Ihre externe Datendatei so aufgebaut ist, daß alle Datenfelder in bestimmte Zeichen eingeschlossen sind, zum Beispiel in Anführungszeichen, dann sollten Sie mit diesem Parameter das betreffende Zeichen angeben. Mit value=»'«'« etwa bestimmen Sie das Anführungszeichen als Zeichen für Feldanfang und Feldende.

- `<param name="UseHeader" value=>` Diesen Parameter müssen Sie dann angeben, wenn die erste Zeile der externen Datendatei keine Daten enthält, sondern die zugehörigen Feldnamen. Mit `value=true` wird die Datendatei so interpretiert, daß die erste Zeile Feldnamen enthält. Mit `value=false` wird sie so interpretiert, daß gleich in der ersten Zeile die Daten beginnen.

Datenmodell: Remote Data Service (RDS)

Über das Datenmodell Remote Data Service (RDS) können Sie die Anbindung einer HTML-Datei an Daten aus einer Datenbank realisieren. Geeignet ist dieses Modell für Datenbanken, die über die Datenbank-Schnittstellen OLE-DB oder ODBC verfügen. Das sind beispielsweise MS Access, Oracle oder SQL-Server wie Microsoft-SQL-Server. Über die entsprechenden Produkte und den Aufbau von Datenbanken damit informieren Sie sich bitte bei den betreffenden Herstellern. Um eine solche Datenanbindung im WWW zu realisieren, muß die Datenbankanwendung auf dem Server-Rechner installiert sein. Fragen Sie dazu gegebenenfalls Ihren Provider.

Um eine solche Datenquelle an eine HTML-Datei anzubinden, müssen Sie folgendes Objekt in der HTML-Datei notieren. Das Schema zur Einbindung in HTML:

```
<object id="Objektname"
   classid="clsid:BD96C556-65A3-11D0-983A-00C04FC29E33">
 <param name= value=>
 <!-- usw. weitere Parameter -->
</object>
```

Um solche Daten einzubinden, verwenden Sie das im Internet Explorer 4.x eingebaute ActiveX-Control mit der ID `BD96C556-65A3-11D0-983A-00C04FC29E33`. Innerhalb des

<object>-Tags notieren Sie verschiedene Parameter, die für die Datenpräsentation wichtig sind. Folgende Parameter sind möglich:

- <param name="Server" value=> Mit diesem Parameter müssen Sie die Datei angeben, die die Datenbank ausführt. Das kann auf Windows-Rechnern eine EXE-Datei sein oder auf Unix-Rechnern auch ein Link zu einer ausführbaren Datei. Bei `value=` können Sie den Namen angeben. Dabei sind natürlich relative Pfadangaben aus Sicht der HTML-Datei oder auch absolute URL-Adressen vom Typ *http://...* erlaubt.

- <param name="Connect" value=> Mit diesem Parameter müssen Sie eine Zeichenkette übergeben, die eine ODBC-Verbindung zu der Datenbank aufbaut. Die Zeichenkette muß dem ODBC-Standard entsprechen. Informationen dazu entnehmen Sie der Dokumentation zu der Datenbank. Bei `value=` geben Sie die Zeichenkette an, zum Beispiel `value="dsn=Adressen;uid=guest;pwd="`.

- <param name="SQL" value=> Mit diesem Parameter müssen Sie einen Befehl angeben, den Sie zum Ansprechen der Datenbank absetzen wollen. Dies kann ein beliebiger gültiger SQL-Befehl sein. SQL (Structured Query Language) ist eine standardisierte Datenbankabfragesprache. Diese Sprache und ihre Befehle müssen Sie kennen, um den Parameter mit korrekten Werten zu versorgen.

Beachten Sie: Solche Datenanbindungen sind nur sinnvoll, wenn Sie dem Anwender ein HTML-Formular zur Verfügung stellen, in dem er seine Angaben zum Durchsuchen der Datenbank machen kann. Mit Hilfe eines JavaScripts können Sie dann die Anwendereingaben in einen gültigen SQL-Befehl umwandeln, den Sie im Script dem Parameter `SQL` des `object`-Tags zuweisen. So können Sie beispielsweise mit der JavaScript-Anweisung

```
document.all.Datenbank.SQL = Abfrage;
```

eine SQL-Abfrage zuordnen. In diesem Beispiel ist `"Datenbank"` der Name, der beim `object`-Tag als `id=` vergeben wird, und `Abfrage` ist eine Variable, die zuvor aus Formulareingaben des Anwenders einen SQL-Befehl kreiert hat. Bei solchen Datenbanken ist es auch möglich, SQL-Befehle zum Schreiben von geänderten Datensätzen in die Datenbank zurückzuschreiben. Voraussetzung ist, daß die Daten in der HTML-Datei in editierbaren HTML-Eingabefeldern (z. B. `<input...>`) angezeigt werden.

Ausführliche Informationen zum Einrichten und Realisieren einer Datenbank mit Scripts finden Sie innerhalb des Microsoft Internet Client SDK (*www.microsoft.com/msdn/sdk/inetsdk/asetup/default.htm*), einer Dokumentation aller Microsoft-Internet-Technologien.

4.0 Datenmodell: JDBC DataSource Applet

Das Datenmodell JDBC DataSource Applet greift ebenso wie das Datenmodell Remote Data Service (RDS) auf Datenbanken zu, die über die Datenbank-Schnittstellen OLE-DB oder ODBC verfügen, zum Beispiel MS-Access, Oracle oder SQL-Server wie

Microsoft-SQL-Server. Der Unterschied zwischen dem JDBC DataSource Applet und dem Remote Data Service (RDS) ist, daß letzterer in der HTML-Datei als ActiveX-Control eingebunden wird, während das JDBC DataSource Applet ein Java-Applet ist. Damit will Microsoft seine Datenanbindungs-Technologie anderen Browsern zur Verfügung stellen, die kein ActiveX unterstützen, wohl aber Java. Das tun zwar Netscape und einige andere Browser, doch solange diese das Konzept der Datenanbindung mit Dynamischem HTML nicht unterstützen, macht das Ganze eigentlich wenig Sinn.

Das Java-Applet, das diese Form der Datenanbindung steuert, gehört nicht zum Lieferumfang des Internet Explorer. Auf den WWW-Seiten von Microsoft können Sie das JDBC DataSource Java-Applet downloaden (*www.microsoft.com/gallery/files/datasrc*).

Um eine solche Datenanbindung im WWW zu realisieren, muß die Datenbankanwendung auf dem Server-Rechner installiert sein. Fragen Sie dazu gegebenenfalls Ihren Provider. Um eine Datenquelle an eine HTML-Datei anzubinden, müssen Sie das JDBC-DataSource-Java-Applet in der HTML-Datei notieren. Das Schema zur Einbindung in HTML:

```
<applet code="JDC.class" name="DSA1" id="DSA1" width=0 height=0>
 <param name= value=>
 <!-- usw. weitere Parameter -->
</applet>
```

Das Java-Applet wird wie in HTML üblich mit dem <applet>-Tag eingebunden. Mit dem Attribut code= geben Sie die ausführbare Java-Datei an. Dies ist die Datei *JDC.class*, die Sie mit dem Download des JDBC-DataSource-Java-Applets erhalten. Innerhalb des Applets notieren Sie verschiedene Parameter, die das Applet benötigt, um korrekt zu arbeiten. Weiterführende Infos zu den Parametern entnehmen Sie der Original-Dokumentation zu dem Applet. Folgende Parameter erwartet das Applet:

- <param name="cabbase" value=> Mit diesem Parameter geben Sie die Datei an, in der der Quellcode des Applets steht. Es handelt sich um eine CAB-Datei. Relative Pfadnamen oder auch absolute URL-Adressen sind dabei erlaubt.
- <param name="dbURL" value=> Mit diesem Parameter geben Sie bei value= die Datei an, in der die Datenbank gespeichert ist. Relative Pfadnamen oder auch absolute URL-Adressen sind dabei erlaubt.
- <param name="showUI" value=> Mit diesem Parameter geben Sie an, ob das Applet innerhalb der HTML-Datei seine eigene Benutzeroberfläche anzeigen soll oder nicht. Mit value=true wird das Applet angezeigt, mit value=false nicht. Der Parameter ist optional.
- <param name="sqlStatement" value=> Mit diesem Parameter müssen Sie einen Befehl angeben, den Sie zum Ansprechen der Datenbank absetzen wollen. Dies kann ein beliebiger gültiger SQL-Befehl sein. SQL (Structured Query Language) ist

eine standardisierte Datenbankabfragesprache. Diese Sprache und ihre Befehle müssen Sie kennen, um den Parameter mit korrekten Werten zu versorgen.

- `<param name="allowInsert" value=>` Mit diesem Parameter geben Sie an, ob der Anwender durch Ausfüllen entsprechender Eingabefelder neue Datensätze in die Datenbank schreiben darf. Mit `value=true` erlauben Sie das Hinzufügen von Daten, mit `value=false` verbieten sie es.
- `<param name="allowDelete" value=>` Mit diesem Parameter geben Sie an, ob der Anwender angezeigte Datensätze mit Hilfe entsprechender Befehlsbuttons aus der Datenbank löschen darf. Mit `value=true` erlauben Sie das Löschen von Daten, mit `value=false` verbieten sie es.
- `<param name="allowUpdate" value=>` Mit diesem Parameter geben Sie an, ob der Anwender angezeigte Datensätze in entsprechenden Eingabefeldern editieren und geänderte Daten mit Hilfe entsprechender Befehlsbuttons in die Datenbank zurückschreiben darf. Mit `value=true` erlauben Sie das Ändern von Daten, mit `value=false` verbieten sie es.
- `<param name="user" value=>` Mit diesem Parameter können Sie der Datenbank bei `value=` den Namen eines angemeldeten Users übergeben, sofern die Datenbank dies verlangt. Der Parameter ist optional.
- `<param name="password" value=>` Mit diesem Parameter können Sie der Datenbank bei `value=` das Paßwort des Users übergeben, sofern die Datenbank dies verlangt. Der Parameter ist optional.

Beachten Sie: Beim Datenmodell JDBC DataSource Applet gelten die Anmerkungen zum Datenmodell Remote Data Service (RDS).

Datenmodell: XML Data Source

Das Datenmodell XML Data Source könnte in Zukunft sehr interessant werden, da es die vom W3-Konsortium standardisierte Sprache XML zur Definition von Daten benutzt. Bei diesem Datenmodell werden die Daten in einer XML-Datei gespeichert. Für Datensätze und Datenfelder können Sie innerhalb der XML-Datei eigene Tags und deren Verschachtelung erfinden. Ein denkbares Schema für eine Adressendatei wäre etwa:

```
<adresse>
 <name>Meyer</name>
 <vorname>Hubert</vorname>
 <ort>Hamburg</ort>
 <telefon>040-598487374</telefon>
</adresse>
```

Die Datei muß den Konventionen zum Aufbau einer XML-Datei entsprechen. Lesen Sie dazu die XML-Spezifikation des W3-Konsortiums (*www.w3c.org/pub/WWW/TR/*

WD-xml.htm). Eine sehr ordentliche deutschsprachige Einführung in XML (*members.aol.com/xmldoku*) stammt von Kuno Dünhölter.

Im Lieferumfang des Internet Explorer 4.x ist ein Java-Applet enthalten, das solche Tag-Strukturen aus XML-Dateien interpretiert und die Datenstruktur daraus ermittelt. Um diese Art von Datenquelle an eine HTML-Datei anzubinden, müssen Sie das zugehörige Java-Applet in der HTML-Datei notieren. Das Schema zur Einbindung in HTML:

```
<applet class=com.ms.xml.dso.xmldso.class id="xmldso"
    width=0 height=0 mayscript=true>
 <param name="url" value=>
</applet>
```

Das Java-Applet wird wie in HTML üblich mit dem `<applet>`-Tag eingebunden. Notieren Sie das einleitende `<applet>`-Tag genauso wie im obigen Schema. Der Grund für die etwas ungewöhnliche Angabe bei `class=` ist, daß dieses Java-Applet eine interne Ressource des Internet Explorer ist und keine separat vorliegende Datei.

Das Applet erwartet genau einen Parameter: Mit `<param name="url" value=>` geben Sie bei `value=` den Dateinamen der XML-Datei an. Dabei sind natürlich auch relative Pfadangaben oder absolute URL-Adressen erlaubt.

4.0 Datenmodell: MSHTML Data Source

Was Sie mit XML besonders elegant lösen können, geht etwas weniger elegant auch mit HTML selbst: Hinter dem Datenmodell MSHTML Data Source verbirgt sich nichts anderes als eine Konvention, nach der die Daten in einer HTML-Datei gehalten werden – diese HTML-Datei dient dann als externe Quelle für eine andere HTML-Datei, in der die Daten angezeigt werden. Ein Schema für den Datensatz einer Adressendatei wäre etwa:

```
<div id="Adresse">
 <span id="Name">Meyer</span><br>
 <span id="Vorname">Hubert</span><br>
 <span id="Ort">Hamburg</span><br>
 <span id="Telefon">040-598487374</span><br>
</div>
```

Um diese Art von Datenquelle an eine HTML-Datei anzubinden, müssen Sie ein einfaches Objekt dafür notieren. Das Schema zur Einbindung in HTML:

```
<object id="Daten" data="daten.htm" width=0 height=0>
</object>
```

Innerhalb des `<object>`-Tags vergeben Sie mit `id=` wie üblich einen Namen, unter dem Sie das Objekt ansprechen und die Daten aus der anderen Datei in einer Tabelle dynamisch anzeigen können. Das Zugreifen auf die Datensätze funktioniert dabei genauso wie im Beispiel *Datei dynamisch in Tabelle einbinden.* Bei `datafld=` geben Sie den Namen an, den Sie in der externen HTML-Datei bei `id=` für jedes gleiche Feld eines Datensatzes vergeben haben, z. B. `"Vorname"`.

14.4 Dynamische Filter (Microsoft)

Dynamische Filter

Der Internet Explorer unterstützt ab der Version 4.x spezielle Style-Sheet-Angaben, die sogenannten Filter. Mit Hilfe solcher Filter sind grafische Effekte möglich, wie sie aus professionellen Grafikprogrammen bekannt sind: Schatteneffekte für Texte oder auch Transparenzdefinitionen für Grafiken, die auf einer WWW-Seite angezeigt werden, gehören zum Repertoire der möglichen Angaben. Als reine Style-Sheet-Angaben sind diese Filter statisch. Mit Hilfe von Scripts können Sie die Angaben zu den Filtern dynamisch beeinflussen. Ferner gibt es zwei Spezialfilter für Blend- und diverse Übergangseffekte. Mit etwas Programmier-Wissen und ästhetischem Gefühl können dabei viele Träume wahr werden, die Web-Designer heimlich immer schon geträumt haben: Grafiken, die sich wie von Geisterhand langsam ein- und ausblenden, fließende Übergänge zwischen Elementen, Texte, die verschwimmen, usw.

Der Script-Zugriff auf definierte Filter erfolgt über das `filter`-Objekt in JScript/ JavaScript. Die Beispiele hier können nicht alle Möglichkeiten des Filter-Objekts behandeln. Sie dienen nur zur Veranschaulichung, wie Filter sich durch ein Script dynamisch verändern lassen.

Einfaches dynamisches Ändern von Filterwerten

Wie alle übrigen Style-Sheet-Angaben, können Sie auch Angaben zu Filtern dynamisch ändern. Ein Beispiel:

```
<html>
<head>
</head>
<body>
<div id="Zittertext" style="width:100%; font-size:72pt;
   color:#FF6666; filter:Wave(freq=5, light=20, phase=50,
   strength=6);">leicht gest&ouml;rt</div>
<script language="JavaScript">
<!--
function DynWave()
{
 if(document.all.Zittertext.filters[0].freq > 30)
    document.all.Zittertext.filters[0].freq = 5;
 document.all.Zittertext.filters[0].freq += 1;
 if(document.all.Zittertext.filters[0].phase > 100)
```

```
    document.all.Zittertext.filters[0].phase = 0;
  document.all.Zittertext.filters[0].phase += 10;
  if(document.all.Zittertext.filters[0].strength > 10)
    document.all.Zittertext.filters[0].strength = 1;
  document.all.Zittertext.filters[0].strength += 1;
  window.setTimeout("DynWave()",100);
}
DynWave();
//-->
</script>
</body>
</html>
```

Im Beispiel wird in einem <div>-Bereich der zugehörige Text (leicht gestört) mit Hilfe von Style-Sheet-Angaben formatiert. Zu den Formatierungen gehört auch die Anwendung des Filters Wave(). Damit wird der Effekt des Filters zwar bereits angezeigt, aber es bewegt sich noch nichts. In einem Script unterhalb des so definierten <div>-Bereichs werden die Angaben dieses Filters dynamisch verändert. Da ein Endlos-Effekt mit immer neuen Werten und Kombinationen eingebaut ist, entsteht ein Zitter-Effekt.

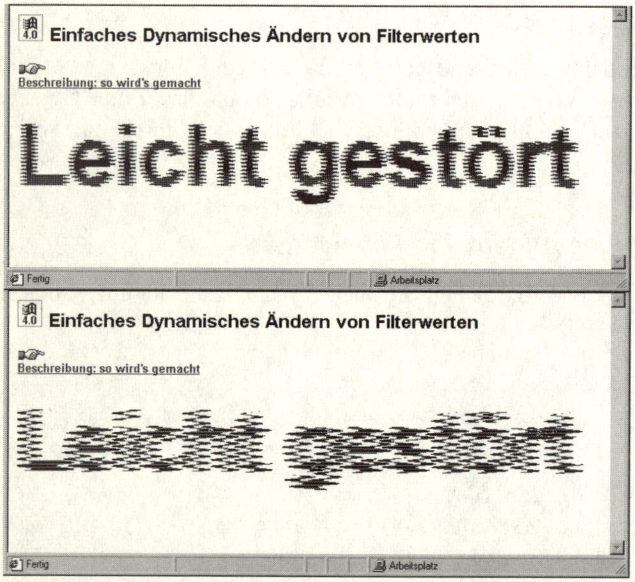

Bild 14.9: Die ständige Veränderung der Parameter des Wave()-Filters sorgt für Dynamik

Die JavaScript-Funktion wird im obigen Beispiel unterhalb des Bereichs, auf den sie sich bezieht, definiert. Der Grund ist, daß die JavaScript-Anweisungen sofort ausgeführt werden. Der <div>-Bereich, auf dessen Daten die Anweisungen dynamisch zugreifen, sollte zu diesem Zeitpunkt bereits eingelesen und dem Browser bekannt sein. Deshalb steht das Script unterhalb des <div>-Bereichs. Ansonsten könnte es zu Fehlermeldungen kommen.

Innerhalb des Scriptbereiches wird zunächst eine Funktion mit dem Namen DynWave() definiert. Diese Funktion ändert die Parameter freq, phase und strength des Wave-Filters, der bei dem <div>-Bereich definiert wurde. Am Ende ruft sich die Funktion selbst wieder auf. Dadurch entsteht ein Endlos-Effekt. Der Aufruf erfolgt zeitverzögert um 100 Millisekunden. Das ist wichtig, da der Selbstaufruf der Funktion sonst »unendlich schnell« wäre und ein Problem im Arbeitsspeicher verursachen würde: Selbstaufrufe von Funktionen sind nämlich nicht ganz unkritisch, da für jeden Funktionsaufruf neuer Arbeitsspeicherplatz reserviert werden muß.

Da die Funktion zu Beginn überhaupt erst einmal aufgerufen werden muß – sonst würde gar nichts passieren –, steht der einmalige Funktionsaufruf DynWave(); am Ende des Scriptbereiches außerhalb der Funktion DynWave().

Innerhalb der Funktion im Beispiel können Sie erkennen, wie auf Filter dynamisch zugegriffen wird. Der Zugriff geschieht mit Hilfe des all-Objekts. Bezug ist die Angabe id="Zittertext", die im <div>-Tag vergeben wird. Mit document.all.Zittertext ist dann der Zugriff auf dieses HTML-Element möglich.

Zwei Besonderheiten sind bei Filtern jedoch zu beachten:

- Mit einem Ausdruck wie document.all.Zittertext.filters[0].strength greifen Sie auf den Wert zu, der beim ersten definierten Filter des HTML-Elements bei der Angabe strength= als Parameter notiert ist. Da die Filter zu den Style-Sheet-Angaben gehören, müßte eigentlich document.all.Zittertext.style.filters[0].strength notiert werden. Dies führt beim Internet Explorer jedoch zu Fehlermeldungen. Lassen Sie die Angabe style in der Mitte also weg.
- Da ein Element mehrere Filter haben kann, müssen Sie genau angeben, welchen Filter Sie dynamisch ansprechen wollen. Im obigen Beispiel wird mit filters[0] der erste definierte Filter angesprochen. Falls im gleichen <div>-Tag noch ein zweiter Filter definiert wäre, könnten Sie diesen mit filters[1] ansprechen. Also einfach bei 0 zu zählen beginnen. Microsoft erlaubt auch weitere Notationsmöglichkeiten, für das obige Beispiel etwa document.all.Zittertext.filters["wave"].strength oder document.all.Zittertext.filters.wave.strength.

Das hier beschriebene Schema zum Zugreifen auf Filterwerte können Sie auf alle anderen Filter ebenso anwenden, auch auf solche, die vor allem in Verbindung mit Grafiken sinnvoll sind.

Fließende Übergänge mit dem blendTrans-Filter

Der blendTrans-Filter ist ein spezieller Filter, der nur in Verbindung mit Scripts sinnvoll ist. Er erlaubt es, einen fließenden Übergang von einer Grafik zu einer anderen oder von einem Textinhalt zu einem anderen zu definieren. Dadurch werden Effekte wie bei professionellen Dia-Shows oder wie bei Fernsehbildern auf WWW-Seiten möglich. Ein Beispiel (für Grafiken):

```
<html>
<head>
<script language="JavaScript">
<!--
Bild1 = new Image();
Bild1.src = "bild1.jpg";
Bild2 = new Image();
Bild2.src = "bild2.jpg";
var Bild = 1;
function Bildwechsel()
{
 if(Bild == 1)
 {
  Bild = 2;
  document.all.DynBild.filters.blendTrans.Apply();
  document.all.DynBild.src = Bild2.src;
  document.all.DynBild.filters.blendTrans.Play();
 }
 else
 {
  Bild = 1;
  document.all.DynBild.filters.blendTrans.Apply();
  document.all.DynBild.src = Bild1.src;
  document.all.DynBild.filters.blendTrans.Play();
 }
}
//-->
</script>
</head>
<body>
<img id="DynBild" src="bild1.jpg" style="cursor:hand;
   filter:blendTrans(Duration=4)"
   onClick="Bildwechsel()" width=200 height=100">
</body>
</html>
```

Das Beispiel bewirkt, daß beim Klicken auf ein Bild dieses langsam in ein anderes übergeht. Wird das andere Bild dann angeklickt, geht es langsam wieder in das erste über.

Dazu wird zunächst bei der Definition des Bildes mit `<img...>` eine spezielle Style-Sheet-Angabe notiert: der Filter `blendTrans(...)`. Dieser Filter erwartet einen Parameter, nämlich die Angabe zu `Duration=`. Damit können Sie angeben, wie lange der Übergang von dem Bild zu seinem Nachfolger dauern soll. Im Beispiel wird `4` angegeben – das steht für 4 Sekunden. Sie können auch Bruchwerte bis zu tausendstel Sekunden angeben, etwa 2.450 – Dezimalzeichen ist ein Punkt!.

Bild 14.10: Von einem Bild zum nächsten blendet das Beispiel auf einen Mausklick hin weiter

Damit ist der Übergangseffekt jedoch nur registriert. Um ihn tatsächlich auszuführen, ist ein Script erforderlich. Im obigen Beispiel wird im Dateikopf ein JavaScriptbereiche definiert. Dort werden zunächst mit Hilfe des Bildobjekts `image` beide betroffenen Bilder als Objekte (`Bild1` und `Bild2`) definiert. Der Eigenschaft `src` der Bildobjekte werden die gewünschten Grafikdateien zugewiesen. Diese Vorarbeit mit dem `image`-Objekt ist zwar nicht zwingend notwendig, hat aber den Vorteil, daß alle betroffenen Bilder bereits in den Arbeitsspeicher geladen sind, wenn der Übergang angestoßen wird.

Innerhalb der Funktion `Bildwechsel()` findet dann der eigentliche Übergang statt. Diese Funktion wird aufgerufen, wenn der Anwender auf das Bild klickt. Dazu ist im `<img>`-Tag der Event-Handler `onClick=` notiert.

In der Funktion `Bildwechsel()` wird zunächst die Methode `Apply()` des `blendTrans`-Filters aufgerufen. Dieser Aufruf ist notwendig, um dasjenige Objekt zu identifizieren, das in ein anderes übergehen soll. Im Beispiel ist das die Grafik, angesprochen über das `all`-Objekt und den vergebenen `id`-Namen `DynBild`. Als nächster Befehl wird der Grafik diejenige neue Grafik zugeordnet, durch die sie ersetzt werden soll. Erst dann sind alle Voraussetzungen erfüllt, um den eigentlichen Übergang zu starten. Dazu wird die Methode `Play()` des `filter`-Objekts benutzt. Die Variable `Bild` und der `else`-Zweig in der Beispielfunktion dienen dazu, den Wechseleffekt sicherzustellen. Mit den beschriebenen Befehlen findet der Übergang ansonsten genau einmal statt. Der Übergangs-Effekt ist nicht nur bei Grafiken möglich, sondern auch bei Text. Ein Beispiel:

```
<html>
<head>
<script language="JavaScript">
```

```
<!--
var Text = 1;
function Textwechsel()
{
 if(Text == 1)
 {
  Text = 2;
  document.all.MeinText.filters.blendTrans.Apply();
  document.all.MeinText.innerText =
     "ist des Dynamischen nicht wert";
  document.all.MeinText.filters.blendTrans.Play();
 }
 else
 {
  Text = 1;
  document.all.MeinText.filters.blendTrans.Apply();
  document.all.MeinText.innerText = "Wer HTML nicht ehrt";
  document.all.MeinText.filters.blendTrans.Play();
 }
}
//-->
</script>
</head>
<body>
<div id="MeinText" style="cursor:hand; width:400px;
   height:100px; font-size:24pt;
   filter:blendTrans(Duration=0.5)"
   onClick="Textwechsel()">
Wer HTML nicht ehrt
</div>
</body>
</html>
```

Anwendbar ist der `blendTrans`-Filter bei Text auf die HTML-Elemente `<body>...</body>`, `<div>...</div>`, `<span>...</span>`, `<input>`, `<button>`, `<textarea>...</textarea>`, `<marquee>...</marquee>` sowie auf alle Tabellenelemente. Bei `<div>...</div>` und bei `<span>...</span>` müssen Sie Style-Sheet-Angaben zu Breite und/oder Höhe des Elements notieren, sonst funktioniert es nicht.

Das obige Beispiel ist im wesentlichen das gleiche wie bei den Grafiken. Im Unterschied dazu wird jedoch ein Übergang zwischen zwei Texten definiert. Der erste Text ist im Dateikörper der HTML-Datei mit `<div>...</div>` entsprechend der Regeln definiert. Die Realisierung des Übergangs zwischen den beiden Texten ist ähnlich wie bei Grafiken. Anstelle der Objekteigenschaft `src` (bei Grafiken) müssen Sie bei Texten jedoch die Eigenschaft `innerText` (wie im Beispiel) oder `innerHTML` verwenden. Diese Eigenschaften erlauben das dynamische Austauschen des Inhalts, den das angesprochene HTML-Element enthält.

Fließende Übergänge mit dem revealTrans-Filter

Der revealTrans-Filter ist ganz ähnlich zu handhaben wie der blendTrans-Filter. Während der blendTrans-Filter jedoch nur einfache Blenden von einem Inhalt zum anderen erlaubt, stellt der revealTrans-Filter ein ganzes Arsenal grafischer Überblend-Effekte bereit. Ein Beispiel (für Text):

```
<html>
<head>
</head>
<body>
<div id="MeinText" style="width:600px; height:100px;
   font-size:24pt; filter:revealTrans(Duration=1,Transition=7)">
Wer HTML nicht ehrt
</div>
<script language="JavaScript">
<!--
 window.setTimeout("Wechsel()",2500);
 function Wechsel()
 {
  document.all.MeinText.filters.revealTrans.Apply();
  document.all.MeinText.innerText =
     "ist des Dynamischen nicht wert";
  document.all.MeinText.filters.revealTrans.Play();
 }
//-->
</script>
</body>
</html>
```

Das Beispiel bewirkt, daß der Text *Wer HTML nicht ehrt* nach 2,5 Sekunden durch den Text *ist des Dynamischen nicht wert* ersetzt wird, und zwar so, daß der neue Text den zunächst angezeigten Text von rechts her »überrollt«.

Dazu wird zunächst der Text *Wer HTML nicht ehrt* innerhalb eines <div>-Bereichs notiert. Denn der revealTrans-Filter ist im Zusammenhang mit Text auf die folgenden HTML-Elemente anwendbar: <body>...</body>, <div>...</div>, <span>...</span>, <input>, <button>, <textarea>...</textarea>, <marquee>...</marquee> sowie auf alle Tabellenelemente. Bei <div>...</div> und bei <span>...</span> müssen Sie Style-Sheet-Angaben zu Breite und/oder Höhe des Elements notieren, sonst funktioniert es nicht. Im obigen Beispiel werden Breite und Höhe des <div>-Bereichs mit width: und height: festgelegt.

Ferner wird eine spezielle Style-Sheet-Angabe notiert: der Filter revealTrans(...). Dieser Filter erwartet zwei Parameter, nämlich die Angabe zu Duration= und eine Angabe zu Transition=. Mit Duration= können Sie angeben, wie lange der Übergang von dem Text zu seinem Nachfolger dauern soll. Im Beispiel wird 0.5 angegeben – das steht für eine halbe Sekunde. Sie können auch Bruchwerte bis zu tausendstel Sekunden angeben, etwa 2.450 – Dezimalzeichen ist ein Punkt.

Bei `Transition=` geben Sie die Art an, wie der Filter wirken soll. Die folgende Tabelle schlüsselt die erlaubten Werte auf.

Übergangseffekt	*Wirkung*
`Transition=0`	Box-Effekt von außen nach innen
`Transition=1`	Box-Effekt von innen nach außen
`Transition=2`	Kreis-Effekt von außen nach innen
`Transition=3`	Kreis-Effekt von innen nach außen
`Transition=4`	Aufroll-Effekt von unten nach oben
`Transition=5`	Aufroll-Effekt von oben nach unten
`Transition=6`	Aufroll-Effekt von links nach rechts
`Transition=7`	Aufroll-Effekt von rechts nach links
`Transition=8`	Streifen-Effekt von links nach rechts
`Transition=9`	Streifen-Effekt von oben nach unten
`Transition=10`	Rechteck-Effekt von links nach rechts
`Transition=11`	Rechteck-Effekt von oben nach unten
`Transition=12`	Zerbröselungseffekt in alle Richtungen
`Transition=13`	Aufroll-Effekt beidseitig von außen nach innen
`Transition=14`	Aufroll-Effekt beidseitig von innen nach außen
`Transition=15+`	Zuklapp-Effekt von oben und unten
`Transition=16`	Aufklapp-Effekt nach oben und unten
`Transition=17`	Aufroll-Effekt von rechts oben nach links unten
`Transition=18`	Aufroll-Effekt von rechts unten nach links oben
`Transition=19`	Aufroll-Effekt von links oben nach rechts unten
`Transition=20`	Aufroll-Effekt von links unten nach rechts oben
`Transition=21`	Jalousie-Effekt waagerecht
`Transition=22`	Jalousie-Effekt senkrecht
`Transition=23`	Aufroll-Effekt von oben nach unten

Tab. 14.1: Übergangseffekte beim `revealTrans`-Filter

Der `revealTrans`-Filter läßt sich ebenso für Grafiken verwenden. Ein Beispiel (für Grafik):

```
<html>
<head>
</head>
<body>
<img id="DynBild" src="regen.gif"
   style="filter:revealTrans(Duration=4,Transition=12)"
   width=320 height=240>
<script language="JavaScript">
```

```
<!--
 window.setTimeout("Wechsel()",5000);
 function Wechsel()
 {
  document.all.DynBild.filters.revealTrans.Apply();
  document.all.DynBild.src = "sonne.gif";
  document.all.DynBild.filters.revealTrans.Play();
 }
//-->
</script>
</body>
</html>
```

Das Beispiel bewirkt, daß innerhalb von 5 Sekunden (5 000 Millisekunden) das angezeigte Bild *regen.gif* zerbröselt und durch das Bild *sonne.gif* ersetzt wird. Dabei gelten die gleichen Regeln wie bei Text. Nur daß bei Grafiken zwischen `Apply()` und `Play()` die gewünschte neue Grafik zugewiesen werden muß, und zwar der Eigenschaft `src`.

Ein-/Ausblendeffekte

Sie können die beiden Filter `blendTrans()` und `revealTrans()` auch dazu nutzen, um Texte oder Grafiken »aus dem Nichts heraus« einzublenden oder auszublenden. Dies ist in Verbindung mit der Style-Sheet-Angabe zur Anzeige bzw. Nichtanzeige mit Platzhalter möglich. Ein Beispiel (Text ein-/ausblenden):

```
<html>
<head>
</head>
<body>
<div id="KommText" style="width:400px; height:100px;
   font-size:24pt; font-weight:bold; color:#0000FF;
   visibility:hidden; filter:blendTrans(Duration=10)">
Hier kommt der Text
</div>
<script language="JavaScript">
<!--
  document.all.KommText.filters.blendTrans.Apply();
  document.all.KommText.style.visibility = "visible";
  document.all.KommText.filters.blendTrans.Play();
//-->
</script>
<div id="GehText" style="width:400px; height:100px;
   font-size:24pt; font-weight:bold; color:#0000FF;
   visibility:visible; filter:blendTrans(Duration=10)">
Hier geht der Text
</div>
<script language="JavaScript">
<!--
```

```
  document.all.GehText.filters.blendTrans.Apply();
  document.all.GehText.style.visibility = "hidden";
  document.all.GehText.filters.blendTrans.Play();
//-->
</script>
</body>
</html>
```

Im Beispiel werden insgesamt zwei `<div>`-Bereiche mit Text definiert. Beide Bereiche erhalten mit der `id`-Angabe jeweils einen Namen, damit sie per Script ansprechbar sind. Der eine Bereich erhält den Namen `KommText`, der andere den Namen `GehText`. Beide Bereiche erhalten auch mit Hilfe der Style-Sheet-Angabe `visibility` eine Angabe dazu, ob sie zunächst angezeigt werden sollen oder nicht. Die Angabe `visibility: hidden` im ersten der beiden `<div>`-Bereiche sorgt dafür, daß dieser Bereich zunächst nicht angezeigt wird. Im zweiten Bereich steht dagegen die Angabe `visibility: visible`. Dadurch wird der entsprechende Text zunächst angezeigt. In beiden `<div>`-Bereichen wird außerdem der `blendTrans`-Filter notiert.

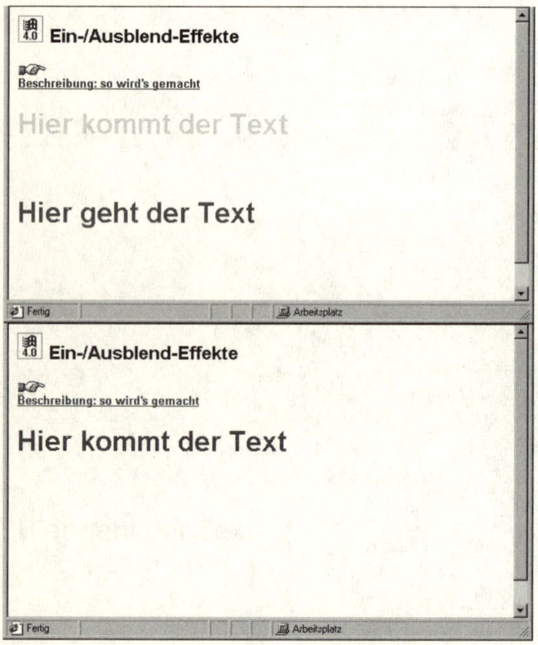

Bild 14.11: Der obere Text erscheint langsam, der untere verschwindet

Unterhalb jedes der beiden `<div>`-Bereiche ist ein Script notiert, das den jeweiligen `blendTrans`-Filter ausführt. Das funktioniert genauso wie bei fließenden Übergängen mit dem `blendTrans`-Filter. Der Unterschied ist lediglich, daß dem jeweiligen `<div>`-Bereich zwischen dem Aufruf der Methoden `Apply()` und `Play()` kein anderer Text zugewiesen wird, sondern ein neuer Wert für `visibility`. Der Bereich, der zunächst `visibility:hidden` zugewiesen bekam, wird innerhalb des Scripts mit der Anweisung `document.all.KommText.style.visibility = "visible"` sichtbar. Da der Wechsel zwischen unsichtbar und sichtbar jedoch in den `blendTrans`-Filter eingebunden ist, wird der Text nicht sofort sichtbar, sondern erst durch das Ausführen des `blendTrans`-Filters. Mit dem zweiten Text passiert das Gleiche, nur umgekehrt. Beispiel (Grafik ein-/ausblenden):

```
<html>
<head>
</head>
<body>
<p><a id="ein" style="display:inline"
   href="javascript:Einblenden()">Grafik einblenden</a><br>
<a id="aus" style="display:none"
   href="javascript:Ausblenden()">Grafik ausblenden</a></p>
<img id="Bild" src="grafik.jpg" style="visibility:hidden;
   filter:revealTrans(Duration=4, Transition=1)" width=433
   height=278>
<script language="JavaScript">
<!--
  function Einblenden()
  {
   document.all.Bild.filters.revealTrans.Transition = 1;
   document.all.Bild.filters.revealTrans.Apply();
   document.all.Bild.style.visibility = "visible";
   document.all.Bild.filters.revealTrans.Play();
   document.all.ein.style.display = "none";
   document.all.aus.style.display = "inline";
  }
  function Ausblenden()
  {
   document.all.Bild.filters.revealTrans.Transition = 0;
   document.all.Bild.filters.revealTrans.Apply();
   document.all.Bild.style.visibility = "hidden";
   document.all.Bild.filters.revealTrans.Play();
   document.all.ein.style.display = "inline";
   document.all.aus.style.display = "none";
  }
//-->
</script>
</body>
</html>
```

Das voranstehende Beispiel enthält zunächst zwei Verweise. Die beiden Verweise rufen JavaScript-Funktionen auf. Einer der Verweise ruft die Funktion `Einblenden()` zum Einblenden einer Grafik auf, der andere die Funktion `Ausblenden()` zum Ausblenden derselben Grafik. Beide Verweise enthalten auch Style-Sheet-Angaben zur Anzeige bzw. Nichtanzeige ohne Platzhalter – (display). Der erste Verweis wird zunächst angezeigt, der zweite nicht. Die Angaben werden in den beiden Script-Funktionen `Einblenden()` und `Ausblenden()` dynamisch verändert. So wird ermöglicht, daß der Verweis `Grafik einblenden` angezeigt wird, wenn die Grafik nicht angezeigt wird, und der Verweis `Grafik ausblenden`, wenn die Grafik angezeigt wird.

Unterhalb der Verweise wird die Grafik notiert, die ein- und ausblendbar sein soll. Durch die Style-Sheet-Angabe `visibility:hidden` wird die Anzeige der Grafik zunächst verhindert. Außerdem erhält die Grafik eine Angabe zum `revealTrans()`-Filter. Wenn der Anwender nun auf den zunächst angezeigten Verweis `Grafik einblenden` klickt, wird die Script-Funktion `Einblenden()` aufgerufen. Diese Funktion ändert zwischen dem Aufruf von `Apply()` und `Play()` des `revealTrans()`-Filters die Anzeige der einzublendenden Grafik auf `visible`. Der Filter wird ausgeführt, und die Grafik wird in der vorgeschriebenen Form (`transition = 1`) eingeblendet. Ferner tauscht die Funktion `Einblenden()` noch die Anzeige-Attribute der beiden Verweise aus, so daß nun der Verweis zum Ausblenden der Grafik angezeigt wird.

Die Funktion `Ausblenden()` leistet das Gleiche, nur umgekehrt. Dabei wird auch die Art des `revealTrans`-Filters umgekehrt, und zwar durch `transition = 0`.

14.5 JSSS – JavaScript-Style-Sheets (Netscape)

N 4.0 *Aufgaben von JavaScript-Style-Sheets (JSSS)*

Wundern Sie sich nicht, wenn in den Anzeigebeispielen zu dieser Seite noch nichts dynamisch ist. Hier wird lediglich eine Variante zum Definieren von Style-Sheets vorgestellt, die Netscape-spezifisch ist. Es handelt sich um Style-Sheet-Definitionen mit Hilfe von JavaScript.

JSSS bedeutet JavaScript Style Sheets. Die Idee dahinter klingt logisch. Wenn man mit JavaScript dynamisch auf Formatierungen zugreifen können soll, ist es sinnvoll, die Formatierungen gleich so zu definieren, daß sie Eigenschaften eines JavaScript-Objekts sind. Deshalb werden die JavaScript-basierten Style-Sheets gerne im Zusammenhang mit Dynamischem HTML bei Netscape behandelt. Auch in dieser Dokumentation ist das so. Erwarten Sie aber keine weiterführenden Zusammenhänge. Der JSSS-Ansatz von Netscape steht etwas im luftleeren Raum. Für Dynamisches Positionieren mit Netscape, wie es mit dem Netscape-Browser in der Version 4.x machbar ist, spielt JSSS keine besondere Rolle.

In der JSSS-Syntax gibt es beispielsweise Anweisungen wie `tags.H1.color = "blue"`. Eine solche Notationsweise müssen Sie so lesen: Es gibt ein JavaScript-Objekt `tags`. Unterhalb dieses Objekts liegen alle verfügbaren HTML-Tags. `H1` ist beispielsweise so ein HTML-Tag. Deshalb darf es, durch einen Punkt getrennt, hinter `tags` notiert werden. Eine Angabe wie `tags.H1.color` ist also genauso zu lesen wie beispielsweise `window.document.images.src`. Beides ist JavaScript-Syntax zum Ansprechen von Objekteigenschaften. Näheres zu diesem Thema finden Sie im Abschnitt 12.2.3 über Objekte, Eigenschaften und Methoden im JavaScript-Teil.

JSSS-Style-Sheets einbinden

Sie können JSSS-Style-Sheets auf zwei Arten in HTML einbinden: entweder in der HTML-Datei selbst im Dateikopf oder als externe Datei, in der die Style-Sheet-Definitionen stehen.

Beispiel (JSSS-Bereich in Datei definieren):

```
<head>
<style type="text/javascript">
  ... Hier folgen die JSSS-Style-Sheet-Definitionen ...
</style>
href="formate.htm">
</head>
```

Mit `<style type="text/javascript">` definieren Sie innerhalb einer HTML-Datei einen Bereich, in dem Sie JSSS-Style-Sheet-Angaben machen können (style = Stil, Format). Es handelt sich um den gleichen Befehl wie beim Einbinden von CSS-Style-Sheets. Der einzige Unterschied ist, daß als Typ `"text/javascript"` angegeben wird. Dadurch wird dieser Bereich nur von Netscape ab 4.x ausgelesen, nicht vom Internet Explorer. Beispiel (JSSS-Angaben aus externer Datei einbinden):

```
<head>
<link rel=stylesheet type="text/javascript" href="formate.htm">
</head>
```

Im Dateikopf einer HTML-Datei können Sie mit einem HTML-Befehl des Typs `<link...>` eine Datei referenzieren, die Style-Sheet-Angaben enthält (link = Verweis). Es handelt sich um den gleichen Befehl wie für CSS-Style-Sheets in separater Datei. Der einzige Unterschied ist, daß als Typ `"text/javascript"` angegeben wird. Die Datei, in der die Formate definiert werden, wird im Beispiel als HTML-Datei eingebunden. Notieren Sie dazu die Angabe `href=` und dahinter in Anführungszeichen den Dateinamen. Dabei sind auch relative Pfadnamen oder absolute URL-Adressen erlaubt. Die Datei sollte nichts anderes enthalten als gültige Style-Sheet-Definitionen nach JSSS-Syntax.

N 4.0 *HTML-Tags mit JSSS-Style-Sheets formatieren*

Sie können mit Hilfe von JSSS-Style-Sheet-Angaben HTML-Tags formatieren. Die Wirkungsweise ist die gleiche wie beim Definieren von Formaten für HTML-Tags nach CSS-Syntax. Ein Beispiel:

```
<style type="text/javascript">
tags.H1.color = "blue";
```

```
tags.p.fontSize = "14pt";
with(tags.H3)
  color = "green";
with(tags.H2)
 {
  color = "red";
  fontSize = "16pt";
  marginTop = "2cm";
 }
</style>
```

Um HTML-Tags mit Hilfe von JSSS-Syntax zu formatieren, stehen Ihnen zwei Möglichkeiten der Notation zur Verfügung:

- Bei der ersten Notationsmöglichkeit notieren Sie zuerst das Schlüsselwort `tags` – kleingeschrieben. Dahinter folgt, durch einen Punkt getrennt, das HTML-Tag, jedoch ohne die sonst üblichen spitzen Klammern. Bei dem Namen des HTML-Tags ist Groß-/Kleinschreibung egal, Sie können also beispielsweise `h1` oder `H1` notieren. Im obigen Beispiel bekommen die Tags `<h1>` und `<p>` auf diese Weise je eine Style-Sheet-Angabe zugewiesen.

- Bei der zweiten Notationsmöglichkeit notieren Sie zuerst das Schlüsselwort `with` (mit). Dahinter folgt, in Klammern stehend, wieder das Schlüsselwort `tags` und dahinter, durch einen Punkt getrennt, wieder das HTML-Tag. Wenn Sie dem HTML-Tag nur eine Style-Sheet-Angabe zuweisen wollen, können Sie das einfach hinter oder unterhalb der Klammer tun wie im obigen Beispiel bei `with(tags.H3)`. Gedacht ist diese Form der Notation jedoch für den Fall, daß Sie für ein HTML-Tag mehrere Style-Sheet-Angaben notieren wollen. In diesem Fall notieren Sie die Angaben in geschweiften Klammern wie im Beispiel bei `with(tags.H2)`. Innerhalb der geschweiften Klammern brauchen Sie dann nur noch die reinen Style-Sheet-Angaben zu notieren (also ohne `tags.H2.` davor).

Um einer Style-Sheet-Angabe einen Wert zuzurodnen, notieren Sie hinter dem Bezeichner für die Style-Sheet-Angabe ein Gleichheitszeichen und dahinter die Wertzuweisung. Die Wertzuweisung muß in Anführungszeichen stehen. Die Syntax bei der Wertzuweisung ist also eine andere als bei den CSS-Style-Sheets.

Beachten Sie: Zur Formatierung stehen alle Style-Sheet-Angaben zur Verfügung, die Netscape auch bei CSS-Style-Sheets interpretiert. In Kapitel 11.3 werden die einzelnen Style-Sheet-Angaben beschrieben.

Eine wichtige Konvention müssen Sie beachten: Viele Style-Sheet-Angaben enthalten normalerweise Bindestriche, wie etwa `font-size` (Schriftgröße) oder `background-color` (Hintergrundfarbe). Wenn Sie eine solche Style-Sheet-Angabe in JSSS-Syntax notieren, entfällt der Bindestrich, und der erste Buchstabe des Wortes hinter dem Bindestrich wird großgeschrieben. Statt `font-size` müssen Sie also `fontSize` notieren, und statt `background-color` müssen Sie `backgroundColor` notieren. Alle Werte, die Sie

JSSS-Style-Sheet-Angaben zuordnen, müssen in Anführungszeichen stehen, da diese aus Sicht von JavaScript Zeichenketten darstellen.

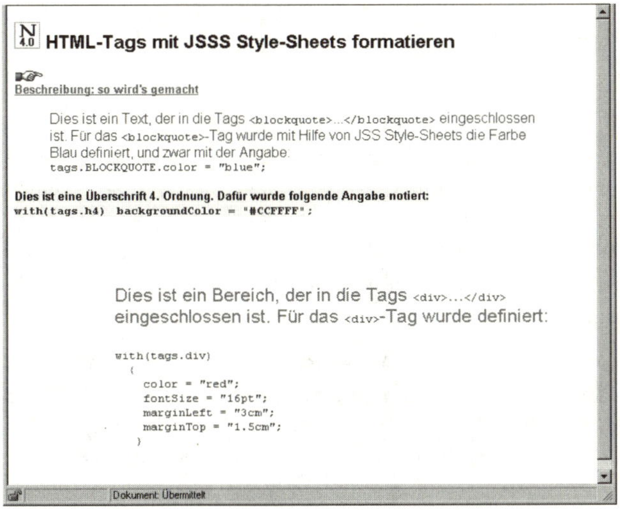

Bild 14.12: Mit den JSSS-Style-Sheets formatierter Text

N 4.0 *Klassen mit JSSS-Style-Sheets definieren*

Sie können Unterklassen mit Formaten anlegen. So ist es möglich, einem HTML-Element, etwa einer Überschrift 2. Ordnung, verschiedene Formate zuzuordnen. Dazu vergeben Sie Namen für die entsprechenden Unterklassen. Die Wirkungsweise ist die gleiche wie beim Definieren von Format-Unterklassen nach CSS-Syntax. Ein Beispiel:

```
<html>
<head>
<title>Titel der Datei</title>
<style type="text/javascript">
classes.Wichtig.H1.color = "blue";
classes.Teletyper.all.fontFamily = "Courier";
with(classes.Zusatzinfo.H2)
  marginLeft = "1cm";
with(classes.Thema.H2)
 {
  color = "red";
  fontSize = "16pt";
  marginTop = "2cm";
 }
</style>
</head>
<body>
<h1 class="Wichtig">&Uuml;berschrift 1. Ordnung in Blau</h1>
```

```
<p class="Teletyper">Textabsatz mit Courier-Schrift</p>
<div class="Teletyper">Bereich mit Courier-Schrift</div>
<h2 class="Thema">Rot, 16 Punkt und 2cm Abstand oben</h2>
<h2 class="Zusatzinfo">Normal, aber mit 1cm Abstand links</h2>
</body>
</html>
```

Um Formatklassen für HTML-Tags mit Hilfe von JSSS-Syntax zu definieren, stehen Ihnen wieder beide Möglichkeiten der Notation zur Verfügung: Bei der ersten Notationsmöglichkeit notieren Sie zuerst das Schlüsselwort `classes` – kleingeschrieben. Dahinter folgt, durch einen Punkt getrennt, ein Name für die Klasse, den Sie selbst vergeben dürfen. Der Name darf nur aus Buchstaben, Ziffern und Unterstrichen bestehen. Groß-/Kleinschreibung wird unterschieden. Im obigen Beispiel wird auf diese Weise eine Klasse namens `Wichtig` definiert.

Hinter dem Klassennamen folgt der Name des HTML-Tags, von dem diese Unterklasse abgeleitet werden soll. Im Beispiel wird also eine Unterklasse für `H2` definiert. Hinter dem Namen des HTML-Tags notieren Sie die gewünschte Style-Sheet-Angabe zur Formatierung. Dabei gelten die im vorhergehenden Abschnitt beschriebenen speziellen Konventionen.

Bei der zweiten Notationsmöglichkeit notieren Sie zuerst das Schlüsselwort `with` (mit). Dahinter folgt, in Klammern stehend, wieder das Schlüsselwort `classes`, dahinter, durch einen Punkt getrennt, der selbst vergebene Klassenname und schließlich das HTML-Tag, für das die Unterklasse definiert werden soll. Im obigen Beispiel wird so mit `with(classes.Thema.H2)` eine Reihe von Formatierungen für die Klasse `Thema` eingeleitet, wobei diese Klasse eine Unterklasse des HTML-Tags `<H2>` ist. Innerhalb der geschweiften Klammern stehen dann die reinen Style-Sheet-Angaben.

Genau wie bei CSS-Style-Sheets können Sie auch bei JSSS-Style-Sheets »abstrakte« Formatklassen definieren, die keinem bestimmten HTML-Tag zugeordnet sind. Dazu notieren Sie bei der Definition anstelle eines HTML-Tags einfach das Schlüsselwort `all`. Im obigen Beispiel wird auf diese Weise eine Klasse mit dem Namen `Teletyper` definiert.

Innerhalb von HTML-Tags wenden Sie solche Formatklassen an, indem Sie im einleitenden HTML-Tag das Attribut `class=` notieren und dahinter den Klassennamen. Klassen, die Sie nur für bestimmte HTML-Tags definiert haben, dürfen Sie nur innerhalb solcher Tags anwenden – im Beispiel etwa die Klasse `Thema` nur für `<h2>`-Überschriften. Klassen, die mit `all` definiert worden sind, dürfen Sie dagegen auf alle HTML-Tags anwenden.

N 4.0 Unabhängige Formate mit JSSS-Style-Sheets definieren

Sie können mit JSSS-Style-Sheets individuelle, unabhängige Formate definieren, die Sie dann innerhalb von HTML bei Bedarf anwenden können. Die Wirkungsweise ist die gleiche wie beim Definieren unabhängiger Formate nach CSS-Syntax. Ein Beispiel:

```
<html>
<head>
<title>Titel der Datei</title>
<style type="text/javascript">
ids.rot.color = "red";
with(ids.rotfett)
 {
  color = "red";
  fontWeight = "bold";
 }
</style>
</head>
<body>
<p id="rot">roter Textabsatz</p>
<p>Textabsatz mit <b id="rotfett">fettem roten Text</b>.</p>
</body>
</html>
```

Um unabhängige Formate mit Hilfe von JSSS-Syntax zu definieren, stehen Ihnen wieder beide Möglichkeiten der Notation zur Verfügung: Bei der ersten Notationsmöglichkeit notieren Sie zuerst das Schlüsselwort `ids` – kleingeschrieben. Dahinter folgt, durch einen Punkt getrennt, ein Name, den Sie selbst vergeben dürfen. Der Name darf nur aus Buchstaben, Ziffern und Unterstrichen bestehen. Groß-/Kleinschreibung wird unterschieden. Im obigen Beispiel wird auf diese Weise eine Klasse namens `rot` definiert.

Hinter dem Namen notieren Sie die gewünschte Style-Sheet-Angabe zur Formatierung. Dabei gelten wieder die genannten speziellen Konventionen. Bei der zweiten Notationsmöglichkeit notieren Sie zuerst das Schlüsselwort `with` (mit). Dahinter folgt, in Klammern stehend, wieder das Schlüsselwort `ids` und dahinter der selbst vergebene Formatname. Im obigen Beispiel wird mit `with(ids.rotfett)` ein unabhängiges Format definiert. Innerhalb der geschweiften Klammern stehen dann die reinen Style-Sheet-Angaben.

Innerhalb von HTML-Tags wenden Sie unabhängige Formate an, indem Sie im einleitenden HTML-Tag das Attribut `id=` notieren und dahinter den Namen des Formats.

N 4.0 *Formate für verschachtelte HTML-Tags mit JSSS-Style-Sheets definieren*

Sie können mit JSSS-Style-Sheets Formate für HTML-Tags definieren, die nur dann gültig sind, wenn das HTML-Tag innerhalb eines bestimmten anderen HTML-Tags vorkommt. Die Wirkungsweise ist die gleiche wie beim Definieren von Formaten für verschachtelte HTML-Tags nach CSS-Syntax. Ein Beispiel:

```
<html>
<head>
```

```
<title>Titel der Datei</title>
<style type="text/javascript">
contextual(tag.P, tags.I).color = "red";
</style>
</head>
<body>
<div>Normaler Textbereich mit <i>normalem kursivem Text </i> . </div>
<p>Normaler Textabsatz mit <i>kursivem Text in rot</i>.</p>
</body>
</html>
```

Um mit Hilfe von JSSS-Syntax ein Format für ein HTML-Tag zu definieren, das nur innerhalb eines bestimmten anderen HTML-Tags eine bestimmte Formatierung erhalten soll, müssen Sie zuerst das Schlüsselwort `contextual` notieren. Dahinter folgt ein Ausdruck, der in Klammern steht. Zuerst notieren Sie nach JSSS-Syntax das übergeordnete, äußere HTML-Tag, im obigen Beispiel `tags.P`. Dahinter folgt, durch ein Komma getrennt, das untergeordnete, innere HTML-Tag, im Beispiel `tags.I`. Hinter der abschließenden Klammer folgt noch mal ein Punkt, gefolgt von der gewünschten Style-Sheet-Angabe. Dabei gelten die genannten speziellen Konventionen.

Innerhalb von HTML werden die definierten Formate angewendet. Im obigen Beispiel wird Text, der mit `<i>`...`</i>` als kursiv definiert wird, zusätzlich rot, wenn er innerhalb eines Textabsatzes (`<p>`...`</p>`) steht. In allen anderen Fällen erhält `<i>`...`</i>` die übliche Formatierung.

N 4.0 *JSSS-Formate innerhalb von HTML-Tags definieren*

Sie können JSSS-Definitionen auch innerhalb einzelner HTML-Tags zur Schnellformatierung benutzen. Das funktioniert genauso wie beim Formatieren einzelner HTML-Tags nach CSS-Syntax. Der einzige Unterschied ist die Notation der Style-Sheet-Angaben. Ein Beispiel:

```
<p style="fontSize='14pt'; marginLeft='1cm'">Textabsatz</p>
```

Sie können Formatangaben für ein HTML-Tag bestimmen, indem Sie innerhalb des einleitenden HTML-Tags die Angabe `style=` und dahinter in Anführungszeichen die gewünschte Formatdefinitionen notieren. Innerhalb der Formatdefinitionen sind Style-Sheet-Angaben erlaubt. Jede Eigenschaftszuweisung besteht aus einem Namen, z. B. `color` und einem Wert, z. B. `red`, getrennt durch ein Gleichheitszeichen – anders als bei CSS! Style-Sheet-Angaben, die normalerweise mit Bindestrich geschrieben werden, werden bei JSSS-Syntax zusammengeschrieben. Ab dem zweiten Angabenteil beginnt jeder Teil mit einem Großbuchstaben. Aus `margin-left` wird so beispielsweise `marginLeft`, aus `background-color` wird `backgroundColor`, und aus `border-bottom-width` wird `borderBottomWidth`. Notieren Sie die Wertzuweisungen in einfachen Anführungszeichen, im Beispiel etwa `'14pt'`. Doppelte Anführungszeichen dürfen Sie deshalb nicht verwenden, weil ja der gesamte Ausdruck `style=` bereits in solchen Anführungszeichen steht.

Beachten Sie: Diese Art, JSSS-Style-Sheet-Angaben zu definieren, funktioniert noch nicht mit der glatten Versionsnummer 4.0 bei Netscape. Erst bei zusätzlichen Releases des Typs V4.0x funktionieren die JSSS-Style-Sheet-Angaben innerhalb von HTML-Tags. Angaben, die Sie innerhalb eines HTML-Tags auf diese Weise definieren, werden vom Internet Explorer ignoriert.

N 4.0 JSSS-Style-Sheets und CSS-Style-Sheets kombinieren

Es spricht nichts dagegen, CSS-Style-Sheets und JSSS-Style-Sheets innerhalb der gleichen HTML-Datei zu verwenden. Dabei gelten zwei einfache Prinzipien:

- CSS-Style-Sheets werden sowohl von Netscape als auch vom Internet Explorer unterstützt, JSSS-Style-Sheets dagegen nur von Netscape.
- Diejenige Style-Sheet-Angabe, die »als letzte« definiert wird, ist maßgeblich.

Ein Beispiel:

```
<html>
<head>
<title>Titel der Datei</title>
<style type="text/css">
p { fontSize:10pt; color:red; }
</style>
<style type="text/javascript">
with(tags.P)
 {
  fontSize = "12pt";
  color = "blue";
 }
</style>
</head>
<body>
<p>Text, der in Netscape und MS IE unterschiedlich aussieht</p>
</body>
</html>
```

Im obigen Beispiel wird das HTML-Tag `<p>...</p>` zuerst mit CSS-Syntax formatiert, anschließend mit JSSS-Syntax. Nach CSS-Syntax wird der Text 10 Punkt groß und rot, nach JSSS-Syntax 12 Punkt groß und blau.

Beim Internet Explorer greift nur die CSS-Definition, da dieser Browser den Bereich, der mit `<style type="text/javascript">` formatiert ist, erst gar nicht ausliest. Bei Netscape greift dagegen die JSSS-Definition. Aber nicht deshalb, weil sie von vorneherein Vorrang vor der CSS-Definition hat, sondern deshalb, weil sie hinter der CSS-

Definition notiert ist. Würde zuerst der JSSS-Bereich notiert und dahinter der CSS-Bereich, würde auch Netscape die CSS-Angaben zur Formatierung verwenden.

14.6 Dynamisches Positionieren (Netscape)

N 4.0 *Dynamisches Positionieren bei Netscape*

Dynamisches HTML – das ist bei Netscape nicht wie beim Internet Explorer der beliebige nachträgliche Zugriff auf alle Elemente einer HTML-Datei. Sie können mit Netscape also nicht wie beim Internet Explorer nachträglich einen Textabsatz, der mit `<p>...</p>` definiert ist, ohne weiteres völlig anders formatieren oder in eine Überschrift 1. Ordnung verwandeln. Eine nahezu vollständige Umsetzung des Document Object Models in JavaScript, wie sie beim Internet Explorer mit Hilfe des `all`-Objekts realisiert ist, gibt es bei Netscape nicht.

Dynamisches HTML gibt es bei Netscape 4.x nur im Zusammenhang mit positionierten Elementen. Deshalb ist hier auch von Dynamischem Positionieren die Rede. Bei Netscape ist Dynamisches HTML die Möglichkeit, positionierte Layer dynamisch zu behandeln, also ein- und auszublenden, zu verschieben usw.

Die Layer-Technologie von Netscape ist allerdings sehr mächtig. Voraussetzung dabei ist das Definieren von Layern in HTML. Es besteht zwar auch die Möglichkeit, ohne das `<layer>`-Tag Dynamisches HTML für Netscape zu schreiben, doch das ganze Konzept, das Netscape seinem Browser in der Version 4.x als Dynamisches HTML eingebaut hat, basiert auf dem `<layer>`-Tag. Wenn man auf das `<layer>`-Tag verzichten will, bleibt einem nur, die Layer zu simulieren.

Die Beispiele in diesem Kapitel konzentrieren sich deshalb im wesentlichen auf die Layer-Technologie. Denn nur so wird der Ansatz deutlich, den Netscape mit seiner Implementierung von Dynamischem HTML verfolgt. Um die Beispiele auf dieser Seite zu verstehen, müssen Sie vor allem die Layer in HTML kennen sowie Vorkenntnisse in JavaScript mitbringen. Sämtliche Beispiele in diesem Kapitel funktionieren nur mit Netscape ab der Version 4.x.

N 4.0 *Layer-Bereiche dynamisch anzeigen/verstecken*

Sie können Layer mit Hilfe von JavaScript dynamisch anzeigen und verstecken. Je nachdem, wie Sie Ihre Layer definieren, können Sie dadurch die verschiedensten Effekte erzielen. Das folgende Beispiel demonstriert, wie Sie eine »Diashow« aus kurzen Texten definieren können. Der Anwender braucht nicht mehr zu scrollen, sondern klickt sich von einem Text zum nächsten. Die Texte werden in einer Box angezeigt. Ein Beispiel:

```
<html>
<head>
<title>Titel der Datei</title>
```

```
<script language="JavaScript">
<!--
var AktuellerText = 1;
var Texte = 4;

function NextText()
{
 ++AktuellerText;
 if(AktuellerText > Texte) AktuellerText = 1;
 for(i=0;i<Texte;i++)
  document.layers[i].visibility = "hide";
 document.layers[AktuellerText-1].visibility = "show";
}
//-->
</script>
</head>
<body>

<layer visibility=show top=150 left=50 width=400
   height=125 bgcolor=#DDFFDD>
<p style="color:#006600; font-family:Arial,Helvetica,San-Serif;
  font-size:14pt; font-weight:bold; padding:5mm">
Das ist der erste Text
</p>
</layer>
<layer visibility=hide top=150 left=50 width=400
   height=125 bgcolor=#DDFFDD>
<p style="color:#006600; font-family:Arial,Helvetica,San-Serif;
   font-size:14pt; font-weight:bold; padding:5mm">
Das ist der zweite Text
</p>
</layer>
<layer top=275 left=50 width=400 bgcolor=#DDFFDD>
<center><form>
<input type=button value=" weiter &gt;&gt; "
   onClick="NextText()">
</form></center>
</layer>

</body>
</html>
```

Im Körper der Beispiel-HTML-Datei werden insgesamt drei Layer definiert. Der erste und der zweite Layer enthalten Texte, die dynamisch wechseln sollen. Der dritte Layer enthält einen Button. Wenn der Anwender auf den Button klickt, wird eine JavaScript-Funktion mit Namen `NextText()` aufgerufen. Diese Funktion wird im Kopf der HTML-Datei in einem JavaScriptbereiche definiert. Die Funktion sorgt dafür, daß der jeweils nächste Text angezeigt wird.

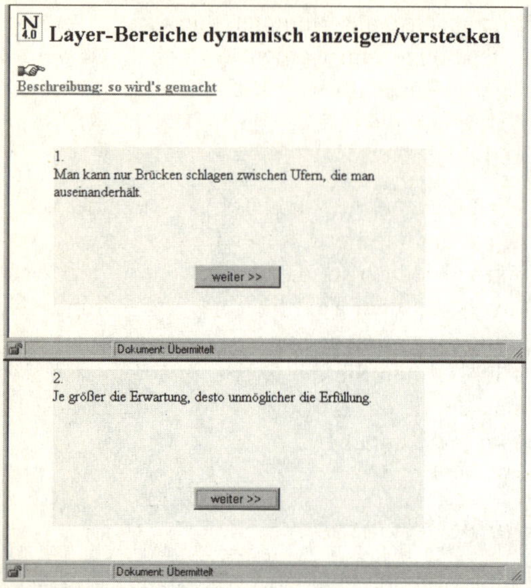

Bild 14.13: Ein Mausklick schaltet von einer »Box« zur nächsten

Beachten Sie, daß die ersten beiden Layer identische Angaben zur Position enthalten. Die Angaben `top=150` (linke obere Ecke beginnt 150 Pixel von oben), `left=50` (linke obere Ecke beginnt 50 Pixel von links), `width=400` (Breite des Layers: 400 Pixel), und `height=125` (Höhe des Layers: 125 Pixel), sind in beiden Layern die gleichen. Die beiden Layer unterscheiden sich lediglich durch die Angabe von `visibility=`. Der erste Layer wird mit `visibilty=show` auf »sichtbar« gesetzt, der zweite Layer mit `visibility=hide` auf »unsichtbar«. Dadurch wird erreicht, daß zunächst nur der erste Layer am Bildschirm angezeigt wird.

Der dritte Layer, also der mit dem Kontroll-Button, enthält ebenfalls Angaben zur Position. Er hat die gleiche Breite wie die beiden ersten Layer und beginnt auch links an der gleichen Position. In der Höhe beginnt er genau 125 Pixel tiefer als die beiden ersten Layer. Da diese eine Höhe von 125 Pixeln haben, schließt der »Kontroll-Button-Layer« also nahtlos an die oberen Layer an. Er enthält keine Angabe zur Sichtbarkeit. Das bedeutet, er ist sichtbar, und das wird sich auch im Verlauf des JavaScripts nicht ändern. Denn der Inhalt dieses Layers steuert ja das Geschehen.

In dem JavaScriptbereiche im Kopf der Datei werden zunächst zwei globale Variablen definiert. Da sie außerhalb jeder Funktion stehen, behält ihr aktueller Wert solange Gültigkeit, wie die HTML-Datei angezeigt wird. In der Variablen `AktuellerText` wird die Nummer des aktuellen Textes gespeichert. In `Texte` wird die Anzahl der dynamisch austauschbaren Texte gespeichert. Sie könnten anstelle der zwei Layer mit Texten auch zehn oder 100 solcher Layer definieren. Entsprechend der Anzahl der definierten Layer müßten Sie nur den Anfangswert von Texte anders zuweisen.

Innerhalb der Funktion `NextText()` wird zunächst die Nummer von `AktuellerText` erhöht, denn es soll ja der jeweils nächste Text angezeigt werden. Anschließend werden in einer `for`-Schleife alle Layer mit Texten auf »unsichtbar« gesetzt. Am Ende wird der Layer desjenigen Textes, der angezeigt werden soll (`AktuellerText`) auf »sichtbar« gesetzt. Dadurch entsteht der Diashow-Effekt.

Beachten Sie: Netscape dehnt die Layer entsprechend ihres Inhalts aus. Wenn der Inhalt eines Textes im obigen Beispiel größer ist als der definierte Layer-Bereich, überschneidet er sich mit dem Layer des Kontroll-Buttons, jedoch so, daß der Layer mit dem Kontroll-Button über dem unteren Teil des Layers mit dem Text liegt. Der Grund dafür ist, daß der Layer mit dem Kontroll-Button hinter dem Layer mit dem Text definiert wird und daher im Stack (Stapel) weiter oben liegt. Wenn Sie die Größe eines Layers unabhängig vom Inhalt fest machen wollen, müssen Sie das Attribut `clip=` benutzen – siehe auch: *Anzeigebereich von Layern beschneiden* in Kapitel 10.1.

N 4.0 Layer-Bereiche dynamisch überlappen lassen

Sie können Layer so positionieren, daß sie sich überlappen. Das macht ohne JavaScript meistens allerdings wenig Sinn, denn der Anwender soll die Inhalte der Layer ja sehen können. Mit Hilfe von JavaScript können Sie jedoch bewirken, daß der Anwender sich einen einzelnen Layer in den Vordergrund holen kann, um dessen Inhalt anzuzeigen. Auf diese Weise können Sie auf einer WWW-Seite durchaus verschiedene Inhalte unterbringen, für die normalerweise mehrere Seiten angebracht wären. Im folgenden Beispiel sind die Layer wie in einem Karteikastenstapel aufgereiht. Der Anwender kann einen Layer herausgreifen. Ein Beispiel:

```
<html>
<head>
<title>Titel der Datei</title>
<style type="text/css">
 layer.Kopf { text-align:right }
 layer.Text { padding:5px }
</style>
<script language="JavaScript">
<!--
var aktiv = "Home";
function Hervorheben(neu_aktiv)
{
 document.layers['Infos'].zIndex = 1;
 document.layers['News'].zIndex = 2;
 document.layers['Home'].zIndex = 3;
 document.layers[aktiv].bgColor = "#CCCCCC";
 document.layers[aktiv].layers[0].bgColor = "#666666";
 document.layers[aktiv].layers[1].visibility = "hide";
 document.layers[neu_aktiv].zIndex = 4;
 document.layers[neu_aktiv].bgColor = "#FFCCFF";
 document.layers[neu_aktiv].layers[0].bgColor = "#000000";
```

```
 document.layers[neu_aktiv].layers[1].visibility = "show";
 aktiv = neu_aktiv;
}
//-->
</script>
</head>
<body link=#FFFFFF vlink=#FFFFFF alink=#FFFFFF text=#000000>
<layer id="Infos" top=155 left=70 width=360 height=230
     bgcolor=#CCCCCC>
  <layer class="Kopf" width=360 height=25 bgcolor=#666666>
   <a href="javascript:Hervorheben('Infos')">Infos</a>
  </layer>
  <layer class="Text" top=25 visibility=hide>
   Hier stehen die Infos
  </layer>
</layer>
<layer id="News" top=180 left=130 width=360 height=230
      bgcolor=#CCCCCC>
  <layer class="Kopf" width=360 height=25 bgcolor=#666666>
   <a href="javascript:Hervorheben('News')">News</a>
  </layer>
  <layer class="Text" top=25 visibility=hide>
   Hier stehen die News
  </layer>
</layer>
<layer id="Home" top=205 left=190 width=360 height=230
      bgcolor=#FFCCFF>
  <layer class="Kopf" width=360 height=25 bgcolor=#000000>
   <a href="javascript:Hervorheben('Home')">HOME</a>
  </layer>
  <layer class="Text" top=25 visibility=show>
   Hier steht der Einstiegstext
  </layer>
</layer>
</body>
</html>
```

Im Beispiel werden drei große Layer definiert: einer für Infos, einer für News und einer für Home, was bedeuten soll, daß dieser Layer eine Art Homepage, einen Home-Layer darstellt. Dieser Layer wird auch zuerst im Vordergrund angezeigt. Und zwar deshalb, weil er als letzter definiert wird. Wenn Sie bei Layern kein Attribut `z-index=` notieren, liegt immer derjenige Layer ganz oben, der als letzter definiert wird.

Dem Beispiel können Sie auch entnehmen, daß innerhalb der Layer für Infos, News und Home jeweils zwei innere Layer definiert werden. Layer, die innerhalb anderer Layer definiert werden, werden relativ zu ihrem Eltern-Layer positioniert. Dazu müssen Sie sich einen Layer vorstellen wie einen neuen kleinen Dateikörper. Alles, was innerhalb davon notiert wird, wird relativ dazu positioniert.

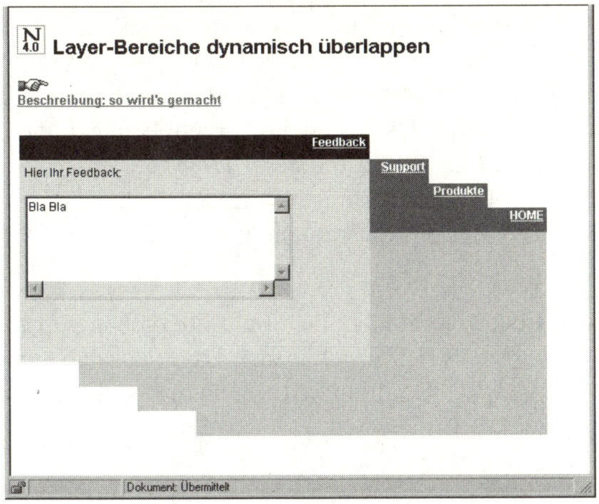

Bild 14.14: Wie ein Karteikartenstapel funktionieren die überlappenden Layer

Die Angaben zu `top=`, `left=`, `height=` und `width=` in den Layern im obigen Beispiel sind alle genau ermittelt, und zwar so, daß die Layer optisch einen sauber sortierten Karteikastenstapel darstellen. Versuchen Sie, die Abhängigkeiten der Positionierungsangaben im Beispiel zu ermitteln. So können Sie erkennen, wie Sie vorgehen müssen, um mehrere Layer nach einem von Ihnen gewünschten Kriterium ordentlich verteilt im Anzeigefenster zu plazieren.

Jeder der großen Layer enthält im obigen Beispiel zwei innere Layer: einen Layer, der wie eine Titelleiste wirkt und einen Verweis enthält, und einen Layer, der den eigentlichen Inhalt enthält. Die Verweise in den Titelleisten-Layern rufen eine JavaScript-Funktion namens `Hervorheben()` auf. Diese Funktion bewirkt das dynamische Hervorholen des großen Layers, der zu dem angeklickten Verweis gehört – also des Eltern-Layers von dem Layer, in dem der Verweis steht.

In dem Scriptbereiche, in dem die Funktion `Hervorheben()` steht, wird vor der Funktion eine Variable `aktuell` definiert. Sie bekommt zu Beginn den Namen des vorne liegenden Layers zugewiesen. Das ist derjenige Name, der beim entsprechenden Layer im Attribut `id=` vergeben wurde.

Die Funktion `Hervorheben()` erwartet einen Parameter, nämlich den Namen desjenigen Layers, der anstelle des bisher vorne liegenden Layers hervorgeholt werden soll. Bei den Verweisen, die die Funktion aufrufen, wird auch wieder der Name übergeben, der im entsprechenden Layer bei `id=` vergeben ist.

Innerhalb der Funktion `Hervorheben()` wird zunächst die normale Layer-Reihenfolge hergestellt. Das geschieht durch Zuweisen einer Zahl an die Layer-Objekteigenschaft `zIndex`. Je höher die Zahl, desto weiter vorne im Stapel liegt der Layer. Das Wiederherstellen der normalen Layer-Reihenfolge bewirkt, daß der »Karteikastenstapel«, den das Beispiel darstellt, immer aufgeräumt erscheint.

Anschließend wird der bisher aktive Layer, bezeichnet durch `document.layers[aktiv]`, mit mehreren Anweisungen behandelt. Die Angabe `aktiv` in den eckigen Klammern zeigt zunächst auf den Layer `Home`. Am Ende der Funktion wird der Wert der Variablen `aktiv` jedoch geändert. Dort wird ihr der Name des neuen hervorgehobenen Layers zugewiesen. Dadurch ist beim nächsten Aufruf der Funktion dieser Layer derjenige, der von `document.layers[aktiv]` betroffen ist. Die Anweisungen, die den bisher aktiven Layer betreffen, weisen diesem Atrribute zu, die ihn optisch zu einem unten liegenden Layer im Karteikastenstapel machen.

Derjenige Layer mit dem Namen, der mit dem Parameter `neu_aktiv` übergeben wurde, erhält dagegen die optischen Attribute, die ihn als hervorgehobenen Layer auszeichnen. Er bekommt auch die höchste Zahl für `zIndex`. Dadurch wird er als oberster Layer angezeigt.

N 4.0 *Layer-Bereiche dynamisch bewegen*

Sie können Layer mit beliebigen Inhalten über das Anzeigefenster springen oder wandern lassen. Das Springen zu einer Stelle ist dabei nur ein einziger Befehl, da dies als Methode im Layer-Objekt von JavaScript zur Verfügung steht. Wenn Sie dagegen zeitgesteuerte Bewegungseffekte wollen, müssen Sie die Positionsberechung vom Startpunkt bis zum Endpunkt des Bewegungsvorgangs zu Fuß programmieren. Das folgende Beispiel zeigt, wie so etwas im Prinzip funktioniert:

```
<html>
<head>
<title>Titel der Datei</title>
<script language="JavaScript">
<!--
function hBeweg(LayerNum,bis_links,Pixel,Pause)
{
 Restpixel = bis_links - document.layers[LayerNum].left;
 if(bis_links < document.layers[LayerNum].left) Pixel=0-Pixel;
 if(Math.abs(Restpixel) > Math.abs(Pixel))
   document.layers[LayerNum].moveBy(Pixel,0);
 else
   document.layers[LayerNum].moveBy(Restpixel,0);
 if(document.layers[LayerNum].left != bis_links)
window.setTimeout('hBeweg('+LayerNum+ ','+ bis_links+ ','+
   Math.abs(Pixel)+ ')','+ Pause +');
}
function vBeweg(LayerNum,bis_oben,Pixel,Pause)
{
 Restpixel = bis_oben - document.layers[LayerNum].top;
 if(bis_oben < document.layers[LayerNum].top) Pixel=0-Pixel;
 if(Math.abs(Restpixel) > Math.abs(Pixel))
   document.layers[LayerNum].moveBy(0,Pixel);
 else
   document.layers[LayerNum].moveBy(0,Restpixel);
```

```
 if(document.layers[LayerNum].top != bis_oben)
window.setTimeout('vBeweg('+ LayerNum+ ','+ bis_oben+ ','+
   Math.abs(Pixel)+ ')','+ Pause+ ');
//-->
</script>
</head>
<body link=#FF0000 vlink=#FF0000 alink=#000000 text=#000000>
<layer left=10 top=10 width=450 height=150>
<p>Springe nach:
<a href="javascript:document.layers[0].moveTo(10,10)">
   links oben</a> |
<a href="javascript:document.layers[0].moveTo(260,10)">
   rechts oben</a> |
<a href="javascript:document.layers[0].moveTo(10,260)">
   links unten</a> |
<a href="javascript:document.layers[0].moveTo(260,260)">
   rechts unten</a><br>
Bewege nach:
<a href="javascript:hBeweg(0,10,4,2)">links</a> |
<a href="javascript:hBeweg(0,260,4,2)">rechts</a> |
<a href="javascript:vBeweg(0,10,4,2)">oben</a> |
<a href="javascript:vBeweg(0,260,4,2)">unten</a></p>
</layer>
</body>
</html>
```

Innerhalb des Dateikörpers der HTML-Datei im obigen Beispiel wird ein Layer definiert. Dieser Layer enthält insgesamt acht Verweise. Bei jedem Verweis wird JavaScript-Code ausgeführt. Dabei wird der Befehl, den der Verweis dem Anwender anbietet, in die Tat umgesetzt.

Alle Verweise sorgen für eine Neupositionierung des Layers, in dem sie sich selber befinden. Das muß nicht so sein – es ist im obigen Beispiel einfach zu Demo-Zwecken so gelöst. Der Layer, den es dynamisch zu positionieren gilt, könnte auch etwas ganz anderes enthalten, etwa Grafiken, Tabellen usw.

Die ersten vier Verweise führen lediglich Sprünge aus, d. h. beim Klicken auf einen dieser Verweise wird der Layer-Inhalt einfach sofort an einer anderen Stelle im Anzeigefenster angezeigt. Für diese Aufgabe stellt das `Layer`-Objekt von JavaScript die Methode `moveTo()` zur Verfügung. Mit einer Anweisung wie `document.layers[0].moveTo(...)` positionieren Sie den ersten Layer der Datei – der den Index 0 hat – an einer neuen Position. Die Methode `moveTo()` setzt die neue Position der linken oberen Ecke des Layers. Dazu erwartet die Methode zwei Parameter, und zwar zuerst den Wert für links und als zweites den Wert für oben. Mit einer Anweisung wie `document.layers[0].moveTo(260,10)` wird also die linke obere Ecke des Layers auf 260 Pixel von links und 10 Pixel von oben gesetzt. Die Angaben beziehen sich auf das jeweilige Elternelement des Layers. Da der Layer im obigen Beispiel kein Layer innerhalb eines anderen Layers ist, ist das normale Anzeigefenster das Elternelement.

Bild 14.15: Der Text springt auf Mausklick in die vier Fensterecken oder wandert langsam dorthin

Während das einfache Neupositionieren mit einer einzigen JavaScript-Anweisung möglich ist, die im obigen Beispiel direkt in dem entsprechenden Verweisen steht, muß zum dynamischen Bewegen von Layern eine eigene Funktion aufgerufen werden, die den Bewegungsablauf bestimmt. Im obigen Beispiel gibt es zwei solcher Funktionen. Die Funktion `hBeweg()` kann Layer horizontal nach links oder rechts verschieben, die Funktion `vBeweg()` leistet das Gleiche, nur vertikal nach oben oder unten. Entsprechend werden die Funktionen aufgerufen. Wenn der Anwender einen der Verweise zum Bewegen nach rechts oder links angeklickt, wird `hBeweg()` aufgerufen, und bei den Verweisen zum Bewegen nach unten oder oben wird `vBeweg()` aufgerufen.

Beide Funktionen sind allgemein geschrieben. Deshalb erwarten sie als Input auch verschiedene Parameter, die beim Funktionsaufruf zu übergeben sind:

- `LayerNum` ist die Indexnummer des Layers, der bewegt werden soll. Da im Beispiel immer der gleiche und einzige vorhandene Layer bewegt werden soll, wird beim Aufruf der Funktionen immer dessen Indexnummer 0 übergeben.
- `bis_links` (bei `hBeweg()`) bzw. `bis_oben` (bei `vBeweg()`) ist der neue Endwert, bei dem die Bewegung gestoppt werden soll. Je nachdem, ob der Wert, den Sie dabei übergeben, größer oder kleiner ist als die aktuelle Position des Layers, ergibt sich automatisch die Bewegungsrichtung.
- `Pixel` ist die Anzahl der Pixel, um die pro Bewegungsschritt weitergesprungen wird. Je höher der Wert ist, den Sie dafür übergeben, desto schneller und ruckartiger die Bewegung. Im obigen Beispiel wird in allen Fällen 4 übergeben.
- `Pause` ist ein weiterer Parameter zur Beeinflussung der Geschwindigkeit. Je höher der Wert, desto langsamer die Bewegung.

Ein Bewegen von Layern besteht in nichts anderem als einem schrittweise neuen Positionieren des Layers. In den Funktionenen `hBeweg()` und `vBeweg()` stehen jeweils etwa in der Mitte zwei Anweisungen der Art `document.layers[LayerNum].moveBy(...)`, von denen immer nur eine ausgeführt wird. Das ist diejenige Anweisung, mit der der Layer jeweils neu positioniert wird. Es handelt sich einfach um den Aufruf der Methode `moveBy()` des Layer-Objekts. Diese Methode funktioniert genauso wie `moveTo()`, nur mit relativen Angaben statt mit absoluten.

Damit der Layer nicht nur einmal, sondern weiter bewegt wird, rufen sich die beiden Funktionen `hBeweg()` und `vBeweg()` am Ende jeweils selbst wieder auf. Der Schleifen-Effekt, der dadurch entsteht, wird erst abgebrochen, wenn der gewünschte Endwert erreicht ist. Der Selbstaufruf der Funktion ist in die JavaScript-Methode `window.setTimeout()` eingebunden. Dadurch kann die Verzögerung berücksichtigt werden, die mit dem Parameter `Pause` übergeben wurde. Der Selbstaufruf der Funktion wirkt etwas kompliziert. Das liegt daran, daß die Funktion sich auch wieder mit den von ihr erwarteten Parametern aufrufen muß. Leider ist es nicht möglich, dazu einen normalen Funktionsaufruf zu notieren und einfach die übergebenen Parameter wieder zu übergeben. Stattdessen wird eine Zeichenkette zusammengebaut, die die Funktion beim Neuaufruf mit tatsächlichen Werten versorgt.

Die übrigen Anweisungen in den beiden Funktionen dienen zur Kontrolle des Bewegungsablaufs, vor allem dazu, daß trotz unterschiedlicher Aufrufparameter tatsächlich die gewünschte Endposition erreicht wird. So ist `Restpixel` eine Hilfsvariable, die ermittelt, wie viele Pixel noch zwischen aktueller Layer-Position und dem gewünschten Endwert liegen. Wichtig ist auch die korrekte Bestimmung der Bewegungsrichtung. Wenn der gewünschte Endwert der Bewegung kleiner ist als die Position des Layers beim Start der Bewegung, dann muß der Schrittwert, der mit dem Parameter `Pixel` übergeben wird, als negative Zahl interpretiert werden. Denn nur so kann es rückwärts gehen, also nach links oder nach oben. Mit dem Ausdruck `Pixel=0-Pixel` wird der Schrittwert bei Bedarf auf eine negative Zahl umgepolt.

Beachten Sie: Komplexere Bewegungsabläufe benötigen entsprechend komplexere Programmierung. Bei diagonalen Bewegungen ist es nur einfach, solange die Anzahl der Pixel, um die pro Bewegungsschritt weiterpositioniert wird, horizontal und vertikal immer proportional ist. Sobald Sie aber krumme Aufgaben lösen wollen, etwa die, von oben 10 links 10 nach oben 86 links 623 auf möglichst geradem Weg zu kommen, dürfen Sie in die Tiefen der Arithmetik eintauchen. Und wenn Sie gar Kreis- oder Ellipsenbewegungen wollen, müssen Sie entsprechende geometrische Formeln kennen und die dafür vorgesehenen Methoden des `Math`-Objekts von JavaScript benutzen. Die besondere Herausforderung bei alledem ist jedoch weniger das Anwenden von Formeln in JavaScript, sondern das Umsetzen der Formelergebnisse in Treppeneffekte – denn Sie können einen Layer nun mal nicht um die Zahl Pi bewegen, sondern immer nur um eine Anzahl von Pixeln horizontal und vertikal.

N 4.0 *Layer-Bereiche dynamisch vergrößern/verkleinern*

Durch dynamisches Verändern des angezeigten Bereichs eines Layers lassen sich unzählige interessante Effekte erzielen, zum Beispiel zum dynamischen Aufklappen und Zuklappen von Teilen einer WWW-Seite. Das folgende Beispiel bewirkt drei Blöcke, von denen zunächst nur Titelzeilen sichtbar sind. Jede Titelzeile enthält einen Verweis. Beim Anklicken des Verweises wird unterhalb der Titelzeile ein Bereich mit Inhalt nach unten aufgerollt. Beim nächsten Anklicken des Verweises wird er wieder zugerollt.

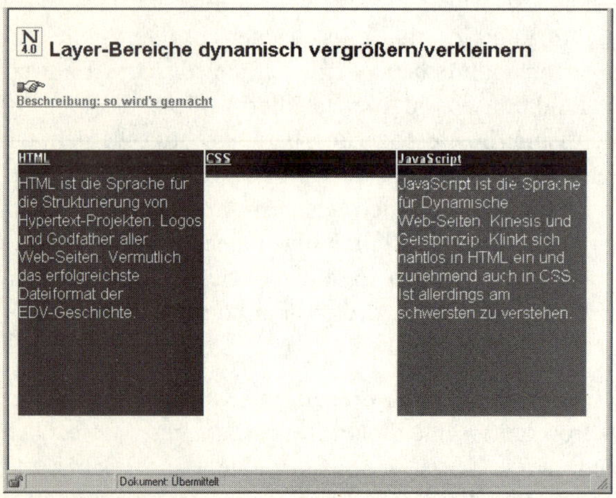

Bild 14.16: Wie Menüs zum Aufklappen wirken die dynamisch vergrößerten Layer

```
<html>
<head>
<title>Titel der Datei</title>
```

```
<style type="text/css">
layer.Text { padding:5px; font-size:14pt;
font-family:Arial,Helvetica,Sans-Serif; color:#FFFFFF }
layer.Kopf { padding:5px; font-size:10pt;
font-family:Arial,Helvetica,Sans-Serif; font-weight:bold; }
a:link, a:visited, a:active { color:#FFFFE0; }
</style>
<script language="JavaScript">
<!--
var Status = new Array("zu","zu","zu");
function AufUndZu(LayerNum)
{
 if(Status[LayerNum] == "zu")
  {
   for(i=2;i<250;++i)
     document.layers[LayerNum].clip.bottom = i;
   Status[LayerNum] = "auf";
  }
 else
  {
   for(i=250;i>2;--i)
     document.layers[LayerNum].clip.bottom = i;
   Status[LayerNum] = "zu";
  }
}
//-->
</script>
</head>
<body bgcolor=#FFFFFF>
<layer class="Text" left=10 top=170 width=198 height=250
   bgcolor=#000099 clip="0,0,198,2">
Inhalt des linken aufklappbaren Layers
</layer>
<layer class="Text" left=210 top=170 width=198 height=250
   bgcolor=#994000 clip="0,0,198,2">
Inhalt des mittleren aufklappbaren Layers
</layer>
<layer class="Text" left=410 top=170 width=198 height=250
   bgcolor=#008000 clip="0,0,198,2">
Inhalt des rechten aufklappbaren Layers
</layer>
<layer class="Kopf" left=10 top=145 width=198 height=25
   bgcolor=#000000>
<a href="javascript:AufUndZu(0)">Verweis links</a>
</layer>
<layer class="kopf" left=210 top=145 width=198 height=25
   bgcolor=#000000>
<a href="javascript:AufUndZu(1)">Verweis Mitte</a>
```

```
</layer>
<layer class="kopf" left=410 top=145 width=198 height=25
   bgcolor=#000000>
<a href="javascript:AufUndZu(2)">Verweis rechts</a>
</layer>
</body>
</html>
```

In dem Beispiel werden insgesamt sechs Layer definiert. Die ersten drei Layer sind diejenigen, die auf- und zuklappbar sind. Zunächst sind diese Layer zugeklappt. Das wird durch das Attribut `clip=` erreicht. Durch diese Angabe läßt sich der angezeigte Bereich eines Layers beliebig einschränken. Die auf-/zuklappbaren Layer im obigen Beispiel haben durch die Angaben `width=198 height=250` eine Breite von 198 und eine Höhe von 250 Pixeln. Durch die Angabe `clip="0,0,198,2"` wird folgendes erreicht: Trotz der definierten Breite und Höhe ist nur der Bereich von links 0 oben 0 bis links 198 oben 2 sichtbar. Das ist nur ein ganz dünner Streifen, der aus optischen Gründen zugelassen wird. Mit `0,0,198,0` wäre von den Layern überhaupt nichts zu sehen.

Die drei unteren Layer sind mit Hilfe der Angaben zu `top=`, `left=`, `width=` und `height=` so positioniert, daß sie genau über den auf-/zuklappbaren Layern stehen. Diese Kopf-Layer enthalten Verweise. Bei jedem Klick auf einen Verweis in einem der Kopf-Layer wird der Layer unterhalb davon auf- oder wieder zugeklappt. Dazu wird bei jedem Klick auf einen der Verweise eine JavaScript-Funktion aufgerufen: die Funktion `AufUndZu()`, die im Kopf der Datei in einem JavaScriptbereiche definiert ist.

In dem JavaScriptbereiche wird vor der Funktion `AufUndZu()` bereits ein Array, bestehend aus drei Werten, definiert: der Array `Status`. Alle seine drei Werte erhalten den Anfangszustand `"zu"`. Da dieser Array außerhalb jeder Funktion definiert ist, stehen seine Daten jederzeit zur Verfügung.

Innerhalb der Funktion `AufUndZu()` wird geprüft, ob ein Layer derzeit auf- oder zugeklappt ist. Dazu bekommt die Funktion beim Aufruf einen Parameter `LayNum` übergeben. Das ist die Indexnummer des Layers, der auf- oder zugeklappt werden soll. Da im Beispiel die ersten drei definierten Layer davon betroffen sein sollen, kommen also nur die Indexnummern 0, 1 und 2 in Frage. Beim Aufruf der Funktion in den unteren drei Layern werden denn auch genau diese drei Werte übergeben. Mit der Abfrage

```
if(Status[LayerNum] == "zu")
```

vergleicht die Funktion `AufUndZu()`, was im Array `Status` als Wert für die übergebene Indexnummer steht. Wenn dort `"zu"` steht, wird der Layer aufgeklappt. Wenn er aufgeklappt wird, wird der Wert im Array am Ende auf den Wert `"auf"` gesetzt. Dadurch gelangt die Funktion bei der nächsten Abfrage für den gleichen Layer in den `else`-Zweig, wo sie genau die umgekehrten Arbeiten durchführt.

Das eigentliche Auf- und Zuklappen geschieht innerhalb der `for`-Schleife. Dort wird beim Aufklappen von 2 bis 250 gezählt und beim Zuklappen von 250 zurück auf 2. Abhängig vom aktuellen Schleifenwert wird die Unterseite des Clip-Bereichs des

Layers mit `document.layers[LayerNum].clip.bottom=` dynamisch verändert. Die Grenzwerte von 2 und 250 hängen mit den definierten Layern zusammen: Die 2 ist jener Wert, der bei den Angaben `clip="0,0,198,2"` vorkommt, und 250 ist die Höhe der definierten Layer (`height=250`). Beim Aufklappen wird also der Clip-Bereich im Script dynamisch auf 0,0,198,250 verändert. Das bedeutet: Der Layer ist vollständig sichtbar. Beim Zuklappen wird dagegen wieder der Clip-Anfangszustand von 0,0,198,2 wiederhergestellt.

Layer-Inhalte dynamisch austauschen

Einen der großen Vorteile des Microsoft-Ansatzes für Dynamisches HTML, nämlich das beliebige Austauschen von HTML-Elementinhalten, können Sie mit Hilfe von Netscape-Layern zumindest nachstellen. Der Grund ist, daß Netscape einen Layer wie ein eigenes kleines neues Dokument innerhalb des Elterndokuments behandelt. So sind auch alle JavaScript-Objekte darauf anwendbar, die unterhalb des `document`-Objekts liegen. Das folgende Beispiel verdeutlicht, wie dies bei Layern im einzelnen funktioniert und welche Möglichkeiten sich dabei eröffnen.

```
<html>
<head>
<title>Titel der Datei</title>
<script language="JavaScript">
<!--
function DatenSchreiben()
{
 var Text = document.Input.document.Eingabe.Feld.value;
 var Laenge = document.Input.document.Eingabe.Feld.value.length;
 document.Output.document.clear();
 document.Output.document.write
   ("<p>Sie haben folgenden Text eingegeben:<br>");
 document.Output.document.write("<b>" + Text + "</b></p>");
 document.Output.document.write
   ("<p>Der Text hat eine Laenge von ");
 document.Output.document.write
   ("<b>" + Laenge + " Zeichen</b></p>");
 document.Output.document.close();
}
//-->
</script>
</head>
<body bgcolor=#FFFFFF>
<layer id="Input" bgcolor=#EEEEFF style="padding:5mm"
   left=10 top=140 width=280 height=280>
<p>Geben Sie in dem Feld Text ein und klicken Sie
dann auf "Interaktion"</p>
<form name="Eingabe">
<textarea name="Feld" cols=25 rows=6 wrap=virtual>
```

```
</textarea><br>
<input type="button" value="Interaktion" width=221
   onClick="DatenSchreiben()">
</form>
</layer>
<layer id="Output" left=310 top=145 width=280 height=280>
</layer>
</body>
</html>
```

Im Beispiel werden zwei Layer definiert: einer mit dem Namen (`id`) `Input` und einer mit dem Namen `Output`. Beide Layer sind so positioniert, daß der Layer für den Output neben dem Layer für den Input erscheint. Der Layer für den Output erhält jedoch zunächst keinen Inhalt. Im Layer für den Input wird dagegen ein Formular definiert. Das Formular besteht aus einem mehrzeiligen Eingabefeld und einem Button. Wenn der Anwender auf den Button klickt, wird die JavaScript-Funktion `SchreibeDaten()` aufgerufen, die im Kopf der Datei innerhalb eines JavaScriptbereiches definiert ist.

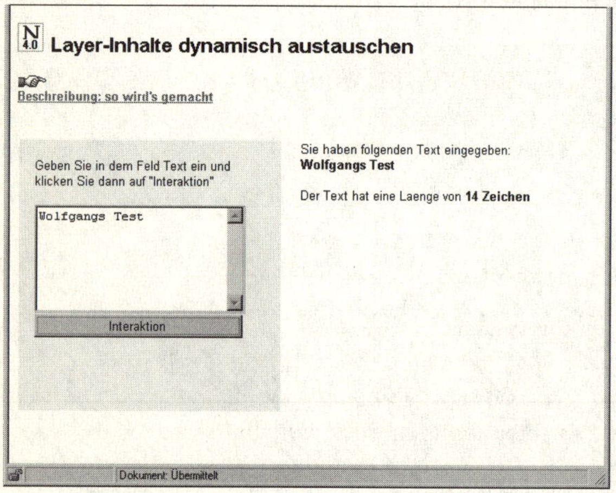

Bild 14.17: Der Inhalt von Layern läßt sich dynamisch ändern

Die Funktion ermittelt zunächst den eingegebenen Text und dessen Länge. Anschließend schreibt sie diese Daten zur Kontrolle in den Layer mit dem Namen `Output`. Wichtig ist, daß vor dem dynamischen Schreiben des Inhalts die Methode `clear()` aufgerufen wird, die den aktuellen Inhalt des Layers löscht und nach dem Schreiben die Methode `close()`, die den Vorgang abschließt, so daß beim nächsten Mal ein neuer Schreibzugriff möglich ist. Dazwischen werden die eigentlichen Daten geschrieben, und zwar mit der Methode `write()`.

Alle drei Methoden sind altbekannte Methoden des `document`-Objekts von JavaScript. Das Besondere im Fall der Layer ist, daß das `document`-Objekt bei den Anweisungen gleich doppelt verwendet wird. Ein Beispiel ist die Anweisung: `document.Output.`

`document.clear();`. Auch zu Beginn der Funktion, beim Ermitteln des Formularfeldinhalts, kommt diese doppelte Verwendung von `document` vor.

Solche Konstruktionen müssen Sie so verstehen: Über das vorne notierte `document` sind Layer-Objekte ansprechbar, da diese unterhalb des `document`-Objekts liegen. `Output` ist im Beispiel der Name eines Layers. Dadurch wird dieser Layer angesprochen. Ein Layer gilt nun aber selbst wieder als »Dokument«. Deshalb dürfen Sie dahinter nochmals `document` und dahinter erlaubte Eigenschaften und Methoden des `document`-Objekts notieren. Die Anweisungen beziehen sich dann auf die Elemente innerhalb des entsprechenden Layers. Elemente innerhalb eines Layers müssen Sie auf diese Weise ansprechen. Im obigen Beispiel etwa kommen Sie an den Formularfeldinhalt nur mit

```
document.Input.document.Eingabe.Feld.value
```

Die Angabe

```
document.Eingabe.Feld.value
```

würde dagegen eine Fehlermeldung erzeugen.

Beachten Sie: Der Phantasie sind hierbei kaum Grenzen gesetzt. Alles, was Sie beispielsweise durch Interaktion mit dem Anwender mit Hilfe eines Formulars in JavaScript ermitteln und berechnen können, können Sie auf diese Weise dynamisch ausgeben. Mit Methoden wie `window.setTimeout()` können Sie auch zeitgesteuert Inhalte in Layer schreiben.

N 4.0 Layer ohne <layer>-Tag simulieren

Unter dem Druck von Microsoft und angesichts der Tatsache, daß das W3-Konsortium keine Anstalten macht, das `<layer>`-Tag und damit die Grundlage für Dynamisches HTML nach dem Netscape-Ansatz in den HTML-Standard zu übernehmen, hat Netscape die Fähigkeit zum Dynamischen Positionieren auch auf die beiden »abstrakten« HTML-Tags `<div>...</div>` und `<span>...</span>` ausgedehnt. Wenn Sie innerhalb solcher HTML-Tags Style-Sheet-Angaben zur Positionierung des Elements notieren, können Sie mit JavaScript auf solche Angaben zugreifen. Netscape interpretiert die Angaben dann genauso wie bei Layern. Ein Beispiel:

```
<html>
<head>
<title>Titel der Datei</title>
<script language="JavaScript">
<!--
function Zeigen()
{
 document.BildAnzeige.visibility = "show";
 document.ZeigenVerweis.visibility = "hide";
 document.VersteckenVerweis.visibility = "show";
}
```

```
function Verstecken()
{
 document.BildAnzeige.visibility = "hide";
 document.VersteckenVerweis.visibility = "hide";
 document.ZeigenVerweis.visibility = "show";
}
//-->
</script>
</head>
<body bgcolor=#FFFFFF>
<div id="ZeigenVerweis"
style="position:absolute; left:100; top:140; width:400; height:30;
   visibility:show">
<a href="javascript:Zeigen()"><b>Zeig das Bild an</b></a>
</div>
<div id="VersteckenVerweis"
style="position:absolute; left:100; top:140; width:400; height:30;
   visibility:hide">
<a href="javascript:Verstecken()"><b>Versteck das Bild</b></a>
</div>
<div id="BildAnzeige"
style="position:absolute; left:100; top:170; width:400; height:230;
   visibility:hide">
<img src="dasbild.jpg" width=91 height=177 border=0>
</div>
</body>
</html>
```

Das Beispiel bewirkt, daß beim Anklicken eines Verweises ein Bild angezeigt wird, das zunächst nicht sichtbar ist. Gleichzeitig erscheint ein neuer Verweis, der das Ausblenden des Bildes erlaubt. Auf diese Weise läßt sich das Bild immer wieder ein- und ausblenden.

In dem Beispiel werden dazu innerhalb des Dateikörpers drei Bereiche mit `<div>...</div>` definiert. Alle drei einleitenden `<div>`-Tags enthalten Style-Sheet-Angaben zur Positionierung. Ohne solche Angaben ist bei Netscape kein dynamischer Zugriff auf das entsprechende Element möglich.

Die beiden ersten `<div>`-Bereiche im Beispiel haben die gleichen Angaben zur Positionierung. Sie unterscheiden sich lediglich durch die Wertzuweisung bei der Angabe `visibility=`. Dadurch wird bewirkt, daß beide Bereiche an der gleichen Stelle angezeigt werden, der eine Bereich zunächst jedoch ausgeblendet bleibt, während der andere angezeigt wird. Der dritte `<div>`-Bereich ist der Behälter für das anzuzeigende Bild. Er ist zunächst auch nicht sichtbar.

Die beiden ersten Bereiche enthalten jeweils einen Verweis. Beim Anklicken des Verweises wird jeweils eine JavaScript-Funktion aufgerufen, die im Kopf der Datei in einem JavaScriptbereiche definiert ist. Der Bereich, der zunächst angezeigt wird, enthält einen Verweis, bei dessen Anklicken die Funktion `Zeigen()` aufgerufen wird.

Die Funktion `Zeigen()` tut nichts anderes, als die Anzeigeverhältnisse unter den drei `<div>`-Bereichen zu ändern. Der erste Bereich, über dessen Verweis die Funktion aufgerufen wurde, wird mit `document.ZeigenVerweis.visibility="hide"` auf unsichtbar gesetzt. Der zweite Bereich, der mit dem anderen Verweis, wird dagegen auf sichtbar gesetzt. Auch der Bereich mit dem Bild wird sichtbar.

Nun werden der zweite Verweis (»Versteck das Bild«) und das Bild selbst angezeigt. Beim Klicken auf den Verweis wird die andere JavaScript-Funktion `Verstecken()` aufgerufen. Diese Funktion arbeitet genauso wie die Funktion `Zeigen()`, nur umgekehrt.

Der Zugriff auf die `<div>`-Bereiche wird dadurch möglich, daß bei der Definition der `<div>`-Bereiche mit `id=` ein Name vergeben wird. Über `document.BereichName` ist dann der Zugriff auf Eigenschaften wie `visibility`, `top`, `left`, `width`, `height` oder `clip` möglich. So lassen sich praktisch alle Aufgaben lösen, ohne das `<layer>`-Tag einzusetzen. In der Praxis kommt es allerdings immer wieder zu Problemen, die bei Verwendung von Layern nicht auftreten.

N 4.0 Das Event-Objekt

Das `event`-Objekt von JavaScript erlaubt es, auf Anwenderereignisse zu reagieren. Es stellt eine Erweiterung der klassischen Event-Handler dar. Das folgende Beispiel demonstriert die Möglichkeiten des `event`-Objekts.

```
<html>
<head>
<title>Titel der Datei</title>
<style type="text/css">
 layer { font-size:10pt; font-family:Arial }
 layer.Kopf { color:#FFFFFF; padding:1mm; cursor:hand; }
 layer.Text { color:#000000; padding-top:30px; padding-left:1mm;
    padding-right:1mm }
</style>
</head>
<body bgcolor=#FFFFFF>

<layer id="Gruen" class="Text" bgcolor=#99FF99 top=170 left=10
   width=200 height=180>
<layer id="Gruenkopf" class="Kopf" bgcolor=#000000 top=0 left=0
   width=200 height=25>
Titelleiste des gr&uuml;nen Layers</layer>
Inhalt des gr&uuml;nen Layers.
</layer>
<layer id="Gelb" class="Text" bgcolor=#FFFF66 top=10 left=310
   width=300 height=120>
<layer id="Gelbkopf" class="Kopf" bgcolor=#000000 top=0 left=0
```

```
   width=300 height=25>
Titelleiste des gelben Layers</layer>
Inhalt des gelben Layers.
</layer>

<script language="JavaScript">
<!--
var Gruen = document.layers['Gruen'];
var Gruentitel =
  document.layers['Gruen'].document.layers['Gruenkopf'].document;
var Gelb = document.layers['Gelb'];
var Gelbtitel =
   document.layers['Gelb'].document.layers['Gelbkopf'].document;

Gruentitel.captureEvents(Event.MOUSEUP|Event.MOUSEDOWN|Event.MOUSEDRAG);
Gruentitel.onmousedown=StartGruen;
Gruentitel.onmouseup=EndGruen;
document.layers['Gruen'].document.layers['Gruenkopf'].onload=GruenReset;

Gelbtitel.captureEvents(Event.MOUSEUP|Event.MOUSEDOWN|Event.MOUSEDRAG);
Gelbtitel.onmousedown=StartGelb;
Gelbtitel.onmouseup=EndGelb;
document.layers['Gelb'].document.layers['Gelbkopf'].onload=GelbReset;

function GruenReset()
 {
   Gruentitel.captureEvents(Event.MOUSEUP|Event.MOUSEDOWN|Event.MOUSEDRAG
   ); }
function GelbReset()
 {
   Gelbtitel.captureEvents(Event.MOUSEUP|Event.MOUSEDOWN|Event.MOUSEDRAG)
   ; }
function StartGruen()
 { Gruentitel.captureEvents(Event.MOUSEMOVE);
    Gruentitel.onmousemove=ZiehGruen; }
function StartGelb()
 { Gelbtitel.captureEvents(Event.MOUSEMOVE);
    Gelbtitel.onmousemove=ZiehGelb; }
function ZiehGruen(Ereignis)
 { Gruen.left = Ereignis.pageX; Gruen.top = Ereignis.pageY; }
function ZiehGelb(Ereignis)
 { Gelb.left = Ereignis.pageX; Gelb.top = Ereignis.pageY; }
function EndGruen()
 { Gruentitel.onmousemove=0;
    Gruentitel.releaseEvents(Event.MOUSEMOVE); }
function EndGelb()
 { Gelbtitel.onmousemove=0;
    Gelbtitel.releaseEvents(Event.MOUSEMOVE); }
```

```
//-->
</script>
</body>
</html>
```

Im Beispiel werden insgesamt vier Layer definiert, davon zwei »äußere« (mit `id="Gruen"` bzw. `id="Gelb"`) und zu jedem jeweils ein »innerer« (mit `id="Gruenkopf"` bzw. `id="Gelbkopf"`). Die inneren Layer sind so gestaltet, daß sie wie Titelleisten zu den jeweils äußeren Layern wirken, daher auch die `id`-Namen.

Wie Sie erkennen können, steht nirgendwo bei der Layer-Definition oder innerhalb eines der Layer ein JavaScript-Aufruf. Dennoch sind die beiden Titelleisten sensitiv: Wenn der Anwender mit der Maus darauf klickt, die Maustaste gedrückt hält und die Maus bewegt, bewegt sich der gesamte zugehörige »äußere« Layer mit. Der Grund dafür ist das Konzept des `event`-Objekts. Es benötigt keine Event-Handler innerhalb von HTML, um JavaScript-Aktionen anzustoßen.

Der JavaScriptbereiche des obigen Beispiels enthält dafür einige ungewohnte Dinge. Er wird unterhalb der Layer definiert, weil gleich bei seinem Einlesen Code ausgeführt wird, der sich auf die definierten Layer bezieht. Die Layer müssen zu diesem Zeitpunkt bereits eingelesen sein, sonst gibt es eine Fehlermeldung.

Die ersten vier Zeilen des JavaScript-Codes im Beispiel speichern einfach nur ziemlich lange Objekt-Eigenschaften-Ketten in Variablen, da diese im weiteren Verlauf häufig notiert werden müssen. Danach folgen jeweils vier Anweisungen, und zwar je für den grünen Layer und für den gelben. Die Methode `captureEvents()` bewirkt, daß Anwenderaktionen überwacht und bei Eintritt gemeldet werden. Die Methode `captureEvents()` erwartet als Parameter einen Wert. Notieren Sie dazu nach dem Prinzip `Event.WELCHER` die Events, die überwacht werden sollen. Die gewünschten Events sind durch Bit-weises Oder – einfacher Vertikalstrich – zu trennen. Welche Events es neben denen im obigen Beispiel gibt, erfahren Sie in der JavaScript-Objekt-Referenz beim Objekt `event`.

Beim Eintritt von überwachten Ereignissen werden Funktionen aufgerufen. Beachten Sie dabei die etwas merkwürdige Syntax: Mit einer Anweisung wie `Gruentitel.onmousedown=StartGruen` wird die selbstgeschriebene Funktion `StartGruen()` aufgerufen, die weiter unten im Script definiert ist. Beim Aufruf dürfen Sie in diesem Fall jedoch keine Klammern hinter dem Funktionsnamen notieren!

Verfolgen Sie nun im Beispiel den Fall, daß der Anwender auf die Titelleiste des grünen Layers klickt. Dann wird das Ereginis `MOUSEDOWN` für `Gruentitel` gemeldet. Für diesen Fall (`onmousedown`) wird die Funktion `StartGruen` aufgerufen. Innerhalb dieser Funktion wird wiederum überwacht, ob der Anwender die Maus bei gedrückter Maustaste bewegt. Wenn ja, wird dort nach dem gleichen Schema die Funktion `ZiehGruen` aufgerufen. Obwohl die Funktion keinen Parameter übergeben bekommt, erwartet sie einen – auch das gegen alle sonstigen Regeln. Der erwartete Parameter ist aber kein »Wert« wie sonst üblich, sondern einfach ein Name für den aktuellen Event. Im Beispiel wurde der

Name `Ereignis` gewählt. Unter dem vergebenen Namen lassen sich Eigenschaften des `event`-Objekts ansprechen. Da innerhalb der Funktion `ZiehGruen` davon Gebrauch gemacht wird, ist ein solcher Name erforderlich. Aktiv ist die Funktion `ZiehGruen` solange, wie der Anwender die Maustaste bewegt und nicht losläßt. Während dieser Zeit werden »so oft wie möglich« die Eigenschaften `PageX` (aktuelle Mausposition von links) und `PageY` (aktuelle Mausposition von oben) von `Ereignis` abgefragt. Diese Werte werden dem betroffenen Layer dynamisch als neue Werte für die linke obere Ecke zugewiesen. So entsteht der Bewegungseffekt.

Wenn der Anwender die Maustaste losläßt, wird die Funktion `ZiehGruen` sofort verlassen. Da die Event-Überwachung ja noch aktiv ist, wird jetzt das Ereginis `MOUSEUP` gemeldet. Für diesen Fall wird die Funktion `EndGruen` aufgerufen. Diese Funktion enthält zwei Befehle zum »Aufräumen«.

Wenn Sie sonst nichts weiter unternehmen würden, wäre der Layer nach dem ersten Bewegen nicht mehr bewegungsfähig. Damit er immer wieder bewegbar ist, tritt automatisch ein Load-Ereignis ein. Dieses wird mit `onload=` abgefangen. Dabei wird die Funktion `GruenReset` aufgerufen. Diese Funktion startet die erneute Überwachung der Ereignisse. Analog zu dem Handling für den grünen Layer wird mit dem Handling für den gelben Layer verfahren.

N 4.0 *Inline-Scripts bei Layern*

Netscape bietet eine vereinfachte JavaScript-Syntax an, um Layer-Eigenschaften innerhalb eines Layers dynamisch zu ändern. Ein Beispiel:

```
<html>
<head>
<title>Titel der Datei</title>
<style type="text/css">
layer { padding:1mm; }
p.Verweis { font-size:10pt; font-weight:bold; font-family:Arial;
   color:yellow; }
p.Text { font-size:10pt; font-family:Arial; color:white; }
</style>
</head>
<body bgcolor=#FFFFFF>
<layer bgcolor=#000000 top=175 left=50 width=500 height=200
   clip="0,0,500,25" onMouseover="Zeigen()"
   onMouseout="Verstecken()">
<p class="Verweis">Was Sie schon immer wissen wollten über ...</p>
<p class="Text">
Hier steht das, was Sie schon immer wissen wollten.
</p>
<script language="JavaScript">
<!--
function Zeigen() { clip.bottom = 200; }
```

```
function Verstecken() { clip.bottom = 25; }
//-->
</script>
</layer>
</body>
</html>
```

Im Beispiel wird ein Layer definiert. Mit einer Angabe zu `clip=` wird der Anzeigebereich des Layers jedoch zunächst beschnitten, und zwar so, daß gerade der erste Textabsatz sichtbar ist. Wenn der Anwender mit der Maus über den sichtbaren Layer-Bereich fährt, wird die JavaScript-Funktion `Zeigen()` aufgerufen. Diese Funktion verändert den Clip-Bereich des Layers so, daß er in ganzer Größe angezeigt wird. Wenn die Maus den Layer-Bereich wieder verläßt, wird die Funktion `Verstecken()` aufgerufen. Diese Funktion ändert den Clip-Bereich wieder auf den Anfangswert.

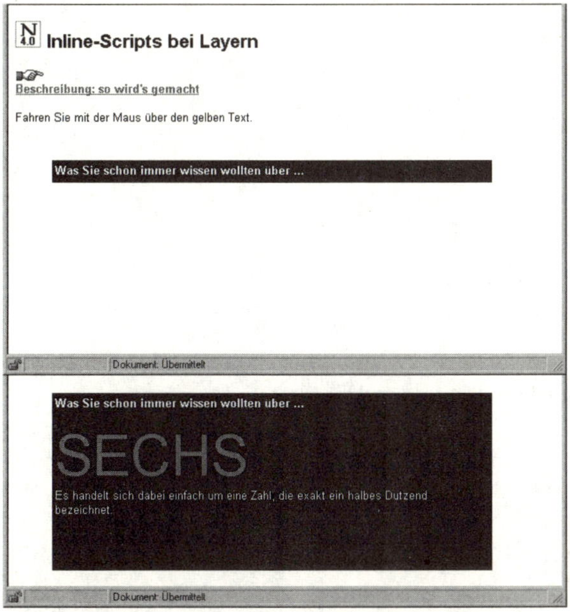

Bild 14.18: Das Überfahren mit der Maus reicht aus, um den unteren Bereich aufzuklappen

Wichtig ist bei dieser Form, daß der JavaScriptbereiche innerhalb des Layers definiert wird. Dann brauchen Sie sich nicht um die korrekte Adressierung des Layers mit Indexnummern oder Namen zu kümmern. Sie können einfach Anweisungen wie `clip.bottom=[Wert]` (wie im Beispiel) oder Anweisungen wie `top=`, `left=` oder `bgColor=` notieren, um Wirkungsweise und Aussehen des Layers zu verändern. Welche Eigenschaften Sie ändern können, entnehmen Sie der Referenz zum Layer-Objekt.

14.7 Lösungen für die Praxis

Dieses Kapitel stellt Beispiele für Dynamisches HTML vor, die sowohl mit dem Internet Explorer (ab Version 4.x) als auch mit Netscape (ab Version 4.x) funktionieren.

14.7.1 Datums-/Uhrzeitanzeige

Dieses Beispiel zeigt, wie Sie eine laufende Uhr, die Sie beliebig formatieren können, so realisieren können, daß sie sowohl auf dem Internet Explorer ab V4.0 als auch auf Netscape ab V4.0 funktioniert.

Hinweis: Zur besseren Orientierung enthält das Beispiel Verweise zu den entsprechenden Erläuterungen, z. B. *1**. Diese Verweise gehören nicht zum Quellcode. Falls Sie das Beispiel in einen Editor kopieren, müssen Sie diese Verweise löschen. Andernfalls erhalten Sie JavaScript-Fehlermeldungen.

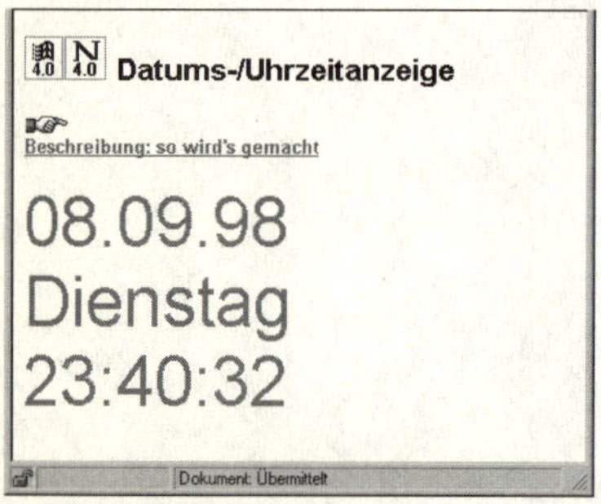

Bild 14.19: Das nachfolgende Beispiel realisiert diese Uhr

```
<html>
<head>
<style type="text/css">
all.Uhr { font-family:Century Gothic,Arial; font-size:36pt;
   color:blue; }
</style>
2* <script language="JavaScript">
<!--
 Wochentagname =
 new Array("Sonntag","Montag","Dienstag","Mittwoch","Donnerstag",
   "Freitag","Samstag");
function ZeitAnzeigen()
{
 var Jetzt = new Date();
 var Tag = Jetzt.getDate();
 var Monat = Jetzt.getMonth() + 1;
 var Jahr = Jetzt.getYear();
 var Stunden = Jetzt.getHours();
```

```
 var Minuten = Jetzt.getMinutes();
 var Sekunden = Jetzt.getSeconds();
 var WoTag = Jetzt.getDay();
 var Vortag  = ((Tag < 10) ? "0" : "");
 var Vormon  = ((Monat < 10) ? ".0" : ".");
 var Vorstd  = ((Stunden < 10) ? "0" : "");
 var Vormin  = ((Minuten < 10) ? ":0" : ":");
 var Vorsek  = ((Sekunden < 10) ? ":0" : ":");
 var Datum = Vortag + Tag + Vormon + Monat  + "." + Jahr;
 var Uhrzeit = Vorstd + Stunden + Vormin + Minuten + Vorsek
   + Sekunden;
 var Gesamt = Datum + "<br>" + Wochentagname[WoTag] + "<br>"
   + Uhrzeit;

4* if(document.all)
   document.all.MicrosoftUhr.innerHTML = Gesamt;
 else if(document.layers)
  {
   document.NetscapeUhr.document.open();
   Gesamt = '<span class="Uhr")>' + Gesamt + '</span>';
   document.NetscapeUhr.document.write(Gesamt);
   document.NetscapeUhr.document.close();
  }

 window.setTimeout("ZeitAnzeigen()",1000);
}
// -->
</script>
</head>
<body bgcolor=#FFFFFF>

1* <div id="MicrosoftUhr" class="Uhr">
</div>

<layer id="NetscapeUhr">
</layer>

3* <script language="JavaScript">
<!--
window.setTimeout("ZeitAnzeigen()",1000);
// -->
</script>

</body>
</html>
```

Im Körper der HTML-Datei im Beispiel werden zwei leere Behälter definiert: ein `<div>`-Bereich und ein `<layer>`-Bereich (*1**). Die `id`-Namen der beiden Bereiche sagen bereits alles über die Bedeutung der Bereiche. Der `<div>`-Bereich wird für den Internet Explorer definiert, der `<layer>`-Bereich für Netscape. Netscape kennt zwar beide HTML-Tags, stellt den `<div>`-Bereich aber in keiner Weise dar, weil dieser leer ist.

Die Beispieldatei enthält ferner zwei JavaScriptbereiche. Der eine Bereich ist im Dateikopf notiert (*2**), der andere unterhalb der beiden »Behälter« (*3**). Im unteren JavaScriptbereiche passiert nichts weiter als der erste Aufruf der JavaScript-Funktion `ZeitAnzeigen()`, die im oberen Scriptbereiche steht und für die Zeitanzeige verantwortlich ist. Der Aufruf erfolgt durch die Einbettung in eine `setTimeout()`-Methode um 1 000 Millisekunden, also um eine Sekunde verzögert. Dies ist notwendig, da der Internet Explorer sonst eine merkwürdige Fehlermeldung bringt. Begründung dafür gibt es keine, das sind typische Probleme, die nur durch viel Herumprobieren zu lösen sind.

In dem JavaScriptbereiche, der im Dateikopf steht, wird gleich beim Einlesen ein global definierter Array für die deutschen Wochentage definiert. Darunter steht die Funktion `ZeitAnzeigen()`, die für die dynamische Datums-/Uhrzeitanzeige verantwortlich ist. Die Funktion ermittelt zunächst mit Hilfe des `Date`-Objekts die aktuelle Zeit. Mit Hilfe diverser Formatierbefehlen erzeugt sie dann eine Zeichenkette, die einer Datums-/Uhrzeitdarstellungs-Konvention entspricht. Diese Zeichenkette wird in der Variablen mit dem Namen `Gesamt` gespeichert. All diese Dinge haben noch nichts mit der Anzeige zu tun und funktionieren problemlos mit beiden Browsern.

Die entscheidende Abfrage zur Unterscheidung der Browser erfolgt in den Anweisungen (*4**): `if(document.all)` und `else if(document.layers)`.

Es handelt sich um Abfragen, ob das betreffende Objekt existiert. Der Internet Explorer kennt das `all`-Objekt, das Layer-Objekt dagegen nicht. Netscape dagegen kennt das Layer-Objekt, aber nicht das `all`-Objekt. Ältere Browser, die keines dieser beiden JavaScript-Objekte kennen, gelangen in keinen der beiden Zweige.

Beim Internet Explorer ist die Sache relativ einfach. Mit der Eigenschaft `innerHTML` des `all`-Objekts läßt sich jederzeit dynamisch der Inhalt eines HTML-Elements neu setzen. Mit `document.all.MicrosoftUhr` wird das Element angesprochen, das mit `id=` den entsprechenden Namen erhalten hat, also der `<div>`-Bereich. Die Eigenschaft `innerHTML` bekommt einfach den Wert der Variablen `Gesamt` zugewiesen. Damit zeigt der Internet Explorer die aktuelle Uhrzeit in dem `<div>`-Bereich an.

Bei Netscape macht sich das Beispiel die Eigenschaft zunutze, daß ein Layer eine Art Dokument im Dokument darstellt, in das man jederzeit mit Hilfe von `document.write()` neue Daten schreiben kann. Das Dokument im Dokument wird im Beispiel mit `document.NetscapeUhr.document` angesprochen. Dabei ist `NetscapeUhr` der Name, den der Layer bei `id=` erhalten hat. Ganz wichtig ist, daß zunächst `document.open()` notiert wird und am Ende `document.close()`. Ansonsten würde Netscape die Uhrzeitanzeige nicht jede Sekunde überschreiben, sondern fortlaufend hintereinanderschreiben.

Leider übernimmt Netscape bei `document.write()` keine CSS-Style-Sheet-Angaben. Deshalb wird dynamisch innerhalb des `document.write()`-Befehls mit einem `<span>`-

Tag die nötige Zuweisung nachgeholt. Alle Angaben, die zur Formatierung der Uhr gehören, stehen in einem Style-Sheet-Bereich im Dateikopf.

14.7.2 Verschiebbare Seitenelemente

Dieses Beispiel realisiert eine HTML-Datei, in der verschiedene Bereiche für den Anwender mit der Maus frei verschiebbar sind wie Fenster in einer grafischen Benutzeroberfläche. Die Bereiche können sich dabei auch beliebig überlappen. Der zuletzt angeklickte und zurechtgeschobene Bereich ist automatisch im Vordergrund. Das Beispiel ist so geschrieben, daß die Funktionalität bei Netscape 4.x und Internet Explorer 4.x in etwa gleich ist. An diesem Beispiel können Sie auch erkennen, daß der Programmieraufwand für schicke Features schnell recht hoch werden kann.

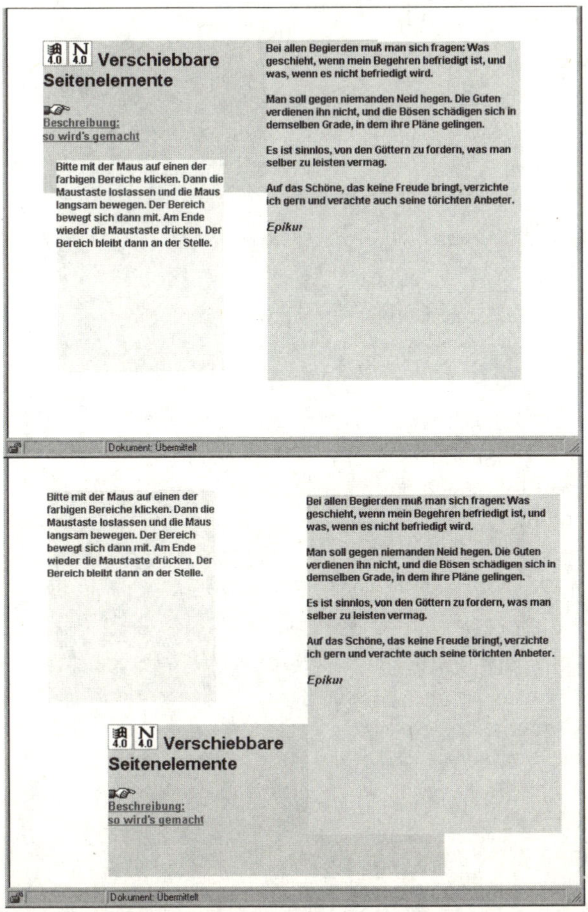

Bild 14.20: Diese farbigen Bereiche lassen sich mit der Maus durch einfaches Anklicken beliebig verschieben

```
<html>
<head>
<style type="text/css">
 layer { padding:10px }
</style>
3* <script language="JScript">
<!--
var max = 4;
var Merker = 0;
9* function Merken()
{
 if(window.event.srcElement.id == "div1" && Merker == 0)
    Merker = 1;
 else if(window.event.srcElement.id == "div2" && Merker == 0)
    Merker = 2;
 else if(window.event.srcElement.id == "div3" && Merker == 0)
    Merker = 3;
 else if(Merker > 0) Merker = 0;
}
10* function Plazieren()
{
 if(window.event.srcElement.id == "div1" && Merker == 1)
 {
  document.all.div1.style.zIndex = max; max+=1;
  document.all.div1.style.left = window.event.x - 100;
  document.all.div1.style.top = window.event.y - 125;
 }
 if(window.event.srcElement.id == "div2" && Merker == 2)
 {
  document.all.div2.style.zIndex = max; max+=1;
  document.all.div2.style.left = window.event.x - 150;
  document.all.div2.style.top = window.event.y - 200;
 }
 if(window.event.srcElement.id == "div3" && Merker == 3)
 {
  document.all.div3.style.zIndex = max; max+=1;
  document.all.div3.style.left = window.event.x - 200;
  document.all.div3.style.top = window.event.y - 90;
 }
}
// -->
</script>
7* <script for="document" Event="onclick()" language="JScript">
 Merken();
</script>
8* <script for="document" Event="onmousemove()"
   language="JScript">
 Plazieren();
```

```
</script>
</head>
<body bgcolor=#FFFFFF>

1* <div id="div1" style="position:absolute; top:150px; left:30px;
   width:200px; height:250px; background-color:#DDFFDD;
   color:#006600; font-family:Arial; font-size:9pt;
   font-weight:bold; padding:10px;">
2* <layer id="lay1" width=200 height=250 bgcolor=#DDFFDD>
Hier steht der Inhalt von Bereich 1.
</layer>
</div>

<div id="div2" style="position:absolute; top:30px; left:300px;
   width:300px; height:400px; background-color:#FFDDDD;
   color:#660000; font-family:Arial; font-size:9pt;
   font-weight:bold; padding:10px;">
<layer id="lay2" width=300 height=400 bgcolor=#FFDDDD>
Hier steht der Inhalt von Bereich 2.
</layer>
</div>

<div id="div3" style=position:"absolute; top:180px; left:100px;
   width:400px; height:180px; background-color:#DDDDFF;
   color:#000066; font-family:Arial; font-size:9pt;
   font-weight:bold; padding:10px;">
<layer id="lay3" width=400 height=180 bgcolor=#DDDDFF>
Hier steht der Inhalt von Bereich 3.
</layer>
</div>


4* <script language="JavaScript">
<!--
var maxlay = 4;
if(document.layers)
{ Gruen = document.layers[0]; Rot = document.layers[1];
   Blau = document.layers[2];
   InitGruen(); InitRot(); InitBlau();
}
function InitGruen()
5* { Gruen.captureEvents(Event.CLICK);
  Gruen.onclick=StartGruen; Gruen.onload=GruenReset;
}
function InitRot()
{ Rot.captureEvents(Event.CLICK);
  Rot.onclick=StartRot; Rot.onload=RotReset;
}
```

```
function InitBlau()
{ Blau.captureEvents(Event.CLICK);
  Blau.onclick=StartBlau; Blau.onload=BlauReset;
}
function StartGruen()
{ Gruen.zIndex = maxlay; maxlay+=1;
6*   Gruen.captureEvents(Event.MOUSEMOVE|Event.CLICK);
  Gruen.onmousemove=ZiehGruen; Gruen.onclick=EndGruen;
}
function EndGruen()
{ Gruen.onmousemove=0; Gruen.releaseEvents(Event.MOUSEMOVE);
   InitGruen(); }
function GruenReset()
{ Gruen.captureEvents(Event.CLICK|Event.MOUSEMOVE); }
function ZiehGruen(Ereignis)
{ Gruen.left = Ereignis.pageX - 100;
   Gruen.top = Ereignis.pageY  - 240; }
function StartRot()
{ Rot.zIndex = maxlay; maxlay+=1;
  Rot.captureEvents(Event.MOUSEMOVE|Event.CLICK);
  Rot.onmousemove=ZiehRot; Rot.onclick=EndRot;
}
function EndRot()
{ Rot.onmousemove=0; Rot.releaseEvents(Event.MOUSEMOVE); ;
   InitRot(); }
function RotReset()
{ Rot.captureEvents(Event.CLICK|Event.MOUSEMOVE); }
function ZiehRot(Ereignis)
{ Rot.left = Ereignis.pageX - 150;
   Rot.top = Ereignis.pageY - 390; }
function StartBlau()
{ Blau.zIndex = maxlay; maxlay+=1;
  Blau.captureEvents(Event.MOUSEMOVE|Event.CLICK);
  Blau.onmousemove=ZiehBlau; Blau.onclick=EndBlau;
}
function EndBlau()
{ Blau.onmousemove=0; Blau.releaseEvents(Event.MOUSEMOVE); ;
   InitBlau(); }
function BlauReset()
{ Blau.captureEvents(Event.CLICK|Event.MOUSEMOVE); }
function ZiehBlau(Ereignis)
{ Blau.left = Ereignis.pageX - 200;
   Blau.top = Ereignis.pageY - 170; }
// -->
</script>

</body>
</html>
```

Etwa in der Mitte des obigen Beispiels, unterhalb des öffnenden `<body>`-Tags, werden insgesamt drei Bereiche definiert (*1**). Alle drei Bereiche werden zunächst als `<div>`-Bereiche definiert. Die drei Bereiche erhalten die id-Namen `"div1"`, `"div2"` und `"div3"`. Mit Hilfe von Style-Sheet-Angaben zur Positionierung werden die Bereiche im Anzeigefenster genau plaziert. Die Bereiche überlappen sich dabei. Da keine spezielle Schichtreihenfolge festgelegt wird, liegt der zuletzt definierte Bereich zunächst über den beiden anderen Bereichen. Es handelt sich bei dieser Anordnung jedoch nur um den Ausgangszustand, den der Anwender später ändern kann.

Innerhalb der drei `<div>`-Bereiche finden Sie im obigen Beispiel jeweils drei entsprechende `<layer>`-Bereiche (*2**). Diese Form der Verschachtelung hat sich als praktikabel erwiesen. Denn der Internet Explorer ignoriert das `<layer>`-Tag, interpretiert jedoch den Inhalt, der zwischen `<layer>` und `</layer>` steht. Netscape dagegen interpretiert zwar zuerst das `<div>`-Tag, freut sich dann aber über das innere `<layer>`-Tag, mit dem er bei Dynamischem HTML letztlich doch besser klar kommt. Die `<layer>`-Bereiche im Beispiel haben keine Angaben zu den Werten `left=` und `top=`. Dadurch beginnen sie einfach links oben innerhalb der übergeordneten `<div>`-Bereiche.

Das gesamte Handling zum Verschieben der Bereiche für den Fall, daß der Anwender mit der Maus darauf klickt und anschließend die Maus bewegt, ist in dem Beispiel in zwei Scriptbereichen untergebracht. Beide Scriptbereiche sind streng voneinander getrennt. Einer der beiden Bereiche steht im Dateikopf – das ist der Scriptbereich für den Internet Explorer (*3**). Dieser Scriptbereiche ist mit der Angabe `language="JScript"` ausgezeichnet. Dadurch wird erreicht, daß Netscape diesen Bereich komplett ignoriert. Der andere Scriptbereiche ist unterhalb der drei `<div>`-Bereiche notiert (*4**). Dieser Scriptbereiche ist mit `language="JavaScript"` ausgezeichnet, wird also von Netscape und vom Internet Explorer wahrgenommen. Da der Internet Explorer in diesem Bereich allerdings nichts zu suchen hat, werden die Anweisungen, die gleich am Anfang des Scriptbereiches außerhalb jeder Funktion stehen, durch die Abfrage `if(document.layers)` nur Netscape zugänglich gemacht.

Das strenge Trennen der Scriptbereiche in diesem Beispiel macht insofern Sinn, als das Behandeln von Ereignissen wie Mausaktionen des Anwenders in Netscape und im Internet Explorer so unterschiedlich gelöst ist, daß es schwierig wäre, mit Hilfe einzelner `if`-Abfragen innerhalb der gleichen Code-Bereiche zu arbeiten.

Das Handling für Netscape entspricht in etwa dem, das im Beispiel zum `event`-Objekt bei Netscape genauer beschrieben wird. Mit `captureEvents(Event.CLICK)` werden alle drei `<layer>`-Bereiche initialisiert (5*). Das `CLICK`-Ereignis wird also für die drei Bereiche überwacht. Wenn es eintritt, also wenn der Anwender mit der Maus auf einen der Bereiche klickt, wird für den betreffenden Bereich eine Funktion aufgerufen. Wenn beispielsweise der grüne Bereich angeklickt wird, wird die Funktion `StartGruen` aufgerufen. Diese »Start«-Funktionen überwachen mit `captureEvents(Event.MOUSEMOVE)` das Ereignis »Anwender bewegt Maus« und mit `captureEvents(Event.CLICK)` das Ereignis »Anwender klickt erneut auf den Bereich« (*6**). Beim Bewegen der Maus wird der Bereich verschoben, beim erneuten Klicken wird der Bereich an der aktuellen Stelle gelassen. Dazu werden zum Bewegen Funktionen wie `ZiehGruen` und zum beendenden Klicken Funktionen wie `EndGruen` aufgerufen. Am Ende einer solchen Funktion, etwa am Ende der Funktion `EndGruen`, wird wieder die Initialisierung aufgerufen. Dadurch wird wieder über einen neuen Verschiebewunsch des Anwenders gewacht.

Beim Handling für den Internet Explorer kommt das Event-Objekt bei Microsoft zum Einsatz. Dazu werden im Dateikopf des Beispiels zwei spezielle Scriptbereiche definiert (*7** und *8**). Diese Scripts mit ihrer speziellen Syntax überwachen Dokument-übergreifend die beiden Anwenderaktionen Mausklick – `onclick()` – und Mausbewegung – `onmousemove()`. Wenn der Anwender mit der Maus ins Anzeigefenster klickt, wird die Funktion `Merken()` aufgerufen (*9**). Diese Funktion verwaltet eine global definierte Variable namens `Merker`. Wenn der Merker den Wert 0 hat, wird der Mausklick als Anfangsklick interpretiert, dem ein Bewegen des Bereichs folgen kann. Wenn der Merker einen höheren Wert hat als 0, wird der Klick als Endklick interpretiert. Danach ist kein Bewegen des Bereichs möglich.

Wenn die Maus bewegt wird, wird die Funktion `Plazieren()` aufgerufen (*10**). Ist der Merker größer als 0, wird sein Wert ausgelesen und der entsprechende Bereich neu positioniert.

Erwähnt werden sollte noch, wie das Positionieren eines der verschiebbaren Bereiche beim Bewegen der Maus programmiert ist. Das Bewegen der Bereiche wird durch Zuordnen der aktuellen Position des Bereichs zur aktuellen Position der Maus realisiert. Beim Internet Explorer geschieht dies innerhalb der Funktion `Plazieren()`, beispielsweise mit folgenden Anweisungen:

```
document.all.div1.style.left = window.event.x - 100;
document.all.div1.style.top = window.event.y - 125;
```

Bei Netscape geschieht die vergleichbare Zuordnung innerhalb der `Zieh*`-Funktionen, etwa innerhalb der Funktion `ZiehGruen`, und zwar durch Anweisungen wie

```
Gruen.left = Ereignis.pageX - 100;
Gruen.top = Ereignis.pageY - 240;
```

Abgesehen von der unterschiedlichen Syntax fällt auf, daß die Angaben für den Wert der neuen oberen linken Ecke »von links« nicht in beiden Fällen gleich sind. Der y-Wert ist im einen Fall 125, im anderen 240. Die x-Werte sind dagegen in beiden Fällen mit 100 angegeben. Die 100 bedeutet: 100 Pixel links (»minus«) von der aktuellen Mausposition. Da der grüne Bereich, um den es dabei geht, eine Breite von 200 Pixeln hat, bleibt die Maus beim Bewegen dadurch immer horizontal in der Mitte des Bereichs. Analog dazu verhält es sich beim Internet Explorer auch beim vertikalen Wert. Der Wert der neuen oberen linken Ecke »von oben« liegt 125 Pixel oberhalb der aktuellen Mausposition. Da der Bereich 250 Pixel hoch ist, ist das also auch hier genau die Mitte. Leider würde der gleiche Wert bei Netscape Probleme aufwerfen, sobald der Layer an der Stelle, an der sich die Maus befindet, irgendwelche Inhalte hat, also Text, Grafiken usw. Deshalb wurde bei Netscape als Wert für »von oben« 240 gewählt. Bei der

Bereichshöhe von 250 Pixeln bleibt die Maus während des Bewegens also ziemlich weit unten im Bereich, dort, wo keine Inhalte mehr stehen.

14.7.3 Bilderbuch zum Umblättern

In diesem Beispiel werden dynamisch mehrere Grafiken geladen, jedoch immer nur eine angezeigt. Mit Hilfe von Blätterverweisen kann der Anwender vorwärts und rückwärts blättern, um die nächste Grafik an der gleichen Stelle wie die alte anzuzeigen. Dabei wird die neue Grafik von links her aufgerollt. Solche Effekte sind zwar für den Internet Explorer 4.x viel effizienter durch Überblend-Effekte mit dem `revealTrans`-Filter machbar, doch funktioniert dieses Beispiel dafür mit Netscape 4.x genauso.

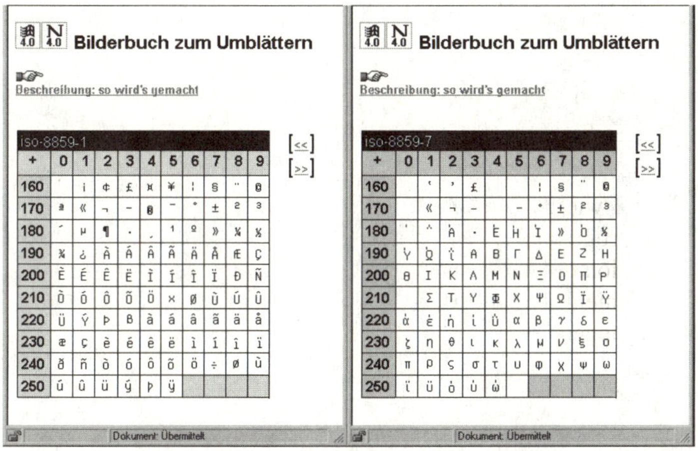

Bild 14.21: Mit den Symbolen rechts blättern Sie die Code-Seite um, die als Bilder abgelegt sind

```
<html>
<head>
1* <script language="JavaScript">
<!--
var Bild = new Array(7);
Bild[0] = new Image(); Bild[0].src="sonne.gif";
Bild[1] = new Image(); Bild[1].src="mond.gif";
Bild[2] = new Image(); Bild[2].src="sterne.gif";
Bild[3] = new Image(); Bild[3].src="feuer.gif";
Bild[4] = new Image(); Bild[4].src="wasser.gif";
Bild[5] = new Image(); Bild[5].src="luft.gif";
Bild[6] = new Image(); Bild[6].src="erde.gif";
var zeige = 0;
var aktuelleBreite = 0;
var Breite = 289;
var Geschwindigkeit = 20;
```

```
6* function Blaettern(Richtung)
{
 zeige = zeige + Richtung;
 if(zeige > Bild.length - 1) zeige = 0;
 else if(zeige < 0) zeige = Bild.length - 1;
 if(document.all)
 {
   document.all.Bildbereich.style.clip = "rect(0 0 302 0)";
   document.all.Bildbereich.innerHTML =
   "<layer width=289 height=302><img src=\"" +
      Bild[zeige].src + "\"></layer>";
 }
 else if(document.layers)
 {
  document.layers[0].visibility = "hide";
  document.layers[0].document.open();
  document.layers[0].document.write("<img src=\"" +
      Bild[zeige].src + "\">");
  document.layers[0].document.close();
  document.layers[0].clip.right = 0;
  document.layers[0].visibility = "show";
 }
 BildAufbauen();
}

7* function BildAufbauen()
{
 if(aktuelleBreite <= Breite)
 {
  if(document.all)
    document.all.Bildbereich.style.clip="rect(0 "+
       aktuelleBreite + " 302 0)";
  else if(document.layers)
    document.layers[0].clip.right = aktuelleBreite;
  aktuelleBreite = aktuelleBreite + Geschwindigkeit;
  window.setTimeout("BildAufbauen()",0);
 }
 else
 {
  aktuelleBreite = 0;
  if(document.all)
    document.all.Bildbereich.style.clip="rect(0 " + Breite +
       " 302 0)";
  else if(document.layers)
    document.layers[0].clip.right = Breite;
 }
}
```

```
4* function Init()
{
 if(document.all)
  document.all.Bildbereich.innerHTML =
  "<layer width=289 height=302><img src=\"" + Bild[0].src +
      "\"></layer>";
 else if(document.layers)
 {
  document.layers[0].document.open();
  document.layers[0].document.write("<img src=\"" +
      Bild[0].src + "\">");
  document.layers[0].document.close();
 }
}
// -->
</script>
</head>
3* <body bgcolor=#FFFFFF onLoad="Init()">

2* <div id="Bildbereich" style="position:absolute; left:10px;
   top:140px; padding:0px; clip:rect(0 289 302 0);
   visibility:show;">
<layer width=289 height=302></layer></div>

5* <div style="position:absolute; left:320; top:140; width:100;
   font-size:18pt;" width=100>
[<a href="javascript:Blaettern(-1)">&lt;&lt;</a>]
[<a href="javascript:Blaettern(1)">&gt;&gt;</a>]
</div>

</body>
</html>
```

Damit das Beispiel des Bilderbuches zum Umblättern sauber funktioniert, müssen beim Einlesen der HTML-Datei erst auch alle Grafiken eingelesen werden, die im Verlauf des Umblätterns angezeigt werden sollen. Denn nur wenn die Grafiken zu diesem Zeitpunkt bereits im Arbeitsspeicher sind, gibt es keine Synchronisationsprobleme.

Das Einlesen der betroffenen Grafiken geschieht in dem JavaScriptbereiche, der im Beispiel im Dateikopf notiert ist (*1**). Zuerst wird ein neuer Array angelegt, bestehend aus so vielen Elementen, wie das Bilderbuch an Bildern zeigen soll. Im obigen Beispiel gibt es sieben Variablen `Bild`, ansprechbar mit `Bild[0]` bis `Bild[6]`. Diese Variablen sind zunächst abstrakt, man kann darin speichern, was man will. Im Beispiel wird in jeder der Variablen ein neues Bildobjekt gespeichert. Dem jeweiligen `Image`-Objekt, das zu diesem Zweck erzeugt wird, wird über die `src`-Eigenschaft eine gewünschte Grafikdatei zugewiesen. Anschließend werden noch ein paar globale Variablen definiert, die später benötigt werden.

Im Körper der HTML-Datei des Beispiels werden zwei `<div>`-Bereiche definiert (*2**). Der erste `<div>`-Bereich ist zum Anzeigen der aktuellen Grafik gedacht. Der zweite Bereich enthält Verweise, mit deren Hilfe der Anwender vorwärts und rückwärts zwischen den Grafiken blättern kann. Beide `<div>`-Bereiche werden mit Hilfe entsprechender Style-Sheet-Angaben absolut positioniert.

Der erste `<div>`-Bereich enthält als Inhalt einen `<layer>`-Bereich. Der ist speziell für Netscape gedacht. Diese Form der Verschachtelung hat sich als praktikabel erwiesen. Denn der Internet Explorer ignoriert das `<layer>`-Tag. Netscape dagegen interpretiert zwar zuerst das `<div>`-Tag, freut sich dann aber über das innere `<layer>`-Tag, mit dem er bei Dynamischem HTML letztlich doch besser klarkommt.

Innerhalb des Anzeigebereichs für die Grafiken wird zunächst gar nichts angezeigt. Das Laden der ersten Grafik erfolgt bereits dynamisch mit Hilfe von JavaScript. Der Anfangsbefehl dazu steht im einleitenden `<body>`-Tag. Dort wird mit Hilfe des Event-Handlers `onLoad` die Funktion `Init()` aufgerufen (*3**). Die Funktion `Init()` zeigt die erste Grafik innerhalb des vorgesehenen Anzeigebereichs an (*4**). Dabei wird wie üblich durch die Abfragen nach dem verfügbaren Objekt (Internet Exlorer: `document.all`, Netscape: `document.layers`) ermittelt, auf welche Weise das dynamische Einfügen geschehen soll. Für den Internet Explorer wird einfach mit der Eigenschaft `innerHTML` des Objekts mit dem Namen `Bildbereich` dynamisch der HTML-Code zum Einbinden der ersten Grafik geschrieben. Dabei muß allerdings auch wieder das `<layer>`-Tag mitgeschrieben werden, sonst ginge dieses verloren. Bei Netscape wird der Layer, der für Netscape ein Dokument im Dokument darstellt, mit Hilfe von `dcoument.write()` mit Inhalt gefüllt. Wichtig ist es, dabei zuerst `dcoument.open()` und abschließend `document.close()` aufzurufen, sonst funktioniert das Ganze nicht.

Das Blättern zwischen einzelnen Grafiken wird durch die beiden Verweise im zweiten `<div>`-Bereich angestoßen. Beide Verweise rufen die gleiche Funktion namens `Blaettern()` auf (*5**), jedoch mit unterschiedlicher Parameterübergabe. Der Vorwärtsverweis übergibt `1`, der Rückwärtsverweis `-1`. Dadurch kann die Funktion `Blaettern()` diesen Parameter gleich zur Verwaltung benutzen.

Die Funktion `Blaettern()` fragt zunächst ab, ob entweder das erste oder das letzte Bild der Serie erreicht ist, und legt im entsprechenden Fall wieder das letzte bzw. erste Bild als das anzuzeigende fest (*6**). So entsteht ein Endlos-Effekt für den Anwender beim Blättern. Anschließend wird – ganz ähnlich wie in der Funktion `Init()` und wieder über die Abfrage nach der Verfügbarkeit von `document.all` oder `document.layers` – der Inhalt des Anzeigebereichs für das Bild neu geschrieben, und zwar mit dem neuen Bild. Dabei wird jedoch am Ende die Funktion `BildAufbauen()` aufgerufen.

Die Funktion `BildAufbauen()` ist für den dynamischen Aufroll-Effekt beim Anzeigen der neuen Grafik zuständig (*7**). Dazu wird von der Eigenschaft `clip` Gebrauch gemacht, allerdings abhängig vom Browser. Beim Internet Explorer (`document.all`-Zweig) wird die Style-Sheet-Angabe zu `clip` dynamisch neu geschrieben, und zwar so, daß die Variable `aktuelleBreite`, die laufend um den Wert der globalen Variablen `Geschwindigkeit` erhöht wird, das Aufrollen nach rechts bewirkt. Für Netscape (`document.layers`-Zweig) wird einfach die Eigenschaft `clip.right` des betroffenen Layer-Objekts dynamisch um den Wert von `aktuelleBreite` verändert.

Nach Durchlaufen der Wertveränderung des rechten Clip-Rands ruft sich die Funktion `BildAufbauen()` selbst wieder auf, und zwar innerhalb von `window.setTimeout()`, um einen Rekursionsfehler zu vermeiden.

Am Ende, wenn die oberste `if`-Bedingung der Funktion `Blaettern()` erfüllt ist, nämlich daß die aktuelle Breite größer als die Anzeigebreite der Grafik ist, gelangt die Funktion in den `else`-Zweig. Dort wird der `clip`-Wert für rechts auf den Endwert gesetzt, und die Prozedur des Umblätterns ist abgeschlossen.

15 CGI/Perl

15.1 CGI und HTML

15.1.1 Die CGI-Schnittstelle

CGI (Common Gateway Interface) erlaubt es einem WWW-Browser, über einen WWW-Server Programme auszuführen. Solche Programme – oder Scripts – können beispielsweise Formulareingaben aus HTML-Dateien verarbeiten, auf dem Server-Rechner Daten speichern und dort gespeicherte Daten auslesen. Auf diese Weise werden WWW-Seiten zu Oberflächen für »Anwendungen«, beispielsweise für elektronische Warenbestellung oder zum Abfragen von Datenbanken.

Die sogenannte CGI-Schnittstelle steht zur Verfügung, wenn ein WWW-Server installiert ist, der CGI unterstützt. Sie können sich selbst auf Ihrem PC lokal einen WWW-Server einrichten, um dort eine CGI-Schnittstelle zur Verfügung zu haben. Wenn Sie bei einem Provider auf einem öffentlichen WWW-Server im Internet Speicherplatz für eigene WWW-Seiten erhalten, können Sie die CGI-Schnittstelle dieses WWW-Servers benutzen, um eigene CGI-Scripts im WWW einzusetzen. Ihr Provider muß Ihnen allerdings den Zugriff auf die CGI-Schnittstelle ermöglichen. Fragen Sie den Provider im Zweifelsfall danach. Die CGI-Schnittstelle besteht aus

- einem bestimmten Verzeichnis auf dem Server-Rechner, das CGI-Programme enthalten darf. Meist erhält dieses Verzeichnis den Namen *cgi-bin* oder *cgi-local*. CGI-Programme oder CGI-Scripts werden dann nur ausgefüht, wenn sie in diesem Verzeichnis liegen. Welches das CGI-Verzeichnis ist und wie es heißt, können Sie beim Einrichten des eigenen WWW-Servers festlegen. Bei einem Provider, der Ihnen öffentlichen WWW-Speicher mit CGI-Schnittstelle eingerichtet hat, finden Sie das CGI-Verzeichnis bereits vor. Sie brauchen dann nur noch Ihre CGI-Scripts in dieses Verzeichnis hochladen. Siehe auch Kapitel 15.2.3 zum Thema *CGI-Scripts auf öffentlichem WWW-Server installieren.*
- einer Reihe von Daten, die der WWW-Server speichert und die ein CGI-Script auslesen kann – und zum Teil auslesen muß –, um Daten verarbeiten zu können. Diese Daten speichert der WWW-Server in sogenannten CGI-Umgebungsvariablen.

Derzeit liegt die CGI-Schnittstellendefinition in der Version 1.1 vor. Andere Schnittstellen für ausführbare Programme im WWW, die von kommerziellen Herstellern wie Netscape oder Microsoft eingeführt wurden, machen der klassischen CGI-Schnittstelle jedoch zunehmend Konkurrenz. Von Netscape stammt beispielsweise die API-Schnittstelle, von Microsoft die ISAPI-Schnittstelle. Beide Schnittstellen sind für die Server-

Software-Produkte der jeweiligen Hersteller optimiert. Dabei wird allerdings auch eine Performance bei der Datenverarbeitung im WWW erreicht, die ein Mehrfaches der CGI-Schnittstelle beträgt. Ein entscheidender Vorteil der CGI-Schnittstelle bleibt jedoch die Tatsache, daß es sich – ähnlich wie bei HTML – um einen kommerziell unabhängigen, kostenlosen, produktübergreifenden Standard handelt.

Perl ist noch immer die meistbenutzte Programmiersprache für CGI-Scripts. Der Grund dafür ist, daß Perl sehr mächtige Funktionen besitzt, z. B. für Zeichenkettenoperationen oder für das Lesen und Schreiben von Daten. Der Perl-Interpreter, der zum Ausführen eines Perl-Scripts erforderlich ist, ist für fast alle Betriebssysteme als Freeware verfügbar und auf fast allen Server-Rechnern im WWW installiert. Siehe auch Kapitel 15.2.2 über das Einrichten von Perl.

Wenn Sie in einer anderen Programmiersprache, z. B. in C, Pascal oder Fortran, bereits viel Erfahrung haben, können Sie auch diese Sprachen für CGI-Programme verwenden. Das Problem bei diesen Sprachen ist, daß der damit erstellte Code erst ausführbar ist, nachdem er für die Betriebssystemumgebung kompiliert und gelinkt wurde, unter der er ausführbar sein soll. Wenn Sie beispielsweise ein C-Programm schreiben und dieses Programm als CGI-Programm im WWW auf einem Server-Rechner mit Unix-Betriebssystem zum Einsatz bringen wollen, muß das Programm unter Unix kompiliert werden. Ein C-Compiler, den Sie vielleicht auf Ihrem DOS-/Windows-PC haben, nutzt Ihnen da nichts.

Beachten Sie: In diesem Kapitel wird vorausgesetzt, daß Sie mit HTML vertraut sind und sich auch über grundsätzliche Abläufe bei der CGI-unterstützten Kommunikation zwischen WWW-Browser und Server-Rechner im Klaren sind. Lesen Sie dazu vor allem das Kapitel 2.3 zu CGI.

15.1.2 CGI-Aufrufe aus HTML und HTML-Ausgabe über CGI

HTML und CGI kommunizieren in beide Richtungen: Es ist einerseits möglich, aus einer HTML-Datei, die gerade am Bildschirm angezeigt wird, ein CGI-Script aufzurufen; anderseits kann ein CGI-Script HTML-Code an den WWW-Browser übertragen, den dieser dann am Bildschirm ausgibt.

Ein CGI-Script kann Daten verarbeiten, die von einer HTML-Datei aus beim Aufruf übergeben werden. Zum Beispiel kann ein CGI-Script eine Datenbank durchsuchen, wobei der Anwender den Begriff, nach dem gesucht werden soll, in einem Formular angegeben hat. Die Ergebnisse einer Datenverarbeitung kann ein CGI-Script an den WWW-Browser in Form von HTML-Code zurücksenden. So kann ein Script, das eine Datenbank nach Begriffen durchsucht, zum Beispiel die Suchtreffer eines Suchvorgangs in Form einer dynamisch generierten HTML-Datei an den WWW-Browser zurücksenden.

CGI-Scripts können auch Daten auf dem Server speichern und zu einem späteren Zeitpunkt auslesen. Auf diesem Prinzip basieren beispielsweise Gästebücher oder Nachrichtenforen (Bulletin-Boards). Ein Anwender kann in einer HTML-Datei in einem Formular einen Beitrag eingeben. Beim Absenden des Formulars wird ein CGI-Script aufgerufen, das den Beitrag in einer Datei speichert. Ein zweites CGI-Script oder ein anderer Aufruf des CGI-Scripts kann anschließend HTML-Code mit allen gespeicherten Beiträgen an einen WWW-Browser übertragen. Ein CGI-Script kann aus einer HTML-Datei heraus auf verschiedene Arten aufgerufen werden:

- über ein Formular: Dabei steht im einleitenden `<form>`-Tag der Aufruf des CGI-Scripts (Beispiel: `<form action="/cgi-bin/guestbook.pl" method="get">`). Der Aufruf erfolgt nach dem Absenden des Formulars. Die vom Anwender eingegebenen oder ausgewählten Daten stehen dem CGI-Script zur Verarbeitung zur Verfügung. Auf diese Weise funktionieren etwa Suchdienste, Gästebücher oder elektronische Einkaufskörbe.

- über Verweise: Es genügt, als URL-Adresse des Verweisziels das ausführbare CGI-Script anzugeben (Beispiel: `<a href="/cgi-bin/statistik.pl"> Tagesstatistik aufrufen </a>`). Dies ist sinnvoll für CGI-Scripts, die keinen »Input« vom Anwender benötigen, sondern lediglich feste Datenausgaben erzeugen, zum Beispiel für ein CGI-Script, das aktuelle Zugriffsstatistiken für WWW-Seiten ausgibt.

- über eine Grafikreferenz: Auch dabei genügt es, als URL-Adresse in der `src`-Angabe des `<img>`-Tags das ausführbare CGI-Script anzugeben (Beispiel: `<img src="/cgi-bin/counter.pl">`). Dabei muß das CGI-Script allerdings eine Grafikdatei im GIF- oder JPEG-Format an den WWW-Browser zurücksenden. Die meisten grafischen Zugriffszähler basieren auf diesem Prinzip.

- über eine Server-Side-Include-Anweisung in einer HTML-Datei: z. B. mit der Anweisung `<!-- #exec cgi="/cgi-bin/counter.pl" -->`. Das ist sehr praktisch, um mit Hilfe eines CGI-Scripts dynamische Information in Textform in eine HTML-Datei einzubinden. Diese Form ist zum Beispiel interessant für textbasierte Zugriffszähler.

- über automatisches Laden des ausführbaren CGI-Scripts/CGI-Programms: Dazu geben Sie in dem `<meta>`-Befehl einfach anstelle einer anderen HTML-Datei die URL-Adresse des ausführbaren CGI-Scripts an (Beispiel: `<meta http-equiv= "refresh" content="0; URL=/cgi-bin/welcome.pl">`).

15.1.3 Beispiel für die Wechselwirkung zwischen HTML und CGI

Das Beispiel bewirkt einen einfachen CGI-Vorgang, der die Wechselwirkung zwischen HTML und CGI verdeutlicht: In einer HTML-Datei kann der Anwender in einem Formular seinen Namen und einen Kommentartext eingeben. Wenn er das Formular absendet, wird ein CGI-Programm *comments.pl* aufgerufen. Dieses Script ist in Perl geschrieben. Es liest die ankommenden Formulardaten ein, splittet sie in ihre Bestandteile auf und erzeugt eine vollständige HTML-Datei, in der es die eingelesenen Daten ausgibt. Der WWW-Browser zeigt diesen von *comments.pl* generierten HTML-Code am Bildschirm an. Studieren Sie das Beispiel in Ruhe, und verzweifeln Sie nicht gleich an dem Perl-Programmcode!

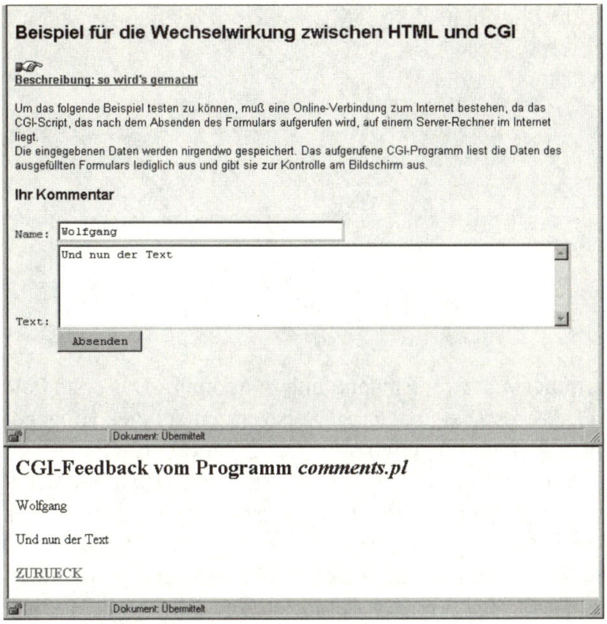

Bild 15.1: Oben die Eingaben in einem Formular, unten die Rückgabe des CGI-Programms im Browser

Beispiel (HTML-Datei mit CGI-Aufruf):

```
<html>
<head>
<title>Kommentarseite</title>
</head>
<body>
<h1>Ihr Kommentar</h1>
<form action="/cgi-bin/comments.pl" method=post>
Name: <input size=40 maxlength=40 name="AnwenderName"><br>
Text: <textarea rows=5 cols=70 name="Kommentartext"
   wrap=virtual></textarea><p>
<input type=submit value="Absenden">
</form>
</body>
</html>
```

Beispiel (CGI-Script *comments.pl* mit HTML-Ausgabe):

```
#!/usr/bin/perl

read(STDIN, $Daten, $ENV{'CONTENT_LENGTH'});
```

```
print "Content-type: text/html\n\n";
print "<html><head><title>CGI-Feedback</title></head>\n";
print "<body><h1>CGI-Feedback vom Programm <i>comments.pl</i></h1>\n";
@Formularfelder = split(/&/, $Daten);
foreach $Feld (@Formularfelder)
 {
  ($name, $value) = split(/=/, $Feld);
  $value =~ tr/+/ /;
  $value =~ s/%([a-fA-F0-9][a-fA-F0-9])/pack("C", hex($1))/eg;
  $value =~ s/<!--(.|\n)*-->//g;
  $Formular{$name} = $name;
  $Formular{$value} = $value;
  print "$Formular{$name} = $Formular{$value}", "<br>\n";
 }
print "</body></html>\n";
```

In der HTML-Datei wird ein Formular mit zwei Eingabefeldern definiert. Das erste Feld (`<input size=40 maxlength=40 name="AnwenderName">`) ist ein einzeiliges Eingabefeld, in dem der Anwender seinen Namen eingeben soll. Das zweite Feld (`<textarea rows=5 cols=70 name="Kommentartext" wrap= virtual> </textarea>`) ist ein mehrzeiliger Eingabebereich, in dem der Anwender einen beliebigen Text eingeben kann. Durch Klicken auf den Absendebutton (`<input type=submit value="Absenden">`) wird das Formular abgesandt. Was mit den Formulardaten geschehen soll, ist im einleitenden Formular-Tag angegeben: Mit der Angabe `action="/cgi-bin/comments.pl"` wird ein CGI-Script aufgerufen, das die abgesandten Formulardaten verarbeiten soll. Die Daten werden dem CGI-Script mit `method=post` übergeben. Das bedeutet, das Script bekommt die Daten von der Standardeingabe als Parameter übergeben. Das ist genauso, als würden Sie ein Programm auf Ihrem Rechner mit einem Parameter, etwa dem Namen einer zu öffnenden Datei, aufrufen.

Im Perl-Script *comments.pl*, das im CGI-Verzeichnis liegt, werden die Daten der Standardeingabe mit der Anweisung `read(STDIN, $Daten, $ENV {'CONTENT_LENGTH'});` eingelesen. Anschließend beginnt das Programm mit dem Erzeugen der HTML-Datei, die es an den WWW-Browser zurücksendet. Dazu dienen die `print`-Anweisungen, die eine HTML-Datei mit den dafür üblichen Befehlen konstruieren. Unterbrochen wird die HTML-Ausgabe durch die Anweisung `@Formularfelder = split(/&/, $Daten);`. Diese Anweisung splittet die eingelesenen Daten nach Formularfeldern getrennt in einzelne Elemente auf. Innerhalb der darauffolgenden `foreach`-Schleife bearbeitet das Script die Daten. Die ziemlich kryptisch anmutenden Befehle dienen dazu, die übergebenen Daten in lesbaren Text umzuwandeln. Denn die Daten, die das Script empfangen hat, sind nach einer bestimmten Konvention kodiert – dem MIME-Typ `application/x-www-form-urlencoded`. In diesem Kodierungstyp werden Leerzeichen und Satz- sowie Sonderzeichen durch hexadezimale Umschreibungen dargestellt – siehe auch *Datenstrom bei Übertragung von Formulardaten* im Kapitel 12.2.6. Nach der Dekodierung gibt das Perl-Script die Daten der einzelnen Formularfelder aus – wir befinden uns dabei immer noch beim Erzeugen des HTML-Codes, der an den Browser zurückgesandt wird. Nach Beenden der `foreach`-Schleife endet das Perl-Script mit den abschließenden Befehlen zum Erzeugen der HTML-Datei. Aus Sicht des Anwenders verschwindet nun die HTML-Datei mit dem Eingabeformular vom Bildschirm. Stattdessen baut der WWW-Browser eine neue Seite auf, die den von *comments.pl* erzeugten HTML-Code enthält.

Beachten Sie: Das obige Beispiel ist lediglich zur Veranschaulichung der Wechselbeziehung zwischen HTML und CGI gedacht. Wenn Sie sich bislang noch nie mit Perl beschäftigt haben und Ihnen das Perl-Script völlig unverständlich vorkommt, ist das ganz normal. Perl ist eine mächtige, aber ziemlich eigenwillige Programmiersprache. Auf die einzelnen Sprachelemente von Perl wird hier nicht näher eingegangen. Lesen Sie dazu das Kapitel 15.3 über Perl-Sprachelemente.

15.2 CGI und Perl: Voraussetzungen

Dieses Kapitel behandelt aus Sicht eines normalen PC-Benutzers, was an Software erforderlich ist, um CGI-Scripts lokal am eigenen Rechner zum Laufen zu bringen, und was zu beachten ist, um CGI-Scripts an einem »richtigen« WWW-Server zum Laufen zu bringen. Ferner behandelt das Kapitel wichtige Zusammenhänge, die Sie zum Verständnis der Materie benötigen.

15.2.1 WWW-Server lokal auf einem PC einrichten

Der eigene WWW-Server

Viele PC-Anwender mit Internet-Zugang verbinden mit dem Begriff *WWW-Server* eine Art Großrechner, auf dem die Daten liegen, die im Internet zu sehen sind. Eigentlich ist ein WWW-Server jedoch ein gar nicht besonders großes Software-Programm, das im Prinzip auf jedem Rechner laufen kann, also nicht nur auf Server-Rechnern im Internet, sondern auch auf jedem PC. Es ist nicht Mal eine Internet-Verbindung erforderlich, um einen WWW-Server zu betreiben. Es muß lediglich ein TCP/IP-Socket vorhanden sein – unter MS-Windows ist das zum Beispiel die *winsock.dll.* Wenn Sie also einen funktionierenden Internet-Zugang haben, sind bereits alle Voraussetzungen erfüllt, um einen WWW-Server offline und ohne Verbindungskosten zu betreiben. WWW-Browser und WWW-Server laufen dann auf dem gleichen Rechner, können aber so miteinander kommunizieren, wie es bei Online-Verbindungen ins Internet üblich ist.

Einen eigenen WWW-Server sollten Sie sich im hier behandelten Zusammenhang deshalb installieren, um lokal auf Ihrem PC eine CGI-Schnittstelle zu haben. Denn CGI funktioniert nur, wenn ein WWW-Server vorhanden ist. Vieles, was im WWW mit CGI möglich ist, können Sie dann auch lokal auf Ihrem PC realisieren. So können Sie eigene CGI-Scripts während der Erstellungsphase in Ruhe und ohne Online-Kosten austesten. Sie können dann genauso arbeiten, wie Sie es von HTML-Dateien oder JavaScripts her gewohnt sind. Außerdem bekommen Sie eher ein Gefühl für die Zusammenhänge zwischen WWW-Browser und WWW-Server.

Auch wenn Sie selber Provider sind, eine Standverbindung ins Internet haben und einen öffentlichen WWW-Server betreiben, ist es sinnvoll, auf einem separaten Arbeitsrechner einen lokalen WWW-Server einzurichten. So belasten Sie den öffentlichen Rechner nicht, während Sie CGI-Scripts erstellen und austesten. Ein lokal installierter WWW-Server beeinträchtigt Ihren vorhandenen Internet-Zugang nicht. Er benutzt lediglich das TCP/IP-Protokoll Ihres Rechners (z. B. die *winsock.dll*). Einstellungen, die für Ihre Online-Verbindung ins Internet wichtig sind, interessieren den WWW-Server nicht und können unverändert bleiben.

Geeignete Produkte

Erfreulicherweise gibt es im Internet verschiedene WWW-Server zum Downloaden, die Freeware oder Shareware sind, d. h. diese Produkte kosten nichts oder erfordern nach einer kostenlosen Testphase eine geringe Registriergebühr. Zum lokalen Einsatz sind solche Produkte völlig ausreichend. Die folgende Auswahl ist nicht vollständig, sondern beschränkt sich auf besonders geeignete Produkte.

WWW-Server für MS-Windows

OmniHTTPd (*www.omnicron.ab.ca/httpd*): Freeware, läuft unter Windows 95 und Windows NT – besonders empfehlenswert, da er über alle wichtigen Features verfügt und einfach einzurichten ist.

Xitami (*www.imatix.com/html/xitami/index.htm*): Freeware für verschiedene Plattformen, auch für Windows 95, Windows NT und Windows 3.1 – besonders empfehlenswert, da Xitami über alle wichtigen Features verfügt und einfach einzurichten ist. Für Windows 3.1 gibt es jedoch derzeit noch keine CGI-Unterstützung.

FolkWeb (*www.ilar.com/folkweb.htm*): Shareware, läuft unter Windows 95 und Windows NT – empfehlenswert, da er über alle Features verfügt und neben CGI auch die Microsoft-ISAPI-Schnittstelle für Scripts und Programme im WWW unterstützt.

WinHTTPd (*tech.west.ora.com/win-httpd*): Shareware, läuft unter Windows 3.1/ Windows f. Workgroups 3.11 – recht simpel, zum Thema CGI und Perl unbedingt auch die Seite Perl Scripts with Win 3.1 HTTP Server (*www.winternet.com/~plp/cgi-dos.htm*) lesen.

Apache (*www.apache.org*): Freeware, die Win32-Version des Unix-Servers – sehr empfehlenswert, da Apache über alle Features verfügt.

WWW-Server für Macintosh

Quid Pro Quo (*www.slaphappy.com/html*): Freeware für 68xxx-Prozessoren oder höher und alle Power Macs ab System 7.5 – besonders empfehlenswert, da er über alle Features verfügt und sehr einfach einzurichten ist.

- WebStar (*www.starnine.com/webstar/webstar.htm*): Freeware für 68030-Prozessoren oder höher – sehr empfehlenswert, da er über alle Features verfügt.

WWW-Server für OS/2

- Xitami (*www.imatix.com/html/xitami/index.htm*): Freeware für verschiedene Plattformen, auch für OS/2 – sehr empfehlenswert, da er über alle Features verfügt.
- Apache (*www.slink.com/ApacheOS2*): Freeware, die OS/2-Version des Unix-Servers – sehr empfehlenswert, da er über alle Features verfügt.

WWW-Server für Unix und Unix-Derivate

- Apache (*www.apache.org*): Freeware, C-Source-Code, der am eigenen System kompiliert werden kann. Sehr empfehlenswert, da er über alle Features verfügt. Apache gilt derzeit als einer der führenden Web-Server für öffentliche Internet-Server-Rechner, kann aber auch problemlos lokal betrieben werden.
- Xitami (*www.imatix.com/html/xitami/index.htm*): Freeware für verschiedene Plattformen, auch für Unix und Unix-Derivate – C-Source-Code, der am eigenen System kompiliert werden kann. Sehr empfehlenswert, da er über alle Features verfügt.

Grundeinstellungen für den lokalen Betrieb

Ein WWW-Server ist kein Programm mit »Arbeitsoberfläche«. Durch den Aufruf der ausführbaren Programmdatei starten Sie einfach den Server-Betrieb. Ihr WWW-Browser ist dann in der Lage, mit diesem Server auf Ihrem Rechner zu kommunizieren, genauso, wie der Browser mit jedem öffentlichen WWW-Server kommunizieren kann. Bevor das richtig funktioniert, müssen Sie den WWW-Server jedoch einrichten, d. h. wichtige Grundeinstellungen vornehmen.

Einige WWW-Server können Sie nach dem Starten dialoggesteuert einrichten (z. B. OmniHTTPd für Windows oder Quid Pro Quo für Macintosh), bei anderen Produkten richten Sie den Web-Server vor dem Start durch Editieren von Konfigurationsdateien ein. Suchen Sie im Zweifelsfall nach der Installation des Web-Servers in dessen Programmverzeichnis nach Hilfedateien. Dort sollte dokumentiert sein, wie Sie Ihren Web-Server einrichten können. Alle Einstellungen bleiben auf jeden Fall gespeichert. Wenn Ihr WWW-Server also erst mal funktioniert, brauchen Sie ihn nur noch durch Starten und Beenden der Programmdatei ein- und auszuschalten. Folgende wichtige Daten müssen Sie nach Wunsch bzw. korrekt einstellen:

- IP-Adresse des Servers: Für den lokalen Betrieb müssen Sie hier normalerweise die reservierte IP-Adresse `127.0.0.1` oder die Namensadresse `localhost` eintragen. Wenn beide Angaben nicht funktionieren, versuchen Sie, in den Hilfedateien Informationen zu finden, oder setzen Sie sich mit dem Produktanbieter des WWW-Servers über dessen Homepage – nach E-Mail-Adresse suchen! – in Verbindung. Wenn die Angaben funktionieren, können Sie im WWW-Browser nach Einschalten des

WWW-Servers lokal gespeicherte HTML-Dateien über die Internet-Adressen *http://127.0.0.1/* oder *http://localhost/* aufrufen.

- Port des Servers: Dabei ist normalerweise 80 einzutragen. Ports sind Nummern für Internet-Dienste. Für den Internet-Dienst FTP ist beispielsweise 21 die übliche Portnummer, für den WWW-Dienst ist es 80. Lesen Sie jedoch sicherheitshalber in der Dokumentation des WWW-Servers nach, welche Nummer Sie hier eintragen sollten.

- Stammverzeichnis für HTML-Dateien: Dabei geben Sie entsprechend der Syntax Ihres Betriebssystems den Pfadnamen an, unterhalb dessen sich Ihre lokalen HTML-Dateien befinden. Wenn Sie beispielsweise MS-Windows benutzen, könnten Sie hier z. B. *c:\www\daten* eingeben – je nachdem, wo Sie Ihre lokale HTML-Einstiegsdatei abgelegt haben. Wenn Sie im Stammverzeichnis beispielsweise eine Datei *myhome.htm* haben, können Sie diese Datei bei eingeschaltetem WWW-Server mit Ihrem WWW-Browser via HTTP-Protokoll durch Eingabe von *http://127.0.0.1/myhome.htm* bzw. *http://localhost/myhome.htm* aufrufen.

- Default-HTML-Dateiname für Verzeichnisse: Die häufigsten Namen dafür sind *index.html* oder *index.htm*. Wenn es eine HTML-Datei mit dem entsprechenden Namen in einem Verzeichnis gibt, genügt als URL-Adresse beispielsweise *http://127.0.0.01/verzeichnis/* wobei dann *http://127.0.0.01/verzeichnis/index.html* aufgerufen wird.

- Stammverzeichnis und virtuelles Verzeichnis für CGI-Scripts: Als Stammverzeichnis geben Sie entsprechend der Syntax Ihres Betriebssystems den Pfadnamen des Verzeichnisses an, in dem Sie ausführbare CGI-Scripts ablegen wollen. Der übliche Verzeichnisname dafür ist *cgi-bin*. Wenn Sie beispielsweise MS-Windows benutzen, könnten Sie hier z. B. *c:\www\cgi-bin* eingeben – je nachdem, wo Sie die CGI-Scripts ablegen wollen. Das betreffende Verzeichnis müssen Sie erstellen. Außerdem müssen Sie bei den meisten WWW-Servern ein virtuelles CGI-Verzeichnis angeben. Tragen Sie dabei am besten */cgi-bin* ein. Wenn Sie dann beispielsweise ein Perl-Script namens *guestbook.pl* in dem CGI-Verzeichnis ablegen, können Sie es mit *http://127.0.0.1/cgi-bin/guestbook.pl* bzw. *http://localhost/cgi-bin/guestbook.pl* ausführen.

- Perl-Interpreter und andere Interpreter: Um Perl-Scripts als CGI-Scripts ausführen zu können, müssen Sie den vollständigen Pfadnamen der ausführbaren Perl-Interpreter-Datei angeben. Unter MS-Windows müssen Sie beispielsweise *c:\www\perl\bin\perl.exe* eingeben, je nachdem, wo sich die ausführbare Programmdatei befindet. Dazu müssen Sie Perl bzw. den Perl-Interpreter installieren.

- Log-Dateien: Die meisten WWW-Server führen Logbücher über alle HTTP-Zugriffe auf Dateien oder CGI-Programme. Das sind die standardisierten Log-Dateien. Es gibt drei wichtige Log-Dateien: eine für die Protokollierung der Zugriffe (*access.log*), eine für die Protokollierung der Herkunftsadressen (*referrer.log*) und eine für Fehlerprotokollierung (*error.log*). Tragen Sie am besten diese typischen Namen ein. Diese Dateien können Sie übrigens jederzeit mit einem Dateibetrachter oder Texteditor aufrufen.

- Timeouts: Es gibt zeitliche Grenzwerte dafür, wie lange der WWW-Browser auf eine Antwort vom Server warten soll und wie lange der Server versuchen soll, Daten an den WWW-Browser zu schicken. Die Angaben erfolgen in der Regel in Form von Millisekunden. Tragen Sie z. B. für Senden und Empfangen `60000` (= eine Minute) ein.
- MIME-Typen: MIME-Typen legen in diesem Zusammenhang die Dateiformate fest, die der WWW-Server kennt und bereit ist, an den aufrufenden WWW-Browser zu übertragen. Andere Dateitypen als die hier angegebenen sendet der Server nicht. Normalerweise sind bereits alle wichtigen Dateitypen vorkonfiguriert. Um einen bestimmten Dateityp (z. B. Excel-Dateien) hinzuzufügen, müssen Sie einen MIME-Typ-Namen (z.B `application/ms-excel`) und eine typische Dateinamenendung (z. B. *.xls*) angeben. Dann ist der Server bereit, solche Dateien an den WWW-Browser zu übertragen. Der Browser muß natürlich wissen, was er mit dem betreffenden Dateityp tun soll – siehe hierzu Kapitel 4.7 über Verweise auf beliebige Dateien im Internet.

Es gibt weitere Einstellmöglichkeiten. Wenn Sie die oben genannten Einstellungen korrekt vorgenommen haben, sollte Ihr WWW-Server für den lokalen Betrieb jedoch betriebsbereit sein.

15.2.2 Perl lokal auf einem PC einrichten

Perl steht für Practical Extraction and Report Language. Die Sprache stammt aus der Unix-Welt und erblickte 1987 das Licht der Welt. Perl ist das Werk einer Einzelperson: Der Erfinder, Larry Wall, hat auch heute noch die Oberhand über die Fortentwicklung der Syntax. Er gilt deshalb als Kultfigur.

Entsprechend der Unix-Philosophie ist Perl eine offene Sprache. Ihr Umfang und ihre Möglichkeiten wachsen mit neuen Versionen des Perl-Interpreters. Ab der Version 5.0, die derzeit verbreitet ist, unterstützt Perl z. B. auch den Ansatz der objektorientierten Programmierung. Jedoch ist es eine Script-Sprache, deren Haupteinsatz nicht umfangreiche Anwendungen sind, sondern trickreiche Automatismen in der täglichen Datenverarbeitung. Einen wahren Boom erlebt die Sprache aber vor allem als Lieblingswerkzeug der CGI-Programmierer im World Wide Web.

Perl gilt als Hacker-Sprache, als eine Sprache, in der man unglaubliche Dinge in einer einzigen Programmanweisung erledigen kann. Uneingeweihten erscheint der Quellcode eines Perl-Scripts häufig wie das Ergebnis eines verunglückten Konvertierversuchs oder wie ein zufälliger Dump aus dem Arbeitsspeicher. Perl hat eine eigenwillige Syntax, die sich bewußt nicht an Vorbilder anlehnt. Perl basiert zwar auf C, ist aber nicht direkt mit C vergleichbar und ebenso wenig mit Pascal oder modernen 4GL-Sprachen. Wer andere Programmiersprachen kennt und sich auf Perl einläßt, muß umlernen, wird aber auch viel Spannendes entdecken.

Dateien mit Perl-Anweisungen werden nicht für bestimmte Betriebssystemumgebungen kompiliert, sondern von einem Interpreter-Programm beim Aufruf abgearbeitet. Der

Nachteil dieses Prinzips: Scripts sind nicht so schnell ausführbar wie kompilierte und gelinkte Programme. Daher eignen sie sich eher für kleinere Prozeduren und Anwendungen. Der Vorteil: Scripts brauchen nicht für jede Betriebssystemumgebung neu kompiliert zu werden; daher sind sie problemlos portabel und laufen überall, wo ein Perl-Interpreter installiert ist. Zur Einstimmung auf Perl finden Sie im Internet:

Perl Language Home Page (*www.perl.com/perl*): die offizielle Einstiegsseite für Perl, Perl-Interpreter und Verweise auf Perl-Themen.

perl.guru.org (*perl.guru.org*): die Verweisbasis für leidenschaftliche Perl-Liebhaber.

Grußwort von Larry Wall (*www.oreilly.de/german/prog/einperl/gruss.htm*): Larry Wall spricht.

news:comp.lang.perl: die internationale Newsgroup zu Perl, in der auch Larry Wall verkehrt.

news:de.comp.lang.perl: Die deutschsprachige Newsgroup zu Perl. Hier bekommen Sie schnell Hilfe zu Programmierproblemen mit Perl.

Der Perl-Interpreter

Perl-Dateien sind einfache ASCII-Dateien, die Programmanweisungen in der Syntax von Perl enthalten. Solche Dateien können Sie mit jedem Texteditor erstellen und bearbeiten. Zum Ausführen von Dateien mit Perl-Programmanweisungen ist jedoch der Perl-Interpreter erforderlich.

Der Perl-Interpreter ist erfreulicherweise Freeware und für etliche Betriebssystemumgebungen verfügbar. Außerdem ist der C-Quellcode des Interpreters verfügbar, so daß Sie ihn, wenn Sie einen C-Compiler haben, für Ihren Rechner kompilieren können. Sie können den Perl-Interpreter im WWW downloaden:

Ports directory (*www.perl.org/CPAN/ports*): Unterhalb dieses Verzeichnisses finden Sie kompilierte und noch nicht kompilierte Versionen des Perl-Interpreters für die verschiedenen Betriebssysteme. Lesen Sie in den einzelnen Verzeichnissen die Readme-Dateien, damit Sie die richtigen Dateien downloaden.

ActiveState Perl-Interpreter für MS-Windows (32-Bit-Umgebungen) (*www.activestate.com*): Windows-Anwender können den Perl-Interpreter für ihre Umgebung auch von dieser Seite beziehen.

Installation und Aufruf des Perl-Interpreters

Je nach Betriebssystemumgebung müssen Sie den Perl-Interpreter manuell installieren, oder ein automatisch aufgerufenes Installationsprogramm führt für Sie alle nötigen Kopiervorgänge und Einstellungen durch. Wenn es kein ausführbares Installationsprogramm gibt, finden Sie nach dem Entpacken der Download-Datei auf jeden Fall Hilfedateien vor, in denen beschrieben wird, wie der Interpreter installiert wird.

Wenn Sie den Perl-Interpreter für die CGI-Schnittstelle Ihres WWW-Servers nutzen wollen, müssen Sie bei den Einstellungen des WWW-Servers unbedingt den vollständigen Pfadnamen der ausführbaren Perl-Interpreter-Datei angeben.

15.2.3 CGI-Scripts auf öffentlichem WWW-Server installieren

CGI-Verzeichnis mit FTP-Zugriff verwalten

Wenn Sie nicht gerade einen eigenen öffentlichen WWW-Server betreiben, den Sie direkt an der Konsole bedienen können, sind Sie darauf angewiesen, Ihre Daten auf dem Server-Rechner per Fernbedienung zu verwalten. Normalerweise geschieht das heutzutage mit Hilfe des FTP-Protokolls, vereinzelt auch noch mit Hilfe des Telnet-Protokolls. Für die FTP-Verwaltung von eigenen Daten auf einem Server-Rechner sollten Sie ein gutes FTP-Programm besitzen.

CGI-Scripts können Sie mit Hilfe eines FTP-Programms in das dafür vorgesehene Verzeichnis hochladen. Meistens hat dieses Verzeichnis einen entsprechenden Namen, z. B. *cgi-bin* oder *cgi-local.* Ihr Webmaster oder Provider muß Ihnen ein solches Verzeichnis eingerichtet haben. Das bedeutet, er muß auf dem öffentlichen Server-Rechner in den Einstellungen des WWW-Servers ein solches Verzeichnis angegeben und Ihnen den Zugriff darauf erlaubt haben. Fragen Sie im Zweifelsfall Ihren Webmaster oder Provider danach. Beim Hochladen von CGI-Scripts oder CGI-Programmen in das CGI-Verzeichnis müssen Sie folgendes beachten:

- Perl-Scripts müssen immer im ASCII-Modus übertragen werden. Achten Sie vor dem Hochladen von Perl-Dateien darauf, daß in Ihrem FTP-Programm der ASCII-Modus als Übertragungsmodus eingestellt ist.
- Kompilierte Programme müssen dagegen immer im Binär-Modus übertragen werden. Achten Sie im FTP-Programm darauf, daß der Binär-Modus eingestellt ist. Beachten Sie bei kompilierten Programmen auch, daß diese auf dem Server-Rechner nur ausführbar sind, wenn sie für das Betriebssystem des Server-Rechners kompiliert wurden. So hat es keinen Sinn, wenn Sie ein unter DOS/Windows zu einer EXE-Datei kompiliertes C-Programm in das CGI-Verzeichnis eines Unix-Rechners hochladen.
- Einige WWW-Server sind so eingerichtet, daß CGI-Scripts die Dateinamenendung *.cgi* erhalten müssen. Fragen Sie gegebenenfalls Ihren Provider danach. Wenn dies bei Ihnen der Fall ist, benennen Sie beispielsweise ein Perl-Script namens *counter.pl* einfach in *counter.cgi* um.
- Wenn der Server-Rechner ein Unix-Rechner ist, müssen Sie außerdem noch angeben, von wem die Programmdatei bzw. die Scriptdatei ausgeführt werden darf. Damit alle Besucher Ihrer WWW-Seiten Ihr CGI-Script oder CGI-Programm ausführen können, müssen Sie das Lese- und Ausführrecht »für alle« einstellen. Dies geschieht mit dem Unix-Befehl `chmod 755 datei.ext`. Wenn Sie beispielsweise ein

Perl-Script namens *counter.pl* hochladen, müssen Sie es mit `chmod 755 counter.pl` allgemein ausführbar machen. Lesen Sie im Zweifelsfall in der Dokumentation Ihres FTP-Programms nach, wie Sie damit die Zugriffsrechte für Dateien auf dem fernen Rechner einstellen können.

Tips für die Praxis

Die folgenden Hinweise und organisatorischen Überlegungen sollten Sie beachten:

- Testen Sie Ihre CGI-Scripts bzw. CGI-Programme vor dem öffentlichen Einsatz im WWW. Am besten tun Sie das offline und in aller Ruhe an Ihrem lokalen Rechner. Dazu müssen Sie sich einen eigenen lokalen WWW-Server einrichten. Wenn Sie Perl-Scripts einsetzen wollen, müssen Sie außerdem Perl lokal installieren.
- Rufen Sie neu ins WWW hochgeladene CGI-Scripts/CGI-Programme nicht gleich von einer viel besuchten WWW-Seite aus auf, sondern laden Sie erst mal eine Test-HTML-Datei mit einem Aufruf des CGI-Programms hoch. So können Sie auch online testen, ob alles einwandfrei funktioniert. Wenn es sich um wichtige Anwendungen wie elektronische Einkaufskörbe usw. handelt, sollten Sie das Script einer solchen Testumgebung von verschiedenen Personen testen lassen, bevor Sie es öffentlich zur Verfügung stellen.
- Die meisten CGI-Scripts speichern Daten in Dateien und/oder lesen diese Dateien aus. Wenn es sich um eine einzige Datendatei handelt, spricht nichts dagegen, diese im CGI-Verzeichnis abzulegen. Bei einem einfachen Seitenzugriffszähler, der mit Hilfe eines Perl-Scripts namens *counter.pl* realisiert ist, ist es beispielsweise sinnvoll, den Zählerstand in einer Datei *counter.dat* zu speichern und diese ebenso wie die Perl-Datei direkt im CGI-Verzeichnis abzulegen. Wenn ein CGI-Script/CGI-Programm jedoch mehrere Dateien verwaltet, ist es sinnvoll, diese in einem eigenen Verzeichnis abzulegen. Dazu können Sie z. B. unterhalb des CGI-Verzeichnisses Unterverzeichnisse anlegen. So könnte etwa ein CGI-basiertes Nachrichtenforum (Bulletin-Board) namens *bulletin.pl* seine verschiedenen Konfigurations- und aktuellen Datendateien in einem entsprechenden Unterverzeichnis *bulletin* haben.

15.2.4 CGI-Umgebungsvariablen

Zur sogenannten CGI-Schnittstelle gehören auch die CGI-Umgebungsvariablen. Ein installierter WWW-Server stellt solche Variablen auf Betriebssystemebene zur Verfügung. Bei jedem Aufruf eines CGI-Scripts füllt er einige dieser Variablen mit Informationen. Das CGI-Script kann den Inhalt dieser Variablen auslesen und für eigene Zwecke nutzen. Das CGI-Script kann einige dieser Variablen auch selbst mit Inhalt füllen oder einen dort gespeicherten Inhalt ändern. CGI-Umgebungsvariablen existieren unabhängig von den Variablen, die Sie in einem CGI-Script selbst definieren können.

In CGI-Umgebungsvariablen ist während der Ausführung eines CGI-Scripts beispielsweise der Namen des Server-Rechners gespeichert oder Information zum verwendeten

Browser des Anwenders, der den Aufruf des CGI-Programms verursacht hat. Wenn zum Aufruf des CGI-Scripts aus einem Formular die `GET`-Methode verwendet wurde, stehen die Daten, die der Anwender in das Formular eingegeben hat, in einer CGI-Umgebungsvariablen – siehe auch das Kapitel 9.11 zum Thema Formulardaten übertragen mit `GET` oder `POST`.

Um CGI-Umgebungsvariablen aus einem CGI-Programm heraus zu nutzen, müssen Sie in der verwendeten Programmiersprache die Techniken zum Auslesen von Umgebungsvariablen nutzen. So können Sie in Perl über `$ENV{'UMGEBUNGS_VARIABLENNAME'}` auf CGI-Umgebungsvariablen zugreifen. Mit einer Anweisung wie `print $ENV{'SERVER_NAME'};` können Sie beispielsweise den Namen des Servers ausgeben. Da die Umgebungsvariablen aus Sicht von Perl in einem Hash gespeichert sind, können Sie mit einer Anweisung wie `print %ENV` alle verfügbaren Umgebungsvariablen ausgeben.

Übersicht der CGI-Umgebungsvariablen

Die folgende Tabelle ist nach Variablennamen alphabetisch sortiert.

Variablenname	*Erläuterung*
`CONTENT_LENGTH`	Enthält die Anzahl der Zeichen, die beim Aufruf des CGI-Scripts über die `POST`-Methode übergeben wurden. Wenn das CGI-Script beispielsweise beim Absenden eines HTML-Formulars aufgerufen wurde und dort als Übertragungsmethode `POST` angegeben ist, steht in dieser Umgebungsvariablen, wie viele Zeichen das Script von der Standardeingabe lesen muß, um die übermittelten Formulardaten vollständig einzulesen.
`CONTENT_TYPE`	Enthält beim Aufruf über die `POST`-Methode den MIME-Typ der übergebenen Daten. Wenn das CGI-Script beispielsweise beim Absenden eines HTML-Formulars aufgerufen wurde und dort als Übertragungsmethode `POST` angegeben ist, steht in dieser Umgebungsvariablen der für HTML-Formulare typische MIME-Typ `application/x-www-form-urlencoded`.
`GATEWAY_INTERFACE`	Enthält die Version der CGI-Schnittstelle, die von dem installierten Server unterstützt wird, z. B. CGI/1.1, wenn die gegenwärtig übliche Version 1.1 der Schnittstellendefinition unterstützt wird.
`HTTP_ACCEPT`	Enthält die Liste der MIME-Typen, die der aufrufende WWW-Browser akzeptiert. Die Angabe */* bedeutet: der WWW-Browser akzeptiert alles.
`HTTP_REFERER`	Enthält die URL-Adresse der WWW-Seite, von der aus das CGI-Script aufgerufen wurde. Der Wert wird jedoch nicht von allen WWW-Browsern übermittelt, ist also nicht in jedem Fall verfügbar.
`HTTP_USER_AGENT`	Enthält Produkt- und Versionsinformationen zum aufrufenden WWW-Browser. Ein CGI-Script kann auf diese Weise ermitteln, welchen Browser ein Anwender verwendet.
`PATH_INFO`	Enthält spezielle Pfadinformationen, wenn das Script über die GET-Methode aufgerufen wurde, und zwar relativ zu den im WWW-Server eingestellten Root-Verzeichnissen.

Variablenname	*Erläuterung*
PATH_TRANSLATED	Enthält spezielle Pfadinformationen, wenn das Script über die GET-Methode aufgerufen wurde – im Unterschied zu PATH_INFO jedoch Pfadangaben entsprechend der Verzeichnisstruktur des Server-Rechners.
QUERY_STRING	Enthält beim Aufruf über die GET-Methode eine Zeichenkette mit Daten, die dem Script übergeben wurden. Wenn ein Anwender ein HTML-Formular ausgefüllt hat, bei dessen Absenden das CGI-Script aufgerufen wurde, stehen in dieser Umgebungsvariablen die ausgefüllten Formulardaten. Die Daten sind nach den Regeln des MIME-Typs application/x-www-form-urlencoded kodiert.
REMOTE_ADDR	Enthält die IP-Adresse des Server-Rechners, über den das CGI-Script aufgerufen wurde, wenn es ein anderer Server ist als der, auf dem das CGI-Script liegt. Dieser Wert wird jedoch nicht in allen Fällen gesetzt.
REMOTE_HOST	Enthält die Domain-Adresse des Server-Rechners, über den das CGI-Script aufgerufen wurde, wenn es ein anderer Server ist als der, auf dem das CGI-Script liegt. Dieser Wert wird jedoch nicht in allen Fällen gesetzt.
REMOTE_IDENT	Enthält Protokollinformation, wenn auf dem Server das Protokoll *ident* für geschützte Zugriffe läuft.
REMOTE_USER	Enthält den Benutzernamen, der das CGI-Script aufgerufen hat. Dieser Wert wird nur gesetzt, wenn die Server-Authentifizierung eingeschaltet ist.
REQUEST_METHOD	Enthält den HTTP-Befehl, mit dem das CGI-Programm aufgerufen wurde, entweder GET oder POST. Ein CGI-Script kann beispielsweise diese Variable auslesen und danach entscheiden, wie es Formulardaten einlesen kann: entweder von der Standardeingabe (bei Methode POST) oder aus der Umgebungsvariablen QUERY_STRING (bei Methode GET).
SCRIPT_NAME	Enthält die URL-Adresse des aufgerufenen CGI-Scripts relativ zur Domain-Adresse, also z. B. */cgi-bin/search.pl.*
SERVER_NAME	Enthält den Namen des Servers (z. B. *www.xy.com*) oder die IP-Adresse (z. B. 127.0.0.1).
SERVER_PORT	Enthält die Portnummer, die für den WWW-Server eingerichtet wurde. Normalerweise ist dies für WWW-Server die Nummer 80.
SERVER_PROTOCOL	Enthält die Version des HTTP-Protokolls, das der installierte WWW-Server unterstützt, z. B. HTTP/1.0, wenn die gegenwärtig übliche Version 1.0 des HTTP-Protokolls unterstützt wird.
SERVER_SOFTWARE	Enthält die Produktbezeichnung der installierten Server-Software, z. B. OmniHTTPd/2.0a1 (Win32; i386).

Tab. 15.1: CGI-Umgebungsvariablen

15.2.5 Server Side Includes in HTML

Mit Hilfe von Server Side Includes (auch unter der Abkürzung SSI bekannt) können Sie direkt innerhalb von HTML-Dateien dynamische Information, z. B. Datum und Uhrzeit einbinden. Sie können auch CGI-Programme starten und deren Ausgaben, beispielsweise einen Zählerstand mit der Anzahl von Zugriffen auf die aktuelle Datei, in die HTML-Datei einbinden. Oder Sie geben den aktuellen Inhalt diverser CGI-Umgebungsvariablen direkt in HTML aus – ohne Umweg über ein separates CGI-Script.

Server Side Includes werden nur ausgeführt, wenn der WWW-Browser die HTML-Datei über einen installierten WWW-Server aufruft, also mit einer URL-Adresse vom Typ *http://...*. Voraussetzung ist ferner, daß der installierte WWW-Server die Server Side Includes unterstützt. Nicht alle WWW-Server tun das, andere interpretieren nur einen Teil der möglichen Angaben. Wenn der Server keine Server Side Includes kennt, funktionieren die entsprechenden Anweisungen in der HTML-Datei nicht. Beim Austesten mit einem lokal installierten WWW-Server lesen Sie hierzu bitte in der Dokumentation des Servers nach. Beim Einsatz auf einem öffentlichen WWW-Server fragen Sie Ihren Provider, ob dessen WWW-Server die Server Side Includes unterstützt.

Damit ein WWW-Server sofort erkennt, daß eine HTML-Datei Server-Side-Include-Anweisungen enthält, ist es wichtig, solche HTML-Dateien mit einer speziellen Dateinamenendung zu kennzeichnen. Üblich sind die Dateiendungen *.shtml*, *.shtm* oder *.sht*. Die meisten Server ignorieren Server-Side-Include-Anweisungen, wenn diese in einer gewöhnlichen HTML-Datei mit der Endung *.htm* oder *.html* stehen. Beispiel (HTML-Datei *test.shtml* mit Server Side Includes):

```
<html>
<head>
<title>Dynamisches HTML mit Server Side Includes</title>
</head>
<body>
<h1>Dynamisches HTML mit Server Side Includes</h1>
Datum/Uhrzeit auf dem Server-Rechner:
   <!--#echo var="DATE_LOCAL"--><br>
Name dieser HTML-Datei: <!--#echo var="DOCUMENT_NAME"--><br>
Installierte Server-Software:
   <!--#echo var="SERVER_SOFTWARE"--><br>
Ihr WWW-Browser: <!--#echo var="HTTP_USER_AGENT"-->
<h3>Weitere Informationen:</h3>
<!--#exec cgi="/cgi-bin/plapper.pl"-->
</body>
</html>
```

Server Side Includes müssen Sie in einer HTML-Datei innerhalb eines Kommentars notieren. Es gibt verschiedene Server-Side-Include-Anweisungen, beginnend mit einem Gatterzeichen `#`. Im obigen Beispiel kommen die Anweisungen `#echo` und `#exec` vor. Hinter der Anweisung folgt in der Regel eine Angabe der Art *Typ=»Wert«*. Im Zusammenhang mit der Anweisung `#echo` ist beispielsweise die Angabe `var="Variablenname"` erlaubt, wobei `Variablenname` ein bestimmter, erlaubter Name sein muß. Es kann sich um Namen von CGI-Umgebungsvariablen handeln oder um spezielle Server-Side-Include-Variablennamen – siehe Tabelle 15.2 weiter unten. Bei der Anweisung `#exec`, die ein Programm auf dem Server-Rechner ausführt, müssen Sie den Typ des Programms – im obigen Beispiel: `cgi` – und als Wert die Adresse des ausführbaren Programms – im obigen Beispiel: `"/cgi-bin/plapper.pl"` – angeben.

Übersicht der Server Side Includes

Die Liste ist nach Anweisungen alphabetisch sortiert.

Anweisung	*Parameter/Wert*	*Beispiele*

`#config`	`errmsg="[Fehlermeldung]"`
	`sizefmt="[Wert]"`
	`timefmt="[Wert]"`
	`errmsg` ist sinnvoll, um bei nicht-anzeigbaren Server Side Includes eine verständliche Fehlermeldung auszugeben.
	`sizefmt` bestimmt das Format für Dateigrößenangaben, z. B. sinnvoll vor dem Gebrauch von `#fsize`.
	Erlaubte Werte:
	`"abbrev"` (Dateigrößenangaben erfolgen in Kbyte),
	`"bytes"` (Dateigrößenangaben erfolgen in Byte).
	`timefmt` bestimmt das Ausgabeformat für Datum/Uhrzeit, z. B. sinnvoll vor dem Gebrauch von `#echo var="LOCAL_TIME"`.
	Erlaubte Platzhalter:
	%a = Wochentag kurz, z. B. sat
	%A = Wochentag lang, z. B. Saturday
	%b – Monat kurz, z. B. Apr
	%B = Monat lang, z. B. April
	%d = Tag im Monat zweistellig, z. B. 09
	%e = Tag im Monat, z. B. 9
	%H = Uhrzeit 24-stündig, z. B. 15
	%I = Uhrzeit zwölfstündig, z. B. 03
	%j = julianisches Datum, z. B. 278
	%m = Monat als Zahl, z. B. 05
	%M = Minuten nach Stunde, z. B. 07
	%p = bei%I: AM/PM, z. B. PM
	%S = Sekunden, z. B. 01
	%U = Kalenderwoche, z. B. 52
	%w = n-ter Tag der Woche, z. B. 5
	%y = Jahr zweistellig, z. B. 97
	%Y = Jahr vierstellig, z. B. 1997
	%Z = Zeitzone, z. B. MEZ
		`<!--#config errmsg="SSI nicht anzeigbar!"-->`
		`<!--#config sizefmt="bytes"-->`
		`<!--#config timefmt="%d.%m.%Y, %H.%M"-->`

Anweisung	*Parameter/Wert*	*Beispiele*
#echo	var="[Variablenname]" Bei [Variablenname] sind GI-Umgebungsvariablen erlaubt oder die folgenden, speziellen Variablennamen: DOCUMENT_NAME (Name der HTML-Datei), DOCUMENT_URL (Pfad der HTML-Datei), LAST_MODIFIED (Zeitstempel der HTML-Datei), QUERY_STRING_UNESCAPED (unkodierter GET-Übergabestring), DATE_LOCAL (Datum/Uhrzeit, lokal nach Server), DATE_GMT (Datum/Uhrzeit, nach Greenwich-Zeit).	<!--#echo var="SERVER_NAME"--> <!--#echo var="DATE_LOCAL"-->
#exec	cmd="[Pfad/Programmdatei]" cgi="[CGI-Pfad/CGI-Programm/Script]" Benutzen Sie cmd, um ein beliebiges Programm auf dem Server-Rechner zu starten. Benutzen Sie cgi, um ein CGI-Programm/CGI-Script auf dem Server-Rechner auszuführen. Es sollte sich um Programme handeln, die Daten auf die Standardausgabe schreiben. Diese Datenausgaben werden dann direkt in die HTML-Datei geschrieben.	<!--#exec cmd="/prog/search.exe *.htm"--> <!--#exec cgi="/cgi-bin/counter.pl"-->
#fsize	file="[Pfad/Datei]" Gibt die Größe der angegebenen Datei aus.	<!--#fsize file="/download/selfhtml.zip"-->
#flastmod	file="[Pfad/Datei]" Gibt den Zeitstempel der angegebenen Datei aus.	<!--#flastmod file="/index.htm"-->
#include	file = "[Pfad/Datei]" virtual = "[Pfad/Datei]" Gibt den Inhalt der angegebenen Datei aus. Verwenden Sie file für absolute Pfadangaben auf dem Server-Rechner und virtual für relative Pfadangaben bezogen auf das Wurzelverzeichnis für Dokumente des WWW-Servers.	<!--#include virtual="/news/news.htm" -->

Tab. 15.2: Die Anweisungen von Server Side Includes

15.2.6 HTML-Formulare und CGI

Formulardaten übertragen mit GET oder POST

Das Hypertext Transfer Protocol (HTTP) ist das Übertragungsprotokoll, mit dem WWW-Browser und WWW-Server Daten austauschen. Dafür gibt es HTTP-Befehle. Zwei HTTP-Befehle sind im Zusammenhang mit der Übertragung von Formulardaten von Bedeutung:

- `GET`: In einem HTML-Formular erzwingen Sie diesen Befehl durch die Angabe von `method=get` im einleitenden `<form>`-Tag. Bei dieser Angabe werden die ausgefüllten Formulardaten zuerst an die Server-Software übertragen und von dieser in einer bestimmten Umgebungsvariablen mit dem Namen QUERY_STRING zwischengespeichert. Ein CGI-Script, das durch die Angabe `action=` im einleitenden Formular-Tag aufgerufen wird, muß den Inhalt dieser Umgebungsvariablen auslesen, um an die Formulardaten heranzukommen – siehe auch das Kapitel über CGI-Umgebungsvariablen. In Perl ist das beispielsweise mit einer Anweisung wie `$form_daten = $ENV{'QUERY_STRING'};` möglich. Wenn ein HTML-Formular die `GET`-Methode verwendet, wird der Formulardatenstrom, getrennt durch ein Fragezeichen, direkt hinter die URL-Adresse des CGI-Programmaufrufs gehängt. Im WWW-Browser des Anwenders ist dies nach dem Absenden des Formulars in der URL-Zeile sichtbar.
- `POST`: In einem HTML-Formular erzwingen Sie diesen Befehl durch die Angabe von `method=post` im einleitenden `<form>`-Tag. Die Angabe bewirkt, daß die ausgefüllten Formulardaten direkt an die Adresse übertragen werden, die bei `action=` angegeben ist. Ein CGI-Script, das bei `action=` aufgerufen wird, muß die Standardeingabe auslesen, um an die Formulardaten heranzukommen. In Perl geht das beispielsweise mit einer Anweisung wie `read(STDIN, $Daten, $ENV{'CONTENT_LENGTH'});`. Beachten Sie dabei, daß das Programm die Umgebungsvariable CONTENT_LENGTH auslesen muß, um zu ermitteln, wie viele Zeichen es von der Standardeingabe lesen soll. Das ist erforderlich, da der übergebene Datenstrom kein Datenende-Kennzeichen enthält.

Wenn Sie ein vorhandenes CGI-Script einsetzen wollen, müssen Sie wissen, nach welcher der beiden Methoden das betreffende Script die Daten erwartet. Normalerweise ist das vom Autor des CGI-Scripts dokumentiert. Einige Scripts sind auch so intelligent, beide Möglichkeiten abzufragen – in diesem Fall ist es egal, welche Übertragungsmethode Sie im HTML-Formular wählen. Wenn Sie eigene Scripts schreiben, müssen Sie eine Übertragungsmethode festlegen oder ebenfalls so intelligent programmieren, daß es egal ist, welche Methode im HTML-Formular angegeben wird.

Datenstrom bei Übertragung von Formulardaten

Ein typisches HTML-Formular besteht aus benannten Feldern (z. B. für Name, E-Mail-Adresse und Kommentartext). Bei der Übertragung eines ausgefüllten Formulars an den Server-Rechner bzw. ein CGI-Programm müssen die Daten so übertragen werden, daß es dem CGI-Script möglich ist zu erkennen, aus welchen Feldern das Formular besteht und welche Daten der Anwender in welches Feld eingetragen hat. Deshalb gibt es eine bestimmte Kodierungsmethode, die Formularfelder und deren Daten voneinander trennt. Diese Kodierungsmethode benutzt folgende Regeln:

- Die einzelnen Formularelemente inklusive ihrer Daten werden durch ein kaufmännisches `&` voneinander getrennt.

- Name und Daten eines Formularelements werden durch ein Gleichheitszeichen `=` voneinander getrennt.
- Leerzeichen in den eingegebenen Daten (z. B. bei mehreren Wörtern) werden durch ein Pluszeichen `+` ersetzt.
- Alle Zeichen mit den ASCII-Werten 128 bis 255 (hexadezimal 80 bis FF) werden durch eine Hexadezimal-Zeichenfolge umschrieben, eingeleitet durch ein Prozentzeichen `%`, dahinter der Hexadezimalwert des Zeichens (z. B. wird der deutsche Umlaut `ö` durch `%F6` umschrieben).
- Alle Zeichen, die in diesen Regeln als Steuerzeichen vorkommen (also &, +, = und %) werden ebenfalls hexadezimal umschrieben, und zwar genauso wie höherwertige ASCII-Zeichen.

Das folgende Beispiel zeigt zunächst den HTML-Quelltext eines HTML-Formulars und darunter ein Bild, wie das Formular im WWW-Browser mit Anwendereingaben aussieht. Unterhalb des Bildes sehen Sie, wie der Formulardatenstrom entsprechend der Kodierungsregeln aussieht, nachdem der Anwender das Formular absendet. Beispiel: HTML-Formular (HTML-Quelltext)

```
<form action="/cgi-bin/comments.pl" method=post>
<pre>
Name:   <input name="AnwenderName" size=40>
E-Mail: <input name="AnwenderMail" size=40>
Text:   <textarea rows=5 cols=34></textarea>
  <input type=submit value="Formulardaten absenden">
</pre>
</form>
```

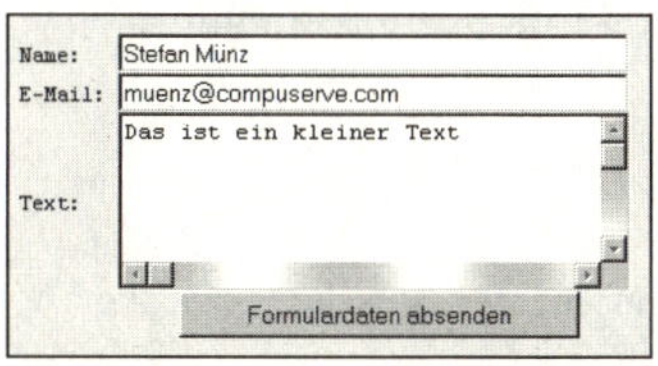

Bild 15.2: Diese Eingaben ergeben den untenstehenden Formulardatenstrom

Beispiel (Formulardatenstrom aufgrund dieser Formulareingaben):

```
AnwenderName=Stefan+M%FCnz&AnwenderMail=muenz@compuserve.com&Text=Das+ist
  +ein+kleiner+Text
```

So kodiert der WWW-Browser die Formulardaten beim Absenden des Formulars. Diese Zeichenkette wird mit einer der erlaubten Methoden `POST` oder `GET` an das aufgerufene CGI-Script übergeben. Das CGI-Script kann diesen Datenstrom in Kenntnis der Kodierungsregeln auseinanderdividieren, um die Formulardaten beispielsweise feldweise zu verarbeiten.

15.3 Perl-Sprachelemente

Dieses Kapitel beschreibt wichtige Sprachelemente von Perl. Diese Elemente müssen Sie kennen und verstehen, um selbst in Perl programmieren zu können. Bitte beachten Sie, daß diese Dokumentation den Sprachumfang von Perl nicht vollständig behandelt und vorrangig auf den Einsatz von Perl als CGI-Sprache abzielt.

15.3.1 Grundsätzliches zu Perl-Scripts

Aufrufmöglichkeiten des Perl-Interpreters

Um eigene Perl-Scripts auszuführen bzw. zu testen, müssen Sie den Perl-Interpreter installiert haben. Um Perl als Sprache für CGI-Scripts einzusetzen, muß außerdem ein WWW-Server installiert sein.

Aufrufen können Sie den Perl-Interpreter mit einem Perl-Script, also einer Datei mit Perl-Code. Solche Dateien haben die Standard-Dateinamenendung *.pl*. Der Perl-Interpreter wird normalerweise einfach mit *perl* gestartet. Wenn Sie beispielsweise ein Perl-Script namens *hallowelt.pl* haben, können Sie dieses Script mit *perl hallowelt.pl* starten. Gegebenenfalls müssen Sie beide Dateien mit ihren korrekten Pfadnamen aufrufen, also z. B. *c:\www\bin\perl.exe c:\scripts\perl\hallowelt.pl* – im Beispiel: Pfadsyntax nach MS-Windows.

Daneben gibt es etliche Optionen beim Aufruf des Perl-Interpreters. Die Optionen folgen unmittelbar hinter dem Programmdateinamen und vor dem Namen des Perl-Scripts, also etwa *perl -c test.pl*. Sie können auch mehrere Optionen aneinanderhängen. Notieren Sie dazu nur ein Minuszeichen mit allen gewünschten Optionsbuchstaben hintereinander, z. B. *perl -cwT test.pl*. Die folgende Tabelle enthält wichtige Optionen beim Aufruf des Perl-Interpreters.

Option	*Bedeutung*
`-c`	Das Perl-Script wird nicht ausgeführt, sondern nur auf syntaktische Richtigkeit überprüft.
`-d`	Das Perl-Script wird im Debug-Modus ausgeführt. Der Debug-Modus erlaubt das Austesten des Perl-Scripts.
`-S`	Das Script braucht nur als Dateiname ohne Pfad angegeben zu werden. Wenn es in einem der Verzeichnisse liegt, die in der `path`-Variablen des Betriebssystems genannt sind, findet der Perl-Interpreter das Script auch ohne Pfadangabe.
`-T`	Das Script wird während der Ausführung streng auf Fehlerfreiheit überprüft.
`-v`	Gibt die Version und den genauen Stand des Perl-Interpreters aus.
`-w`	Bewirkt, daß der Perl-Interpreter nicht nur offensichtliche Fehlermeldungen bei Syntaxfehlern ausgibt, sondern auch Warnungen bei möglichen Fehlern und logisch zweifelhaften Anweisungsfolgen.

Tab. 15.3: Aufrufparameter des Perl-Interpreters

Tip: Wenn Sie die Beispiele, die in den Perl-Beschreibungen in diesem Buch vorkommen, selbst ausprobieren möchten, kopieren Sie sich die Beispiele aus dem WWW-Browser mit der HTML-Version auf der Buch-CD über die Zwischenablage Ihres Betriebssystems in einen Texteditor. Speichern Sie den Inhalt in einer Perl-Datei ab, z. B. unter dem Namen *test.pl*. Rufen Sie den Perl-Interpreter mit dieser Datei auf. Das sollten Sie möglichst auf der Kommandozeilenebene – DOS oder Unix-Shell beispielsweise – tun, da viele der Beispiele ihre Ergebnisse auf die Standardausgabe schreiben.

Regeln für Perl-Scripts und Kommentare in Perl

Perl-Scripts können Sie mit jedem ASCII-Editor erstellen und bearbeiten. Ideal ist ein leistungsfähiger Programmierer-Editor, der sich so konfigurieren läßt, daß er das Pr o-grammieren in Perl optimal unterstützt, etwa durch gespeicherte Sprachbausteine. Spe i-chern Sie Perl-Scripts unter einem Dateinamen mit der Endung *.pl* ab. Zum Aufbau eines Perl-Scripts gibt es nur eine feste Regel: In der ersten Zeile sollte eine Anweisung stehen, die angibt, in welchem Verzeichnis sich die ausführbare Datei des Perl-Interpreters befindet. Beispiel eines vollständigen Perl-Scripts:

```
#!/usr/bin/perl
print "Hallo Welt\n";
```

Die Anweisung zur Lage des Perl-Interpreters auf dem Rechner beginnt mit den Zeichen `#!` – gefolgt von der Pfadangabe. Ab der nächsten Zeile können Sie Anweisungen in der Sprache Perl notieren, wie im Beispiel die Ausgabe der beiden Wörter *»Hallo Welt«* auf die Standardausgabe.

Die Anweisung zur Lage des Perl-Interpreters auf dem Rechner wird vor allem von Unix- und Unix-kompatiblen Systemen verwertet, und zwar dann, wenn die Perl-Datei auf den Modus »ausführbar« gesetzt ist. Die Datei kann dann direkt aufgerufen werden und startet den Perl-Interpreter. Wenn Sie unter anderen Umgebungen als Unix arbeiten, notieren Sie einfach die übliche Zeile mit der üblichen Pfadangabe (`#!/usr/bin/perl`) in der ersten Zeile Ihres Perl-Scripts. Sollte das Script dann nicht ausgeführt werden, notieren Sie den genauen Pfad der ausführbaren Datei des Perl-Interpreters. Benutzen Sie dabei immer einfache Schrägstriche zur Trennung von Verzeichnissen, auch wenn es sich um einen DOS-/Windows-Rechner handelt.

Die Zeile mit der Anweisung zur Lage des Perl-Interpreters ist zugleich ein Kommentar laut Perl-Syntax. Kommentare beginnen mit dem Gatterzeichen `#`. Alles zwischen diesem Zeichen und dem Ende der gleichen Zeile wird vom Perl-Interpreter ignoriert. Für mehrzeilige Kommentare müssen Sie alle betroffenen Zeilen mit einem `#` beginnen.

Beachten Sie: Wenn Sie Perl im Zusammenhang mit einem modernen WWW-Server mit CGI-Unterstützung installiert haben, ist die Zeile für die Lage des Perl-Interpreters häufig nicht von Bedeutung. Denn zur Konfiguration des WWW-Servers gehört mit t-lerweile auch die Angabe des Pfades zum Perl-Interpreter. Wenn dann bei eingescha ltetem WWW-Server ein Perl-Script über das HTTP-Protokoll ausgeführt wird, ruft der WWW-Server den Perl-Interpreter entsprechend seiner Konfiguration auf.

Anweisungen notieren

Perl besteht wie andere Programmiersprachen aus einer kontrollierten Anordnung von Anweisungen. Das sind Befehle, die der Perl-Interpreter bewertet und in Maschinencode umsetzt, der auf dem Rechner des Anwenders ausführbar ist. Es gibt einfache und komplexere Anweisungen. Ein paar Beispiele:

```
#!/usr/bin/perl

$Zahl = 42;
$Quadrat = $Zahl * $Zahl;
print "Das Quadrat von ", $Zahl, " = ", $Quadrat, "\n";
```

Eine Anweisung in Perl besteht aus einem Befehl, der normalerweise mit einem Strichpunkt ; abgeschlossen wird. Eine Anweisung ist zum Beispiel,

- wenn Sie einer Variablen einen Wert zuweisen wie oben im Beispiel in der Anweisung `$Zahl = 42;`.
- wenn Sie mit Variablen oder Werten eine Operation durchführen wie oben in der zweiten Anweisung.
- wenn Sie eine Perl-Funktion aufrufen wie oben in der dritten Anweisung.

Anweisungsblöcke notieren

Ein Anweisungsblock besteht aus Anweisungen, die innerhalb einer übergeordneten Anweisung stehen. So können Anweisungsblöcke beispielsweise innerhalb einer bedingten Anweisung oder innerhalb einer Schleife stehen. Auch alle Anweisungen, die innerhalb eines Unterprogramms stehen, bilden einen Anweisungsblock.

Beispiel 1:

```
if($Zahl > 1000)
 {
  $Zahl = 0;
 }
```

Beispiel 2:

```
while($i <= 99)
 {
  print "Das Quadrat von ", $i, " ist ", $i * $i, "\n";
  $i = $i + 1;
 }
```

Ein Anweisungsblock wird durch eine öffnende geschweifte Klammer { begonnen und durch eine schließende geschweifte Klammer } beendet. Bei bedingten Anweisungen – wie in Beispiel 1 oben – oder bei Schleifen – wie in Beispiel 2 oben – müssen Sie solche Anweisungsblöcke immer notieren, auch wenn nur eine einzige Anweisung von der Bedingung oder der Schleifenbedingung abhängig ausgeführt werden soll. Anweisungsblöcke können natürlich auch verschachtelt sein.

Selbst vergebene Namen

An vielen Stellen in Perl müssen Sie selbst Namen vergeben, zum Beispiel für Variablen. Bei selbst vergebenen Namen gelten folgende Regeln:

- Sie dürfen keine Leerzeichen enthalten.
- Sie sollten maximal 32 Zeichen Länge haben.
- Sie dürfen nur aus Buchstaben und Ziffern bestehen – das erste Zeichen sollte ein Buchstabe sein; es sind Groß- und Kleinbuchstaben erlaubt.
- Sie dürfen keine deutschen Umlaute oder scharfes S enthalten.
- Sie dürfen als einziges Sonderzeichen den Unterstrich »_« enthalten.

Ein Beispiel:

```
$Daten = $ENV{'QUERY_STRING'};
```

Vergeben Sie sprechende Namen, die Ihnen auch ein halbes Jahr, nachdem Sie das Perl-Script geschrieben haben, noch signalisieren, welche Bedeutung sie haben. Es dürfen ruhig auch deutschsprachige Wörter sein, solange die genannten Regeln eingehalten werden.

15.3.2 Variablen und Datentypen

Skalare – einfache Variablen

Variablen sind Speicherbereiche, in denen Sie Daten, die Sie im Laufe Ihrer Programmprozeduren benötigen, speichern können. Der Inhalt, der in einer Variablen gespeichert ist, wird als Wert bezeichnet. Sie können den Wert einer Variablen jederzeit ändern. In Perl wird eine einfache Variable, die eine Zahl oder eine Zeichenkette speichern kann, als Skalar bezeichnet. Ein paar Einzelbeispiele:

```
$Name = "Methusalem";
$Alter = 625;
$Name_2 = "Junger Hansel";
$JungAlter = sqrt($Alter);
```

Beispiel eines kleinen Perl-Scripts:

```
#!/usr/bin/perl
$Wert = 123456;
```

```
$Teilwert = substr($Wert,1,3);
print $Teilwert;
```

Ein Skalar, also eine einfache Variable, beginnt mit dem Dollarzeichen `$`, gefolgt von dem Namen der Variablen. Das Dollarzeichen muß immer angegeben werden, wenn die Variable verwendet wird, egal, ob ihr ein Wert zugewiesen wird oder ob sie in einer Operation vorkommt – wie im letzten der obigen Einzelbeispiele die Variable `$Alter` innerhalb der Funktion `sqrt()` vorkommt, die die Quadratwurzel einer Zahl errechnet.

Sie können Skalare für numerische Inhalte und Skalare für Zeichenketten definieren. Ob ein Skalar numerisch oder eine Zeichenkette ist, entscheiden Sie, wenn Sie dem Skalar einen Wert zuweisen oder indem Sie ihn in einer Anweisung verwenden. Eine angegebene Zeichenkette muß dabei in Anführungszeichen stehen. Normalerweise sind das doppelte Anführungszeichen, es sind aber auch einfache Anführungszeichen erlaubt.

Beachten Sie: Daten in Perl sind nicht »getypt«. Wenn Sie eine Zeichenkette haben, die nur aus gültigen numerischen Zeichen besteht (z. B. »7423.13«), können Sie damit problemlos numerische Operationen durchführen. Ebenso können Sie numerische Werte wie Zeichenketten behandeln. Zur Demonstration dient das obige Beispiel eines kleinen Perl-Scripts. In dem Script wird ein numerischer Skalar `$Wert` definiert. Darunter wird jedoch eine typische Zeichenkettenfunktion auf diesen Skalar angewendet, nämlich das Extrahieren einer Teilzeichenkette mit Hilfe der Funktion `substr()`. Die Parameter der Funktion bedeuten: Aus `$Wert` wird ab dem 2. Zeichen eine Zeichenkette von drei Zeichen Länge extrahiert. Das zweite Zeichen wird durch die Angabe von 1 bezeichnet, da in Perl, wie in den meisten anderen Programmiersprachen, immer bei 0 zu zählen begonnen wird. Das Ergebnis wird in einem Skalar `$Teilwert` gespeichert. Das Ergebnis lautet »234« und wird anschließend ausgegeben. Wenn Sie andere Programmiersprachen kennen, werden Sie hieran ermessen können, welche Freiheiten Sie in Perl beim Umgang mit Variablen haben.

Listen – Arrays

Listen sind Ketten zusammengehöriger Skalare. In Perl haben solche Listen zentrale Bedeutung, weil es sehr einfach ist, Daten in Listen einzulesen und Listen zu manipulieren. Beispiel 1:

```
#!/usr/bin/perl
@Daten = ("Jana",23,"Berlin","Abitur");
print $Daten[0], " ist ", $Daten[1], " Jahre alt, wohnt in ", $Daten[2],
   " und hat ", $Daten[3];
```

Beispiel 2:

```
#!/usr/bin/perl
for($i = 1;$i <= 9;$i++)
 {
  $Wert = $i * $i;
```

```
  push(@Quadrate, $Wert);
 }
for(@Quadrate)
 {
  print $_, "\n";
 }
```

Beispiel 3:

```
#!/usr/bin/perl
@Buchstaben = ("a".."z");
print $Buchstaben[2], "\n";
```

Eine Liste wird in Perl durch das Klammeraffenzeichen `@` eingeleitet. Dahinter folgt der Name der Liste. Sie können eine Liste mit Daten vorbelegen, wie etwa in Beispiel 1 oben die Liste `@Daten`. Achten Sie dabei darauf, daß die Daten durch Klammern eingeschlossen werden. Die einzelnen Listenelemente trennen Sie durch Kommata.

Sie können die Liste aber auch dynamisch erzeugen, wie es oben in Beispiel 2 innerhalb einer Schleife geschieht. In dem Beispiel wird innerhalb einer Schleife, die von 1 bis 9 zählt, die Liste `@Quadrate` dynamisch mit den Quadratzahlen zu den Zahlen 1 bis 9 gefüllt. Das geht jedoch nur mit Unterstützung von Funktionen zur Listenmanipulation, im Beispiel durch die Funktion `push()`, die Elemente an das Ende einer Liste anfügt.

Das obige Beispiel 3 zeigt eine besondere Variante, um eine Liste mit Daten zu füllen. Um eine Liste mit Zahlen (von – bis) oder mit Buchstaben (von – bis) aufzufüllen, genügt es, beim Definieren der Liste das erste und das letzte Listenelement anzugeben und dazwischen einfach zwei Punkte zu notieren. Im Beispiel werden auf diese Weise alle Kleinbuchstaben von a bis z in eine Liste mit entsprechend vielen Elementen geschrieben: `@Buchstaben = ("a".."z");`.

Wenn Sie eine Liste mit Daten vorbelegen oder füllen, gelten die gleichen Regeln wie bei einfachen Skalaren: Zeichenketten werden in Anführungszeichen notiert, Zahlen ohne Anführungszeichen. Anstelle von Daten können Sie natürlich auch Skalare in eine Liste einfügen. Dann wird der Wert des betreffenden Skalars in die Liste übernommen.

Um ein bestimmtes Element innerhalb einer Liste anzusprechen, verwenden Sie den Variablennamen der Liste, setzen jedoch ein Dollarzeichen `$` davor, genauso wie bei einem einfachen Skalar. Hinter dem Listennamen notieren Sie in eckigen Klammern, das wievielte Element der Liste Sie meinen. Dabei wird bei 0 zu zählen begonnen, d. h. das erste Listenelement einer Liste mit dem Namen `@Listenname` wird mit `$Listenname[0]` angesprochen, das zweite Element durch `$Listenname[1]` usw. Im ersten der obigen Beispiele können Sie das sehr gut studieren.

Die folgende Abbildung bezieht sich nochmals auf die obigen Beispiele 1 bis 3 und verdeutlicht, was jeweils in den Listen gespeichert ist und wie die entsprechenden Listenelemente ansprechbar sind.

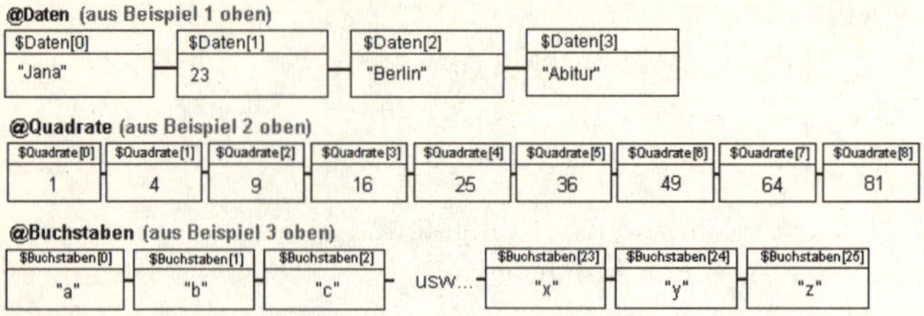

Bild 15.3: So verwaltet Perl Listen, die den Arrays von anderen Programmiersprachen entsprechen

Beachten Sie: Es ist problemlos möglich, einen einfachen Skalar und ein Element einer Liste einander zuzuweisen. So können Sie beispielsweise eine Anweisung notieren wie

```
$Vorname = $Daten[0];
```

Ebenso ist es problemlos möglich, eine ganze Liste zu kopieren und einer anderen Liste zuzuweisen, etwa so:

```
@SpeicherDaten = @Daten;
```

Sie können Zeichenketten und Zahlen ohne Probleme in derselben Liste speichern, wie etwa im Beispiel 1 oben. Es gibt auch keine Vorschriften dafür, wie lang ein einzelnes Listenelement maximal sein darf. So können Sie auch eine komplette andere Liste als Element in einer Liste speichern. Ein Element in einer Liste innerhalb einer Liste sprechen Sie dann beispielsweise mit `$Daten[2][4]` an. Das heißt: Das dritte Element der Liste `@Daten` ist selbst eine Liste, z. B. mit dem Namen `@Eigenschaften`, die wiederum mehrere Elemente enthält, und das fünfte Element dieser Liste soll angesprochen werden. Sie dürfen ohne vorherige Listendefinition eine Anweisung notieren wie

```
$Zahlen[5] = 43298;
```

Dabei wird dann automatisch eine Liste namens `@Zahlen` erzeugt, die zum Zeitpunkt des Erzeugens sechs Elemente hat, nämlich `$Zahlen[0]` bis `$Zahlen[5]`. Dabei ist nur `$Zahlen[5]` mit einem Wert belegt, die anderen Listenelemente sind leer. Das letzte Element einer Liste können Sie immer auch durch `$Listenname[-1]` ansprechen. Die negative Indexzahl -1 ist für diesen Zweck reserviert.

Hashs – assoziative Listen

Gewöhnliche Listen bestehen aus einer Reihe von Werten, die über Indexnummern, beginnend bei 0, ansprechbar sind. So hat ist das achte Element einer Liste mit dem Namen `@Listenname` über `$Listenname[7]` ansprechbar. Eine assoziative Liste, in Perl als Hash bezeichnet, speichert dagegen pro Listenelement zwei Werte: einen Namen und einen Wert. Werte innerhalb eines Hashs brauchen dann nicht über Indexnummern ansgesprochen zu werden, sondern werden über den zugehörigen Namen »assoziiert«. Ein Beispiel:

```
#!/usr/bin/perl
%Daten = ("Name","Jana","Alter",23,"Ort","Berlin");
print $Daten{'Name'}, " ist ", $Daten{'Alter'}, " Jahre alt und wohnt in
   ", $Daten{'Ort'};
```

Ein Hash wird in Perl durch das Prozentzeichen `%` eingeleitet. Wenn Sie einen Hash erzeugen und mit Daten vorbelegen, gehören immer jeweils zwei Elemente zusammen: Das erste Element stellt den Hash-Namen dar, das zweite Element den gespeicherten Wert, der über den Hash-Namen ansprechbar ist. So bilden im obigen Beispiel die beiden ersten Elemente `"Name"` und `"Jana"` das erste Hash-Paar des Hashs `%Daten`. Um ein bestimmtes Element innerhalb eines Hashs anzusprechen, verwenden Sie den Variablennamen des Hashs, setzen jedoch ein Dollarzeichen `$` davor, genauso wie bei einem einfachen Skalar. Hinter dem Namen des Hashs notieren Sie in geschweiften Klammern und einfachen Anführungszeichen den Hash-Namen des Elements, das Sie meinen. Im obigen Beispiel wird auf diese Weise etwa mit `$Daten {'Name'}` der zugehörige Wert `"Jana"` angesprochen.

Beachten Sie: Für Hashs, also für assoziative Listen, gelten ansonsten die gleichen Regeln und Möglichkeiten wie für gewöhnliche Listen. Hashs lassen sich im Zusammenhang mit CGI-Scripts sehr sinnvoll einsetzen. So ist es beispielsweise möglich, den Datenstrom eines vom Anwender ausgefüllten HTML-Formulars in einen Hash einzulesen, wobei als Hash-Name jeweils der Name gespeichert wird, den ein Formularelement in der HTML-Datei hat, und als Wert der Wert, den der Anwender in dem betreffenden Formularelement eingegeben oder ausgewählt hat.

Referenzen – Zeiger auf Variablen

Wenn Sie sich in der Sprache C auskennen, wissen Sie, was Zeiger sind und wie effizient das Programmieren durch sie werden kann. Referenzen sind Zeiger auf zuvor definierte Datentypen – egal, ob Skalare, Listen oder Hashs. Über Referenzen können Sie den Inhalt eines Skalars, einer Liste oder eines Hashs genauso ansprechen wie über den Originalnamen. Das Besondere an Referenzen in Perl ist, daß der Wert einer Variablen so lange erhalten bleibt, wie es Referenzen dieser Variablen gibt. Das ist von Bedeutung, wenn Sie mit Unterprogrammen arbeiten, in denen lokal gültige Datentypen definiert werden. Ein Beispiel:

```
#!/usr/bin/perl

&A();

sub B()
{
print $$TextReferenz, "\n";
   # Wert ist nur noch in der Referenz enthalten!
}

sub A()
{
```

```
my $Text = "Das ist ein kleiner Text";
$TextReferenz = \$Text;    # Hier wird eine Referenz definiert
&B();
}
```

Das obige Beispiel verdeutlicht die Wirkungsweise einer Referenz. Das kleine Perl-Script im Beispiel enthält zwei selbst definierte Unterprogramme `A()` und `B()`. Zuerst wird mit `&A()` das entsprechende Unterprogramm aufgerufen. Dort wird ein Skalar `$Text` definiert, dessen »Lebensdauer« sich auf die Unterroutine `A()` beschränkt. Erreicht wird das durch Voranstellen des Wörtchens `my`.

Im Anschluß an die Skalardefinition wird eine Referenz auf diesen Skalar definiert. Die Referenz wird genauso definiert wie der Skalar selbst. Bei der Zuweisung des Skalars zu der Referenz steht jedoch ein umgekehrter Schrägstrich `\`. Dadurch wird der Referenz `$TextReferenz` nicht der Wert von `$Text` zugewiesen, sondern lediglich die Speicheradresse, an der der Wert von `$Text` steht. Dadurch benötigt die Referenz selbst deutlich weniger Speicher als der Skalar. Zuletzt wird innerhalb des Unterprogramms `A()` das Unterprogramm `B()` aufgerufen. Im Unterprogramm `B()` wird der zugehörige Wert der Referenz `$Referenztext` mit der `print`-Funktion ausgegeben. Würde dort die Anweisung `print $Text;` stehen, würde nichts ausgegeben, da die Variable `$Text` aus `A()` mit ihrem Wert zu diesem Zeitpunkt nicht mehr existiert. Der Wert existiert aber trotzdem noch, da er noch über die Referenz `$TextReferenz` ansprechbar ist. Um den Wert einer Referenz auf einen Skalar anzusprechen, müssen Sie zwei Dollarzeichen vor dem Namen der Referenz notieren, so wie in der `print`-Anweisung im obigen Beispiel.

Beachten Sie: Wenn Sie – zum Beispiel mit der `print`-Anweisung – nicht den Wert der Referenz ansprechen, sondern die Referenz selbst, wird einfach in Hexadezimalform die Speicheradresse ausgegeben, an der der Inhalt der Referenz im Arbeitsspeicher steht.

Sie können nicht nur Referenzen auf Skalare, sondern auch Referenzen auf Listen und Hashs oder Referenzen auf einzelne Elemente innerhalb von Listen oder Hashs definieren. Die folgende Tabelle bietet eine Übersicht dazu, wie die entsprechende Notation aussehen muß.

Referenz	*Referenz definieren*	*Referenz-Wert ansprechen*	*Referenz-Wert ansprechen (alternative Notation)*
Skalar	$Skalarreferenz = \$Skalar	$$Skalarreferenz	${$Skalarreferenz}
Liste	$Listenreferenz = \@Liste	@$Listenreferenz	@{$Listenreferenz}
Element in Liste	$Listenreferenz = \@Liste	@{$Listenreferenz}[0]	$Listenreferenz->[0]
Hash	$Hashreferenz = \%Hash	%$Hashreferenz	%{$Hashreferenz}
Element in Hash	$Hashreferenz = \%Hash	%{$Hashreferenz} {"Hashname"}	$Hashreferenz-> {"Hashname"}

Tab. 15.4: Erlaubte Referenzen auf Datenelemente

Beachten Sie, daß Referenzen erst ab der Perl-Version 5.0 interpretiert werden. Ältere Perl-Interpreter bringen Syntaxfehlermeldungen, wenn sie auf Referenzen stoßen. Benutzen Sie Referenzen immer nur dann, wenn Sie einen Grund dazu haben!

15.3.3 Vordefinierte Variablen in Perl

Perl hält eine Fülle spezieller, vordefinierter Variablen bereit. Den Inhalt dieser Variablen können Sie auslesen, um Informationen zur aktuellen Perl-Konfiguration zu ermitteln oder um die Systemkonfiguration des Rechners, auf dem das Script und der Perl-Interpreter laufen, zu ermitteln. Einige der Variablen haben je nach Prozedur-Situation bestimmte Inhalte. Diese Möglichkeiten sollten Sie jedoch erst nutzen, wenn Sie mit Perl gut vertraut sind.

Vordefinierte Skalare

Die folgende Tabelle ist nicht vollständig, sondern enthält nur einige wichtige vordefinierte Skalare.

Skalar	*Erläuterung*	*Beispiel*

`$_`	Die bekannteste vordefinierte Variable in Perl. Sie enthält in Suchläufen (z. B. bei der Suche in einer Liste) den jeweils aktuellen Wert. Sie kann direkt in die Suche integriert werden, ohne daß eine selbst definierte Variable erforderlich ist. Das nebenstehende Beispiel gibt einfach der Reihe nach alle Zahlen aus, die in der Liste `@Zahlen` definiert wurden.	`@Zahlen = (1..10);`
		`for(@Zahlen)`
		`{ print $_, "\n"; }`

`$.`	Enthält die aktuelle Zeilennummer der zuletzt eingelesenen Datei. Im nebenstehenden Beispiel werden alle Zeilen einer Textdatei eingelesen und ausgegeben. Am Ende kann `$.` darüber Auskunft geben, wie viele Zeilen eingelesen wurden.	`open(DATEI, "<readme.txt");`
		`while(<DATEI>)`
		`{ print $_; }`
		`print $., " Zeilen gelesen";`
		`close(DATEI);`

`$/`	Enthält den eingestellten Eingabeseparator. Kann geändert werden – auch mehrere Zeichen sind erlaubt. Das nebenstehende Beispiel bewirkt, daß eine Eingabe von der Standardeingabe erst dann abgeschlossen ist, wenn der Anwender die Zeichenfolge ENDE eingibt und <Return> drückt.	`$/ = "ENDE";`
		`$DeinName = <STDIN>;`
		`print $DeinName;`

Skalar	*Erläuterung*	*Beispiel*
`$]`	Enthält die Versionsnummer des verwendeten Perl-Interpreters. Gut geeignet, um bei Scripts die Ausführung des restlichen Programmcodes davon abhängig zu machen, daß der Perl-Interpreter mindestens eine bestimmte Versionsnummer hat.	`if($] < 5) { die "Perl-Interpreter zu alt"; } else { print $]; }`
`$!`	Enthält eine im aktuellen Programm-Kontext aktuelle Fehlermeldung oder Fehlernummer, sofern ein Fehler aufgetreten ist. Die nebenstehende Anweisung versucht, eine Datei zu öffnen, und gibt im Fehlerfall die vordefinierte Perl-Fehlermeldung aus, wenn die Datei nicht geöffnet werden kann.	`open(DATEI, "<nixda.txt") || print $!;`
`$0`	Enthält den Dateinamen des Perl-Scripts, das gerade ausgeführt wird. Wert kann geändert werden.	`print $0, " wird ausgefuehrt!";`
`$$`	Enthält die Prozeß-ID des Perl-Scripts, das gerade ausgeführt wird. Vor allem unter Unix von Interesse.	`"Prozess ", $$, " wird ausgefuehrt!";`
`$^T`	Enthält den genauen Zeitpunkt (Millisekunden), zu dem das Script gestartet wurde. Das nebenstehende Beispiel stellt einen kleinen Benchmark-Test dar. Es führt eine lange Schleife von Berechnungen durch und ermittelt, wie lange das Perl-Script dazu braucht.	`@Zahlen = (1..50000); for(@Zahlen) { $x = sqrt($_); } $Start = $^T; $Jetzt = time; print "Laufzeit: ", $Jetzt - $Start, " ms\n";`
`$&`	Enthält nach Anwenden eines regulären Ausdrucks den Wert, auf den das Suchmuster paßte.	`$Satz = "Mann und Frau"; $Satz =~ /\bund\b.*/; print $&;`
`$+`	Enthält nach Anwenden eines regulären Ausdrucks mit Klammern den Inhalt der Klammer, die mit dem letzten Suchmuster übereinstimmte.	`$Satz = "Mann und Frau"; $Satz =~ /(\bund\b).*/; print $+;`
`$1, $2, usw.`	Enthält nach Anwenden eines regulären Ausdrucks mit Klammern die Werte der Klammern 1, 2 usw., auf die das in der jeweiligen Klammer definierte Suchmuster paßte.	`$Satz = "Mann und Frau und Kind"; $Satz =~ /(\bund\b).*\1/; print $1;`

Tab. 15.5: Vordefinierte Skalare

Vordefinierte Listen und Hashs

Die folgende Tabelle ist nicht vollständig, sondern enthält nur einige wichtige vordefinierte Listen- und Hash-Variablen.

Liste/Hash	*Erläuterung*	*Beispiel*

`@_`	Enthält die Parameter, die beim Aufruf eines Unterprogramms übergeben wurden. Innerhalb des Unterprogramms sind die übergebenen Parameter mit `$_[0]` (= erster Parameter), `$_[1]` (= zweiter Parameter) usw. ansprechbar.	`&Sprich("Hallo Welt");`
		`sub Sprich`
		`{`
		`print $_[0];`
		`}`

`@ARGV`	Enthält die Parameter, die beim Aufruf des Perl-Scripts mit übergeben wurden. Wenn z. B. `perl test.pl meintext.txt` eingegeben wurde, ist `meintext.txt` der erste Parameter aus Sicht des Perl-Scripts. Das Script kann Parameter als Input für den Programmablauf auswerten. Im nebenstehenden Beispiel wird der erste übergebene Parameter `$ARGV[0]` als Dateiname interpretiert. Das Script versucht, diese Datei zu öffnen.	`open(DATEI,`
		`"<$ARGV[0]") || die`
		`"Fehler!";`
		`print $ARGV[0], "`
		`geoeffnet!";`
		`close(DATEI);`

`%ENV`	Enthält die komplette Rechnerumgebung, wie Sie dem Perl-Interpreter bekannt ist (geladene Treiber, Systemprogramme usw.). Das nebenstehende Beispiel gibt die Elemente der in diesem Hash gespeicherten Daten aus.	`for(%ENV)` `{ print $_, "\n"; }`

Tab. 15.6: Vordefinierte Listen und Hashs

Perl-eigene Umgebungsvariablen

Perl benutzt Umgebungsvariablen vor allem, um dem Perl-Interpreter bestimmte Suchverzeichnisse zu bezeichnen. Die folgende Tabelle ist nicht vollständig, sondern enthält nur einige wichtige vordefinierte Umgebungsvariablen. Den Inhalt einer Umgebungsvariablen können Sie mit einer Anweisung wie `$Wert = $ENV{'PATH'};` abfragen. Wichtig ist dabei die Verwendung von `$ENV{'Variablenname'}` – der Name der Variablen muß in geschweiften Klammern stehen und sollte durch einfache Anführungszeichen eingeschlossen sein.

Variable	*Erläuterung*
`HOME`	Enthält das Verzeichnis, zu dem gesprungen werden soll, wenn eine `chdir`-Anweisung keine Parameter enthält (Unix-typisch).

Variable	Erläuterung
PATH	Enthält den kompletten Pfad, d. h. alle Verzeichnisse, in denen nach ausführbaren Programmen gesucht werden soll. Wird von Perl benutzt, wenn aus einem Perl-Script andere Perl-Scripts aufgerufen werden, deren Lage nicht näher angegeben ist.

Tab. 15.7: Perl-eigene Umgebungsvariablen

15.3.4 Bedingte Anweisungen

Bedingte Anweisungen mit if/unless/else/elsif

Sie können die Ausführung von Anweisungen von Bedingungen abhängig machen. Ein Beispiel:

```
#!/usr/bin/perl

@Passwords = ("Piesepampel","Lederstrumpf","Hotzenplotz");
        # Passwortliste

# Einfaches CGI-Script fuer Passwortabfrage                  #
# In der ersten unless-Abfrage wird geprueft, ob die         #
# Standard-Eingabe das Wort 'geheim' enthaelt. Ist das nicht #
# der Fall, wird eine HTML-Datei mit einem kleinen Formular  #
# zur Passworteingabe erzeugt. Beim Absenden des Formulars   #
# wird wieder dieses Script aufgerufen. Da aber nun der Name #
# des Formularfelds fuer das Passwort 'geheim' lautet,       #
# kommt das Script in den else-Zweig. Dort wird geprueft,    #
# ob das eingegebene Wort in der Passwortliste vorkommt.     #

read(STDIN, $Input, $ENV{'CONTENT_LENGTH'});
   # Standard-Eingabe auslesen
unless($Input =~ /geheim/)
   # Wenn 'geheim' darin nicht vorkommt...
 {
  print "Content-type: text/html\n\n";
   # HTTP-Header fuer HTML-Datei
  print "<html><head><title>Passwort</title></head>\n";
     # HTML-Datei
  print "<body bgcolor=#C0C0C0><h1>Passwort</h1>\n";
  print "<form action=\"\\cgi-bin/test.pl\" method=post>\n";
  print "<input type=password name=\"geheim\" maxlength=15 size=15>\n";
  print "<input type=submit value=\"Absenden\">\n";
  print "<input type=reset value=\"Abbrechen\">\n";
  print "</form></body></html>\n";
  exit(0);
 }
```

```
else                                   # wenn 'geheim' vorkommt...
 {
  print "Content-type: text/html\n\n";
     # HTTP-Header fuer HTML-Datei
  print "<html><head><title>Passwort</title></head>\n";
     # HTML-Datei
  print "<body bgcolor=#C0C0C0><h1>Passwort</h1>\n";
  ($name, $value) = split(/=/, $Input);
  for(@Passwords)        # Passwortliste abklappern
   {
    if($value eq $_)     # Wenn eingegebener Wert gleich Passwort
     {
      $Erfolg = "ja";
      last;              # for-Schleife abbrechen
     }
    else                 # Wenn Wert ungleich Passwort
     {
      $Erfolg = "nein";
     }
   }
  if($Erfolg eq "ja")
   {
    print "<b>Eingeloggt!</b>\n";
      # Hier kann z. B. ein Verweis zu einer geheimen URL folgen
   }
  else
   {
    print "<b>Sorry, Sie haben hier KEINEN Zutritt oder Ihr Passwort
   falsch eingegeben!</b>\n";
   }
  print "</body></html>\n";
  exit(0);
 }
```

Mit `if` können Sie eine Wenn-Dann-Bedingung einleiten (if = wenn). Dahinter folgt, in Klammern stehend, die Formulierung der Bedingung. Um solche Bedingungen zu formulieren, brauchen Sie Vergleichsoperatoren für Zahlen oder Zeichenketten, oft auch Variablen oder reguläre Ausdrücke. Eine andere Möglichkeit, um eine Wenn-Dann-Bedingung zu formulieren, steht mit `unless` zur Verfügung (unless = wenn nicht). Dabei gelten die gleichen Regeln wie bei `if`. Der Unterschied zu `if` besteht darin, daß bei `unless` nicht abgefragt wird, welche Bedingung erfüllt sein muß, damit der davon abhängige Programmcode ausgeführt wird, sondern welche Bedingung nicht erfüllt sein darf.

Wenn Sie mehrere Bedingungen in Reihe schalten wollen, sollten Sie für alle weiteren Bedingungen nach der ersten `if`/`unless`-Bedingung anstelle davon `elsif` verwenden (else if = sonst wenn). Mit `else` definieren Sie den Zweig Ihrer Abfrage, der ausgeführt werden soll, wenn die Bedingungen von `if`, `unless` oder `elsif` nicht zutreffen (else =

sonst). Wenn Sie für diesen Fall keine Anweisungen brauchen, lassen Sie den `else`-Zweig einfach weg.

Beachten Sie: Alles, was innerhalb einer Verzweigung mit `if`, `unless`, `elsif` oder `else` steht, muß in geschweifte Klammern eingeschlossen werden, auch wenn es sich nur um eine einzige Anweisung handelt.

Einfache Entweder-Oder-Abfrage

Für einfache Entweder-Oder-Bedingungen gibt es eine spezielle Syntax, die Sie alternativ zur `if/else`-Anweisung verwenden können. Ein Beispiel:

```
#!/usr/bin/perl

$Ergebnis = $ENV{'HTTP_USER_AGENT'} =~ /95/ ? "Win 95/NT" : "kein Win
   95/NT";
print "Content-type: text/html\n\n";
print "<html><head><title>User</title></head>\n";
print "<body>\n";
print "<h1>Sie haben ", $Ergebnis, "!</h1>\n";
print "</body></html>\n";
exit(0);
```

Eine einfache Entweder-Oder-Abfrage wird mit einer Bedingung eingeleitet, im Beispiel `$ENV{'HTTP_USER_AGENT'} =~ /95/`. Dahinter wird ein Fragezeichen notiert. Hinter dem Fragezeichen wird ein Wert angegeben, der aktuell ist, wenn die Bedingung erfüllt ist. Dahinter folgt ein Doppelpunkt und dahinter ein Wert für den Fall, daß die Bedingung nicht erfüllt ist. Da es sich um Werte handelt, die für die Weiterverarbeitung nur sinnvoll sind, wenn sie in einer Variablen gespeichert werden, wird einer solchen Entweder-Oder-Abfrage in der Regel eine Variable vorangestellt, im Beispiel der Skalar `$Ergebnis`. Der Variablen wird durch diese Art von Anweisung das Ergebnis der Entweder-Oder-Abfrage zugewiesen.

15.3.5 Schleifen und Sprungbefehle

Schleifen mit while/until

Mit Hilfe von `while`-Schleifen können Sie Programmanweisungen so lange wiederholen, wie die Bedingung, die in der Schleife formuliert wird, erfüllt ist. Mit `until`-Schleifen können Sie Programmanweisungen wiederholen, bis die Bedingung, die in der Schleife formuliert wird, erfüllt ist. Beispiel 1:

```
#!/usr/bin/perl

$i = 1;
print "zuerst die Wurzeln von 1 bis 10...\n\n";
```

```
while($i <= 10)
 {
  print "Die Wurzel von ", $i, " ist ", sqrt($i), "\n";
  $i++;
 }
$i = 1;
print "und jetzt die Quadratzahlen von 1 bis 10...\n\n";
until($i > 10)
 {
  print "Das Quadrat von ", $i, " ist ", $i * $i, "\n";
  $i++;
 }
```

Beispiel 2:

```
#!/usr/bin/perl

$AccessDatei = "../../docs/access.log";
$Zugriffe = 0;
$Erfolge = 0;
open(DATEI, "<".$AccessDatei) || die "Datei nicht gefunden!\n";
 {
  while(<DATEI>)
   {
    if(/HTTP\/1.0" 200/)  # nach 'HTTP/1.0" 200' suchen (= erfolgreicher
   Zugriff)
     {
      $Erfolge++;
     }
    $Zugriffe++;
   }
 }
print "Von ", $Zugriffe, " Zugriffen waren ", $Erfolge, " erfolgreich\n";
```

Eine `while`-Schleife – wie im obigen Beispiel 1, erster Teil – beginnt mit dem Wort `while` (while = solange). Dahinter folgt, in Klammern stehend, die Bedingung. Um eine Bedingung zu formulieren, brauchen Sie in der Regel Vergleichsoperatoren. Der Inhalt der Schleife wird so lange wiederholt, wie die Schleifenbedingung wahr ist.

Eine `until`-Schleife – wie im obigen Beispiel 1, zweiter Teil – beginnt mit dem Wort `until` (until = bis). Dabei handelt es sich um eine andere logische Formulierung als bei `while`. Der Inhalt der Schleife wird so lange wiederholt, bis die Schleifenbedingung wahr ist. Ansonsten gelten für `until`-Schleifen die gleichen Regeln wie für `while`-Schleifen. Achten Sie jedoch auf eine genaue logische Formulierung der Schleifenbedingung! So bedeuten im Beispiel die Schleifenbedingungen `while($i <= 10)` und `until($i > 10)` genau das Gleiche.

Beispiel 2 zeigt einen speziellen, Perl-typischen Anwendungsfall der Schleife mit `while`. In dem Beispiel wird eine Datei zeilenweise eingelesen. Es handelt sich um eine

Log-Datei, wie sie ein WWW-Server zum Protokollieren der Zugriffe erzeugt. In diesem speziellen Fall ist für die Schleifenbedingung kein Vergleichsoperator nötig. Die Schleife bricht automatisch ab, wenn alle Zeilen der Datei gelesen wurden. Notieren Sie Anweisungen innerhalb der Schleifen immer in geschweiften Klammern `{` und `}`, auch wenn es nur eine einzige Anweisung ist.

Beachten Sie: Achten Sie bei Schleifen mit Vergleichsoperatoren in der Schleifenbedingung immer darauf, daß es mindestens eine Möglichkeit gibt, um die Schleife nach einer angemessenen Zeit zu beenden. Andernfalls erzeugen Sie eine sogenannte Endlosschleife, die zu Systemabstürzen führen kann!

Um Endlosschleifen zu vermeiden, brauchen Sie etwas, das irgendwann zu einem Ausweg aus der Schleife führt. Meistens werden zu diesem Zweck sogenannte Zähler definiert, im Beispiel 1 etwa der Skalar `$i`. Dieser Skalar hat im Beispiel einen Anfangswert von 1 und wird innerhalb der Schleife bei jedem Durchgang mit der Anweisung `$i++;` um 1 erhöht, so daß die Schleifenbedingung irgendwann erreicht wird. Eine andere Möglichkeit, Schleifen zu kontrollieren und abzubrechen, bieten die Sprungbefehle.

Schleifen mit do..while/until

Bei dieser Art von Schleife wird nicht zuerst die Schleifenbedingung ausgewertet und davon abhängig der Anweisungsblock innerhalb der Schleife ausgeführt, sondern es wird zuerst der Anweisungsblock ausgeführt, und anschließend wird erst die Schleifenbedingung ausgewertet. Die Schleife wird also in jedem Fall mindestens einmal durchlaufen, egal, wie die Schleifenbedingung lautet. Das kann sinnvoll sein, wenn Sie in der Schleifenbedingung mit Variablen arbeiten, deren genauen Wert Sie zum Zeitpunkt des Schleifenbeginns nicht kennen. Beispiel 1:

```
#!/usr/bin/perl

$Name = "Stefan";
do
 {
  print $Name, "\n";
  $Name = "Virtuella";
 }
while($Name ne "Virtuella")
```

Beispiel 2:

```
#!/usr/bin/perl

$Name = "Stefan";
do
 {
  print $Name, "\n";
  $Name = "Virtuella";
 }
until($Name eq "Virtuella")
```

Eine Schleife dieses Typs beginnt mit dem Schlüsselwort `do`. Anschließend folgt der Anweisungsblock der Schleife, wie üblich markiert durch geschweifte Klammern, `{` bzw. `}`. Nach der schließenden geschweiften Klammer folgt die Schleifenbedingung. Die Schleifenbedingung können Sie mit `while` (solange) oder mit `until` (bis) formulieren. Dabei gelten die gleichen Regeln wie bei Schleifen mit `while/until`.

Beachten Sie: Achten Sie auch bei `do..while/until`-Schleifen darauf, daß keine Endlosschleifen entstehen. Die beiden obigen Beispiele bewirken jeweils das Gleiche, nämlich die einmalige Ausgabe des Namens »Stefan«. Beide Beispiele unterscheiden sich nur durch die unterschiedlich formulierte Schleifenbedingung. Wenn Sie in diesen beiden Beispielen die Vergleichsoperatoren `eq` und `ne` umgekehrt einsetzen würden, würde in beiden Fällen eine Endlosschleife entstehen.

Schleifen mit for/foreach

Schleifen mit `for` oder `foreach` unterscheiden sich von Schleifen mit `while` oder `until` dadurch, daß sie bereits in der Schleifenbedingung eine feste Abbruchbedingung vorsehen. Solche Schleifen eignen sich deshalb vor allem für Fälle, in denen Anfangswert und Endwert von vorneherein feststehen. Beispiel 1:

```
#!/usr/bin/perl

for($i=0;$i<=255;$i++)
 {
  printf("%4d = %2X",$i, $i);
  if($i % 8 == 0)
   { print "\n"; }
 }
```

Beispiel 2:

```
#!/usr/bin/perl

@Alphabet = (A..Z);
for(@Alphabet)
 {
  print $_, " ist der ", $i+1, ". Buchstabe im Alphabet\n";
  $i++;
 }
```

Beispiel 3:

```
#!/usr/bin/perl

foreach $i (1..100)
 {
  next if $i % 2 == 0;
  print $i, "\n" if $i % 3 == 0;
 }
```

Eine for-Schleife beginnt mit dem Wort for. Dahinter wird, in Klammern stehend, die Schleifenbedingung formuliert. Bei der klassischen, C-konformen for-Schleife werden innerhalb der Schleifenbedingung drei Anweisungen notiert. In der ersten Anweisung wird ein Schleifenzähler definiert und initialisiert. Im obigen Beispiel 1 wird ein Zähler $i definiert und mit dem Wert 0 initialisiert. Die zweite Anweisung enthält die Bedingung, ab der die Schleife beendet wird. Dazu brauchen Sie Vergleichsoperatoren. In der dritten Anweisung wird der Schleifenzähler so verändert, daß er irgendwann die in der zweiten Anweisung notierte Bedingung erfüllt. Im Beispiel wird $i bei jedem Schleifendurchgang um 1 erhöht, so daß der Wert irgendwann größer als 255 ist und damit die Bedingung der zweiten Anweisung erfüllt.

Das Beispiel 1 benutzt den Schleifenzähler, um bei jedem Schleifendurchgang die umgerechnete Hexadezimalzahl zum aktuellen Wert von $i auszugeben. Die Abfrage if($i % 8 == 0) enthält eine Modulo-Division und bewirkt, daß nach acht Ausgaben eine neue Zeile bei der Ausgabe begonnen wird. Die Ausgabe selbst erfolgt mit Hilfe der printf-Funktion (C-konform), die sauber formatierte Ausgaben auf die Standardausgabe erlaubt. Diese Funktion ist allerdings für CGI-Zwecke – also für Ausgaben in HTML-Form – nicht so sehr geeignet.

Das obige Beispiel 2 zeigt einen speziellen, Perl-typischen Anwendungsfall der for-Schleife. Diese Form ist sehr praktisch, um Elemente einer Liste oder eines Hashs der Reihe nach abzuarbeiten. Im Beispiel 2 wird eine Liste @Alphabet mit allen Großbuchstaben des Alphabets definiert. Mit der Anweisung for(@Alphabet) wird eine Schleife über diese Liste gelegt. Die Schleife wird automatisch so oft durchlaufen, wie die Liste Elemente hat. Um das jeweils aktuelle Listenelement anzusprechen, wird innerhalb der Schleife die vordefinierte Variable $_ verwendet. In ihr ist der Inhalt des jeweils aktuellen Listenelements gespeichert.

Eine weitere Perl-typische Konstruktion ist eine Schleife mit foreach. Im obigen Beispiel 3 kommt eine solche Schleife zum Einsatz. Bei diesem Schleifentyp wird als Schleifenbedingung in Klammern ein eindeutiger Bereich definiert, z. B. Zahlen (von Zahl..bis Zahl) oder Buchstaben (von Buchstabe..bis Buchstabe). Die Schleife wird automatisch so oft durchlaufen, bis alle Elemente innerhalb des definierten Bereichs abgearbeitet sind.

Wenn Sie einen Zähler innerhalb der Schleife für die gewünschte Prozedur einsetzen wollen, können Sie eine Zählervariable zwischen foreach und der Schleifenbedingung definieren wie in Beispiel 3 oben der Skalar $i. Das obige Beispiel 3 gibt alle Zahlen zwischen 1 und 100 aus, die ungerade und durch 3 teilbar sind. Dabei hilft der Sprungbefehl next.

Sprungbefehle in Perl

Perl wird nachgesagt, daß man damit nicht ordentlich strukturiert programmieren kann. Zwar stellt Perl mittlerweile alles zur Verfügung, was zu einem sauber strukturierten und sogar objektorientierten Programmieren gehört. Doch Perl ist und bleibt eine Sprache für Scripts, bei denen sich Programmierer oft nicht die Mühe machen, den Programmablauf auf einzelne Unterprogramme zu verteilen. Eine häufig benutzte Alternative zu strukturierter Programmierung sind Sprungbefehle zu einer beliebigen anderen Stelle im Programm. Auch innerhalb von Schleifen sind Sprungbefehle sehr beliebt, um zum Beispiel den nächsten Schleifendurchlauf vorzeitig zu erzwingen oder um eine Schleife abzubrechen.

Beispiel 1:

```
#!/usr/bin/perl

# Raten Sie mal, welche Zahl $i am Ende als Ergebnis ausgibt

$i = 1;
goto Ergebnis;
while($i < 1000)
 {
  ++$i;
  if($i % 3 == 0)
   {
    redo;
   }
  elsif($i % 7 == 0)
   {
    next;
   }
  elsif($i % 13 == 0)
   {
    last;
   }
  elsif($i % 17 == 0)
   {
    continue;
   }
 }
Ergebnis:
print "Ergebnis: ", $i;
```

Beispiel 2:

```
#!/usr/bin/perl

while($i < 10)
 {
  ++$i;
  if($i % 2 != 0)
   {
    redo;
   }
 }
continue
```

```
{
   print $i, "\n";
}
```

Folgende Sprungbefehle stehen in Perl zur Verfügung:

- `goto` springt zu einer beliebigen anderen Stelle im Programm. Dazu muß diese Stelle jedoch ein »Label« erhalten, vergleichbar mit einem Verweisanker innerhalb einer HTML-Datei. Ein Label definieren Sie, indem Sie einen Namen notieren und dahinter einen Doppelpunkt. Im obigen Beispiel wird in der vorletzten Zeile ein Label mit dem Namen `Ergebnis:` definiert. Mit einem `goto`-Befehl wie am Beginn des Beispiels können Sie zu einem solchen Label springen.
- `redo` ist zur Verwendung innerhalb von Schleifen gedacht. Der aktuelle Schleifendurchgang wird abgebrochen. Der nächste Schleifendurchgang wird gestartet, allerdings ohne daß die Schleifenbedingung neu bewertet wird. Wenn Sie also beispielsweise einen Zähler in einer Schleifenbedingung hochzählen, wird die Schleife bei `redo` erneut durchlaufen, ohne daß der Zähler weiter hochgezählt wird.
- `next` ist ebenfalls zur Verwendung innerhalb von Schleifen gedacht. Der aktuelle Schleifendurchgang wird abgebrochen. Der nächste Schleifendurchgang wird gestartet, und die Schleifenbedingung wird dabei ebenfalls ausgewertet.
- `last` bricht eine Schleife sofort ab.
- `continue` ist in Perl ein Spezialfall und anders zu behandeln als etwa in C. Das obige Beispiel 2 zeigt eine typische Verwendungsweise. `continue` leitet einen eigenen Anweisungsblock ein, genauso wie eine Schleife. Innerhalb dieses Anweisungsblocks, der wie üblich mit geschweiften Klammern, `{` und `}`, markiert wird, können Sie beliebige Anweisungen notieren. Wenn ein solcher `continue`-Block unmittelbar hinter einem Schleifenblock steht, wird er mit jedem Schleifendurchlauf mit durchlaufen. Mit einem Sprungbefehl wie `redo` innerhalb des Schleifenblocks können Sie verhindern, daß der `continue`-Block ausgeführt wird. Im obigen Beispiel 2 wird mit dieser Konstruktion erreicht, daß alle geraden Zahlen zwischen 1 und 10 ausgegeben werden.

15.3.6 Operatoren

Zuweisungsoperator

Sie können zum Beispiel einem Skalar einen Wert zuweisen. Der Zuweisungsoperator dafür ist ein Gleichheitszeichen. Ein paar Beispiele:

```
$Name = "Josua Piesepampel";
$Code = 4711;
```

Vergleichsoperatoren

Vergleichsoperatoren brauchen Sie, wenn Sie zwei Werte vergleichen wollen, z. B. den aktuellen Inhalt eines Skalars mit einem fixen Wert. Ein paar Beispiele:

```
if($SinnDesLebens == 42)
 { print "Sie haben das Leben verstanden!\n" };
if($SinnDesLebens != 42)
 { print "Sie haben nix kapiert vom Leben!\n" };
if($SinnDesLebens > 42)
 { print "Sind Sie wahnsinnig?\n" };
if($SinnDesLebens < 42)
 { print "Sie sind eine Nummer zu klein für das Leben!\n" };
if($Alter >= 18)
 { print "Sie dürfen selbst diesen Schwachsinn hier sehen!\n" };
if($Alter <= 17)
 { print "Sie sind nicht mal alt genug für diesen Schwachsinn!\n" };

if($Passwort eq "Hexasex")
 { print "Sie haben Zugang zum Sex im hexadezimalen Raum!\n" };
if($Passwort ne "Hexasex")
 { print "Haben Sie lieber eindimensionalen Sex daheim im Bett!\n" };
if($Name gt "Y")
 { print "Sie sind aber auch immer der Letzte!\n" };
if($Name lt "B")
 { print "Sie sind aber auch immer der Erste!\n" };
if($Name ge "ZZ Top")
 { print "Ihre Lieblingsband ist ZZ Top oder was ganz Perverses!\n" };
if($Name le "Abba")
 { print "Ihre Lieblingsband ist Abba oder was ganz Perverses!\n" };

if($Alter =~ /[^0-9]/)
 { print "Das ist ja gar keine Zahl!\n" };
```

Perl unterscheidet Vergleichsoperatoren für Zahlen und für Zeichenketten. Ferner gibt es einen speziellen Operator für Vergleiche mit regulären Ausdrücken.

- Um abzufragen, ob zwei Zahlen gleich sind, notieren Sie zwei Gleichheitszeichen == nebeneinander.
- Um abzufragen, ob zwei Zahlen unterschiedlich sind, notieren Sie zwischen beiden Werten die Zeichen !=.
- Um abzufragen, ob eine Zahl größer oder gleich ist als eine andere, notieren Sie die Zeichen >=.
- Um abzufragen, ob eine Zahl in jedem Fall größer ist als eine andere, notieren Sie das Zeichen >.
- Um abzufragen, ob eine Zahl kleiner oder gleich ist als eine andere, notieren Sie die Zeichen <=.

- Um abzufragen, ob eine Zahl in jedem Fall kleiner ist als eine andere, notieren Sie das Zeichen <.
- Um abzufragen, ob zwei Zeichenketten gleich sind, notieren Sie `eq` zwischen den beiden Werten, die verglichen werden sollen (eq = equal = gleich).
- Um abzufragen, ob zwei Zeichenketten unterschiedlich sind, notieren Sie `ne` zwischen den beiden Werten, die verglichen werden sollen (ne = not equal = nicht gleich).
- Um abzufragen, ob eine erste Zeichenkette alphabetisch weiter hinten liegt als eine zweite, notieren Sie `gt` zwischen den beiden Werten, die verglichen werden sollen (gt = greater than = größer als).
- Um abzufragen, ob eine erste Zeichenkette alphabetisch weiter vorne liegt als eine zweite, notieren Sie `lt` zwischen den beiden Werten, die verglichen werden sollen (lt = less than = kleiner als).
- Um abzufragen, ob eine erste Zeichenkette alphabetisch gleich ist wie eine zweite oder weiter hinten liegt, notieren Sie `ge` zwischen den beiden Werten, die verglichen werden sollen (ge = greater or equal = größer oder gleich).
- Um abzufragen, ob eine erste Zeichenkette alphabetisch gleich ist wie eine zweite oder weiter vorne liegt, notieren Sie `le` zwischen den beiden Werten, die verglichen werden sollen (le = less or equal = kleiner oder gleich).
- Um den Wert eines Skalars, egal ob Zahl oder Zeichenkette, mit einem regulären Ausdruck zu vergleichen, benutzen Sie den Vergleichsoperator `=~`.

Berechnungsoperatoren

Um mit numerischen Werten Berechnungen durchzuführen, brauchen Sie Berechnungsoperatoren. Ein paar Beispiele:

```
$Hundertlasser = 83 + 17;
$Hundertlasser = 113 - 13;
$Hundertlasser = 4 * 25;
$Hundertlasser = 450 / 4.5;
$Hundertlasser = 450 / 2 - 125;
$Hundertlasser = 10 * (2 + 8);
$x = $Hundertlasser % 4;
if($x == 0)
 { print $Hundertlasser, " ist ein Schaltjahr\n" }

/* Besondere Notationen: */

$Zahl = 100;
$Zahl++;        # $Zahl um 1 erhoehen
$Zahl--;        # $Zahl um 1 erniedrigen
$Zahl += 10;    # $Zahl um 10 erhoehen
$Zahl -= 10;    # $Zahl um 10 erniedridgen
```

Mathematische Operatoren notieren Sie mit den dafür üblichen Zeichen. Mit + notieren Sie eine Addition, mit – eine Subtraktion, mit * eine Multiplikation, mit / eine Division. Eine Besonderheit stellt der Operator `%` dar. Damit wird eine sogenannte Modulo-Division durchgeführt. Bei einer Modulo-Division werden zwei Werte dividiert. Das Ergebnis ist jedoch im Gegensatz zur normalen Division nur der Restwert der Division. Wenn Sie z. B. `13 % 5` notieren, erhalten Sie als Ergebnis 3, weil 13 geteilt durch 5 gleich 2, Rest 3 ergibt. Diese 3 ist es, die als Ergebnis einer Modulo-Division herauskommt.

Sie können mehrere Operationen in Reihe notieren. Dabei gilt die übliche »Punkt-vor-Strich-Regel«. Wenn Sie eine andere Regel erzwingen wollen, müssen Sie Klammern verwenden wie im obigen Beispiel `$ImmerGleich = 10 * (2 + 8);`. Die besonderen Notationen, die in den obigen Beispielen vorkommen, können Sie verwenden, wenn Sie Additionen oder Subtraktionen abkürzen wollen:

- `$Zahl++;` ist eine Abkürzung für `$Zahl = $Zahl + 1;`
- `$Zahl--;` ist eine Abkürzung für `$Zahl = $Zahl - 1;`
- `$Zahl += 10;` ist eine Abkürzung für `$Zahl = $Zahl + 10;`
- `$Zahl -= 10;` ist eine Abkürzung für `$Zahl = $Zahl - 10;`.

Der Operator ++ wird auch als Inkremationsoperator bezeichnet, der Operator `--` als Dekremtationsoperator.

Logische Operatoren

Logische Operatoren brauchen Sie, wenn Sie komplexere Bedingungen für bedingte Anweisungen oder Schleifen formulieren wollen. Ein Beispiel:

```
#!/usr/bin/perl

$Versuche = 1;
$Wert = 0;
$min = 66;
$max = 77;

Eingabe:
print "Geben Sie eine Zahl zwischen ", $min, " und ", $max, " ein: ";
$Wert = <STDIN>;
chop($Wert);
if($Wert < $min || $Wert > $max)
 {
  if($Wert =~ /[^0-9]/)
   {
     print "Das war keine Zahl.\n\n";
     $Versuche++;
     goto Eingabe;
   }
  if($Versuche < 3 && $Wert < $min)
   { print "Ihre Zahl war zu klein.\n\n"; }
  elsif($Versuche < 3 && $Wert > $max)
```

```
    { print "Ihre Zahl war zu gross.\n\n"; }
   elsif($Versuche >= 3 && $Wert < $min)
    { print "Ihre Zahl war verdammt noch mal zu klein!\n\n"; }
   elsif($Versuche >= 3 && $Wert > $max)
    { print "Ihre Zahl war verdammt noch mal zu gross!\n\n"; }
   $min = abs($Wert - $min);
   $max = $min + abs($max - $min);
   $Versuche++;
   goto Eingabe;
  }
if($Versuche > 1)
 { print "Sehen Sie, so lernt man dazu!\n"; }
else
 { print "Sie waren sicher mal ein braves Kind!\n"; }
```

Mit dem logischen Operator `&&` verknüpfen Sie zwei oder mehrere Bedingungen durch »und«, d. h. beide bzw. alle Bedingungen müssen erfüllt sein, damit die gesamte Bedingung erfüllt ist. Mit dem logischen Operator `||` verknüpfen Sie zwei oder mehrere Bedingungen inklusiv durch »oder«, d. h. es genügt, wenn eine der Bedingungen erfüllt ist, damit die gesamte Bedingung erfüllt ist.

Bit-Operatoren

Bit-Operatoren sind nur etwas für Profis. Um Bit-Operatoren richtig einzusetzen, müssen Sie viel von Computer-internen Speichervorgängen verstehen. Deshalb werden die Bit-Operatoren hier nur kurz erwähnt.

Bit-Operator	*Wirkung*
`>>`	verschiebt Bits nach rechts
`<<`	verschiebt Bits nach links
`&`	definiert in einer Bitmaske eine Und-Bedingung
`|`	definiert in einer Bitmaske eine inklusive Oder-Bedingung
`^`	definiert in einer Bitmaske eine exklusive Oder-Bedingung
`!`	definiert in einer Bitmaske eine Negations-Bedingung
`~`	definiert in einer Bitmaske eine Komplementär-Bedingung

Tab. 15.8: Bit-Operatoren in Perl

Operator zur Zeichenkettenverknüpfung

Mit einem Punkt `.` können Sie eine Zeichenkette an eine andere anhängen. Sie können sowohl Zeichenkettenvariablen als auch direkte Zeichenkettenangaben mit `.` aneinanderhängen. Das Beispiel-Script erzeugt Zufallssätze basierend auf den Listen von Satzelementen, die am Beginn des Scripts definiert werden.

```
#!/usr/bin/perl

@Subjekte = ("Helmut Kohl ","Theo Waigel ","Rudolph Scharping ","Gerhard
   Schroeder ");
@Praedikate = ("liebt ","verehrt ","umgarnt ","bereichert ");
@AkkusativObj = ("den Zauber ","die Freuden ","das Prinzip ","den Rausch
   ");
@GenitivObj = ("der Macht.","des Bundestags.","der neuen
   Bundeshauptstadt.","der Sinneslust.");
@Indizes = (0..3);

print "ZUFALLS"."SAETZE\n\n";
while($i < 10)
 {
  $j = 0;
  sleep(2);
  $Zufallssatz = "";
  srand(time());
  foreach $j (0..3)
   {
    $Indizes[$j] = rand(3);
   }
  $Zufallssatz = $Zufallssatz.$Subjekte[$Indizes[0]];
  $Zufallssatz = $Zufallssatz.$Praedikate[$Indizes[1]];
  $Zufallssatz = $Zufallssatz.$AkkusativObj[$Indizes[2]];
  $Zufallssatz = $Zufallssatz.$GenitivObj[$Indizes[3]];
  print $Zufallssatz, "\n";
  $i++;
 }
```

Operator zur Zeichenkettenwiederholung

In Perl können Sie mit x Zeichenketten »multiplizieren«. Notieren Sie den x-Operator hinter der Zeichenkette, die Sie multiplizieren wollen. Hinter dem Operator geben Sie an, wie oft die Zeichenkette wiederholt werden soll.

```
#!/usr/bin/perl

print "A"."h" x 10, "!\n";
# erzeugt die Ausgabe "Ahhhhhhhhhh!"
```

Operatoren-Rrangfolge

Unter den Operatoren von Perl gibt es eine festgelegte Rangordnung. Wenn Sie komplexe Rechenoperationen durchführen oder mehrere Bedingungen miteinander verknüpfen, gilt bei der internen Auflösung solcher komplexen Ausdrücke die folgende Rangordnung:

1. Rangstufe: , (Aneinanderreihung)
2. Rangstufe: = += -= &= ^= |= (Zuweisung)
3. Rangstufe: ?: (Entweder-Oder-Bedingung)
4. Rangstufe: .. (Bereichsdefinition in Listen)
5. Rangstufe: || (logisches Oder)
6. Rangstufe: && (logisches Und)
7. Rangstufe: | ^ (bitweises Oder – inklusiv/exklusiv)
8. Rangstufe: & (bitweises Und)
9. Rangstufe: == != eq ne (Gleichheit/Ungleichheit)
10. Rangstufe: < <= > >= lt le gt ge (Vergleich größer/kleiner)
11. Rangstufe: << >> >> (Verschieben von Bits)
12. Rangstufe: + - . (Addition, Subtraktion, Zeichenkettenaddition)
13. Rangstufe: * / % x (Multiplikation, Division, Modulo-Division, Zeichenkettenwiederholung)
14. Rangstufe: =~ !~ (Übereinstimmung bei regulären Ausdrücken)
15. Rangstufe: ** (Potenzierung)
16. Rangstufe: ! ~ - (Bitoperatoren)
17. Rangstufe: ++ -- (Inkrementieren, Dekrementieren)

Mit Hilfe von Klammern können Sie die Rangfolge bei den Operatoren beeinflussen und Ausdrücke so bewerten, wie Sie es wünschen. Ein Beispiel:

```
#!/usr/bin/perl

$OffizielleStatistik = 3.29 * 3 + 4.71;
$MeineStatistik = 3.29 * (3 + 4.71);
print "Die offizielle Statistik sagt ",$OffizielleStatistik"\n"
print "Meine Statistik sagt ",$MeineStatistik,"\n";
```

15.3.7 Reguläre Ausdrücke

Reguläre Ausdrücke sind genau definierte Suchmuster für Zeichen und Zeichenketten. Mit Hilfe dieser Suchmuster können Sie beispielsweise Variableninhalte durchsuchen und bearbeiten. Für CGI-Aufgaben sind reguläre Ausdrücke enorm wichtig. Zum Beispiel läßt sich der Datenstrom eines HTML-Formulars, der an ein CGI-Programm beim Absenden des Formulars übergeben wird, mit Hilfe von regulären Ausdrücken in seine einzelnen Bestandteile zerlegen. Genauso können Sie mit Hilfe von regulären Ausdrücken beim Einlesen von Dateien – z. B. einer Datei mit Einträgen eines Gästebuchs – anhand der Konventionen, nach denen die Datei aufgebaut ist, die einzelnen Einträge geordnet einlesen und als HTML-Code an den aufrufenden WWW-Browser übertragen. Und schließlich sind reguläre Ausdrücke ein mächtiges Mittel, um große Datenbestände nach komplexen Suchausdrücken zu durchforsten.

Reguläre Ausdrücke sind allerdings für Neulinge sehr ungewohnt und der Hauptgrund dafür, warum in manchen Perl-Scripts, kryptisch anmutende Zeichenfolgen vorkommen. Wer allerdings mit dem Unix-Befehl `grep` vertraut ist, kommt auch mit den regulären Ausdrücken in Perl sofort zurecht.

Reguläre Ausdrücke anwenden

Um reguläre Ausdrücke anzuwenden, müssen Sie wissen, welche Möglichkeiten es dazu gibt. Beispiel 1:

```
#!/usr/bin/perl

$Daten = $ENV{'PATH'};
if($Daten =~ /PERL/)
   # Ob darin wohl die Zeichenfolge 'PERL' vorkommt?
 { print "Aha, in Ihrer PATH-Variablen kommt PERL vor!\n"; }
else
 { print "in Ihrer PATH-Variablen kommt PERL nicht vor!\n"; }
```

Beispiel 2:

```
#!/usr/bin/perl

@Orte = ("Berlin","Paris","London","Madrid","Athen","Rom", "Lissabon",
   "Stockholm","Kopenhagen");

for(@Orte)
 {
  if(/[MKS]/)  # Alle Orte, in denen 'M', 'K' oder 'S' vorkommt
   { print "Die Stadt ", $_, " entspricht dem Suchmuster\n"; }
 }
```

Beispiel 3:

```
#!/usr/bin/perl

open(LOGDATEI,"<access.log");
$Zugriffe = 0;

while(<LOGDATEI>)
 {
  /index.htm/ ? $Zugriffe = $Zugriffe + 1 : $Zugriffe = $Zugriffe;
 }
print $Zugriffe, " Zugriffe auf Datei index.htm!\n";
close(LOGDATEI);
```

Einen regulären Ausdruck erkennen Sie in Perl normalerweise an zwei Schrägstrichen `/.../`. Zwischen den Schrägstrichen steht jeweils der reguläre Ausdruck. Wenn Sie einen regulären Ausdruck einsetzen wollen, brauchen Sie zunächst etwas, das Sie durchsuchen wollen. Das kann beispielsweise der Wert sein, der in einem Skalar gespeichert ist wie im obigen Beispiel 1, oder die Werte, die in den Elementen einer Liste vorkommen wie im obigen Beispiel 2, oder auch die einzelnen Zeilen einer Datei wie im obigen Beispiel 3.

In Beispiel 1 wird in der Umgebungsvariablen `PATH` nach der Zeichenfolge *PERL* gesucht. Beachten Sie, daß eine solche Zeichenfolge innerhalb eines regulären Ausdrucks ohne Anführungszeichen notiert wird. Im Beispiel wird der Inhalt von `$ENV{'PATH'}` in einem Skalar `$Daten` gespeichert. Mit `if($Daten =~ /PERL/)` wird der Wert dieses Skalars nach der Zeichenfolge *PERL* durchsucht. Wichtig ist dabei der Abfrage-Operator =~. Mit if-Ausdrücken von der Art `if($Skalarname =~/reg. Ausdruck/)` können Sie also beliebige Skalare nach beliebigen Inhalten durchsuchen.

In Beispiel 2 wird eine Liste mit Städtenamen definiert. Innerhalb der `for`-Schleife werden alle Listenelemente, also die Städtenamen, danach durchsucht, ob in ihnen einer der Großbuchstaben M, K oder S vorkommt. Die Suche wird mit `if(/[MKS]/)` formuliert. In diesem Fall wird im Gegensatz zu Beispiel 1 kein Abfrage-Operator eingesetzt. Die Abfrage bezieht sich ja auf Grund der Schleife immer auf das aktuelle Element der Liste. Sie könnten die Abfrage auch mit der vordefinierten Variablen `$_` in der Form `if($_ =~ /[MKS]/)` notieren. Da es aber klar ist, daß deren Wert gemeint ist, genügt die Kurzform `if(/[MKS]/)`.

In Beispiel 3 wird eine Log-Datei zeilenweise eingelesen. In dieser Datei wird nach dem Vorkommen von *index.htm* gesucht. Wenn eine Zeile mit dieser Zeichenfolge gefunden wird, wird ein Zugriffszähler erhöht, wenn nicht, bleibt der Zugriffszähler unverändert. Am Ende wird die so ermittelte Anzahl der Zugriffe auf *index.htm* ausgegeben. Der reguläre Ausdruck kommt in diesem Beispiel in einer einfachen Entweder-Oder-Abfrage vor. Der reguläre Ausdruck wird dabei einfach danach bewertet, ob er wahr oder falsch ist. Wenn er wahr ist – wenn *index.htm* in der aktuellen Zeile vorkommt –, wird die Anweisung links vom Doppelpunkt ausgeführt. Wenn er falsch ist, wird die Anweisung rechts vom Doppelpunkt ausgeführt.

Beachten Sie: Ein wichtiger Anwendungsbereich für reguläre Ausdrücke ist auch das Suchen und Ersetzen bei Zeichenketten. Reguläre Ausdrücke können ferner in einigen Perl-Funktionen als zu übergebender Parameter vorkommen.

Reguläre Ausdrücke für einzelne Zeichen

Sie können

- nach einem bestimmten Zeichen suchen,
- nach mehreren bestimmten Zeichen suchen
- oder nach einem Zeichen aus einem bestimmten Bereich suchen.

Die folgenden Beispiele sind numeriert, z. B. mit (1). Diese Numerierungen gehören nicht zu den regulären Ausdrücken, sie dienen nur als Bezug für die Erläuterungen zu den Beispielen. Ein paar Beispiele:

```
( 1) /a/           # findet 'a'
( 2) /[ab]/        # findet 'a' oder 'b'
( 3) /[A-Z]/       # findet Grossbuchstaben
( 4) /[0-9]/       # findet Ziffern
( 5) /\d/          # findet Ziffern - genau wie ( 4)
```

```
( 6) /\D/            # findet alles ausser Ziffern
( 7) /[0-9]\-/       # findet Ziffern oder Minuszeichen
( 8) /[\[\]]/        # findet alles mit eckigen Klammern
( 9) /[a-zA-Z0-9_]/  # findet Buchstaben, Ziffern oder Unterstrich
(10) /[\w]/          # findet Buchstaben, Ziffern oder
                     # Unterstrich - genau wie ( 9)
(11) /[\W]/          # findet alles ausser Buchstaben, Ziffern
                     # oder Unterstrich
(12) /[\r]/          # findet das Steuerzeichen für
                     # Wagenrücklauf (DOS-typisch)
(13) /[\n]/          # findet das Steuerzeichen für Zeilenvorschub
(14) /[\t]/          # findet das Steuerzeichen für Tabulator
(15) /[\f]/          # findet das Steuerzeichen für Seitenvorschub
(16) /[\s]/          # findet Leerzeichen sowie Steuerzeichen aus (12-15)
(17) /[\S]/          # findet alles ausser Leerzeichen
                     # und Steuerzeichen aus (12-15)
(18) /[^äöüÄÖÜ]/     # findet alles, worin keine deutschen Umlaute vorkommen
(19) /[^a-zA-Z]/     # findet alles, worin keine Buchstaben vorkommen
(20) /[ab]/s         # findet 'a' oder 'b' auch zeilenübergreifend
```

Wenn Sie in einem regulären Ausdruck nach einzelnen Zeichen suchen sollen, müssen Sie den Suchausdruck in Schrägstriche und zusätzlich in eckige Klammern setzen. Nur wenn Sie nach einem einzelnen Zeichen suchen wie im Beispiel (1), können Sie die eckigen Klammern weglassen. Wenn Sie mehrere Zeichen ohne eckige Klammern notieren, werden diese als Zeichenkette interpretiert. Wenn Sie nach einer Gruppe bestimmter Zeichen suchen wollen, notieren Sie diese einfach innerhalb der eckigen Klammern wie in Beispiel (2). Wenn Sie nach Zeichenbereichen suchen wollen, z. B. nach Buchstaben der ersten Hälfte des Alphabets oder nach Ziffern, markieren Sie den gewünschten Bereich durch das Anfangszeichen, ein Minuszeichen als Bindestrich, und das Endzeichen wie in den Beispielen (3) und (4).

Wenn Sie nach einem der Zeichen +-?.*^$()[]{}|\ suchen wollen, notieren Sie vor dem Zeichen einen umgekehrten Schrägstrich \ wie in den Beispielen (7) und (8). Es gibt einige spezielle Suchmuster, die aus einem umgekehrten Schrägstrich und einem Schlüsselbuchstaben bestehen. Die Beispiele (5)/(6) und (10) bis (17) zeigen diese Suchmuster. Sie können auch eine Negativsuche veranlassen. Dazu notieren Sie das Dachzeichen ^ vor den gewünschten Zeichen oder Zeichenbereichen. Eine solche Suche bewirkt, das nur Stellen gefunden werden, die die angegebenen Zeichen nicht enthalten. Die Beispiele (18) und (19) zeigen Anwendungsfälle dafür. Für mehrzeilige Suchen müssen Sie an den regulären Ausdruck hinter dem beendenden Schrägstrich ein `s` notieren – siehe Beispiel (20).

Reguläre Ausdrücke für Zeichenketten

Sie können

- nach einer bestimmten Zeichenkette suchen,
- nach einer Zeichenketten mit Gruppierungsoperatoren (Platzhalter, Wildcards) suchen,

- nach Zeichenketten am Anfang oder Ende eines Wortes suchen
- oder nach Zeichenketten am Anfang oder Ende einer Zeile suchen.

Die folgenden Beispiele sind numeriert, z. B. mit (1). Diese Numerierungen gehören nicht zu den regulären Ausdrücken, sie dienen nur als Bezug für die Erläuterungen zu den Beispielen. Ein paar Beispiele:

```
( 1) /aus/          # findet 'aus' - auch in 'Haus' oder 'Mausi'
( 2) /aus?/         # findet 'aus' usw. - aber auch 'au' und 'auf'
( 3) /a./           # findet 'ab' und 'an'
                    # (ein beliebiges Zeichen hinter 'a')
( 4) /a+/           # findet 'a' und 'aa' und 'aaaaa'
                    # (ein oder beliebig viele 'a')
( 5) /a*/           # findet 'a' und 'aa' und 'aaaaa' und 'b'
                    # (kein oder beliebig viele 'a')
( 6) /Ha.s/         # findet 'Haus' und 'Hans' aber nicht 'Hannes'
( 7) /Ha.+s/        # findet 'Haus' und 'Hans' und 'Hannes'
                    # (ein oder beliebig viele beliebige Zeichen)
( 8) /Ha.s/         # findet 'Haus' und 'Hans' aber nicht 'Hase'
( 9) /Ha.?s/        # findet 'Haus' und 'Hans' und 'Hase'
(10) /x{10,20}/     # findet zwischen 10 und 20 'x' in Folge
(11) /x{10,}/       # findet 10 und mehr 'x' in Folge
(12) /x{2}y/        # findet nur 'xxxy'
(13) /Hans\b/       # findet 'Hans' aber nicht 'Hansel'
(14) /\baus/        # findet 'aus' oder 'aussen' aber nicht 'Haus'
(15) /\baus\b/      # findet 'aus' aber nicht 'Haus' und
                    # auch nicht 'aussen'
(16) /\baus\B/      # findet 'aussen' aber nicht 'aus' und
                    # auch nicht 'Haus'
(17) /^Hans/        # findet 'Hans' nur am Anfang des
                    # zu durchsuchenden Bereichs
(18) /Hans$/        # findet 'Hans' nur am Ende des zu
                    # durchsuchenden Bereichs
(19) /^\s*$/        # findet Zeilen, die nur aus Leerzeichen
                    # und ähnlichem bestehen
(20) /$Name/        # findet den Inhalt des Skalars $Name
(21) /aus/s         # findet 'aus' auch zeilenübergreifend
```

Wenn Sie in einem regulären Ausdruck nach einer bestimmten Zeichenkette suchen wollen, notieren Sie die Zeichenkette einfach zwischen den beiden Schrägstrichen des regulären Ausdrucks wie in Beispiel (1).

Es gibt bei den regulären Ausdrücken verschiedene sogenannte Gruppierungsoperatoren. Untereinander verknüpft oder in komplexere Ausdrücke gestellt, können Sie mit Gruppierungsoperatoren Platzhaltersuchen durchführen:

- Der Punkt `.` steht für genau ein beliebiges Zeichen an der betreffenden Stelle – siehe dazu Beispiel (3). Wenn Sie aus der DOS-/Windows-Welt kommen: Der Punkt in einem regulären Ausdruck entspricht dort dem Fragezeichen-Platzhalter, etwa bei Dateinamen.

- Das Fragezeichen ? dagegen bedeutet in einem regulären Ausdruck: das Zeichen vor dem Fragezeichen oder auch nicht. Siehe dazu Beispiel (2).
- Das Pluszeichen + bedeutet: eine oder mehrere Wiederholungen des Zeichens, das vor dem Pluszeichen steht. Siehe dazu Beispiel (4).
- Das Sternzeichen * bedeutet: keine, eine oder mehrere Wiederholung(en) des Zeichens, das vor dem Sternzeichen steht. Siehe dazu Beispiel (5).
- Wenn Sie vor den Zeichen + oder * einen Punkt notieren, der für ein beliebiges Zeichen steht, erzeugen Sie einen Platzhalter, der dem * in der DOS-/Windows-Welt, etwa bei Dateinamen, entspricht. Siehe dazu Beispiele (6) bis (9).
- Geschweifte Klammern mit einer Zahl oder zwei Zahlen n darin `{n}` stehen für n Wiederholungen des Zeichens vor der geschweiften Klammer an der betreffenden Stelle – siehe dazu Beispiele (10) bis (12). Dabei können Sie auch das Punktzeichen vor der geschweiften Klammer notieren. In diesem Fall bedeutet die Angabe innerhalb der geschweiften Klammer: so viele beliebige Zeichen, wie angegeben – siehe dazu Beispiel (12).

Sie können nach Zeichenketten suchen, die nur dann gefunden werden, wenn sie am Anfang oder am Ende eines Wortes vorkommen. Auch die Umkehrung davon ist möglich: Sie können nach Zeichenketten suchen, die nur dann gefunden werden, wenn sie nicht am Anfang oder am Ende eines Wortes vorkommen. Zu diesen Möglichkeiten siehe Beispiele (13) bis (16).

- Mit `\b` vor einer Zeichenkette wird die Zeichenkette nur gefunden, wenn ein Wort damit anfängt.
- Mit `\b` nach einer Zeichenkette wird die Zeichenkette nur gefunden, wenn ein Wort damit endet.
- Mit `\B` vor einer Zeichenkette wird die Zeichenkette nur gefunden, wenn ein Wort nicht damit anfängt.
- Mit `\B` nach einer Zeichenkette wird die Zeichenkette nur gefunden, wenn ein Wort nicht damit endet.

Sie können Zeichenketten suchen, die nur dann gefunden werden, wenn sie am Anfang oder am Ende einer Zeile im zu durchsuchenden Bereich vorkommen. Dies ist vor allem im Zusammenhang mit Zeilen in Textdateien interessant. Mit dem Hütchenzeichen ^ am Beginn des Suchausdrucks wird die Zeichenkette nur gefunden, wenn sie am Anfang der Zeile steht. Mit dem Dollarzeichen `$` am Ende des Suchausdrucks wird die Zeichenkette nur gefunden, wenn sie am Ende der Zeile steht. Zu diesen Möglichkeiten siehe Beispiele (17) bis (19).

Innerhalb von regulären Ausdrücken können Sie auch Variablen verwenden. Auf diese Weise können Sie dynamische Daten als Suchmuster einsetzen. Im Zusammenhang mit CGI könnte Sie z. B. die Anwendereingabe in einem Formularfeld in das Suchmuster übernehmen. Siehe dazu Beispiel (20). Für mehrzeilige Suchen müssen Sie an den regulären Ausdruck hinter dem beendenden Schrägstrich ein `s` notieren – siehe Beispiel (21).

Reguläre Ausdrücke mit Alternativen

Sie können mehrere Suchausdrücke angeben. Dann werden alle Stellen gefunden, in denen wenigstens eine der Alternativen vorkommt. Alternativen markieren Sie durch das Zeichen `|`. Im ersten der obigen Beispiele wird eine Alternative mit zwei einzelnen Zeichen formuliert. Dies wird in der Praxis jedoch nur selten verwendet, da die Schreibweise `/[ab]/`, die das Gleiche bedeutet, üblicher ist.

Im zweiten der Beispiele wird nach zwei alternativen Zeichenketten gesucht. Jede Fundstelle mit einer der beiden Alternativen gehört zu den Suchtreffern. Sie können natürlich auch mehr als zwei Alternativen notieren. Bei den einzelnen Alternativen sind alle übrigen Möglichkeiten regulärer Ausdrücke erlaubt. Die Beispiele:

```
/a|b/          # findet 'a' oder 'b' - identisch mit /[ab]/
/mit|ohne/     # findet 'mit' und 'Schmitt' aber auch 'ohne' und 'Bohne'
```

Rangfolge und Klammerung in regulären Ausdrücken

Die Sonderzeichen innerhalb von regulären Ausdrücken werden vom Perl-Interpreter nach einer bestimmten Rangfolge bewertet.

1. Rangstufe: `()` (Klammerung)
2. Rangstufe: `+ * ? {#,#}` (Gruppierungsoperatoren)
3. Rangstufe: `abc ^ $ \b \B` (Zeichen/Zeichenketten, Zeilenanfang/-ende, Wortanfang/-ende)
4. Rangstufe: `|` (Alternativen)

Dadurch ist jeder reguläre Ausdruck eindeutig bewertbar. Wenn Sie in einem Ausdruck jedoch anders bewerten möchten, als es nach der Rangfolge geschieht, können Sie innerhalb des Ausdrucks Klammern setzen, um eine andere Bewertung zu erzwingen. Ein paar Beispiele:

```
/a|bc|d/       # findet 'a' oder 'bc' oder 'd'
/(a|b)(c|d)/   # findet 'ac' oder 'ad' oder 'bc' oder 'bd'
```

Laut der Rangfolge haben Zeichen bzw. Zeichenketten Vorrang vor dem Trennzeichen für Alternativen. Mit Hilfe von Klammern können Sie eine andere Bewertung erzwingen.

Teilausdrücke mit Klammerung

Für komplexe reguläre Ausdrücke können Sie mit Hilfe von Klammerung einzelne Teile des regulären Ausdrucks speichern und an einer späteren Stelle innerhalb des gleichen Ausdrucks referenzieren. Ein Beispiel:

```
#!/usr/bin/perl

$Satz = "Was denn wohl der Mann mit der Frau da unter der Bettdecke
   macht?";
if($Satz =~ /(\bder\b).*\1/)
 { print $1; }
```

In dem Beispiel wird überprüft, ob in `$Satz` das Wort *der* mehr als einmal vorkommt.

Dazu wird zunächst das, wonach eigentlich gesucht werden soll, in Klammern gesetzt. Im Beispiel soll nach einem separaten Wort *der* gesucht werden, daher lautet die Formulierung im regulären Ausdruck `\bder\b`. Dieser Teilausdruck wird in Klammern gesetzt. Dadurch merkt sich der Perl-Interpreter diesen Teilausdruck. Dahinter folgt mit `.*` die Anweisung: Hinter dem Wort *der* kann folgen, was will. Die Syntax `\1` schließlich referenziert die zuvor definierte Klammer. Das heißt: Wenn der Perl-Interpreter das Wort *der* findet, schaut er nach, ob das Wort schon einmal gefunden wurde.

Wenn Sie zwei oder mehr solcher Klammern in einem regulären Ausdruck haben, können Sie diese Klammern mit `\1`, `\2`, `\3` usw. referenzieren. Dazu gibt es dann entsprechende vordefinierte Variablen in Perl, nämlich `$1`, `$2`, `$3` usw.

Die Ausgabe `print $1` im obigen Beispiel gibt den Inhalt von `$1` aus. Darin ist im Beispiel das Wort 'der' gespeichert, aber nur, weil es in dem Satz mehr als einmal vorkommt.

15.3.8 Steuerzeichen und besondere Notationen

Konventionen für Zeichenketten

Zeichenketten in Perl können Sie wahlweise in einfachen oder in doppelten Anführungszeichen notieren. Der Unterschied zwischen beiden Notationen ist, daß bei Zeichenketten, die in doppelten Anführungszeichen notiert werden, auch diverse Steuerzeichen innerhalb der Zeichenkette interpretiert werden. Bei Zeichenketten in einfachen Anführungszeichen werden nur die wichtigsten Steuerzeichen interpretiert. Ein paar Beispiele:

```
$Skalar01 = "Hier erfolgt ein\nZeilenumbruch";
$Skalar02 = "Hier erfolgt ein\fSeitenvorschub";
$Skalar03 = "Hier erfolgt ein\bBackspace";
$Skalar04 = "Hier erfolgt ein\rWagenrücklauf";
$Skalar05 = "Hier erfolgt ein\tTabulator";
$Skalar06 = "Hier erfolgt ein\vvertikaler Tabulator";
```

```
$Skalar07 = "Hier erfolgt ein\aAlarm";
$Skalar08 = "Hier erfolgt ein\012 Zeichen mit dem Oktalwert 012";
$Skalar09 = "Hier erfolgt ein\x7f Zeichen mit dem Hexadezimalwert 7f";
$Skalar10 = "Hier erfolgt ein\cC Control-Zeichen (hier: [Strg]+[C])";
$Skalar11 = "Hier erfolgt ein\"Anführungszeichen";
$Skalar12 = "Hier erfolgt ein\\umgekehrter Schrägstrich";
$Skalar13 = "Dieses \lA wird als kleines a interpretiert";
$Skalar14 = "Dieses \LWORT\E wird kleingeschrieben interpretiert";
$Skalar15 = "Dieses \ua wird als großes A interpretiert";
$Skalar16 = "Dieses \Uwort\E wird großgeschrieben interpretiert";
$Skalar17 = 'hier wird nur \\ und \' interpretiert';
```

In den obigen Beispielen werden bei den Skalaren `$Skalar01` bis `$Skalar16` die zugewiesenen Zeichenketten in doppelten Anführungszeichen notiert. Deshalb sind darin alle Steuerzeichen erlaubt. Steuerzeichen werden durch das Zeichen \ eingeleitet. Dahinter folgt ein Buchstabe oder eine Zahl in Oktal- oder Hexadezimalschreibweise, um das Steuerzeichen näher zu spezifizieren.

Im Beispiel von `$Skalar17` wird die zugewiesene Zeichenkette in einfachen Anführungszeichen notiert. In diesem Fall sind nur die beiden dort genannten Steuerzeichen erlaubt, nämlich die Maskierung des einfachen Anführungszeichens innerhalb der Zeichenkette und die Maskierung des Maskierungszeichens, also des umgekehrten Schrägstrichs.

Beachten Sie: Von den Steuerzeichen ist im CGI-Zusammenhang vor allem das Zeichen `\n` von Bedeutung. So ist es beispielsweise erforderlich, beim Start der HTML-Datenausgabe von einem CGI-Script an einen WWW-Browser den HTTP-Header voranzuschicken. Dieser wiederum muß durch eine Leerzeile von dem nachfolgenden HTML-Code getrennt sein. Der typische Befehl dazu lautet:

```
print "Content-type: text/html\n\n";
```

Notation numerischer Werte

Sie können Zahlen ganz normal notieren. Beachten Sie dabei nur, daß bei Kommazahlen anstelle eines Kommas ein Punkt notiert werden muß. So wird die Zahl Pi beispielsweise als 3.1415 notiert. Für sehr hohe und sehr niedrige Zahlen und für komplexe Kommazahlen gibt es daneben aber noch andere Notationsmöglichkeiten. Ein paar Beispiele:

```
$a = 1E1;
$b = 1.2345E4;
$c = 2e-3;
```

Mit `e` oder `E` bestimmen Sie die Anzahl der Nullen, die hinter der Zahl vor dem `e` bzw. `E` stehen. Die erste Zahl im Beispiel, `1E1`, ist eine 1 mit einer 0 dahinter, also 10. Die zweite Zahl im Beispiel, `1.2345E4`, ist eine andere Schreibweise für 12345. Der Dezimalpunkt wird also einfach um so viele Stellen nach rechts verschoben, wie hinter dem E-Zeichen angegeben. Die dritte Zahl im Beispiel, `2e-3`, ist eine andere Schreibweise für 0.002. Der Dezimalpunkt wird also einfach um so viele Stellen nach links verschoben, wie hinter dem E-Zeichen angegeben. Diese umgekehrte Richtung wird durch das Minuszeichen bewirkt, das hinter dem `e` folgt.

15.3.9 Unterprogramme und Perl-Funktionen

Unterprogramme

Bei komplexeren Perl-Scripts ist es empfehlenswert, bestimmte Programmteile in selbst definierte Unterprogramme zu verlagern. Auf diese Weise können Sie das Script besser strukturieren. Sinnvoll ist das vor allem bei Programmteilen, die im Laufe des Scripts mehrmals ausgeführt werden. Bevor Sie also eine größere Prozedur mehrmals im Script notieren, sollten Sie die entsprechende Prozedur in ein Unterprogramm stecken und dieses Unterprogramm an der gewünschten Stelle aufrufen. Ein Beispiel:

```
#!/usr/bin/perl

$Ergebnis = 1 + 2 * 3 + 4 * 5 + 6 * 7 + 8 * 9;
&Ausgabe;
$Ergebnis = sqrt(sqrt(81));
&Ausgabe;

sub Ausgabe
{
 print "Das Ergebnis lautet: ", $Ergebnis, "\n";
}
```

Ein Unterprogramm definieren Sie mit dem Schlüsselwort `sub`. Dahinter folgt ein frei wählbarer Name, der den Namenskonventionen von Perl entsprechen muß. Im obigen Beispiel wird auf diese Weise ein Unterprogramm `sub Ausgabe` definiert. Der gesamte Inhalt des Unterprogramms muß in geschweiften Klammern stehen. Sie können beliebige und beliebig viele Anweisungen innerhalb des Unterprogramms notieren.

Mit einem kaufmännischen Und-Zeichen `&` und anschließendem Unterprogrammnamen rufen Sie ein Unterprogramm auf. Der Aufruf ist eine eigene Anweisung, muß also wie andere Anweisungen mit einem Strichpunkt abgeschlossen werden. Im obigen Beispiel kommt zweimal die Anweisung `&Ausgabe;` vor. Dadurch wird das Unterprogramm mit dem Namen `Ausgabe` aufgerufen.

Beachten Sie: Es ist egal, an welcher Stelle innerhalb des Scripts ein Unterprogramm steht. Bei der Interpretation führt der Perl-Interpreter zuerst diejenigen Anweisungen der Reihe aus, die außerhalb der Unterprogramme stehen. Die Unterprogramme werden beim Aufruf automatisch gesucht.

Unterprogramme mit Parameterübergaben und Rückgabewert

Sie können ein Unterprogramm aufrufen, das einen Wert ermittelt und diesen an die aufrufende Anweisung zurückgibt. Ein Beispiel:

```
#!/usr/bin/perl

$x = &Rechne(1 + 2 * 3 + 4 * 5 + 6 * 7 + 8 * 9);
print $x, "\n";

sub Rechne
{
 return eval($_[0]);
}
```

Im Gegensatz zu anderen Programmiersprachen wie etwa C oder auch Java und JavaScript brauchen Sie bei einem Unterprogramm, dem Parameter übergeben werden sollen, bei der Definition des Unterprogramms keine Parameterdeklarationen anzugeben. Im obigen Beispiel wird das Unterprogramm `Rechne` mit einem Parameter aufgerufen: `(1 + 2 * 3 + 4 * 5 + 6 * 7 + 8 * 9)`. Das Unterprogramm `Rechne` verarbeitet diesen Parameter mit dem Konstrukt `$_[0]`. Dahinter steckt eine vordefinierte Variablen nämlich die Liste `@_`. Es handelt sich um die Liste der übergebenen Parameter. `$_[0]` greift auf den ersten übergebenen Parameter zu, `$_[1]` auf den zweiten Parameter usw. Mit einer Anweisung wie `for(@_) { print $_, "\n"; }` können Sie beispielsweise auch alle übergebenen Parameter abarbeiten, ohne wissen zu müssen, wie viele Parameter übergeben wurden. So einfach ist das sonst in kaum einer Programmiersprache.

Der lange Rechenausdruck, der im obigen Beispiel an das Unterprogramm `Rechne` übergeben wird, ist ein einziger Parameter. Wenn Sie mehrere Parameter übergeben wollen, trennen Sie diese durch Kommata.

Um aus einem Unterprogramm einen Wert an eine aufrufende Anweisung zurückzugeben, benutzen Sie am besten die Perl-Funktion `return`. Dahinter können Sie z. B. eine Variable angeben, deren aktuellen Wert Sie zurückgeben wollen. Im obigen Beispiel gibt `return` direkt den Rückgabewert einer Perl-Funktion weiter, nämlich den Rückgabewert der Funktion `eval()`. Diese Funktion bewertet eine Zeichenkette als Rechenoperation und gibt das errechnete Ergebnis zurück.

Im obigen Beispiel wird der von `Rechne` zurückgegebene Wert in dem Skalar `$x` gespeichert. Dazu wird diesem Skalar einfach der Aufruf des Unterprogramms `Rechne` zugewiesen.

Lokale Variablen

Im Gegensatz zu den meisten anderen Programmiersprachen behalten Variablen, die innerhalb eines Unterprogramms definiert werden, nach Beenden des Unterprogramms ihre Gültigkeit. Das bedeutet, daß Sie keine zwei gleichnamigen Variablen im gesamten

Script definieren können. Denn sobald Sie mit der zweiten Variablen irgendetwas anstellen, verändern Sie den aktuellen Inhalt der ersten, bereits vorhandenen. Diese Eigenschaft hat Perl den Ruf eingetragen, daß man damit nicht sauber strukturiert programmieren könne. Es gibt jedoch längst die Möglichkeit, die Lebensdauer einer Variablen innerhalb von Unterprogrammen auf das Unterprogramm zu beschränken.

Beispiel 1:

```
#!/usr/bin/perl

&Rechne(3*12);
print $x, "\n";

sub Rechne
{
 $x = eval($_[0]);
}
```

Beispiel 2:

```
#!/usr/bin/perl

&Rechne(3*12);
print $x, "\n";

sub Rechne
{
 my $x = eval($_[0]);
}
```

In Beispiel 1 wird zuerst das Unterprogramm `Rechne` aufgerufen. Dort wird ein Skalar `$x` definiert, der den ersten übergebenen Parameter errechnet. Sonst tut das Unterprogramm nichts weiter. Im Hauptprogramm geht es anschließend damit weiter, daß der Inhalt von `$x` ausgegeben wird. Das funktioniert – `$x` hat seinen Wert nach Beenden des Unterprogramms `Rechne` also nicht verloren.

Beispiel 2 unterscheidet sich von Beispiel 1 nur durch ein einziges Wörtchen, nämlich das Wörtchen `my` vor der Definition von `$x`. Durch Voranstellen von `my` wird ein Skalar, eine Liste, ein Hash usw. innerhalb eines Unterprogramms als lokal definiert. Im obigen Beispiel 2 bleibt der im Hauptprogramm definierte Skalar `$x` leer, und es wird nichts ausgegeben.

Perl-Funktionen

Perl ist unter anderem deshalb so mächtig, weil der Perl-Interpreter etliche vordefinierte Unterprogramme – hier Perl-Funktionen genannt – kennt. Es gibt Perl-Funktionen für die unterschiedlichsten Aufgaben. Viele davon lernen Sie in den Kapiteln *Dateien lesen und schreiben*, *Zeichenketten und Listen manipulieren* und *Mit Zahlen und Zeit arbeiten* kennen. Ein Beispiel:

```
#!/usr/bin/perl

print "Geben Sie eine Reihe von Begriffen, getrennt durch Kommata,
   ein:\n";
$Eingabe = <STDIN>;
@Liste = split(/,/, $Eingabe);
@SortierteListe = sort(@Liste);
print "Danke! Und hier die Ausgabe der alphabetisch sortierten
   Begriffe:\n";
for(@SortierteListe)
 {
  if(/\n/)
   {
    chop($_);
   }
  print $_, "\n";
 }
```

Die erste Perl-Funktion, die im obigen Beispiel vorkommt, ist `print`. Meistens werden Perl-Funktionen zwar wie in C oder dessen Verwandten mit Klammern () aufgerufen, aber erforderlich ist das nicht. Bei so häufig benutzten Funktionen wie `print` ist das Verwenden der Klammer daher mittlerweile der Schreibfaulheit zum Opfer gefallen. Wenn Sie beispielsweise statt des Funktionsaufrufs `sort(@Liste)` – siehe obiges Beispiel – `sort @Liste` notieren, erkennt Perl das auch an.

Eine Perl-Funktion bekommt in der Regel Parameter übergeben, mit denen sie irgendetwas tut. So ist im Beispiel `"Geben Sie eine Reihe von Begriffen, getrennt durch Kommata, ein:\n";` ein Parameter, der der `print`-Funktion übergeben wird. Weiter unten im Beispiel wird der Funktion `sort` als Parameter die Liste mit dem Namen `@Liste` übergeben. Wenn Sie einer Funktion mehrere Parameter übergeben, trennen Sie diese durch Kommata.

Perl-Funktionen haben in der Regel auch einen Rückgabewert. Im obigen Beispiel übernimmt etwa die Perl-Funktion `sort` die Sortierung der übergebenen Liste. Zurück gibt die Funktion eine neue Liste, nämlich mit den sortierten Elementen.

Zwei weitere Perl-Funktionen im obigen Beispiel sind `split` und `chop`. Die `split`-Funktion kann in einer Zeichenkette nach Zeichen oder Zeichenketten suchen, die Sie mit Hilfe eines regulären Ausdrucks als Parameter übergeben. Außerdem muß noch die Zeichenkette oder der Skalar übergeben werden, der eine entsprechende Zeichenkette enthält. Dann liefert `split` eine Liste mit Elementen zurück, die durch die angegebene Trennregel voneinander getrennt wurden. Die `chop`-Funktion beseitigt das letzte Zeichen einer Zeichenkette. Das ist häufig sinnvoll, da Zeichenketten in Perl oft automatisch ein Steuerzeichen für Zeilenumbruch (`\n`) angehängt bekommen.

15.3.10 Dateien lesen und schreiben

Dateien öffnen und schließen

Mit Perl-Scripts können Sie Dateien verwalten. Im Zusammenhang mit CGI-Scripts können Perl-Scripts Dateien auf dem Server-Rechner lesen und schreiben. Erst dadurch werden so bekannte CGI-Anwendungen wie Zugriffszähler oder Gästebücher möglich. Jede Datei, die Sie mit einem Perl-Script lesen oder in die Sie Daten schreiben wollen, müssen Sie zuerst öffnen. Nachdem Sie eine Datei ausgelesen oder alle gewünschten Inhalte in die Datei geschrieben haben, sollten Sie die Datei stets wieder schließen. Ein paar Beispiele:

```
#!/usr/bin/perl

open(NEUIGKEITENDATEI, "<news.txt");# Datei zum Lesen öffnen
close(NEUIGKEITENDATEI);

open(NEUIGKEITENDATEI, ">news.txt");# Datei zum Schreiben öffnen
close(NEUIGKEITENDATEI);

open(NEUIGKEITENDATEI, ">>news.txt");#Datei zum anhängenden Schreiben öffnen
close(NEUIGKEITENDATEI);

if(open(COUNTERDATEI, "<counter/counter.dat") == false)
 { print "Counter-Datei nicht gefunden\n"; }

open(COUNTERDATEI, "<counter/counter.dat") || die "Counter-Datei nicht
   gefunden\n";
```

Eine Datei wird mit der Perl-Funktion `open` geöffnet. Die Funktion erwartet zwei Parameter. Als ersten Parameter vergeben Sie einen Datei-Handler. Das ist ein Name, der benötigt wird, um auf die Datei zugreifen zu können. Den Namen für den Datei-Handler können Sie frei vergeben. Es ist üblich und gehört zum guten Ton, für solche Namen ausschließlich Großbuchstaben zu verwenden. In den obigen Beispielen sind `NEUIGKEITENDATEI` und `COUNTERDATEI` solche Namen.

Als zweiten Parameter erwartet die `open`-Funktion die Angabe eines Dateinamens. Wenn die gewünschte Datei sich in einem anderen Verzeichnis befindet, benutzen Sie das gleiche Adressierungs-Schema wie bei HTML-Verweisen auf Dateien in anderen Verzeichnissen. Wichtig ist der einfache Schrägstrich zum Trennen von Verzeichnissen, auch wenn Sie das Perl-Script in einer DOS-/Windows-Umgebung laufen lassen. Vor dem Dateinamen und ggfs. der Pfadangabe notieren Sie noch mit Hilfe von Sonderzeichen, in welchem Modus Sie die Datei öffnen möchten:

- `<datei.dat` bedeutet: Datei *datei.dat* nur zum Lesen öffnen. Die Datei muß existieren, ansonsten gibt es einen Fehler.
- `>datei.dat` bedeutet: Datei *datei.dat* zum Schreiben von Daten öffnen. Wenn die Datei bereits existiert, wird ihr bisheriger Inhalt überschrieben. Wenn die Datei noch nicht existiert, wird sie automatisch angelegt.

- `>>datei.dat` bedeutet: Datei *datei.dat* zum Schreiben von Daten öffnen. Wenn die Datei bereits existiert, wird der neue Inhalt an den alten Inhalt angehängt, d. h. der alte Inhalt wird nicht gelöscht. Wenn die Datei noch nicht existiert, wird sie automatisch angelegt.
- `+>datei.dat` bedeutet: Datei *datei.dat* zum Lesen und zum Schreiben von Daten.
- `|such.exe` bedeutet: Datei *such.exe* ist eine ausführbare Programmdatei. Das Programm wird geöffnet, um es auszuführen.

Beachten Sie: Es ist guter Programmierstil, mögliche Fehler beim Öffnen von Dateien abzufangen und im Perl-Script entsprechend darauf zu reagieren. Die beiden letzten der obigen Beispiele zeigen Anweisungskonstruktionen für solche Fehlerreaktionen. Die erste der beiden Anweisungskonstruktionen arbeitet mit einer bedingten Anweisung und gibt mit Hilfe der `print`-Funktion eine Fehlermeldung aus, falls das Öffnen der Datei fehlschlägt.

Die zweite Anweisungskonstruktion ist ein einfacher logischer Oder-Ausdruck, den der Perl-Interpreter bewertet. Zunächst wird der erste Teil des Ausdrucks vor dem Oder-Zeichen `||` bewertet. Das ist der Befehl zum Öffnen der Datei. Gelingt es, die Datei zu öffnen, gibt die `open`-Funktion den Wert *wahr* zurück, und damit ist auch der gesamte logische Ausdruck wahr. Wenn das Öffnen der Datei nicht gelingt, wird der zweite Teil des Ausdrucks bewertet. Dort wird einfach mit Hilfe der `die`-Funktion das Script vorzeitig beendet. Die Funktion `die` (= sterben) beendet ein Perl-Script und gibt auf Wunsch noch einen Text aus wie im obigen Beispiel.

Dateien lesen

Es gibt verschiedene Möglichkeiten, eine Datei einzulesen. Welche Möglichkeit Sie benutzen sollten, hängt von den Aufgaben ab, die das Perl-Script erfüllen soll. Voraussetzung für das Einlesen einer Datei ist, daß die Datei zuvor zum Lesen geöffnet wird. Beispiel 1 (Datei zeilenweise einlesen):

```
#!/usr/bin/perl

@Zeilen = ("");
open(MAILDAT, "<inbox.dat") || die "Datei mit E-Mails nicht gefunden\n";
while(<MAILDAT>)
 {
  push(@Zeilen,$_);
 }
close(MAILDAT);
for(@Zeilen)
 {
  if(/HTML/)
   {
    print $_;
   }
 }
```

Beispiel 2 (Datei zeichenweise einlesen):

```
#!/usr/bin/perl

@Vokale = ("a","e","i","o","u");
@Anzahl = (0,0,0,0,0);
open(DATEI, "<$ARGV[0]") || die "$_[1] nicht gefunden\n";
while(($AktuellesZeichen = getc(DATEI)) ne "")
 {
  for($i=0;$i<=4;++$i)
   {
    if($AktuellesZeichen eq $Vokale[$i])
     {
      $Anzahl[$i]++;
     }
   }
 }
close(DATEI);
for($i=0;$i<=4;++$i)
 {
  print "$Vokale[$i] kommt in $ARGV[0] isg. $Anzahl[$i] mal vor\n";
 }
```

Die üblichste Art und Weise, in Perl eine Datei einzulesen, ist das zeilenweise Einlesen wie im obigen Beispiel 1. Das funktioniert bei allen Dateien, die man auch in einem Texteditor gut lesen kann, also bei allen Arten von Textdateien, Konfigurationsdateien oder zeilenartig aufgebauten Datendateien mit Begrenzerzeichen für Felder. Dafür gibt es gar keinen eigenen Lesebefehl in Perl. Sie notieren einfach eine `while`-Schleife mit der Syntax `while(<DATEIHANDLER>)`, wobei DATEIHANDLER derjenige Name sein muß, den Sie bei `open` vergeben haben. Innerhalb der Schleife können Sie die aktuelle, eingelesene Zeile der Datei über die vordefinierte Variable `$_` ansprechen. Um die Daten im Arbeitsspeicher für die Weiterverarbeitung zu halten, können Sie die Zeilen beispielsweise in eine Liste einlesen wie im obigen Beispiel 1.

Binärdateien, also z. B. Dateien mit Dateiformaten bestimmter Anwendungsprogramme, die auch numerische Werte und Steuerzeichen enthalten, lassen sich besser zeichenweise einlesen wie im obigen Beispiel 2. Die Perl-Funktion zum Einlesen des jeweils nächsten Zeichens aus einer Datei heißt `getc`. Diese Funktion gibt jeweils das eingelesene Zeichen zurück, das Sie in einer geeigneten Variablen speichern können. Wenn das Dateiende erreicht wurde, gibt die Funktion ein leeres Zeichen (hexadezimal 0) zurück. Deshalb wird im obigen Beispiel 2 in der `while`-Schleife zum Einlesen der Datei die Abbruchbedingung mit dem folgenden Vergleichsoperator formuliert: `ne ""`.

Beachten Sie: Das obige Beispiel 2 zeigt nebenbei, wie Sie in einem Perl-Script eine Datei einlesen können, die dem Script nicht bekannt ist, sondern ihm beim Aufruf als Parameter mit übergeben wird. Die Argumente, die dem Script übergeben werden, sind in Perl in der vordefinierten Liste `@ARGV` gespeichert.

Daten in Dateien schreiben

Je nachdem, in welchem Modus Sie eine Datei zum Schreiben geöffnet haben, wird eine bereits vorhandene Datei beim Schreiben von Daten in die Datei überschrieben, oder die neuen Daten werden hinten angehängt. Ein Beispiel:

```
#!/usr/bin/perl
# Dieses Beispiel liest eine kommabegrenzte
# Datei mit Adressen ein und schreibt sie HTML-formatiert
# in eine neue Datei

@Adressen = ("");      # Speicher für alle Datensaetze
@Datensatz = ("");     # Speicher für alle Felder des aktuellen Datensatzes
$Felder = "";          # Speicher für die Namen der
                       # Felder (stehen in der ersten Dateizeile
$i = 0;
open(ADRESSEN, "<adressen.csv") || die "Adressendatei nicht gefunden\n";
while(<ADRESSEN>)                 # Kommabegrenzte Datei einlesen
 {
  if($i == 0)                     # erste Zeile der Datei einlesen
   {
    $Felder = $_;                 # Feldnamen ermitteln
   }
  else
   {
    $Adressen[$i] = $_;           # ab zweiter Zeile in @Adressen einlesen
   }
  $i++;                           # Datensatzzähler erhöhen
 }
close(ADRESSEN);
$Anzahl = $i - 1;                 # Anzahl Datensätze merken
chop($Felder);
@Datenfelder = split(/,/,$Felder); # Erste Zeile mit Feldnamen aufdröseln

open(ADRESSENDAT, ">adressen.htm");   # HTML-Datei zum Schreiben öffnen
print ADRESSENDAT "<html>\n<head>\n"; # HTML-Datei schreiben
print ADRESSENDAT "<title>Adressen</title>\n";
print ADRESSENDAT "</head>\n<body bgcolor=#FFFFFF>\n";
for(@Adressen)                    # solange Daten in der Adressenliste sind
 {
  @Datensatz = split(/,/,$_);  # Aktuellen Datensatz aufdröseln
  $i = 0;
  for(@Datensatz)
   {
    print ADRESSENDAT "<b>$Datenfelder[$i]:</b> $Datensatz[$i]<br>\n";
   # Aktuellen Datensatz schreiben
    $i++;
   }
 }
```

```
print ADRESSENDAT "</body>\n</html>\n";
close(ADRESSENDAT);
print $Anzahl," Datensaetze geschrieben\n";
                        # Nur zur Kontrolle: auf Standardausgabe
```

Um Daten in Dateien zu schreiben, wird in Perl normalerweise die `print`-Funktion verwendet. Im Gegensatz zu Ausgaben auf die Standardausgabe muß beim Schreiben in eine Datei jedoch hinter `print` der Name des Dateihandlers notiert werden, der beim Öffnen der Datei vergeben wurde. Im obigen Beispiel wird im unteren Teil die Datei *adressen.htm* zum Schreiben geöffnet. Dabei erhält Sie als Dateihandler den Namen ADRESSENDAT. Mit `print ADRESSENDAT "Daten..."` werden Daten in die Datei *adressen.htm* geschrieben.

15.3.11 Zeichenketten und Listen manipulieren

Teile aus Zeichenketten extrahieren

Sie können einer größeren Zeichenkette ein einzelnes Zeichen oder eine Zeichenfolge entnehmen. Ein Beispiel:

```
#!/usr/bin/perl

$Url = "http://www.teamone.de/selfhtml/tgck.htm";

$Stop = index($Url,":");
$Protokoll = substr($Url,0,$Stop);
$Start = index($Url,"//") + 2;
$Domain = substr($Url,$Start);
$Stop = index($Domain,"/");
$Domain = substr($Domain,0,$Stop);
$Start = rindex($Url,"/") + 1;
$Dateiname = substr($Url,$Start);
$Url_Laenge = length($Url);

print "Das verwendete Internet-Protokoll der URL-Adresse lautet: ",
   $Protokoll, "\n";
print "Die Domain-Adresse der URL-Adresse lautet: ", $Domain, "\n";
print "Der Dateiname der URL-Adresse lautet: ", $Dateiname, "\n";
print "Die URL-Adresse hat eine Laenge von: ", $Url_Laenge, " Zeichen\n";
```

Im obigen Beispiel wird aus einer URL-Adresse, die in dem Skalar `$Url` gespeichert wird, das Internet-Protokoll (im Beispiel: *http*), die Domain-Adresse (im Beispiel: *www.teamone.de*) und der Dateiname (im Beispiel *teck.htm*) extrahiert. Alle drei Teile der URL-Adresse werden in eigenen Skalaren gespeichert. Das Internet-Protokoll wird in `$Protokoll` gespeichert, die Domain-Adresse in `$Domain` und der Dateiname in `$Dateiname`. Am Ende des Scripts werden die ermittelten Teile mit der `print`-Funktion ausgegeben.

Die Perl-Funktion, mit deren Hilfe Sie eine Teilzeichenkette aus einer größeren Zeichenkette extrahieren können, heißt `substr` (= Unterzeichenkette). Diese Funktion erwartet zwei oder drei Parameter. Der erste Parameter ist die Zeichenkette, von der ein Teil extrahiert werden soll. Der zweite Parameter ist eine Zahl. Die Zahl gibt an, ab dem wievielten Zeichen der Zeichenkette die Teilzeichenkette extrahiert werden soll. Dabei wird bei 0 (für das erste Zeichen) zu zählen begonnen. Wenn Sie beispielsweise `substr(Stefan,2)` notieren, gibt die Funktion `efan` zurück. Als dritten Parameter können Sie `substr` noch mitteilen, wie viele Zeichen ab dem angegebenen Startzeichen extrahiert werden sollen. Wenn Sie etwa `substr(Stefan,2,3)` notieren, erhalten Sie als Ergebnis `efa`.

Häufig wissen Sie jedoch nicht, an der wievielten Stelle einer Zeichenkette ein gewünschter, sinnvoller Teil beginnt. Dafür wissen Sie, daß die Zeichenkette einen bestimmten Aufbau hat. So ist es auch im obigen Beispiel. Die Zeichenkette stellt eine URL-Adresse dar. URL-Adressen haben bekanntlich einen einheitlichen Aufbau. Wenn Sie, wie im Beispiel, etwa die Domainadresse aus einer URL extrahieren wollen, wissen Sie, daß die Domain-Adresse hinter dem doppelten Schrägstrich // beginnt. Perl bietet dazu die Funktionen `index` und `rindex` an. Mit `index` ermitteln Sie, an der wievielten Stelle einer Zeichenkette ein bestimmtes Zeichen oder eine bestimmte Zeichenfolge zum nächsten Mal vorkommt. Mit `rindex` ermitteln Sie, an der wievielten Stelle einer Zeichenkette ein bestimmtes Zeichen oder eine bestimmte Zeichenfolge zum letzten Mal vorkommt. Beide Funktionen erwarten zwei Parameter. Als ersten Parameter übergeben Sie die Zeichenkette, in der nach dem Vorkommen eines Zeichens oder einer Zeichenfolge gesucht werden soll. Als zweiten Parameter bekommt die Funktion das Zeichen oder die Zeichenfolge übergeben, nach der gesucht werden soll. Beide Funktionen geben eine Zahl zurück. Diese Zahl können Sie dann in `substr` als zweiten Parameter übergeben. Wenn Sie beispielsweise `index("Opa nahm Opium","Op")` notieren, erhalten Sie 0 zurück, weil *Op* gleich am Anfang zum ersten Mal vorkommt. Wenn Sie dagegen `rindex("Opa nahm Opium","Op")` notieren, erhalten Sie 9 zurück, da in diesem Fall das letzte Vorkommen von *Op* ermittelt wird. Es ist sinnvoll, die Rückgabewerte all dieser Perl-Funktionen in eigens dafür definierten Skalaren zu speichern wie im obigen Beispiel. Diese Skalare können Sie anschließend bequem weiterverarbeiten.

Beachten Sie: Eine weitere interessante Funktion für Zeichenketten ist `length` (siehe Beispiel). Diese Funktion gibt die Anzahl von Zeichen in einer Zeichenkette zurück.

Zeichenketten in Listen verwandeln

Wenn Sie Zeichenketten haben, die bestimmte, regelmäßig vorkommende Zeichen enthalten, können Sie diese Zeichen als Trennzeichen behandeln und die Zeichenkette in eine Liste übertragen. Ein Beispiel:

```
$CSV_Zeile = "Wilhemine Sauerapfel,Schlundstr. 13,90001
   Neunhausen,099/12345";
@Adresse = split(/,/,$CSV_Zeile,4);
```

```
$i = 0;
for(@Adresse)
 {
  print $i+1, ". Feld der Adresse: ", $Adresse[$i], "\n";
  $i++;
 }
```

Im obigen Beispiel ist in dem Skalar `$CSV_Zeile` eine typische Zeile aus einer kommabegrenzten Datei gespeichert. Viele Datenbank- und Tabellenkalkulations-Programme bieten die Möglichkeit, strukturierte Daten in Form solcher kommabegrenzter Dateien abzuspeichern. Dateien dieser Art werden üblicherweise mit der Dateiendung *.csv* abgespeichert. Wenn Sie solch eine Datei zeilenweise einlesen, erhalten Sie in jeder Zeile einen Inhalt von der Art, wie er im obigen Beispiel in `$CSV_Zeile` gespeichert ist.

Mit der Perl-Funktion `split` können Sie solche Inhalte in Felder aufteilen und in einer Liste speichern. Definieren Sie eine Liste wie im Beispiel die Liste `@Adresse`. Dieser Liste weisen Sie den Rückgabewert von `split` zu. Die Funktion `split` erwartet zwei, optional auch drei Parameter. Als ersten Parameter übergeben Sie einen regulären Ausdruck, mit dessen Hilfe der Feldtrenner ermittelt wird. Im obigen Beispiel ist das einfach das Kommazeichen. Als zweiten Parameter übergeben Sie die Zeichenkette, aus der die Liste erzeugt werden soll. Im Beispiel ist das der Skalar `$CSV_Zeile`. Als dritten Parameter können Sie der `split`-Funktion noch angeben, wie viele Felder sie maximal erzeugen soll. Im obigen Beispiel ist das eigentlich nicht nötig, aber der Vollständigkeit halber wird 4 übergeben, denn so viele Datenfelder enthält die Adressenzeile.

Listenelemente zu Zeichenkette verbinden

Sie können aus Elementen einer Liste eine Zeichenkette bilden. Im folgenden Beispiel haben Sie eine Adresse in einer Liste `@Adresse` mit Feldern für die einzelnen Daten gespeichert. Diese Liste können Sie mit Hilfe der Perl-Funktion `join` in eine Zeichenkette verwandeln. Dabei geben Sie außerdem an, durch welches Zeichen oder welche Zeichenfolge die Felder in der zu erzeugenden Zeichenkette voneinander getrennt werden sollen. Die Funktion `join` ist also die Umkehrfunktion zu `split`.

Definieren Sie einen Skalar wie im Beispiel den Skalar `$CSV_Zeile`. Diesem Skalar weisen Sie den Rückgabewert von `join` zu. Die Funktion `join` erwartet zwei Parameter. Als ersten Parameter übergeben Sie das Zeichen oder die Zeichenfolge, durch die die Felder in der zu erzeugenden Zeichenkette voneinander getrennt sein sollen. Im Beispiel ist das einfach ein Kommazeichen. Als zweiten Parameter übergeben Sie die Liste, aus der die Zeichenkette erzeugt werden soll. Im Beispiel ist das die Liste `@Adresse`.

```
#!/usr/bin/perl

@Adresse = ("Wilhemine Sauerapfel","Schlundstr. 13","90001
   Neunhausen","099/12345");
$CSV_Zeile = join(",",@Adresse);
print "Die erzeugte Zeichenkette lautet: ", $CSV_Zeile, "\n";
```

Listenelemente hinzufügen, ersetzen und löschen

Eine Liste muß keinen festen Inhalt und keine feste Länge haben. Sie können beispielsweise während des Programmlaufs zu einer Liste Elemente an eine Liste anhängen oder Elemente aus der Liste löschen.

Beispiel 1 (Element hinzufügen):

```
#!/usr/bin/perl

@Adresse = ("Wilhemine Sauerapfel","Schlundstr. 13","90001
   Neunhausen","099/12345");
push(@Adresse,"sauerapfel\@finster.de");
for(@Adresse)
 {
  print $_, "\n";
 }
```

Beispiel 2 (Element entfernen):

```
#!/usr/bin/perl

@Adresse = ("Wilhemine Sauerapfel","Schlundstr. 13","90001
   Neunhausen","099/12345");
pop(@Adresse);
for(@Adresse)
 {
  print $_, "\n";
 }
```

Beispiel 3 (Element ersetzen):

```
#!/usr/bin/perl

@Adresse = ("Wilhemine Sauerapfel","Schlundstr. 13","90001
   Neunhausen","099/12345");
$Adresse[1] = "Hasenschartenstr. 7";
for(@Adresse)
 {
  print $_, "\n";
 }
```

Beispiel 4 (Elemente umsortieren):

```
#!/usr/bin/perl

@Adresse = ("Wilhemine Sauerapfel","Schlundstr. 13","90001
   Neunhausen","099/12345");
for($i=1;$i<3;$i++)
 {
  $Temp = shift(@Adresse);
  push(@Adresse,$Temp);
 }
```

```
for(@Adresse)
 {
  print $_, "\n";
 }
```

Mit Hilfe der Perl-Funktion `push` können Sie ein Element an eine Liste anhängen. Im obigen Beispiel 1 wird an die Liste `@Adresse` ein Element angehängt, das eine E-Mail-Adresse enthält. Die Funktion `push` bekommt beim Aufruf im ersten Parameter die Liste übergeben, an die Sie ein oder mehrere Elemente anhängen möchten. Dahinter geben Sie ein oder mehrere Element(e) an, die Sie anhängen möchten. Das können Zeichenketten oder Zahlen sein. Im obigen Beispiel wird nur ein Element angehängt, nämlich die E-Mail-Adresse. Wenn Sie mehrere Elemente anhängen wollen, trennen Sie diese durch Kommata.

Der Schrägstrich in der E-Mail-Adresse gehört übrigens nicht zu der Adresse, sondern ist ein Maskierungszeichen für das Klammeraffenzeichen @, da dieses Zeichen in Perl eine eigene Bedeutung hat – es markiert Listen.

Mit Hilfe der Funktion `pop` können Sie das letzte Element einer Liste entfernen. Dazu übergeben Sie beim Aufruf der Funktion einfach die Liste, deren letztes Element Sie entfernen wollen. Im obigen Beispiel 2 ist das die Liste `@Adresse`. In dem Beispiel wird die Telefonnummer aus der Liste entfernt.

Um in einer Liste ein bestimmtes Element zu ersetzen, sprechen Sie einfach das betreffende Listenelement an und weisen ihm einen anderen Wert zu wie im obigen Beispiel 3.

Das obige Beispiel 4 zeigt, wie Sie die Elemente einer Liste von Hand umsortieren können. Dazu eignet sich die Perl-Funktion `shift`. Diese Funktion entfernt das erste Element aus einer Liste und gibt es zurück. Alle weiteren Elemente rücken eins nach vorne, so daß das bislang zweite Element nun das erste wird usw. Damit das entfernte erste Element nicht verloren geht, können Sie es in einem Skalar zwischenspeichern. Im obigen Beispiel 4 wird das entfernte Element im Skalar `$Temp` zwischengespeichert. Mit der Funktion `push` wird dieses Element anschließend wieder ans Ende der Liste angehängt. Im Beispiel findet dieser Austausch innerhalb einer `for`-Schleife statt. Auf diese Weise lassen sich mehrere Elemente nacheinander umsortieren. In dem Beispiel stehen am Ende Ort und Telefonnummer der Adresse am Anfang der Liste, gefolgt von Name und Straße.

Listenelemente sortieren

Eine sehr leistungsstarke Funktion in Perl ist die Möglichkeit, Listen zu sortieren.

Beispiel 1 (Zeichenketten sortieren):

```
#!/usr/bin/perl

@Freundinnen = ("Nina","Martina","Annina","Christina","Ina","Sabrina");
@Ordnung = sort(@Freundinnen);
```

```
for(@Ordnung)
 {
  print $_, "\n";
 }
```

Beispiel 2 (Zahlen sortieren):

```
#!/usr/bin/perl

@HighscoreListe = (9834,9837,5989,4509,4329,6509,2837,8289,10845);
@SortierteListe = sort NummernSort @HighscoreListe;
@AbsteigendSortierteListe = reverse @SortierteListe;
for(@AbsteigendSortierteListe)
 {
  print $_, "\n";
 }

sub NummernSort
{
 if($a < $b)
  { return -1; }
 elsif($a == $b)
  { return 0; }
 else
  { return 1; }
}
```

Zum automatischen Sortieren von Listen steht die Perl-Funktion `sort` zur Verfügung. Diese Funktion sortiert die Elemente einer Liste, die der Funktion als Parameter übergeben wird, automatisch alphabetisch in aufsteigender Reihenfolge. Wenn Sie genau das erreichen wollen, brauchen Sie nur einen Befehl wie in Beispiel 1 den Befehl `@Ordnung = sort(@Freundinnen)`. In diesem Beispiel wird die Liste `@Freundinnen` sortiert. Die sortierte Liste wird in `@Ordnung` gespeichert.

Schwieriger wird es, wenn Sie numerische Werte sortieren wollen wie in Beispiel 2. Dazu brauchen Sie ein eigenes Unterprogramm, das ein bestimmtes Aussehen haben muß, da die `sort`-Funktion dieses Unterprogramm auf Wunsch aufruft. Das Unterprogramm `NummernSort` aus Beispiel 2 können Sie für solche Zwecke verwenden. Mit der Anweisung `@SortierteListe = sort NummernSort @HighscoreListe;` wird im Beispiel die Liste `@HighscroreListe` numerisch sortiert. Lassen Sie bei diesem Funktionsaufruf am besten die Klammern weg, und notieren Sie hinter `sort` den Namen des Unterprogramms für den Sortiervorgang, im Beispiel also `NummernSort`. Dahinter folgt die Angabe der Liste, die auf diese Weise sortiert werden soll, im Beispiel `@HighscoreListe`.

Wenn Sie eine Liste nicht aufsteigend, sondern absteigend sortiert haben wollen, können Sie die Perl-Funktion `reverse` anwenden. In Beispiel 2 wird die Liste `@SortierteListe`, die zunächst aufsteigend sortiert ist, mit der Anweisung `@AbsteigendSortierteListe = reverse @SortierteListe;` in eine neue Liste mit dem Namen `@AbsteigendSortierteListe` gespeichert. Diese Liste ist absteigend sortiert.

Suchen und Ersetzen von Zeichen oder Zeichenketten

Das mächtige Werkzeug der regulären Ausdrücke wird in Perl auch oft dazu benutzt, um in Zeichenketten bestimmte Zeichen oder Zeichenfolgen durch andere zu ersetzen oder um bestimmte Zeichen oder Zeichenfolgen aus Zeichenketten zu entfernen. Dazu gibt es eine spezielle Syntax.

Beispiel 1 (Alle Buchstaben und Leerzeichen entfernen):

```
#!/usr/bin/perl

$Text = "Franz jagt im komplett verwahrlosten Taxi quer durch Bayern
   1234567890";
$Text =~ s/[a-z]| //gi;
print $Text;
```

Beispiel 2 (Deutsche Umlaute HTML-gerecht ersetzen):

```
#!/usr/bin/perl

$Text = "In München steht ein Hofbräuhaus, dort gibt es Bier in Maßen";
$Text =~ s/ä/\&auml\;/g;
$Text =~ s/ö/\&ouml\;/g;
$Text =~ s/ü/\&uuml\;/g;
$Text =~ s/Ä/\&Auml\;/g;
$Text =~ s/Ö/\&Ouml\;/g;
$Text =~ s/Ü/\&Uuml\;/g;
$Text =~ s/ß/\&szlig\;/g;
print $Text;
```

Beispiel 3 (Fehlerhafte Angaben entfernen und unterdrücken):

```
#!/usr/bin/perl

@Schulnoten = (1,4,7,2,X,3,0,1,6,3,3,8,R,G,9,2,3,4,1,1,3);
$Notenkette = join(",",@Schulnoten);
$Notenkette =~ s/[7-9]|0|[A-Z]//gi;
@NeueNoten = split(/,|,,/,$Notenkette);
for(@NeueNoten)
 {
  unless($_ eq "")
   {
    print $_, "\n";
   }
 }
```

Das Schema für alle Suche-Ersetze-Vorgänge in Perl lautet: `Zeichenkette =~ s/Suchmuster/Ersetzmuster/[Optionen]`.

`Zeichenkette` ist meistens ein Skalar, in dem eine Zeichenkette gespeichert ist, wie etwa `$Text` im obigen Beispiel 1. Dahinter notieren Sie die Zuweisung =~, gefolgt von einem Leerzeichen und dem kleinen Buchstaben `s`. Unmittelbar hinter dem kleinen `s` folgt ein regulärer Ausdruck, markiert durch die Schrägstriche `/.../`. In diesem Suchausdruck definieren Sie nach den Regeln für reguläre Ausdrücke, wonach in der Zeichenkette gesucht werden soll. Hinter dem abschließenden Schrägstrich folgt ein zweiter Ausdruck. In diesem Ausdruck notieren Sie das Zeichen oder die Zeichenfolge, durch die Fundstellen ersetzt werden sollen. Dahinter folgt nochmals ein abschließender Schrägstrich. Hinter diesem Schrägstrich können Sie mit Hilfe von erlaubten Kleinbuchstaben Optionen für den Suche-Ersetze-Vorgang definieren. Dabei sind folgende Buchstaben wichtig:

- `g` sucht/ersetzt alle Fundstellen (ansonsten wird nur die erste Fundstelle ersetzt).
- `i` sucht/ersetzt Buchstaben unabhängig davon, ob sie groß- oder kleingeschrieben sind (ansonsten wird Groß-/Kleinschreibung unterschieden).

In Beispiel 1 werden aus `$Text` alle Buchstaben (groß und klein) und alle Leerzeichen entfernt. Es bleiben anschließend also nur noch die Ziffern am Ende stehen. In Beispiel 2 werden in `$Text` alle deutschen Umlaute und das scharfe S durch ihre HTML-gerechten Umschreibungen ersetzt. In Beispiel 3 werden aus der Liste `@Schulnoten` alle Werte entfernt, die nicht zwischen 1 und 6 liegen. Dazu wird die Liste zu einer Zeichenkette verbunden. Aus dieser Zeichenkette `$Notenkette` werden alle Ziffern entfernt, die nicht zwischen 1 und 6 liegen, sowie alle Buchstaben. Das Ersetzmuster bleibt dabei leer, was dazu führt, das die Fundstellen einfach entfernt werden. Anschließend wird die behandelte Zeichenkette in eine Liste verwandelt. Dabei werden mit dem regulären Ausdruck `/,|,,/` auch alle leeren Elemente, die der Suche-Ersetze-Vorgang zurückgelassen hat, übergangen. Die neue Liste enthält nur noch gültige Schulnoten zwischen 1 und 6.

15.3.12 Mit Zahlen und Zeitangaben arbeiten

Technisch-/wissenschaftliche Berechnungen

In Perl stehen für die wichtigsten höheren mathematischen Funktionen entsprechende Perl-Funktionen zur Verfügung. Ein paar Beispiele:

```
#!/usr/bin/perl

$Abswert = abs(-45683);
print "Absolutwert von -45683 lautet: ", $Abswert, "\n";

$Wurzel = sqrt(23876);
print "Die Quadratwurzel von 23876 lautet: ", $Wurzel, "\n";

$Ganzzahl = int(sqrt(3298476));
print "Der Ganzzahlanteil der Quadratwurzel 3298476 von lautet: ",
   $Ganzzahl, "\n";

$Exp = exp(39);
```

```
print "Die Potenz 39 zur Basis e lautet: ", $Exp, "\n";

$Log = log(23);
print "Der natuerliche Logarithmus zur Basis e von 23 lautet: ", $Log,
    "\n";

$Sinus = sin(1.2387);
$Cosinus = cos(10.237);
$ArkTangens = atan2(1.389,2.438);
print "Der Sinus von 1.2387 lautet: ", $Sinus, "\n";
print "Der Cosinus von 10.237 lautet: ", $Cosinus, "\n";
print "Der Arkustangens von 1.389/2.438 lautet: ", $ArkTangens, "\n";

@Hexwerte = (10,20,30,40,50,60,70,80,90,A0,B0,C0,D0,E0,F0);
for(@Hexwerte)
 {
  $Dezimalwert = hex($_);
  print $_, " ist dezimal: ", $Dezimalwert, "\n";
 }
```

Mit der Funktion `abs` können Sie erzwingen, daß eine Zahl in jedem Fall positiv ist. Übergeben Sie der Funktion die Zahl, die behandelt werden soll. Die Funktion gibt den behandelten Wert zurück. Mit `sqrt` können Sie die Quadratwurzel einer Zahl berechnen. Übergeben Sie der Funktion die Zahl, aus der die Wurzel gezogen werden soll. Die Funktion gibt das Ergebnis zurück. Mit `int` erzwingen Sie von einer Bruchzahl den ganzzahligen Anteil, also bei 3,1415 etwa die Zahl 3. Übergeben Sie der Funktion die Zahl, aus der der Kommawert entfernt werden soll. Die Funktion gibt das Ergebnis zurück. Im obigen Beispiel zu dieser Funktion sehen Sie übrigens, wie man in Perl einer Funktion eine andere Funktion übergeben kann. Die Funktion berechnet in diesem Beispiel den Rückgabewert der Funktion für die Quadratwurzel. Die Funktionen `exp` liefert die Konstante `e` in einer beliebigen Potenz zurück. Die gewünschte Potenz übergeben Sie als Parameter. Die Funktion liefert das Ergebnis zurück. Die Funktion `log` ermittelt den natürlichen Logarithmus einer Zahl zur Basis e. Übergeben Sie die gewünschte Zahl als Parameter. Die Funktion gibt das Ergebnis zurück. Als geometrische Funktionen bietet Perl `sin` für Sinus, `cos` für Cosinus und `atan2` für den Arcus-Tangens an. Übergeben Sie diesen Funktionen die gewünschte Zahl. Arkus-Tangens erwartet zwei Werte: von und bis. Die Funktionen geben das Ergebnis zurück. Neben diesen Funktionen sind natürlich auch Berechnungen mit Berechnungsoperatoren möglich. Zum Konvertieren von Hexadezimalwerten in Dezimalwerte können Sie die Funktion `hex` verwenden. Übergeben Sie der Funktion einen Hexadezimalwert (Ziffern 0 bis 9 und Buchstaben A bis F). Die Funktion gibt den Dezimalwert zurück.

Datum und Uhrzeit

Perl bietet Funktionen zum Ermitteln von Datum und Uhrzeit an. Das folgende Beispiel ermittelt Datum und Uhrzeit und gibt das Ergebnis ordentlich formatiert und deutschsprachig aus.

```
#!/usr/bin/perl

$Jetztwert = time();
$Jetztzeit = localtime($Jetztwert);
&Deutschnamen;
@Zeit = split(/ +/,$Jetztzeit);
@Uhrzeit = split(/:/,$Zeit[3]);

print "Guten Tag!\n";
print "Heute ist ",$Zeit[0],", der ",$Zeit[2],". ",$Zeit[1],"
   ",$Zeit[4],"\n";
print "Es ist jetzt ",$Uhrzeit[0],":",$Uhrzeit[1]," Uhr\n";

sub Deutschnamen
{
 $Jetztzeit =~ s/Mon/Montag/;
 $Jetztzeit =~ s/Tue/Dienstag/;
 $Jetztzeit =~ s/Wed/Mittwoch/;
 $Jetztzeit =~ s/Thu/Donnerstag/;
 $Jetztzeit =~ s/Fri/Freitag/;
 $Jetztzeit =~ s/Sat/Samstag/;
 $Jetztzeit =~ s/Sun/Sonntag/;
 $Jetztzeit =~ s/Jan/Januar/;
 $Jetztzeit =~ s/Feb/Februar/;
 $Jetztzeit =~ s/Mar/Maerz/;
 $Jetztzeit =~ s/Apr/April/;
 $Jetztzeit =~ s/May/Mai/;
 $Jetztzeit =~ s/Jun/Juni/;
 $Jetztzeit =~ s/Jul/Juli/;
 $Jetztzeit =~ s/Aug/August/;
 $Jetztzeit =~ s/Sep/September/;
 $Jetztzeit =~ s/Oct/Oktober/;
 $Jetztzeit =~ s/Nov/November/;
 $Jetztzeit =~ s/Dec/Dezember/;
}
```

Mit dem Aufruf der Perl-Funktion `time` wird die aktuelle Zeit ermittelt. Die Funktion gibt, wie unter Unix und C üblich, die Anzahl der Millisekunden zurück, die seit dem 1.1.1970 vergangen sind. Das ist eine ziemlich hohe Zahl, die nichts weiter aussagt, aber sehr exakt ist. Im obigen Beispiel wird diese Zahl in dem Skalar `$Jetztwert` gespeichert. Sie ist Grundlage für den Aufruf der Funktion `localtime`. Diese Funktion erwartet als Parameter eine Zahl, die sie als Anzahl von Millisekunden seit 1.1.1970 interpretiert. Die Funktion erzeugt daraus eine Zeichenkette, die Datum und Uhrzeit im internationalen Format enthält, z. B. `Fri Jun 13 20:29:11 1997`. Diese Zeichenkette gibt die Funktion zurück. Im obigen Beispiel wird dieser Rückgabewert in `$Jetztzeit` gespeichert.

Im Beispiel wird als nächstes ein Unterprogramm mit Namen `Deutschnamen` aufgerufen, das in der Zeichenkette von `$Jetztzeit` alle denkbaren internationalen Tages- und Monatskürzel durch die üblichen deutschsprachigen Namen ersetzt.

Die Datums- und Zeitelemente in `$Jetztzeit` sind durch Leerzeichen voneinander getrennt. Diese Eigenschaft macht sich die Anweisung `@Zeit = split(/ /,$Jetztzeit);` im Beispiel zu Eigen. Anschließend sind die einzelnen Elemente wie Tag, Monat, Jahr usw. einzeln als Elemente dieser Liste ansprechbar. Ein Element dieser Liste, ansprechbar über `$Zeit[3]`, stellt die Uhrzeit dar. Die Uhrzeit besteht aus Stunden, Minuten und Sekunden, getrennt durch Doppelpunkt. Auch diese Zeichenkette wird im Beispiel wieder in ihre Bestandteile zerlegt, nämlich mit der Anweisung `@Uhrzeit = split(/:/,$Zeit[3]);`. Danach sind alle Elemente einzeln ansprechbar und können – wie im Beispiel – mit der `print`-Funktion nach Belieben ausgegeben werden.

15.3.13 CGI-typische Anweisungen in Perl

Formulardaten einlesen

Den folgenden Perl-Code können Sie verwenden, um Formulardaten eines beliebigen HTML-Formulars über CGI einzulesen. Beachten Sie, daß dies kein vollständiges Perl-Script ist, sondern lediglich ein in sich abgeschlossener Programmteil, den Sie für eigene Zwecke verwenden können. Der Perl-Code:

```
if($ENV{'REQUEST_METHOD'} eq 'GET')
 {
  $Daten = $ENV{'QUERY_STRING'}
 }
else
 {
  read(STDIN, $Daten, $ENV{'CONTENT_LENGTH'});
 }

@Formularfelder = split(/&/, $Daten);
foreach $Feld (@Formularfelder)
 {
  ($name, $value) = split(/=/, $Feld);
  $value =~ tr/+/ /;
  $value =~ s/%([a-fA-F0-9][a-fA-F0-9])/pack("C", hex($1))/eg;
  $value =~ s/<!--(.|\n)*-->//g;
  $Formular[$i] = $name;
  $i = $i + 1;
  $Formular[$i] = $value;
  $i = $i + 1;
 }
```

Der obige Perl-Code prüft zuerst, ob das HTML-Formular die Methode `GET` oder `POST` anwendet, und holt sich abhängig davon die übergebenen Formulardaten. Es ist also egal, welche Methode im HTML-Formular angegeben wird – dieser Perl-Code kommt in jedem Fall an die übergebenen Daten.

Die Daten stehen zunächst in dem Skalar `$Daten`. Der Wert von `$Daten` hat in diesem Stadium das Aussehen des Formulardatenstroms bei der Übertragung von Formulardaten. Mit der Anweisung `@Formularfelder = split(/&/, $Daten);` wird die Zeichenkette `$Daten` in eine Liste verwandelt. Als Trennzeichen, das aus dem Datenstrom Listenelemente macht, wird das kaufmännische Und (&) angegeben. Durch dieses Zeichen sind im Formulardatenstrom die einzelnen Formularfelder voneinander getrennt.

Anschließend werden die einzelnen Felder der neuen Liste `@Formularfelder` in einer `foreach`-Schleife behandelt. Zuerst wird jedes Formularfeld in zwei Bestandteile zerlegt, wobei als Trennzeichen das Gleichheitszeichen angegeben wird. Die beiden Teile werden in den Skalaren `$name` und `$value` abgelegt. In `$name` steht dann genau das, was in dem betreffenden HTML-Formularelement mit der Angabe `name=` definiert wurde. In `$value` steht das, was der Anwender als Wert für das betreffende Formularelement eingegeben oder ausgewählt hat. Angenommen, das HTML-Formular enthält ein einzeiliges Eingabefeld, das mit `<input name="Spitzname" size=60 maxlength=60>` definiert wurde. Weiter angenommen, der Anwender hat in diesem Feld *Hotzenplotz* eingegeben. Dann steht für dieses Formularfeld im Skalar `$name` der Wert `Spitzname`, und im Skalar `$value` steht der Wert `Hotzenplotz`. Mit den Suche-Ersetze-Vorgängen in den weiteren Anweisungen der `for`-Schleife werden die störenden Steuerzeichen, die noch aus dem Formulardatenstrom übriggeblieben sind, entfernt.

Die Daten des Formulars werden schließlich in eine Liste `@Formular` geschrieben. Die geraden Elemente dieser Liste, also `$Formular[0]`, `$Formular[2]`, `$Formular[4]` usw. enthalten die Feldnamen, zu denen der Anwender Angaben gemacht hat. Die ungeraden Elemente, also `$Formular[1]`, `$Formular[3]`, `$Formular[5]` enthalten die jeweils zugehörigen Daten, die der Anwender eingegeben oder ausgewählt hat. Diese Liste können Sie im weiteren Verlauf des Perl-Scripts weiterverarbeiten.

Beachten Sie: Die hier vorgestellten Beispiel-Codes sind sehr primitiv und haben eher die Aufgabe, das Prinzip der Abläufe zu erläutern. Wenn Sie eine professionellere Lösung benötigen, müssen Sie diese selbst programmieren oder auf ein ausgereiftes Freeware-Script zurückgreifen.

Eingelesene Formulardaten als Mail zum Formularanbieter senden

Ausgefüllte Formulardaten können Sie beispielsweise in eine Datei auf dem Server schreiben, die Sie regelmäßig auswerten. Die meisten Anbieter möchten ausgefüllte Formulardaten jedoch gleich als E-Mail zugeschickt bekommen. Der folgende Perl-Code setzt auf dem Perl-Code weiter oben auf, muß also im gleichen Script weiter unten stehen. Der Perl-Code:

```
$Mailprogramm = "/usr/lib/sendmail";  # siehe Erläuterung unten
$MailSubject = "Formluar-Feedback";   # siehe Erläuterung unten
$Empfaenger = "IhrName\@Provider\.xxx"; # siehe Erläuterung unten
$SenderName = $Formular[1];           # siehe Erläuterung unten
$SenderMail = $Formular[3];           # siehe Erläuterung unten

open(MAIL,"|$Mailprogramm -t") || die;

print MAIL "To: $Empfaenger\n";
```

```
print MAIL "From: $SenderMail $SenderName\n";
print MAIL "Subject: $MailSubject\n\n";

$i = 0;
$max = $#Formular;
for($i=0;$i<=$max;$i=$i+2)
{
 print MAIL "$Formular[$i]: $Formular[$i+1]\n";
}
close(MAIL);
```

Der obige Perl-Code definiert zunächst einige Skalare. Der erste und wichtigste Skalar ist `$Mailprogramm`. Hier müssen Sie angeben, wo sich auf dem Server-Rechner das Programm befindet, das als Server für abgehende E-Mails arbeitet. Das Standard-Programm dafür ist das Programm `sendmail`, das auf fast allen Server-Rechnern im Internet eingesetzt wird – ein typischer Eintrag ist auf Unix-Rechnern daher */usr/lib/sendmail.* Fragen Sie gegebenenfalls Ihren Provider, was Sie hierbei genau eintragen müssen. Wenn dieser Wert fehlt oder falsch ist, funktioniert die E-Mail-Übertragung nicht.

Dem Skalar `$MailSubject` im obigen Perl-Code können Sie das Subject der Feedback-Mail angeben, die Ihnen zugeschickt wird. Bei dem Skalar `$Empfaenger` müssen Sie Ihre eigene E-Mail-Adresse angeben bzw. die Adresse, an die die Mails geschickt werden sollen.

Die beiden Skalare `$SenderName` und `$SenderMail` wurden im obigen Perl-Code eigentlich nur der besseren Lesbarkeit wegen definiert. Diesen Skalaren werden bestimmte Inhalte aus dem Formular zugewiesen. Das geht allerdings nur, wenn Ihr Formular ein Feld für den Namen des Ausfüllers und ein Feld für dessen E-Mail-Adresse enthält. Tragen Sie in diesem Fall die korrekten Indexnummern # bei `$Formular[#]` ein.

Der obige Perl-Code öffnet im weiteren Verlauf die Programmdatei des Mail-Servers. Die Option `-t` bei der `open`-Funktion bezieht sich auf das angenommene Programm `sendmail`. Wenn Sie ein anderes Programm benutzen oder benutzen müssen, erkundigen Sie sich, wie man dieses Programm mit auszuliefernden Mail-Daten aufrufen kann.

Wenn das Programm nicht geöffnet werden kann, wird das obige Perl-Script mit `die` kommentarlos beendet. An dieser Stelle könnten Sie eine Fehlerbehandlung einbauen. Mit den `print`-Befehlen schreibt das Script die ihm bekannten Daten in den Mailheader. Jede Internet-E-Mail hat ein einheitliches Format. Im Kopf der Mail stehen diverse Angaben. Einige davon werden erst im Verlauf der Reise zum Empfänger gesetzt. Innerhalb der `for`-Schleife werden die einzelnen Formulardaten in die E-Mail geschrieben. Feldnamen und Feldinhalte des ausgefüllten Formulars werden durch Doppelpunkt voneinander getrennt.

Beachten Sie: Die hier vorgestellten Beispiel-Codes sind sehr primitiv und haben eher die Aufgabe, das Prinzip der Abläufe zu erläutern. Wenn Sie eine professionellere Lösung benötigen, müssen Sie diese selbst programmieren oder auf ein ausgereiftes Freeware-Script zurückgreifen.

HTML-Code an Browser senden

Eine der wichtigsten Aufgaben von CGI-Scripts ist es, HTML-Code an den aufrufenden WWW-Browser zu senden. Dabei dürfen Sie Variablen Ihres Perl-Scripts nach Belieben in den HTML-Code mit einbauen. Der folgende Perl-Code setzt auf dem Perl-Code des letzten Beispiels auf, muß also im gleichen Script weiter unten stehen. Er sendet ein Dankeschön an den Anwender, der ein Formular ausgefüllt hat. Der Perl-Code:

```
print "Content-type: text/html\n\n";
print "<html>\n";
print "<head>\n";
print "<title>Danke!</title>\n";
print "</head>\n";
print "<body bgcolor=#FFFFFF text=#000000 link=#009900 vlink=006600
   alink=#0000FF>\n";
print "<h1>Danke</h1>\n";
print "Wir freuen uns, da&szlig; Sie unser Formular ausgef&uuml;llt \n";
print "haben. Hier zur Kontrolle Ihre Angaben:<p>\n";

for($i=0;$i<=$max;$i=$i+2)
{
 print "<b>$Formular[$i]:</b> $Formular[$i+1]<br>\n";
}
print "<p><hr noshade size=1><p>";
print "<i>Ihr Name, <a
   href=\"mailto:IhrName\@Provider.xx\">IhrName\@Provider.xx</a></i>";
print "</body>\n";
print "</html>\n";
```

HTML-Code können Sie in Perl ganz einfach mit Hilfe der `print`-Funktion schreiben. Im obigen Code wird auf diese Weise eine vollständige HTML-Datei an den WWW-Browser geschickt. Wichtig ist dabei zunächst die erste Anweisung. Sie lautet stets `print "Content-type: text/html\n\n";`. Das ist noch kein HTML-Code. Der WWW-Browser, der den Code empfängt, erwartet zunächst einen HTTP-Header. Dieser Header muß zumindest Informationen darüber enthalten, welche Art von Daten folgen. Mit dieser Anweisung teilen Sie dem Browser mit, daß HTML-Code folgt. Unbedingt wichtig sind dabei auch die beiden `\n\n` am Ende. Danach werden mit `print` die üblichen Befehle zum Aufbau einer HTML-Datei notiert. Besondere Beachtung verdient die `for`-Schleife in der Mitte des Beispiel-Codes. Dort werden die Inhalte der Liste `@Formular` HTML-formatiert ausgegeben. Diese Möglichkeit, Variableninhalte direkt in den auszugebenden HTML-Code einzubinden, ist der Grund, warum CGI häufig auch als »dynamisches HTML« bezeichnet wird. Schließlich sollten Sie noch die HTML-Ausgabe des `mailto`-Befehls im unteren Teil des Beispiel-Codes beachten. Wenn Sie HTML-Tags mit Angaben ausgeben wollen, die in Anführungszeichen stehen müssen wie die `href`-Angabe, dann müssen Sie die Anführungszeichen mit einem umgekehrten Schrägstrich maskieren. Sonst würde der Perl-Interpreter einen Fehler melden. Ebenfalls maskieren müssen Sie auf die gleiche Weise das E-Mail-Zeichen `@`, da dieses Zeichen in einer `print`-Funktion von Perl andernfalls als Name einer auszugebenden Liste interpretiert würde.

16 Internationalisierung

16.1 Computer und geschriebene Sprache

16.1.1 Bits, Bytes und Zeichensätze

Die beiden Grundeinheiten in jedem heutigen Computer sind Bit und Byte. Ein Byte ist bei den heute üblichen Systemen als Folge von 8 Bit definiert (man spricht auch von Octets). Da jedes Bit zwei Zustände haben kann, nämlich 0 oder 1 bzw. ja oder nein, lassen sich mit einer Folge von 8 Bit genau 256 (= 2 hoch 8) unterschiedliche Zustände realisieren. Ein Byte kann also 256 unterschiedliche Werte haben. Da im Computer immer auch die 0 dazugehört, können in einem Byte dezimal ausgedrückt Werte zwischen 0 und 255 stehen.

Wenn ein laufendes Programm im Computer eine Datei zeichenweise in den Arbeitsspeicher einliest, stehen im Arbeitsspeicher anschließend nur Byte-Werte. Wenn also ein WWW-Browser eine HTML-Datei in den Arbeitsspeicher einliest, besteht die Datei dort aus nichts anderem als Byte-Werten. Von Zeichen unseres Alphabets ist auf dieser Ebene noch keine Rede. Damit aus den Byte-Werten lesbare Zeichen werden, die sich am Bildschirm darstellen lassen, braucht es eine Konvention, die festlegt, welcher Byte-Wert als welches Zeichen dargestellt werden soll. Diese Aufgabe haben die sogenannten Zeichensätze. Zeichensätze sind Tabellen, die einem Byte-Wert ein Zeichen zuordnen, das in unseren Schriftkulturen eine Bedeutung hat.

Die Zeichensätze sind EDV-historisch gewachsene Gebilde. Bis zum Aufkommen der Personal-Computer benutzten viele Rechner noch 7 Bit lange Grundeinheiten, mit denen sich nur 128 unterschiedliche Zustände darstellen lassen. Noch früher waren es auch 6 und 5 Bit lange Grundeinheiten. Auf der 7 Bit langen Grundeinheit beruhten die ersten Zeichensätze, die historisch den Durchbruch schafften: der ASCII-Zeichensatz und der EBCDIC-Zeichensatz. Dabei setzte sich vor allem der ASCII-Zeichensatz durch, weil er im erfolgreichen Unix-Betriebssystem und in den aufkommenden Personal-Computern zum Einsatz kam.

Beim ASCII-Zeichensatz sind die ersten 32 Zeichen für Steuerzeichen reserviert, etwa für Tastatur-Impulse wie Zeilenumbruch. Die Zeichen zwischen 32 und 127 sind darstellbare Zeichen, darunter alle Ziffern, Satzzeichen und Buchstaben, die ein Amerikaner so braucht – denn der ASCII-Zeichensatz kommt natürlich aus den USA.

Lange Zeit war ASCII der einzige verbreitete Standard. Da die neueren Computer aber Bytes mit 8 Bit hatten, war es folgerichtig, für die Werte zwischen 128 und 255 neue Verwendungszwecke zu finden. Dabei entwickelten sich jedoch proprietäre Lösungen.

MS-DOS beispielsweise benutzt einen *erweiterten ASCII-Zeichensatz*, der aber nicht viel mehr ist als eine schöne Umschreibung für die Microsoft-eigene Belegung der Zeichen 128 bis 255 speziell für die Bedürfnisse von MS-DOS.

Um auch hierfür einen Standard zu schaffen, ersann die amerikanische Standardisierungs-Organisation den ANSI-Zeichensatz. Dieser Zeichensatz übernimmt für die Zeichen 0 bis 127 den ASCII-Zeichensatz und definiert für die Werte zwischen 128 und 255 etliche Sonderzeichen, darunter wichtige Alphabetzeichen verbreiteter Sprachen, etwa deutsche Umlaute, französische Accent-Zeichen oder spanische Zeichen mit Tilde. Dazu kamen diverse verbreitete kaufmännisch-/wissenschaftliche Zeichen.

Der Bedarf an international gültigen Zeichensätzen wird jedoch immer größer. Ein Versuch, ein solches Set von Zeichensätzen zu etablieren, stellt die iso-8859-Familie dar. HTML unterstützt mittlerweile die Möglichkeit, all diese Zeichensätze zu verwenden.

16.1.2 Beispiel für Zeichensätze

Ein Beispiel soll das Prinzip der Zeichensätze verdeutlichen. Die folgende Abbildung zeigt zwei Zeichensätze: den MS-DOS-Zeichensatz und den ANSI-Zeichensatz, den z. B. MS-Windows als Voreinstellung verwendet.

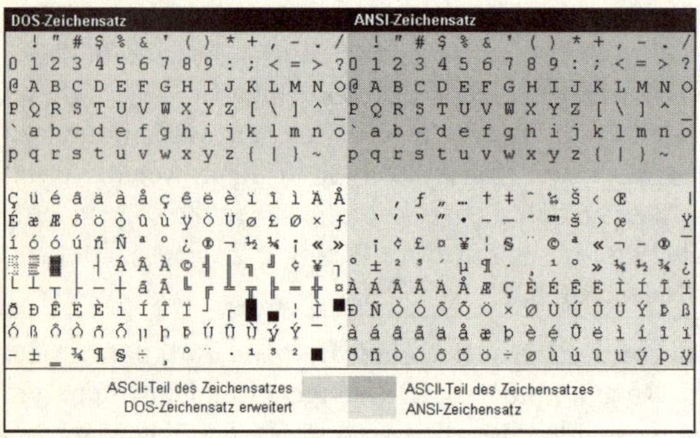

Bild 16.1: MS-DOS- und ANSI-Zeichensatz

Der Abbildung können Sie entnehmen, daß die oberen Teile beider Zeichensätze identisch sind, da beide Zeichensätze den ASCII-Zeichensatz für die ersten 128 Zeichen übernehmen. Die ersten 32 Zeichen fehlen in der Abbildung, da es sich bei diesen Zeichen um Steuerzeichen handelt, die nicht abbildbar sind. Die unteren Teile sind dagegen unterschiedlich. Wo im ANSI-Zeichensatz beispielsweise ein kleines deutsches ü liegt, bietet der erweiterte DOS-Zeichensatz ein hochgestelltes S an.

Wenn Sie mit MS-Windows arbeiten, können Sie das selbst ausprobieren: Erzeugen Sie unter Windows mit einem ANSI-Texteditor (z. B. Notepad) eine leere Datei; tippen Sie einfach so etwas wie *äääääööööüüüü* ein. Die Eingaben speichern Sie unter einem Dateinamen ab. Anschließend rufen Sie die DOS-Eingabeaufforderung auf und geben *edit* ein. Dann öffnet sich der DOS-Editor. Damit öffnen Sie die zuvor unter Windows abgespeicherte Datei. Nun können Sie sehen, was der Zusammenhang zwischen Byte und Zeichensatz ist: Es werden zwar genauso viele Zeichen angezeigt als unter MS-Windows, aber es sind andere Zeichen. Der Grund ist, daß im Arbeitsspeicher immer nur Byte-Werte stehen. Was ein Programm jedoch daraus macht, hängt davon ab, welchen Zeichensatz es benutzt.

Das Beispiel mit dem MS-DOS-Zeichensatz und dem ANSI-Zeichensatz wurde hier bewußt ausgewählt, da es sich an ein und demselben Rechner testen läßt. Das Beispiel soll aber vor allem auch dazu ermuntern, tiefer in die Geheimnisse der Zeichensätze einzusteigen und sich besonders an die Regeln der Verwendung von Zeichensätzen und Unicodes in HTML zu halten.

16.1.3 Die Grenzen von Bytes und Zeichensätzen sprengen

Zeichensätze decken einzelne Schriftkulturen und damit verbundene Sprachen oder Sprachfamilien ab. Problematisch wird es, wenn mehrsprachige Dokumente erstellt werden sollen, die Schriften ganz unterschiedlicher Zeichensätze enthalten. Auch für nicht-alphabetische Schriftkulturen sind Zeichensätze ungeeignet. In unseren Zeiten der Globalisierung wird es jedoch immer wichtiger, für solche Probleme eine standardisierte EDV-technische Lösung zu finden, die sich auf den verschiedensten Computersystemen durchsetzt. Eine solche Lösung gibt es auch schon: das Unicode-System. Unicode soll langfristig das heute übliche System der Zeichensätze ablösen. Ferner muß bei solch einem Ansatz das Problem gelöst werden, wie sich die numerischen Werte mit Hilfe von Schriftarten in anzeigbare oder druckbare Zeichen umsetzen lassen.

16.1.4 Die Bedeutung der Schriftarten

Schriftarten sind Beschreibungsmodelle, um auf Ausgabemedien wie Bildschirm oder Drucker Zeichen abzubilden. Jedes heute übliche Betriebssystem enthält sogenannte Systemschriften. Das sind Schriftarten, die auf jeden Fall genau die Zeichen enthalten, die in dem Zeichensatz definiert sind, auf dem das Betriebssystem per Voreinstellung basiert. Unter MS-Windows gibt es beispielsweise eine solche Schriftart namens *System*. Daneben gibt es auf modernen Rechnern definierte Schnittstellen für beliebige Schriftarten. Verbreitet ist z. B. die Adobe-Schnittstelle für Schriftarten (PostScript). Unter MS-Windows kommt eine eigene Schnittstelle hinzu (TrueType).

Solche Schriftarten können auf die zur Verfügung stehenden Byte-Werte beliebige Darstellungsmuster legen. So gibt es auch Schriftarten wie *WingDings* oder *ZapfDingbats*, die fast nur Symbole und Icons enthalten. Wichtig sind jedoch vor allem auch Schriftarten, die zwar ansprechend aussehen, aber gleichzeitig einen bestimmten Zeichensatz unterstützen, d. h. alle Zeichen dieses Zeichensatzes darstellen, und zwar genau auf den Byte-Werten, die im Zeichensatz dafür vorgesehen sind. Nur durch solche Schriftarten wird es möglich, festgelegte Zeichensätze in eine grafisch darstellbare Form zu bringen. Die folgende Abbildung zeigt ein Beispiel für diesen Zusammenhang.

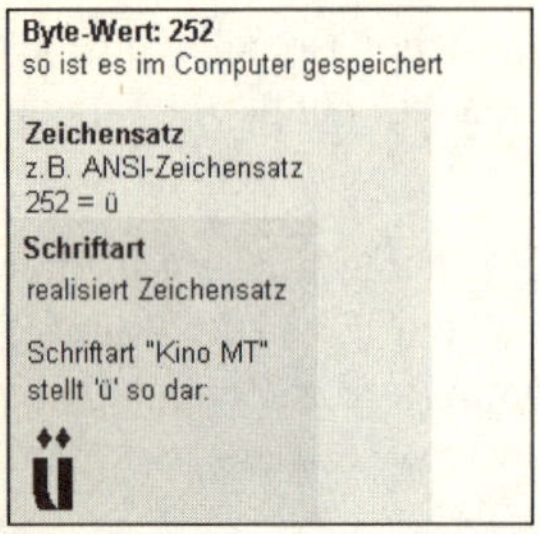

Bild 16.2: Der Zusammenhang zwischen Byte-Wert, Zeichensatz und Schriftart

Solche Schriftarten bleiben jedoch zeichensatzorientiert. Auf den Ansatz von Unicode ist das Prinzip Zeichensatzorientierter Schriftarten kaum übertragbar. Für den Einsatz im WWW sind herkömmliche Schriftarten wie Adobe- oder Truetype-Schriftarten nicht geeignet, da sie plattformspezifisch sind. Mittlerweile gibt es jedoch Ansätze zur Lösung dieses Problems. Es gibt Plattform-unabhängige Schriftarten, die Sie mit Hilfe entsprechender Befehle auch direkt in HTML einbinden können. Auf diese Weise können Sie nicht nur eine Schriftart erzwingen in der Hoffnung, daß diese beim Anwender vorhanden ist, sondern Sie liefern die Schriftart mit Ihren HTML-Dateien gleich mit. Deshalb spricht man dabei auch von downloadbaren Schriftarten.

16.1.5 Schriftkulturen mit anderer Schreibrichtung

Da die Computerindustrie historisch gesehen in den USA und Europa entstand, bauen die heutigen Hardware-Systeme und Betriebssysteme auf Prinzipien auf, die zunächst als selbstverständlich galten. Wenn Sie in einem Textverarbeitungsprogramm einen Text tippen, wandert der Cursor beim Schreiben von links nach rechts. Automatische Zeilenumbrüche erfolgen nach typischen Begrenzerzeichen westlicher Sprachen wie Leerzeichen oder Silbentrennstrich. Es gibt jedoch etliche Schriftkulturen, die eine andere Schreibrichtung als die unsrige haben. Dazu gehören etwa die arabische Schrift, die hebräische Schrift oder die fernöstlichen Schriftkulturen. Um solche Schriftkulturen auf Computern abzubilden, ist eine zusätzliche, systemnahe Software erforderlich. Denn es gilt nicht nur, die Schriftelemente abzubilden, sondern auch, die Editierrichtung bei der Texteingabe und die Ausgaberichtung auf Medien wie Bildschirm oder Drucker an die Schreibrichtung der entsprechenden Schriftkultur anzupassen.

16.2 Zeichensätze – iso-8859-Familie und andere

16.2.1 Die iso-8859-Zeichensätze

Die iso-8859-Familie wurde von der European Computer Manufacturer's Association (ECMA) entwickelt. Es handelt sich um ein Set von standardisierten Zeichensätzen für alphabetische Schriften. Dazu gehören die lateinischen Schriften, auf denen die meisten Sprachen Westeuropas und Amerikas beruhen, oder etwa die kyrillischen Schriften.

Alle Zeichensätze dieser Familie basieren auf der 1-Byte-Abbildung eines Zeichens. Das heißt, alle Zeichensätze enthalten 256 mögliche Zeichen. Bei allen Zeichensätzen sind die ersten 128 Zeichen, also die Zeichen mit den Werten 0 bis 127, identisch mit dem ASCII-Zeichensatz. Das hat den Vorteil, daß die üblichen lateinischen Groß- und Kleinbuchstaben, die arabischen Ziffern und die üblichen Sonderzeichen wie Satzzeichen oder kaufmännische Zeichen in all diesen Zeichensätzen immer zur Verfügung stehen.

ASCII-Zeichensatz

+	0	1	2	3	4	5	6	7	8	9
30				!	"	#	$	%	&	'
40	(	)	*	+	,	-	.	/	0	1
50	2	3	4	5	6	7	8	9	:	;
60	<	=	>	?	@	A	B	C	D	E
70	F	G	H	I	J	K	L	M	N	O
80	P	Q	R	S	T	U	V	W	X	Y
90	Z	[	\	]	^	_	`	a	b	c
100	d	e	f	g	h	i	j	k	l	m
110	n	o	p	q	r	s	t	u	v	w
120	x	y	z	{	|	}	~			

Bild 16.3: Der ASCII-Zeichensatz

Die darstellbaren Zeichen des ASCII-Zeichensatzes haben die Werte zwischen 32 und 127. Wert 32 ist das Leerzeichen. Alle iso-8859-Zeichensätze enthalten diesen Zeichensatz.

Zur Lesart dieser und der folgenden Zeichensatz-Tabellen

Den Wert eines Zeichens ermitteln Sie, indem Sie die Werte aus Spalten- und Zeilenüberschrift des Zeichens addieren. Ein großes K hat in dieser Tabelle beispielsweise den Zeilenwert 70 und den Spaltenwert 5. Daraus ergibt sich der Wert 75 für dieses Zeichen. Zeichenwerte können bei der Verwendung von Zeichensätzen und Unicodes in HTML eine Rolle spielen.

So wie im ASCII-Zeichensatz die ersten 32 Zeichen (Zeichenwerte 0 bis 31) für Steuerzeichen reserviert sind, sparen auch die erweiterten Zeichensätze der iso-Familie einen Bereich von Zeichen aus. Es handelt sich um die ersten 32 Zeichen oberhalb des ASCII-Bereichs, also um die Zeichenwerte 128 bis 159. Die Tabellen zu den einzelnen Zeichensätzen weiter unten bilden daher die verbleibenden Zweichenwerte 160 bis 255 ab. Das Zeichen mit dem Wert 160 ist in all diesen Zeichensätzen ein erzwungenes Leerzeichen. Viele der Zeichensätze der iso-8859-Familie überlappen sich. Das ist Absicht. Die Zeichensätze sind so optimiert, daß sich mit je einem Zeichensatz möglichst viele Schriften möglichst vollständig abdecken lassen. Zeichen, die in mehreren Zeichensätzen der iso-8859-Familie vorkommen, haben in der Regel immer den gleichen Wert, d. h. sie befinden sich in den unterschiedlichen Zeichensätzen an der gleichen Stelle. Sechs der iso-8859-Zeichensätze beziehen sich auf Schriften, die im Kern auf der lateinischen Schrift basieren. Diese Zeichensätze haben daher noch die Beinamen *Latin-1* bis *Latin-6*.

16.2.2 Liste der iso-8859-Zeichensätze

Die folgenden Tabellen zeigen die einzelnen Zeichensätze der iso-8859-Familie. Wie Sie diese Zeichensätze in HTML einsetzen können, wird im Kapitel 16.4 über Zeichensatzangabe als Meta-Angabe beschrieben.

iso-8859-1 (Latin-1)

iso-8859-1

+	0	1	2	3	4	5	6	7	8	9
160		¡	¢	£	¤	¥	¦	§	¨	©
170	ª	«	¬	-	®	¯	°	±	²	³
180	´	µ	¶	·	¸	¹	º	»	¼	½
190	¾	¿	À	Á	Â	Ã	Ä	Å	Æ	Ç
200	È	É	Ê	Ë	Ì	Í	Î	Ï	Ð	Ñ
210	Ò	Ó	Ô	Õ	Ö	×	Ø	Ù	Ú	Û
220	Ü	Ý	Þ	ß	à	á	â	ã	ä	å
230	æ	ç	è	é	ê	ë	ì	í	î	ï
240	ð	ñ	ò	ó	ô	õ	ö	÷	ø	ù
250	ú	û	ü	ý	þ	ÿ				

Dieser Zeichensatz enthält die schriftspezifischen Zeichen für westeuropäische und amerikanische Sprachen. Der Zeichensatz deckt die Sprachen Albanisch, Dänisch, Deutsch, Englisch, Faröisch, Finnisch, Französisch, Galizisch, Irisch, Isländisch, Italienisch, Katalanisch, Niederländisch, Norwegisch, Portugiesisch, Schwedisch und Spanisch ab. Lediglich einzelne Zeichen wie das niederländische *ij* oder die deutschen Anführungszeichen unten fehlen.

Bild 16.4: Latin-1

iso-8859-2 (Latin-2)

Dieser Zeichensatz enthält die schriftspezifischen Zeichen für die meisten mitteleuropäischen und slawischen Sprachen. Der Zeichensatz deckt die Sprachen Kroatisch, Polnisch, Rumänisch, Slowakisch, Slowenisch, Tschechisch und Ungarisch ab.

iso-8859-2

+	0	1	2	3	4	5	6	7	8	9
160		Ą	˘	Ł	¤	Ľ	Ś	§	¨	Š
170	Ş	Ť	Ź	-	Ž	Ż	°	ą	˛	ł
180	´	ľ	ś	ˇ	¸	š	ş	ť	ź	˝
190	ž	ż	Ŕ	Á	Â	Ă	Ä	Ĺ	Ć	Ç
200	Č	É	Ę	Ë	Ě	Í	Î	Ď	Đ	Ń
210	Ň	Ó	Ô	Ő	Ö	×	Ř	Ů	Ú	Ű
220	Ü	Ý	Ţ	ß	ŕ	á	â	ă	ä	ĺ
230	ć	ç	č	é	ę	ë	ě	í	î	ď
240	đ	ń	ň	ó	ô	ő	ö	÷	ř	ů
250	ú	ű	ü	ý	ţ	˙				

Bild 16.5: Latin-2

iso-8859-3 (Latin-3)

Dieser Zeichensatz deckt die Sprachen Esperanto, Galizisch, Maltesisch und Türkisch ab.

iso-8859-3

+	0	1	2	3	4	5	6	7	8	9
160		Ħ	˘	£	¤		Ĥ	§	¨	İ
170	Ş	Ğ	Ĵ	-		Ż	°	ħ	²	³
180	´	µ	ĥ	·	¸	ı	ş	ğ	ĵ	½
190		ż	À	Á	Â		Ä	Ċ	Ĉ	Ç
200	È	É	Ê	Ë	Ì	Í	Î	Ï		Ñ
210	Ò	Ó	Ô	Ġ	Ö	×	Ĝ	Ù	Ú	Û
220	Ü	Ŭ	Ŝ	ß	à	á	â		ä	ċ
230	ĉ	ç	è	é	ê	ë	ì	í	î	ï
240		ñ	ò	ó	ô	ġ	ö	÷	ĝ	ù
250	ú	û	ü	ŭ	ŝ	˙				

Bild 16.6: Latin-3

iso-8859-4 (Latin-4)

Dieser Zeichensatz enthält einige Zeichen der Sprachen Estnisch, Lettisch und Litauisch. Vergleichen Sie diesen Zeichensatz auch mit iso 8559-10, der sehr ähnlich ist.

iso-8859-4										
+	0	1	2	3	4	5	6	7	8	9
160		Ą	ĸ	Ŗ	¤	Ĩ	Ļ	§	¨	Š
170	Ē	Ģ	Ŧ	-	Ž	¯	°	ą	˛	ŗ
180	´	ĩ	ļ	ˇ	¸	š	ē	ģ	ŧ	Ŋ
190	ž	ŋ	Ā	Á	Â	Ã	Ä	Å	Æ	Į
200	Č	É	Ę	Ë	Ė	Í	Î	Ī	Đ	Ņ
210	Ō	Ķ	Ô	Õ	Ö	×	Ø	Ų	Ú	Û
220	Ü	Ũ	Ū	ß	ā	á	â	ã	ä	å
230	æ	į	č	é	ę	ë	ė	í	î	ī
240	đ	ņ	ō	ķ	ô	õ	ö	÷	ø	ų
250	ú	û	ü	ũ	ū	˙				

Bild 16.7: Latin-4

iso-8859-5

Dieser Zeichensatz enthält kyrillische Zeichen. Er deckt weitgehend die Sprachen Bulgarisch, Mazedonisch, Russisch, Serbisch und Ukrainisch ab.

iso-8859-5										
+	0	1	2	3	4	5	6	7	8	9
160		Ё	Ђ	Ѓ	Є	Ѕ	І	Ї	Ј	Љ
170	Њ	Ћ	Ќ	-	Ў	Џ	А	Б	В	Г
180	Д	Е	Ж	З	И	Й	К	Л	М	Н
190	О	П	Р	С	Т	У	Ф	Х	Ц	Ч
200	Ш	Щ	Ъ	Ы	Ь	Э	Ю	Я	а	б
210	в	г	д	е	ж	з	и	й	к	л
220	м	н	о	п	р	с	т	у	ф	х
230	ц	ч	ш	щ	ъ	ы	ь	э	ю	я
240	№	ё	ђ	ѓ	є	ѕ	і	ї	ј	љ
250	њ	ћ	ќ	§	ў	џ				

Bild 16.8: iso 8859-5

iso-8859-6

Dieser Zeichensatz enthält Zeichen arabischer Schrift. Die Darstellung der Zeichen in der folgenden Tabelle ist jedoch »abstrakt«, da die Zeichen in der Schriftpraxis variieren, je nachdem, ob sie am Anfang, in der Mitte oder am Ende eines Wortes bzw. einzeln stehen. Arabisch benötigt spezielle Computer-Software zur Darstellung, da die Schriftrichtung – von rechts nach links – auf heutigen Rechnern normalerweise nicht abbildbar ist.

iso-8859-6										
+	0	1	2	3	4	5	6	7	8	9
160					¤					
170			،	-						
180								؛		
190		؟		ء	آ	أ	ؤ	إ	ئ	ا
200	ب	ة	ت	ث	ج	ح	خ	د	ذ	ر
210	ز	س	ش	ص	ض	ط	ظ	ع	غ	
220					ـ	ف	ق	ك	ل	م
230	ن	ه	و	ى	ي	ً	ٌ	ٍ	َ	ُ
240	ِ	ّ	ْ							
250										

Bild 16.9: iso-8850-6

iso-8859-7

Dieser Zeichensatz enthält die Zeichen der neugriechischen Schrift.

iso-8859-7										
+	0	1	2	3	4	5	6	7	8	9
160		‘	’	£			¦	§	¨	©
170		«	¬	-		―	°	±	²	³
180	΄	΅	Ά	·	Έ	Ή	Ί	»	Ό	½
190	Ύ	Ώ	ΐ	Α	Β	Γ	Δ	Ε	Ζ	Η
200	Θ	Ι	Κ	Λ	Μ	Ν	Ξ	Ο	Π	Ρ
210		Σ	Τ	Υ	Φ	Χ	Ψ	Ω	Ϊ	Ϋ
220	ά	έ	ή	ί	ΰ	α	β	γ	δ	ε
230	ζ	η	θ	ι	κ	λ	μ	ν	ξ	ο
240	π	ρ	ς	σ	τ	υ	φ	χ	ψ	ω
250	ϊ	ϋ	ό	ύ	ώ					

Bild 16.10: iso-8859-7

iso-8859-8

Dieser Zeichensatz enthält die Zeichen der hebräischen Schrift. Wie bei der arabischen Schrift ist zur Darstellung dieser Schrift zusätzliche Computer-Software erforderlich, da die Schriftrichtung – von rechts nach links – auf heutigen Rechnern normalerweise nicht abbildbar ist.

iso-8859-8										
+	0	1	2	3	4	5	6	7	8	9
160			¢	£	¤	¥	¦	§	¨	©
170	×	«	¼	½	¾					
180										
190										
200										
210										
220				‗	א	ב	ג	ד	ה	ו
230	ז	ח	ט	י	ך	כ	ל	ם	מ	ן
240	נ	ס	ע	ף	פ	ץ	צ	ק	ר	ש
250	ת									

Bild 16.11: iso-8859-8

iso-8859-9 (Latin-5)

Dieser Zeichensatz ist speziell für Türkisch gedacht. Er basiert auf iso 8559-1, enthält jedoch anstelle der isländischen Sonderzeichen türkische Zeichen.

iso-8859-9										
+	0	1	2	3	4	5	6	7	8	9
160		¡	¢	£	¤	¥	¦	§	¨	©
170	ª	«	¬	-	®	¯	°	±	²	³
180	´	µ	¶	·	¸	¹	º	»	¼	½
190	¾	¿	À	Á	Â	Ã	Ä	Å	Æ	Ç
200	È	É	Ê	Ë	Ì	Í	Î	Ï	Ğ	Ñ
210	Ò	Ó	Ô	Õ	Ö	×	Ø	Ù	Ú	Û
220	Ü	İ	Ş	ß	à	á	â	ã	ä	å
230	æ	ç	è	é	ê	ë	ì	í	î	ï
240	ğ	ñ	ò	ó	ô	õ	ö	÷	ø	ù
250	ú	û	ü	ı	ş	ÿ				

Bild 16.12: Latin-5

iso-8859-10 (Latin-6)

Dieser Zeichensatz enthält speziell Zeichen für die Sprachen Grönländisch (Inuit) und Lappisch (Sami).

iso-8859-10										
+	0	1	2	3	4	5	6	7	8	9
160		Ą	Ē	Ģ	Ī	Ĩ	Ķ	§	Ļ	Đ
170	Š	Ŧ	Ž	-	Ū	Ŋ	°	ą	ē	ģ
180	ī	ĩ	ķ	·	ļ	đ	š	ŧ	ž	―
190	ū	ŋ	Ā	Á	Â	Ã	Ä	Å	Æ	Į
200	Č	É	Ę	Ë	Ė	Í	Î	Ï	Ð	Ņ
210	Ō	Ó	Ô	Õ	Ö	Ũ	Ø	Ų	Ú	Û
220	Ü	Ý	Þ	ß	ā	á	â	ã	ä	å
230	æ	į	č	é	ę	ë	ė	í	î	ï
240	ð	ņ	ō	ó	ô	õ	ö	ũ	ø	ų
250	ú	û	ü	ý	þ	ĸ				

Bild 16.13: Latin-6

16.2.3 Andere Zeichensätze

Es gibt etliche andere, zum Teil schon ältere Zeichensätze, die Konventionen für einzelne Schriften oder Schriftfamilien definieren, häufig landesspezifisch. Einige davon benutzen auch 2 Byte breite, also numerische Zeichenwerte. Hier eine kleine Auswahl:

- iso-2022-JP – Japanischer Zeichensatz,
- greek7-old – altgriechischer Zeichensatz,
- DIN_66003 – deutscher Zeichensatz,
- DS_2089 – dänischer Zeichensatz,
- KOI8-R – kyrillischer Zeichensatz (vor allem für Russisch),
- GB2312 – chinesischer Zeichensatz.

Aus Sicht von HTML ist wichtig, welche Zeichensätze darin offiziell verwendet werden dürfen. Ein Liste erlaubter Zeichensatzangaben finden Sie in Kapitel 16.4 über Zeichensatzangabe als Meta-Angabe.

16.3 Das Unicode-System

Unicode ist ein System, in dem die Zeichen oder Elemente aller bekannten Schriftkulturen und Zeichensysteme festgehalten werden. Durch dieses System wird es möglich, einem Computer zu sagen, welches Zeichen man dargestellt bekommen will. Voraussetzung ist natürlich, daß der Computer bzw. das ausgeführte Programm das Unicode-System kennt. Viele neuere Rechnertypen und Betriebssysteme basieren intern bereits auf dem Unicode-System. So werden beispielsweise bei Windows NT alle Zeichen, egal mit welcher Software Sie arbeiten, im Arbeitsspeicher intern als Unicodes gespeichert.

Jedes Zeichen oder Element in Unicode wird durch eine 2 Byte lange Zahl ausgedrückt. Auf diese Weise lassen sich bis zu 65 536 verschiedene Zeichen in dem System unterbringen. In Version 2.0 des Unicode-Standards sind 38 885 Zeichen dokumentiert. Es ist also noch Platz genug. Damit es jedoch nicht irgendwann eng wird, gibt es mittlerweile ein erweitertes Schema, mit dem weit über eine Million verschiedene Zeichen in das System passen.

Unicode geht dadurch konsequent über das Prinzip der einzelnen Zeichensätze hinaus. Mit Hilfe dieses Systems ist es beispielsweise möglich, mitten in einem deutschen Text mal eben ein paar arabische Wörter zu notieren. Auch für Steuerzeichen wie Silbentrennzeichen, erzwungene Leerzeichen oder Tabulatorzeichen gibt es Unicodes. Die Zeichen mathematischer Formeln fehlen ebensowenig wie die Silben- oder Wortzeichen fernöstlicher Schriftkulturen. Auch Einzelteile von Zeichen, wie etwa die Doppelpunkte über den deutschen Umlauten, haben einen eigenen Unicode. Zeichen lassen sich dynamisch kombinieren – so gibt es zwar natürlich auch ein deutsches Ä, aber der gleiche Buchstabe läßt sich auch aus A und dem Element für Doppelpunkt über dem Zeichen erzeugen.

Neben der bloßen Adressierung eines Zeichens oder Elements ist im Unicode-System für jedes Zeichen auch ein Set von Eigenschaften definiert. Zur Eigenschaft eines Zeichens gehört z. B. die Schreibrichtung – bei arabischen Zeichen etwa ist die Schrebrichtung von rechts nach links. Insgesamt stecken hinter dem Unicode-System unzählige Forschungsergebnisse der weltweiten Sprachwissenschaft. Die Version 2.0 des Unicode-Systems ist konform zur internationalen Norm iso/IEC 10646. Erstellt wurde diese Version vom Unicode-Konsortium und einer iso-Arbeitsgruppe. Informationen zum Unicode-Konsortium finden Sie im WWW auf der Homepage des Unicode-Konsortiums (*www.unicode.org*).

Das große Problem von Unicode ist eigentlich nur, wie all die vielen Zeichen an einem Computer dargestellt werden sollen. Denn Unicode definiert nur Codes und Eigenschaften von Zeichen, aber es enthält ebensowenig wie herkömmliche Zeichensätze

Angaben darüber, wie genau das Zeichen darzustellen ist. Dazu sind am Computer Schnittstellen wie Schriftarten erforderlich. Unsere heute verbreiteten Computerschriftarten sind dazu jedoch kaum geeignet, da sie sich weitgehend an bestimmten Zeichensätzen orientieren. Dazu kommen Probleme wie die Umsetzung einer anderen Schreibrichtung. Zwar ist es ab HTML 4.0 möglich, Unicodes in HTML zu kodieren. Doch die zur tatsächlichen Darstellung erforderliche Software-Intelligenz ist auf unseren heutigen Rechnern meist noch nicht gegeben.

Auch der international gültige Standard Universal Character Set (UCS) nach Standard iso 10646 beruht auf den Zeichenwerten des Unicode-Systems.

16.3.1 Die Unicode-Zeichen

Das Unicode-System ist in Zahlenbereiche aufgeteilt. Die Zahlen selbst werden in der Form `U+XXXX` notiert. Das U steht für Unicode, und die vier X für je eine hexadezimale Ziffer. Je zwei hexadezimale Ziffern decken 1 Byte ab – das Unicode-System ist ja ein 2-Byte-System. Für die korrekte Notation solcher Zeichen in HTML lesen Sie bitte auch das Kapitel 16.4 über die Notation von Unicodes in HTML.

Die einzelnen Zeichen im Unicode-System sind nicht wahllos angeordnet. Das gesamte System ist in Zeichenbereiche aufgeteilt. Die Zeichenbereiche spiegeln jeweils eine bestimmte Schriftkultur oder ein Set von Sonderzeichen wider.

Im folgenden werden die einzelnen Unicode-Zeichenbereiche aufgelistet. Bei jedem Zeichenbereich finden Sie einen Verweis ins WWW. Der Verweis führt jeweils zu einer Seite auf der Homepage des Unicode-Konsortiums. Darauf finden Sie zu dem betreffenden Zeichenbereich eine grafische Tabelle mit Abbildungen der einzelnen Zeichen des Bereichs und der zugehörigen Unicodes.

Zeichen	*Zeichenbereich (hexadezimal)*
Steuerzeichen und Latin-Standardzeichen (ASCII-Zeichensatz)	U+0000 to U+007F
Latin-1 (siehe auch Zeichensatz iso-8859-1)	U+0080 to U+00FF
Latin Extended-A	U+0100 to U+017F
Latin Extended-B	U+0180 to U+024F
IPA Extensions	U+0250 to U+02AF
Spacing Modifier Letters	U+02B0 to U+02FF
Combining Diacritical Marks	U+0300 to U+036F
Greek	U+0370 to U+03FF
Cyrillic	U+0400 to U+04FF
Armenian	U+0530 to U+058F
Hebrew	U+0590 to U+05FF
Arabic	U+0600 to U+06FF
Devanagari	U+0900 to U+097F

Zeichen	*Zeichenbereich (hexadezimal)*
Bengali	U+0980 to U+09FF
Gurmukhi	U+0A00 to U+0A7F
Gujarati	U+0A80 to U+0AFF
Oriya	U+0B00 to U+0B7F
Tamil	U+0B80 to U+0BFF
Telugu	U+0C00 to U+0C7F
Kannada	U+0C80 to U+0CFF
Malayalam	U+0D00 to U+0D7F
Thai	U+0E00 to U+0E7F
Lao	U+0E80 to U+0EFF
Tibetan	U+0F00 to U+0FBF
Georgian	U+10A0 to U+10FF
Hangul Jamo	U+1100 to U+11FF
Latin Extended Additional	U+1E00 to U+1EFF
Greek Extended	U+1F00 to U+1FFF
General Punctuation	U+2000 to U+206F
Superscripts and Subscripts	U+2070 to U+209F
Currency Symbols	U+20A0 to U+20CF
Combining Diacritical Marks for Symbols	U+20D0 to U+20FF
Letterlike Symbols	U+2100 to U+214F
Number Forms	U+2150 to U+218F
Arrows	U+2190 to U+21FF
Mathematical Operators	U+2200 to U+22FF
Miscellaneous Technical	U+2300 to U+23FF
Control Pictures	U+2400 to U+243F
Optical Character Recognition	U+2440 to U+245F
Enclosed Alphanumerics	U+2460 to U+24FF
Box Drawing	U+2500 to U+257F
Block Elements	U+2580 to U+259F
Geometric Shapes	U+25A0 to U+25FF
Miscellaneous Symbols	U+2600 to U+26FF
Dingbats	U+2700 to U+27BF
CJK Symbols and Punctuation	U+3000 to U+303F
Hiragana	U+3040 to U+309F
Katakana	U+30A0 to U+30FF
Bopomofo	U+3100 to U+312F
Hangul Compatibility Jamo	U+3130 to U+318F
Kanbun	U+3190 to U+319F
Enclosed CJK Letters and Months	U+3200 to U+32FF
CJK Compatibility	U+3300 to U+33FF
CJK Unified Ideographs	U+4E00 to U+9FA5

Zeichen	*Zeichenbereich (hexadezimal)*
Hangul Syllables	U+AC00 to U+D7A3
High Surrogates	U+D800 to U+DB7F
Private Use High Surrogates	U+DB80 to U+DBFF
Low Surrogates	U+DC00 to U+DFFF
Private Use Area	U+E000 to U+F8FF
CJK Compatibility Ideographs	U+F900 to U+FAFF
Alphabetic Presentation Forms	U+FB00 to U+FB4F
Arabic Presentation Forms-A	U+FB50 to U+FDFF
Combining Half Marks	U+FE20 to U+FE2F
CJK Compatibility Forms	U+FE30 to U+FE4F
Small Form Variants	U+FE50 to U+FE6F
Arabic Presentation Forms-B	U+FE70 to U+FEFF
Halfwidth and Fullwidth Forms	U+FF00 to U+FFEF
Specials	U+FFF0 to U+FFFF

Tab. 16.1: Zeichen im Unicode-System

Für fernöstliche Wort-/Silbenzeichen steht auf den WWW-Seiten des Unicode-Konsortiums eine grafische Datenbank zur Verfügung. In der Unihan-Datenbank für fernöstliche Zeichen (*charts.unicode.org/unihan.htm*) können Sie in Verweis-sensitiven Grafiken auf Grundzeichen klicken und erhalten dann jeweils eine Liste der davon abgeleiteten Einzelzeichen. Die Darstellung ist durchweg grafisch. Auf den WWW-Seiten des Unicode-Konsortiums gibt es ferner eine Tabelle mit Ze ichen, die für die künftige Aufnahme in das Unicode-System vorgesehen sind. Mehr d azu im WWW unter der Überschrift Proposed Unicode Characters (*www.unicode. org/unicode/alloc/Pipeline.htm*).

16.4 Zeichensätze und Unicodes in HTML verwenden

Zeichensätze als Meta-Angabe

Wenn Sie innerhalb einer HTML-Datei eine Schriftsprache benutzen, bei der viele Zeichen nicht zum ASCII-Zeichensatz gehören, genügt es ab Version 4.0 des HTML-Sprachstandards, dazu einen einzigen Befehl im Dateikopf zu notieren. Wenn Sie die HTML-Datei mit einem Editor erstellen, der ebenfalls diesen Zeichensatz benutzt, können Sie dann also beispielsweise kyrillisch oder isländisch direkt über eine entsprechend belegte Tastatur eingeben, ohne Unicodes oder benannte Zeichen für jedes sprachspezifische Zeichen benutzen zu müssen. Ein Beispiel:

```
<head>
<title>Titel der Datei</title>
```

```
<meta http-equiv="Content-Type" content="text/html;
   charset=iso-8859-1">
</head>
```

Der entsprechende Befehl wird in HTML mit Hilfe einer Meta-Angabe (<meta...>) im Dateikopf angegeben. Notieren Sie die Angabe mit allen Anführungszeichen und Semikolon genauso wie im obigen Beispiel. Setzen Sie lediglich hinter charset= den Namen des gewünschten Zeichensatzes ein. Eine Übersicht gültiger Zeichensatznamen finden Sie im WWW: die Liste registrierter Zeichensätze, herausgegeben von IANA (*ftp://ftp.isi.edu/in-notes/iana/assignments/character-sets*). Zeichensatznamen dürfen dieser Liste zufolge aus bis zu 40 druckbaren ASCII-Zeichen bestehen. Groß- und Kleinschreibung werden nicht unterschieden.

Besonders wichtig ist die Zeichensatz-Familie iso 8559 geworden. Mit der Angabe des Zeichensatzes iso-8859-1 etwa bestimmen Sie den Zeichensatz Western-Latin-1, der auch die deutschen Umlaute und das scharfe S enthält. Wenn Sie diesen Zeichensatz angeben, spricht nach HTML 4.0 nichts dagegen, Text in eine HTML-Datei einzugeben, ohne darin etwa die Umlaute mit Entities umschreiben zu müssen – vorausgesetzt, die Software zum Editieren benutzt ebenfalls diesen Zeichensatz.

Beachten Sie: Die Bestimmung eines Zeichensatzes im Dateikopf hilft einem HTML4.0-fähigen WWW-Browser zwar zu erkennen, nach welchem Zeichensatz er die in der Datei enthaltenen Zeichenwerte behandeln soll. Eine korrekte Anzeige der Datei beim Anwender ist jedoch nur möglich, wenn dieser eine Schriftart geladen hat, die den entsprechenden Zeichensatz unterstützt. Ferner muß der Anwender die entprechende Schriftart in den Einstellungen seines WWW-Browsers dem entsprechenden Zeichensatz zugeordnet haben.

Ältere WWW-Browser, auch Netscape bis Version 3.x oder der Internet Explorer bis V3.x, interpretieren die Meta-Information zur Bestimmung des Zeichensatzes noch nicht.

Unicodes als numerische Angabe

Ab der Sprachversion 4.0 benutzt HTML das Universal Character Set (UCS) nach Standard iso 10646. Dieser Standard basiert seinerseits auf der Version 2.0 des Unicode-Systems.

Sie können ab dem HTML-Standard 4.0 innerhalb einer HTML-Datei beliebige Zeichen aus dem UCS- bzw. dem Unicode-System mit einer entsprechenden numerischen Angabe notieren. Zwei Beispiele:

```
&#252;    <!-- Buchstabe "ü" dezimal -->
&#xFC;    <!-- Buchstabe "ü" hexadezimal -->
```

Alle numerischen Notationen einzelner Zeichen beginnen mit einem kaufmännischen &, gefolgt von einem Gatterzeichen #. Dahinter können Sie die Zahl des gewünschten Zeichens notieren. Die Angabe kann entweder dezimal oder hexadezimal erfolgen. Dezimale Zahlen werden normal notiert, bei hexadezimalen Zahlen muß hinter dem Gatterzeichen noch ein x folgen. Hexadezimale Ziffern bestehen aus den dezimalen Ziffern 0 bis 9 und den »künstlichen« Ziffern A für 10, B für 11, C für 12, D für 13, E für 14 und F für 15.

16.5 Benannte Zeichen in HTML

Sie können häufig benutzte Sonderzeichen in HTML mit Hilfe benannter Zeichen notieren. Die benannten Zeichen sind Abkürzungen oder voll ausgeschriebene Bezeichnungen für bestimmte Zeichen. Solche benannten Zeichen haben den Vorteil, daß sie einprägsam sind. Außerdem brauchen Sie sich nicht um Unicode-Werte, Zeichensätze usw. zu kümmern. Im HTML-Standard 3.2 gibt es für alle Zeichen des Zeichensatzes Western-Latin-1 benannte Zeichen. Dazu gehören z. B. auch die deutschen Umlaute und das scharfe S. Ab HTML 4.0 gibt es für weitere wichtige Sonderzeichen benannte Zeichen. Leider werden diese von den führenden Browser-Produkten bislang kaum interpretiert.

Benannte Zeichen haben immer den gleichen Aufbau: Zuerst notieren Sie ein kaufmännisches Und (&), dahinter den Namen des benannten Zeichens und abschließend ein Semikolon (;). So müssen Sie beispielsweise die Zeichenfolge `ü` notieren, um ein kleingeschriebenes ü zu erzeugen. Die folgenden Tabellen bieten eine Übersicht über alle benannten Zeichen in den HTML-Sprachstandards 3.2 und 4.0.

Benannte Zeichen in HTML 3.2

HTML bietet eine Reihe von Namen (Entities) für Zeichen an, da sich Menschen Namen besser merken können als Zahlen. Der HTML-Standard 3.2 sieht für den Zeichensatz iso-8859-1 (Western-Latin-1) solche Namen vor. Die folgende Tabelle listet diese Namen in der dritten Spalte auf. Notieren Sie benannte Zeichen in HTML exakt so, wie in dieser Spalte angegeben, also mit einleitendem kaufmännischem (&) und einem abschließenden Strichpunkt (;).

In der ersten Spalte der Tabelle wird das Zeichen mit Hilfe dieses Namens dargestellt. Ein WWW-Browser muß jedoch HTML 3.2 interpretieren, und auch dann kann er die Zeichen nur darstellen, wenn beim Anwender eine geeignete Schriftart dafür eingestellt ist. Die vierte Tabellenspalte enthält die HTML-Notation des jeweils gleichen Zeichens in numerischer Form nach Unicode-Standard. Diese Notation können Sie alternativ zu der Notation mit Namen verwenden.

Zeichen	*Beschreibung*	*Name in HTML*	*Unicode in HTML*
	erzwungenes Leerzeichen	` `	` `
¡	umgekehrtes Ausrufezeichen	`¡`	`¡`
¢	Cent-Zeichen	`¢`	`¢`

Zeichen	*Beschreibung*	*Name in HTML*	*Unicode in HTML*
	Pfund-Zeichen	`£`	`£`
¤	Währungs-Zeichen	`¤`	`¤`
¥	Yen-Zeichen	`¥`	`¥`
¦	durchbrochener Strich	`¦`	`¦`
§	Paragraph-Zeichen	`§`	`§`
¨	Pünktchen oben	`¨`	`¨`
©	Copyright-Zeichen	`©`	`©`
ª	Ordinal-Zeichen weiblich	`ª`	`ª`
«	angewinkelte Anf.zeichen links	`«`	`«`
¬	Verneinungs-Zeichen	`¬`	`¬`
-	kurzer Trennstrich	``	``
®	Registriermarke-Zeichen	`®`	`®`
¯	Überstrich	`¯`	`¯`
°	Grad-Zeichen	`°`	`°`
±	Plusminus-Zeichen	`±`	`±`
²	Hoch-2-Zeichen	`²`	`²`
³	Hoch-3-Zeichen	`³`	`³`
´	Acute-Zeichen	`´`	`´`
µ	Mikro-Zeichen	`µ`	`µ`
¶	Absatz-Zeichen	`¶`	`¶`
·	Mittelpunkt	`·`	`·`
¸	Häkchen unten	`¸`	`¸`
¹	Hoch-1-Zeichen	`¹`	`¹`
º	Ordinal-Zeichen männlich	`º`	`º`
»	angewinkelte Anf.zeichen rechts	`»`	`»`
¼	ein Viertel	`¼`	`¼`
½	ein Halb	`½`	`½`
¾	drei Viertel	`¾`	`¾`
¿	umgekehrtes Fragezeichen	`¿`	`¿`
À	A mit Accent grave	`À`	`À`
Á	A mit Accent acute	`Á`	`Á`
Â	A mit Circumflex	`Â`	`Â`
Ã	A mit Tilde	`Ã`	`Ã`
Ä	A Umlaut	`Ä`	`Ä`
Å	A mit Ring	`Å`	`Å`
Æ	A mit legiertem E	`Æ`	`Æ`
Ç	C mit Häkchen	`Ç`	`Ç`
È	E mit Accent grave	`È`	`È`
É	E mit Accent acute	`É`	`É`
Ê	E mit Circumflex	`Ê`	`Ê`
Ë	E Umlaut	`Ë`	`Ë`

Zeichen	*Beschreibung*	*Name in HTML*	*Unicode in HTML*
Ì	I mit Accent grave	Ì	Ì
Í	I mit Accent acute	Í	Í
Î	I mit Circumflex	Î	Î
Ï	I Umlaut	Ï	Ï
Ð	Eth (isländisch)	Ð	Ð
Ñ	N mit Tilde	Ñ	Ñ
Ò	O mit Accent grave	Ò	Ò
Ó	O mit Accent acute	Ó	Ó
Ô	O mit Circumflex	Ô	Ô
Õ	O mit Tilde	Õ	Õ
Ö	O Umlaut	Ö	Ö
×	Mal-Zeichen	×	×
Ø	O mit Schrägstrich	Ø	Ø
Ù	U mit Accent grave	Ù	Ù
Ú	U mit Accent acute	Ú	Ú
Û	U mit Circumflex	Û	Û
Ü	U Umlaut	Ü	Ü
Ý	Y mit Accent acute	Ý	Ý
Þ	THORN (isländisch)	Þ	Þ
ß	scharfes S	ß	ß
à	a mit Accent grave	à	à
á	a mit Accent acute	á	á
â	a mit Circumflex	â	â
ã	a mit Tilde	ã	ã
ä	a Umlaut	ä	ä
å	a mit Ring	å	å
æ	a mit legiertem e	æ	æ
ç	c mit Häkchen	ç	ç
è	e mit Accent grave	è	è
é	e mit Accent acute	é	é
ê	e mit Circumflex	ê	ê
ë	e Umlaut	ë	ë
ì	i mit Accent grave	ì	ì
í	i mit Accent acute	í	í
î	i mit Circumflex	î	î
ï	i Umlaut	ï	ï
ð	eth (isländisch)	ð	ð
ñ	n mit Tilde	ñ	ñ
ò	o mit Accent grave	ò	ò
ó	o mit Accent acute	ó	ó
ô	o mit Circumflex	ô	ô

Zeichen	*Beschreibung*	*Name in HTML*	*Unicode in HTML*
õ	o mit Tilde	õ	õ
ö	o Umlaut	ö	ö
÷	Divisions-Zeichen	÷	÷
ø	o mit Schrägstrich	ø	ø
ù	u mit Accent grave	ù	ù
ú	u mit Accent acute	ú	ú
û	u mit Circumflcx	û	û
ü	u Umlaut	ü	ü
ý	y mit Accent acute	ý	ý
þ	thorn (isländisch)	þ	þ
ÿ	y Umlaut	ÿ	ÿ

Tab. 16.2: Sonderzeichen in HTML 3.2

Benannte Zeichen in HTML 4.0

Ab HTML 4.0 stehen weitere, neue Namen zur Verfügung. Dabei werden vor allem griechische Zeichen und mathematische Symbole abgedeckt. Die folgende Tabelle listet diese neuen Namen in der dritten Spalte auf. Notieren Sie benannte Zeichen in HTML exakt so wie in dieser Spalte angegeben, also mit einleitendem kaufmännischem (&) und einem abschließenden Strichpunkt (;).

In der ersten Spalte der Tabelle wird versucht, das Zeichen mit Hilfe dieses Namens darzustellen. Ein WWW-Browser muß jedoch HTML 4.0 interpretieren, und auch dann kann er nur solche Zeichen darstellen, für die er eine geeignete Schriftart vorfindet. Die letzte Tabellenspalte enthält die HTML-Notation des jeweils gleichen Zeichens in numerischer Form nach Unicode-Standard – siehe auch *Unicodes als numerische Angabe* in Kapitel 16.4.

Beschreibung	*Name in HTML*	*Unicode in HTML*
Griechische Großbuchstaben		
Alpha	Α	Α
Beta	Β	Β
Gamma	Γ	Γ
Delta	Δ	Δ
Epsilon	Ε	Ε
Zeta	Ζ	Ζ
Eta	Η	Η
Theta	Θ	Θ
Iota	Ι	Ι
Kappa	Κ	Κ
Lambda	Λ	Λ

Beschreibung	*Name in HTML*	*Unicode in HTML*
Mu	Μ	Μ
Nu	Ν	Ν
Xi	Ξ	Ξ
Omicron	Ο	Ο
Pi	Π	Π
Rho	Ρ	Ρ
Sigma	Σ	Σ
Tau	Τ	Τ
Upsilon	Υ	Υ
Phi	Φ	Φ
Chi	Χ	Χ
Psi	Ψ	Ψ
Omega	Ω	Ω
Griechische Kleinbuchstaben		
alpha	α	α
beta	β	β
gamma	γ	γ
delta	δ	δ
epsilon	ε	ε
zeta	ζ	ζ
eta	η	η
theta	θ	θ
iota	ι	ι
kappa	κ	κ
lambda	λ	λ
mu	μ	μ
nu	ν	ν
xi	ξ	ξ
omicron	ο	ο
pi	π	π
rho	ρ	ρ
sigmaf	ς	ς
sigma	σ	σ
tau	τ	τ
upsilon	υ	υ
phi	φ	φ
chi	χ	χ
psi	ψ	ψ
omega	ω	ω
theta-Symbol	ϑ	ϑ
upsilon mit Haken	ϒ	ϒ
pi Symbol	ϖ	ϖ

Beschreibung	*Name in HTML*	*Unicode in HTML*
Allgemeine Interpunktionszeichen		
Bullet-Zeichen	`•`	`•`
Horizontale Ellipse	`…`	`…`
Minutenzeichen	`′`	`′`
Überstrich	`‾`	`‾`
Bruchstrich	`⁄`	`⁄`
Buchstabenähnliche Zeichen		
Weierstrass p	`℘`	`℘`
Zeichen für "imaginär"	`ℑ`	`ℑ`
Zeichen für "real"	`ℜ`	`ℜ`
Trademark-Zeichen	`™`	`™`
Alef-Symbol	`ℵ`	`ℵ`
Pfeile		
Pfeil links	`←`	`←`
Pfeil oben	`↑`	`↑`
Pfeil rechts	`→`	`→`
Pfeil unten	`↓`	`↓`
Pfeil links/rechts	`↔`	`↔`
Pfeil unten-Knick-links	`↵`	`↵`
Doppelpfeil links	`⇐`	`⇐`
Doppelpfeil oben	`⇑`	`⇑`
Doppelpfeil rechts	`⇒`	`⇒`
Doppelpfeil unten	`⇓`	`⇓`
Doppelpfeil links/rechts	`⇔`	`⇔`
Mathematische Operatoren		
für alle	`∀`	`∀`
teilweise	`∂`	`∂`
existiert	`∃`	`∃`
leer	`∅`	`∅`
nabla	`∇`	`∇`
Element von	`∈`	`∈`
kein Element von	`∉`	`∉`
enthält als Element	`∋`	`∋`
Produkt	`∏`	`∏`
Summe	`∑`	`∑`
minus	`−`	`−`
Asteriskus	`∗`	`∗`
Quadratwurzel	`√`	`√`
proportional zu	`∝`	`∝`
unendlich	`∞`	`∞`
Winkel	`∠`	`∠`

Beschreibung	*Name in HTML*	*Unicode in HTML*
und	∧	⊥
oder	∨	⊦
Schnittpunkt	∩	∩
Einheit	∪	∪
Integral	∫	∫
deshalb	∴	∴
ähnlich wie	∼	∼
annähernd gleich	≅	≅
beinahe gleich	≈	≈
ungleich	≠	≠
identisch mit	≡	≡
kleiner gleich	≤	≤
größer gleich	≥	≥
Untermenge von	⊂	⊂
Obermenge von	⊃	⊃
keine Untermenge von	⊄	⊄
Untermenge von oder gleich mit	⊆	⊆
Obermenge von oder gleich mit	⊇	⊇
Direktsumme	⊕	⊕
Vektorprodukt	⊗	⊗
senkrecht zu	⊥	⊥
Punkt-Operator	⋅	⋅
Technische Symbole		
links oben	⌈	⌈
rechts oben	⌉	⌉
links unten	⌊	⌊
rechts unten	⌋	⌋
spitze Klammer links	⟨	〈
spitze Klammer rechts	⟩	〉
Geometrische Zeichen		
Raute	◊	◊
Sonstige Symbole		
Pik-Zeichen	♠	♠
Kreuz-Zeichen	♣	♣
Herz-Zeichen	♥	♥
Karo-Zeichen	♦	♦
Interpunktionszeichen		
Leerzeichen Breite n		
Leerzeichen Breite m		
Schmales Leerzeichen		

Beschreibung	*Name in HTML*	*Unicode in HTML*
null breiter Nichtverbinder	‌	‌
null breiter Verbinder	‍	‍
links-nach-rechts-Zeichen	‎	‎
rechts-nach-links-Zeichen	‏	‏
Gedankenstrich Breite n	–	–
Gedankenstrich Breite m	—	—
einfaches Anführungszeichen links	‘	‘
einfaches Anführungszeichen rechts	’	’
einfaches low-9-Zeichen	‚	‚
doppeltes Anführungszeichen links	“	“
doppeltes Anführungszeichen rechts	”	”
doppeltes low-9-Zeichen rechts	„	„
Kreuz	†	†
Doppelkreuz	‡	‡
zu tausend	‰	‰
angewinkeltes einzelnes Anf.zeichen links	‹	‹
angewinkeltes einzelnes Anf.zeichen rechts	›	›

Tab 16.3: Zeichencodes in HTML 4.0

16.6 Downloadbare Schriftarten

Downloadbare Schriftarten werden nicht im Sinne des jeweiligen Betriebssystems beim Anwender installiert, sondern direkt in WWW-Seiten als Referenz auf eine Schriftartendatei mit eingebunden. Jede Browser-Software, die downloadbare Schriftarten interpretiert, erkennt solche Schriftarten und stellt sie am Anwenderbildschirm perfekt dar. Dazu wird die Schriftartendatei zusammen mit der HTML-Datei auf den Anwenderrechner übertragen. Sie wird jedoch nach derzeitigem Stand nicht auf dem Anwenderrechner installiert, sondern bleibt nur für die Anzeige der betroffenen WWW-Seiten im Arbeitsspeicher des Anwenders. Der Browser kann die Schriftartendaten interpretieren und stellt Texte, die in HTML mit dieser Schriftart formatiert sind, entsprechend dar. Voraussetzung dafür ist natürlich eine grafische Benutzeroberfläche.

Wie bei den meisten neueren Entwicklungen zum WWW-Publishing gibt es auch im Fall der downloadbaren Schriftarten zwei inkompatible Lösungen: Die eine stammt von Netscape, die andere von Microsoft. Für beide Lösungen gibt es je eine spezielle Software, die es HTML-Autoren erlaubt, Schriftarten in dem Dateiformat zu erstellen, die der jeweilige Browser unterstützt. Beide Programme erlauben es auch, vorhandene herkömmliche Schriftarten wie TrueType- oder Adobe-Schriftarten in das neue Dateiformat zu konvertieren. Um für beide Browser zu schreiben, brauchen Sie beide Programme und müssen für eine gewünschte Schriftart die beiden neuen Schriftartendateien erzeugen. In HTML-Dateien können Sie dann beide Schriftarten einbinden.

N 4.0 *Netscape und Bitstream/TrueDoc*

Bitstream (*www.bitstream.com*) ist ein Schriftartenkonzept für Plattform-übergreifendes elektronisches Publizieren und damit auch für den Einsatz im World Wide Web interessant. Bitstream hat zu diesem Zweck eine spezielle Technologie geschaffen: das TrueDoc-Modell. TrueDoc ist ein Entwicklerwerkzeug zum Erzeugen Plattform-unabhängiger Schriftarten. Solche Schriftarten werden nicht im Sinne des jeweiligen Betriebssystems beim Anwender installiert, sondern direkt in elektronische Dokumente mit eingebunden. Jede Betrachter-Software, die TrueDoc interpretiert, erkennt solche Schriftarten und stellt sie am Anwenderbildschirm dar. Im WWW sind zum Funktionieren dieser Technologie zwei Voraussetzungen erforderlich:

- Der WWW-Browser muß die TrueDoc-Technologie beherrschen,
- die Schriftarten nach dem TrueDoc-Modell müssen nach einer bestimmten Konvention gemeinsam mit HTML-Dateien vom WWW-Server zum WWW-Browser des Anwenders gelangen.

Netscape unterstützt ab der Version 4.01 seines Browsers die TrueDoc-Technologie. Auf den WWW-Seiten von Bitstream finden Sie zu diesem Thema weitere Informationen:

Netscape und Bitstream TrueDoc (*www.bitstream.com/world/index.htm*).

Bitstream TrueDoc und HTML (*www.bitstream.com/world/dynamic.htm*).

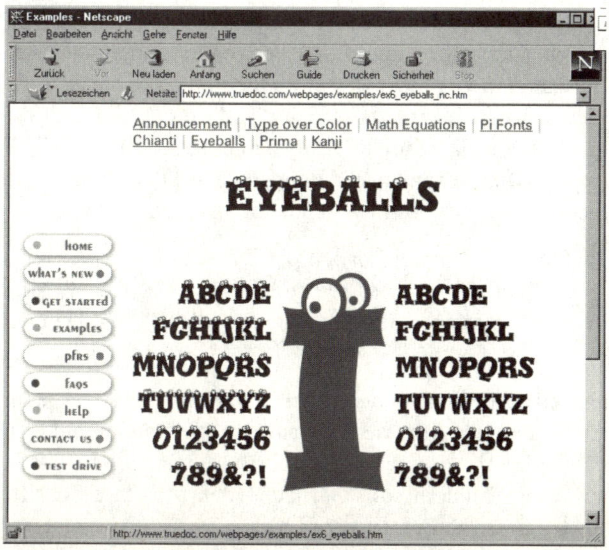

Bild 16.14: Die Download-Schrift Eyeballs auf der Web-Site von Bitstream

Schriftartendateien dieser Art haben die Dateiendung *.pfr* (Portable Font Resource). Um solche Dateien zu erzeugen oder vorhandene Schriftartendateien in solche Schriftartendateien zu konvertieren, brauchen Sie ein entsprechendes Programm, beispielsweise das Programm HexWeb Typograph. Truetype- bzw. Postscript-Schriften können Sie mit diesem Programm mit Hilfe eines Character Shape Recorders (CSR) in eine Portable Font Resource umwandeln.

Sie können das Programm HexWeb Typograph als Demo-Version auf den WWW-Seiten von HexMac (*www.hexmac.com*) downloaden. Das Programm ist für Macintosh und Windows 95 verfügbar.

Das Erzeugen der downloadbaren Schriftart wird bei dieser Technologie als Brennen bezeichnet. Das Brennen ist nämlich nicht nur ein reiner Konvertiervorgang zwischen zwei Dateiformaten. Beim Brennen müssen Sie auch die URL-Adresse angeben, unter der Sie die Schriftartendatei zur Verfügung stellen wollen. Die Schriftartendatei funktioniert dann nur auf der angegebenen URL-Adresse. Die illegale Verwendung von Schriftarten soll dadurch verhindert werden.

Microsoft und das Web Embedding Fonts Tool (WEFT)

Als Technologie für downloadbare Schriftarten hat Microsoft das Programm WEFT (Web Embedding Fonts Tool) entwickelt. Der Internet Explorer unterstützt ab der Version 4.0 seines Browsers diese Technologie. Sie können das Programm WEFT unterhalb der Microsoft WEFT Homepage (*www.microsoft.com/typography/web/embedding/weft/default.htm*) downloaden. An der gleichen Stelle finden Sie auch eine Einführung in die WEFT-Technologie und in die Bedienung des Programms.

WEFT setzt bereits vorhandene WWW-Projekte voraus. Um dieses Programm sinnvoll nutzen zu können, erstellen Sie also zuerst Ihr Projekt und verwenden innerhalb Ihrer HTML-Dateien mit den dafür üblichen HTML- oder CSS-Befehlen gewünschte Schriftartennamen. Dann können Sie den WEFT Wizard starten, der Teil von WEFT ist. Mit diesem Software-Assistenten können Sie das Projekt analysieren lassen. Der WEFT Wizard ermittelt die verwendeten Schriftartennamen. Sie können auswählen, für welche der Schriftarten Sie ein Font Object, sprich eine Schriftartendatei, erstellen möchten.

Schriftartendateien, die mit WEFT erzeugt werden, haben die Dateiendung *.eot*. Beim Erzeugen dieser Schriftarten gibt es diverse Optionen, etwa die, ob Sie für jede HTML-Datei eine eigene Schriftart oder eine gemeinsame Schriftart für alle HTML-Dateien wünschen.

Beim Erzeugen der EOT-Dateien müssen Sie auch deren Ablageort angeben. Das kann für WWW-Projekte beispielsweise eine FTP-Adresse sein, auf der Sie Dateien ablegen können. Ferner geben Sie an, welche URL-Adressen diese Schriftartendateien benutzen dürfen. Dies ist eine Maßnahme, die verhindern soll, daß jeder, der will, Ihre Schriftartendateien per Referenz in seinen eigenen Projekten verwendet.

Downloadbare Schriftarten in HTML einbinden

Um innerhalb einer HTML-Datei downloadbare Schriftarten zu verwenden, müssen Sie die Schriftarten mit einem dafür vorgesehenen Befehl referenzieren. Beispiel 1 (PFR-Dateien nach HTML-Syntax einbinden):

```
<head>
<link rel=fontdef src="http://www.meine.com/fonts/chianti.pfr">
</head><body>
<font face="Chianti">Text in Beispielschriftart</font>
</body></head></html>
```

Beispiel 2 (PFR-Dateien nach CSS-Syntax einbinden):

```
<html><head>
<style type="text/css">
@font-face { font-family:Chianti XBd BT;
             src:url(http://www.meine.com/fonts/chianti.pfr); }
</style>
</head><body>
<p style="font-family:Chianti XBd BT">
Text in Beispielschriftart
</p>
</body></head></html>
```

Beispiel 3 (EOT-Dateien nach CSS-Syntax einbinden):

```
<head>
<style type="text/css">
@font-face { font-family:Chianti XBd BT;
             src:url(http://www.meine.com/fonts/chianti.eot); }
</style>
</head><body>
<p style="font-family:Chianti XBd BT">
Text in Beispielschriftart
</p>
</body></head></html>
```

Downloadbare Schriftarten werden im Kopf einer HTML-Datei eingebunden, die solche Schriftarten verwendet. Eine downloadbare Schriftart nach Bitstream-Technologie (PFR-Datei) können Sie entweder mit einem HTML-Befehl (wie im Beispiel 1) oder mit einer CSS-Style-Sheet-Angabe (wie im Beispiel 2) einbinden. Benutzen Sie den HTML-Befehl, wenn Sie mit dem HTML-Befehl für Schriftarten (`<font face=>`) arbeiten. Wenn Sie dagegen mit Schriftarten in CSS-Style-Sheets arbeiten, benutzen Sie die Einbindung nach CSS-Syntax. Wenn Sie beide Formen benutzen, binden Sie die Schriftart nach beiden Mustern ein.

Die Style-Sheet-Syntax zum Einbinden von EOT-Dateien nach der Microsoft-Technologie brauchen Sie nicht selbst durchzuführen. Einträge von der Art, wie sie im obigen Beispiel 3 notiert sind, nimmt das Programm WEFT selbständig in den betroffenen

Dateien vor. Es ist dann egal, ob Sie die Schriftart innerhalb der HTML-Datei als CSS-Style-Sheet-Angabe oder traditionell mit `<font face=>` verwenden. Der Internet Explorer 4 erkennt in jedem Fall den Bezug und überträgt die erforderliche Schriftart mit auf den Rechner des Anwenders.

Beachten Sie: Die Bitstream-Truetype-Schriftarten werden von WWW-Servern nur dann korrekt an den aufrufenden Browser übertragen, wenn in der Konfiguration des WWW-Servers ein entsprechender MIME-Typ dafür eingetragen ist. Bitten Sie Ihren Webmaster/Provider/Administrator gegebenenfalls, den Eintrag `application/font-tdpfr` für Dateien mit der Endung *.pfr* im WWW-Server vorzunehmen.

Andere Lösungen und Schriftarten im WWW

Die folgenden Verweise führen zu Schriftartensammlungen im WWW und zu Projekten, die sich mit den Themen Internationalisierung und Schriftarten beschäftigen.

Babel (*www.isoc.org:8080*): mehrsprachiges Projekt zum Thema Internationalisierung.

iso (*www.iso.ch*): International Organization for Standardization.

Unicode (*www.unicode.org*): die Homepage des Unicode-Konsortiums.

Hobbes' Language World (*www.isoc.org/guest/zakon/languages*): Verweisliste zum Thema Computer und menschliche Sprachen.

WInter's (*www.crpht.lu/~carrasco/winter*): Verweisliste zum Thema Internationalisierung und Mehrsprachigkeit.

W3 Fonts (*www.w3.org/Fonts*): Verweisliste zum Thema Schriftarten auf den Seiten des W3-Konsortiums.an

Cyberbit (*www.bitstream.com/cyberbit.htm*): Cyberbit-Schriftensystem für Windows 95/NT, das etliche Zeichensätze und Unicodes abdeckt und dazu die Codepage-Funktionen von Windows nutzt. Insgesamt fünf Freeware-Download-Pakete (jedes ca. 7,5 MByte, entpackt eine Truetype-Schriftart von mehr als 13 MByte) zu bekannten Alphabetsprachen weltweit, vereinfachtem Chinesisch, traditionellem Chinesisch, Japanisch und Koreanisch. Eine Readme-Datei, die in jedem Paket enthalten ist, informiert über Installation und Verwendung. Versionen für andere Betriebssysteme sind in Vorbereitung.

Microsoft Typography (*www.microsoft.com/typography*): Microsofts Abteilung für alles rund um Schriftarten.

Babel Fonts (*babel.uoregon.edu/FontLayout/FontMain.htm*): große Schriftartensammlung für Windows und Mac.

SIL Fonts (*www.sil.org/computing/fonts*): große Schriftartensammlung für verschiedene Betriebssysteme.

17 Projektverwaltung

17.1 Projektplanung

17.1.1 HTML-basierte Projekte / WWW-Projekte

Die einzelnen Projekte im WWW sind oft abhängig von den Ideen und Zielen der einzelnen Server-Betreiber. Natürlich gibt es auch unstrukturierte Server, bei deren Inhalt kein Konzept erkennbar ist. Doch auch solche Server enthalten lauter kleine »Zellen«, die WWW-Projekte darstellen. Denn zweifellos ist jedes Firmen-, Vereins- oder Personenportrait, das aus einer Handvoll untereinander vernetzter HTML-Dateien besteht, ein kleines Projekt im WWW.

Projekte im WWW sollten stets zwei Anforderungen genügen: Sie sollten zum einen in sich geschlossen sein, d. h. dem Anwender im WWW-Browser als ein erkennbar geschlossenes Ganzes erscheinen. Zum anderen sollten sie aber auch der Tatsache Rechnung tragen, daß sie Teil einer weltweiten Plattform sind, d. h. dem Anwender im WWW-Browser die Möglichkeit bieten, zu anderen Projekten im WWW zu wechseln.

17.1.2 Ziel des Projekts

Beispiele für mögliche Ziele eines Projekts:

- Wir als Firma stellen uns und unsere Produkte/Dienstleistungen vor.
- Wir als Firma bieten eine Dienstleistung direkt über diese WWW-Seiten an.
- Ich als Einzelperson stelle meine Aktivitäten in meinem Fachgebiet/Hobby vor.
- Ich als Einzelperson veranstalte auf diesen WWW-Seiten ein persönliches Happening.
- Wir als Institution/Organisation/Verband/Verein stellen unsere Ziele und Aktivitäten vor.
- Wir als Institution/Organisation/Verband/Verein bieten Ihnen die Möglichkeit, über diese WWW-Seiten an einer bestimmten Aktion teilzunehmen.
- Ich/Wir stelle(n) auf diesen WWW-Seiten einen großen Datenbestand aus einem bestimmten Sachgebiet zur allgemeinen Verfügung.
- Ich sammle / Wir sammeln auf diesen WWW-Seiten in loser Weise alles, was zu einem bestimmten Sachgebiet gehört.

Die voranstehende Liste mit Beispielen will zeigen, daß es erstens sehr unterschiedliche Ziele eines Hypertext-Projekts im WWW geben kann und daß auch ein und derselbe Anbieter von WWW-Seiten unterschiedliche Ziele verfolgen kann.

Wichtig ist, daß Sie sich in der Konzeptphase eines Hypertext-Projekts für das WWW über das Ziel oder die Ziele des Projekts im Klaren werden, und daß Sie dem Anwender, der Ihre Seiten aufruft, gleich zu Beginn (auf der Einstiegsseite) klar machen, welches Ihre Ziele sind. Das kann explizit geschehen durch Sätze wie: »*XY begrüßt Sie. Auf diesen Seiten stellen wir uns und unsere innovative Technik vor usw.*«, oder »*Light your fire and feel free to loose yourself into this hyperspace*«. Es kann aber auch durch die Aufmachung der Startseite geschehen. So vermittelt eine neutral aufgebaute Startseite – ohne Hintergrundbilder, animierte Grafiken, JavaScript usw. – wissenschaftliche Seriosität. Eine gestylte, aber überlegen statische Seite suggeriert beim Anwender eine große, etablierte Firma oder Institution oder ein Projekt von monumentalen Ausmaßen. Eine poppige, nach Aufmerksamkeit schreiende Seite dagegen verrät eine kleine, werbende Firma oder ein freakiges, nicht ganz so ernstzunehmendes Projekt.

17.1.3 Zielgruppe des Projekts

Genauso wichtig wie eine Zielsetzung ist es, die Zielgruppe zu bestimmen, die durch das Projekt angesprochen werden soll. Mögliche Zielgruppen sind:

- potentielle Kunden/Käufer,
- Hobbyisten/Liebhaberkreise,
- Wissenschaftler/Experten,
- Kinder und Jugendliche,
- Familien,
- Computerfreaks/Hacker,
- Vergnügungssüchtige,
- Neugierige,
- Sinnsuchende.

Natürlich können Sie versuchen, alle Besucher ihrer WWW-Seiten zufriedenzustellen. Das wird allerdings ziemlich schwer, und es besteht die Gefahr, daß Sie niemanden so richtig zufriedenstellen. Besser ist es, sich vorzustellen, wie bestimmte Leute, die auf Ihre WWW-Seiten stoßen, sofort ein Lesezeichen darauf setzen, weil sie gleich erkennen, daß dies Seiten sind, die mit ihren eigenen Interessen, ihrem Wissensdurst, ihrer Lebensart oder ihren Wünschen, Gedanken und Hoffnungen zu tun haben.

Ebenso wie die Zielvorgabe Ihres Projekts sollte dem Anwender auch die adressierte Zielgruppe klargemacht werden. Dazu eignen sich explizite Sätze wie: »*Allen Fahrradsüchtigen bieten wir auf diesen Seiten technische Neuigkeiten und Tourenvorschläge*«. Aber auch die Aufmachung der Startseite selektiert das Publikum. Dabei hängt allerdings viel vom Zusammenspiel der Elemente ab. Ein dunkler Sternenhimmel als Hintergrundbild spricht Joystick-verliebte Cybernauten ebenso an wie entrückte Esoteriker. Erst die Vordergrundsymbolik – z. B. grelle Strahlen aus Laserwaffen, die ein Monster treffen, oder ein wehender weißer Schleier, der auf eine Pyramide zufliegt – sorgt in solchen Fällen für intuitiv klare Verhältnisse.

Wenn Sie speziellere Information anbieten wollen, sollten Sie sich auch die Frage stellen, ob es im WWW überhaupt ein Publikum für dieses Angebot gibt. Prinzipiell ist im WWW zwar alles möglich, aber wenn Sie möglichst viele Leute erreichen wollen und dabei blind auf das Web setzen, können Sie möglicherweise eine Enttäuschung erleben. Auch könnte es sein, daß es das, was Sie anbieten wollen, längst schon gibt. Deshalb sollten Sie sich vorher schlau machen. Überlegen Sie sich zu diesem Zweck ein paar Stich- und Schlüsselworte, die Ihr Projekt charakterisieren. Über bekannte Suchmaschinen wie Altavista (*www.altavista.com*) oder Fireball (*www.fireball.de*) suchen Sie dann nach diesen Stichworten. Werten Sie die Suchergebnisse nach folgenden Kriterien aus:

- Gibt es gar nichts zu diesen Suchbegriffen? Das kann bedeuten, daß die Welt auf das wartet, was Sie anbieten wollen. Es kann aber auch bedeuten, daß das niemanden in der Welt interessiert. In diesem Fall ist es angebracht, mit einer kleinen, nicht so aufwendigen Projektversion zu beginnen und Feedback abzuwarten.
- Gibt es uferlos viel zu den Suchbegriffen? Das kann bedeuten, daß Ihre Pläne voll im Trend liegen, aber auch, daß Sie hier nicht mehr viel Neues werden bieten können. Folgen Sie den Verweisen der Suchergebnisse und analysieren Sie sorgfältig, was es bereits gibt und was Sie Neues bieten können (z. B. »erstes Angebot dieser Art in deutscher Sprache«).

Nur wenn Sie sich mit der potentiellen Zielgruppe auseinandersetzen, werden Sie Web-Surfer gezielt erreichen können.

17.1.4 Daten-Ressourcen

Die folgende kurze Liste versteht sich als Gedankenanstoß zum Thema Datenquellen und Datenverarbeitung:

- Gibt es vorhandene Daten, z. B. Firmenprospekte, wissenschaftliche Aufsätze, Dokumentarchive? Wenn nicht, wo soll die Substanz dann eigentlich herkommen? Es gibt leider viele WWW-Projekte, die an einem Mangel an Substanz kranken und das mit einem permanenten »under construction« kaschieren wollen.
- Liegen die Daten elektronisch in Dateiform vor? Wenn ja, in welcher Form? Es ist herauszufinden, wie die Daten am besten in HTML konvertiert werden können. Wenn nein, gibt es gedruckte Daten auf Papier, die man einscannen kann? Wobei das Einscannen nur in Verbindung mit einer Schriftenerkennungs-Software sinnvoll ist.
- Sollen laufend eintreffende neue Daten, z. B. Nachrichten, verarbeitet werden? Wenn ja, ist zu überlegen, ob man die Daten jedesmal per Hand in HTML aufbereiten soll oder ob die Entwicklung eines Programms lohnt, daß den HTML-Code automatisch generiert.

- Sollen Daten fremder Anbieter integriert werden? Wenn ja, ist zu überlegen, ob den Fremdanbietern ein einheitliches Layout vorgegeben werden soll, das in Form von »Roh-HTML-Dateien« zu erstellen wäre.

17.1.5 Aufwand

Der Aufwand eines WWW-Projekts verteilt sich auf folgende Bereiche:

- Konzept und Planung,
- Realisierung,
- Pflege.

In allen Fällen handelt es sich um Zeitaufwand, der nicht zu unterschätzen ist. Wenn Sie aus Begeisterung oder als Hobbyist arbeiten, werden Sie die Formel *Zeit = Geld* nicht so sehr empfinden, aber wenn Sie kommerziell arbeiten, müssen Sie für alle drei genannten Bereiche Kalkulationen anstellen. In allen Fällen jedoch, auch wenn Sie nicht kommerziell arbeiten, sollten Sie eines tun: Termine setzen. Denn ohne selbst gesetzte Termine wird ein Projekt nie fertig. Die Termine sollten allerdings realistisch sein. Ein Termin, der nicht zu halten ist, ist nicht mehr wert als kein Termin. Wenn Sie Geld für das Projekt investieren müssen, sind folgende Abwägungen wichtig:

- Selbst- oder Fremdarbeit: Ist es günstiger, sich selbst die Zeit (= Geld) zu nehmen, um sich in Konzept und Realisierung (= HTML, Know How) einzuarbeiten, oder ist es besser, jemanden zu beauftragen (= ebenfalls Geld), der sich damit auskennt und dies übernimmt? Wenn es sich um einmal zu erstellende Daten handelt, ist die Fremdbeauftragung wohl günstiger. Bei Pflege-intensiven Projekten ist die Selbsteinarbeitung vorzuziehen.

- Rentabilität: Wie empfindlich treffen Sie die anfallenden Kosten? Können Sie sich leisten, daß das Projekt ein Flop wird? Für erfolgreiches Publizieren oder Werben im WWW gibt es noch keine Maßstäbe. Wenn ein Flop Ihren Untergang bedeutet, sollten Sie es vielleicht erst mal mit risikoloseren Investitionen versuchen.

Im Web präsent sein heißt in sein. Aber belanglose Werbung oder Allerweltsinformation bringen weder dem Web noch Ihrem Geldbeutel etwas. Das Web braucht Juwelen, um eine Sensation zu bleiben. Und Juwelen sind teuer. Eigentlich können nur Besessene so viel aufbringen.

17.1.6 Gliederung und Strukturierung

Ein WWW-Projekt besteht aus wenigstens einigen, oft aus vielen, manchmal aus unzähligen HTML-Dateien. Je mehr Dateien das Projekt enthält, desto wichtiger wird eine schriftliche Fixierung der Datei- bzw. Verweisstruktur. Aber auch bei kleinen Projekten, die nur aus wenigen Dateien bestehen, sollten Sie sich vorher überlegen, was in welche Datei gehört und wie die Dateien vernetzt werden sollen.

Hypertext zwingt Sie nicht zu bestimmten Formen. Hypertext ist ein nicht-lineares Medium. Der Anwender soll nicht der Reihe nach lesen, sondern auswählen, was ihn interessiert. Das ist eine große Freiheit, birgt jedoch zugleich die Gefahr des Lost-in-hyperspace-Gefühls. Die meisten Anwender im WWW sind keine erfahrenen Hypertext-Piloten. Bei Projekten, die aus mehr als einer Handvoll Seiten bestehen, sollten Sie deshalb versuchen, dem Anwender eine »Metapher« zu bieten, an die er sich halten kann. Mögliche Metaphern:

- Buchmetapher: Das Projekt hat Dokumentcharakter, besitzt ein Inhaltsverzeichnis und evtl. ein Stichwortverzeichnis, Dateien entsprechen Kapiteln usw. Diese Metapher eignet sich besonders für begrenzte Information zu bestimmten Themen, wobei die Daten selten upgedatet werden.

- Verzeichnis- oder Baummetapher: Das Projekt wirkt auf den Anwender wie ein Dateimanager. Es gibt Dateien mit Verweislisten, die durch ein Ordnersymbol gekennzeichnet werden, und Dateien mit Information, die durch Dokumentsymbole gekennzeichnet werden. Diese Metapher eignet sich besonders für große Datenbestände mit häufigen Neuzugängen, wobei jedoch der Informationsbereich, der abgedeckt wird, von vorneherein bekannt ist.

- Indexmetapher: Ein großes, alphabetisch oder nach anderen Kriterien (z. B. Datum, Zeit) sortiertes Verweisverzeichnis bildet den Zugang zur Information. Diese Metapher eignet sich besonders für Projekte, deren Informationsbereich nicht genau eingrenzbar ist und bei denen häufig neue Daten hinzukommen.

Sobald der Anwender Ihre beabsichtigte Metapher erkennt, kann er sich eine räumliche Vorstellung Ihres Projekts machen. Das ist eine ganz wichtige Sache, denn die Sympathie des Anwenders gegenüber dem Projekt hängt tatsächlich zum großen Teil davon ab, ob er diesen Aha-Effekt hat oder nicht.

17.1.7 Corporate Design

Genauso wichtig wie ein Gliederungskonzept ist ein Corporate-Design-Konzept. Das bedeutet, daß alle Dateien, die zu einem Projekt gehören, ein optisch einheitliches Bild bieten, damit der Anwender intuitiv erkennt, daß er sich noch im gleichen Projekt befindet. Corporate Design stellen Sie her, indem Sie bestimmte Gestaltungselemente bei jeder Datei des Projekts wiederverwenden. Das können sein:

- Ein Logo: Es sollte an immer gleicher Stelle auf der Seite stehen, zum Beispiel immer links oben am Seitenanfang. Wenn Sie mit der Frame-Technik arbeiten, können Sie das Logo auch in einem fixen Bildschirmbereich plazieren.

- Grafische Symbole: Das sind kleine GIF- oder JPEG-Grafiken, die an bestimmten Stellen stehen und eine für den Anwender sofort erkennbare bzw. nachvollziehbare Bedeutung haben. Symbole können z. B. bedeuten: »dies ist ein Beispiel« oder »dies ist eines unserer Produkte« oder »dies ist ein Verweis, mit dem der Anwender das Projekt verläßt«.

- Textformate: Dazu gehört z. B., Beispiele immer in diktengleicher Schrift darzustellen.

Corporate Design suggeriert Geschlossenheit. Besonders bei kommerziellen Projekten, also bei Firmen, die sich vorstellen oder direkt etwas anbieten, vermittelt Corporate Identity dem Anwender das Gefühl, es mit erfahrenen Profis zu tun zu haben.

17.2 Vorhandene Daten in HTML konvertieren

Mittlerweile enthält die Mehrzahl der Standard-Softwareprodukte eine Möglichkeit, die eigenen Daten in HTML zu exportieren. Die Ergebnisse, die dabei herauskommen, variieren von beachtlich bis lachhaft. Der Druck auf die Software-Hersteller wächst jedoch mit jedem Tag, denn der Siegeszug von HTML hat längst weite Kreise erfaßt.

Bis vor kurzem hatte ein Konverter mit Zielformat HTML die undankbare Aufgabe, Daten, die in der Regel exakt formatiert waren, in die beschränkten Formatiermöglichkeiten von HTML umzusetzen. Mittlerweile gibt es die Cascading Style Sheets (CSS), die für die physische Formatierung von logischen HTML-Elementen gedacht sind. Ein moderner, sauber arbeitender Konverter muß sich deshalb heute daran messen lassen, ob er neben HTML auch CSS beherrscht.

Es gibt zweifellos viele Fälle, in denen es sinnvoll ist, vorhandene Daten in HTML zu konvertieren. Bedenken Sie jedoch, daß HTML ein Hypertext-Format ist, das eine andere Philosophie verfolgt als herkömmliche Printmedien. Wenn Sie beispielsweise größeren Text in HTML konvertieren, haben Sie zwar hinterher den Text im WWW-Format, aber einen Hypertext haben Sie dadurch noch lange nicht. Wenn Sie Konverter suchen, sollten Sie in jedem Fall auch die folgende WWW-Seite aufrufen: HTML-Filter und Tools (CERN, Genf) (*www.w3.org/hypertext/WWW/Tools/Filters.htm*).

17.2.1 Textorientierte Daten

Das sind Daten, die mit einem Textverarbeitungs- oder DTP-Programm erstellt wurden, z. B. mit Word für Windows oder PageMaker. Folgende HTML-Konverter für bekannte Textverarbeitungsformate finden Sie im WWW (die Liste erhebt keinen Anspruch auf Vollständigkeit):

Astrobyte XTension (*www.astrobyte.com/astrobyte/BeyondPressInfo.htm*): konvertiert QuarkXPress-Dateien in HTML-Dateien (Macintosh).

Dave (*www.bucknell.edu/bucknellian/dave*): konvertiert PageMaker-Dateien (Help-Dateien) in HTML-Dateien.

AmiWeb (*www.cs.nott.ac.uk/~sbx/amiweb.htm*): konvertiert AmiPro-Dateien in HTML-Dateien.

IDVI (*www.geom.umn.edu/java/idvi*): konvertiert TeX-Dateien 1:1 mit Hilfe von Java.

Harlequin WebMaker (*www.harlequin.com/webmaker*): konvertiert FrameMaker-Dateien in HTML-Dateien.

Inf-HTML (*www.imforei.apana.org.au/inf-html*): konvertiert OS/2-Inf-Dateien (Help-Dateien) in HTML-Dateien.

Info Access (*www.infoaccess.com*): konvertiert Word-, WordPerfect-, AmiPro-, Interleaf-, FrameMaker-, Microsoft Write-, RTF- und ASCII-Dateien in HTML-Dateien.

InterNotes Web Publisher (*www.internotes.lotus.com*): konvertiert Lotus Notes in HTML-Dateien.

Word Internet Assistant (*www.microsoft.com/word/internet/ia*): konvertiert Word-Dateien in HTML und editiert HTML-Dateien in Word.

man2html (*www.oac.uci.edu/indiv/ehood/man2html.doc.htm*): konvertiert Unix-Manual-Dateien in HTML-Dateien.

HTML Markup (*www.printerport.com/klephacks/markup.htm*): konvertiert unter Macintosh beliebigen Text zu HTML-Dateien.

Info Access (*www.quadralay.com/Publisher*): konvertiert FrameMaker-Dateien in HTML-Dateien.

e-gate (*www.rosebud.fr/rosebud/e-gate.htm*): konvertiert QuarkXPress-Dateien in HTML-Dateien (Macintosh).

Web Publisher (*www.skisoft.com*): konvertiert RTF-, MIF- und andere Textdateien in HTML-Dateien.

rtf2html (*www.sunpack.com/RTF/rtftohtml_overview.htm*): konvertiert RTF-Dateien in HTML-Dateien.

Udo (*members.aol.com/DirkHage/gt/index.htm*): Universal-Konvertierwerkzeug für etliche unterschiedliche Formate, auch HTML. Verfügbar für fast alle Betriebssysteme.

EasyHelp/Web (*www.u-net.com/eon/easyhelp/easyhelp.htm*): Konvertiert Winword-Dateien in HTML-Dateien oder Windows-Hilfen.

Wenn Sie mit einem Textverarbeitungsprogramm arbeiten und reinen Text in eine HTML-Datei kopieren wollen, ist der einfachste Weg die Zwischenablage. Dabei rufen Sie den HTML-Editor, der die Daten aufnehmen soll, und das Textverarbeitungsprogramm, das die Originaldaten enthält, auf. In dem Textverarbeitungssystem markieren Sie den gewünschten Text und kopieren ihn in die Zwischenablage (*Bearbeiten/ Kopieren* bzw. *Edit/Copy*). Im HTML-Editor fügen Sie anschließend den Inhalt der Zwischenablage ein (*Bearbeiten/Einfügen* bzw. *Edit/Paste*). Wenn der HTML-Editor ein normaler ASCII-Editor ist, gehen dabei alle Formatieranweisungen des Originaltextes verloren. Sie müssen den Text also mit Hilfe von HTML-Tags neu formatieren.

17.2.2 Zahlen- und tabellenorientierte Daten

Das sind Daten, die mit einem Tabellenkalkulations-Programm erstellt wurden, z. B. mit Excel oder Lotus 1-2-3. Folgende HTML-Konverter für bekannte Tabellenkalkulations-Programme finden Sie im WWW (die Liste erhebt keinen Anspruch auf Vollständigkeit):

MS Internet Assistant für Excel (*www.microsoft.com/excel/internet/ia*): konvertiert Excel-Dateien zu HTML-Dateien.

TableMaster (*www.w3.org/pub/WWW/Tools/TableMaster.htm*): konvertiert Excel- und Lotus-1-2-3-Dateien zu HTML-Dateien über die *DAO.DLL* von Microsoft.

Wenn Sie eine Tabelle von Hand konvertieren wollen, ist es am sinnvollsten, die Tabelle kommabegrenzt (übliche Dateinamenendung *.csv*) abzuspeichern. Fast alle Tabellenkalulations-Programme bieten diese Möglichkeit an. Die Tabelle wird dabei als reine Textdatei abgespeichert. Jeder Zeile der Tabelle entspricht in der Textdatei eine Textzeile. Die Spalteninhalte werden jeweils durch Kommata getrennt. Den Inhalt dieser Textdatei können Sie dann in die gewünschte HTML-Datei kopieren. Die HTML-Tags zum Darstellen der Tabelle müssen Sie von Hand einfügen.

17.2.3 Datensatzorientierte Daten

Das sind Daten, die mit einem Datenbankprogramm erfaßt wurden und per Suchabfragen zugänglich sind, z. B. mit Access oder Fox Pro. Wenn Sie das Ergebnis einer Datenbankabfrage von Hand konvertieren wollen, ist es wie bei Tabellen am sinnvollsten, die Daten kommabegrenzt abzuspeichern und dann in einer HTML-Datei weiterzuverarbeiten. Gehen Sie dazu vor, wie bei den tabellenorientierten Daten beschrieben.

Sinnvoller ist allerdings die Entwicklung einer Applikation, die Datenbankabfragen automatisch in HTML-Dateien schreibt. Die meisten Datenbanken verfügen über Programmiersprachen, mit deren Hilfe Sie Datenbankabfragen starten und die Ergebnisse in Dateien schreiben können. In den Quellcode des Programms müssen Sie lediglich die HTML-Tags mit hineinschreiben. Folgende HTML-Konverter für bekannte Datenbanksoftware finden Sie im WWW (die Liste erhebt keinen Anspruch auf Vollständigkeit):

MS Data Share für Access (*www.microsoft.com/access/Assistance/sharedata.asp?prev=11111*): konvertiert Access-Daten zu HTML-Dateien.

TableMaster (*www.w3.org/pub/WWW/Tools/TableMaster.htm*): konvertiert Foxpro-, Paradox- und dBase-Dateien zu HTML-Dateien über die *DAO.DLL* von Microsoft.

HTMakeL Database Merge (*miso.wwa.com/~mmunnis/htmakel.htm*): konvertiert Datenbank-Dateien über die ODBC-Schnittstelle zu HTML-Dateien.

Webgen (*www.matisse.net/webgen*): konvertiert Datenbank-Dateien aller Art zu HTML-Dateien, FileMaker Pro jedoch bevorzugt.

17.2.4 Grafisch und multimedial orientierte Daten

Das sind Daten, die mit einem Grafikprogramm, einem CAD-Programm, einem Flow-Chart-Programm oder einem Präsentationsprogramm erstellt wurden, z. B. mit Corel Draw, Freelance Graphics, AutoCAD oder ABC-Flow-Charter. Grafiken müssen Sie in HTML per Referenz einbinden. Dazu müssen die Grafiken als separate Dateien vorliegen, möglichst in den Dateiformaten GIF oder JPG. Wenn Sie die gewünschte Grafik in einem Programm laden können, das eines dieser beiden Dateiformate abspeichern kann, brauchen Sie die Grafik nur mit *Speichern unter* (*Save as*) als GIF- bzw. JPG-Grafik abspeichern.

Ansonsten benötigen Sie ein Bildverarbeitungsprogramm. Für Windows-Anwender ideal ist Paintshop Pro (*www.jasc.com/psp.htm*), das bekannte Shareware-Programm. Pixelgrafiken, die allen nur erdenklichen anderen Formaten vorliegen (z. B. BMP, PCX, PIC usw.), können Sie damit laden und als GIF- oder JPG-Grafiken abspeichern. Paintshop Pro bietet außerdem eine Screenshot-Funktion an. Damit können Sie beliebige Fensterinhalte anderer Programme aufnehmen und als GIF- oder JPG-Datei speichern. Auf diese Weise können Sie z. B. ein Präsentationsprogramm wie MS-PowerPoint laden, den gewünschten Bildschirminhalt laden, Paintshop Pro laden, einen Screenshot der Präsentationsgrafik schießen und diesen als GIF- bzw. JPG-Datei speichern. Folgenden HTML-Konverter finden Sie im WWW:

MS Internet Assistant für Powerpoint (*www.microsoft.com/powerpoint/internet/ia*): konvertiert Powerpoint-Dateien zu HTML-Dateien.

17.3 WWW-Projekte publizieren

Um eigene Projekte im WWW zu publizieren, brauchen Sie:

- Einen Internet-Zugang: Wenn Sie noch keinen Internet-Zugang haben, müssen Sie sich einen Anbieter (Provider) suchen, der Ihnen einen Zugang vermittelt. Wichtig ist dabei, daß die Einwahlnummer, über die Sie sich ins Internet einwählen können, im Orts- oder Nahbereich liegt, damit sich die Telefonkosten in Grenzen halten. Aber auch verschiedene andere Faktoren spielen eine Rolle, zum Beispiel die Tarife der Provider, Sonderkonditionen, Volumen- oder Zeitbeschränkungen usw. Die meisten Privatleute gehen inzwischen über einen der großen Online-Dienste ins Internet, zum Beispiel über T-Online, CompuServe, MSN oder AOL. Es gibt jedoch eine Unzahl lokaler Anbieter, deren Konditionen von Fall zu Fall günstiger sind. Außerdem gibt es größere Provider, etwa Eunet, bei denen der Internet-Zugang teurer ist, die aber dafür bessere Übertragungsraten versprechen. Nachdem Sie sich bei einem Provider angemeldet haben, erhalten Sie eine User-ID und ein Paßwort. Mit diesen beiden Daten können Sie sich dann über eine Einwahlnummer, die Sie ebenfalls von Ihrem Provider erhalten, per Modem oder ISDN-Karte ins Internet einwählen. Voraussetzung ist allerdings noch, daß Sie Internet-Software auf Ihrem Rechner haben. Dazu gehört eine sogenannte Internet-Socket-Software – unter Windows z. B. die Datei *winsock.dll* – sowie geeignete Front-End-Software, etwa einen WWW-Browser.
- Festspeicherplatz auf einem Server-Rechner, der ans Internet angeschlossen ist und mindestens die Internet-Protokolle HTTP und FTP unterstützt. Wenn Sie keinen eigenen Server-Rechner betreiben wollen (was sehr teuer ist), müssen Sie dazu Speicherplatz bei einem Anbieter (Provider) mieten. Es gibt eine Fülle von Anbie-

tern, die Speicherplatz im WWW vermieten. Die Leistungen und Preise sind sehr unterschiedlich. Sie müssen herausfinden, welche Leistungen Sie brauchen und wo Sie diese Leistungen am günstigsten bekommen. In vielen Fällen können Sie bei dem Provider, bei dem Sie Ihren Internet-Zugang haben, auch Speicherplatz für eigene WWW-Projekte mieten. So bieten heute praktisch alle großen Online-Dienste neben dem Internet-Zugang auch die Möglichkeit an, eigene Homepages ins Internet zu bringen.

- Eine WWW-Adresse: Dabei gibt es unterschiedliche Typen. Bei Online-Diensten oder Billig-Angeboten erhalten Sie beispielsweise Adressen vom Typ *http://www.IhrProvider.com/IhrVerzeichnis/*. Den Verzeichnisnamen dürfen Sie sich bei der Anmeldung normalerweise selbst aussuchen. Wenn Sie eine eigene Domain-Adresse wollen, also beispielsweise eine Adresse vom Typ *http://www.IhrName.com/*, muß diese bei einer Vergabebehörde im Internet beantragt werden. Provider, über die Sie eine solche Adresse mieten können, übernehmen dies.
- Einen geschützten Zugang zu dem Festspeicherplatz auf dem Server-Rechner: Dazu erhalten Sie von dem Provider, bei dem Sie den Speicherplatz mieten, eine Kennung. Die besteht normalerweise aus einer User-ID und einem Paßwort. In den meisten Fällen können Sie Ihr Paßwort jederzeit selbst ändern.
- Software zum Hochladen und Verwalten der eigenen Daten auf dem Server-Rechner. Der klassische Internet-Dienst zum Übertragen von Dateien und zum Ausführen einfacher Dateioperationen auf dem Server-Rechner (Löschen, Kopieren, Verschieben, Zugriffsschutz Festlegen usw.) ist das *File Transfer Protocol (FTP)*. Dazu gibt es FTP-Software, die Sie auf Ihrem Rechner installieren müssen. Bei manchen Anbietern können oder müssen Sie spezielle Software verwenden, die Ihnen der Provider zur Verfügung stellt. Solche Lösungen bieten z. B. CompuServe und AOL.

17.3.1 Homepages bei Online-Diensten

Diese Lösung sollten Sie anvisieren, wenn Sie bereits einen Internet-Zugang über solch einen Online-Dienst (T-Online, CompuServe, AOL usw.) haben und einfach nur eine private oder interessensorientierte Homepage im Internet publizieren wollen.

Bei den genannten Online-Diensten erhalten Sie derzeit zwischen 1 und 10 MByte Festplattenspeicher im Internet. Dorthin können Sie HTML-Dateien, Grafiken und meistens auch Multimedia-Dateien hochladen, die dann als WWW-Seiten weltweit zugänglich sind. Es gibt jedoch auch Beschränkungen. So bieten die Online-Dienste in der Regel nicht die Möglichkeit einer eigenen CGI-Schnittstelle an, wo Sie eigene Scripts ablegen können. Wenn Sie solche Dinge wie Zugriffszähler, Gästebücher oder Nachrichtenforen nutzen wollen, sind Sie auf öffentliche CGI-Dienste angewiesen.

Wenn Sie bereits einen Zugang zu einem Online-Dienst haben und erwägen, über diesen Anbieter Ihre Homepage zu publizieren, erkundigen Sie sich bitte innerhalb des Online-Dienstes danach, was Sie brauchen und wie alles im einzelnen funktioniert. Bei

CompuServe, AOL oder T-Online gibt es entsprechende Foren, in denen Sie diese Fragen stellen können. Daneben können Sie sich auf entprechenden Unterseiten folgender WWW-Angebote informieren:

- CompuServe (*www.compuserve.de*)
- America Online (AOL) (*www.aol.com*)
- Deutsche Telekom – Dienstleistungen (*www.dtag.de/prodserv*)

17.3.2 Kostenlose Homepages bei diversen Anbietern

Diese Lösung ist sinnvoll, wenn Sie bereits einen Internet-Zugang haben, Ihr Zugangs-Provider aber keine Möglichkeit anbietet, Ihre eigene Homepage ins WWW zu stellen. Wenn Sie keine kommerzielle Information anbieten wollen, sondern Information zu Wissensgebieten, Hobbys usw. öffentlich zugänglich machen wollen, ist absolut nicht einzusehen, warum Sie für Ihre freiwillige Mühe auch noch zusätzlich Geld bezahlen sollen.

Glücklicherweise gibt es mittlerweile viele Anbieter, die jedem Interessenten kostenlosen Speicherplatz im WWW anbieten. Dabei erhalten Sie in der Regel ein paar MByte Speicherplatz, was für die meisten Privatprojekte durchaus ausreicht. Die Beschränkungen sind ähnlich wie bei den Online-Diensten. Anbieter, die kostenlos WWW-Speicherplatz zur Verfügung stellen, sind zum Beispiel:

- Tripod (*www.tripod.com/planet/membership/signup*),
- Geocities (*www.geocities.com*),
- PHP (*www.shop.de/php/info.htm*)
- Yellow Internet (YI) (*yi.com/hck.htm*).

17.3.3 Eigene Domain-Adressen

Diese Lösung sollten alle Firmen, alle größeren Institutionen usw. wählen. Auch Anbieter, die wichtige Projekte mit hohen zu erwartenden Besucherzahlen im WWW anbieten wollen, sollten diese Lösung anvisieren. Bei Firmennamen sollte das bloße Eintippen von *www.Firmenname.com* oder *www.Firmenname.de* (Deutschland), *www.Firmenname.at* (Österreich) bzw. *www.Firmenname.ch* (Schweiz) im WWW-Browser genügen, um die Homepage einer Firma aufzufinden. Immer weniger Anwender sind bereit, stundenlang in Suchdiensten nach der Homepage-Adresse eines Produkt- oder Dienstleistungsanbieters zu suchen. Bei dieser Lösung brauchen Sie keinen eigenen Internet-Server-Rechner, aber Sie erhalten eine eigene Domain-Namensadresse. Man spricht dabei auch von virtuellen Domain-Adressen.

Einzelheiten zu einzelnen Providern, Leistungen und Preisen in diesem Angebotsbereich finden Sie in diesem Provider-Verzeichnis (*www.infostar.de/webprovider*). In diesem Angebotsbereich haben Sie etwa zwischen 50 und 500 Mark monatliche Kosten.

Dafür bekommen Sie normalerweise ab 10 MByte und mehr Speicherplatz, die eigene Domain-Adresse, eigene E-Mail-Adressen, CGI-Schnittstellen, Zugriffsstatistiken, die Möglichkeit zum Anlegen paßwortgeschützter Bereiche usw. Die Angebote sind in der Regel flexibel erweiterbar. Das heißt, bei den meisten Providern können Sie für wenig Aufpreis E-Mail-Adressen, Speicherplatz oder andere Erweiterungen nach Bedarf bekommen.

Bei der eigenen Domain-Adresse müssen Sie zwischen den Typen unterscheiden. *com*-Adressen sind zum Beispiel wesentlich preiswerter als *de*-Adressen. Über die meisten Provider können Sie mehrere oder alle Typen von Adressen reservieren lassen. Für die Reservierung sind Institutionen im Internet zuständig. *de* ist eine Landeskennung, während *com* für Commercial steht und eine reine Typenkennung ist. Allgemeine Informationen zu Domain-Adressen erhalten Sie im WWW:

Deutsches Network Information Center (DE-NIC) (*www.nic.de*),

Réseaux IP Européens (RIPE) (*www.ripe.net*),

International Network Information Center (INTERNIC) (*www.internic.net*).

Weitere Auskünfte erteilen Ihnen Provider, bei denen Sie solche Lösungen bekommen. Auch auf deren Homepages finden Sie häufig weitere Informationen.

17.3.4 Eigene Server-Rechner

Diese Lösung ist nur für Firmen und Institutionen sinnvoll, die selbst Internet-Dienste anbieten oder aus anderen Gründen einen unmittelbaren Leitungszugang zum Internet benötigen. Die Kosten für diese Lösung liegen im professionellen Bereich bei mehreren tausend Mark monatlich. Folgendes benötigen Sie, um einen eigenen Rechner als Server-Rechner im WWW zu betreiben:

- Moderne und leistungsfähige Hard- und Software (Workstation, Power-PC, Pentium usw.) mit 32- oder 64-Bit-Betriebssystemen und echtem Multitasking (Unix, OS/2, Windows NT) und ausreichenden Reserven (ab 64 MByte Arbeitsspeicher, 4 und mehr GByte Plattenspeicher usw.).
- Server-Software zum Fahren von Internet-Protokollen (mindestens HTTP und FTP). Hierbei gibt es einfache Freeware-Pakete, aber auch Profi-Pakete, wie sie z. B. von Netscape angeboten werden. Eine Liste mit Verweisen zu Server-Software gibt es im WWW: World Wide Web Server Software (*www.w3.org/hypertext/WWW/Servers.htm*).
- Einen Backbone-Internet-Provider (Anbieter) und eine physikalische Verbindung zu diesem Provider. Das ist eine Direktverbindung zwischen Ihrem Server-Rechner und dem Server-Rechner des Providers, in der Regel eine Standleitung mit 64 KBit/s oder 2 MBit/s Übertragungskapazität. Für die Leitung zum Provider bezahlen Sie eine Monatsmiete, die je nach Leitungskapazität und -länge sehr hoch sein kann.

Um einen eigenen Server zu fahren, ist viel Know-how erforderlich, auch wenn manche Server-Software-Lösungen das Gegenteil versprechen. Es sollte einen Webmaster geben, also einen Betreuer, der den Server-Rechner, seine Software, seine gespeicherten Inhalte, Konfigurationen usw. kennt und beurteilen kann, ob und welche Hard-/Software-Erweiterungen angesichts der Serverbelastung nötig sind. Konfigurationsdaten sollten ausreichend dokumentiert sein.

17.3.5 Publizieren mit FTP

Wenn Sie nicht gerade selbst einen Server-Rechner besitzen und Systemadministrator sind, müssen Sie die Datenverwaltung (Dateien hochladen, löschen usw.) auf dem Server von einem beliebigen Rechner mit einfachem Internet-Zugang aus erledigen. Das heute übliche Internet-Protokoll dazu ist FTP (File Transfer Protocol). Manche Provider bieten auch Telnet-Dienste zur Datenverwaltung auf dem fernen Server-Rechner an.

Normalerweise erhalten Sie von Ihrem Provider alle nötigen Daten, die Sie brauchen, um Ihre Daten auf dem Server verwalten zu können. Was Sie dann noch brauchen, ist ein leistungsfähiges FTP-Programm. FTP-Programme laufen mit der gleichen Internet-Verbindung wie WWW-Browser. In diesem Dokument finden Sie eine Liste von FTP-Programmen.

Die meisten modernen FTP-Programme haben grafische Oberflächen, die bekannten Dateimanagern oder Datei-Commandern ähneln. Sie benötigen dabei keine besonderen Kenntnisse. Zum Zugriff auf den Server-Rechner brauchen Sie die FTP-Adresse Ihres Speicherbereichs, eine User-ID und ein Paßwort. Alle drei Daten teilt Ihnen Ihr Provider mit. Die Daten können Sie bei den meisten modernen FTP-Programmen in einer integrierten FTP-Site-Verwaltung fest speichern. Einige Tips noch:

- Wenn Ihr Projekt aus Unterverzeichnissen besteht, benennen Sie die Verzeichnisse auf dem lokalen Rechner, wo Sie das Projekt erstellen, genauso wie auf dem Server-Rechner. So können Sie besser kontrollieren, was wo steht. Außerdem sollten die Verweise und Referenzen innerhalb des Projekts lokal genauso funktionieren wie auf dem Server.
- Wenn Sie einzelne Dateien lokal auf Ihrem Rechner aktualisiert oder hinzugefügt haben, lassen Sie sich die Dateiliste vor dem Hochladen der Dateien auf den Server-Rechner nach Datum sortiert anzeigen. So sehen Sie besser, welche Dateien neu oder erneuert sind, und vergessen nichts beim Hochladen.
- Kontrollieren Sie nach jedem Hochladen von Dateien das Vorgangs-Protokoll, das Ihr FTP-Programm aufzeichnet. Wenn dort bei der Übertragung von Dateien irgendwelche Fehler aufgezeichnet sind, laden Sie diese Dateien noch einmal hoch.
- Lassen Sie sich nach jedem Hochladevorgang den aktualisierten Inhalt auf dem Server-Rechner anzeigen und überprüfen Sie, ob die neuen Dateien angezeigt werden. Beachten Sie, daß die Anzeige von Datum und Uhrzeit auf dem Server-Rechner nicht unbedingt Ihrer lokalen Zeit entsprechen muß. Viele Server-Rechner stehen in

den USA und benutzen als Systemzeit die dort aktuelle Lokalzeit. Auch bei Dateigrößen können Unterschiede zwischen lokaler Version und Server-Version einer Datei angezeigt werden. Das muß jedoch nicht bedeuten, daß die Datei bei der Übertragung beschädigt wurde.

- Rufen Sie die neuen Dateien anschließend mit einem WWW-Browser auf, um zu kontrollieren, ob alles so funktioniert, wie es soll.

17.4 WWW-Projekte bekannt machen

Nachdem Sie ein neues Projekt im WWW publiziert haben, weiß niemand außer Ihnen und Personen, denen Sie die Adresse persönlich mitteilen, etwas von der Existenz des Projekts. Damit Ihr Projekt wirklich auffindbar und, besser noch, bekannt wird, müssen Sie es bekannt machen. Dazu gibt es verschiedene Möglichkeiten, die in diesem Abschnitt beschrieben werden. Bitte beherzigen Sie folgende allgemeine Regeln:

Seien Sie nicht marktschreierisch. Das mag niemand und erreicht eher das Gegenteil von dem, was Sie sich wünschen.

Trachten Sie nicht so sehr danach, daß möglichst viele Leute Ihre Seiten besuchen, sondern eher danach, daß die Besucher begeistert sind, sich freiwillig längere Zeit in Ihrem Projekt aufhalten und gerne wiederkommen. Bekanntheit und ein guter Name sind nämlich zweierlei, und es ist besser für das Internet, wenn es Ihnen vor allem auf den guten Namen ankommt.

Bleiben Sie auf dem Boden, wenn Ihr Projekt tatsächlich bekannter wird. Das WWW ist nicht Hollywood. Überheblichkeit und Star-Gehabe werden mit Nichtachtung und Abwendung gestraft.

Eine schöne kleine Einführung zum Thema stammt von Hendrik Scholz: WWW-Seiten bekannt machen (*www.toppoint.de/~hscholz/bekannt*).

17.4.1 Projekte bei Suchdiensten anmelden

Bei den folgenden internationalen Suchdiensten sollten Sie Ihr Projekt auf jeden Fall anmelden:

Altavista (*www.altavista.digital.com/av/content/addurl.htm*),

Lycos (*www.lycos.com/addasite.htm*),

Lycos (*www.lycos.de/search/addasite.htm*),

Excite (*www.excite.com/Info/add_url.htm*),

Excite (*www.excite.de/info/add_url.htm*),

Einet Galaxy (*www.einet.net/cgi-bin/annotate?/galax*),

Infoseek (*www.infoseek.com/AddUrl?pg=DCaddurl.htm*),

- WebCrawler (*webcrawler.com/WebCrawler/SubmitURLS.htm*),
- DINO (*www.dino-online.de/anmeldung/anmeldung.htm*),
- WEB.DE (*vroom.web.de/web/html/new.htm*).

Es gibt ferner Dienste, bei denen Sie sich in etlichen Suchdiensten gleichzeitig eintragen können:

- Alpha Search (*www.intercomme.de/index.htm*),
- Submit-it (*www.submit-it.com*),
- The Vault (*www.the-vault.com/easy-submit*).

Das Eintragen bei allen hier angeführten Suchdiensten ist kostenlos. Beachten Sie aber, daß die angeführten Suchdienste ganz unterschiedliche Technologien verwenden. Bei einigen Suchdiensten können Sie zum Beispiel die gewünschte Kurzbeschreibung für Ihr Projekt selbst angeben. Bei anderen Diensten können Sie nur die URL-Adresse Ihres Projekts angeben. Um bei solchen Diensten mit selbst formulierten Kurzbeschreibungen aufzutauchen und unter bestimmten Suchbegriffen bevorzugt auffindbar zu sein, sollten Sie die Möglichkeit nutzen, Meta-Angaben für solche Suchdienste in Ihren HTML-Dateien zu notieren (Kapitel 3.2.3).

17.4.2 Sonstige Bekanntmachungsstrategien

Ein Eintrag bei Suchdiensten bedeutet lediglich, daß Ihr Projekt auffindbar ist. Bekannt wird es dadurch noch lange nicht. Um im Internetwirklich bekannt zu werden, sollten Sie sich aktiv an der Kommunikation im Internet oder in Online-Diensten, zu denen Sie Zugang haben, beteiligen. Beteiligen Sie sich an Diskussionen in Newsgroups, in CompuServe- oder AOL-Foren usw. Richten Sie Ihren Newsreader oder Ihre Zugangssoftware so ein, daß am Ende jedes Diskussionsbeitrags die URL-Adresse Ihres Projekts steht. Notieren Sie dort aber bitte keine Romane. Die Adresse genügt. Das Interesse an der Adresse sollte aus Ihren Diskussionsbeiträgen erwachen. Suchen Sie sich Bereiche und Diskussionsthemen aus, bei denen Sie Feuer fangen, bei denen Sie Engagement entwickeln können und in denen Sie kompetent sind. Weisen Sie in solchen Diskussionen aber nicht dauernd auf Ihre Homepage hin. Es genügt, die Adresse an jedem Nachrichtenende zu erwähnen.

Bei neuen, professionellen Projekten sind auch Pressemitteilungen angebracht. Wenn es sich um Computer-orientierte Projekte handelt, sind PC-Fachzeitschriften zum Beispiel eine gute Adresse. Wenn es sich um ein Hobby anderer Art handelt – Radfahren, Angeln, Tauchen, Reisen usw. –, können Sie eine Pressemitteilung an entsprechende Fachmagazine verfassen. Bei elektronischen Magazinen können Mitteilungen an Life-Style-Magazine erfolgen. Die Pressemitteilung kann per Post, per Fax oder per E-Mail erfolgen. Adressen erfahren Sie aus dem Impressum des jeweiligen Publikationsorgans. Bitte schreiben Sie aber nicht gleich wegen Ihrer neuen Goldhamster-Homepage an die Frankfurter Allgemeine. Wenn Sie als Unternehmen ohnehin Anzeigen in Zeitungen, Zeitschriften, Fachpublikationen oder audiovisuellen Massenmedien schalten, plazieren

Sie dort auch die Homepage-Adresse. Oft genügt es, die URL-Adresse ohne jeden Kommentar an einer geeigneten Stelle zu plazieren. Wer weiß, was eine Internet-Adresse ist, weiß sofort, was gemeint ist, und den anderen können Sie es an der Stelle ohnehin nicht erklären.

Wenn Sie viel Kundenverkehr haben, legen Sie Handzettel mit einer Kurzvorstellung Ihrer Homepage aus. Achten Sie auch darauf, die Adresse auf Ihrer Visitenkarte, auf Ihren Briefbögen, Ihren Faxvordrucken usw. mit abzudrucken. Vergessen Sie aber bei all diesen Aktivitäten nie, daß Ihr Projekt auch Erwartungen weckt, die es zumindest halten, besser noch, weit übertreffen sollte.

17.5 Zugriffe kontrollieren

Wenn Sie ein Projekt im WWW plaziert haben, werden Sie sicher auch daran interessiert sein zu erfahren, wie häufig darauf zugegriffen wird. Um richtig einschätzen zu können, wie gut Ihr Projekt ankommt und was Sie daran verbessern sollten, reichen allerdings reine Zugriffszahlen nicht aus. Um aussagekräftige Ergebnisse über die Abrufe Ihrer WWW-Seiten zu erhalten, sind Statistiken nötig, die Ihnen die Zugriffe nach bestimmten Kriterien aufschlüsseln. So gibt es Statistiken, die auflisten, welche Dateien am häufigsten abgerufen wurden, zu welchen Tageszeiten die meisten Besucher zu verzeichnen sind oder welche WWW-Browser am häufigsten verwendet werden.

Bei besseren Providern gehört es zum Service, daß Sie Zugriff auf Log-Dateien haben, die Ihren Speicherbereich betreffen. Die meisten Provider bieten auch CGI-Dienste an, mit deren Hilfe Sie die Besucherzahlen nach verschiedenen Kriterien als Statistik aufbereitet bekommen. Wenn Sie Ihre Homepage bei Discount-Providern wie CompuServe, T-Online usw. haben, stehen Ihnen solche Dienste bislang nicht zur Verfügung. Um in solchen Fällen an genaue Zugriffsstatistiken zu kommen, können Sie einen öffentlichen CGI-Dienst in Anspruch nehmen. Dort bekommen Sie für eine geringe Jahresgebühr einen Zugriffszähler sowie ordentlich aufbereitete Statistiken für Ihre Homepage, egal, wie deren Adresse lautet. Ein Nachteil bei dieser Lösung ist allerdings, daß bei jedem Zugriff auf Ihre Homepage zusätzlich auf den fremden CGI-Dienst zugegriffen werden muß. Sie finden Verweise zu öffentlichen CGI-Diensten in Kapitel 15.1.

17.5.1 Log-Dateien und Statistikarten

Grundlage aller Zugriffsstatistiken sind Log-Dateien. Jeder Server-Rechner im Internet führt solche Log-Dateien, in denen er alle Zugriffe protokolliert. Dazu gibt es ein allgemeines Modell, wie Einträge in einer Log-Datei auszusehen haben. Ein Eintrag nach diesem Modell hat folgendes Aussehen. Ein Beispiel:

```
ad25-175.compuserve.com - - [02/Mar/1997:05:03:49 -0500] "GET
   /selfhtml/tg.htm HTTP/1.0" 200 1788
```

Jede Zeile in der Log-Datei dokumentiert einen Zugriff auf eine Datei. Am Beginn steht, wer zugegriffen hat. Bei den meisten Zugangsprovidern erhalten die Anwender beim Einwählen ins Internet eine dynamische Session-Nummer, unter der sie dann in den Log-Dateien der Server auftauchen, die sie besucht haben. Im obigen Beispieleintrag ist erkennbar, daß sich der Anwender über CompuServe ins Internet eingewählt hat. Die Angabe `ad25-175` ist eine dynamische Session-Nummer.

Anstelle der beiden Bindestriche im obigen Beispiel können von Fall zu Fall noch Daten stehen. Anstelle des ersten Bindestriches kann der Anwender-Logname stehen – entsprechend der Spezifikation RFC 931. Anstelle des zweiten Bindestriches kann ein Anwendername stehen, den der Anwender sich selbst gegeben hat. Als nächstes zeigt der Eintrag, wann genau der Zugriff erfolgte. Im Beispiel war das am 2. März 1997 um 5.03 Uhr (und 49 Sekunden) morgens, und zwar minus 5 Stunden gerechnet gegenüber GMT (Greenwich Meridian Time) aus Sicht der Systemzeit des Server-Rechners.

Dahinter folgt ein Kurzprotokoll des HTTP-Headerbefehls, mit dem der WWW-Browser des Anwenders die Datei angefordert hat. `GET` ist dabei die übliche Methode. Dahinter wird die Datei angegeben, auf die der Zugriff erfolgte. Im Beispiel ist das die Datei *http://www.netzwelt.com/selfhtml/tg.htm.* Da es sich um einen Eintrag aus der Log-Datei von *www.netzwelt.com* handelt, wird nur der Pfadname relativ zu der Domain-Adresse angezeigt. Schließlich zeigt die HTTP-Anforderung noch die verwendete HTTP-Protokollversion an. Das war zur Auswertungszeit die Version 1.0. Dahinter folgt eine Codenummer, die darüber Aufschluß gibt, ob die Anforderung erfolgreich war, und wenn nicht, welches der Fehler war. Dabei sind folgende Nummern wichtig:

- `200` = Die Anforderung war erfolgreich,
- `4xx`, `5xx` = Es traten Fehler auf. Zum Beispiel war die angeforderte Datei nicht vorhanden.

Die letzte Zahl in der Zeile schließlich gibt an, wie viele Byte von der Datei an den aufrufenden WWW-Browser übertragen wurden. Wenn Sie die Bytezahl mit der tatsächlichen Dateigröße vergleichen, können Sie feststellen, ob die Datei vollständig übertragen, oder ob die Übertragung vorzeitig abgebrochen wurde. So kommt es zum Beispiel oft vor, daß Grafiken nicht vollständig übertragen werden, weil der Anwender bereits vorher auf einen Verweis zu einer anderen Seite klickt.

Beachten Sie: Neben den reinen Zugriffs-Log-Dateien führen die meisten Server-Rechner auch Herkunfts-Log-Dateien. Darin wird festgehalten, von welcher anderen Datei aus ein Zugriff auf eine Datei erfolgte. Solche Herkunfts-Log-Dateien können interessante Aufschlüsse darüber geben, wo offensichtlich Verweise auf Ihr Projekt existieren und wie viele Besucher von dort kamen. Bei den meisten Providern erhalten Sie auch auf solche Log-Dateien Zugriff. Wenn nicht, fragen Sie ruhig danach.

Statistikarten: Log-Dateien sind normalerweise sehr groß und etwa so spannend wie ein Telefonbuch. Um eine aussagekräftige Übersicht über die Zugriffe auf Ihre Seiten zu erhalten, sollte Ihr Provider Statistiken anbieten. Die Statistiken stehen Ihnen meistens als dynamisch generierte HTML-Dateien zur Verfügung, die ein CGI-Programm durch

Auslesen der Log-Datei erzeugt. Statistiken stellen Ihnen die Zugriffe nach einem bestimmten Kriterium sortiert dar. Folgende Kriterien sind typisch:

- Auflistung nach Dateien: Auf welche Dateien wurde am häufigsten zugegriffen?
- Auflistung nach Zeit: Zu welcher Tageszeit, an welchen Wochentagen wurden die meisten Zugriffe verzeichnet?
- Auflistung nach Herkunft: Über welche Domain-Adressen haben sich die meisten Anwender ins Internet eingewählt?
- Auflistung nach Erfolg: Welche Dateien wurden vollständig übertragen, bei welchen wurde bei der Übertragung vorzeitig abgebrochen?
- Auflistung nach Anwender-Software: Welche WWW-Browser in welchen Versionen wurden am häufigsten verwendet?

Solche Statistiken sind meistens als gut lesbare Listen aufbereitet. Manche Provider bieten auch grafische Aufbereitungen von Statistiken an.

17.5.2 Statistiken richtig auswerten

Die folgende Checkliste soll Ihnen helfen, Statistiken zu interpretieren und Schlüsse daraus zu ziehen:

- Haben Sie so gut wie keine Zugriffe? Wenn Ihr Projekt erst seit wenigen Tagen im Netz steht, ist das normal. Wenn es allerdings schon seit Monaten online ist, haben Sie zu wenig unternommen, um das Projekt bekannt zu machen. Die Zugriffszahlen hängen natürlich auch von den angebotenen Themen ab. Ein Projekt über die neuesten Computerspiele hat nun einmal mehr Zugriffe als ein Projekt über seltene Orchideensorten.

- Haben Sie viele Zugriffe auf die Einstiegsdatei, jedoch so gut wie keine auf die Unterseiten? Es ist ganz normal, daß die Einstiegsseite mit Abstand die meisten Zugriffe zu verzeichnen hat. Wenn aber die Unterseiten so gut wie gar nicht besucht werden, deutet das darauf hin, daß vielen Besuchern Ihre Einstiegsseite nicht gefällt, daß bei der Einstiegsseite zu viele Daten (z. B. Grafiken) übertragen werden oder daß die Einstiegsseite so unübersichtlich ist, daß die Besucher die Verweise zu den Unterseiten nicht finden. In diesem Fall sollten Sie Ihre Einstiegsseite neu, einfacher und übersichtlicher gestalten und überprüfen, ob das Verhältnis anschließend günstiger wird.

- Werden große Grafiken häufig genug vollständig übertragen? Das gilt besonders für Einstiegsseiten. Wenn eine solche Seite ihren Blickfang beispielsweise aus einer 50 KByte großen Grafik bezieht und von dieser Grafik im Schnitt nur die Hälfte übertragen wird, bedeutet das, daß kaum ein Besucher darauf wartet, bis die Seite ihre ganze Pracht entfaltet hat. In diesem Fall sollten Sie die Seite dringend neu gestalten.

- Wie lange halten sich Besucher auf Ihren Seiten auf? Das können Sie am besten direkt an den Log-Dateien erkennen. Wenn Sie 50 Seiten haben und die Besucher im Schnitt unter einer Minute verweilen, ist das Projekt einfach nicht attraktiv genug. Ausgenommen davon sind Projekte mit dem Charakter von Nachschlagewerken, in denen niemand stöbert, sondern nur eine gezielte Auskunft sucht. Sie können nicht erwarten, daß die Besucher stundenlang bleiben und alles von vorne bis hinten studieren. Aber mehrere Minuten im Schnitt deuten darauf hin, daß die Besucher sich auch mal »verführen« lassen.

- Woher kommen Ihre Besucher? Entweder bietet Ihr Provider eine entsprechende Statistik dazu an, oder Sie müssen die Herkunfts-Log-Dateien (referrer files) auswerten. Achten Sie dabei darauf, von welchen fremden Adressen aus auf Ihr Projekt zugegriffen wird. So können Sie beispielsweise erkennen, ob Sie häufig über Themensuchen in Suchdiensten gefunden werden oder ob eine anklickbare Anzeige, die Sie bei einem Kataloganbieter gegen Gebühr geschaltet haben, sich rentiert.

17.6 Adressenwechsel von WWW-Projekten

Wenn Sie eine eigene virtuelle Domain-Adresse haben, also z. B. eine Adresse vom Typ *www.IhrName.com* oder *www.IhrName.de*, haben Sie die folgenden Probleme nicht. Die Domain-Adresse können Sie im Normalfall problemlos bei einem Providerwechsel mitbringen. Das bedeutet: Die physikalische Adresse Ihrer Daten ändert sich zwar, aber die Namensadresse, unter der Sie bekannt sind, bleibt die gleiche. Probleme, die mit einem Adressenwechsel verbunden sind, haben Sie dann, wenn sich mit dem Umzug auch die Namensadresse ändert, unter der die Seiten aufrufbar sind. Dazu ein paar Tips:

- Fragen Sie Ihren bisherigen Provider, ob er Ihnen einräumt, Ihr Unterverzeichnis wenigstens noch ein paar Wochen lang zu erhalten. Dort sollten Sie dann anstelle der ehemaligen Einstiegsdatei eine einfache HTML-Datei plazieren, die einen Verweis auf die neuen Seiten enthält. Dazu brauchen Sie keine opulenten Grafiken. Es genügt ein einfacher Hinweis auf den Umzug und ein gut sichtbarer, anklickbarer Verweis auf die neue Adresse. Wenn Sie dabei unbedingt tricksen wollen, können Sie automatisch die neue Adresse laden. Vergessen Sie dabei aber nicht, alternativ dazu trotzdem einen anklickbaren Verweis anzubieten, falls die automatische Weiterleitung scheitern sollte.
- Wiederholen Sie alle Aktivitäten zum Bekanntmachen Ihres Projekts. Melden Sie Ihre neue Adresse wieder bei allen wichtigen Suchdiensten an. Falls die Suchdienste eine Option zum Löschen von Einträgen anbieten, machen Sie davon Gebrauch und löschen Sie den Eintrag, der zu der alten Adresse führt. Ändern Sie Visitenkarten, Brief- und Faxvordrucke mit Ihrer WWW-Adresse entsprechend ab.
- Informieren Sie andere Seitenanbieter, von denen Sie wissen, daß deren Projekte Verweise auf Ihr Projekt enthalten. Bitten Sie die Anbieter, die Verweise bei Gelegenheit zu aktualisieren. Drängeln Sie aber nicht, und schimpfen Sie nicht gleich auf den fremden Anbieter, wenn der Verweis nicht nach zwei Tagen aktualisiert ist.

Die hier beschriebenen Maßnahmen gelten auch, wenn Sie ein separates Projekt in einem Unterverzeichnis Ihrer eigenen Domain-Adresse haben und das Verzeichnis umbenennen oder das Projekt an einer ganz anderen Stelle publizieren.

A HTML-Kurzreferenz

Hinweise zur Kurzreferenz

Die HTML-Kurzreferenz ist für Anwender gedacht, die sich bereits mit HTML auskennen und bei der täglichen Arbeit einfach eine Hilfe haben möchten, ohne viel klicken zu müssen. In der Kurzreferenz wird folgende Symbolik verwendet:

Attribute, die bestimmte Werte erwarten, werden so dargestellt:

```
align=left|center|right|justify
```

Das bedeutet, es ist eine der Angaben `align=left`, `align=right`, `align=center` oder `align=justify` erlaubt.

Attribute, die selbst zu vergebende Namen oder Daten erwarten, werden so dargestellt:

```
value="Wert"
```

Das bedeutet, Sie müssen anstelle von `Wert` etwas Sinnvolles einsetzen, z. B. `value="Salami"`.

Attribute, die Farbangaben erwarten, werden so dargestellt (Beispiel):

```
bgcolor=#XXXXXX
```

Das bedeutet, Sie können entweder eine hexadezimale RGB-Farbangabe wie `bgcolor=#3300CC` angeben oder einen erlaubten Farbnamen wie `bgcolor="blue"`.

Attribute, die eine URL-Adresse bzw. eine externe Datei erwarten, werden so dargestellt (Beispiel):

```
src="URL"
```

Das bedeutet, Sie können eine einfache Dateireferenz wie `src="team100.jpg"`, eine relative Angabe wie `src="../bilder/team100.jpg"` oder eine absolute URL-Adresse wie `src="http://www.teamone.de/team100.jpg"` angeben.

Attribute, die einen numerischen Wert erwarten, werden so dargestellt (Beispiel):

```
border=x
```

Bei den Kurzbeschreibungen wird angegeben, was der Wert bedeutet bzw. welche Maßeinheiten erlaubt sind.

Allgemeine und dateiweite Angaben

HTML Grundgerüst

```
<html>
   <head>
   <title>Titel der Datei</title>
   </head>
   <body>
   Inhalt der Datei
   </body>
</html>
```

Innerhalb des Dateikopfes einen aussagekräftigen Titel vergeben! Den gesamten sichtbaren Inhalt der Datei zwischen `<body>` und `</body>` notieren.

SGML-Dokumenttyp

```
<!DOCTYPE HTML PUBLIC "-//W3C//DTD HTML 2.0//EN">
```

oder

```
<!DOCTYPE HTML PUBLIC "-//W3C//DTD HTML 3.2//EN">
```

oder

```
<!DOCTYPE HTML PUBLIC "-//W3C//DTD HTML 4.0//EN">
```

oder

```
<!DOCTYPE HTML PUBLIC "-//W3C//DTD HTML 4.0
   Transitional//EN">
```

oder

```
<!DOCTYPE HTML PUBLIC "-//W3C//DTD HTML 4.0
   Frameset//EN">
```

oder

```
<!DOCTYPE HTML PUBLIC "-//W3C//DTD HTML 4.0//EN"
   "URL">
```

Wenn verwendet, in der ersten Zeile der HTML-Datei vor dem einleitenden `<html>`-Tag verwenden. Gewünschte HTML-Version, die in der Datei verwendet wird, angeben. Bei HTML 4.0 sind optionale Angaben möglich:

- `Transitional` bedeutet: Es werden Scripts und Style-Sheets verwendet.
- `Frameset` bedeutet: Datei enthält Frame-Set-Definitionen.
- `"URL"` bedeutet: Adresse der HTML-DTD mit angeben.

Kommentare

```
<!-- Dies ist ein Kommentar -->
```

Zum internen Auskommentieren von Inhalten oder Befehlen. Wird im Browser nicht angezeigt.

Adreßbasis

```
<base href="URL">
```

Im Dateikopf zwischen `<head>` und `</head>` erlaubt. Nur in begründeten Ausnahmefällen verwenden!

Zielfensterbasis

```
<base target="Name">
```

Standardzielfenster für Verweise bei Frames, bei Verweisen selbst ist dann keine Angabe zu `target=` mehr erforderlich. Im Dateikopf zwischen `<head>` und `</head>` erlaubt.

Meta-Angabe: Autor

```
<meta name="author" content="Name">
```

Urheber-Angabe. Im Dateikopf zwischen `<head>` und `</head>` erlaubt.

Meta-Angabe: Beschreibung

```
<meta name="description" content="Text">
```

Kurzbeschreibung des Inhalts. Im Dateikopf zwischen `<head>` und `</head>` erlaubt.

Meta-Angabe: Stichwörter

```
<meta name="keywords" content="Wort, Wort, Wort">
```

Stichwörter zum Inhalt. Im Dateikopf zwischen `<head>` und `</head>` erlaubt.

Meta-Angabe: Zeitstempel

```
<meta name="date" content="1998-04-
   30T08:49:37+00:00">
```

Zeitpunkt der Veröffentlichung. Im Beispiel: 1998=Jahr, 04=Monat, 30=Tag, 08=Stunden, 49=Minuten, 37=Sekunden, +00:00=keine Abweichung gegenüber Greenwich-Zeit. Im Dateikopf zwischen `<head>` und `</head>` erlaubt.

Meta-Angaben: Robots

```
<meta name="robots"
   content="index|noindex|follow|nofollow">
```

Anweisung an Suchmaschinen: Auslesen erlaubt (`index`) oder nicht erlaubt (`noindex`), Verweisen folgen erlaubt (`follow`) oder nicht erlaubt (`nofollow`). Im Dateikopf zwischen `<head>` und `</head>` erlaubt.

Meta-Angabe: Zeichensatz

```
<meta http-equiv="content-type"
   content="text/html; charset=iso-8859-1">
```

MIME-Typ der Datei angeben (`text/html`) und verwendeten Zeichensatz (`iso-8859-1`) – letztere Angabe bezeichnet den Zeichensatz Western-Latin-1 (Normalfall für deutsch). Im Dateikopf zwischen `<head>` und `</head>` erlaubt.

Meta-Angabe: Script-Sprache

```
<meta http-equiv="Content-Script-Type"
   content="text/javascript">
```

MIME-Typ der Scriptsprache angeben. Im Beispiel: `text/javascript` für JavaScript. Im Dateikopf zwischen `<head>` und `</head>` erlaubt.

Meta-Angabe: Style-Sprache

```
<meta http-equiv="Content-Style-Type"
   content="text/css">
```

MIME-Typ der Style-Sheet-Sprache angeben. Im Beispiel: text/css für CSS-Style-Sheets. Im Dateikopf zwischen <head> und </head> erlaubt.

Meta-Angabe: von Original-Adresse laden

```
<meta http-equiv="expires" content="0">
```

Zeitpunkt angeben, ab dem von Originaladresse geladen werden soll. 0 bedeutet: immer von Originaladresse laden (Proxy-Server ignorieren). Im Dateikopf zwischen <head> und </head> erlaubt.

Meta-Angabe: automatische Weiterleitung

```
<meta http-equiv="refresh" content="0;
   URL=http://www.xy.de/">
```

Angeben, wann und welche Adresse automatisch geladen werden soll. 0 bedeutet: sofort (ansonsten eine Angabe in Sekunden). URL ist eine Datei oder WWW-Adresse, die nach der angegebenen Zeit automatisch geladen werden soll. Im Dateikopf zwischen <head> und </head> erlaubt.

Meta-Angaben in separater Datei

```
<head profile="URL">
```

URL ist eine Datei oder WWW-Adresse, in der sich die Meta-Angaben befinden.

Logische Beziehungen

```
<link rel="contents" title="Titel" href="URL">
```

oder

```
<link rev="contents" title="Titel" href="URL">
```

Das Attribut rel= steht für Bezug, rev= für Rückbezug. Bei beiden Attributen sind folgende Angaben erlaubt:

- contents = Inhaltsverzeichnis,
- chapter = Kapitel,
- section = Abschnitt,
- subsection = Unterabschnitt,
- index = Stichwortverzeichnis,
- glossary = Glossar,
- appendix = Anhang,
- copyright = rechtliche Hinweise,
- next = nächste Seite,
- prev = vorherige Seite,
- start = Anfangsseite,
- bookmark = allgemeiner Orientierungspunkt,
- alternate = andere Lesart.

Das Attribut href= gibt die URL-Adresse oder Datei des Bezugsziels an, title= ist als Beschriftung für Buttons gedacht, wenn Browser dies unterstützen. Im Dateikopf zwischen <head> und </head> erlaubt.

Dateiweite Farben

```
<body bgcolor=#XXXXXX text=#XXXXXX link=#XXXXXX
   vlink=#XXXXXX alink=#XXXXXX>
```

Angaben im einleitenden <body>-Tag notieren. Angaben möglich zu Hintergrundfarbe (bgcolor=), Textfarbe (text=), Verweisen zu noch nicht besuchten Seiten (link=), zu bereits besuchten Seiten (vlink=) und zu gerade angeklickten Verweisen (alink=).

Hintergrundbild (Wallpaper)

```
<body background="URL">
```

Angabe im einleitenden <body>-Tag notieren. GIF- oder JPG-Grafiken angeben.

Unbewegliches Hintergrundbild

```
<body background="URL" bgproperties=fixed>
```

Angabe bgproperties=fixed zusätzlich zu background= notieren.

Hintergrundmusik

Microsoft:

```
<bgsound src="URL" loop=infinite>
```

Netscape:

```
<embed src="URL" loop=true autostart=true
   hidden=true width=0 height=0>
```

Microsoft-Angabe zwischen <head> und </head> notieren, Netscape-Angabe hinter dem einleitenden <body>-Tag. Dateien vom Typ WAV, MID oder AU angeben.

Absatztypen und Textgestaltung

Überschriften

```
<h[1-6]>Text</h[1-6]>
```

Sechs Überschriftenebenen sind erlaubt, also z. B. <h1>Text</h1>.

Überschriften ausrichten

```
<h[1-6] align=left|center|right|justify>Text</h[1-
   6]>
```

Ausrichten mit align=, entweder zentriert (center), rechtsbündig (right), Blocksatz (justify) oder wie voreingestellt linksbündig (left).

Textabsätze

```
<p>Text</p>
```

End-Tag nicht zwingend, aber empfehlenswert.

Textabsätze ausrichten

```
<p align=left|center|right|justify>Text</p>
```

Ausrichten mit align=, entweder zentriert (center), rechtsbündig (right), Blocksatz (justify) oder wie voreingestellt linksbündig (left).

Zeilenumbruch erzwingen

```
Text alte Zeile<br>Text neue Zeile
```

Automatischen Zeilenumbruch verhindern

```
<nobr>Text</nobr>
```

Zeilenumbruch erlauben

```
Text<wbr>Text
```

Numerierte Listen

```
<ol>
   <li>Listeneintrag</li>
   <li>Listeneintrag</li>
   </ol>
```

End-Tag bei Listeneinträgen nicht zwingend erforderlich, aber empfehlenswert.

Numerierte Listen alphabetisch oder römisch

```
<ol type=a|A|i|I>
   <li>Listeneintrag</li>
   <li>Listeneintrag</li>
   </ol>
```

Numerierungstyp angeben mit `type=`

- `a` für klein alphabetisch
- `A` für groß alphabetisch
- `i` für klein römisch
- `I` für groß römisch

Numerierung beeinflussen

```
<ol start=x>
   <li>Listeneintrag</li>
   <li value=x>Listeneintrag</li>
   </ol>
```

Startwert angeben mit `start=` (Zahl). Neuen Fortzählungswert innerhalb der Liste angeben mit `value=` (Zahl).

Aufzählungslisten

```
<ul>
   <li>Listeneintrag</li>
   <li>Listeneintrag</li>
   </ul>
```

End-Tag bei Listeneinträgen nicht zwingend erforderlich, aber empfehlenswert.

Bullet-Typ festlegen

```
<ul type=square|circle|disc>
   <li>Listeneintrag</li>
   <li>Listeneintrag</li>
   </ol>
```

Bullet-Typ angeben mit `type=`, entweder als Kreis/Punkt (`circle`), Quadrat (`square`) oder Dateisymbol (`disc`).

Menülisten

```
<menu>
   <li>Listeneintrag</li>
   <li>Listeneintrag</li>
   </menu>
```

End-Tag bei Listeneinträgen nicht zwingend erforderlich, aber empfehlenswert.

Verzeichnislisten ✓

```
<dir>
   <li>Listeneintrag</li>
   <li>Listeneintrag</li>
   </dir>
```

End-Tag bei Listeneinträgen nicht zwingend erforderlich, aber empfehlenswert.

Definitionslisten ✓

```
<dl>
   <dt>Zu definierender Ausdruck</dt>
   <dd>Definition des Ausdrucks</dd>
   </dl>
```

Listen kompakt darstellen 3.2

```
<ol compact>
   <ul compact>
   <dl compact>
```

Erlaubt in einleitenden Tags von numerierten Listen, Aufzählungslisten und Definitionslisten.

Zitate ✓

```
<blockquote>Text</blockquote>
```

Zitate mit URL 4.0

```
<blockquote cite="URL">Text</blockquote>
```

Adressen ✓

```
<address>Text</address>
```

Präformatierter Text ✓

```
<pre>Text</pre>
```

Breite eines präformatierten Textes 4.0

```
<pre width=x>Text</pre>
```

Breite (`width=`) ist die Anzahl von Zeichen pro Zeile.

Ältere Befehle für diktengleiche Textabsätze ✓

```
<xmp>Text</xmp>
   <listing>Text</listing>
   <plaintext>Text
```

Absätze für Beispieltexte (`<xmp>`), Quellcodes (`<listing>`) oder generell für Klartext (`<plaintext>`).

Logische Textauszeichnung ✓

```
<em>betont</em>
   <strong>stark betont</strong>
   <code>Quellcode</code>
   <samp>Beispiel</samp>
   <kbd>Tastatureingabe</kbd>
   <var>Variable</var>
   <cite>Zitat</cite>
```

3.2

```
<dfn>Definition</dfn>
```

4.0

```
<acronym>Abkürzung</acronym>
   <q cite="URL">Zitat</q>
```

Physische Textauszeichnung ✓

```
<b>fett</b>
   <i>kursiv</i>
   <tt>diktengleich</tt>
```

```
<u>unterstrichen</u>
   <strike>durchgestrichen</strike>
   <big>größer</big>
   <small>kleiner</small>
   <sup>hochgestellt</sup>
   <sub>tiefgestellt</sub>
```
3.2

```
<s>durchgestrichen</s>
```
4.0

```
<blink>blinkend</blink>
```
N 1.1

Schriftgröße

```
<font size=1|2|3|4|5|6|7>Text</font>
```
3.2

oder

```
<font size=+1|+2|+3|-1|-2|-3>Text</font>
```

Schriftgröße (`size=`) in sieben Stufen absolut oder relativ angeben. Normalgröße ist 3.

Schriftfarbe

```
<font color=#XXXXXX>Text</font>
```
3.2

Schriftart

```
<font face=
   "Schriftart_1,Schriftart_2,...">Text</font>
```
3.2

Als Schriftart (`face=`) einen oder auch mehrere Schriftartennamen angeben.

Normal-Schriftgröße

```
<basefont size=1|2|3|4|5|6|7>Text
```
3.2

Normal-Schriftgröße (`size=`) in 7 Stufen angeben. Kein End-Tag.

Normal-Schriftfarbe

```
<basefont color=#XXXXXX>Text
```
4.0

Kein End-Tag.

Normal-Schriftart

```
<basefont face=
   "Schriftart_1,Schriftart_2,...">Text
```
4.0

Als Schriftart (`face=`) einen oder auch mehrere Schriftartennamen angeben. Kein End-Tag.

Bereich mit mehreren Elementen

```
<div align=left|center|right|justify>verschiedene
   HTML-Elemente</div>
```
3.2

Gemeinsame Ausrichtung (`align=`) zentriert (`center`), rechtsbündig (`right`), Blocksatz (`justify`) oder wie voreingestellt linksbündig (`left`) möglich.

Zentrierter Bereich mit mehreren Elementen

```
<center>verschiedene HTML-Elemente</center>
```
3.2

Trennlinien

```
Text davor
   <hr>
Text danach
```
3.2

Trennlinien gestalten

```
<hr width=x size=x align=left|center|right>
```
3.2

```
<hr color=#XXXXXX>
```

3.0

Nichtschattierung (`noshade`), Liniendicke (`size=`) in Pixeln, Linienbreite (`width=`) in Pixeln oder Prozent, Ausrichtung (`align=`) linksbündig (`left`), rechtsbündig (`right`) oder wie voreingestellt zentriert (`center`). Farbige Trennlinie (`color=`).

Mehrspaltiger Textfluß

```
<multicol cols=x width= gutter=>
   Inhalt
   </multicol>
```

N 3.0

Anzahl Spalten angeben mit `cols=` (Zahl). Auf Wunsch Breite aller Spalten in Pixeln oder Prozent bestimmen mit `width=` und Spaltenabstand in Pixeln `gutter=`.

Abstände

```
<spacer type=vertical|horizontal size=x>
   <spacer type=block width=x height=x
   align=left|right>
```

N 3.0

Vertikalen Abstand in Pixeln durch `type=vertical` bestimmen, horizontalen Abstand (Einrückung) durch `type=horizontal`, in beiden Fällen mit `size=` den Abstand in Pixeln angeben. Unsichtbares Bild (Block) erzeugen mit `type=block`, dabei Breite (`width=`) und Höhe (`height=`) des Blocks in Pixeln angeben und mit `align=` Ausrichtung bestimmen als links mit Textumfluß rechts (`left`) oder rechts mit Textumfluß links (`right`).

Lauftexte (Marquee)

```
<marquee>Text</marquee>
```

2.0

Lauftexte (Marquee) gestalten

```
<marquee direction=left|right>Text</marquee>
   <marquee scrollamount=x
   scrolldelay=x>Text</marquee>
   <marquee behavior=alternate>Text</marquee>
   <marquee align=top|middle|bottom>Text</marquee>
   <marquee height=x hspace=x>Text</marquee>
```

2.0

Laufrichtung (`direction=`) bestimmen von rechts nach links (`right`) oder wie voreingestellt von links nach rechts (`left`). Laufgeschwindigkeit einstellen mit den Angaben `scrollamount=` und `scrolldelay=`. Hin- und herwechselnder Lauftext durch `behavior=alternate`. Ausrichtung zum umgebenden Text mit `align=`. Abstand zur Umgebung mit `hspace=` und Höhe mit `height=`.

Tabellen

Aufbau einer Tabelle

3.2

```
<table border>
  <tr>
  <th>Kopfzelle</th>
  <th>Kopfzelle</th>
  </tr>
  <tr>
  <td>Datenzelle</td>
  <td>Datenzelle</td>
  </tr>
  </table>
```

Tabelle mit sichtbaren Gitternetzlinien durch Angabe von `border` im einleitenden Tabellen-Tag, durch Weglassen der Angabe wird die Tabelle eine blinde Tabelle.

Spalten vordefinieren

4.0

```
<table border>
  <colgroup>
  <col>
  <col width=x span=x>
  </colgroup>
  <tr>
  <td>Zelle</td>
  <td>Zelle</td>
  </tr>
  </table>
```

Mit `<col>`-Tags so viele Spalten vordefinieren, wie die Tabelle hat. Spaltenbreite auf Wunsch mit `width=` angeben, und zwar in Pixeln, Prozent oder in Relation zu anderen Spalten (z. B. `4*` = vier Anteile an der Summe so definierter Anteile in den anderen Spalten). Spalte, die sich über mehrere Spalten erstreckt, mit `span=` (Anzahl Spalten) definieren.

Kopf, Körper und Fuß einer Tabelle

4.0

```
<table border>
  <thead>
  <!--Tabellenzeilen-->
  </thead>
  <tbody>
  <!--Tabellenzeilen-->
  </tbody>
  <tfoot>
  <!--Tabellenzeilen-->
  </tfoot>
  </table>
```

Außenrahmen, Gitternetzlinien und Zellenabstand

3.2

```
<table border=x cellspacing=x cellpadding=x>
```

Rahmendicke (`border=`) in Pixeln angeben. Dicke der Gitternetzlinien (`cellspacing=`) in Pixeln angeben. Randabstand von Zelleninhalt zum Zellenrand (`cellpadding=`) in Pixeln angeben.

Regeln für Außenrahmen

```
<table border
frame=box|void|above|below|hsides|vsides
   |lhs|rhs>
```

Rahmenregeln (`frame=`) bestimmen als rundum (`box`), nur oben (`above`), nur unten (`below`), nur oben und unten (`hsides`), nur links und rechts (`vsides`), nur links (`lhs`) oder nur rechts (`rhs`).

Regeln für Gitternetzlinien

```
<table border
rules=none|rows|cols|groups|all>
```

Gitternetzregeln (`rules=`) bestimmen als keine (`none`), nur zwischen Zeilen (`rows`), nur zwischen Spalten (`cols`), nur zwischen Kopf, Körper und Fuß (`groups`) oder überall, wie voreingestellt (`all`).

Breite und Höhe

```
<table border width=x height=x>
   <tr height=x>
   <th width=x height=x>Zelle</th>
   <td width=x height=x>Zelle</td>
   </tr>
   </table>
```

Breite (`width=`) und Höhe (`height=`) für gesamte Tabelle im einleitenden `<table>`-Tag, Zeilenhöhe im einleitenden `<tr>`-Tag oder in einem `<th>`/`<td>`-Tag (gilt dann für gesamte Zeile) angeben. Spaltenbreite in einem `<th>`/`<td>`-Tag (gilt dann für alle Zellen dieser Spalte) angeben. Angaben in Pixel oder Prozent erlaubt.

Zeilenumbruch in Zellen verhindern

```
<th nowrap>
   <td nowrap>
```

Zellen horizontal ausrichten

```
<th align=left|center|right>
   <td align=left|center|right>
```

Horizontale Ausrichtung (`align=`) linksbündig (`left`), rechtsbündig (`right`) oder zentriert (`center`).

Zellen vertikal ausrichten

```
<th valign=top|middle|bottom>
   <td valign=top|middle|bottom>
```

Vertikale Ausrichtung (`valign=`) oben bündig (`top`), unten bündig (`bottom`) oder mittig (`middle`).

Zellen verbinden

```
<th colspan=x>
   <td rowspan=x>
   <th colspan=x>
   <td rowspan=x>
```

Spaltenweise verbinden colspan=) über so viele Spalten wie angegeben, zeilenweise verbinden rowspan=) über so viele Zeilen wie angegeben. Bei Definition nachfolgender Zeilen berücksichtigen.

Hintergrundfarbe

```
<table bgcolor=#XXXXXX>
   <tr bgcolor=#XXXXXX>
   <th bgcolor=#XXXXXX>
   <td bgcolor=#XXXXXX>
```

Beschreibung (gesamte Tabelle)/Beschreibung (Zeilen und Zellen)

Rahmenfarbe

```
<table bordercolor=#XXXXXX>
   <table bordercolordark=#XXXXXX
   bordercolorlight=#XXXXXX>
```

Einheitliche Rahmenfarbe mit bordercolor=, Schatteneffekt mit bordercolordark= (dunkle Farbe) und bordercolorlight= (helle Farbe).

Hintergrundbild

```
<table background="URL">
   <tr background="URL">
   <th background="URL">
   <td background="URL">
```

GIF- oder JPG-Grafik angeben.

Tabellenüberschrift, Tabellenunterschrift

```
<table border>
   <caption
   align=top|bottom|left|right>Text</caption>
   <tr>
   <td>Zelle</td>
   <td>Zelle</td>
   </tr>
   </table>
```

Tabellenüberschrift (align=top), Tabellenunterschrift (align=bottom), seitliche Tabellenüberschrift links (align=left) oder seitliche Tabellenüberschrift rechts (align=right).

Tabellen ausrichten

```
<table border align=left|center|right hspace=x
   vspace=x>
```

Ausrichtung (align=) linksbündig mit Textumfluß rechts (left), rechtsbündig mit Textumfluß links (align=right) oder zentriert (center). Abstand zu umfließendem Text daneben (hspace=) oder zu Text oberhalb/unterhalb (vspace=) in Pixeln angeben.

Verweise

Verweisanker definieren

```
<a name="Name">Text</a>
```

Verweis definieren

```
<a href="URL">Verweistext</a>
```

URL kann sein:

- Anker in der gleichen Datei (#Ankername),
- andere Datei (*datei.htm*),
- andere Datei in anderem Verzeichnis (*../verzeichnis/datei.htm*),
- WWW-Adresse (*http://...*),
- Gopher-Adresse (*gopher://...*),
- FTP-Adresse (*ftp://...*),
- Telnet-Adresse (*telnet://...*),
- Newsgroup-Adresse (*news:...*),
- absolute lokale Adresse (*file://...*).

E-Mail-Verweise

```
<a href="mailto:name@domain.xy">
Verweistext</a>

<a href= "mailto:name@domain.xy?subject=Thema">
Verweistext</a>

<a href=
   "mailto:name@domain.xy?cc=name2@domain.xy">
Verweistext</a>

<a href="mailto:name@domain.xy?bcc=
   name2@domain.xy">Verweistext</a>

<a href= "mailto:name@domain.xy?body=Text">
Verweistext</a>
<a href= "mailto:name@domain.xy?Zusatz1&Zusatz2">
Verweistext</a>
```

Auf Wunsch vorbelegtes Thema (subject=), sichtbaren Kopienempfänger (cc=), unsichtbaren Kopienempfänger (bcc=) oder vorbelegten Text (body=) angeben. Mehrere solcher Zusatzangaben

kombinieren wie im Schema mit ?Zusatz1&Zusatz2. Angaben mit cc=, bcc= und subject= kein HTML-Standard, ab Netscape 2.x und MS-IE 4.x, body= und Kombinieren von Angaben kein HTML-Standard, ab Netscape und MS-IE 4.x.

MIME-Typ des Verweisziels

```
<a href="URL"
type="Typ/Subtyp">Verweistext</a>
```

Logischer Bezug des Verweisziels

```
<a href="URL" rel="contents">Verweistext</a>
   <a href="URL" rev="contents">Verweistext</a>
```

Das Attribut rel= steht für Bezug, rev= für Rückbezug. Bei beiden Attributen sind folgende Angaben erlaubt:

- contents = Inhaltsverzeichnis,
- chapter = Kapitel,
- section = Abschnitt,
- subsection = Unterabschnitt,
- index = Stichwortverzeichnis,
- glossary = Glossar,

- `appendix` = Anhang,
- `copyright` = rechtliche Hinweise,
- `next` = nächste Seite,
- `prev` = vorherige Seite,
- `start` = Anfangsseite,
- `bookmark` = allgemeiner Orientierungspunkt,
- `alternate` = andere Lesart.

Sprache und Zeichensatz des Verweisziels

```
<a href="URL" hreflang="de"
   charset="iso-8859-1">Verweistext</a>
```

Sprache als 2-Zeichen-Kürzel bei `hreflang=`, Zeichensatz bei `charset=` angeben.

Tabulator-Reihenfolge

```
<a href="URL" tabindex=x>Verweistext</a>
```

Niedrigste Nummer wird zuerst angesprungen, höchste zuletzt.

Tastenkürzel

```
<a href="URL" accesskey="z">Verweistext</a>
```

Bei `accesskey=` Buchstaben angeben, über den der Verweis direkt anwählbar ist.

Grafiken

Grafiken einbinden

```
<img src="URL">
```

GIF- oder JPG-Grafiken verwenden.

Alternativer Text

```
<img src="URL" alt="Text">
```

Text (`alt=`) angezeigt, wenn die Grafik nicht darstellbar ist.

Breite und Höhe der Grafik

```
<img src="URL" width=x height=x>
```

Pixel oder Prozent zum Anzeigefenster der Breite (`width=`) und/oder Höhe (`height=`) angeben. Diese Angaben tragen zu einem besseren Seitenaufbau bei!

Rahmen um Grafik

```
<img src="URL" border=x>
```

Pixel der Rahmendicke (border) angeben.

Namen für Grafik

```
<img src="URL" name="Name">
```

Interessant z. B. für JavaScript (images-Objekt).

Grafik beschriften

```
<img src="URL" align=top|middle|bottom>Text
```

Ausrichtung des nachfolgenden Textes (`align=`) oben bündig (`top`), mittig (`middle`) oder unten bündig (`bottom`).

Grafik beschriften

```
<img src="URL"
   align=texttop|absmiddle|absbottom|baseline>
Text
```

N 3.0

Ausrichtung des nachfolgenden Textes (`align=`) oben zum kleinsten folgenden Text (`texttop`), absolut mittig (`absmiddle`), unten bündig zum kleinsten folgenden Text (`absbottom`) oder normal unten bündig (`baseline`).

Text um Grafik fließen lassen

```
<img src="URL" align=left|right>Text
```

Ausrichtung der Grafik (`align=`) linksbündig (`left`) mit rechts darum fließendem Text, oder rechtsbündig (`right`) mit links darum fließendem Text.

Abstand zwischen Grafik und Umgebung

```
<img src="URL" hspace=x vspace=x>Text
```

Abstand zwischen Grafik und Umgebung in Pixeln. Abstand nach oben bzw. unten (`vspace=`) und/oder nach links bzw. rechts (`hspace=`).

Grafik in zwei Versionen laden

```
<img src="URL" lowsrc="URL">Text
```

N 1.1

Grafik mit kleinerer Bytezahl (`lowsrc=`) zuerst laden, dann normale Grafik (`src=`). Beide Grafiken sollten die gleichen Abmessungen haben.

Grafik als Verweis

```
<a href="URL"><img src="URL" border=0></a>
```

Ohne `border=0` wird ein Rahmen um die Grafik gezeichnet, und zwar in der Farbe für Verweise.

Verweis-sensitive Grafik

```
<img src="URL" usemap="#Mapname">
   <map name="Mapname">
   <area shape=rect|circle|polygon
   coords=x,x,x,[x]... href="URL">
   </map>
```

Grafik muß das Attribut `usemap=` enthalten, um auf den Map-Bereich zu verweisen. Der Map-Bereich muß mit `name=` unter diesem Namen ein Verweisziel darstellen.

`shape=rect` definiert einen viereckigen Bereich innerhalb der Grafik, z. B. 10,20,90,100 (10 ist Anfang in Pixeln von links, 20 Anfang oben, 90 Ende links, 100 Ende unten).

`shape=circle` definiert einen Kreis-Bereich innerhalb der Grafik, z. B. 100,150,50 (100 ist Kreismittelpunkt in Pixeln von links, 150 Kreismittelpunkt von oben, 50 der Kreisradius).

`shape=polygon` definiert ein Vieleck innerhalb der Grafik, z. B. 10,20,40,30,300,200 (10 ist erste Ecke links in Pixeln, 20 erste Ecke oben, 40 zweite Ecke links, 30 zweite Ecke oben, 300 dritte Ecke links, 200 dritte Ecke oben). Usw. mit beliebig vielen Ecken.

`href=` enthält das Verweisziel.

Formulare

Formular definieren

```
<form action="mailto:name@domain.xy"
   method=post enctype="text/plain">
   <!-- Formularelemente -->
</form>
```

oder

```
<form action="cgi-prog" method=get|post>
   <!-- Formularelemente -->
   </form>
```

`enctype="text/plain"` wird nicht von allen Browsern interpretiert. `mailto`-Formulare funktionieren bei Browsern ohne Mail-Client nicht.

Zielfenster für Server-Antwort

```
<form ... target="Fenstername">
```

Bei Verwendung von Frames und in Verbindung mit CGI-Scripts interessant.

Einzeilige Eingabefelder

```
<input size=x maxlength=x
   name="Elementname">
```

Anzeigebreite mit `size=` (Anzahl Zeichen) bestimmen, auf Wunsch maximale Eingabelänge mit `maxlength=` (Anzahl Zeichen). Name für JavaScript-Verarbeitung interessant.

Einzeilige Eingabefelder Textvorbelegung

```
<input size=x maxlength=x name="Elementname"
   value="Text">
```

Textvorbelegung mit `value=` bestimmen.

Eingabefelder für Paßwort

```
<input type=password size=x maxlength=x
   name="Elementname">
```

Blindeingabe mit `type=password` bestimmen.

Mehrzeilige Eingabefelder

```
<textarea cols=x rows=x name="Elementname">
   Optionale Textvorbelegung
   </textarea>
```

Breite des Eingabebereichs mit `cols=` (Anzahl Zeichen) angeben, Höhe mit `rows=` (Anzahl Zeilen). Name für JavaScript-Verarbeitung interessant. Wenn Textvorbelegung gewünscht, zwischen Einleitungs- und End-Tag notieren.

Mehrzeilige Eingabefelder Umbruchkontrolle

```
<textarea wrap=virtual|physical cols=x rows=x
   name="Elementname">
   </textarea>
```

Automatischen Zeilenumbruch bei Eingabe mit `wrap=virtual` erlauben.

Eingabefelder nur lesen (4.0)

```
<input readonly value="Text nur lesbar" size=x
   maxlength=x name="Elementname">
```

oder

```
<textarea readonly cols=x rows=x
   name="Elementname">
   Text nur lesbar
   </textarea>
```

Attribut `readonly` für Nur-Lesen notieren.

Auswahlliste (✓)

```
<select name="Elementname">
   <option> Eintrag
   <option> anderer Eintrag
   </select>
```

Auswahlliste Mehrfachauswahl (3.2)

```
<select multiple>
```

Attribut `multiple` für Mehrfachauswahl notieren.

Auswahlliste mit Vorauswahl (3.2)

```
<select name="Elementname">
   <option selected> Eintrag
   <option> anderer Eintrag
   </select>
```

Attribut `selected` in gewünschtem `<option>`-Tag notieren.

Absendewert von Listeneinträgen (3.2)

```
<select name="Elementname">
   <option value="Wert"> Eintrag
   <option value="Wert"> anderer Eintrag
   </select>
```

Mit `value=` den internen Wert für die Übertragung bestimmen.

Menüstruktur (4.0)

```
<select>
   <optgroup>
   <option> Eintrag
   </optgroup>
   </select>
```

So viele `<optgroup>`-Untermenüs notieren, wie gewünscht. Verschachtelung möglich.

Radiobuttons (✓)

```
<input type=radio name="Name" value="Wert"> Text
```

Gemeinsame Namen für alle zusammengehörigen Radiobuttons vergeben.

Checkboxen (✓)

```
<input type=checkbox name="Name" value="Wert">
   Text
```

Gemeinsame Namen für alle zusammengehörigen Checkboxen vergeben.

Einträge vorselektieren

```
<input type=radio checked name="Name"
   value="Wert"> Text
   <input type=checkbox checked name="Name"
   value="Wert"> Text
```

Attribut `checked` für Vorauswahl verwenden.

Klickbuttons (1)

```
<input type=button name="Name"
   value="Beschriftung" onClick="...">
```

Sinnvoll zum Ausführen von JavaScript-Code bei `onClick=`.

Klickbuttons (2)

```
<button type=button name="Name"
   value="Beschriftung" onClick="...">
   <img src="URL">
   </button>
```

Sinnvoll z. B., um Grafiken als Button-Beschriftung zu benutzen.

Dateibuttons

```
<input type=file name="Name" maxlength=x
   accept="MIMEType">
```

Wichtig: bei `<form>`-Tag die Angabe `enctype="multipart/form-data"` notieren. Dateigröße mit `maxlength=` (Byte) begrenzen. Dateityp mit `accept=` eingrenzen, z. B. `accept="text/*"`.

Elemente gruppieren

```
<fieldset>
   <legend>Gruppenüberschrift</legend>
   <!-- Formularelemente -->
   </fieldset>
```

Label für Elemente

```
<label for="idName">Beschriftung:</label>
   <input size=40 id="idName">
```

Tabulator-Reihenfolge

```
<input ... tabindex=x>
```

Niedrigste Nummer wird zuerst angesprungen, höchste zuletzt.

Tastenkürzel

```
<input ... accesskey="z">
```

Bei `accesskey=` Buchstaben angeben, über den das Element direkt anwählbar ist.

Elemente ausgrauen

```
<input ... disabled>
```

Buttons zum Absenden/ Abbrechen

```
<input type=submit value="Beschriftung">
   <input type=reset value="Beschriftung">
```

`type=submit` schickt das Formular ab, `type=reset` löscht alle Eingaben.

Grafischer Absendebutton

```
<input type=image src="URL">
```

Frames

Frame-Sets und Frames definieren

```
<frameset rows|cols="x,*">
   <frame src="URL" name="Fenstername">
   </frameset>
```

4.0

Anzeigefenster in Spalten (cols=) oder Zeilen (rows=) aufteilen. Zwei oder mehrere Teile in Pixeln oder Prozent angeben, durch Kommata getrennt. Wildcard * erlaubt. Verschachtelung von Framesets möglich. Für jedes entstehende Segment ein <frame>-Tag notieren. Angabe zur Datei, die darin angezeigt werden soll, mit src= möglich. Namen für Frame-Fenster vergeben, damit Verweise zu anderen Frames möglich sind.

Noframes-Bereiche

```
<noframes>
   Inhalt
   </noframes>
```

4.0

In Dateien notieren, die in einem Frame-Set angezeigt werden (HTML 4.0). Bei Netscape als »Alternativtext« für Datei mit Frame-Set-Definitionen gedacht.

Scrollbars in Frames

```
<frame src="URL" name="Name"
   scrolling=yes|no|auto>
```

4.0

Scrollbars immer anzeigen (yes), nie anzeigen (no) oder wie voreingestellt automatisch (auto).

Abstand Rahmen zu Fensterinhalt

```
<frame src="URL" name="Name" marginwidth=x
   marginheight=x>
```

4.0

Abstand Inhalt links und rechts (marginwidth=) bzw. oben und unten (marginheight=) in Pixeln angeben.

Unveränderbare Fenstergröße

```
<frame src="URL" name="Name" noresize>
```

4.0

Alle benachbarten Frames sind durch noresize betroffen.

Rahmendicke/ unsichtbare Rahmen

```
<frame src="URL" name="Name" frameborder=x>
```

4.0

```
<frameset ... border=x frameborder=x
   framespacing=x>
```

N 3.0

3.0

Browser interpretieren diese Angaben anders als HTML-Standard. Für unsichtbare Rahmen alle drei Werte auf 0 setzen.

Farbige Fensterrahmen

```
<frameset bordercolor=#XXXXXX>
```

N 3.0

4.0

Verweise bei Frames

```
<a href="URL" target="Fenstername">Verweistext</a>
```

4.0

Entweder `<frame name=>`-Fensternamen angeben oder einen der reservierten Namen:

- `target="_blank"` für Verweisziel in neuem Fenster,
- `target="_parent"` für Verweisziel in übergeordnetem Fensterzustand,
- `target="_top"` für Verweisziel im gesamten Anzeigefenster.

Eingebettete Frames

```
<iframe src="URL" name="Name">
   Inhalt bei Nichtanzeige
   </iframe>
```

Eigenschaften eingebetteter Frames

```
<iframe ... width=x height=x hspace=x vspace=x
   align=left|center|right scrolling=yes|no|auto>
   Inhalt bei Nichtanzeige
   </iframe>
```

Breite (`width=`) und Höhe (`height=`) in Pixeln oder Prozent angeben. Mit `align=left` linksbündig mit rechtem Textumfluß ausrichten und mit `align=right` umgekehrt. Abstand oben und unten (`vspace=`) bzw. Abstand links und rechts (`hspace=`) in Pixeln angeben. Mit `scrolling=` Scrollbars erzwingen (`yes`), verhindern (`no`) oder wie voreingestellt (`auto`) definieren.

Multimedia

Daten als Objekt einbinden

```
<object data="URL" type="MIMEType">
   Alternativer Inhalt
   </object>
```

Verweis-sensitive Grafiken als Objekt

```
<object data="URL" shapes>
   <a href="URL" shape=rect|circle|polygon
   coords="x[x,...]">Verweistext</a>
   </object>
```

Angaben zu `shape=` und `coords=` wie bei Verweis-sensitiven Grafiken.

Java-Applets als Objekt

```
<object classid="java:Classname" codebase="URL"
   codetype="MIMEType">
   <param name="Name" value="Wert">
   </object>
```

Bei `classid=` class-Dateiname ohne Endung angeben, `codebase=` nur verwenden, wenn Applet in anderem Verzeichnis liegt. Code-Typ ist normalerweise `application/java-vm`.

ActiveX als Objekt

```
<object classid="clsid:xxxxxx" data="URL"
   codebase="URL">
   </object>
```

Bei `classid=` Registriernummer des ActiveX-Controls angeben, bei `data=` die Datei. `codebase=` nur verwenden, wenn Control in anderem Verzeichnis liegt.

Rahmen um Objekt

```
<object ... border=x>
  </object>
```

Pixel der Rahmendicke (border) angeben.

Namen für Objekt

```
<object ... name="Name">
  </object>
```

Interessant z. B. für JavaScript.

Breite und Höhe des Objekts

```
<object ... width=x height=x>
  </object>
```

Pixel oder Prozent zum Anzeigefenster der Breite (`width=`) und/oder Höhe (`height=`) angeben. Diese Angaben tragen zu einem besseren Seitenaufbau bei!

Objekt beschriften

```
<object ... align=top|middle|bottom>Text
  </object>
```

Ausrichtung des nachfolgenden Textes (`align=`) oben bündig (`top`), mittig (`middle`) oder unten bündig (`bottom`).

Objekt beschriften

```
<object ...
  align=texttop|absmiddle|absbottom|baseline>Text
  </object>
```

Ausrichtung des nachfolgenden Textes (`align=`) oben zum kleinsten folgenden Text (`texttop`), absolut mittig (`absmiddle`), unten bündig zum kleinsten folgenden Text (`absbottom`) oder normal unten bündig (`baseline`).

Text um Objekt fließen lassen

```
<object ... align=left|right>Text
  </object>
```

Ausrichtung des Objekts (`align=`) linksbündig (`left`) mit rechts darum fließendem Text, oder rechtsbündig (`right`) mit links darum fließendem Text.

Abstand zwischen Objekt und Umgebung

```
<object ... hspace=x vspace=x>
  </object>
```

Abstand zwischen Objekt und Umgebung in Pixeln. Abstand nach oben bzw. unten (`vspace=`) und/oder nach links bzw. rechts (`hspace=`).

Meldung bei Ladevorgang

```
<object ... standby="Meldungstext">
  </object>
```

Objektinstanz nur auf Wunsch

```
<object ... declare>
  </object>
```

Multimedia (Netscape)

```
<embed src="URL">
```

Multimedia (Netscape) weitere Angaben

```
<embed src="URL" width=x height=x hspace=x
   vspace=x
   align=left|right|top|middle|bottom
   type="MIMEType"
   pluginurl="URL" pluginspage="URL"
   hidden=true|false
   autostart=true|false loop=true|false
   palette=foreground|background>
```

Angaben zu Breite, Höhe, Ausrichtung und Abstand zu Umgebung wie bei Objekten und Grafiken. Bei `pluginurl=` Download-Adresse eines Plugins möglich, bei `pluginspage=` eine WWW-Seite mit Installationshinweisen zum Plugin. Angabe `hidden=` für Anzeige ja/nein (`true/false`), `autostart=` für Start bei Laden ja/nein, `loop=` für Endloswiederholung ja/nein und `palette=` für anwenderspezifische Farben bei Anzeige eines Plugins.

Alternativer Inhalt

```
<noembed>Inhalt</noembed> <embed src="URL">
```

Videos (Microsoft)

```
<img dynsrc="URL">
```

AVI-Datei angeben.

Videos (Microsoft) Weitere Angaben

```
<img dynsrc="URL" width=x height=x loop=infinite|x
   src="URL"
   start=mouseover|fileopen controls>
```

Breite und Höhe wie üblich. Mit `loop=infinite` Endloswiederholung (oder eine Anzahl Wiederholungen angeben) möglich. Mit `src=` eine Grafik angeben, falls Video nicht anzeigbar. Mit `start=onmouseover` Abspielbeginn bei Mausberührung, sonst bei Dateistart (`fileopen`). Attribut `controls` für sichtbare Steuerelemente.

Java-Applets einbinden

```
<applet code="URL" codebase="URL"
   alt="Text">
   <param name="Name" value="Wert">
   </applet>
```

Bei `code=` class-Datei angeben, Dateiendung kann entfallen. `codebase=` verwenden, wenn sich das Applet in einem anderen Verzeichnis befindet. Alternativer Text bei Nichtanzeige mit `alt=` möglich.

Java-Applets Weitere Angaben

```
<applet code="URL" codebase="URL"
width=x height=x
   align=left|right|top|middle|bottom hspace=x
   vspace=x
   archive="URL" mayscript>
   </applet>
```

Angaben zu Breite, Höhe, Ausrichtung und Abstand zu Umgebung wie bei Objekten und Grafiken. `archive=` verwenden, wenn Applet Teil einer ZIP-Datei ist. `mayscript` erlaubt JavaScript, auf das Applet einzuwirken.

Layer

Layer definieren (N 4.0)

```
<layer id="Name" top=x left=x width=x height=x>
   Inhalt
   </layer>
```

Attribut `id=` vergeben, falls Layer mit JavaScript dynamisch behandelt werden soll. Um Layer fest zu positionieren, linke obere Ecke in Pixeln mit `left=` (links) und `top=` angeben. Auf Wunsch Breite (`width=`) und Höhe (`height=`) bestimmen.

Inline-Layer definieren (N 4.0)

```
<ilayer>Inhalt</ilayer>
```

Erzeugt keinen eigenen Block. Sonst gleiche Angaben möglich wie bei <layer>.

Anzeigebereich beschneiden (N 4.0)

```
<layer clip="x1,x2,x3,x4">Inhalt</layer>
```

oder

```
<layer clip="xb,xh">Inhalt</layer>
```

`x1` = Pixel für links. `x2` = Pixel für oben. `x3` = Pixel für rechts. `x4` = Pixel für unten. `xb` = Pixel für Breite. `xh` = Pixel für Höhe.

Externe Datei (N 4.0)

```
<layer src="URL">Inhalt</layer>
```

Hintergrundfarbe (N 4.0)

```
<layer bgcolor=#XXXXXX>Inhalt</layer>
```

Hintergrundbild (N 4.0)

```
<layer background="URL">Inhalt</layer>
```

GIF oder JPG angeben.

Schichtposition mit Namen (N 4.0)

```
<layer above="Name" below="Name">Inhalt</layer>
```

Wenn zuvor definierter Layer über dem aktuellen liegen soll, dessen id-Namen bei `above=` angeben. Wenn zuvor definierter Layer unter dem aktuellen liegen soll, dessen id-Namen bei `below=` angeben.

Schichtposition mit Nummern (N 4.0)

```
<layer z-index=x>Inhalt</layer>
```

Layer mit höchster Nummer überdeckt alle anderen, Layer mit niedrigster Nummer wird von allen anderen überdeckt.

Sichtbarkeit (N 4.0)

```
<layer visibility=hide|show|inherit>Inhalt</layer>
```

Sichtbarkeit im Hinblick auf dynamische Behandlung mit JavaScript interessant. Versteckter Layer mit `hide`, sichtbarer Layer mit `show`, Layer, der Sichtbarkeit vom übergeordneten Layer bei Verschachtelung erbt mit `inherit`.

Styles und Scripts

Zentrale Style-Definitionen

```
<head>
   <style type="text/css">
   <!--
    Style-Sheet-Angaben
   //-->
   </style>
   </head>
```

Lokale Style-Definitionen

```
<span style=" Style-Sheet-Angaben">Text</span>
```

Script-Bereiche

```
<script language="JavaScript">
   <!--
    JavaScript
   //-->
   </script>
   <noscript>
   Text, wenn kein Script möglich
   </noscript>
```

Gewünschte Scriptsprache angeben.

Angaben zum Script

```
<script language="JavaScript" src="URL"
   type="text/javascript">
```

Attribut `src=` zum Einbinden externer Scriptdateien verwenden. Gegebenenfalls MIME-Typ der Scriptsprache angeben.

B Quellen, Hilfen und Software

B.1 Offizielle Dokumente

B.1.1 W3-Spezifikationen

Das W3-Konsortium macht Vorschläge zu Sprachstandards im WWW und veröffentlicht die verabschiedeten Sprachstandards in Form von Spezifikationen (liebevoll Specs genannt). Bis die Spezifikationen endgültig sind, sind es Vorschläge. Diese Vorschläge werden Working Drafts genannt.

HTML 2.0 (*www.w3.org/MarkUp/html-spec/html-pubtext.htm*): Spezifikation zur HTML-Version 2.0 vom November 1995.
HTML 3.2 (*www.w3.org/TR/REC-html32.htm*): Spezifikation zur HTML-Version 3.2 vom 14.1.1997.
HTML 4.0 (*www.w3.org/TR/REC-html40*): Spezifikation zur HTML-Version 4.0 vom 18.2.1998.
CSS 1.0 (*www.w3.org/TR/REC-CSS1-96121*): Spezifikation zur CSS-Style-Sheets-Version 1.0 vom 17.12.1996.
CSS 2.0 (*www.w3.org/TR/PR-CSS2*): Spezifikation zur CSS-Style-Sheets-Version 2.0 vom 24.3.1998.
Document Object Model (*www.w3.org/TR/WD-DOM*): Spezifikation zu einem Objektmodell für Scriptsprachen vom 18.3.1998.
XML 1.0 (*www.w3.org/TR/1998/REC-xml-1998021*): Spezifikation zur Extensible Markup Language (XML) vom 10.2.1998.

Neben diesen zum Redaktionsschluß dieses Dokuments vorliegenden Spezifikationen gibt es auch noch andere Technologien, die vom W3-Konsortium mit geprägt werden. Die folgenden Einstiegsseiten führen zu Working Drafts, Diskussionsbeiträgen und Aktivitäten aller Art.

HTTP (*www.w3.org/Protocols*): Hypertext Transfer Protocol (HTTP) – die HTTP-Versionen liegen als RFCs vor.

Audio/Video (*www.w3.org/AudioVideo*): dabei vor allem die Synchronized Multimedia Integration Language (SMIL).

Math (*www.w3.org/Math*): dabei vor allem die Mathematical Markup Language (MathML).

B.1.2 Requests for Comments (RFC)

Die Requests for Comments (RFCs) sind eine gewaltige Sammlung von Notizen und Dokumentationen zu Internet-Standards und Internet-Know-how im Textformat. Die Bibliothek der RFCs wird seit den Anfangstagen des ARPANET, also seit 1969, geführt. RFCs enthalten viel Wissen, mitunter aber auch persönliche Ansichten der Autoren oder humorvolle Passagen. Viele wichtige De-facto-Standards im Internet, etwa das HTTP-Protokoll oder die MIME-Technik für E-Mails, liegen als RFC vor. Aus RFCs sind auch schon häufig Teile von Sprachspezifikationen hervorgegangen. So liegen etwa den heute im HTML-Standard verankerten Befehlen für Multimedia-Objekte oder Tabellen ursprünglich RFCs zugrunde.

Gesammelt und herausgegeben werden die RFCs mittlerweile vom Information Sciences Institute (ISI) (*www.isi.edu*) der University of Southern California (USC). Über dieses Institut ist die derzeit offzielle Einstiegsseite der RFCs (*www.isi.edu/rfc-editor*) erreichbar.

Im deutschen Internet-Raum werden die RFCs ebenfalls angeboten, und zwar von der FH Köln. Diese bietet die RFCs im HTML-Format (*rfc.fh-koeln.de/rfc.htm*) an – auch zum Downloaden. Die folgende Liste enthält direkte Verweise zu einigen wichtigen RFCs. Die Verweise führen zu den HTML-Versionen der RFCs an der FH Köln. Die RFCs selbst sind allerdings alle in Englisch verfaßt.

RFC 791: IP – Internet Protocol (*rfc.fh-koeln.de/rfc/html/rfc0791.htm*)
RFC 793: TCP – Transmission Control Protocol (*rfc.fh-koeln.de/rfc/html/rfc0793.htm*),
RFC 959: File Transfer Protocol – FTP (*rfc.fh-koeln.de/rfc/html/rfc0959.htm*),
RFC 1034: Domain names – concepts and facilities (*rfc.fh-koeln.de/rfc/html/rfc1034.htm*),
RFC 1035: Domain names – implementation and specification (*rfc.fh-koeln.de/rfc/html/rfc1035.htm*),
RFC 1738: URL – Uniform Resource Locators (*rfc.fh-koeln.de/rfc/html/rfc1738.htm*),
RFC 1867: Form-based File Upload in HTML (*rfc.fh-koeln.de/rfc/html/rfc1867.htm*),
RFC 1918: Address Allocation for Private Internets (*rfc.fh-koeln.de/rfc/html/rfc1918.htm*),
RFC 2045: MIME (Multipurpose Internet Mail Extensions) Teil 1 (*rfc.fh-koeln.de/rfc/html/rfc2045.htm*): Format of Internet Message Bodies,
RFC 2046: MIME (Multipurpose Internet Mail Extensions) Teil 2 (*rfc.fh-koeln.de/rfc/html/rfc2046.htm*): Media Types,
RFC 2068: Hypertext Transfer Protocol – HTTP 1.1 (*rfc.fh-koeln.de/rfc/html/rfc2068.htm*).

B.1.3 Frequently asked questions (FAQs)

Frequently asked questions – häufig gestellte Fragen – sind keine offiziellen Dokumente in dem Sinn, daß sie von einer »Internet-Behörde« herausgegeben werden. Es handelt sich einfach um einen Dokumentationstyp, der sich im Internet etabliert hat und eine lange Tradition hat. Es gibt FAQs zu allen nur erdenklichen Themen – von Tieren über Politik und Religion bis hin zu technischen Fragen zum Internet. Im WWW gibt es eine Sammelstelle für FAQs (*www.faqs.org/faqs*). Es handelt sich dabei um eine Sammlung mit Verweisen zu FAQs.

B.2 Hilfen und Einführungen

B.2.1 Einstiegsseiten für Hilfe

Web Reference (*www.webreference.com*): Einstiegsseite für Verweise zu neuesten Technologien im Web-Publishing-Bereich.

Web Developer (*www.webdeveloper.com*): Einstiegsseite für Dokumentationen rund um den Web-Publishing-Bereich, mit Diskussionsforen.

WWW & Internet manuals, Demos (*tecfa.unige.ch/info-www.htm*): Umfangreiche Verweisliste zu Dokumentation rund um Internet, WWW und HTML.

Seite.net (*seite.net*): Oberseite für eine Serie von Einstiegsseiten zu *html.seite.net, dhtml.seite.net, javascript.seite.net* und *java.seite.net.*

DINO online (*www.dino-online.de*): WWW-Verzeichnis, dort die Seiten zu: HTML (*www.dino-online.de/seiten/go03iwh.htm*), VRML (*www.dino-online.de/seiten/go03iwv.htm*) und Java (*www.dino-online.de/seiten/go03iwj.htm*).

Yahoo Deutschland (*www.yahoo.de*): WWW-Verzeichnis, dort die Seiten zu: HTML (*www.yahoo.de/Computer_und_Internet/Information_und_Dokumentation/Datenformate/HTML*), CGI (*www.yahoo.de/Computer_und_Internet/Internet/World_Wide_Web/CGI___Common_Gateway_Interface*) und Java (*www.yahoo.de/Computer_und_Internet/Programmiersprachen/Java*).

B.2.2 Einzel-Dokumentationen

HTML-Einführungen (*www.boku.ac.at/htmleinf*): die bekannte HTML-Dokumentation von Hubert Partl, mittlerweile erweitert um eine Einführung in Java.

<HTML>oThek (*www.hiz.de*): umfangreiche Dokumentation vom Hypertext-Informationszentrum (HIZ).

Grafiken in HTML-Seiten (*ourworld.compuserve.com/homepages/Birgit_Bachmann*): Ausführliche HTML-Dokumentation mit Schwerpunkt Grafik von Birgit Bachmann.

HTML – Veröffentlichen im Internet (*www.uni-online.de/hades/html/index.htm*): Einführung in HTML auf Uni-Online.

Das WWW – Multimedialer Hypertext im Internet (*www.nads.de/~klute/WWW-Buch/1/Inhalt*): alles über WWW und HTML vom Profi-Autor Rainer Kluthe.

A Beginner's Guide to HTML (*www.ncsa.uiuc.edu/General/Internet/WWW/HTMLPrimer.htm*): wohl die meistgelesenste und früheste HTML-Doku der Welt.

Compendium of HTML Elements (*www.uni-siegen.de/help/html/compendium*): nach HTML-Tags geordnete Dokumentation.

B.3 Software: HTML-Editoren

Grundsätzlich kann man bei HTML-Editoren zwischen textbasierten Editoren und WYSIWYG-Editoren (WYSIWYG = What You See Is What You Get) unterscheiden.

- Bei textbasierten Editoren arbeiten Sie direkt mit den HTML-Befehlen. Solche Editoren verfügen in der Regel über eine Buttonleiste und diverse Menübefehle, um die HTML-Tags in den Text einzufügen. Die Tags erscheinen sichtbar im Text.
- WYSIWYG-Editoren bieten ebenfalls Buttonleisten und Menübefehle an, um das Setzen der HTML-Tags im Dialog zu unterstützen. Der Unterschied ist jedoch, daß die Tags nicht angezeigt werden (bzw. nur auf Wunsch). Stattdessen wird der Text bereits so am Bildschirm angezeigt wie später bei den WWW-Browsern.

Wenn Sie vorhaben, sich intensiver mit dem Erstellen von WWW-Seiten zu beschäftigen, sollten Sie am Anfang verschiedene Editoren ausprobieren. Lassen Sie sich nicht zu sehr von dem Glaubenskrieg zwischen Anhängern und Gegnern der WYSIWYG-Editoren beeindrucken. Versuchen Sie herauszufinden, womit Sie persönlich am besten arbeiten können. Nur eines müssen Sie wissen: HTML und seine unmittelbaren Ergänzungssprachen CSS und JavaScript sind allesamt Software-unabhängig. HTML-Editoren können Ihnen helfen, mit solchen Sprachen effizient umzugehen. Aber die Sprachen existieren auch ohne bestimmte Editoren, und vor allem entwickeln sich die Sprachen ohne Rücksicht auf bestimmte Editoren weiter. Machen Sie sich also am besten frei von der Zwangsvorstellung, die viele Leute haben: *»Ich brauch' nur einmal die richtige Software zu finden, und dann geht alles wie von allein«*. Nein, das reicht nicht beim Web-Publishing.

Auf den meisten der folgenden Adressen können Sie die betreffenden HTML-Editoren direkt downloaden. Es handelt sich meistens um Shareware-Produkte, d. h., Sie dürfen das Programm testen, müssen es aber kaufen und registrieren lassen, um es endgültig benutzen zu dürfen. Die Auswahl erhebt keinen Anspruch auf Vollständigkeit.

B.3.1 HTML-Editoren für MS-Windows

1-4-All (*www.mmsoftware.com/14All*): HTML-Editor, auch .

4W Publisher (*www.4w.com/4wpublisher*): Datenbanktool, das automatisch Reports in HTML-Form erstellen kann.

AOL Press (*www.aolpress.com/press/index.htm*): WYSIWYG-HTML-Editor.

Arachnophilia (*www.arachnoid.com/arachnophilia*): HTML-Editor.

Coffee Cup (*www.coffeecup.com/editor*): HTML-Editor mit fertigen JavaScripts, Grafiken usw.

Claris Homepage (*www.clarishomepage.com*): WYSIWYG-Editor.

Frontpage (*www.microsoft.com/frontpage*): WYSIWYG-HTML-Editor von Microsoft.

HomeSite (*www.homesite-now.com*): HTML-Editor mit Projektverwaltung usw.

Horizon Web Text (*www.gcnet.com/bw/horizon*): 32-Bit-HTML-Editor.

Hot-Dog (*www.sausage.com*): HTML-Editor, der HTML-3- und Netscape-Features unterstützt.

HoTMetaL (*www.sq.com*): Semi-WYSIWYG-HTML-Editor, der HTML-3- und Netscape-Features unterstützt.

HTMLed (Pro) (*www.ist.ca*): HTML-Editor.

HTML-Edit (*homepages.fh-giessen.de/~hg8444*): HTML-Editor.

HTML Assistant (*www.brooknorth.com*): HTML-Editor.

HTML Writer (*www.public.asu.edu/~bottger*): HTML-Editor.

SchemaText (*www.schema.de*): Profi-Autorensystem für große Web-Projekte.

WebEdit (*www.pacifier.com/~hbraske*): HTML-Editor.

NetObjects (*www.netobjects.com*): mächtiges Authoring-Tool.

SuperHTML (*members.aol.com/SuperHTML*): HTML-Editor.

Tarantula (*www.indian-sites.com/nostrumindia*): WYSIWYG-Editor.

Webber (*www.webbase.com*): HTML-Editor.

WebEdit (*www.luckman.com*): HTML-Editor.

WebMedia Publisher (*www.wbmedia.com:80/publisher*): WYSIWYG-HTML-Publisher.

WebPageMaker (*www.magiccube.com/pages/webpagemaker_d.htm*): Web-Seiten-Editor.

WebValet (*www.ganymed.de/webvalet/index_ger.htm*): Objekt-orientierter HTML-Editor.

WebPage Composer (*www.gse.ch/benimedia/wpc1x.htm*): HTML-Editor mit verschiedenen Extra-Features.

B.3.2 HTML-Editoren für Macintosh

Adobe PageMill (*www.adobe.com/prodindex/pagemill/main.htm*): WYWIWYG-HTML-Editor.

BBEdit (*web.barebones.com/products/bbedit/bbedit.htm*): HTML-Editor.

Claris Homepage (*www.clarishomepage.com*): WYSIWYG-Editor.

Golive CyberStudio (*www.golive.com*): WYWIWYG-HTML-Editor.

HTML Grinder (*www.matterform.com/grinder*): HTML-Editor mit Features für Fortgeschrittene wie automatische Indexerstellung usw.

Simple HTML Editor (*www.lib.ncsu.edu/staff/morgan/simple.htm*): HTML-Editor auf HyperCard-Basis.

Page Spinner (*www.algonet.se/~optima/pagespinner.htm*): HTML-Editor.

WebDoor (*www.opendoor.com/webdoor*): Automatisches HTML-Erzeugungs-Tool.

Web Weaver (*www.miracleinc.com*): HTML-Editor.

B.3.3 HTML-Editoren für OS/2

Homepage Publisher (*ourworld.compuserve.com/homepages/clerin*): WYSIWYG-Editor.

HTMLed (*www.wp.com/ianprest/htmled.htm*): HTML-Editor.

HTML Wizard (*www.wilmington.net/bmtmicro/catalog/htmlwiz.htm*): ebenfalls ausgereifter HTML-Editor mit automatischer Konvertierung von Sonderzeichen usw.

Structured Professional Hypertext Directory Manager (*pclt.cis.yale.edu/pclt/sphydir/getit.htm*): professioneller HTML-Editor mit Projektverwaltung, Projektanzeige in Baumstruktur usw.

WebWriter/2 (*www.lionsgate.com/VanOS2/webcoding/web_WebWrite.htm*): HTML-Editor.

B.3.4 HTML-Editoren für Unix-Derivate

asWedit (*sunsite.doc.ic.ac.uk/packages/www/asWedit*): HTML-Editor für Sun, Linux, Irix, SCO, Solaris, Sparc.

tkHTML (*www.cobaltgroup.com/~roland/tkHTML/tkHTML.htm*): HTML-Editor für Linux, Sun, Digital und Silicon Graphics.

Wysiwyg HTML-Editor (*web.cs.city.ac.uk/homes/njw/htmltext/htmltext.htm*): HTML-Editor für Sun und X-Windows.

B.3.5 HTML-Editoren für Amiga

WebMaker (*www.ping.de/sites/titan/webmaker*): HTML-Editor.

B.4 Software: WWW-Browser

WWW-Browser sind Präsentationsprogramme für HTML-Dokumente, die auf einer vorher zu installierenden Internet-Basis-Software aufsetzen und das Navigieren im World Wide Web (WWW) erlauben. WWW-Browser unterstützen in der Regel nicht nur das Präsentieren von HTML-Dateien, sondern auch andere Internet-Dienste. So können Sie mit Hilfe von WWW-Browsern z. B. auch mit FTP Dateien downloaden oder Newsgroup-Nachrichten lesen. Darüber hinaus können Sie mit WWW-Browsern auch offline HTML-Dateien auf Ihrem eigenen Rechner lesen. Obwohl der Browser-Markt heute fast ausschließlich von den Marktführern Netscape und Microsoft beherrscht wird, ist es durchaus ratsam, selbst erstellte HTML-Dateien auch mal mit anderen Browsern auszutesten. Auf den meisten der folgenden Adressen können Sie die betreffenden WWW-Browser direkt downloaden. Die Auswahl erhebt keinen Anspruch auf Vollständigkeit.

B.4.1 WWW-Browser für MS-Windows

Netscape (*home.netscape.com*)

Netscape (*home.de.netscape.com/de*): WWW-Browser und mehr.

MS Internet Explorer (*www.microsoft.com*)

MS Internet Explorer (*www.eu.microsoft.com/germany*): WWW-Browser und mehr.
Emissary (*www.attachmate.com/emissary/emcen.htm*): WWW-Browser und mehr.
Opera (*www.operasoftware.com*): WWW-Browser.
UDI WWW (*www.uni-ulm.de/~richter/udiwww/index.htm*): WWW-Browser, Weiterentwicklung eingestellt.
I-View (*www.enreach.com*): offline-Betrachter für HTML-Dateien.
Mosaic (*www.ncsa.uiuc.edu/SDG/Software/WinMosaic/HomePage.htm*): Original-WWW-Browser.
WinWeb (EINet) (*www.einet.net/EINet/WinWeb/WinWebHome.htm*): WWW-Browser.

B.4.2 WWW-Browser für Macintosh

Netscape (*home.netscape.com*).
Netscape (*home.de.netscape.com/de*): WWW-Browser und mehr.
Cyberdog (*www.cyberdog.apple.com*): WWW-Browser.
MS Internet Explorer (*www.microsoft.com*).
MS Internet Explorer (*www.eu.microsoft.com/germany*): WWW-Browser und mehr.
MacLynx (*www.lirmm.fr/~gutkneco/maclynx*): WWW-Browser.
MacWeb (EINet) (*www.einet.net/EINet/WinWeb/WinWebHome.htm*): WWW-Browser.
Mosaic (*www.ncsa.uiuc.edu/SDG/Software/MacMosaic/MacMosaicHome.htm*): Original-WWW-Browser.
Newtscape (*members.bellatlantic.net/~sweyer/newton*): WWW-Browser für Newton-Rechner.

B.4.3 WWW-Browser für OS/2

Netscape (*home.netscape.com*)
Netscape (*home.de.netscape.com/de*): WWW-Browser (V2.x entspricht V3.x unter Windows).
IBM Web Explorer (*www.raleigh.ibm.com/WebExplorer*): der Standard-WWW-Browser für OS/2.
NCSA Mosaic unter OS/2 (*www.ncsa.uiuc.edu/SDG/Software/WinMosaic/OS2.htm*): der bekannte WWW-Browser unter OS/2.
Emacs WWW-Browser (*www.cs.indiana.edu/elisp/w3/docs.htm*): WWW-Browser.

B.4.4 WWW-Browser für Unix-Derivate

Netscape (*home.netscape.com*)
Netscape (*home.de.netscape.com/de*): WWW-Browser (V2.x entspricht V3.x unter

Windows).

- MS Internet Explorer (*www.microsoft.com*)
- MS Internet Explorer (*www.eu.microsoft.com/germany*): WWW-Browser und mehr.
- Arena (*www.yggdrasil.com*): experimenteller WWW-Browser.
- Chimera (*www.unlv.edu/chimera*): WWW-Browser für X-Windows.
- MidasWWW (*www-midas.slac.stanford.edu/midas_latest/overview.htm*): WWW-Browser fü X-Windows und Motif.
- Mosaic (*www.ncsa.uiuc.edu/SDG/Software/XMosaic*): Original-WWW-Browser.
- OmniWeb (*www.omnigroup.com/Software/OmniWeb*): WWW-Browser für NeXtStep.
- SurfIt (*demos.anu.edu.au/steve/papers/Tcl-Workshop-96/ball.htm*): WWW-Browser.

B.4.5 WWW-Browser für Amiga

- AWeb (*www.amitrix.com*): WWW-Browser.
- IBrowse (*www.omnipresence.com/ibrowse*): WWW-Browser.
- Voyager (*www.vapor.com/voyager*): WWW-Browser.
- Web Cruiser (*www.finale-dev.com*): WWW-Browser.

B.4.6 WWW-Browser für Atari

- CAB (*www.student.informatik.th-darmstadt.de/~aclauss/cab.htm*): WWW-Browser.
- Dracon (*dc2.uni-bielefeld.de/atari/dracon.htm*): WWW-Browser.

B.5 Software: Grafikprogramme

Grafikprogramme werden eine immer wichtigere Ergänzung zum Erstellen aussagekräftiger WWW-Seiten. Es gibt eine Reihe guter bis hervorragender Shareware-Programme zum Erstellen, Konvertieren und Nachbearbeiten von Grafiken. Wer professionelle grafische Ansprüche hat, wird allerdings kaum um ein teures Profi-Programm herumkommen, und sei es nur für Spezialaufgaben.

Derzeit müssen WWW-gerechte Grafiken als GIF- oder JPG-Grafiken vorliegen, doch zum Entstehungsprozeß einer solchen Grafik tragen auch häufig Vektor-orientierte Programme bei, die Farbverläufe, 3-D-Effekte, Rendering-Effekte usw. auf Objekte anwenden können. Mit Hilfe eines einfachen Screenshots lassen sich solche Grafiken in Bildbearbeitungsprogramme übertragen und als JPG oder GIF abspeichern. Von einigen der folgenden Adressen können Sie die betreffenden Grafikprogramme direkt downloaden. Es handelt sich meistens um Shareware-Produkte, d. h. Sie dürfen das Programm testen, müssen es aber kaufen und registrieren lassen, um es endgültig benutzen zu dürfen. Einige der Adressen enthalten keine Software zum Download, aber genauere Produktinformationen. Die Auswahl erhebt keinen Anspruch auf Vollständigkeit.

B.5.1 Grafikprogramme für MS-Windows

Adobe Photoshop (*www.adobe.com/prodindex/photoshop/main.htm*): Für Web-Publishing optimiertes Profi-Grafikprogramm.

Auto Sketch (*www.autodesk.com/products/autocad/asketch/autosket.htm*): Vektororientiertes Profi-Grafikprogramm.

MGI-Grafiksoftware (*www.mgisoft.com/Products*): Photo-Suite, Calamus DTP-Programm usw.

Corel (*www.corel.com/products/graphicsandpublishing*): professionelle Suite aus Grafikprogrammen für verschiedene Aufgaben.

Fractal Design (*www.fractal.com/products*): Grafiksoftware für Painting, Rendering und Spezialeffekte.

GIF Construction Set (*www.mindworkshop.com/alchemy/gifcon.htm*): Programm zum Erstellen animierter GIF-Grafiken.

Graphics Workshop (*www.mindworkshop.com/alchemy/gww.htm*): Pixel-Programm mit vielen nützlichen Features.

Kinetix (*www.ktx.com*): Spezialsoftware für Morphing, Animation usw.

LView Pro (*www.lview.com*): Pixel-Programm mit WWW-relevanten Features.

MetaCreations (*www.metacreations.com*): Kai's Power Tools und mehr.

Mayura Draw (*www.mayura.com*): einfaches, aber leistungsfähiges Vektorgrafik-Programm.

Paintshop Pro (*www.jasc.com/psp.htm*): Pixel-Programm mit Profi-Qualitäten und WWW-relevanten Features.

PixFolio (*www.iglou.com/acksoft*): Pixel-Programm.

SmartDraw (*www.smartdraw.com*): Vektor-orientierte-Grafikprogramm.

WebImage (*www.group42.com/webimage.htm*): für Web-Design optimiertes Grafikprogramm.

B.5.2 Grafikprogramme für Macintosh

Adobe Photoshop (*www.adobe.com/prodindex/photoshop/main.htm*): für Web-Publishing optimiertes Profi-Grafikprogramm.

Corel (*www.corel.com/products/graphicsandpublishing*): professionelle Suite aus Grafikprogrammen für verschiedene Aufgaben.

Fractal Design (*www.fractal.com/products*): Grafiksoftware für Painting, Rendering und Spezialeffekte.

Graphic Converter (*www.lemkesoft.de*): Konvertierprogramm.

Sari Software (*www.larisoftware.com*): Grafik-Utilities.

MetaCreations (*www.metacreations.com*): Kai's Power Tools und mehr.

B.5.3 Grafikprogramme für OS/2

NeoN Grafix (*www.neongrafix.com*): Profi-Grafiksuite mit Pixel-, Vektor- und 3-D-Grafiksoftware.

PMView (*www.bmtmicro.com/pmview*): Pixel-Programm.

B.5.4 Grafikprogramme für Unix-Derivate

- Adobe Photoshop (*www.adobe.com/prodindex/photoshop/main.htm*): für Web-Publishing optimiertes Profi-Grafikprogramm.
- Corel (*www.corel.com/products/graphicsandpublishing*): professionelle Suite aus Grafikprogrammen für verschiedene Aufgaben.
- MetaCreations (*www.metacreations.com*): Kai's Power Tools und mehr.
- SCIL-Image (*www.ph.tn.tudelft.nl:80/Software/scil.htm*): Grafikprogramm für X-Windows.

B.5.5 Grafikprogramme für Amiga

- PersonalPaint (*www.cloanto.com*): für Web-Publishing optimiertes Profi-Grafikprogramm.

B.6 Software: FTP-Programme

Um die Dateien eines WWW-Projekts ins WWW zu laden, brauchen Sie in der Regel Software, die das Internet-File-Transfer-Protokoll (FTP) unterstützt. Mit solchen Programmen können Sie Ihre Projektdateien hochladen und auf dem WWW-Server verwalten (kopieren, umbenennen, löschen usw.).

Die meisten modernen FTP-Programme unterscheiden sich äußerlich kaum von allseits bekannten Datei-Commandern oder Explorern. In einem Bereich zeigen sie die lokale Laufwerks- und Verzeichnisstruktur an, in einem anderen Bereich die Verzeichnisstruktur des aufgerufenen Server-Rechners. Durch Markieren und Ziehen mit der Maus lassen sich Dateien uploaden oder downloaden. Ebenso einfach lassen sich Dateien löschen oder umbenennen. FTP-Programme verfügen in der Regel auch über eine Site-Verwaltung. Dort können Sie für jede benutzte FTP-Adresse (Server-Rechner oder Domain-Adresse) Rechneradresse, Zugangsdaten und technische Einstellungen speichern. Die Auswahl erhebt keinen Anspruch auf Vollständigkeit.

B.6.1 FTP-Programme für MS-Windows

- Absolute FTP (*www.vandyke.com/products*): grafische FTP-Oberfläche für MS-Windows.
- Crystal FTP (*www.casdk.com*): grafische FTP-Oberfläche für MS-Windows.
- Cute FTP (*www.cuteftp.com*): grafische FTP-Oberfläche für MS-Windows.
- FTP Control (*www.transsoft.com*): grafische FTP-Oberfläche für MS-Windows.
- FTP Voyager (*www.ftpvoyager.com*): grafische FTP-Oberfläche für MS-Windows.
- WS_FTP (*www.ipswitch.com/products/ws_ftp*): grafische FTP-Oberfläche für MS-Windows.

- FTP Explorer (*www.ftpx.com*): grafische FTP-Oberfläche für Win95/NT.
- FTP Voyager (*www.ftpvoyager.com*): grafische FTP-Oberfläche für Win95/NT.

B.6.2 FTP-Programme für Macintosh

- Anarchie (*www.stairways.com/anarchie*): grafische FTP-Oberfläche für den Mac.
- Fetch (*www.dartmouth.edu/pages/softdev/fetch.htm*): grafische FTP-Oberfläche für den Mac.
- Xferlt (*www.tiac.net/users/mdw/imap/ftp.htm*): grafische FTP-Oberfläche für den Mac.

B.6.3 FTP-Programme für OS/2

- Gibbon FTP (*ftp://ftp-os2.cdrom.com/pub/os2/network/tcpip/gcpftp10.zip*): grafische FTP-Oberfläche für OS/2. Verweis führt direkt zur Archivdatei.
- Xferlt (*ftp://ftp.uni-mainz.de/pub/pc/mirrors/simtel/os2/internet/lwpftp11.zip*): grafische FTP-Oberfläche für OS/2. Verweis führt direkt zur Archivdatei.

OS/2-Systeme haben außerdem einen eingebauten, Kommandozeilen-orientierten FTP-Client.

B.6.4 FTP-Programme für Unix-Derivate

- LLNL XFTP (*www.llnl.gov/ia/xftp.htm*): Grafische FTP-Oberfläche für X-Windows.

Unix-Systeme haben außerdem einen eingebauten, Kommandozeilen-orientierten FTP-Client.

C Die CD-ROM

C.1 So funktioniert die CD-ROM

Der Zugriff erfolgt direkt über ein HTML-Dokument. Auf der CD-ROM ist als Standardbrowser I-View als 16- und 32-Bit-Version gespeichert. Bei Windows 95/NT und eingeschalteter Autostart-Funktion für CDs fährt der Browser automatisch hoch. Sie können aber jeden beliebigen anderen Browser einsetzen: Sie müssen nur die Datei `index.htm` im Hauptverzeichnis der CD laden.

Die CD-ROM enthält:

- das komplette Buch als HTML-Dokument,
- die besten HTML-Editoren aus Shareware und Freeware,
- Hilfsprogramme rund um HTML,
- ausgefeilte Grafik-Tools für WWW-gerechtes Arbeiten,
- Animationsprogramme für GIF-Dateien,
- eine umfassende Sammlung von Hintergrundmustern, Cliparts, Linien, Punkten animierten GIFs etc.

C.2 Das Buch als HTML-Dokument

Das komplette Buch ist mit identischem Inhalt auf der CD-ROM als HTML-Dokument abgelegt. Wenn Sie es nicht wie oben beschrieben über das Startdokument sondern direkt aufrufen wollen, wechseln Sie in das Verzeichnis *selfhtml* auf der CD-ROM und laden *selfhtml.htm.* Welche Fassung Sie vorziehen, bleibt Ihnen überlassen. Das Buch läßt sich überall hin mitnehmen und auch unter widrigen Bedingungen ohne Steckdose bedienen, das HTML-Dokument wartet mit Hyperlinks innerhalb des Dokuments und zahlreichen direkt ins Internet auf.

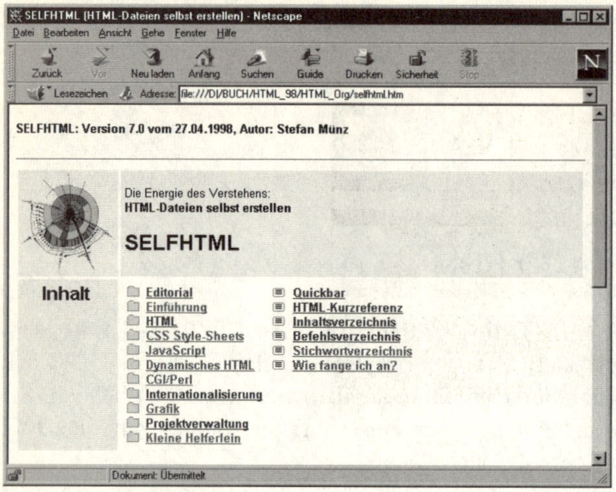

Bild C.1: Der Inhalt ist derselbe – nur sind im Buch prinzipbedingt keine Hyperlinks möglich.

C.3 HTML-Editoren

Die Shareware bietet eine bunte Sammlung von Hilfsprogrammen zur Gestaltung von HTML-Seiten. Damit müssen Sie dann entweder keine HTML-Tags mehr tippen oder können komplett, wie bei einem Grafikprogramm, die Seite zusammensetzen. Sie finden die Dateien im Verzeichnis *\editor* jeweils in eigenen Unterverzeichnissen. Den idealen Editor gibt es nicht, jeder HTML-Autor dürfte seine eigenen Vorlieben und Bedürfnisse haben. Eine Vorstellung der nach Meinung der Autoren besonders empfehlenswerten Editoren finden Sie auf der CD-ROM.

C.4 Clipart und Hintergrundmuster

Wenn Sie Ihre eigene Web-Seite zusammenstellen brauchen Sie natürlich Cliparts und Hintergrundmuster /Texturen). Sie finden eine reichliche Auswahl davon im Verzeichnis *\grafiken* in einzelne Unterverzeichnisse sortiert. Eine erste Übersicht über den Inhalt erhalten Sie im HTML-Dokument auf der CD-ROM. Jeweils auf einer Web-Seite sind alle Bilddateien eines Verzeichnisses aufgelistet. Für mehr Komfort sorgen aber Bildbetrachtungsprogramme. Sie finden sie im Verzeichnis *\grafiken\progs* in einzelnen Unterverzeichnissen. Besonders geeignet sind Graphics Workshop 95, Tiler oder Thumbs Plus.

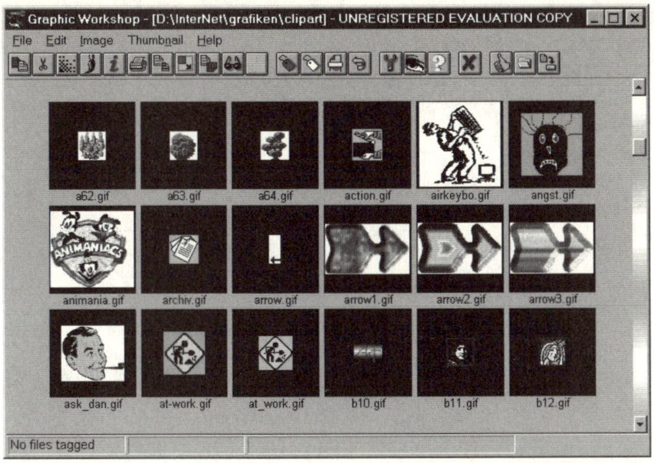

Bild C.2: Grahics Workshop zeigt die Cliparts übersichtlich zum Aussuchen an.

Achtung Shareware: Bevor Sie eine der Grafiken in Ihrer Web-Seite tatsächlich einsetzen, müssen Sie sich näher mit den rechtlichen Bedingungen auseinandersetzen. Etliche der Grafiken sind tatsächlich Freeware, Sie dürfen Sie also kostenlos benutzen. Andere sind Shareware: Hier erwartet der Künstler, daß Sie ihm einen meist geringen Betrag, etwa 10 Dollar, als Gegenleistung zukommen lassen. Seien Sie so ehrlich, das auch zu tun. Damit Sie eine bestimmte Grafik einem Autor zuordnen können, sind die ZIP-Archive jeweils im Unterverzeichnis *\gepackt* abgelegt. Mit WinZip können Sie sehr schnell den Urheber finden. Im ZIP-Archiv gibt es immer eine Text-Datei (meist *readme.txt*), die die Bedingungen näher erläutert.

Stichwortverzeichnis

A

B

C

D

G

J

K

L

M

N

X

Z